조직의 직무동기

Craig C. Pinder 저 | 이성수 · 김정식 · 신강현 공역

Work Motivation in Organizational Behavior

2nd Edition

학지사

Work Motivation in Organizational Behavior, 2nd Edition
by Craig C. Pinder

역자 서문

인간의 동기, 즉 왜 그러한 행동을 하는가에 대한 이해는 곧 인간에 대한 이해가 된다. 그렇기 때문에 동기에 대한 이해만큼 매혹적이고 흥미를 주는 주제도 없을 것이다. 그럼에도 불구하고 동기에 관한 서적이 풍부하다고 말할 수는 없거니와, 국내의 경우에는 더더욱 그렇다고 할 수 있다. 간간이 인간의 전반적 동기에 관한 서적이 보이거나, 아니면 교육에 관심이 많은 국가여서 그런지 학습을 중심으로 한 동기 서적이 보일 뿐이었지, 조직행동에서의 동기에 관한 서적은 찾아보기 힘들었다. 사실, 국내에서 직무동기에 관한 책은 1980년대 초반에 한덕웅 교수가 쓴 『조직행동의 동기이론』 이후 거의 없다시피 했다. 그런 면에서 이 책의 번역은 의의가 있을 것이라 생각한다. 이 책은 *Work Motivation in Organizational Behavior*(Craig C. Pinder, 2008)를 완역한 것이다.

사실, 이 책을 번역하면서 역자들이 느낀 점은 뒤에 나올 머리말에서 Lyman W. Porter 교수가 밝히고 있는 것과 동일하다. 번역을 하면서 우선 놀랐던 점은 직무동기에 관해 어쩌면 이다지도 방대한 양의 내용을 정교하게 정리했을까였다.

반면, 신선하게 여겨졌던 부분은 이와 같은 학술 서적에서 보기 드물게 저자 나름의 해석 또는 평가를 하고 있다는 점이었다—그것도 매우 직설적인 화법으로. 선행 연구들을 개관하고 서술하는 서적들은 어떤 식으로든 저자 나름대로의 관점이나 시선이 들어가 있기는 하다. 그렇다 해도, 그러한 저자의 관점은 대체로 글 전체의 구성으로 나타나 있거나, 아니면 개관하는 문헌을 처음부터 취사선택함으로써 서술에 포함되지 않는 경향이 있다. 그러나 이 책은 관련된 문헌을 거의 망라하다시피 하면서 문헌이나 이론 하나하나에 대해 저자의 평가를 서술하는 방식을 취하고 있다.

신선하게 여겨졌던 또 다른 부분은 직무동기 요인으로 다루어진 내용이었다. 보통 넓게는 인간의 동기를 다루던, 좁게는 조직행동에서의 직무동기를 다루던 대부분의 동기 관련 서적들은 인간의 내적 측면을 몇 가지 접근법으로 나누어 동기적 요인에 관한 이론이나 문헌을 다루는 경향이 있다. 반면, 이 책은 직무설계와 같은 개인 외적 요인, 즉 구체적인 조직요인을 다루거나, 또는 다른 동기 관련 서적에서는 보기 어려운 직장에서의 섹스나 성적인 요인들을 다루고 있다. 이런 점들이 이 책의 내용을 더욱 풍부하게 만들고 있다고 할 수 있다.

넓게는 조직행동, 좁게는 직무동기에 관한 연구 분야는 '조직 내 인간'의 이해를 목적으로 하고 있으며, 따라서 실천지향적인 학문 영역이다. 그러나 조직은 고정된 실체가 아니라 살아 움직이는 역동적인 존재이기 때문에 대증요법적 문제해결식 접근은 쉬이 한계에 노출될 소지가 있다. 가장 이론적인 접근이 가장 실천적일 수 있으며, 그런 면에서 이 책은 조직행동에서 동기 현상을 이해하는 데 유용한 면을 제공할 것이다.

사실, 이 책을 번역하면서 역자들은 참으로 많은 후회와 한탄을 했다. 저자의 내공이 너무 깊어 문장 하나하나를 번역하면서 함축된 의미를 풀어 내기 어려움에 많은 후회를 하였으며, 그 과정에서 제대로 번역을 하고 있는지 역자들 스스로의 능력에 대한 회한 때문에 한탄을 했던 것이다. 어쨌거나 번역은 끝났고, 이처럼 한 권의 책으로 세상에 나오게 되었다. 아마도 분명히 잘못된 번역이 있을 것이다. 독자들의 넓은 이해를 구할 뿐이다.

마지막으로, 번역 과정이 길어졌음에도 인내심을 갖고 기다려 준 학지사에 깊은 감사를 드린다.

역자 일동

2014년 4월

머리말

조직 내 직무동기 영역에 관심 있는 학자라고 자임하는 사람들은 이 책의 저자인 Craig Pinder에게 갚아야 할 큰 신세를 지고 있다. 그 이유는 이 주제에 관한 방대한 과학적 문헌을 발견하고 비판적으로 개관하여 통합하는 것—그래서 전반적인 의미를 부여하는 것—은 위압적이며 부담이 큰 도전이기 때문이다. 내가 다른 곳에서 말한 것처럼, "직무동기는 …많은 흥미로운 측면과 요소들로 이루어진 일종의 루빅의 큐브이면서, 모든 조각들을 의미 있는 전체로 적절하게 맞추는 것은 대단히 어렵다." 이 책의 초판과 본 개정판 모두에서 저자는 정확히 다음을 해냈다. 그는 굉장히 무질서하고 이질적인 학문적 연구에 질서와 이해를 가져왔다. 다시 말해서, 이것 때문에 우리는 그에게 빚을 졌다!

본 개정판과 이전 판은 상당한 학문적 업적을 나타낸다. 그 결과는 조직행동 분야에서 일반적으로 지칭되는 것으로서 'Pinder의 동기 책'은 이 주제에 관해 공부하거나 연구하는 데 흥미를 가진 사람이라면 가져야 할 필수 도서가 되었다는 것이다. 이 책이 왜 이 분야에서 이러한 지위를 얻었는지는 최소한 세 가지 주요 이유가 있다.

첫 번째, 의심할 여지없이 극히 포괄적이라는 점이다. 15개 장은 직무동기라는 주제를 뒤덮고 있다. 그것은 단지 이 장들 내에서 1,000개 이상의 참고문헌(그리고 우리들 중 누가 어떠한 주제이든 그 많은 논문과 서적을 읽고 소화했다고 주장할 수 있는가?)이 인용되었다는 점 때문만은 아니다. 이처럼 제멋대로 퍼져 있어서 때로는 복잡하게 얽힌 문헌이 책 전체에 퍼져 있는 많은 이론과 경험적 발견에 일관성을 주는 의미 있는 덩어리와 세부 항목으로 조직화된 것은 사실이다. 직무동기 분야의 어떤 주제가 이 책에서 다루어지지 않았다면, 그것은 아마도 중요하지 않은 것이다.

조직행동 분야에서 이 책의 높은 지위에 대한, 그리고 어쩌면 첫 번째 이유보다 더 중요할지도 모를 두 번째 이유는, 저자는 개관한 문헌에 해석적 평가를 하고 있다는 것이다. 이 책은 직무동기 분야의 주요 주제들에 관한 문헌뿐 아니라 특정 이론과 연구에 관한 관찰과 해설로 가득 차 있다. 이미 많은 지식을 가진 독자들은 때때로 Pinder의 견해에 동의하지 않을지라도—아마도 그렇게 자주 있지는 않을 것이다—저자가 특정 쟁점에 관해 어떤 입장을 취하는지에 대해서는 거의 의심을 하지 않을 것이다. 이러한 선명한 솔직함과 어떤 입장을 취하고자 하는 의도는 확실히 이 책에 가치를 더하며 이 분야에서 학문적으로 좀 더 많은 진보를 이루기 위한 방법에 관해 독자들에게 자극과 방향을 제공한다.

이 분야에서 이 책이 응당 받아야 할 지위에 대한 또 다른 이유는 이 유형의 책들에서는 자주 발견되지 않는 활기차며 종종 매력적인 문체로 쓰였다는 것이다. 어쨌든, '일터에서의 권력, 사랑 및 섹스'라는 제목의 장을 포함한 학문 서적은 지루하게 여겨질 수 없을 것이다. 더 자세히 말하면, 책 전체를 통해 저자는 자신의 요점을 강조하기 위해 간결하고 재미있는 예와 설명을 제공하고 있다. 내가 가장 좋아하는 것 중 두 가지는 다음의 것들에 의해 서술될 수 있다. 11장('직무동기로서 형평성, 공평성 그리고 공정성')에서, 형평이론과 분배 공정성에 대해 말할 때 "종종 계약이 만기되기 전 부당하게 계약을 해지해 뉴스거리를 만드는 프로 운동선수들이 있다. 계약 규칙을 이처럼 명백하게 존중하지 않는 이유는 보통 운동선수들이 이전에 동의한 급여 수준이 몇 가지 기준에 따라 더 이상 '공평'하지 않다고 느끼기 때문이다."라고 한다. 또한 11장에서 사람들이 어떻게 형평을 회복할 수 있는가를 논의할 때, "저자의 몇몇 동료는 자신의 상사가 '매년 내 시간에 대해 지불할 여유가 없는 것 같아.'라고 말하기도 한다."

이러한 이유 때문에, 그리고 본 최신판이 이전의 1998년판 이후 연구의 범위를 상당 부분 갱신하였기 때문에, 이 책은—앞서 언급한 것처럼—이 분야에 흥미를 가진 어느 누구에게도 '필수'가 되었다. 그것은 저자의 입장에서 보면 많은 동기가 어떻게 탁월한 성과를 이끌 수 있는지를 증명한다.

캘리포니아 대학교 어바인 캠퍼스

Lyman W. Porter

저자 서문

나는 10년 전 같은 달(1997년 6월)에 이 책의 초판 서문을 썼다. 직무동기에 관한 문제는 적어도 그때만큼 오늘날에도 중요하다. 뿐만 아니라 그것은 인류 역사 내내 중요한 문제였다. 직무동기 연구에 일생을 바친 학자로서, 나는 종종 "그래서 무엇이 사람들을 동기화합니까?"라는 질문을 받곤 한다. 나는 그것을 물은 사람들이 보통 60~90초 정도 길이의 답변을 기대한다는 것을 수십 년의 경험을 통해 알고 있기 때문에 보통 그 질문을 피하고자 한다. 90초 동안 말할 수 있는 것보다 자세히 말하기 시작하면 그들의 표정은 따분해져서, 적어도 평상시에 주제를 바꾸는 것은 좀 더 쉽다. (나는 답을 얻기 위해 "내 책을 사라."고 거의 말하지 않지만, 때로는 그러한 유혹에 빠진다.)

때때로 나는 이 분야의 지식이 있는 친구, 동료 그리고 지인들로부터 다른 질문을 받는다. "그래서 직무동기 분야에서 새로운 것은 뭐야?" 솔직히 말해서, 나는 이 질문에 대해서도 자주 몸을 뒤로 빼곤 하지만, 보통 이 분야의 용어로 구조화된 고상하고 세련된 답변을 하고자 하는 쪽으로 마음이 더 기울어지곤 한다. 두 번째 질문에 대한 나의 대답을 뒤돌아볼 때, 나의 전형적인 대답은 수년 동안 바뀌었다는 것에 주목한다. 사반세기 전, 이 두 번째 질문(무엇이 새로운가?)에 대한 나의 대답은 "사실상 별로 많지 않다."였다(Pinder, 1984를 보라).

그러나 1980년대까지는 충분히 성숙되지 않았던 소수의 중요한 영역(예를 들어, 사회인지 이론, 직무동기에서 정서의 역할, 그리고 비교문화적 차이의 이해)에서 2000년까지 진척이 이루어졌기 때문에 나는 최근 같은 질문에 대해 좀 더 낙관적인 대답을 갖게 되었다고 말하는 것에 자부심을 느낀다. 더구나 이론과 기법을 개발하고 진전시키기 위해 채택된 연구 방법의 정교화 수준은 2000년까지 향상되었다. 더 흔하게, 예전(그리고 새로운) 이론들은 그것의 핵심 내용에 더욱 적절하게 어울리는 방법론에 따라 경험적으로 검증되었다. 그러는 사이, 일부 오래된 이론들(욕구에 근거한 모형과 기대-가치 모형 같은)은 적어도 서구 문화에서 작업과 관련된 인간 행동을 이해하기 위한 퍼즐에서 그것들 각각의 타당성, 유용성 및 역할을 보여 준 후 품위 있게 은퇴하였다. 최근 이러한 이론들에 대한 경험적 흥미가 결여된 것이 그것들이 타당하지 않거나 유용하지 않다는 것을 말하는 것은 아니다. 오히려 그것들은 비춰 보는 거울로서 전성기를 보냈으며 자신의 장점을 증명했다. 어떤 이론들은 (목표설정 이론처럼) 우아하게 변한 반면, 다른 이론들은 또 다른 이론에 포섭되거나 변형되었다(예를 들어, 형평 이론은 정의이론 운동의 필수적인 부분이 되었고, 인지 평가 이론은 자기결정 이론이라는 좀 더 포괄적인 틀의 일부가 되었다).

내 친구이자 동료인 Gary Latham 박사와 나는 이전의 *Annual Review of Psychology* 에 기고한 직무동기(Korman, Greenhaus, & Badin, 1977) 이후 이루어진 연구 진전을 살펴본 후 2005년의 *Annual Review* 에서 그 주제에 관한 문헌을 개관하였다. 우리들의 개관에서, Gary와 나는 이전 시기에 요약된 많은 결론에 도달하였다. 이전 30년 동안 점진적 진보가 이루어졌지만, 소수의 몇 명만 말하자면, J. S. Adams, Frederick Herzberg와 그의 동료, James March, Abraham Maslow, Douglas McGregor, Lou Pondy, Herbert Simon, B. F. Skinner, Frederick W. Taylor와 같은 조직 과학의 초기 시점에서 제공된 것과 같은 본질적으로 새로운 매우 소수의 통찰이 있었다.

이 책에서 직무설계, 정서, 형평성, 공평성과 공정성(특히 후자) 그리고 가치와 문화의 국제적 차이에 관한 영역처럼 나는 많은 영역을 확장하고 갱신하였다. 나는 직무동기와 행동에서 맥락의 본질, 중요성 및 기능에 대한 평가를 진척시키기 위해 Denise Rousseau와 Gary Johns와 같은 학자들의 최근 시도를 적극 이용하려고 시도하기도 하였다. 심리학에서 이것은 새로운 통찰이 아니지만 조직 과학에 속한 우리가 연구에서 그것을 받아들이는 데는 시간이 걸렸다.

책 전체를 통해 나는 종종 간결성(전술한 두 질문 중 첫 번째를 물어본 사람들이 보통 추구하는 것과 같은)과 좀 더 깊은 과학적 이해에서 요구되는 필수 복잡성이라는 과학에서의 경쟁적인 목표들 사이의 상호작용과 균형을 인정하고자 애썼으며, 반드시 효용성을 적용하지는 않았다.

마지막 장에서, 나는 나 자신의 문제를 제기한다. 직무 가치와 문화에서 비교문화적 차이에 대한 이 분야의 명백히 새로운 흥미의 진짜 이유는 무엇인가? 기록된 역사의 어떤 시점보다 더 많은 노예가 살고 있으며, 많은 실업자와 노예보다 더 낫다고 할 수 없는 경계 (및 더 나쁜) 조건에서 일하는 일거리가 충분치 않은 노동자가 수없이 많이 있다고 할 때, 우리는 그들에 대해, 어떤 목적으로 무엇을 할 수 있는가? 이 분야가 서구 문명과 경제에서 단순히 일하고자 하는 동기보다 인간의 직무동기를 연구할 것을 심각하게 떠맡는다면 그리고 그렇게 할 때, 나는 서구의 직무동기 이론가들이 거의 폐기했던 위계적 욕구이론들이 유용하게 재고될 수 있다고 제안한다.

나는 이 특별한 책을 준비하는 동안뿐 아니라 직무동기라는 내 경력 목표 과정 전체에서 영감, 격려 그리고 물질적 지원을 제공한 많은 특별한 사람들에게 감사하고 싶다. 헐(Hull) 대학교의 Bikhu Parekh 교수는 내가 인간 행동의 정치적 본질을 고려하도록 초기의 영감을 주었다. Bill England, George Milkovich, Karl Weick 그리고 Lawrence K. Williams와 같은 교수들은 사회과학에서의 내 경력이 가능성과 보상을 줄 수 있도록 미네소타(Minnesota) 대학교와 코넬(Cornell) 대학교에서 질 높은 대학원 교육과 훈련을 나에게 제공하였다.

나는 Philip Bobko, Robert House, Gary Latham, Murdith McLean, Larry Moore, T. K. Peng, Ana Maria Peredo, Lyman Porter, Robert Roe 그리고 Claire Ward와 같은 교수들의 지난 30년 동안의 격려에 감사한다. 또한 이 책을 쓰는 거의 4년이라는 개인적으로 도전적인 기간 동안 글자 그대로 무조건적인 지원을 해 준 빅토리아(Victoria) 대학교의 학장 Dean Ali Dastmalchian, 부총장이자 사무장인 Jamie Cassels, 총장 David Turpin에게 진실한 감사를 전한다. 나는 더 나은 보스들과 일해 본 적이 없다!

빅토리아 대학교의 McPherson 도서관에 근무하는 나의 스타 사서인 Ms. Inba

Kehoe는 수년 동안 값을 헤아리기 힘든 지원을 해 주었는데, 내 스스로 필요한 것을 찾을 수 있도록 가르쳐 주었고, 실패했을 때 그녀의 지도에도 불구하고 내 스스로는 찾을 수 없었을지도 모를 것들을 파고들 수 있게 해 주었다. 그녀는 문헌의 바다에서 길을 잃었을 때 나의 좋은 친구이자 조언자였다.

또한 2년이나 늦어졌는데도 원고를 내놓을 수 있도록 인내심을 갖고 믿어 준 Lawrence Erlbaum Associates/Psychology Press의 직원들, 특히 Anne Duffy와 Arthur Brief에게 감사한다.

마지막으로, 나의 아내이자 가장 친한 친구인 Pat에게 그 무엇보다 감사한데, 그녀는 지난 36년 이상 무한한 사랑과 지원을, 특히 이 프로젝트가 진행되는 지난 4년 동안 강인하고 헌신적으로 나의 건강 문제를 책임져 주었다.

나는 많은 훌륭한 사람들에게 많은 재주를 요청했고 또한 그들로부터 받았다. 그들 모두에게 겸손한 마음으로 감사한다.

2007년 6월

브리티시 컬럼비아주 빅토리아

Craig Pinder

차례

10장 일, 직무 및 조직에 대한 인간의 반응 • 445

11장 직무동기로서 형평성, 공평성 그리고 공정성 • 515

12장 직무동기에 대한 기대-유인가 이론 • 601

1부

조 | 직 | 의 | 직 | 무 | 동 | 기

직무동기 이론은 어떻게 발전하였나

1장 직무동기, 생산성, 그리고 경제

경영의 주요 목표는
개별 직원의 번영을 최대화함과 동시에
고용주의 번영을 최대화하는 것을 보장하는 것이어야 한다.
_F. W. Taylor

'희망. 비전. 행동.'

이 세 단어는 Frank O'Dea가 브리티시컬럼비아(British Columbia) 주의 주도 빅토리아(Victoria)에 있는 로열 로즈(Royal Roads) 대학교의 2005년 6월 졸업식에 참석한 청중에게 행한 학위 수여식 연설의 주제들이다. 그 대학교의 명예 법학 박사학위를 받은 후 O'Dea는 1960년대 후반 토론토의 저소득층 지역에서 살았던 것부터 캐나다에서 사업과 사회적인 면에서 탁월한 지위에 오르기까지 자신이 어떻게 일어서게 되었는지에 관한 이야기를 하였다. 그는 자신과 친구들이 어떻게 영 스트리트(Yonge Street)에서 구걸하고, 싸구려 와인을 사고, 추워지면 그날 밤 값싼 여인숙의 허름한 침대를 위해 돈을 썼는지를 말하였다. 좀 따뜻해지면 공원 벤치에서 잠을 잤다고 말하였다. 매일 그와 친구들은 서로에게 "내일은… 내일은… 내일은…" 삶이 나아질 것이라고 말하였다. 오랫동안 내일은 정말 오지 않았다.

O'Dea가 23세 되던 해인 1968년이 되어서야 그는 삶의 방향을 바꾸기 시작했다. 그는 익명의 알코올중독자들 모임(Alcoholics Anonymous)에 가입했고 그 이후 술을

마시지 않았다. 1974년까지 그는 지방 정치인을 대상으로 성공적인 정치 캠페인을 수행했고 1975년에 The Second Cup을 공동 설립했는데, 그것은 오늘날 캐나다에서 가장 큰 고급 커피와 차 체인점이다. 그는 많은 점포를 만들어 팔았고 캐나다의 주요 자선사업가가 되었다. 1980년대 중반, 그는 에이즈로 고통받는 아프리카의 가난한 아동들을 위한 교육용 영상의 제작에 필요한 250만 달러 이상을 모으는 데 도움을 주었다. 그는 Street Kids International, War Child(Canada), The Canadian Landmine Foundation 그리고 의료 혜택을 필요로 하는 오지의 사람들을 수송하는 항공사를 설립하는 데 도움을 주었다. 2004년 5월, 그는 캐나다와 외국의 빈민에 대한 기여를 인정받아서 총독으로부터 Officer of the Order of Canada 칭호를 받았다.

O'Dea가 학위 수여식 연설을 하는 동안 여러 번 반복한 그의 성공의 비밀은 희망, 비전, 그리고 행동이라는 세 개념에서 찾을 수 있다. 이 세 개념은 이 책의 주제인 직무동기의 정수를 상당 부분 담아낸다. 희망은 개인으로 하여금 행동할 수 있도록 많은 에너지를 주는 내적 힘 중 하나다(Luthans, 2003). 비전은 가는 길이 어려울 때 강한 신념과 끈기가 지속되도록 할 뿐 아니라 행동의 방향을 제공한다(Senge, 1990). 마지막으로 행동 자체는 개인의 상황에 변화를 가져오는 것으로, Frank O'Dea 박사가 자신의 삶뿐 아니라 캐나다와 외국에 있는 수많은 수혜자들의 삶을 완전히 바꾸지 않는 한 살아남을 수 없을 것임을 깨달았을 때 보인 행동과 같은 것이다. 이 책의 표현을 빌리면 Frank O'Dea 박사는 자신의 개인사를 말하면서 충만한 직무동기를 전염시키고 있었다.

책의 목적

이 책은 사람들이 일하는 여러 가지 이유에 관한 것이다. 이 책은 일하고자 하는 충동의 기원과 사람들이 자신들의 일을 즐기거나 싫어하는 많은 이유를 검토한다. 이 책은 왜 일이라는 것이 인간 활동의 중심이 되는, 심지어 본질을 규정하는 특징인지에 대한 과학적 및 인본주의적 통찰을 탐색한다. 분석을 응용한 시사점이 어디에 적절한지 제시될 것이기는 하지만, 이 책의 의도는 상대방과 제삼자에게 다른 사람들이 일하도록 어떻게 '동기화시킬' 것인가에 관하여 교훈을 주고자 하는 것이 아니다.

따라서 글의 대부분의 내용과 논조는 규범적이기보다 서술적이며 비교와 비평에 초점을 둔다. 이 책의 목표는 직무동기와 행동에 관한 현재의 이론들을 한쪽으로 치우치지 않고 공평하게 다루는 것이다. 이어지는 모든 것에서 주요 목적은 조직 및 사회과학에서 가장 중심적이며, 가장 중요하며, 가장 많이 연구된 주제 중 하나인 직무동기를 조명할 여러 이론, 모형 및 가설을 탐색하도록 유도하는 것이다(Miner, 2003).

직무동기는 미디어에서 인기 있는 주제이지만 작가, 컨설턴트, 사회 비평가 및 경영 이론가들이 사람들의 작업 행동과 습관, 직무만족 수준, 기업 활동, 여가 활동이나 경력상의 급변에서 실질적 또는 잠재적 트렌드를 탐색할 때처럼 종종 여러 형태로 나타나기도 한다. 일은 매일의 삶에서 매우 중요하기 때문에, 확실히 그것은 고려할 필요가 있는 토론뿐 아니라 심지어 논쟁의 주제이기도 하다. 여러 면에서, 일의 어떤 측면이 검토와 논의의 대상으로 제기될 때 대부분의 사람들은 스스로를 전문가로 여긴다. 우리가 종종 뉴스 기사나 연구 결과에서 접하는 것들은 사람들이 이전만큼 그렇게 열심히 일하지 않거나(또는 더 열심히 일하거나), 여가 욕망이 일과 성공의 욕망을 몰아내거나, '오늘날의' 근로자들은 이전 세대만큼 열심히 하지 않는다거나, 다른 나라의 사람들이 전체적으로 북아메리카에 사는 대부분의 우리보다 더 일을 한다는 것을 증명하고자 하는 것들이다.

예를 들어, *Economist*(2006)지는 최근 보스턴의 연방준비은행이 발표한 2차 조사 보고서를 실었다(Aguiar & Hurst, 2006을 보라). 그 연구는 수십 년 전에 비해 그리고 이전 세대보다 오늘날 더 열심히 일한다고 믿는 미국인들의 일반적인 신념의 타당성을 검토했다. Aguiar와 Hurst(2006)는 이러한 신념은 주로 신화이지만 그들의 원래 연구와 이에 대한 *Economist*의 보도 자체는 일상의 담론에서 이 문제의 중요성에 대한 인식이 널리 퍼져 있다는 것을 반영한다고 결론 내렸다. 그럼에도 불구하고, *Business Week*의 2005년 10월 2일자 표지 기사(Mandel, Hamm, Matlack, Farrell, & Therese, 2005를 보라)는 "[미국의] 대졸 남성 근로자의 31% 이상은 정기적으로 주당 50시간 이상 일하는데, 이는 1980년의 22%보다 높아진 것"이라고 주장한다. 또한 그 기사는 "미국인의 40%는 주중 평일에 7시간 이하로 잠을 자는데… 1980년의 31%보다 높아진 것"이라고 주장한다. *Business Week*의 또 다른 기사는 1991년 이후 평균 연간 근로 시간은 일본 11%, 프랑스 10%, 독일과 영국 6%, 한국 5% 낮아졌다고 보고하였다(Mandel et al., 2005)[1). 최근 전 세계의 산업 인력 중 한국인들이 가장 높은 동기를 가진 사람들로 보인다. 반면, 독일과 프랑스는 종종 일에 그리 헌신적이지 않다고 비난받곤 하는데, 부분적으로는 더 짧아진 주당 근로 시간과 유럽 공동체의 고용법 때문이다. 스웨덴에서 보고된—그리고 *Times Colonist*(American Press를 통해 2004년 9월 18일, p. A12)에서 인용된—어떤 연구는 그곳 인구의 40%는 지치거나 동료와 함께할 시간을 내기 힘들 때 일에서 거리를 두는 (그리고 병가를 내는) 것이 좋다고 생각한다는 것을 발견했다.

책의 초반에 언급할 것들 중 중요한 한 가지는 이 책에서 제시되는 대부분의 생각은 이론이거나 이론에서 파생되었다는 것이다. 인간의 행동에 관해서는 사실상 아무런 법칙도, 명확한 사실도 없다. 인간 행동의 복잡성은 어떤 장면에서는 우리들 대부분이 빠르게 인정하는 것이지만, 마찬가지로 행동상의 문제에 대한 해결책을 찾는 다른 장면에서는 빨리 잊혀지기도 하는 것이다. 제시되는 이론들 중 어떤 것은 다른 것과 개념상 또는 적용상 모순된다. 직무동기는 과학의 영역이면서 경영 기술이기 때문이다. 이것은 독자들이 그저 받아들여야 할 것이다. 우리가 나중에 언급할 많은 책들이 제공하는 간결한 조언에도 불구하고 오랜 여정에서 사회과학자와 똑똑한 경영자들의 철저한 검토를 견뎌 낼 간단한 단 하나의 '빠른 해결책'은 없다. 우리가 이 책 전체를 통해 살펴보겠지만, 사회과학의 많은 예전 생각은 제2차 세계대전 이후 보통 새로운 이름과 유행어로 한 번 이상 나타났다가 또 나타났다.

간단히 말해, 이 책은 스스로를 위해 일하는 사람이든, 소기업, 정부기관 또는 대규모 다국적 기업에서 일하는 사람이든 그들의 직무동기에서 개인차의 본질에 관한 것이다. 우리가 한 개인으로서, 그리고 안전하고 편안하며 안정적인 경제 사회로서 생존하고 번영하고자 한다면 우리 모두는 추운 날이든 비오는 날이든 일하기 위해 아침에 일어나야 할 것이다. 개인적으로, 우리는 생산적이어야 한다. 집단적으로, 생산적이어야 한다. 그러나 간단히 살펴보겠지만, 산업혁명 이후 일의 개념을 특징짓는 생산성 개념은 선택된 소수에게는 성공의 지표가 되지만 수많은 다른 사람들에게는 비운의 징후가 될 수 있다. 생산성은 무엇이며, 그것은 직무동기와 어떻게 관련되는가?

1) 이 책의 1판에서(Pinder, 1998), 저자는 한국인들의 사회적 통념은 열심히 일해야 한다는 것인 것 같다고 말한 바 있다.

생산성: 상대적 개념

캐나다 하원의 2005년 시정연설에서, 당시의 재무 장관 Ralph Goodale은 다음과 같이 말했다.

> 더 높은 수준의 번영에 도달하기 위한 국가의 능력은 두 가지 요소의 함수다—견실하게 증가하는 산업 인력과 꾸준히 향상되는 생산성… 우리는 산업 인력이 가능한 한 지적이고 숙련되어 국제 경쟁에서 이기고 변화하는 시기에 적응하도록 격려할 필요가 있다.
>
> (*The Globe and Mail*[2], 2005년 10월 3일, p. B6)

캐나다, 미국, 스웨덴 및 스위스 같은 국가의 경제적 경쟁력과 이에 따른 안녕은 주로 과거 몇 세대 동안 이 나라들의 경제가 보인 상대적으로 높은 수준의 생산성 결과였다. 높은 생산성과 상대적으로 높은 생산성 증가는 모든 사람들에게 높은 임금, 비싸지 않은 재화와 서비스, 풍부한 공공의 편의 시설과 사회적 서비스 그리고 일반적으로 높은 생활수준을 허용했다(Hall & Jones, 1999; Mahoney, 1988). 높은 생산성은 오랫동안 우리가 누릴 수 있는 삶의 질의 척도이자 기여 요인이었다. 중요하게 언급할 것은 열심히 일하는 것에서의 개인차 문제에 상당히 주의를 기울이는 것은 많은 경우 국가 간 생산성 비교 보고서에 의해 촉발된다는 것이다. 이것은 동기와 생산성 같은 개념을 근거로 개인차를 논의하는 것과 관련된 첫 번째 예다. 사실, 개인의 동기는 국가의 생산성과 그에 따른 경제적 안녕을 결정하는 여러 요소들 중—중요하기는 하지만—하나일 뿐이다. 간단히 말해, 국가 간, 산업 간 또는 조직 간 생산성 비교를 그것들 간 직무동기 비교와 혼동해서는 안 된다. 그렇기는 하지만, 직무동기가 생산성 수준, 생산성 수준의 향상, 그리고 결과적으로 경제적 안녕을 결정할 때 하는 역할 때문에 생산성 자체에 관해 논의할 필요가 있다.

2) 캐나다의 전국 일간지–역주.

간단히 말해, 생산성은 어떤 하나의 산업이나 경제에서 인간의 노동과 고정자산의 단위당 달성되는 경제적 산출의 가치다. 그것은 사람들이 얼마나 많은 일을 완수했는가의 척도이며, 그들이 직무수행에서 사용한 시간의 양, 즉 월급(또는 임금)과 수당을 받는 데 사용한 시간의 양으로 나누어진다. 그것은 보통 한 해 동안 개인이 생산한 국내총생산(GDP)으로 측정된다. 투입 단위당 경제적 산출의 수준이 증가할 때, 다른 사람들이 덜 소비하지 않도록 하고도 더 많은 사람들이 더 많은 재화와 서비스를 누릴 수 있다(Rees, 1980). 독일의 1인당 GDP를 100점으로 할 때, 스위스 재무국(Economic Promotion Geneva[3], 2003)은 미국이 가장 높은 생산성 지표(152점)를 보이고 있으며, 아일랜드(131), 스위스(125), 벨기에(116), 프랑스(115), 영국(107), 이탈리아(1906), 오스트리아(104), 그리고 네덜란드(103)가 그 뒤를 잇고 있다고 발표했다. 이처럼 주로 서유럽에 초점을 둔 분석에서, 스위스 재무국은 자국이 높은 자리를 차지하고 있는 원인을 자국의 진보된 노동법, 적은 규제, 노동시장의 일관된 사회적 안정성(즉, 상대적으로 적은 수의 파업과 작업장 폐쇄) 및 고용주와 스위스 근로자가 공동으로 사회보험 체계를 위한 기금을 조성했다는 사실에 두고 있다.

Mahoney(1988)는 생산의 증가는 두 가지 수단 중 어느 하나 또는 둘 모두—① 생산 투입의 증가(예를 들어, 자본, 토지, 수자원, 그리고 노동), ② 투입을 사용 가능한 산출(재화나 서비스 같은)로 변환시키는 것의 효율성 증가—를 통해 달성될 수 있다고 지적했다. Mahoney뿐 아니라 대부분의 경제학자들에게 생산성은 두 가지 접근 중 두 번째—주어진 또는 고정된 투입 수준 대비 더 많은 재화와 서비스를 얻는 것—와 관련된다. 더구나 생산성은 상대적 용어에서만 의미를 가지는데, "이상적인 생산성 수준은 없으며, 판단은 '더 많은' 또는 '더 적은' 비교에 한정된다."(p. 14) 그러므로 우리는 어떤 기업이나 경제의 생산성을 그것들 자신의 이전 시점의 수준과 비교하는 것, 어떤 공통의 기간 동안 기업 간 또는 국가 간에 비교를 하는 것이 합리적일 것이다.

경제학자, 기업체 간부, 주주, 그리고 공공의 지도자들은 끊임없이 생산성 문제에 관심을 가지고 있으며, Mahoney(1988)가 서술한 두 가지 유형의 비교를 하고 있다.

3) 스위스의 제네바 지역 경제 발전을 촉진하기 위한 정부 기관-역주.

생산성은 이윤, 고객 만족, 비용 절감, 생산된 단위 등과 같이 다양한 지표들에 의해 측정된다. 투자 수익, 주당 순이익, 그리고 직원당 산출과 같은 생산성 비율은 몇 가지 예들이다. 생산성을 측정하기 위한 '가장 좋은 한 가지 방법'은 없다. 여러 유형의 척도는 요구되는 맥락과 목적이 다르다. 더구나 어떻게 측정되는가와 상관없이, 자신의 생산성 수준이 다른 누군가의 수준보다 높든 자신의 특정 생산성 증가율보다 높든, 시간에 따른 생산성 증가는 보편적으로 좋은 것으로 보인다. 반복하자면, "변화의 상대적 수준과 비율이 생산성 측정의 주요 측면이다."(Mahoney, 1988, p. 22) 근로자당 산출에서 국가 간 차이의 범위는 충격적인데, 예를 들어 1988년 미국의 근로자당 산출은 니제르 근로자의 그것에 비해 35배 이상 높다(Hall & Jones, 1999)!

때때로 한 국가의 노동력에 지불되는 임금, 월급, 그리고 수당은 생산성보다 빠르게 증가한다. 따라서 생산성 하락은 이전과 동일한 경제적 산출량을 얻기 위해 상대적으로 더 많은 인간 노동을 필요로 하는 것, 즉 과거와 같은 투자에 비해 더 적은 재화와 서비스를 얻는 것을 의미한다. 부분적으로, 그 결과는 하나의 경제가 모든 사람에게 혜택을 주기 위해서 이전보다 더 많은 비용이 들어갈 수 있다는 것이며, 이런 현상을 비용상승인플레이션(cost-push inflation)[4]이라 한다(Blair, 1975). 전통 경제학자들(예를 들어, Malkiel, 1979)은 생산성 하락(또는 다른 나라의 생산성이 증가하는 만큼 생산성 증가에 실패하는 것)을 서구 세계 경제의 건강에 가장 심각한 위협으로 본다. 생산성에 대한 주요 관심과 분석은 민간 및 제조 분야에 초점이 주어진 것 같다. 그러나 생산성은 정부(Crane & Jones, 1991)뿐 아니라 서비스 분야(Schneider, Ehrhart, Mayer, Saltz, & Niles-Jolly, 2005를 참고하라)에서도 중요한 문제인데, 그것들은 우리 모두가 누리는 삶의 질에 영향을 주기 때문이다.[5]

생산성 결정 요인

무엇이 산업 경제에서 생산성 수준을 결정하는가? 이 질문에 대한 전통적인 답은

4) 산출을 위한 생산 비용 중 주로 임금 상승으로 인한 물가의 상승을 의미한다-역주.

5) 공공 부문에서 관리의 역할을 보려면 *Academy of Management Journal*(2005)의 Editor's Forum을 참조하라.

많은 기여 요인이 있으며 그것들을 크게 두 가지로 범주화할 수 있다는 것을 관찰함으로써 시작할 수 있을 것이다.

생산성에 대한 대규모 국가 수준의 영향력

첫 번째 범주는 일반적으로 개별 관리자, 임원, 기업 또는 정부의 통제를 넘어서는 대규모 요인들로 구성된다. 사실, 그것들 중 일부는 인간의 노동이라는 본질 자체에 대한 역설적이면서도 급격한 재정의(redefinition) 때문일 수 있다. Hall과 Jones(1999)는 127개 국가 경제의 생산성에 대한 비교 분석을 근거로 **사회적 공공 기반 시설**(social infrastructure)이라는 일군의 요인들이 국가 경제 사이의 엄청난 생산성 차이를 설명한다고 주장했다. 사회적 공공 기반 기설은 다음과 같이 정의된다.

> 개인이 기술을 축적하고, 기업이 자본을 축적하며 산출을 생산하는 경제적 풍토를 결정하는 제도와 정부 정책, 근로자당 높은 수준의 산출을 가능케 하는 사회적 공공 기반 시설은 생산 능력을 지원하고 자본 축적, 기술 획득, 발명 및 테크놀로지 이전을 촉진하는 환경을 제공한다. 그와 같은 사회적 공공 기반 시설은 적당한 가격을 받음으로써… 사람들은 자신들의 행위에 대해 개인적 이익만큼 사회적 이익을 차지한다.
>
> (Hall & Jones, p. 84)

Hall과 Jones(1999)는 생산적 산출에 사용되는 자원을 다른 데로 돌려 버릴 수 있는 폭력적인 사회적 하부 구조의 예로서 절도, 무단 점유, 그리고 마피아의 보호를 언급하고 있다. 그들의 지적에 따르면 정부는 생산적 산출에 필요하여 소중한 것이기도 하지만, 역설적으로 법률화된 몰수, 징벌적 과세 및 부패로 인해 또 다른 어려움의 주요 원천일 수 있다. 자유방임적 기업 활동의 도래를 바라는 일부 경제 비평가에 따르면, 시장의 자연스러운 작동을 방해하는 입법 또한 생산성을 제한한다. 고용 평등 기회, 건강과 안전, 최저 임금 및 독점 금지에 관한 지침과 규제는 이들 비평가들이 인용한 예들이다. 그러나 이러한 유형의 규제가 생산 비용을 높이기도 하지만 수익성에 기여하는 경제적 (그리고 사회적) 혜택을 고려하는 것 또한 중요하다. 예를 들어, 어떤 규제의 총 비용이 그것이 유발하는 순가치보다 크다면, 그러한 규제는 엄격한 사회적 및 경제적 관점에서 역기능적이라 판단할 수 있다. (거시적 요인들과 앞에서 스위스 재무국이 자국 경제의 높은 수행 수준에 대해 언급한 요인들 간의 공통점에 주목하라.)

경제적 생산성의 한 가지 주요 결정 요인은 일이 이루어지는 방식을 좀 더 효율적이게끔 하는 공간들인 새로운 공장, 정제 공장, 사무용 건물과 같은 고정 자본에 들어간 투자 수준이다(Freund, 1981). 독일과 일본 두 나라의 놀라운 생산성 수준은 부분적으로 1945년 이후 건설된 새로운 산업 시설에 의해 설명되지만, 다른 요인들은 최근이 두 나라에 만연한 낮은 생산성과 인플레이션을 유발했다(Bowen, 1979). 테크놀로지에 대한 투자와 높은 수준의 자본 투자는 국가적 생산성을 높이기 위한 또 다른 대규모 결정 요인이다. 미국이 누리는 근로자당 높은 수준의 국가적 산출은 상대적으로 높은 수준의 테크놀로지 혁신과 투자 때문이라 할 수 있다(Hall & Jones, 1999; Taylor, 2007을 보라). Taylor(2007)는 미국–한국, 오스트레일리아와 일본을 포함해서–과 캐나다 사이에 꾸준히 증가하는 생산성과 경기의 차이는 근로자당 테크놀로지와 혁신에 대한 캐나다 기업의 투자 수준이 상대적으로 낮기 때문이라 할 수 있다(Unsworth & Parker, 2003도 보라).

마지막으로, 많은 원자재의 희소성은 재화와 서비스의 생산 비용에 크게 기여한다. 지난 30년 동안 에너지 비용의 지속적 증가는 우리 모두에게 너무나 친숙한 주요 예다.

간단히 말해, 많은 대규모 경제적 및 정치적 요인들이 복합적으로 상호작용하여 생산성을 제한하고, 물가 상승을 부채질하며 우리가 성취할 수 있는 삶의 질을 위태롭게 한다. 이러한 요인들은 산업 내의 다수의 관리자와 경영진의 통제권 밖에 있다. 예를 들어, 정부 규제에 즉각적으로 역행할 수 있는 경영진은 많지 않다(소수는 시도하겠지만). 마찬가지로, 근로자들의 생산성을 의미 있게 높이기 위해 작업 설비의 기본적인 물리적 설계를 크게 변화시키고자 시도할 수 있는 일선 감독자는 많지 않다. 요점은 노동력의 생산성에 영향을 주고자 하는 경영진과 관리자는 이미 말한 수단 이외의 다른 것을 찾아야 한다는 것이다. 질문은 여기에 있다. 개별 근로자와 고용주의 통제권 내에 있는 생산성의 원천은 무엇인가?

생산성에 대한 소규모 국부적 영향력

국가 수준의 상대적 생산성 문제에서 개별 근로자의 생산성 문제로 주의를 돌린다면, 개별 관리자들이 훨씬 더 쉽게 통제할 수 있는 생산성 결정 요인들이 많다는 것을 발견하게 된다. 이 책의 중심 관심사는 이와 같은 좀 더 조작 가능한 요인들 중 하나인 산업 인력과 개별 근로자의 동기 수준의 본질을 탐색하는 것이다. 그렇게 함으로써 우리는 능력과 동기를 촉진하는 데 초점을 둔 다양한 경영 기법의 효과성을 검토하고 평가할 것이다.

경영진, 관리자, 그리고 일선 감독자들이 (제한된 범위에서나마) 영향을 미칠 수 있는 조직, 산업 또는 국가의 생산성 수준을 결정하는 적어도 두 가지 요인이 있다. 하나는 일에 할당되는 사람들의 능력 수준이고, 다른 하나는 그 사람들이 그 일을 하는 데 쓰는 노력의 양이다(Campbell et al., 1988).

근로자의 능력

(종종 예전의) 일부 비판자들은 전쟁 후의 산업 인력은 이전 시대의 산업 인력에 비해 숙련도가 떨어지고 열심히 일하지 않는다고 주장한다. 오늘날의 근로자가 이전 세대의 근로자보다 평균적으로 더 젊고 경험이 부족하다는 것은 인구통계학적으로 사실이다. 그러나 오늘날의 평균 근로자는 일반적으로 더 나은 훈련과 교육을 받으며, 따라서 여러 세대의 근로자들이 가진 순수 기술 수준을 상대적으로 간단히 요약하는 것은 어렵다. (독자들은 이 문제에 대해 자신의 견해를 가지고 있는 부모, 자녀 또는 기타 다른 가족 구성원과 이 주제에 관해 끝장 토론을 하고 싶을 것이다.) 사실, 최근 캐나다 전역에 걸쳐 기술 있는 노동자가 계속해서 부족해지면서, 많은 고용주들은 이미 은퇴했지만 지혜와 경험을 가지고 산업 인력으로 복귀한 사람들을 고용하고 있다(Galt, 2006). 중요한 점은 개별 감독자가 때로는 매일 특정 과제에 할당되는 사람들의 직무 관련 능력 수준에 상당한 영향을 미칠 수 있다는 것이다. 훈련 프로그램, 직무재설계, 그리고 세심한 인간-직무 연결은 제한된 범위 내에서나마 많은 작업의 감독자들이 조직의 생산성 문제에서 지렛대를 얻을 수 있다는 것을 의미한다.

근로자의 동기

효과적인 감독자가 종종 통제권을 가질 수 있는 두 번째 요인은, 항상은 아니고 종종일지라도 조직의 위계상 하급자들이 쏟는 동기화된 노력의 수준이다. 동기는 우리 모두와 직접 관련된 흥미로운 주제이기는 하지만, 다른 사람의 노력을 조절해서 조직 목표를 달성하고자 하는 직무를 수행하는 사람들에게는 특히나 그렇다. 우리들 대부분은 일하고자 하는 욕망이 중요하다는 것을 믿으며, 많은 사람들은 그와 같은 욕망의 급격한 감소가 사회적 및 (특히) 경제적 쇠퇴를 가져왔다고 비판한다. 직무가치(work value)와 '직무윤리(work ethic)'의 변함없는 중요성은 다음의 글에 깊이 있게 요약되어 있다.

> 직무윤리가 미국 경제의 성공을 설명한다는 것이 뿌리 깊이 박혀 있는 경영진은 생산성 하락과 근로자들의 반항과 불만 증가를 반사적으로 직무윤리 하락에 귀인한다. 예를 들어, 1970년대 초반 작업장 내 불만을 분석한 Deans(1973)는 "기업의 경영진은 왜 노동 인력군에 편입되는 젊은이들이—결핍의 시대임에도—그들의 부모나 조부모에 비해 소위 말하는 고된 노동에 대한 청교도 윤리와 신분 상승 노력에 덜 매혹되는지에 관해 어리둥절해하는 것이 다른 미국인과 크게 다르지 않다." (pp. 8-9)는 것을 관찰했다. 따라서 경영진, 학자, 그리고 정책입안자들이 청교도적 직무윤리의 가르침을 여전히 심각하게 받아들이고 있다는 것은 명확하다. 그것들은 자본주의의 발달과 기능에서 중심이 되는 것으로 보인다.
>
> (Nord, Brief, Atieh, & Doherty, 1988, p. 8)

일반적 의미뿐 아니라 일과 관련되기 때문에, 동기는 많은 사람들이 어느 정도의 지식, 심지어 전문성을 가지고 있다고 주장하는 것에 관한 주제다. '동기'는 사실상 모든 직무 장면과 교육 기관에서 늘 언급되는 용어다. 이 주제에 대한 담론은 적어도 경영상의 다른 어떤 주제에 관한 문헌보다 더 거슬러 올라가며, 신문과 잡지는 정기적으로 동기에 관한 이야기와 에세이를 특집으로 다룬다. 수많은 자기 계발 서적이 간행되어 관리자와 경영진에게 무엇이 그들 스스로와 하급자들로 하여금 일을 하게 하는지(또는 하지 않게 하는지)에 관한 즉각적인 통찰을 제공했다. 서점은 신속하며 다양한 해결책을 제시하는 서적들로 가득 차 있다.

직무동기에 관한 방대한 과학 문헌이 있지만, 그것들 중 일부만이 대중 서적을 통해서 관리자들에게 지혜를 나누어 준다. 그럼에도 불구하고, 직무동기는 조직과학에서 가장 중요한 주제 중 하나다. 어떠한 다른 문제도 우리의 일반적인 경제적 안녕에 더 중요하지는 않으며, 설사 그렇다 해도 이 분야의 학술지나 교재에서 더 주목을 받는 것은 매우 적다(Miner, 2003; Steers & Porter, 1991, pp. xii, 3). 더구나 생산성의 많은 주요 결정 요인들이 상호작용한다는 관점에서 볼 때, 과거에 비해 이유야 상당히 다를 수 있겠지만 우리는 직무동기가 과거에 그랬던 것처럼 향후 조직과학과 경영에서도 중요하다고 기대할 수 있다(Pinder, 1984, 1998을 참고하라).[6) 7)]

이 장의 나머지에서, 우리는 직무동기 및 이와 관련된 다른 중요 개념들의 의미를 정의하고 검토할 것이다. 개별 관리자들은 일반적으로 직원들의 직무수행 수준을 관찰하는 것보다 직무동기 자체를 관찰하기가 어렵다고 주장한다. 좀 더 자세히 말해서, 우리는 직무동기의 정의를 제시하고 그 개념의 여러 측면과 시사점을 서술할 것이다. 다음에는 직무수행의 의미에 초점을 두며, 왜 그 두 개념의 차이가 그렇게 중요한지 서술할 것이다. 이제부터 살펴보겠지만, 동기뿐 아니라 다른 요인들이 직원들의 직무수행 수준을 결정한다. 그러한 다른 요인 중 하나는 능력이다. 따라서 우리는 이 장의 후반부에서 작업 관련 능력의 본질과 의미에 대해 논의할 것이다. 그렇다면 직무동기란 무엇인가?

6) Hill(1999)은 고대 시대로 거슬러 올라가서 일과 사람들의 일에 대한 태도에 관한 매혹적인 역사를 인터넷 상(http://www.coe.uga.edu/workethic/historypdf.pdf)에 제공했다.

7) 경제학자들은 종종 여기서 논의된 것과 같은 대규모 요인들이 이 책의 나머지 전체를 통해 논의되는 인간 요인들보다 생산성에 더 중요한 영향을 미친다고 주장한다. 예를 들어, Freund(1981)는 자본 투자는 가장 중요한 생산성 결정 요인이며, 인간 요인은 영향력이 약하다고 주장했다. 이들 다양한 요인들이 생산성에 기여한 것을 구분하는 것은 어렵지만, 중요한 것은 같은 공장, 기계 설비 시설, 또는 사무실에서 나란히 일할 때조차 근로자들에 따라 작업 생산량에서 큰 차이가 난다는 것이다. 수년 전, Lawler(1973)는 여러 작업 장면에서 최하의 작업자가 생산한 것에 비해 최상의 작업자가 생산한 것의 비율은 3 대 1 또는 그 이상일 수 있다고 언급했다. 확실히 미시 요인들은 개별 근로자, 조직, 그리고 전체 국가 경제의 생산성에서 중요한 역할을 한다.

직무동기란 무엇인가

인간 행동의 본질에 대해 생각해 온 사상가들만큼이나 동기의 정의가 많다는 것은 약간 과장된 면이 있다(Kleinginna & Kleinginna, 1981은 140개의 정의를 보고하고 분류했다!). 어떤 고전적 저술(Atkinson, 1964)은 거의 300쪽의 내용이 제시될 때까지 정의의 문제를 의도적으로 비껴 가고 있다. 또 다른 주요 저술(Cofer & Appley, 1964)은 자신의 간단한 정의를 제시하지 않고 많은 학자들의 정의를 제시하고 있다. 다른 책들(예를 들어, Erez, Kleinbeck, & Thierry, 2001; Korman, 1974; Locke & Latham, 1990a)은 동기가 어떻게 다루어지는가의 문제를 논의하기는 했지만, 개념 자체가 무엇인가에 대해서는 말하지 않는다.

동기를 정의하는 것이 어려운 이유는 많지만, 이러한 이유를 모두 말하는 것은 이 책의 목적을 넘어선다. 동기가 너무나 많은 측면을 가지고 있기 때문에 역설적으로 소수의 두드러진 정의를 말하는 것으로 충분하다고 본다. 또한 인간의 본질과 사람들에 관해 알 수 있는 것에 대해서도 많은 철학적 관점이 있다. 어떤 이론가들은 동기라는 개념의 유용성을 완전히 부정하고 그것이 유발하는 행동의 결과에 주로 초점을 둔다. 어떤 작가는 엄격한 심리적 관점에서 동기를 바라보지만, 다른 이는 인간을 쾌락적 관점에서 보면서 인간의 행동을 목표지향적으로 설명하여 쾌락을 추구하고 고통을 피하는 존재로만 본다. 또 다른 사람들은 인간의 합리성을 강조하여 인간의 행동을 의식적인 선택 과정의 결과로 간주한다. 어떤 사상가들은 무의식적이거나 잠재의식적인 요인들을 강조한다. 인간의 동기와 행동의 기본적인 본질에 대한 다양한 관점은 Levine(1975)이나 Petrie(1991)의 저술들에서 찾아볼 수 있다.

오랫동안 제시된 역사적 및 철학적 관점을 철저히 알아보고자 하는 독자들은 그러한 원전뿐 아니라 Atkinson(1964)과 Cofer와 Appley(1964)의 저작도 참고하기 바란다. 꽤 다양한 점이 발견된다.

직무동기의 정의

직장에서의 동기와 직무수행에 대해 알고자 하는 학자나 관리자들은 어디에서부터 이것을 시작하는가? 이 책의 주제가 직무 동기, 태도, 그리고 행동(일반적인 인간의 동기, 태도, 그리고 행동과 달리)이기 때문에, 책 전체에서 전통적 정의가 제공되고 이용될 것이다. 그러한 정의는 주로 이전의 많은 연구자들의 정의에 근거하며, 이전 정의들의 기초를 이루는 철학적 가정에서 균형을 제공하고자 한다. Jones(1955), Vroom(1964), Locke, Shaw, Saari와 Latham(1981) 및 Steers와 Porter(1979)의 저작은 다음과 같은 직무동기의 정의를 설정하는 데 있어서 특히 중요하다.

> 직무동기는 개인의 존재 외부뿐 아니라 내부에서 일과 관련된 행동을 시작하게 하고, 그러한 행동의 형태, 방향, 강도, 그리고 기간을 결정하도록 하는 일단의 활성적인 힘이다.[8)]

정의의 의미

우리의 정의에는 여러 부분에서 강조되어야 할 만한 것이 있다. 첫째, 이 정의는 주로 작업 관련 행동에 대해 말하고 있지만, 인간 행동, 특히 작업 행동의 기원에 대해 생각이 다른 이전의 연구자들을 구분 지은 많은 기본적인 쟁점을 피할 만큼 일반적이고 절충적이다. 예를 들어, 이 정의는 어떤 회사에 취업하거나 취업하지 않는 것, 근무 시간에 늦거나 제시간에 오는 것, 더 열심히 일하라는 상사의 지시를 거부하거나 따르는 것, 다른 도시로의 발령을 받아들이거나 거부하는 것, 직무수행을 위해 더 좋고 똑똑한 방법을 고안하는 것, 그리고 심지어 조직에서 은퇴하거나 사직하는 것과 같은 행동에 적용된다. 직무동기에 관한 앞의 정의는 암묵적으로 중간 수준에서 개념화하고 있는데(Merton, 1968; Pinder & Moore, 1980을 참고하라), 이 정의는 직무, 경력 및 직장에서 사람들의 관리라는 현상만 다루고자 하기 때문이다. 그것은 Ford(1992)의 개념처럼, 모든 맥락에 적용되는 일반적인 인간 동기로 개념화하지 않는다.

8) 이 정의는 이 책의 이전 판에 제시되었으며(Pinder, 1984; 또한 Piner, 1998도 보라) 여기에서 바뀐 것은 없다. 그것은 그 시기 이전의 많은 이론가들의 생각을 근거로 개발되었지만, 그 정의는 1984년 이후 다른 연구자들에 의해 채택되거나 그들이 제시한 정의와 일관된다(예를 들어, Ford, 1992; Landy & Becker, 1987; Latham & Pinder, 2005).

둘째, 힘(force)의 개념이 정의의 중심에 있다. 이것은 Vroom(1964)의 동기 개념과 일관되지만, 그의 이론에서 매우 중요한 인지적 지향성이나 의사결정 요소를 반드시 받아들이지는 않는다(이 책의 9장과 12장을 보라). 또한 힘의 개념은 우리의 정의를 Freud의 정신분석학 연구에서 발견되는 유동성 은유(hydraulic metaphor)와 일관되게 한다. 이 정의는 동기 수준이 어떤 특정 시기의 사람들에 따라, 어떤 한 사람의 경우 시간과 상황에 따라 약해지거나 강해진다는 것을 말한다.

이는 오랜 기간 동안 인간의 행동에 관해 고려된 욕구, 추동, 본능 및 외적 요인들의 복합성(multiplicity)을 의미하는 것이지, 이러한 원천들 중 어떤 것을 가장 중요한 것으로 받아들인다는 것은 아니다. 힘의 개념은 동기는 노력을 통해 스스로를 드러낼 것임을 말한다. 사실, 노력과 동기의 개념은 종종 같은 것으로 다루어진다. 다른 곳에서, 노력은 동기의 조작적 정의로 이용된다. 이 책에서 노력은 동기의 결과 및 주요 지표로 여기지만, 같은 것으로 다루어지지 않는다.

우리의 정의는, 동기의 라틴어(*movere*, 움직이다) 어원을 염두에 둔다면, 움직임의 개념을 시사한다. 내적 및 외적 기원에 대한 인식은 자유의지를 믿는 사람과 결정주의를 믿는 사람 둘 다의 철학적 입장을 인정한다(Joad, 1957; 이 책의 7장과 14장을 참고하라). 앞의 정의의 이러한 특징은 어떤 종류의 직무행동은 주로 직원의 내부로부터 기원한다는 것(아플 때 집에서 쉬는 것처럼)을 배제하지 않고도 행동을 불러일으킬 수 있는 작업 환경의 특징(수행되는 작업의 본질이나 적용되는 리더십 유형처럼)이 중요하다는 인식을 갖게 한다.

우리의 정의는 직무동기의 주요 힘으로서 쾌락주의를 강조하지 않지만, 그렇다고 그것을 배제하지도 않는다. 그것은 작업 행동의 맥락에서 두려움, 열의, 탐욕 또는 질투와 같은 인간의 다른 많은 특질을 고려하지 못하게 하는 것은 아니다.

Blau(1993)는 Katerberg와 함께 수행한 이전 연구(Katerberg & Blau, 1983)에 이어서, 직무동기 정의의 다양한 요소들 각각이 직무수행에 기여하는지 여부와 어떻게 기여하는지를 결정하기 위한 연구를 했다. 115명의 은행 창구 직원을 대상으로 한 연구에서, 그는 비디오카메라로 그들을 관찰하여 직무와 무관한 활동은 제외하고 직무와 관련된 과제를 수행하는 정도를 평정함으로써 '노력'을 조작적으로 정의했다. 노력의 목표를 평가하기 위해, Blau는 그 직원들에게 창구 업무와 관련된 20개의 타당한 행동 각각에 대해 수행 빈도를 표시하게 했다. 이 20개의 문항은 재무 행동과 고객 행동이라는 두 요인으로 축소되었다. 다음에 Blau는 결과를 혼동시킬 수 있는 여러 다른 변인들을 통제한 후 두 가지 직무수행 준거에 대한 그들의 노력과 목표의 관계를 알아보았다. 두 가지 직무수행 준거는 ① 창구 직원이 하나 이상의 타당한 직무 관련 행동을 하는 시간의 백분율인 원생산성(raw productivity)과 ② 신규 계좌를 개설하도록 유도한 고객의 수였다. Blau(1993)가 발견한 것은 노력과 목표 둘 다 창구 직원의 직무수행에 기여했지만 계좌 개설 유도보다 생산성을 더 잘 예측했다는 것이다. 흥미로운 것은 노력과 목표의 개별적 기여 외에도, 그 두 가지 동기 요소의 상호작용 또한 생산성이라는 종속변인의 변산을 설명하는 데 효과적이었다는 점이다.

Blau(1993)와 같은 연구는 직무동기, 이 다루기 힘든 구성개념의 요소들 간의 관계, 그리고 직무수행 같은 다른 중요한 변인과 직무동기의 관계 등의 본질을 이해하는 데 엄청난 기여를 하였다. 이론가들에게 한 가지 문제는 직무동기라는 구성개념의 존재와 그것이 사람들의 삶과 어떤 관련이 있는가를 상정하는 것이었다. Blau와 같은 연구자들에게 또 다른 문제는 타당한 측정도구를 개발하고 흥미 있는 구성개념들 간에서 기대되는 관계를 검증하는 것이었다. 직무동기라는 구성개념의 경험적 성질을 완전히 이해하기 위해서는 Blau가 보인 것과 같은 우수한 연구가 더 많이 필요하다.

직무동기에 대한 우리의 정의의 또 다른 요소—강도(intensity) 차원—또한 최근 집중적인 주의를 끌고 있다. Brehm과 Self(1989)는 잠재적 동기(potential motivation)와 동기적 각성(motivational arousal)을 구별했다. 그들에게 있어서 욕구, 가치, 그리고 (노력이 필요로 하는 만족을 가져올 것인가에 대한) 개인의 지각은 복합적으로 가용한 동기적 노력의 양을 결정한다. 그러나 이것은 개인의 실제 각성을 결정하기 위한 충분조건이 아니다. 게다가 개인은 존재의 욕구를 충족시키기 위해 도구적인 것으로 여겨지는 행동을 어느 정도 해야 한다. 에너지의 양은 요구되는 도구적 행동을 하기 위해 필요한 것보다 더 크지는 않은 것으로 가정된다. 그래서 노력이 거의 요구되지 않는다면, 욕구가 아무리 크거나 잠재적 성과가 아무리 가치 있을지라도 동기적 각성은 낮을 것이다(p. 111). 그때 강도는 동기적 각성의 순간적인 크기로 정의된다(p. 110). 달리 말해서 다음과 같다.

> 잠재적 동기는 욕구 그리고 /또는 잠재적 성과에 의해 그리고 행동 수행이 그러한 욕구와 성과에 영향을 미칠 것이라는 기대에 의해 야기된다. 그러나 동기적 각

> 성은 요구되는 행동이 자신의 역량에 비해 어려울 때 발생하고, 잠재적 동기의 크기에 의해 뒷받침된다. 도구적 행동의 어려움이 자신의 역량을 초과하거나 잠재적 이득의 가치를 능가한다면… 에너지 이동은 거의 또는 전혀 없을 것이다. 잠재적 동기가 클수록, 개인이 움직이고자 하는 에너지의 양도 커진다.
>
> (Brehm & Self, 1989, p. 111)

그래서 반복해서 말하면, 강도는 가용한 잠재력과 상관없이 실제 동기적 각성의 순간적 크기로서 정의된다.

동기적 힘이 집중되는 **방향성**(direction) 또한 정의에 나타난다. 이러한 특징이 포함된 것은 직무동기의 강도와 기간을 고려하는 것만으로는 충분치 않다는 것을 의미한다. 오히려 직무동기를 완전히 이해하기 위해 사람들은 동기화된 에너지가 지향하는 특정 목표를 감안해야 한다(Katerberg & Blau, 1983). 이 장의 초반에 제시된 Frank O'Dea의 만트라의 구성 요소인 '비전'은 직무동기의 핵심 요소로서 비전, 초점, 목표, 사명감과 목적의식의 중요성을 말하고 있다.

정의에서 발견되는 **기간**(duration) 개념은 목표 달성이 직무행동에 따른 가능한(필수적인 것이 아니라) 성과일 수 있다는 것을 의미하며, 이것은 Murray(1938)와 Dunnette와 Kirchner(1965) 같은 초기의 이론가뿐 아니라 Locke와 Latham(1990b) 같은 최근의 목표 이론가가 제시한 목표지향적 이론과도 모순되지 않는다. 지속성은 직무동기의 주요 요소다.

우리의 정의는 Maehr와 Braskamp(1986)와 Maehr(1987)가 확인한 다섯 가지 '행동 패턴' 중 세 가지—선택(무단결근 행동과 관련된다), 지속성(근무 시간), 지속적 동기(자발적으로 자신의 작업 기술을 높이는 것)[9]—를 받아들였다. 마찬가지로, 우리의 정의는 여러 연구자들이 서술한 직무행동— '협동 의지', '혁신적이고 자발적인 행동', '친사회적 행동' 및 가장 최근의 '개인적 주도권(personal initiative)'(Frese, Kring, Soose, & Zempel, 1996)—을 고려하고 있는데, 그것들 모두는 요구되는 임무 범위 이상으로 일하는 것을 의미한다(Dalal, 2005; LePine, Erez, & Johnson, 2002).

9) 그러나 이 책의 정의는 그들의 두 범주인 '활동 수준'과 '수행'과 어울리지 않는데, 그것들은 동기 자체가 아니라 수행과 관련되기 때문이다. 이것은 이 장의 후반부에서 좀 더 길게 논의될 주요 차이다.

우리의 정의의 또 다른 특징은 동기는 인간 행동의 유일한 원천, 즉 직무동기는 직무행동 자체의 유일한 원천이라는 점을 의미하는 것은 아니라는 점이다. 오히려 그것은 동기 이외의 다른 힘들도 인간의 행위, 즉 일을 할 것인가 말 것인가에 기여한다는 사실과 부응한다. 이런 문제는 전통적인 동기이론을 꽤 강도 높게 비판한 Ford (1992)의 견해에서 중요하다. Ford(p. 10)는 동기의 개념이 가치를 가지려면 그것은 "행동 패턴의 방향성, 활성화(energization) 및 조절의 심리적 과정"만 설명하는 데 한정되어야 한다고 주장했다. Ford가 동기를 엄격히 심리적인 것으로 보면서 동기를 생물학적, 환경적 영향력이나 '동기와 무관한 심리적 및 행동적 영향력'과 같은 다른 힘들과 구분한 반면, 우리의 정의는 행동을 활성화시키고 통제하는 많은 생물학적 요인들의 역할도 인정한다. 또한 우리의 정의는 환경의 특징들이 동기적 (심지어 기본적으로 심리적) 힘을 촉발시킬 수 있는 가능성을 허용한다. 따라서 우리는 이러한 측면들에서 Ford와 조금 다르다. 그럼에도 불구하고, 우리의 정의는 모든 행동이 동기화된다는 것을 의미하는 것은 아니다. 인간의 많은 활동은 동기적이지 않고, 강박적이며, 습관적이다. 우리의 정의는 모든 행동이 의식적인 현상으로부터 나오는 것은 아니라는 가정과 부합하기도 한다. 대신 Brody(1980)가 말한 것처럼 "행동은 각성되지 않은 동기 상태의 영향을 받을 수도 있고, 각성되지 않은 동기 상태는 행동에 특별한 영향을 행사하지 않을 것이다."(p. 156)

그러나 우리의 정의의 가장 중요한 특징은 동기를 보이지 않는 내적 개념, 즉 가설적 구성개념일 수 있는 것, 다시 말해 아직까지 직접 관찰할 수 없는 가정된 물리적 과정을 표상하는 개념으로 간주한다는 것이다(MacCorquodale & Meehl, 1948). 우리는 실제로 동기 자체를 직접 보거나 측정할 수 없다. 대신 우리는 그것이 있다고 가정하며 측정이 가능하도록 인도하는 이론에 의존한다. 이러한 종류의 가설적 구성개념은 사실상 발달 중의 모든 과학뿐 아니라 심리학(예를 들어, 성격, 지각, 신념, 태도 등)에 많이 있다. 예를 들어, 아드레날린은 원래 추론된 변인이었다. 요즈음 그것은 의학과 임상 장면에서 정기적으로 투여된다. 그럼에도 불구하고, 과학에는 셀 수 없이 많은 가설적 구성개념들의 예가 있으며, 동기와 같은 눈에 보이지 않는 내적 과정에 의존하는 것은 중요한 논쟁점을 구성한다. 예를 들어, 14장에서 우리는 관찰 가능한 행동에만 초점을 두기 위해 그와 같은 가설적 구성개념의 이용을 거부하는 학파에 대해 논의할 것이다.

간단히 말해, 여기서 제시된 정의의 의도는 모든 종류의 작업 행동에 적용하는 것뿐 아니라, 동시에 우리가 이미 언급한 대부분의 논쟁과 혼동을 유도한 많은 존재론적 및 인식론적 문제를 방지하는 것도 포함한다. 동기는 직무수행과 인간의 생산성에서 중요한 요인이다.

직무동기는 위축되고 있는가

앞에서 우리는 직무동기 문제에 대해 여러 세대에 걸쳐 때로는 불일치—심지어 열띤 말다툼—가 있다는 점을 관찰했다. 여기에서 질문이 있다. '오늘날의 근로자들'은 과거의 그들보다 동기 수준이 높은가 아니면 낮은가?

직무동기의 목적 자체 때문인지, 즉 일을 통해 얻는 돈으로 살 수 있는 물질적인 것과 비물질적인 것에 대한 우리의 욕망이 크게 증가했기 때문인지, 미국인들은 수십 년 전보다 더 오랜 시간 일하고 여가 시간을 덜 누린다고 믿는다. Aguiar와 Hurst(2006)의 최근 연구는, 사용되는 측정방법의 유형에 따라 다르지만 미국인들은 40년 전에 비해 평균적으로 한 주당 4~8시간 더 많은 시간을 여가에 쓴다는 것을 보여 주고 있다! 미국인들은 일반적으로 많은 제1세계 국가들의 근로자들보다 더 오래 일하지만, 그것의 주된 이유는 그러한 많은 다른 나라들(예를 들어, 독일)의 주당 근무 시간이 줄어들었기 때문이다.

이제 질문해 보자. 실제로 오늘날의 사람들은 '이전보다' 일에 대한 가치를 더 높이 두는가 아니면 낮게 두는가? 2006년 캐나다 연방통계청이 보고한 연구는 '55세 이상의 캐나다인'은 15년 전의 유사한 연구에 나타난 같은 연령대보다 더 오래 일한다는 결론을 내렸다(*Times Colonist*, 2006년 7월 27일, p. A6).

Hill(1999), Brief 등(1988), Tausky(1995) 및 Erikson과 Vallas(1990) 등은 고대 그리스 철학자들(일을 시간 낭비로 보던 때), 고대 히브리 및 로마 철학자들과 신학자(그들은 시간 낭비에 더해서 일이 일종의 원죄에 대한 처벌 때문이라고 믿었다)로부터 일과 직무가치에 대해 많은 세속적 및 비세속적 관점이 공존하는 현대에 이르기까지 직무가치가 어떻게 발전했는지를 묘사했다. 그와 같은 큰 붓으로 그렸을 때, 명확한 것은 일, 일의 의미 및 일에서 가치 있는 것은 극적으로 변했다는 것이다. 따라서 직무가치와 일의 의미에 대한 연구는 사회역사적 시대에 따라 분석되어야 한다.

예를 들어, 거의 사반세기 전에 수행된 한 연구는 두 개의 대응 표본 자료—하나는 1982년, 다른 하나는 1989년에 수집된—를 비교해서 직무와 관련된 41개의 가치에서 생긴 변화량을 검토했다(England, 1991). 네 가지 일반 요인이 41개의 개별 문항의 기저에 있다. 그것들은 ① 삶에서 직업과 노동의 중요성과 의미, ② 사람들이 가지고 있는 일에서의 권리와 의무에 대한 규범적 신념과 기대, ③ 여러 가지 직업 목표를 달성하는 것의 상대적 중요성(다른 말로는 직무가치, 직업욕구, 그리고 인센티브 선호로 불린다), ④ 어떤 활동이 일로서 또는 일이 아닌 것으로서 간주되는지를 결정하기 위해 사람들이 사용하는 근거다. 연구는 흥미로운 것을 발견했다. 7년이라는 짧은 기간 동안 일에 대한 미국인들의 가치에는 확실히 유의미한 변화가 있었다. 41개의 개별 항목 중에 극적으로 변한 것은 하나도 없었지만, 집합적으로 보면 일과 노동에 대한 미국인들의 견해는 변했다는 것이 발견되었다. 41개의 개별 항목 중 21개에서 통계적으로 유의한 변화가 관찰되었다. 경제적 목표는 더 중요해진 반면, '안락함' 목표는 덜 중요해진 것 같다. 이것은 England가 두 연구의 기간 동안 경제적 현실에 대한 도구적 반응으로 보고한 것을 반영한다. 그러나 삶의 한 부분으로서 일하는 것의 중요성은 같은 기간 동안 낮아졌다. 두 번째 연구의 많은 사람들에게서 일이 지닌 내재적 가치는 약해졌고 도구적 목표에 대한 수단이라는 가치는 더 높아진 것 같다. 마지막으로, (그리고 일반적인 변화 경향과 상반되게) 권리와 의무에 대한 사람들의 신념은 연구 기간 동안 사실상 아무런 변화가 없었다.

England의 연구는 그 문제에 결론을 제시한 것도 아니었고, 부모와 자녀 사이의 내기를 위한 유일한 근거로 받아들여져서도 안 된다. 그러나 그 연구가 우리에게 일깨워 주는 것은, 가치는 시간의 흐름에 따라 변하고, 일과 관련된 가치, 신념 및 태도는 상대적으로 짧은 기간 동안 거시적 움직임에 민감하다는 것이다. 이 책은 직무태도와 직무가치에 대해 상당히 많은 것을 제시할 것이다(3장, 9장 및 10장을 보라).

직무윤리와 직무가치에서 현재의 세대 간 차이

어떠한 세대의 사람들도 후세의 직무 윤리와 가치에 대해 종종 어떤 요구를 했다. 물론, 보통 어떠한 시대든 나이 든 사람들은 자신들의 후손들보다 더 열심히 더 어렵게 일했다고 주장한다. 많은 경우 이러한 주장은 사실일 수 있다! 소위 'X세대'의 가치와 직업 관련 불안을 다룬 Coupland(1991)의 인기 있는 소설은 1963년에서 1981년 사이에 태어난 북아메리카인들이 일과 경력에 관해 더 나이 든 사람들의 관점과 다르다는 것을 시사한다. 그 소설의 성공은 순전히 X세대와 그들이 싫어하는 베이비부머(Baby Boomer) 둘 다의 심금을 울렸다는 것을 의미한다. X세대 현상에 대한 지지자들은 이전 세대의 직무가치는 그들에게 무가치하다고 주장한다. 이것은 부분적으로 직업과 전통적 경력의 혜택이 그들에게 돌아오지 않고 앞으로도 그렇지 않을 것이라 여기기 때문인데, 이러한 생각은 베이비부머가 조직의 위계를 막고 있으며, 소비를 위한 재화와 서비스 가격을 올리며, 현재의 적자 보전을 위해 X세대의 미래를 저당잡은 것뿐 아니라 이외의 갖가지 위반 행동을 하는 것에 기인한다. 전통을 고수하는 베이비부머는 대부분의 고정관념이 모두 타당성을 가지고 있다는 고정관념을 근거로 X세대에 대해 어떤 요구를 한다(예를 들어, 그것들에는 아마도 현실적인 근거가 있겠지만, 그것들은 수많은 예외에 민감하다).

힘을 가진 나이 든 사람들과 관리자들이 맞닥뜨리는 결과는 X세대가 정말 관리하기 너무 어렵다는 것이다. 최근의 드라마를 보면 베이비부머들은 종종 X세대가 게으르고, 이기적이며, 충실하지 않으며, 단지 자신만을 위한다고 주장한다(Tulgan, 1995). 그들은 주의 집중 기간이 끔찍하게 짧으며, 높은 수준의 자극을 원하며, 행동은 빠르다. 그들은 직무, 상사 및 작업 조건에 대해 징징거리며 그들이 일하는 조직에 비합리적인 요구를 한다. 그들은 이전 세대의 근로자들이 그랬던 것과 달리, 전반적으로 고용주와 사회에 '회비를 지불할' 준비는 되어 있지 않은 채 기여에 따른 열매를 누리고자 한다. X세대는 많은 면에서 너무 성급하게 빠른 대가, 도전적인 직업, 수행에 대한 끊임없는 피드백, 그리고 직무를 통한 끊임없는 개인적 및 전문적 발달 기회를 요구한다는 의심을 사고 있다(Tulgan, 1995). 그들은 권위를 싫어하고 대부분의 것들에 냉소적이다. 그러나 일반적으로 구세대의 눈에 X세대의 가장 짜증 나는 특징은 그들이 충실하지 않다는 것인 것 같다. 즉, 그들은 직업을 찾고 취업하는 것의 진정한 가치를 모르며, 그들의 고용주가 그들이 원하는 것을 충분히 제공하지 않을 때 말뚝을 뽑아서 다른 직장으로 옮긴다는 것이다. 그들은 그들의 부모보다 사회적 정의에 대한 관심이 덜하고, 그들 자신을 위한다. Tulgan(1995)에 따르면, 그들은 다른 사람에 의존하지 않고 스스로에게 의존한다.

은행, 법률회사 등에서 일하는 21~31세의 젊은 미국인 전문가 85명을 면접한 연구에서, Tulgan(1995)은 협의와 느낌이 상당히 일관된다는 것을 발견했다. 사실, 네 가지 일관된 주제가 면접에서 드러났다. 연구 참여자들은 다음을 매우 강조했다. ① (그들이 의미 있게 기여할 수 있는 작업 단위에 대한) 소속, ② 자기 계발과 의사결정 관여를 위한 충분한 정보에 접근함으로써 개인적 및 전문적 발달의 학습, ③ 기업가 정신(예를 들어, 자신의 작업 문제를 스스로 정의하고, 자기 방식으로 해결책을 찾아내고, 스스로 결과를 만들어 내는 맥락에서 일하는 것), ④ 안전(현재의 조직에 남아 있든, 아니면 자신의 장기적인 최상의 이익에 대비하기 위해 스스로의 경력을 정의함으로써 적당할 때 이직을 하든, 그들이 자신의 장기적 안전에 대비할 수 있을 것인가의 문제). Tulgan은 미국 내 X세대 아동의 경험과 양육자들의 경험 사이의 역사적 및 사회적 차이를 요약했다. 여기서 자세히 요약하는 것은 우리의 범위를 넘어간다.

스웨덴 여론조사 회사 Universum(2006)은 최근 보고에서 세대 간 문제에 대해 더 많은 통찰을 제공했다. 대부분의 대중지의 요점과 일관되게 캐나다 대학생들은 일과 개인 생활 사이의 '균형'을 선호한다. 그러나 결국 Tulgan이 발견한 것을 주의 깊게 읽는다면 응답자들이 가치를 두는 직무 조건은 대부분의 사람들이 일에서 원하는 것과 크게 다르지 않다는 것을 알 수 있다(그들은 단지 이러한 것들을 요구하고 얻는 것에 좀 더 목소리를 내는 것뿐일 수 있다). 사실, 직무 자체의 요소들은 1960년대의 직무설계 연구로부터 드러난 처방과 거의 완벽히 일치한다(2장의 동기-위생 요인 이론과 7장의 직무설계에 관한 직무특성 모형에 관한 논의를 보라). 그들은 의미 있는 직무를 요구한다. 그들은 일에서 자율성과 자기결정을 요구한다. 그들은 존중을 바라고 자신들의 기여가 인정되는 업무 팀에 속하기를 원한다. 그들은 상사나 동료의 나쁜 계획으로 인해 그들의 시간이 낭비되는 것을 싫어한다. 그들은 다양한 활동을 기대하지 단지 정치를 하자는 것이 아니다. 그들은 상사와 기술 전문가들의 시시콜콜한 관리를 싫어한다. 그들은 또한 두려움을 퍼뜨리는 상사에 의해 이리저리 내몰리고 위협받는 것을 혐오한다.

요점은 나이나 세대에 상관없이 우리 사회의 대부분의 사람들이 여기서 언급된 것과 같은 것들을 좋아하거나 싫어한다는 것이다. X세대에게 어울리도록 조직을 적절하게 설계하고 관리하는 것은, 대부분의 경우에 동기와 보상 원리에 대한 개화된 관리와 거의 차이가 없다. 그 연구를 보고하고 있는 책의 첫머리는 다음과 같다(Tulgan, p. 93). "X세대의 동기를 없애는 가장 좋은 방법은 마땅히 받아야 할 보상을 받지 못한다는 느낌을 갖게 하는 것이다." 우리 모두를 위해 아멘!

본 저자의 의견에서, 주요 차이는 젊은이들이 사실상 구세대의 직무 경험을 관찰함으로써 상당히 많은 것을 배웠으며, 흔히 하는 것처럼 경력 기간 동안 하나 또는 몇몇 고용주들에 대한 조직몰입(10장을 보라)과 맹목적 헌신을 포함시키지 않는 경력 및 직무가치를 발달시켰다는 것이다(Loughlin & Barling, 2001을 참고하라). 하나의 집단으로서의 그들은 집단보다 더 똑똑하다고 여겨진다. 더 최근에, 일부 사회 관찰자들은 소위 넥스터(Nexter) 세대[때로는 'Y세대' 또는 '에코부머(Echo Boomer)'라고 불리며, 1980년 이후 출생자들이다]는 일과 경력에 관해 다른 견해와 가치를 가지고 있는 또 다른 혈통을 구성한다고 주장한다.

직무동기와 직무수행은 같은 것이 아니다!

이 책의 초반부에서 이루어질 필요가 있는 가장 중요한 구별 중 하나는 직무수행과 직무동기의 차이다. 그 차이는 의미의 문제보다 훨씬 더 크다. 우선 이 책의 나머지를 구성하는 이론과 생각을 이해하고 적용하는 데 있어서 강력한 시사점을 가진다는 점이다. 그러한 차이는 직무동기에 관한 Vroom(1964)의 초기 저작에서뿐 아니라, 그 이후에도 종종 인정되었던 것이다(Cummings & Schwab, 1973; Lawler, 1973; Porter & Lawler, 1968; Terborg, 1977을 참고하라). 그 두 개념 사이에는 어떤 차이가 있는가?

관리자들은 다른 사람을 통한 작업의 성취에 주로 관심을 둔다. 그들은 다른 사람들이 해당 업무를 완성할 수 있도록 조치를 취할 책임이 있다. 따라서 관리자는 자신의 부하직원들이 각각의 개별적인 업무 목표를 달성할 때 효과적이라 할 수 있다. 그러나 성공적인 업무 목표 달성은 보통 많은 요인이 상호작용한 결과이며, 일부 요인들만이 근로자 스스로에 의해 통제될 수 있는 것(과제에 투여되는 노력의 양 같은 것)이다. 예를 들어, 또 다른 중요한 요인은 자신에게 할당된 특정 직무를 수행하기 위해 근로자가 가지고 있는 능력 수준이다. (우리는 능력 문제를 간단히 다룰 것이다.) 상사와 부하직원(그 상사에게 있다면)으로부터 받는 지원의 양과 같이 다른 요인들은 여전히 근로자의 외부에 있다.

미국 근로자에 대한 Hall(1994)의 방대한 연구는 대다수의 사람들이 자신들의 직무에서 좋은 수행을 보이기 원하지만, 상사의 업무 제약과 회사의 제한된 정책으로 인해 그렇게 하는 것이 방해받는다는 것을 상세히 서술하였다.[10] 조명과 소음 수준, 온도 및 공기청정도 같은 물리적 작업 환경의 특징과 직무수행에 필요한 물질의 가용성은 조직이 효과적인 직무수행을 요구하는 것에 자신의 모든 노력을 쏟아부을 수 있는 정도를 제한할 것이다. 간단히 말해서, 우리는 직무수행을 달성 수단에 상관없이 업무 목표를 달성하는 것으로 정의할 수 있다.[11]

동기와 수행을 구별하는 것의 중요성

우리가 직원의 좋지 못한 수행을 생각할 때, 초점이 되는 개인이나 집단 또는 다른 사람에 의해 설정된 어떤 목표가 암묵적으로든 명시적으로든 존재한다는 것을 가정한다(Mitchell & O'Reilly, 1983). 또한 우리가 암묵적으로 가정하는 것은 목표 달성 여부를 보기 위해 수행을 측정하는 것이 가능하다는 것이다. 따라서 어떤 한 시점에서 목표가 하나이든 여러 개이든, 하나 이상의 목표가 있다면 그것들이 상호 배타적이든 아니든, 좋지 못한 수행이라고 판단되는 것은 누가 목표를 설정하는가에 크게 의존할 것이다. (13장에서, 우리는 목표설정 이론을 더욱 철저하게 논의할 것이다.)

그리고 '나쁜 수행'이라고 의심될 때 중요한 것 중 하나는 수행이 어떻게 언제 누구에 의해 측정되는가의 문제다. 결국 수행이 절대적 의미에서 측정되는가 아니면 현재의 인물이든 과거의 인물이든 다른 사람이 달성한 수행 수준에 대비해서 측정되는가의 문제다. 따라서 나쁜 수행은 자의적인 것이고 보는 사람의 눈 속에 있는 문제일 수 있다(Mitchell & O'Reilly, 1983).

부하직원들의 나쁜 직무수행을 바라보는 관리자들이 흔히 하는 실수는 자동적으로 낮은 동기 수준의 결과로 이 문제를 치환하고자 한다는 것이다. 따라서 예를 들어,

10) Likert(1961, pp. 97-103) 및 다른 연구자들에 의해 수십 년 전 대규모 연구를 근거로 유사한 관찰이 발표되었고, 그 시기에 제시된 해결책도 사실상 Hall(1994)이 제시한 것과 같다는 것은 흥미롭다.

11) Staw와 Boettger(1990)는 수행에 대한 전통적 정의는 범위상 제한적임을 지적했는데, 고용주, 근로자, 또는 둘 모두에게 최선의 이익이 되는 한에서 개인은 종종 미리 규정된 과업의 역할 명령에서 벗어나며 직무의 본질을 바꿀 수 있기 때문이다. 그들은 이런 형태의 행동을 과업 수정(task revision)이라 칭하고, 예를 들어 지시가 부적절하거나 적절한 시기가 지나서 상황이 변했을 때 또는 새로운 대안이 제시될 때처럼, 공식적인 과업과 목표에 엄격하게 집착하는 것이 관련된 어느 누구에게도 최선의 이익을 주지 못하는 예가 많다고 주장한다. 우리는 그런 유연성과 혁신성이 미래의 작업 장면에서 더욱 적절하고 중요해질 것인지에 대해 의혹을 갖는다.

핵심 판매원의 월평균 판매 수치의 급격한 하락(낮은 직무수행)에 주목한 판매 관리자는 향후 판매에서 그 판매원에게 주어지는 판매 수수료율을 높이는 반응을 보일 수 있다. 그 관리자의 반응은 그 판매원이 회사의 제품을 판매할 때 사용하는 노력 수준에 반영되는 동기 수준을 높이기 위한 명시적 시도다. 그 관리자는 그 판매원이 흥미를 잃었거나 단지 게을러졌다는 몇 가지 이유 때문에 충분히 열심히 일하지 않는다고 가정한다(Mitchell, Green, & Wood, 1981을 참고하라).

그러나 많은 경우 문제는 앞에서 언급된 많은 외부 요인들 때문일 수 있다(Baron, 1994는 훌륭한 개관을 제공했다). 예를 들어, 그 판매원은 자신의 판매 지역에서 더 우수한 제품을 가진 다른 회사의 판매원과 치열한 경쟁을 벌이고 있을 수 있다. 그 판매원은 전통적으로 유지된 소수의 고객을 잃고 새로운 고객을 잡기 위해 분투 중일 수 있다. 아니면, 회사의 마케팅 전략에 반영된 새로운 정책을 잘 모를 수 있다. 사회심리학자들은 사람들이 외부의 맥락적 요인보다 (능력이나 동기 같은) 내적 요인들에 원인과 효과를 귀인하는 자연스러운 경향을 **기본귀인오류**(fundamental attribution error)라 부른다(Ross, 1977을 보라).

간단히 말해, 명백한 수행 문제는 업무 성과가 표준에 이르지 못한 것으로 의심되는 사람의 관점에서 고려되어야 한다. 우리는 최소한 부분적으로라도 근로자의 통제권 밖에 있는 요인들인 외부의 상황적 요인들의 가능성을 염두에 두어야 한다. 어려움의 주된 이유가 그 사람에게 있을 수 있겠지만, 직무태도의 문제를 동기 탓으로 돌리는 것은 실수일 수 있다. 동기 문제가 아닐 때 동기 수준을 높이기 위해 암묵적으로 (또는 명시적으로) 설계된 전략을 적용하는 것은 자기충족적 예언을 불러올 수 있다. 근로자는 새로운 위협이나 인센티브에 반응하지만(이전과 같은 이유 때문에) 여전히 표준에 이르지 못하는 수행을 해서 좌절하고 그만둘 수 있다. (우리는 8장에서 좌절의 문제를 더욱 완전하게 살펴볼 것이다.)

앞의 가상적 판매 관리자의 진단 오류는 흔하고 저지르기 쉬운 것이다. 고등학교나 대학교에서 자신의 자녀들의 수행 하락을 볼 때 부모는 종종 유사한 실수를 저지른다. 많은 고등학교 학생들은 어느 정도 노력, 타고난 정신 능력 수준, 그리고 매력(charm) 수준을 가지고 있을 때 수용 가능한 표준에 도달할 수 있는지 알고 있다. 그러나 대학에 진학했을 때, 같은 학생들은 (때로는 그들이 갖고 있지 않은) 더 높은 능력과 노력이 필요하다는 것을 알게 된다. 매력도 마찬가지로 도움을 준다. 천부적 능력 또는 충분히 높은 수준의 후천적 기술을 가지지 않은 자녀들에게 동기적 전략을 적용하고자 하는 부모는 보통 자녀들이 더 효과적으로 수행하는 데 도움을 줄 수 없다. 사실, 이런 자녀들에게 부모가 주는 압박은 현재 좌절을 느끼는 학생에게 분노, 두려움 및 포기를 가져올 수 있다. 저자는 이런 종류의 압박으로 인해 자살한 학생의 경우를 알고 있다. 대부분의 직무에서 성공하는 것처럼 대학에서의 성공은 동기라는 한 요소가 아니라 여러 요소가 복합되는 것을 요구한다. 능력은 또 다른 것이다. 그리고 보통 성공적인 수행에서 동기와 능력의 효과를 강화 또는 약화시키는 요인들은 많다(Baron, 1994를 참고하라).

간단히 말해, 여기서의 요점은 나쁜 수행이 낮은 동기의 결과라고 자동적으로 가정하는 것은 심각한 잘못이라는 것이다. 동기뿐 아니라 다른 요인들도 직무수행을 결정하기 위해 그것과 상호작용한다. 이런 것들 중 하나는 현재 초점이 되고 있는 과제를 위한 개인의 능력 수준이다. 따라서 우리는 '능력'이라는 용어가 무엇을 의미하는지 살펴볼 것이다.

직장에서의 능력

앞의 예들이 제시하는 것처럼, 직원들의 능력은 효과적인 직무수행에 중요한 요인이다. 사실, 어떤 심리학자들은 오랫동안 직무수행에서 능력이 동기보다 더 중요하다고 주장했다(예를 들어, Dunnette, 1972). 어떤 사람이 방바닥에서 테이블 위로 무거운 중량을 들어올리기 위해 높이 동기화될 수 있지만(그렇게 하는 것에 100달러를 받은 후), 그것을 하기 위한 체력(능력의 일종)을 갖고 있지 않을 수 있다. 결과: 높은 동기, 무능력, 무수행.

능력의 정의

그런데 무엇이 능력인가? 동기를 간단히 정의하는 것이 어려운 것처럼 능력(ability)을 간단히 정의한 것을 찾는 것 또한 어렵다. 능력의 정의가 어려운 이유는 능력이 이를테면 기술(skill)과 적성(aptitude)과 같은 많은 다른 개념을 내포하고 나타내는 말인 것 같기 때문이다. 가장 단순하게 말해서 우리는 과제를 시도하고자 하는 동기 수준을 통제하면서 과제를 완수하고자 하는 개인의 한계량(capacity)으로 능력을 정의할 수 있다. 그러나 이것은 단지 능력을 한계로 대체한 것 아니냐는 질문을 하게 만든다. 어떤 저자는 능력을 평가하기 위해 고안된 검사를 통해 개인이 성취할 수 있는 수행의 측면에서 능력을 정의한다(Cronbach, 1970). 달리 말해서, 능력은 능력 검사가 측정하는 것이다. 그런 순환논법은 도움이 되지 않는다.

그 문제에 접근하기 위한 한 가지 방법은 집합적으로 그것을 구성하는 것들의 정의를 살펴봄으로써 능력을 정의하는 것이다. 이것들 중 하나는 적성인데, 『옥스퍼드 영어 사전』(1961, vol. 1)은 "타고난(natural) 한계량, 자질(endowment), 또는 능력, 어떤 것을 추구하기 위한 재능(talent)" 이라고 정의하고 있다. 우리는 이 정의에서 타고난과 재능이라는 두 가지 핵심 용어에 초점을 둠으로써 순환논법을 피할 수 있다. 이것은 적성이 사람들의 타고난 능력의 일부이며, 명시적인 훈련이 없이도 자연스럽게 발달하는 것 같다는 것을 의미한다. 하나의 예가 공간 지능일 수 있다.

적성의 또 다른 요소는 기술(skill)이다(Dunnette, 1972). 다시 『옥스퍼드 영어 사전』(1961, vol. 9)을 보면, "정확하고 확실하게 어떤 것을 달성하는 역량(capability), 능력과 결합된 실용 지식, 그리고 총명함과 전문성" 으로 나와 있다. (독자는 다른 것들과 독립적으로 이 용어들을 정의할 때의 어려움에 공감할 것이다!) 기술의 본질은 가공되지 않은, 타고난 적성으로부터뿐 아니라(앞에서 정의한 것처럼) 적성에 대한 명시적인 훈련과 개발을 통해 얻게 되는 역량에서 나오는 한계량이나 역량이다. 이런 종류의 개발은 의도적이고 능동적이며, 개인이 성장하고 배움에 따라 수동적으로 발생할 수도 있다(14장을 보라).

요약하자면, 우리에게는 Lawler(1973)가 도달한 것과 유사하지만 동일하지 않은 정의가 남겨진다. 능력은 타고난 적성뿐 아니라, 그러한 적성에 훈련과 경험을 적용함으로써 나오는 행동 한계량을 더한 것의 합이다. 그것을 다음과 같이 요약할 수 있다.

능력 = 적성 + 적성(훈련과 경험)

이와 같이 정의함으로써, 능력은 업무수행 중인 사람들에게 귀인되는 말들인 지혜, 총명함 및 역량(competence) 같은 일반적인 개념을 포함한다.

요점은 사람들이 시간의 흐름에 따라 개발하는 타고난 재능과 기술이 효과적인 직무수행의 주요 결정 요인이라는 점이다. 필요한 능력을 갖고 있지 않은 채 높은 동기를 갖고 일하는 사람들은 일반적으로 그 직무를 수행할 수 없다.

능력의 유형

인간의 능력에는 다양한 형태가 있다. Guilford(1967)는 뚜렷이 구별되는 기본적인 정신 능력만 120개일 정도로 많을 것이라고 주장하였다! 인간이 가지고 있는 많은 감각적 및 정신운동적 능력이 다양한 비율로 결합되면(Guion, 1965를 참고하라) 어떠한 직원이든 직장으로 가져오는 능력의 조합이나 집합은 무한하다(경영 기술과 능력에 대한 상세한 서술에 대해 McCall, Lombardo, & Morrison, 1988을 보라).

원칙적으로는 확실히 그런 것 같지만, 우리는 'Jones는 아무 기술도 없다' 또는 'Smith는 무능하다' 같은 표지를 하는 경향이 있기 때문에 능력의 조합이 무한하다는 것은 설명을 필요로 한다. 그러나 조직 장면에서 우리는 '무엇을 위한 역량(competence)인가?' 라는 질문을 해야 한다(Warr & Conner, 1992를 참고하라). 능력에 어울리지 않는 직무를 할당받은 역량이 뛰어난 사람들은 일부 기본적인 필수 능력을 갖고 직무에 할당된 평범한 능력을 가진 사람들보다 일반적으로 조직에서 더 효과적이지 않다(Dawis & Lofquist, 1984). 따라서 우리는 주의 깊은 인사 선발, 배치 및 직무설계의 중요성을 인정해야 한다.

주목해야 할 흥미로운 점은 사람들이 항상 자신의 능력의 한계점을 인식하는 것은 아니라는 것이다. 다시 말해서, 사람들은 종종 자신의 사회적 및 지적 능력을 과대평가한다(그것은 체력과 같은 다른 능력보다 직접적으로 관찰되지 않는 것들이다). Kruger와 Dunning(1999)의 매혹적인 연구는 객관적으로 설정된 기준에 비추어 볼 때 코넬(Cornell) 대학교 학생들이 유머, 논리적 추론 및 영문법을 요구하는 과제에서 자신의 능력을 종종 과대평가한다는 것을 발견했다. 연구자들은 또한 예상했던 것처럼 연구 참여자들이 일반적으로 연구 영역에서 능력이 부족하다는 것을 이해하는 '초인지적(metacognitive) 기술'이 부족하다는 것을 발견했다. 달리 말해서, 사람들은 종종 자신들이 모른다는 것을 모른다.

세계의 경제는 점점 '지식 노동'으로 알려지기 시작한 것에 의존하고 있는데, 그 말은 사람들에게 '가치를 생산하기 위해 손보다 머리를 쓸 것'을 요구한다는 것을 의미한다(Horibe, 1999, p. xi를 참고하라). Davenport(2006)는 서구 근로자의 1/4에서 1/2, 특히 서비스 영역의 근로자들은 이러한 이름을 붙일 만하다고 추정했다. 지식 근로자의 관리는 지금까지 머리보다 체력에 더 의존했던 작업을 관리하기 위해 사용된 전통적인 방법들에서 벗어나 다른 종류의 기술과 기법을 필요로 한다(Davenport,

2006). 그러나 그것에 대한 논의는 우리의 목적을 넘어간다[비록 13장에서 목표설정 문헌에서의 수행 목표와 상반되게 **학습 목표**(learning goals)라는 상대적으로 새로운 문헌을 논의하겠지만].

직무역량의 개념

현대의 많은(대부분의?) 직무 현장에서 직무수행을 위해 정신 능력이 더욱 중요해지고 있다는 것을 인식하면서 Warr와 Conner(1992)는 종전까지 능력으로 고려되었음 직한 **직무역량**(job competence)에 대한 포괄적 정의를 제공했다.

> 직무역량은 행동, 지식, 사고 과정 및 태도의 집합이며, 그것은 미리 규정된 초급 수준의, 기본적인 또는 높은 수행 표준에 도달하는 직무수행으로 나타날 수 있는 것들이다. 직무역량에 대한 서술은 하나 이상의 수준에서 한 가지 이상의 직무와 관련될 수 있다. 특정 유형의 직무역량 측정은 실제 직무 장면에서 또는 다른 통제된 상황에서 행동의 관찰을 통해 획득될 수 있다.
>
> (Warr & Conner, 1992, p. 99)

Warr와 Conner는 역량은 많은 직무 장면에서 단지 하나의 과업 또는 여러 과업과 관련되기 때문에 포괄적일 수도, 협소할 수도 있다는 사실에 주목했다. 또한 그들은 오늘날의 직업 장면에서 효과적인 직무수행을 위해 지능, 인지 스타일 및 인지적 복잡성을 포함하는 정신적 기술의 중요성을 매우 강조했다.

동기, 능력 및 직무수행

과업수행에서 능력의 역할을 알아보는 것에 초점을 둔 경험적 연구들은 비록 능력이 동기와 결합되는 정확한 방식이 여전히 명확하지 않더라도 일반적으로 능력의 중요성을 확인하고 또 확인하는 경향이 있었다. 일부 초기 연구는 한 요인의 높은 수준이 다른 요인의 낮은 수준을 보상하는 것처럼 그 관계는 상호작용적임을 제안했다(Fleishman, 1958; French, 1957). 예를 들어, 이런 견해는 다른 사람에 비해 두 배의 능력을 가지고 있지만 동기는 절반인 사람도 직무에서 거의 비슷하게 효과적일 것이라 예측할 것이다. 더구나 두 요인 중 어느 하나라도 근본적으로 결여되어 있다면(다시 말해서, 그 사람이 직무 능력이 전혀 없거나 그것을 하고자 하는 아무런 동기가 없다), 수행은 가능하지 않을 것이다. Locke(1965)와 Terborg(1977)의 연구는 수행의 결정 요인으로서 능력의 중요성을 지지하지만, 수행에 대한 동기와 능력의 상호작용 관계에 대해서는 이의를 제기한다. Borman, White, Pulakos와 Oppler(1991) 그리고 O'Reilly와 Chatman(1994)은 근로자의 수행을 이끌어 낼 때 능력의 역할과 능력과 동기의 상호작용 효과를 확인했다. 한 수준에서 능력과 동기 모두 필요한 것은 명확하다. 지금은 논쟁을 끝내기 위해 충분한 증거와 인상적인 이론이 있다.

산업 및 조직 심리학의 역사는 정신 능력이 대부분의 직무수행에 가장 중요한 능력이라는 견해가 오락가락했음을 보여 주고 있다. 단순히 체력에 의존하는 작업이 줄어들고 다양한 형태의 테크놀로지로 무장한 사람들에 의한 수행은 더 늘어남에 따라 정신 역량이 중요해졌다는 것은 이해가 된다(Herrnstein & Murray, 1994; Warr & Conner, 1992). 이때 어떤 종류의 정신 능력이 가장 중요한가라는 주장이 고려된다. 심리학자들은 오랫동안 간단히 g라 불리는 일반 지능(general intelligence)과 특수 지능(s로 지칭한다)의 개념과 일반적 및 특수적 정신 역량의 상대적 중요성에 관심을 가졌다. 요약하면, 제기되는 의문은 일반적인 정신 능력이 인간이 효과적으로 기능하는 데 가장 중요한가, 아니면 하나하나가 특정 유형의 문제와 쟁점에 관련되는 좀 더 많은 수의 집중된 기술이 인간의 정신 역량을 설명하는 데 더욱 효과적인가다. 두 측면에 대해 상당히 많은 증거와 주장이 있다. 관심 있는 독자들에게는 Herrnstein과 Murray(1994) 그리고 Ree, Earles와 Teachout(1994)이 요약한 논쟁을 추천한다. 여기서 우리의 목적은 논쟁의 어느 한쪽 입장을 채택하는 것이 아니라 단지 그것에 관심을 기울이게 하는 것이다. 우리의 목적상 분명한 것은 정신 능력이 얼마나 포괄적인가에 상관없이 그것은 인간이 기능을 하고 직무를 수행하는 데 매우 중요하다는 것이다. 따라서 특히 우수한 수행에 보상을 주고 나쁜 수행에 대한 책임을 규명하고자 하는 것이 목적일 때, 업무수행을 어떻게 분석하든 직무동기뿐 아니라 정신 능력도 고려되어야 한다.

근로자의 능력과 직무수행에서 그것의 역할에 대한 논의를 마치기 전에, 주목할 가치가 있는 한 가지 능력이 있는데, 이것은 많은 조직의 직무수행에서 특히 중요한 요인이다. 우리는 이 능력을 수완(savoir faire), 즉 '요령(savvy)'이라 부른다. 대학생에게 요령은 스키를 타러 가기 위해 어떤 수업을 빼먹어도 되는지 아는 것이다. 어떤 교수의 과제를 늦게 내도 되고, 어떤 교수의 것은 마감 시간을 칼같이 지켜야 하는지를 감지하는 것이다. 조직의 신입 사원에게, 수완은 업무 집단의 패거리 구조를 아는 것 및 소문을 주고받거나 주고받아서는 안 되는 사람들을 아는 것처럼 많은 것들과 관련된다. 그것은 상사의 얼굴 표현과 사장 비서의 기분을 읽는 방법을 아는 것이다. 그것은 줄을 서는 것이다. Ritti(1994)의 책[12)]은 이 문제—대학 신입생에게 매우 유용할 수 있는 것—를 유쾌하면서 꽤 교훈적으로 다루고 있다.

요약하면, 동기, 능력 및 수행 사이의 관계가 명확하지 않더라도 대부분의 직무를 수행할 때 능력과 동기는 근로자들에게 요구되는 것이다. 더구나 수없이 많은 외적 요인들은 동기와 능력의 영향을 높이거나 방해할 수 있다. 그러나 이 관계의 정확한 본질에 상관없이 중요한 점은 직장에서 모든 수행 문제가 낮은 직무동기 수준의 결과는 아니라는 것이며, 그래서 책임 있는 감독자나 관리자들은 어떠한 수행 문제가 관찰되든 이유를 진단할 때 주의를 기울여야 한다. 이 책의 7장에서 보겠지만, 대부분의 작업 장면에는 과업수행에 대해 동기 및 능력의 효과를 강하게 또는 약하게 할 수 있는 다른 요인들이 많이 있다. 동기가 문제되지 않을 때, 그것을 증가시키는 책략은 개별 근로자와 조직 모두에게 문제를 악화시킬 수 있다.

능력: 성향과 맥락

우리는 이미 몇 가지 경우를 언급했지만, 직무동기를 고려할 때 한 가지 주요 문제는 그것을 구성하는 힘이 전적으로 한 개인의 내부에서 나오는가, 아니면 외부의 환경 요인도 최소한 부분적으로는 책임이 있느냐 하는 것이다. 이 장의 앞 절에서 우리는 특수 요인의 필요성과 관련해서 일반 지능(g)의 예측력에 대한 격렬한 논쟁이 어떻게 지속되고 있는지를 보았다. 일반 지능은 관련되는 직무 또는 작업 장면과 상관없이 성신적 기술을 요구하는 직무에서의 수행을 상당 부분 설명하는 것으로 보인다 (Anastasi, 1986; Schmidt & Hunter, 1977, 1984, 1993).

12) 이후의 장에서 우리는 감정지능의 개념을 살펴볼 것이며, 또한 이처럼 현재 인기 있는 구성개념이 일반 지능(g)과 많은 성격 요인의 혼합뿐 아니라 어떤 것을 더 제공하는지에 관한 논쟁도 살펴볼 것이다.

반면, 본 저자(Pinder, 1984, 1998) 및 다른 사람들(뒤의 장들에서 보겠지만)은 직무동기(그리고 좀 더 일반적으로는 조직행동)를 이해할 때 '상황 요인'이 중요하다고 주장했다. 일부 학자들은 성향/상황 쟁점은 인간의 성격, 적성 및 정신건강의 발달과 관련되기 때문에 전통적인 '천성 대 육성' 쟁점만큼 오래되었다고 주장한다(Mitchell & James, 1989). 두 가지 쟁점 사이의 유사점은 흥미와 시사점이다. 성향과 상황 요인의 상대적 중요성 문제를 요약하고 개관하면서, Anastasi(1986)는 상황 요인은 사람들의 능력 차이를 결정할 때보다 성격 차이를 결정할 때 더 중요하다고 결론지었다.

> 예를 들어, 어떤 사람이 사무실에서는 꽤 사교적이고 외향적일 수 있지만, 사회적 모임에서는 오히려 부끄럼을 많이 타고 말을 잘 하지 않을 수 있다. 또는 시험에서 부정행위를 하는 학생이 돈을 다룰 때는 꽤나 정직할 수 있다. …사람들은 공격성, 사회적 동조, 의존성, 경직성, 정직성 및 권위에 대한 태도와 같은 몇 가지 지적이지 않은 차원에서 상황적 특수성을 상당히 보인다.
>
> (Anastasi, 1986, pp. 9-10)

그에 비해, 어떤 사람의 능력, 특히 정신적 기술의 효과성은 여러 상황에서 더 일관된 것으로 보인다. 달리 말해서, 지능 수준이 높은 사람은 유사하지 않은 과업 장면에서도 자신의 재능을 적용시킬 수 있을 것이다. Anastasi(1986)는 공식적 장면의 젊은이들에게 다음과 같은 인지적 기술을 개발하도록 해 주는 것은 기본적인 교육과정이며 경험이라고 제안했다.

> 언어와 수리 영역에서 포괄적으로 적용 가능한 인지적 기술. 반면, 성격 발달은 균일성과는 상당한 거리가 있는 조건에서 발생한다. 더구나, 성격 영역에서 동일한 반응이 한 유형의 상황에서는 정적 강화를 주지만 다른 상황에서는 부적 강화를 주는 사회적 결과를 가져올 수 있다. 따라서 그 사람은 맥락에 따라 다른 방식으로 반응하는 것을 배울 것이다.
>
> (Anastasi, 1986, p. 10)

이러한 논쟁을 더 진행하는 것은 이 장의 목적을 넘어가지만, 우리는 2장에서 성향대 맥락 논쟁을 계속할 것이다. 여기서는 저자의 입장이 상호작용적이라는 것을 말하는 것으로 충분하다. 이론가와 실무자들이 개인적 및 맥락적 요인들이 관련될 수 있다는 것을 인정할 때 직무동기와 행동, 근로자의 기술, 적성과 태도 및 직무수행에 관한 이론들은 좀 더 지적인 근육과 예측 타당도를 제공한다. 개인적 특질이나 환경적 조건이 관련될 것 같지 않은 가능성을 미리부터 배제하는 교조주의적 자세는 멍청하고 근시안적이다.

요 약

이 장에서 생산성은 서구 문명에서 주요 경제적 관심사라고 주장하였다. 우리가 비교적 경제적인 풍요로움 속에서 살 수 있는 능력은 대부분 모든 경제 영역에 있는 노동력의 생산성에 달려 있다. 어떠한 경제에서든 가장 강력한 생산성 결정 요인은 개별 관리자와 경영진의 영향력 너머에 있다. 또한 많은 정치가와 지방의 수장들은 경제적 번영과 관련해서 세상의 힘이 자신들의 능력 범위 밖에 있다고 주장한다(그들은 경제가 나쁜 시기에 이러한 주장을 가장 자주 한다). 그럼에도 불구하고, 근로자들의 동기와 능력 수준은 제한된 범위에서라도 관리 능력을 확장시킴에 따라 영향을 받을 수 있는 두 요인이다. 경제적 안녕에서 인간의 생산성의 중요성은 여러 번 서술되고 연구된 주제다(예를 들어, Campbell et al., 1988; McClelland & Winter, 1969; O'Toole, 1981; Thurow, 1980). 이 책의 목적은 직무동기와 직무수행, 그리고 궁극적으로는 서구 경제의 전반적 생산성 수준과 우리가 누리기를 기대하는 삶의 질에서 그것의 역할에 관한 우리의 과학적 지식을 과학적인 방법으로 제공하는 것이다.

이 책의 개관

지금까지 우리는 몇 가지 기본적인 개념과 정의를 다루면서 직무동기에 관한 현재의 지식을 살펴보기 시작했다. 이 책의 주요 주제는 직무동기에 관해 우리가 알고 있는 것이 이론으로 구성된다는 것이다. 이론은 어떤 영역에서는 혐오스러운 말이지만,

대부분의 사회 및 행동과학 지식은 단지 이론이라는 것을 인식하지 못한다면, 이러한 지식을 이용하고자 하고 그러한 지식이 제공할 수 있는 한계를 발견하고자 하는 연구자나 관리자는 많이 실망하게 될 것이다. 따라서 책의 1부는 직무동기 이론들이 어떻게 발달했는지를 서술하는 틀을 제시하는 2장과 함께 끝난다. 틀을 이해하는 것은 현재의 직무동기 이론에 관해 상세한 것이 제시되는 후속 장들에 나타나는 많은 분석을 이해할 때 중요하다. 2장은 또한 직무동기와 행동의 원인과 설명에서 인간과 맥락 사이의 상호작용 문제를 더욱 자세히 설명할 것이다.

인간의 동기에 관해 말할 때, 우리는 반드시 인간의 본질에 관해 말한다. 왜 인간이 그러한 방식으로 행동하는가를 이해하기 위해, 우리는 인간의 필연적 본질을 이해할 필요가 있다. 따라서 인간이 어떻게 기능하는가에 관한 여러 대안적 모형들이 2부의 6개 장에서 제시될 것이다. 3장은 2부의 나머지 5개 장 각각이 인간의 특정 욕구에 근거한 직무동기 이론을 논의하기 위한 이론적 기초를 제시한다. 직무동기 이론마다 인간의 본질에 관하여 완전히 다른 가정을 하고 있다는 것은 책이 진행됨에 따라 명확해질 것이다. 3장은 인간은 기본적인 욕구와 가치들에 의해 주도되는 부족한 동물임을 가정하는 이론들을 살펴봄으로써 직무동기 분석을 시작한다. 대부분의 경우에서 우리는 인간의 많은 작업이라는 것이 인간에게 음식, 물 및 피난처를 위한 가장 기본적이고 생물학적 욕구를 충족시키는 자원을 제공하기 위해 시작된다는 명제를 말하지 않을 것이다. 이런 '낮은 수준의' 욕구는 모든 인간 행동에서 분명히 꽤 중요하지만, 우리는 그것들을 연구하는 데 지면을 할애하지는 않을 것이다.[13] 그러나 15장에서 인간의 조건에 대한 더 포괄적인 견해를 취할 때 이러한 가정의 한계를 간단히 논의할 것이다.

인간의 본질 중 감정적 측면은 4장의 초점이다. 우리는 인간의 감정과 감정성(emotionality)에 대한 다양한 이론적 견해를 검토할 것이고, 직무동기에 대한 현재의 사고에서 감정의 역할에 특히 주의를 기울이면서, 현재의 행동과학에서 감정의 부활과 중요성에 대해 논의할 것이다.

13) 우리가 알고 있는 것처럼 직무의 종말과 일의 종말에 대한 최후의 심판 시나리오가 Rifkin(1995)과 Bridges(1994)가 경고한 대로 현실이 된다면, 힘들고 끝나지 않는 실업의 시대에서 명백한 생존을 위한 저차원의 욕구는 직무동기에서 훨씬 더 중요해질 것이다.

5장, 6장 및 7장에서, 우리는 3장의 일반 개념을 근거로 최근 직무동기 연구와 관련된 것으로 보이는 인간의 많은 특정 욕구에 초점을 둘 것이다. 따라서 친밀(intimacy), 사랑, 성 및 권력이라는 인간의 욕구들이 직장에서 인간 행동의 여러 측면을 설명할 수 있는지 여부에 대해 논의될 것이다.

2부 전체의 지배적인 주제는 조직에서 흥미를 두는 대부분의 행동은 인간이 남과 어울리기 좋아하는 사회적 피조물이라는 사실에서 발생한다는 것이다. 6장은 인간의 친애(affiliation)와 존중의 욕구를 깊이 있게 살펴볼 것이다. 우리는 사람들이 일하는 동안 얼마나 자주 다른 사람 주변을 서성대는가뿐 아니라 타인의 명백한 존재가 그들이 일에서 무엇을 지각하고 믿는가와 그들이 일터에서 어떻게 행동하는가에 영향을 미칠 수 있다는 것을 검토한다. 6장은 또한 타인에게 좋게 여겨지는 것인 인간의 존중감 욕구를 살펴볼 것이다.

7장은 3장을 근거로 인간의 성장, 역량 및 자기결정 욕구를 다룬다. 특히 7장은 직무설계에 대한 다양한 이론적 및 응용적 접근을 살펴볼 것인데, 그것들 대부분은 이러한 특정 욕구에 소구하기 위한 것이다. 8장은 욕구가 만족에 이르지 못하고 방해받았을 때 발생하는 현상인 좌절의 의미와 중요성을 탐색할 것이다. 전체적으로 보면, 3장에서 8장은 직장에서의 인간 욕구, 특히 인간의 사회적 욕구의 역할에 대한 연구를 요약하고 비평할 것이다. 그리고 이 모든 작업의 근간에 있는 가정은 욕구라 불리는 가설적 개념은 직무동기 연구에 유용한 렌즈라는 것이다. 이러한 가정은 3부와 4부에서 완화(또는 대체)될 것이다.

3부는 사람들의 신념, 태도 및 의도가 행동의 궁극적 결정 요인이라고 가정하는 직무동기 개념을 다루는 5개의 장으로 구성된다. 9장은 인간의 신념, 태도 및 의도의 본질에 관해 널리 알려져 있는[14] 견해들에 대해 논의할 것이며, 10장에서 13장까지 서술되는 인지이론을 이해하는 데 필요한 기본 개념들을 제공할 것이다. 10장은 직무동기와 특히 관련된 세 가지 특별한 유형의 인간의 신념과 태도를 검토한다. 11장은 공평, 정의 및 형평에 대한 인간의 지각과 신념과 직무동기 연구에서 그것들의 위치

14) 우리가 여기서 가장 널리 알려져 있다고 말하는 것은 몇몇 태도 이론이다. 좀 더 정확히 말해서 초점을 두는 이론들은 직무동기 연구에서 조직 및 사회 심리학자들에게 가장 유용하고 인기 있는 것들이다. 태도 이론을 완전하게 다루는 것은 이 책의 범위를 넘어선다.

에 초점을 둘 것이다. 이것은 이 책에서 가장 많고 자세한 장인데, 11장에 포함된 핵심 개념들(형평, 공평 및 정의의 지각 같은 것)은 직장 내 사람들의 행동에서 가장 강력하며 중요한 힘들이라는 저자의 신념 때문이다.

12장은 특정 과제를 수행하기 위한 역량에 대한 신념의 문제인 인간의 작인(human agency)[15]의 개념에 특별한 주의를 두는 직무동기의 기대-가치 모형을 검토할 것이다. 13장은 목표설정 과정에서 의도와 그것의 역할의 본질을 제시하고, 이어서 공식적인 목표설정 및 통제 이론을 제시한다. 통제 이론은 언뜻 보기에 목표설정 이론과 닮았지만, 다시 보면 몇 가지 기본적으로 중요한 점에서 목표 이론과 다르다. 13장은 계속해서 최소한 부분적으로라도 목표설정 개념과 기법의 근간이 되는 자기 조절 과정을 연구한다. 목표설정 이론에 주된 뿌리를 두고 있는 인기 있는 경영 기법인 목표관리(management by objective)는 13장의 마지막 주제다.

4부의 14장은 작업 행동에 초점을 두면서 '직무동기' 개념의 중요성을 전적으로 부정하는 직무동기의 견해를 다룰 것이다. 그러나 이 견해에 대한 옹호 정도는 다르다. 이 장의 특징은 심리학, 조직행동, 특히 직무동기에서 행동주의 역할에 대한 역사를 논의한다는 것이다. 그것은 현재 인기 있는 사회인지 이론을 제시하면서 결론을 내릴 것이며 '자기조절'이라는 응용 기법을 논의할 것이다. 14장에 제시된 이론들의 공통된 특징은 직무동기에 대한 학습 관점을 가정한다는 것이다.

5부에서 우리는 동기 문제에 좀 더 포괄적이고 체계적인 지향을 하고자 하는 조직학자들에 대한 권고뿐 아니라 직무동기 연구에서 최근 수년간 이루어진 진보를 요약하고 평가한다. 이 장은 향후 연구와 이론에 대한 제안과 함께 끝난다.

이제 우선, 이 책 내용의 대부분은 이론이기 때문에, 2장은 이론의 의미를 설명하고, 직무동기에 대해 우리가 가진 지식의 이론적 본질이 학자와 실무자 모두에게 그러한 지식의 중요한 특징이 어떻게 되는지를 보일 것이다

15) 인간이 어떤 행위를 선택하기 위해 가지고 있는 역량을 말한다. 본문에 서술되어 있듯이 12장에 자세히 설명되어 있다-역주.

2장

직무동기 이론과 연구에서의 질문 방법

사고나 행동 방식이 아무리 오래된 것이라도
증거 없이 믿을 수는 없다.
_H. D. Thoreau

1장에서 우리는 관리자들이 인간의 직무동기를 이해함으로써 이익을 얻을 수 있을 것이라고 주장했다. 그런 지식은 개별 조직의 노동 생산성, 간접적으로는 국가 전체의 경제적 번영 수준에 기여하도록 도움을 줄 수 있기 때문이다. 대부분의 관리자들은 직원의 동기에 관한 지식이 필요하다는 것을 느끼며, 그들 대부분은 '무엇이 직원을 움직이게 하는가'에 관한 암묵적인 정신적 모형을 가지고 있다. 근로자의 동기 문제에 대한 해결책을 바라는 욕구가 널리 퍼져 있기 때문에, 많은 컨설턴트, 학자 및 기업가들은 직무동기에 관해 많은 이론을 개발하고 발표했다. 이 이론들 중 일부는 가치 있지만 다른 것들은 아니며, 또 다른 것들은 통째로 채택되지는 않지만 여전히 유용한 생각을 제공한다. 어떤 이론들은 동기 문제에 관하여 사람들이 주의를 기울이고 응용하는 데 충분한 진리와 통찰을 제공한다. 때때로 이러한 응용이 가치 있겠지만, 다른 경우에는 가치가 없을 수도 있다.

이 장의 목적은 독자들로 하여금 직무동기 이론들이 개발되고 실무자들이 조직 장면에서 응용 가능한 수단을 이해하도록 하는 것이다. 직무동기에 관한 새로운 생각이 생성되고 응용을 위해 정제되듯 연구와 이론 개발이 진행되는 순환 과정을 나타내는 모형이 제시된다. 이 책의 나머지 전체뿐 아니라 조직행동을 다루는 다른 책에서 제시되는 이론적 의미를 평가하거나 응용하는 과정의 본질을 이해하는 것은 중요하다. 이러한 순환 과정은 직무동기 이론 중 가장 영향력이 있으며 논란이 많은 이론 중 하나인 Herzberg의 고전적인 동기-위생 이론의 개발과 발표 과정을 사례로 하여 제시된다. 이 장은 실무자가 행동 및 사회 과학에 근거한 어떠한 이론이든 그것의 응용 여부에 영향을 미칠 수 있는 방식에 관한 일반적인 문제에 대해 논의한다. '시대'에 따라 관리자, 정책입안자 및 사회과학자가 흥미롭게 여기는 주제가 달라진다는 점에 주목하면서, 우리는 지식의 역사와 지식사회학[1)]의 관점에서 직무동기에 관한 이론과 기법을 살펴본다. 우리는 단순성이나 강화된 사실주의(enhanced realism)를 요구하는 집단과 응용 효용성(applied utility)을 주장하는 집단이 직무동기에 관해 어떤 식으로 논쟁을 진행해 왔는지를 검토한다. 다음에 우리는 맥락의 문제와, 직무동기를 더욱 잘 이해하기 위해 이론에 조절변인과 매개 기제를 도입한 것이 최근에 어떻게 이론들을 복잡하게 만들었는지에 대해 논의할 것이다.

이 장에 도입된 쟁점과 개념은 이 책에 등장하는 근로자의 동기에 관한 어떠한 이론이나 기법과도 관련된다.[2)] 우선, 행동과학에서 대부분의 새로운 이론이 개발되는 동안 전형적으로 이루어지는 사건들의 순환을 살펴보자. 그 순환은 직무동기 이론의 발달에서 특히 일반적이다.

1) 지식사회학은 지식이 특정 시간과 공간에 제약된 사회적 여건의 소산임을 전제로 하여, 그러한 지식이 어떠한 사회적 요인을 바탕으로 생성되며, 그러한 지식과 사회적 요인은 기능적으로 어떤 관련을 갖는가에 관심을 둔다-역주.

2) 독자들은 이 장의 내용이 이 책의 나머지 부분과 다르다는 것을 알아챌 것이다. 이 장에서 언급되는 경고와 고려를 무시하고, 이 책에서 검토되는 다양한 이론에 관해 알고 싶어 하는 독자는 3장으로 곧장 넘어가도 좋다. 사실, 어떤 독자들은 그렇게 하는 것이 더 유용할 수 있으며, 책에서 논의되는 다양한 이론들의 주요 가르침과 특징에 관한 실용적 지식을 얻었다면 2장으로 돌아오라. 그러나 우리는 독자들이 이 장의 내용을 주의깊게 숙지할 것을 제안한다. 2장의 내용은 그 자체로 중요할 뿐 아니라 책에 등장하는 각종 이론과 기법을 다루면서 우리가 적용하는 접근과 가치를 이해하도록 해 주기 때문이다.

이론의 발달과 채택

이론은 어디에서 오는가?

대부분의 사회 및 행동 과학의 지식 기반은 활동 순환, 즉 많은 실무자와 과학자가 인식하지 못하거나 간과하는 경향이 있는 순환에서 온다. 직무동기에 관한 우리의 지식 기반도 이러한 순환에서 예외가 아니며, 그래서 이론이 기원하는 본질을 이해하는 것은 이론을 응용하고자 하는 학자와 관리자들에게 중요하다.

논의를 위한 순환은 [그림 2-1]에 묘사되었다. 사건의 순서는 경우에 따라 크게 다르지만, 관심을 두는 어떤 문제나 현상에 책임이 있는 (경영진이나 관리자 같은) 누군가가 그것을 관찰하면서 순환이 시작된다는 점은 공통이다([그림 2-1]의 상자 1을 보라).[3] 낮은 직무수행, 무단결근, 태만, 불복종 또는 무모한 파업 발생은 적절한 예들이다. 어떤 경우가 되었든, 문제는 행동과학자들의 주의에서 시작하며, 이 단계에서 많은 것들이 발생한다(상자 2를 보라). 어떤 경우에 과학자는 흥미 있는 현상과 관련해

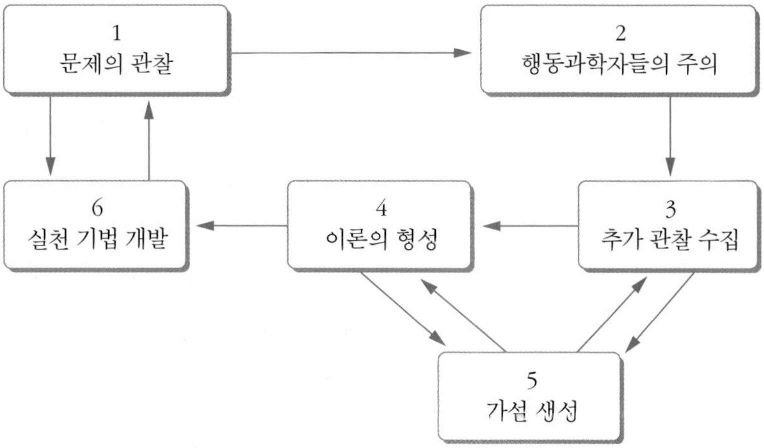

[그림 2-1] 직무동기 이론과 응용 기법의 개발과 세련화를 유도하는 사건들의 순환

3) 실세계의 문제가 언제나 이론의 기원이 되는 것은 아니지만(Ziman, 1987), 여기서 우리의 논의는 그러한 경우에 한정한다.

서 많은 예비 관찰을 하지만, 때로는 몇 안 되는 관찰을 함으로써 그러한 현상에 대한 탐색을 시작할 수 있다(Eisenhardt, 1989와 [그림 2-1]의 상자 3을 보라).

다른 경우, 과학자는 이미 가지고 있는 자료로 검증될 수 있는 많은 가설이나 예감을 갖고 있을 수 있다. 어쨌든, 어떤 현상이 사회 또는 행동 과학자의 주의를 얻게 되면, 과학 활동의 순환이 진행되고 조만간 그러한 현상을 설명할 공식적 이론이 유도된다. 대부분의 사회과학에서는 문제를 개선하기 위해 이론의 시사점을 적용하고자 하는 시도가 이루어진다. 그것이 성공적이라면, [그림 2-1]에 묘사된 순환은 끝나고 새로운 '문제'가 드러나서야 순환은 그 과정을 계속한다. 종종 상자 1과 6([그림 2-1]에서) 사이에 직접적인 상호 연결이 있는데, 어떤 기법이 새로운 형태로 응용되고, 수정되며, 시도되기 때문이다. 목표설정 이론의 진화와 지난 30년 동안 그것으로부터 드러난 응용 기법에 대해서 Latham(2001a)이 멋지게 묘사한 것처럼, 이것은 최소한 원칙적으로는 이론과 실천 사이에, 즉 사회과학자와 실무자 사이에 강하고 호혜적인 상호 의존적 관계가 있다는 것을 의미한다. (또한 Latham의 논문과 상호성 문제에 대한 다른 많은 조직심리학자들의 언급에 대해서 *Applied Psychology: An International Review*의 2001년 4월호 50권의 전체 쟁점을 보라.)

과정에 대한 비판적 견해

[그림 2-1]에 제시된 상보적 진행 모형(mutualistic model of progress)은 일반화를 위해 이상적으로 양식화된 것이다. 그러나 실무에서는 관계들 사이에 오래되고 고질적인 단절이 있다. Latham[4]과 Latham(2003)은 최근 두 관계 당사자(실무자와 과학자) 사이에 종종 의사소통이 없거나 긴장된 '두 고립자(two solitudes)'라는 특징을 갖고 있다고 말했다. 그들은 두 진영 사이의 지식 전이를 촉진하기 위해 8개의 제안을 했다.

Klimoski(2005)와 Ghoshal(2005) 또한 최근 사회과학 이론과 경영 실무 사이의 상보적 관계, 그리고 사회과학자/교사와 기업 임원진 사이의 상호 의존성을 서술했다.

4) Gary P. Latham 박사의 이름은 이 책 전체에서 여러 번 인용될 것이다. 그는 간단히 'Latham'으로 지칭될 것이다. Latham 박사의 가족이 그와 공동 연구를 한 경우, 그들의 개별적 이니셜이 언급될 것이다(예를 들어, Latham 교수의 배우자인 S. D. Latham).

Klimoski는 "나쁜 이론만큼 위험한 것은 없다"고 주장했다. 반면, 현대 '사회과학'과 이 책 전체에서 특징을 이루는 것처럼, Ghoshal(2005)은 과학의 주요 규범과 실천이 많은 경우 상당히 부적절하며 응용에 역기능적이라는 의미의 주장을 상당히 강하게 했다. 그러한 주장을 하기 위해 Ghoshal(2005)이 인용한 예들은 대부분 '거시' 수준의 조직 및 경영 과학 분석에 근거한 것이지만, 그의 지적은 본질적이며 주의를 끌 만하다.

Ghoshal이 우려한 것은 그런 관리 이론이 인간과 제도의 본질에 관하여 비관적 이념에 근거한 가정을 하며, 인간의 선택과 의도성(intentionality)에 대해 어떠한 역할도 하지 않는 방법과 가정을 이용하여 문제에 근거한 현상을 단지 부분적으로만 분석하여, 이에 따라 순환이 지속됨에 따라 사회과학자들의 부정적인 가정을 강화하는 '나쁜 실천'이라는 결과를 가져왔다는 것이었다. 이와 함께 도덕적 및 윤리적 고려도 간과되거나 폐기된다. 추앙되는 사회과학자인 Kurt Lewin(1945, p. 129)이 유명한 "좋은 이론만큼 실천적인 것은 없다"는 말을 한 반면, Ghoshal(2005, p. 86)은 다음과 같은 주장으로 반박하였다. "나쁜 이론만큼 위험한 것은 없다. …그리고 현재 나쁜 관리 이론은 좋은 관리 이론을 파괴하고 있다." 주장의 이면에 있는 것을 더 알아보고자 하는 독자들은 *Academy of Management Learning & Education*(Vol. 4, No. 1)의 2005년 3월호를 참고하라.

교육을 위한 시사점

과학자와 실무자가 어느 정도나 관련되어 있는가의 문제는 (한편으로는) 두 당사자의 관계와 (다른 한편으로는) 관리와 경영에 관한 교육 과정에 주요 시사점을 준다. Academy of Management의 2005년도 회장 취임 연설에서 Rousseau(2006a)는 "증거에 근거한 관리 같은 것이 있기는 한가?"라는 의문을 제기했다(Rousseau, 2006b; Rousseau & McCarthy, 2007도 보라). *Academy of Management Learning & Education*(AOML&E)의 특별호 서두 진술에서 Ashkanasy(2007)는 증거 기반 관리(evidence-based management: EBM)를 "건강 및 교육 전문가와 같은 관리자들은 자신들의 결정이 과학적 연구 모형에서 발견되는 타당한 증거뿐 아니라 감정에 치우치지 않는 실천에 따른 피드백과 냉철한 사고에 근거를 두어야 한다는 것을 이해할 필요가 있다."(p. 6)고 믿는 운동으로 요약했다. 간단히 말해, EBM은 실천가와 이론가/연구자를 좀 더 가까이 하게 하고, 그런 상보적 관계를 [그림 2-1]에 제시된 이상적인 관계와 비슷하게 하기 위한 조직학의 초기 시도였다. EBM에 관한 논의에 좀 더 관심 있는 독자는 *AOML&E*의 2007년 3월판을 참고하라.

이론이란 무엇인가?

실무자들은 종종 의혹을 갖고 이론이란 용어를 바라보며, 따라서 많은 학자와 컨설턴트들은 그들과 상대할 때 그 말을 쓰기를 꺼린다. 그럼에도 불구하고, 사실상 기업, 조직 및 조직 구성원의 행동에 관한 지식의 전부는 전적으로 이론으로 구성된다. 인간 행동에 관해 반박할 수 없는 법칙은 몇 안 된다. 이 점은 행동과학이 인적 자원 관리자의 정책과 실천에 영향을 미치기를 원하는 어느 누구에게도 중요한 시사점이다. 이 장의 후반부에서 이러한 시사점의 일부를 다루겠지만, 이 책에서 제시되는 많은 생각은 이론으로 구성되거나 그것으로부터 파생되기 때문에 그 용어를 정의하고 그것을 이해하는 것은 중요하다.

보통 정의는 아주 많지만, 이 경우에는 수렴되는 경향이 있다. 주류 과학 철학자의 한 가지 인기 있는 정의는 "이론은 우리가 '세상'이라 부르는 것을 이해하고, 합리화하고, 설명하고, 통제하기 위해 던진 그물이다."(Popper, 1968, p. 59)라는 것이다. 두 번째 정의는 이론이 "상당히 광범위한 특정 사례들을 전체적으로 지탱해 주는 것으로 가정되는 일반적인 행동이나 구조에 관한 주장들의 질서 정연한 집합"(Sutherland, 1975, p. 9)이라는 것이다. 또 다르게는 이론을 "구성개념들은 명제에 의해 서로 연결되며, 변인들은 가설에 의해 서로 연결되는 구성개념들과 변인들의 체계"(Bacharach, 1989, p. 498)로 정의한다.

이론은 현실의 표상으로 빚어지는 형판(template)과 같다. 그것이 때로는 그러한 현실을 정확히 반영하지만, 때로는 그렇지 않다. 어떤 이론이 표상하고자 하는 현실을 그것이 진짜로 표상할 때, 우리는 그것을 타당하다고 말한다. 이론을 제안하는 것은 쉬울 수 있지만, 타당한 이론을 제안하는 것은 훨씬 더 어려울 수 있고, 관리자와 사회과학자들에게 정말 유용한 이론을 제안하는 것은 상상력과 비선형적 사고를 요구한다(Weick, 1989). 그러나 타당성은 실무율적(all-or-nothing) 현상이 아니다(또한 우리가 간단히 논의하겠지만, 어떤 이론을 평가하는 유일한 준거도 아니다). 오히려 이론의 어떤 측면은 다른 측면보다 더 타당하다고 말하는 것이 가능하다. 더구나, 흥미를 두는 현상이 변함에 따라, 그것을 표상하고자 하는 이론도 변하지 않는다면 그것은 타당하지 않게 될 수 있고(Cronbach, 1975를 보라), 어떠한 사회과학 이론의 가치도 그것이 제공하는 사회정치적 환경과 관련해서 평가되어야 한다(Nord et al., 1988).

이론화 과정에 관하여 그리고 어떤 이론을 평가하기 위해 이용될 수 있거나 이용되어야 하는 준거에 관하여 조직과학 내에 상당한 논쟁이 있었다. 많은 논쟁은 참여하는 학자들이 기본적으로 인간의 본질, 사회적 사건, '조직'의 존재론적 의미 및 일반적인 삶의 의미에 대해 상반되는 철학적 견해를 가지고 있다는 사실에서 온다(Gioia & Pitre, 1990). 그런 차이의 일부는 정치사상의 차이에 뿌리를 두고 있다(Nehbrass, 1979). 이러한 쟁점과 이와 관련된 다양한 입장에 대한 완전한 논의는 여기서의 범위와 목적을 넘어선다.[5] 오히려 이 책은 무엇이 (직무동기에 관해) 좋은 이론을 만드는가 하는 문제를 놓고 전통적 관점에서 논의할 것이다.

직무동기 이론을 평가하기 위한 준거

이론을 평가하기 위한 두 가지 주요 준거로 **반증가능성**(falsifiability)과 **효용성**(utility)이 제안되었다(Bacharach, 1989). 이것은 이론이란 누군가가 흥미로운 현상(예를 들어, 직무동기)을 관찰하여 타당한 자료를 수집하고, 그렇게 수집된 정보가 이론의 원리나 이론으로부터 법칙적으로 파생된 가설과 중요한 방식에서 어울리지 않는다는 것을 증명하는 것이 가능하도록 구성되어야 한다는 것을 의미한다. 이 준거는 오랫동안 사회 및 물리 과학에서 폭넓은 인기를 얻었다(Popper, 1968을 보라). 효용성 준거는 이론은 우연 수준 이상에서 규칙적이며 정확하게 사건을 설명하고 예상하도록 해 주어야 한다는 것을 의미한다.[6] 그럼에도 불구하고, 때로는 사건을 예측하는 것이 가능하지만(무모한 파업의 가능성처럼), 그것이 왜 일어났는지를 설명하는 것은 쉬운 것이 아

5) 관심 있는 독자는 관련된 다양한 입장과 논쟁 중 대표적인 것을 다룬 *Academy of Management Review*(예를 들어, 1989년 10월, 1991년 7월, 1992년 7월)와 *Academy of Management Learning & Education*(2005년 3월)의 특별호를 참고하라.

6) 효용성은 이론의 도움 없이 해결될 수 있는 것 이상으로 문제에 이론을 이용하는 것의 관리적 가치를 의미하기도 한다. 우리는 효용성 개념에 대한 이러한 두 번째 해석에 대해 이 장의 후반부에서 좀 더 이야기할 것이다.

니다.

[그림 2-1]에 묘사된 사건들의 전형적인 순환으로 되돌아가면, 이론이란 관찰에서 나오며 그러한 관찰의 의미를 이해하고 설명하고자 하는 것이다. 보통 그 순서는 확장되는데, 과학자들은 공식적인 연구 행위를 통해 관찰을 수집하고, 그러한 관찰을 근거로 명제를 공식화하며, 그다음에는 명제를 확증하거나 수정하거나 기각하기 위해 더 많은 자료를 수집한다. 종종 많은 과학자들이 관련된다. 일부는 자료를 수집하고 보고한다. 다른 사람은 그것으로부터 파생된 자료나 추론을 비평한다. 또 다른 사람은 몇몇 연구자들의 생각을 이론적 공식으로 통합하는 것을 담당할 수 있다. 관찰의 수집, 명제 설정 및 이론의 개선 사이의 반복적 관계는 [그림 2-1]의 상자 4에서 6에 제시된다.

타당도의 다양성

타당도는 연구와 이론의 상대적 평가에 적용되는 가장 중요한 준거 중 하나다. 타당도 준거는 적용하기 어려운 기준이다. 더구나, 다양한 타당도가 있다(Cook & Campbell, 1979). 우리의 목적상 채택한 네 가지 형태는 내적 타당도, 구성타당도, 통계적 결론 타당도 및 외적 타당도다. 중요한 것은 독자들은 이 모든 형태에 기본적으로 친숙해야 한다는 것이다. 우리는 여기서 그것들에 관한 윤곽을 제공할 뿐이다. 관심 있는 독자는 Cook과 Campbell(1979)의 자세한 서술을 참고하라.

내적 타당도(internal validity)는 다음의 질문을 다룬다. 연구에서 원인으로 추정되는 변인은 결과로 추정되는 변인에서 관찰되는 변산을 실제로 설명하는가, 또는 종속변인에 관해서 우리가 보는 효과를 더 잘 설명하는 다른 요인들이 작용하는가? 때때로 연구 설계는 그리 주의 깊지 않아서 연구 결과를 설명하기 위해 연구의 마지막에 인과 관계에 관한 다른 그럴듯한 설명이 제시된다.

혼동변인과 대안적 설명

예를 들어, 보상체계와 개별 노동자의 동기 수준 사이의 관계를 알아보는 직무동기에 관한 현장 실험이 브리티시컬럼비아의 숲에서 수행된다고 가정하자. 두 종류의 급여 체계가 이용되는데, 하나는 고정급여 체계(flat salary system)이고, 다른 하나는 성과급 체계(piece-rate pay plan)다. 고정급여 집단의 사람들은 성과급 집단의 노동자들보다 나이가 더 많고 교육 수준이 더 높다고 가정하자. 두 집단 사이에 수행 차이가 있으며, 연구자는 성과급 프로그램이 고정급여 체계보다 더 높은 동기 수준을 이끌어 냈다고 결론지었다 해도, 그 결과가 내적으로 타당하지 않을 수 있다는 비판을 받을 수 있다. 왜? 두 급여 집단 사이의 나이와 교육의 차이가 관찰된 수행 차이에 대한 그럴듯한 설명을 제공하기 때문이다. 다시 말해서, 그 결과는 이용되는 급여 체계가 아니라 단지 교육이나 나이 또는 그 둘 모두가 동기 차이의 원인이라는 비판을 받을 수 있다.

입증 책임은 연구자에게 있다. 연구자는 어떤 수단을 써서라도 종속변인에서 관찰된 차이에 대해 단지 하나의 합리적인 설명만 가능하도록 나이와 교육 같은 '혼동(confounding)' 요인을 제외시켜야 한다. 이 경우, 계획된 독립변인은 보상체계다. 만일 다른 설명이 가능하다면, 우리는 이 연구로부터 급여와 동기(또는 수행)의 관련성에 대해 무엇인가를 배웠다고 생각할 아무런 이유가 없다. 연구 설계를 잘못하여 결론에 의혹의 눈초리를 보내서 **내적 타당도**(또는 혼동이라 불리는 것, 또는 대안적 설명)를 위협하는 많은 방법이 있다(Cook & Campbell, 1979, pp. 50-58을 보라).

이것은 **구성타당도**(construct validity)라는 두 번째 관심사를 유도한다. 앞의 예에서 연구자는 급여 체계와 직무동기 사이의 관계를 연구하기 위한 설계를 했지만 '동기'를 **수행률**(performance rate)로 측정했다. 우리는 1장에서 동기와 수행은 같은 현상이 아님을 보았다. 그래서 두 급여 집단 사이에 차이가 있다 해도 급여가 동기에 영향을 준다고 결론 내리는 것은 잘못일 수 있다. 다시 말하지만, **동기는 수행이 아니다**.

구성타당도 문제의 두 번째 예로서, 지나치게 엄격한 통제가 근로자의 공격성의 원인이라는 이론을 가지고 있다고 가정하자. 그러한 이론을 검증하는 것은 이러한 일반적인 명제를 검증 가능한 가설로 바꿔서 지나치게 엄격한 통제와 근로자의 공격성을 반영하는 현실 세계의 지표를 이용하여, 이들 두 가지 지표에 관한 자료를 수집하고, 이론이 제시하는 방식과 지표들이 관련되는지 여부를 결정하기 위해 자료 분석을 할 것을 요구한다. 그러나 **구성개념이 타당하다는**, 즉 **지나치게 엄격한 통제라는** 용어가 개념적으로 의미하는 모든 것을 표상하면서 다른 구성개념의 요소를 포함하지 않는 지표를 발견하는 데는 많은 문제가 있다(Schwab, 1980). 마찬가지로, 우리는 공격성이라는 용어에 대해서도 더도 말고 덜도 말고 우리가 의미하는 모든 것을 나타내는 현실적인 지표를 발견해야 할 것이다. 만일 이러한 현실적 지표가 구성타당도의 검증을 충족하지 않는다면(다시 말해서, 우리가 실제로 공격성을 나타내지 않는 근로자 행동을 측정하거나 우리의 경험적 관찰에서 지나치게 엄격한 통제라는 개념에 포함되어야 하는 통제 행동을 제외한다면), 우리가 이론의 타당성에 관해 개념적 수준에서 이끌어 오는 어떠한 결론도 잘못될 것이다. 마지막으로, 우리는 통제 방식과 공격성 사이의 관계가 우리가 기대하는 방향성에서 인과적이라는 가설을 타당하게 검증할 수 있도록 연구를 설계해야 할 것이다. 다시 말해, 그렇게 하지 못한다면 우리가 타당하고 공정하게 이론을 검증했다고 말하기 어려워진다.

자, 연구자가 독립변인(보상체계)과 종속변인(예를 들어, 직원의 노력에 대한 통제 보고) 둘 다를 개념적으로 타당한 측정도구를 이용하여 자료를 수집했지만 두 급여 집단의 노력 수준 사이에 아무런 차이를 발견하지 못했다고 하자. 결론은 '사실상 급여체계에 따른 동기의 차별적 효과는 없다' 일 것이다. 반면, 좀 더 들여다보면 연구자들이 급여 구조(이 예에서 가능하지 않을)와 노력 수준에 관해 수집한 추론 통계의 사용에서 실수를 했다는 것이 드러날 수 있다. 많은 면에서 그런 **통계적 결론**의 오류가 생길 수 있다. 연구자들은 실제로 존재하는 체계적 차이를 발견하기에 충분한 **통계력**(statistical power)을 가진 두 급여 체계 속의 사람들을 충분히 연구하지 않았거나, 아니면 구성개념을 측정하기 위해 이용된 변인들이 신뢰할 수 있게 측정되지 않았을 수 있다. (만일 그것들이 신뢰할 수 있게 측정되지 않았다면 구성개념이 타당하다고 할 수 없을 것이다.) 이러한 문제에 대한 더 많은 설명과 예시를 위해 Cook과 Campbell(1979, 특히 pp. 39-50)의 고전적인 연구를 독자들에게 추천한다.

타당도에 관한 네 번째 관심사는 연구 결과의 일반화 가능성과 관련된다. **외적 타당도**(external validity)는 결과가 연구에 사용된 집단 이외의 다른 전집에, 현재가 아닌 다른 시기에, 연구된 장면이 아닌 다른 장면에 합리적으로 일반화될 수 있는 정도의 문제다. 앞의 급여와 동기의 예에서, 우리는 우리가 발견할 수 있는 어떤 결과가 브리티시컬럼비아의 산림 제품 산업에서, 예를 들어 광업, 어업 및 제조업까지 일반화될 수 있는지 여부에 관심을 가질 수 있다. 우리는 오늘 수집된 결과가 미래의 보상체계 계획에도 가치 있기를 희망한다. 그리고 우리의 연구 결과가 미국인과 아시아 근로자에게도 일반화될 수 있는지, 또는 미국과 아시아 각각의 산림 산업들에서도, 심지어 그것보다 더 넓은 산업에서도 일반화될 수 있는지 여부를 알고 싶어 한다. 연구가 외적으로 타당하기 위해서는 내적으로 타당해야 한다는 점을 주목하라. (급여 체계가 직무동기에 어떤 영향을 주는가와 같은) 연구 발견을 안전하게 일반화할 수 있기 전에, 우리는 내적으로 타당한 결론을 실제로 가지고 있다는 확신이 있어야 한다!

우리는 이 책 전체에서, 특히 12장에서 직무동기 이론과 기법을 논의할 때 다양한 형태의 타당도에 주목한다. 일반적으로, 우리의 관심은 내적 타당도에 있는데, 이것은 결론의 근거가 되는 연구 설계와 실행을 염두에 둘 때 연구자가 보고하는 결론이 정당화되는가의 문제다.

우리의 요점은, 타당도는 우리가 이론을 진지하게 취하기 위한 필수 준거이지만, 이론의 타당성을 증명하는 것은 대단히 어렵다는 것이다. 더구나, 타당도는 충분하지 않지만, 이론은 유용하고 반증가능해야 한다. Jacques(1992)는 또한 우리는 '돌봄의 윤리(ethic of caring)'를 채택해야 한다고 제안했는데, 그것은 우리가 권력과 권위에 대한 사회적 조건을 고려하고 이론이 사회에서 권력을 갖고 있는 사람들의 손아귀를 강화시키기 위해 이용되지는 않는지 또는 이론이 여성이나 소수자처럼 사회적 혜택을 못 받은 집단을 발전시키는 데 이용될 수 있는지에 관한 질문을 제기하는 것이다(Jacques, 1992, p. 601).

두 번째 요점은, 이론은 궁극적으로 과학자들의 (연구 활동 중에 수집되는) 다소 구조화된 관찰에 의존한다는 것이다. 문제가 정식화되거나 고려되는 방식에서(Weick, 1989), 구성개념이 조작화되는 방식에서, 그리고 자료가 수집되고 분석되는 방식에서 실수가 있을 때 그렇지 않았을 때보다 이론이 덜 타당하다는 (그리고 덜 유용하다는) 것은 당연한 이치다. 여기서 연구 방법에 대한 완전한 논의가 우리의 목적은 아니지만, 독자들은 잘못된 과학적 방법이 부정확하고 유용하지 않은 이론을 유도할 수 있고 현존하는 이론의 타당도 수준을 평가하기 어렵게 한다는 것을 인식해야 한다. 연구 과정에는 잘못을 저지를 수 있는 방법이 수없이 많으며, 그러한 것들 중 어떤 것은 다른 것들보다 좀 더 흔하다(Cook & Campbell, 1979를 보라). 그럼에도 불구하고, 독자는 이 책에서 제시되는 직무동기에 관한 모든 생각이 실제로 이론으로 구성되거나 그것에서 파생되며, 이러한 이론의 진짜 타당도 수준은 종종 논쟁에 개방적임을 기억해야 한다. 따라서 이러한 이론에 뿌리를 둔 관리 기법은 가치가 제한적일 것이다. 사실, 그것들은 해롭기까지 할 수 있다(Pinder, 1977).

요 약

이 절을 마감하면서, 우리는 Fry와 Smith(1987, pp. 129-130)가 20년 전에 다음과 같이 제시한 견해를 지지한다. "이론에 대한 우리의 의문 이면에 있는 추동력은 무질서한 경험에 질서를 부여하고자 하고, 그럼으로써 집합적 노력을 요구하는 현실 세계의 문제를 해결하고자 하는 욕구다. 우리의 이론이 일상의 문제에 근거를 두는 것은 매우 중요한데, 문제에 대한 논리적 설명이 이론을 흥미롭고 의미 있게 만들며, 기존 문제를 해결하고 새로운 문제를 부각시키기 위한 힘을 실어 주기 때문이다."

다음 절에서, 우리는 50년 전에 Frederick Herzberg와 그의 동료들이 제안하여 직무동기에 관해 가장 폭넓게 알려진 이론 중 하나에 대한 이야기를 제시함으로써 [그림 2-1]에 서술된 순환을 묘사한다. 과학의 발전에서 흔하게 발생하는 활동의 순환을 묘사할 뿐 아니라, 다음 절은 이 책에서 서술되는 직무동기의 첫 번째 주요 이론을 소개하게 될 것이다. 이 장의 후반부에서 우리는 직무동기 이론의 일반적 타당성을 논의하며, 최근 이러한 이론들의 평가에 응용되는 다른 준거를 소개할 것이다.

사례: 동기-위생 요인 이론

직무태도의 원인, 상관 요인 및 결과에 관한 수백 개의 초기 연구를 총망라한 개관을 근거로, Herzberg와 동료들(Herzberg, Mausner, Peterson, & Capwell, 1957)은 긍정적 직무태도를 유발하는 요인과 부정적 직무태도를 만들어 내는 요인은 다르다는 예비 가설을 개발했다. 이 가설은 당시에는 혁명적이었는데, 그것은 흔히 가정되었던 것처럼 직무만족은 직무불만족의 단지 반대쪽에 있는 것이 아니라는 것을 의미했기 때문이다. 대신에, 어떤 직원이 직무의 어떤 측면에서는 행복하지만 다른 측면에서는 불행할 수 있는 것처럼, 새로운 가설은 직무만족과 직무불만족의 느낌이 서로 독립적이라고 주장했다. [그림 2-1]에 제시된 용어를 이용할 때, 이 경우 흥미로운 문제는 직원의 직무태도였으며, 예비 가설을 이끈 관찰은 수백 명의 다른 연구자들과 행동과학자들의 관찰이었다. 이러한 관찰은 보통 행동과학의 경우보다 가설 설정에 더 폭넓고 더 정당화가 가능한 근거를 제공한다.

Herzberg의 연구

2요인(two-factor) 개념을 검증하기 위해, Herzberg와 동료들(Herzberg, Mausner, & Snyderman, 1959)은 피츠버그 지역의 여러 조직에서 일하는 203명의 엔지니어와 회계사로 구성된 표본에서 최초의 자료를 수집했다. 반구조화된 면접 기법을 이용하여(연구자와 피면접자 모두 면접이 진행되는 동안 나타나는 방향에 영향을 준다는 의미임), 연구자들은 직원들에게 직무에서 '특히 좋다' 또는 '특히 나쁘다' 고 느낀 경우를 하나씩 생각해 보라고 했다. 피면접자들에게 현재의 직무 또는 이전의 어떤 직무에서든 그런 중요한 사건들을 회상하도록 했다. 그들은 이런 종류의 사건을 일인당 평균 두세 개 기록했다. 각 사건들의 세 측면—① 사건의 배경과 원인이 되는 객관적 조건, ② 왜 해당 직원은 그 사건의 시기에 특정한 방식으로 느꼈는가에 대한 이유, ③ 해당 직원과 직무에 대한 사건의 결과 요약—에 대해 상세히 쓰도록 하였다.

사건의 분석

연구 자료가 수집되면 그것들은 분석되어야 한다. (우리가 앞에서 본 것처럼, 연구에서 수집과 분석 단계 둘 다 잠재적으로 문제가 있다.) Herzberg와 동료들은 각 면접을 거의 500개의 생각으로 분리했고, 그것들 사이에 나타나는 유사성 정도를 바탕으로 이들 사고를 분류했다. 연구자들은 미리 규정된 범주로 사고를 분류한 것이 아니라 사고의 본질을 이용하여 이러한 분석에서 드러나는 범주를 결정하였다. 독립된 연구자들이 결과로 나타나는 여러 군집으로 특정 사고를 분류하는 것에 동의한다는 것을 보장할 수 있도록 조심했다. 이때 사고 항목들은 직원들에 대한 장기 또는 단기 효과 측면에서도 분류되었다.

이러한 과정에서 16개의 독립적인 사고 집합, 즉 요인이 드러났다. 16개의 사고 집합은 이런 저런 방식에서 매우 만족스럽거나 만족스럽지 않은 직무 경험의 사례와 관련되었다. 다음 단계는 이들 집합 또는 요인들이 부정적 직무태도의 예가 아니라 긍정적 직무태도의 예와 좀 더 밀접히 관련될 것인지, 그리고 어떤 요인들이 긍정적 직무태도 이야기보다 부정적 사건에서 좀 더 빈번히 나타나는지를 살펴보는 것이었다.

채택된 자료 분석 기법에 관한 좀 더 자세한 내용은 이 책의 범위를 넘어선다. 관심 있는 독자는 최초의 보고서를 참고하라(Herzberg et al., 1959). 현재의 논의에서 중요한 것은 결과의 요약이며, 더욱 중요한 것은 그 이후 Herzberg 찬성파와 반대파가 결과를 해석하고, 잘못 해석하고, 논쟁한 방식이다.

동기 요인

사실, 자료는 어떤 패턴을 보여 주었다. 자료 수집 전 연구자들의 예감처럼, 한 무리의 요인들은 부정적 직무태도 이야기보다 긍정적 직무태도 이야기에서 더 빈번하게 나타났다. 예를 들어, 성취에 관한 보고는 긍정적 직무태도 사례의 41%에서 나타났으며, 그것은 직무만족 경험과 가장 빈번히 관련된 단일 특징을 이룬다. (연구의 한 예는 새로운 보트의 프로펠러 설계에서 성공했을 때를 서술한 선박 엔지니어의 경우다.) 이와 유사하게, 인정이 긍정적 이야기의 33%에서 나타났다. 도전, 다양함, 흥미로운 작업은 26%로 나타났다. 책임은 23%, 발전은 높은 직무만족 이야기의 20%의 요소였다.

마찬가지로, 이미 확인된 16개 요인 중 10개는 직무만족 일화의 7% 이하에서 나타났으며, 예상했던 것처럼 그것들은 보통 직무만족 경험과 관련되지 않는다는 것을 나타내고 있다. 피면접자들은 이처럼 꽤 호의적인 직무태도의 발생이 그 기간 동안 좋은 직무수행이라는 결과를 가져오는 경향이 있다는 것을 나타냈기 때문에, Herzberg는 이러한 만족의 원천을 **동기 요인**(motivator)이라 이름 붙였다. 가장 빈번하게 언급된 5개의 만족 요인/동기 요인을 좀 더 자세히 들여다보면 많은 특징들이 드러난다. 첫째, 이러한 요인들 중 하나를 특징으로 가진 긍정적 이야기들은 다른 4개 중 하나 이상의 요소를 포함하는 경향이 있다. 즉, 그것들은 직무만족을 유발할 때 함께하는 것 같다. 더구나 연구자들은 부정적인 느낌에 비해 긍정적인 느낌은 단기적인 효과가 아니라 상대적으로 오래 지속되는 경향이 있다는 것에 주목했다. 그것들은 또한 직무 내용의 여러 측면 및 근로자와 직무 사이의 개인적 관계와 관련되는 경향이 있었다. 실제로 결정적인 것은 이러한 5개 요인들은 성장 및 개인적 발전의 느낌을 유발하는 경향이 있기 때문에 직무만족과 연합된다는 것이다.

위생 요인

다음에 연구자들은 직무불만족의 사례로 언급된 이야기들을 살펴보았고, 초기 분석에서 11개 요인들이 관련된 것으로 드러났다. 보고된 직무불만족 사례들의 적어도 31%는 기업의 정책과 관리에 비난의 화살을 돌린다. 이와 유사하게, 상사와의 불행한 관계가 이야기의 20%에서 나타났으며, 동료와의 나쁜 대인관계가 나쁜 직무태도 사례의 15%에서 중요한 요인이었다. 상사의 기술적 측면에 대한 불만족은 낮은 직무태도 이야기의 20%에서 결정적인 요인이며, 상사와 개인적으로 나쁜 관계는 이러한 이야기의 15%에서 중요한 것으로 나타났다. 낮은 직무태도 이야기에서 큰 수치를 보인 두 개의 다른 요인들은 열악한 작업 조건과 비우호적인 동료 관계였는데, 그것들은 각각 불만족 이야기의 11%와 8%인 것으로 나타났다. 이들 두 번째 요인들이 직무불만족 이야기에서 나타난 빈도에 비해, 높은 직무태도의 사례와 그것들의 관련성 빈도는 높지 않았다.

Herzberg와 동료들(1959)은 이 두 번째 요인들을 **위생 요인**(hygiene)으로 이름 붙였는데, 정신 의식에서 심리적 위생의 개념과 유사하게, 이 항목들은 건강한 적응에 필수적이기는 하지만 충분하지는 않은 것으로 보였기 때문이다. (이 경우, 그것들은 직무불만족을 막는 데는 필수적이지만 직무만족이나 동기화된 행동을 발생시킬 수는 없다.) 연구자들은 위생 요인들 사이에 공유되는 많은 특징에 주목했다. 첫째, 그것들 모두 작업 맥락, 즉 사람이 직무를 수행하는 환경과 관련된다. (동기 요인은 작업 내용과 좀 더 밀접히 연결된 것을 상기하라.) 둘째, 위생 요인들은 동기 요인들보다 짧게 지속되는 직무 경험과 연합되는 경향이 있다. Herzberg(1981)는 괜찮은 작업 조건과 화기애애한 상호작용은 단기적으로는 사람들을 움직이게 하지만, 그것들을 없앤다고 해도 사람들은 이것을 당연한 것으로 받아들여서, "결국 당신은 나에게 뭘 해 줬지?"라는 질문을 하게 한다고 주장했다. 그와 대조적으로, 직원들에게 일에 대한 동기 요인을 제공하는 것은 개인에게 훨씬 더 장기적인 효과를 가지는 것으로 보이며 단순한 움직임보다 동기의 변화를 가져오는 것으로 보인다.

왜 위생 요인의 결핍이 직무불만족과 연합되는지를 설명하고자 했던 최초 연구(Herzberg et al., 1959)의 응답자들이 대답한 주요 이유는 그것들이 없다는 것은 불공정한 대우를 받는다는 느낌을 가져오는 경향이 있다는 것이었다. 그래서 동기 요인의 제공은 성장과 발전의 느낌을 주지만, 불공정의 느낌은 위생 요인의 부재와 직무불만족 사이의 연결을 설명하는 것 같다.

요인들 간의 중첩

위생 요인에 대해 Herzberg와 동료들이 주목한 중요한 측면이 하나 있는데, 이론이 촉발시킨 논쟁과 깊이 관련된 특징이다. 몇몇 동기 요인들, 특히 인정, 작업 자체 및 발전을 특징으로 하는 많은 직무불만족 이야기들이 있다. 예를 들어, 인정을 받지 못하는 것은 직무불만족 이야기의 18%에서 주요 원인이었다. 연구자들은 그들의 최초의 책에서 이처럼 이분법적 분할에서 벗어나는 것이 있음을 인식하는 것이 중요하다는 것을 인정했다.

모든 기본적인 만족 요인들, 즉 인정, 성취, 발전, 책임 및 작업 자체는 직무만족 이야기에서 상당히 높은 빈도로 나타났다. 그러나 이러한 요인들 중 몇몇은 직무불만족 이야기에서도 상당한 빈도로 나타났는데, 인정 18%, 작업 자체 14%, 발전 11%였다. 확실히 이 세 가지 만족 요인들은 직무불만족을 유발하는 요인만큼 직무태도에 일방향적 효과를 가지지는 않았다. 이러한 결과로부터 나올 수 있는 더 나은 가설은 만족 요인들은 직무만족을 감소시키는 정도보다 증가시킬 가능성이 더 크겠지만 직무불만족과 관련된 요인들은 매우 드물게 직무만족을 증가시킨다는 것이다(Herzberg et al., 1959, p. 80).

성취에 대한 인정이 수반되기 어렵거나 직원이 공정하다고 여겨지는 속도로 발전하지 않는 예들이 보여 주는 것처럼, 지금까지 지루하거나 좋아하지 않는 직무를 수행했던 사람들은 작업 자체의 본질이 직무불만족의 강력한 원인일 수 있다는 것을 경험으로부터 안다. 분명히 말해서, 직원의 직무에서 이러한 동기 요인들이 없다면, 이러한 동기 요인들은 좌절과 불만족의 큰 원천이 될 것이다.

여기서 두 가지 문제를 조명할 필요가 있다. 첫째는 기술적인 것이지만 이 장에서 제시되는 주장으로 인해 중요한 것이다. 직무 만족과 불만족의 원인 사이의 대칭이 완전하지 않다는 것을 인정하면서 Herzberg와 동료들은 문제가 되는 세 가지 동기 요인들 또한 직무만족을 감소시킬 수 있는 가능성을 언급했다. 문제는 자료뿐 아니라 자료에 대한 그들의 이론적 해석이 만족과 불만족이 동일한 감정의 양극단이 아니라는 것을 시사한다는 사실에 있다. 오히려 그것들은 양극단이 아니라[7] 서로에 대해 독립적이며 다르다는 것이다(Bobko, 1985를 보라). 이론의 다른 부분과 일관되게 하기 위해, 주요 위생 요인들처럼 세 가지 공통된 교차 요인들(crossovers)은 사람들에게 직무불만족을 유발할 수 (직무만족을 감소시키는 것과 상반되는 것으로) 있다는 것에 주의해야 한다. 그 차이가 중요한데, [그림 2-1]에서 나타난 검증과 수정의 순환에서 보듯 이론이 개발된 후 한 연구자에서 다음 연구자로 넘어갈 때 잘못된 해석과 오해가 발생할 수 있는 방식을 서술하기 때문이다.

두 번째 요점은 그들의 자료가 (다른 것뿐 아니라) 이러한 교차 요인들을 내포하고 있다는 사실에 주의를 돌렸지만 Herzberg와 그의 추종자들은 이론의 초기 진술에서 이것을 인정할 눈을 잃은 것 같다는 점이다. 예를 들어, 자신의 이론에 관해 널리 알려진 해석에서, Herzberg(1968, 1981) 자신은 기본적인 동기 요인들을 동기와 만족과 연합시켰고 위생 요인들을 단지 불만족의 원인으로 봄으로써, 초기에 이론을 생성시킨 자료에 있는 반전을 언급하지 못했다. 간단히 말해, 이 두 가지 요점은 [그림 2-1]에 제시된 과정을 사람들이 바라는 것보다 덜 정밀한 것으로 만들면서, 이론의 정교화가 왜 그렇게 힘들고 더뎌지는지를 예시한다.

급여의 역할

만족과 불만족 이야기에서 발견되는 15개 요인들 중 가장 모호한 것은 봉급이다. 직무만족의 거의 모든 이야기만큼 불만족 이야기에서도 나타난다. 그러나 그것은 장기적인 긍정적 태도 변화보다 장기적인 부정적 태도 변화의 이야기와 더 많이 관련되기 때문에, Herzberg와 그의 팀은 봉급을 위생 요인으로 분류했다.

2요인 이론의 요약

간단히 말해, 2요인 이론은 인간은 두 가지 기본적인 욕구를 가지고 있으며 직무 경험의 다른 요소들이 그것을 충족시키는 기능을 한다는 것을 제안한다(Herzberg,

7) 나중에 Herzberg(1966)는 어떻게 동기 요인이 성장욕구의 충족에 영향을 미치고, 반면에 위생 요인은 단지 기본적인 생존만 제공하는지를 서술했다.

1966). 첫 번째 욕구는 기본적인 생존 또는 유지와 관련된다. 그것들은 고통과 불편함을 피하는 것과 관련되며 성, 갈증 및 배고픔 같은 기본적 추동에 대비한다는 특징을 가진다. 성장욕구라 불리는 두 번째 욕구들은 사람들이 환경에 의한 도전을 탐색하고 정복함으로써 가능성을 현실화시키고자 하는 시도로 나타난다.(3장에서 성장욕구의 개념이 매우 상세하게 논의된다.) 최소 수준의 위생 요인(예를 들어, 봉급)은 생존욕구의 충족에 필수적이지만, 그것이 있다고 해도 직무만족감을 유발하지는 않는다. 그것들은 단지 직무불만족감을 방지할 뿐이다. 이론에 따르면 생존욕구가 어느 정도 제공될 때까지 위생 요인들은 유용한 동기 요인일 수 있다.

이 이론이 주장하는 것은 긍정적 직무태도를 낳고 직원들을 동기화시키기 위해 원래 동기 요인으로 확인된 것들이 모든 직무 유형에서 확립되어야 한다는 것이다. 직무가 수행되는 장면보다 직무의 내용이 중요한 것이다. 직무는 근로자들이 성취할 기회를 제공해야 하고, 사람들은 그 성취에 대한 인정을 받아야 한다. 직무는 흥미롭고, 발전을 제공하고, 책임감을 부여해야 한다. 직무가 이러한 원리에 따라 설계될 때(즉, '확충될 때'), 동기와 긍정적 태도가 다가올 것이다. 그러나 이러한 요인들이 누락될 때, 불만족은 없지만 만족이 결여되는 결과가 초래된다. 최초 연구는 이외에도 많은 것을 발견했지만 이미 언급된 것들이 가장 논쟁적이며 현재의 논의와 가장 관련이 깊을 뿐 아니라 가장 중요하다.

이어지는 논란

[그림 2-1]의 순환은, 새롭게 개발된 이론은 보통 그것의 확증, 정교화, 또는 반박에 관심 있는 초기의 옹호자 또는 다른 사람들에 의해 현실 검증에 놓이게 된다는 것을 나타낸다. 따라서 동기-위생 요인 이론은 빠르게 상당한 주의를 끌었다. 이론 발표 후 몇 년 이내에 그 이론을 해석하고, 그것에 포함된 다양한 요인들의 측정도구를 개발하고, 자료를 수집하고 이론의 예측과 자료에서 발견된 결과를 비교하고자 하는 수십 개의 시도가 있었다. 종종 그러한 것처럼 결과는 꽤 혼란스러웠다. 어떤 연구는 2요인 개념을 지지하지만, 다른 것은 아니었다. 총계정원장의 양쪽에 증거가 쌓임에 따라, Herzberg에 찬성하는 쪽과 반대하는 쪽 사이의 논쟁은 계속되었다. 그러한 논쟁은 부분적으로 Herzberg의 연구 결과(따라서 이론 자체)가 그와 동료들이 자료를 수

집하고 분석하기 위해 이용한 방법 때문일 수 있다는 많은 주장을 중심으로 한 것들이었다. 이 점이 중요하다. 직무동기 이론은 직무동기의 진짜 기본적인 본질을 반영할 때 지지된다. 사실, 그런 이론은 단지 이론을 생성하기 위해 이용된 방법론의 인공물이어서는 안 된다.

이야기하기 기법은 본질적으로 피면접자로 하여금 자신의 성취에 만족 사례를 관련시키고, 나쁘게 보이는 것을 원치 않기 때문에 자신의 통제나 책임을 넘어서는 요인들에 대해서는 부정적인 사례를 연결시키도록 한다는 주장이 제기되었다. 그래서 예를 들어, 엔지니어와 회계사가 이야기에 나타난 부정적인 사건에 관해 회사의 정책, 자신의 상사와 동료 및 기타 맥락적 요인들을 비난하는 것은 꽤 이해할 만하다는 주장이 있다. 이런 비평은 이론의 타당성에 상당한 문제를 가져오는데 그것은 자료의 의미에 기본적인 의혹을 던지기 때문이다. 더구나, Herzberg의 방법론을 이용한 연구들은 이론을 지지하는 경향이 있지만, 자료를 수집하고 분석하는 데 다른 방법을 이용하는 연구들은 이론을 지지하지 않는 경향이 있다는 것을 주목하면, 비판의 심각성은 커진다(Behling, Labovitz, & Kosmo, 1968).

Herzberg 논쟁의 역사를 모두 논하는 것은 이 책의 범위를 넘어선다. 관련된 많은 세부적인 요점에 대한 논쟁과 통찰의 요약에 관해 흥미를 가진 독자들에게 Bockman (1971), Grigaliunas와 Weiner(1974), House와 Wigdor(1967), Whitsett과 Winslow (1967)의 논문을 추천한다. 그러나 간단히 말해서, Korman(1971)은 그러한 연구들이 "Herzberg 이론을 효과적으로 잠재웠다."(p. 149)라고 결론 내릴 만큼 1970년까지 그 이론에 의혹의 눈초리를 던지는 상당한 자료가 수집되었다. 이 이론이 종말을 맞았다는 주장은 이후에도 상당히 많다. 그러나 2요인 이론이 공식적으로 제안된 후 10년 넘게 이론의 지지자들 중 일부는 그것이 공정하게 검증된 적이 거의 없어서 그것이 타당하지 않다는 결론 자체의 근거가 명확하지 않다고 주장한다(Grigaliunas & Weiner, 1974). 예를 들어, 이들은 실제로 이론을 검증하기 위해 수행된 어떠한 연구도 이론이 요구하는 것처럼 두 가지 개별적이고 독립적인 연속선상에서 직무 만족과 불만족을 측정하지 않았다고 주장한다. 더구나, (이미 논의된 것처럼) 초기 자료에 대한 사회적 바람직성 설명이 쉽게 무너질 수 있음을 시사하는 자료가 제시되었다. 또한 Grigaliunas와 Weiner는 Herzberg 이론에 대한 비판이 직무설계에 대한 2요인 이론의 처방을 지지하는 상당한 증거를 간과했다는 점을 지적했다. 간단히 말해, 이 저자들은 이 이론이 타당하게 검증되지 않았을 수 있으며, 1974년 이전에 이 이론을 검증하고자 했던 시도는 2요인 이론이 타당하지 않다는 결론을 내리기에 충분한 근거를 제공하는 데 실패했다고 주장했다. [Grigaliunas와 Weiner가 제안한 방법론을 채택한 한 연구(Ondrack, 1974)는 2요인 이론을 지지하는 데 실패했다.]

Herzberg는 가끔 자신이 잘못 해석되었다는 주장을 했다(예를 들어, Herzberg, 1976). 문제는 [그림 2-1]에 제시된 과학적 활동의 자기 교정 순환이 발생하기 위해서는 편향 없이 논의가 되고 있는 이론이 정확하게 해석되는 것이 일차적인 필수 요건이라는 것이다. 그 이론이 잘못 해석되었고 부적절한 도구로 검증되었다는 Herzberg와 동료들의 입장이 옳다면, 학자 또는 실무자를 포함해서 어느 누구도 그 이론이 그들에게 직무동기를 이해하고 그것에 영향을 주는 데 도움을 주는 어떤 것을 가지고 있다는 것을 확신할 수 있는 방법은 없다.

동기-위생 요인 이론을 검토하는 데 부적절한 도구가 이용되었다는 주장은 차치하고, King(1970)은 2요인 이론에 대해 다섯 가지의 다른 해석이 있으며, 이러한 해석들을 경험적으로 지지한 것들 모두가 나름의 방법론적 오류를 갖고 있었다는 것을 증명했다. 설명하자면, 모든 동기 요인은 직무불만족보다 직무만족에 더 기여하며 모든 위생 요인은 직무만족보다 직무불만족에 더 기여한다는 한 가지 해석이 가능하다. 또 다른 해석은 만족에 모든 위생 요인이 기여하는 것보다 모든 동기 요인이 더 기여하며, 불만족에 모든 동기 요인이 기여하는 것보다 모든 위생 요인이 더 기여한다는 것이다. Herzberg는 1966년에 쓴 책에서 이것이 그 이론이 시사하는 것임을 제안하였다. 어쨌든 King(1970)은 Herzberg의 방법을 이용한 연구들만이 이론을 되풀이하고 지지하였으며, 검증된 것처럼 다양한 해석은 이론의 2요인 측면에 대한 명백한 지지를 제공하는 데 실패했다는 것을 보였다.

종합하면, 이론이 잘못 해석되었으며 이론의 주요 개념이 적절하게 측정되지 않았다는 모든 주장에 모든 증거를 결합시킬 때, 그 이론이 조직 장면의 실무에 부합하는지 여부는 제외하더라도, 우리는 이론 자체를 진지하게 고려했는지 여부도 알지 못한다. 이 이론은 동기를 부여하도록 직무를 확충하는 것에 대해 많은 시사점을 가지고 있다. 그러나 그 이론을 독특하게 만드는 2요인은 실제로 직무 자체를 설계하기 위해 이 이론을 이용할 때 있어야 하는 필수 요소가 아니다. 유일하게 필요한 것은 책임, 성취, 성취에 대한 인정 및 발전을 제공하는 직무를 구축하는 것이 사람들을 만족시키고 동기를 부여할 것이라 믿는 것이다. 이러한 28가지 요인들을 제공하지 못하는 것이 직무불만족을 유도하지 않을 것이라고, 또는 글자 그대로 작업장에 어떤 위생 요인을 제공하는 것 또한 동기적이지 않을 수 있을 것이라고 가정할 필요는 없다.

Herzberg 논쟁의 시사점

우리는 2요인 이론의 개발에 관해 세부적인 것과 그 이론이 야기한 논쟁에 왜 그렇게도 주의를 기울였을까? 한 가지 명확한 목적은 이론을 설명하는 것이었는데, 이 이론을 둘러싼 오랜 기간 동안의 의혹과 논쟁에도 불구하고, 그것은 오늘날의 실무자들에게 직무동기에 관해 가장 잘 알려진 접근 중 하나이기 때문이다.[8] 그러나 그것을 그렇게 면밀히 검토하기 위한 몇 가지 다른 이유가 있다. 첫째, Herzberg의 이야기는 이 장의 초반부에 소개되었던 것처럼 우리가 행동과학에서 새로운 이론의 개발과 관련된 많은 중요한 문제와 쟁점을 그려 보도록 해 준다. 사실 공정하게 말해서, 이러한 문제와 쟁점은 확실히 동기-위생 이론의 경우에만 한정되지 않는다. 그러나 그것은 방법론을 근거로 가장 치밀한 비평에 노출되었던 직무동기 이론 중 하나다.

앞의 이야기는 동기와 같은 가설적 개념을 평가하기 위한 도구나 수단을 개발하는 것의 어려움을 말한다. 1장과 이 장의 초반부에서 언급된 것처럼, 우리는 노력이 요구되는 관찰이나 자신의 내부에서 무슨 일이 일어나고 있는지를 살펴봄으로써 동기적 힘의 존재를 추론해야 한다. 우리는 물리적 대상에 대해 그러는 것처럼 태도와 동기 같은 개념을 직접 측정할 수 없다(Hughes, Price, & Marrs, 1986; Schwab, 1980). 이것은 (Herzberg의 면접 기법 같은) 대충 만들어진 측정도구가 실제로 더도 말고 덜도 말고 우리가 측정한다고 여기는 그러한 것들을 측정하도록 해 주는지에 대해 고민해야 함을 의미한다. 이것은 앞에서 서술한 구성타당도의 문제인데(Schwab, 1980), 물리적이지 않은 실체를 측정할 때 늘 있는 쟁점이며, 직무동기 이론의 타당성을 확립하기 위한 우리 역량에 주요 제한을 가하는 것이다.

설상가상으로, (사실, 측정되는 실체가 변하지 않는다는 것을 알고 있더라도) 측정이 때

8) 이 책에서 개관된 의심스러운 타당성과 모든 논쟁에도 불구하고, 2요인 이론을 논의하지 않고 직무동기를 다루는 조직행동 서적은 거의 없다.

에 따라 다를 가능성에 대해서도 고민해야 한다. 즉, 우리의 측정도구는 유동적인가 아니면 상대적으로 안정적인가? 이것은 측정의 신뢰도 문제로 언급된다. 확실히 측정되어야 할 개념에 대해 일관되지 않은 평가를 하는 도구를 이용해서 이론을 개발하거나 검증할 수는 없다. 그러나 면접이나 질문지를 이용할 때 행동과학에서 측정의 안정성은 여전히 문젯거리다(Nunnally, 1967).

더구나, 사람들이 자신의 직무를 어떻게 생각하는지를 물어보는 그러한 평가 과정 자체가 반응의 유형에 영향을 줄 가능성을 고려해 보라. 어떤 비판자들(예를 들어, Salancik & Pfeffer, 1977, 1978)은 사람들에게 직무태도를 물어봐서 그 태도를 전혀 변화시키지 않고 측정하는 것은 사실상 불가능하다고 주장한다. 그것은 측정의 반응성 문제를 말한다(Webb, Campbell, Schwartz, & Sechrest, 1966). 그것은 행동 연구에서 고질적인 문제이기도 하고 주로 측정의 신뢰성 문제에서 두드러진다. Herzberg 연구의 결과가 피면접자들의 자아방어(또는 사회적 바람직성) 동기에 의해 설명될 수 있다는 주장은 태도와 동기에 대해 물어볼 때 그것들에 영향을 주지 않고 측정하는 것이 얼마나 어려운가에 대한 예가 된다.

Herzberg 연구의 예는 관찰에는 많은 방법이 있고, 일단 이론이 제안되면 그것의 타당도(다시 말해, 이론이 실제로 현실을 반영하는지 여부를 결정하는 것)를 검증할 방법도 많다는 것을 보여 주는 것이기도 하다. 그 이야기는 이론들이 때로는 어떻게 해서 적절히 검증되지 않으며, 결과적으로 잘못된 이유로 확증되거나 거부되는지를 보여 준다. 잘못 수행된 연구에 의해 지지되는 가설들(사실, 이것들은 기각되어야 한다)이 쌓일 수 있고, 이로 인해 결과적으로 사물의 본질을 잘못 표상하는 이론이 나올 수 있다. 반대로, (잘못된 연구의 결과로서) 과학자의 검증을 통과하지 않는 타당한 가설은 무시되거나 잊힐 수 있다. 그것의 결과는 잠재적으로 유용한 지식이 무효화된다는 것이다. Herzberg의 경우도 이론이 일단 개발되고 나면 그 이론은 지나치게 단순화되거나, 잘못 해석되거나, 잘못 표상될 수 있을 때 어떤 일이 일어날 수 있는지를 보여 준다. 3장에서 보게 될 Maslow의 유명한 욕구이론이 그랬던 것처럼, 12장에서 논의될 기대이론도 유사한 문제를 겪었다. 새로운 이론이 정확히 해석되지 않는다면, 그것의 진짜 타당도 수준은 어떻게 결정될 수 있으며 과학자든 실무자든 세상을 이해하고 그것에 영향을 미치고자 할 때 이론이 어떠한 가치를 가지고 있는지 여부를 어떻게 결정할 수 있을까?

간단히 말해, Herzberg 이론의 개발에 관한 이야기와 그 이론을 둘러싼 논쟁은 직무동기에 관한 새로운 이론의 발전에 관련된 많은 어려움을 서술하는 데 도움을 준다. 그것은 직무동기의 본질을 반영하고자 하는 어떠한 새로운 이론이라도 부분적으로나마 오류의 가능성을 이해하는 데 도움을 준다. 그것은 또한 이론을 검증하기 위해 조직화할 때의 고유한 어려움 때문에 어떤 이론들은 과학자들이 증명할 수 있는 것보다 더 타당할 수 있다는 것을 말한다. 그러나 대조적으로, 새로운 이론의 발달이 근거를 두고 있는 이론의 질에도 불구하고 그것의 발달이 널리 주의와 영향력을 획득할 수 있기 때문에, 앞의 이야기는 다른 과학에서처럼 조직과학의 진보도 직선적이지 않은 것임을 보여 준다. Herzberg 이야기는 독자들에게 행동과학자들이 새로운 이론을 만들 때 조심할 필요가 있는 것을 이해하는 데 도움을 줄 것이다. 그러나 좀 더 중요한 것으로서 우리가 희망하는 것은 응용에 흥미 있는 독자들이라면 관찰, 분석 및 해석이라는 다소 철저한 과학적 방법에 근거한 이론적 생각들에 뿌리를 둔 새로운 경영 기법과 프로그램을 채택할 때 어느 정도 보는 안목과 조심성을 배워야 한다는 점이다.

지식에 대한 역사적 및 사회학적 관점

이제껏 직무동기 (그리고 다른 행동적 및 사회적) 이론을 평가하는 준거에 관한 많은 사상가들의 견해를 살펴보았다. 그러나 우리는 좀 더 넓은 관점을 취함으로써 다른 평가 근거가 있다는 것을 인식해야 한다. 예를 들어, 흥미와 아름다움 같은 심미적 근거, 또는 적절함과 유용성 같은 개념은 시대의 사회학과 보는 사람의 눈 속에 있기 때문에 그러한 개념이 사회적으로 구성된 의미 같은 것이다.

사회적 및 이념적 쟁점

과학(특히 사회 및 행동 과학)이 사회적 제도이며 일련의 사회적 과정이라는 것은 중요하게 염두에 두어야 한다(Merton, 1973; Mitroff, 1983을 보라). 이것은 사회과학이 정치 과정, 지위와 권력, 전통 등을 포함해서 다른 종류의 사회제도를 특징짓는 현상으로 가득 차 있다는 것을 의미한다(Mayhew, 1971). 이것의 시사점은 1장에서 논의했던 것처럼 어떠한 연구나 이론이라도 모습을 드러내서 인기를 얻게(또는 잃게) 되는 사회적 및 역사적 맥락을 염두에 둘 필요가 있다는 것이다. 사회적 존재로서 동기이론가와 기타 다른 사회과학자들은 이념적 신념 체계를 가지고 있으며, 이러한 이념은 무엇이 '좋거나' '유용한지'에 대한 지각에 영향을 미칠 수 있다(그리고 미친다). Keeley(1983)의 관찰에 따르면, "과학적 및 윤리적 준거는 (인간의 관리 및 조직에 관한) 다른 견해를 평가할 때 서로 대체적인 것이 아니라 보완적일 수 있다. 사회과학은 어떤 모형이 특정 문제에 좋은 해결책을 만들어 내는지 여부만 나타낸다. 반면, 윤리는 우선적으로 어떤 모형이 좋은(가치 있는) 문제를 만들어 내는지만 보여 준다. 과학적 또는 윤리적 검증 어느 것도 결정적이지는 않지만, 두 가지 모두 합리적으로 수용 가능한 결과를 보이기만 한다면 사회적 모형의 일반적 타당도에는 상당한 신뢰가 부여되어야 한다." (p. 384)

Nehbrass(1979)는 직무동기 영역에서 Keeley(1983)의 지적에 대한 특정 예를 제시했는데, 그는 인간 본질의 고유한 미덕에 관한 이데올로기적 신념이 어떻게 많은 경영 기법, 특히 직원들의 참여와 관련된 것의 보급을 촉진했는지를 서술했다. 그렇지 않다면 직원 참여 기법은 냉정하고 객관적인 분석에 의해 지지되거나 정당화될 수 없는 기법이다. "문제가 되는 이념의 핵심 신념은 인간성에 내재한 선에 대한 믿음이다. 본질적으로 사람은 선하지만(선한 것으로 보이지만) 종종 본성을 왜곡하고 선이 드러나는 것을 막는 조직 (그리고 사회적) 체계 속에 있다는 것을 알게 된다. 이처럼 비인간화시키는 조직 환경에서 직원들의 자연스러운 가치를 담아낼 새로운 …경영 기법을 고안하는 것이 이론가들의 역할이다. 항상 그런 것으로 확인된 것은 아니지만, 이러한 신념 체계에 집착하는 사람을 '인본주의자'라고 할 수 있다." (p. 427)

Nehbrass(1979)는 근로자들이 직무로부터 소외되고, 많은 수가 불만족하며, 자신의 직무에 몰입하지 않는다고 주장했던 그 시기의 과학 보고서를 인용했다. 그는 이 유명한 보고서와 그런 결론을 지지하지 않는 그 시기의 조사 자료를 비교했다. 그때 직장 생활의 질(quality of work life: QWL)은 모호한 경영 기법이었다. 그 시기 그 운동의 옹호자들은 북아메리카 근로자들은 일에서 철저하게 소외되었고 '새로운 근로자'는 그 시기 경제에서 대다수 직무의 특징을 설명하는 다양성, 자율성 및 도전의 결여에 반발하고 있다고 주장했다. Nehbrass(1979)에게 있어서, 그런 느낌은 그 시대의 비공식적인, 대중적인 징후—경영 연구들을 구성하는 재료—였지만, 이러한 신념은 그런 문제를 다루었던 시기의 과학적 증거로 지지되지 않았다.

참여적 관리를 옹호하던 시기에 그런 주장을 지목하면서, Nehbrass가 지적한 것은 1960년대와 1970년대의 관리에 대한 선풍적인 이론화 작업이 어떻게 그 시기보다 30년 전 고안된 실험실 상황의 소규모 소년 집단을 대상으로 한 경험적 연구를 근거로 하고 있는가였다. Nehbrass는 다음과 같이 썼다.

> 독자가 갖기를 바라는 인상은 명확하다. 참여는 증명된 관리 수단이며, '매우 동기적'이다(Carlisle, 1976, p. 478). 그것은 '몰입을 촉진한다.'(Scanlon, 1973) …그리고 사실 그것은 '아마도 오늘날의 실무에서 가장 폭넓게 인정되는 동기 수단'이다(Trewatha & Newport, 1976).
>
> (참여적 의사결정)의 긍정적 본질에 관한 많은 논의 중 놀라운 것은 저자의 이념적 입장을 지지하지 않는 많은 연구들(그는 5개의 연구를 인용했다.)에 대한 언급이 전혀 없다는 것이다. 실무 관리자들은 부하직원과 의사결정의 권위를 공유하지 않는 것에 대한 수많은 이유를 찾을 수 있고, 2, 30년 전 연구에 의해 지지되는 유토피아적이며 일방적인 견해를 접하고 나면 그들이 회의주의와 아마도 겉으로만 자신을 낮추면서 상아탑 속의 학자들을 보는 것은 당연하다.
>
> (Nehbrass, 1979, pp. 428-429)

홍미롭게도, 새로운 용어와 연구 방법을 사용함에도 불구하고 조직과학에서 Nehbrass가 표현한 것과 똑같은 기본 신념을 가진 신진 학자들에 의해 1980년대, 1990년대 및 그 이후에 유사한 경우가 생겼다. 과학은 사회정치적 과정이고, 당대의 지식은 시간이 흐름에 따라 변화에 민감한 사회적으로 구성된 허구다(*Academy of Management Review* 1992년 7월호; Berger & Luckman, 1966; Merton, 1973; Nord et al., 1988을 보라). 그러나 사회구조가 학자와 이론가들에게만 영향을 미치는 것은 아니다. 경영진과 관리자도 당대의 이데올로기와 널리 퍼진 가치 구조에 강한 영향을 받는다. 관리 프로그램과 기법들은 삶의 다른 영역에서 나타나는 유행과 똑같은 방식으로 인기를 얻고 잃는 순환을 한다. 지난 수십 년간 직원 참여, MBO, 직무확장(job enlargement), 직무확충(job enrichment), 품질분임조(quality circles), 순회관리(management by walking around), 직원 임파워먼트(employee empowerment) 및 조직 리엔지니어링(organizational reengineering) 같은 경영 기법의 지배와 쇠락이 있었다. 우리는 이후의 장들에서 이런 기법들을 살펴볼 것이다.

요약하면, 당대에 널리 퍼진 이데올로기적 가치와 신념 구조는 가장 적절한 탐구 문제를 결정하며 상상할 수 있거나 가능한 과학적 질문의 본질에 경계를 정한다. 그 때 동일한 가치와 신념이 '좋은' '유용한' 또는 '타당한' 것으로 보이는 것을 결정하기 위한 준거의 본질에 강한 영향을 미친다. 사실상, 그것들은 전통적인 기준 대신 이론과 사회과학적 활동의 평가를 위해 전적으로 새로운 준거의 채택을 옹호하는 정서를 촉진하기도 한다(Brief & Dukerich, 1991; Jacques, 1992를 보라).

직무동기 이론의 응용

앞선 분석은 많은 질문을 제기한다. 새로운 동기이론을 적용하는 데 주의를 기울일 필요가 있다는 것을 받아들인다면, 계몽된 관리자는 인적 자원 문제에 새로운 이론을 적용하는 것이 안전하거나 권장할 만한 시점을 어떻게 알 수 있는가? 그와 같은 응용이 적절하다고 제안하는데, 어떤 준거나 기준이 이용 가능한가? 더구나, 가장 좋은 직무동기 이론은 얼마나 타당해야 하는가?

현장 검증 대 상업적 응용

우리가 실제 조직 장면에서 새로운 동기이론의 응용을 고려할 때, 두 종류 응용 사이의 차이를 구별할 필요가 있다. 첫 번째 유형은 실제 장면에서 새로운 이론의 타당성을 검토하는 데 목적을 둔 행동과학자들에 의해 이루어진 것이다. 두 번째 유형의 응용은 실무자들에 의해 이루어진 것인데, 그들은 채택되는 이론이 실제 조직 문제를 다룰 때 (크든 작든) 어떤 가치를 가지고 있다는 가정을 한다.

첫 번째 유형의 응용은 동기이론의 적절한 개량과 과학적 채택에서 필수 단계다. 이론을 현실의 예와 비교하지 않는다면 과학자들은 그 이론이 현실을 표상하는지 여부를 쉽게 결정할 수 없다(Garner, 1972). 이어지는 장들에서 보겠지만, (형평이론과 같은) 어떤 이론들은 가상의 장면에서 검증될 경우에는 믿을 수 있는 수준의 정확성을 보였지만 현장에서 검증되어 제공된 조사에서는 정확성을 지지하는 데 실패했다. 반면, 목표설정 이론(13장을 보라)은 실제 장면의 연구를 통해 상당한 유용성이 드러났다(Locke & Latham, 2002). 결국 첫 번째 유형의 응용은 새로운 이론적 생각의 개발에 권장할 만하며 필수적이다.

그러나 두 번째 유형의 응용은 언제 보장되는가? 달리 말해, 개별 조직의 실무자들이 새로운 이론적 생각을 이용해서 공식화된 상업적 패키지와 프로그램을 만들어 내기에 안전하고 합리적일 때는 언제인가? 행동과학에 근거한 동기 지향적 프로그램들의 새로운 응용이 해 줄 수 있는 것에 관해 비현실적인 기대를 안고 있는 실무자들에게 그러한 이론의 응용이 폭넓게 유포된 경우는 비일비재하다(Pinder, 1977; Walter & Pinder, 1980). 두 가지 중요한 예는 직무확충과 목표관리(management-by-objectives: MBO)다. 13장에서 보겠지만, MBO(이것의 이론적 기초의 일부는 목표설정 이론이다)는 그것을 이식한 대부분의 조직에서 실패했다. 그러한 실패 후, 그것을 성공시키는 데 필수적인 조직 환경을 더 잘 이해하게 되었다(Halpern & Osofsky, 1990; Jamieson, 1973). 마찬가지로, 직무확충을 공식화하는 것에서 어려움을 느낀 지 몇 년 후 조직의 사전 조건이 이런 프로그램들이 성공하는 데 필수적이라는 점을 알게 되었다(7장; Heckscher, 1988; Oldham & Hackman, 1980; Yorks, 1979를 보라).

여기서의 요점은 동기이론에 응용 효용성이 없다는 것도 아니고, 현실의 조직 장면에 효과적이지 않을 것이라는 것도 아니다. 오히려 너무나 자주 직원의 동기와 같은 관리 문제에 성급하게 적용한 것은 그러한 적용이 적절하지 않은 상황에 새로운 행동과학 기법의 미성숙한 응용을 널리 퍼뜨리는 결과를 가져왔다. 왜 이런 일이 생겼는가?

관리자들은 긴급한 조직 문제를 다루기 위해 실용적인 수단을 찾는 실용적인 사람들이다. 그들은 의사결정에서 고려하는 해결책뿐 아니라 직면한 문제의 핵심 요소를 찾아서 매우 빠르게 정보를 처리하는 경향이 있다(Mintzberg, 1973). 그러나 때때로 실용성에 대한 관리자들의 선호는 단순성에 대한 요구로 이해되는데, 즉 그들은 복잡한 것으로 인식되는 문제에서 상대적으로 단순한 해결책을 찾거나 기대한다. 그들은 타인의 조언에 수반될 수 있는 많은 주의, 경고 및 단서 조항이 없는 근본적인 해결책을 선호한다. (동기 지향적 기법과 같은) 관리 프로그램 운영자들은 관리에서 단순성을 선호하기 때문에 연구에 의해 정당화되는 '만일, 그리고, 그러나'가 없는 과학적 근거를 가진 절차를 옹호한다.

Academy of Management의 회장 취임 연설에서, Jone Pearce 박사(2004)는 MBA 학생들에게, 상당 부분 관리자들이 원했기 때문에, 과학적 지식보다 관리에 관한 신화와 민간전승에 관한 '효력 없는 묘약'을 팔았다는 것을 인정했다. 사실, 본 저자가 쭉 들어 본 바에 따르면, 인적 자원 실무자들의 모임에서 발표되는 많은 것들은 꽤 재미있기는 하지만 지나치게 단순화된 것이다. 즉, 재치 있는 '동기 전문가'와 발표자들이 말하는 규칙적인 순서를 가진 기발한 프로그램은 인간의 직무행동에 관해 반만 진실인 것, 과도하게 단순화된 것, 단순한 허위 주장이었다. 이런 발표에서 유머와 단순성은 실무자들의 모임에서 필요 불가결한 것이다. 그것들은 진지하게 직무동기와 행동에 관한 지식을 추구하는 학자들과 교수들의 지위와 평판을 높이는 데 아무런 역할도 하지 않는다. 여기서 우리는 Alfred North Whitehead로부터 조언을 듣는다. "단순성을 추구하고 그것을 불신하라." 간단히 말해, 인간의 직무동기와 같은 복잡한 현상은 종종 실무자들에게 매력적이게끔 과도하게 단순화된다. 비현실적이고 과도하게 단순화되는 가정을 요구하는 기법은 복잡한 현실 장면에 적용될 때 효과적이지 않게 될 운명이다(Kanter, 2005를 참고하라). 우리는 이 장의 후반부에서 복잡성과 단순성의 문제로 돌아갈 것이다. 여기서 논의된 단순성 압력에도 불구하고, 직무동기에 관한 최근의 이론과 연구는 관련된 현상의 복잡성을 잡아내기 위해 좀 더 복잡한 모형으로 향하는 경향이 있다.

미숙한 응용의 잠재적 위험

행동과학의 조급한 응용에 따른 반복된 실패는 비용 수반적이며 불행한 것이다. 그런 기법을 근거로 실행된 변화는 조직 구성원, 특히 응용되는 이론에 따라 직무가 바뀌는 하위직 구성원의 직무와 삶의 만족 모두에 심대한 영향을 미칠 수 있다. 조직 변화는 효과성과 생존에 필수적이지만, 무분별하고 부적절한 변화는 파괴적이고 공정하지 못하다(예를 들어, Pringle & Longenecker, 1982). 그러나 미숙하고 무분별한 응용은 다른 방식에서도 많은 비용을 초래한다(Pinder, 1977, 1982; Walter & Pinder, 1980). MBO, 직무확충 또는 유연근무시간제(flex time)와 같은 프로그램을 채택한 조직들은 이런 프로그램의 설치와 운영에 상당히 많은 돈과 경영적 노력을 투자해야 한다. 그 프로그램들이 실패할 때, 경영진은 그들이 투자한 프로그램의 건전성을 조사하는 것을 당연히 여겨야 한다. 의문시되는 기법이 진실로 적절하지 않았다는 것이 명확해진 경우, 행동과학과 행동과학자들을 향한 실망과 적대감은 이해할 만하다. 진짜 문제를 해결하기 위해 과학과 실무의 상호작용이 절대적으로 필요하다는 관점에서 볼 때 이런 종류의 소외는 유감스러운 일이다(Fry & Smith, 1987; Garner, 1972; Pinder, 1982).

경영진과 행동과학자들이 이미 서술된 방식에서 서로에게 의존한다면, 어떻게 진취적 성향의 경영진이 행동과학에 근거한 프로그램을 공식적으로 설치하고자 하며, 두 번째 유형의 응용에 개입할 수 있겠는가? 어떤 이론이 응용될 준비가 되고 있으며 안전하다는 결정을 하기 위한 한 가지 근거는 첫 번째 유형의 연구 지향적 응용에서 그 이론이 증명한 과학적 타당도 수준이다.[9] 반면, 타당도에만 의존하는 것에 반대하는 경우도 있을 수 있다.

응용: 타당도 또는 한계 효용?

Pinder(1977)의 논문에 대해 Bobko(1978)는 동기이론의 절대적 타당도 수준은 그러한 이론의 공식적 응용이 보장되거나 정당화될 수 있는지를 결정하기 위한 근거로 부적절함을 제안했다. 그의 주장에 따르면, 관리자들은 인간의 본성과 동기에 관한 암묵적 이론을 이용하여 매일의 일상적 근거에 따라 결정해야 한다(이 책의 3장을 보라). 이러한 암묵적 · 비공식적 이론을 근거로 한 결정이 가져오는 결과의 가치(또는 효용성)는 개별 조직에 따라 클 수도 작을 수도 있다. Bobko(1978)가 주장하는 것은 관리자들이 인적 자원과 관련된 결정을 하기 위해 어떤 동기이론을 공식적으로 채택할 것인가는 이론의 응용에 의해 추가된 한계 효용(또는 여분의 가치)을 따라야 한다는 것이다. [Cronbach와 Gleser(1965)는 인사 선발을 위한 심리검사의 이용과 관련하여 같은 주장을 했다.]

Bobko의 주장은 관심을 둘 만하지만, 공식적인 동기이론의 응용 여부를 결정하기 위해 한계 효용(marginal utility) 준거를 이용하는 것은 실용적이지 못하다(Pinder, 1978). Bobko의 주장을 따르자면, 특정 이론의 응용에 앞서 관리자에게 요구되는 것

9) 독자들은 우리가 이론의 채택을 위한 준거로 흥미와 배려와 같이 다른 비과학적인 것들도 서술했다는 것을 기억할 것이다.

은 관리자 자신과 각 직원 사이의 효과적인 동기 관련 결정(또는 영향력 행사 시도)의 기저율(base rate)을 추정하는 것이다. 그때 관리자들은 관심의 대상이 되는 특정 이론에 의한 결정(또는 영향력 행사 시도)의 가치를 추정해야 하고, 그 이론이 제시하는 조언의 결과로서 부가되는 가치가 그 이론을 이용하기에 충분히 합당한 것인지를 결정해야 할 것이다. 이것이 가능하지 않다면 실용적이지 않은데, 개인의 직무수행을 평가하는 것에 많은 어려움이 연관되어 있으며(Latham & Wexley(1981)를 보라), 특정 관리자의 성공은 모든 직원들이 처해 있는 시간이나 상황뿐 아니라 개별 부하직원 하나하나에 따라서도 달라질 수 있기 때문이다. 더구나, 조직에서 발생하는 사건들의 복잡성 관점에서 볼 때, 의사결정의 효과성에 변화가 발생했다면 응용되는 이론 이외의 다른 설명을 배제하는 것은 매우 어려울 것이다.

모든 것을 감안할 때, 원리상 효용성은 어떤 이론이 언제 응용될 준비가 되어 있는지를 결정하기 위한 합리적인 준거일 수 있지만, 그것이 부과하는 실제적 어려움 때문에 효용성을 채택하는 것을 어렵게 한다. 따라서 이러한 문제들에 관해 잘 알고 있는 관리자는 실제로 새로운 이론의 공식적 채택을 결정하기 위한 유일한 '객관적' 근거로 그 이론의 타당성을 남겨 놓는다. 이것은 이 장에서 우리가 제시하는 다음과 같은 질문을 제기한다. 주요 직무동기 이론은 얼마나 타당한가, 우리는 그 답을 알 수 있는가?

직무동기 이론: 타당하고, 비편향적이며, 객관적인가

우리는 사회과학 이론과 연구를 평가하기 위한 근거로서 이 장의 초반부에서 다양한 유형의 타당도 중 일부를 소개했다. 이제 이 책의 주요 관심사인 직무동기 이론의 평가에 적용되는 타당도와 기타 다른 준거의 문제로 돌아가자. 현재의 직무동기 이론의 절대적 타당도에 대한 의문은 여러 이유로 인해 확실한 답을 하기 어렵다. 이러한 이유들 중 일부는 측정과 통계의 문제이고, 다른 것은 조직과학의 철학과 사회학이 안고 있는 기본적인 문제와 관련된다.

측정의 문제

첫째, 동기 개념 자체를 측정하는 수단이 제한적이며 문제가 많다. 독자들은 우리가 직무동기를 강도, 방향 및 지속 기간을 중심으로 정의했다는 것을 기억할 것이다. 정의상 직무동기는 다차원적 개념이다. 그러나 전형적으로 강도의 개념만이 개념 전체를 대표하는 것으로 조작화된다. 이미 논의된 것처럼 이것은 구성타당도의 문제를 포함한다(Schwab, 1980을 보라). 설상가상으로, 연구자들은 여러 이론들의 구성 요소들 중 일부만 측정하고, 논의 중인 이론의 영향을 받는 몇 가지 수리 공식을 응용하여(구성 요소 점수들의 합산 또는 곱셈과 같은), 개인의 동기 수준을 예측하는 총 '점수'를 구성한다. 그다음에 이렇게 예측된 수준과 외부 측정치 또는 준거 변인 사이에 상관분석이 실시된다. 대개의 경우 같은 종류의 문제가 발생한다. 외부 준거(이론에 의한 예측을 타당화하기 위해 이용되는 근거)로 무엇이 이용되는가?

때때로 상사 평정과 같은 변인들이 이용된다. 때로는 개인의 수행 수준이 준거로 이용된다. (1장에서 우리는 동기와 수행을 혼란스럽게 하는 오류를 논의했다. 그것들은 같은 것이 아니다.) 이러한 많은 외부 준거들이 본래 부적절하다는 사실을 제외하더라도, 그것들은 그 자체가 안고 있는 측정의 문제(비신뢰성과 같은)에 꽤 민감하다. 결과적으로, 어떤 이론의 구성 요소에 의해 예측되는(그리고 그 이론의 연구자가 제시하는 도구에 의해 측정되는) 동기 수준과 검토 중인 이론을 확증해 주어야(또는 타당화해 주어야) 하는 외부 준거 사이에 통계적으로 유의미하고 의미 있는 상관을 찾는 것은 매우 어려울 수 있다. 이러한 이유 때문에, 우리가 이용할 수 있는 많은 이론은 사실상 우리 같은 사회과학자들이 대충 만든 도구로 증명할 수 있는 것보다 더 타당할 수 있다. 좋은 소식은 조직적 및 개인적 구성개념들을 측정하기 위한 타당한 척도를 지속적으로 개발하려는 노력이 최근 몇 년 사이에 이러한 문제들을 약화시켰고(예를 들어, Fields, 2002), 개인 내 반복 측정 접근과 같은 더욱 타당한 연구 설계의 개발 또한 상당한 도움을 주고 있다(Hormuth, 1986을 참고하라)는 것이다.

직무동기 이론들의 타당성과 유용성

현재의 직무동기 이론들은 얼마나 타당한가? 이 질문에 답하기 위해 지난 20년도

넘는 기간 동안 많은 시도가 있었다. 대부분의 경우 제기되는 쟁점은 논의되고 있는 이론의 상대적 가치를 판단하는 것이지 절대적 수준 자체는 아니다. 판단하는 사람들은 전형적으로 이 분야의 '전문가들'이며, 사용되는 준거는 보통 상대적 타당도, 효용성 및 그 분야의 영향력이 아니다. 우리는 이러한 두 유형의 연구들을 자세히 요약함으로써 통상적 절차를 서술할 것이다.

1984년 한 산업심리학자는 32개의 확립된 조직과학 이론들의 중요성, 타당성 및 유용성(usefulness)을 검토했는데, 그것들 중 대다수는 직무동기 이론이었다(Miner, 1984). 그 연구의 목적은 관심 있는 세 변인들 사이에 어떤 관계가 있는지 살펴보는 것이었다. Miner는 주요 학술지의 전현직 편집장들에게 조직행동을 이해하고, 설명하고, 예측할 때 유용성을 근거로 한 이론들을 추천해 달라고 하면서 이론에 대한 '중요성' 평정을 요청하였다. 또한 추천할 때 그 이론들이 관리 장면에서의 실무와 응용에 명확한 시사점을 가지고 있는지와 그 이론들이 유의한 연구를 파생시킬 수 있는지도 고려해 달라고 하였다. (Miner가 사용한 준거와 이 장의 초반부에서 논의된 준거 사이의 유사성을 주목하라.) 그다음에 독립된 전문가들은 그 이론들의 **중요성**을 평정했다. 그리고 이런 방식에서 추천으로부터 제외된 이론들은 두 가지 다른 준거를 이용하여 Miner가 직접 평정했다. 하나는 각 이론들의 **과학적 타당도** 추정치, 즉 이론들에 대해 과학적 검증이 수행되었는지와 각 이론들의 주요 논지의 일부 또는 전부를 지지했는지였다. Miner의 세 번째 준거(다시 말해서, 직접 평정한 것으로서)는 이론의 추정된 **유용성**, 즉 "진술된 목표를 달성하기 위해 실무에서 이용될 수 있는 응용에 이론이 얼마나 기여했는가에 대한 정도"(Miner, 1984, p. 297)였다.[10]

그다음에 간단한 연합 통계치를 사용하여, Miner는 조직행동에 관한 32개의 이론들에 대하여 세 가지 평정 준거들 사이의 관계를 검토하였다. 그의 발견은 흥미롭다.

1. 중요성 평정과 과학적 타당도 사이에 아무런 관계가 없었다(독립적인 평정자들이 이론의 중요성을 결정할 때 타당도도 고려하도록 요청받았다는 사실에도 불구하고).
2. 마찬가지로 (외부 패널에 의한) 중요성 평정과 이론의 유용성에 대한 Miner 자신의 평정 사이에 아무런 관계가 없었다(유용성은 외부 판단자들이 중요성을 평정하

10) 유용성의 개념은 이미 언급되었지만, 우리는 이 장의 끝에 가서 그것에 대한 논의를 다시 할 것이다.

기 위해 이용하도록 요구받은 준거 중 하나라는 사실에도 불구하고).

3. 타당도 준거와 유용성 사이에 단지 약간의 관계가 있었을 뿐이다(Miner 스스로 이론을 판단한 두 가지 준거).
4. 여기에서 우리의 논의 중 가장 유의한 것으로, 높은 타당도/높은 유용성 영역으로 분류되는 부분에 매우 유의미한 직무동기 이론들(경영과 조직과학의 다른 영역에 비해)의 군집이 있었다는 것이다. 달리 말해서, 몇몇 직무동기 이론들은 평정자들에 의해 중요성에서 상당히 높게 평정되었으며 이와 동시에 Miner 자신에 의해서도 과학적 타당도가 높게 평정되었다는 것이다.

Miner(2003)는 20년 후 자신의 연구를 반복해서 몇 가지 흥미로운 예외를 제외하면 기본적으로 동일한 결론에 도달하였다. 앞선 연구에서는 다양한 준거들 사이에 높은 상관을 보이지 않았는데, 이것은 평가 차원이 다르면 이용하는 가치 또는 기본적인 차원도 다르다는 것을 나타낸다. 그러나 2003년 연구에서, 중요성 차원에 관해 제공된 평정은 타당도 관련 평정과 약한 상관이 있었다. 마찬가지로, 중요성과 유용성도 긍정적인 상관이 있었다. 현재의 목적과 관련하여 특히 흥미로운 것은 직무동기 이론과 모형이 중요성과 타당도에서 가장 높게 평정되었다는 것이다. Miner(2003, p. 259)는 이렇게 결론을 내렸는데, 만일 염두에 두고 있는 실무에서의 유용성을 증가시키려는 목적으로 구성되면서 타당도가 높은 이론을 만들고자 한다면, 동기이론에 주의를 기울이는 것이 가장 좋을 것이라는 점이다(p. 259).

지금쯤 독자들은 아마도 혼란스러울 것이다. 이 모든 생각들을 제외하면, 오늘날 가장 타당한 직무동기 이론은 어떤 것인가? 이 책 전체를 통해 다양한 관점을 제시하고, 논의하고, 평가함으로써 우리는 조금씩 이 질문에 답할 것이다. 그러나 호기심 차원에서, 우리는 당분간 아마도 오늘날 이용 가능한 가장 타당한 직무동기 이론으로서 목표설정 이론과 사회인지 이론을 언급하는 연구자들 편에 설 것이다. 이들 두 이론은 각각 13장과 14장에서 제시된다.

적절성 준거

Miner(1984, 2003)의 연구는 직무동기 이론(또는 조직 이론)의 평가를 위한 또 다른 준거를 제안한다. 실제로 Thomas와 Tymon(1982)이 논의한 것처럼, 적절성(relevance)

준거는 이론에 근거한 연구의 평가와 좀 더 직접적으로 관련되지만, 그럼에도 불구하고 연구 적절성에 관한 그 이론의 개념은 그런 연구로부터 드러나는 이론의 '가치'에 큰 영향을 미친다. Thomas와 Tymon(1982)은 적절성이 5개의 주요 요소로 구성되는 것으로 본다. 그들에게 어떤 이론이 적절하기 위해서는 다음과 같아야 한다.

1. 과학적 엄격함의 내적 표준인 일반화 가능성과 관련되어야 한다.
2. 경영진과 관리자들이 다루어야 하는 문제가 불분명하거나 측정과 개념화가 어렵더라도 그러한 문제에 집중해야 한다. 이러한 문제들이 얼마나 다루기 힘들 것인지와 상관없이 보통 사람들이 '실제적인' 문제에 관심을 두는 것에 비해, 연구자들은 학문적 관점에서 좇아갈 만하거나 흥미로운 문제(또는 종속변인)에 관해 연구하는 경향이 있다.
3. 이론에 포함된 독립변인의 조작에 의해 응용되고 실행될 수 있어야 한다.
4. 불명확함: 이론은 실무자들에게 원숙한 상식 또는 일상의 경험에 의해 쉽게 이용 가능하지 않은 통찰을 제공해야 한다.
5. 시기적절함: 이론은 문제를 다루는 데 이용되어야 하지만, 사건이 자연스럽게 진행된 후 너무 늦어서 가치를 상실하지 않도록 해야 한다.

유용성과 실용성 준거

앞서서 언급한 것처럼 Miner(1984, 2003)는 유용성을 근거로 조직행동에 관한 이론을 평가했다. Miner의 첫 번째 개관을 따라서 Brief와 Dukerich(1991)는 유용성의 문제를 다루면서 그것은 조직과학에서 이론을 평가하기 위한 합리적이거나 적절한 근거가 아니라고 주장했다. Miner는 유용성을 "진술된 목표를 달성하기 위해 이론이 실무에서 사용될 수 있는 시사점을 제공하는 정도"(p. 297)로 정의한 반면, Brief와 Dukerich(1991)는 유용성을 "'현실 세계의' 문제에 실천 가능한 해결책을 제시하는 정도의 측면에서 이론의 처방적 가치"(p. 328)로 생각했다. 그들은 다음과 같이 유용성과 실용성(practicality)을 구분했다.

> 실용적인 이론은 아이디어를 창출한다. 그것은 그러한 이론이 아니면 볼 수 없었을 방식에서 실무자들이 자신들의 세상을 보도록 자극할 수 있다. 실용적인 이론은

일련의 행위를 제시할 수 있지만, 처방적('유용한') 이론과 달리, 그것은 하나의 특정한 행위를 옹호하지 않는다.

(Brief & Dukerich, 1991, p. 341)

Brief와 Dukerich는 Pinder(1977)가 채택한 보수적 주장을 확장시켰다. 그들은 세부적으로 여러 가지 주장을 했지만, 여기서의 목적상 가장 중요한 것 중 하나는 사회 및 행동 과학의 모든 지식은 일반화 가능성이 제한되어 있다는 것이다. 일반화 가능성은 지식이 발견되는 사람들의 본성과 그것이 생성되는 맥락에 한정된다. 그들은 자신들의 요점을 서술하기 위해 목표설정 문헌에서 특정한 예를 이용한다. 그들이 믿는 것은 조직과학자가 제공할 수 있으며 또한 제공해야 하는 최상의 것은 유용한 이론이 아니라 실용적 이론을 개발하고 발전시켜야 한다는 것이다. 그들이 지적하는 것은 어떤 이론을 산출하거나 검증하기 위해 하나의 연구가 수행될 때 나름의 역할을 하는 모든 맥락 변인들을 고려하는 것은 실제로 불가능하며, 따라서 현재나 과거에 수행된 연구를 근거로 예측과 처방을 하는 것은 위험하다는 것이다. 그들이 주장하는 것은 어떤 주어진 시점에서 조직과학의 문제에 관한 최상의 생각이라는 것도 더 나은 연구가 수행됨에 따라 때가 지나면서 새로운 변인들의 추가적인 '발견'과 '경계 조건(boundary condition)'으로 인해 쓸모없어질 수 있다는 것이다. Brief와 Dukerich는 우리가 조직과학에서 가장 기대할 수 있는 것은 서술과 설명이지 예측은 아니며, 처방은 확실히 아니라고 믿는다. 그들은 다음과 같이 말하고 있는데, "유용성은 조직행동 이론을 평가하기 위한 준거인지 의심받을 수 있는데, 이것은 일반화 가능성에 대한 실패 또는 적어도 최소한 어떤 방식으로든 주어진 맥락에서 처방이 유지될 가능성을 미리 자세히 언급하지 못하는 것 때문이다. …효과가 있을지도 모른다는 것과 확률상 효과가 있을 것이라거나 효과가 있어야 한다고 말하는 것은 다르다." (Brief & Dukerich, 1991, p. 337)

유용성과 실용성을 구분하는 것의 보수적 시사점을 따라서 이 책은 이 두 개념을 구분한다. 또다시 Brief와 Dukerich(1991)를 인용하자면, "현재의 이론은 사람들의 의식을 높이기 위해 우리가 가지고 있는 최상일 수 있지만, 특정 맥락에서 특정 행위를 상세화하지는 않는다. 우리는 어떤 이론의 특정한 부분에 오류가 있을 것인지를 확신할 수 없기 때문에, 이론에 근거해서 권위 있는 진술을 하는 것은 부적절하다고

주장한다." (p. 346)

직무동기 모형을 복잡하게 만드는 것들

1장에서 우리는 단순한 해결책을 원하는 진영(예를 들어, 1요인 또는 2요인 모형)과 복잡하게 조직된 장면에서 인간의 동기, 태도, 감정 및 행동의 복잡성을 포착하고자 하는 모형의 개발, 검증 및 제공을 주장하는 진영 사이에 있는 직무동기 이론의 응용에서 종종 발생하는 긴장에 대해 논의했다. 최근 Latham과 Pinder(2005)의 문헌 개관은 지난 10년에서 30년 사이에 직무동기 이론과 연구의 발전에 관해 10개의 주요 결론을 제시했다. 아주 간결하게 말해서, Brief와 Dukerich(1991) 같은 비평가들이 제시한 주의에도 불구하고, 그들은 모형이 좀 더 복잡해지고, 아마도 더욱 현실적이 되었다고 결론 내렸다. 따라서 이 절에서 우리는 직무동기 이론과 모형이 좀 더 복잡해진 형태와 수단을 살펴보고, 이 분야의 향후 발전을 위한 몇 가지 원리를 파생시키고자 한다.

Occam의 면도날[11]과 필수 다양성[12]: 직무동기 이론과 연구에서 맥락과 매개 요인

우리는 직무동기를 "개인의 존재 외부뿐 아니라 내부에서 기원하는 일단의 활성적 힘"이라 정의했다. 따라서 50~60년 전의 널리 퍼진 신념에 비해, 우리는 직무동기를

11) Occam의 면도날(Occam's Razor)은 14세기 영국의 프란체스코회 수사였던 Occam의 윌리엄(William of Ockham)의 이름에서 따왔다. Occam의 면도날은 어떤 현상을 설명할 때 불필요한 가정을 해서는 안 된다는 것이다. 여기서 면도날은 불필요한 가설을 잘라 내 버린다는 비유적 표현이다. 즉, 필연성 없는 개념들을 배제해야 한다는 간결성 원리(principle of parsimony)를 말한다. 그러나 때때로 Occam의 면도날은 잘못 이해되는 면이 있는데, 여러 가설이 세워지면 단지 그중 단순한 것에서 어느 하나를 고르는 것으로 여겨지기도 한다. 단순히 어떤 가설을 선택했다는 것이 그 가설이 옳다는 것을 의미하는 것은 아니기 때문이다. Occam의 면도날은 가설의 진위 여부를 가르는 기준이라기보다 여러 가설 중 어떤 것을 채택하는 것이 적절한지를 결정하기 위한 사고 체계라 할 수 있다-역주.

12) 시스템은 필요한 다양성을 내부적인 통제 속에 다 포괄해야만 환경에 의해 제기되는 모든 도전과 다양성을 처리할 수 있다. 시스템의 내부 규제 시스템은 시스템이 당면하고 있는 환경의 다양성만큼 다양해져야 한다는 개념을 말한다-역주.

환경, 즉 개인이 존재하는 맥락과 개인 사이의 상호작용으로부터 나오는 내적 심리적 과정으로 본다. 사실, Korman, Greenhaus와 Badin(1977)은, 1970년대 말 *Annual Review of Psychology* 중 직무동기에 한정하여 쓴 글에서, Cronbach(1975)와 마찬가지로, 인생사에서 조절변인의 본성이 헛되다는 것에 반대하는 경고를 하였다. (맥락변인은 이 관점에서 조절 요인으로 범주화될 것이다.) 1장에서 언급된 것처럼, 심리학과 조직행동 영역은 성향(안정적인 인간 특성으로 귀인되는 주효과의 힘)과 맥락(Chatman, 1989; Edwards, 1994; Pervin, 1968; Schneider, Smith, & Paul, 2001을 참고하라)의 상대적 중요성에 관해 1980년대 내내 논란과 논쟁을 겪었다.

이러한 논쟁에도 불구하고, Korman 등(1977) 이후 직무동기 이론과 연구에 대한 학문적 개관의 주요 입장은 직무 관련 동기, 태도 및 행동에 대한 우리의 이해를 높이기 위해 맥락을 고려하는 것이 필수적이라는 것이다(예를 들어, Mowday & Sutton, 1993; O'Reilly, 1991; Pinder, 1998). **조절변인은 어떤 심리적 요인들이 작동하는, 즉 확대되거나 축소되는 맥락을 명확히 설명하며, 그리고 예를 들어, 확충된 직무처럼 특정한 유형의 맥락적 환경에 반응할 것으로 기대되는 사람들은 어떤 사람들인지 확인한다.** (조절변인과 매개변인의 공식적 언급에 대해서는 Baron & Kenny, 1986을 보라.)

매개 기제

동시에, 최근 10년 동안 **매개변인**(mediating variable)에 대한 관심이 증가되었는데, 그것은 왜 독립변인이 종속변인에 영향을 주는가에 대한 이해를 돕는다(Baron & Kenny, 1986을 보라). 예를 들어, 우리가 어떤 유형의 리더십이 직원의 신뢰에 미치는 효과를 통해 직원의 행동에 영향을 끼친다는 가설을 세운다면, 직원의 신뢰는 직원의 행동에 대한 리더십 유형의 효과를 설명하는 매개변인, 즉 매개 기제의 역할을 할 것이다. 우리가 1970년대 후반 이후의 많은 직무동기 문헌을 검토했을 때, 우리는 초기의 것들보다 더 복잡한 모형, 즉 조절변인 또는 매개 기제 또는 그 둘 다의 효과를 공식에 포함시킨 모형의 확산을 관찰했다(Latham & Pinder, 2005를 참고하라).

Timothy Judge와 Daniel Cable(2004)의 노련한 연구는 매개변인을 이용하는 모형의 개발과 검증을 예시하고 있다. 그들의 연구를 이끈 기본적인 명제는 재미있는데, 키가 큰 사람은 작은 사람보다 더 잘 산다는 것이었다. 메타분석을 이용하여, Judge

와 Cable은 키가 큰 사람이 작은 사람보다 경력과 삶에서 더 낫다는 명제를 연결시키는 기존 문헌을 개관했다. 메타분석은 정말로 주효과가 있다는 것을 입증했는데, 키가 큰 사람은 작은 사람보다 많은 시도에서 더 성공적이었다. 그다음에 그들은 많은 노력이 들어간 이론과 이전의 연구를 바탕으로 왜 키 큰 사람이 더 성공적인 경력을 가질 것인지에 대한 가설을 설정하는 모형을 구성하였다. 따라서 그들의 모형에서 주요 선수는 다음과 같은데, 독립변인은 사람의 키, 종속변인은 경력 성공이었다. 다음에, 그들은 사람의 키는 사회적 존중감과 자기존중감과 같은 많은 매개변인에 대한 키의 영향력 효과를 통해 그 사람의 경력 성공에 영향을 미친다는 가설을 세움으로써 간단한 모형을 수정하였다. 그리고 그들은 이런 효과가 여자들에 비해 남자들에게 다른 효과를 가질 가능성을 검증하였다(그래서 성별은 확장 모형에서 잠재적인 조절변인의 역할을 하였다). 새롭게 수집된 자료는 그들의 모형을 지지하였다. 키는 사람의 사회적 존중감과 자기존중감에 영향을 미치고, 그것들은 다시 경력과 삶의 성공에 영향을 주었다. 물론 그런 모형의 구성과 검증에서의 묘미는, 매개하는 (그리고 조절된) 인과적 기제를 가정하기 때문에, 이론과 이성을 꼼꼼하게 이용하는 것이다.

미리 보기

이 장의 남은 부분에서, 우리는 ① 맥락의 의미를 검토하고 이전까지 존재했던 직무동기 모형보다 더 정교한 모형을 만들기 위해 그것이 이용되는 일반적인 방식을 논의할 것이며, ② 조직 구조, 풍토와 문화, 그리고 사회적 지원 같은 차원들을 다룬 연구를 포함해서 동기 모형을 맥락에 적용시키는 것에 몇 개의 특정한 접근이 이용된 연구에 관해 보고할 것이고, ③ 최근의 경험적 연구로부터 특정한 예를 제시함으로써 매개변인의 역할을 재고할 것이다. 간단히 말해서, 우리의 목적은 동기 모형을 정교화하는 것의 중요성에 관한 검토를 (과장하지 않고) 촉진하는 것이고, 이런 추세가 향후에 어떻게 유익하게 추구될 수 있는지에 대한 예시와 제안을 하는 것이다.

조절변인: 맥락이란 무엇인가

Johns(2006)는 맥락을 "변인들 간의 기능적 관계뿐 아니라 조직행동의 발생과 의미에 영향을 주는 상황적 기회와 제약" (p. 386)으로 정의하였다. 그는 (예를 들어, 보상체계와 같은) 맥락은 주효과로서 또는 동기와 수행처럼 성과를 결정하는 개인 수준 또는 성향 변인과 상호작용하는 요인으로서 작용할 수 있다는 점을 지적했다. 업무 현장에서, 학자들이 검토한 맥락의 가장 일반적인 특징은 다음과 같은 변인들을 포함한다. 직무설계, 리더십 유형, (특히 인적 자원 관리에 관한) 조직 정책과 실무, 집단 과정, 개인의 관계망, 심리적 계약, 조직 구조/분위기/문화, 그리고 심지어 동질적 집단의 인구통계적 특성이 그것들이다. 이 장의 후반부에서, 우리는 직무동기 연구를 포함해서 모든 사회과학 연구에서 국가 문화의 역할이 점점 중요해지고 있음을 논의한다. Johns(2006)의 말을 다시 빌리면, 연구자들은 확실히 직무동기에 관한 이런 저런 맥락변인들의 주효과를 연구하지만, 연구자들은 예를 들어, 개인의 나이, 성장욕구 강도 또는 능력과 같은 개인 수준의 변인과 그런 변인들의 상호작용 효과를 거의 고려하지 않았다. 그러나 이것보다 더 많은 것들이 맥락에 있다.

맥락으로서 시간

연구가 수행되는 시간 또는 어떤 사건이 발생하는 기간은 중요하지만 종종 간과되는 맥락변인이다. 독립변인이 조작되거나 측정되고 종속변인이 측정되는 시간을 주의 깊게 명시하는 것은 조직연구자들이 변인들 간의 타당한 인과적 관계를 입증하는 데 필수적이다(Mitchell & James, 2001). Cronbach(1975)가 수십 년 전에 언급한 것처럼, 인간과 사회적 변인들 사이의 관계는 세대 간에 걸쳐 발생할 수 있기 때문에 우리가 누적적인 직무동기의 사회과학을 발전시키고자 할 때처럼 좀 더 긴 기간을 고려할 때 시간 또한 중요한 요인이다. 일과 조직의 정확한 본질이 급속히 변하는 동안 우리가 직업 장면에서 인간사 연구를 고려할 때 그의 관찰은 특히나 꽤 적절하다고 할 수 있다(Rousseau & Fried, 2001을 보라).

맥락으로서 사람의 유형

때때로 연구자들은 독립변인과 종속변인 간의 관계에 대한 이론을 개발하고, 어떤 관계는 특정 유형의 사람들 사이에서만 유지된다는 것을 발견한다. 예를 들어, 7장에서 우리는 직무 확장과 확충 연구 역사를 개관하고, 지난 수십 년간 어떤 이론들의 주장에 따르면 직무재설계는 특정 유형의 사람들에 대해서만 가치 있는 성과를 가질 수 있다는 것을 학습할 것이다.

변인의 역할은 (약간) 자의적이다

여기서 마지막 언급이 강조될 필요가 있다. 연구자들은 특정 변인에 여러 역할을 부여하는 많은 모형을 만들고 검증한다. 예를 들어, 조직 풍토는 어떤 연구 모형에서 독립변인(예를 들어, 풍토는 유지/이직율의 원인이다), 매개변인(리더십 유형은 분위기에 대한 효과를 통해서 유지/이직에 영향을 준다), 조절변인(리더십 유형은 어떤 유형의 조직 풍토에서만 유지/이직에 영향을 준다), 또는 심지어 종속변인(유지/이직율은 조직 풍토의 특징을 결정한다)으로 기능할 것이다. 맥락, 조절변인 및 매개변인에 대한 논의와 관련하여 이 장에서 특히 강조된 특정 변인이 연구 모형에서 어떠한 특정 역할에 배타적으로 할당되어야 한다고 가정하는 것은 오류다.

이후의 장들뿐 아니라 이 장에서, 우리는 이러한 많은 맥락 요인들을 포함하는 연구와 이론을 검토한다. 조절변인과 맥락변인을 포함하는 특정한 이론과 모형은 일반적으로 그것들이 시사하는 '경계 효과'에 대한 고유한 설명을 제공하지만, 단지 최근에서야 조직과학에서 맥락변인의 효과에 대한 일반적 견해를 체계적으로 개발하는 시도를 하고 있다. 따라서 전적으로 조절변인을 포함하는 특정 직무동기 이론을 연구하기 위한 자리를 마련하기 위해, 우리는 Johns(2006)와 Rousseau와 Fried(2001)의 최근 연구를 요약한다.

맥락은 직무동기에 어떻게 영향을 주는가

Johns(2006)는 맥락 요인이 조직행동 연구에 영향을 줄 수 있는 수단들을 유형화했다. 그의 7개 범주[13]는 직무동기의 원인과 결과를 이해하고자 하는 우리의 목적에 매

13) 사실, 이 책에서는 한 가지를 언급하고 있지 않다. 맥락이 현저한 상황적 특징으로 기능한다는 것이다. 이를테면, 특정 직업 집단에서 수행된 연구에는 그 직업의 맥락적 영향이 크게 반영될 것이다-역주.

우 의미가 있다.

첫째, 맥락은 인간 요인 효과를 촉진하는 기회 또는 불리한 제약을 제공한다. 이러한 제약 또는 촉진 효과는 어떨 때는 강하기도 하고, 어떨 때는 약하기도 하다. 때로는 맥락이 '임계점(tipping point)'[14]을 만들어 내는 그런 수준에 도달할 때까지 또는 그런 수준에 도달하지 않는다면 그것은 전혀 의미를 가지고 있지 않으며(Gladwell, 2000), 그때가 되어야 효과가 발생한다. 예를 들어, 고압적인 상사의 그리 중요하지 않은 한마디가 다른 유사한 발언 앞에서 수개월 동안 분노를 참아 온 불만스러운 직원에게는 '낙타의 등뼈를 부러뜨리는 지푸라기 하나'일 수 있다(예를 들어, Harlos & Pinder, 1999를 보라).

둘째, 한 분석 수준에 있는 변인들이 다른 분석 수준에 있는 다른 변인들에 영향을 주는 방법이다. 동기 이론과 연구에서, 이것은 종종 개인 수준의 변인에 영향을 미치는 상황적 또는 맥락적 변인의 형태(직무설계 또는 조직 문화처럼)를 취한다. 그러나 인과 효과가 반대 방향으로 흐를 수 있다. 예를 들어, 어떤 개별 임원의 특별히 현저한 리더십 유형은 조직 풍토나 문화에 강력한 영향을 끼칠 수 있다. 셋째, 맥락변인 단독으로 아무런 효과가 없거나, 효과가 작거나 또는 확대될 경우, 때때로 관리 정책은, 전체적으로 생각할 때 개별 요인에 상호작용 효과를 가질 수 있다. Rousseau와 Fried는 이것을 배열(configuration)이라 불렀다(2001, p. 4). 따라서 봉급처럼 특정한 제도의 효과는 제공되는 수당의 본질과 다양성, 지불되는 보상의 수준 등에 따라 직원들의 만족과 수행이 꽤 다를 것이다.

넷째, 때때로 어떤 단일 사건(예를 들어, 파업이나 공장 폐쇄처럼)은 그런 사건이 없었다면 발생하지 않을 수도 있는 흥미로운 방식으로 조직행동에 영향을 줄 수 있다. 다섯째, 맥락은 변인들 사이의 관계나 사건들에 응용되는 해석에 영향을 줄 수 있다. Johns(2006)는 개인주의 문화에서 개인주의자인 것이 어떻게 집단주의 문화 맥락에서 개인주의적 지향성을 가진 사람들의 경우와는 다른 태도와 행동을 야기할 수 있는지에 대한 예를 제공했다(이것에 관해서는 나중에 더 많이 논의할 것이다).

마지막으로, 대부분의 연구는 종종 하나의 분석 수준과 관련해서 횡단적 설계를

14) 작은 변화들이 어느 정도 기간을 두고 쌓여서 작은 변화가 하나만 더 일어나도 갑자기 큰 영향을 일으킬 수 있는 상태가 된 단계–역주.

이용하여 수행되기 때문에, 이러한 변인들 사이의 관계가 시간의 경과에 따라 어떻게 변화될 것인지 또는 '다른 모든 것들을 동일한 것'으로 생각하거나 또는 아예 고려하지 않는 다른 변인들의 작용 중지에 따라 어떻게 변화될 것인지에 관해 많은 가정이 설정된다. Rousseau와 Fried는 "한 사람에게 맥락은 다른 사람에게 당연시 여겨지는 가정이다."(2002, p. 3)라고 말했다.

간단히 말해서, Rousseau와 Fried(2001)와 Johns(2006) 둘 다 맥락변인이 조직 연구의 설계, 결과 및 그 결과에 응용되는 해석에 영향을 끼칠 수 있는 다양한 일반적 방식을 서술했다. 그들의 연구는 많은 학자들이 가지고 있는 것처럼 유용한 연구의 설계는 실제로 예술이라는 신념을 일깨워 준다. Johns[Rousseau & Fried(2001)뿐 아니라]는 많은 경우 연구자들은 맥락의 효과를 인식하지 못하며, 좋은 연구 설계가 새롭게 발견된 직무동기에 관한 지식이 타당하다는 것을 확신시키는 데 더욱 중요하다는 것을 언급했다.

맥락 설정 방법

Rousseau와 Fried(2001)는 연구자들의 연구 맥락 설정(contextualizing)을 도와주는 세 가지 일반적 접근을 제시했다. 첫 번째는, 일반적으로 자신의 연구에 포함된 독립변인의 변산 범위가 잠재적으로 고려되는 완전한 범위를 대표하는지 여부를 고려하고, 시간의 역할을 평가하면서, 다른 무엇보다 연구가 수행되는 장면에 좀 더 강한 초점을 둠으로써 '풍부하게 서술하는 것'이며, 자신의 연구와 선행 연구를 비교하는 것이며, 사람들 또는 시기에 따라 다른 장면에서 특정 연구의 사건과 현상이 어떻게 다르게 해석될 수 있는지를 명확히 고려하는 것이다.

두 번째 접근은 첫 번째보다 적극적이다. 그것은 맥락변인을 실제로 측정하거나 관찰하는 것과 심사숙고해서 매개변인, 조절변인 또는 독립변인으로 자신의 연구 모형을 구축하는 것을 포함한다. 사람들은 단지 흥미 있는 현상에만 초점을 두거나 동시에 발생하는 맥락 특징의 배열만 연구할 수 있다.

연구를 맥락화하기 위해 Rousseau와 Fried(2001)가 추천한 세 번째 일반적 접근은 시간, 장소 또는 환경이 다른 개인과 조직이 명시적으로 서로 나란히 연구되는 비교 연구를 수행하는 것이다.

맥락 설정과 외적 타당도

간단히 말해서, 연구를 맥락과 관련짓는 것은 사회과학자들에게 또 다른 도전을 설정할 수 있다. 한편, 독자들은 연구의 외적 타당도는 내적으로 타당한 결과(현실적으로 연구자가 설정한 것 이외의 다른 가설에 의해 해석될 수 없는 결과) 이외에 연구 발견의 일반화 가능성(그 결과가 다른 사람, 장면 및 시기에 일반화되는 것)도 필요함을 상기하라(Cook & Campbell, 1979를 보라). 이런 측면에서, 맥락 설정의 필요성은 어느 정도 외적 타당도를 가진 연구를 수행할 필요성 이상의 것이 아니다.

요약과 미리 보기

2005년 4월 1일 라스베이거스에서 개최된 Western Academy of Management의 2005년 연차학술대회의 '노변한담(Fireside Chat)'은 존경받는 동기 연구자인 Lyman Porter를 초빙했는데, 그는 일반적으로 조직행동 영역은 "'행동'에 너무 많은 공을 들인 반면, '조직'에 대해서는 충분치 않다."는 것을 관찰했다. 즉, '조직행동'이 발생하는 조직 맥락에 대해서는 거의 관심을 두지 않았다는 의미다. 우리는 Porter 박사의 의견에 동의한다. 다음 절에서 우리는 '부합도(goodness of fit) 모형'으로 알려진 것으로부터 시작해서 직무동기를 맥락과 관련짓기 위해 만들어진 많은 성공적인 시도를 살펴볼 것이다.

부합도 모형

정의상, 소위 '인간-환경 부합[person-environment(P-E) fit]' 또는 '부합도' 모형은 인간의 동기, 태도 및 행동을 이해하기 위해 개인과 맥락 변인을 동시에 고려한다. 이들 모형의 기본적인 생각은 개인과 조직의 성과와 개인의 특징(예를 들이, 욕구나 능력처럼) 사이의 관계는 과제나 조직의 전체적 특징에 따라 결정된다는 것이다(Kristof, 1996). 이러한 모형들은 Patterson, Darley와 Elliott(1936)의 독창적 연구에서 기원했다. 나중에 Shaffer(1953)는 Murray(1938)의 욕구의 정의와 분류를 이용하여 직원들의 욕구에서 개인차와 직무의 차별적 특징을 고려하는 부합도 모형을 개발하였다. 개인과 조직의 성과와 개인의 특징(예를 들어, 욕구나 능력) 사이의 관계는 직무나 조직의 전체적 특징에 따라 달라진다(Kristof, 1996). 따라서 부합도 모형은 개인과 맥락 변인을 동시에 고려한다.

부합(fit) 개념 자체는 몇 가지 하위 범주로 분류되었다. 예를 들어, Muchinsky와 Monahan(1987)은 개인과 '환경'을 구성하는 집단의 부합 정도인 **보충적 일치**(supplementary congruence)와 개인의 재능과 환경의 필요성 사이의 상응성 정도인 **보완적 일치**(complementary congruence)를 구분하였다. 확증적 요인 분석을 통해 Cable과 DeRue(2002)는 직원들은 세 가지 부합인 ① 인간-환경 부합, ② '욕구-공급' 부합, ③ 직무 요구-능력 부합을 구분한다는 것을 발견하였다. 처음 두 가지 형태의 부합은 사람과 조직 둘 모두에 혜택을 주는 결과를 가져온다. 마찬가지로, 개인 수준에서 Holtom, Lee와 Tidd(2002)는 상시 근무자 또는 파트타임 근무자라는 지위와 직원들의 선호를 맞추는 것은 직무만족, 몰입, 유지뿐 아니라 역할 외(extra-role) 및 역할 내(in-role) 행동을 증진시킨다는 것을 발견하였다. Kristof-Brown, Jansen과 Colbert (2002)는 세 종류의 인간-맥락 부합은 직무만족에 긍정적인 효과를 미칠 수 있다는 것을 보였다. Edwards(1994)는 두 가지('공급/가치'와 '요구/능력') 부합 모형을 비교했다. 그의 발견에 따르면, 전자는 직무불만족 예측에 좀 더 효과적인 반면, 후자는 관리 업무를 수행하는 대학원 학생들의 개인적 긴장을 더 잘 예측하였다. 두 가지 모형은 두 가지 형태의 긴장과 관련되었다. Hollenbeck과 Wagner(2002)는 한 번에 여러 분석 수준에 관련되도록 부합의 개념을 확장시킨 모형을 개발하였고, 집단과 과업 환경 사이의 부합 정도와 동시에 개인과 집단 사이의 부합 정도를 연구하는 것이 좋다는 것을 발견하였다.

직무적응 이론

가장 초기의 꽤 성공적인 부합도 모형 중 하나는 미네소타(Minnesota) 대학교의 **직무적응 이론**(theory of work adjustment: TWA)이었다(Dawis & Lofquist, 1984). 그 이론의 주요 특징 중 하나는 직무만족과 '직무성공도(satisfactoriness)'(수행)라는 두 매개변인이 한편으로는 인간-직업 부합과 다른 한편으로는 해당 직무에서의 장기근속(그들의 주요 종속변인)을 연결시킨다는 것을 가정하였고 이를 증명하였다는 것이다. TWA의 주요 초점은 직무동기 자체가 아니라 이론의 질에 있는데, 그 질이라는 것은 이론의 개념적 기초, 심리 측정의 정교함, 여기서 고려하는 것보다 이론을 더 가치 있게 만드는 것으로서 산업재해 근로자들의 재활에 대한 실용적 응용을 포함하고 있다.

이 모형의 가설은 개인의 욕구와 자신의 직업이 제공하는 강화 요인이 부합하는 정도에 따라 사람은 자신의 직업에 만족한다는 것이며, 이로 인해 그 사람은 만족스럽게 직무를 수행한다는 것을 가정하고 있다. 마찬가지 논리의 가설은 개인의 능력과 직무의 능력 요구가 부합하는 정도에 따라 개인은 직무에서 능숙해진다는 것이며, 따라서 그는 직무에 만족한다는 것을 가정하고 있다. 직원의 만족이나 직무성공도를 이해하기 위해, 직무가 요구하는 능력과 보상뿐 아니라 개인의 욕구와 능력 사이의 적합도 외에도 다른 변인들을 고려하는 것이 필요하다.

TWA는 조직행동에서 가장 많이 연구되는 변인인 만족과 수행 자체뿐 아니라 그것들 사이의 관계를 이해함에 있어서 이론적으로 풍부하고 실제적으로 유용한 모형을 제공하는데, 그 두 변인은 효과적으로 기능하는 조절변인과 매개변인이 설정된 모형에서 중심 역할을 하기 때문이다.[15] 직무적응 이론은 후대의 부합도 모형을 위해 초기에 높은 표준을 설정했다.

유인-선발-퇴출

가장 포괄적인 P-E 모형 중 하나는 Schneider와 동료들의 모형이다[요약은 Schneider et al.(2001)을 보라]. 간단히 말해, 그들의 이론은 '유인-선발-퇴출(attraction-selection-attrition: ASA)' 모형으로 요약되는데, 이것은 조직은 이미 고용된 사람들과 유사한 사람들을 유인하고 유지한다는 가설을 내세운다. 이 모형은 창업자와 유사한 직원들을 유인하는 과정을 시작하게 하는 창업자의 개인적 특징의 중요성에 강조점을 둔다. 다른 부합도 이론과 달리, Schneider의 이론은 대인관계의 동질성의 역기능(제한된 관점의 의사결정이 갖는 위험, 집단 사고 등과 같은)뿐 아니라 추정된 이점(높은 수준의 대인 간 조화와 직무만족과 같은)을 분명히 말하고 있다. 이런 관점에서 이루어진 대부분의 연구는 개별 조직 수준에서 이루어졌다. 그러나 Schneider, Smith, Taylor와

15) Cable과 DeRue(2002)는 TWA를 결합된 욕구-공급 모형과 직무 요구-능력 모형의 예로 분류하였다.

Fleenor(1998)는 기업 내뿐 아니라 심지어 산업 내의 여러 조직들에서 관리자들의 성격이 꽤나 높은 수준에서 동질적임을 발견하였다. Schneider의 ASA 모형은 매개 기제를 설명하는 그럴듯한 가설을 포함해서 개인, 조직 및 산업 수준의 변인을 통합하는 매력적인 중간 수준의 접근을 제시한다.

사회인지 이론

인간-맥락 상호작용에 근거한 직무동기 이론 중 가장 세련된 최근 이론 중 하나는 Bandura(1986, 2001)의 사회인지 이론이다. 이 이론이 인간과 환경 사이의 밀접한 부합으로 인해 긍정적인 성과를 가져온다는 부합도 모형은 아닐지라도, 그것의 주요 원리는 인간 행동이 개인, 그의 행동 및 그 개인이 처한 환경 사이의 상호작용의 결합 함수라는 것이다. 그는 이 이론이 오늘날 이용 가능한 많은 직무동기 이론들 중에서 가장 타당하고 유용한 것 중 하나라고 말했다(Latham & Pinder, 2005). 우리는 14장에서 이 이론을 논의할 것이다.

부합도에 대한 비판

부합도 모형은 오랫동안 차이 점수의 이용과 관련된 문제점을 안고 있었다(Johns, 1981을 참고하라). Edwards(1994)는 그런 어려움을 피하기 위해 다차항 회귀 절차에 근거한 다른 방법을 제시했다. O'Reilly, Chatman과 Caldwell(1991)과 Chatman(1991)은 부합도 평가를 위해 Q 분류 방법론에 근거한 '조직 문화 프로파일'을 개발하고 검증하였다. 그들은 취업 시점에서 개인과 조직 사이의 가치 유사성뿐 아니라 취업 후 직원들이 경험하는 사회화 강도가 직무만족과 정년보장 예측에 결정적임을 발견하였다.

부합도 이론과 연구에 대한 또 다른 비평은 직무 또는 조직의 특징과 인간의 상호작용이 보통 역동적이라기보다 정적인 것으로 다루어진다는 것이다. [Johns(2006)가 이에 관해 말하고자 했던 것을 기억하라.] 더구나, 역동적 상호작용을 평가하기 위해 합의된 방식이란 아무것도 없다(Borman, Klimoski, & Ilgen, 2003).

Hulin과 Judge(2003)는 부합도 모형의 개념적 장점이 작업장의 정서나 행동을 그리 높은 수준에서 이해하도록 하지는 않는다는 결론을 내렸다. 우리는 좀 더 긍정적 입장을 가지고 있는데, 측정, 특히 '부합'의 정의와 평가가 향상될 것이며, 부합도 모형 안에 시간 변인을 포함시키는 것은 부합도 원인을 진보시키는 데 도움을 줄 것임을 기대하기 때문이다(Fried & Slowik, 2004; George & Jones, 2000; Katz, 1980을 참고하라). 확실히 주효과 또는 성향 모형으로 회귀하는 것은 그 분야를 눈에 띄게 진전시키지 않을 것이다.

몇몇 구체적이고 중요한 맥락변인

이 책의 핵심 목적 중 하나는 연구자와 이론가들이 비판자들의 요구에 대응했던 방식을 밝히는 것인데, 비판자들은 맥락(따라서 우리는 조절변인과 경계 조건에 초점을 둔다)에 더 주의를 기울일 것과 원인이 되는 요인이 성과 변인들(달리 말해서, 매개 기제를 포함해서)에 영향을 주는 방법에 더 많은 주의를 기울일 것을 요구했다. 이미 이러한 생각들 중 일부를 일반적인 측면에서 소개했으며, 이미 시도되었던 주목할 만한 몇몇 일반적 접근을 제공했다. 고려할 만한 맥락 요인들의 수는 거의 무한하며(따라서 Brief & Dukerich, 1991이 요점을 지적했다), 그래서 그것들의 목록을 만드는 것을 어디에서 멈춰야 하며, 주요 직무동기 이론의 논의를 어디까지 진행시켜야 할지를 아는 것은 어렵다. 그래서 우리는 이 과제를 몇 개의 조각으로 나누기로 결정했다. 이 장의 이후 부분에서, 조절변인이나 매개변인의 역할을 하는 조직 특징들 중 최근에 언급된 것들을 검토할 것이며, 특히 국가 문화(3장에서 욕구와 가치에 대한 논의의 일부로서 검토될 것이다)와 직무 특징(7장에서 내재적 동기에 대한 논의와 관련해서 검토될 것이다)처럼 그러한 역할을 하는 다른 범주의 변인들에 관해서는 이후의 장들에서 논의될 것이다. 따라서 맥락변인들이 보통 인간 변인보다 더 높은 추상성 수준에서 발생하는 것이라고 할 때, 우리는 직무동기 연구에서 조직 구조, 조직 풍토 및 조직 문화라는 세 가지 중요한 조직변인들이 하는 역할에 초점을 돌릴 필요가 있다.

조직 구조

조직과학은 오랫동안 공식적으로든 비공식적으로든 다양하게 정의된 작업 조직의 특징에 상당한 주의를 기울였다. 예를 들어, 연구자들은 조직 구조의 많은 공식적 특징을 검토했다(Hall, 1991을 참고하라). 구조의 차원은 노동 분업 정도, 위계 수준의 수, 통제 범위(관리자와 임원의 지휘를 받는 사람들의 평균 수), 절차의 공식화, 절차의 표준화, 그리고 심지어 조직 규모 등을 포함한다. 대부분의 경우, 이런 다양한 차원들과 직원 만족과 수행과 같은 성과 변인들 사이의 관계를 발견하고자 했던 시도는 실망스러웠다. 구조 변인과 성과 변인 사이의 관계가 발견되기는 했지만, 관리자나 학자들이 보기에 그 관계는 약하고 실용적 가치가 제한적이었다(개관을 위해서 Berger & Cummings, 1979를 보라). 그러나 구조 변인과 직무동기의 관계에 대해서는 경험적 주의가 거의 기울여지지 않았다.

조직 풍토

1970년대 초반까지, 부분적으로 공식적 구조 연구에 따른 실망 때문에, 조직학자들은 **조직 풍토**라 불리는 새로운 개념에 주의를 돌렸다(Litwin & Stringer, 1968을 보라). (이것보다 좀 더 일찍 Fleishman, 1953은 조직 내 리더십 풍토의 효과를 논의했으나, 여기서 우리의 초점은 맥락의 한 측면으로서 조직 풍토 그 자체에 있다). 연구자들마다 풍토의 차원을 다르게 말하고 있으며, 이에 자연스럽게 성과 변인과의 관계도 다르다는 것이 발견되었다. 새로운 구성개념이 도입될 때 종종 발생하는 것처럼, 의미에서 상당한 혼돈이 있었다.

궁극적으로, Ostroff(1993)는 세 가지 주요 요소로 요인 분석된 12차원의 풍토 모형을 제시하고 검증하였는데, 그것들은 ① 동료들 간의 대인 및 사회적 관계와 관련된 정서적 요소, ② 일과 개인의 관계를 다루는 인지적 요소, ③ 사람들의 관여와 조직에서 무언가를 성취하고자 하는 지향성을 다루는 도구적 요소다. 그녀의 연구는 다른 연구를 근거로 탄탄한 경험적 및 개념적 근거를 제공했다. 예를 들어, Carr, Schmidt, Ford와 DeShon(2003)의 메타분석은 Ostroff(1993)의 풍토의 세 측면이 조직몰입과 직무만족의 매개 효과를 통해서 개인의 직무수행, 심리적 안녕감 및 이탈과 어떻게 관련되는지를 증명했다. 이것은 풍토가 인과 모형에서 나름의 역할을 한다는 것을 보여 준 소수의 믿음직한 실증 연구 중 단지 하나일 뿐이다.

의식적으로 관리되는 풍토의 사례 중 하나는 캐나다의 선도적인 패스트푸드 체인인 A&W에서 발견된다. 1956년에 설립된 A&W는 캐나다와 미국에서 지속적인 성공을 거두었다. 2002년 이 회사는 600번째 레스토랑을 개장했다. 2003년 총 18,000명의 직원들이 거둬들인 총수입은 4억 7500백만 달러였다. 주로 이 회사의 '풍토 목표 과정(climate goal process)' 때문에, 이 회사는 2002년과 2003년에 '캐나다의 50대 최고 관리 기업'에 이름을 올렸다. 풍토 목표 과정은 직원들이 추구하면 좋을 법한 속성, 가치 및 행동을 설정하는 프로그램이다. 이 프로그램은 1977년 이후 A&W의 전략적 기획 모형의 일부였다. 그 회사는 이런 일곱 가지 스타일의 보상과 실행 업무가 그 회사에 높은 수준의 몰입과 동기뿐 아니라 직원들의 낮은 이직률에 반영되어 경쟁적 이점을 제공했다고 주장했다. 일곱 가지 풍토 목표는 경청, 신뢰, 자기 책임, 감사, 팀, 더 나아지기 및 비범해지기다.

풍토 강도

Schneider와 동료들은 서비스 관리와 함께 풍토에 관해 상당한 양의 연구를 수행하였다(예를 들어, Schneider, White, & Paul, 1998). 이러한 흐름 속에서 새롭게 떠오른 구성개념은 **풍토 강도**(climate strength)인데, 문화 연구에서 **문화 강도**(culture strength)와 유사한 개념으로서 풍토 지각에 관한 연구 단위 내 다양성/동질성 정도를 반영한다(Klein, Conn, Smith, & Sorra, 2001; Schneider, Salvaggio, & Subirats, 2002). 어떤 대형 은행 연구에서(Schneider & Salvaggio, 2002), 풍토 강도는 서비스 풍토에 대한 직원들의 지각 측정치 중 하나와 고객 만족 사이의 관계를 조절하는 것으로 발견되었다. 그러나 세 가지 다른 서비스 풍토 척도의 경우에는 예측에서 빗나갔다. 다시 말해서, 관리 정책에 대한 주효과가 설명된 후 관리 정책에 대한 직원들의 신념의 동질성 정도는 고객 만족의 변산을 유의미하게 설명하였다. Gonzáles-Romá, Peiró와 Tordera(2002)는 집단 내 사회적 상호작용과 리더가 구성원들에게 정보를 제공하는 정도가 풍토 강도의 세 요소 중 두 가지(목표지향성과 혁신, 그러나 사회적 지지는 아니다)와 관련된다는 것을 발견하였다. 마찬가지로, 예측된 것처럼 직무만족과 조직몰입 두 가지에 대한 풍토 혁신 수준의 관계는 풍토 강도에 의해 강화되었다. 그러나 예측된 것처럼 풍토의 질 수준을 염두에 둔다면, 풍토 강도는 180개 조직의 거의 1,200명의 직원 연구에서 선행 변인과 성과 변인 사이에서 효과적인 매개변인으로 기능하지 않았다(Lindell & Brandt, 2000).

특정 목적을 위한 특정 풍토

모든 것을 감안할 때, 풍토 강도에 대한 법칙론적 범위(nomological net)를 풍부하게 하기 위해 더 많은 연구가 필요하기는 하지만, 풍토 연구에서 그것은 중요한 개념인 것으로 보인다. 한편, Schneider와 Slavaggio(2002)는 일반적이고 포괄적인 개념으로서 풍토는 고객 서비스, 안전 등과 같은 특정한 활동이나 관심사와 관련해서 차별화되어 정의되어야 한다고 제안했다. 이에 따라 Zohar(2002)는 안전 풍토에 관한 문헌을 개관한 후 이런 차별화된 접근의 잠재성을 증명한 반면, Amabile(1998)은 창의성을 촉진하는 조직을 설계하고 관리하는 방법을 서술하였고, Schneider, Bowen, Ehrhart와 Holcombe(2000)는 '서비스 풍토'의 개념을 더욱 자세히 설명하였고, Yang, Mossholder와 Peng(2007)은 절차 공정성 풍토의 개념을 연구했으며(이 책의 11장을 보라), Dastmalchian(2008)은 "작업장에서 노사 관계의 규범, 지켜야 할 행동, 관행 및 풍토에 대한 조직 구성원들의 지각"으로 정의되는(Blyton, Dastmalchian, & Adamson, 1987; Dastmalchian, 2008) '산업 관계 풍토'의 개념을 진척시켰다. 어두운 측면으로서, Ashforth와 Anand(2003)는 부패, 부정 및 불법 행동을 조장하는 풍토와 문화를 서술했다(5장을 보라).

Lawler(1992)는 동기, 수행, 기술 개발, 조직 풍토와 문화 강화를 촉진하고, 비용을 절감시키는 것뿐 아니라 직원들의 유인과 유지를 높이기 위한 조직 풍토 설계에서 수년간의 연구와 경험에 따른 시사점을 제시했다. 예를 들어, 공식적 보상과 수행을 연결시키는 보상체계는 조직에서 가치 있게 여겨지는 것과 그렇지 않은 것에 대한 강력한 보증을 제공한다. 상대적으로 높은 급료, 봉급 및 혜택을 지불하는 것은 직원들이 최우량 엘리트 기업에서 일한다는 신념을 불러일으킬 수 있다. 혁신적 급여 체계는 일반적으로 조직이 혁신적이라는 마음을 품게 한다. 그리고 직원들이 급여 결정에 참여하도록 하는 것은 직원들의 신뢰, 혁신, 관여 수준을 높일 것이며, 이것은 조직몰입을 높일 것이다(7장과 12장을 보라; Lawler, 1992). 여기서의 초점은 이런 차원들 및 논의되지 않은 많은 다른 것들 모두가 우리가 직무동기를 잘 연구하고 이해할 수 있게 하는 맥락 요인들을 구성한다는 것이다.

조직 문화

조직 문화는 조직 또는 조직의 하위 단위의 구성원들이 지니고 있는 공유된 신념, 규범, 가치, 지식 및 암묵적 이해로 구성된다(예를 들어, Ashkanasy, Wilderom, & Peterson, 2000; Frost et al., 1991; Maehr, 1987; Sackman, 1992; Schein, 1985; Schneider, 1990). 사실, 가치(특히 공유된 가치)는 문화, 특히 조직 문화의 핵심이다(Meglino, Ravlin, & Adkins, 1989; O'Reilly, Chatman, & Caldwell, 1991).

> 문화에 관한 연구는 보통 일련의 가치와 가정과 함께 시작한다. …의식적이든 무의식적이든 이러한 가치는 전형적으로 규범, 상징, 의례(ritual) 및 다른 문화적 활동을 움직이게 하는 본질적 요소로서 작용한다. …이런 맥락에서 기본 가치는 행동을 안내하는 내재화된 규범적 신념으로 여겨질 수 있다. 한 사회 단위의 구성원들이 가치를 공유할 때, 그들은 사회적 기대 또는 규범의 근거를 형성할 것이다. …따라서 규범에 초점을 두어 문화를 연구하는 사람들은 …기본 가치에 바탕을 둔 사회적 기대를 연구하는 것이다. 의례, 이야기 또는 신화를 통해 문화를 연구하는 다른 사람들은 …기본적인 신념과 가치라는 광산의 표면 노출부를 조사하는 것이다.
>
> (O'Reilly et al., 1991, pp. 491-492)

강한 문화

이미 앞에서 논의된 '강한 풍토' 개념과 유사한 것으로, 강한 문화의 개념은 삶에 대한 직원들의 신념 구조, 가치 및 일반적 가정에서의 일관성 정도와 관련된다. 사회 단위에서 특정 가치의 상대적 중요성에 관하여 직원들 사이의 동의가 제한적이라면, 강한 문화는 존재하지 않는다(Meglino, Ravlin, & Adkins, 1989; O'Reilly et al., 1991).

강한 조직 문화의 이점은 무엇인가? 조직 내 행위자들의 가치 구조의 동질성이 직무만족, 몰입, 직무 숙련도 및 오랜 근속 기간의 원천일 수 있다는 증거들이 있다(Brown, 1976; O'Reilly et al., 1991; O'Reilly, Caldwell, & Mirable, 1992). 더구나, 규칙이나 직접적인 감독과 같은 다른 형태의 통제가 작동하지 않을 때 직원들의 가치 동질성은 관리자들이 하위 직원들의 행동에 대해 우연 수준보다는 더 나은 예측을 하게 할 수 있다(Adkins, Ravlin, & Meglino, 1991; McDonald & Gandz, 1992). 조직 구성원들이 정보처리와 의사결정에 이용하는 전제를 표준화함으로써, 관리자들은 직원들을 더 높은 수준에서 통제할 수 있으며, 직원들이 직접적인 감독을 받지 않을 때 행동하는 방식에 대해서도 더 높은 예측을 할 수 있다(Stackman, Pinder, & Connor, 2000).

직원들에게 가능한 이점은 무엇인가? Adkins 등(1992)은 동료들 간의 가치 일치성은 참여의 중요성뿐 아니라 노력하기 및 직무의 질 향상시키기의 중요성에 관한 정보를 포함하고 있는 사회적 단서를 좀 더 현저하게 만드는 데 도움을 준다고 결론지었다. Van Maanen과 Kunda(1989)는 공유된 또는 적절한 감정 또한 조직 문화의 일부이고, 많은 조직은 직원들에게 '올바르게' 감정을 드러내는 방법을 가르치기 위한 다소 공식적인 의례와 의식을 마련하고 있다는 결론을 내렸다. (직무동기에서 감정의 역할에 직접 초점을 두는 4장에서 이것에 관해 더 많이 논의되었다.)

간단히 말해, 강한 조직 문화의 지지자들은 그런 문화는 직원들의 긍정적인 직무태도의 원천이며, 또한 좀 더 직접적인 접근 방법이 없을 때라도 강력한 관리적 통제장치의 원천일 수 있다고 주장하였다. 장점이 그렇게 큰데도 왜 모든 조직이 높은 수준의 가치 동질성이라는 특징을 가지고 있지 않은가?

흥미롭게도 조직 문화와 직무동기 사이의 관계에 관해 수행된 경험적 연구는 거의 없다. 왜 사람들은 그런 연결을 기대하는가? 첫째, 가치는 결국 본질상 동기적이며 문화를 고려할 때 가장 중심이 되는 개념 중 하나다(3장을 보라; Weiner & Vardi, 1980). 둘째, 인지인류학자들은 (심리학자들이 생각한 것처럼) 욕구, 동기 및 목표는 인간의 행동을 설명하는 데 충분치 않다고 믿는다. 그들의 주장에 따르면, 좀 더 좋은 접근은 "특정 문화 맥락에서 학습된 인지적 도식이 어떻게 다른 도식 및 행위 목표에 연결되는지 탐색하는 것이다. …이런 [도식]이 세상을 명명하고 설명할 뿐 아니라 (의식적, 무의식적으로) 목표를 설정하고 욕망을 유발하거나 내포하기 때문에 [학습된 인지적 도식이] 동기적 힘을 가질 수 있다." (D'Andrade, 1992, p. 23) 달리 말해서, 사람들은 그 자체로 동기적 성질을 가진 목표를 개발하기 위해 조직의 지배적인 신념, 가치, 전통 및 관습을 표상하는 도식의 발달을 기대할 수 있다. (이런 논리에 따라, 이런 동기적 힘이 경영진의 동기적 힘과 일치할 것이라고 가정할 필연적인 이유는 없다. 오히려 그런 힘이 조직의 공식적 목표에 상반되는 행동을 자극하고 방향 지을 수도 있다.) 그럼에도 불구하고, 욕구, 목표, 가치 및 다른 전통적 · 심리적 구성개념에 대한 배타적 의존의 결과로 나오는 것들과는 독립적인 직무동기를 밝히기 위해 조직행동에 대한 문화적 접근을 기대하는 충분한 개념적 이유가 있는 것으로 보인다.

그 유명한 Hawthorne 연구 이후 조직 문화에 대한 관심이 있어 왔지만(Roethlisberger & Dickson, 1939), 이 주제에 관한 현대의 연구는 20년 전에 시작되었고(Frost et al., 1985를 참고하라), 조직 문화의 결과에 대한 진지한 연구는 1990년대 초까지 이루어지지 않았다(Wilderom, Glunk, & Maslowski, 2000). '우량' 기업은 강한 내적 문화라는 특징을 가지고 있다는 Peters와 Waterman(1982)의 주장처럼, 이 연구의 초점은 대부분 (직무동기가 아니라) 조직 수행에 있었다. 이 분야에 대한 최근의 철저한 개관은 "조직 수행/효과성에 대한 조직 문화의 예측 효과에 관한 증거는 거기에 있는 것 같지만, 그렇게 설득적이지는 않은 것 같다." (Wilderom et al., 2000, p. 201)라고 결론지었다.

Weiner와 Vardi(1980)는 Fishbein과 Ajzen(1975)의 초기 모형과 Weiner(1982)의 모형을 채택해서 직무동기와 행동에 조직 문화를 연결시키는 개념적 모형을 제시하였다. 그들 모형의 핵심은 행동의도 창출에서 몰입과 도구적 신념이 결합된 영향력이다. 몰입은 조직 문화의 특징을 이루는 공유된 규범과 가치로부터 나온다. Ajzen(1991)의 계획된 행위 이론(theory of planned behavior)이 정한 제약에 민감한 의도가 일단 형성되면, 행동이 이어진다. 그러나 어떠한 자료도 이 모형을 검증하지 않았다.

풍토와 문화는 다른가?

조직 문화의 개념이 널리 알려진 이후 이 구성개념과 조직 **풍토**라는 오래된 개념 사이의 차이에 관해 상당한 논의가 있었다(Litwin & Stringer, 1968). 2개의 논문(Denison, 1996; Payne, 2000)과 최소한 하나의 책(Schneider, 1990)이 그것들 사이의 추정된 차이를 이해하고자 하는 노력을 통해 많은 차이를 밝혔지만, 그러한 차이 중 대부분은 조직 구성원들에게 의미 있게 중요한 실질적인 내용상의 차이라기보다는 인식론적이고 방법론적이다. 예를 들어, Reichers와 Schneider(1990)는 이 두 개념이 매우 유사하다는 것을 인정하면서 구성개념 발달 모형의 측면에서 이 두 개념의 공존을 설명하고자 했다. 그 이후, 지난 10년 사이 문화에 관한 경험적 연구는 증가되고, 풍토에 관한 연구는 줄어들 때 다른 사람들이 논쟁에 끼어들었다. 그럼에도 불구하고, 이 개념들이 중복된다고 결론짓는 것은 아직은 시기상조인 것 같다. 풍토는 공식적 구조, 규칙 및 절차에 관한 사람들의 지각과 관련되는 반면, 문화는 집단 구성원들이 공유하는 비공식적 가치, 언어, 신념 및 전통에 좀 더 뿌리를 두고 있다. 2005년 로스앤젤레스에서 열린 산업 및 조직 심리학회(SIOP)에서, 이 구성개념들에 관한 선도적 학자 중 한 명인 Benjamin Schneider는 문화는 조직행동의 원천에 대한 해석을 제공하는 반면, 풍토는 조직행동의 의미에 관한 초점을 제공한다고 결론지었다(Schneider, Ehrhart, Mayer, Saltz, & Niles-Jolly, 2005). 이러한 결론은 Payne(2000)의 견해와 일관되는데, 그는 풍토를 측정하기 위해 이용된 척도와 방법이 문화의 이해를 확장하는 데 유용할 수 있다고 주장하였다.

풍토와 문화의 대중적인 개념

대중적인 경영 관련 문헌 중에서 조직 문화와 풍토의 특징을 다루면서 부정적인 풍토/문화의 형성은 피하고, 긍정적인 것을 갖는 것의 잠재적 이점을 다루는 책과 잡지가 붐을 이루었다. 비즈니스 관련 정기간행물은 매년 '최우수' 기업 목록을 작성하며,[16] 우리가 종종 인식하는 것처럼 기업을 평가하고 순위를 매기는 데 이용되는 준거는 조직의 내적 분위기(tone)와 감촉의 차원(학자들이 풍토와 문화의 특징으로 언급하는 것들)이며, 또한 좀 더 넓은 사회 속에서 조직이 어떤 외적 이미지를 갖고 있는가의 차원이라는 것이다.

'유독성' 작업장

'유독성' 작업장은 다음과 같은 특징적 증상을 갖는 작업 맥락(여기서 우리는 그것들을 문화 또는 풍토라 생각한다)을 말한다. 즉, 적당주의와 정실주의에 근거한 보상체계, 공포에 의한 관리, 임원들의 끊임없이 높은 스트레스 수준, 노동 인력을 동질화시키고 인구통계적으로 현 상태를 강화시키는 제약적인 고용 업무, 침체된 리더십, 끔찍한 대중 이미지, 직원을 자산이 아닌 비용으로 여기는 견해, 조직 비전의 결여, 조직의 사명과 목표가 아닌 개인적인 것들의 만연 등이 그것이다. Frost(2003)는 일상 조

16) 예를 들어, 『*Maclean's*』 잡지는 매년 캐나다 최우수 기업 100이라는 기사를 출판한다.

직 생활의 필수 불가결하고 보편적인 것으로 여겨지는 감정적 고통을 서술했다. 그는 이러한 부정적인 감정을 **유독성**(toxicity)이라고 지칭하였고, 부지불식간에 조직 구성원들의 행동이 어떻게 타인에게 부정적인 감정과 고통을 불러일으킬 수 있는지, 그리고 그가 '유독성 조절자(toxic handler)'라고 칭한 사람들이 어떻게 타인에 의해 고통받는 유독성을 누그러뜨리는 데 필요한 추가 비용을 초래하는지에 대해 길게 설명하였다.

임원과 동료가 좋은 의도를 가지고 있음에도 그들의 통제를 벗어난 사건 때문에 어떤 유독성은 피할 수 없는 반면, 좀 더 계획적인 데다 좀 더 악의적인 여러 가지 조직 맥락도 있다. 예를 들어, 어떤 직장 동료들은 비열한 마음을 갖고 의도적으로 동료에게 해를 입히고자 행동한다. Frost가 지적한 것처럼, 사람들을 다루는 데 무능한 것은 부정적이고 마음을 상하게 하는 감정을 유발하고 관련된 모든 사람들에게 독성이 있는 풍토를 발생시킨다. 때때로 조직 구성원들은 다른 사람을 배신하고, 비밀을 누설하고, 사람들 사이에 오랫동안 쌓인 신뢰를 좀먹는 행동을 한다. 때때로 사람들은 좋지 않은 유혹에 넘어간 리더나 동료들이 제시하는 비전과 행동에 빠져서 실패와 실망을 피할 수 없는 나쁜 상황에 빠질 수 있다. 특히 모방 대상이 조직을 떠나거나 다른 사람을 꾀기 위해 이용한 명분을 버릴 때 더욱 그렇다. 간단히 말해, Frost(2003)는 조직에서 독소가 어떻게 만들어지고, 생물학적 독소와 마찬가지로 그런 독소가 사람들을 어떻게 병들게 하며, 극단적으로는 어떻게 사람들을 죽이는지에 관해 자세하게 서술했다. 우리는 4장에서 독소가 내포된 감정의 생성과 조절에 대해 더 논의할 것이다.

사회적 지원

앞에서 언급한 것처럼, 어떤 연구자들은 사회적 지원을 조직 풍토 요소 중 하나로 생각했다(예를 들어, Kopelman, Brief, & Guzzo, 1990). 그렇기 때문에, 사회적 지원은 직원과 높은 수준의 사회적 지원 제공자 사이의 상호작용에 대한 효과를 통해 동기적 가치를 가지는 것으로 보인다. 예를 들어, Pinder와 Schroeder(1987)는 높은 수준의 지원 지각은 특정 지역으로 발령받은 직원이 만족스러운 수행 수준에 도달하는 속도를 높인다는 것을 발견했다. 그러나 최근 수년간 사회적 지원 그 자체에 대한 주의가 높아졌다. Rhoades와 Eisenberger(2002)의 메타분석은 세 가지의 배려적인 대우를 발견했다(공평성, 상사의 지원 및 조직의 보상과 호의적인 직무 조건). 다시 말해, 지각된 지원은 개인(직무만족, 긍정적 기분)과 조직(정서적 몰입, 수행 및 철수 행동의 감소)의 많은 중요한 성과와 관련 있는 것이 발견되었다.

이 절의 요약

이 장의 앞 절에서, 우리는 직무동기 연구와 이론에서 맥락 설정 추세 때문에 최근 수년간 이 분야를 이해하는 데 상당한 진척이 있었다고 주장했다. 우리는 지난 30년간 이루어진 것보다 맥락 설정에 관해 더 많고 더 나은 진척이 이루어질 것이라 믿는다. 더 이상 주효과에 기댄 채 단순성으로 유혹하는 모형은 보장받지 못할 것 같다. 가장 강력한 주효과는 이미 연구된 것 같기 때문이다. 이 점과 관련해서 Rousseau와 Fried는 이렇게 말했다. "현상이 기본적으로 복잡함에도 불구하고 잘못 표상되어 단순성(simplicity)에 도달한 것이라면 단순성과 간결함(parsimony)은 같은 것이 아니다. … 깔끔한 모형에 대한 일반적인 요구가 현대의 조직 생활이 가진 어지러운 현실과 항상 일치하는 것은 아니다."(2001, p. 3) 착각은 연구 설계와 개념적 모형에 거의 모든 것을 집어 넣으면 Occam의 면도날이 가진 본질적 가치를 훼손한다는 것과 Rousseau와 Fried의 입장을 같게 여기는 것이다.

요약과 미리 보기

이 장에서 한편으로 우리는 직무동기에 관한 우리의 지식은 주로 이론으로 구성되며, 대부분의 그러한 이론의 타당성은 제한적이거나 알려지지 않았다고 주장하였다. 더구나, 우리는 직무동기 이론의 조급한 응용에는 위험, 즉 조급한 응용을 하는 조직뿐 아니라 경제적 안녕에 기여하는 조직과학자들의 미래 전망에 비용을 유발할 수 있다는 위험이 있다고 주장하였다. 다른 한편으로, 우리가 발견한 것은 과거 20년 또는 30년간의 연구와 이론은 응용 면에서 단순성을 추구하는 많은 실무자의 요구에 잘 버텼고, 지난 수십 년간의 모형보다 더욱 복잡한 모형을 개발하기 시작했다는 것이다(Latham & Pinder, 2005를 보라). 간단히 말해서, 직무동기는 중요한 쟁점이지만 그것에 관한 우리의 현재 지식은 여전히 한정되어 있다. 그러나 그러한 지식의 근간은 점차 커지고 있으며, 이 책의 목적은 그것을 검토하고 평가하는 것이다. 3장에서 우리는 오늘날 이용 가능한 가장 중요한 이론을 제시하고 논의함으로써 직무동기와 행동에 대한 현재의 접근을 뒷받침하는 다양한 기본 가정을 살펴볼 것이다.

2부

조직의 직무동기

인간 기능의 대안적 모형들

3장

인간의 본성: 일터에서의 동기로서 욕구와 가치

복잡한 것에 관련될수록 단순한 것을 더욱 갈망하는 것,
삶이 단순해질수록 복잡한 것을 더욱 갈망하는 것,
바빠질수록 여가에 대한 열망이 더욱 커지는 것,
여가를 더 많이 가질수록 더욱 지루함을 느끼고,
관심사가 많아질수록 무관심에 더욱 유혹되며,
무관심이 커질수록 공허함에 더욱 고통받는 것,
삶이 격정적일수록 더욱 평온을 찾는 것,
삶이 조용할수록 점점 외로워지며 더욱 생기를 찾는 것,
그것이 인간의 특성이다.

_Shin'ichi Hisamatsu(1965)
The Zen understanding of man, *The Eastern Buddhist*(n.s.), 1(1)

"어느 정도, 우리들 거의 대부분은 인간의 본성에 대한, 즉 어째서 사람들이 그와 같은 짓을 하는지에 대한 신념을 가지고 있다. 우리 모두는 어느 정도 아마추어 철학자이고, '초보 심리학자'인 경향이 있다."(Heider, 1958) 사실, 초기 철학 이후 오늘날에도 계속해서 사상가들은 기본적인 '인간의 정수(essence)'의 추구와 발견에 몰두하였다(Fromm & Xirau, 1968; Mitchell, 1972를 보라). 철학자와 심리학자들이 인간의 본성에 관한 쟁점에서 일치를 이루지 못했다는 것은 전혀 놀랍지 않다. 마찬가지로, 문제를 해결하고자 했던 많은 시도와 분석은 인간의 많은 본질적 속성에 관해 어느 정도 수렴하고 있다는 것을 보이고 있다(여기서 본질적 속성은 모든 인간에게 공통된 요소이지만 그것들이 인간다움 자체의 정수를 구성하는 것은 아니다). 이러한 속성 중 가장 큰 공통점은 합리성이다. 인간은 다소 합리적인 존재로 여겨진다. 두 번째로 인간이 무리 지어 사는 생명체라는 것은 우리가 대체로 동의하는 것이다. 우리는 타인과 더불어 존재하는 경향이 있다. 인간의 세 번째 본질적 속성은 우리가 생산자인 경향이 있다는 것이다. 많은 하등 동물들 또한 생산자이기는 하지만, 오직 인간만이 마음속에서 발

전시킨 계획을 따라 생산하며, 인간만이 효과적인 도구의 생산자이며, 나아가서 이것은 추가적인 생산을 위해 이용된다. 마지막으로, 합의한 공통 속성은 인간이 상징을 만드는 생명체라는 것이다. 우리는 수없이 많은 상징을 만들고, 인식하고, 이용하며, 그것들 중 가장 중요한 것은 말이다(Fromm & Xirau, 1968).

사람들은 다른 사람을 평가하고 인간의 본질적 특성에 관한 저마다의 신념에 따라 행동하는 경향이 있다. 그들이 지닌 특정한 신념들이 앞에서 확인된 신념들과 일치되든 아니든 상관없이 말이다. 작업과 조직 장면에서보다 이 말이 맞는 경우는 없다(Knowles & Saxberg, 1967; McGregor, 1960; Tead, 1929; Urwick, 1967). McGregor(1960)는 이렇게 말하고 있다. "모든 관리 결정 또는 행위의 이면에는 인간의 본성과 인간의 행동에 대한 가정이 있다." (p. 33)

이 장의 주요 목적은 다음 세 가지다. 첫째, 우리가 언제 직무동기를 고려하고 그것이 어떻게 영향을 받을 수 있는지에 특히 관련되어 광범위하게 유지되고 있는 인간에 대한 가정을 검토하는 것이다. 둘째, 우리는 인간 기능(human functioning)에 관한 유형, 즉 우리가 인간의 본성에 관해 가진 기본적인 가정의 집합을 소개한다. 이 유형은 이 책 전체를 통해 직무동기에 관한 다양한 이론들을 조직화하기 위한 주요 틀로 이용될 것이다. 따라서 이후의 장들에서 직무동기 이론들이 제시될 때, 독자들은 각 이론이 인간의 본성에 관한 특정한 가정들에 따라 서술된다는 것을 염두에 두어야 할 것이다. 셋째, 다음에 이어지는 절들에서 우리는 인간의 본질에 관해 상당히 많은 것을 이해하는 데 도움을 주는 두 가지 주요 개념인 욕구와 가치를 논의할 것이다. 우리는 인간의 기본적인 본성 중, 특히 일하고자 하는 동기와 관련되는 본성에 관한 신념부터 논의할 것이다.

X이론과 Y이론

McGregor(1960)는 일에 관한 행동과학에서 여전히 지속적으로 통찰력을 제공하는 관찰을 하였다. McGregor는 특히 작업장에서의 인간에 관해 관리자와 경영자들 사이에 만연된 일련의 가정을 날카롭게 인식하고 있었다. 그는 이러한 일련의 가정을 X이론으로 언급했으며, 그것의 주요 요소들은 다음과 같다.

1. 평균적인 성인은 본질적으로 게으르며, 가능한 한 일하려 하지 않는다.
2. 그들은 야망이 없으며, 책임을 좋아하지 않고, 다른 사람의 지도를 선호한다.
3. 그들은 본래 이기적이며, 조직의 욕구와 목표에 무관심하다.
4. 그들은 체질적으로 변화에 저항한다.
5. 마지막으로, 그들은 남을 잘 믿고, 지적이지 않으며, 조작자들의 꼬임에 쉽게 넘어간다.

McGregor의 주장에 따르면, 인간의 본성에 대한 이러한 암묵적 이론이 중요한 것은 관리 업무에서 우리가 관찰하는 많은 것들의 이면에 그러한 이론이 있다는 것이다. 만일 관리자들이 인간의 본성이 본래 X이론이 설명하는 것과 같다고 믿는다면, 그들은 사람들을 길들이고, 그들로부터 강제적으로 작업 노력을 이끌어 내기 위한 동기 및 통제 전략을 정책적으로 공식화하고 이용할 것이다. 이런 종류의 정책, 실무 및 절차의 직접적인 결과는 종종 사람들은 사실상 X이론의 모형과 같다는 관리자들의 신념을 강화시키는 바로 그런 행동을 초래한다는 것이다. [그림 3-1]에 도식화된 종류의 자기충족적 예언을 말한다. 이런 순환에 사로잡힌 관리자들은 인간의 기본적인 본성에 문제가 있다고 믿는다. McGregor는 낮은 수준의 흥미, 분노, 횡령, 사보타주[1], 지각 및 무단결근은 조직에서 일반적으로 관찰되는 것으로 인식했다. 그의 분석에서 현명한 것은 이런 행동은 종종 관리자들에 의해 초래되는 것이고, 그리고 이것이 인간의 본성에 관한 X이론의 근거가 되었다는 인식이다. 이러한 인식은 닭이 먼저인지 달걀이 먼저인지의 경우와 같으며, 동기와 보상체계의 설계에 강력한 시사점을 가진다. 실제로, 관리자들이 그러한 신념을 강화시키는 행동을 정기적으로 관찰할 때 X이론적 견해를 가진다고 해서 누가 관리자들을 비난할 수 있나?

McGregor는 조직에서 인간의 본성에 관한 또 다른 견해인 Y이론을 제안했다. Y이론의 주요 논지는 다음과 같다.

1) 중세 유럽의 농민들이 영주의 부당한 처사에 항의할 때 수확물을 사보(sabot, 프랑스의 나막신)로 짓밟는 행위에서 기원했다. 우리나라에서는 보통 태업(怠業)이라고 번역되지만, 사보타주는 태업보다 개념적 범위가 넓은 것으로 보인다. 태업이 근로자들이 일을 하기는 하지만 작업 능률을 저하시키는 것에 초점을 두고 있다면, 사보타주는 이것뿐 아니라 쟁의 중에 작업장의 기계나 원료 등을 고의적으로 파손하는 행위도 포함하기 때문이다. 이 책에서도 전자보다는 후자의 의미로 이 말을 사용하고 있다-역주.

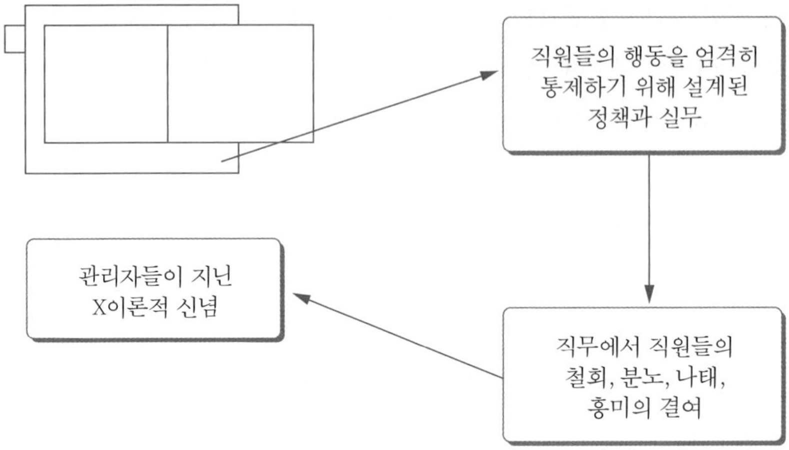

[그림 3-1] X이론 가정의 자기충족적 예언

1. 사람들은 본성상 수동적이지 않다. 그들은 조직에서 평소 대우받는 방식의 결과로 그렇게 되었다.
2. 사람들은 본성상 계발시킬 잠재력을 가지고 있으며, 책임을 염두에 두며, 조직의 목표에 따라 행동한다. 관리자들의 책임은 이러한 잠재력을 인식하고 그들 스스로 그것들을 계발하도록 하는 것이다.
3. 이렇게 하기 위해, 관리자들은 인간이 조직의 목표를 추구하면서도 스스로의 목표를 성취할 수 있도록 조직 정책을 구조화하는 것이다.

McGregor가 자신의 관찰을 더 진척시켰을 때, 그는 조직 정책과 절차와 관리 행동의 이면에 있는 인간 본성에 관한 기본 모형으로서 Y이론이 X이론을 밀어내는 것이 얼마나 어려운지 주목하였다. 신념 체계를 바꾸는 것은 매우 어려운데, (X이론의 소지자들처럼) 일련의 신념을 지닌 사람이 지속적으로 스스로를 강화시키는 행동을 관찰할 때 특히 그렇다. 여기서 McGregor의 비관적 견해가 발견되는 것 같다. 그가 오늘날 살아 있다면, 조금은 더 낙관적이지 않을까 하는 생각이 든다. 우리는 여전히 도처에 널린 시계, 고도로 분화되어 지루한 직무, 상사의 밀착된 감독 및 '당근과 채찍' 보상체계를 본다(예를 들어, Kohn, 1993).

확실히, 직원들이 낮은 수준의 조직 서열에 들어가서 (그들 자신을 포함해서) 그들 주변에서 X이론적 견해를 지지하는 행동을 관찰할 때, 그들은 자연스럽게 X이론을 믿고 사람들을 통제하는 데 필요한 조직의 구조와 정책을 받아들이는 경향이 있다. 이들의 지위가 올라갈 때조차 그렇다. 사람들은 자신들에게 친숙한 제도에 사회화되고 그러한 제도를 자연스럽게 받아들인다. X이론적 신념과 방법에 상당히 사회화된 이후 인간의 본성과 조직 설계 방법에 관해 다른 견해를 갖는 것은 매우 어렵다. 많은 관리자들이 McGregor의 연구를 친숙하게 여기며(Miner, 1984를 참고하라) 경영 베스트셀러들이 Y이론적 본성의 채택을 지속적으로 권고하고 있음에도(예를 들어, Covey, 1989; Kouzes & Posner, 1995; Pfeffer, 1994) 불구하고, 인간 본성에 관한 부정적 견해는 지속적으로 많은 관리 행동과 조직 정책의 특징을 이룬다. 오래된 버릇은 고치기 힘들다.

인간 기능의 유형

Walter와 Marks(1981)는 인간이 어떻게 변하고 발달하는지에 관한 이론을 제시했다. 그들이 말한 것처럼, 당신이 어떤 것을 이해하고 싶다면, 그것을 바꾸려는 노력을 하라(즉, 인간을 이해하기 위해서는 그들을 바꾸려는 노력을 하라). Levy(1970), Maddi(1976) 등의 연구를 근거로, Walter와 Marks는 60명 이상의 행동 및 사회 과학자들이 발전시키고 연구한 인간 본성에 관한 모형을 요약하여 하나의 유형(즉, 분류 체계)을 만들었다. 그들의 유형은 가장 대중적인 직무동기 이론들을 어떻게 제시하면 좋을지에 대한 수단을 제공한다는 면에서 특히 유용한데, 그 이론들의 근저에 있는 인간 본성에 대한 가정이 Walter와 Marks의 유형에 있는 다양한 범주들과 상응하기 때문이다. 이제 현재의 직무동기 이론들의 근저에 가장 빈번한 범주를 중심으로 그들이 확인한 주요 범주를 간단히 살펴보자.

충족(fulfillment) 모형(Maddi, 1976, 1980)을 대표하는 것은 Maslow(1943, 1954)와 Rogers(1959)의 이론들이다. 이 이론들은 인간을 스스로 만개하는, 본래의 잠재성을 발현시키는 존재로 생각한다. 그들은 인간을 "그들의 유전적 본성 속에 무엇이 존재하든 그들이 무엇인가로 되어 가는 방향으로 이끄는" (Maddi, 1980, p. 90) 압력을 경험하는 존재로 본다. 사람들마다 독특한 일련의 능력, 흥미 및 유전적 특징으로 인해 저마다 다른 유형의 잠재성을 지니고 있다. Maslow(1955, 1962)의 이론에서, 단기적 관점에서 보면 행동 이면에 있는 동기적 힘으로서 충족 동기는 개인의 존재의 지속성을 보장하는 것에 지향된 힘들보다 덜 긴급하다. 생존이 먼저이고, 충족은 그다음이기 때문이다.

인간 본성의 **일관성**(consistency) 모형(Maddi, 1980; Walter & Marks, 1981)이 강조하는 것은 "사람들에게 가장 좋은 특별한 종류의 정보적 또는 감정적 경험이 있으며, 따라서 사람들은 이런 종류의 정보적 또는 감정적 경험을 얻을 수 있는 그런 세상과의 상호작용 가능성을 증가시키는 성격을 발달시킨다."(Maddi, 1980, p. 156)는 것이다. 이런 모형들의 결정적인 측면은 인간의 본성은 유전적 속성의 결과라기보다 사람과 환경의 상호작용 결과라는 것이다(철학자 John Locke의 입장과 유사하다). 이런 이론들은 행위, 신념 및 성향의 내용에 대한 정확한 본질을 이해하기 위한 것이라기보다 인간의 본성을 반영하는 행위, 신념 및 성향 사이의 일관성에 대한 이해와 좀 더 관련된다. 그들은 사람을 일관성에 의해 추동되어 자신의 이전 경험과 어울리는 환경을 추구하는 존재로 본다. Korman의 직무동기 이론(1970, 1976)은 주로 인간 본성에 관한 이러한 모형을 설명한다.

인지-지각(cognitive-perceptual) 모형(Levy, 1970; Walter & Marks, 1981)은 인간을 정보처리 체계로 본다. 이 관점에서 인간의 행동은 사건 자체의 엄격하고 객관적인 본질보다 환경 내 사건에 대한 해석의 결과다. 이 모형은 외부 현실의 존재를 거부하는 것은 아니지만, 인간의 행위는 현실이 지각되고 이해되는 방식에 의해 초래되는 것으로 본다. 인간 본성에 관한 이런 가정에 근거한 직무동기 이론들은 8장부터 14장에 걸쳐 제시된다.

인간 기능에 대한 **학습** 모형은 1940년대에 처음 개진되어(Hull, 1943을 보라) 이후 B. F. Skinner(1953, 1969, 1971)의 연구에서 발전된 다양한 이름의 행동주의로 구성된다. 이 견해는 인지-지각 모형에서 이용된 것과 같은 내적 상태와 과정(신념과 기대와 같은)에 대한 담론을 거부한다. 대신, 그들은 행동을 그것의 결과에 의해서만 결정되는 것으로 보는 경향이 있다. 이런 관점의 이면에는 Thorndike(1911)의 **효과의 법칙**(law of effect)이 있는데, 그것은 사람들은 경험이 보상되는 것으로 여겨지는 것들을 할 가능성이 더 크다는 것을 말한다. 사람들은 혐오적인 것으로 여겨지는 것들을 할 가능성이 낮을 것이다. 행동은 그것의 결과의 함수다. 조직에서 동기 지향적 프로그램의 형태에 이런 모형을 응용하는 것은 13장과 14장에서 제시된다.

인간 본성의 **맥락**(contextual) 모형(Levy, 1970; Walter & Marks, 1981)은 주로 인간의

사회적 및 군집적 측면에 초점을 둔다. 이런 관점에 한정되어 파생된 직무동기 이론은 현재 없다. 그러나 이 책에서 다루어진 많은 이론들은 직무동기에 관한 좀 더 일반적인 욕구 지향적 관점의 일부로서 사회적 욕구와 사회적 비교 과정을 포함한다. 마지막으로, 아직 직무동기 이론으로 정교화되지는 않았지만, Salancik과 Pfeffer(1978)가 개발한 직무태도에 대한 사회정보처리 접근은 Levy(1970)와 Walter와 Marks(1981)가 서술한 인간 본성에 관한 맥락 모형과 완전히 일관된다. 그러나 그것은 이미 서술된 인지적 및 지각적 가정에 상당히 의존한다.

Walter와 Marks의 분류 체계는 두 가지 다른 범주의 이론을 포함하는데, 갈등과 생명과학(life science) 모형이 그것이다. 갈등 견해는 심리 내적 및 사회적 갈등에 대한 지향성을 공유하는데, 이런 지향성에서 생명은 타협 및 균형 과정으로 보인다. 생명과학 모형은 생물학적인데, 동물행동학, 사회생물학 및 신경과학을 주요 근거로 하기 있기 때문이다. 이 세 가지 학문 분야는 그 자체로는 활발하지만, 아직 어떤 식으로든 공식적인 직무동기 이론에 포함되지 않았다. 또한 갈등 모형에 철학적 뿌리를 둔 직무동기 이론은 아무것도 없다.

재 현

인간 기능 모형에 관한 Walter와 Marks(1981)의 분류 체계에서 일곱 가지 주요 범주 중 다섯 가지는 지난 반세기 동안 나타난 많은 직무동기 이론의 기초를 이루고 있다. 이들 중 세 가지—충족 모형, 인지-지각 모형 및 학습 모형—는 오늘날까지도 매우 지배적이다. 논의된 다양한 동기이론들의 타당성에 관한 증거가 책 전체를 통해 제시되지만, 인간의 본성에 관한 다섯 가지 가정 중 어떤 것이 '옳거나' 가장 타당한지 결론을 내리는 것은 가능하지 않을 것이다. Walter와 Marks(1981)의 결론은 이렇다. "인간 기능에 관한 각각의 모형은 [나름의] 시사점을 가지고 있으며 … 그것들을 조합해서 이용할 때 그것들의 설명력은 증가한다. 즉, 전체는 부분의 합보다 크다." (p. 57) Hyland(1988)는 "동기 연구는 지금 여러 이론들을 묶을 필요가 있는 단계에 있다." (p. 650)라고 동의한다. 이 책의 후반부에서 우리는 널리 알려진 많은 이론을 통합하기 위해 Hyland(1988)의 제안을 살펴볼 것이다.

이 장의 후반부에서 우리는 인간 기능에 관한 충족 모형에 주로 초점을 두는 두 가지 주요 직무동기 이론을 검토할 것이다. 그러나 그것을 하기 전에, 인간이 획득적이며 자기충족적인 존재라는 기본적 견해에 대해 좀 더 자세한 설명이 요구된다. 특히, 우리는 인간의 욕구와 가치의 정확한 본질을 이해할 필요가 있다. 이제 이런 관점의 근저에 깔려 있는 기본적인 요소들을 좀 더 자세히 살펴보자.

욕구와 인간의 행동: 결핍된 동물로서 인간

이러한 진술이 의미하는 인간의 본성에 관한 모형(Maslow, 1954, p. 24)은 인간 동기의 본질에 대한 많은 과학적 심리학 연구의 토대를 이룬다. 그것은 일련의 가정을 반영하고 있는데, 우리가 어떠한 방식으로 존재하든 사람들은 항상 무엇인가를 필요로 하며, 우리의 일 관련 행동(그리고 다른 형태의 의식적 행동)의 상당 부분 또는 전부는 욕구 충족을 지향한다는 것이다. 이것은 실제로 동기를 지속시키는 활성적 힘(1장을 보라)의 본질에 관한 의문을 제기한다. 그것은 무엇인가?

오랫동안 심리학자들은 인간의 동기를 구성하는 필수적인 활성적 힘을 표상하는 많은 개념을 연구했다. 이러한 개념들 중 가장 초기의 개념은 **본능**이다. 다른 동물들과 마찬가지로, 인간도 어떤 선천적인 행동 역량을 가지고 태어난다고 여겨졌다. McDougall(1923)은 본능을 "유기체로 하여금 어떤 특정한 종류의 대상을 지각하게 하고(또는 주의를 기울이게 하고), 그런 것들이 있을 때 어떤 감정적 흥분을 경험하게 할 뿐 아니라 그런 대상과의 관계에서 특정한 행동 양식으로 표현되는 행동 충동을 경험하게 하는 선천적 성향"(p. 110)으로 정의했다. 본능은 모든 다양한 행위를 설명하는 데 적용되었다. 그러나 모든 것을 설명함으로써, 그 개념은 실제로는 아무것도 설명하지 못하였다. 오래전 인간의 본성에 귀속되는 긴 본능의 목록이 만들어졌다. 그것들은 거추장스러워 다루기 힘들고, 비과학적이고, 약간은 바보 같았다. 예를 들어, Tead(1918)는 자신의 책에서 산업 장면에서 근로자들의 행동에 관한 10개 본능(부모다운, 성, 솜씨 및 호전성 같은)의 역할을 논의했다. 이 장의 후반부에서 보겠지만, 현대의 어떤 비판자들(예를 들어, Ford, 1992)은 인간의 욕구라는 개념(그리고 가치도)에 대해 본능이 50년 전에 그랬던 것처럼 거추장스럽고, 과학적으로 모호하고, 실용적이지 못하다고 믿는다.

Dynamic psychology(Woodworth, 1918)의 발간 이후, 왜 사람들이 그것을 하는가를 설명함에 있어서 본능의 개념은 추동(drive)의 개념에 자리를 내주었다. 추동 이론가들에 따르면, 사람들은 일차 및 이차 추동을 가진다. **일차 추동**(primary drives)은 생존에 필요한 것들의 결핍 또는 생존에 해가 되는 것들의 과잉에서 발생한다. 예를 들어, Hull(1943)은 배고픔, 갈증, 공기, 체온 조절, 배변, 배뇨, 휴식, 잠, 활동, 성교, 둥지 틀기, 새끼 돌보기, 고통 회피, 고통 완화와 같은 일차 추동의 목록을 제시했다. **이차 추동**(secondary drives)은 일차 추동과의 연합을 통해 학습되는 것으로 여겨진다. 예를 들어, 공포는 신체적 상해의 고통과 연합되며, 공포 자체는 행동을 발생시킬 수 있는 에너지의 원천으로 학습된다. 본능과 추동 이론의 역사적 및 과학적 발전에 대한 자세한 논의는 이 책의 범위를 넘어선다. 관심 있는 독자는 Atkinson(1964)과 Cofer와 Appley(1964)를 참조하라. 이 장에서 우리의 초점은 두 가지 다른 개념, 즉 인간의 욕구와 가치에 대한 의미와 본질에 있는데, 그것들은 일 관련 행동 이론에서 가장 일반적으로 언급된 것들이다.

욕구란 무엇인가

또다시 우리는 정의의 문제에 봉착한다. 오랫동안 욕구의 개념이 가정한 다양한 이용과 해석을 이해하고자 한다면, 독자들은 Atkinson(1964), Cofer와 Appley(1964) 또는 Sheldon, Elliott, Kim과 Kasser(2001)를 참조하라. 이 책의 목적을 위해, Murray(1938)의 정의를 채택할 것인데, 그것은 직무동기를 설명하기 위해 개발된 욕구 지향 이론과 가장 잘 어울리기 때문이다. Murray에게 욕구는 다음과 같다.

> 욕구는 뇌 속에 있는 … 힘, 즉 기존의 불만족스러운 상황을 어떤 방향으로 변형시키도록 지각, 통각(apperception), 지적 작용, 의욕 및 행위를 조직하는 힘을 의미하는 구성개념(편리한 허구 또는 가설적 개념)이다. 욕구는 때때로 일종의 내적 과정에 의해 … 그러나 좀 더 빈번하게는 (준비 상태에 있을 때) 공통적으로 효과적인 소수의 압력들(또는 환경의 특징) 중 한 가지의 발생에 의해 직접 유발된다. … 따라서 욕구는 유기체가 갑작스럽게 맞닥뜨리게 된 것을 탐색하거나 회피하도록 유도함으로써, 또는 갑작스럽게 맞닥뜨리게 될 때 어떤 특정한 종류의 압력에 주의

를 기울이고 반응하도록 유도함으로써 스스로를 드러낸다. 각각의 욕구는 성격상 특정한 느낌 또는 감정을 수반하며, 그것의 추세를 발전시키기 위해 … 특정 양식을 이용하는 경향이 있다. 그것은 약하거나 강렬하며, 순간적이거나 지속적이다. 그러나 통상 그것은 유기체를 안정시키는(요구를 들어주거나 만족시키는) 최종 상황을 가져오도록 초기 환경을 변화시키는 일련의 명백한 행동(또는 환상)을 발생시키고 지속시킨다.

(Murray, 1938, pp. 123-124)

이 정의에는 강조할 만한 요소들이 여럿 있다. 첫째, 본능, 추동, 성격, 홍미 또는 야망 같은 개념처럼, 욕구 또한 가설적 실체다(1장을 기억하라). 우리는 그것을 직접 평가할 수 없고, 그것의 색채를 결정할 수 없다. 그것은 물리적 질량, 밀도 또는 비중을 가지고 있지 않다. 우리는 어떤 사람이 특정한 욕구를 가지고 있다고 말하기 위해서는 그 사람의 행동을 관찰함으로써 간접적으로 그것의 존재를 추론해야 한다. 둘째, '힘'이라는 은유를 이용하는데, 그것은 2장의 직무동기 개념과 일관된다는 것을 주목하라. 욕구의 조직화 기능은 우리들에게 친숙한 것이다. 그것은 심리학에서 지각적 경계와 지각적 방어 개념의 근간을 이룬다(Zalkind & Costello, 1962를 보라). 예를 들어, 어떤 직원의 욕구 상태는 그로 하여금 또 다른 조직에서의 직무 기회에 주목할 가능성을 더 크게 할 수 있다. 어떤 욕구의 발현은 그 사람이 그 욕구를 충족시킬 수 있는 것들에 주목할 수 있게 한다.

셋째, 욕구는 환경의 특징에 의해 유도될 수 있다. 이를테면, 매력적인 이성을 보는 것이 성적인 욕구를 불러일으킬 수 있는 것처럼, 감독의 책임을 가진 직무로 승진하는 것은 상향 이동한 직원들의 잠자고 있던 권력욕구를 일깨울 수 있다. 욕구에 대한 Murray의 정의의 넷째 특징은 그것이 회피 행동뿐 아니라 접근 행동을 이해하도록 한다는 것이다. 직무 장면에서 볼 수 있는 한 가지 예는 직원들이 특정 유형의 직무는 선호하지만 다른 직무에 대해서는 혐오를 발달시킨다는 것이다.

이 정의의 매우 중요한 특징 중 하나는 욕구는 강하거나 약하며 순간적이거나 지속적이라는 것이다. 따라서 어떤 직원들은 늘 타인과 함께 있는 것을 좋아하며 직무에서 사회적 상호작용을 추구하지만, 또 다른 어떤 직원은 집단 속에서 일하는 것을 중요하게 여기지 않을 수 있다. 사람들은 개인 간 및 개인 내에서도 차이가 있어서,

여러 욕구의 강도가 증가되거나 감소되는 경험을 할 수 있다. 예를 들어, 사무실에서 따분한 하루의 끝 무렵에 직원들은 더 이상 일하는 것을 싫어한다.

Murray(1938)는 특정한 욕구는 특정한 감정을 동반한다고 주장하였다. 이러한 주장은 어느 정도 주의와 논쟁을 유발했다. Murray가 연구한 시기 이후 이 문제에 관해 최소한 두 가지 입장이 개진되었다(Zurbriggen & Sturman, 2002를 보라). 하나의 견해는 모든 또는 거의 모든 감정은 어떠한 것이든 인간의 욕구와 연합될 수 있다는 것이다. Murray의 제자인 McClelland가 주창한 다른 견해는 Murray의 정의에서 암시되는 것처럼 특정 욕구와 감정 사이에는 좀 더 강한 연결이 있다는 것이다. 실로, McClelland(1985)는 작은 집합의 기본적인 인간 욕구와 마찬가지로 작은 집합의 기본적인 인간의 감정이 있으며, 이러한 두 가지 작은 집합은 상대적으로 밀접한 관련이 있다고 믿었다. (우리는 4장에서 감정의 수와 분류의 문제에 관해 논의할 것이다.)

두 개의 미국 심리학과 학생 표본과 두 개의 다른 실험 방법을 이용하여 Zurbriggen과 Sturman(2002)은 McClelland의 (그리고 Murray의) 입장을 전부는 아니지만 상당히 지지하는 결과를 보였다. 다시 말해서, 그들은 관심 있는 세 가지 동기(성취, 권력 또는 친애) 중 하나와 관련된 특정한 사례를 경험한 사람들은 그러한 경험과 관련되어 제한된 범위의 감정을 보고할 가능성이 높다는 것을 발견했다. 특히, 분노는 권력 동기와 강한 연합을 이루고 있지만 성취 또는 친애와는 연합되지 않는다. 행복과 슬픔에 대한 결과는 예측된 대로였지만 분노와 관련되는 것들만큼이나 강하지는 않았다. 다시 말해서, 예상했던 것처럼 행복은 권력보다 친애와 더 연합되었다. 그러나 행복은 성취 경험과도 연합되었다. 욕구-감정 연결 중 어떤 것은 다른 것보다 강하며 일대일로 관련되는 것 같다. 예를 들어, 행복은 확실히 친애 이외의 다른 동기들과도 관련되는 것 같다. 우리는 이 책의 다른 장에서 인간의 중요한 동기로서 분노의 역할을 검토할 것이다.

Murray(1938)의 욕구 개념의 마지막 특징은, 욕구는 그것 이면에 있는 힘을 줄이는 것에 초점을 둔 행동(또는 환상)을 유발한다는 것이다. 여기서 자세히 말할 것들이 있다. 모든 욕구 주도적, 목표지향적 행동이 목표 추구에 성공적이지는 않다. 그 결과는 8장에서 논의되는 주제인 **좌절**이다. 특히, 행동 자체가 적절하지 않을 때, 환상이 할 수 있는 역할에 주목하라. 이런 저런 시점에서, 대부분의 사람들은 복권에 당첨된다면 무엇을 할 것인지에 대해 환상을 가진다. 마찬가지로, 많은 좌절한 직원은 마법처럼 그들이 힘을 가진 관리자의 지위로 승진한다면 행사하게 될 통제에 대해 환상을 가진다.

이 책의 나머지 전체를 통해, **욕구**라는 용어는 Murray의 정의와 관련되는 모든 것을 시사한다. 그러한 정의와 그것으로부터 파생되는 시사점을 제대로 이해하는 것은 이 장의 나머지와 3장부터 8장까지 제시되는 여러 내용을 이해하는 데 핵심이 될 것이다.

욕구와 행동의 관계

개인의 행동을 결정하는 욕구를 추론하는 것은 어려운 문제다. 첫째, 대부분의 동기화된[2] 행동은 하나 이상의 욕구를 만족시키는 힘에 의해 의도적으로 또는 무심코 추동된다는 의미에서 **다원결정적**(overdetermined)이다(Maslow, 1954).

예를 들어, 어떤 직원은 몇 가지 욕구를 충족하기 위해 승진을 추구할 수 있다(비록 그 사람이 승진을 추구할 때 그러한 욕구들 중 어떤 것은 좀 더 중요하다는 것을 의식하더라도). 둘째, 같은 욕구가 몇 가지 다양한 행위를 통해 만족될 수 있다. 그래서 좀 더 높이 올라가고자 하는 직원들은 존중욕구의 만족을 어느 정도 더 추구할 수 있다. 승진은 존중욕구를 충족시키는 것 중 하나이지 유일한 방법이 아님을 주목해야 한다. 근무 시간 후의 자발적 추가 근무 또는 노조의 조합장이 되는 것은 채택될 수 있는 대안적 행동이다. 간단히 말해서, 특별한 욕구의 힘과 특정한 행동 사이에 일대일 관계는 없다. 문제를 복잡하게 만드는 것으로, 사람들은 타인의 행동을 해석할 때 일반적으로 자신의 욕구에 따른 행동 양식을 **투사**하는 경향이 있다는 것이다(Zalkind & Costello, 1962). 예를 들어, 상사들은 자신의 부하직원들이 종종 직무 스트레스 수준을 왜 과장하는가를 추론하고자 할 때, 부하직원들이 왜 그런 과장을 했을까에 대해 자기들 나름대로 합리적인 이해에 도달하는 경향이 있다.

이 모든 것이 중요한 것은 직원들의 행동을 이해하기 위해 욕구이론을 적용할 때

2) 우리는 모든 행동뿐 아니라 직장에서의 모든 행동이 동기화된 행동이 아니라는 것을 알고 있다. 사람들이 수행하는 대부분의 행위는 생각이나 추동이 거의 또는 전혀 없는 상태에서 습관적이거나, 충동적이거나 또는 강박적이다(Landy & Becker, 1987).

의 어려움과 위험 때문이다. 우리는 욕구를 직접 관찰할 수 없고, 그래서 행동을 관찰함으로써 행동에서 욕구의 역할을 추론할 수밖에 없다. 이처럼 욕구와 행동 사이의 일대일 관계의 결여와 우리 자신의 행동 동기 양식을 다른 것으로 돌리는 자연스러운 경향은 사후에 설명하는 것을 매우 어렵게 만든다. 가장 단순한 행위를 제외하면, 직원들의 행위를 정확하게 예측하는 것은 거의 불가능하다(Bandura, 1977; Ford, 1992를 보라). 그러나 관리자들은, 특히 직원들을 의식적으로 '동기화하고자' 하는 사람들은 항상 예측하고자 한다. 사실, 이러한 설명과 예측의 문제, 과학적 부정확함과 응용된 유용성의 문제에도 불구하고, 욕구의 개념은 과학자와 실무자 모두에게 어떤 호소력을 가진 듯하다. 욕구 연구와 직무동기 이론의 개념에 대한 의존은 오랫동안 인기를 누리고 있는 전통이다.

직무동기에서 욕구의 역할

Locke(1991, p. 290)는 인간 욕구의 본성에 관해 간단명료한 요약, 즉 욕구는 일 관련 행동을 포함해서 인간 행동의 근간을 이루는 일련의 기본적인 요인이라는 결론을 맺게 하는 요약을 제공했다. 특히, 그는 사회과학과 일상의 관찰과 경험이 지지하는 다음과 같은 아홉 가지 특징을 언급했다.

1. 욕구는 순환적으로 작동한다. 그것들은 결코 영원히 만족되지 않는다.
2. 욕구는, 선택적으로든(예를 들어, 잠자기) 불수의적으로든(예를 들어, 투옥), 어느 정도만 습관적으로 만족될 수 있다.
3. 욕구좌절은 고통, 불편함 또는 질병으로서 경험된다.
4. 욕구마다 긴급성 정도가 다르다.
5. 우리가 의식하든 안 하든 욕구는 존재한다.
6. 사람들은 미리 욕구를 충족시킬 수 있는 계획을 할 수 있다.
7. 어떤 욕구는 많은 다양한 행동을 자극할 수 있다.
8. 어떠한 특정한 행위든 하나 이상의 욕구를 만족시킬 수 있다.
9. 오류, 비합리성 및 실제 환경과 같은 문제는 종종 인간의 행위가 의도된 욕구 만족을 초래하는 것을 막는다.

마지막으로, 이 책의 견해도 그렇지만 Locke(1991) 또한 욕구를 인간과 조직 행동의 진정한 근거가 되는 것으로 보았다. 욕구는 가치, 의도 및 궁극적으로는 행위와 같이 우리가 이 책에서 논의하는 다른 개념들을 유발하고, 그러한 개념들을 형성하도록 한다.

욕구 만족

대부분의 사람들은 욕구 만족(예를 들어, 배가 불러서 유쾌한 느낌처럼)을 어떤 욕구와 관련된 긴장이 제거된 후 느끼는 상태로 보는 경향이 있다. 그러나 어떤 욕구에 대한 만족은 사람들이 긴장을 줄이는 과정 중에 갖는 경험으로 보는 것이 더 맞을 수 있다(Murray & Kluckhohn, 1953). 또다시 먹는 것을 예로 들면, 이런 원리는 만족이란 먹었다는 것의 즐거움보다 먹고 있다는 것의 즐거움으로 구성되는 것이 더 합당함을 제안한다. 더구나, 더 많은 긴장이 해소될 때 더 큰 만족이 발생하는 것 같은데, 이것은 사람들이 욕구 충족 과정에서 더 큰 후속 만족을 경험하기 위해 (안전한 한도 내에서) 스스로에게서 만족 공급 대상을 박탈하도록 동기화될 수 있다는 것을 시사한다. 특별한 저녁 회식 때 왕성한 식욕을 갖기 위해 점심을 건너뛴다거나, 성행위 때의 전희는 이런 원리를 나타낸다.

일 관련 장면에서 이런 원리는 직원들의 만족이 자신의 동료와 상호작용한 것으로부터 오기보다는 그들과 상호작용하는 과정의 결과라는 것을 의미한다. 10장에서 보겠지만, 직무만족은 전형적으로 직무에서의 욕구 만족, 특히 자신의 욕구를 충족시키는 경험을 했다는 것과 같다. 연구자들은 직무만족의 이해에서 충족 과정 자체의 중요성을 간과했던 것 같다.

만족에 대한 새로운 관점

인간의 감정에 관한 실험 연구는 인간의 만족에 관한 **감정역동적**(emodynamic) 관점을 만들어 냈다. 우리는 직무만족을 검토하는 10장과 인간의 감정에 관한 자기통제를 논의하는 14장에서 이 견해에 다시 주목할 것이다. 여기서는 우리의 목적상 이 관점을 간단히 요약한다(이 관점의 확장된 요약을 보려면 Salovey, Hsee, & Mayer, 1993을 보라). 감정역동적 관점에 따르면, 사람들은 그들이 이전에 경험했던 것보다 더 높은 수준의 성과(예를 들어, 재화 또는 보상)에 도달했을 때 (일련의 긍정적 감정으로 보이는 것인) 만족을 경험한다. 이렇게 획득한 추가 수준의 비율이나 획득 **속도**(velocity)가 핵심이다. 7개월 동안 급여가 30% 인상된 사람은 더 오랜 기간 동안 같은 비율이 인상된 사람보다 더 큰 만족을 경험할 것이다. 그러나 사실상 사람들은 새로운 만족 수준에 익숙해진다. 복권에 당첨되었다는 좋은 소식은 몇 달 후보다는 즉각적으로 더 큰 행복감을 준다. 이런 식의 생각은 **향상율의 변화** 또한 중요하다는 것을 제안한다. 어떤 것들이 더 나아지고 더 빠르다면, 사람들은 더 큰 즐거움을 경험한다.

지금까지 욕구와 욕구 만족의 일반적 개념을 살펴보았고, 심리학의 역사에서 그런 개념들의 발흥에 대해 간결하게 이해하고자 하였다. 이제 우리는 가장 중요한 직무동기 이론들 중 몇 가지, 즉 직원들의 행동 이면에 있는 힘을 나타내는 개념으로서 욕구에 기댄 이론들을 논의할 것이다. Campbell, Dunnette, Lawler와 Weick(1970)의 관점에서, 우리는 무엇이 직무동기를 결정하는가에 관한 질문, 즉 내용에 관한 질문(따라서 이런 이론들을 **내용** 이론이 칭한다)을 다룰 것이다. 나중에(특히 10장에서 14장) 여러 가지 **과정** 이론을 다룰 때는 어떻게, 왜 동기가 발생하는지가 다루어질 것이다.

Maslow의 욕구 위계 이론

Maslow(1943, 1954, 1968)가 발전시킨 위계적 인간 동기이론은 직무동기에 관한 현대의 모든 접근과 가장 역설적이다. 한편으로, 그것은 학자들과 실무자들에게 가장 친숙한 이론 중 하나다. 다른 한편으로, 그것은 아마도 가장 오해받고 있으며, 가장 빈번히 과도하게 단순화되고, 잘못 전해지고 있다. 더구나 널리 알려져 있음에도 불구하고, 그것은 과학적 지지를 거의 받고 있지 못하며, Ford(1992)가 통탄한 것처럼 설명의 정확성이 약하고, 예측력은 무시될 만하다는 단점을 가지고 있는 이론이다. 그럼에도 불구하고 인기가 있다.

이론의 기초

Maslow의 이론은 인간의 욕구는 기본적으로 5개의 범주로 나뉘고, 이 욕구들은 인간 행동의 모든 것은 아니더라도 많은 부분 또는 대부분을 설명한다고 주장한다. 욕구들은 생존에 대한 상대적인 우세함 또는 긴급성이 다르며 위계적으로 배열된다. 가장 우세한 욕구가 합리적으로 충족됨에 따라, 덜 우세한 욕구들(고차 욕구라 칭해진다)이 점차 중요해지면서 행동을 초래한다.

이 이론에서 가장 우세한 욕구의 범주는 본질상 생리적이다. 그것들은 항상성(homeostasis) 방식에 따라 기능하는데, 즉 어떤 생리적인 것들의 불균형이나 결핍이 그러한 결핍을 채움으로써 균형을 회복하는 데 초점이 주어진 행동을 자극하는 방식을 따른다. 배고픔, 성 및 갈증은 그 예다. 생리적 욕구는 이전에 논의된 추동 이론에서 일차 추동과 밀접하게 상응한다. Maslow에 따르면, 사람들이 생리적 욕구의 만족이 결핍될 때, 그 사람은 어떠한 것이든 이런 욕구를 만족시키고 평형을 회복하는 데 필요한 것이 무엇이든지 획득하는 데 사로잡히게 된다. 간단히 말해, 결핍은 행동을 지배하고, 다른 어떤 욕구도 이것이 충족되지 않는 한, 생리적 욕구보다 지배적이지는 않다. Maslow(1954)에 따르면, "만일 생리적 욕구가 상대적으로 잘 충족된다면, 새로운 욕구가 떠오르는데, 그것들은 대략 안전(safety) 욕구(보안, 안정, 의존, 보호, 공포, 불안 및 혼돈으로부터의 자유, 구조, 질서, 법 및 제한에 대한 욕구, 보호장치의 강화 등)로 범주화할 수 있는 것들이다." (p. 39) 생리적 욕구 다음으로, 안전욕구는 가장 우세한 행동 결정 요인이다. 이것이 충족되지 않을 때, 그것들은 생리적 욕구만큼이나 행동을 지배할 잠재성을 가지고 있다.

(잘못된) 해석의 문제

이 점에서 Maslow의 위계 이론이 지나치게 단순화되고 잘못 해석되는 방식으로 생각하는 것을 멈출 필요가 있다. 이 이론은 마치 어떤 시점에서 누군가의 행동을 동기화시키는 모든 힘은 단지 하나의 욕구 상태로부터 기원하고 만족을 경험할 때까지 이것의 전체적인 우세가 지속되는 것처럼 종종 해석된다. 즉, 이 이론은 만족을 경험하는 시점에서 그러한 욕구 상태가 어느 정도 사라지고, 다음 욕구가 그 자리를 대치하기 위해 클릭되는 것으로 여겨진다. (이처럼 분절된 닫힘/열림 이미지는 경영학 교재에서 위계를 표상하기 위해 종종 이용되는 계단식 그림에 의해 조장된다.)

대신, Maslow(1954)는 대부분의 행동은 다중 동기화되거나 다원결정적임을 관찰했다(p. 55). 어떠한 특정 행동도 하나 이상의 몇 가지 동시적 기능의 결과인 경향이 있다. 그것은 (바로 앞의 인용처럼) 상대적 박탈이나 만족의 문제이며, 행동을 결정할 때 다양한 욕구의 상대적 영향력의 문제다. 확실히 어떤 사람이 극단적인 배고픔, 죽을 만큼의 갈증 또는 가해자가 돌진해 들어오는 것처럼 급박한 상황에 직면한다면, 충족될 필요가 있는 하나의 욕구가 발생하고 지배한다. 일단 충족된다 해도, 그 욕구가 행동의 요인으로서 사라지는 것은 아니다. 그러나 그것은 그 사람에게 작용하는 전체 힘 중 일부를 설명하는데, 그다음에는 다른 욕구들이 이전보다 상대적으로 더 중요해지기 때문이다. Maslow(1954)는 이렇게 말하고 있다. "사실, 우리 사회 대부분의 구성원들은… 모든 기본적인 욕구에 대해 동시에… 만족 및 불만족한다. 위계에 대한 가장 현실적인 서술은 우세성 위계에서 위로 올라갈수록 만족의 비율이 감소한다는 것이 될 것이다. …우세한 욕구의 만족 후에 새로운 욕구의 발현이라는 개념과 관련하여, 이런 발현은 갑작스럽게 효과적인 현상이 아니라 아무것도 없는 것으로부터 조금씩 드러나는 것이다." (pp. 53-54)

우리가 그의 글을 직접 인용한 이유는, Maslow는 그의 뜻을 번역한 많은 사람들이 채택한 것처럼 부서지기 쉽고, 실무율적이며, 융통성 없는 방식으로 새로운 욕구 상태의 출현을 서술할 의도가 전혀 없었다는 점을 강조하기 위해서였다. 인간의 행동은 확실히 그처럼 단순하지 않고, Maslow도 그처럼 서술하지 않았다. 그럼에도 불구하고, 많은 관리자, 교사, 부모, 상담자 및 경영자들은 오랫동안 Maslow의 연구에 대해 단순한 모형과 효율적인 해석을 요구했다. 슬프지만, 많은 교재의 저자들과 학자들은 그러한 과도한 단순화를 기꺼이 제공했다. 이제 위계로 돌아가자.

사랑, 존중 및 자기실현

Maslow에 따르면, 인간의 욕구 중 다음으로 가장 우세한 욕구는 **사랑**의 욕구다. 그것은 생리적 및 안전 욕구가 합리적으로 잘 충족됨에 따라 행동에 상대적으로 더 큰 영향력을 행사한다. 사람들은 다른 사람들과 관계 맺기를 바라며, 그런 관계를 얻기 위해 이전보다 더 강한 압박감을 느낄 것이다. 외로움, 외면, 배척 및 친구가 없다는 느낌은 이전보다 더 많이 경험될 것이다. Maslow(1954)는 사랑욕구의 좌절은 "부적응에서 가장 일반적으로 발견되는 핵심" (p. 44)이라 주장했다. 이러한 욕구의 좌절로 인해 고통받는 사람은, 그 병이 신체적이지 않고 정신적일지라도, 병을 얻는다. 이 이론은 사람들은 사랑을 주고받을 필요가 있지만, 사회적 상호작용이 이런 욕구를 만족시키는 데 우호적이지는 않다고 주장한다는 것을 언급할 필요가 있다.

Maslow의 위계에서 다음으로 가장 우세한 범주는 두 종류로 나뉘는 존중욕구다. 하나는 세상에 직면해서 강함, 성취, 적합성(adequacy), 숙달과 역량, 독립, 자유 및 기본적인 확신에 대한 열망을 포함한다. 자기존중감을 위한 이러한 욕구의 충족은 자기 확신, 능력 및 가치에 대한 느낌을 이끌지만, 이것의 좌절은 약함, 열등감 및 심지어 무력감과 같은 신경증적 느낌을 가져온다. 존중욕구의 두 번째 하위 집합은 명성과 평판, 즉 타인의 존중에 관한 것이다. 이것은 사람들로 하여금 인정, 칭찬, 지배, 영광 및 타인의 주의를 추구하도록 동기화시킨다. 사람들이 이런 성과를 충분히 달성하지 못하면, 그들은 자기존중욕구가 좌절될 때 나타나는 것과 같은 종류의 느낌으로 고통받는다.

존중욕구는 위계에서 가장 높은 욕구인 자기실현에 대한 욕구보다 영향력이 덜한 것으로 보인다. Maslow 자신은 이 욕구의 의미를 다른 방식으로 해석한 것 같지만(Maslow, 1943, 1954, 1968을 보라), 가장 명확하고 폭넓게 받아들여지는 견해는 그것이 사람들의 잠재력을 충족시키고, 사람이 될 수 있는 모든 것이 되기 위한 필요 조건으로 구성된다는 것이다. 이미 경제적으로 매우 안정되고 세계 챔피언이 됨으로써 많은 친구와 상당한 명성을 갖게 된 아마추어 운동선수는 여전히 자신의 수행을 향상시키도록 동기화될 것이다. 왜? 그들은 이전보다 더 빨리 달리거나 더 높이 점프할 수 있다고 느끼기 때문이다. 그들이 될 수 있는 것보다 더 많은 것이 되고자 하는 이런 간절함의 이면에 있는 힘을 자기실현욕구라 한다. (챔피언이라는 지위, 팬의 존중, 또는 운동 장비 관련 상업적 CF 계약을 상실하는 것에 대한 두려움처럼, 하위 수준의 욕구도 그 운동선수가 지속적으로 더 나은 탁월함을 추구하고자 하는 노력을 설명할 수 있다. 대부분의 행동은 다원결정적임을 기억해야 한다. 미국 육군은 수십 년간 다음과 같은 기억하기 쉬운 구호를 이용했다. "군에서 …당신이 될 수 있는 모든 것이 되라." 이것은 전도유망한 병사들의 자기 발전과 실현 욕구에 호소하는 것이었다.)

자기실현욕구의 중요한 특징은 사람들마다 다른 방식으로 스스로를 표현한다는 것이다. 예를 들어, 어떤 사람은 음악 기술의 세련됨을 통해 충족을 추구할 것이지만, 다른 사람은 아버지로서의 재능을 계발시킬 것이다. 더구나, 자기실현욕구의 만족은 이것의 중요성을 감소시키기보다 증가시키는 경향이 있다(Maslow, 1962). 즉, 그것은 어느 정도 가산적이다. 이것은 자기실현과 위계에 있는 다른 욕구 사이의 중요한 차이인데, 다른 욕구들은 일단 상대적으로 잘 충족되면 행동을 동기화시키는 역량을 상실하는 것으로 보인다.

이론의 세부 사항

Maslow 이론의 주요 요소에 있는 배경을 갖고, 이론에서 덜 빈번하게 언급되는, 즉 앞에서 언급된 많은 잘못된 해석과 표상을 이끌지만 누락된 특징들에 대해 살펴보자. 첫 번째로, Maslow는 욕구의 상대적 영향력에서 사람들 사이에 많은 차이가 있다는 것을 인식했다(비록 앞에서 서술된 순서가 가장 일반적으로 유지되기는 하지만). 그는 역전(reversal)처럼 기본적인 순서로부터의 다양성을 언급했고, 몇 가지 일반적인 변화를 인정했다. 예를 들어, 많은 사람들은 사랑보다 자기존중을 앞세울 수 있고, 타인의 애정보다 존중을 추구할 수 있다. 또 다른 예로서, 어떤 사람들은 선천적으로 창의적이고 낮은 수준의 욕구가 충족되지 않았다는 사실에도 불구하고 자기실현을 추구하는 것 같다(기아에 허덕이는 예술가 증후군에서처럼). 또한 여전히 오랜 기간 동안 사회적 상호작용을 박탈당한 어떤 사람들은 타인의 애정에 반응하는 능력을 상실하기도 한다. Maslow(1954, pp. 51-52)는 다른 역전도 말했지만, 요점은 개인 간이든 어떤 한 사람의 행동 양식 내에서든, 기본적인 위계는 완전히 보편적이고 불변적이라고 생각하지 않았다는 점이다.

두 번째로, 모든 행동이 기본적인 욕구가 제공하는 힘의 결과는 아니라는 점이다. 인간의 많은 행동은 개인 외부에 있는 힘(앞에서 논의한 Murray의 환경 압력을 기억하라)에 의해 결정될 수 있다. 더구나, 어떤 행동은 망상적-강박적이고, 어떤 행동은 단지 성격의 표현이다(예를 들어, 아동의 무차별적 움직임이나 혼자 있을 때 행복한 사람이 짓는 미소). 사실, Landy와 Becker(1987)의 제안에 따르면, 우리는 단순한 반사적 행동에서부터, 의식적으로 시작하는 행위, 과도하게 학습되거나 자동적인 패턴과 습관에 이르는 일련의 연속성을 생각해야 한다.

세 번째로, 욕구는 반드시 의식적이지도 무의식적이지도 않지만, 전체적으로 대부분의 사람들은 행동 시점에서 욕구를 의식적으로 알고 있지는 않다는 점이다. 이 점은 우리가 직원들의 욕구와 일치되는 직무와 보상체계를 설계하는 문제를 논의하는 장들에서 중요해질 것이다.

여기서의 핵심은 Maslow의 이론이 외관상 잘 알려져 있는 것보다 훨씬 더 복잡하고 많은 관리 및 인간관계 교재에서 시사되는 것보다 훨씬 덜 기계적이라는 점이다. 세부 사항을 인식하는 것이 중요한 이유는 인간 행동을 이해하는 것뿐 아니라 그것에 영향을 미치고자 하는 시도에 대해 갖는 시사점 때문이다. 예를 들어, 부하직원이 상사의 욕구를 끊임없이 의식하고 상사 자신의 완전한 통제하에 있다고 가정하는 상사는 이러한 행위 때문에 상당한 신뢰를 얻거나 또는 엄청난 비난을 받을 것이다(Mitchell, Green, & Wood, 1981). 마찬가지로, 근로자들이 한 번에 하나의 욕구('George는 보안 욕구를 필요로 한다.')에 의해 동기화된다고 암묵적으로 가정하는 보상 및 처벌 체계는 잘못된 결과를 가져오며 꽤나 비효율적일 것이다. 마지막으로, 모든 사람들이 똑같이 엄격한 순서를 따라서 자신의 욕구를 충족시킨다고 가정하는 것은 많은 직원들을 좌절시키는 관리 정책을 개발할 것이다.

이론은 얼마나 타당한가

Maslow의 이론이 역설적이라는 것은 앞에서 언급되었다. 즉, 대부분의 사람들이 그 이론을 알고 있다고 생각하지만, 많은 사람들은 그것을 과도하게 단순화하는 경향이 있다. 역설의 또 다른 측면은, 이 이론의 과학적 타당도를 입증하는 증거가 매우 적다는 것이며, 이 결과들도 기껏해야 혼란스럽다. 다시 말해서, 이 이론은 타당하다는 증거가 제한적임에도 불구하고 인기가 있다. 설상가상으로, 최근까지 이론을 검증하기 위해 수행된 대부분의 연구들도 적절하게 수행되지 않았지만(Mitchell & Moudgill, 1976), 이루어진 연구의 대부분도 부정적 결론을 내리고 있었다(Huizinga, 1970을 보라; 초기의 상대적으로 지지적인 요약에 대해서는 Wahba & Bridwell, 1976을 보라; 또한 이러한 쟁점의 요약을 위해서는 Wicker, Brown, Wiehe, Hagen, & Reed, 1993을 보라).

어떤 사람들은 Maslow의 이론뿐 아니라 욕구와 본능과 같은 개념에 근거한 모든 이론은 인간의 행동을 이해할 때 단지 제한된 가치만 가지고 있다는 비판을 하고 있다. 그들은 이런 이론들은 인간의 행위에 대해 단지 불확실한 사후 설명만 할 수 있다고 주장한다. 사실, 그것들은 미리 정확하게 행동을 예측하기 어렵다(Ford, 1992를 보라). 더구나, 이들 비판자들은 Ford(1992)가 지적한 것처럼, 일종의 '개념적 혼동'이 발생한다고 주장하는데, 즉 "욕구나 본능에 대한 증거는 설명을 하기 위해 고안된 행동과 동일하다."(p. 9)는 것이다. 이것은 우리가 앞에서 논의한 다원결정성의 문제뿐 아니라, 우리가 타인의 욕구 행동 관계를 설명하고자 할 때 타인에게 자신의 욕구를 투사하는 경향을 가지고 있다는 문제와 연관된다.

이런 비판과 단점은 반박하기 어렵다. Maslow의 이론은 조직행동의 관리자와 학자들에게 여전히 인기 있지만, 그것을 합법적으로 확증할(또는 반박할) 수 있는 연구는 여전히 매우 적다. 아마도 Maslow의 욕구이론은 과학적 연구로 조작화하고 확증하기에는 너무 복잡할 수 있다. 만일 그렇다면, 우리는 이 이론이 얼마나 타당한지, 또는 좀 더 정확히 말하자면 이론의 어떤 측면이 타당하고 어떤 측면이 타당하지 않은지를 결코 결정할 수 없을 것이다. 따라서 가장 적절하지는 않지만 좀 더 적절한 기법을 이용했던 하나의 연구(Rauschenberger, Schmitt, & Hunter, 1980)는 이 이론을 지지하는 데 실패했다.

그러나 좀 더 최근의 연구는 어느 정도 고무적인 것 같다. Ronen(1994)은 그 이전의 대부분의 연구에서 사용된 것과 다른 자료 분석 기법을 이용해서 15개의 문화에서 Maslow 이론의 분류학적 범주를 지지하는 증거를 발견했다(Kluger & Tikochinsky, 2001도 보라). 범주의 수와 본질에 대한 확증은 아마도 이 이론에 대한 가장 기본적인 검증일 것인데(Mitchell & Moudgill, 1976), 만일 그것이 타당하지 않다면 그 범주들에 기초한 박탈과 우월의 역동성을 고려하는 것은 거의 의미가 없기 때문이다. 따라서 많은 연구자들이 이 이론을 실패한 것으로 본 이후 Ronen(1994)의 연구는 그것의 타당성에 상당한 기여를 한다. Ronen의 연구가 발표된 시기에, 이 이론에 대한 혼란스럽고 주로 부정적인 경험적 증거를 요약한 후, Wicker 등(1993)은 이론의 검증을 오염시킨 많은 방법론적 문제들을 설득력 있게 요약했다. 또한 그들은 모형의 주요 역동적 측면 중 하나, 즉 특히 낮은 수준의 욕구가 박탈됨에 따라 그런 욕구를 만족시키고자 하는 의도가 증가한다는 명제를 지지하는 신선한 경험적 증거를 제공했다. 이런 연구들을 볼 때, Maslow의 유명한 위계가 종말을 고했다는 것이 시기상조라고 결론 내리는 것이 최상일 것이다. 직무동기에 대한 과학적 연구의 역사에서 여러 번 있었던 것처럼, 새로운 이론들에 대한 해석, 측정 및 경험적 검증의 문제는 이런 이론들의 타당성과 관련된 결과와 결론을 종종 편향시킨다(Kluger & Tikochinsky, 2001을 참고하라). 우리는 이 책 전체를 통해 이와 같은 관찰을 여러 번 한다.

위계의 수정

위계적 욕구이론에 관한 Maslow의 마지막 저술 이후, 다양한 수정이 있었다. 이것들 중 두 가지는 위계에 있는 수준의 수를 줄일 것을 제안하며, 이에 따라 Maslow가 후기 연구에서 제안한 것으로 수렴하게 되는데(Maslow, 1968), 우리는 실질적으로 인간 욕구의 두 가지 기본 수준만 고려할 것이다. 이런 수정 중 하나(Lawler & Suttle, 1973)는 원래의 다섯 가지 수준 이론을 경험적으로 지지하는 데 실패한 시도로부터 나온 결과다. 또 다른 수정(Alderfer, 1972)은 '존재' '관계' '성장'이라 명명된 좀 더 적은 수의 욕구 수준을 가진 모형을 개발하고 검증하고자 한 노력으로부터 나온 결과다.

존재, 관계 및 성장

대부분의 경우 Maslow의 인간 욕구이론은 조직 장면과 같은 곳에서 수행된 경험적 연구가 아니라 그 자신의 임상적 관찰에서 끌어온 것이다. 그럼에도 불구하고, 그 시대의 인간관계 운동 연구자들이 매력적으로 느끼고 직관적으로 받아들일 만한 관점을 제공한다(예를 들어, Argyris, 1957; McGregor, 1960). Alderfer(1969, 1972)는 Maslow 이론의 대안을 만들고 검증하고자 한 가장 초기의 경험적 시도자 중 한 사람이었는데, 그는 존재, 관계 및 성장(existence, relatedness, growth: ERG) 모형을 제안했다. Alderfer의 이론은 Maslow의 이론뿐 아니라 인간 동기에 관한 많은 초기 심리학자들의 이론과 연구에 뿌리를 두고 있다.

이 이론은 세 가지 일반적인 범주로 인간의 욕구를 구분하고 있다. 이 범주들은 Maslow의 모형에서 파생되었기 때문에 그것과 유사하지만 동일하지는 않다. 각 욕구들은 학습되는 것이라기보다 일차적이며 선천적인 것으로 보이지만 학습이 그것들을 강화시키기도 한다. 이 이론은 주관적인 욕구 만족과 열망 상태와 관련되며 또한 특정 욕구의 만족이 다른 욕구의 강도에 어떻게 영향을 미치는지와 관련된다. 만족(satisfaction)은 자신의 열망을 진정시키기 위해 필요한 것을 얻은 사람들의 내적 상태를 말한다. 그것은 충족(fulfilling)과 동의어다(Alderfer, 1972, p. 2). **열망**(desire)은 바람(want), 욕구 강도 또는 동기와 같은 개념과 유사한 내적 상태다. 이제 욕구의 세 가지 범주를 살펴보자.

존재욕구

모형의 첫 번째는 존재욕구다. 이것은 Maslow의 생리적 욕구뿐 아니라 (대인적인 것과 상반되는 것으로) 신체적 안전과 관련된 욕구들과도 밀접하게 연결된다. 전형적으로, 존재욕구를 만족시키는 데 필요한 물질들은 본질적으로 구체적이다. 더구나, 이러한 물질은 때로는 부족해서 한 사람에게는 충분한 만족을 주지만, 다른 사람에게는 불충분한 만족을 주는 경향이 있다. 일 관련 장면에서 급여와 추가 수당이 그 예인데, 사무직 직원들에게 주어지는 급여가 많을수록 점포 직원들에게 주어지는 것은 적어진다. Maslow의 생리적 욕구를 충족시키기 위한 (돈과 같은) 성과의 유형은 기본적으로 신체적 안전에 필요한 것들과 같다. 그리고 Alderfer에 따르면, Maslow의 생리적 및 신체적 안전욕구는 한 개인의 존재에서 거의 비슷하게 중요하다. 예를 들어, 신체적 폭력에 위협을 느끼는 사람들은 안전을 제공하지 않는 모든 행동을 포기한다. 적어도 그것들을 하나의 범주로 묶기 위한 논리적 근거가 있다.

관계욕구

마찬가지로, Maslow가 사랑욕구라 부른 것을 만족시키기 위해 사람들이 전형적으로 추구하는 목표는 기본적으로 타인의 신망이나 존중욕구뿐 아니라 Maslow 위계의 두 번째 수준에 있는 대인 간 안전욕구에 필요한 것들이다. 이러한 Maslow 욕구들 각각의 성공적인 만족은 타인과의 상호작용과 의미 있는 관계의 발달을 필요로 한다. 더구나, 적어도 논리적인 수준에서 이들 세 가지 사회적 욕구는 비슷하게 중요한 것 같다.

Alderfer가 관계욕구로 명명한 이 범주의 욕구들을 만족시키는 데 필요한 대인 상호작용이 반드시 긍정적이거나 따뜻할 필요는 없다. 사실, 타인에 대한 적대적 느낌의 표현은 의미 있는 대인관계 발달에 중요한 측면으로 보인다. 존재욕구의 만족이 가지고 있는 제로섬(zero-sum) 속성과 달리, 사회적 상호작용의 본질 때문에 한 사람의 관계욕구에 대한 만족은 타인의 같은 종류의 만족과 긍정적으로 연합된다. 따라서 Alderfer의 이론은 사회적 상호작용에 관한 Maslow의 욕구 범주들 모두를 하나의 범주로 결합한다. 관계욕구의 만족은 안녕에 필수적이기 때문에, 우리는 관계가 인간의 주요 욕구로서 지속적으로 연구된다는 것을 간단히 살펴볼 것이다(6장을 보라: Reis, Sheldon, Gable, Roscoe, & Ryan, 2000).

성장욕구

Alderfer 모형에 있는 세 번째 범주의 욕구는 성장욕구다. 그것들은 Maslow 이론의 자기존중과 자기실현 욕구와 비슷하지만 똑같지는 않다. Maslow가 자기실현을 선천적 잠재성(어떤 한 사람이 독특한 형태로 가질 수 있는 잠재성)의 충족을 구성하는 것으로 본 반면, Alderfer의 성장욕구는 환경과 성공적으로 상호작용하고자 하는, 즉 그것을 탐색하고, 조사하고, 숙달하고자 하는 열망으로 구성된다. 그럼에도 불구하고, (자기실현 활동이 자기개념을 향상시키는 경향이 있다는 사실 이외에 다른 이유가 없다면) Maslow 위계에서 가장 높은 수준의 욕구는 Alderfer가 성장욕구로 묶은 욕구들과 상당히 유사하다.[3] 우리는 성취동기와 관련된 연구와 이론을 살펴볼 것인데, 이 동기는 일종의 성장욕구로서 자기실현에 대한 Maslow의 견해 및 Alderfer의 성장욕구와 개념적으로 그리고 경험적으로 유사하다.

Maslow와 Alderfer 이론의 차이

두 모형이 긴밀히 들어맞기는 하지만, Maslow는 인간의 욕구를 5개의 범주로 가정한 반면, Alderfer의 모형은 좀 더 간결하게 구분되는 3개의 범주를 제시하였다. 그러나 이러한 유사성을 제외하면 두 이론 사이에는 몇 가지 주요한 차이가 있다. 예를 들어, ERG 이론의 주장에 따르면 세 가지 욕구 범주는 모든 인간에게 적용되지만 Maslow(그가 역전을 말했다고는 하지만)에게서 발견되는 위계와 일반적 우세의 개념은 ERG 이론에는 없다. Alderfer의 모형은 사람들이 관계욕구보다 성장욕구가 더 중요하다는 것을 경험하기 위해 그전에 존재 수준의 욕구가 충족되어야 한다는 것을 요구하지 않는다. 회사와 단기 계약을 맺고 일하는 직원이라도 일을 통한 성장의 중요성을 더 크게 경험하도록 해 주는 관계욕구의 만족감을 가질 수 있다.

3) Deci와 동료들이 개발한 내재적 동기이론은 자신의 환경을 숙달한다는 의미를 상당히 확장한다.

Maslow의 연구에서는 보이지 않는 ERG 이론의 또 다른 중요한 특징은 Alderfer가 **좌절-회귀 가설**이라 부른 것이다. 8장에서 보겠지만, 좌절은 (사람들 내부에 있거나 그들의 통제 범위 밖에 있는 힘에 의해) 욕구를 충족시키고자 하는 개인의 행동이 막히거나 방해받는 상황으로 정의된다. ERG 이론은 어떤 사람의 성장욕구 충족의 실패는 그 사람의 관계욕구의 중요성을 높이는 결과를 가져올 수 있다고 가정한다. 마찬가지로, 관계욕구 충족의 실패는 존재욕구의 중요성을 높이는 결과를 가져올 수 있다. 위계적 측면에서, 이들 두 가지 명제는 좌절에 직면할 때 하향 이동을 시사한다. 우리는 8장에서 좌절의 원인과 결과에 대해 좀 더 깊은 논의를 할 것이다.

처음에 Alderfer는 특정 수준에서 욕구의 만족이나 좌절이 그 수준이나 다른 수준에서 어떻게 열망의 만족과 강도에 영향을 주는지에 관해 요약한 일곱 가지 기본 명제를 제시하였다. 그는 자신의 이론을 검증하기 위해 4년에 걸쳐 몇 가지 유형의 조직에 있는 수백 명의 피험자들을 대상으로 하는 연구를 하였다. 그의 연구는 합리적으로 잘 수행되었다. 그의 초기 명제 중 몇 가지는 경험적 지지를 받았지만, 다른 것은 아니었다. 어떤 것은 수집된 증거를 근거로 수정되었다. 연구가 수행되기 전과 후의 전체 명제들의 상세한 점들에 관해 좀 더 완전히 알고 싶은 독자는 Alderfer(1969, 1972)를 참고하라.

욕구와 욕구 위계: 몇 가지 결론

욕구의 위계와 같은 것이 있기는 한가? 앞에서 살펴본 증거는 몇 가지 다른 욕구가 존재하며, 그것들은 측정될 수 있으며(Alderfer, 1972; Mitchell & Moudgill, 1976; Williams & Page, 1989), 욕구의 상대적 중요성에 관해 북아메리카 표본들에서 어느 정도 일관성이 있다는 것(Sheldon et al., 2001)을 제안하지만, 후자의 문제는 상대적으로 새로운 것이며 더 많은 확증이 필요하다. 그럼에도 불구하고, Sheldon 등(2001)과 Ronen (2001)의 최근 연구는, 즉 어떤 방법이 동원된 연구는 인간 욕구의 구조와 상대적 중요성에서 상당한 (완전하지는 않지만) 비교문화적 유사성을 가진 증거를 제공할 수 있다는 것을 보여 준다. 다시 말하자면, 좀 더 많은 연구가 필요하며, 이런 연구는 방법론의 선택과 응용에서 상당히 신경 써야 한다.

사실, 위계에 관한 초기의 연구 결과와 최근 연구 결과를 비교하는 것은 2장에서 논의된 것과 같은 종류의 객관적 교훈을 제공한다. 초기 연구에서 이용된 방법은 욕구 위계가 진지하게 여겨질 만한 가치를 가지고 있지 않은 멋진 아이디어에 불과하다는 결론으로 이어진다. 다른 방법을 사용한 후기 연구는 좀 더 관대한 결론으로 이어진다(Pinder, 1988을 보라).

간단히 말해, 어떤 이론이 경험적 타당성을 가지고 있다는 어떠한 증거가 없음에도 태연스럽게 그 이론을 옹호하는 것은 현명하지 않지만(2장을 기억하라), 주로 부정적인 결과를 산출했지만 그 결과들이 상당히 부적절하거나 정당하지 않은 경험적 검증에서 나왔을 때 그 이론을 폐기하는 것 또한 마찬가지로 무책임하다. 앞에서 언급한 것처럼, 사실 이 책에서 제시되는 많은 이론은 조직연구자들이 증명할 수 있는 것보다 직무동기의 본질에 관해 더 나은 것들을 표상할 수 있다. 실제로, 위계적 욕구만족 이론의 경우, 우리가 주장하는 것은 전반적인 척도상에서 인간의 조건을 생각할 때 인간의 욕구는 우세의 순서에 따라 드러난다는 것이다(Lindsey, 2007은 미국인들을 대상으로 한 연구에서 이러한 주장을 제시하였다).

성취동기

Henry Murray(그는 우리에게 이 장의 초반부에서 논의된 욕구에 관한 일반적 정의를 제공했다)는 인간의 욕구에 관한 긴 목록을 제시하였다. 이러한 욕구들 중 하나는 **성취욕구**인데, 그는 이것을 "어려운 것을 달성하고자 하는 것, 물리적 대상, 인간, 또는 아이디어를 숙달하고, 조작하고, 조직화하는 것, 가능한 한 빠르고 독립적으로 그것을 하는 것, 장애를 극복하고 높은 표준에 도달하는 것, 자신을 뛰어넘는 것, 타인에 뒤지지 않고 능가하는 것, 성공적으로 재능을 실천함으로써 자기존중을 높이는 것"(Murray, 1938, p. 164)으로 정의하였다. 앞에서 언급한 것처럼, 이 욕구와 Maslow의 자기실현 개념은 완전히는 아니라도 중첩된다. 성취동기의 핵심은 자신의 우월성 기준에 비추어 분투하는 것일 수 있는데, 이것은 확실히 사람들이 될 수 있는 모든 것이 된다는 생각과 일관된다. 그러나 대상을 숙달하고 장애와 도전을 극복하는 것과 관련되는 성취동기의 요소가 반드시 자기실현의 한 부분은 아니지만, 실제로 이 두 가지는 연관성을 가지고 있다. Kanfer와 Heggestad(1997)는 성취동기와 관련된 많은 연구와 측정이 숙달 요소는 강조하였지만 경쟁적 우월과 수행의 비교에 관한 요소는 덜 강조하였음을 언급하였다.

환경을 숙달하고 조직하는 것에 관한 성취욕구의 측면들은 확실히 White(1959)의 **역량 동기** 개념뿐 아니라 사람들은 단순히 장기판의 졸(pawn)과 같은 존재가 되기보다는 성과에 대한 책임을 갖는 것을 좋아한다는 de Charms(1968)의 생각과 일관된다. 간단히 말해서, 학자들은 대부분 그것들이 다소간 서로 독립적으로 작동한다고 확인하고 연구했기 때문에, 그런 다양한 성장욕구들은 동일하지는 않지만, 그것들이 일으키는 행동 유형의 측면에서 보면 상당히 유사한 면이 있다. Henry Murray의 제자인 David McClelland는 성취동기 자체뿐 아니라 기업가적 행동과 국가의 경제적 번영에서 그것의 역할을 이해하는 데 자신의 연구 경력의 상당 부분을 바쳤다(Stewart, 1982). 여기서 그의 연구를 완전히 요약하기에는 상당히 포괄적이어서 관심 있는 독자는 원전을 참고하기를 바란다(예를 들어, McClelland, 1961, 1962, 1965, 1985; McClelland & Winter, 1969). 그러나 직원들의 직무동기를 이해하는 데 특히 적절한 이 연구의 많은 특징은 여기서 논의될 것이다.

성취동기의 기원

McClelland는 모든 동기는 환경에 있는 어떤 단서가 긍정적 또는 부정적 결과와 짝지어지는 경험으로부터 학습된다고 주장했다. 따라서 우월성 표준을 넘으려는 경쟁 기회가 긍정적 성과와 연합될 때 성취욕구는 학습된다. 그러므로 젊은이들이 독립적으로 도전적인 문제에 달려들어서 잘하도록 고무시키는 아동 양육이 중요하다. 사실, McClelland(1961, pp. 340-350)는 아동 양육은 개인의 성취동기 수준에 가장 중요한 결정 요인이라고 믿었다. 또한 McClelland는 성취 지향적 정신의 발달과 관련되어 잘 고안된 훈련 프로그램은 성인들의 기업가적 행동을 유도할 수 있다고 보았다(McClelland, 1965; McClelland & Winter, 1969). 달리 말해서, 성인들은 도전적인 문제와 겨루어 앞의 정의에 서술된 방식대로 행동할 수 있는 기회를 만들고 그런 기회에 반응하도록 훈련될 수 있다.

성차와 성취동기

McClelland의 대부분의 연구 증거는 소년과 남성들에 관한 것임을 인식하는 것이 중요하다. 마찬가지로, 이 문제에 관한 대부분의 초기 연구는 성차를 언급하지 않았다(대부분의 행동과학의 초기 연구가 그런 것처럼). 몇몇 연구들이 여성과 소녀로 이론을 일반화하고자 했지만, 인간의 동기에 관한 연구들이 종종 그랬던 것처럼(2장을 기억하라) 많은 결함이 있었다. 여성들 사이에 성취동기가 어떻게 발생하는가, 그것은 어떤 형태를 취하는가, 그리고 그것은 여성들에게 어떤 결과를 가져오는가에 관해 성차를 탐색한 연구들을 철저하게 개관한 후, Stewart와 Chester(1982)는 이렇게 결론지었다. "무의식적인 성차별에 대한 지적 및 문화적 분위기는 연구자들로 하여금 검증되지 않은 가정을 채택하고, 증거를 무시하고, 단지 일부의 자료에만 주의를 기울인 해석을 하도록 했던 것 같다." (p. 184) 상당히 많은 타당한 연구가 성취 문제에 관해 고안되고 실행되고 보고되지 않는다면, 남성과 여성 사이에 욕구 또는 욕구의 발생, 힘 또는 목표가 다르다는 결론을 내릴 아무런 이유가 없다. 그것은 우리들에게 성취 지향적 행동은 무엇처럼 보이는가와 같은 질문을 남긴다.

성취동기 행동의 특징

앞에서 언급된 것처럼, 우리는 때로 한 개인의 행동을 관찰하고 그것으로부터 추론을 이끌어 옴으로써 그 사람에게 많은 특정한 욕구가 존재한다는 것을 탐지할 수 있다. 따라서 성취 동기화된 사람들의 행동은 공통적으로 세 가지 특징을 갖는다. 첫째, 적당한 난이도 수준의 과제를 선호한다. 둘째, 성공적인 수행이 운보다 노력에 따르는 과제를 선호한다. 마지막으로, 성취 동기화된 사람들은 그렇지 않은 사람들에 비해 성공과 실패에 관한 피드백과 지식을 더 많이 요구한다.

적당한 수준의 과제 난이도 지각

적당한 난이도 수준의 과제에 대한 선호는 특히 주의를 기울일 필요가 있다. Atkinson(1964)에 따르면, 어떤 과제에 직면한 사람에게 영향을 미치는 전체 성취 지향적 힘은 세 가지 변인에 의해 결정된다. 더구나, 그 세 가지는 곱셈 형식으로 결합되어, 그것들 중 하나라도 '0'이라면 과제에 개입하는 아무런 심리적 힘도 없다. 첫 번째 요인은 개인의 기본적인 성취욕구의 강도다. 이미 제시된 것처럼, 집중적인 훈련 절차를 이용하면 성인들에게도 이 욕구를 발달시킬 수 있기는 하지만, 이것은 일상생활에서 상수로 유지된다. 두 번째 요인은 개인이 지각하는 과제의 난이도 수준이다. 특정 과제가 쉽게 또는 어렵게 보이는가는, 예를 들어 과제 수행에 대한 자신의 능력 지각과 같은 많은 변인들에 의존한다. 성취 지향적 동기의 강도를 결정하는 세 번째 요인은 그 사람이 과제 완성 후 경험할 것으로 기대하는 내재적 보상 (또는 완성의 느낌) 정도다. 자연스럽게도 어려운 도전과제를 달성하는 것은 단순한 것으로 여겨지는 과제를 성취할 때보다 그 사람에게 성공의 경험을 더 크게 가져올 것이다. 따라서 이 세 번째 요인의 가치는 두 번째 요인인 과제의 지각된 난이도 수준과 역으로 관련된다. 기호로 나타내면, 다음과 같다.

$$\text{T.A.F.} = \text{Nach} \times \text{P.S.} \times \text{I.S.} \text{ 그리고 } \text{I.S.} = 1 - \text{P.S.}$$

T.A.F. = 전체 성취 지향적 힘
Nach = 개인의 기본적인 성취욕구의 강도
P.S. = 지각된 과제 성공 확률
I.S. = 내재적 성취감

이것이 어떻게 작동하는가를 이해하기 위해, 만일 ① 어떤 직원이 매우 낮은 수준의 성취욕구를 가지고 있으며, ② 그는 그 과제를 성공하기 매우 어려운 것으로 지각하거나, 또는 ③ 매우 쉽게 지각할 경우 그 직원에게 작용하는 순수한 힘을 생각해 보라. 세 가지 경우에서, 우리는 그 과제를 바라보는 사람에게서 상당한 성취동기를 기대하지 않을 것이다. 과제 수행을 향한 그의 노력 수준은 다른 욕구의 강도뿐 아니라 과제 성공 후의 결과로 올 것이라 믿는 인센티브의 강도(그가 어떤 인상을 심어 주기 위해 노력했다는 것에 대한 어떤 여성의 인정과 같은 것)에 의해 결정될 것이다.

개인의 기본적인 욕구 강도가 단기적으로 상수로 유지되는 한, 특정 과제에 개입하는 개인에게 작용하는 성취 관련 힘의 순수한 수준은 그 과제의 난이도 수준 지각에 의해 결정될 것임을 주목하라. 이것이 직무설계와 직무에 사람들을 할당하는 것에 주는 시사점은 명확하다. 성취욕구와 관련된 동기적 힘을 자극하기 위해 상사는 직원들이 직무수행 기회를 너무 낮지도 않지만 너무 높지도 않게, 즉 50/50으로 보도록 직무를 구조화하고 그러한 직무에 그들을 할당해야 한다. 적당한 수준의 도전이 지각되어야 한다. 실제로, 이런 원리의 적용은 어려운데, 그것은 직원들이 과제를 보는 것만큼 상사가 과제의 난이도 수준을 정확하게 지각할 수 있어야 한다는 것을 요구하기 때문이다. 과제에 비해 직원의 능력을 과대 또는 과소 추정하는 상사는 아마도 그 직원의 자연스러운 성취동기의 양을 자극하고 이용하는 데 실패할 것이다. 이론상, 원리는 상대적으로 단순하다. 그것을 효과적으로 적용하는 것은 또 다른 문제일 수 있다.

이어지는 절에서, 우리는 **내재적 동기**라 불리는 현상을 다루는 일련의 이론과 연구를 살펴볼 것이다. 그러나 이 장뿐 아니라 7장에서 보는 것처럼, 내재적 동기의 본질을 이해하는 데 있어서 많은 접근이 있다. 그것들은 직원들의 일 관련 행동, 직무태도, 선호하는 경력 선택, 심리적 안녕 및 직무설계를 위한 지혜를 이해하기 위한 이론적 근거를 제공하는 것으로 수렴한다. 우리는 또한 내재적 동기의 중요 요소가 Alderfer(1969)의 '성장' 범주 및 McClelland(1961)의 이론뿐 아니라 Maslow(1954) 이론에 있는 것, 특히 자기실현과 자기존중(이것들은 6장에서 더 주의 깊게 논의된다)과 같이 학습된 욕구와 연관된 역동성에서 발견된다는 것을 살펴볼 것이다.

내재적 동기

어느 따뜻한 여름밤 당신은 친구와 함께 동네를 산책하고 있다고 생각해 보라. 산책할 때, 당신은 자기 집 앞마당의 잔디밭을 이리저리 왔다 갔다 하면서 잔디 깎는 기계를 밀고 있는 아홉 살 소년을 본다. 그 소년은 쭉 편 양팔 아래로 머리를 내리고 허리를 굽혀 잔디 깎는 기계를 밀며 뛰어다니고 있다. 가까이 다가가면서, 당신은 그 소년이 비행기 엔진과 같은 소리를 내는 것을 듣는다. 당신은 멈춰 서서 그 소년에게 무엇을 하고 있는지 물어보고 그가 비행기 조종사 역할을 하고 있다는 것을 알게 된다. 그 어린 조종사는 너무 친절해서, 당신은 멈춰 선 채 한동안 잡담을 한다. 이 대화가 보여 주는 것은 그 소년은 멋진 비치크라프트[4] 비행기를 가지고 재미있게 놀고 있으며, 그는 자신의 활동이 일이라고 생각하지 않는다는 것이다. 더 많이 물어본다면 당신은 그 소년이 잔디 깎기(또는 비행기 조종)에 대해 부모로부터 급여나 다른 형태의 직접적인 보상을 받는 것도 아니라는 것을 알게 된다. 당신은 그의 안전한 비행을 기원하면서 그곳을 떠난다.

이 예에서 소년은 일하고 있는 것인가(잔디 깎기), 아니면 놀고 있는 것인가(비행기 조종)? 즉, 그것은 당신이 그것을 무엇으로 부를 것인가의 문제인가 또는 그의 행동을 어떻게 분류할 것인가의 문제인가? 소년에게 그 행동은 확실히 노는 것이다. 대조적으로, 그 소년의 아버지는 그것을 일, 특히 그 자신은 하고 싶지 않은 허드렛일로 볼 것이다. 톰 소여가 폴리 이모 집 담장을 하얗게 칠하는 데 친구들을 꾀었던 경우처럼, 그것은 단지 관점의 문제일 수 있다. 앞에서 서술한 Alderfer와 Maslow의 개념을 이용하면, 예를 들어 무엇이 그를 그와 같이 행동하도록 동기화했는가를 물어봄으로써 우리는 어린 조종사의 행동 이면에 있는 좀 더 깊은 것을 볼 수 있다. 아마도 우리는 그 소년의 행위에 대한 설명으로서 존재와 관계 욕구를 배제할 것이다. 그는 자신의 놀이 때문에 금전적 보상을 파생시키지도 않았고, 놀이로부터 사회적 상호작용을 추구한 것도 아니기 때문이다. 만일 우리가 그 소년의 행동이 사실상 (단순히 무선적이거나 강박적인 것과는 상반되게) 동기화된 것이라 가정한다면, 우리는 그 소년이 주로 성장욕구와 연관되었을 것임에 틀림없다는 결론에 도달할 것이다. 성장이 잔디 깎기라는 불규칙한 저고도 비행과 연결되도록 한 것은 무엇일까?

이어지는 절의 목적은 앞에서 성장욕구로 범주화된 일련의 욕구를 검토하고 내재적 동기 또는 **내재적으로 동기화된 행동**이라 불리는 현상에서 성장욕구의 역할을 살펴보는 것이다. 그다음에 우리는 내재적 동기에 관한 여러 접근을 분석하고 이 매혹적인 개념을 둘러싼 몇 가지 논쟁을 제시한다.[5)]

내재적 동기란 무엇인가

직무동기에 관한 현재의 생각은 그 소년의 행동을 **내재적으로 동기화된** 것으로 정의

4) 비치크라프트(Beechcraft)는 미국의 범용 항공 수단과 군용기 제조회사다. 2006년 이후 Hawker Beechcraft의 한 부분이 되었다-역주.

5) 7장은 내재적으로 동기화된 행동을 자극하는 직무설계 관련 이론들에 초점을 둘 것이다.

할 것이다. 즉, 우리는 '각각은 그 사람이 하고 있던 것을 하도록 내재적으로 동기화되었다'고 말할 수 있을 것이다. 내재적으로 동기화된 행동은 느슨하게 말해서 어떠한 물질적 또는 사회적 보상을 얻고자 하는 목적보다 행동 그 자체를 위해 수행되는 행동으로 정의될 수 있다. 그러나 그것에는 그것보다 훨씬 더 많은 것이 있다. 내재적으로 동기화된 행동을 포괄적으로 연구한 한 학자는 그러한 행동을 "어떤 사람이 역량과 자기결정을 느끼기 위해 시작하는" 행동으로 정의한다(Deci, 1975, p. 61). 좀 더 최근의 정의는 다음과 같다.

> 내재적 동기는 역량과 자기결정을 위한 선천적이고 유기체적인 욕구에 근거를 둔다. 그것은 일차적 보상이 효능(effectance)과 자율의 경험인 다양한 행동과 심리적 과정에 에너지를 제공한다. 내재적 욕구는 생물학적 조직의 결핍에 근거하지 않고 순환적으로 작동하지 않는다는 점에서, 즉 각성, 만족을 위한 노력, 그리고 만족 이후의 휴지기로 나뉘지 않는다는 점에서 일차 추동과 다르다. 그러나 추동처럼, 내재적 욕구는 인간에게 선천적이며 행동의 중요한 에너지 원천으로 기능한다. 더구나, 내재적 동기는 추동과 상호작용할 것인데, 그것이 추동을 증폭시키거나 약화시키며, 그리고 사람들이 자신의 추동을 만족시키는 방식에 영향을 준다는 의미에서다.
>
> (Deci & Ryan, 1985, p. 32)

흥미와 즐거움, 심지어 흥분감은 내재적 동기의 특징이며, 그 어린 잔디 깎기 조종사가 느꼈음에 틀림없으며 Deci와 Ryan이 '몰입감(sense of flow)'이라 부른 것을 수반한다. 그러나 과업에서 경험하는 역량과 흥미가 내재적 동기의 중심이 된다 해도, 사람들은 또한 보상이나 잠재적 처벌 같은 압박이 없다는 것을 느껴야 한다. 그 사람은 자신의 행동이 자율적이어서 외부 힘의 통제하에 있지 않다는 것을 느껴야 한다(Gagné & Deci, 2005). 따라서 선택의 개념이 자기결정의 중심 개념이다. 사람은 행동 대안을 통제해야 하고 그것들 중에서 선택할 수 있어야 한다. 외재적으로 동기화되는 많은 활동 또한 선택이라도 해도, 선택은 내재적 동기의 중심 개념이다.[6] 더구나,

6) 7장의 도입부에 있는 영시인 'Invictus'(라틴어이며, '정복되지 않은'이라는 의미이고, 이 시의 저자는 영국의 William Ernest Henley다-역주)의 주제는 자기결정과 자기 활동과 성과의 내적 통제를 표현한다.

그 사람은 앞에서 서술한 잔디 깎는 소년의 경우에서처럼 숙달 기회를 제공할 상황을 경험하거나, 발견하거나 또는 만들어 내는 도전감을 느껴야 한다.

역량과 자기결정의 내재적 욕구는 최적 도전을 추구하고 정복하기 위한 지속적인 과정을 동기화한다. 사람들은 추동과 감정의 침입으로부터 자유로울 때, 그것들에 흥미를 느끼고 창의력과 풍부한 지략의 이용을 요구하는 상황을 추구한다. 그들은 너무 쉽지도 너무 어렵지도 않아서 그들의 역량에 딱 맞는 도전을 추구한다. 그들이 최적 도전을 발견할 때, 사람들은 그것들을 정복하기 위해 일하고, 또한 지속적으로 그렇게 한다. 간단히 말해서, 역량과 자기결정 욕구는 사람들로 하여금 최적 도전을 추구하고 도전하는 지속적인 순환에 개입하도록 한다(Deci & Ryan, 1985, pp. 32-33).

탐색적이고 탐구적인 행동은 인간뿐 아니라 동물들에게도 공통된다(Harlow, Harlow, & Meyer, 1950을 보라). 그것은 적응적이다. 만일 어떤 종의 구성원들이 탐색적이지 않고 살기 위한 새로운 장소와 새로운 먹을거리를 찾을 때 위험을 감수한다면, 그것들은 분명 사멸할 것이다. 심리학자들은 그런 행동은 인간에게만 고유할 뿐 아니라 개인주의, 자기충족 및 자유를 강조하는 많은 문화—캐나다와 미국에서 발견되는 것과 같은—의 특징이기도 하다고 주장한다(예를 들어, Eisenberger & Cameron, 1996).

독자들은 앞에서 언급한 구절에서 Deci와 Ryan(1985)이 때때로 역량과 자기결정의 욕구가 마치 동등하거나, 또는 적어도 한 개념의 두 요소인 것처럼 이 두 욕구를 쓴 것을 주목할 것이다. Skinner와 동료들은 역량과 자기결정은 하나이고 같은 것이라는 생각의 예외다. de Charms(1968)에 기초해서, Skinner는 "자기결정, 즉 자율의 욕구는 자신의 행동의 기원이 되고자 하고, 자기를 위한 행위 과정을 자유롭게 선택하고자 하는 열망"이다(Skinner, 1995, p. 10). 비교하자면, **역량**은 "행동과 성과 사이의 연결을 말한다. 그것은 사람들이 바람직한 사건을 생성하고 바람직하지 않은 사건을 막을 수 있다고 느끼는 정도다. 그것의 반대는 무력감이다." **자율**은 "의지와 행위 사이의 연결이다. 이것은 자신의 선택에 따른 행동을 보여 주는 데 자유롭다고 느끼는 정도다. 자율적이지 않은 행동은 순종과 반항 둘 다를 포함하는데, 이것들은 타인의 의제에 대한 반응이고 자유롭게 선택되지 않는다는 점이 공통점이다."(Patrick, Skinner, & Connell, 1993, Skinner, 1995, p. 11에서 인용됨)

내재적 또는 외재적(1부): 양분성

내적 및 외적 직무동기의 구분은 직무만족의 결정 요인에 대한 Herzberg, Mausner와 Snyderman(1959)의 연구에서 기원한다(2장을 기억하라). 내재적 및 외재적 동기, 보상 그리고 성과의 개념이 항상 이해되고 일관되게 이용되는 것은 아니다(Dyer & Parker, 1975). 그러나 산업 인력이 더 높은 교육을 받고 도전적인 직무에 따른 실패의 위협이 약해짐에 따라 내재적 동기(그리고 따라서 그것을 만족시키는 데 필요한 내재적 보상)가 점점 더 중요해질 것이라는 기대 이외의 다른 이유가 없다면 내재적 및 외재적 동기를 구분하는 것은 동기 연구에서 결정적인 것으로 보인다.

Herzberg 연구 이후, 이 영역의 연구자들은 이 문제에 관해 이분법적 사고의 덫에 걸렸다. 어떤 동기나 행위는 내재적 아니면 외재적이다. 내재적 성과는 높은 수준의 만족이나 좌절 또는 성장욕구 중 하나와 관련되는 것으로 보였다. 내재적 성과의 예는 긍정적인 성취감 또는 자기존중감의 감소를 포함한다. 내재적 성과는 행위의 수행에 따라 즉각적으로 발생한다. 그것들은 어떤 의미에서 타인에 의해 분배되는 것이 아니라 당사자에 의해 자기 관리된다. 이것에 비해, 논리적 제거 과정을 통하지만 않는다면, 외재적 성과는 우리가 2장에서 살펴본 존재와 관계 욕구의 충족과 좌절에 더 관련되는 것으로 보인다. 그것들은 급여, 승진 및 동료와의 상호작용과 같은 것들을 포함한다. 더구나, 그것들은 상사나 동료 같은 타인에 의해 매개되는 경향이 있다. 이러한 구분에 관해서 그리고 심지어 구분 자체가 폐기되어야 하는가 여부에 관해서 20년 이상 논쟁이 있었다(Billings & Cornelius, 1980; Dyer & Parker, 1975; Ford, 1992; Guzzo, 1979; Thierry, 1990을 참고하라). Cameron과 Pierce(1994)는 (돈과 칭찬과 같이) '외재적' 성과가 다르면 사람들이 그것들을 받아들이는 효과도 다르기 때문에 같은 범주로 칭찬과 급여를 묶는 것은 과학적 접근에서 타당하다기보다 편의적일 수 있다는 것을 발견하였다. 1985년까지 Deci와 Ryan(1985, 2장)은 내재적 동기와 내재적으로 동기화된 행동에 관해 적어도 20개의 개념이 있다는 것을 보고했다.

내재적 동기의 대안적 설명

Deci(1975)가 처음으로 자세히 논의한 다음의 세 가지 접근은 상당한 주의를 끌었고, 직무동기와 관련된 것들에 상당한 흥미를 가져왔다. 공간의 제약 때문에, 다음의 세 가지 견해 및 자기효능에 대한 이 견해들의 이론적 연결에 초점을 둔다. 간단히 말해, 일이 우리의 주요 관심사일 때 내재적 동기를 이해하는 몇 가지 유용한 방식은 무엇인가?

최적 각성 접근

Hebb(1955)의 연구에 나타난 첫 번째 접근은 인간은 선호하는 또는 최적의 각성(optimal arousal) 수준을 추구한다는 가정을 한다(여기서 각성은 뇌와 중추신경계의 자극으로 보인다). 각성 수준은 주로 개인의 환경에서 발견되는 자극의 결과다. 만일 각성 수준이 어떤 사람이 바라는 수준과 비교해서 너무 낮다면, 그 사람은 그것을 증가시키는 행동을 하도록 동기화될 것이다. 예를 들어, 어떤 특별한 날 정신없이 바쁘게 일하지만 진척 속도는 평소보다 느리다는 것을 알게 된 직원은 다른 사람을 찾아 대화를 나누거나, 새로운 과제를 찾아서 완성하거나, '일에 박차를 가하기 위해' 무엇인가를 하도록 동기화될 것이다. 반면, 그 사람의 각성 수준이 선호되는 수준보다 크다면, 그 사람은 높게 각성시키는 환경에서 철수하거나 바람직한 수준을 향해 천천히 진행하기 위한 조치를 취하려는 시도를 할 것이다(예를 들어, 시끄러운 라디오를 끄거나 요구 사항이 덜한 직무로 옮김으로써). 이 관점에서 내재적으로 동기화된 행동은 바람직한 수준을 향해 그 사람이 경험하는 생리적 자극을 증가시키거나 낮추도록 의도된 행동이다. Gardner와 Cummings(1988)와 Scott(1966)는 직무설계를 통한 직원들의 동기에 활성화/각성 이론이 시사하는 것을 개관하였다. 우리는 이 책에서 이후에 직무설계 문제를 논의할 때 그들의 연구를 다시 다룰 것이다.

최적 불일치 접근

두 번째 접근(첫 번째 접근과 유사하다)은 사람들은 최적의 불확실성 또는 불일치(incongruity)를 달성하기를 바라면서 이를 위한 행동을 한다고 가정한다. 여기서 불일치는 개인의 신념, 사고, 지각, 가치 또는 행동의 심리적 비일관성으로 구성된다(Zajonc, 1960). Festinger(1957)는 사람들은 인지 부조화가 혐오적인 것을 발견하고, 그들이 가지고 있는 많은 비일관적 인지를 최소화하도록 동기화된다고 가정하였다. 그와 달리, 이 접근은 사람들은 각자 선호하는 이질적인 신념, 행위 및 지각의 수와 강도가 다르다고 주장한다. 어떤 사람이 지나친 비일관성('상황의 앞뒤가 딱 맞지 않는다') 또는 지나친 일관성('세상은 그 자체로 완전한 조화를 이룬다')을 경험한다면, 그 사람은 일치성 수준을 낮추거나 높이기 위한 행동을 하고자 하는 마음을 갖게 된다. 앞에서 서술된 최적 각성 접근은 생리적인 면이 있는 반면, 최적 일치성 접근은 사람이 자신의 행위와 지각의 결과로서 경험하는 심리적 편안함 또는 불편함 수준을 강조한다. Hunt(1965)와 Berlyne(1973)의 연구는 내재적으로 동기화된 행동의 기원을 설명하는 이 두 번째 접근을 대표한다. 그 이후 Amabile(1988)은 높은 수준의 내재적 동기가 작업 조직에서 창의성과 혁신성에 어떻게 기여할 수 있는가를 보였다. 13장에서 보게 될 목표성취 이론은 유사한 과정을 가정하고 있다. 이 과정에서 성취 지향적이든 학습 지향적이든 개인은 목표(초기의 도달 범위 이상의 상태 또는 성취)를 설정하고, 그러한 (어느 정도의 만족 수준을 가져오는) 목표를 달성하기 위해 노력하고, 그다음에는 새로운 목표를 설정한다.

역량과 자기결정 욕구 접근

Deci(1975)가 확인한 내재적 동기의 세 번째 접근은 White(1959)의 역량(또는 효능) 동기 개념과 de Charms(1968)의 개인적 인과성(personal causation) 개념으로 잘 설명된다. White(1959)에 따르면, 역량은 개인이 환경을 효과적으로 숙달하고 다룸으로써 그것을 감당하는 능력이다. 아이들의 탐색적 행동은 역량을 갖기 위한 열망을 보여주는 것이고, 이런저런 것들에 대해 물어보고, 조작하고, 학습하고자 하는 성인의 행동도 마찬가지다. 역량동기는 언제나 행동을 일으키고 방향 지울 수 있는 욕구를 나타내지만, 이러한 욕구는 이 장의 초반부에서 검토된 존재욕구보다 덜 긴급하다(Maslow의 용어를 이용하자면 덜 우세하다). 그러나 일단 각성되면, 역량동기는 사람들로 하여금 자신의 환경에서 도전적인 상황을 찾아내어 그런 상황을 정복하도록 함으로써 역량감과 효능감을 경험하게 한다.

마찬가지로, de Charms(1968), Burger(1992) 및 Skinner(1995)에 따르면, 사람들은 통제권을 벗어난 상황의 졸이 되기보다 자기 행동의 주체(origin)가 되기를 원한다. 사람들은 자신의 삶을 책임지기 위해 개인적 인과성을 추구하고 자신의 삶에 누적되는 성과를 얻고자 노력한다. Deci의 자기결정 개념과 유사한 것은 Burger(1992)의 **통제 열망**(desire for control)의 개념이다. 이것은 "사람들이 일반적으로 자신의 삶에서 일어나는 사건을 통제하고 있다고 여기도록 동기화되는 정도"로 정의된다(p. 6). Burger는 통제 열망을 개인의 다양한 삶의 영역을 통해 일반화되는 성격 특질로서 간주했다. 따라서 만일 어떤 사람이 배우자와의 관계에서 강한 통제 열망을 가진다면, 그는 아마도 자신의 직업, 사회 활동, 친구 관계를 통제하고자 하는 강한 열망을 가질 것이다. Burger가 안정적인 성격 특질로서 여긴 통제 열망에 관심을 가졌다면, Skinner(1995)는 **지각된 통제**에 관심을 가졌는데, 그것은 "특정 영역에서 사전 상호작용의 해석에 따라 조직화되는 유동적인 상호 연관된 신념의 집합이다. …그러한 신념은 새로운 경험에 개방적이며 변할 수 있다."(p. 4)

내재적 동기에 관한 또 다른 잘 알려지지 않은 접근은 Weick(1969)이 개발한 것이지만, 그는 특정 용어를 사용하지 않았다. Weick에게 있어서 조직화 과정은 **모호함**(equivocality)을 제거하는 활동 및 그러한 활동을 가능하게 하는 절차와 시스템으로 구성되어 있다. 모호함은 다중적 의미와 혼합되고 혼란스러운 메시지를 의미한다. 그것은 퍼즐, 재미 삼아 말하면 말장난을 의미한다. Weick이 볼 때, 사람들은 환경에서 불확실성을 제거하는 조직화 과정뿐 아니라 이러한 불확실성을 지속적으로 다루기 위한 계획 과정을 즐기는 경향이 있다. 어떤 것을 그 자체로 즐길 때, 이러한 활동은 사람들이 계획, 이해, 불확실성 해결과 같은 이런저런 방식으로 생산적이게끔 동기화시킬 것이다. 따라서 생산성이 불확실성의 제거에 이르는 경로라면, 사람들은 어떤 과제에 개입하도록 높게 동기화될 뿐 아니라 그 과정으로부터 즐거움을 얻을 것이다(Weick, 1969, p. 99). 여러 면에서 볼 때, Weick의 모호함 제거 개념은 Deci의 자기결정과 통제의 개념과 비슷하다. 사실, 그것들은 앞에서 논의된 White(1959)의 이론적 연구에 같은 뿌리를 두고 있다.

간단히 말해서, 내재적으로 동기화된 행동은 역량감, 자기결정감 및 당면한 상황에 대한 통제감을 느끼도록 하는 행동이다. 그런 행동은 즐거움을 주며 그것이 행위자에게 주는 즐거움에 의해 자극되며 유지된다. 이런 행동은 크게 두 종류인데, 하나는 도전을 찾거나 만들고자 하는 것이며, 다른 하나는 그것을 정복하고자 하는 것이다. 따라서 시계가 어떻게 작동하는지 이해하기 위해 그것을 주의 깊게 분해하는 사람 또는 단지 외국어를 학습하기 위해 그것을 공부하는 사람은 이 세 번째 관점에서 내재적으로 동기화된 행동을 하는 것의 예가 된다.

내재적 또는 외재적(2부): 그것들은 결합될 수 있나

앞에서 우리가 주목한 것은 Herzberg 등(1959)의 연구가 파생시킨 한 가지 갈래인 내재적 동기에 대한 관심의 증가는 인간의 일 관련 행동을 설명하는 각기 다른 두 가지 흐름을 만들어 냈다는 것이다. Edward Deci와 Michael Ryan은 자신들의 연구 때문에, 특히 (돈과 같은) 외재적 보상을 추가하는 것이 아무런 외재적 유인책이 없는 미래에는 같은 행동을 수행하는 개인의 내재적 동기를 줄이는 효과를 가져올 수 있다는 것을 발견한 연구 때문에 상당한 비판을 받았다.

간단히 말해서, 논쟁을 설명하기 위해 앞에서 소개한 소년과 잔디 깎기의 예를 다시 생각해 보자. 소년의 아버지가 대가 또는 어떤 다른 형태의 외재적 보상을 이용하여 그 소년이 잔디 깎는 것을 보상하기로 했다면 무슨 일이 생길지 생각해 보자. 그리고 아버지가 소년에게 매번 잔디를 깎는 데 일정 수준의 돈을 주는 것에 동의하였고, 잔디 깎는 것에 따라 영수증을 발행하였다고 가정하자. 잔디를 깎는 소년의 순수한 동기 수준에 무슨 일이 생겼을까, 그리고 잔디를 깎고 가상 비행기를 날릴 때 소년이 경험하는 재미의 양에 어떤 일이 생겼을까?

상식, 널리 퍼진 실무 및 많은 이론과 연구 증거는 급여 및 기타 보상을 활동의 수행에 연계시킨 보상체계가 과제 수행의 수준과 비율을 증가시킬 수 있다는 명제를 지지한다(Lawler, 1971). 따라서 잔디 깎는 기계를 '올라타고 날아가는 모양을 하는' 소년에게 보상을 하는 것은 그 소년이 이미 그 과제를 위해 가진 내재적 동기의 수준에 외재적 동기를 더할 것임에 분명하다. 달리 말해서, 잔디를 깎는 소년의 순수한 동기 수준은 이전보다 지금 더 클 것이다. 돈이 제공하는 외재적 동기는 그의 이전 내재적 동기 수준과 어떻게든 결합함으로써 소년의 전체적 동기 수준이 보상을 받기 전보다 더 커질 것이기 때문이다. 다시 말해서, 상식은 이러한 추론을 지지하며, 일부 공식적인 직무동기 이론도 마찬가지다(예를 들어, Galbraith & Cummings, 1967; Porter & Lawler, 1968).

그러나 30년도 더 전에 Deci(예를 들어, 1971, 1972) 및 다른 사람들(예를 들어, Condry, 1975; Greene & Lepper, 1974; Pinder, 1977; Pritchard, Campbell, & Campbell, 1977)이 수행한 일련의 실험은 내재적 및 외재적 동기가 상식이 보여 주는 것처럼 (심리학적 의미에서) 항상 '가산적'이지 않다는 것을 제시했다. 대신, 이들 실험은 어떤 상황에서 직원이 내재적으로 동기화되어 일하고자 하는 작업 맥락에 (돈과 같은) 외재적이며 조건적으로 지급되는 인센티브를 추가하는 것은 그 과제뿐 아니라 아마도 유사한 것으로 지각되는 다른 과제에 대해서도 직원이 가진 이전 수준의 내재적 동기의 일부(또는 전부) 손실을 가져올 것임을 보여 주고 있다.

내재적 및 외재적 인센티브가 가산적이지 않을 수 있다는 가능성은 1970년대와 1980년대에 상당한 연구를 유발했다. 과학자들(특히 교육 장면에서)은 보상이 중단되면 사람들로 하여금 기타 다른 매력적인 활동에 참여하고자 하는 경향성을 줄일 수 있다는 생각을 계속 연구했다. 보상이 개인의 창의성과 혁신성에 치명적일 수 있다는 가능성 또한 연구되었다.

실험실에서 수행된 이러한 연구들 대부분은 혼합된 결과를 보이고 있다. 때로는 외재적 보상이 내재적 동기를 줄이는 것 같았지만, 다른 경우에는 반대 효과가 발생했는데, 조건에 따른 보상이 내재적 동기를 향상시켰다(Wiersma, 1992). 이러한 상반되는 결과를 통합시킬 수 있는 이론을 구축하기 위한 많은 시도가 있었으며, 여기서 그것들 중 일부를 살펴볼 것이다. Staw(1976)는 과잉정당화(overjustification) 가설에 관한 증거를 개관한 후 외재적 보상이 내재적 동기[7]를 향상 또는 감소시키는가의 여부는 최소한 다섯 가지 요인—① 보상의 현저성 정도, ② 당면 활동을 위한 보상의 적절성에 관해 널리 알려진 규범, ③ 과제에 대한 개인의 이전 몰입 수준, ④ 개인이 과제를 수행할 것인가 말 것인가에 대한 선택 정도, ⑤ 불리한 결과가 나타날 가능성—에 달려 있다는 결론을 내렸다.

인지평가 이론

Deci와 동료들(예를 들어, Deci, 1975, 1980; Deci & Porac, 1978; Deci & Ryan, 1985)은 내재적 및 외재적 동기의 관계에 관한 모순적 증거를 조화시키는 인지평가 이론(cognitive evaluation theory: CET)을 제안했다. 이 이론에 따르면, 보상은 사람들에게 최소한 두 가지 기본적인 특징을 가지고 있다. 첫째는 피드백으로서 과제 수행에 주어진 보상은 어떤 사람이 과제를 얼마나 잘 수행하고 있는가에 관한 정보를 제공한다는

7) 여기서 초점은 내재적 동기이지 수행이 아님을 명심하라.

의미다.

CET에 따르면, 보상의 두 번째 특징은 어떤 사람이 왜 과제를 수행하는가에 관한 메시지다. Deci는 이것을 통제 지각(다시 말해, "왜 내가 이 일을 하고 있지? 물론 보상 때문이지!")이라 부른다. 이 이론은 이 두 가지 특징 중 어떤 것은 개인의 내재적 동기를 향상 또는 감소시키는 데 좀 더 현저하게 작용한다고 말한다. 만일 통제 지각이 좀 더 현저하다면, 그러한 지각은 그 사람의 지각된 통제 소재의 이동을 유발할 것이고, 따라서 그 사람은 과제 수행의 이유를 과제 자체가 제공하는 어떠한 내적 만족보다 과제 주변의 외적 인센티브에 귀인하게 된다.

이러한 생각은 자기지각 이론(Bem, 1967)에서도 나타나는데, 이것은 사람들은 타인의 행동을 살펴보는 것처럼 자신의 행동을 검토하고 행동의 동기에 관해 귀인한다는 것을 말하고 있다. CET에 따르면, 보상에서 발생하는 통제 지각은 내재적 동기('나는 잔디 깎기가 재미있기 때문에 그것을 한다.')의 자기지각에서 외재적 자기귀인('나는 돈 때문에 그것을 한다.')으로 이동한다. 지각된 통제 소재가 이동함에 따라, 과제 수행을 위한 개인의 내재적 동기는 줄어든다. 매우 조건적인 보상(수수료 지급식의 능률 임금제에서처럼)은 통제 지각을 의미할 가능성이 더 크고, 따라서 (월급이나 시급처럼) 조건적이지 않은 급여 체계보다 내재적 동기를 줄일 가능성이 더 크다. 그러한 보상은 현저한 데다 행동과 불가분의 관계이기 때문이다.

CET에 따르면, 피드백 지각은 내재적 동기를 높이기도 하고 줄이기도 한다. 피드백이 그 사람에게 과제를 잘하고 있다는 것을 나타낸다면 내재적 동기는 높아진다(Deci에게, 역량과 자기결정은 내재적 동기의 핵심이기 때문이다). 그러나 보상(또는 보상의 결여)이 시사하는 피드백의 결과가 그가 잘못하고 있는 것으로 지각된다면, 그의 역량감은 줄어들 것이며, 따라서 내재적 동기 또한 그럴 것이고, 그 사람은 어떤 형태의 외재적 유인이 없다면 앞으로 그 과제를 하지 않을 것이다.

CET의 주요 단점은 보상의 두 측면(피드백 또는 통제) 중 어느 것이 어떤 상황에서 어떤 특정한 사람에게 더 현저할 것인지에 관한 조건을 명확히 밝히지 못하고 있다는 것이다(Guzzo, 1979; Wiersma, 1992). 이 이론의 한 부분에서, Deci와 Porac(1978)은 "'개인차와 상황 요인'이 사람들이 받는 보상의 의미를 해석하는 방식과 관련된다." (pp. 163-164)는 말을 하고 있을 뿐이다. Arnold(1976)의 연구는 과제에 대한 사람들의 사전 내재적 동기 수준이 높을 때는 피드백 지각이 좀 더 현저할 것임을 제시하고 있지만, 한 실험은 이 가설을 확증하지 못했다(Pinder, Nord, & Ramirez, 1984). 이 이론의 또 다른 문제는 내재적 동기를 줄일 수 있는 보상의 유형이 정확하지 않다는 것이다(Eisenberger & Cameron, 1996). 다시 말해서, 보상은 단지 과제에 참여하기 때문에 제공될 수 있지만, 또한 과제를 완수한 경우에만 주어질 수 있다. 마찬가지로, 수행의 질이 보상을 받는 것의 근거가 될 수도 있고 아닐 수도 있다. 인지평가 이론은 내재적 동기에 대한 다양한 보상의 효과에 대해 예리한 차별적 예측을 하도록 아직 충분히 개발되어 있지 않다(Einsenberger & Cameron, 1996).

실제 작업 현장에서 CET의 타당성

CET의 발전과 후속 검증을 이끈 많은 연구들은 계획적으로 꾸며진(또는 인공적인) 작업 장면이나 교육 장면에서 수행되었으며, 교육 장면의 초점은 놀이 행동에 참여하거나 지속하는 아동의 내재적 동기였음을 주목할 필요가 있다(Cameron & Pierce, 1994를 보라).

그러나 실제 업무 장면에서 직원들의 행동과 수행에 외적 보상을 더하는 것의 과정은 어떻게 되는가?[8] 산업 장면에 대한 이론적 'Deci 효과'의 주요 시사점은 수행에 대가를 지불하는 것은 직무확충과 같은 직원 대상 프로그램의 결과로서 직원들이 경험하는 내재적 동기가 무엇이든 그러한 내재적 동기를 상쇄시킬 수 있다는 것이다. 공식적 직무 범주 내에 엄격하게 포함되지 않은 의무적인 수행을 거부하는 무례한 직원과 매일 접촉해야 함에도 불구하고("나는 무보수로 그것을 하고 있어."), 그러한 효과가 실제로 발생한다는 경험적 증거는 여전히 제한적이다. Rigby 등(1992)은 내재적 동기에 대한 현장 연구는 역량감과 자기결정감에 더욱 초점을 둘 필요가 있다는 것을 제안했다. 사실, 하나의 연구는 이미 그러한 제안을 증명하고 있다(Deci, Connell, & Ryan, 1989).

그 연구는 18개월 동안 대규모 사무기기 회사에서 일하는 거의 1,000명의 기술자와 현장 관리자를 대상으로 직원들의 직무태도에 대한 지원적 리더십 유형의 효과를

8) 이어지는 논의에서, 1장에서 논의된 동기와 수행의 차이를 염두에 둘 필요가 있다. 줄어든 내재적 동기 자체가 수행에 대한 외재적 보상의 부정적 효과를 설명할 수 있든 아니든 외재적 보상은 수행에 그와 같은 부정적 효과를 가져올 수 있다.

알아본 현장 연구였다(Deci et al., 1989). 직원들이 경험하는 자기결정 수준에 영향을 주는 실험 조작이 이루어졌다. 가설은 지원적 감독에 의한 자기결정 경험이 높을수록 더 높은 수준의 만족과 신뢰가 유발될 것이라는 것이다. 결과는 대체로 가설을 지지했는데, 특히 회사의 일반적인 경제적 조건이 괜찮을 때 그랬다(시기가 좋지 않을 때, 상사의 지원은 만족 변인에 거의 영향을 미치지 않았다). 이 실험에서 인상적인 것으로, 우리는 조작된 것은 자기결정이었고 흥미 있었던 종속변인은 (수행이나 동기가 아니라) 태도 변인이었다는 사실에 주의를 기울여야 한다. 자기결정이 CET에서 내재적 동기의 결정적 요소이기는 하지만, 이미 서술된 것처럼 그것 이외의 더 많은 요인들이 있다.

CET의 결론

Deci(1972)의 초기 연구 이후 35년이 지났고 내재적 동기, 과제 흥미 및 창의성에 대한 보상의 효과에 관한 모순적 결론을 조화시키기 위한 이론들(특히 CET)이 나타난 이후 20년 이상이 흘렀다(Deci & Ryan, 1985를 참고하라). 종종 나타난 것처럼, 연구자들은 여러 연구들의 결과들을 결합하는 것은 더 큰 통계적 검증력과 더 구체적인 답을 제공할 것이라는 희망을 갖고 이전의 독립된 연구들을 대상으로 메타분석[9]을 수행했다. 'Deci 효과'의 경우가 여기에 해당하는데, 특히 내재적 동기와 기타 다른 성과에 대한 다양한 종류의 보상이 가진 가정된 효과 때문이다.

첫 번째 메타분석들 중 하나는 연구 참여자들이 느끼기에 연구가 끝난 후 이어지는 '자유 시간' 동안의 실험 과제에서 그들이 계속해서 '일하는 것' 또는 놀이하는 것으로 내재적 동기의 개념이 조작되었을 때, 외재적 보상은 내재적 동기를 줄였던 것을 발견하였다. 다시 말해서, 실험 참여자들이 수행 수준에 따라 다른 외적 보상을 받았을 때, 자유 시간 동안 그들이 과제에 참여하는 경향성은 통제집단의 참여자들이 보인 경향성보다 낮았는데, 통제집단의 참여자들은 아무런 보상을 받지 않거나 그들의 행동이나 수행과는 무관한 일정액의 대가를 받았다. 결과가 제시하는 것은

9) 앞 장에서 보았듯이, 메타분석은 많은 기존 연구들이 결합되는 연구이며, 특히 기존 연구들이 결론을 맺지 못하거나 혼합된 결과를 제공할 때 그렇다. 메타분석의 절차는 이 책의 범위를 넘어서기 때문에, 관심 있는 독자는 Hunter, Schmidt와 Jackson(1982)의 책을 참고하기를 바란다.

우리는 여전히 외재적 보상이 내재적 동기에 미치는 효과가 실제로 해로운지 여부에 대해 확신할 수 없다는 것이다. 오히려 결론지을 수 있는 것은 기존의 외적 보상을 없애는 것은 그런 효과를 가질 수 있다는 것이다(Wiersma, 1992, p. 110). 대조적으로, 실험에서 연구자들이 내재적 동기를 수행 수준으로 조작했을 때, 조건적 외적 보상이 결합되어 전반적 동기 수준을 증가시켰다(Wiersma, 1992). 전반적인 발견들은 우리들에게 동기 개념들을 주의 깊게 정의하는 것이 중요하다는 것을 다시 한 번 일깨워 준다. 그것들은 또한 실험 절차들이 연구 결과로부터 나오는 이론의 내용에 어떻게 영향을 주는지에 관한 또 다른 예를 제공한다(2장을 기억하라).

좀 더 많은 연구를 근거로 한 또 다른 메타분석은 보상이 내재적 동기를 줄인다는 명제를 약하게 지지하고 있다(Cameron & Pierce, 1994; 또 Eisenberger & Cameron, 1996도 보라). 이 연구자들은 자신들의 분석 이전에 있었던 발견들에 대한 차별적인 패러다임과 이론적 관점의 효과에 관한 흥미로운 관찰을 하였다. "과잉정당화 효과, 인지평가 이론, 그리고 최근의 행동적 설명 각각은 내재적 동기에 대한 보상과 강화의 개별적 효과를 설명하고자 하였다. …이 문제를 다각도로 살펴본 연구자들은 자신의 패러다임이 아닌 방식으로 설계된 연구에 매우 비판적이었으며, 종종 반대편 진영의 연구 결과는 적절하게 고려되지 않았다." (Cameron & Pierce, 1994, p. 372).

이들 메타분석은 세 가지 기본적인 질문을 하고 있다.

1. 내재적 동기에 대한 보상의 효과는 무엇인가?
2. 내재적 동기에 대한 보상의 구체적 특징의 효과는 무엇인가?
3. 내재적 동기에 대한 강화[10]의 효과는 무엇인가?

그 연구는 내재적 동기를 네 가지 다른 방식으로 조작한 96개 실험의 발견을 포함했다. 보상을 제거한 후 과제에 사용된 자유 시간, 자기 보고된 태도, 자유 시간 동안의 수행, 그리고 같은 종류의 일에 더 많이 자원하고자 하는 의도가 그것이다.

10) 강화의 개념은 14장에서 제시된 많은 이론에서 온다. 현재의 목적상 이 용어는 두 측면에서 해석된다. 첫 번째는 행위 발생의 확률을 증가시키는 것은 행위 결과라는 것이며, 두 번째는 행위의 결과로서 제공되는 것은 긍정적인 것으로 간주된다는 것이다.

Cameron과 Pierce(1994)의 메타분석은 보상은 네 가지 종속변인 중 어느 측면에서든 내재적 동기에 부정적 효과를 미치지 않는다는 것을 발견하였다. 사실, 그들은 "언어적 보상을 받은 사람들은 그 보상이 없어지더라도 과제에 더 많은 시간을 쏟았다. 또한 그들은 보상을 받지 않은 사람들보다 더 큰 흥미와 즐거움을 보였다."(p. 391)는 결론을 내렸다. 연구들 중에서 내재적 동기에 대한 보상의 유일한 감소 효과는 (예상하지 못한 보상에 비해) 예상된 보상이 (과제를 하는 동안의 수행에 근거하는 것에 비해) 단지 과제에 참여하는 것에 적용되었을 때 발생했다. 이 경우, 감소 효과는 내재적 동기를 '보상 철회 이후 사용된 자유 시간'으로 측정할 때 나타났다. Cameron과 Pierce(1994)는 이런 효과는 CET와 일관된다고 말하였다.

> 인지평가 이론에 따르면, 역량과 자기결정은 내재적 동기의 근간을 이룬다. 보상이 정보적, 통제적 또는 무정보적인 것 중 어느 것으로 지각되는가에 따라 보상은 역량과 자기결정을 촉진하거나 방해할 수 있다. 이 관점에서, 메타분석의 결과는 언어적 보상은 정보적 가치 때문에 개인의 내재적 동기를 증가시킬 것임을 제안하고 있다. 언어적 칭찬은 과제 수행에서 개인이 역량감을 느껴서 내재적 동기를 경험하도록 하는 것으로 보인다. 반면, 사람들의 수행이 좋다한들 과제에 참여하는 사람들에게 주어진 보상은 통제적인 것으로 지각되고 내재적 동기를 감소시킬 것이다(p. 395).

그러나 그것은 그 메타분석이 CET에 대해 드러낸 지지의 전부다. 그것은 내재적 동기의 단일 지표에 근거하고 있었다. Cameron과 Pierce(1994)가 자신들의 분석에 포함된 많은 연구들이 타당하지 않을 수도 있는 과제 태도 측정치를 이용했다는 것을 인정하기는 했지만, 내재적 동기의 측정치로 태도를 이용할 경우 이 이론은 지지되지 않았다(p. 396).

이 메타분석은 내재적 동기뿐 아니라 내재적 동기에 대한 보상의 효과에 대해 심각한 질문을 제기했다. 많은 실험실 실험이 개별적으로 보상이 부정적 효과를 가진다는 것을 제시하기는 했지만, 그 연구들 대부분에서 효과의 크기는 업무 현장에서든 교실에서든 보상의 이용을 반대하는 주요 정책적 결론을 이끌기에는 그렇게 충분하지 않은 것 같다. Rigby, Deci, Patrick과 Ryan(1992; Cameron & Pierce, 1994, p. 396에서 인용됨)은 내재적 및 외재적 동기로 단순히 양분하는 것은 너무 단순할 수 있고 역량과 자기결정 개념을 더 발전시키는 것으로 초점을 이동하는 것이 순서라는 제안을 했다.[11] 대부분의 사회과학 이론에서(그리고 대부분의 직무동기 이론에서), 내재적 동기에 대한 보상 효과와 관련된 이론들은 면밀히 검토되어 지지받거나, 거부되거나, 또는 바뀌었다(2장을 기억하라).

Cameron과 Pierce(1994)의 메타분석은 내재적 동기와 외재적 보상의 가산성과 비가산성에 관한 논쟁의 끝이 아니었다. 5년 후, 128개의 연구를 대상으로 한 Deci, Koestner와 Ryan(1999)의 메타분석은 자신들의 가설을 대체로 지지하는 결과를 발견하였지만, 그 효과의 강도는 모집단과 환경에 따라 달랐다.[12] 그럼에도 불구하고, 많은 단점 때문에 이 메타분석 이후 CET는 실행 가능한 직무동기 이론으로서 거의 진지하게 여겨지지 않았다. 최근에 Gagné와 Deci(2005)와 Latham(2007)은 이런 단점들 중 가장 의미 있는 것을 요약하였다.

1. 원래 CET를 낳고 발전시킨 대부분의 연구는 실제 직무 장면에 있는 사람들의 관심을 끄는 데 필요한 생태학적 타당성이 부족한 실험실 장면에서 수행되었다.
2. CET가 개발될 때 지배적인 직무동기 이론들에 CET의 많은 주요 원리들을 통합시키는 것은 어려웠다.
3. 업무 할당은 보통 그런 것처럼 할당일 뿐이어서, 대부분의 업무 장면에서 하고 싶은 업무를 고르는 것 또는 업무 거부의 개념은 선택의 문제가 아니다. 개인이 자신의 고용 상태가 계속되기를 바란다면 관련된 선택은 없다. 더구나, 대부분의 직원들에게 많은(대부분?) 과제는 실제로 상당한 재미를 줄 기회를 거의 제공하지 않는다.
4. 사람들이 일과 조직을 위한 대가를 기대할 때는 상대적 보상을 근거로 경쟁적일 수밖에 없다. 따라서 내재적 동기와 외적 보상, 특히 급여를 혼합하는 문제는 미해결 쟁점이다.

11) 그럼에도 불구하고, Amabile, Hill, Hennessey와 Tighe(1994)는 사람들은 내재적(또는 외재적) 보상을 더 지향하는 특질 지향성을 가질 수 있다는 생각을 발전시켰다.

12) 관심 있는 독자는 Deci 등(1999)의 메타분석을 통해 비판이 허물어졌다는 것과 Lepper, Henderlong과 Gingras(1999)가 내놓은 문제에 관한 중립적 결정을 읽을 필요가 있다.

5. 외재적 동기의 개념이 획일적인 하나의 개념이 아니라는 점을 명확히 한다면, (급여, 인정 및 마감 시한과 같이) 외재적 보상의 유형이 다르면 내재적 동기에 미치는 효과도 다른 것 같다.
6. 이 이론의 근간을 이루는 개인 결정주의는 서구 문화 장면에 상당히 제한된다.

자기결정 이론

이런저런 비판에 직면해서, Ryan, Connell과 Deci(1985)는 외재적 동기의 개념을 분리시킨 **자기결정 이론**(self-determination theory: SDT)을 발전시켰다(바로 앞의 요약 목록에서 5번을 의미함). 핵심은 "행동 조절과 이것의 근간을 이루는 가치를 '받아들이는' 것을 의미하는" (Gagné & Deci, 2005, p. 333) **내재화**(internalization)의 개념을 채택하였다는 것이다. 이 접근은 외재적 보상 때문에 일하는 사람들의 자율성(외재적으로 부과되는 통제에 상반되는 것으로서) 수준에 차이가 있다는 것을 인정한다. SDT는 인과성 지향성에서 개인차가 있다는 발견을 제시하기도 하였다(Deci & Ryan, 1985).

자율적 및 통제된 동기

SDT의 핵심은 자율적 동기와 통제된 동기의 구별이다(Gagné & Deci, 2005). 자율적 동기는 "자유 의지로 행위하는 것과 선택의 경험을 갖는 것" (Gagné & Deci, 2005, p. 333)을 시사한다. 내재적 동기는 자율적 동기의 예다. 관련된 사람들에게 그런 활동은 즐거우며, 그들은 전적으로 자발적 선택과 열망을 갖고 그런 활동을 한다. 비교해 보면, 다음과 같다.

> 통제된다는 것은 압박감, 즉 행동을 해야 한다는 느낌을 갖고 행동하는 것을 말한다. …SDT는 자율적 및 통제된 동기는 근저의 조절 과정과 이에 따라 수반되는 경험 두 가지 모두에서 다르다고 가정하며, 더구나 행동은 자율적이거나 통제되는 정도에서도 다를 수 있다는 것을 제안하고 있다. 자율적 동기와 통제된 동기는 둘 다 의도적이며, 의도와 동기의 결여를 의미하는 **무동기**[강조 추가]와 대비되는 위치에 있다.
>
> (Gagné & Deci, 2005, p. 334)

간단히 말해, SDT에는 세 가지 범주의 동기가 있다. ① 무동기(동기가 없으며 의도적 조절이 없다는 특징을 가진다), ② 외재적 동기(자율성과 통제성 정도에서 차이가 있는 네 가지 수준을 가진다), ③ 본질적으로 자율적이며, 사람들에게 즐거움을 주는 내재적 동기가 그것이다(Gagné & Deci, 2005를 보라).

세 가지 보편적 욕구

SDT의 또 다른 원리는 "욕구는 만족을 통해 심리적 건강을 촉진시키고 좌절을 통해 심리적 건강을 약화시키는 것에 한정된다."(Gagné & Deci, 2005, p. 337)는 생각이다. SDT에 따르면, 역량, 자율성 및 관계라는 세 가지 욕구는 모든 사람의 심리적 건강에 필수적이다. Sheldon 등(2001)의 연구는 이 세 가지 욕구뿐 아니라 다른 지배적인 이론들에서 가정된 욕구를 이용해서, 더 검토할 필요가 있는 10개의 욕구를 제시했다. 자율성, 역량, 관계, 신체적 노력, 안전, 자기존중, 자기실현, 즐거움/자극, 돈/사치, 그리고 인기/영향이 그것이다. 세 가지 연구에서, 그들은 한국과 미국의 대학생들에게 가장 만족스러운 경험을 하는 동안 가장 분명히 존재했거나 가장 현저했던 것을 기준으로 10개의 '욕구 후보'를 평정하도록 했다. 또한 그들은 연구 참여자들에게 "경험의 어떤 특성이 서술된 사건에 따른 긍정적 및 부정적 정서의 차이를 가장 잘 예측하는가"(2001, p. 327)를 평정하도록 했다. 독자들은 이런 종류의 '결정적 사건' 방법이 원래 Herzberg와 그의 동료들(1959)이 이용한 경험적 연구를 함으로써 2요인 이론이라는 결과를 가져왔다는 것을 알고 있을 것이다.

여기서의 목적상, 세 연구의 주요 발견은 다음과 같이 요약된다.

1. 참여자들은 10개의 욕구 범주들을 구분할 수 있었다.
2. 가장 만족스럽고 불만족스러운 사건의 본질에 관해 연구 간 및 문화 간에 높은 일관성이 있었다.
3. 높은 만족과 높은 불만족 사건에 가장 일관되게 관련된 것은 자기존중, 자율성, 역량 및 관계 욕구였다[이와 같은 결과들의 일관성은 SDT뿐 아니라 자기존중의 중요성을 강조하는 모형들의 중요성을 강하게 지지한다(6장을 보라)].
4. 미국에서 만족에 가장 중요한 것으로 나타난 욕구는 자기존중이었지만, 한국 피험자들에게 가장 중요한 욕구는 관계였다.

이 연구자들은 SDT에서 발견되는 세 가지 주요 욕구(자율성, 역량 및 관계)는 '5요인(Big Five)' 성격 이론(Barrick & Mount, 1991을 보라)처럼 통합된 욕구이론을 위한 핵심을 제공할 수 있다고 추론하였다. 좀 더 최근의 심리학 연구는 대학생들에게 이들 욕구가 만족되는 수준은 안녕감에도 직접 영향을 준다는 것을 발견하였다(Reis et al., 2000).

자기결정과 내재적 동기에 대한 최종 관찰

SDT는 CET보다 포괄적이며(전자가 후자를 포함하기는 하지만) 교육, 스포츠 및 일과 같은 다양한 장면에서 응용된다. 사실, 이 영역의 상당히 많은 초기 연구(예를 들어, Lepper & Greene, 1978)와 이후의 연구들(예를 들어, Ryan et al., 1985)은 교육 장면에서 수행되었다. 이 책에서 논의되는 많은 다른 직무동기 이론들의 경우에서처럼, CET와 SDT는, 이의 옹호자들의 주장에 따르면, 목표설정(13장을 보라), 직무 특성 이론(7장을 보라), Maslow와 Alderfer의 욕구이론(이 장의 초반부에 논의되었다), 조직몰입(10장을 보라)뿐 아니라 여기서 명시되지 않은 다른 이론들의 다양한 요소들과 마찬가지로 발전 중인 미완성 이론임을 나타낸다(Gagné & Deci, 2005). 형평이론이 공정성 이론에 길을 내어 준 것처럼(11장을 보라), 행동수정은 사회인지 이론으로 발전하였고(14장을 보라), Maslow의 정교한 욕구 위계 이론은 좀 더 단순한 모형으로 바뀌었으며(이 장의 앞부분에서 서술되었다), 과잉정당화 효과에 대한 Deci의 초기 연구는 CET 그리고 그 다음에는 SDT로 발전되었다(Ryan & Deci, 2000을 보라). Latham(2007)이 요약한 것과 같은 비판은 SDT가 아직 자립할 수 있는 직무동기 이론이 아니라고 결론지어질 때 적절할 것이다. 그러나 Gagné와 Deci(2005)의 지적처럼, 이것은 많은 다른 중요한 이론들과 일관되며 다른 이론들이 작업 동기를 좀 더 효과적으로 설명하는 데 도움을 준다.

가치와 직무동기

직무동기를 이해하기 위한 근거로서 전통적으로 인간의 욕구에 초점을 둔 것처럼 오래전부터 인간의 가치에도 초점을 두어 왔다. 직장에서의 가치를 이해하는 것은 사람들이 일하는 이유와 왜 그들이 자신들의 직무에서 하는 방식으로 행동하는가를 탐색하는 것이다(Posner & Munson, 1979; Sikula, 1971). 개인의 가치는 개인의 의식적인 경력 결정(Judge & Bretz, 1992)과 자신의 직무에 대한 정서적 반응의 핵심에 있으며, 직무만족과 불만족의 개념을 정의한다(Locke, 1969).

사실, 어떤 연구들은 경력 과정에서 어떤 가치가 지지되는 것만으로도 자신의 일에 대한 만족의 원인이 된다는 것을 말하고 있다(Blood, 1969; Merrens & Garrett, 1975).[13] 관리자와 그들의 부하직원이 가진 가치와 그런 가치의 유사성은 부하직원에 대한 상사의 수행 평정의 타당성 문제처럼 일상의 인적 자원 관리의 합리성에 영향을 줄 수도 있다(Senger, 1971). 사실, 자신의 가치와 상사의 가치 사이의 지각된 유사성 정도는 상사에 대한 부하직원의 만족을 예측하는 것으로 보인다(Meglino, Ravlin, & Adkins, 1991). 간단히 말해서, 가치는 일반적으로는 인간 행동에서, 좁게는 직업 세계에서 중요한 역할을 한다. 이제 우리는 가치를 정의 내리고 욕구로부터 그것을 구별해 낼 것이다.

가치의 몇 가지 정의

욕구와 가치가 서로 관련된 개념이기는 하지만, 그것들은 개념적으로나 경험적으로나 서로 구분된다. 또한 가치와 태도를 구별하는 것 또한 중요하다. 가치가 무엇이고, 그것은 사람들이 일하기를 또는 일하지 않기를 원하는 것과 어떻게 관련되는가? Kilmann(1981)에 따르면, 가치는 욕구를 만족시키거나 그것을 만족시키는 것으로 지각되며 인간의 행위를 안내하는 것으로 작용하는 대상, 성질, 표준 또는 조건이다. Connor와 Becker(1994)는 가치를 "태도 과정의 근거를 이루는 [바람직한 목적 상태 또는 행동 양식에 대한] 전반적 신념"으로 정의했다. "특히, 그것들은 선택을 하기 위한 근거로 작용한다."(p. 68) 따라서 전반적 신념으로 여겨지는 가치는 태도도 아니고 행동도 아니다. 대신에, 가치는 사람들이 보이는 행동과 선택을 구성하는 요소다.

가치를 다룬 많은 조직 문헌 중에서, Rokeach(1969)가 개발한 연구 틀과 정의는 특

13) Merrens와 Garrett(1975)은 특히 '열심히 꾸준하게 일하는 것이 가치 있다'는 '프로테스탄트 윤리'를 연구했다(p. 125).

히 대중적인데, 그는 가치를 "다른 어떤 행위 양식 또는 존재의 최종 상태보다 특정 행위나 상태가 개인적 및 사회적으로 선호되는 지속적 신념"으로 정의했다(p. 160). Rokeach와 그의 개념을 채택한 사람들에게 있어서, 가치는 수단(행위와 같은)과 목적(다양한 종류의 성과와 같은) 둘 다에 대한 주의를 수반한다. Rokeach가 말한 **도구적** 가치의 예는 야망 있는, 능력 있는, 관대한, 청결한, 논리적인 및 애정 있는 등이다. **궁극적** 가치의 예는 편안한 생활, 아름다운 세계, 즐거움 및 현명함 등이다(Rokeach, 1973).

욕구와 가치

이 장의 초반부에서 정의된 것처럼, 욕구는 뇌와 중추신경계 속에 있는 힘을 나타낸다(Murray, 1938). 내적 및 외적 요인에 의해 발생하는 이러한 힘들은 사람들로 하여금 그런 힘(들)을 줄이는 데 유용하다고 여겨지는 어떤 것들을 탐색하거나 회피하게 만든다. 어떤 사람이 배고픔을 느끼거나 느끼지 않을 때 제시되는 맛있게 보이는 음식 접시처럼, 압력은 어떤 욕구의 힘을 발생시키거나 강화시킬 수 있는 특징적인 외부 환경이다.

가치는 어떤 사람이 욕구를 충족하기 위해 일상 용품들, 사건들 또는 성과들 중에서 어떤 것을 선택하는 효과를 통해 파악된다. 사실, Rokeach(1979)의 주장에 따르면 "가치는 '외적 압력'에 의해 매개되는 내적 '욕구'의 인지적 표상으로 간주될 수 있다."(Murray, 1938) 다른 방식으로 생각하면, 가치는 어떤 욕구(사회적이든 반사회적이든, 이기적이든 이타적이든)가 제도적 목표와 요구를 고려하는 것으로 변형된 후, 그러한 기본적인 욕구가 인지적으로 표상된 것으로 생각될 수 있다. 이렇게 볼 때, "개인의 모든 욕구와 달리, 개인의 모든 가치는 사회적으로 승인되는 언어로 자신과 타인에게 개방적으로 허용되고, 옹호되고, 촉구되고, 방어될 수 있다."(p. 48) 예를 들어, 어떤 사람은 타인의 존중을 얻는 것에 대한 강한 욕구를 가질 수 있는데, 이것은 그가 값비싼 옷, 차 및 기타 장난감을 구입함으로써 만족을 추구한다는 것을 의미한다. 그런 사람은 값비싼 옷, 차 및 기타 장난감에 가치를 둔다고 할 수 있지만, 그가 그것들 자체에 대한 욕구를 가진다고 말할 수는 없을 것이다. 반면, 다른 사람은 공동체에 대한 봉사와 영적인 것과 청결하게 사는 청빈한 삶을 통해 마찬가지로 강한 욕구를 충족하고자 할 수 있다. 두 번째 사람은 그런 봉사를 제공하고 그런 방식에서 살고자 하는 열

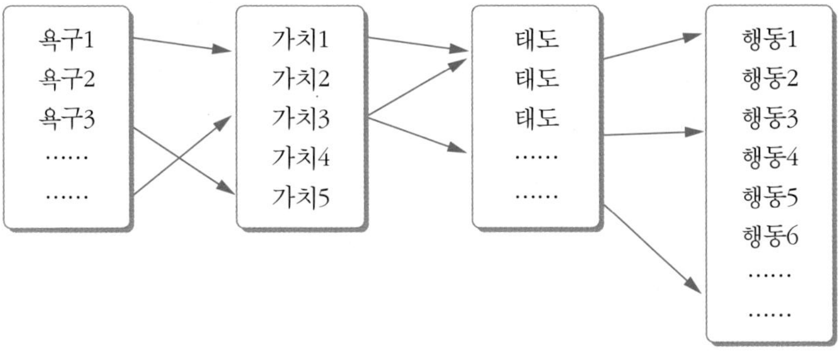

[그림 3-2] 욕구, 가치, 태도 및 행동 사이의 관계

망을 정교화할 것이지만 이런 가치와 행동의 근저에 깔려 있는 욕구를 확인하지 않을 수도 있다. 동일한 욕구를 갖지만 다른 도구적 및 궁극적 가치를 가진다.

만일 우리가 욕구와 가치의 구분을 차치한다면, 둘 다 직무동기를 이해할 때 결정적이라는 것은 분명하다. 이 영역의 이론들은 대부분 사람들이 기본적인 욕구를 가지고 있지만 그들이 직장에서 어떻게 보상(그리고 처벌) 받기를 원하는가에 대한 선호에 가장 직접적인 영향을 미치는 것은 그들의 가치라고 가정한다. 마찬가지로, 직장에서 직원들의 행동에 영향을 미치고, 보상이나 처벌을 주기를 바라는 관리자는 직원들의 가치를 날카롭게 인식하고 있을 필요가 있다. 이런저런 수준에서 정도의 차이는 있지만 우리 모두는 궁극적인 욕구들을 동일하게 공유하고 있기 때문이다.

태도는 **특정 대상과 상황에 대한 인지적 및 정서적 지향성**이다. 가치 이론가들에게 있어서, 행동은 한 사람의 기본적인 가치와 이에 상응하는 태도의 발현이다. 이런 개념들 간의 관계는 [그림 3-2]에 제시되어 있다.

궁극적 및 도구적 가치

Rokeach(1969, 1973)는 궁극적 가치와 도구적 가치를 구분하였다. 궁극적 가치는 현명함, 평등 및 가족의 안전과 같은 존재의 최종 목표 상태를 표상한다. 도구적 가치는 정직한, 야망 있는 또는 논리적인과 같이 다양한 최종 목표를 성취하기 위한 행동적 수단을 나타낸다(Rokeach & Ball-Rokeach, 1989).

가치와 직무가치

가치 연구의 주요 논쟁 중 하나는 가치(일반적 의미에서)와 **직무가치** 사이의 구별에 관한 것인데, 직무가치는 직원들의 모든 형태의 직무행동을 통제하는 특정한 가치들을 의미하는 개념이다. **직무가치** 자체에 대한 많은 개념과 정의는 포괄적 의미의 가치에 대한 가장 일반적인 정의와 일관되지만, 그것의 초점은 일, 일 관련 행동 및 일에 따른 성과다(예를 들어, Wollack, Goodale, Wijting, & Smith, 1971). Pine과 Innis(1987)는 직무가치에 대한 전형적인 정의 중 하나를 제시했는데, 그들은 직무가치를 "개인의 욕구와 우선 사항을 만족시킬 능력을 가진 것으로 지각되는 일의 역할에 대한 개인의 욕구와 우선 사항 및 이 결과에 따른 개인적 성향과 지향성"(p. 280)으로 정의했다. Nord 등(1988)이 제시한 또 다른 정의를 보면, "우리는 사람들이 일을 통해 실현시킬 수 있어야 하는 것을 바라는 최종 상태로 직무가치를 정의한다."(p. 2)

논쟁은 일반적인 가치와 직장에서의 가치를 구분함으로써 개념적 명확성, 통찰력의 응용, 또는 어떠한 종류든 학문적 유용성과 같이 어떠한 이득을 더 얻을 수 있는가와 관련된다. 보편성 논쟁에 대한 비판자들이 주장하는 것은 직무가치는 일반적 가치의 부분집합 또는 파생물이거나 그러한 것으로 여겨져야 하며, 그러한 구별은 거짓된 것이어서 물을 흐릴 뿐이고 새로울 것이 아무것도 없다는 것이다. 반대편의 주장은 직업 세계에 관한 좀 더 특정적인 가치를 생각함으로써 직장 및 직장과 개인의 경력에서의 문젯거리와 성공에 대한 세부적인 분석과 이해가 가능하다는 것이다. 직무가치에 대한 한 가지 인기 있는 분류는 일에서 자부심, 활동 선호, 직무관여, 소득에 대한 태도 및 상향 노력과 같은 개념들을 포함한다.

직무가치의 역할

직무동기에 대한 가치 접근이 가정하는 것은 사람들은 일을 함으로써 그들이 가치를 두는 것들, 상태, 조건, 활동 및 성과를 추구한다는 것이다. 누군가를 관리하거나 동기를 부여한다는 것은 직무, 작업 조건 및 조직 정책을 직원들의 가치에 맞게 배치하는 것이다. 이것이 가능한가의 여부는 흥미로운 문제다. 우리는 인간의 가치가 안정적인가에 대한 의문을 검토한 후 그 문제에 관해 짧게 말할 것이다. 만일 가치가 어느 정도 안정적이지 않다면, 관리자, 교사, 부모 등이 인간의 행동에 영향을 미치는 것은 사실상 불가능할 것이다.

직무가치는 변하는가?

Nord 등(1988)은 일하는 것을 시간 낭비라 여겼던 초기 그리스 시대(일을 하는 노예가 있었던 사회라서 이런 견해가 가능하다) 이후 (일반적인 가치에 비해서) 직무가치가 어떻게 발전해 왔는지를 서술했다. 나중에 로마와 히브리의 철학자들과 성직자들이 그리스인들의 입장에 추가한 것은 일은 인간이 원죄를 씻는 데 필요한 일종의 죗값이라는 신념이다. 그리고 상당한 시간이 지난 후, **프로테스탄트 직무윤리**(Weber, 1930)의 출현은 일의 미덕을 "하느님이 정한 삶의 목적 그 자체"로 설명했다. 확실히 뒤로 물러서서 천 년 넘게 널리 퍼진 직무가치의 본질을 살펴보면, 변화는 분명해진다.

그러나 좀 더 짧은 기간 동안의 가치 변화는 어떨까? Inglehart(1981)의 연구는 미국 근로자들의 가치가 1968~1981년까지 13년 동안 상당히 안정적인 상태로 유지되었다는 것을 보이고 있다. 이 연구에서 상위 및 하위 각각 여섯 개씩의 가치는 연구 기간 내내 한 등급도 변하지 않았다. 같은 시기를 대상으로, England(1991)는 미국 근로자들 대상의 대규모 가치 연구의 두 번째 단계를 보고했다. 특히, 1982년과 1989년에 수집되어 서로 일치되는 두 표본의 자료를 비교함으로써, England는 41개 이상의 직무가치에서 발생한 변화의 수준을 검토했다. 41개의 개별 항목의 근저에 있는 것은 다음 네 가지 일반 요인들이다. ① 자신의 삶에서 일과 일하는 것의 중요성과 의미, ② 사람들이 일에서 의무와 받아야 할 혜택에 관해 가지고 있는 규범적 신념과 기대, ③ 일의 여러 가지 목적(다른 식으로는 직무가치, 일 관련 욕구 및 인센티브 선호로 불리기도 한다)을 달성하는 것의 상대적 중요성, ④ 어떤 행동이 일로 여겨지는지 아닌지를 결정하기 위해 사람들이 이용하는 근거가 그것이다.

England는 7년의 연구 기간에 걸쳐 미국 근로자들의 직무가치가 통계적으로 유의미하게 변한 것을 발견했다. 41개 중 어떤 요인도 극적으로 변한 것은 없지만, 전체적으로 보면 경제적 목적은 더 중요해졌고 '편안함' 목적은 덜 중요해졌는데, 이것은 England가 본 것처럼 두 연구 기간 동안 경제적 현실에 대한 도구적 반응이 반영된 것으로 보인다. 그럼에도 불구하고, 삶의 한 부분으로서 일하는 것의 중요성은 같은 기간 동안 줄어들었다. 많은 사람들에게 일은 내재적 가치가 줄어드는 대신 이전보다 더 어떤 목적의 수단이 된 것 같다. 1982년과 1989년 사이에는 회사로부터 받는 혜택이나 자신이 일하는 조직에 대한 의무에 관해 미국인들이 가지고 있는 신념에서 아무런 유의한 변화도 관찰되지 않았다.

개인 수준의 가치 변화

Inglehart(1981)와 England(1991)의 연구는 사람들의 가치, 특히 일과 관련된 가치는 변할 수 있으며 실제로 변한다는 것을 의미한다. 이런 종류의 대규모 연구는 흥미롭지만, 그들은 개인의 가치 변화와 관련된 역동성을 밝히지는 못했다. 사실, 소수의 연구만이 이것을 시도했다. Lieberman(1956)의 매혹적인 고전적 연구는 예외인데, 평사원에서 관리직으로 승진하는 것처럼 직장에서 역할의 자연스런 변화들이 어떻게 일군의 근로자들의 태도를 바꾸었는지를 보이고 있다.[14] 논의된 태도는 관리자와 임원진, 노조와 노조 임원, 경영진의 후원을 받는 인센티브 체계, 노조의 지원을 받는 연공서열 체계에 대한 직원들의 견해나 태도였다. 연구 결과를 약간 단순화하여 요약하자면, 직원들이 드러낸 태도는 어떤 주어진 시점에서 그들이 하고 있는 역할과 직접 상관된다는 것이다. 그들의 직무 역할이 자꾸 변함에 따라, 그러한 역할에 따른 그들의 태도(그리고 아마도 직무가치도)도 변했다.

Armon(1993)이 수행한 두 번째 종단적 연구는 도덕 발달(Kohlberg, 1981, 1984) 개념을 근거로 하는 통상적이지 않은 접근을 채택하였다. Armon은 23세에서 70세에 이르는 50명의 사람들에게 '좋은 일이란 무엇인가?'를 물어보았다. 그녀는 이 사람들을 추적해서 12년 동안 같은 질문을 네 번 했다. Armon이 발견한 것은 다수의 참여자들이 5단계의 발달 순서로 성숙했다는 것과 그러한 발달 순서를 보면 그들이 일에 부여하는 가치는 감정적 애착은 약해지고, 덜 도구적으로 되었으며, 타인을 도와주고 세상에 긍정적인 영향을 미치는 윤리적 행위와 같은 더 높은 가치를 추구하는 것에 지향되었다는 것이다. 또한 그녀가 발견한 것은 철학적으로 더 높은 수준의 직업 가치를 진보시켰던 사람들은 공통된 발달 순서를 따랐으며, 성별 차이는 없었다는 것이다. 사실, 단계상의 진보는 교육과 관련되었다. 덜 이기적이고 세상과 더 부합하는 가치를 지니게 된 사람들은 더 많은 교육을 받은 사람들이었다. 또한 그들은 자신의 정체성과 통합성 문제와 결부되거나 그러한 문제를 드러내도록 요구한 윤리적 문제

14) 우리가 강조하는 것은 Lieberman은 가치 자체가 아니라 직무 관련 태도를 연구했다는 것이다. Rokeach (1969)와 Connor와 Becker(1994) 같은 가치 이론가들은 명백한 태도 변화는 상응하는 가치 변화에 의해 자극된다고 주장할 것이다. 가치는 태도의 근간을 이루고 태도와 일관되기 때문이다.

나 딜레마를 가졌던 더 중요한 삶의 사건들—대부분은 일과 관련된 사건들—을 경험하는 경향이 있었다.

여기서 인용된 경험적 연구들에도 불구하고, 가치, 특히 일에 대한 가치가 실제로 어떻게 변했는지에 관해서는 거의 알려진 것이 없지만, 그것이 변했다는 것만큼은 명확하다(Connor & Becker, 1994; Stackman et al., 2000). 더구나, 우리가 알기로 많은 조직은 개별 가치를 표준화함으로써 직원들을 다양하게 통제하고자 한다. 사실, 학자와 실무자 모두 북아메리카의 업무 현장에서 개별적인 가치의 동질성을 이해하고 조작하고자 하기 때문에, 조직 문화 개념에 대한 최근의 강조는 이러한 쟁점과 관련된다. 우리는 조직 문화가 직무동기 및 통제에 직접 관련되기 때문에 조직 문화의 개념을 살펴볼 것이다. 그러나 우선 북아메리카인들이 연령대에 따라서 일에서 추구하는 가치가 다른지 여부의 문제를 살펴볼 필요가 있다.

가치와 부합의 개념(반복)

2장에서 보았듯이, 조직 문화와 직무동기 차원들 사이의, 수행과 기타 직무 관련 성과 사이의 주요 관계는 한 문화 내의 가치의 강도와 동질성을 통해 존재한다. (2장의 부합도 모형에 대한 논의를 기억하라.) 여기서 질문이 제기된다. 조직은 직원들 사이의 가치의 동질성을 어떻게 확보하는가? 두 가지 기본적인 전략이 있다. 하나는 '적절한' 가치를 가진 사람들을 선발하는 것이고, 다른 하나는 일단 선발되면 경영진이 바라는 가치 표준에 동조하도록 사회화하는 것이다. McDonald와 Gandz(1992)의 결론에 따르면, 경영진의 통제를 보장하기 위한 최적 전략은 '가치 창출(make-value)' 전략과 '가치 구매(buy-value)' 전략을 결합하는 것이다.[15] 그들의 보고에 따르면, 거의 모든 캐나다 경영진은 직원들 간의 가치 일치성이 중요하다는 것에 동의하면서

15) McDonald와 Gandz(1992)는, 가치관리(value-management) 관점에서, 자신들이 면접한 조직을 두 개의 집단으로 나누었다. '가치 창출' 조직은 선발되는 개인의 직무 관련 가치보다 조직의 가치를 학습하고자 하는 태도와 의도에 초점을 두고 지원자들을 선발하고, 필요한 가치를 사회화하는 데 초점을 두며, 이를 통해 조직의 가치 공유를 실현하고자 한다. 반면, '가치 구매' 조직은 신입 구성원들에게 조직의 가치 공유를 위한 사회화에 확신을 가지고 있지 않다. 따라서 선발 과정에서, 이러한 조직은 지원자들의 개인적인 기술과 기존 직무 관련 태도를 이용하는 것을 선호하며, 지원자들의 가치와 조직의 가치의 양립성 평가에 관심을 둔다-역주.

직원들 사이에 공동의 가치를 공유하도록 촉진하기 위한 다양한 기법들을 보고했다. McDonald와 Gandz(1992)는 모집, 선발, 훈련, 상담 및 지원 체계와 같은 인적 자원 관리 프로그램이 어떻게 주요 조직 목표를 충실히 지키도록 하는지를 증명했다. 예를 들어, Van Maanen과 Schein(1979)은 거의 30년 전 조직이 직원들을 '사회화'하고자 하는 다양한 수단을 이용한다는 것을 개념적 모형으로 제안하였는데, Ashforth와 Saks(1994)의 연구는 이를 경험적으로 지지하고 있다. 이 연구자들은 새로운 구성원들(몬트리올에 있는 콘코디아(Concordia) 대학교의 모든 경영대학원생)을 영향력에 민감한 존재로 만들기 위해 조직이 그들에게 여섯 가지 기본 책략을 어떻게 다양하게 사용했는지를 보였다.

일련의 개별화된 경험보다 고정된 일련의 단계와 시간표에 따라 진행되는 공통의 제도화된 사회화 책략은 새로이 고용되는 피고용인들의 낮은 수준의 역할 혁신(다시 말해, 높은 수준의 순응)과 관련된다. 신입 사원을 기존 직원과 분리하는 것은 그들을 좀 더 순응적으로 만든다는 것이 발견되었다. 또한 숙련된 역할 모델로서 트레이너와 멘토를 이용하는 것도 효과적이었다.

우리가 조직 사회화 책략, 절차 및 프로그램에 대해 풍부한 일상 경험을 가지고 있다고는 하지만, Ashforth와 Saks(1994)의 연구처럼 체계적인 연구는 매우 적다. 육군과 해군의 신병 훈련소, McDonald, IBM과 Mary Kay와 같은 강한 문화를 가진 기업들이 규정한 훈련 기간과 행동 수칙, 그리고 심지어 법학전문대학원과 경영대학원의 초기 주간은 조직 사회화의 일화적인 일상 경험 사례를 제공한다. 확실히 어떤 직원들의 직무가치는 영향을 받아 변하기 쉬우며, 그들의 직무가치는 다른 직원들의 직무가치에 비해 좀 더 변하기 쉬운 것 같다.

나중에 우리는 조직 문화라는 개념을 언급할 것이지만 그 용어가 부적절하다는 것을 주장할 것이다. 그런데 개인적 인센티브(또는 가치)가 보상과 일치되며 조직의 문화적 가치를 채택한 직원들은 그렇지 않은 직원들에 비해 높은 수준의 '개인적 투자'(즉, 동기)가 어떠한 결과를 가져왔는지를 알아보고자 한 연구가 있다. 기대와 달리, 이 연구의 결과가 보여 주는 것은 목표가 분명하고, 직무윤리가 강조되며, 직원들이 성취에 따라 평가되고 보상받는 조직 문화는 대부분의 직원들의 투자 수준에 이로운 효과를 가져온다는 것이다. 직원과 기업 사이의 일치 정도는 중요한 문제가 되지 않는 것 같다(Mayberry, 1985, Maehr, 1987에 의해 보고됨).

강한 문화의 윤리

대부분의 북아메리카 기업들이 암묵적으로 가정하는 것은 고용 계약의 한 부분으로 자신들은 직원들의 가치를 바꿀 수 있는 권리를 가지고 있다는 것이다. 마찬가지로 대부분의 직원들 또한 암묵적으로 공유하고 있는 가정은, 기업은 경영 통제와 직원의 동질성과 예측 가능성을 높일 수 있는 한계와 방법 내에서 직원들의 가치를 바꿀 권리를 가지고 있다는 것이다. 이것은 직무동기 연구자들이 고려해야 할 도덕적 문제다. 어떤 점에서, 문제는 관리자, 직원, 고객 및 학생들의 가치와 행동을 사회화하고, 동질화시키고, 탈개인화하며, 표준화하고자 하는 기업(뿐만 아니라 경영대학원 같은 조직의 관리자들)의 권리 한계에 관한 것이다. 자유로운 사회라는 더 큰 맥락에서 합리적으로 기대되거나 수용될 수 있는 개인의 권리와 자유의 상실의 한계에 대한 기본적인 질문이 제기되어야 한다.

이전에 논의된 것처럼, 관리주의[16)]의 중심 요소는 문화 또는 기업 가치 체계의 공유였다. Heckscher(1988)가 관찰한 이러한 특징은 북아메리카 사회의 가장 기본적인 신념과 상당히 대조된다.

> 이러한 측면은 관리주의가 일으키는 가장 강한 감정들의 원천이다. 우리 사회는 종교적 억압에 저항하는 역사적 투쟁 때문에 사회적 가치에 대해 깊은 불신을 가지고 있다. 무엇이든 우리가 믿고 싶은 것을 믿을 권리는 우리의 가장 소중한 자유 중 하나다. 특정 개인에 속하지 않은 합리적 가치는 권력의 자의적 이용으로부터 우리를 지켜 주기 때문에 우리는 그러한 가치를 강조하는 경향이 있다. **따라서 가치 공유를 구축하고자 하는 어떠한 시도도 불신을 유발한다**[강조 첨가]. 반면, 관료주의 때문에 조각난 공동체 의식을 향한 같은 정도의 깊은 사회적 갈망, 즉 많은 제도에 있는 해결되지 않은 긴장을 만드는 갈망이 있는 것 같다.
>
> (Heckscher, 1988, pp. 95-96)

직원들의 가치와 신념 구조를 조작함으로써 가치의 동질성을 달성하는 것과 관련

16) 관리주의(managerialism)는 Heckscher(1988)가 제시한 상위 개념으로 보통 일종의 작업 재설계 또는 참여 제도를 통해 직원들의 만족과 생산성을 증가시키는 것을 목표로 했던, 수십 년 전으로 거슬러 올라가는 여러 관리 기법을 말한다.

해서 기본적인 윤리 문제가 있을 것이다. 마찬가지로, 성, 인종 또는 연령처럼 개인적 특질을 근거로 직원을 선발하는 것은 비윤리적이며, 많은 경우 불법적인 것으로 간주된다. 같은 이유로, 고용주들이 자신들의 가치 구조를 근거로 직무 지원자들 중 누군가를 선발하는 것이 왜 윤리적인지 물을 수 있다. 우리는 그런 관행이 당연히 공정하고, 합리적이며, 도덕적으로 정당화될 수 있다고 여기는 것 같다. 그러나 선발 방법이 수행 준거와 관련되지 않는다면, 고용주들은 자신들의 가치를 근거로 장래의 직원을 선발하고 탈락시킨다. 고용 후 가치를 조작하는 경우처럼, 개인의 가치가 한 기업 내의 여러 곳에서 고용, 해고 또는 새로운 직무로 전직하기 위한 근거로 이용되어야 하는 한계는 어디까지인가? 개인의 가치에 신성한 것은 아무것도 없는가?

우리가 아는 한, 직무동기와 관련된 관리자들과 학자들이 그런 질문을 제기한 적은 거의 없다. 윤리학, 사전 동의, 자유 및 인간의 존엄성 관점에서 그런 관행이 객관적으로 검토된 적도 거의 없다. 조직의 본질상, 조직이 통제와 예측가능성을 요구하는 것은 명백하다. 그러나 민주 사회에서 직원들의 가치에 간섭(또는 호소)함으로써 그들을 '동기화하기' 위해 얼마나 많은 관리적 통제가 이용되는지의 한계는 어디까지이며, 누가 그런 의사결정을 하는가?

조직은 가치를 가지고 있는가

조직은 가치를 가지고 있는가? 이 장의 초반부 논의는 그렇다는 것을 시사한다. 확실히 우리는 사람들이 조직 가치에 대해 말하는 것을 듣곤 한다. 그러한 말을 제목으로 가진 책들도 있다(예를 들어, Woodcock & Francis, 1989). 사실, 탁월한 가치 연구자 중 한 명인 Rokeach는 다음과 같이 썼다.

> 가치라는 개념은 모든 사회과학에서 특히 강력한 개념인데 모든 수준의 사회 분석에 의미 있게 채택될 수 있기 때문이다. …개인의 가치에 대해 말하는 것만큼이나 문화, 사회, 기관, 조직 및 집단의 가치에 대해 말하는 것도 의미 있다. 만일 개인의 가치가 개인의 욕구와 욕구 충족 수단에 대해 사회적으로 공유된 인지적 표상이라면, 제도적 가치는 제도의 목표와 요구에 대해 사회적으로 공유된 표상이다.
>
> (Rokeach, 1979, p. 50)

우리가 일하고 상호작용하는 조직을 의인화할 때 우리들 대부분은 논리적 오류를 범한다. 어떤 것을 의인화한다는 것은 그것에 개별 인간의 속성을 귀속시킨다는 것으로, 어떤 의미에서 조직은 호모 사피엔스의 감각, 마음, 기억, 가슴 및 기타 독특한 특징을 가지는 것으로 여겨진다. 예를 들어, 우리는 사람들이 공군을 '사랑한다'고 말하는 것을 듣는다. 사람들이 양파를 썰면서 눈물을 흘릴 때, 사람들이 양파에 고통을 가하는 것을 유감스럽게 여기기 때문이 아니다. 사실, 조직은 사람들로 구성되며 사람들을 연결시키는 상호작용과 사건의 체계로서 정의될 수 있다(Katz & Kahn, 1966). 그러나 인간의 집합에 은유적인 것 이상으로 인간적 속성을 귀속시키는 것은 논리적 오류다(Stackman et al., 2000). 조직은 마음, 기억 또는 가슴을 가지고 있지 않다. 조직은 포부, 사랑 또는 두려움을 가지고 있지 않다.

그럼에도 불구하고, Rokeach(1979)는 제도적 가치가 측정될 수 있는 다섯 가지 방법을 서술했다. 이 방법들 중 네 가지는 관심 대상이 되는 제도와 관련된 개별 '게이트키퍼' 또는 '특별 고객'의 가치 구조를 측정하는 것이다. [다섯 번째 방법은 공적 소비 때문에 그 기관이 산출한 공식적 문서와 간행물에 반영된 도구적 및 궁극적 가치에 내용분석을 적용하는 것이다(1979, pp. 53-54).] 따라서 Rokeach는 사람들의 집합도 가치를 가지고 있다고 주장하지만, 그 또한 조작적으로는 제도적 가치라는 개념을 이해하기 위해 핵심 역할을 하는 사람들의 가치를 측정해야 한다는 것을 인식하고 있다.

이러한 실행에는 많은 문제가 있다. 첫째, 조직 가치라는 복합적 정의를 산출하기 위해 누구의 개별 가치를 측정하고 종합해야 하는지를 결정하는 문제다. 둘째, 그런 가치 또는 가치 프로파일(Connor & Becker, 1994를 보라)을 산술적으로 어떻게 종합하는가의 문제다. 셋째, 조직의 가치가 한 개인이 가지고 있는 것과 같은 성질을 가지고 있는 것인 양(예를 들어, 진실성, 충성심 및 정직성), 조직의 '가치'에 대해 낮은 직급의 구성원과 외부 이해 당사자(고객 및 기타 다른 사람들)를 선도 또는 오도하는 잠재적 윤리 문제가 있다. 마지막으로, 실무자와 학자 모두 관심을 두어야 하는 주요 실천적 문제가 있다. 우리는 게이트키퍼의 가치 구조 사이에는 어느 정도의 응집성 또는 동의가 있다고 가정해야 한다. 현대의 조직 문화 이론가들이 공개적으로 선뜻 인정하는 것은 어떤 규모의 조직도 기능, 인종, 연령 또는 전문가 집단에 따라 다양한 문화를 가지고 있다는 것이다. 따라서 하나의 조직을 하나의 강한 문화를 가진 것으로 묘사하는 것은 조직 전체에 가치 일치성이 존재한다는 것을 시사한다. 만약 그렇지 않다면, 한 조직의 (단일) 문화, 따라서 조직 가치에 대해 말하는 것은 의미 없는 것이 된다. 그렇기 때문에 개인 수준의 특질이나 개념(이 경우, 가치)을 개개인의 분석 이상의 더 높은 수준의 분석에 적용하는 것은 기껏해야 관련된 용어의 은유적 이용일 뿐이다. 최악의 경우, 논리적 오류가 조직이 어떻게 작동하는가에 대한 분석과 연구에 혼란을 초래할 뿐이다(Stackman et al., 2000). 여기서 논점은 개인 수준의 문제와 현상을 이해하는 데는 (욕구와 가치 같은) 개인 수준의 개념을 견지하지만 집단, 조직 및 기관의 문제를 다루기 위해서는 적절한 다른 개념을 표상하는 다른 용어를 만들고 이용하는 것이 중요하다는 것이다.

직원은 무엇을 가치 있게 여기는가

북아메리카 직원들은 무엇을 가치 있게 여기는가? 그들은 일에서 무엇을 추구하는가?

실제로, 이 질문들은 지난 수십 년간 언론과 사회과학에 의해 수도 없이 수행된 조사의 초점이다. 어떤 경우에 초점은 직원들의 직무가치의 변화다. 다른 경우의 초점은 돈뿐 아니라 여러 가지 성과의 상대적 중요성 문제에 있다. 사실, 1940년대의 인간관계 운동을 촉발시킨(Roethlisberger & Dickson, 1939) 그 유명한 Hawthorne 연구가 사회적으로 가장 의미 있는 것으로 발견한 것은 직원들이 단지 돈과 경제적 안정 이상에 가치를 둔다는 점일 것이다. 사실상, (풍요로운 사회에서) 이것을 변형시킨 모든 연구가 발견한 것은 대부분의 직원들에게 가장 중요한 동기 요인이 돈은 아니라는 점이다.

때로는 가치에서 국가 간 유사성과 차이점에 초점이 주어진다. Schwartz(1992)와 Schwartz와 Bilsky(1987)의 연구는 그러한 예 중 하나다. 이 연구자들은, 예를 들어 많은 국가를 초월하는 일곱 가지 독특한 동기적 가치가 있다는 것을 제안했는데, 성취, 즐거움, 성숙, 친사회적, 제한적 동조, 안정 및 자기지향성이 그것들이다(Schwartz & Bilsky, 1987). 또 다르게 주목되는 것은 성차의 문제다. 남자와 여자는 일에서 같은 것에 가치를 부여하는가? Kovach(1987)의 연구는 요즘에는 성차가 크지 않지만, 여자는 남자보다 '일에 대한 완전한 공감'을 약간 더 강조하며 또한 대인관계와 의사소통을 더 중요하게 여기는 것으로 나타난다.

Konrad와 Langton(1991)의 연구는 이런 결론을 지지한다. 이 연구자들은 1980년대 후반과 1990년대 초반에 북아메리카의 조직 연구 분야에서 발간된 42편의 경험 연구를 조사한 후 위신, 자율성, 여가, 압박 회피, 영향력 같은 '직무 성과'는 남녀의 가치에서 차이가 나타나지 않는다는 것을 발견했다. 대조적으로, 돈, 승진, 타인을 이끌기, 위험에 대한 책임과 같은 직무가치들(또는 직무 선호)은 여자보다 남자에게 다소 중요하다. 또한 그들이 발견한 것은 여섯 가지(성취, 내재적 직무 측면, 직무상 관계, 근무 여건, 일과 가정의 균형, 타인 도와주기) 직무 관련 성과는 남자보다 여자들에게 더 중요하다는 것이다. 흥미롭게도, Konrad와 Langton(1991)이 조사한 연구 중 17개는 남자는 여자보다 돈에 더 높은 가치를 부여하지만 어떠한 연구도 여자가 남자보다 돈에 더 높은 가치를 부여한다는 것을 보여 주고 있지 않다.

Torbert(1994)는 '좋은 직무'의 개념을 개인 수준에서 측정했다. 그에게 있어서, 좋은 직무는 집합적으로 좋은 인생을 구성하는 네 가지 개인적 가치다. 좋은 직무에 더하여, Torbert는 '상당한 돈', 좋은 친구 및 좋은 생각의 중요성에 주의를 기울이도록 했다. 이것들 중 좋은 생각은 가장 높은 수준의 가치인데, Torbert의 통합적 사고 틀 속에서 보면 그것은 좋은 친구와 좋은 직무의 맥락에서 가장 잘 드러날 것이며, 이 모든 것들은 좋은 돈을 벎으로써 가능해질 것이기 때문이다. 좋은 직무란 다음과 같다.

> (물질 영역이든 언어 영역이든) 장인 같은 기술과 판단의 발전을 가져오는 직무를 의미한다. 그런 직무는 기계적인 반복적 방식을 통해 연마된다는 점에서 결코 완전히 성취되지 않는 일종의 숙달을 요구한다. 대신, 좋은 걸작은 자신의 행위와 물질 사이의 상호작용에 매 순간 장인의 적극적 주의를 요구하며 또한 반영한다. 이런 적극적 주의는 지식과 응용, 사전 경험과 미래의 이상적이고 잘 훈련된 냉철함과 자발적인 책임을 통합한다. 간단히 말해서, 좋은 직무는 작업자의 의식 수준을 높인다. 그것은 마음, 몸, 좋은 건강을 통합한다.
>
> (Torbert, 1994, p. 61)

Torbert의 가치에 따르면 상당한 돈이 반드시 많은 돈을 의미하지는 않는다. 오히려 상당한 돈은 다른 세 가지 가치(좋은 직무, 좋은 친구, 좋은 생각)를 성취하게 만드는 데 충분한 만큼의 돈이다. 이렇게 다른 가치를 추구하기에 충분한 소득을 올리지 못하는 사람은 적은 돈을 번다는 것이다. 많은 돈을 버는 데 목적을 두는 사람은 종종 좋은 친구를 얻거나, 좋은 직무를 즐기거나, 좋은 생각을 추구하는 것을 희생하고 그렇게 해야 한다. 수년간의 실존적 통찰과 경험의 결과에 따르면 좋은 인생에 대한 Torbert의 개념은 도발적이지만, 일관성 있으며, 분명하다.

미국에서 노동조합이 결성된 부문의 직원들에 대한 대규모 연구는, 근로자들은 더 많은 참여가 조직의 생산성뿐 아니라 그들 자신의 복지에 더 많은 혜택을 줄 것이라 믿으면서 직장에서 현재보다 더 많은 것을 '말하고' 싶어 한다는 것을 발견했다(Freeman & Rogers, 1999). 이러한 '노조와 참여 연구(Worker Representation and Participation Study: WRPS)'는 개별 근로자와 집단 둘 다 참여를 원한다는 것을 발견하였다. 응답자의 3분의 1은 경영진과 더 협동적인 관계를 원했고, 그들로부터 더 많은 존중과 신뢰를 받고 싶어 했다. 노동 관리 위원회나 협의회(유럽식)든 단체 협상이 보장된 승인된 노조를 통해서든 더 다양한 형태의 집단 대표를 통해 많은 '의견 표명'과 향상된 관계를 희망했다. 근로자들은 대부분의 경영진에게는 기술적인 능력이 있을지라도 의사결정과 정책 입안 과정에서 권한을 공유할 의지가 없는 것으로 믿고 있었다. 응답자들 중 노조원들은 일반적으로 노조를 지지하면서 그들이 불공정하다고 보는 많은 관리 행위가 종종 불법적이지 않다는 식으로 잘못 믿고 있었다. 달리 말해서, 많은 근로자들은 경영진의 법적 권리를 과대평가했다.

여러 면에서 권한을 공유하고자 하는 이런 욕구는 놀랍지 않으며, 특히 개인의 권리와 자유가 중요한 북아메리카 사회에서는 더욱 그렇다.

가치 개념의 가치

가치와 직장에 관한 개관에서, Connor와 Becker(1994)는 개인의 가치에 대한 우리의 이해 상태에 꽤나 비판적이었다. 그들이 그렇게 생각한 이유 중 일부는 방법론적이며 또 다른 이유는 욕구에 근거한 동기이론에 관해 Ford(1992)와 같은 이론가들이 제기한 비판과 유사한 것으로 들린다. Connor와 Becker(1994)는 우리가 개인의 행동을 예측하기에는 그 사람의 가치에 대한 지식은 제한적이라고 비판했다. 그들은 가치 연구자들이 기존의 가치 측정도구 중 일부만 이용하거나 재빨리 임기응변식 측정치를 구성한다고 비판했다. 이것이 유발하는 비신뢰성의 문제는 이용되는 측정도구의 타당성이 알려져 있지 않아서 가치 이론가들이 응집력 있는 지식을 축적하는 것이 불가능하다는 것을 의미한다. 마지막으로, Connor와 Becker(1994)가 주장하는 것은 연구자들이 조직행동을 이해하는 데 고려될 필요가 있는 그럴듯한 요인으로 가치를 생각하지 않으며, 심지어 어떤 경우에는 가치 자료가 수집된 이후에도 그렇다는 것이다. 간단히 말해, Connor와 Becker(1994)는 우리가 조직을 생각할 때 가치 개념을 더 많이 포함시킬 것을 언급했다. 이 책의 저자들도 가치는 덜 개발되었으며, 직무동기 맥락에서 덜 고려되고 잘못 측정되었다는 점에 동의한다. 직무동기 연구자와 이론가들은 가치에 대해서 할 수 있는 것과 해야 할 것이 많다.

직무동기 연구를 위한 맥락으로서 국가 문화

2장에서 우리는 조직 연구를 위한 '맥락 설정' 개념의 의미와 중요성을 알아보았다(Johns, 2006; Rousseau & Fried, 2001을 참고하라). 이때 우리는 개별 국가와 문화의 경계 내에 한정된 고려사항으로 맥락에 대한 논의를 제한했으며 그러한 논의에 대한 기본 가정은 직무동기 및 이에 관련된 개념들에 관한 우리의 지식은 서구, 주로 북아메리카 중심이었다는 점을 인식했다. 이제 이러한 가정을 완화해서 직무동기 이론과 연구의 맥락 설정에 관한 주장을 넓힐 필요가 있다.

앞으로의 직무동기 이해는 직무동기에 대한 가치와 가치 차이의 역할과 무관하게 국가 간 차이를 이해할 필요가 있다(Erez & Earley, 1993; Erez, Kleinbeck, & Thierry, 2001). 그래서 지금부터는 직무동기에서 국가 간 및 문화 간 차이를 다룬 연구들을 살펴볼 것이다(Latham & Pinder, 2005).

미국과 페루 근로자의 직무태도를 비교한 이전 연구(Williams, Whyte, & Green, 1966)에 의하면, 적어도 몇몇 조직학자들은 이미 오래전 문화 간 차이의 중요성을 인식했다고 지적하고 있지만, 그 문제가 최근까지 포괄적으로 연구되지 않았다는 것이다. 좀 더 최근에 Steers와 Sanchez-Runde(2002)는 사회문화가 동기의 세 가지 주요 원천을 결정한다고 말했는데, ① 개인의 신념, 욕구 및 가치를 포함하는 개인의 자기개념, ② 직무윤리에 대한 규범과 '성취', 모호성에 대한 관용, 통제 소재 등의 본질, ③ 교육과 사회화 경험, 경제적 번영 및 정치적/법적 체계와 같은 '환경 요인'이 그것이다. 이러한 요인들은 자기효능감 신념, 직무동기 수준과 목표뿐 아니라 수행에 대한 보상과 처벌의 본질에도 영향을 준다.

따라서 Huang과 Van de Vliert(2003)는 국가의 특성이 직무 특성과 직무만족 사이의 관계를 어떻게 조절하는지 연구하였다. 대규모 표본을 근거로(49개 국가 10만 7202명의 근로자) 그들은 내재적 직무 특성(예를 들어, 자율성)과 직무만족 사이의 관계는 좀 더 부유한 국가, 사회 복지 프로그램이 더 나은 국가일수록 더 강하다는 것을 발견하였다. 마찬가지로, 그 둘 사이의 관계는 국가 문화가 집단주의적이기보다 개인주의적일수록, 권력거리가 작을수록 더 컸다. 더구나, 모든 국가에서 외재적 보상은 만족과 긍정적인 관계에 있지만, '만족을 동기화하는 것'은 권력거리의 수준과 상관없이 사회복지 프로그램이 좋은 국가의 내재적 직무 특성과 더 강한 관계가 있었다.

Markus와 Kitayama(1991)는 개인이 독립적 또는 관계적 자기개념을 가지고 있는가 여부는 인지, 감정 및 동기에 중요한 시사점을 가진다는 것을 발견하였다. 그들이 주장하는 것은 '인간의 본질'에 대해 과학적으로 알려진 것의 대부분이 "인간을 독립적이며, 자족적이며, 자율적인 존재로 보는 서구적 견해에 근거하고 있는데, 그러한 존재는 ① 내적 속성(예를 들어, 특질, 능력, 동기와 가치)의 독특한 배열로 구성되며 ② 주로 이러한 내적 속성의 결과에 따라 행동한다."(p. 224)는 것이다. 결과적으로, 서구 문화에서 ① 개인의 성취, ② 인지적 갈등의 회피, ③ 자기존중감의 고양 같은 동기는 존중, 친애 및 겸양 같은 동기보다 더 빈번하게 발견된다. 후자는 아시아, 라틴 아메리카 및 아프리카의 일부 근로자들처럼 관계적 자기개념을 가진 사람들 사이에서 두드러진다. 비교문화 장면에서 직무동기를 이해하기 위한 이러한 가설이 시사하는 바는 매우 크다.

마찬가지로, Erez와 Earley(1993; 또한 Earley, 2002; Erez, 2000도 보라)는 비교문화 장면에서 개인의 행동과 관리 업무에 대한 지침을 주기 위해 '문화적 자기표상 모형'을 개발하였다. 그들은 사람들이 자기고양, 효능감 및 자기일관성을 위한 가치를 충족하고자 한다고 주장하였다. 그들의 모형은 국가 문화를 이해하기 위해 종종 이용된 두 차원인 개인주의-집단주의[17]와 권력거리[18]에 근거하고 있다. 동기와 보상체계의 설계와 해석을 위해 세 가지 원리가 개발되었다. 각 국가에서 ① 개인주의/집단주의 및 권력거리에 따라 국가의 문화적 특징을 확인하는 것, ② 사람들 자신과 사람들이 표상하는 문화적 가치를 이해하는 것, ③ 다양한 관리 업무(차별적 성과급과 고정급여 체계, 하향식과 양방향 커뮤니케이션 양식과 같은)의 의미를 이해하는 것이 그것이다(Erez, 2000, pp. 419-425).

이들 두 차원상에서의 문화차를 해당 문화권 출신 사람들의 개인적 가치 차이로 귀결시키는 것은 직원들의 동기, 대인 커뮤니케이션 및 전반적 수행의 측면에서 역기능적 결과를 가져올 수 있다(Earley, 2002; Steers & Sanchez-Runde, 2002). 반면, 그와 같은 문화를 고려하는 것은 직무동기와 수행의 관점에서 효과적일 수 있다는 연구도 있다. 예를 들어, 불가리아, 헝가리 및 네덜란드에서 동기 모형을 비교한 Roe, Zinovieva, Diebes와 Ten Horn(2000)의 비교문화 연구는 맥락변인과 성과 변인 사이의 관계가 다르다는 것을 발견하였다. 마찬가지로, Man과 Lam(2003)은 개인주의/집단주의가 한편으로는 직무 복잡성과 자율성의 관계를, 다른 한편으로는 직무 복잡성과 집단 응집성의 관계(이 관계는 개인주의 문화 맥락에서 더 강하다)를 어떻게 조절하는지 보였다. 상당히 이질적인 문화(모로코와 멕시코)에서 수행된 두 개의 사례 연구에서, d'Iribarne(2002)은 두 국가의 문화적 특성을 고려하도록 수정되었을 때에 한해서 표준적인 북아메리카 스타일의 동기부여 기법이 어떻게 효과적인지를 보여 주었다.

이 문제에 대한 개념적 연구에서, Leung(2001)이 주장하는 것은 ① 집단주의 문화의 작업팀은 더 높은 수준의 무조건적 배려와 긍정적인 사회적 정체성을 가지는데, 이것은 개인주의적 가치를 지닌 사람들의 집단보다 더 높은 수준의 내집단 몰입을 유도한다는 것이다. ② 생산성과 수행 수준은 개인주의 문화보다 집단주의 문화에서(반드시 더 높거나 낮지는 않지만) 좀 더 동질적이다. ③ 상사의 동기부여 전략은 권력거리가 낮은 문화보다 권력거리가 높은 문화의 부하직원들에게 더 큰 효과를 가진다. ④ 권력거리가 낮은 문화보다 높은 문화에서 상사의 부정적인 반응은 부하직원들 사이에 더 큰 부정적 반응을 유발한다. 싱가포르에서 이스라엘과 중국 대학생을 비교한 실험 연구는 권력거리가 낮은 이스라엘 학생들은 권력거리가 높은 중국 학생들보

17) 개인주의-집단주의는 문화 속에 있는 사람들이 자율적인 개인들이냐 아니면 집단 속에 매립되어 있느냐 하는 정도와 관련된다(이 구성개념에 대한 최근의 연구를 보려면 Gelfand, Bhawuk, Nishii, & Bechtold, 2004를 보라).

18) 권력거리 차원은 "공동체가 구성원들 사이의 권위, 권력 차 및 지위 특권을 수용하고 지지하는" (Carl, Gupta, & Javidan, 2004) 정도와 관련된다.

다 더 높은 목표를 설정하였고 더 높은 수행 수준에 도달하였다(Kurman, 2001).

Earley(2002)는 '문화적 지능'에 대한 세 수준 개념을 제시하였는데, 비교문화적 장면에서 사회적 담론에 비해 한 개인의 자기효능감은 그런 상호작용의 효과성에서 중요한 역할을 한다. 높은 자기효능감은 개인의 문화 간 상호작용을 시작하게 하고, 초반의 실패에도 불구하고, 그런 상호작용을 지속시키며 필요한 기술을 숙달시킴으로써 문제를 해결하게 한다.

다른 중요한 비교문화적 가치와 흥미로운 변인들

직원 관계와 직무동기에 관한 비교문화 연구를 위해 사회과학자들이 이용한 몇 가지 중요한 변인 중에는 수행 지향성, 미래 지향성, 성평등주의, 주장성, 인도주의 지향성 및 불확실성 회피와 같은 것들이 있다. 이 변인들에 대한 최근의 연구는 Robert J. House 등이 보고한 GLOBE 연구다(House, Hanges, Javidan, Dorfman, & Gupta, 2004).

수행 지향성

이 차원은 공동체가 혁신, 높은 표준 및 수행 향상을 격려하고 보상하는 정도를 반영한다(Javidan, 2004). Javidan(2004)에 따르면, 이 개념의 뿌리는 프로테스탄트 직무 윤리에 관한 Max Weber(1904/1930)의 저작에서 찾을 수 있다. 그것은 또한 Martin Luther와 John Calvin의 초기 사상과 직업을 소명으로 여긴 그들의 생각에도 뿌리를 두고 있다(15장; Elangovan et al., 2007; Hall & Chandler, 2005). 간단히 말해, Luther에게 일은 경건한 삶에서 벗어나는 것이 아님을 의미한다. Calvin에게, 소명을 갖는 것은 세속적인 것들의 주요 존재 목적은 하느님의 영광을 드러내는 것이고, 모든 사람은 일상의 삶 및 기타 활동을 통해 이러한 대의에 기여할 책임을 가진다는 것을 의미한다(Javidan, 2004). 그러나 비록 일의 성취 차이를 평가하는 방식이 사회마다 다르기는 하지만, 수행 지향성의 핵심은 한 사회가 열심히 일하는 것에 진정한 가치를 부여하는 정도다.

미래 지향성

오랜 세월 동안 다양한 방식으로 이 개념이 논의되기는 하였지만, 비교문화적 분석 맥락에서 이것은 "한 집단이 계획을 하고 만족을 유보하는 것과 같은 미래 지향적 행동을 격려하고 보상하는 정도"를 의미한다(Ashkanasy, Gupta, Mayfield, & Trevor-Roberts, 2004).

성평등주의에서 문화 간 차이

어떤 사회는 다른 사회보다 남성과 여성에게 기대하는 역할에 대해 더 평등주의적이다. Hofstede(1997)는 이 차원을 국가 문화의 '금기(taboo)' 차원으로 생각했다. 어떤 사회는 (특히) 여성이 할 수 있는 역할과 행동에 대해 엄격하고 심지어 법규화된 규칙을 가지고 있지만, 다른 사회는 그런 구별이 적거나 없다.

주장성

이 차원은 한 문화 내의 사람들에게 사회적 관계에서 비주장적이고, 비공격적이고, 부드러운 것이 고무되는지, 아니면 주장적이고, 공격적이고, 강한 것이 격려되는지 여부를 다룬다(Den Hartog, 2004).

인도주의 지향성

이 개념의 뿌리는 유대교, 기독교 및 이슬람교와 같은 세상의 많은 종교에 있다. 하느님의 명령은 가난한 사람들에게 구호품을 주거나, 최소한 주변 사람들에게 해를 끼치지 않는 것처럼 선함과 인도주의와 연관된 특별한 의무와 금지를 포함한다. 인도주의가 강한 사회는 이타주의, 배려, 친절함, 사랑 및 관대함 같은 가치에 강한 애착을 가지고 있다. 따라서 인도주의 수준이 높은 사회는 (인도주의가 낮은 사회에 비해) 사람들로 하여금 타인에 대한 관심, 이타주의, 타인의 안녕에 대해 책임지도록 한다. 여러 세대로 구성된 확대가족은 서로를 돌보며, 이로 인해 약자와 병자는 보살핌을 받아야 한다는 것을 보장하는 법이 제정될 것이라 기대되지 않는다. 사회적 규범이 이러한 패턴을 강제하기 때문이다. 인도주의가 낮은 사회는 개인적 이익, 사치 및 쾌락에 상당히 탐닉한다. 국가는 소수자와 도움을 필요로 하는 사람들을 위한 법을 제정할 것이라 기대되는데, 시민들의 자연적 선의에 의해 그런 사람들이 자동적으로 보살펴질 것이라 기대하기 어렵기 때문이다.

불확실성 회피

이 변인은 "한 사회에서 모호한 상황이 개인에게 위협이 되며, 규칙과 질서가 선호되고, 불확실성이 허용되는 정도를 의미한다."(de Luque & Javidan, 2004) 이 차원이 높은 사회는 질서정연함, 일관성, 구조, 공식화된 절차 및 일상의 삶을 다루는 법칙을 특징으로 한다. 개인 수준에서, 이것은 모호성에 대한 관용의 개념과 관련된다(Budner, 1962를 보라). Cyert와 March(1963)는 이 개념을 조직 수준에서 개발하여 조직이 과업 환경에서 불확실한 사건을 예측하고자 하는 욕구를 최소화하기 위해 이용하는 기제를 논의하였다. Hofstede(1997)는 이 개념을 국가적 특징으로 논의하였다.

모든 동기 관련 가치가 문화마다 다른 것은 아니다. 25개국 19,000명 이상의 참여자를 대상으로 한 연구(Scholz, Dona, Sud, & Schwarzer, 2002)는 목표설정과 자기조절에 관한 기제에서 중요한 개념인 일반적 자기효능감을 측정하는 척도의 심리측정적 성질에서 높은 일관성을 발견하였다.

서구 문화 내의 타인 지향성

직무가치에 대한 국가 간 연구는 집단주의가 북아메리카를 제외한 많은 문화의 가치 구조에서 중요한 요소임을 명확히 드러내고 있다. 더구나, 개인주의-집단주의 차원이 서구와 많은 비서구(대부분 아시아) 문화를 비교하기 위해 이용되는 주요 구성개념임을 알았다. 따라서 집단의 적어도 타인의 복지에 대한 가치 지향성은 비서구적 특징으로 결론 내리기 쉬울 것이다.

그러나 그것은 과도한 단순화일 수 있다. Meglino와 Korsgaard(2004)는 최근 개인 수준에서 타인 지향성의 가치에 주의를 기울이도록 했다. 그들은 타인 지향성을 문화 집단 간뿐 아니라 문화 내에 있는 사람들 사이에서도 다른 일반적 특질로서 보았다. 더구나, 그들의 결과에 따르면, 그들이 가치로서 다룬 이러한 일반적 특질에서의 개인차는 서로 다른 문화권에서 나온 집단이 비교될 때 관찰되는 차이와 마찬가지로 행동의 차이를 예측할 수 있다. 예를 들어, 한 연구에서 수행에 대한 자기평가는 서구 문화에서 긍정 편향의 경향이 있는데, 타인 지향적인 서구인들은 그러한 편향 경향성이 덜 나타나고 있다(Korsgaard, Meglino, & Lester, 2004). 개인주의 문화권 내의 어떤 사람들은 다른 사람들보다 더 타인 지향적이라는 것에 대해 많은 설명이 있지만(개관을 위해서는 Korsgaard, Meglino, & Lester, 1997을 보라), 이 특질에서의 차이는 모든 서구인들은 타인을 도와주는 것에 상대적으로 높은 중요성을 두지 않고 자신의 이익을 취하는 데 초점을 둔다고 철석같이 여기는 가정과 어울리지 않는 조직행동을 설명할 수 있다. 예를 들어, 조직행동 연구는 친사회적 행동(Organ, 1990을 참고하라)과 심지어 자신의 위험을 무릅쓰더라도 타인 지향성이 주요 초점인 직업을 갖는 것을 포함한다. 그런 사람들은 사회적 정보를 처리할 때 다른 사람들만큼 복잡하게 개인적 손실과 이득을 계산하지 않는다(Simon, 1995). 그들은 많은 직무동기 이론의 예측과 일관되게 행동하는 다른 사람들보다 훨씬 덜 일관되게 행동할 것이다(사실상 서구에서 발전한 이 모든 모형은 인간의 활동이 '합리적'이고 자기이익적임을 가정하기 때문이다). 그러나 그들 또한 실패하는 행동에는 몰입 수준을 높이지 않을 것이며(Staw, 1976을 참고하라) 또는 동기와 직무만족의 향상을 목적으로 하는 직무설계 요인의 영향을 받을 것이다.

따라서 Lam, Schaubroeck과 Aryee(2002)는 미국 근로자들을 대상으로 한 연구에서 조직 공정성 지각은 만족, 수행 및 무단결근에 강한 효과를 미치고 있다는 것을 발견했다. 미국 근로자들은 국가 간 차이를 구분하는 데 성공적으로 이용된 변인인 권력거리에서 상대적으로 점수가 낮은 사람들이었다(Hofstede, 1997; Leung, 2001을 보라). Turillo 등(2002)은 몇몇 사람들이 선행은 그 자체가 보상이라 느끼고 타인의 이익을 위해 어느 정도의 자기희생을 요구하는 결정을 하는 경향이 있다는 것을 발견하였다.

Ronen(2001)의 지적에 따르면, 서구 문화(와 관리 연구)가 집단, 팀 및 다른 형태의 모임에 대한 지속적인 관심은 사람들의 모임이 개인의 목표를 고무시키는 데 유용하다는 것을 알고 있기 때문이라 설명될 수 있기는 하지만, 자기이익에 대한 관심과는 독립적으로 타인의 복지 촉진과 연관된 이기적이지 않고 도구적이지 않은 가치도 있다. 흥미롭게도, 우리는 서구적 가치와 정신이 다른 문화권 사람들의 동기를 연구할 때 부적절하게 영향을 미치지 않아야 한다는 경고를 받기는 하지만, 여기서 우리는 주요 비교문화 변인(개인주의-집단주의)이 어떻게 서구인들의 비정상적 조직행동을 새롭게 조망하는지에 관한 예를 살펴보았다.

비교문화 분석을 위한 렌즈로서 가치의 한계

선행 연구들은 직무가치와 동기에서 문화 간 차이를 이해하는 데 상당한 진보가 있었음을 보여 주고 있다. 간단히 말해, 국가 문화는 주효과로서든 또는 조절 또는 맥락 요인으로서든 직무 동기, 행동 및 태도에서 근로자들의 차이를 이해하는 데 강력한 설명 요인일 수 있다(Rousseau & Fried, 2001). 더구나, 매개 기제의 차이는 왜 동기 전략이 국가마다 다른 효과성을 가져오는지를 설명한다. 최근 많은 연구자들은 가치 개념이 비교문화 연구가 결실을 맺기 위한 강력한 렌즈로서 기능하는지에 대한 문제에 도전하고 있다. Gelfand, Nishii와 Raver(2006)는 가치를 포함해서 광범위한 요인들을 제시하였다. 조직 문화 강도의 개념과 상당히 유사한 거시 수준의 개념인 **문화적 견고성**(cultural tightness)이 비교문화 차이 연구를 위해 유용한 변인으로 제시되었다. 문화적 견고성에 대한 논의와 직무동기에서 비교문화적 차이에 대한 연구에서 그것의 결과에 관한 논의는 이 책의 범위를 벗어난다. 이에 관심 있는 독자는 Gelfand 등(2006)을 참고하라.

요약과 미리 보기

이 장의 목적은 직무동기 연구와 관련된 인간의 본성에 대한 다양한 관점을 소개하는 것이었다. 인간 본성의 정수에 관한 우리의 가정은 직원들이 서로 상호작용하는 방식, 관리자와 상사가 직원들을 다루는 방식 및 조직 정책이 발표되고 적용되는 방식에 영향을 준다(McGregor, 1960). 학자들이 인간에 대해 갖는 가정은 사회과학에서 연유된 다양한 직무동기 이론의 근간을 이룬다(Sullivan, 1960을 보라).

확실히, 인간의 본성을 검토하는 데 이용할 수 있는 많은 관점이 있지만, 이 책의 초점과 주제를 생각하면, 이 장에서 우리는 욕구와 가치를 특징으로 하는 인간의 본성에 주로 초점을 두었다. 삶에서든 일에서든 사람들은 욕구와 가치를 근거로 한 많은 대중적인 직무동기 이론을 바탕으로 묘사된다. 반면, 인간의 감정적 측면은 최근까지 충분한 주목을 받지 않았다. 4장은 인간의 정서에 관한 이론을 검토하고 직무동기와 조직행동에서 감정과 기분의 역할에 관한 많은 문헌을 다룬다.

4장

인간의 본성: 직무동기로서 정서와 감정

어떠한 기간이라도, 어느 누구도,
진실일 수 있는 것에 관한 혼란스럽지 않고,
자신에게는 한쪽 얼굴만 보이고
다른 사람들에게는 다른 얼굴을 보이는 사람은 없다.
_Nathaniel Hawthorne

다른 무엇보다도, 일은 감정 경험, 즉 대다수 사람들의 감정적 삶의 주요 부분을 차지한다(Waldron, 2000). 그러나 이상하게도 불과 얼마 전까지 감정은 대개의 경우 조직행동과 직원들의 동기의 원천으로 여겨지지 않았다. 관리자들과 조직과학자들은 부인하고 간과함으로써 감정과 조직을 별개의 것으로 취급하고자 했다. 기껏해야 관리자들은 인간의 감정을 통제해야 하는 것으로 보았다(Rafaeli & Worline, 2001). 자신들의 감정도 계속 통제할 수 있다고 믿는 관리자들이 불쾌한 관리 결정을 가장 많이 하는 것 같다. 그러나 최근 과학적 및 응용 연구는 직무와 조직의 감정 차원을 연구와 이론에 포함시켰다. 나아가서 감정은 이 영역의 주요 관심 주제가 되었다(Brief & Weiss, 2002; Latham & Pinder, 2005; Rafaeli & Worline, 2002).

분명한 것은 사람들은 일하면서 느낌을 갖고 또한 일에 대해서도 느낌을 갖는다는 것이다.[1)] 그들은 자부심을 갖고 직무에서 성공한 것을 자랑하며, 일하는 동안 좌절한 것

1) Sandelands와 Boudens(2000)도 다음과 같은 주장을 한다. 많은 사람들은 일에 대해 느낌을 가지는데, 다시 말

에 불평한다. 그들이 승진할 때 또는 어려운 과업을 해냈을 때 느끼는 즐거움을 생각해 보라. 동료가 그들의 노력을 좌절시켰을 때 느끼는 분노를 생각해 보라. 동료는 보상을 받는 데 동등한 가치를 가질 것이라 여겨진 일을 했음에도 그들은 그렇지 못할 때 사람들이 느끼는 부러움을 생각해 보라. 해고에 대한 소문이 돌 때 그들이 느끼는 두려움을 생각해 보라. 회사의 규정을 어겨서 경영진으로부터 징계를 받은 직원의 분함을 생각해 보라. 사무실이나 공장에서 사내 연애에 빠진 사람이 느끼는 흥분을 생각해 보라. 본질적으로, 사람들은 감정적 존재이고, 그들은 다른 사람들과 함께 일하면서 이러한 감정을 느낀다. 더구나, 사람들이 느끼는 많은 감정은 직장에서 형성되고 경험된다. Lazarus와 Lazarus(1994)의 주장에 따르면, 인간은 지구상에서 가장 감정적인 동물이다.

조직과학에서 정서에 관한 간략한 역사

재미있는 사실 중 하나는 초기의 조직행동 연구자들 중 일부(예를 들어, Barnard, 1938; Likert, 1967; Mayo, 1933; Roethlisberger & Dickson, 1939; Whyte, 1948)만 일의 감정적 측면을 알아보는 것에 관심을 두었다(Ashforth & Humphrey, 1995; Lord, Klimoski, & Kanfer, 2002; Wright & Doherty, 1998). 그 당시 감정은 북아메리카의 행동과학의 연구 흐름 밖에 있었고, 수십 년간 지배적인 가정은 인지가 행동의 주요 원인이라는 것이었다(Derryberry & Tucker, 1994; Ross & Nisbett, 1991). 또한 행동주의가 헤게모니를 잡고 있던 시기였다(Skinner, 1953을 보라). 행동주의에서 인간 행동의 기원을 이해하는 데 감정이 작동할 여지는 없었다(14장을 보라).

1970년대 중반, Locke(1976)는 직무만족을 사람들이 직무를 평가받은 후의 가치에 비해 그들이 느끼는 감정적 반응으로 정의했다(더 자세한 내용은 12장을 보라). 그것은 출발점이었다. 조직에 관한 이론화에 감정을 다시 가져오는 것이 필요하다는 것이 인정되기는 했지만, 이 분야에서 감정적 내용에 관해서는 Locke의 정의가 전부였다.

해서 그들은 "전혀 신비롭지 않은 의식에서 일과 하나가 된다. …느낌과 행위는 공존하며, 동시에 영향을 주고받으며, 조화를 이룬다." (p. 53)

정서에 주어진 관심을 더 높인 학자 중 한 명은 직무만족이 [조직과학에서] 정서의 모든 측면을 설명하지 않는다는 점을 관찰했다(Weiss, 2001). Sandelands와 Buckner(1989)의 연구가 발표되었을 때만 해도 그들의 결론은 거의 진실인 것 같았다. 그들은 이렇게 썼다. "일할 때의 느낌에 관해 알아내야 할 것이 많이 있다. 글자 그대로 수천 편의 연구에도 불구하고 …일할 때의 느낌에 관한 영역은 상당 부분이 미지의 세계다. 일하면서 사람들이 왜 그렇게 느끼는가에 대한 질문은 피상적인 답을 준다. 일이 재미있다거나, 도전적이라거나, 스트레스를 준다거나, 비인간적으로 만든다는 답이 돌아온다. 또는 근로자와 일이 잘 어울린다거나 그렇지 않다는 답이 돌아온다. 그런 답은 일 자체의 미묘한 질감이나 역동성을 거의 드러내지 않는데 하물며 직무상의 우려와 감상 같은 복잡한 심리를 드러내겠는가." (p. 106)

그러나 1990년대 중반 밀물이 밀려왔다. 그 이후, 감정은 심리학뿐 아니라 다른 학문 영역에서도 좀 더 중요하게 다루어지고 있다(예를 들어, 감정이 교실 및 더 넓게는 교육심리학에서 어떻게 '발견되고' 있는지에 관해 Meyer & Turner, 2002를 보라). 노벨상 수상자인 Herbert Simon(1995)은 인지심리학을 진보시키기 위한 자신의 계획의 일부로 '정서'에 대한 강조를 더욱 요구했다. 감정은 경제학과 결정분석에서도 인식되고 있다(Pieters & Van Raaij, 1988을 보라). 조직과학자들은 그러한 요청에 반응하여, 조직행동 영역에서 관련 이론과 연구를 구성하고 있다(조직 생활에서 감정의 영향력은 어떻게 되며, 이에 대한 인식은 어떻게 되는지에 대해 좀 더 자세한 역사적 개관을 보고자 한다면 Rafaeli & Worline, 2001을 보라). 정서에 관한 흥미를 재발견한 선구자 중 한 명은 정서에 대한 관심의 증가는 조직행동의 여러 분야에서 상당한 변화를 가져올 것이라 언급하였다(Brief, 2001). 따라서 이 장의 목적은 직무동기와 행동에 관한 문제에서 인간의 감정성의 역할을 알아보는 것이다.

정서의 형태: 감정, 기분, 느낌, 기질 및 성향

직무동기에서 '감정'이나 감정의 역할에 대한 만족할 만한 수준의 논의는 인간 정서의 여러 측면을 다루는 여러 개념들을 구분할 필요가 있음을 제시한다. 감정(emotion)이라는 용어는 정서(affect), 정서가 드러내는 것의 일부 또는 전부, 정서 형태를 다루기 위해 상투적으로 이용되는 포괄적 용어다.

감정이란 무엇인가

두 명의 선도적 권위자는 감정을 다음과 같이 정의한다.

> 감정은 우리의 몸과 마음에 관련된 복잡한 반응이다. 이러한 반응은 분노, 불안 또는 사랑과 같은 주관적 정신 상태, 겉으로 표현되든 아니든 도망치거나 공격하는 것과 같은 행위 충동, 심장 박동이나 혈압 상승과 같은 신체상의 변화를 포함한다. 이러한 신체 변화 중 어떤 것들은 대처 행위를 준비하고 유지하며, 자세, 몸짓 및 얼굴 표정과 같은 다른 것들은 우리가 느끼고 있는 것을 다른 사람들에게 전달해서 다른 사람이 믿기를 바란다. 감정은 개인의 인생 드라마다. 그런 드라마는 숙명적으로 특정 접점에서 우리가 지닌 목표뿐 아니라 우리 자신과 우리가 살아가는 세상에 대한 신념과 관련된다. 감정은 그러한 접점에서 발생하는 것에 대한 개인적 의미 또는 중요성에 대한 평가에 의해 발생한다. 드라마의 플롯은 감정마다 다르며, 각 감정은 고유의 특별한 이야기를 가지고 있다.
>
> (Lazarus & Lazarus, 1994, p. 151)

감정은 자신과 타인에 대한 '커뮤니케이션'으로 여겨질 수 있다(Oatley & Jenkins, 1992). 이러한 관점에서, 그것은 정보 해독이고, 그렇게 해독된 것 중 일부가 의사소통되는 것이지만(Buck, 1985), "감정의 행동적 또는 생리적 지표와 개인의 의식적 각성 사이에는 상당한 차이가 있다. 따라서 감정의 커뮤니케이션은 행동적 신호를 통해 알려지는 것이지, 그러한 신호를 방출하는 개인에 의해 의식적으로 인식될 필요는 없다." (Lang, 1988의 연구를 요약한 Oately & Jenkins, 1992, p. 59)

감정은 중요한 목표와 관련된 사건의 발생을 알려 줄 수 있다. 감정은 행위 준비성의 변화다(Frijda, 1986). 감정은 보통 외부 사건에 의해 유발되는 정신 상태, 즉 과정이다. 그것은 단계적이어서, "분명한 시작점, 하나 이상의 절정기, 그리고 쇠퇴 시기" (Frijda, Mesquita, Sonnemans, & van Goozen, 1991을 인용한 Oatley & Jenkins, 1992, p. 59)를 거친다. 감정은 개인이 사물과 사건에 부여하는 의미에 의해 결정되며, 따라서 그 사람에게 중요한 것과 자신과 세상에 대한 그 사람의 신념에 따라 달라진다.

감정은 때로는 의도 또는 의도의 변화를 나타낸다. 그것은 사람들의 행위에 영향을 미치기 때문에 사람들 사이의 관계를 특정 상호작용 양식으로 만드는 경향이 있다(Oately & Jenkins, 1992). 어떠한 순간이든 감정은 다양한 강도에서 내적으로, 행동적으로 경험될 수 있다. 감정은 생리적으로 또는 자기보고를 통해 나타낼 수 있다. 감정은 보통 개인의 목표와 욕구에 관련된 사건을 평가함으로써 유발된다. 때때로 이러한 평가는 선천적이거나 의식 아래에 있다(Oately & Jenkins, 1992). Lazarus와 Lazarus의 정의에 나타난 것처럼, 대부분의 감정은 보통 생리적인 면이 수반되는 독특한 주관적 경험이며, 그래서 Oatley(1991)는 "독특한 현상학적 분위기"(p. 20)라 불렀다. 따라서 슬픔은 기쁨이나 두려움과 다르며, 사랑은 불안과 다르다(비록 그것들이 병존할 수 있지만). 마찬가지로, 감정은 보통 강박적 사고와 연합되며, 많은 경우 독특한 얼굴 표정 및 신체적 반응과 관련된다.

Oatley(1992)와 Frijda(1986)에게 있어서 감정은 "행위 준비성 … 또는 행위 변화에 대한 정신 상태"(Oatley, 1992, pp. 19-20)이며, 이러한 상태는 개인의 목표 또는 관심사에 영향을 주는 개인의 생활공간 안에 있는 어떤 것의 평가를 바탕으로 한다. 더구나, 이러한 평가는 반드시 의식되는 것은 아니지만, 그 사람이 개인적 관심사를 보호하기 위해 선택할 수 있는 행동 범위를 명확히 하는 작용을 한다. 예를 들어, 우리가 두려움을 느낄 때, 우리는 두려움의 원천에 맞서 싸우거나, 도망가거나, 복종하는 것과 같은 행동을 고려할 수 있다.

심리학자와 감정에 관심을 가진 다른 과학자들 사이의 지속적인 논쟁은 어떤 감정이 더 '기본적'이며, 어떤 감정이 혼합된 것이냐다. 기본과 혼합 논쟁의 근거는 다양하다. 이러한 논쟁의 미묘한 차이는 이 책의 범위를 넘어서기 때문에, 관심 있는 독자에게 Ekman과 Davidson(1994)을 추천한다. 우리는 몇 가지 요점만 전달한다. 예를 들어, Ekman과 Friesen(1975)은 기본 감정의 예로서 행복, 놀람, 분노 및 두려움을 언급했다. Oatley(1992; Oatley & Johnson-Laird, 1987)의 기본 감정 목록은 행복, 슬픔, 두려움 및 혐오감에 한정된다. 어떤 감정이 기본적인지를 결정하기 위한 중요한 수단은 그러한 감정과 연관된 얼굴 표정이 여러 문화에서 인식되는가다(Oatley & Johnson-Laird, 1987). 대조적으로, 경계심 같은 혼합 감정은 대부분의 흥미와 약간의 두려움으로 구성될 수 있다(Frijda, 1986). 따라서 감정을 범주화하는 것은 문젯거리이며, 어떤 감정이 기본이고 어떤 것이 혼합인지에 관해 이론가들 사이에 중첩되는 부분은 많지 않은 상태에서 사실상 다양한 이론이 존재한다(Russell, 1991을 보라). 그럼에도 불구하고, 우리는 실제적 유용성뿐 아니라 학문적으로도 어느 정도 이점을 가진 감정 분류 체계를 채택해야 한다.

결정적으로 중요한 것은 사건이나 상황이 여러 가지로 해석되기 때문에 공통되는 사건이나 상황이라도 사람들마다 다른 감정을 가져올 수 있다는 것이다. 예를 들어, 상사와 부하직원 사이의 오랜 갈등 때문에 상사가 툭 던지는 한마디가 부하직원의 분노를 유발할 수 있는 반면, 똑같은 한마디가 다른 직원에게는 별 의미가 없을 수 있어서 아무런 감정적 결과를 가져오지 않을 수 있다. 이처럼 사건과 감정 반응 사이에 일대일 연결이 안 된다는 것은 타인의 한마디 말이나 심지어 사고 또는 죽음 같은 큰 사건에 대한 어떤 사람의 감정 반응을 다른 사람이 이해하는 것이 어렵다는 것을 의미한다.

내적 필수 자원으로서 감정

Maclean's[2](2006년, 5월 22일, p. 41)는 필리핀의 한 레스토랑이 '분노의 벽'을 설치하여 고객들이 접시와 기타 '깨질 수 있는 것들'을 던지게 함으로써 그들의 좌절을 줄일 수 있게 해 준다는 짧은 기사를 내보냈다. 그 레스토랑은 이런 행위에 대한 명목상의 비용을 청구한다. 사람들은 욕설을 퍼부을 수도 있고, 심지어 그 벽에 분노를 표시하는 글을 써도 된다. 그 레스토랑은 33센트짜리 접시를 깨뜨리는 것으로는 위안을 얻지 못하는 사람들을 위해 좀 더 비싼 것들을 제공하기도 한다.

상투적으로 말해서 많은 감정은 종종 구체화되는데, 사람들은 마치 감정을 자신들 속에 물리적 실체로 존재하는 것처럼 말하거나 생각한다(Tarvis, 1982). 사람들이 화가 났을 때, "그녀는 분노로 가득 차 있어." 또는 "헨리는 질투에 불타고 있어."라고 말하는 것은 좋은 예다. 이러한 감정 개념의 한 가지 시사점은 잘못 소화시킨 음식처럼 어떤 것들은 그들의 몸 밖으로 끄집어내는 것이 가능하며, 심지어 바람직하다는 것이다. 이것은 감정에 대한 자발적 통제의 문제를 제기한다. Charles Darwin 같은 초기의

2) *Maclean's*는 정치, 대중문화 및 시사 문제와 같은 문제를 다루는 캐나다의 주간 뉴스 잡지다-역주.

사상가들은 하등 동물에 대한 관찰을 인간에게 적용하였다. 개는 위협이나 위험에 대한 반응으로 분노를 표현하는 것으로 여겨진다. 개들의 동물적 반응은 본능적이다. Darwin은 생태학자로서는 탁월하지만, 심리학자로는 영 아닌데, "분노에 대한 [Darwin의] 설명은 다음과 같은 식으로 지나치게 단순화되었다. 누군가 당신을 성나게 하고, 그래서 당신은 그를 싫어하고, 싫어한다는 느낌은 혐오감으로 바뀌고, 혐오감에 대한 되새김질은 당신을 분노하게 만든다." (Tarvis, 1982, p. 33)

Darwin(및 Freud)의 시대 이후, 속으로 억누르는 것은 나쁘기 때문에 분노를 겉으로 표현할 때 사람들이 좀 더 건강하다고 생각하는 학파들이 있었다. 이들 '표현주의자'는 감정을 드러내지 않는 것이 고통과 대인 갈등을 유발한다고 믿는다. 그들은 우리가 분노, 사랑, 공감 및 기타 다른 감정을 겉으로 솔직하게 드러내야 하며, 고혈압, 궤양, 우울, 성적 문제 및 약물 남용 등은 감정 표현의 억제로 인해 나타날 수 있는 결과라고 믿는다. 캘거리(Calgary)에 있는 한 일류 엔지니어링 회사는 같은 목적으로 감정적인 직원들이 울거나 소리치거나 사적으로 자신의 감정을 경험하도록 하는 조용한 방을 설치했다. 이 방은 매우 인기 있다.

적어도 한 명의 이론가는 감정이 우리들 안에 갇혀 있는 어떤 것이며, '밖으로 그것을 끄집어내는 것'에 초점을 둔 과정과 수단이라면 이로운 것이라는 견해의 가치를 거부했다. 그의 주장에 따르면, "그런 견해가 사람들로 하여금 감정을 드러내고 마음을 동요시키지만 … 처음으로 그들을 화나게 만든 환경을 인식하거나 바로잡지는 않는다. 이솝의 사자가 으르렁거릴 때, 어느 누구도 그 사자가 응어리진 적개심이나 기질 통제의 문제를 가지고 있다고 생각하지 않는다. 사람들은 그물 덫이 그 사자를 잡고 있다는 것을 알고 있다. 아무리 많이 기도문을 외우거나 소리를 치거나 베개를 두드린다 한들 현대 생활의 많은 그물로부터 우리가 해방되지는 않을 것이다." (Tarvis, 1982, p. 45) Tarvis의 요점은 업무 현장에서 다양한 감정의 관리에 상당한 시사점을 주는데, 특히 그러한 감정들은 좌절과 관련되기 때문이다. 아무리 많은 침묵의 방, 야구 방망이 또는 상사의 대용품이 있다 해도 그것들이 조직에서 인간의 감정 반응성을 야기하는 역기능적 정책과 관행을 바로잡지는 않을 것이다. 사람들은 폭력 행위, 눈물 또는 화나는 것을 곱씹어 보는 정화 기간을 거친 후에 기분이 나아짐을 느낄 것이지만, 유사한 환경으로 돌아오면 그러한 감정은 다시 발생할 것이다. 자신의 감정, 특히 분노를 표현하는 것의 치료적 가치와 그러한 감정의 통제 가능성에 대한 논쟁은 아직 해결되지 않았다. 관심 있는 독자는 Tice와 Baumeister(1993)를 읽어 보라. 그들의 입장을 요약하면, "분노는 상당 수준 통제되고 조절되며 풀어질 수 있다는 것이다. 그러나 없어지지는 않는다."(p. 396)

감정과 느낌

감정의 중요한 측면 중 하나는 그것이 활성화를 수반한다는 것이다(Kitayama & Niedenthal, 1994). 어떤 감정을 갖고 있는 사람은 각성된 느낌(feeling)의 강도와 각성된 에너지의 잠재적 대상에 따라 활성화되어 행동할 준비가 되어 있다. Oatley와 Duncan(1992)의 발견에 따르면, 행복, 슬픔, 분노 및 두려움 감정의 77%는 감정의 주관적인 내적 느낌을 포함하며, 77%는 신체적 감각을 포함하며, 81%는 불수의적 사고를 하게 되며, 90%는 "의식적으로 인식된 행위 또는 감정적인 행동 충동과 연관된다. 감정에 관한 대부분의 에피소드는 이러한 특징을 모두 포함하지만, 어떤 경우 한 가지 이상의 특징은 결여되어 있다."(Oatley, 1992, p. 21)

감정을 드러낼 때, 우리는 한 가지 이상의 신체적 자극을 경험하게 된다. 우리가 '사랑의 아픔'을 말할 때, 그 표현은 은유적 의미 이상이다. 마찬가지로, 우리가 '가슴이 찢어진다'고 말하는 상태는 실제로 심장과 복부를 고통스럽게 하며, 사람들이 생리적 수준에서 느끼는 슬픔과 두려움을 수반한다. 여러 가지 다양한 철학적 관점에 따라 다양한 학파에서 인식되는 수많은 감정이 있다. 따라서 감정 상태와 연관된 여러 가지 다양한 생리적 느낌이 있으며, 감정과 신체적 증상 사이에 일대일 상응성이 반드시 있는 것은 아니다. 친구의 죽음과 연관된 감정적 느낌은 잠시 동안일지라도 사랑하는 사람의 부재에 따른 감정적 느낌과 유사할 것이다. 우리 문화에서 첫 번째 감정은 비통함이지만, 여러 면에서 그것은 사랑하는 사람의 부재와 관련된 그리움과 애통함과 비슷하다.

두 명의 조직학자는 자신들의 정의에서 감정의 느낌 측면을 강조했다.

> 감정은 자기참조적인 형언할 수 없는 느낌이다. 그것은 현재의 관여와 평가를 나타낸다. 시각과 청각처럼, 감정은 세상과 순간 사이의 의사소통 통로와 우리가 어떻게 이러한 지각된 세상 안팎으로 연결되는지에 대한 평가를 제공한다. 그것은 강

> 렬하거나 미묘할 수 있거나, 넓게 요동칠 수 있거나 좁은 범위 내에서 안정을 유지할 수 있다. 그러나 확실한 것은 우리는 자기보고에 의해 제공되는 것 이상으로 느낌 상태 또는 과정에 접근할 아무런 과학적 또는 특권적 방법을 가지고 있지 않다는 사실이다. 느낌을 갖는 사람들에게 어떤 감정의 타당성은 주어진 것이고, 알려지지 않은 진실 검증의 지배를 받으며, 옳지도 그르지도 않다. …그것은 행위자가 경험하거나 또한 최소한 타인에게 드러낸 수행 때문에 경험한다고 주장하는 자기참조적 느낌이다[강조 추가].
>
> (Van Maanen & Kunda, 1989, p. 53)

때때로 감정은 다른 감정과 느낌을 유발한다. 예를 들어, 무엇인가를 빨리 결정하는 것을 매우 즐거워하고 행복해하는 사람은 자기통제 결여에 즉각적으로 당황스러움을 표현할 수 있다. (예를 들어, 어떤 것을 정복한 후) 극단적인 수준에서 자부심을 드러내는 것이 패배자들의 기분을 상하게 한다면, 그런 자부심의 표현은 이내 수치심(또는 죄책감)을 느끼게 할 수 있다. 질투나 부러움은 자신에게서 사랑하는 사람을 앗아 가거나 자신이 탐내는 것들을 소유한 사람들에 대한 증오심을 촉발할 수 있다. 우리가 처한 상황과 유사한 상황에서, 어떤 사람들이 느낌이라는 것을 갖거나 우리가 느끼는 것과 같은 감정을 느낄 때, 우리는 그들을 감정적인 존재로 폄하할 수도 있다. 우리 문화에서 많은 남자들은 특히 눈물까지 수반되는 사랑이나 슬픔 같은 '부드러운' 감정의 표현을 통제하지 못하는 것을 부끄러워한다. 간단히 말해, 감정은 종종 무리지어 순서대로 다가오며, 어떤 조합이 가능한지 예측하기는 어렵지만 예측 가능한 조합은 유익한 정보를 준다.

기분, 기질 및 정서성

감정 상태가 지속되고 "그 감정이 지향하는 특정 대상이 없을 때, 기분(mood)이라 부른다." (Kitayama & Niedenthal, 1994, p. 7; 또한 Salovey & Mayer, 1990도 보라) 기분은 개인의 생활 공간에서 어떤 사건이나 기분 유발자에 대한 노출이 지난 이후에도 시작되고 계속될 수 있다. 기분은 특정 사건과 자극이 없어도 지속되는 경향이 있다(Frijda, 1986, p. 59). "기분의 초점은 하나의 협소한 목표 또는 사건에 있지 않고 광범위하다. 예민한 감정은 보통 그것을 발생시키는 어떤 사건에 의해 촉발되는 반면, 기분은 확산되기 쉬운 존재론적 관심사를 표현한다."(Lazarus & Lazarus, 1994, p. 84) 한 개인은 분노나 불안과 같은 일반적인 기분을 가질 수 있으며 이삼 일 동안 그러한 기분을 유지하면서 자신의 삶의 모든 요소들에 그러한 기분을 연관 지을 수 있다. "행동적으로, 기분은 어떤 하나의 대상이나 사건을 중심으로 하지 않고 지금은 이것, 다음에는 저것으로 빠르게 연관 짓는 활동의 배열이다. 즉, 상대적으로 덜 중요한 다양한 사건들에 의해 쉽게 환기되는 유사한 활동의 배열이다."(Frijda, 1986, p. 59) 예를 들어, 200명 이상의 판매원을 대상으로 한 연구에서, 사람들의 기분은 그들의 무단결근 행동과 부정적인 관련이 있는 것으로 발견되었다(George, 1989). 그래서 어떤 의미에서, 기분은 초점이 잘 맞춰진 것이 아니라 기분이 활성화되는 한 개인의 삶에서 모든 사건과 사람에 연관 지을 수 있는 일반화된 느낌이다.

반면, 기질(temperament)은 어떤 감정에 대한 성향(predisposition)으로 정의된다(Oatley & Johnson-Laird, 1987). 예를 들어, 누군가 분노 감정에 대한 성향을 가지고 있다면, 그 사람이 "분노 기질을 가지고 있다."라고 말할 수 있다. 심리학자들은 **부정적 및 긍정적 정서성**(affectivity)이라는 용어를 이용해서 사람들이 세상을 부정적 또는 긍정적으로 바라보는 특징적 경향을 서술한다. 기본적으로 부정적인 정서성을 지닌 사람은 생활 사건에 대해 긍정적인 기질이나 긍정적인 정서성을 드러내지 않을 것이다. 사실, 이 두 차원은 서로 독립적인 것 같아서, 우리들 대부분은 두 가지 정서 상태에 투사할 수 있다(George, 1992; Warr, Barter, & Brownbridge, 1983; Watson, Clarke, & Tellegen, 1988). 이 장의 후반부에서 살펴보겠지만, 많은 학자들은 긍정적 정서성에 근간을 두는 일반적인 긍정적 기분을 지니는 것이 개인과 조직에게 많은 좋은 것의 원천일 수 있다고 믿는다. 현재 인기 있는 '긍정 조직행동' 운동은 행복, 희망, 용서 및 이외의 긍정적인 기분과 감정이 직무동기와 직원들의 행동에 폭넓게 이로운 효과를 지닌다는 가정에 꽤 많이 기초하고 있다(이 가정의 타당성에 대해서는 Cameron, Dutton, & Quinn, 2003뿐 아니라 *Academy of Management Review*, 2006년 4월호의 논쟁을 참고하라).

지각, 인지 및 감정

심리학에서 수십 년간 지속된 논쟁은 사람들이 무엇을 지각하고, 무엇을 생각하고 믿으며, 어떻게 느끼는지 사이의 관련성이다. 사실, 사고와 느낌 사이의 기본적인 이원주의(dualism)는 적어도 Descartes까지 거슬러 올라간다. 사고는 마음의 주요 활동으로 여겨지는 반면, 감정 표현은 신체와 연합된 몇 가지 역할 중 하나였다(Damasio, 1994; Goleman, 1995). 한 가지 쟁점은 느낌이나 감정이 사람이 보고 믿는 것에 영향을 주는가 여부다. 또 다른 쟁점은, 감정 유발자와 사건에 대해 감정적으로 반응하기 위해, 사람은 사건 및 자극에 대해 지각하고 생각해야 하는가, 아니면 인지 과정을 거치지 않고 감정이 사람에게 직접 영향을 주는가다. 부하직원 없이 직무를 잘 수행하고자 한 시도가 막힌 사람을 생각해 보자. 그 관리자는 부하직원의 부재의 원인도 모른 상태에서 즉각적으로 (분노와 같은) 부정적 감정을 경험할 것인가? 아니면 감정이 발생하기 전에 부하직원의 동기와 상황에 대해 정확하든 아니든 어떠한 통찰을 가져야 할 것인가?

이 문제에 대한 초기의 가장 흥미로운 연구는 Schacter와 Singer(1962)의 감정에 대한 인지각성 이론(cognition arousal theory)이다. 이 이론의 핵심 가설은 감정 상태가 두 요인, 즉 생리적 각성과 각성 원인에 대한 인지의 상호작용 결과라는 것이다. 각성은 감정적으로 특화되지 않은 상태로 지각된다. 즉, 사람은 단지 자극을 받는다는 것만 느끼고 그 자극의 원인을 이해하기 위한 준비를 하지만, 자극 자체는 처음에는 모든 감정에 동일한 방식으로 경험된다. 일단 각성되면, 그 사람은 각성의 원인에 대한 단서를 찾는다. 이 이론이 주장하는 것은 사람은 각성과 그 각성 관련 환경 특징을 연결시켜야 하기 때문에 각성과 인지 활동은 행복, 두려움 또는 부끄러움 같은 감정이 발생하는 데 필수적이지만 종합적으로 고려할 때 충분하지는 않다는 것이다. 이 이론은 수년간 감정에 관한 사회심리학을 지배했다. Leventhal과 Tomarken(1986)은 이 이론을 경험적으로 지지한 연구들을 개관했다.

감정 영역의 상당한 이론과 논쟁은 인지각성 이론이 제기한 쟁점에 뿌리를 두고 있다. 중심 쟁점은 사람들이 직면하는 상황에 대한 의식적 사고를 하기 전에 그리고 그러한 사고 없이 감정적 반응을 할 수 있느냐, 심지어 전적으로 그러한 감정만을 근거로 행동할 수 있느냐다. 예를 들어, 1984년 *American Psychologist*에 실린 두 명의 선도적인 연구자들 사이의 논쟁을 생각해 보자. 이 이론가들 중 한 명은 Lazarus(1984)인데, 그는 자신의 입장을 다음과 같이 요약했다. "감정을 경험하기 위해, 일차적 평가 지각의 형태를 취하든 고도로 분화된 상징적 과정의 형태를 취하든, 사람들은 자신의 안녕이 좋건 나쁘건 교류와 관련된다는 것을 이해해야만 하기 때문에 인지 활동은 감정의 필수적 선행조건이다."(p. 124) 따라서 사람은 자신의 연인과 같은 사무실의 새 직원 사이의 우정이 업무 관계 이상이라는 것을 알기 전까지는 질투를 경험하지 않을 것이다. 그는 두 사람 사이에 성관계를 원하는 정도의 대인 매력이 성장하고 있다는 것을 인식해야만 한다.

좀 더 최근에 Lazarus(1991)는 자신의 초기 입장을 약간 확장했다. 그는 "심리적 사건의 흐름에서 인지 활동은 인과적으로 감정에 선행하며, 차후의 인지 활동 또한 그 감정의 영향을 받는다."(p. 127)라고 주장했다. 예를 들어, 자신의 부서의 수행을 높이고자 하는 시도가 막혀 있는 상사를 생각해 보자. 상황을 이해할 때까지 부하직원들이 자주 자리를 비우는 것은 (분노와 같은) 부정적인 감정을 유발하지 않을 수 있다. 그 상사는 자신의 부하직원들이 의도적으로 자신을 피하는지(이 경우 분노가 가능하다), 또는 그들이 과도하게 일을 하느라 상사를 도와줄 수 없는 것인지를 알아내고자 할 것이다. 어느 정도의 반항이 있는 것으로 나타난다면, 그 상사는 즉각 분노를 경험할 것이고 그 분노를 표현할 것이다. 결국 표현된 분노는 그 상사로 하여금 일을 시킬 수 있거나 필요할 때 계속해서 활용할 수 없는 부하직원들의 다음 번 노력을 지각하는 방식에 영향을 줄 것이다. 그러나 그 상사가 자신의 팀이 지나치게 일하는 것이 문제라고 지각한다면, 아무런 감정이 표현되지 않거나 다른 감정이 표현될 것이다. 사실, 그와 같은 결론은 자신의 부하직원들의 가치에 대한 그 상사의 신념에 긍정적인 영향을 미칠 것이다.

오랫동안 어떤 사람들은 감정을 배고픔, 피로 및 갈증과 비슷한 '추동(drive)' 변인처럼 생각했다. Lazarus 학파에 따르면, 추동(또는 욕구)과 감정 사이의 차이에 대해 후자는 무엇이 발생하는지에 대한 평가가 필요하다는 것이다. 감정은 의식, 즉 상황에 대한 평가를 시사한다. 그래서 어떤 사람이 물 없이 오래 있을수록 더 갈증을 느끼게 되겠지만, "사람이 어떤 상황을 위험하다거나 두려운 것으로 평가할 때에만" (Averill, 1982, p. 10) 두려움 같은 감정이 발생한다.

Zajonc(1980, 1984)는 논쟁의 다른 측면을 대표한다. 그는 '감정의 우선성'과 인지와 감정의 독립성을 믿었다. 그에 따르면, "선호는 추론을 필요로 하지 않는다." 그는 정서(감정)는 인지 이전에, 후에, 또는 동시에 발생한다고 믿고, 인지에 대해 Lazarus와는 조금 다른 정의를 채택했다. 예를 들어, Zajonc의 신념에 따르면, 부하직원들은 상사에 대한 실제적인 생각과 상사와의 관계가 없어도 어떤 상사의 존재에 대한 반응에서 두려움 같은 감정적 반응을 갖는 것이 가능하다는 것이다.

감정이나 인지의 우선성에 관한 논쟁의 상당 부분은 인지의 정의에 대한 두 가지 이론 사이의 차이에 달려 있다. Zajonc(1984)는 Lazarus의 인지에 대한 정의를 협소하고 제한적이라고 여겼기 때문에 그는 자신의 입장이 Lazarus(1984)의 입장과 화해될 수 없다고 주장했다. 그는 Lazarus의 정의를 논박하는 것은 불가능하고, "인지, 지각 및 감각 사이의 모든 구별은 사라진다."(Zajonc, 1984, p. 121)라고 주장했다. 그들 사이의 미묘한 차이와 의미는 여기서의 목적을 넘어선다. 관심 있는 독자는 Leventhal과 Scherer(1987)의 요약에서 도움을 얻을 수 있다.

논쟁에 대한 생리적 증거

뇌 연구에 대한 Damasio(1994)와 Goleman(1995)의 요약은 우선성 쟁점과 감정이 합리적 의사결정을 도와주는지 아니면 방해하는지에 대한 쟁점과 관련된 핵심 논쟁을 분명히 하는 데 도움을 준다. Goleman(1995)은 "종종 열정이 이성을 압도하는"(p. 5) 많은 인간 행동(자녀가 위험에 처한 부모의 행동처럼)을 제시했다. 그는 인간이란 "두 마음", 즉 합리적 마음(대뇌피질 중심적인)과 감정적 마음(이것의 기능은 뇌의 다른 영역인 **변연계**를 중심으로 이루어진다)을 가졌다고 말했다. 대부분의 일상 상황에서 상황을 고려하는 감정적 마음과 사람들이 행위를 위해 이용 가능한 대안들로부터 선택하는 합리적 마음은 조화를 이루며 작동한다.

그러나 Goleman(1995)은 우리들에게 진화론적 관점에서 감정적 마음이 피질에 선행한다는 것을 일깨운다. 인간은 생각하는 능력과 이성을 세련되게 만들기 전에 감각하고 느끼는 역량을 발전시켰다. 사회학자인 George Simmel(1950)도 이 점에 동의하고 있다. "사람들이 유전적이고 체계적인 위계 속에 심리적 발현의 근거를 찾는다면, 사람들은 확실히 지능보다 느낌(모든 느낌은 아니지만)을 그 근저에 놓을 것이다. 쾌락과 고통뿐 아니라 개인과 종들의 보존을 위한 어떤 본능적 느낌은 개념, 판단 및 결론 같은 작동에 앞서 발달하였다. 따라서 다른 어떤 것보다 지능의 발달은 개인 수준보다 사회 수준에서 지체되고, 느낌의 영역은 그 반대를 보일 것이다."(pp. 34-35)

진화의 역사에서 이러한 우선성이 명확하든 아니든, 인간은 종종 마음이 결정 과정에 들어가기 이전에 (지각적 활동이 있은 후) 감정을 근거로 행동한다. Goleman은 그런 예를 "감정적 납치"로 언급하며 사람들이 감정을 근거로 극단적인 행동, 즉 다시 생각해 보면 나중에 후회하게 되는 행동을 하는 많은 사례를 제시한다. Goleman은 하나의 예로서 자신과 관련된 사건을 인용한다. 그는 침실에서 깊이 잠들어 있다가 크게 부딪히는 소리 때문에 갑자기 잠에서 깼다. 그는 침대에서 뛰쳐나와 서둘러 침실 밖으로 나왔고, 잠시 멈춰서 밖에서 등 뒤의 상황을 응시해 보니 그 소리는 침실 모퉁이에 떨어진 한 무더기의 책들 때문이라는 것을 알았다. Goleman은 침실 밖으로 뛰쳐나온 것은 그의 지각 장치(이 경우, 그의 청각)와 그의 편도체(변연계의 일부) 사이의 단순한 연결에서 나온 결과라고 결론지었다. 사실 확인 후 그의 피질이 행동에 도달할 때까지 충분한 시간이 없었다. 그가 많은 이야기를 통해 제시했던 것은 긴급 상황뿐 아니라 때때로 우리의 감정적 측면은 마음이 끼어들기 전에 행동을 촉발할 수 있지만, 인지 및 감정 체계 둘 다 개입할 때 인간의 의사결정은 가장 잘 작동한다는 것이다. (비슷한 증거를 보려면 Damasio, 1994를 보라.)

이러한 글들이 쓰이던 시기에, Zajonc(2000)는 이 논쟁에 관해 가장 포괄적이고 확실한 증거들을 제시하였는데, 그는 정서와 인지가 독립적이라는 것을 증명하기 위해 Lazarus(1984)와의 1984년도 논쟁 이후 동료들과 함께 진행한 많은 실험을 요약했다. 그 증거는 꽤 확실하다. 그 증거는 사람들의 선호(Zajonc는 이것을 정서에 대한 주요 기준점으로 이용한다)가 인지적으로 각성되지 않은 경험에 의해 변화될 수 있다는 것을 보인다. 그는 다음과 같이 썼다(2000, p. 55).

> 자극에 대한 반복적 노출은 그 자극이 각성되지 않을 때조차 그 자극에 대한 긍정적 정서의 발달을 가져온다. 더구나, 어떤 조건하에서 자극에 대한 접근이 낮아졌을 때, 개인이 이러한 자극을 과거에 경험했다는 것과 관련하여 자극에 대한 정서적 평정은 재인 기억보다 더 나은 지표다.

간단히 말해, 정서는 인지와 독립적으로 기능할 수 있다. Zajonc가 언급한 것처럼 연구자들이 도전해야 할 것은 인지적 판단을 수집할 때 정서적 반응에 주목하는 것이고, 우리들이 정서를 연구할 때조차 인지적 판단을 수집해야 한다는 것이다. 이러한 결론은, 예를 들어 정서 사건 이론과 같은 모형의 발달의 경우처럼 인지와 감정에 초점을 둔 직무동기 연구에서 추가적인 연구와 이론의 발달에 중요한 의미를 지닌다.

감정성과 합리성

감정에 관한 많은 신화가 거부되었다. 하나는 감정은 비합리적이고 사고와 이성에 의존하지 않는다는 것이다(Lazarus & Lazarus, 1994). 그럼에도 불구하고(또는 최소한 사람들이 감정성(emotionality)과 합리성(rationality) 사이의 관계를 얼마나 강하게 느끼는지를 나타내기 위해), 조지타운(Georgetown) 대학교 학생들을 대상으로 한 Parrott(1994)의 경험적 연구를 생각해 보자. 그가 발견한 것은 학생들에게 '감정적'이었을 때를 회상하고 그것을 어떻게 느꼈는지를 서술하도록 했을 때, 그들의 가장 공통된 해석은 '비합리성'이었다. 즉, 명확히 사고하거나, 효과적으로 대처하거나 또는 타인의 관점에서 평가할 수 없었다는 것이다(Parrott, 1994). 사람들은 감정성과 합리성을 양립할 수 없는 것으로 생각하는 것 같다. 그러나 그것은 단지 언어의 문제일 수 있다. 다시 말해서, 다른 문화권 또는 다른 언어권에서 비합리성 현상이 '감정적인 것'으로 여겨지지 않거나 정의되지 않을 때조차, 사람들이 비합리성 상태라 믿는 것은 단지 감정적인 상태라는 꼬리표를 붙이거나 그런 상태로 생각되는 것일 수 있다(Russell et al., 1994를 보라).

오랫동안 감정과 감정성을 간과한 것은 이처럼 널리 퍼진 '신화' 때문일 것이다(Ashforth & Humphrey, 1995). 조직이 '합리성의 규범'하에서 작동한다는 저술과 이론(Thompson, 1967을 보라)은 일과 동기에 대한 학술적 연구뿐 아니라 관리 실무에 영향을 미쳤다. 합리적인 것이 목표였다. 감정적인 것 또는 감정적으로 보이는 것은 수십년간 유행 속에 있지 않았다. 앞에서 언급한 것처럼, 존경받는 Herbert Simon은 인지심리학조차 학문으로서 진보하기 위해서는 감정성을 수용해야 할 것이라는 신념을 드러냈다(Simon, 1995).

또 다른 신화는 감정성이 인간의 적응 방식을 방해한다는 것이다. 감정은 "적응상의 실패를 용인하지 않는 세상에서 삶에 적응하기 위해 투쟁해야 하는 운명과 긴밀히 연결된 것"(Lazarus & Lazarus, 1994, p. 3)으로 보인다. 예를 들어, 사람들이 검사를 받을 때 일어날 수 있는 오류의 원천에 대한 논의에서 Cooper와 Emory(1995, p. 147)는 "응답자들은 피로, 지루함, 불안 또는 주의 산만 같은 일시적 요인 때문에 고통을 받기도 한다. 이러한 것들은 주의 깊고 완전하게 반응하는 능력에 제한을 가한다. 배고픔, 참을성 없음, 또는 기분의 일반적인 변화 또한 영향을 미칠 수 있다."라고 말했다. 따라서 감정과 감정성은 억제되고 통제될 필요가 있는 성가신 문제로 보이며, 즉 그것들은 인간의 본성과 기능에 대한 신뢰할 수 없는 평가를 양산할 수 있다.[3)]

그럼에도 불구하고, 감정은 우리가 무엇을 지각하고 그것들을 얼마나 잘 그리고 빨리 지각하는지에 영향을 미친다는 상당한 증거가 있다(증거의 요약에 대해서는 Oatley & Jenkins, 1992를 보라). 따라서 단어와 감정을 내포한 얼굴이 사람들이 그 시기에 경험하는 감정과 일관될 때 사람들은 그러한 단어와 얼굴을 좀 더 빨리 확인한다(Niedenthal, Setterlund, & Jones, 1994). 우리의 감정은 우리가 합리적으로 행동할 능력에 영향을 주는가? Damasio(1994)는 "어떤 상황하에서 감정이 추론을 방해한다는 것에 대해서는 의심의 여지가 없다."(p. 52)라고 주장한다. 따라서 사람들은 다른 사람에게 해를 입힌 누군가에게 즉각 반응하지 말라고 충고한다. 우리들은 "냉정을 유지하라" "생각해 보라"라고 충고한다. 이러한 유형의 생각은 감정이 냉철한 추론에 상처를 낼 수 있다는 것을 시사한다. 대조적으로, 신경심리학과 결정분석을 결합한 연구를 근거로 해서, Damasio(1994)는 감정의 축소가 똑같이 중요한 비합리적 행동의 원천일 수 있다고 주장한다. 앞에서 본 것처럼, 어떤 뇌 영역의 활동은 한편으로는 추론과 의사결정, 다른 한편으로는 인간의 감정 과정과 밀접히 관련되어 있다.

Forgas(1995)와 좀 더 최근에 Forgas와 George(2001)는 '정서 주입 모형(affective infusion model)'을 제시하였는데, 이것이 제안하는 것은 정서(기분과 감정 둘 다)가 사람들의 판단과 행동에 영향을 미치는가 여부는 특별한 상황에서 그들이 채택하는 정보처리 전략의 유형에 달려 있다는 것이다. 정서 주입은 "정서적으로 부하되는 정보가 판단 과정에 영향을 행사하고 그 과정에 포함됨으로써, 그런 정보가 판단자의 숙고 과정에 들어가서 사실상 판단 결과를 물들이는 과정"(Forgas, 1995, p. 39)으로 정의된다. 친숙한 정보를 자동적으로 처리하는 것과는 상반되게 어떤 인지 과제가 새로운 정보의 능동적 생성을 요구하는 정도에 따라 정서 상태는 개인의 판단에 영향을 줄 수 있다(Forgas, 1995). 더구나, 만일 그 사람이 마음속에 이미 목표를 가지고 있다면, 아무런 동기적 힘이 없을 때보다 정서가 판단에 영향을 미치지 않을 수 있다. Forgas와 George(2001, p. 4)는 다음을 제안한다.

3) 본 저자는 Cooper와 Emory(1995)의 언급에 주의를 기울이게 한 Martin Martens(1995)에게 감사한다.

> 정교하고 실질적인 처리 과정을 요구하는 과제는 정서의 영향을 가장 많이 받을 수 있는데, 기분은 반응을 구성할 때 이용되는 정서 관련 사고와 기억을 선택적으로 점화할 것이기 때문이다. 반면, 좀 더 단순한 처리 전략을 이용하여 해결될 수 있는 과제는 거의 또는 아무런 정서적 주입을 보이지 않는다.

간단히 말해서, 정서 주입 모형은 정서가 두 가지 방식—① 정서는 사람들이 무엇을 생각하는가에 영향을 준다(다시 말해, 사람들의 인지의 내용). ② 정서는 사람들이 어떻게 생각하는가에 영향을 준다(즉, 인지 과정)—으로 조직행동에 영향을 준다는 것을 의미한다. 사람들이 정보를 어떻게 처리하는가는 일시적인 기분 상태가 사람들의 생각과 행동에 미치는 효과를 확대, 제거 또는 심지어 역전시킬 수 있다. 또한 이 모형은 과제, 개인 및 맥락의 본질을 생각할 것을 포함한다. 이 모형에 대한 완전한 서술은 Forgas(1995)를 참고하라.

이 모형은 이 책의 목적인 직무동기와 특히 관련되어 있다. George와 Brief(1996)와 Seo, Barrett와 Bartunek(2004)의 이론적 연구뿐 아니라 Staw, Sutton과 Pelled(1994)의 경험적 증거는 긍정적 기분이 직무동기에 긍정적 영향을 미칠 수 있다는 것을 증명했다. 개인의 기분에서 긍정적 변화는 동기를 향상시킬 수 있고, 어떤 상황에서는 부정적 기분도 같은 효과를 가질 수 있다(Forgas & George, 2001).

George와 Jones(1997)는 기분이 동기에 긍정적 또는 부정적 효과를 미치는가(또는 아무런 효과도 미치지 않는가)는 개인의 가치, 태도 및 기분에 대한 총체적 평가를 요구한다고 주장했다. 그들의 제안에 따르면, '작업 경험'을 완전히 이해하기 위해 필요한 것들은 일반적으로 개인의 태도에 의존하는 회고적 통찰, 개인의 가치에 근거하는 작업 경험이 어떨까에 대한 전망적 기대, 그리고 개인의 업무상 기분(work mood)에 의해 가장 잘 설명되는 동시 발생적 요소를 고려하는 것이다. 작업 경험을 담아내는 세 가지 요소들 중에서, 업무상 기분이 가장 유동적이다. 즉, 변화에 가장 민감하다. 더구나, 세 요소들은 서로 상호작용한다. 여기서 특히 흥미로운 것은 업무상 기분이 더 오래 유지된다면 그것은 개인의 직무태도와 직무가치에 영향을 미칠 수 있다는 이론적 명제다. 달리 말해서, 업무상 기분은 직무에 대한 개인의 회고적 평가를 바꾸고 미래의 작업 경험에 부여하는 기대를 채색할 수 있다. 따라서 개인의 업무상 기분은 사람들이 (개인의 공식적 직무 서술의 일부가 아닌 시민 행동과 같은) 역할 외(extra-role)

행동에 개입할 가능성에 효과를 미칠 수 있다. 마지막으로, 개인이 어떠한 직무 태도와 가치를 가지고 있느냐에 따라, 기분은 이직, 무단결근 및 사회적 태만 행동에 부분적으로 영향을 미칠 것이다.

감정성과 성

우리는 감정과 감정성이 문화와 언어에 밀접히 연관되어 있어서 감정에 대해 범문화적이며 규범적으로 결정된 정의를 내리기 어렵다는 것을 언급했다. 문화적 차이는 차치하고, 성차(gender difference)의 문제가 있다. 서구 문화에서 여성은 남성보다 '감정적' 인 존재라는 고정관념이 있다.

이러한 고정관념은 많은 이유에서 문젯거리다(Fischer, 1994). 여성이 남성보다 더 자주 가장 전형적인 감정을 경험한다는 명확한 경험적 증거는 아무것도 없다(전형성 접근으로 감정을 정의하는 것에 관한 초기의 논의를 기억하라). 다시 말해서, 여성이 남성보다 분노, 행복, 슬픔 또는 역겨움에 더 민감하다는 증거는 없다. 반면, 여성이 남성보다 슬픔, 두려움 및 불확실성 같은 특정한 감정을 더 자주 그리고 더 강렬하게 경험할 것이라는 증거는 일부 있다(Fischer, 1994). 흥미롭게도, 우리 문화에서 감정성에 대한 '대중적(person-on-the-street)' 개념과 가장 일반적으로 연합되는 것은 후자의 감정군이다.

> 슬퍼하거나, 울부짖거나, 또는 지독하게 두려워하는 사람은 분노한 남성(또는 여성)보다 감정적이라 여겨질 가능성이 더 크다. 이들 소위 '여성적' 감정과 연결되는 중요한 특징은 무력함, 즉 부정적 상황에서 아무것도 할 수 없고 속수무책이라는 신념이다. 우리가 추측하는[강조 추가] 것은 여성이 이러한 감정들을 상대적으로 빈번하거나 강렬하게 경험하는 것은 그들이 이 감정들에 대한 지식을 갖게 한다는 것이다. 그들의 더 강렬한 경험을 바탕으로, 그들은 이들 [여성적] 감정의 원인, 특징 및 결과에 대해 더 많은 것을 알 수 있다.
>
> (Fischer, 1994, pp. 459-460)

남아와 여아의 사회화 방식의 차이가 그들의 '감정 전문성' 에서 중요한 남녀 차이를 유발할 수 있다(Fischer, 1994, p. 472). 우리 문화에서 여성은 남성보다 감정에 대해 말하고 표현하는 것을 배우며, 따라서 인간의 감정적 측면에 대해 좀 더 친숙하다. 남성과 여성은 인생의 초기 경험의 차이 때문에 같은 현상에 적용하는 감정적 언어(또는 표식)가 다르다. 최근 한 연구는 여성은 남성보다 여러 감정들 중에서 유순하고 사회적으로 구성되는 감정을 더 빨리 인식한다는 공통 고정관념에 대한 경험적 증거를 제시한다(Williams & Mattingley, 2006). 그러나 흥미롭게도 같은 연구에서 다루어진 감정들(행복, 슬픔, 놀람과 역겨움, 두려움과 분노) 중에서 분노가 남녀 모두에게 가장 빨리 확인되는 것이었고, 여성보다 남성이 더 빨리 알아챘다는 것을 발견하기도 했다(Williams & Mattingley, 2006). 그 연구자들은 인간이 그렇게 빨리 분노를 탐지하는 능력을 가진 것은 진화적이며, 종의 생존적 가치 때문이라고 주장한다. 감정지능에서 성별 차이에 관해 더 많은 연구가 요구되는 것 같다. 그러나 어떠한 차이가 있든, 그것들은 심각하지는 않으며 과장되어서도 안 된다. 8장에서, 우리는 좌절에 대한 감정반응의 성차가 어떻게 관리직에서 여성의 효과성과 적합성에 관한 고정관념의 원인이 되는지를 살펴볼 것이다. 우리가 직장에서 좌절에 대한 사람들의 반응을 고려할 때 감정의 의미와 표현에 대한 발달적, 문화적 및 언어적 차원을 염두에 두는 것은 중요할 것이다.

감정의 범주화

앞에서 넓게 개념화할 경우, 정서는 인간의 다양한 경험, 즉 감정, 기분, 느낌, 기질 및 어떤 사람의 주장에 따르면 인지까지 포함한다는 것을 살펴보았다. 이 장의 목적은 이런 다양한 개념을 정의하고 분류하고, 직무동기에서 정서의 역할에 좀 더 초점을 둔 분석을 하기 위한 무대를 마련하는 것이다. 그러나 먼저 특정 감정 자체의 본질에 대해 좀 더 자세히 알아볼 필요가 있다. 감정이 무엇인지에 대한 이해도 있어야겠지만, 그것의 다양한 형태에 대한 이해도 필요하다.

감정 정의에 대한 전형성 접근

어떤 이론가들은 감정을 일반적으로 정의하거나 사랑, 분노 또는 두려움과 같은 특별한 감정을 정의할 때 '고전적인' 접근을 취하는 것은 불가능하다고 믿는다(Fehr & Russell, 1991; Russell, 1991). 고전적 접근은 (감정과 같은) 개념을 정의할 때 그 개념의 예로서 고려되는 대상이나 사건에 대한 필요조건과 충분조건을 모두 설명할 것을 요구한다. 이러한 접근을 이용할 때, 개념들(예를 들어, 두려움과 분노) 간의 경계는 명확하고, 우리는 그 두 감정을 구분하는 데 아무런 어려움도 없을 것이다(Fehr & Russell, 1991; Russell, 1991). 그러나 Russell과 동료들에 따르면, 이것은 사실과 다른데 그들은 실제로 감정들 사이의 경계가 명확치 않다고 믿는다. 오히려 '전형성(prototype)'으로 감정을 생각하는 것이 더 유용한데, 이것은 특정 문화 속에 있는 사람들의 일상의 언어와 경험의 측면에서 특정 감정을 생각하고 정의하는 것이다. 전형성 접근은 두 감정 사이의 경계가 분명하기보다 모호하다고 여겨서, 어떠한 하나의 감정도 다양한 특징을 가지고 있으며 일련의 지각, 느낌 및 행위로 여겨지는 이 모든 특징들이 특정 감정으로 범주화되는 데 필요한 것은 아니다.

예를 들어, 분노는 다음과 같은 일련의 사건으로 구성된다고 볼 수 있다. 어떤 사람이 누군가로부터 모욕감을 느끼고, 그 이후 그 사람은 그 모욕자를 노려보고, 다음에는 내적인 동요와 긴장을 느낀다. 다음에, 그 사람은 자신의 심장이 두방망이질하는 것과 근육의 긴장을 느낀다. 마침내 모욕당한 사람은 그 모욕자에게 반격할(반격하지 않을) 것이다. 감정에 대한 전형성 접근에 따르면, 이와 같은 순서는 분노의 경험으로 정의될 것이지만, 그것을 설명하기 위해 이 모든 요소들이 동원될 필요는 없다.[4] 감정 정의에 대한 이러한 접근은 동일한 '감정'이 같은 사람에 의해 때에 따라 동일한 방식으로, 또는 어떤 두 사람이 같은 방식으로 목격되지 않을 수 있다는 것을 의미한다. 왜냐하면 경험과 사건의 특정한 혼합은 때에 따라 또는 사람들에 따라 달라질 수

4) Russell(1991)의 이 예는 Lakoff(1987)의 분노 분석에 귀인된다. 더구나, 분노는 예측 가능한 방식으로 드러나거나 표현되는 것이 가능할 수도, 아닐 수 있는 감정이다. 개인 특유의 방식에서 통제되거나, 바뀌거나, 억제되거나, 소통되는 것은 예측하거나 이해하기 어렵다(Tice & Baumeister, 1993을 보라). 그러나 그것은 남성의 얼굴 표정에서 빨리 인식된다(Williams & Mattingley, 2006).

있기 때문이다. 사람들은 (일반적인) 포괄적인 범주의 감정에서 점차 특정한 형태와 유형의 감정(예를 들어, '분노')으로, 나아가서 격노, 극도의 노여움, 짜증 등과 같이 더 구체적인 형태로 '하향' 이동한다고 보는 것이 적절하다(Russell, 1991).[5] 따라서 이 접근에 따라서 감정과 감정성을 정의하는 것은 어렵지만 어느 정도 객관적으로 받아들여진다. 그러나 감정이 주관적 견해에서 보이는 것만큼 완전히 주관적이지는 않다.

사회적으로 구성된 감정

또 다른 학파는 감정을 "개인의 상황 평가를 포함하며 행위가 아닌 열정으로 해석되는 사회적으로 구성되는 증후군(일시적인 사회적 역할)" (Averill, 1982, p. 6)으로 생각해야 한다고 주장한다. 이 접근은 "어떠한 감정 상태도 특정한 유형의 느낌, 생리적 반응, 운동 반응 및 사고와 기억 모두 서로 연결되는 연합망으로 간주된다는 가정을 한다. …감정 연합망의 다양한 부분들은 연결 강도가 다르며, 어떤 한 요소가 각성된다 해도 이 요소와 연관된 여러 하위체계들을 반드시 같은 수준에서 각성시키는 것은 아니다. …그럼에도 불구하고, 그것들이 서로 연결되어 있는 정도에 따라, 연합망(즉, 증후군) 내 어떤 한 하위체계가 활성화되면 그것과 연합된 다른 요소가 활성화되는 경향이 있다." (Berkowitz, 1993a, p. 9) Averill(1982)의 지적처럼, "어떠한 하나의 반응도, 또는 일련의 반응도 감정의 귀인을 위한 필요 또는 충분 조건이 되지는 않는다."(p. 7)

의학적 관점에서 볼 때, 증후군은 많은 증상으로 구성되며, 그것들 중 어느 하나가 저절로 특정 질병의 존재를 결정하지는 않는다. 어떤 증상으로 여겨지는 상대적으로 새로운 질병은 결합조직염(fibromyalgia)이다(Ediger, 1991). 이 증후군과 관련된 주요 증상은 특히 관절과 근육의 고통, 피로, 아침에 근육의 뻣뻣함, 좋지 않은 수면, 알레르기 성향, 가슴 통증, 과민성 대장, 저림과 쿡쿡 쑤시는 것, 기억 상실이다. 이러한 증상들 중 어느 것도 단독으로 발생할 수 있거나, 다른 질병이나 장애의 결과로서 한 번에 몇 가지가 사람에게 영향을 줄 수 있다. 그러나 그것들이 강하게든 약하게든 한꺼번에 나타날 때, 그것들은 하나의 집합, 즉 결합조직염이라는 이름을 가진 하나의

5) Fehr과 Russell(1991)은 전형성 접근에서 사랑을 어떻게 볼 수 있는지 묘사했다.

증후군으로 언급된다. 마찬가지로, Averill(1982)과 Berkowitz(1993a)에게 있어서 감정은 반응의 증후군이다.

감정을 사회적으로 구성된 증후군으로 정의할 때 Averill이 의미한 것은 하나의 문화 내에서 사람들은 자신의 경험과 타인의 관찰을 통해 특정 감정을 표현하는 데 적절한 행위, 반응, 얼굴 표현 및 말하는 것이 무엇인지를 학습한다는 것이다(Harré, 1986을 보라). 다시 말해서, Armon-Jones(1986)에 따르면, "감정은 신념과 같은 태도, 판단과 열망, 자연 발생적인 것이 아닌 특정 사회의 문화적 신념, 가치 및 도덕적 가치의 체계에 의해 결정되는 내용을 특징으로 한다. '수치심이나 죄의식을 경험하는 능력은… 문화적 지식과 추론 관습과 관련된다(Coulter, 1979). …어떤 감정을 경험하는 능력은… 바람직하거나… 적절하다고 판단되는… 규범, 표준, 원리와 목적에 비추어 문제를 해석하고 평가하는 능력에 달려 있다(Pritchard, 1976).' "

예를 들어, 화났을 때 우리는 긴박함, 단호하거나 심각한 얼굴 표정, 주변 사람들에 대한 퉁명스러운 태도를 보인다. 우리는 또한 큰 소리를 치고 잠시도 가만히 있지 못하거나, 조용히 있고, 철수 반응을 보이고, 뚱할 수 있지만, 어떤 모습을 동시에 함께 보이든, 그것은 우리 문화뿐 아니라 다른 문화의 경험으로부터 학습될 것이다. 예를 들어, 기본 감정의 얼굴 표현은 범문화적이라 해도 같은 감정이 시기와 문화에 따라 신호와 꾸밈의 조합이 다른 상태에서 표현될 것이다(Oatley & Johnson-Laird, 1987). 그때 감정 표현은 짧은 시간 동안 어느 정도 중요한 역할을 한다(Sarbin, 1986). Harré(1986)는 감정과 인간 행동에서의 감정의 역할에 대한 이해에서 문화와 시간 맥락의 역할을 포함시킨 책을 편집하였다.

따라서 사회적 구성주의자들에게, 상호작용할 수 있는 다양한 사회 및 생활 사건이 있으며, 이러한 사건들 모두는 관련된 사람들의 해석에 달려 있기 때문에 무한한 수의 감정이 존재한다.

개별 감정과 직무동기 및 행동

감정에 대해 다양한 범주 체계 또는 유형이 있으며, 심지어 그런 유형을 만들기 위한 접근조차 다르다(Frijda, 1986, pp. 72-73; 그리고 Russell, 1991과 Clore & Ortony, 1991

사이의 논쟁). 더구나, 앞에서 말한 것처럼 사회적 구성주의자들은 감정을 별개의 사회적 및 상황적 장면에 있는 사람들이 만들고 활성화시키는 것으로 생각하기 때문에, 그들은 수없이 많은 감정이 있다고 믿는다. 그런 입장이 지적으로 만족스럽기는 (또는 최소한 흥미롭기는) 하지만, 조직에서 감정의 역할을 연구하고자 할 때는 그리 유용하지 않아서, 좀 더 다루기 쉬운 분류 체계가 요구된다.

본 저자는 인간의 직무동기 또는 조직행동에 전적으로 해당되는 '개별' 감정들의 분류 체계에 대해서는 알지 못한다. 그런 분류 체계가 추구되거나 만들어져야 할 어떠한 명확한 이유도 없다. 그럼에도 불구하고, 직무 장면뿐 아니라 그 이외의 장면에서 인간의 정서를 조명한 개별적인 감정에 대해 많은 유용한 일반적인 분류 체계가 있다. 이 장의 후반부에서, 업무 현장에서의 사건에 대한 정서적 반응과 그런 반응의 결과에 관한 인기 있는 일반적 모형을 어느 정도 개관할 것이다.

우선, Ashkanasy 등(2002)은 가장 흥미롭고 새로운 정서 연구는 연구자들이 일반적인 기분 상태로부터 특정한 감정 상태로 초점을 옮길 것이라고 제안하였다. 한 가지 흥미로운 예는 Raghunathan과 Pham(1999)의 일련의 세 연구인데, 그들은 두 가지 부정적인 기분 상태(불안과 슬픔)를 조작하고 이들 기분이 위험과 보상의 수준이 다른 도박 상황에서 사람들의 대안 선택에 미치는 효과가 다르다는 것을 밝혔다. 세 연구 모두에서, 불안이 유도된 참여자들은 위험과 보상이 둘 다 낮은 대안을 선호하였다. 반면, 슬픔이 유도된 참여자들은 일관되게 높은 위험/높은 확률의 보상 대안을 선택하였다.

그 이유는? Raghunathan과 Pham(1999)에 따르면, 특정한 기분 상태에 따라 참여자들의 동기가 달라진다는 것이다. 불안은 사람들이 위험과 불확실성에 집착하는 정도를 높게 하지만, 슬픔은 환경을 개선하기 위한 보상과 기회에 대한 집착을 높일 것이다. 이 연구들의 요점은 슬픔과 불안이 둘 다 부정적인 기분이기는 하지만, 그것들은 사람들의 목표와 행동에 꽤 상반된 효과를 만들 수 있다는 것이다. 또한 이 연구들은 정서는 합리적 사고와 의사결정에 예측 가능한 해로운 효과를 반드시 가지고 온다는 단순하고 부정적인 가설을 조명했다. 세 연구는 방법론적 세련화, 이론 구축, 그리고 특정 정서 상태 연구에 초점을 둠으로써 누적될 수 있는 가치에 대한 통찰에 관해 유익한 교훈을 제공한다. Raghunathan과 Pham(1999, p. 56)은 "모든 부정적 기분이 같은 것은 아니다."라고 말했다.

Basch와 Fisher(2000)의 매력적인 연구는 특정 정서 사건이 직원의 특정한 감정 반응에 미칠 수 있는 정확한 역할을 조명했다. 널리 알려져 있는 정서 사건 이론(Weiss & Cropanzano, 1996), 그리고 자극 상황에 대한 사람들의 평가가 같은 경우에만 사람들은 같은 정서 반응을 느낄 것이라는 인지평가 전통(Lazarus, 1966)을 바탕으로, Basch와 Fisher(2000)는 특정 정서 사건과 이러한 사건과 상황에 대한 반응에서 사람들이 경험하는 특정 감정 사이의 관련성을 탐색했으며, 이들은 정서 사건을 "일시적이든 지속적이든 직무 관련 주체, 대상 또는 사건에 대한 평가와 감정적 반응을 [자극하는 사건]" (p. 37)으로 정의했다. 그들은 특정한 개별적인 감정과 특정 정서 사건을 교차범주화한 두 개의 매트릭스(하나는 긍정적 감정에, 다른 하나는 부정적 감정에 해당하는 매트릭스)를 만들었다. 다시 말해서, 그들은 정서적 직무 사건과 이때 경험하는 특정한 긍정적 감정의 범주들 간의 관계뿐 아니라 부정적 감정과 사건을 연결시키는 사건-감정 매트릭스를 개발했다. (이전 연구는 Herzberg et al., 1959의 전통을 따라서 전반적 직무만족이나 불만족처럼 전반적 반응에 대한 전반적 경험의 효과만 고려했다.) 연구자들은 업무 현장에서의 경험과 특히 관련된 것으로 고려되는 20개의 감정을 선택했다. 그리고 101명의 호주 응답자들을 면접해서 얻어 낸 736개의 특정 사건 유형을 바탕으로, 그들은 Bitner, Booms와 Tetreault(1990)가 개발한 분류 체계를 이용하여 14개의 긍정 사건 범주와 13개의 부정 사건 범주를 만들었다. 사건의 45%(332개 사건)는 긍정적 감정과 연결되며, 404개(55%)는 부정적 감정과 연결되었다. 예를 들어, 긍정적 감정인 **열정**(enthusiasm)은 '회사를 위한 성공적인 업무' 같은 긍정적 사건과 연결되었던 반면, 부정적 감정으로 분류되는 **좌절** 경험은 직원들이 낮은 수준의 자원을 갖고 일해야 하는 사건과 연결된다.

개별 감정의 기능

개별적인 감정, 특히 부정적인 감정은 특정한 행위 경향성을 만들어 내는 것으로 여겨진다. 즉, 두려움은 특정한 도피 충동과 관련되며, 분노는 공격 욕망과 관련되는 식이다(Fredrickson, 2001을 보라). 개별적인 감정들에 관한 이론의 중심 원리는 그것들이 적응적 성질을 가지고 있다는 것, 즉 그것들이 개인으로 하여금 종을 보호하고 생존과 번영을 가능하게 하는 행동을 하도록 한다는 것이다. 부정적 감정의 경우는 그렇다. 여기서 생각과 행위 사이의 일대일 연결은 대개 안전과 생존에 필수적이다.

그러나 많은 특정한 긍정적 감정은 특정 행위와 단순한 일대일 관계에 있지 않다. 예를 들어, 즐거움은 목적 없는 활성화, 관여하고 싶은 욕망, 그리고 심지어 아무것도 하지 않는 것에 대한 만족과 같이 다양한 행동과 연결된다(Frijda, 1986). 특정한 긍정적 감정과 특정 행위 사이의 모호한 연결은 한 연구자로 하여금 긍정적 감정에 관한 '확산과 구축 이론(broaden-and-build theory)'을 제안하게 했다(Fredrickson, 1998). 요약하자면, 이 이론은 즐거움, 흥미, 만족 및 사랑과 같은 긍정적 감정은 인간에게 기능적일 수 있음을 주장하는데, 그것들은 생각과 행위 사이의 연결에 대한 개인의 레퍼토리를 확산시키고, 또한 세상의 도전에 맞설 신체적, 지적 및 사회적 자원을 구축하기 때문이다(Fredrickson, 1998, 2001). 긍정적 감정은 보통 좋거나 위협적이지 않은 상황에서 일어나기 때문에, (도피 또는 공격과 같은) 행동에 빠르게 일대일 연결을 하는 것이 문제가 되지는 않는다. 오히려 긍정적 감정은 광범위한 행동 경향을 일으킬 수 있다. 예를 들어, 개인적 성취 뒤의 자부심은 사랑받은 사람이라는 것을 알리고 미래의 더 나은 개인적 성취를 상상하도록 하는 성향을 갖게 할 것이다. 더구나, 긍정적 감정에 대한 반응으로 발달된 광범위한 행동 가능성은 그 뒤의 여러 경우들에서 지속적으로 이용될 수 있다.

개별적인 감정, 공평성 및 불공정성

Harlos와 Pinder(2000)는 일터에서 부당하게 대우받았다고 여긴 33명의 캐나다인에 대한 질적 연구의 결과를 보고했다. 그들의 목적은 Harlos와 Pinder(1999)가 일찍이 확인한 네 가지 형태의 불공정성 중 상호작용적 및 체계적 불공정성의 여덟 가지 변종에 대한 공통된 감정 반응을 확인하는 것이었다.

상호작용 불공정성은 업무 과정에서 보고 관계에 있는 한 명 이상의 권위적 인물과 해당 직원 사이의 관계에서 발생하는 잘못된 대우(p. 258)로 정의되는데, 서로 관련되어 있지만 개념적으로 다른 여덟 가지 형태—① 신체적, 언어적 또는 감정적 위협, ② 비하(언어적이든 비언어적이든 무례하고 상처를 주는 방식으로 커뮤니케이션하는 것), ③ 비난(직원의 아이디어, 업무수행, 개인적 습관 등에 관해 자주 잘못을 지적하는 것), ④ 무시(직원의 욕구를 물어보지도 반응하지도 않는 것), ⑤ 일관성 부재(직원의 수행에 대한 방향성, 초점 또는 표준을 자의적으로 바꾸는 것 또는 그 직원에게 변경된 것을 제대로 커뮤니케이션하지 않는 것), ⑥ 접근 제한(물리적 및 감정적 도움 가능성을 제한하고 직원과 접촉하지 않는 것), ⑦ 감시(가까이서 직원을 모니터하고 지시하며 전혀 또는 거의 자율성이나 권위를 부여하지 않는 것), ⑧ 조작(개인적 및 업무 관련 성과에 대한 직원의 기술, 희망, 가치 및 감정을 관리하는 것)—으로 나타났다. 체계적 불공정성은 "업무 관계가 맺어지고… 업무 할당 결정이 끝나서 실행되고 있을 때 더 상위의 조직 맥락과 연관된 불공평함 지각"(p. 259)으로 정의된다.

분석을 통해 감정은 지각된 불공정성의 원인, 지각된 불공정성의 결과 및 참여자의 불공정성 지각에 수반된 느낌이라는 세 가지 역할 중 어느 하나 또는 모두를 하는 것으로 탐구되었다.

간단히 말해, 분석을 통해 참여자들이 부당한 경험의 원인으로 가장 자주 언급한 감정들은 상사의 분노와 부하직원들에 대한 그들의 명백한 감정성의 결여였다. 결과적으로, 참여자들은 두려움, 분노, 희망 없음, 슬픔, 흥분 및 감정성의 저하를 가장 빈번히 보고하였다. 부당한 대우에 수반되는 것으로 가장 빈번히 보고된 것은 두려움, 짜증, 격노, 분노, 복수 욕망, 수치심, 당황함, 공포, 죄의식, 희망 없음 및 냉소주의였다. 흥미로운 것은 분노는 연구에서 다루어진 세 가지 역할, 즉 원인, 결과 및 수반된 감정이라는 역할 모두에서 매우 지배적이었다는 것이다.

Cropanzano, Weiss Suckow와 Grandey(2000; Ashkanasy et al., 2000의 4장, pp. 49-62)는 공정성 이론(11장을 보라), 공평성(fairness) 이론(Folger & Cropanzano, 2001을 보라; 11장) 및 정서 사건 이론의 전통을 바탕으로 조직 사건과 감정 사이의 관련성을 검토하기도 했다. 공평성 이론의 다양한 기제를 이용하여 그들이 주장하는 것은 개인은 조직 사건을 평가하기 위해 많은 인지 과정을 이용하며 조직 사건의 평가에 따른 감정 반응을 조절하기 위해 여러 생리적 과정을 채택한다는 것이다. 예를 들어, 동료의 무시를 느낀 사람은 그러한 환경에서 그 동료가 그렇게 말하지 않았을 것이라 믿음으로써 그 사건의 중요성을 격하시킬 수 있다. 만일 이러한 인지가 그 사건에서 비롯된 각성을 줄이지 않는다면, 그 직원은 생리적 조절을 위해 심호흡을 하거나, 한 번 웃고 말아 버리거나, 담배를 피거나, 조깅을 하러 갈 것이다. 마지막으로, 모욕당한 그 사람은 모욕한 사람을 향해 웃음으로써 잘못된 감정 표현을 약간 하거나 (이 장의 후반부에서 논의하겠지만) 감정노동과 연관된 다양한 수준의 행위 중 어떤 것을 할 수 있다. 간단히 말해, 이 모형이 가정하는 것은 감정은 사람들이 사건을 어떻게 생각하는가의 결과라는 것이며, 그래서 사람들이 직장 내 사건에 어떻게 감정적으로 반응하는가를 이해하기 위해 우리는 사건과 감정 표현 둘 다에 대해 사람들이 생각하는 방식을 좀 더 알아야 한다.

이 책의 후반부에서 우리는 자기관리에 관한 문헌을 살펴볼 것이다. 그전에 다룰 가치가 있는 것은 감정적 고통을 겪고 있는 사람들이 충동적 행위가 자신들의 나쁜 기분을 좋게 해 줄 것이라 믿는다면 오히려 충동 통제에서 어려움을 경험할 수 있다는 것을 보여 주는 연구다. 감정적 충동을 따르는 것이 자신의 기분을 향상시킬 것임을 믿지 않는다면, 그들은 충동에 쉽게 굴복하지 않는다(Tice, Bratslavsky, & Baumeister, 2001). 요점은 공평성 이론을 근거로 개발된 모형은 직무 장면에서 감정적 고통을 겪고 있는 사람들을 위해 충동 통제를 쉽게 하거나 어렵게 하는 조직 상황을 평가하기 위해 더 정교화될 필요가 있다는 것이다.

개별 감정의 유형: 직무와 직무동기를 위한 시사점

여기서 논의된 많은 감정은 Lazarus와 Lazarus(1994)가 제시한 15개 감정 목록을 기초로 한다. 그들은 분노, 부러움 및 질투라는 세 가지 '불쾌한' 감정에서 시작한다. 분노는 노발대발(rage), 격분(fury), 노여움(wrath), 흉포함(ferocity), 분개(indignation) 및 격노(outrage)처럼 그것을 표상하기 위해 이용된 여러 단어들에 반영되듯이 다양한 강도로 발생한다. 적대감은 그 자체로는 감정은 아니고 누군가에게 분노를 갖게 되는 성향으로 보인다.

분노는 긍정적 또는 부정적 결과를 가져올 수 있지만, 우리는 보통 그것을 후자로 여기는 경향이 있다. Lazarus와 Lazarus(1994)는 이렇게 말한다. "분노의 극적인 요소는 나 또는 내 것을 비하하는 모욕적 행위다. 무시된다고 느낄 때, 우리 모두는 상처받은 자아가 회복될 수 있도록 그러한 모욕에 복수하기 위한 충동을 선천적으로 가지고 있다." (p. 20) 따라서 분노는 좌절한 사람의 눈으로 보면 좌절 상황을 유발한 사람의 행위가 회피될 수 있거나, 계획적이거나, 자발적인 것이라고 믿어질 때에만 발생하는 좌절의 결과다(Averill, 1982).

분노는 업무 현장을 다룬 연구에서 상당한 주목을 받은 개별 감정 중 하나다. 예를 들어, 호주에서 이루어진 어떤 연구는 직장에서의 분노에 관한 에피소드의 명확한 특징은 관련된 행위자들의 권력의 상대적 크기에 따라 달라진다는 것을 발견했다. 예를 들어, 상사는 부하직원이 보이는 도덕적으로 부끄러운 행위나 직무상의 무능함에 더 자주 분노를 느끼는 반면, 동료들은 도덕적으로 부끄러운 행위와 공적인 굴욕에 분노를 느낀다. 반면, 부하직원들은 자신들의 눈에 부당하게 비친 타인, 특히 상사의 행위에 더 자주 분노를 느꼈다(Fitness, 2000). 그런 불공정성을 경험한 부하직원은, 특히 공적 굴욕의 요소가 관련되어 있을 때만 불공정성을 자행한 상사에 대해 증오심을 발전시키는 것 같다. 더구나, 권력이 큰 사람들은 일반적으로 그렇지 않은 사람들을 생각하는 데 많은 시간을 들이지 않는 경향이 있기 때문에, 분노는 상사들보다 부하직원들 사이에서 더 오래 지속되는 것 같다.

분노는 보통 말하는 공격이 아니다. 오히려 그것은 공격 충동이다. 직장에서의 분노는 한 가지 이상의 욕구를 만족시키고자 하는 목표지향적 행동의 차단인 욕구좌절에 수반된 일차 감정의 하나다. 사실, 8장에서 보겠지만, 좌절에 수반된 분노는 살인을 포함해서 많은 공격 행위를 설명할 수 있다. 직장은 일반적으로 삶의 중심이고, 따라서 우리가 가장 관심을 두는 장면이기 때문에, 직장인들은 누구라도 분노가 직장에서 경험되는 일반적인 감정임을 알고 있다.

부러움은 특히 흥미로운 감정으로서 다른 누군가가 가지고 있는 것을 바라는 것이다(Lazarus & Lazarus, 1994, p. 31). 주요 심리 상태는 관심 있는 것을 갖거나 소유하고픈 갈망이다. 그것은 '타인과 자신의 부정적 비교'(Lazarus & Lazarus, 1994, p. 29)의 결과다. 부러움의 경험은 다른 사람의 우월함(또는 소중한 물건의 소유) 때문에 생긴 불만족 느낌과 부러운 대상을 향한 적개심을 수반한다(Smith, 1991). 부러움은 집착과 강박의 원천일 수도 있고, 또는 우리가 누군가의 물건을 바라다가 그다음에는 그것을 잊어버리는 단지 약한 일시적 현상일 수 있다.

사람들은 많은 물건, 물질 또는 그 이외의 어떤 것에 대해서도 부러움을 느낄 수 있다. 지위, 교육, 기회, 좋은 외모, 재능 및 젊음 같은 비물질적인 것은 사람들이 탐내고 부러워하는 타인의 특질이나 특성의 예들이다. 인간은 부러움을 느끼는 존재이며, 그것이 사람들이 직장에서 자주 부러움을 경험하는 이유다. 사실, 11장에서 좀 더 자세히 살펴보겠지만, 사람들은 특히 자신들이 가진 교환 관계의 상대적 가치 측면에서 자신을 타인 및 고용주와 끊임없이 비교한다. 물론 어떤 직원은 자신이 다른 누군가만큼 많은 것을 가지고 있지 않다고 믿을 것이며, 불공정성 및 불공평성을 느낄 수 있다. Smith(1991)는 불공정성의 지각과 신념에 수반되는 일차 감정은 부러움이라고 주장한다.

질투는 여러 면에서 부러움과 비슷하며, 때때로 두 용어는 일상의 어법에서 동의어로 이용된다(그러나 엄격히 말해서 이 두 용어는 같지 않다). 결정적 차이는 부러움이 두 사람 사이의 감정이라면, 질투는 "누군가가 내 것이라고 생각하는 것을 위협하거나 앗아 가는 삼각관계, 대부분 제삼자의 애착에서 비롯된다."(Lazarus & Lazarus, 1994; Salovey, 1991) Vecchio(1995)의 요약 연구에 따르면, 부러움은 보통 열등감, 자기비판, 향상 욕구를 수반한다(그래서 아마도 그 사람은 부러운 대상을 획득할 수 있게 된다). 반면, 질투는 의혹, 상실의 두려움, 분노, 거부, 설욕을 특징으로 하는 것 같다. 부러움은 질투 없이도 존재할 수 있지만, 질투는 종종 부러움을 수반한다(Lazarus & Lazarus, 1994; Vecchio, 1995).

Van Sommers(1988)는 두 감정 사이의 관계와 차이를 요약했는데, 부러움은 우리가 갖지 않은 것과 관련되지만, 질투는 우리가 가지고 있지만 잃어버릴까 두려워하는 것과 관련된다. 부러움과 질투 둘 다 일반적으로 직장에서 부정적 효과를 가져올 것이지만, 그것들 각각이 어떻게 긍정적인 반응을 일으키게 할 수 있는지 생각해 볼 필요가 있다. 긍정적 반응은, 예를 들어 직원들이 좀 더 책임을 지는 것, 질투를 느끼는 사람들에 대해 좀 더 현실적인 평가를 하는 것, 동료를 지지하고 동료와 협동을 추구하는 것 등과 같은 대처 반응을 하게 하는 것이다(Vechhio, 1995).

본 저자 입장에서 볼 때, 명백한 것은 부러움과 질투는 종종 직장 내 불행한 관계로부터 나오며, 다른 불행한 결과를 많이 가져온다는 것이다. 예를 들어, 부러움은 어떤 사람으로 하여금 동료의 일이나 지위를 폄하하게 할 수 있다. (상사의) 질투는 정당한 업무 목표를 추구하기보다 삼자 간의 게임에서 승리하는 데 초점을 둔 솔직하지 못한 행동, 비위 맞추기 및 정치적 행동을 유발할 수 있다. 집착적인 부러움과 질투가 이떠한 사회적 장면에서든, 특히 업무 장면에서도 어려움을 가져올 수 있다는 것을 상상하는 것은 어렵지 않다. Vecchio(1995)의 예비 연구가 밝힌 것은 대부분의 사람들은 제삼자로서 부러움이나 질투를 접하거나 당사자로서 직접 관련되었다는 것이다. 다양한 수준에서, 우리 모두는 인간의 기본적인 감정을 경험하고 그 효과의 지배를 받는다. 불쾌한 감정은 유쾌한 감정만큼 보편적인 경험이다.

Lazarus와 Lazarus(1994)의 분류에 포함되어 있지는 않지만, Aristotle가 임박한 사악함에 대한 감각으로 정의한(Frijda, 1986) 두려움(fear)은 우리 모두가 매 순간 목격하는 인간의 강력한 감정이다(Oatley, 1992). 두려움은 문명이 사회적 통제를 유지하기 위해 이용하는 가장 중요한 수단 중 하나다. 처벌에 대한 두려움은 처벌 자체보다 행동을 유지하거나 바꾸는 데 좀 더 효과적일 수 있다(Crawford et al., 1992, p. 92). 자연스럽게, 같은 역동성이 직무 장면에서도 발생해서, 두려움은 인간의 직무동기에서 자주 중요한 역할을 한다. 사실, 두려움은 많은 직무행동을 동기화시킨다. 부모가 인정하는 직업을 찾을 수 없다는 두려움, 품위 있는 삶을 유지하거나 빚을 갚을 충분한 돈을 벌지 못하는 두려움, 상사에 대한 두려움, 회사에 몰입하지 않는다고 밝혀지는 것에 대한 두려움, 해고에 대한 두려움, 회사나 노조의 실질적 또는 가상의 규칙 위반으로 인해 처벌받는 것에 대한 두려움 등이 행동을 동기화시킨다. 일에서 두려움의 역할이 명백함에도 불구하고, 작은 수의 현대의 직무동기 이론들만 두려움을 인간의 직무행동을 설명하는 요인으로 포함시켰고, 그래서 인용할 만한 경험적 증거는 거의 없다. 그럼에도 불구하고, 일과 관련된 여러 측면에서 두려움은 많은 사람들의 행동의 동인이다. 두려움은 확실히 불법 이민 노동자와 도처의 노동착취 속에서 최저임금을 받고 일하는 수많은 사람들 사이에 널리 퍼져 있으며 오늘날 세계 도처에서 수많은 사람들을 노예 신세로 묶어 놓는 일차 동인이다(15장을 보라; Kapstein, 2006). 두려움은 조직의 규칙과 규정을 지키도록 동기화시키는 지배적인 감정이다. 더 나아가서, 두려움은 조직의 처벌이 규칙 위반에 적용될 때 촉발되는 일차 감정이다(11장을 보라). 두려움은 국가로 하여금 수십 년, 심지어 수세기 동안 경제적 연합을 형성하도록 했다. 세계 경제가 점점 더 작아지고 있으며 다양한 방식의 자유 무역을 하는 적은 수의 교역 블록이 앞으로의 경제적 및 사회적 구조를 특징지을 것이라는 점은 진부하다. George Orwell의 기념비적 소설인 『1984』에서 묘사된 것처럼 세계가 세 영역인 경제-사회-군사 영역으로 나뉘는 것은 단지 시간문제다. 세계 수준에서 이런 대규모 경제 세력들 사이의 임박한 경쟁 때문에 두려움은 국가들로 하여금 서로에 대한 제휴를 강요하고 있다. 어떤 다른 국가와 제휴하지 않는 것은 대격변이라는 결과의 징후가 된다.

브리티시컬럼비아 주의 전 주지사는 "인간의 모든 행동은 탐욕(greed)과 두려움이라는 단지 두 가지에 의해 동기화된다."라고 말하였다. 이것은 여러 곳에서 나타나기 때문에 주지사인 W. A. C. Bennett은 이런 간결한 통찰의 발안자라고 보기는 어렵다. 그러나 기원이야 어떻든 중요한 것은 요점이다. 많은 방식에서, 사람들은 부를 획득하기 위해 일하고, 탐욕은 누구에게든 가능한 한 많은 물질적 부의 축적을 유발한다. 한편, 그 사람은 다른 누군가가 그러한 부를 앗아 갈 것이라는 지독한 두려움을 갖게 되며, 다른 누군가는 자신의 탐욕에 의해 동기화된다. 모든 일반화처럼, 그 경구는 현실을 지나치게 단순화시키지만, 그러한 경구가 존재하는 것은 우리가 인간의 행동에서 두려움, 부러움 및 질투의 강력한 힘을 고려할 것을 요구하는데, 특히 직장에서 그것들이 활성화되기 때문이다.

불안, 죄책감 및 수치심은 Lazarus와 Lazarus(1994)가 논의한 세 가지 '실존적' 감정들이며, "그것들의 근저에 있는 위협은 우리가 누구인가, 세상에서 우리의 위치, 삶과 죽음 및 우리의 존재 성질에 대한 의미와 아이디어와 관련된다."(p. 41)는 의미에서 실존적이다. **무서움(fright)**의 개념과 연관된 **불안**은 개인적 안전, 개인적 정체감뿐 아니라 삶과 죽음에 대한 우려와 관련된다. 불안의 증상은 우려, 불편, 근심, 걱정 및 불안정감이다. 불안한 사람은 자신의 삶에 잘못된 것이 있지만 무엇이 문제인지 불확실하고 모호한 느낌을 가진다. 그 사람은 위해가 자신에게 닥칠 것인지 그리고 언제 닥칠 것인지 모르며, 닥친다면 어떤 형태로 다가올 것인지 모르기 때문에 여유로워질 수 없다.

직무 장면에서 불안의 좀 더 일반적인 원천 중 하나는 업무 절차 또는 자신의 직무에서의 변화와 관련된다. Lazarus와 Lazarus(1994)의 관찰에 따르면, "불안은 우리가 의존하는 의미가 약화되거나, 방해받거나, 위태로워질 때 발생한다. 이러한 의미에 대한 위협이 커지고, 위태로워진 의미가 우리 존재의 기본을 이루는 것이라면, 그에 따른 불안은 강렬해지고 중요한 개인적 위기를 구성할 수 있다."(p. 47) 새로운 직무에 고용되거나 다른 곳으로 발령받은 사람이 직면하는 불안 요소—새로운 얼굴, 새로운 사람, 새로운 역할 기대, 새로운 정치 구조, 거의 또는 전혀 없는 업무 동료(Louis, 1980a; Pinder & Walter, 1984를 보라)—를 생각해 보자. 상당한 양의 정보 추구가 필요하고(Ashford, 1986; Ashford & Cummings, 1983, 1985; Feldman & Brett, 1983; Miller & Jablin, 1991), 보통 신참자가 새로운 직무 또는 장소에서 '요령을 터득해서' 상황이 잘 돌아가도록 하는 것은 시간문제다. 새로운 동료와 상사의 사회적 지지는 신참자가 적응해서 생산적일 수 있을 때까지 특히 중요한 역할을 한다(Pinder &

Schroeder, 1987).

한 연구에 따르면 신참자는 기존 직원들을 관찰하고 그들에게 질문해서 불안을 완화시키는 데 필요한 다섯 가지 유형의 정보—① 기술적 정보(직무수행 방법에 관한 것), ② 참조 정보(사람들이 그들에게 요구하는 역할과 기대에 대한 정보), ③ 규범적 정보(기대되는 행동과 태도에 관한 정보), ④ 수행에 대한 피드백, ⑤ 직장에서 그들의 행동 중 사회적 및 과제 외적 측면에 관한 기존 직원들의 수용 가능성에 대한 피드백—를 얻는다. 그 연구의 결과는 긍정적 직무태도, 더 나은 직무수행 및 낮은 수준의 이직 의도는 신참자가 알고자 한 많은 양의 정보와 관련됨을 보여 준다(Morrison, 1993).

일과 경력과 관련된 많은 상황이 사람들의 두려움과 불안을 유발할 수 있으며, 그런 상황 중 가장 심리적 외상까지 줄 수 있는 것은 실업 또는 실업 가능성 및 장기적인 실업 전망이다(11장을 보라). 고용 상태가 불확실한 시간제 및 비정규직 근로자들이 끊임없이 직면하는 것은 그들이 얼마나 오래 고용될 것인지, 또는 그들이 현재의 고용 상태를 상실한다면, 향후 취업 기회가 올 것인지 그리고 어떤 회사에 취업할 것인지에 대해 결코 확신할 수 없다는 것이다. 간단히 말해 불안은 널리 퍼져 있어서 누구나 경험하는 감정이며, 직장인들의 태도, 느낌 및 행동에서 중심 역할을 하는 것이다.

Lazarus와 Lazarus(1994)는 **죄책감**이 불안과 비슷하며, 때로는 심지어 일종의 불안일 수 있다고 보았다. 그들은 "죄책감은 우리의 삶에서 일어나는 것만큼 우리의 마음속에서 일어나는 것의 산물"(p. 52)이라고 말한다. 죄책감은 우리의 도덕적 실수에 초점을 두며, 우리의 양심이 그것에 부채질한다. "죄책감을 경험하려면, 잘못을 저질렀든 아니든 사람들은 자신의 가치의 일부로서 수용된 도덕 규칙을 위반했다는 것을 느껴야 한다. 문제가 되는 것은 믿는다는 것이다." (p. 55) "죄책감은… 부정적으로 평가되는 어떤 행위로 인한 고통스러운 자기평가이며 그러한 행위 때문에 스스로에게 책임을 지우는 것을 특징으로 한다." (Frijda, 1986, p. 201) 예를 들어, 십계명 같은 종교적 교훈을 믿는다고 주장하는 사람은 그것들 중 어떤 것을 위배했다고 믿을 때마다 죄책감을 경험할 것이다. 사회 수준에서, 죄책감은 사회적으로 바람직하지 않은 행동을 막는 데 도움을 주기 때문에 유용한 감정이다. 그것은 사람들이 법이나 도덕 규칙을 어기는 것을 막아 준다. 죄책감에 민감한 사람들은 일반적으로 좀 더 정직하다.

8장에서, 우리는 직장에서의 좌절이 어떻게 절도와 사보타주 같이 조직에 대한 난폭한 행동과 공격적 행위를 유발하는지 살펴볼 것이다. 다른 것이 같다면, 죄책감에 민감한 직원은 그런 행위에 덜 개입할 것이다. 사실, 조직몰입 수준이 높은 직원들이 보이는 충성도의 이면에는 상당 부분 죄책감에 대한 민감성이 놓여 있을 것이다(10장을 보라). '프로테스탄트 직무윤리'와 같은 직무가치를 가지고 있는 사람들은 특히 일에서 죄책감을 느끼기 쉬운 것 같다. 죄책감에 대한 두려움은 일반적으로 그들의 직무몰입과 조직에 대한 충성도를 상당 부분 설명할 수 있다. 이러한 추측을 지지하는 연구는 없지만, 가능한 것으로 보인다. 간단히 말해, 죄책감은 그것을 경험한 사람들에게는 상처를 주지만 죄책감에 민감한 사람들은 이들과 관계를 맺고 있는 다른 사람들에게 유익한 면이 있다.

우리가 수치심이라 말하는 감정은 무엇인가? 그것은 여러 수준의 치욕, 쑥스러움, 우스꽝스러움 및 창피함으로 구성된다(Lazarus & Lazarus, 1994, p. 63). "수치심은 행해졌어야 할(또는 알려지지 않도록 행해진) 어떤 행위에서 연유한다."(Frijda, 1986, p. 168) 그것은 여러 가지 면에서 죄책감과 비슷하기 때문에, 심리학자들은 최근까지 그 두 감정을 구분하려 하지 않았다.

죄책감처럼, 수치심은 어떤 사람이 정해진 기준에 따라 살지 못할 때 경험될 것으로 보인다. 그 기준은 그 사람의 자아 이상(ego ideal)으로부터 나온다. 만일 그 사람이 스스로에 대해 용기 있고, 경험이 풍부하며, 용감한 전사이며, 정신력이 강인한다는 이미지를 가지고 있는데, 그러한 이상을 침해하는 방식으로 행동하는 것은 수치심을 유발할 것이다(Lazarus & Lazarus, 1994에서 예를 얻는다). 자아 이상은 우리가 죽은 후 자신에 대해 말해지고 부고란에 쓰이기를 바라는 특징들이다. 자아 이상을 침해하는 것은 우리에게 수치심을 주고, 우리는 그것을 숨기고자 한다. 수치심 이면의 위협은 비판, 거부 및 무시다(Lewis, 1992, Lazarus & Lazarus, 1994, p. 64에서 인용). 아무도 실패를 모른다 해도 금도를 넘어선 사람은 죄책감을 느낄 것이다. 그 사람은 또한 다른 사람이 잘못된 행위를 알게 될 때 또는 다른 사람이 알았다고 여길 때도 수치심을 느낄 것이다.

수치심에 대처하기 위해 이용되는 일반적인 수단 중 하나는 부인(denial)이다. 그 사람은 단지 스스로가 잘못된 것을 했다는 것을 부인하고, 잘못된 것의 원인을 외부의 것으로 돌린다(Lazarus & Lazarus, 1994, p. 66). 이런 사람은 자신에게 잘못된 행위의 책임을 묻는 다른 사람들에게 분노할 것이고 사실은 가해자가 유죄라는 것을 내비친다. 반면, 죄책감은 우리가 죄를 속죄하기 위해 공적으로 타인에게 우리 자신을 드러내도록 해 줄 것이다(p. 64).

수치심은 직무동기에 관한 생각에 어떻게 관련되는가? 실제적 측면에서, 수치심이 죄책감과 밀접히 관련되어 있기 때문에 죄책감과 관련해서 우리가 표현하는 많은 생각은 수치심과도 관련되어 있을 것이다. 확실히, 두 감정 중 어느 하나라도 적절하게 경험하는 경향은 우리를 건강하게 할 것이다. 죄책감 또는 수치심에 시달리는 것은 역기능적이며, 그로 인해 괴로운 사람들은 효과적으로 커뮤니케이션하거나 주변 사람들로부터 진지하게 여겨질 수 없을 것이다. 특히 상당히 자주 수치심을 경험하는 것은 불신, 신빙성 결여 및 비효과적 직무행동을 유발할 것이다.

Lazarus와 Lazarus(1994)는 희망, 슬픔 및 우울을 포함해서 좋지 않은 삶의 조건에 의해 유발되는 많은 감정을 논의했다. 희망은 전망, 기대 및 예상과 관련된 감정이다. Lazarus와 Lazarus(1994, p. 72)는 희망을 '절망에 대한 해결책'으로 서술했다. "희망은 당신이 바라는 성과가 발생할 가능성이 있을 때, 당신이 포기하지 않고… 체념에서 시작할 때 유지될 것이다."(p. 72) 그리고 "희망의 개인적 의미는 사람들이 암울할 것 같은 순간에 만사가 더 좋아질 가능성이 있을 것이라고 믿는 것이다."(p. 72) 이 연구자들의 주장에 따르면 보통 희망이라는 감정 경험을 유발하는 것은 성과가 불확실한 좋지 않은 삶의 조건이지만, 그러나 그러한 조건 안에 운명을 역전시킬 수 있는 기회도 있어서, 상황이 좋아질 공산이 커진다는 것이다.

Snyder(예를 들어, 2002)는 정교한 '희망 이론'을 공식화함으로써 희망의 포괄적 견해를 제시했다. Snyder 접근의 주요 원리는 Lazarus와 Lazarus(1994; Lazarus, 1999도 보라)의 접근이 이야기의 단지 한 부분만 말한다는 것이다. Snyder(2002)는 두 가지 유형의 희망 관련 목표를 생각했다. 첫 번째는 긍정적, 즉 접근 목표다(어떤 사람이 처음으로 자동차를 구입하고 싶어 할 때, 자신의 은퇴 저축을 온전히 지키고 싶어 할 때, 또는 첫 번째 책을 판매한 이후 스스로를 작가로서 생각하고 싶어 할 때 발생하는 것처럼). 이 모든 경우에서, 기본은 긍정적인 것이고 목표는 긍정적 상황의 향상이나 유지다.

Snyder의 희망 이론에서 두 번째 범주는 그가 "부정적 목표 획득의 사전 방지"(p. 250)라 부른 것이다. 이것은 지금까지의 사건으로부터 어떤 것을 방지하거나 어떤 결과를 단념시킴으로써 그것의 출현을 지연시키는 것이다. Snyder는 희망에 대한 Lazarus의 접근을 "단지 적절한 목표는 개인의 삶에서 심오하게 빈 부분을 채우는 것"(p. 250)이라는 의미에서 '복구적(repair)' 정의로 묘사했다. 간단히 말해, Snyder (2002, p. 250)는 희망을 "성공적인 …목표지향적 에너지, 그리고 …(목표를 충족시키기 위해 계획된) 경로의 상호작용을 통해 파생된 의미에 기초를 둔 긍정적 동기 상태" (p. 250)로 정의했다.

희망 이론은 다른 이론과 공통된 또는 유사한 통찰을 많이 공유하며, 그런 것들로는 자기효능감(6장과 13장), 목표설정(13장), 기대이론(12장) 및 좌절이론(8장)이 있다. Snyder(2002)는 자신뿐 아니라 다른 학자들의 연구 증거를 제시했는데, 다른 학자들이 제시한 예로서 '고희망자'(성격상 희망 수준이 높은 사람)는 저희망자보다 학업 수행, 운동 성취, 신체적 및 정신적 건강과 같은 삶의 여러 영역에서 더 잘한다는 것을 보였다. Luthans(2003, pp. 183-184)는 이 개념들의 미묘한 의미를 자세하게 탐색하여 같은 점과 다른 점을 제시하였다.

직무동기에서 희망의 역할은 무엇인가? 이 질문에 대한 답은 자명한 것 같다. 사람들은 실업 상태에서 직업 찾기를 희망하고, 동료와 상사와 좋은 관계를 맺기를 희망하고, 승진하거나 기술을 개발할 프로그램에 들어갈 기회를 얻기를 희망하고, 편안하게 은퇴하기에 충분한 돈과 연금을 벌 수 있기를 희망한다. 대부분의 사람들은 일의 거의 모든 측면에서 결코 희망을 버리지 않는다. 기대에 근거한 직무동기 이론과 목표설정 이론을 각각 다루는 12장과 13장에서 우리는 경험이 희망의 감정을 수반하는 기대와 자기효능감 같은 몇 가지 인지적 개념을 검토한다. 그전에 짚고 넘어갈 것이 있는데, 직무동기는 욕구, 신념, 인지적 사건 및 가치 이상의 문제라는 것이다. 희망은 직무동기에서 강력한 감정 요인일 것이다(Luthans, 2003도 보라). 간단히 말해, 감정으로서(Snyder의 경우처럼, 특질로서) 희망은 Lazarus와 Lazarus(1994)의 분류에 있는 긍정적 감정의 범주에 쉽게 포함시킬 수 있을 것이다.[6)]

슬픔과 우울은 직무동기에서 주로 다루어진 감정들이다. 슬픔은 수습되거나 회복될 수 없다고 여겨지는 중요한 것의 상실에 따라서 느껴지는 감정이다(Lazarus & Lazarus, 1994, p. 78). 아마도 가장 극단적인 예는 사랑하는 사람의 죽음이겠지만, 직무처럼 삶에서 가치를 두는 일상적인 것들의 상실에 대한 반응에서도 다양한 수준의 슬픔이

6) Ehrenreich(2007)의 주장에 따르면, 중환자가 회복하고 생존할 것이라 기대할 아무런 논리적 이유가 없을 때 환자뿐 아니라 선의로 희망의 메시지를 퍼붓는 사람에게, 희망은 병리적일 수 있다.

경험된다. 위험과 보상의 조합이 다른 대안들을 접할 때 슬픔은 사람들의 선호에 영향을 미칠 수 있다(Raghunathan & Pham, 1999). 직무 상실은 나쁜 수행, 반항 또는 규정 위반에 대한 해고와 같은 '분명한 이유 때문에' 발생하기도 하고 조직의 비용 절감을 위한 인원 감축 때문에도 발생한다. 11장에서 직무 상실의 희생자와 생존자의 감정 및 태도 반응을 포함해서, 직무 상실에 대해 길게 논의할 것이다.

Lazarus와 Lazarus(1994)는 비통함(grieving)을 사랑하는 사람의 죽음에 기인한 상실과 주로 관련되는 것으로 말하기는 했지만 어떤 상실에 대처하는 과정으로 비통함을 정의했다(p. 79). 그럼에도 불구하고, 감량경영(downsizing)과 리엔지니어링은 수많은 사람들에게 심각한 상실을 가져온다. 희망은 내동댕이쳐지고 그들 자신, 그들의 경력 및 딸린 식구들의 안전은 심각한 불확실성에 직면하기 때문에 수많은 사람들은 슬픔을 느낀다.

우울은 감정이지만 특정한 감정 자체는 아닌 것으로 정의된다(Lazarus & Lazarus, 1994, p. 82). 오히려 그것은 분노, 불안 및 죄책감을 포함해서 많은 다른 감정의 조합이다. 우울은 직무 상실과 실업에서 연유할 수 있으며, 자살을 포함해서 심각한 결과를 가져올 수 있는 심각한 감정 조건이다(Ahlberg, 1986; Ahlberg & Shapiro, 1983-1984).

긍정적 감정

특히 제2차 세계대전 이후, 심리학에서 병리 현상의 원인과 결과 및 인간의 조건을 치유하는 것과 관련된 새로운 분야가 목격되었다(Seligman & Csikszentmihalyi, 2000). '긍정심리학'이라 불리는 이 운동은 인간의 완전한 기능은 부정적(즉, 문제 초점적) 준거틀 내에서는 설명될 수 없다는 것을 인식했다(Sheldon & King, 2001). 따라서 그것은 인간 존재의 긍정적 성질을 연구하고 이론화하는 데 초점을 두었다. 그것의 초점은 (과거에 대한) 안녕, 자족과 만족, (미래에 대한) 희망과 낙관주의 및 (현재의) 몰입감(flow)과 행복과 같이 가치 있는 주관적 경험에 있다(Seligman & Csikszentmihalyi, 2000, p. 5). 그것은 사랑, 용기, 대인 기술, 미적 민감성, 인내, 독창성, 지혜 및 희망에 대한 역량처럼 개인적 특질에 초점을 둔다. 집단 수준에서, 그것은 책임, 육성, 이타주의, 공손함, 관용, 절제 및 직무윤리와 같은 인간의 조건을 촉진하는 시민도덕(civic virtue)과 제도에 초점을 둔다(Seligman & Csikszentmihalyi, 2000). 긍정심리학 운동의 핵심 특징은 긍정적 감정에 초점을 두는 것이다. 사실, 이 운동의 옹호자들은 긍정적 감정이 안녕의 지표일 뿐 아니라 사람들 사이의 낙관주의, 행복, 자기결정(8장) 및 신체적 건강을 포함해서 다양한 형태의 안녕을 초래한다고 주장한다(Fredickson, 2001, 2003). 예를 들어, Ilies와 Judge(2002)의 매혹적인 연구는 긍정적 기분이 개인 간 및 개인 내에서 시간의 흐름에 따른 긍정적 직무만족에 어떻게 기여하는지를 증명했다(10장에서 논의된다).

나아가서 Fredickson(2003)은 개인의 긍정적 감정은 실제로 전체 조직에 이로운 '상향 나선구조'를 만들고 촉진할 수 있다고 주장했다. 이 점에서 시간의 흐름에 따른 '피험자 내' 설계를 한 최근의 호주 연구는 일에 대한 사람들의 흥미, 직무에서의 기술 지각 및 직무에 쏟은 노력은 긍정적 감정의 정적 예측 요인이며 부정적 감정의 부적 예측 요인이라는 것을 발견했다(Fisher & Noble, 2004). 또한 결과적으로 직무수행 수준이 시간이 지남에 따라 상당히 달라지는 것처럼, 일에 대한 사람들의 감정도 그러하다는 것이다. 그러나 그들의 결과는 이전의 긍정적 감정이나 부정적 감정이 현재의 수행 수준을 예측할 것이라는 가설을 지지하지는 않았다(Fisher & Noble, 2004).[7] 또 다른 종단적 연구는 긍정적 정서는 직원들의 무단결근을 줄였고, 부정적 정서는 무단결근과 이직을 증가시킨다는 것을 발견하였다(Pelled & Xin, 1999). (긍정 심리학에 관해 좀 더 자세히 알고 싶은 독자는 *American Psychologist*의 2000년 1월호를 읽어 보라.)

감정을 분류하는 체계는 여러 가지가 있다. 여기서 주로 다루어진 Lazarus와 Lazarus(1994)의 분류 체계는 직무동기의 정서적 측면을 탐색하기 위해 적용될 수 있는 많은 것들 중 하나다. 이제 그들이 '행복한' 감정으로 언급한 감정을 살펴볼 것이다. 일에서 행복이란 무엇인가?

행복은 우리들 대부분이 일과 경력 전체를 통해 목격하는 강한 감정이다. Aristotle는 행복 추구는 인간의 주요 목표임을 주장했다. 사실, 여러 연구들에서 행복 추구는 대부분의 문화에서 보편적 목표임을 보였다(Lyubomirsky, 2001을 보라). 다른 것들처럼, 이 감정도 강도와 기간에서 차이가 있다. 따라서 우리는 유쾌한(joyous)과 의기양양한(jubilant)과 같은 말에서부터 걱정 없는(carefree) 또는 재미있어 하는(amused) 같은 덜 극

7) 직원의 직무만족과 직무수행 사이의 분명히 말하기 어려운 관계는 이 분야의 연구가 시작된 이후 관리자와 학자들의 호기심을 불러일으키고, 도전하게 만들었다. 12장에서 이 관계를 좀 더 자세히 살펴볼 것이다.

단적인 느낌에 이르기까지 행복의 동의어를 여러 가지 알고 있다(Lazarus & Lazarus, 1994, p. 89). 행복의 원천으로 널리 인정되는 사건이 있기는 하지만, 칭찬받을 때, 사랑받는 것을 알게 될 때, 승진했을 때, 또는 사랑하는 사람이 잘하고 있다는 것을 알게 될 때처럼, 상황이 달라지면 사람들마다 행복을 느끼는 것도 달라진다. 행복은 일시적 감정 상태일 수도 있고, 일반적으로 우리가 잘살고 있는지에 관한 계산을 의미하는 좀 더 장기적인 기분일 수도 있다. 그것은 우리의 삶의 질에 대한 일반적인 평가다(Lazarus & Lazarus, 1994, p. 89). 그럼에도 불구하고, 삶의 '객관적인' 조건에 관계없이 어떤 사람들은 다른 사람들보다 일반적으로 더 행복한(또는 더 불행한) 것처럼 보인다. Lyubomirsky(2001)는 행복에 대한 '해석적(construal) 접근'을 제시하였는데, 이것은 "행복한 사람은 자신의 행복과 긍정적 자기견해를 유지하고 심지어 더 높이는 방식에서… 자연스럽게 발생하는 생활 사건을 해석하지만, 불행한 사람은 불행과 부정적 자기견해를 강화하는 방식에서 경험을 해석한다."(p. 241)라고 주장한다.

일은 여러 방식에서 행복을 가져올 수 있다. 그것은 순수한 노동 경험에서 올 수 있다(3장의 내재적 동기로 언급된 현상의 경우). 그것은 일하면서 맺은 유쾌한 대인 상호작용에서 올 수 있다(5장과 6장에서 논의된 우리 존재의 군집적 측면과 사회적 욕구에 대해 생각해 본 경우). 행복은 권력, 성 또는 존중 욕구에 대한 만족에서 올 수도 있다. Lazarus와 Lazarus(1994, p. 96)는 긍정적이고 행복한 기분은 사고의 효과성뿐 아니라 타인과의 관계를 증진시킨다는 증거를 제시한다. 우리는 타인에 대해 좀 더 사려 깊어지고 도움을 주는 경향이 있다. 우리는 문제를 귀찮은 일이라기보다 도전으로 보는 경향이 있으며, 감정 표현에 거리낌이 덜하다. 같은 이유에서, 불행한 기분은 우리를 자기중심적이고 방어적이게 할 수 있다. 사실, 북아메리카인을 대상으로 한 전국 조사는 그들 대부분이 직무에 만족한다는 것을 보이고 있다(Maich, 2005를 보라; 10장). 그럼에도 불구하고, 10장에서 길게 논의되겠지만 직무와 경력 불만족은 삶의 다른 부분으로 전이될 수 있는 매우 혐오스러운 상태일 것이다. 흥미롭게도, 폭넓게 수용되고 있는 Locke(1969)의 진전된 직무만족 정의에 나타난 것처럼, 행복은 직무동기에 관한 현대의 문헌에서 진지하게 고려된 몇 안 되는 감정 중 하나다.

자부심은 직무 경험에 의해 수반되며, 직무동기에 영향을 미치는 또 다른 (일반적인) 긍정적 감정이다. 자부심은 "우리의 것이든 또는 동포, 가족 구성원 또는 사회 집단처럼 우리가 동일시하는 다른 사람이나 집단의 것이든, 소중한 대상이나 성취를 자신의 명예로 여김으로써 자신의 자아 정체성 향상"(Lazarus, 1991, p. 271)을 수반한다. 자부심은 개인적 진가를 확인시켜 주고, 행복한 감정에서 빠뜨린 자아에 대한 격려를 수반한다는 점에서 행복과 다르다(Lazarus, 1991, p. 271). (행복뿐 아니라) 자부심은 우리로 하여금 마음을 열게 하고 타인과 경험을 공유하게 만든다. 이래서 타인으로부터 우리를 감추게 하는 수치심과는 약간 반대다. 모든 감정이 그렇듯 자부심 경험 유무를 결정하는 것은 그 사람이 사건에 어떤 개인적 의미를 부여하는가에 달려 있다. 개인이 처한 상황의 객관적 진실은 단지 그림의 일부일 뿐이다.

Lazarus와 Lazarus(1994)는 "자부심은 우리의 개인적 정체성을 방어하고 고양시키는 욕구에 초점을 두기 때문에"(p. 101) 일종의 '경쟁적' 감정이라고 언급한다. 결과적으로, 자부심은 때로는 부정적인 감정인데, 그것은 자신이 저지른 실수에 대한 사과 또는 타인의 실수에 대한 용서를 거부하게 함으로써 사람들을 완고하게 만들 수 있기 때문이다. 자부심은 어떻게 직무동기에 반영되는가? 일에서 자부심의 역할은 다양하다. 일하면서 칭찬받을 때, 즉 좋은 수행을 할 때 그리고 다른 사람의 칭찬 없이 좋은 수행을 했다는 것을 알기만 해도, 자부심을 느낄 수 있다. 능력이 도전받거나, 의심받거나 또는 폄하될 때 자부심은 부추겨질 수 있다. 직무 때문에 처벌받는다면 자부심은 손상될 수 있다. 직무에서 해고될 때 자부심은 내동댕이쳐질 것이다.

우리는 종종 **솜씨**(workmanship)에 **대한 자부심**이라는 말을 듣곤 한다. 영국 작가 John Galsworthy(1867~1933)는 품질의 가치를 신봉한 독일 부츠 제작자로부터 자신의 부츠를 구입한 한 젊은이의 가슴 아픈 사연을 말했다. 그가 늙은 기능공에게 부츠 한 켤레를 만들어 줄 것을 주문하면서 이렇게 물었다. "만드는 게 정말 어렵지는 않겠지요, Gessler 씨?" 노인은 그 젊은이에게 미소를 짓고 "그건 예술이야!"라고 대답했다. 좋은 부츠는 오래 걸렸고, 나중에 그 젊은이는 그 독일인의 점포에 다시 와서 노인이 최근에 죽었다는 말을 들었다. 그 점포를 차지한 새로운 주인은 그 독일 부츠 제작자가 고객을 위한 부츠 제작에서 다른 어느 누구도 참여시키지 않았고, 매 켤레를 만드는 데 엄청난 시간을 들였으며, 장사에서 쉽게 이윤을 남기는 대량생산자와 경쟁할 수 없었기 때문에 굶어 죽었다고 말했다. 경쟁에 대한 반응으로, 그 노인은 단지 자신의 노력은 두 배로 올리고 점포의 온기와 궁극적으로 몸에 제공되는 영양분을 줄여서 비용을 깎았을 뿐이었다.

오만(hubris)은 자신의 성취만으로는 완전히 정당화되지 않는 극단적인 형태의 자부심이다. 그것은 종종 건방진 인물의 몰락의 원인이 되기도 한다. 예를 들어, 자신이 일을 잘했다고 길게 떠벌리는 직원은 타인으로 하여금 일에 대한 지나친 주의, 즉 흠에 대한 주의를 기울이게 할 수 있다.

사랑은 (일반적으로) 욕구로서 여겨지는 또 다른 행복한 감정이다. 5장에서 직장 내 사랑과 친밀한 관계에 관해 자세히 논의된다. 사랑은 직장에서 빈번하게 발생하며, 사랑의 실패와 짝사랑에서 오는 고통 또한 마찬가지다.

고마움(gratitude)은 Lazarus와 Lazarus(1994)가 논의한 흥미로운 감정이다. 그것은 사람들이 돈과 같은 물질적 도움, 정보, 도움, 충고 또는 기타 다른 형태의 사회적 지원을 받을 때 생긴다. Park와 Peterson(2003)은 고마움을 "이미 일어난 좋은 것을 인식하고 감사하는 것"으로 정의했다. 그것은 일반적으로 강력한 열정이라기보다 부드럽게 느껴지는 감정이다. 사람들은 주변의 타인이 뚜렷한 개인적 이유 없이 자원을 그들에게 제공할 때 고마움을 느낀다. 다시 말해서, 제공자의 동기에서 사심이 없거나 감정이입적인 것을 경험해야 한다. 어떤 사람이 자신의 의무 이상에서 타인을 위한 수행을 할 때 고마움을 경험할 것이다. 고마움은 지성사에서 일종의 미덕으로 상당히 주목받았다(Emmons, 2003). Kant는 그것을 의무로 간주했으며, 따라서 사람들은 타인이 우리들에게 제공하는 혜택 때문에 그들에게 경의를 표해야 한다고 생각했다. Thomas Aquinus는 그것을 "정의와 관련된 부차적 미덕이며, 타인에게 자신의 권리나 의무를 제공하는 것"(Emmons, p. 83)으로 생각했다. 사실, 고마움은 오래전의 인간관계 운동의 많은 원리의 이면에 있는 주요 감정적 논리였다. 만족한 직원은 그들을 잘 대우해 주는 고용주에게 감사의 마음을 갖고 있다는 가정이 가능하기 때문에, 그 운동의 '법칙'에 의하면 만족한 직원은 더 생산적인 직원이 된다는 것이었다. 우리가 개인의 생산성 이상을 포함하는 것으로 폭넓게 '수행'의 개념을 정의하지 않는다면, 만족과 수행의 단순한 연결은 지나치게 단순화된 것일 수 있기는 하지만 합당하다고 생각한다(다양한 '친사회적 조직행동'에 대한 논의를 보고 싶으면, Brief & Motowidlo, 1986와 10장을 참고하라). 마찬가지로, 고마움은 아마도 고용주에 대한 충성도와 몰입에 동반되는(또는 원인이 되는) 가장 중요한 감정의 하나다. 10장에서 조직몰입을 길게 논의할 것이지만, 그 장을 읽을 때 여러 감정들을, 그리고 조직몰입의 인지 지향적 측면을 염두에 두는 것이 필요하다.

조직이 직원들의 몰입을 구축하기 위해 이용할 수 있는 많은 장치와 의례가 작동하는 이유는 그것들이 직원들에게 고마움의 느낌을 갖게 하는 데 효과적이기 때문일 수 있다. 반면, 만일 그들이 경영진의 친절은 의도적으로 몰입을 구축하고자 하는 것이라 믿는다면, 그런 책략은 직원들 사이에 고마움이 아니라 냉소주의라는 역효과를 불러올 수 있다(Isen & Baron, 1991; Van Maanen & Kunda, 1989를 보라). 경영진이 경제적 어려움을 겪고 있는 직원을 연민 때문에 내몰지 않을 수 있고, 경영진의 그러한 결정이 해당 직원에게 이익을 주기 위한 것이 명확하다면, 그다음에는 순서상 고마움을 느낄 것이다. 그 경우 그 직원의 고마움은 이해할 만하고 정당화되는 감정 반응이며, 사실 그로 인해 노력을 배가하고 충성과 헌신을 증가시킬 것이다. 마찬가지로, 의무 이상의 근무는 업무를 감독하는 관리자의 가슴에 고마운 느낌을 불러올 것인데, 왜냐하면 그 관리자가 보기에 그 직원이 사심 없이 탁월함을 위한 가외의 노력과 주의를 기울인다고 여겨진다면, 그 관리자의 상사는 그 관리자를 좋게 볼 것이기 때문이다. 고마움은 그런 경우에 경험될 것이다.

이 문제에 대한 본 저자의 입장은 심각한 경쟁과 감량경영 시점에서 고용주에 대한 고마움은 특히 흥미롭고 복잡한 문제가 된다는 것이다. 개인이 어떤 특별한 동료에게 고마움을 표시할 것인지, 그 사람이 동료인지, 상사인지 아니면 부하직원이 될지 일상적으로 결정하는 것은 그 개인에게 달려 있다. 그러나 그 개인이 조직과의 관계에서 고마움(또는 다른 어떤 감정)을 느껴야 할지 그리고 그렇다면 언제일 것인지에 대해서는 주의를 기울여야 한다. 주의를 기울여야 할 이유는 사람에 대해 그러는 것처럼 조직에 감정을 표현하는 것은 조직을 의인화하여 그것에 인간적 성질을 부여하는 것이며, 그것은 조직이 갖지 않은 성질이다. 조직을 의인화하는 것, 조직이 마음, 심장 및 기억을 가진 인간인 것처럼 생각하고 관계를 맺는 것은 실수다. '조직 기억'(예를 들어, Walsh & Ungson, 1991을 보라)과 '조직 학습'(Fiol & Lyles, 1985; Pennings, Barkema, & Douma, 1994; Senge, 1990)에 관한 최근의 모든 이론에도 불구하고 타인을 좋게 또는 나쁘게 대하는 것은 개인이다. 우리의 직무 경험에서 고마움이나 격노의 대상이어야 할 존재는 개인이다. 조직과 '사랑에 빠지거나' 분노하게 된 사람은 스스로를 바보로 만든다. 어떠한 조직도 마음, 기억, 의식 또는 심장을 가지고 있지 않다. 조직 내의 개인은 이러한 특질을 가지고 있지만, 그것이 쇳덩이에 대해 그러는 것 이상으로 조직에 감정을 표현할 이유가 되지는 않는다. 인간 본성의 필수적 성질은 쇳덩이에 내포되어 있는 것 이상으로 조직 자체에 포함되어 있지는 않다.

Lazarus와 Lazarus(1994)는 연민(compassion)을 "인간을 독특하게 하는 감정"(p. 122)이라 말한다. 연민과 유사한 개념으로 동정, 측은함 및 공감이 있지만, 같지는 않다. 개인이 연민을 느낄 때, 그 사람은 타인이 고통을 받고 있으며 도움을 필요로 한다는 것을 이해한다. 타인의 곤경과 고통에 대한 인식은 연민을 촉발하는 것이다. 연민을 느끼는 사람이 고통받는 것으로 지각되는 사람의 경험과 유사한 경험을 할 때 그 감정은 특히 강하다. 어려움 속에 있는 사람이 우리가 사랑하는 사람일 때 연민은 더 쉽게 자극될 수 있다. 어려움 속에 있는 사람이 낯선 이일 때 상황은 조금 복잡해진다(Lazarus & Lazarus, 1994).

3장에서, 독성 조직과 어떤 조직에서 발견되는 '독성 관리자', 즉 독성 업무 환경이 만드는 고통을 경감하기 위한 일을 하는 사람들에 관한 Frost(2003)의 연구가 소개되었다. 사실, 그의 연구는 긍정적 조직학 운동에 상징적이다. Frost에 따르면, 연민은 조직의 독성을 빼 주고 조직을 인간답게 만드는 노력의 주요 요소다. 특히, 연민의 정을 느끼는 관리자의 기술은 업무 장면에서 감정적 단서를 읽고 그것의 효과를 예상하는 능력(이것은 상당한 감정 지능을 필요로 한다), 개인적 및 인간적인 방식에서 사람들을 정기적으로 참여시킴으로써 사람들을 연결시키는 능력, 독성의 희생자에게 공감하는 능력, 고통을 다룰 수 있도록 사람들을 움직이게 하고 타인에 대한 연민에 따른 행동이 고무되고 보상받는 팀 환경을 만드는 동안 그들의 고통을 완화시키는 행동을 하는 능력을 포함한다(2003, pp. 24-25). Frost는 인도적인 인적 자원 관리 정책이 조직의 현실적 수행에 기여하면서 조직의 독성을 다룰 때 중요하다는 것을 증명한 경험적 연구들을 언급했다.

앞에서 우리는 인지가 감정에 선행하는지 아니면 감정이 인지와 독립적으로 경험될 수 있는지에 관한 쟁점을 논의했다. 또한 우리는 그 문제에 관한 Lazarus(1984)와 Zajonc(1980, 1984)의 논쟁에서, 이 문제는 우리가 인지를 어떻게 정의하는가에 주로 달려 있을 수도 있다는 데에 주목했다. 그럼에도 불구하고, 우리가 연민을 하나의 감정으로서 그리고 인간 행동의 자극에서 그것의 역할을 고려할 때, 인지 또는 감정의 우선성의 문제가 대두된다.

연민과 직무동기의 관계의 예는 흔하다. 연민은 직업 선택의 초기 단계와 그 직업을 현실화하기 위한 교육을 받는 동안 개인의 의사결정 과정에 포함되어야 한다. 헬스케어, 사회복지, 교육, 법률 집행 및 타인에 대한 도움이 우선적이거나 주요 목표인 경력을 추구하는 사람의 의사결정에서 연민이 중요한 부분을 차지한다는 것은 쉽게 상상된다. 토론토 병원의 중환자실에서의 오랜 경력에 대해 Tilda Shalof(2004)가 말한 이야기의 마지막 두 문장을 보자.

> 내가 확실히 알고 있는 한 가지는 우리의 지혜가 흔들리는 때가 있어도, 연민은 언제나 아주 크다는 것이다. 그것은 간호 업무가 무엇보다 나에게 가르쳐 준 것이다. 연민은 가장 위대한 지혜다.
>
> (Shalof, 2004, p. 337)

Shalof의 책은 연민이 헬스케어 서비스, 특히 간호 업무에서 하는 중심 역할을 증명하는 이야기로 가득 차 있다.

연민은 또한 직무 장면에서 우리가 관찰하는 친사회적 행동의 많은 예들을 설명할 수 있는데, 예를 들어 사람들이 고객에 대한 서비스에서 해야 하는 의무 이상으로 일하는 것을 말한다(Organ, 1990을 보라). 두 연구가 이런 가능성을 부분적으로 조명한다. 이 연구들이 연민을 다룬 것은 아니지만, 그것들은 친사회적 조직행동에서 감정의 역할을 다루고 있다. 이 연구들 중 첫 번째(Organ & Konovsky, 1989)는 직원들의 '전형적인 기분 상태'와 친사회적 행위의 연결을 발견하지 못했다. 두 번째 연구(George, 1991)는 기분을 지속적이고 안정적인 특질이 아니라 일시적인 상태로 측정했을 때 정서와 친사회적 행위 사이에 관련성이 있다는 것을 발견했다. 본 저자는 직무의 공식적인 기대를 넘어서는 서비스를 제공하는 근로자의 의도나 경향성에 대한 연민(또는 이 문제에 해당하는 다른 어떤 특정한 감정)의 효과를 말하는 또 다른 연구를 알지 못한다. 다시 말하지만, 직무동기에서 어떠한 감정의 역할을 다루는 경험적 연구는 매우 적다. 간단히 살펴보겠지만, 긍정적 기분 상태가 업무 현장에서 협동과 커뮤니케이션에 미칠 수 있는 긍정적인 영향을 통해 긍정적 기분 상태는 조직의 기능에 유익하다(Isen & Baron, 1991). 마지막으로, 연민은 고통과 어려움을 겪는 사람들을 보게 되는 직업을 가진 후 발달시킬 수 있는 감정일 수 있다. 이런 의미에서 연민은 직무 경험의 원인이며 결과일 것이다.

Lazarus와 Lazarus(1994)의 유형에서 마지막으로 언급되는 개별 감정의 범주는 직무에서의 심미적(aesthetic) 경험이다. 이 범주는 이미 살펴본 대부분의 다른 것들과 다른데, 아름다운 음악, 좋은 음식, 박진감 넘치는 영화 또는 웅장한 노을을 접할 때와 관련되듯 하나의 감정이 아니기 때문이다. 사실, 미적으로 호소하는 것의 경험 후에 각성되는 특별한 감정은 주로 그 사람이 그것에 부여하는 특별한 의미에 달려 있다(다른 감정적 사건의 경우에서처럼, 그러나 이 경우에는 더욱 그렇다). 따라서 우리가 미적으로 호소하는 어떤 것을 접할 때, 이미 앞에서 논의된 많은 또는 어떠한 다른 감정도 단독으로든 연속해서든 우리의 경험 속으로 들어올 수 있다. 다시 말해서, 느껴진 특별한 감정은 사람에 따라 다를 뿐 아니라 같은 사람이라도 상황에 따라 달라질 것이며, 그것은 어떠한 시점에든 그 자극에 귀인되는 의미에 달려 있다. 예를 들어, 연인의 회사 안에 있을 때 젊은 남자에게 들려오는 좋은 노래는 즐거움을 가져올 수 있지만, 그녀와 헤어진 후 듣게 되는 같은 노래는 두통과 슬픔을 줄 수 있다. 의미는 상황 및 관련된 사람에 달려 있다.

연구자들은 직무동기와 조직행동의 감정적 측면에 주의를 기울이지 않았다. 일과 동기와 연합된 미적 경험은 아마도 가장 덜 이해되었을 것이다. Sandelands와 Buckner(1989)는 한편으로는 직무와 직무 과정, 다른 한편으로는 예술 사이의 관계에 있는 빈틈을 메우고자 했다. 그들은 역사, 관리 및 조직행동 문헌을 살펴봄으로써 직무를 수행하는 사람들에게 직무가 어떤 것으로 느껴지는지를 알아보고자 했다. 그들에게 문제는 "당신의 직무는 마음에 드십니까?"가 아니라 "당신이 그 직무를 하고 있다는 것에 대해 어떤 느낌이 드십니까?"다. 심리적 경험은 직무에 대한 느낌이 아니라 직무상 느낌(work feelings)의 문제다(p. 125). Sandelands와 Buckner에게 있어서, 미적 경험은 전형적으로 실용적인 가치와 목표를 가진 직장 생활에서의 일상 경험에 현저하게 대비되는 것이 아니다. 그들이 주장하는 것은 실용적인 것과 미적인 것은 동시에 경험될 수 있으며, 특히 일이 잘 마무리되었을 때 그렇다는 것이다. 그들은 Henri(1923)의 글을 인용한다. "예술은… 인간의 모든 영역에 해당한다. 그것은 단지 어떤 것이든 만사를 잘하느냐의 문제다. 그것은 외부의, 가외의 것이 아니다. 누구라도 예술가적 성질을 가질 때, 그의 일이 무엇이든, 그는 독창적이며, 탐색적이며, 대담하며, 자기표현적 존재가 된다… 그가 반드시 예술가일 필요는 없다. 그는 어떤 매체에서든 일할 수 있다. 그는 단지 일의 외부가 아니라 일 자체에서 이득을 찾아야 한다." (Sandelands & Buckner, 1989, p. 118에서 인용된 Henri, 1923, p. 15)

Sandelands와 Buckner(1989)는 또한 1980년대와 1990년대 초기에 인기 있는 경영

주제였던 '탁월함'에 대한 열정(Peters & Waterman, 1982)이 예술적 · 미적 성질을 가진다고 주장했다. 3장에서, 내재적 동기와 내재적 만족의 개념이 다루어졌다. 이것들은 직무수행 자체로부터 나오는 만족의 동기적 힘이며 원천이다. 이것들에는 놀이나 장난의 요소가 있으며, 외부 원천에 기인하는 인정과 보상에서 나오는 수단적 만족과 감정과는 다르다. 또한 우리가 일할 때 좋은 것을 느끼고 싶어 함에 따라 자신의 운명을 통제하고 무엇이든 가능하게 할 수 있다는 느낌도 있다(Deci & Ryan, 1985; 7장과 13장을 보라).

직장에서의 감정 관리

앞 절에서, 우리는 Lazarus와 Lazarus(1994)가 제시한 인간의 여러 가지 감정과 직무동기 사이에서 있을 수 있는 관계를 논의했다. 분석을 통해서 직무나 경력을 찾고 유지하고자 하는 동기, 자신의 사업을 시작하는 동기, 직무수행을 잘하고 탁월함과 자부심을 얻고자 하는 열망 및 자신의 공식적 직무 요건 이상에서의 수행에 대한 개념처럼 직무와 직무동기의 많은 측면들이 주목되었다. 또한 우리는 감정이 직장 생활 또는 그것 이외에서 어떻게 기원하는지 그리고 이런 것들로부터 개인을 어떻게 이해할 수 있는지 고려했다. 우리는 감정이 어떻게 직무동기와 조직행동을 유발하고 설명할 수 있는지 또는 동기화된 노력과 업무 경험으로부터 나올 수 있는지 보았다. 그러나 지금까지 감정에 대한 대부분의 논의는 그것을 수동적 측면에서 살펴보았다. 감정이 어떻게 능동적으로 통제되거나, 영향을 받거나, 조작될 수 있는가에 대한 상당한 주의 없이도 그것은 자연스럽게 일어나는 것으로 여겨졌다. 이 절에서는 조직에서의 감정 관리에 주의를 기울인다. 우선 감정지능(emotional intelligence)에 관한 논의에서 시작하는데, 감정지능 수준이 높은 사람들은 자신과 타인의 감정을 잘 인식할 뿐 아니라 자신의 감정 또는 적어도 감정 표현을 통제할 수 있는 기술 수준도 높다는 것을 말한다. 다음에는 감정 표현이 공식적 직무 요건으로 정의되는 직무에 있는 사람들의 계획적인 정서 투사를 서술하는 용어인 감정노동을 논의한다.

감정지능

높은 IQ를 지닌 교육 수준이 높은 사람이 삶의 감정적 측면을 다룰 때 똑같이 경쟁적일 수도 있고 아닐 수도 있다. Goleman은 사람들의 삶에서 궁극적인 성공을 타당하게 예측할 때 인지 능력의 지표들(예를 들어, SAT 점수, 높은 학점) 사이의 관련성이 좋지 않음을 말했다. 달리 말해서, '성공하는 것'은 단순한 인지적 지능 이상을 요구한다. Goleman(1995)은 사람들이 타인과 효과적으로 기능하고 성공하고자 한다면, **감정지능**은 주로 인지적 성질을 지니고 있는 전통적 지표만큼 중요할 수 있다고 주장한다. 그는 감정지능을 "스스로를 동기화하고 좌절에 직면해서 집요하게 계속하며, 충동을 통제하여 충족을 지연시키며, 자신의 기분을 조절하여 괴로움이 사고 능력을 집어삼키지 않도록 하며, 공감하고 희망을 갖는 것과 같은 능력"(p. 34)으로 정의했다.

Salovey와 Mayer(1990)도 감정지능에 관한 초기 정의를 제시했는데, 그들에 따르면 "자신과 타인의 느낌과 감정에 주의를 기울이고, 그것들을 구별하여 자신의 사고와 행위를 안내하기 위한 정보로 이용할 줄 아는 능력과 관련된 사회적 지능의 하위 집합"(p. 189)이다. 이 연구자들에게 있어서 사회적 지능은 몇 가지 차원을 가지고 있다. 우리가 이 차원(또는 범주)을 고려할 때, 다양한 형태의 능력이 어떻게 대부분의 작업 장면에서 효과적인 수행에 기여할 것인지, 즉 이런 기술의 소유 여부가 조직 구성원들이 타인과 조화를 이루는 방식에서 어떻게 차이를 내고 경력에서 성공할 것인지를 염두에 두는 것은 가치 있을 것이다.

1. 자신의 감정 인식: 자기각성, 즉 발생한 느낌을 인식하는 것
2. 감정 관리: 상황에 적절해지도록 느낌을 조절하는 것. 자신의 마음을 진정시키고, 침울함을 없애고, 필요할 때 긍정적인 느낌을 갖는 것
3. 스스로를 동기화하기: 자신에게 에너지를 불어넣고, '몰입(flow) 상태로' 들어가고, 충족을 지연시키며, 충동성을 억누르는 것
4. 타인의 감정 인식: 공감하는 것. 타인이 경험하고 있는 느낌 상태를 감각할 수 있는 것
5. 관계 조절: 타인과 건설적 관계를 만들 수 있는 것. 인기를 얻는 것. 리더십이나

지지를 행사하는 것. 친구가 될 수 있는 것

감정지능에 관한 최근의 모형은 지난 10년 동안 진전되었으며, 그것들 중 일부는 이 개념을 주로 정신 능력으로 보았다(Mayer & Salovey, 1997을 참고하라). 반면, 다른 좀 더 포괄적인 모형[Salovey와 Mayer의 초기 모형과 Goleman(1995)의 인기 있는 모형]은 그것을 정신적 기술과 적응적인 감정적 특질 및 성향의 포괄적인 조합으로 보았다(Schutte et al., 1998). Warwick과 Nettlebeck(2004)의 최근 경험적 연구는 이러한 구분을 지지한다.

고려하는 모형과 상관없이, 리더십과 효과적인 직무수행에서 인지 능력의 중요성을 거부하는 것은 아니지만, 여기서의 초점은 감정지능 및 이것과 관련된 감정적 능력의 최소 수준이라도 없다면 업무 관계에서 개인적 효과성은 약해질 것이라는 점이다(Ashkanasy, Hartel, & Zerbe, 2000; Cherniss, Extein, Goleman, & Weissberg, 2006; Matthews, Zeidner, & Roberts, 2002; 12장을 보라). Salovey와 Mayer(1990)에 따르면, 감정지능이 높은 사람들은 좀 더 창의적이고 좀 더 유연하게 계획을 세울 수 있는데, 감정지능이 낮은 사람들보다 그들의 주기적 기분 변화는 그들로 하여금 "한 세트를 낱낱으로 나누게 하고" 이런저런 쟁점에 대해 좀 더 쉽게 집중할 수 있게 하기 때문이다. 행복한 기분 상태에 있는 사람들은 창의적 문제해결과 연역적 추론을 요구하는 과제에서 좀 더 성공적인 것 같다. 좀 더 슬픈 기분의 사람들은 귀납적 문제해결에서 좀 더 효과적일 수 있으며, 그래서 자신의 감정 상태를 바꾸는 능력은 어떤 사람들을 다른 사람들보다 더 창의적이고 생산적이게 만드는 기술일 수 있다(Salovey, Hsee, & Mayer, 1993). 자기조절의 개념을 더 포괄적으로 다루는 14장에서 이 문제가 다루어진다. 간단히 말해, 감정지능이 높은 사람들은 "적어도 제한된 형태라도 긍정적인 정신건강에 도달하는 것으로 여겨질 수 있다. 그들은 자신과 타인의 느낌을 알아차린다. 그들은 내적 경험의 긍정적 및 부정적 측면에 개방적이고, 그것들에 이름을 붙일 수 있으며, 적절할 때 그것들과 커뮤니케이션한다. 그런 인식은 종종 자신과 타인의 정서를 효과적으로 조절하게 하고, 그래서 안녕에 기여한다." (Salovey & Mayer, 1990, p. 201)

대부분의 사람들은 자신이 적절한 수준의 감정지능을 지니고 있으며, 그들은 자신 및 타인의 감정을 정확히 확인할 수 있다고 믿는 것 같다. 우리는 타인에게 발생하는 감정적 사건을 진단할 수 있다고 가정하는 경향이 있다. 우리는 그들이 슬프거나,

행복하거나, 두려워하는지 여부를 말할 수 있다고 믿는데, 대개의 경우에서 어떤 얼굴 및 목소리 표현은 어떠한 구어와도 독립적으로 인식되는 대인 효과를 가지고 있기 때문이다(Oatley & Jenkins, 1992). 이런 신념에도 불구하고, 많은 어린이들이 생애 초기에 대인 민감성 기술을 발달시키지만, 성인이 되었을 때는 그것에서 상당한 차이가 있다는 것을 보이는 많은 증거가 있다(Matthews et al., 2002; Salovey et al., 1993을 보라). Elfenbein과 Ambady(2002)가 보고한 메타분석이 발견한 것은 많은 감정들은 보편적으로 인식되지만, 공통된 문화적 배경을 가진 사람들은 다른 문화권의 사람들이 그러는 것보다 서로의 감정을 좀 더 쉽게 인식한다는 것이다.

자신의 감정을 인식하는 것과 타인의 감정을 정확히 지각하는 것에서 다소 차이가 있다는 것을 제외하면, 감정지능의 주요 요소는 자신의 감정을 조절하는 능력으로 구성된다. 사람들은 자신이 좋아하는 것을 더 많이 소유할 때 더 행복해한다는 단순한 쾌락주의적 가설은 일련의 연구들에 의해 도전받았는데, 그 연구들은 바람직한 성과를 소유한 것뿐 아니라 그러한 성과를 받은 비율과 이러한 성과가 우리 자신의 기저 경험 이상을 의미한다는 변화 또한 만족과 즐거움을 결정할 때 중요하다는 것을 보이고 있다(Salovey et al., 1993). 다시 말해서, 우리는 어떤 순간 우리가 가진 성과의 수준과 과거에 받은 수준을 비교한다. 좋은 것을 더 많이 받은 것은 즐거움을 가져오지만, 새로운 환경 수준에 적응한 후 그 즐거움 수준은 떨어진다. 갑자기 10%의 급여 인상을 받은 직원은 처음에는 날아갈 듯하겠지만, 그는 새로운 소득 수준에 적응하기 때문에 그 즐거움은 곧 잦아들 것이다. 마찬가지로, 우리가 가치 있게 여기는 물건을 잃었을 때 경험하는 초기의 분노는 시간의 흐름과 함께 줄어드는 경향이 있다. 지금까지가 좋은 것이다. 사람들은 다소 쉽게 새로운 상황에 적응한다. 더구나, 만사가 더 빠르게 개선될수록, 우리의 만족은 더 커지고 기분은 더 행복해진다. 급여 인상이 오래 걸릴 경우에 비해 빠르다면, 그것은 더 큰 만족을 가져온다. 집값이 1년에 만 달러 오른 사람은 2년에 걸쳐 만 달러 오른 사람보다 더 행복할 것이다(Salovey et al., 1993). 그래서 기저선으로부터의 긍정적 변화에 더해, 긍정적 변화가 발생하는 비율도 만족의 차이를 만든다(Salovey et al., 1993). 연구자들은 이 현상을 변화 속도(velocity)라 부른다.

빠른 변화 속도뿐 아니라, 속도 자체가 부정에서 긍정으로 변화할 때 사람들은 더 큰 만족을 얻을 것이다. 즉, 바람직한 가치가 처음에는 감소하다 다음에는 증가할 때 사람들은 가장 행복해하며, 속도가 긍정에서 부정으로 바뀔 때 가장 불행해한다 (Salovey et al., 1993). 우리는 좋아하는 스포츠 팀이 처음에는 뒤처지다 다시 용감히 싸워서 경기 후반부에 결승골을 넣어 게임에서 이기는 것을 볼 때 가장 기뻐한다. 반면, 내가 좋아하는 팀이 이기다가 결국 졌을 때 우리 팀에 대해 느끼는 고통은 특히 극심하다.[8] Salovey 등(1993)의 결론에 따르면, "이런 역동적, 특히 감정역동적 (emodynamic) 견해는 우리가 시간의 흐름에서 성과가 증가하는 패턴에, 특히 성과의 비율과 그런 비율의 변화에 꽤 민감하다는 것을 제안한다." (p. 269)

논쟁과 감정지능

새로운 개념에 대한 개념적 근거에 이의를 제기하는, 그것이 정말 새롭지는 않다고 주장하는, 또는 새로운 개념의 후보가 근거하는 연구의 엄격함을 논박하는 학자와 비판자의 면밀한 검토가 있은 후, 사회과학에서 새로운 개념이 출현하는 것은 자연스럽다. 감정지능에서도 그랬다. 초기 쟁점 중 하나는 감정지능이라 불릴 만한 개념이 하나 이상 있지 않겠는가에 관한 것이다. 결국 여기에는 아마도 흥미로운 (최소) 두 개념이 있다는 것을 인식함으로써 평화가 찾아왔다. 첫 번째는 주로 능력에 해당하고(Salovey, Mayer 및 동료가 제시한 것처럼), 두 번째는 어떤 한 가지 특질과 성향이거나 또는 능력, 특질 및 성향의 혼합이라는 것이다.

2장에서 보았듯이, 결국 새로운 개념의 구성타당도와 그 개념에 관한 측정도구를 확립하는 것이 중요하다. 관련된 또 다른 쟁점은 능력으로서 감정지능이 일반 지능뿐 아니라 몇 안 되는 표준적이고 잘 확립된 성격 변인(이를테면, '원만성')의 조합에 의해 설명될 수 없는 어떤 것을 제시하는지 여부와 관련된다. 논쟁과 탐구는 건전한 것이기는 하지만 그러한 논쟁과 탐구는 개념의 추정 용이성과 광범위한 상업적 응용을 위한 측정도구에 어느 정도 반영되어야 한다. 이 경우 인간의 다중 능력, 특히 '감정지능'과 관련된 능력에 관한 개념의 타당도를 일단 진실로 여기고 보자는 것이 지난

8) 일차 및 이차 도함수처럼, 수학적 측면에서 속도와 속도 증가의 개념에 대해 생각하는 것은 솔깃한 면이 있다. 신쾌락주의 가설에 따르면, 어떤 사람의 바람직한 성과 획득 수준을 나타내는 곡선의 일차 및 이차 도함수 둘 다 긍정적일 때 만족은 극대화되고, 두 수학적 용어가 부정적일 때 불만족은 최악이다.

10여 년 동안 갑자기 늘어났다. 감정지능 및 이와 관련된 구성개념을 측정하기 위한 몇몇 척도가 개발되고 타당화되었고(예를 들어, Gowing, 2001; Salovey, Brackett, & Mayer, 2004; Schutte et al., 1998을 보자), 성인에게 높은 수준의 감정지능 개발 방법을 가르치기 위한 기법이 진전되었다(Cherniss et al., 2006을 참고하라).

여러 면에서, 과학적 진실성에 대한 진지하고 지속적인 과학적 탐구가 인기와 상업적인 흥미를 유지했다(예를 들어, Matthews et al., 2002; Salovey, Brackett, & Mayer, 2004). 실제로, Muchinsky(2000)는 감정에 대한 새로운 관심이 학계와 업계 사이의 간극을 연결하는 중요한 통로로 작용할 수 있다는 것을 제안했다. 감정지능에 대한 양 진영의 특별한 흥미는 협동의 선봉이 될 것이다. 그것은 좋은 것일 것이다.

감정노동

행복, 즐거움 및 기쁨의 강요된 표현이 현대의 많은 직장에서 수많은 직원들, 특히 경계 연결 역할(boundary-spanning role)을 하고 있는 직원들의 직무 요건이라는 것은 폭넓게 인정되고 있다(Rafaeli & Sutton, 1987; Wharton & Erickson, 1993). 디즈니랜드를 대상으로 Van Maanen과 Kunda(1989)는 젊은 직원들이 테마파크에서 말을 타고 달리며 매일 방문객들에게 서비스를 제공하는 등 사실상 모든 상황에서 어떻게 '행복한 얼굴 표정을 지어야' 하는지에 관한 다양하며 자세한 이야기를 제시하였다. 그 연구자들은 어떻게 내부 정책이 늘 행복한 얼굴 표정을 짓고 디즈니 경험을 표상하는 젊은이들에게 늘 가장 (누가 봐도 알 수 있는) 생기 넘치는 감정을 드러내도록 강요하는지에 관해 서술하였다. 그들은 이런 강요되고 억지로 꾸며진 즐거움과 활기가 어떻게 유지되고, 감시 받으며, 훈련되는지를 자세히 묘사했다. 예를 들어, 22세의 여성이 〈캐리비언의 해적(Pirates of caribbean)〉이 주는 흥분을 느끼려고 전 세계에서 온 가족들을 보면서 똑같은 형태의 즐거움과 대리 흥분을 얼마나 자주 또는 얼마나 오래 표현할 수 있겠는가?

민간 기업에서, 고객 만족은 직접적인 목표다. 장기적인 경제적 생존은 궁극적 목표다. 억지로 꾸며진 감정 표현 업무에 동조하는 직원들은 보상받는다. 이를 따르지 않는 사람들은 대개 해고된다(Van Maanen & Kunda, 1989). 사실, 회식, 피정 및 피크

닉 같은 많은 공식화된 관리상의 의례와 행사는 경영진이 원하는 감정의 표현과 개발을 직원들이 받아들이도록 하는 것을 주요 목표로 한다. 전문성을 가진 직원의 경우, 자신의 감정을 가리는 것이 중요하며, 이러한 규범을 침해하는 것은 틀림없이 비전문가적이다(Wharton & Erickson, 1993을 보라). 이러한 공식적 행사는 어떤 감정을 표현할 것인가뿐 아니라 언제 어떻게 표현할 것인가를 직원들에게 가르치고자 한다(Isen & Baron, 1991; Van Maanen & Kunda, 1989). 개인적 삶에서는 한 종류의 감정을 표현하지만 일할 때는 다양한 감정을 표현해야 하는 사람들은 다양한 삶의 역할에서 효과적이기 위해 특히 유연해야 한다(Wharton & Erickson, 1993).

22세의 대학생은 본 저자에게 자신이 두 가지 시간제 일을 하고 있다고 말했다. 낮에는 하이킹 장비와 의류를 판매하는 점포에서 일한다. 그 일은 어떤 장비를 구입할지, 그것을 어떻게 사용할지 등에 대해 미소를 띠며 조언을 하면서 친절하게 고객에게 구입 권유를 하는 판매직이다. 그 점포에서 일이 끝나면, 그 학생은 끼워 팔기식 판매, 친절한 미소의 서비스, 고객의 욕구에 대한 가식적인(pseudo-personal) 주의를 강조하는 스테이크와 맥주 레스토랑에서 서빙한다. "어느 날은 암만해도 못하겠더라고요." 라고 그는 말했다. "미소를 짓고 가짜 얼굴을 할 수 있는 것도 어느 정도더라고요. 때때로 행복한 척해야 하기 때문에 나는 실제로 너무 지치거나 지루하거나 열 받아서 행복한 척할 수가 없었어요. 그러나 내 일은 둘 다 항상 내가 행복한 척할 것을 요구합니다."

다른 어떤 상황에서, 그런 행동은 조작, 협박, 표리부동, 허위, 심지어 비윤리적이라 불릴 것이다. 우리에게 그것은 필수 직무행동의 문제인데, 그 행동은 보상과 처벌 계획에 의해 촉진되며, 이를 통해 모든 고객은 행복하게 귀가했다가 같은 (꾸며진) 대접을 더 많이 받기 위해 다시 오고자 하는 욕망을 품게 된다. 조작된 감정이 일터 밖에 있는 그들의 생활로 돌아가야 하는 직원들에게 부과하는 곤란함은 치명적일 수 있는데, 집에서도 감정 관리 역할과 기대에 직면하기 때문이다(Wharton & Erickson, 1993). Hochschild(1983)는 그런 상황에 있는 직원들은 대부분의 다른 직원들이 그러는 것보다 자신의 직무와 스스로에 대한 통제권을 더 많이 상실한다고 지적한다. 7장에서 보겠지만, 자기통제와 자기결정의 느낌은 직무동기와 자기존중에 결정적인 요소다.

20년도 더 전에 Hochschild(1983)는 **감정노동**이라는 용어를 고안했는데, 그것은 "관찰 가능한 얼굴 및 신체 표현을 만들어 내기 위한 감정 관리이며, 감정노동은 임금의 대가로 판매되며 따라서 교환 가치를 지닌다."(p. 7) 이것은 Van Maanen과 Kunda(1989)가 묘사한 일종의 억지스러운 감정이며 감정 표현이다. Hochschild(1983)는 이 개념을 묘사하기 위해 항공기 승무원의 관리자들이 요구하는 감정노동을 많이 이용했다.

> 자, 숙녀 여러분, 나는 여러분이 그곳에서 진심으로 미소 짓기를 바랍니다. 여러분의 미소는 여러분의 가장 큰 자산입니다. 나는 여러분이 그곳에서 그것을 이용하기를 바랍니다. 미소. 진실한 미소. 진실로 솔직하게 하십시오.
>
> (Hochschild, 1983, p. 4)

이러한 미소는 항공기 승무원들의 직무에 대한 그들의 실제 신념 또는 그들이 승객 접대에서 어떻게 느끼는지에 대한 진짜 지표가 아니다. 그 미소는 근로자에 관한 것이지, 그들의 것이 아니다(p. 8).

Hochschild가 그때(1983년) 추정한 바에 따르면 모든 미국 근로자의 거의 1/3은 감정노동을 '상당히' 요구하는 직무에 종사하고 있으며, 그 비율은 일하는 미국 여성의 절반에 가깝다(p. 11). 좀 더 최근의 추정은 "서비스는 GNP의 거의 3/4이며 경제가 만들어 내는 10개 일자리 중 9개를 설명한다."(Wharton, 1993에서 인용된 Zeithaml, Pararuraman, & Berry, 1990) Hochschild는 감정노동에서 허위의 감정 표현을 감정 체계의 변성(transmutation)으로 명명하였다. 그녀는 감정노동이 폭넓게 정기적으로 이루어질 때 이 과정의 개인적 및 사회적 비용을 길게 논의했다. 그녀의 비평은 사람들의 프라이버시, 세상에 대한 신뢰성과 진정성, 자기개념 및 자기가치감의 상실과 관련된다. 간단히 말해, Hochschild에게 감정노동은 Jean-Jacques Rousseau와 Karl Marx 같은 사상가들이 주장한 착취이며 소외에 가깝다. 좋은 것이 아니다. (Nathaniel Hawthorne의 유명한 소설 『주홍글씨(The Scaret Letter)』에서 인용한 글인 "상당한 기간 동안, 어느 누구도, 어떤 것이 진실일 것인지에 관해 혼란스럽지 않게, 자신에게는 한쪽 얼굴을 보이고 다른 사람들에게는 다른 얼굴을 보이는 사람은 없다."는 이런 우려와 관련된다.)

10년 후, 은행과 헬스케어 종사자를 대상으로 한 또 다른 경험적 연구는 Hochschild의 주장을 부분적으로 지지했다(Wharton, 1993). 이 조사는 Hochschild가 고위험군으로 분류한 직업에 종사하는 근로자들에게서 감정 소모와 긴장 수준이 더 컸다는 것을 발견하였다. 그러나 Wharton(1993)은 감정노동 직무 범주의 근로자들 중 여성들 또는 배우자가 있는 근로자들에게서 감정 소모의 수준이 더 크다는 것을 발견하지 못했다. 사실, 그녀는 감정노동을 수행하는 여성들은 유사한 일을 하고 있는 남성들보다 직무에서 유의미하게 좀 더 만족한다는 것을 발견하였다. 마지막으로, Wharton은 감정노동의 효과는 직원들의 직무관여, 직무에서의 자율성 및 자기감시 능력에 의해 어느 정도 완화될 수 있다는 것을 발견하였다.

감정노동은 직원들에게 반드시 해로운가?

새로운 연구 영역에 주효과 가설이 등장할 때(이 경우, 감정노동은 일반적으로 직원에게 해로운 효과를 미친다는 명제), 상반된 또는 수정된 결과를 보고하는 후속 연구가 등장한다. 감정노동에 대해서도 마찬가지다. 그 효과는 항상 단순하지 않고 Hochschild (1983)가 제안한 본질도 아니다. 사실, 어떤 개관은 감정노동이 어떤 상황에서는 근로자들에게 긍정적 효과를 지닐 수도 있다는 것을 제안했다(Morris & Feldman, 1996을 보라).

감정노동의 다양성

많은 연구를 바탕으로(예를 들어, Kruml & Geddes, 2000), 어떤 직무가 직원들에게 단순한 '표면 행위(surface acting)'를 요구한다면 그것은 직원들에게 **감정적 부조화**(emotional dissonance)를 유발할 수 있는데, 이것은 직원이 실제로 느끼는 것과 직무 수행에 필요해서 외부로 드러내는 느낌 사이의 충돌을 의미한다. 이런 행위가 오래 일어난다면, 이런 부조화는 고객으로부터 소외, 소진(burnout) 및 직무관여 저하를 포함해서 직원들에게 해를 입힐 것이다. 같은 이유에서, 직원들이 직무 상황이 (관리자 관점에서 볼 때) 요구하는 감정을 실제로 느낄 수 있다면, 그런 해로운 결과는 없을 것이다. 이런 종류의 행동을 **수동적 내면 행위**(passive deep acting)라 부른다. 즉, 사람들은 마음속에 표면 행위(즉, '속이기')에서 수동적 내면 행위에 이르는 '부조화'로 언급되는 차원을 가질 수 있다.

두 번째 차원은 Kruml과 Geddes(2000)가 단순히 **노력**이라 말한 것인데, 직원들이 직무상에서 표현해야 하는 느낌과 일치되도록 내적 느낌을 바꾸고자 하는 정도를 반영한다. Hochschild(1983)는 연극적 은유를 바탕으로 이 용어들을 생각했다.

결과가 보여 주는 것은 **적극적 내면 행위**(active deep acting)를 하는 직원, 즉 요구되는 상황과 일치되도록 자신의 감정을 실제로 바꾸려고 상당히 노력하는 직원은 좀 더 많은 개인적 성취, 더 높은 수준의 직무관여(12장을 보라), 고객과 좀 더 인간적인 관계를 경험한다는 것이다. 반면, 수동적 내면 행위('감정 속이기')를 하며 실제로 느끼지 않는 감정을 드러내는 직원은, 자연스럽든 '적절한' 감정 투사에 맞춰진 노력의 결과이든, 실제로 느끼는 감정을 드러낸 직원보다 감정을 소모하는 경향이 더 크다.

이와 같은 신흥 가설은 서비스 장면에서 사람들의 관리에 많은 흥미로운(그리고 윤리에 관련된) 시사점을 가진다. 요약하자면, 그것은 직원들의 적응은 하나의 양극 차원이 아니라 두 가지 독립된 차원(부조화와 노력)의 문제임을 시사한다. 그것은 또한 건강한 감정노동자들은 업무 현장에서 진짜 감정을 드러내도록 허용되거나 교육받은 사람들임을 의미한다. 그러나 개인의 진짜 느낌이 자연스럽지 않아서 적절한 감정을 발달시키기 위한 노력이 요구될 때 윤리적 문제가 발생한다.

좀 더 최근에 Côté(2005)는 사회적 상호작용의 체계에서 감정노동의 행위, 즉 감정 조절에 적용되는 개념적 모형을 제안했는데, 개인이 허위 감정의 활성화 결과로 괴로움을 느끼는가 여부는 최소한 부분적으로는 조절된 감정이 지향하는 타인의 반응에 달려 있다는 가설을 제시했다. Côté는 가짜 표현을 수반하는 표면 행위는 그런 표현의 송신자에게 긴장을 증가시킨다고 주장했다. 반면, 내면 행위의 결과로서 진짜 느낌을 드러내는 것은 감정 표현 수신자의 반응에 따라 송신자의 긴장에 긍정적 또는 부정적 효과를 가질 수 있다.

감정 관리에 대한 논의를 완성하기 위해 지난 수십 년간 대부분의 맥락에서, 특히 조직 맥락에서 사람들로 하여금 자신의(그리고 타인의) 부정적 느낌과 감정을 통제하도록 한 것은 문화적 규범이었다는 것을 언급할 필요가 있다. 합리성이 의사결정에 최적이라는 신념 때문에 합리적인 행동이 규범이었던 만큼, 업무 현장에서 격노, 증오 및 질투와 같은 부정적 느낌을 표현하는 것은 규범에서 어긋나는 것이었다. (긍정적인 감정을 지나치게 표현하는 것 또한 받아들여지지 않는다!)

부정적 감정의 통제

Ashforth와 Humphrey(1995)는 부정적 감정성은 일반적으로 네 가지 기본적인 방법 중 하나 이상을 통해 방지된다고 언급했다. 첫 번째는 **중성화**(neutralizing)인데, 이것은 합리성 규범의 미덕을 강조하는 책략이다. 이것은 단순한 사회화 과정, 관료적 절차 및 미묘한(또는 그렇게 미묘하지 않은) 보상과 처벌을 통해 달성된다.

두 번째 책략은 **완충**(buffering)이다(Ashforth & Humphrey, 1995). 이 접근의 핵심은 감정성이 사무실 회식, 피정 등과 같이 지정되고, 잘 조직화된 장면과 시기에만 나타나도록 하는 것이다(Van Maanen & Kunda, 1989를 보라). 세 번째 접근은 Ashforth와 Humphrey(1995)가 **감정 처방**(prescribing emotion)이라 부른 것이다. 이것은 직무상에서 감정(보통 억지 미소로 뒷받침되는 긍정적 정서)을 표현하도록 요구하거나 사람들을 훈련하는 것이다.

마지막으로, 조직과 개인은 종종 이전에 언급된 다른 제약을 단지 모면하는 감정을 다루어야 한다. 그들은 때때로 감정성을 피할 수 없고 멈출 수 없는 것으로 인식하고 감정성을 '정상화한다(normalize)'(Ashforth & Humphrey, 1995). 따라서 사람들은 감정에 대한 충분한 통제 부족을 표시한 후 다른 사람에게 사과할 것이다. 유머가 종종 이용되는데, 특히 두려움과 같은 감정을 날려 버릴 때 그렇다. 경찰관은 위험하고 위협적인 상황에서 농담을 하고, 병리학자는 엽기적인 과제 수행과 관련하여 가벼운 말을 한다.

여기서의 요점은 우리 문화에서 합리성 규범은, 특히 극단적으로 감정적이고자 하는 욕망과 감정성을 표현하고자 하는 욕망을 지배했다. 이 규범은 감정성을 통제하기 위한, 그리고 감정성을 멈출 수 없을 때 그것을 회복하거나, 합리화하거나, 또는 그것의 효과를 최소화하기 위한 여러 가지 특징적인 관리적 및 관료적 스타일과 기제를 가져온다. 관리자들은 또한 많은 산업뿐 아니라 고객 및 공동체와 접촉하는 직무에서 허위의 또는 억지스러운 긍정적 감정성을 동기화하고 강제하기 위한 많은 책략을 개발했다. 바람직하지 않은 감정성을 억제하고 필요한 곳에서 감정성을 촉진하기 위한 이러한 장치들은 너무 흔하고 널리 퍼져 있으며, 일상에서 그것을 알아차리지도 이의를 제기하지도 못할 만큼 강력하다. 이러한 감정 관리 절차가 강력하고 보편적이기 때문에, 조직연구자들이 그것들에 좀 더 많은 주의를 기울이기 시작했던 좋은 시기다.

감정성과 부분적 포함

직무동기에 관해 생각할 때 감정과 감정성을 고려할 필요성을 인정한다면, 우리는 사람들이 일반적으로 일과 조직에 부분적으로만 포함된다는 것을 염두에 두어야 한다(Weick, 1969). 달리 말해서, (우리는 종종 어떤 사람들이 일하는 것 이외의 다른 것에서는 생활이 거의 없다는 것에 의심하지만) 사람에게는 일 이외에도 생활이 있으며 일할 때 그들의 기질적 요소들을 가지고 온다. 일반적으로 삶에 대해 어떤 가치를 지닌 사람은 일할 때도 그러한 가치를 지닌다. 예를 들어, 어떤 사람이 일반적으로 충성도를 강조한다면 그는 회사에 강하게 몰입할 가능성이 클 것이다.

사람들의 감정과 기분은 유사하다는 증거가 있다. 수행을 잘하거나 직무를 그만두거나 노조에 가입하거나 판매 부서의 직원과 연인 관계를 추구하고자 하는 동기에서 중요한 역할을 하는 감정은 직무 장면에 한정되지 않는다. 우리가 직무에서 느끼는 감정(그리고 기분)은 직무 밖으로 이어지며, 그 반대도 가능하다는 것을 인식하는 것이 중요하다. George와 Brief(1996)는 "근로자는 사람이기도 하다."는 것을 지적했다. 따라서 인간의 직무동기를 연구하거나 그것에 영향을 미치는 렌즈로서 감정과 기분을 채택하는 것은 개인에 대한 총체적인 견해를 가질 것을 요구하며, 사람들의 지각, 신념, 태도, 의도, 가치, 욕구 및 감정은 직무 장면의 안팎에 있으면서 영향을 미친다는 것을 인식할 필요가 있다(Wharton & Erickson, 1993).

직무동기와 감정성 연결하기

지금까지 동기에서 감정의 정확한 역할을 체계적으로 서술하지 않았다. 때때로 감정은 내재적 또는 외재적 인센티브와 같은 다른 요인들에 의해 동기화된 수행의 결과다. 때때로, 감정은 동기적 경험에 대한 선행 요인으로 작용하는 것 같다. 또는 감정은 동기화된 노력에 수반되고 그것과 함께 자연스럽게 발생한다. 간단히 말해, 우리는 직무동기와 관련된 경험의 순환에서 감정성이 위치하는 것에 관한 확실한 규칙을 모른다.

Buck(1985)의 도움이 약간 필요하며, 그는 이렇게 주장했다.

> 감정은 동기와 연결된 판독 기제다. 감정은 일반적으로 주관적 경험이나 느낌, 목표지향적 행동(공격, 도망), 표현 행동(미소 짓기, 투덜대기) 및 생리적 각성(심박률 증가, 땀나기) 측면에서 정의된다… 감정은 일종의 운영 진척 보고서에서… 동기에 관한 정보를 수반하는 판독 기제로서 진화되었다… 동기는 신경화학적 구조에 내재된 행동 잠재성이고, 도전적인 자극에 의해 활성화될 때, 감정은 그러한 잠재성이 실현되거나 판독되는 수단을 포함한다. 이러한 관점에서 동기와 감정의 관계는 물리학에서 에너지와 물질의 관계와 비슷하다. 에너지는 물질에서 스스로를 발현시키는 잠재성이며, 여기서 보았듯이 동기는 감정 안에서 스스로를 발현시키는 잠재성이다. 따라서 동기와 감정은 동전의 양면이며, 같은 과정의 두 측면으로 보인다.
>
> (Buck, 1985, p. 396)

여기서의 관심은 직무동기 이론은 정서에 대한 인지의 우선성(또는 그 반대) 문제처럼 아직까지 닭이 먼저인지 달걀이 먼저인지에 관한 일종의 난제다. 이러한 위험에도 불구하고, 우리가 이론과 연구에 감정을 포함시키고자 한다면, 이 단계에서 유용한 것은 감정이 직무동기 과정에서 가능한 '역할' 범위를 고려하는 것이다. 우리가 Buck(1985)의 접근을 채택한다면, 감정과 감정성은 사실상 어디에나 존재하며 (사람들의 욕구, 가치 또는 인지에 의해) 직무 경험이 사람들을 더 각성시킬 때 더욱 또는 덜 현저해질 것이다. Buck(1985)의 견해는 감정이 사람들에게 직무 사건에 개입하고 이로부터 경험을 얻고자 하는 동기 상태에 관한 정보를 제공하기 때문에 그것은 일종의 판독 기능을 한다는 것을 의미한다.

Carver와 Scheier(1990a)도 유사한 생각을 제시했다. 자기조절 관점(14장)을 채택한 그들은 개인의 정서 상태는 목표 추구 과정에서 사람들이 하는 관찰에 의해 어느 정도 결정된다는 것을 제안했다. 사람들이 경험하고 표현하는 감정은 목표 달성 성공에 대한 평가에 따른 것이다. 만약 그렇다면, 감정은 일련의 모든 동기화 단계에서 아주 잘 연구될 수 있을 것이다. 따라서 Carver와 Scheier(1990a)가 채택한 이론적 접근이 Buck(1985)의 그것과 다르다 해도, 그들의 접근도 직무동기 이론에 감정성의 광범위한 역할에 대한 시사점을 제공하는 것 같다.

정서 사건 이론

Weiss와 Cropanzano(1996)는 업무 현장 경험 전체에서 감정이 차지하는 위치를 정확히 찾아내기 위한 가장 포괄적이고 논리 정연한 시도를 했다. 그들은 **정서 사건 이론**(affective events theory: AET)이라 불리는 개념적 모형을 개발했다. [그림 4-1]로 표상되는 이 모형은 사람들이 직무 사건에 감정적인 반응을 한다는 것을 보인다. 직무 환경의 객관적 특징의 영향과 결합된 이러한 정서적 반응이 직원의 직무태도를 결정한다.

더구나, 직무 사건에 대한 정서적 반응은 직접적으로 직무 관련 행동으로 나타나고, 이러한 행동은 다시 직무태도에 영향을 미친다. 그러나 이런 연결이 [그림 4-1]에 묘사된 모형의 핵심은 아니다(1997년 7월 15일 H. M. Weiss와의 개인적 교신).

Wiess와 Cropanzano(1996)의 모형은 많은 경험적 연구를 촉발시켰다. 앞서 소개된 정서적 **사건-감정 매트릭스 모형**으로 나타난 창의적 연구는 좋은 예다(Basch & Fisher, 2000을 보라). 피험자 내 설계를 채택한 Fisher(2002)의 또 다른 연구는 정서 사건 이론을 상당히 지지하는 결과를 보였다. 예를 들어, 애초의 가설처럼 다른 요인들이 긍정적 및 부정적 정서 반응을 예측했다는 것이 증명되었다. 직무 특징은 긍정적 정서 반

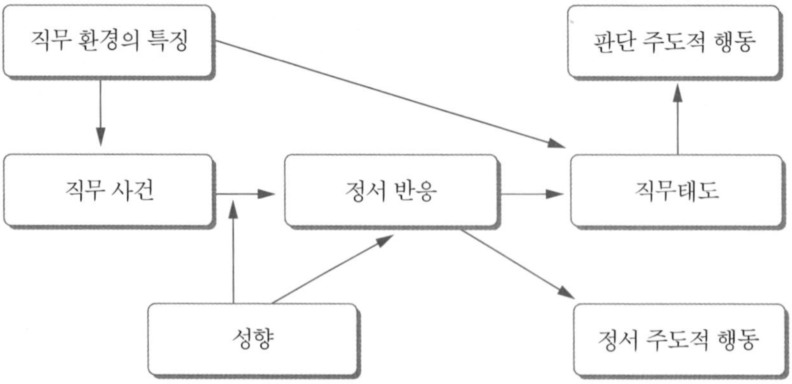

[그림 4-1] 정서 사건 이론

출처: Weiss, H. M., & Cropanzano, R. (1996). Affective events theory: A theoretical discussion of the structure, causes and consequences of affective experiences at work. In B. M. Staw & L. L. Cummings (Eds.), *Research in Organizational Behavior* (Vol. 18). Greenwich, CT: JAI Press. © Elsevier, 1996.

응을 예측했지만 부정적 정서 반응은 아니었다. 같은 이유로, 애초의 가설처럼 역할 갈등은 부정적 정서 반응을 예측했지만 긍정적 반응은 아니었다. 이 이론이 제안한 정서 반응과 직무만족 사이의 관계에 관한 결과는 혼합되었다. 이 연구는 AET에서 상정한 것들과 같은 변인들 간의 역동적 관계에 대해 공정하고 합리적인 검증을 제공하는 데 필수적인 세련된 방법론을 소개하는 초기의 대담한 시도였다. 이것에 포함된 방법론은 피험자 내 설계, 주요 변인에 대한 (회고적인 것이 아닌) 실시간 종단적 측정, 조절 및 매개 관계의 고려사항, 정서적 및 태도적 변인들의 측정 등이었다.

감량경영 기간 동안 관리적 커뮤니케이션과 변화 관리 절차의 효과에 대한 연구는 AET 체계를 이용하여 직원들의 불안에 대한 직무 상실의 효과를 알아보았다(Paterson & Cary, 2002). 특히, 이 연구가 발견한 것은 절차 공정성과 변화 불안은 직원들의 인원 감축 수용에 대한 변화 관리 절차의 효과를 설명했지만, 상호작용 공정성과 변화 불안은 감량경영이 유발하는 충격에 책임을 진 관리자들이 보인 신뢰에 대한 변화 커뮤니케이션의 질의 효과를 설명했다는 것이다.

집단 수준의 AET

직무 태도와 수행 같은 개인 수준의 현상을 설명하기 위해 AET가 제안되기는 했지만, 조직 장면에서 팀의 기능에 그것의 핵심 개념을 적용하는 것에도 어느 정도의 관심이 있었다. 예를 들어, 53개의 R&D 팀을 대상으로 한 종단적 연구는 어떤 중요한 사건, 즉 제약이 팀의 '집단적 정서감'(연구자들이 '팀 분위기'라 부른 것)에 어떻게 영향을 주는지 검토하였다(Pirola-Merlo, Hartel, Mann, & Hirst, 2002). 애초의 가설처럼, 제약은 팀 분위기에 부정적인 영향을 미쳤지만, 팀 리더의 촉진적 및 변혁적 리더십 스타일은 이런 영향을 어느 정도 상쇄시켰다. 더구나, 팀 분위기의 강도는 팀의 개별적인 수행 수준과 강한 상관이 있었다. 간단히 말해, 팀 분위기에 대한 외생적 사건의 잠재적인 부정적 영향 및 그로 인한 팀 수행은 R&D 팀 리더들의 효과적인 리더십 스타일의 적절한 이용에 의해 완화되었다.

요약하자면, 정서 사건 이론(Weiss & Cropanzano, 1996)은 많은 창의적이고 정교한 경험적 연구들을 자극했으며, 그러한 연구들은 다양한 수준에서 이 모형을 지지했다.

정서 변인의 역할에 대한 단상

정서는 거의 모든 직무동기와 관련된 요인들이다. Seo, Barrett과 Batrunek(2004)의 최근 연구는 사람들이 업무 현장에서 경험하는 핵심 정서적 느낌이 (최소한) 세 가지 다른 경로를 통해 어떻게 직무동기에 영향을 미칠 수 있는지를 보였다. 첫째, 정서는 사람들이 달성하고자 하는 목표뿐 아니라 그 목표들에 대한 몰입 수준에도 영향을 미칠 수 있다(13장을 보라). 둘째, 정서 상태는 기대와 유용성 판단에 대한 지각(12장을 보라)뿐 아니라 목표와 관련된 진행 속도(13장을 보라)에도 영향을 줄 수 있다. 그것들은 시작 시점에, 마지막 시점에, 즉 직무동기 과정 전체에 개입해서(Pinder, 1994) 직무 관련 행동의 방향, 강도 및 지속성에 영향을 미친다(Seo et al., 2004; 직무동기에 관한 1장의 정의를 보라). 사실, Ashkanasy, Hartel과 Daus(2002)는 정서 상태가 최근의 조직행동 모형에서 매개 및 조절 기제로 기능하는 보편적 역할을 관찰했다(2장을 기억하라; Latham & Pinder, 2005를 보라). 본 저자는 이 모든 최근의 관찰을 직원들의 감정, 기분 및 성향이 직무동기와 조직행동 연구에서 성숙해진 증거로 받아들인다. 대부분의 사람들에게 일은 감정 경험, 즉 감정적 생활의 주요 부분이다.

요약과 미리 보기

거의 10년 전, Pinder(1998)는 인간의 정서와 직무에 관한 이론과 연구는 상대적으로 새롭고 탐색되지 않은 영역이어서 많은 연구가 필요하다는 글을 썼다. 그 이후, 정서를 조직행동, 특히 직무동기와 연결시키는 상당한 연구가 이루어졌다(Latham & Pinder, 2005를 참고하라). 정서 사건 이론과 정서 주입 모형 같은 일반적인 이론이 더 구체화되고 수정되었다는 사실은 차치하더라도, 개별 감정의 원인과 결과에 대해 많은 연구가 이루어졌다. 현재 인기 있는 '긍정 조직학' 운동(Cameron et al., 2003)은 이 분야에 대해 훨씬 더 많은 연구를 촉진하고 있다. 인간 본성에서 정서적 측면은 강하기 때문에, 자신과 타인의 감정을 이해하고 관리하는 것은 모든 실무자들에게 계속해서 주요 도전이 될 것이다.

이어지는 2부의 3개의 장에서, 우리는 인간의 욕구에 초점을 두며 다양하면서 특정한 욕구와 그것들이 직무동기에 어떻게 관련되는지 살펴볼 것이다. 탐색과 논의에 필요한 이들 개념에 관해 우리가 설정한 경계가 꽤나 자의적이고 매우 모호하다는 것을 기억해 두는 것이 마땅하다. 물론 그 이유는 인간의 본성은 개인 전체를 이해하기 위해 사회과학자들이 검토하는 여러 '부분'의 합 이상이다.

4장

직장 내 동기로서 권력, 사랑 그리고 성

다른 사람들로 하여금 우리를 고통스럽게
만드는 것은 애정이 아니라 권력일까?
_ Edward Bulwer Lytton

비정상적인 힘으로 휘둘러질 때,
권력은 가장 심각한 것이다.
_ Henry Brooks Adams

도처에 존재하는 성적 과정은, 그것이
우리 남자나 여자의 몸이라는 천으로 짜이기 때문에,
우리 삶에 있는 모든 과정의 패턴과 같다.
_ Havelock Ellis

앞의 4개 장에서, 우리는 대부분의 직무와 조직이 인간의 욕구와 감정을 표현하고 만족시키기 위한 기회를 제공한다고 보았다. 이 장에서는 인간의 3개의 기본적 욕구인 권력(power), 사랑(love), 그리고 성(sex) 그리고 이들이 항상 수반하는 감정의 역할을 살펴볼 것이다. 욕구와 감정에 대한 사회과학적 연구를 검토할 뿐 아니라 조직행동의 많은 요소를 이해하기 위해 이들의 연관성을 살펴볼 것이다. 충동의 강력한 기원으로서 이러한 욕구들은 동기화된 직무행동과, 인간이라는 짐승을 억제하기 위해서 설계된 관리 정책에서 우리가 관찰한 것을 많이 설명할 수 있을 것이다.

이 장의 앞부분은 직무 상황에서 인간의 많은 행동을 동기화하는 욕구이자, 목표이며, 조직의 특성인 권력에 대해서 살펴볼 것이다. 다음에는 사랑과 성에 대한 욕구에 대해 유사한 분석을 할 것이다. 이것들은, 욕구, 감정, 목표 및 흥미로운 조직행동과 경영학적 관심의 원인처럼, 많은 역할을 하는 것으로 생각될 수 있다.

권력욕구와 직무동기

권력이란 무엇인가

인문학과 사회과학에는 권력에 대한 많은 개념이 광범위하게 있다. 권력이라는 말은 사람과 지위에 대해 모두 사용되기 때문에 이 책에서는 기본적 용어를 정의하는 데 주의를 필요로 한다. 욕구로서의 권력과 목표로서의 권력을 구별하는 것은 직무동기에서 권력의 역할을 이해하기 위해서 필요하다. 특히 8장에서 좌절에 대해서 논의하는 데에는 이 구별이 필요하다.

가장 기본적이고 가장 간결한 정의는 Dahl(1957, 1986)로부터 나온다. 그는 권력을 한 개인(또는 사회적 단위)이 다른 개인(또는 사회적 단위)으로 하여금 어떤 일을 하도록 또는 하지 못하도록 변화시키는 능력으로 정의하였다. 예를 들어, 어느 사무실의 관리자 명령이 그의 부하직원이 책상을 치우고 사무실을 청소하는 데 이전보다 더 많은 시간을 사용하도록 만들었다면, 우리는 이 관리자가 그의 부하직원에 대해서 권력을 가지고 있고 권력을 행사했다고 말할 수 있다. 권력에 대한 이러한 정의는 모든 수준의 사회적 단위에 적용된다. 즉, 그것은 개인, 집단, 조직, 심지어 국가에도 적용된다(Dahl, 1986).

마찬가지로, Winter(1973)는 사회적 권력을 "한 사람이 다른 사람의 행동과 감정에 의도된 효과를 가져오는 능력이나 역량" (p. 5)이라고 정의하였다.

권력욕구

이러한 정의에서, 권력은 어떤 맥락 속에 있는 사람에 대한 특성이다. 그러나 권력은 권력동기(power motive) 그 자체와는 다른 것이다. 권력동기는 맥락과 장면을 뛰어넘어 존재하는 개인의 좀 더 근본적인 특질이다. Winter(1973)에 따르면, 권력동기는 "어떤 종류의 목표를 갈망하거나 어떤 종류의 인센티브에 영향을 받는 성향" 이다. 권력동기를 가졌거나, 권력을 갈망하는 사람들은 어떤 상태, 즉 '힘'을 느끼거나 '전보다 더 힘을 가졌다'고 느끼는 상태를 이끌어 내려 노력한다. 권력은 이들의 목적이다. 그러므로 어떤 사람은 사회적 위치, 신체적으로 용감한 행위, 우수한 논리적 기술 등을 가짐으로 인해 권력을 소유할 수 있다. 그 사람이 이 권력을 사용하는지 안 하는지는 다른 문제다. 대부분의 경우 그 사람이 권력을 유지하고 이용하기를 원하는지 여부가 관심사다. 어떤 사람은 권력자의 지위에 있을 수 있으나 권력을 갈망하는 바람을 가지지 않을 수 있다. 여기서 우리의 초점은 권력욕구(또는 권력동기)에 있다.

Winter와 Stewart(1978, p. 393)는 권력동기를 다음과 같이 정의했다.

> 권력 탐색, 권력에 대한 욕망, 권력 추구(또는 권력과 연관된 주관적 느낌). 이 동기는 항상 의식되는 것도 아니고, 항상 단일한 행동으로 나타나는 것도 아니다… 더구나, 권력동기는 친애, 놀이, 자율성, 또는 관심 받고 싶은 동기와 갈등 관계에 있을 수 있다.

다른 데서 Winter는 권력동기를 "다른 사람에게 영향력을 행사하는 것, 타인에게 강한 감정을 불러일으키는 것, 또는 명성과 지위를 유지하는 것에 대한 관심"(1988, p. 510)이라고 정의하였다.

권력과 분노

2장과 4장에서 우리는 특정 욕구는 특정 느낌과 감정을 수반한다고 믿는 Heider(1958)와 McClelland(1985)의 신념에 대해 논의하였다. 또한 4장에서 우리는 특정 욕구 상태와 특정 감정 사이의 연결이 얼마나 배타적인지를 검증한 Zubriggen과 Sturman(2002)의 연구를 검토하였다. 우리의 현재의 목적에 비추어서 이 연구의 가장 놀라운 발견은 대학생들에게서 권력이 관련된 목표의 성공 상상과 분노 혼란, 혐오와 같은 특정 감정들 사이에 더 강한 관계가 있다는 것이다. 예를 들어, 한 실험에서 학생들은 자신들이 네 가지 특정한 감정(행복, 슬픔, 분노, 도전감)을 경험했을 때에 대한 이야기를 썼다. 예측한 대로, 분노를 보고한 이야기의 55%는 권력과 관련된 주제였다. 흥미롭게도, 비록 욕구와 감정 사이에 배타적 관계가 있다는 Heider(1958)/McClelland(1985)의 가설은 Zurbriggen과 Sturman(2002)의 자료에서 분명하게 증명되지는 않았지만, 분노와 권력 간의 특정한 관계는 매우 강하게 나타났다. 현실에서든 모사된 연구 장면에서든 권력, 분노, 그리고 역기능적 조직행동 사이에 관계가 있다는 것이 발견되고 보고되었다.

권력을 욕구로 간주할 수도 있지만, 권력을 어떤 역할과 지위의 속성으로 생각할 수도 있다. 이 책의 많은 목적을 위해 우리도 그렇게 할 것이다. 이 절의 초점은 권력에 대해 동기를 부여하는 힘, 즉 이전의 장에서 설명된 욕구의 모든 측면을 특징으로 가진 욕구로 보는 데 있다.

권력행동은 또 다른 유용한 개념이지만 권력동기와 구별되어야 한다. 권력행동은 한 사람이 다른 사람의 행동이나 감정을 변화시키려 시도하는 행위를 말한다. 권력행동은 (친애욕구 또는 친구를 만들려는 욕망과 같은) 권력동기 이외의 욕구나 욕망으로부터도 동기화될 수 있기 때문에 두 개념(권력행동과 권력동기)을 혼동할 위험이 있다.

마찬가지로, 우리는 권력동기와 권력지각을 구분해야 한다(Winter & Stewart, 1978, p. 408). 권력동기가 높은 사람들은 흔히 인생에서 공식적 권력, 명망, 그리고 능력의 상징을 제공하는 지위를 갈망한다. 사실, 그러한 지위를 얻는 것은 높은 권력욕구의 최종 상태, 즉 권력지각에 도달하는 방법이다. 그러나 권력동기와 (정치가나 기업의 중역의 위치와 같이) 권력의 공식적 지위 사이에 반드시 일대일 관계가 있는 것은 아니다. 사실, 권력동기는 개인으로 하여금 음주나 마약 사용, 사랑하는 사람을 이용하기, 위험 감수, 심지어 물리적으로 도전적인 상황에 자신을 노출하기와 같은 방법을 통해서도 권력지각을 추구할 수 있게 한다.

여기서 요점은 이것이다. 우리는 강한 권력동기가 보통은 동일한 최종 목표(권력과 영향력의 느낌)를 가진다고 이해해야 한다. 그러나 공식적 지위, 권위, 타인 정복과 상관없지만 심리적으로는 권력을 지각하기 위해 이용할 수 있는 수단은 셀 수 없이 많다. 사람은 영향력이나 평판(명예)을 추구할 수 있다. 유명해지거나 다른 사람들의 감정에 영향력을 행사함으로써 힘을 가질 수도 있지만 도움이나 조언을 함으로써 힘을 가질 수도 있는 것이다[도움권력(helping power)뿐 아니라 권력욕구를 표현할 수 있는 여러 방법을 측정하는 것에 관해서 Frieze & Boneva(2001)를 보라]. 사실, 권력동기를 이기적이지 않게 사용하는 것에 관한 상당한 연구가 있다. McClelland는 현대의 사회과학에서 이것을 처음으로 인식한 사람들 중 하나다.

권력의 두 '얼굴'

수십 년 전에, McClelland(1970, 1975)는 두 종류의(또는 두 '얼굴'의) 권력을 구분하였다. 첫 번째 유형은 그가 개인적 권력으로 불렀는데, 다른 사람을 지배하고 물리치려는 욕망을 특징으로 한다. 이 권력은 사람들로 하여금 삶이 제로섬 게임인 것처럼 행동하게 한다. 즉, 내가 이기면 너는 진다. "권력의 이러한 이미지는 최강의 적을 무찔러야만 살아남는 '정글의 법칙'과 같다."(1970, p. 36) 이러한 유형의 권력동기를 가진 사람들은 싸움, 지나친 음주, 그리고 대인 지배에 몰두할 가능성이 크다. 이들은 개인적 권력동기와 성취를 드러낼 수 있는 특권의 상징을 추구한다. 이들은 타인들의 복지에 관심이 없다. 대신, 이들은 자신의 이익을 위해 타인들을 이용한다.

두 번째 유형은 사회적(socialized) 권력이다. "이 권력은 선거에서 이길 가능성 같은 생각에 의해 활성화된다. 상상의 수준에서 보면 이 권력은 타인의 이익을 위해 권력을 행사한다는 생각과 권력 유지에 대한 더 큰 모순된 느낌에서 드러난다."(1970, p. 36) 이러한 권력동기를 가진 사람들은 타인에 대한 부정적 결과, 자신의 권력을 사용할 때 생기는 부정적 결과에 대해서 더 많이 걱정을 한다. 그들은 자신의 지위를 강화시키기 위해서가 아니라 타인을 위해서 공직을 추구한다.

권력동기와 효과적 관리

McClelland(1975)는 효과적인 관리자는 높은 수준의 권력욕구를 가지고 있다는 특징이 있지만, 두 번째 유형인 사회적 권력이 더 중요하다고 주장하였다. 그러한 관리자들은 주변 사람들에게 활기를 주고 임파워먼트하는 데 자신의 권력을 사용하기 때문에 효과적이다. 이들은 지배하려 하거나 압도하려 하지 않는다. 대신 이들은 부하직원들이 더 효과적으로 일할 수 있는 에너지와 열정을 발생시킨다. 이들은 권한을 위임한다. 성취욕구가 높은 관리자들과 반대로(3장에서 논의했듯이), 사회적 권력동기가 높은 관리자들은 주로 다른 사람들을 통해 목표를 달성하는 데 성공적이다. 성취동기가 높은 관리자들은 자신들이 일을 끝내려고 한다. 또한 이들은 자신들이 얼마나 잘하고 있는지 피드백을 받으려는 욕망이 강하며, 따라서 흔히 회사의 이익에 적절할 수도 아닐 수도 있는 단기적 목표를 세우곤 한다.

한 연구는 자기보고로 측정된 권력욕구에서 높은 점수를 기록한 관리자가 직무로부터 스트레스를 적게 받는다는 것을 발견하였다. 그 연구의 설명에 의하면, 높은 권력욕구는 관리자로 하여금 권력을 추구하는 행동에 의해 얻어지는 통제력을 통해서 환경의 스트레스 요인에 대해 효과적으로 대처하기 때문이라는 것이다. 권력욕구가 낮은 관리자는 직무 환경에 대해서 같은 정도의 통제력을 얻지 못하기 때문에 높은 직무 스트레스를 경험하였다. 흥미롭게도, 같은 연구에서는 관리자가 아닌 집단에서는 권력욕구와 스트레스 사이에 아무런 관련성을 발견하지 못하였다(Hendrix & Stahl, 1986).

최근의 연구는 관리자들의 사회적 권력 근거의 강도와 부하직원들의 욕구 사이의 상호작용은 조직 풍토의 많은 주요 차원들의 변산을 유의미하게 설명한다는 것을 발견했다. 이 연구에서 풍토는 경영적 영향의 조작적 대리물로 이용되었다. 결과가 보여 주는 것은 사람×상황 상호작용(부하직원의 현저한 욕구에 의해 제공되는 맥락과 관리자 사이의 상호작용)은 경영 효과성에 기여하였다.

Frieze와 Boneva(2001)는 McClelland(1970, 1975)의 '권력의 두 얼굴'을 새롭게 하면서 타인을 위해 권력동기를 가진 사람들의 권력동기가 어떻게 도움 행동을 부추길 수 있는지를 논의했다. 영향력 확대, 평판 증대 또는 타인에게 조언 제공은 이런 욕구의 통로다. 이 이론과 일관되게 Schmidt와 Frieze(1997)는 **도움권력동기**를 측정하는 척도를 개발했다.

McClelland의 연구에 따르면, 효과적인 관리자는 상당한 자기통제와 함께 강한 권력욕구에 의해 동기화될 것이다. 이 권력은 개인화된 권력이 아니라 사회화된 권력일 것이다. 이런 관리자들은 성취욕구 또는 높은 친애욕구 때문이 아니라 사회적 권력욕구에 의해 움직일 것이다. 그들은 부하직원과 따뜻한 개인적 관계보다 조직의 이익에 더 헌신할 것이다. 그들은 타인에게 권한을 이양하기를 원하기 때문에 자신들의 직접적인 노력보다 타인을 통해 직무가 이루어지게 할 수 있다(McClelland, 1975).

성, 권력동기 및 리더십을 통한 권력의 표현

여러 해 동안, 권력동기에 대한 거의 모든 경험적 연구는 남성 표본을 가지고 수행되었다. 여성의 권력동기에 대해서 우리가 '알고 있는' 대부분은 직관과 전해지는 이야기에 근거한다. 사회과학자들은 여성들의 권력동기가 남성들보다 낮다고 결론짓는 경향이 있다. 여성이 강한 권력동기를 보여 주는 경우에도, 권력동기가 목표마다 다른 행위를 통해 다르게 표현되었기 때문에 여성의 권력동기는 남성의 다양성과는 다른 것으로 간주되었다(Stewart & Chester, 1982). 그러나 최근에는, 권력동기가 각성되는 방법, 권력욕구의 평균 수준, 또는 권력욕구와 공식적인 사회적 권력, 권력 관련 경력과 명성을 성취하는 것과의 관련성에서 체계적 성차가 없다는 증거가 많이 나오고 있다(Maroda, 2004; Winter, 1988). "권력욕구는 인간의 특질이지 성별 특질은 아니다." (Maroda, 2004)

그러나 남성과 여성이 권력욕구를 표현하는 데는 체계적 차이가 있다.

Winter(1988)는 권력을 그 나름의 이분법으로 구분하였는데 이것은 McClelland의 것과 놀랍게 유사하다. 하나는 언어적 · 물리적 공격성, 거친 놀이, 관심 추구를 반영하는 **이기적 지배성**(egoistic dominance)이다. 다른 하나는 다른 사람에게 도움과 지원을 제공하고, 친사회적 지배성, 그리고 신체적 접촉으로 나타나는 **책임적 배려**(responsible nurturance)다. 남성은 이기적 다양성을 보여 주는 것 같으며, 여성은 배려에서 다양성을 보이는 것 같다. Winter는 남녀 모두 나이가 듦에 따라 이기적인 면보다 친사회적 측면이 강해지는 것을 관찰했다. Winter(1988)의 연구가 조금 오래된 것이기는 하지만, 여성, 권력, 페미니즘에 대한 20세기의 해석에 대한 통찰을 확장해 왔다(Maroda, 2004).

권력욕구에서 성차와 관련하여 흥미로운 쟁점은 남성과 여성이 직장에서 보여 주는 리더십 방식이 다른가 하는 점이다. 권력동기의 성차에 대해서 고정관념이 발전되고 유지되었듯이, 남성과 여성이 다른 사람들을 이끄는 방법에 대해 북아메리카에서는 전통적으로 많은 고정관념이 있어 왔다. 이 고정관념은 여성은 남성보다 덜 전제적이며, 대신 대인적이고 지지적인 경향을 가진다는 것이다. 한 연구는 효과적인 여성 관리자들은 개인적 자기관심을 조직의 목표로 변화시키도록 동기부여하는 '변혁적(tranformational)' 방식을 더 많이 사용한다는 것을 발견했다(Rosener, 1990). 그녀는 McClelland(1970)의 개인적 및 사회적 권력 구분과 관련을 짓지는 않았지만, Rosener의 발견은 남녀 관리자에 대한 고정관념과 분명히 일치한다. 이들은 권력동기와 리더십 방식에 관련된 고정관념 사이에 평행적인 유사성을 제공한다. 여성의 리더십 유형에 대한 고정관념은 권력동기에 대한 고정관념과 전적으로 일치하며, 두 개념을 혼동하거나 똑같이 생각하기 쉽다. 분명히 리더의 지위는 권력동기를 만족시킬 수 있다. 또한 권력동기가 높은 사람은 공식적 권력과 권위를 가진 자리를 더 추구할 것 같은 것도 사실이다. McClelland(1975)는 리더십을 추구하고, 리더의 행동을 표현하는 것은 단순한 권력동기 이상에 의해 촉진된다는 것을 종종 보여 주었다. 권력욕구에 더해서 (예를 들어, 친애와 성취 같은) 다른 동기가 리더십 유형과 리더의 행동을 설명할 수 있다.

권력욕구와 권력 표현에서 남녀 간의 유사성 관점에서, 남녀의 리더십의 유사점과 차이점은 무엇인가?

한 연구는 관리자들의 두 가지 권력 사용에서 성차를 조사하였다(Chusmir & Parker, 1984). 연구자들의 가설과 일관되게, 여성 관리자들은 남성보다 전체적으로 더 높은 권력욕구를 보여 주었다. 대부분의 남녀 차이는 사회적 권력 범주에서 발견되었는데, 이 범주에서 여성은 남성보다 '바람직한' 유형의 권력욕구가 더 강하였다. McClelland의 이분법을 따를 때 사회적으로 덜 바람직한 형태의 권력에서는 성차가 나타나지 않았다.

경험적 증거들을 포괄적으로 검토한 결과, 실제 조직 장면에서 연구된 경우 남성과 여성 리더 사이의 체계적 차이는 없다는 것이 드러났다. 그러나 연구자가 실험실이나 가설적 환경에서 연구하였을 때는 고정관념적인 성차가 관찰되었다. 즉, 일반적으로 이 두 개의 인위적인 연구 맥락에서 여성 리더들은 보다 대인관계 지향적이며 남성 리더들은 좀 더 과제 지향적인 경향이 있었다(Eagly & Johnson, 1990). 명백한 성차가 발견되는 Rosener(1990)의 연구는 바로 이런 인위적 연구의 예다. Rosener는 리더의 행위를 직접 관찰하기보다는 사람들에게 자신의 리더십을 보고하도록 하였다. Eagly와 Johnson(1990)이 발견하였듯이, Rosener의 자료는 관리자로서 남성과 여성은 대인관계 유형과 과업 지향성의 상대적인 사용에서 다르다는 것을 의미한다 [Rosener(1990)과 타인 사이의 논쟁을 보라].

개인의 권력 근거

사람들이 권력을 창출하는 기반(여기서 우리는 사건 발생 확률을 바꿀 수 있는 능력에 대해 말하는 것이지 그렇게 하기 위한 인간 동기에 대해 말하는 것이 아니다)을 설명하기 위해서 사회과학에서 여러 해 동안 다수의 개념적 모형이 있어 왔다. 두 개의 모형이 가장 많이 알려져 있으며 여기서 소개한다.

French와 Raven의 유형론

20세기 사회심리학에서 가장 영향력 있는 이론 중의 하나는 French와 Raven(1959)이 제안한 권력의 개인적 기반에 대한 유형론이다. 그들의 제안에 따르면, 사람들은 사회적 문제에서 그들에게 가용한 몇 가지 권력 원천을 가지고 있다. 개인은 자신의 개인적 매력성이나 바람직성 때문에 권력을 가진다. **준거 권력**이라 불리기도 하지만, 카리스마와 같은 다른 용어도 해당된다. 그래서 John이 Mike를 좋아하고 존경한다면, Mike는 John에 대해 잠재적인 권력 기반을 가지고 있다(다시 말해, Mike는 John의 어떤 행동의 확률을 바꿀 수 있는 가능성을 가지고 있다). 흥미롭게도, Mike는 자신이 이런 권력을 가지고 있다는 것을 모를 수 있다.

John은 Mike가 필요로 하고 감탄하는 전문성, 재능, 정보나 경험을 가지고 있을 수 있다. 이런 경우, John은 **전문가 권력**을 가지고 있다고 말할 수 있다.

John이 다른 사람들에 대한 어떤 일들을 어렵게 만들 수 있다면, 그는 **강압적 권력**을 가진다고 말할 수 있다. John은 자신이 원하는 것을 따르게 하기 위해 제재나 위협을 가할 수 있다. 그러나 만약 John이 다른 사람들에게 보상이나 혜택을 제공할 수 있다면, 그는 **보상적 권력**을 가진다고 한다.

마지막으로, Mike는 다른 사람들의 행동을 바꾸게 할 수 있는 상사이거나 공식 권한을 가진 자리에 있을 수 있다. 이 경우 Mike는 **합법적 권력**을 가진다고 말할 수 있다.

어느 경우든, 한 개인은 이상 소개한 개인적 권력 기반 중 어떤 것을 또는 모든 것을 가질 수 있다. 이들은 한번에 사용될 수도 있고, 결합되어서 사용될 수도 있으며, 때로는 자신도 모르게 사용될 수도 있다.

의존 관계

두 번째, 사람들이 사회적 맥락에서 권력을 획득하는 수단을 이해하기 위한 보다 근본적인 접근은 사회학자인 Emerson(1962)에 의해서 제안되었다. 이 접근의 핵심은 **의존성**(dependency)이며, 권력은 한 사람이 자신이 가진 자원[1]으로 인해 다른 사람들에게 확립할 수 있는 의존성에 기초한다는 것이다. 즉, Emerson(1962)에 따르면 A는 다음의 수준에 따라 B에 대해 권력을 가진다.[2]

1) '자원'은, 예를 들어 돈, 재능이나 기술, 물, 땅, 정보 등과 같은 것을 의미하는 포괄적인 용어다.

1. A는 B가 원하는 자원을 가지고 있다.
2. B는 A가 원하는 자원을 가지고 있지 않다.
3. B는 A가 가진 자원을 대체할 만한 자원을 가지고 있지 않다.
4. B는 A를 강제할 수 없다.

그러므로 부족한 자원을 가지거나 획득한 사람 그리고 다른 사람들이 이들 자원의 공급에 의존하게 만드는 사람에게 권력은 축적된다. 이 관점에 의하면, 작업 집단에서 신입사원들에게 줄 수 있는 가장 좋은 조언은 집단 안에서 부족한 독특한 역량을 개발하라는 것이다. 사실, 이 모형은 조직에서 권력 관련 행동을 이해하기 위한 많은 현대적 접근의 개념적 토대가 된다. 권력에 대한 학술 및 실무 서적들은 1970년대, 1980년대, 1990년대에 꽃을 피웠는데, 이들 중 많은 것이 French와 Raven(1959)과 Emerson(1962)의 모형에서 발견되는 지혜를 이용한 것이다. 그러나 원 연구는 충분한 인정을 받지 못했다. 개인의 카리스마, 전문성, 그리고 보상을 줄 수 있는 능력이 Emerson의 이론 구조에 나오는 '자원'으로 개념화된 만큼, 개인의 권력에 대한 French와 Raven의 범주 중 많은 것이 Emerson의 모형에서 포괄된다. 요점을 말하자면, 자원에 대한 어떤 행위자의 의존성에 대한 핵심은 다른 행위자가 자원을 소유한다는 것에 있다. Pfeffer(1981a), Pfeffer와 Salancik(1974) 및 Salancik과 Pfeffer(1974)는 사람들이 의존성의 네트워크를 만듦으로써 자기 주변 인물들에 대해 권력을 축적시키려 시도하는 방법들에 대한 연구를 확장했다. 재차 말하자면 근본적인 전략은 동료들이 경력과 직무를 위해서 필요로 하는 다양한 자원을 제공하는 것이다. 그러한 자원을 소유하고 분배하는 것은 수혜자들이 자원을 가진 사람에게 의존하게 만든다.

The 48 laws of power(Greene, 1998)[3]라는 유명한 경영학 책은 어떤 목적을 달성하기 위해 권력을 사용하는 데 필요한 조언으로 가득 차 있다. 이 책이 주는 많은 교훈이 한편으로는 기만적으로 보일 수도 있지만 전통적이고 고전적인 다양한 출처로부터 나온 것이며, French와 Raven 및 Emerson 등과 같은 학자들을 포함하여 현대의 많은 사회과학에서 (정당화되지는 않더라도) 납득할 만한 설명을 하고 있다. 사실, 이

2) 이것들 각각에서, A와 B는 개인, 집단, 부서, 인종, 또는 심지어 국가처럼 다양한 사회적 단위다.
3) 『권력을 경영하는 48법칙』(까치, 2000)이란 제목으로 국내에 번역되어 있다-역주.

책의 여기저기서 논의되는 권력과 연관된 많은 주제가 Greene(1998)이 제안한 것과 들어맞는다. 가장 중요한 사례는 법칙 11인 **사람들로 하여금 네게 의존하도록 만드는 법을 배워라**다. 이것은 권력에 대한 Emerson(1962)의 핵심 원리를 직접 차용한 것이다. 이 법칙에 대해 Greene(1998, p. 82)은 다음과 같이 개관하였다.

> 독립성을 유지하기 위해 (다른 사람들은: 역자 첨가) 항상 당신을 필요로 하고 원해야 한다. 당신에게 더 많이 의존할수록 당신은 더 많은 자유를 가지게 된다. 행복과 번영을 위해 사람들이 당신에게 의존하도록 만들어라. 그러면 당신은 두려워할 것이 없다. 당신이 없어도 되도록 사람들을 충분히 가르치지 마라.

또 다른 주장은 법칙 16이다. **존중과 명예를 높이기 위해 모습을 감추어라**. 너무 많이 어슬렁거리면 당신의 가치는 떨어진다. 사람들이 당신을 자주 보고 들을 수 있다면, 당신은 평범해진다. 집단에서 이미 자리를 잡았다면, 일시적으로 철수(사라져 있는 것)하여 있을수록 사람들이 당신에 대해서 더 많이 이야기하게 될 것이며, 더 많이 칭송하게 될 것이다. 언제 떠날지에 대해서 배워야 한다. 희소성을 통하여 가치를 창출하라.

요약하면, 권력은 한 사람이 가진 행위 발생 확률을 변화시키는 능력이다(Dahl, 1957). 권력은 희소한 자원을 소유하고 현명하게 사용하는 것, 그러한 자원을 통제하고 자원의 희소성을 유지하는 능력에 달려 있다. 지금까지 보았듯이, 최근 수십 년간 권력이라는 주제에 관한 다수의 학술적 및 실무적 문헌은 이러한 기본 원리를 따르고 있다.

직장에서 권력의 이용과 남용

권력은 긍정적인 목적에 사용될 수 있다(Pfeffer, 1981a). 권력은 또한 때로 해로우며 역기능적일 수 있다. Kanter(1979)는 **생산적 권력과 압제적(oppressive) 권력**을 구분하였다. 생산적 권력은 가치 있는 조직의 자원에 통로를 열어 주는 것으로부터 나오고, 압제적 권력은 이런 통로를 통제하고 조종하는 데서 나타난다. Kanter의 두 가지 권력은 앞에서 논의한 McClelland가 제시한 권력의 이중 개념을 떠올리게 한다.

이 장의 다음 부분에서, 우리는 특히 권력동기에 뿌리를 두고 있으며 직무를 통하여 표현되는 4개의 아주 흥미로운 조직의 현상에 초점을 둘 것이다. 정치적이며 텃세 부리기 행동, 환심 사기, 상사의 폭군적인 약자 괴롭히기와 희롱 행동, 체계적이며 제도화된 부패가 이에 해당한다.

조직에서 권력의 남용: 권력, 정치적 행동, 텃세 부리기

완전히 합의된 정의는 없지만, **정치적 행동**은 적극적인 권력 획득과 심하게 자기이익을 추구하는 것으로 정의된다(Drory & Romm, 1990; Frost & Hayes, 1979를 참고하라). 이렇게 호칭하는 것은 정치적 활동을 근본적으로 사악하게 **들리도록** 하며, 많은 경우 정치적 활동은 정치라는 거미줄에 잡힌 사람들에게 파괴적이고, 심지어 독약일 수 있다(Frost, 203; Greene, 1998; Kacmar, Bozeman, Carlson, & Anthony, 1999). 조직 정치의 기법과 전략을 다루는 셀 수 없이 많은 인기 있는 책들이 출판되었고, 여러 해 동안 북아메리카의 관리자들에게 판매되었다(예를 들어, Greene, 1998). 권력을 만들고 유지하는 전술은 경영대학에서 가르치는 인기 있는 기법이다(Whetten & Cameron, 2007을 참고하라). 좋든 나쁘든 간에 **권력욕구**는 권력을 상품, 도구 또는 무기로 획득하고 유지하려고 하는 많은 조직행동을 동기화시킨다.

정치적 권력동기와 유사하며, 또한 그것의 영향을 받는 또 다른 역동은 조직에서 일어나는 **텃세 부리기** 행동이다. 이것은 "물리적 혹은 사회적 대상에 대하여 가지는 소유 의식을 한 개인이 행동적으로 표현하는 것" (Brown, Lawrence, & Robinson, 2005)이라고 정의된다. 이 정의에서 '대상'은 단순히 물리적인 것 이상을 포함하는 광범위한 것이다. 그러므로 어떤 사람은 물리적 공간뿐 아니라 생각, 역할, 책임과 같은 무형의 것, 그리고 사람이나 집단과 같은 사회적 실체에 대해서도 텃세를 부릴 수 있다. 그러므로 많은 조직에서 흔히 정치적 말투로, "나는 단지 내 구역을 지킨 것뿐이다."라는 말은 집단의 사회적 우두머리처럼 힘을 가진 타인에게 정보, 주차장, 심지어 책임에 접근을 차단하고자 하는 사람들의 행동에 적용될 것이다.

Brown 등(2005)이 지적한 바와 같이, 텃세 부리기 행동과 권력 및 정치적 행동의 관계는 복잡한 것이다. 그러나 조직에서 자기 영역의 상당한 이익이 자신의 권력, 영향력 및 희소 자원의 공유를 유지하고 높이고자 하는 욕망에 의해 동기화된다는 것은 의심할 여지가 없다. 자기의 '텃세'가 잠식될 것이라는 상상은 질투와 같은 감정 반응뿐 아니라 명시적이든 암묵적이든 갈등을 촉발할 수 있다. 더구나, 자신의 영역을 '표시하는' 행위(어떤 대상의 소유권이 누군가에게 속한다는 것을 관심을 가진 모든 사람들에게 명확히 하는 것)는 파괴적일 수도 있는데, 특히 누가 무엇을 '소유하고' 있는가에 대한 동의가 없을 때 그렇다. 근본적으로 부족한 자원을 획득하고 유지하는 데 초점을 둔 정치적 행동과 마찬가지로, 정체성욕구, 통제욕구, 그리고 다른 욕구에 의해서 촉발되는 텃세 부리기 행동은 어떤 영역이 누구의 것인가를 분명히 밝힘으로써 갈등을 불식시킬 수 있는 흥미로운 현상이다(Brown et al., 2005). 조직 내 텃세 부리기 행동에 대한 대부분의 가설에 대한 증거는 부족하지만 텃세 부리기 행동은 조직몰입에 긍정적으로 기여할 수 있다.

조직에서 권력의 남용: 환심 사기

우리는 대부분 '알랑거리기'나 '비위 맞추기'라고 하는 현상을 알고 있다. 조직학자들은 이러한 행동을 **환심 사기**(ingratiation)라고 부른다. 환심 사기는 ① 자기제시/촉진(self-presentation/promotion), ② 의견 동조(opinion conformity), ③ 타인 높임(enhancement of other people)[4]이라는 상호 관련된 세 가지 행위로 구성된다(Jones, 1964; Kacmar, Carlson, & Bratton, 2004). **자기제시**는 "대상 인물(즉, 환심 사려는 인물)이 적절하다고 지각하거나 그 사람을 매혹시킬 방식으로 행동하는 것"(Ralston, 1985, p. 477)이다. **의견 동조**는 "대상 인물의 의견, 판단 또는 행동과 일치되는 방식으로 의견을 표시하거나 행동하는 것"(Ralston, p. 477)이라고 정의된다. **타인 높임**은 "대상 인물에 대해서 우호적인 의견이나 평가를 표현하는 것"(Ralston, p. 477)이다. 비록 Kacmar 등이 인용한 네 가지 환심 사기의 범주와 비슷하지만, 이들은 어떤 환심 사기 행위는 자신에게 향하고, 다른 환심 사기 행동은 타인에 향한다고 밝혔다. 사용되는 범주에 상관없이 주요 원칙은 같다. 그래서 우리는 여기서 Ralston(1985)의 유형을 도입한다.

4) Greene(1998)의 권력의 48가지 법칙 중 다수는 환심 사기의 이러한 세 가지 요소와 관련되는 것으로 발견되었다.

예를 들어, 만약 상사가 지속적으로 체중을 줄이려 한다는 것을 부하직원이 안다면, 환심 사기는 상사의 '탄탄한 근육'에 대한 칭찬의 형태로 나타날 것이다(1977, p. 477). Wortman과 Linsenmeier(1977, p. 134)는 다음을 추가했다.

> 사실, 아부꾼이 대상 인물의 마음에 드는 것에 관심을 두고 있다면, 그는 당장의 관심사가 자신의 유일한 관심사인 것처럼 행동한다. 아부꾼은 타인의 호감과 인정에서 개인적인 만족을 얻기 때문에 매력을 추구하거나, 또는 목적 그 자체가 아니라 다른 목적을 달성하기 위한 수단이기 때문에 매력이나 긍정적인 평가에 가치를 둔다.

Ralston(1985, p. 477)은 아담과 이브 그리고 뱀의 이야기를 인용하면서 환심 사기가 오랜 역사를 가진 것이라고 보았다. "에덴동산에서 사과를 한 입 베어 문 것은 뱀이 자신의 이익을 위해 비위 맞추기를 능수능란하게 사용했기에 생긴 일이다."

아부꾼은 관리자에게 어떤 인상을 주기 위해 다양한 전술을 사용한다. 하나는 단지 직무를 잘하는 것이다. 대단한 성과를 내는 것은 동료 직원들의 분개를 가져올 수도 있지만, 상사들은 일반적으로 직무를 잘 수행하는 부하직원, 특히 착한 조직 구성원인 부하직원을 좋아한다(10장을 보라).

아마도 가장 노골적인 전술은 대상 인물을 공개적으로 좋다고 하거나 칭찬하는 것이다. "우와, 부장님, 부장님 새 차 정말 좋네요!" 사회심리학의 단순한 균형이론(balance theory)(Heider, 1958)과 많은 증거들에 따르면, 어떤 사람(Stanley)은 다른 어떤 사람(Huntley)이 자신을 좋아한다고 믿으면, 그는 그 사람(Huntley)을 좋아하게 된다는 것이다. 만일 Stanley의 자기존중감이 낮으면, 그는 환심 사기 시도를 의심할 수 있으며, Huntley에게 역효과가 날 수 있다(Wortman & Linsenmeier, 1977, p. 143을 참고하라). 여기서 교훈은 아부꾼은 대상 인물의 자기개념과 일관되지 않는 언급은 피해야 한다는 것이다.

균형이론은 또한 대상 인물과 유사한 태도를 채택하는 것이 왜 대상의 관심과 애정을 얻을 수 있는지를 설명해 준다. 마찬가지로, 대상 인물에게 호의를 베푸는 것도 돕는 자의 의도가 진실하고 도움이 되기를 의도하는 것으로 보이는 한, 긍정적인 느낌을 가져올 수 있다.

아부꾼의 동기가 뻔히 보이거나, 이전에 신뢰성이 부족했을 때 환심 사기는 성공적이지 않을 수도 있다. 남편이 예전에 아내의 취향이나 선택이 좋지 않은 경우에 솔직히 이에 대해 말했다는 것을 아내도 인정한다면, 저녁 외출에 필요한 아내의 드레스 선택이 형편없다는 남편의 말은 좀 더 신뢰를 얻는다. 아부꾼이 허위로 공치사를 하고 싶은 경우를 위해 신뢰를 쌓는다면, 아부꾼이 사용하는 전술은 긍정적 및 부정적 표현과 함께 대상 인물의 기억 속에 남는다. 그러나 만약 아부꾼이 대상보다 지위가 낮다면 그의 동기는 의심을 받을 수 있다(Wortman & Linsenmeier, 1977, p. 161).

Ralston(1985)은 환심 사기는 관련된 개인의 특징뿐 아니라 조직 맥락 요인에 의해서도 쉽게 영향을 받는다는 것에 주목했다. 독재적 상사(일방적으로 의사결정을 하며 부하직원이 자신의 기술과 능력을 발휘하지 못하게 하는 경향이 있는)는 독재적이지 않은 상사보다 직원들 사이에서 더 많은 환심 사기 행동을 이끌어 낸다. Ralston은 민주적 상사는 낮은 수준의 환심 사기와 관련된다는 것을 말한 것이 아니고 단지 독재가 높은 수준의 환심 사기를 이끌어 낼 것임을 제안한 것이다. Ralston은 또한 일반적으로 (직원들에게 기대되는 것이 분명하지 않은) 애매한 과업 장면의 직원들이 비위 맞추기를 통해 상사에게 영향을 주고자 시도하는 경향이 매우 크다고 제안했다. 특히, 직원들이 잘하고 싶고, 조직에서 승진하고 싶을 때 그렇게 할 것이라고 제안하였다.

Ralston(1986)에 따르면, 환심 사기를 조장할 것 같은 세 번째 조직 맥락 요인은 자원의 부족이다. 자재와 회사 비용을 위한 돈, 원자재, 기자재, 정보, 상사의 시간이나 관심을 얻기 위한 통로가 부족할 때, 사람들은 이러한 자원을 얻기 위해 아부를 포함하여 가용한 모든 수단을 사용할 것이다.

요약하면, Ralston(1985)은 조직 구성원의 성격 소인 이상의 것들이 조직에서 환심 사기의 사용을 결정할 것이라는 가설을 설정했다. 경영진의 정책과 집행도 관리자가 사용하는 리더십 스타일, 직무 특성의 불확실성 정도, 업무 완성에 필요한 자원의 부족 수준 등의 요인들을 통해서 환심 사기 행동에 영향을 줄 것이다.

최근의 경험 연구는 환심 사기 행동마다 선행 요인들이 다르다는 것을 발견하였다. 사람 × 상황 상호작용 모형을 채택한 이 연구는 개인 변인(권력과 자기존중에 대한 욕구와 같은)과 상황 변인(애매함 같은)의 서로 다른 조합이 환심 사기 행동이 자신을 향할지 타인에게 향할지를 예측한다고 하였다(Kacmar et al., 2004).

요점은 환심 사기가 사람들이 개인적 이익을 얻기 위해서 자신을 의도적으로 다르게 표현하고자 하는 시도라는 것이다. 그러한 기만에 본질적으로 나쁜 것이 있는가는 개인의 가치에 의해서 결정될 문제다. 우리가 사람들의 진실성과 정직성에 가치를 두는 한, 우리는 직무 장면에서 우리 자신의 가치나 믿음 및 태도를 거짓으로 표현하는 것을 용납할 수는 없다. 공적인 의견 표명이 그들 자신의 목적에 부합하는 것 같다면, 우리가 접한 그들로부터 나온 공적인 의견 표명은 허위 칭찬일 수 있다는 점을 명심하라. 권력과 영향력에 대한 욕망은 사람들이 자신을 거짓으로 표현하도록 동기화시키며, 정직성과 신뢰의 분위기를 과소평가하게 한다. Greene(1998)의 '48법칙'을 인용하면서 이러한 점을 고무시키려 한다.

> 당신의 제물을 방심하도록 하기 위해 정직성과 너그러움을 선택적으로 사용하라. 하나의 진실하고 정직한 행동은 수십 개의 부정직한 행동을 덮을 수 있다. 숨김없이 정직하고 너그러우면 가장 의심 많은 사람들도 방심하게 된다. 일단 당신의 선택적인 정직함이 그들의 갑옷에 구멍을 내면, 당신은 그들을 마음대로 속이고 이용할 수 있다. 트로이 목마 같은 시기적절한 선물은 같은 목적에 봉사할 것이다.
>
> (Greene, 1998, p. 89).

권력은 사람을 부패시키는가

대중문화는 비열한, 심지어 가학적이기까지 한 상사나 관리자에 대한 이야기를 하고 있는 영화와 소설로 가득 차 있다. 〈악마는 프라다를 입는다(The Devil wears Prada)〉 〈워킹 걸(Working Girl)〉 〈나인 투 파이브(Nine to Five)〉 〈글렌개리 글렌 로스(Glengarry Glen Ross)〉 같은 영화는 사람들이 직장에서 독재자들에 의해 어떻게 짓밟히고, 어떻게 독재자를 타도하는지를 보여 준다. 아마도 이러한 주제가 엔터테인먼트와 대중문화에서 자주 되풀이되는 이유는 우리들의 직업 세계에서 아주 보편적이기 때문이다. 영화 〈나인 투 파이브〉에서 Dolly Parton과 동료들이 그들의 아주 악독하고 교활한 상사에 통쾌하게 복수를 하는 것은 우리에게 판타지로 작용하며, 이런 장르의 이야기가 대중에게 왜 어필하는지에 대해 많은 것을 말해 준다. 이 책을 쓰는 현재도 Donald Trump의 〈어프렌티스(The Apprentice)〉[5]는 북아메리카의 텔레비전 프로그램 중 엄청난 인기를 얻고 있다.

5) 관리자가 부하직원을 냉정하게 잘라 내는 주제의 프로그램이다-역주.

따라서 문제는 이것이다. 사람들이 권력을 가졌을 때 권력의 독성과 악마적 행위에 물드는 것은 사람에게 내재된 것 때문인가, 권력에 내재된 것 때문인가? Kipnis (1972, p. 33)에 따르면, Hobbes는 『레비아탄(Leviathan)』이라는 책에서 "사람들은 불평등한 권력 분할로 생기는 착취를 제한하는 수단으로 사회를 만들었다."라고 주장했다. Kipnis와 동료들은 30년 전에 어떤 사람들에게는 권력이 이들을 타락시키도록 영향을 미친다는 것을 제안하는 두 개의 흥미로운 연구를 보고했다(Kipnis, 1972; Kipnis, Castell, Gergen, & Mauch, 1976). 두 연구를 바탕으로, 이들 학자들은 권력을 가지고 사용하는 것은 권력 소유자가 힘이 약한 사람들이 하는 일의 가치를 평가절하하게 하며, 권력을 사용하려는 시도를 증가시키며, 약자들의 노력에 따른 결과를 자신의 것으로 취하고, 약자들과 사회적으로 거리를 두려고 하는 것을 선호하게 만든다고 결론지었다. 나중에 쓴 논문에서 Kipnis(2001)는 어떤 맥락에서는 권력이 약자에게 이익을 주기 위한 것일지라도 권력-의존 관계(예를 들어, 심리치료와 같은)는 권력을 가지고 행사하는 사람들이 약자들의 평가에 마찬가지의 해로운 영향을 미친다는 증거를 보여 주었다.

수없이 많은 일반 서적이 조직에서의 극단적인 권력 행사를 보여 주고 있다. 『기업의 학대(Corporate abuse)』, 『직장 내 따돌림(Bullying at work)』, 『지옥에서 온 미친 상사(Psyco-bosses from hell)』라는 제목의 책들이 상당한 상업적 성공을 거두었다. 왜 그런가? 직업을 가진 우리들 대부분이 폭력적인 상사에게 시달리고 있기 때문인가? 우리가 폭력적인 상사가 아니라는 점을 확인하고자 하는 욕망 때문인가? 어느 경우이건, 이러한 경영 서적의 인기는 북아메리카인들이 여전히 조직에서의 권력의 사용과 남용에 대해 매우 관심 있다는 것을 의미한다. 권력욕구, 권력소유 또는 둘 모두가 사람들로 하여금 다른 경우라면 수용할 수 없는 방식으로 행동하게 만드는 문제를 간단히 살펴보자.

조직에서 권력의 남용: 압제, (약자) 괴롭힘, 희롱

『기업의 학대(Corporate abuse)』라는 책에서, Wright와 Smye(1996)는 현대의 조직 장면에서 사람들에게 고통을 주는 다양한 형태의 학대를 요약하였다. 이들은 어떤 남용은 관료적 규범과 규칙을 지나치게 고수한 결과 발생하며, 다른 학대는 "회사 전체를 압박하는 산업 및 경제 구조에서의 쓰라린 변화"(p. 55)로부터 발생한다고 하였다. 이러한 (권력) 남용의 두 가지 원인은 흔하게 나타나고 자주 개인의 통제력을 넘어선다. 이것들은 현대 조직이 치러야 할 당연한 삶의 비용이다.

그러나 다른 형태의 남용은 수용하기가 어렵다. 이것은 자신의 직원들을 학대하고 권력을 남용하는 사람들인 '약자 가해자(bullies)'에 의해 저질러지는 남용이다. 이 주제에 대해 두 명의 전문가가 집필한 책에서, Namie와 Namie(2003)는 따돌리기를 "한 명 이상의 직원들이 어떤 한 명(대상 인물)의 직원을 반복적이고, 악의적이며, 건강을 해치는 정도로 나쁘게 대우하는 것"(p. 3)이라고 정의하였다. 약자 가해자들은 다른 사람에게 공포를 유발함으로써 권력을 행사한다. 이들은 희생 대상이 업무를 달성하지 못하도록 의도된 심리적 폭력과 언어적 공격을 섞어서 사용한다. 남녀 모두 약자 가해자일 수 있지만, 도움을 요청하는 대부분의 사람들은 다른 여성으로부터 괴롭힘을 당하는 여성인 것으로 나타났다(Namie & Namie, 2003). 이들은 동료들, 특히 부하 직원들을 윽박지르거나 조롱한다. 이들의 '리더십 유형'은 영화 〈패튼(Patton)〉에 나오는 George Patton 장군과 연관되는 군대의 지휘관을 연상시킨다.

『직장 내 따돌림』(Adams, 1992)을 인용하면서, Wright와 Smye(1996)는 직장에서 발견되는 약자 괴롭힘을 파악하는 여러 가지 방법을 나열하고 있다. 그것들은 통제되지 않은 분노 표현(시끄럽고 난폭한 언어 사용을 포함해서), 혼자 하든 함께하든 다른 사람을 모욕하는 것, 지속적으로 빈정대거나 비난하기, 불가능한 마감일을 잡는 것, 다른 사람을 방해하는 것이 불가피해지도록 중간에 지시를 바꾸는 것, 타인에게 권한 이양을 거부하기, 다른 사람들의 일이나 성공을 가로채기, 타인의 성공 노력 깎아내리기와 같은 행위를 포함한다. Namie와 Namie(2003)의 '10가지 괴롭히기 전술'도 비슷하다. 그들의 책은, 다른 세 명의 영국 저자들(Rayner, Hoel, & Cooper, 2002)과 함께, 직장 내 괴롭힘을 포괄적으로 다룬 것으로서 추천된다.

Ashforth(1994)는 '작은 압제자(petty tyrant)' 현상을 탐구하였다. 이런 형태의 행동과 관련한 많은 개인적 및 상황적 요인이 있지만, 특히 몇 가지의 요인들이 흥미롭다. Ashforth가 제안하기를, 이런 종류의 어떤 사람들은 자기존중감이 낮고, 자신의 공식적 권한을 보상적 도구로서 사용한다고 한다.[6] 작은 압제자들은 흔히 직원들에 대해 권위주의와 독단적인 신념 구조와 X이론적 신념과 관련된 모습을 가지는 것으로 여겨진다(3장을 기억하라). 이들은 동조와 명령을 매우 중요하게 여기며, 다른 사람을 존중하는 데 낮은 가치를 둔다. 이들은 행동을 하는 것을 선호하여 애매한 상황에 대해 참을성이 적다. 그러나 작은 압제는 성격적 성향 이외의 다른 요인에 의해 일어날 수 있다. 감옥이나 병원과 같은 곳에서 발견되는 심하게 통제적인 제도적 요인이 이러한 행동을 일어나게 할 수 있다. 그리고 반어적으로, 상대적으로 거의 제도적 권력을 가지지 않은 사람들이 주변 사람들에 대해 자신들이 가진 힘을 뽐내면서 압제자처럼 행동할 수 있다. 예를 들어, 중요한 회의실의 열쇠를 가진 하급 직원이 누가 이 방에 들어가고 누가 들어갈 수 없는지를 자신이 결정한다는 거만한 태도를 보일 수 있다.

Harlos와 Pinder(1999)는 상호작용 공정성 이론(11장을 보라)을 도입하여, 압제적 상사가 실제로 그러한 명칭을 얻게 되는 행동에 대한 연구를 보고하였다. 이들은 직원들이 불공정하다고 생각하는 행동들을 8개의 주요 범주로 분류하였다. 윽박지르기(intimidation), 무시하기(abandonment), 일관성 부재(inconsistency), 비하하기(degradation), 비난(criticism), 접근 제한(inaccessibility), 감시(surveillance) 및 조작(manipulation)이 그것이다. 흥미롭게도 이 연구에서 보고된 상사들을 관통하는 압제자 행위는 주로 공개적으로 나타났다.

작은 압제자의 영향은 무엇인가? Ashforth(1994)는 이런 종류는 조직에 나쁜 결과를 가져오는데, 그 결과들은 부하직원의 상사 거부, 희생자들의 높은 스트레스, 공포, 불안, 신경 쓰임 같이 좌절과 관련된 감정 반응, 압제자의 지시와 선호도에 대한 반발, 무기력과 소외감, 개인적인 주도성의 감소, 자기존중감의 감소, 직무수행의 감소 등이다. 마지막으로, 작은 압제자의 적대감과 공격적 행동은 직무 집단의 응집성을 감소시킨다.

작은 압제자들은 직원들에게 심각한 역기능적 결과도 가져온다. 362명의 미국인을 조사한 종단적 연구에서, Tepper(2000)는 학대적인 상사들의 행동의 경험과 결과에 대해서 연구하였다. 연구 시작 시점에서 연구에 포함된 이후 계속해서 회사를 다녔던 사람들 중에서, Tepper는 Asforth의 개념적 모형에서 예측된 것과 같은 결과를 발견하였다. 학대적인 상사의 관리 방식은 1단계 표본과 2단계 표본 사이의 자발적 이직과 관련되었다. 연구의 2단계에서 회사에 남아 있는 사람들 중에서, 학대적 관리는 직무 및 생활 만족과 조직에 대한 규범적 및 정서적 몰입(12장을 보라)을 낮춘 반면,

6) 작은 압제자들도 높은 수준의 자기존중감을 가진 사람들일 수 있다(Ashforth, 1994).

지속적 몰입, 직장과 가정 사이의 갈등, 심리적 고통을 높였다. Tepper(2000)는 이러한 결과를 조직 공정성에 기초한 모형을 사용하여 해석하였다. 특히, 학대적인 관리 방식이 어떻게 상호작용 공정성에 나쁜 영향을 주고, 이어서 그러한 상호작용 공정성이 개인에게 부정적인 영향을 주는지를 보여 주었다(조직 공정성과 불공정성에 대해서는 11장을 보라).

3장에서 X이론적 관리 방식의 맥락에서 논의했듯이, 관리자의 압제적 행동은 직원들에게 있어 공포, 낮은 주도성, 그리고 낮은 성과를 가져오고, 이것들은 다시 관리자들의 압제적 행동을 지속시키고 증폭시키는 악순환을 가져올 수 있다.

여기서 요점은 무엇인가? 오랜 시간에 걸쳐, 약자 가해자들은 주변의 사람들을 불행하게 만들며, 보통 조직에도 도움이 되지 않는다는 것이다. 이런 종류의 관리 방식이 단기간의 성과는 가져올 수 있지만, 다른 사람들의 태도, 감정, 그리고 철회 행동에 미치는 장기적 효과는 역기능적이다. Ashforth(1994), Wright와 Smye(1996), 그리고 Adams(1992)의 연구는 권력이 조직 장면에서 권력을 가진 사람을 부패하게 만들 수 있다고 했던 조직과학에서의 전통적 믿음이 맞다는 것을 보여 준다. McClelland와 Burnham(1976)이 관찰한 바와 같이 권력은 강한 동기 중 하나다. 권력은 우리가 매일 관찰할 수 있는 많은 동기화된 직무행동을 활성화하고, 방향 지우며, 유지하며, 설명할 수 있다.

캐나다에서는 정부와 법원 모두가 최근에 이 문제에 무게를 두기 시작했다. "만약 상사가 부하직원들이 아프거나 회사를 그만둘 만큼 고약하게 군다면, 상사나 회사가 이러한 학대에 대해 희생자들에게 보상해 줄 것을 판사가 명령하기 시작했다." (Scott, 2007, pp. 40-41) 이러한 이야기가 *McClean's*의 기사로 나오기 2년 전에 백만 불의 보상이 집행된 적도 있다(Scott, 2007, 9월 3일). 퀘벡 주의 한 지역은 2004년에 직장 내 괴롭힘을 법으로 금지하였다. 여기서 직장 내 괴롭힘은 심리적 희롱이라고 불리며, "개인의 존엄성이나 온전한 심리적 또는 신체적 상태에 영향을 줌으로써 업무 환경을 해롭게 하는 적대적이거나 부당한 행위, 언어, 몸짓의 형태로 나타나는 반복적이고 악의적인 행동" (Scott, p. 41)으로 정의되었다. 캐나다의 직장에서는 예의 규범이 지속적으로 관찰되지 않을 때 정부 및 사법 당국의 또 다른 형태의 규제가 요구될 것이다. 사람들이 여기서 논의된 모든 동기로 인해 일하기 때문에 자신들의 예의 부재와 공격성을 통제할 수 없다는 것은 부끄러운 일이다. 우리는 이 책의 다른 부분에서 무례함(incivility)(6장을 보라)과 직장 내 공격적 행동(8장에서)에 대해 논의할 것이다.

성희롱

조직 장면에서 권력이 남용되는 가장 치명적인 방식 중 하나는 성희롱을 통해서다. 미국에서 성희롱은 "어떤 사람이 다른 사람을 향해 성적인 행위를 하지만, 다른 사람은 이에 화답할 의사가 없으며, 업무 보상이 홍정의 대가로 결부되어 있을 때 발생한다." (Mainiero, 1989, p. 34) 캐나다에서는 두 가지 형태의 성희롱이 인정되며 둘 다 불법이다. 첫 번째 형태는 **보상적**(quid pro quo) 희롱이라고 불리며, 이것은 승진, 급여 인상, 또는 다른 형태의 업무 관련 보상에 대한 교환으로 어떤 성적인 행위가 요구되고 갈취되는 경우 발생한다. 이러한 형태의 희롱은 표현이 미묘할 수도 있고 노골적일 수도 있으나, 어떤 경우든 모두 분명한 강요다. 이것은 비윤리적이며 동시에 불법이다. Mainiero(2003)가 말한 바와 같이, "문제는 성이 권력과 교환될 수 있는 상품이라는 것이다." (2003, p. 3)

두 번째 형태는 조직적 또는 환경적 희롱이다. 이 형태도 미묘하거나 노골적일 수 있다. 이것에는 직원들이 성적인 암시, 사진, 테마 또는 다른 특징들이 스며들어 있는 환경에서 일하는 경우가 포함된다. 벽에 붙은 여자 사진의 달력, 성적으로 지나친 어조의 농담, 수용자가 원하지 않는 언어적 · 비언어적 접근들이 이 두 번째 형태의 희롱이다. 조직은 법적으로 관리자들의 행위에 책임을 지기 때문에 어느 형태의 희롱이든 노출된 직원들이 조직에 대해서 고소하는 경우는 책임이 있다. 미국의 법은 사실상 캐나다의 법과 동일하다.

성희롱은 권력의 문제이지, 사랑이나 순수한 성적 욕구의 문제가 아니다. 조직에서 비슷한 지위에 있는 사람들 사이의 동의된 연애는 한 사람이 그러한 관심을 원치 않는 사람에 대해, 특히 관련 당사자들의 권력과 지위에서 차이가 있는 경우에, 성관계를 요구하거나 성적으로 행동하는 상황과는 다르다. 그러므로 성희롱이 다른 종류의 조직에서보다 권력 차이가 훨씬 더 뚜렷하게 나타나고 신성불가침한 군대 장면에서 흔하게 나타나는 것은 놀라운 것이 아니다(Branswell, 1998; Caproni & Finley, 1997; Carlson, 1995; Geddes, 1998; Office of the Inspector General, 1993; O'Hara, 1998a, 1998b; Pinder & Harlos, 2001을 참고하라). 거의 항상 군대의 희롱 사례에는 지위가 높은 남성 상사에 의한 하급 여성 직원에 대한 학대가 개입되어 있다(O'hara, 1998a, 1998b를 보라). 군대 장면에서 심한 괴롭힘에 대해 항의하기 위하여 목소리를 내는 것은, 비록 있다고 하더라도, 거의 드물다. 힘 있는 상사에 의한 보복과 희생양이 되는 데 대한 두려움이 보통 이러한 침묵에 대한 이유다(Hotelling, 1991; Morrison & Milliken, 2000). 특히, 여성들에게서 그렇다(Rudman, Borgida, & Robertson, 1995). 캐나다 군대와 민간 장면의 성희롱 자료를 구축하면서, Pinder와 Harlos(2001)는 이러한 성희롱에 직원들이 침묵하는 데 대한 연역적 모형을 제안하였다. 군대의 성희롱 문제에 대한 긍정적인 소식은 미국의 해군 사관학교가 최근에 "선원들에게 오늘의 군대에서 절대 허용되지 않는" 성희롱 방지 강제 프로그램을 발표했다는 것이다[7](Kelly, 2007). 만세!

과거에는 많은 관리자들이 연애와 성희롱의 구별을 어려워했는데, 부분적으로는 성희롱의 형태가 표면적으로 연애의 표현과 유사한 점을 가지고 있기 때문이다. 조직은 성희롱을 금지하는 강제 정책을 만들어 희롱을 줄일 수 있을 것이다. 그러나 자연스럽게 발생하는 회사 내 연애를 방지할 수는 없다. 그럼에도 불구하고, 관리자들이 이 두 현상을 구별할 수 없다면, 중요한 점을 놓치게 된다(Berdahl, 2007을 참고하라). 이 장의 뒷부분에서 직장 내 연애와 성에 관한 쟁점을 논의한다.

성희롱에 대한 연구와 이론의 영역은 방대하며 이 책의 범위를 넘어선다. 그럼에도 불구하고, 이 장의 앞부분에서 압제자와 권력 남용에 대해서 다루었던 연구들은 성희롱을 이해하는 데 출발점을 제시한다. 더 완전한 논의는 O'Donohue(1997)가 제시한다.

부패의 일상화

Ashforth와 Anand(2003)가 개발한, 부패한 행동이 조직에서 어떻게 일상화될 수 있는지에 대한 개념적 모형을 살펴볼 필요가 있다. Sherman(1980)에 이어서 Ashforth와 Anand(2003)는 부패 행위를 "개인, 부서 및 조직의 이익을 위해 권한을 남용하는 것" (p. 2)으로 정의했다. 그들은 세 단계로 이루어진 모형—① 제도화, "관행의 적절성에 대한 의식적 사고 없이 부패한 관행을 일상의 문제로 여기는 과정", ② 합리화, "부패한 행위에 개입하는 사람들이 그러한 행위를 합법화하기 위해 자신들의 관점에서 사회적으로 구성된 설명을 이용하는 과정", ③ 사회화, "신참이 부패한 관행을 수

7) http://www.hometownannapolis.com/cgi-bin/read/2007/10_26-37/NAV (2007년 10월 22일)

행하고 받아들이도록 배우는 과정"(p. 3)—을 제시했다. Ashforth와 Anand는 많은 사례를 제공한 반면, TV 시리즈인 〈쉴드(The Shield)〉[8]의 팬들은 모든 에피소드에서 일상화된 부패의 순환을 보았다.

권력이 사람들을 부패하게 하건 아니건, 어떤 사람들은 그렇게 된 것처럼 행동하고 다른 사람들은 원래 그런 것처럼 행동한다. 권력에 대한 갈망은 종종 타인을 행동하게 하는 동기 중 하나(때로는 유일한 동기)로 여겨진다. 캐나다에서의 최근 사례는 보수당 하원의원이자 자동차 부품 회사의 상속녀인 Belinda Stronach가 Paul Martin 총리의 허약한 자유당 정부에서 중요한 각료 자리를 차지하기 위해 2005년 5월 17일 하원에서 반대당의 편에 선 것이다(*Globe and Mail*, 2005; *Maclean's*, 2005; *Times Colonist*, 2005). 새로 구성된 보수당을 성공적으로 이끌지 못한 Stronach는 자신이 자유당 정부에 참여한 이유가 원칙의 문제라고 주장했다. 그녀는 퀘벡분리주의자들과 연합하여 하원에 계류 중인 정부 불신임 움직임을 취하고 있는 야당인 보수당과 좋은 거리를 유지하고 있지 않았다. 그때 투표가 이루어졌다. Stronach가 입장을 바꿔서 생긴 찬반 동수 투표에서 자유당은 사실상 위기를 타개하기 위해 하원 의장의 결선 투표에 의존할 수밖에 없었다. 그녀는 Martin 총리가 초기 몇 달간 정부를 운영한 방식을 거칠게 비판하기는 했지만, 그녀의 동기가 권력(즉각 각료로 취임할 기회)과 상관없다는 것은 분명했다. (캐나나 언론에 좀 더 재미있는 이야기를 주고자 했던지 Stronach는 입장을 달리하면서 보수당 전당대회의 2인자였던 자신의 남자친구를 버렸다.)

여기서의 요점은 언론에서는 Stronach가 권력에 굶주려 있으며, 정부가 분리주의자들(그리고 자유당)의 발에 밟히지 않도록 하는 것에 관한 그녀의 원칙적 동기는 허울만 그럴듯한 것이었다고 비난하면서 수 주 동안 마음대로 떠들어 댔다는 것이다. 귀인 이론의 관점(Hewstone, 1983)에서, 권력은 인간 행동의 외부 귀인에 핵심적이고 준비된 대안을 제공한다. 다시 말해서, Stronach 이야기가 보여 주는 것은 만일 조만간 권력의 혜택을 누리게 될 때 그 사람이 어떤 방식으로 행동한다면, 그 권력은 그 사람의 행동에 대한 다른 설명을 대신할 수 있다는 것이다. 사람들이 타인의 행동을 이해하고 설명하고자 할 때 많은 사람들의 눈에 권력은 매우 강력한 원인이다.

따라서 권력이 사람을 부패시킨다는 가설은 눈을 뗄 수 없을 정도로 흥미롭게 고

8) 부패 경찰의 극치를 보여 주는 미국 TV 드라마다-역주.

전적이고 사회과학적이며 일상적인 뿌리를 많이 갖고 있다. 그러나 최근 연구는 권력–부패 가설은 과도하게 단순화된 것이며, 많은 요인들이 권력–부패 관계 파악을 위한 방정식에 들어간다는 것을 보이고 있다.

권력과 자기해석

사람들은 **자기해석**(self-construal)이라 불리는 지각을 발달시킨다(Lee & Tiedens, 2001). **자기체계**(self-system)라는 용어가 우리 자신에게 가진 전체적인 견해를 말하기 위해 이용되는 반면, 자기해석은 좀 더 협의의 용어이며 제한된 의미의 자기 존재와 관련된다. 자기해석은 우리가 하는 역할과 우리 자신이 놓인 맥락의 영향을 크게 받는다.

여기서 주요 구분은 개인이 자신을 타인과 매우 **독립적인** 존재로 보느냐, 타인과 **상호의존적인** 존재로 보느냐다. 독립적인 사람들은 자신만의 용어로 스스로를 규정하지만(예를 들어, '나는 진짜 수영을 잘한다.'), 상호의존적인 사람들은 타인에 대비된 그들의 역할이 무엇이냐에 따라 스스로를 생각한다(예를 들어, '나는 진짜 실력 있는 수영 코치다.'). 이런 이미지는 우리가 타인과 심지어 생명이 없는 대상에 대해 생각하고, 감정을 경험하며, 행동하는 방식에 영향을 미치기 때문에 사회생활에서 중요한 역할을 한다. 어떤 문화적 맥락 내에서 권력과 연관된 개인적 특징들(나이, 성 또는 인종과 같은)은 사람들의 독립적 자기해석을 발달시키는 경향이 있다. (6장에서 우리는 지위 특징 이론에 관한 연구들을 살펴볼 텐데, 그것은 어떤 개인적 특징이 더 높은 지위와 권력과 관련되는지에 관한 기제를 설명한다.)

일반적으로, 대부분의 사람들은 자기고양 편향에 민감하지만, 이런 경향은 독립적으로 자기를 해석하는 사람들과 높은 수준의 권력을 가진 사람들에게 특히 그렇다. 그들은 또한 자신의 미래를 더 긍정적으로 보며, 이기적 귀인을 하며, 타인보다 자신이 더 낫다고 믿으며, 전반적으로 더 높은 수준의 자기존중감을 가지고 있다. 그들은 또한 상호의존적인 존재로 스스로를 해석하는 사람들보다 더 높은 수준의 권력동기를 가지는 경향이 있다.

Lee와 Tiedens(2001)는 (개인적 특질 때문이든 상황 때문이든) 권력을 유지하는 것과 자기해석의 본질 사이에 흥미로운 관련성이 많다는 것을 개관했다. 권력이 큰 사람은 자기고양 편향도 더 크다. 사회경제적 지위가 높은 사람은 그렇지 않은 사람보다 자기존중감과 자신감 수준이 더 높다. 또한 권력이 큰 사람은 그렇지 않은 사람보다 자신을 좀 더 유능하며, 호감이 가며, 매력적이며, 심지어 더 좋은 외모를 가지고 있는 존재로 평가했다(Lee & Tiedens, 2001). 만사가 잘못될 때, 권력이 큰 사람은 자신보다 타인, 특히 권력이 낮은 사람을 비난한다. 그들은 또한 권력이 낮은 사람들이 그러는 것보다 더 자기 집단에 대한 온정주의를 보인다. 요약하자면, 권력을 쥐는 것(또는 쥐지 않는 것), 자신을 독립적인 또는 상호의존적인 존재로 해석하는가의 여부, 그리고 다양한 행동 경향성과 연관된 많은 차원들 중에서 문헌에 증명된 어떤 이상한 유사점들이 있다. 북아메리카 사회의 대부분의 모임을 기준으로 할 때, 여기서 서술된 증상들은 특히 사회적으로 바람직하지 않다.

역설

우습게도, 권력이 큰 사람들은 (작은 사람들에 비해, 자기해석에 상관없이) 타인과 더 많은 유대 관계를 가지고 있다는 상당한 증거가 있다(Lee & Tiedens, 2001). 이런 연구들에 따르면, 그들은 커뮤니케이션을 더 잘하며, 다른 사람들과 관계를 형성하고 유지하는 것도 더 낫다. 어떻게 이럴까? Lee와 Tiedens(2001)는 언뜻 보기에도 두 가지 연구 흐름의 기본적인 결론 사이에 심각한 모순이 있는 것으로 보일 수 있는 것에 대해 많은 설명을 제시했다. 그들이 제안한 해결책 중에서 두드러진 두 가지는 조합될 필요가 있다. 첫째, 그들은 독립적 및 상호의존적 자기해석은 상호 배타적이지 않으며, 단일 연속선상의 양 끝이 아니라는 점을 제안한다. 오히려 그들은 두 가지 특질이 서로 독립적이기 때문에 사람들은 맥락에 따라 어느 한쪽, 또는 양쪽 모두의 스타일을 가질 수 있다는 점을 상정한다.

둘째, 그들은 권력 획득과 이용은 별개의 다른 현상이며, 그렇기 때문에 상호의존적 경향의 이용은 권력 기반에 필요한 관계, 네트워크 및 커뮤니케이션의 연계성을 구축하는 데 필요하지만, 어떤 맥락 내에서 일단 권력이 획득되면 사람들은 훨씬 더 독립적인 자기해석을 채택할 수 있음을 제안하고 있다! Lee와 Tiedens(2001, p. 67)의 말에 따르면, "일단 권력을 획득하면, 자기해석은 좀 더 독립적으로 된다. 권력 보유자가 타인과 상황으로부터 받는 단서들은 자신이 타인과 다를 뿐 아니라 더 나으며, 자신이 타인에게 요구하는 것보다 타인은 자신에게 더 많은 것을 요구한다는 것이다. 권력 획득에 대한 반응으로서 자기해석은 더 독립적으로 될 것이다." 마지막으로, Lee와 Tiedens(2001)는 어떤 성격 변인들은 개인이 가진 권력의 정도와 자신의 주요 자기해석 사이의 관계뿐 아니라 사람들이 그러한 권력을 행사하는 방식을 조절할 것임을 제안했다.

유사한 흐름의 연구와 이론에서 Lee-Chai, Chen과 Chartrand(2001)가 내린 결론은 "권력이 부패한 영향력을 행사한다는 일반적인 생각과 반대로, 어떤 사람들에게 권력은 높아진 사회적 책임에 대한 단서"(p. 57)라는 것이다. 그들은 자신들의 경험적 연구(Chen, Lee-Chai, & Bargh, 2001)를 인용하면서 개인의 목표의 본질이 권력이 부패할 것인가 여부를 결정하는 데 도움을 준다는 점을 증명했다. 세 개의 실험실 장면에 권력을 모사하고, 참여자들의 주요 관계 지향성의 심리측정치를 수집한 후, 그들이 관찰한 것은 권력을 가진 '공동체주의자(communals)'(교환 과정에서 개인적 이득에 대해 아무런 기대 없이, 서로의 욕구에 대한 반응에서 타인에게 이득이 되도록 하는 것을 성격적으로 좋아하는 사람들)는 다른 참여자들이 떠맡도록 남겨 놓기보다 더 많은 자원봉사에 자발적으로 참여하였다는 것이다.

반면, 권력을 가지지 않을 때, 공동체주의자는 '교환주의자(exchanger)'보다 자발적으로 일을 하는 것이 덜했다. 왜 그럴까? 두 번째 조건에서 권력이 낮은 상황은 사회적으로 책임지는 방식에서 행동하고자 하는 공동체주의자의 경향성을 꺾어 놓기 때문이다. 그래서 모든 것을 감안하면 권력은 부패하는가? 이러한 일련의 실험에서 발견되는 사람×상황 상호작용에 따르면, 그것은 성격과 맥락 둘 다에 달려 있다. Lee-Chai 등(2001)은 다른 연구들을 살펴본 후 (성희롱과 성폭력 관련 상황을 포함해서) 다른 맥락에서도 동일한 결론을 지지하였다. 그들은 또한 권력 오용에 대한 개인의 태도에서 개인차를 측정하는 척도를 개발하였다.

요약하자면, 권력이 사람들을 부패시킨다는 것을 나타내는 많은 연구들이 있기는 하지만 이 시점에서는 단지 권력이 사람들을 부패시킬 수도 있지만 모든 사람들이 그렇게 쉽게 부패되는 것은 아니라고 결론 내리는 것이 좀 더 안전할 것 같다. 늘 그러하듯 방정식에는 개인차 요인들이 들어간다. 개인이 타인에 대해 독립적 또는 상호의존적인 것으로 자기를 해석하기 때문이든 아니든(Lee & Tiedens, 2001이 보는 것처럼), 개인의 특징적인 목표지향성 때문이든 아니든(즉, 공동체주의 또는 교환주의자로서, Lee-Chai et al., 2001이 보는 것처럼), 권력이 항상 치명적인 효과를 가진 환각제는 아니라고 결론짓는 것이 안전한 것 같다. 올바르게 사용될 때 권력(결국 이것은 발생하는 사건의 운명을 바꾸는 힘이다)은 사람들을 개선시키기 위한 놀라운 힘일 수 있다. 이것이 다른 사회적 맥락만큼 조직에서도 역시 그럴 것이다(Kanter, 1979; Pfeffer, 1981a). 마찬가지로, 조직 내부뿐 아니라 일상의 삶에서도 괴롭힘 및 다른 형태의 권력 남용은 일반적인 현상이다. 그 이유는? 그것들은 종종 그러한 책략을 채택하는 사람들에게 매우 효과적이다(Namie & Namie, 2003; Rayner et al., 2002; 8장을 보라).

권력 이용과 남용에 대한 결론

이 절의 결론을 맺기 위해, 우리는 권력의 이용과 남용에 대해 많은 연구를 한 선도적인 사회과학자(Kipnis, 2001, p. 3)가 삶의 말년에 한 말을 직접 인용한다.

> 우리가 우리의 욕망뿐 아니라 이러한 욕망을 만족시키기 위해 타인에 대한 의존에 따르도록 프로그램되어 있다는 홉스주의자들의 가정은 권력 이용의 이해에 중요한 관점을 제공한다. 때때로 우리의 욕망은 타인에 대한 도움, 품위 유지, 자선, 사회가 시민을 염두에 두는 것에 대한 우리의 의무를 압도한다. 우리는 태어나서 죽을 때까지 타인으로부터 무엇인가를 원한다. 우리는 애정, 물질, 서비스, 정보, 사랑받기, 지배하기, 타인보다 더 나은 것을 할 기회, 공정한 대우, 혼자 있고 싶어 하기, 타인에게 영향을 행사하는 여러 욕망을 원한다. 우리가 원하는 것에 끝이 없기 때문에 타인에 대한 우리의 의존도 끝이 없다. 사람들의 동기가 단지 끝도 없는 욕구로 구성되어 있다는 Hobbes의 관찰은 그가 17세기에… 『레비아탄』을 썼을 때처럼 오늘날에도 사실이다. 만일 우리가 이러한 가정을 받아들인다면, 모든 사람들이 매일매일 영향력과 권력을 행사해야 한다는 생각이 이어진다. 따라서 결정적 질문은 사람들의 권력 행사 여부가 아니라 우리가 권력을 어떻게[강조 추가] 행사하는가다.

미리 보기

이전 절들에서, 우리는 인간의 권력욕을 검토했다. 우리는 권력이 욕구일 뿐 아니라 그러한 욕구와 연합된 가장 중요한 목표 중 하나라는 것을 보았다. 즉, 그것은 그렇지 않으면 일어나지 않았을지도 모를 것들을 일어나게 하는 역량이다. 권력욕, 권력 추구 및 권력 행사는 모든 조직에서 흔한 것이다. 사실, 그것들은 조직 역동에서 보편적인 힘이며, 일부는 유용하며 건설적인 반면, 일부는 그렇지 않을 수 있다.

6장에서 우리는 인간의 존중과 소속 욕구에 어느 정도 초점을 둘 것이다. 그러한 논의는 우리로 하여금 조직에서 종종 나타나는 야만적인 행동에 관심을 두게 할 것이다. 약자 괴롭히기와 작은 압제자에 대한 앞선 분석은 그러한 논의와도 밀접한 관련이 있을 것이다. 반면, 이 장의 나머지 부분에서, 우리는 조직에서 동기화된 행동의 매혹적이며 중요한 결정 요인들을 촉발시키는 두 가지 보편적이며 상호 관련된 욕구인 사랑과 성에 대해 살펴볼 것이다.

사랑, 성 그리고 직무동기

Maslow(1954)와 기타 욕구이론가들은 사랑을 인간의 기본 욕구에 포함시켰다. 그는 만일 인간의 생리적 및 안전 욕구가 꽤 잘 충족된다면 다음과 같을 것임을 제안했다.

> 사랑과 애정 및 소속 욕구가 생길 것이다… 친구, 연인, 아내 또는 아이들이 없을 때 그 사람은 이전에는 느껴 보지 못했던 것을 격렬하게 느낄 것이다. 그 사람은 타인과 애정 어린 관계, 즉 자신이 속한 집단이나 가족 내에서 어떤 자리를 갈망할 것이며, 상당히 강렬하게 자신의 그러한 목표를 달성하고자 할 것이다. 그 사람은… 일단 갈망을 느끼면, 사랑을 비현실적인 또는 불필요한 또는 중요하지 않은 것으로 비웃었다는 것을 잊기까지 한다. 이제 그 사람은 외로움, 추방, 거부, 친구가 없다는 것, 메마른 인정의 고통을 강렬하게 느낄 것이다.
>
> (Maslow, 1954, p. 43)

Maslow(1954)는 삶에서 사랑의 욕구가 박탈되는 것은 종종 신경증과 연관됨을 주장하였다. 사태가 더 이상 되돌릴 수 없는 상태까지 진행되었다면, 애정과 다정함은 그런 신경증 치유에 필수 요소가 될 수 있다. 그는 건강한 성인은 이미 충분한 사랑을 누렸기 때문에 부적응적인 성인보다 사랑을 덜 필요로 한다고 믿는다.

좀 더 최근의 연구는 사랑이 심리적, 생물학적, 사회적 및 생리적 차원을 가진 것으로 보았으며, 그것들 모두는 타당도가 입증되었다(Fisher, 1992, 2004; Jankowiak, 1995를 보라). 이 현상의 역사적 분석은 최근까지 서구 문화는 서구 문화만이 낭만적 사랑(또는 낭만적 열정)을 경험할 수 있다고 가정했다는 것을 제안했다.

> 사실, 낭만적 열정의 경험이 명백하게 우월하지는 않더라도 문화적 세련됨의 지표라는 것, 덜 문명화된 '대중'은 욕정은 가지고 있지만 낭만과 사랑은 아니기 때문에 그렇게 세련될 수 없다는 것은 서구 지식인들 사이에서 공리가 되었다. 이런 가정의 숨어 있는 추론은 낭만적 사랑은 참된 문화가 주는 상 또는 보상이라는 것일 수 있다.
>
> (Jankowiak, 1995, p. 2)

연구는 그렇지 않음을 보이고 있다. 두 명의 인류학자는 자신들이 조사한 166개 문화 중 146개에서 낭만적 사랑이 현실적임을 발견했다(Jankowiak & Fischer, 1992). 이를 위한 방법은 부분적으로는 사회생태적, 정치적 또는 경제적 조건들 및 이런 조건들이 개인의 아동기에 어떤 것을 강조하느냐에 따라 달라질 수 있다(Chisholm, 1995). 사랑의 이러한 다차원적 본질은 사랑을 인간의 욕구와 감정 중에서 특별한 것으로 만들지만, 인간과 동물은 많은 면에서 사랑에 빠지는 경험을 공유한다(Fisher, 2004).

여러 유형의 사랑에 대한 정의

사랑의 본질과 힘은 역사적으로 예술과 문학의 가장 중요한 주제 중의 하나일 것이다. 얼마나 많은 유형의 사랑이 있는지에 관해 합의된 바는 없지만, 수많은 사람들이 사랑의 유형이 여러 가지임을 관찰했다(Fehr & Russell, 1991). 예를 들어, 미국의 작가 C. S. Lewis(1960)는 인간의 사랑에 애정, 우정, 성적인 사랑, 그리고 신의 사랑이라는 네 가지 큰 유형이 있다고 제안했다. Lazarus와 Lazarus(1994)는 **낭만적 사랑과 동반자적 사랑**이라는 두 유형을 구분했다. 성적 친밀감은 후자보다 전자에 수반된다. 현대 사회과학자들은 성적 친밀감을 다음과 같이 정의한다. "상대방을 성적으로 이상화하는 것(idealization)과 관련된 어떤 강렬한 끌림. 이상화는 미래의 어떤 시점까지든 지속될 것이라는 친화욕구와 즐거운 기대를 지속시킨다." (Jankowiak, 1995, p. 4)

동반자적 사랑은 낭만적 사랑처럼 다양한 느낌과 감정을 가지고 있지만, 성적 충동과 거리가 있다. 이러한 사랑은 가족 구성원들의 부모에 대한 사랑뿐 아니라 동성이나 이성 사이에 존재하는 우정을 포함한다. 여성은 성적 충동 없이도 남성이나 다른 여성과 강한 사랑 관계를 가질 수 있다. Lazarus와 Lazarus(1994)에 따르면, 우리 문화에서 남성들은 남성성에 대한 사고방식 및 동성애에 대한 낙인의 두려움 때문에 남성들 사이의 **사랑**보다 서로에 대한 **우정**에 대해 말하는 것을 선호한다.

전형적 사랑

지금까지 우리는 사랑을 광범위한 두세 가지 유형으로 정의하기 위해 몇 가지 시도를 했다. 그러나 우리는 아직 하나의 개념이나 현상으로서 사랑의 일반적 정의에 도달하지 못했다. 우리가 4장에서 보았듯이, 많은 감정 상태는 대상이나 실체를 제한하는 고전적 접근에 따른 정의로 설명하기 힘들다. 고전적 접근은 제한적 범주를 수식하기 위해 이용되는 어떤 대상이나 개념을 위한 필요조건과 충분조건 및 특징들을 자세히 언급할 것을 요구한다(Russell, 1991).

인간의 감정들을 엄중하게 구별하기 위해 헛된 노력을 들이기보다, Russell(1991)과 동료들은 전형성(prototype) 이용의 생각을 발전시켰는데, 특정 감정의 전형적 사례에 대한 인간 감정의 유사성을 근거로 경계가 모호한 감정들을 분류하는 것이다. 예를 들어, 짜증, 노여움, 격앙 등과 같은 분노의 여러 형태들 사이에는 차이와 '회색지대(shades of gray)'가 있다.

감정에 대한 전형성 접근에 대해 좀 더 철저하게 알고자 하는 독자는 4장을 참고하기 바란다. 이 장에서 우리의 주의는 **욕구로서의 사랑**에 있지만, 그것이 감정의 하나라는 점과 다른 누군가에게는 태도일 수도 있다는 점을 부인하지는 않는다(Fehr & Russell, 1991). 이 접근은 우리로 하여금 고전적 접근에 따라 사랑을 정의하는 것의 어려움을 극복하게 해 준다. 사실, 철학자, 사회과학자, 시인 및 인류학자는 보편적으로 수용 가능한 사랑에 대한 일치된 정의를 제시하는 데 상당한 어려움을 느꼈다. 아마도 이 개념을 이해하는 데 따른 어려움이 사랑을 그렇게 매혹적으로 느끼게 하는 특징 중 하나다. 그러나 전형성 접근은 우리 문화의 사람들이 사랑에 대해 생각할 때 염두에 두는 현상의 많은 요소들을 이해하는 데 도움을 준다.

대학생을 대상으로 수행된 위니펙(Winnipeg) 대학의 연구들은 그들이 생각할 수 있는 모든 유형의 사랑을 제시하였다(Fehr & Russell, 1991). 그 대학생들은 평균 8.69개의 사랑 유형을 언급했다. 노래 가사처럼 "사랑은 화려하게 빛나는 것"이다. 연구자들은 학생들의 브레인스토밍을 바탕으로 모두 20가지를 선택했다. 학생들이 '매우 좋은 예'와 '매우 좋지 않은 예' 사이에 각 형태를 평정하여 정한 사랑의 순서는 다음과 같다. 모성애, 부성애, 우정, 자매애, 낭만적 사랑, 형제애, 가족애, 자녀사랑, 애정, 헌신적 사랑, 인류애, 정신적 사랑, 열정적 사랑, 정신적 사랑, 자기애, 성애, 조국애, 일에 대한 사랑[9], 풋사랑, 열병.

이 연구자들은 이러한 범주들이 더 적은 수의 군집으로 묶일 수 있는 방법을 서술하기 위해 일련의 추가 연구를 진행하였다. 8개 범주가 드러났는데, 이것을 보면 사람들은 사랑을 다소 유사한 것으로 생각하는 것 같다. 예를 들어, 이들 준거 중 하나는 각 유형에 공통된 특징들의 수였다. 두 번째 준거는 각각의 20가지 사랑이 스크린에 투영되고, 예를 들어 '열병이 사랑의 유형'인지 아닌지의 질문을 받은 후의 '진실' 또는 '거짓' 반응이었다.

Fehr와 Russell(1991)이 수행한 여러 유형의 사랑들 사이의 관련성을 서술하는 것은 우리의 목적을 넘어선다. 여기서는 사랑에 여러 유형이 있으며, 우리 문화에서 이 유형들 중 몇몇은 다른 것들에 비해 무엇이든 사랑의 핵심 개념과 좀 더 밀접하게 관련된 것 같다는 말을 하는 것으로 충분하다.

낭만적 사랑의 경험

낭만적 사랑의 느낌은 다정함과 애정의 일종이다. 그런 사랑이 순조롭게 잘 진행된다면, 그것은 즐거움, 기쁨, 만족 및 심지어 황홀함을 특징으로 하는 느낌을 줄 것이다. 이것은 사랑하는 사람과 같이 있고 싶어 하며, 그 사람을 만지거나 안고 싶은 욕구다. 사랑하는 사람은 어떤 식으로든 특별하거나, 아름답거나 또는 놀라운 존재

9) 부모와 형제자매처럼 다른 대상과 함께 사랑의 대상으로 공통적으로 유지되는 대상으로서 일을 포함시킨 것은 여기서 우리의 주된 관심사가 직무동기이기 때문이다.

로 보인다(Harris, 1995). 우리가 아름답거나 놀라운 존재로 보는 것은 문화적으로 결정된다(Lazarus & Lazarus, 1994).

Harris(1995)는 대부분의 문화에서 낭만적 사랑에 빠진 사람들이 경험하는 일곱 가지 마음의 속성 또는 핵심 성질을 확인했다.

1. 결합 욕구
2. 사랑하는 사람의 이상화
3. 관계의 배타성
4. 내 의지와 무관하게 사랑하는 사람을 생각하는 것
5. 감정적 의존
6. 개인의 목표와 우선순위의 재배열
7. 사랑하는 사람에 대한 강한 공감과 관심

선도적인 미국 인류학자 Helen Fisher(2004)는 최근 이 목록에 몇 가지를 추가했다. 사랑에 빠진 사람은 다음과 같음을 추가했다.

1. 사랑하는 사람에게 특별한 의미를 귀속시킨다. 그 사람은 '지극히 중요'해진다.
2. 사랑하는 사람에게 주의를 집중한다.
3. 일종의 '감정의 불꽃'을 경험한다.
4. 사랑에 막대한 에너지가 소비되는 만큼 잠과 식욕을 잃는다.
5. 유쾌한 흥분에서부터 불안, 절망 및 거부의 공포에 이르기까지 매우 큰 진폭의 기분 변화를 경험한다.
6. 사랑이 상호적인 것인지 아닌지에 대한 단서를 찾는 데 상당히 민감해진다.
7. 성적 욕구 및 성적 관계에서 배타적 기대를 발전시킨다.
8. 관계에 제삼자가 끼어들면 질투의 고통을 느낀다.

마지막으로, 많은 시인들이 관찰했듯이, 슬프게도 사랑은 일시적이다.

Fisher(2004)는 낭만적 사랑은 종종 무계획적이며, 불수의적이며, 외관상 통제 불가능하다. 더구나, Fisher(2004)에 따르면, 역경은 사랑의 열정을 증폭시킨다. '로미오와

줄리엣 효과'로 알려진 것처럼, 우리는 장벽이 있을 때 사랑하는 사람 근처에 있고 싶어 하는 노력을 배가한다는 것을 알고 있다. 사랑은 희망을 가져온다.

흥미롭게도, Fisher(2004)의 연구는 감정적 결합은 성적 결합을 능가한다는 것을 보여 주고 있다. 미국과 일본에서 그녀의 연구에 응답한 83%는 "……가 나와 사랑에 빠졌다는 것을 아는 것은 그 사람과 성관계를 가졌다는 것보다 더 중요하다"는 문장에 동의했다.

낭만적 이끌림의 근거에 보편적으로 남녀 차이, 즉 만사를 흥미롭게 할 뿐 아니라 때때로 어렵고 고통스럽게 만들 수 있는 차이가 있다. 여성은 남성의 사회적 지위 또는 성격을 이해하는 데 더 흥미를 보이는 반면, 남성은 여성의 신체적 특징에 좀 더 즉각적으로 이끌린다(Jankowiak, 1995). 결과적으로, 성격이나 사회적 지위는 개인의 신체적 특징보다 더 오래 지속되기 때문에 여성은 더 오래 낭만적 흥미를 발달시키고 나타낸다. 그럼에도 불구하고, Fisher(2004, 2장)는 사랑하고 성 행동을 할 때 사람이 동물과 같다는 상당한 증거를 제시한다. 즉, 호모 사피엔스는 많은 면에서 '하등' 동물이 경험하고 나타내는 일련의 낭만적 사랑과 같은 생리적 및 감정적 반응을 드러낸다.

거부와 짝사랑

언급된 것처럼, 사랑은 무시될 수 있다. 분리는 비탄과 우울을 유발한다(Lazarus & Lazarus, 1994). 자신의 사랑이 호혜적이지 않다는 것은 메우 고통스럽고 때로는 사랑하는 사람을 스토킹하는 것과 같은 강박적 행동을 유발한다. 의심의 여지없이, 사람들이 서로 낭만적으로 사랑하는 한, 이런 형태의 희롱은 존재하지만, Anne Murray와 Madonna와 같은 대중적 인물을 스토킹하는 이야기는 매체와 대중의 관심을 이끈다. 짝사랑의 고통은 낭만적 사랑의 경험만큼이나 보편적이다. 인도에는 '실연 연구 학회'가 있다. 이 학회는 5월 3일을 짝사랑이나 실연 때문에 상심한 사람들이 서로를 위로할 수 있는 특별한 날로 정했다(Jankowiak, 1995).

양방향적이지 않은 사랑의 거부와 발생 빈도는 직장에서 사랑의 발생을 어렵게 만드는 특징들이다. 우리 문화에서 사랑은 보통 궁극적으로 두 가지 결과, 즉 결혼과 행복 또는 거부 중 하나를 가져온다. 연인의 거부는 고통, 당황스러움, 체면과 평판의 손상, 내적 슬픔의 큰 원인일 수 있다. 그것은 정말 강력한 형태의 좌절이다(8장을 보라). 좌절의 자연스러운 결과는 공격이다. 사람들은 종종 좌절의 원천 또는 좀 더 쉬운 다른 목표에게 이런저런 방법으로 타격을 가한다. 상대적으로 작은 대부분의 직장에서 짝사랑은 관련 당사자뿐 아니라 주변 사람들까지 힘들게 하는 원인일 수 있다. 직장에서의 사랑과 성에 다시 주의를 기울이면, 사랑이 깨질 때의 곤란함과 비용을 염두에 두어야 한다.

직장 내 동기에 대한 초점과 Maslow의 다음과 같은 관찰은 밀접한 관련이 있다.

> 접촉하고 함께 있을 때의 즐거움은 일[강조 추가]이나 놀이에서 미적 목적이든 지적 목적이든 가능하면 많은 상황에서, 가능하면 많이 사랑하는 사람과 함께 있고 싶어 하는 욕망에서 드러난다.
>
> (Maslow, 1954, p. 182)

따라서 Maslow의 관점에서, 사랑에 빠진 사람은 어떤 맥락에서든 사랑하는 사람과 함께 있고자 하는 욕망에 사로잡힐 수 있다. 직장은 사랑 관계의 구축을 위한 장이기도 하지만, 그런 관계의 추구와 충족을 위한 장소이기도 하다.

일종의 욕구이자 감정

사랑이 욕구로 정의되고 이해될 수 있는 반면, 우리는 4장에서 그것은 감정일 수 있다고 언급했다. 실제든 이론이든 그것을 서로 다른 형태로 구분하는 것은 어렵다. Lazarus와 Lazarus(1994)는 감정적 관점에서 사랑을 고려하는 것의 어려움은 그것과 연관된 열정이 "커지거나 줄어들어 매 순간 유지될 수 없다는 것을 언급했다. 장기적 관계에서 열정이나 사랑이라는 예민한 감정은 일정하게 유지되지 않지만, 관계에서 다른 고려 사항들이 부차적인 것이 된다면… 적극적인 사랑의 감정에 필요한 의미는 간혹 겉으로 드러난다." (p. 112)

사랑과 성욕의 관계

사랑에 대한 인간의 욕구는 성욕과 관련되지만 구분되어야 한다. Maslow(1954)는 이들 두 욕구의 관계를 논의한 첫 번째 욕구이론가 중 한 명이다. 그는 이렇게 썼다.

> 이 시점에서 강조되어야 할 한 가지는 사랑은 성 행위와 같지 않다는 것이다. 성욕은 순전히 생리적 욕구로서 다루어질 수 있다. 보통 성 행위는 여러 가지에 의해 결정되는데, 다시 말해 성욕뿐 아니라 다른 욕구에 의해서도 결정되며, 그러한 것들 중 으뜸은 사랑과 애정 욕구다.
>
> (Maslow, 1954, pp. 44-45)

Henry Murray는 성욕을 단순히 성애적 관계를 형성하고 성교를 갖고자 하는 욕구로 정의했다(Hall & Lindzey, 1970, p. 177). 이 정의에 사랑에 대한 언급은 없으며, 최소한 Maslow의 관점을 지지하고 있다.

연구자들은 낭만적 사랑과 성의 개념을 구분할 것을 독자들에게 요구하는 것은 쉬울지 모르나, 이들 두 욕구가 밀접하지만 혼란스러운 관계에 있다는 것은 이해할 만하다. Jankowiak(1995, p. 6)은 이렇게 썼다.

> 그것들은 차별적인 문화적 및 심리적 준거에 따라 구분되는데, 그 준거들은 몇 가지 방식에서 두 욕구가 서로 대립되도록 하며, 이러한 대립은 일상에서 두 욕구의 기원과 발현을 이해하기 위한 중요한 시사점을 제기한다.

결과적으로, 대부분의 문화는 성이나 사랑의 중요성을 강조하지만 그것을 동시에 강조하지는 않는다. 이것은 서구 문화의 지성사에서는 특히 그러한데, 서구 문화는 성과 사랑에 대해 분명히 지속되는 모호함을 보이고 있다(Jankowiak, 1995, p. 6). Ovid[10]는 "사랑은 성 행동에 필수적인데, 그런 행동은 남성이 여성의 가슴과 그녀의 방으로 들어갈 수 있도록 하기 위한 이중성을 바탕에 둠" (Murstein, 1988, p. 59)을 믿는다.

생리적 설명

Fisher(2004)의 연구는 사랑과 성욕의 관계에 대한 좀 더 직접적인 설명을 제시했

10) 로마 시인 Ovid는 자칭 사랑과 성 문제의 전문가였다. 'Ars amatoria'(사랑의 기술에 관한 것)라는 제목의 그의 시와 어떤 스캔들에 Augustus 황제의 딸이 연루된 것으로 알고 있다고 주장함으로써 그는 현재 루마니아에 해당하는 먼 지역으로 추방되었다.

다. 어떤 사람이 낭만적 사랑을 경험할 때 미상핵에서 특히 풍부해지는 도파민이 성욕 호르몬인 테스토스테론을 자극할 수 있다는 것이다. 그것들 사이의 밀접한 연결과 '직접적인 대립'은 직장 내 성적 관계를 이해하고 다루는 것을 어렵게 만드는 것 중 하나다.

직장 내 낭만적 사랑과 성

2005년 봄, 어떤 주요 항공기 회사의 CEO는 20년 연하의 또 다른 중역과 '정사'를 가졌다는 의혹 때문에 회사에서 해고되었다. 우습게도, 그 중역은 자신을 해고하게 만든 사내 연애 금지 정책의 공동 입안자였다. 그의 연인은 해고되지 않았다(*Times Colonist*, 2005년 3월 13일, p. C11). 그 회사가 명확히 한 것은 사내 연애는 안 되며, 그런 관계는 그 문제에 관한 회사 정책의 위반을 드러내고자 하는 내부 고발자의 눈에 띌 수 있다는 것이었다.

2005년 말, 세계에서 가장 큰 소매점인 월마트는 단순히 동료들 사이의 성관계를 금지하는 사규를 도입하는 것으로는 미국뿐 아니라 어떤 나라에서든 쉽지 않다는 것을 발견했다. 사실, 이 회사가 트집 잡을 수 있는 여러 가지 행동을 금지하기 위해 작성한 28쪽짜리 '윤리 매뉴얼'은 독일 월마트 직원들에 의해 공개적으로 거부되었다. (직장회의의 자문을 필요로 하는) 독일 노동법의 침해는 제외하더라도, 그 매뉴얼의 해야 할 것과 하지 말아야 할 것들은 *Workers' Independent News*의 2005년 3월 18일자에 따르면 지나치게 인위적인 것으로 보였다.

사내 연애에 관해 수용 가능한 정책이 무엇인가는 여러 요인들에 따라 달라지는 것이지, 적어도 직원들이 어떻게 지각하며 무엇이 공정한가에 대한 기대에 따르는 것이 아니다(Foley & Powell, 1999). 미국 인적자원 관리 학회의 보고(Fisher & Welsh, 1994이 보고함)에 따르면, 미국에서 사내 연애를 다루는 공식적 정책을 가진 조직은 적다. 미국에서 이 문제에 관한 법은 주마다 다르다(Foley & Powell, 1999).

직장은 사랑과 관계 욕구의 표현과 충족에 아주 좋은 장소다(3장을 기억하라). 많은 (아마도 대부분의) 사람은 그곳에서 우정을 발견하고, 사회적 상호작용 및 직장에서의 연애나 성적 접촉 때문에 직장에 가는 것을 즐기기도 한다. 우리가 일하는 곳은 우리들 대부분이 애정 상대, 성적 파트너 및 배우자를 접하는 장소다.

'직장 내 사랑과 성'은 타블로이드와 일간지의 인기 있는 주제이기는 하지만, 1980년대와 1990년대에 이에 관한 사회과학 연구는 거의 없으며, 최근에는 과학적 흥미도 줄어들고 있는 것 같다. 25년 전에 만들어진 기본적인 규칙은 오늘날에도 여전히 관련되는 것으로 보인다. 더구나, 의심의 여지없이 주제의 본질 자체로 인해 연구하기 어렵다. 그럼에도 불구하고, 1980년대 중반 이후 더 많은 과학적 연구가 이루어졌다.

직장 내 사랑과 성에 대한 철저한 논의는 여기서의 목적을 넘어선다. 그럼에도 불구하고, 사랑과 성은 직접적으로는 당사자뿐 아니라 조직 내의 주변 사람들에게도 영향을 미칠 수 있는 인간의 동기이기 때문에 관련 내용을 요약할 필요가 있다.

사내 연애는 "같은 조직에서 일하는 두 사람 사이에서 발생하며 서로에게 지속적으로 성적 또는 낭만적 흥미를 경험하게 하는 관계"(Brown & Allgeier, 1996)다. 최소한 한 가지 정의(Pierce, Byrne, & Aguinis, 1996)는 이성 관계로 초점을 제한하며, 여기에 제시하지 않는다. 그러나 이런 사내 연애 관계는 단순한 사랑 이상에 의해 촉발될 수 있다. 이 문제에 관한 Quinn(1977)의 초기 연구는 사내 연애가 사랑욕구, 자아 충족 및 직무상의 이점이라는 세 가지 동기를 충족시킬 수 있다는 결론을 내렸다. 사랑이나 성에 대한 욕구는 언제 어디서 일할 것인가 등에 대한 주요 결정 요인일 수도 있다. 지금껏 금기시된 주제에 관해 우리는 무엇을 알고 있나?

이 주제에 관해 가장 적극적인 연구자 중 한 사람이었던 Mainiero(1989)에 따르면, 직장에서 발생하는 대인 매력, 특히 성적 관계에 관련된 많은 요인들이 있다. 첫째는 물리적 근접성이다(Pierce et al., 1996). 오랜 기간 동안 가까운 거리에서 일하는 사람들은 서로를 매력적으로 여길 수 있다. Gutek, Cohen과 Konrad(1990)의 연구는 이 가설을 지지한다. 둘째, Mainiero(1989)는 열정적인 과제 완수도 매력을 촉진할 수 있다고 주장했다. 그녀는 이 가설을 서술하기 위해 할리우드 영화 〈브로드캐스트 뉴스(Broadcast News)〉의 등장인물들을 인용했다. 위험 수준이 높은 일을 함께하는 것은 협동적이고 호혜적인 호의, 도움 및 존경을 증진시킬 수 있다.

셋째, 당사자들 사이의 유사성도 기여하는 속성이다. 유유상종이라는 말이 있다(6장을 보라; Byrne, 1971). 흥미와 취미의 유사성은 특히 중요한데, 그것들은 최소한 장래의 커플들에게 대화, 사회 비교 및 활동 공유의 바탕을 제공하기 때문이다(Pierce et al., 1996). 함께 출장을 가는 것은 그 자체가 즐거운 것이기 때문에 매력성에 도움을 주며, 근접성을 요구하며, 당연하게도 그 사람들은 최소한 한 가지 공통점, 즉 공통의 목적지를 가지고 있다는 것은 확실하다. 따라서 함께 여행하는 것은 Mainiero(1989)가 확인한 여러 요인들을 결합시킨다.

마찬가지로, 남녀가 섞인 사무실 피정(office retreat)[11]에 참석했던 사람들은 직원들이 모임을 하는 동안과 모임이 끝난 후에 어떻게 '만나는지' 보았다. 여행은 집단 전체가 사무실을 떠나 어떤 장소에 도착하는 데 필수적이다. 일단 그 장소에 도착하면, 격식은 잠시 접어 두고 사람들은 보통 때는 함께 일하지 않은 다른 사람들과 함께 한 번에 한 시간 정도의 공동 문제해결 회기를 갖는 것이 일반적이다. 유쾌한 느낌의 파티 분위기를 만들기 위해 게임, 놀이, 좋은 음식, 술이 제공된다. 여행이나 사무실 피정은 대인관계 및 육체적 관계를 발전시키기에 좋은 기회를 준다. 본 저자는 여러 날에 걸친 피정 참여자들이 행사가 진행됨에 따라 어떻게 점점 더 '지치는지' 보았다. 집으로 돌아가고 싶은 마음, 각 회기 동안의 강도 높은 노력, 여행과 새 인물과의 만남에 대한 부담은 피로의 일부를 설명하지만, 그것이 전부는 아니다.

직장 내 사랑과 성적 관계에 대한 대부분의 초기 연구는 이런 주제들을 금기시했다. 동료와 사적으로 친해지는 것은 나쁜 것으로 여겨졌다(Mead, 1980를 참고하라). 이런 입장에 대한 이유는 그런 관계에 있는 개인들에게 연루될 수 있는 많은 위험 때문일 수 있다. Mead(1980)의 입장에 대한 한 가지 해석에 따르면, 이런 위험들은 그런 관계가 멘토와 지도 대상자(protégé), 선배와 후배뿐 아니라 동기 관계이든 아니든 직장 내 모든 친밀한 관계에 존재할 수 있다(Colwill & Lips, 1988). 어떤 관계는 정당한 업무 관계를 불안정하게 만들 수 있으며, 동료들로부터 개인을 고립시킬 수도 있다(Collins, 1983; Kennedy, 1992; Quinn, 1977를 참고하라). 어떤 관계와 연관된 험담은 업무 흐름을 방해하고 사람들의 주의를 흐트러뜨릴 수 있다. 진짜든 가상이든 온정주의는 공정성 규범을 뒤집을 수 있다(Mainiero, 1986).

미국의 인사 담당자들을 대상으로 수행된 한 조사는 기업이 직장 내 사랑과 성에 대해 무엇을 할 수 있거나 해야만 하는지에 대한 관심은 많지만 이에 대해 합의된 바는 드물다는 것을 발견했다(Ford & McLaughlin, 1987). 응답자들의 거의 40%는 고용주들은 직원들의 연애 문제에 흥미를 두지 않을 것이라 믿지만, 70%는 다음에 동의하

11) 이것은 팀 빌딩의 일종으로서, 같은 업무 공간 내에 있는 팀 구성원들이 서로에 대한 관계와 팀 생산성을 향상시키는 사회적 환경에서 상호작용할 기회를 제공한다-역주.

였다. "함께 일하는 남녀 사이의 이끌림을 조직이 막을 수 있는 방법은 없다." (Ford & McLaughlin, 1987) 같은 종류의 또 다른 조사(Fisher, 1984)는 같은 흐름의 결과를 보고하였다. (*Fortune*이 주관한) 1994년 조사에 참여한 임원들의 거의 3/4은 직원들 사이의 연애는 회사가 상관할 바가 아니라고 믿고 있었지만, 그들도 그런 관계가 회사를 상대로 하는 성희롱 소송의 위험을 증가시킬 수 있다는 점을 인정했다. Foley와 Powell(1999)은 사안별로 연애 문제를 다루는 정책이 그것을 조직 전체적으로 금지하는 것보다 좀 더 '현실적'일 수 있다는 점을 제안했다. 그들의 주장에 따르면, 경영진의 개입에 대한 동료들의 반응의 주요 결정 요인은 그 개입이 직원들의 분배 공정성 지각과 일관되는냐에 달려 있다는 것이다. 그래서 동료들이 지각하기에 권력착취 관점에서 어떤 관계가 파괴적이거나 권력 남용적이라 여겨진다면, 더 엄중한 처리가 선호된다(Foley & Powell, 1999).

직장 내 연애 관계의 잠재적 이점

지금까지 우리가 살펴본 바에 의하면, 사내 연애에 좋은 것은 없는 것 같다. 사실, 사내 연애는 유익한 효과를 가져올 수 있다는 주장이 있다(Dullard & Miller, 1988을 참고하라). 예를 들어, 미국의 1,044명의 임원과 관리자들을 대상으로 한 연구는 직장에서 깊은 감정적 유대, 상호 흥미와 존경, 철저히 자발적으로 타인에게 시간과 에너지를 헌신하고자 하는 의도와 같이 **성적이지 않은** 세 가지 대인 매력을 검토했다(Lobel, Quinn, St. Clair, & Warfield, 1994). 연구자들이 발견한 것은 친밀한 관계의 이유가 이 셋 중 적어도 하나에 해당하는 사람들은 직장에서 서로를 더 지지하며, 경력 정보를 공유하며, 과제 목표를 향해 함께 일하며, 업무와 관련해서 피드백을 제공한다. 그들은 또한 그런 관계에 있는 사람들은 자신들의 일, 회사 및 배우자에 더 헌신한다는 것을 발견했다. 연구에서 여성들은 남성들보다 직무 관계에서 더 높은 수준의 친밀감을 보이고, 이런 관계들은 직무와 관련된 사회적 지지를 더 많이 한다는 것을 보고했다.

이 연구(Lobel et al., 1994)는 성적이지 않은 관계만 살펴봤다는 것을 다시 언급할 필요가 있다. 그럼에도 불구하고, 연구 결과는 직장에서 친밀감으로부터 나쁜 결과만을 보고한 이전의 연구들보다 전반적으로 더 균형적이며 덜 부정적이다. 부정적인 측면에는 보통 단점이 있다. 사내 연애는 직무와 관련되지 않은 활동, 일하지 않는 시간, 험담, 이해 갈등, 파트너 중 어느 한쪽에만 특별 대우가 주어진다고 믿는 주변 사람들의 사기 저하를 가져올 수 있다.

미국의 한 대학원생의 연구에서는 사내 연애를 하는 사람들의 결혼 상태는 제삼자의 반응을 결정할 때 특히 중요하다는 것을 발견했다(Brown & Algeier, 1996). 이 연구가 드러낸 것에 따르면, 결혼이 남성의 직무수행에 부정적 영향을 미치지 않을 때(여성의 직무수행과 관련해서는 같은 결과가 발견되지 않았다), 파트너들이 직장에서 자신들의 관계를 과시하지 않고 '전문가답게' 행동할 때, 그 파트너들이 (상사-부하 관계가 아니라) 동일한 직급에 있다면 제삼자들은 사내 연애를 수용할 가능성이 높다. 이 연구에서 학생들이 사내 연애 당사자들의 동기가 자기 욕심을 채우거나 직무에서의 영향력 확대가 아니라 서로 사랑하는 것으로 지각한다면, 그들은 사내 연애에 더 수용적이었다(Quinn, 1977을 참고하라).

Foley와 Powell(1999)의 모형은 이러한 발견을 지지하고 확장했다. Foley와 Powell의 주장에 따르면, 참여자들의 성별에 더해서, 제삼자가 직장 내 관계에 의해 신경이 거슬리는가는 부분적으로 사랑하는 사람들의 외현적 동기, 관심이 있는 관계가 업무 환경에 방해를 하거나 갈등을 초래하는지 여부에 달려 있다는 것이다. 상사-부하 관계(이 장의 초반부에 언급된 항공사 임원의 경우에서처럼)는 제삼자의 관심을 가져온다. 확실히, 사람들이 직장에서 사랑에 빠질 때, 주변의 다른 사람들은 그 관계를 좀 더 의식하게 되고 그들에 대한 태도를 형성한다. 이런 태도가 긍정적인가 또는 부정적인가는 그 연인들의 결혼 여부와 조직 내 지위 및 그들의 애정 행위가 노골적인 정도에 달려 있다.

Mainiero(1989, 2003)와 Fisher와 Welsh(1994)는 사내 연애를 단연코 가장 긍정적으로 다루었다. 이 주제의 초기 연구자들이 잠재적인 위험과 비용 요인을 서술하는 데 관심을 둔 반면, Mainiero(1989)는 사내 연애의 잠재적인 이점을 확인했다. 어떤 연구자들은 자신의 연구에 바탕을 둔 반면, 어떤 연구자들은 타인의 연구를 근거로 추론했다. 사내 연애로부터 나올 수 있는 좋은 것들은 다음과 같다. 직장에서의 일반적인 사기 증진('사랑의 기운이 감돈다'), 관련된 특정 직원들 사이의 동기 증진과 태도 개선, 창의성과 혁신의 촉진, 팀워크와 커뮤니케이션과의 협동의 증진, 대인관계 촉진, 안정적인 직장 등이 그것이다.

여기서 마지막 항목이 특히 흥미롭다. 부부 또는 연인 관계의 사람들을 같은 직장에서 근무하도록 허용하는 것은 좋은 직원들의 손실을 줄일 수 있다. 왜? 그것은 커플

중 한 사람이 다른 조직의 고용 기회를 알아보거나 받아들일 기회를 줄일 수 있기 때문이다. 흥미로운 것은 사람들을 묶어 주는 유대는 그들의 일이라는 것이다. 일하고자 하는 어떠한 동기도 사랑과 성 욕구 및 직장이 제공하는 부수적 목표들을 포함해야 한다.

Fisher와 Welsh(1994)가 면접한 많은 관리자들은 사랑이 직장에 가져올 수 있는 긍정적인 효과에 대해 같은 주장을 하지만, *Fortune* 연구에서 조사된 대부분의 임원들은 사내 연애가 온정주의의 가능성을 증가시킬 수 있으며, '업무에 충실하지 않은' 모습을 유발할 수 있다고 믿었다. Fisher는 이렇게 결론을 내렸다.

> 평생 고용 보장이 역사 속으로 사라짐에 따라, 직원들 특히 가장 어리고 총명한 직원들은 회사가 자신의 사생활에 이래라 저래라 하는 것을 달가워하지 않는다. 이혼율이 높기는 하지만, 요즘 결혼 기간은 일자리를 가진 기간보다 긴 것 같다… 에로스와 여전히 씨름하는 고용주들의 1.5%는 험담, 백일몽 또는 와인을 곁들인 점심에 대한 규제를 강제할 수 있다기보다 더 이상 성을 근절시킬 수 없다는 것을 발견할 것이다.
>
> (Fisher & Welsh, 1994, p. 144)

요약하자면, 초기 저작은 사내 연애를 본질적으로 해롭고 지장을 초래하는 현상으로 보며 거부한 반면, 최근의 연구는 직장에서의 친밀한 연인 관계로부터 어떤 이점이 증가될 수 있음을 보고하고 있다. 그러나 여전히 과거로부터 오는 진실과 경고는 염두에 둘 가치가 있다. 그럼에도 불구하고, 인간은 본질적으로 성적이며, 그렇게 할 기회만 되면 어디에서든 사랑과 성을 추구하며, 사회적, 종교적 및 행정적 제약에 민감하다. 결과적으로, 그런 활동을 막거나 처벌하기 위한 교조적 규칙과 규제는 저항, 현상 전복, 전면적인 실패의 운명을 가져올 수 있다. 사랑과 성은 표현을 필요로 하는 강력한 욕구들이다. (앞에서 언급한 연애 경험의 여러 가지 생리적 및 심리적 '증상'을 생각해 보라.)

두 번째 요점은 첫 번째 것으로부터 나온다. 어떤 관계들이 직무수행에 결정적으로 해롭지 않다면 경영진은 그것을 내버려두어야 한다. 관리자들의 직무는 타인의 노력을 통해 제품과 서비스를 생산하는 것이다. 어떤 관리자든 인간의 존엄성과 어떤 형태로든 자신의 인본주의를 표현하고자 하는 타인의 자유(여기서는 연애를 통해서)를 해칠 권리를 가지고 있지 않다(가지고 있어서도 안 된다). 만일 어떤 커플의 연애가 조직 효과성을 저해하는 것으로 보일 수 있다면, 조치가 취해질 수 있으며 취해져야 한다. 이 경우 법과 일반적 관행이 채택되어야 한다. 그것은 모든 작업 장면에 적용되어야 한다.

마지막으로, 연인들 사이에 권력 불균형이 있을 때 직장 내 친밀한 관계는 직접적인 당사자들뿐 아니라 조직에 대해서도 위험하며 역기능적일 수 있다. 그 이유는? 상사–부하 관계는 연애에서 희롱으로 바뀔 수 있으며, 그것은 성이 아니라 권력과 지위의 문제이며(Berdahl, 2007; Pierce, Byrne, & Aguinis, 1996), 당사자들이 결혼하거나 함께 서로의 삶에 헌신하지 않는다면, 누군가(보통 부하 직원이며, 대부분 여성이다)는 개인적 및 직업적으로 고통스러운 결과를 경험한다.

요약과 미리 보기

이 장에서 우리는 인간 본성의 아주 중요한 두 가지 요소를 구성하고, 조직 구성원들의 행동을 의미 있게 설명하는 두 가지 근원적인 욕구를 검토해 보았다. 인간의 조건에 대한 수없이 많은 사상가들과 관찰자들은 권력욕구와 서로를 사랑하고자 하는 경향성에 대해서 끝없는 통찰과 관찰을 해 왔다. 여기서 우리의 목적은 인간의 직무동기를 이해하는 데 특히 관련성이 있다고 보이는 권력과 사랑(그리고 성)에 대한 몇 가지 측면을 밝히는 것이었다. 다음 장에서 우리는 권력과 사랑뿐 아니라 인간의 중요한 군집적 본성인 친애욕구, 자기존중욕구 및 사회과학자들이 **사회적 동기**라 부르는 것에 초점을 둘 것이다.

6장

직무동기 요인으로서 사회적 동기와 자기존중감

어떤 이도 혼자 존재하지는 않는다.

_ John Donne

상담전문 칼럼니스트이자 가족치료 전문가인 Rhona Raskin은 빅토리아 주 *Times Colonist*라는 신문의 2007년 9월 11일자에 10대 소녀에게 받은 다음과 같은 편지를 실었다.

> 저는 열세 살 소녀로 유치원에 들어간 이후 학교에서 따돌림을 받았으며, 어떤 친구들도 제 옆에 앉으려 하지 않았습니다. 올해, 저는 새로운 친구를 사귀고 싶어서(한 친구는 저를 차 버렸습니다) 점심시간에 다른 애들과 함께 앉았지만, 그들은 서로 무엇인가 속닥거리다가 다른 곳으로 가 버렸습니다. 그들은 저를 째려보았고, 분명히 제가 그들 주변에 있는 것을 원치 않았습니다. 저는 매일 밤 울다가 잠들며 모든 이들이 저를 이상하게 생각할까 봐 다른 사람들에게 말하는 것이 두렵습니다. 저는 항상 슬픈 표정을 하고 있지만, 친구가 아무도 없다는 것에 행복할 수는 없을 것입니다. 저는 항상 침울해 있고 심지어 자살 충동까지 있었지만 지금까지 결코 자살을 시도한 적은 없었습니다.

Maslow(1954)와 같은 심리학자뿐만 아니라 사회과학자, 시인, 소설가, 역사가 등은 아주 오래전부터 인간의 건강과 생존을 위해 대인관계의 중요성에 대해 논의해 왔다(Battle, 1990; Branden, 1969를 보라). 사람들은 선천적으로 남과 어울리기 좋아하며 서로 교류해야만 건강을 유지할 수 있다(Baumeister & Leary, 1995; McAdams, 1988). Buss(1999)와 같은 진화심리학자들은 우리 종이 진화와 생존에서 거둔 수많은 성공은 고도로 발달된 상호 교류와 협력의 능력 때문이라고 주장하였다. 사실, 현재 사회적 동기 분야는 타인과 상호작용하고 협력하는 호모 사피엔스의 능력을 인간이라는 종의 특성으로 간주한다(Forgas, Williams, & Laham, 2005를 보라). 욕구 충족은 사회적 상호작용을 하는 이유들 중 단지 하나에 불과하지만, 분명히 중요한 것이며, 이 책에서 채택한 욕구의 정의(1장을 보라)를 제시한 Murray(1938)와 같은 이론가들은 사회적 상호작용이 11개나 되는 상이한 욕구를 충족하는 데 기여한다고 믿는다. 이 욕구들은 굴종(abasement), 친애(affiliation), 공격, 지배(dominance), 현시(exhibition), 양육(nurturance), 질서(order), 놀이(play), 성(sex), 구호(succorance) 및 이해로서 우리의 진화와 생존에 기여한다(Buss, 1999). 어떤 사람들은 생자필멸에 대한 인식을 거스르고자 하는 열망이 우리 종의 높은 자기존중감 유지, 강한 문화적 유대감 생성, 타인 수용과 같은 다양한 방어적인 사회적 행동을 만든 원인이라고 주장한다(Forgas et al., 2005).

정의상, 조직은 두 명 이상으로 구성되며, 그들 사이의 상호작용은 즉각적이고 선천적이며, 보통의 경우 필수적이다. 심지어 1인 기업의 경우에도 그 사람은 사업에서 살아남기 위해 반드시 다른 사람과 상호작용해야 한다. 이 점은 분명한 것이기 때문에 장황하게 논할 필요가 없을 것이다. 중요한 점은 모든 규모의 조직들이 정도의 차이는 있어도 양자 간 또는 다자간 상호작용을 제공할 수 있다는 것이다. 더욱이 우리가 이 장에서 살펴볼 것처럼, 대부분의 조직들은 조직의 구성원들이 타인과, 심지어 모르거나 잘 알지 못하는 사람들과도 친해지도록 강요하거나 동기화하는 분명한 특성을 가지고 있다(Forgas, Williams, & Wheeler, 2001; Goffman, 1972를 참고하라).

끝으로, 조직은 자주 사람들에게 우정이나 친밀함을 통해 서로에 대해 알 수 있는 수많은 기회를 제공한다. 직장 내 이러한 상호작용의 역동성은 욕구이론의 관점에서 다루고 이해할 수 있다.

우리는 친애욕구에 대한 논의부터 시작해서 친애동기가 직무동기와 조직행동의 이해에 어떻게 관련되는지 논의한다. 그리고 우리는 사람들이 다른 사람의 수행동기(심지어 시도하고자 하지 않는 동기까지 포함한다)에 영향을 미치는 사회적 동기에 대한 문헌을 살펴볼 것이다. 또한 우리는 의도하지 않거나 의식하지 않아도 단지 타인의 존재만으로도 한 사람의 동기에 어떤 영향을 미치는지 검토할 것이다. 마지막으로, 우리는 또 다른 사회적 욕구인 존중감욕구에 대해 연구하고, 존중감욕구가 직무동기에 작용하는 역할을 검토할 것이다.

친애동기

어떤 지역의 여성 잡지에서 본 편지를 살펴보고, 앞에서 인용했던 열세 살 소녀가 표현했던 고충, 두려움, 슬픔과 유사한 점을 생각해 보자.

> 동료들은 나를 싫어한다. 3년 전 내가 회사에 들어온 이후, 나는 한 패거리의 여자들로부터 버림받은 천민 취급을 받았다. 회의에서, 거의 아무도 나에게 말을 걸지 않았으며, 내가 말할 때 다른 이들은 귀담아 듣지도 않았다. 내가 사람들에게 농담을 건네면 그들은 눈을 굴리지만, 다른 누군가가 똑같은 농담을 이야기하면 아주 재미있게 여겼다. 동료들은 모두 함께 점심을 먹으러 나가고, 서로의 생일을 축하하기 위해 케이크와 카드를 샀지만 나에 대해서는 잊고 있었다. 휴식시간에 그들 중 몇 명을 위해 일을 도와주었지만 이런 나의 호의에 대한 보답은 아직까지 없었다. 가장 무례한 것은 내가 다른 부서에서 온 직원과 대화하는 중에도 패거리의 우두머리는 어김없이 대화에 끼어들어 날 무시하고, 마치 내가 없는 것처럼 다른 사람과 이야기하는 것이다. 나는 우리가 친해지지 않을 것이라는 걸 깨달았다. 그들의 못된 심보는 나의 사기에 영향을 끼쳤다. 내가 쾌활하고 뛰어나기 때문에 무례한 직원들이 질투한다고 말해 주는 상사와는 좋은 관계를 맺고 있다. 처음부터 그는 항상 나에게 저들을 무시하고 일에 집중하라라고 조언했다. 그러나 이런 빡빡한 곳에서 일할 경우, 내가 무엇을 할 수 있을까?
>
> (*Cosmopolitan*, 1995년 9월, p. 48)

여기에 제시된 독약처럼 쓰라린 두 개의 진술은 다른 사람들에게 받아들여지거나 거부되는 것이 모든 나이에 걸쳐 대부분의 사람들에 얼마나 중요한가를 강조하고 있다.

미국의 공립학교에서 발생한 열다섯 발의 총기 난사의 원인에 대한 최근 연구는 회피(shunning)와 배척(ostracism) 같은 갑작스럽거나 만성적인 거부, 따돌리기, 감정적 거부(romantic rejection)가 앞의 두 사례에서 중요한 원인으로 작용한다는 것을 밝혔다. 이 연구는 이런 거부 경험이 가해자가 폭력적인 행동을 하도록 동기화했다는 결론을 내렸다. 왜? 기분을 상하게 만든 사람들을 응징하거나 행동에 옮김으로써 적어도 어느 정도의 사회적 존중을 얻고자 하는 시도가 왜 발생하는가(Leary, Kowalski, Smith, & Phillips, 2003)?

우리가 8장에서 살펴볼 것처럼, 사회적 거부에 대한 결과로 상당한 대인 폭력이 발생하며, 직장에서도 그런 상황이 빈번히 발생한다(Murphy, 2004). 거부되는 것은 상처를 주며, 그러한 고통은 종종 행동으로 동기화될 수 있다. *Maclean's* 잡지의 2006년 9월 7일자 기사에 따르면(Whalen-Miller, 2006), 래브라도(Labrador) 지역의 많은 학교들은 외면당한 아이들이 생일 파티에 초대받지 못한 것으로 인해 해로운 영향을 받을 수 있기 때문에, 초등학교 아이들이 학교 부지 내에서 여는 생일 파티에 초대하는 것을 금지하고 있다. 친애동기 분야의 어떤 선도적인 학자는 "사회적 접촉 동기는 인간 행동에 가장 중요한 영향을 미치는 것으로 해석할 수 있다."(Hill, 1987a, p. 1008)고 언급하였다. 사실, 최근 연구에서 배척은 많은 동기들에 영향을 미칠 수 있는 것으로 밝혀졌는데, 이 동기들에는 통제욕구(특히, 5장에서 다루는 자기효능감욕구와 권력욕구를 포함해서), 자기존중감, 광범위한 사회적 맥락에서 자신의 삶이 의미 있다는 신념을 유지하는 것에 관한 동기 등이 포함된다(Warburton & Williams, 2005). 일련의 6개의 실험은 사람들을 그들과 관련된 사회 집단에서 배제하는 것이 그들의 행동을 적절히 조절하는 것을 방해한다는 가설을 지지하였다(Baumeister, De Wall, Ciarocco, & Twenge, 2005; 13장 참조).

배척과 사회적 고립은 레즈비언, 게이, 양성애자 같은 직원들(미국 직장 내 4~17%가 해당됨)에게 특히 문제가 된다. 그들의 성적 취향이 알려진 후 동료들이 적극적으로 이들을 피하든, 아니면 이들이 개인적 정체성을 유지하기 위해 동료들과 사회적 거리를 유지하든, 게이, 레즈비언, 양성애자들로부터 사회적 상호작용, 사회적 관계망 형성, 멘토링, 근본적인 인간 욕구인 소속의 즐거움은 박탈된다(Ragins, 2004).

게다가 우리가 이전에 본 두 편지들은 감정이 욕구 상태에 대한 주요 발현이며(Murray, 1938; 이 책의 3장, 4장을 참고하라), 강력하며, 본능적이며, 실재하는 것일 수 있다는 것을 생생하게 일깨워 준다. 편지에 나온 10대 소녀와 중년 여성은 모두 외로움, 비통함, 불안, 부러움 그리고 약간의 분노가 혼합되어 있음을 드러냈다. 우리 대부분은 생활에서 가끔씩 이 두 통의 편지에 표현된 고립, 외로움, 비통함을 경험할 것이다. 고립된 시기에 한 사람의 삶은 가장 불행하고 건강하지 못한 양상을 보일 것이다.

친애욕구란 무엇인가?

Henry Murray(1938)는 처음으로 친애욕구를 "관련된 타인(자신과 비슷하거나 자신을 좋아하는 사람)과 가까이 있으려 하고, 즐겁게 협동하고 보답하는 것, 고착된(cathected)[1] 대상을 기쁘게 하여 그 대상의 애정을 얻는 것, 친구에게 충실함을 보내고 유지하는 것" (Hall & Lindzey, 1957, p. 176)으로 정의하였다. Murray의 정의는 친애에 대해 가장 흔하게 통용되는 일상적 의미와 잘 맞는다.

Hill(1987a)은 우리가 친애동기의 네 가지 하위 유형을 구분하면서 그것들이 공유하는 공통의 특징을 충분히 인식할 수 있다면 친애동기를 더 잘 이해할 수 있을 것이라고 제안하였다. Hill은 친애와 연관된 네 가지 사회적 보상—"① 대인 간 친밀감과 교감에 관련된 긍정적 정서나 자극, ② 관심이나 칭찬, ③ 사회적 접촉을 통한 부정적 정서[특히, 두려움과 스트레스]의 감소, ④ 사회적 비교" (p. 1008)—중 적어도 하나 이상이 사회적 접촉 열망을 가져온다고 제안하였다. 사회적 접촉에 대한 열망은 우리가 다음과 같은 친애동기의 하위 유형을 구분할 수 있게 한다. 첫 번째 차원은 우리가 보통 언급하는 사랑의 의미와 가깝다(Buss, 1983). 이것은 5장에서 자세히 다루어졌기 때문에 여기서 논의하지 않지만, 다른 세 가지 사회적 보상의 범주는 직무동기 연구에 가치와 의미를 제공한다.

1) 고착(cathexis)은 정신분석 이론의 용어로서 "어떤 특별한 관념, 기억, 또는 일련의 사고나 행동에 대한 정신적 에너지의 축적" (Drever, 1952, p. 35)을 말한다.

관심과 칭찬

Hill(1987a)이 논의했던 두 번째 사회적 보상은 사람들이 다른 사람에게 줄 수 있는 관심과 칭찬이다. 조직은 사람들이 항상 다른 이를 평가하고, 다양한 방식으로 비평, 인정과 반감, 피드백을 제공하는 곳이다(Ashford, 1993). 많은 사람들은 과업을 숙달하고 목표를 달성함으로써 (말하자면) 그들 스스로에게 제공하는 피드백을 통해 발전하기는 하지만(Ashford, 1989; Hanser & Muchinsky, 1978; 이 책의 7장을 참고하라), 우리가 동료와 상사처럼 타인으로부터 받는 관심과 칭찬 또한 친애동기가 각성되고 만족되는 기제를 이해하는 데 매우 중요하다. 물론, 업무 현장에서 사람들이 주고받는 피드백은 다른 이의 직무 행동이나 수행에 영향을 주기 위한 의도가 있다. 하지만 피드백의 주요 목적이 친애욕구의 충족은 아니다. 그럼에도, 이런 피드백은 사람들의 친애욕구 중 일부를 충족시키는 다른 기능들을 제공한다. Ashford(1993)는 개인의 나이/경력에 상관없이, 회사와 상사로부터 받는 피드백은 동료평가와 자기평가보다 중요한 것으로 여겨진다는 연구를 발표하였다.

긍정적 피드백은 조직에서 조작적 조건형성, 조직행동 수정 프로그램, 자기조절 프로그램에서 활용되는 수단 중 핵심이다(14장을 보라). 이와 유사하게, 칭찬과 관심은 현재의 많은 직원 임파워먼트 프로그램의 주요 구성 요소다(Eylon, 1994; Eylon & Pinder, 1995를 보라). 비록 직무 장면은 한 사람에게 일의 가치와 사람으로서의 가치에 대해 비판을 주고받는 곳이지만, 또한 사람들이 친애욕구를 충족시키는 사회적 보상인 칭찬과 관심을 주기적으로 받는 장소임이 틀림없다(Hill, 1987a).

두려움과 스트레스의 감소

Hill(1987a)은 친애욕구를 자극하고 충족시킬 수 있는 세 번째 사회적 보상은 다른 이들의 지지를 받음으로써 자신들이 겪는 어려움이 감소되는 것이라고 주장하였다. 일반적으로 선행 연구는 이런 형태의 상호작용을 사회적 지지라 부르고 있다. 사회적 지지는 "수혜자의 안녕을 향상시키고자 최소한 제공자와 수혜자 두 사람이 지각하는 그들 간의 자원의 교환"(Shumaker & Brownell, 1984, p. 13)으로 정의된다.

Cohen과 Wills(1985)는 한 사람이 다른 사람에게 줄 수 있는 지지의 형태에는 네 가지 기본적인 유형—감정적, 정보적, 동료애 및 도구적—의 자원이 있다고 제안했다. 감정적 지지(존중감 지지라고도 언급된다)는 사람들에게 존중되고 수용된다는 정보를 제공하는 것이다. 이런 형태의 지지는 타인에게 어떤 어려움이나 개인적 결점을 포함해서 그들의 존재 자체가 가치 있다는 것을 알려 줌으로써 자기존중감을 높인다. 정보적 지지는 어떤 사람이 문제를 정의하고, 이해하며, 대처하기 위한 도움을 주는 것이다. 사회적 동료애(companionship)는 "여가와 레크리에이션 활동을 하면서 타인과 함께 시간을 보내는 것"(Cohen & Wills, 1985, p. 313)이며, 이는 접촉과 친애를 제공하고, 사람들의 문제 사항과 어려움을 분산시킴으로서 작동하는 것 같다. 네 번째인 도구적 지지는 재정적 지원, 물적 자원, 필요한 서비스의 제공으로 구성된다. 도구적 지지는 직접적으로는 다른 사람의 문제에 대해 고심하고 이를 제거해 주는 방식으로 작동하거나, 곤경에 처한 사람에게 여분의 시간을 할애해 주고 그들의 수행에 대한 압박을 줄이는 방식으로 작동할 수 있다.

Wiesenfeld, Raghuram과 Garud(2001)의 연구는 사회적 상호작용이 낮은 직무 맥락이 가진 역기능 중 일부를 줄여 주는 사회적 지지가 가지는 가치를 증명했다. 이 연구는 가상직무(virtual work)를 하는, 즉 ['재택 근무(telecommuting)', 이동 근무, 또는 조직의 중심 지역과 동료로부터 떨어져서 근무하는 것처럼] 주요 근무지에서 떨어져 일하는 직원들에게 초점을 두고 있다. 이러한 직무 상황은 흥미로운 문제인데, 가상직무가 그들에게 해결해야 할 문제를 부과하기도 하고, 근로자들이 자신을 고용주와 동일시할 가능성에 부정적 영향을 줄 수 있기 때문이다. 그들은 '눈에서 멀어지기 때문에, 마음에서도 멀어지며' 집단 속에서 일할 때에나 가능한 사회적 상호작용 중 일부(또는 대부분 또는 전부)를 누릴 수 없다. Wiesenfeld 등(2001)에 따르면, 북아메리카 기업의 51%는 가상직무 프로그램을 운영하고 있어서 멀리 떨어진 사람들에 대한 관리가 문제시될 수 있으며, 특히 다른 이와 어울리는 것이 일을 하는 동기인 직원들에게 문제가 된다(Allen, Renn, & Griffeth, 2003도 보라).

Wiesenfeld 등(2001)은 멀리 떨어져 일하는 직원들 중에서 친애욕구가 높은 이들은 조직에 더 동일시할 것이라는 가설을 설정하였다(이 가설은 많은 이전 연구들에 기초하고 있다). 또한 그들은 지각된 사회적 지지 수준은 조직 동일시와 정적인 관련이 있다는 것을 발견하였다. 세 번째로, Wiesenfeld 등(2001)은 친애욕구와 사회적 지지 지각의 상호작용을 발견하였는데, 이를테면 사회적 지지 지각은 조직 동일시에 대해 가상직무가 갖는 해로운 영향을 줄일 수 있었다. 다시 말해서, 다음과 같다.

> 친애욕구가 상대적으로 높은 가상직무 근로자들(virtual workers) 중에서 직무에 근거한 사회적 지지가 낮을 경우에 조직 동일시는 상당히 높게 나타났다. 그러나 친애욕구가 낮은 가상직무 근로자들에게서는 직무 관련 지지에 대한 지각 수준과 조직 동일시 강도의 관계는 훨씬 더 강하고 정적이었다.
>
> (Wiesenfeld et al., 2001. p. 222)

많은 조직들이 사실상 '가상조직'이 되고 (재택근무와 같은) 원격근무가 더욱 널리 퍼짐에 따라 이런 형태의 근무가 원격근무자의 사회적 욕구 충족에 미치는 부정적인 영향은 그들의 그러한 욕구 충족을 더 힘들게 할 것이다. 게다가 이런 상황에서 직무를 조직화하고 관리하는 것은 관리자에게 더 많은 문젯거리를 안겨 줄 것이다. Allen 등(2003)은 재택근무에 대한 포괄적인 문헌 검토와 개념적 모형을 제공하였다.

사회적 지지가 사람들에게 이익을 주는 작동 기제에 대한 논쟁이 있었다. 첫 번째 입장은 사회적 지지가 스트레스의 효과만 완화시킨다는 입장으로 **완충가설**(buffering hypothesis)이라고 불린다. 두 번째 입장은 사람들이 스트레스를 받고 있든 아니든 사회적 지지는 그들 모두에게 유익한 효과가 있다는 관점이다. 이를 **주효과 가설**이라 부른다(Cohen & Wills, 1985). 이 문제에 대한 연구들을 전반적으로 검토한 결과, 상황에 따라 두 입장 모두 경험적으로 지지된다. 전근의 결과로 '새 직장에 적응하는 속도'를 연구하기 위해 캐나다 관리자들을 대상으로 한 종단연구에서, Pinder와 Schroeder(1987)는 전근자들에 대한 상사와 동료의 사회적 지지 수준이 결정적임을 발견하였다. 사실, 사회적 지지는 전근 이전보다 이후에 직무에서 엄청난 변화를 겪는 전근자들이 빨리 직무에 능숙해지도록 하는 데 가장 효과적이었다.

멘토링은 상위 직급의 직원들이 하위 직급의 직원들의 발전을 위해 사회적 지지와 경력과 관련된 지원 모두를 제공하도록 설계된 강력한 조직 과정이다(Wanberg, Welsh, & Hezlett, 2003을 보라). 멘토링 관계는 공식적으로는 조직 경험이 더 많은 이들의 관심과 배려를 받도록 신참 직원들을 배정하는 것일 수 있으며, 비공식적으로는 어떤 사람이 사실상 멘토링을 받았다고 인식할 수 있도록 충분히 의미 있는 방법으로 도와주는 것일 수도 있다. Kram(1985)의 연구는 조직 내 공식적 멘토링 관계를 기술하고 연구한 초창기 연구 중 하나로 멘토링은 멘토가 후원, 드러냄, 가시성, 역할 모델, 개인상담 등과 같은 10개의 다른 서비스 중 모두 혹은 대부분을 제공해야 한다고 하였다. Schroeder(1988)는 한 사람이 한 명으로부터 이런 모든 형태의 지원을 받아야 하는 것이 아니라 단지 많은 다른 사람들로부터 지원을 받을 필요가 있다는 것을 주장한다. 이렇게 보면 멘토링의 혜택을 누리기 위해서 한 사람의 멘토가 반드시 공식적으로 정해질 필요가 있는 것은 아니다. Schroeder의 연구는 이런 다양한 지원을 받은 직원들이, 멘토링 출처의 특성과 숫자와 관계없이, 승진 성공, 높은 수준의 기술 개발, 직무만족과 임금 인상 같은 다른 직무 관련 결과를 이끌어 낸다는 것을 증명하였다. Wanberg 등(2003)이 멘토링 외에 다른 요인들이 이런 결과들을 설명할 수 있다고 의문을 제기했지만, Dreher와 Ash(1990)는 멘토링을 받은 사람들이 받지 않는 사람들보다 높은 수준의 임금을 받는 경향이 있다고 결론을 내렸다. 마찬가지로, 아직도 증거는 부족하고 혼재되어 나타나지만, 멘토들도 멘토링 관계에 의해 혜택을 본다는 초기 증거가 있다(Wanberg et al., 2003).

Hill(1987a)은 다른 종류의 지원은 사람들의 친애욕구 강도에 따라 사람들의 안녕에 상이한 영향을 미칠 수 있다는 것을 증명하였다. 그는 이미 언급했던 네 가지 지원—긍정적 영향, 관심과 칭찬, 걱정과 두려움의 감소, 사회적 비교—을 두 가지 기본 형태, 즉 물질적인 것과 사회정서적인 것으로 구분하였다. 그는 물질적 지원은 친애욕구에 관계없이 연구에 포함된 모든 사람에게 혜택을 주었다는 것을 밝혔다. 그러나 친애욕구가 낮은 사람들에게는 사회정서적 지원이 특히 도움이 되었다.[2)]

사회적 비교와 친애

우리는 4장에서 공포와 불안과 같은 감정에 대해 논의하였다. 많은 사람들은 상당히 새로운 직무에 할당될 경우, 이런 감정들이 매우 강할 것이다. 대체로 사람들은 낯설고 불확실한 환경에 처할 때, 두려움은 없다고 하더라도 어느 정도의 불안감을 당연히 경험한다. 우리가 이런 감정들에 대처하는 방법들 중 하나는 다른 사람들에게서 사회적 지원을 찾는 것이다. 이것은 다른 어떤 생활 장면에서뿐 아니라 직상에서도 마찬가지다(Festinger, 1954; 이 책의 11장을 보라).

2) 사실, 이 연구는 사회정서적 지원은 친애욕구가 높은 사람들의 신체적 건강에 해로운 영향을 줄 수도 있다는 제안을 하였다.

사회적 친애와 불안의 경험이 연계되었다는 가설은 일련의 실험을 통해 Schacter와 Singer(1962)가 처음 제시하였다. 그들은 실험에 참가한 여학생들에게 약한 전기충격이나 강한 전기충격을 받을 것이라고 말해 주었다. 그 후 이 학생들에게 실험이 시작될 때까지 어떻게 기다릴지를 선택하도록 하였다. 선택은 방에서 혼자 대기하거나 다른 학생들이 있는 방에서 함께 대기하는 것이었다. 연구 결과, 높은 불안 상태로 유도된 사람들은 다른 사람과 같이 있기를 선호하였다. 특히, 같은 입장에 있는 사람들을 선호하였다(강한 전기충격을 받을 학생들은 강한 전기충격을 받을 학생들과 있기를 선호하였다는 뜻이다-역주)(Schacter & Singer, 1962). 이들의 연구 결과에 근거하여 사회심리학자들은 오랜 기간 동안 '동병상련'과 '어려운 사람들은 어려운 사람들을 좋아한다'는 결론을 내렸다. 사람들은 불안감과 두려움을 낮추려고 서로 제휴한다.[3] 남성 관상동맥우회술 환자에 대한 최근 연구는 계속해서 이 가설의 타당성을 밝혔다. 과거에 수술을 경험했던 친구와 함께 수술대기실에 배정된 환자들은 그렇지 않은 사람들에 비해 더 잘 견딜 수 있었다. 심장수술을 받았던 룸메이트를 가진 이들은 다른 수술을 받았던 사람들보다 보다 잘 지냈다. 마지막으로, 병실 룸메이트가 없는 환자들이 가장 늦게 회복되었다(Kulik, Mahler, & Moore, 2003).

Louis(1980a)는 새로운 직장생활을 시작하는 상황에서 '통찰(sense making)' 과정을 기술하였다. 한 사람이 '경력 이동(career transition)'을 경험할 때, 새로운 얼굴들, 새로운 역할, 새로운 (조직의) 정치 상황, 새로운 관리자와 동료들 및 새로운 과업들을 흔히 접하게 된다. 분명히, 다른 유형으로의 전환은 다소 새로운 경험을 동반할 것이다(Louis, 1980b를 보라). 그러나 입사, 퇴사, 조직 내부에서의 이동은 많은 스트레스를 주는 것이고, 현장에서 다른 사람들부터 사회적 지원과 이용 가능한 정보를 추구하게 할 것이다. 사실, Katz(1980)가 제안한 것은 경력 이동 시기에는 대인관계 욕구가 가장 중요하며, 과도기의 사람들로 하여금 불안감을 줄이고 주변과 자신에게 일어나는 것을 이해하기에 충분한 관계가 형성된 이후에야 비로소 존재욕구와 성장 관련 욕구가 나타나게 될 것이라는 점이다(Festinger, 1954; Pinder & Walter, 1984; Schacter &

3) 가끔 연구자들은 결과에 대한 상이한 설명을 찾기 위해 Schacter와 Singer(1962)의 실험들을 재현한다. 그중 하나인 Rofe와 Lewin(1988)은 단순한 유용성이 결과를 설명할 수 있다는 것을 보여 주려 하였다. 즉, 높은 불안 조건하에서 친애는 불안보다는 상호 간의 실제적인 도움의 문제라는 것이다. 이들의 결과는 조금 혼재되어 있지만 이 현상에 성차가 있다는 것을 제안한다.

Singer, 1962를 보라).

요약하면, Hill(1987a)은 친애욕구를 불러일으키고 충족시킬 수 있으면서 편안함, 즐거움 및 유쾌함을 주며 친애행동과 관련된 적어도 네 가지 사회적 보상을 제시했다. 물론, 어떤 욕구에서든 욕구의 강도와 다양한 보상이 제공하는 즐거움의 강도는 다를 수 있다.

친애욕구의 강도 및 관련된 감정

우리는 4장에서 사람들은 감정을 경험하는 강도가 서로 다르고(Diener, Larsen, Levine, & Emmons, 1985), 이런 감정을 경험하는 경향성(강도의 개인차)은 모든 종류의 감정에 걸쳐 일반적임을 보았다. 즉, 한 사람이 일부 감정을 약하게 경험하는 경향이 있다면, 그는 아마도 다른 감정들도 약하게 경험할 것이다. 또 다른 연구는 친애동기가 사람들의 느낌의 강도와 관련되어 있다는 것을 밝혔다. 사실, 한 연구는 사람들의 감정 강도가 네 가지 다른 친애동기와 관련되어 있다는 것을 보여 주었다(Hill, 1987a). 다시 말해서, 감정을 강하게 경험하는 사람들은 보다 높은 수준의 긍정적 자극, 감정적 지원, 관심과 사회적 비교를 추구할 것이다(Blankenstein, Flett, Koledin, & Bortolotto, 1989). 유사한 연구에서 Hill(1991)은 친애욕구가 높은 사람들은 친애욕구가 낮은 이들보다 사회적 지지를 더 많이 찾는다고 밝혔다. 흥미롭게도, 이들 연구 중 어느 것도 친애욕구와 관련된 성별 차이를 발견하지 못했다. 즉, 친애동기와 정서 강도의 관계도 친애동기와 사회적 지지 욕망의 관계가 여성보다 남성에게서 더 강하지 않았다(일반적인 고정관념은 이런 관계성이 있다고 보거나 반대로 나타날 것이라고 본다). 이것이 의미하는 것은 무엇일까? 선천적으로 감정을 강하게 느끼는 경향이 있는 사람들만이 그들이 원하는 최적 수준의 감정적 각성을 얻기 위해 소통할 수 있는 관계를 맺고자 하는 동기가 더 강할 것 같다는 것이다.

우리가 사람들의 동기 강도에 대해서 논의할 때, 특별히 '감정적인' 경향이 없는 사람들도 고려해야 하며, 또한 동기와 동기 강도가 인간 행동에 대해 오직 부분적으로만 원인이라는 것을 명심해야 한다. 예를 들어, 인도의 Shaikh와 Kanekar(1994)는, 특정한 친애동기 맥락에서 대인 유사성은 친애욕구보다 대인 매력을 더 강하게 예측한다는 것을 발견하였다. 즉, 지금까지 길게 논의한 것처럼 욕구는 업무 장면뿐 아니라 다른 장면에서도 동기화된 노력의 상당 부분을 설명한다. 그러나 욕구는 유일한 행동 자극이 아니며 오히려 인도 연구에서 나타난 대인 간 유사성 지각처럼 인간 행동을 설명할 수 있는 여러 요인들 중 하나일 뿐이라는 점을 염두에 두어야 한다(Shaikh & Kanekar, 1994).

친애동기와 경영 효과성

다음으로 우리는 직무 맥락에서 강한 친애동기를 가진 사람에 대한 가치에 대해 물어볼 수 있다. 친애욕구를 포함하여 경영진의 욕구에 관해 흥미로운 연구가 이루어졌으며, 이 연구의 여러 결과들은 일관성 있게 나타났으며 실용적으로도 중요하다. 미국 상위 기업들의 최고경영자들을 대상으로 한 연구에서 친애동기는 그들의 재무적 성공과는 별 관련성이 없었다는 것이 밝혀졌다(Chusmir & Azevedo, 1992). 이미 Chusmir(1985)는 친애욕구를 "다른 사람과의 긍정적 또는 애정적 관계들을 형성하거나 유지하거나 회복하는 것에 대한 관심"으로 정의하였기 때문에, 사실 경영진의 친애욕구 강도와 경영적 성공측정치(예를 들어, 판매량 증가, 수익, 자기 자본 수익률, 매출 이익률) 간의 관계는 부적일 것으로 예측되었다. 경영 성과와 경영진의 친애욕구의 관련성에서 유의미한 부적 관계가 나타나지 않았지만, 이미 예상했던 그대로 경영진의 권력과 성취 욕구 및 성공지표들의 패턴 간에는 정적 관계가 유의미하게 나타났다.

이런 종류의 결과들은 **리더십 동기 프로파일**, 즉 효과적인 리더십과 연관된 욕구 프로파일을 개발한 McClelland(1970, 1975; 이 책의 3장을 보라)와 그의 동료들의 연구와 일치하였다. 특히, 효과적인 리더는 강한 권력욕구를 가지고 있고, 개인적 목표보다는 조직의 목표를 달성하기 위해 권력을 사용하는 능력인 **활동 억제**(activity inhibition)라고 불리는 것을 가지고 있을 가능성이 크다. 그러나 리더십 동기 프로파일에 의하면, 리더십은 동시에 낮은 **친애욕구**를 가지는 것이 특징이다(McClelland & Boyatzis, 1982; McClelland & Burnham, 1976). 마지막으로, 강한 성취욕구는 기업의 성공과 성장에 대해 한 사람이 직접적으로 책임을 져야 하는 작은 개인사업 조직에서 성공과 관련되어 있다고 가정되지만, 많은 사람들이 협력하여 일하는 것에 의해 기업의 성쇠가 결정되는 대규모 조직에서는 같은 결과를 보이는 요인으로 기대되지는 않는다

(McClelland & Boyatzis, 1982, p. 738).

Chusmir와 Azevedo(1992)는 연구를 통해 경영진은 권력욕구로 인해 성장과 수익을 추구하도록 동기화될 수 있는 반면, 강한 성장욕구는 이들이 판매에서 즉각적 성장을 고려하도록 유도할 가능성이 있다는 것을 추론하였다. 그러나 강한 친애욕구를 갖는 것은 "타인을 기쁘게 하려는 노력이 의사결정을 어렵게 만들기 때문에 일반적으로 최상급 관리자에게 바람직한 동기는 아니다." (Chusmir & Azevedo, 1992)

House와 그의 동료들은 39명의 미국 대통령들의 성격과 이들이 재임 중에 성취한 성공 정도의 관계를 다룬 상당히 흥미로운 연구에 대해 보고하였다(House, Spangler, & Woyke, 1991; Spangler & House, 1991을 보라). 이들은 대통령의 취임연설을 검토하였고 연설 중 권력, 친애 및 성취와 관련된 인용과 심상이 그들의 재임 중 성공을 예측할 수 있다는 것을 발견하였다. 그러나 리더십 동기 프로파일에 대한 이전 연구와 일치함에도 불구하고, 친애 경향성은 전반적으로 대통령의 효과성과 낮게 관련되었다(Spangler & House, 1991). 사람 본연의 친애성을 지닌 사람은 대통령으로 지명되고 선출되기는 하지만, 이들의 친애 경향성은 재직 중의 미국 대통령들의 효과성에 도움이 되지는 못한 것으로 생각된다(House et al., 1991).[4)]

요약하자면, 현재의 이론과 연구에서 친애욕구는 직원의 직무동기, 관리자들의 수행 및 조직행동에 관한 현재의 이론과 연구에서 흥미로운 역할을 하고 있다. 친애동기는 사람들이 다른 사람과 함께 살기 때문에 주요한 동기 중 하나이고, 직장은 친애에 대한 열망을 자극하고, 방향을 잡아 주고, 충족시키거나 좌절시킬 수 있는 요인들이 많은 하나의 장소일 수 있다는 것은 분명하다. 또한 강한 친애 경향성은 경영에서 권력과 권한을 가진 자리를 추구하는 사람에게는 좋은 도구가 되지 않을 것이다. 왜냐하면 사람들을 좋아하는 이들은 개인적 친밀함보다 조직에 관심을 두는 곳에서는 아주 좋은 성과를 거두지 못하고, 아마도 관리와 경영적 성과를 요구하는 리더십과 권력의 자리에서도 어려운 결정을 내릴 수 없을 것이다.

다음으로 우리는 직무 장면에서 나타나는 사람들의 관계에 대한 다른 흥미로운 특성으로 사람들이 의식적으로 그렇게 행동하도록 노력하지 않더라도 다른 사람의 직

4) 마찬가지로, 성취동기도 많은 대통령들의 성과지표와 부적으로 관련이 있었다. 이것은 아마도 대통령이 관리해야 하는 조직의 크기 때문인 것 같다.

무동기와 수행에 영향을 미칠 수 있는 방식들에 대해 살펴본다. 우리는 전체적으로 **사회적 동기**라고 언급되는 현상에 대해 알아볼 것이다.

사회적 동기와 직무행동

최근 몇 년 동안 사회과학에서 다소 모호한 말인 **사회적 동기**라는 용어가 사용되고 등장하고 있다. 어떤 사회 현상이 이 말에 포함되는지에 관해 사회과학자들은 제한적으로만 동의하기 때문에 우리는 그것을 '모호한' 것으로 서술한다(Brody, 1980; Geen, 1991; Pittman & Heller, 1987; Reykowski, 1982를 참고하라). 사실, 인간의 동기와 행동은 대부분 다른 사람들과 같이 있는 상황에서 발생하고 적어도 어느 정도는 타인의 존재에 의해 부분적으로 결정된다는 점을 고려하면, 어떤 연구자는 (모든 동기는 사회적 동기이므로) 사회적 동기라는 개념은 다소 불필요하다고 주장한다(Reykowski, 1982). 그럼에도 불구하고, Geen(1991, p. 178)은 인간의 어떤 행동/심리과정(human process)이 사회적 동기로 간주되는 데 적절한지 그리고 적절치 않은지를 결정하는 기준이나 지침을 제시하였다.

> 첫째, 사회적 동기의 조건은 다른 사람이나 청중, 협력자, 상호작용하는 파트너와 같이 개인이 직접적으로 접촉하는 다른 사람이나 집단의 사람들로 정의된다. 둘째, **비지시적인**(nondirective) 사회적 존재의 효과다[강조 추가; 사회적 실체는 그 상황에서 어떻게 행동해야 하는지에 대해 개인에게 명확한 단서를 제공하지 않는다]. 예를 들어, 직접적인 사회적 영향, 설득이나 태도 변화 시도는 사회적 동기 현상의 정의 부분에… 포함되지 않았다. 셋째, 이렇게 사회적으로 발생하여 개인에게 미치는 영향은 행동을 촉발하거나 강화하는 힘을 가진 심리 내적 상태로 간주된다.

이 정의에서 기술된 준거를 바탕으로 Geen(1991)은 비록 시기마다 다른 저자들이 여러 가지 주제들을 '사회적 동기'의 일부로 간주했다는 것을 인정하지만, (직무동기에 대한) 연구를 위해 세 가지 특정 현상을 구분하였다. 사회적 촉진, 사회적 태만, 사회적 불안 등 이 세 가지 현상은 직무동기에 대한 우리의 연구에 영향을 미칠 것이다. 그래서 여기서 이들 각각을 검토한다. 또한 우리는 조직행동과 직무동기와 관련이 있고, 최근 사회과학에서 관심을 끌고 있는 구성개념인 **무례함**(incivility)도 살펴보기로 한다.

사회적 촉진

사회적 촉진 효과에 대한 최근의 관심은 Zajonc(1965)에 의해 대략 50년 전부터 나타났다. 간단히 말해서, 이 효과는 혼자서 일하는 것과는 달리 사람들이 "다른 사람들이 있을 때"(Zajonc, 1965, p. 269) 일한다면 과업동기와 함께 때로는 수행이 증가된다는 것을 말한다. 이 효과는 광범위한 범주의 행동에서 그리고 수많은 동물들에서도 나타난다고 알려져 있다. Zajonc에 따르면, 다른 이들이 있다는 것을 인식할 때, 돼지들의 먹는 행동, 개미들의 작업, 인간의 문제해결과 같은 모든 사례들에서 수행 수준이 증가한다.

인간들 사이에서 타인의 존재만으로 동기를 촉진시킬 수 있을 것인지 또는 이 효과가 발생하기 위해서는 그 관찰자가 수행평가자로 지각되어야 하는 것인지에 대해서는 불분명하다(Geen, 1991). 그럼에도 불구하고, 단지 타인이 존재한다는 것이 자신의 수행이 부정적으로 평가될 수 있는 우려를 촉발시킬 수 있다. 게다가 집단 구성원의 지각된 지위가 높아짐에 따라 우려의 크기도 증가한다. 이상의 두 가지 설명에 의하면 사람들은 다른 사람들의 존재에 의해 집중이 안 되거나 관찰자들에게 '잘 보이기'를 원한다는 것이다. 어느 쪽이든 과업 활동의 일부가 아닌 다른 사람들이 우리가 일하는 모습을 관찰하는 것은 흔히 우리가 경험하는 우려와 불확실성의 수준을 높인다. 그리고 이렇게 높아진 불안은 수행을 잘하고자 하는 동기의 증가를 설명한다(Geen, 1991). 한 사람이 다른 사람의 직무수행을 관찰할 때 사회적 촉진이 발생할 수도 있지만, 팀으로 일하는 경우처럼 실제 일하는 데 관여하는 사람이 한 명 이상일 때는 반대로 작용할 수도 있다. 이렇게 반대 현상으로 보이는 것이 **사회적 태만**(social loafing)이다.

사회적 태만

1913년, Ringelmann이라는 학자는 과업을 수행하는 집단의 크기가 커질수록 여러 종류의 과업에서 개인별 투입은 종종 감소한다는 것을 관찰하였다.[5] Geen(1991, p. 384)이 서술한 것처럼, "어떤 사람이 집단의 구성원이며 사회적 영향력에 민감할 때, 그 집단에 있는 개별 구성원에게 미치는 그러한 영향력의 강도는 집단에 포함된 사람들의 힘(예를 들어, 지위, 권력), 즉시성 및 수가 증가함에 따라 감소한다." 사회적 태만 효과(Latané, Williams, & Harkins, 1979)는 복잡한 수행, 글쓰기, 수영, 문제해결뿐 아니라 여러 활동과 관련된 과업 집단에서 관찰되었다. 이 현상에 대한 메타분석에서 Karau와 Williams(1993)는 사회적 태만을 "사람들이 혼자 또는 공동으로(coactively) 일할 때에 비해 집합적으로(collectively) 일할 때 동기와 노력의 감소"(p. 681)라고 정의하였다. 집합적으로 일한다는 것은 사람들이 실제 인물이든 상상의 인물이든 다른 사람들과 함께 일하면서 하나의 생산물을 만들어 내기 위해 이들의 투입이 결합되는 것을 의미한다. 반면, 공동 작업은 사람들이 실제 인물이든 상상의 인물이든 타인이 있을 때 일하지만 하나의 생산물을 산출하기 위해 이들의 투입이 결합되는 것은 아니라는 것(즉, 각자 다른 것을 생산하는 경우)을 의미한다. 집합적 노력은 사회적 태만을 촉진할 수 있지만 공동 작업은 그렇지 않다.

사회적 태만 행동에 대해 지금까지 여러 가지 설명들이 있었다(Karau & Williams, 1993; Levine, Resnick & Higgins, 1993을 보라). 초기에는 집단 구성원들의 개인적 노력이 다른 구성원을 방해하는 협력 상실(coordination loss)이라는 설명이 관심을 끌었다. 그러나 보다 최근에 협력 설명은 평가절하되고 심리적인 추론이 더 많이 제시되고 있다. 일례로 한 연구가 형평성을 통해 제시하는 설명에 따르면, 사람들은 집단의 파트너들이 더 많은 노력을 쏟을 것이라고 들었을 때 자신들도 더 많이 노력하였다(Jackson & Harkins, 1985). 또 다른 설명은 참여자들이 과업 자체에 두는 본질적인 관심 수준을 이용하고 있는데, 과업이 지루하거나 흥미가 부족할 경우에 사람들은 '무리 속에 숨기'를 시도할 것이고(Kerr & Brunn, 1981), 팀의 다른 구성원들이 어려운 일을 감당하게 할 수 있다는 것이다(Geen, 1991, pp. 385-386을 보라).

또한 사회적 태만은 개인의 수행을 평가할 기회가 없거나 수행에 대한 정해진 기준이 없을 때 발생하는 것 같다. 무임승차(free-rider) 효과에 대해 Kerr(1983)는 집단의 누군가는 일을 하건, 문제를 풀건 또는 요구되는 것이 무엇이든 하지만, 그것의 성공에

5) Ringelmann의 원 논문은 Kravitz와 Martin(1986)의 논문에서 자세히 논의되고 설명되었다.

그 자신의 기여가 실제 기여한 사람들과 차별되지 않을 것이라고 어떤 사람이 믿을 때 발생한다고 제안하였다.

Geen(1991)은 다음을 관찰하였다. "사회적 태만은 집단이 발생시킨 동기 상실이라기보다 다른 조건에 의해 동기화된 수행 감소 때문일 것이다. 여러 이유로 사람들은 집단 과업에 노력을 쏟으려고 하지 않을 수 있다. 그들은 자신들의 노력이 필요하지 않다고 믿기 때문에 다른 사람들이 일하는 것에 만족할 수 있다. 그들은 노력에 대한 공정한 몫 이상으로 노력하는 것을 꺼려 할 수 있다. 과업이 흥미롭지 않을 수 있다. 관찰 대상자들 자신이 집단에서 익명으로 존재하는 것이 안전하다고 믿을 때, 이들의 수행동기는 낮아지고, 태만자가 될 것이다." (p. 389) 사회적 태만에 대한 Geen(1991)의 해석 이후, Karau와 Williams(1993)는 메타분석을 통해 자신들의 이론적 모형인 **집합적 노력 모형**(collective effort model)이 이 현상의 상당 부분을 설명한다고 결론지었다. 이들은 사회적 태만이 "집단이나 직무 종류에 상관없이 적당히 존재하며 일반적인 것 같다."고 결론지었다. "공동 작업보다는 집합적으로 일할 경우, 사람들은 자신들의 노력이 귀중한 성과를 이끌어 낼 것 같지 않다고 기대하기 때문에 이런 현상이 발생한다." (p. 700)

집합적 노력 모형은 12장에서 자세히 다룰 직무동기인 대중적이고 영향력 있는 기대이론들에 뿌리를 두고 있다. 처벌의 위협이 어떻게 사회적 태만에 영향을 끼칠 수 있는지 알아보기 위해 미리 그 이론들을 간단하게 논의할 필요가 있다. 아주 간단히 동기의 기대이론(expectancy theory)은 한 사람의 직무동기는 그 사람이 다음 세 가지를 믿는 정도에 따라 극대화될 수 있다고 생각한다. 첫째, 만약 그 사람이 직무에 노력을 쏟는다면 과업은 성공할 것이다. 둘째, 과업 성공이 달성된다면, 긍정적인 가치를 지닌 성과를 받을 것이다. 셋째, 처벌 같은 부정적 성과들은 없을 것이다. 그러나 많은 연구들은 대체로 만사가 그리 단순하지 않다는 것을 보여 준다.

첫째, George(1995)의 연구는 미국 소매점의 판매 집단에 속한 개인들에게 주어진 조건적 보상이 사회적 태만을 성공적으로 줄였다는 것을 밝혔다. 반면, 개인에 대한 조건적 처벌은 사회적 태만에 대해 뚜렷한 효과가 없었다. 어떤 점에서 보면, 특정한 행동과 연관된 개인적 처벌이 그 행동의 발생을 감소시킬 것이라 믿는 사람들에게 이러한 결과는 그들의 직관과 상반된다. 그러나 처벌은 자기결정욕구의 향상(14장을 보라)을 포함해서 개인에게 뜻하지 않은 여러 효과를 가져올 수 있다.

사회적 태만과 처벌

Miles와 Greenberg(1993)는 고등학교 수영 팀의 120명을 대상으로 어떻게 처벌의 위협이 사회적 태만의 효과를 감소시키는지 보여 주는 연구를 수행하였다. 우선, 그들은 팀 구성원들이 어렵지만 합리적이라 여길 수 있는 수영 속도에 관한 표준 수행 목표를 설정했다. 그런 후, 그들은 일부 학생들을 릴레이 팀으로 구성하여 그들의 수행이 결합된 노력에 의해 결정되도록 하였고, 그 외의 다른 학생들은 혼자 수영하도록 하였다. 코치들은 수행 능력이 낮은 수영선수에게 세 가지 다른 방식으로 처벌의 위협을 조작하였다. 구체적으로 '엄한' 처벌 조건, '중간' 처벌 조건, 통제조건(저조한 수영 결과에 대한 처벌이 없음)이었다. (처벌은 수영장을 추가적으로 더 돌아야 하는 것이었다.)

사회학습 이론(14장을 보라)에 의해 예상한 바대로, 집합적 노력 모형에 근거한 기대이론과 일관되게 집단 내 개인들의 수행은 처벌 위협이 없는 조건에 배정되어 혼자 수영한 학생보다 더 저조하였다. 다시 말해서, "집단 릴레이 목표 시간에 도달하고자 시도한 청소년 수영선수들은 유사한 개인 목표 시간에 도달하기 위해 애쓴 개인들과 비교하여 느리게 수영한 반면, 코치들이 릴레이 수영선수들에게 주어진 목표 달성에 실패할 것이라고 경고했을 경우에 사회적 태만 효과는 나타나지 않았다." (Miles & Greenberg, 1993, p. 259)

여기서 요점은 사람들은 자신의 개인적 노력에 대해 직접적으로 보상받지 못하거나 그들이 노력을 덜한 데 대해 직접적으로 처벌받지 않을 것이라고 믿을 때 사회적 태만은 더 쉽게 일어날 것이라는 점이다. 마찬가지로, 수영의 경우처럼 개인이 노력을 덜 기울이면 모든 팀원이 처벌받을 것이라고 생각할 때, 사회적 태만 효과는 줄어들고, 팀 구성원들은 혼자 수영하는 조건하에 있는 학생들만큼 수행하였다. 합치는 것은 사회적 태만을 부르는 것 같다.

Comer(1995)는 수영 실험 사례와 달리 사회적 태만에 대한 많은 이론은 인위적인 과업을 수행하는 학생들을 대상으로 하는 실험실 실험에서 나타났다는 것을 관찰하였다. 연구된 현상들을 맥락과 따로 떼어 생각한다면, 실험실 연구가 본질적으로 잘못된 것이 아니다(Runkel & McGrath, 1972; 이 책의 2장을 보라). 그러나 사회적 태만의 경우, 핵심 요인은 개인수행과 집단수행에 대한 평가의 현실성이다. Comer는 성공과 실패에 대한 사람들의 평가와 귀인은 인위적인 실험실 연구 집단에서보다 현실적으로 지속되는 작업 집단에서 더 의미 있다고 언급했다. 따라서 그녀는 사회적 태만의 원인에 대해 이전보다 다소 복잡한 모형을 제시하였다.

Comer 모형(1995)에 대한 충분한 설명은 이 장의 범위를 벗어난다. 관심 있는 독자는 원본 논문을 참고하면 된다. 그러나 우리의 목적을 위해서 몇 가지 중요한 요인은 살펴볼 가치가 있다. 이러한 요인들 중 하나는 그 집단은 어떤 일을 잘하지 못하고, 그렇기 때문에 그 구성원은 과업수행에 거의 영향력이 없다는 지각이다. 그 사람이 그렇게 여기지 않았다면 그 사람은 집단의 후속 수행에 진심으로 기여했겠지만, 이러한 지각은 그 사람으로 하여금 그만큼 기여하지 않게 할 것이다. (감소된 자기효능감 신념이 이 현상을 설명할 것이다.) Comer(1995)에 따르면, 집단의 분명한 성공에도 불구하고 그 사람이 충분한 과업 능력을 가지고 있지 않다고 느꼈다면 동일한 효과가 발생할 수도 있다. 상대적으로 높은 과업 능력 수준을 지니고 있다고 믿는 사람들은 자신들보다 덜 유능한 사람들의 정신이 약해지지 않도록 하기 위해 '자기겸양(self-effacing)' 행동을 할 수 있다. Comer(1995)의 모형은 원래의 형태 그대로 고려해 볼 가치가 있지만, 아직까지 그것의 타당도를 검증하기 위한 현장 연구는 이루어지지 않았다.

사회적 태만과 유사한 개념

Geen(1991)의 입장과 Karau와 Williams(1993)의 연구와 비교하여 Kidwell과 Bennett(1993)은 사회적 태만, 기피하기(shirking), 무임승차를 개념적으로 분명히 구분할 것을 주장하였다. Kidwell과 Bennett(1993, p. 430)에 따르면 다음과 같다.

> 기피 과정에서 사람은 어려움, 이기적 행동, 기회주의와 같은 다양한 이유 때문에 노력하지 않을 수 있다. …사회적 태만의 경우 혼자 일하는 상황에서 집단의 일원으로 수행하는 장면으로 달라지면 사람들은 노력을 적게 한다. 아마도 집합적 과업이 관련되어 있기 때문에 개인들은 군중 속에 자신을 숨길 수 있고, 그들의 수행을 확인하기는 어려워지고, 자신들이 없어도 된다고 믿을 수 있다. …무임승차의 경우, 무형의 공공재가 관련되어 있으면 노력을 적게 한다(Olson, 1965). 무임승차자는 다른 사람들에게 일을 하도록 만들어 자신이 이익을 얻을 수 있다고 믿기 때문에 노력을 덜 하는 것이 합리적이라고 보며 노력하지 않는다.

요약하면, Kidwell과 Bennett(1993)에 따르면, 이 세 가지 범주를 구분하는 것은 중요하며, 이것들 모두 **노력하지 않는 성향**을 구성한다. 본 저자는 Kidwell과 Bennett의 주장을 옹호하지만, 구성개념의 명확성과 정확성이 중요하다고 생각한다. 물론, 독자는 다음과 같은 간단한 결론을 선호할 것이다. 중요한 점은 이유가 무엇이든 사람들은 혼자 일할 때보다 다른 사람과 함께 집단으로 일하는 동안 빈번히 자신의 에너지를 덜 쏟는다는 것이다.

사회적 불안

우리는 Geen(1991)이 직무동기와 행동에 대한 연구에 흥미를 불러올 법한 세 번째 범주의 사회적 동기를 확인했다고 언급했다. 그는 이 현상을 **사회적 불안**이라 불렀으며, 이것은 어떤 사람이 다른 사람에게 특정 인상을 심어 주려는 동기를 가지고 있지만 그러한 인상을 만들 수 없다고 믿을 때 생기는 상태를 말한다(Geen, 1991; Schlenker & Leary, 1982를 보라). 사회적 불안은 우리가 최적으로 드러내고자 하는 이미지, 분위기, 태도와 같은 것을 드러내지 못할 때, 잘못되어 갈 때 (정도는 각기 다르지만) 우리가 경험하는 느낌을 말한다. 대중연설은 많은 사람들에게 이런 영향을 미친다. 본 저자는 이 개념이 이 책에서 검토한 다른 두 개의 역동성, 즉 감정 표현(4장을 보라)과 공정성 이미지를 드러내고자 하는 욕망(13장을 보라)과 관련이 있다고 보지만, 사회적 불안이 직무동기에 직접적으로 미치는 영향을 검토한 어떤 연구도 알지 못한다.

우리는 4장에서 많은 일과 직업에서 특정 감정을 통제하고 표출하기 위해 사람들에게 요구되는 것인 감정노동의 개념에 대해 상세히 논의하였다. 슬픔 또는 분노의 조심스러운 통제, 의무적인 미소와 친절은 그것의 예가 된다. 많은 종류의 일은 우리에게 정서 표현을 억제하거나 표출하도록 요구한다. 어떤 사람이 사회적 불안을 겪을 경우, 그 사람은 기대 받는 것을 하기 위한 자신의 능력에 의심을 품게 될 것이다. 기대이론(12장을 보라)에 따르면, 이런 사람은 할당된 과업을 수행하려 하지 않거나 감정노동을 요구하는 일에 몰입하지 못할 것이다.

11장에서 우리는 사람들로 하여금 공정성의 이미지를 투사하도록 동기화하는 문화적 규범이 있다는 것에 대해 살펴볼 것이다. 말하자면, 일반적으로 사람들은 다른 사람과의 상호작용에서 착취적이고, 부정직하고, 불공정하기보다는 공정하게 보이려고 할 것이다(Greenberg, 1990a를 보라). 적어도 이론적으로는 관리자들(또는 직장 동료)이 사회적 불안을 경험하면 다른 사람의 눈에 공정성 이미지를 생성, 고취, 조성하는 것, 다른 사람과 친해지기 위한 시도, 그리고 공정한 관리자 또는 훌륭한 사람으로 판단되려는 시도에서 상당한 좌절을 경험할 것이다. 우리 문화권의 사람들이 다른 사람들에게 자신이 공정하다는 이미지를 투사하기 위한 규범을 선호한다는 Greenberg (1990a)의 주장이 옳다면, 사회적 불안을 빈번히 경험하는 사람들은 공정성 지각이 중요한 직무를 얻는 것이 어려울 것이다.

우리는 두 가지 목적 때문에 사회적 불안이라는 개념을 다루었다. 그 두 가지 목적은 첫째, 사회적 동기 영향에 대한 Geen(1991)의 학문적인 유형 구분 방식을 제대로 소개하기 위해서이며, 둘째, 감정노동을 요구하는 직무수행 동기와 사회적 불안 사이의 개연적 관계성에 대한 연구를 활성화하기 위해서다.

무례함

어떤 사회 집단(계층, 사무실의 동료, 직장 동료, 생산 팀, 심지어 비공식적인 여행객 집단)이든 예의 없다고 생각되는 행동을 함으로써 '사람들의 비위를 건드리는' 사람이 적어도 한 명은 있다는 것은 집합적인 인간 행동에서는 비공식적으로 존재하는 법칙일 것이다. (물론 예의가 없다는 것은 어떻게 보느냐에 달려 있기 때문에 범죄자만 속한 집단을 본다면 이 같은 법칙은 일치하지 않을 수 있으나 여전히 이 가설은 고려해 볼 가치가 있다.)

무례함은 Geen(1991)(무례한 행동의 개념 자체를 언급하지는 않았음)이 제시한 사회적 동기에 대한 기준에 부합하는 인간 활동의 형태다. 정중함이 대인관계적 존중을 드러낸 것(Carter, 1998)인 반면, 무례함의 핵심은 "존경에 대한 규범을 어김으로써 타인에 대한 버릇없음과 무시"(Pearson & Porath, 2005, p. 8)다. 우리의 목적에 맞게, Andersson과 Pearson(1999)은 **직장 내 무례함**을 "목표 대상을 해치려는 의도가 모호한 상태에서 상호 신뢰를 위한 직장 규범을 위반하는 낮은 강도의 일탈 행동으로서… 그들은 타인에 대한 배려가 부족하고, 버릇없고, 예의가 없다는 특징을 지니고 있다."(p. 457)는 것으로 정의하였다. 이것은 일종의 직장 내 일탈이다. 그런 행동을 하기 위한 특별한 목표 대상이 있을 때, 8장에서 논의할 심리적 공격과 거의 차이가 없다. 그리고 무례함과 5장에서 논의했던 약자 괴롭히기, 작은 압제자, 의도적인 불공정성 사이에는 미세한 차이가 있다. 그러므로 많은 경우 무례함은 의도적이지 않으며, 그것은 단지 그러한 행동을 하는 사람들의 무시와 무신경 때문에 일어난다. 그러나 무례한 행동이 빈번히 일어난다면, 목표 대상이 입게 되는 손해는 상당할 것이다.

또한 무례함은 물리적 공격(8장을 보라) 및 상호작용 불공정성과 구분되지만, 상호작용 불공정성(조직의 정책과 절차가 해석되고 전달되는 방식과 관련된다. 11장을 보라)도 정의상 무례함을 내포하고 있다. 더구나, 상호작용 불공정성과 무례함 둘 다 매우 유사한 개념이기는 하지만, 상호작용 불공정성은 보통 상사와 부하직원 사이의 관계와 연관되는(Harlos & Pinder, 1999를 보라) 반면, 무례함은 조직의 어느 누구에게도 적용된다. 결국 우리는 무례함을 작은 압제자나 약자 괴롭히기와 구분할 수 있는데, 후자가 의도적인 성향을 띄는 반면, 전자는 고의적인 것이 아니기 때문이다.

Person과 Porath(2005)는 최근 북아메리카 사회에서 무례함이 점점 늘어나고 있다고 단언하였다. 캐나다에서 실시된 한 설문에서 25%나 되는 사람들이 매일 무례함을 목격하고 있으며, 절반은 지난 한 주 동안 무례함을 겪었다고 주장하였다. 미국에서 실시된 유사한 설문도 그만큼의 비율은 아니지만 비슷한 결과를 보여 주고 있다. Cortina, Magley, Williams와 Langhout(2001)의 요약 연구는 무례함이 북아메리카보다 스칸디나비아 국가들에서 보다 빈번하게 나타난다고 언급하였다.

'내가 먼저(me-first)'라는 태도는 경쟁 시대에 빠른 속도의 현대 직무에 의해 조장되며, 이런 종류의 직장 내 행동을 설명할 때 선호되는 것이다. Frost(2003)는 무례함을 '해로운 직장'을 구성하는 주요 요인 중 하나라고 기술하였고, 유독성의 확산과 영향력을 줄이기 위한 관리가 반드시 필요하다고 주장하였다. 또한 Pearson과 Porath(2005)는 공격이 좌절-공격 가설과 전이된 공격 원리를 통해 확산되는 것(8장을 보라)처럼 무례함도 같은 방식으로 확산되는 경향이 있다고 주장하였다.

사회적 동기의 요약

요약하면, 여러 가지 사회적 동기의 효과는 매우 실재적이며, 직무 동기와 수행에 미치는 영향 정도도 다르다. 타인의 존재는 우리가 일하는 방식, 언제 어디에서 얼마나 열심히 일하는지 등에 영향을 미친다고 분명히 말할 수 있다. 다음 절의 핵심 요점은 인간의 대부분의 직무 활동은 사회적 장면에서 일어나고, 직무동기에 영향을 미치려는 상사, 관리자 및 동료의 의도적인 시도를 제외하고도, 미묘하고, 우연적이고, 무의식적인 사회적 영향이 있을 수 있다는 것이다. 사회적 영향의 마지막 범주는 인간이 다른 사람의 동기에 잠재의식적이고 무의식적으로 영향을 미치는 기제이며, 여기서 우리는 이것에 대해 간단하게 살펴보았다.

조직 내 직무에 미치는 사회적 영향에 대한 보다 직접적이고 의도적인 방식과 비교해 볼 때, 저자는 사회적 영향의 상대적 효과를 추정하는 실증적 연구가 필요하다고 생각한다. 사람들은 직무 동기와 수행에 영향을 미치기 위해서 다른 사람에게 의도적으로 적용할 수 있는 강력한 보상과 처벌에 대해 오랜 기간 동안 연구해 왔다(예를 들어, Roethlisberger & Dickson, 1939). 그 결과들은 집단역학(Roy, 1952의 초기 논문을 보라), 리더십과 감독(예를 들어, Bass, 1981)과 같은 주제를 다루는 많은 곳에서 보고되었다. 공식적이고 의식적인 영향력과 관련하여 사회적 동기의 효과들은 얼마나 강력한가? 이에 대한 대답을 제공하기 위해 많은 실증적 연구를 수행할 필요가 있다.

존중감욕구, 지위 및 직무동기

사람들이 하고 있는(또는 할 필요가 없는) 일의 속성은 그 사람의 사회 내 상대적 지위인 사회계층을 정의하고 결정하는 데 주요 근거가 되어 왔다(Parker, 1981; Pfautz, 1953; Striker, 1988). 현대의 사상가들 중에서 Karl Marx는 이 개념에 대해서 아마도 가장 영향력 있는 학자였다. 그러나 Marx의 죽음과 마르크스주의(Marxism)의 쇠퇴 이후에도, 대부분의 국가에서 일과 사람의 지위 간에 여전히 강한 관계가 존재하고 있다(Clegg, 1990).

이 장의 개념을 가장 잘 이해하기 위해 고용주에 의한 강등이 미치는 심리적 영향을 살펴보자. 구체적으로 당신이 이전에 담당했던 직무나 과업을 다른 사람이 인계하는 것의 영향을 생각해 보라. 상사의 '질책을 받는' 사람에 대한 효과를 생각해 보라. 어떤 사람이 그가 더 이상 회사에서 직무와 일을 할 수 없다는 말을 전달받을 때 그 사람의 감정에 미치는 효과를 생각해 보라. 또한 승진과 칭찬받을 만하다고 생각해 왔던 사람보다 먼저 조직 내 다른 경쟁자가 교육받고, 성공하고, 승진하는 것을 바라보는 사람의 느낌에 대한 효과를 생각해 보라. 고객이나 손님이 어떤 직원의 일에 대해 불평하거나 비하할 경우 그 사람의 감정에 대한 효과를 생각해 보라. 어떤 사람이 많은 시간, 노력, 몰입, 걱정 등을 투자했던 일에 대해 질책 받을 때, 특히 직원들 간의 가치가 비교 당할 때, 그 충격을 생각해 보라.

4장에서 우리는 행복, 희망, 자부심, 성취감과 같은 긍정적 감정에 대해 논의하였다. 이와 대조적으로 우리는 분노, 두려움, 우울함, 시기, 부러움 등의 부적 정서도 연구하였다. 어떤 정서들은 강력해서 사람들은 그것을 퇴근 후 집까지 가지고 온다. 이렇게 일과 관련된 감정들이 긍정적인지 부정적인지는 사람들의 일반적 안녕에 중요하다(12장에서 자세히 설명할 것이다). 가끔 한 사람의 자기존중감은 업무수행 중에 고양되거나 도전받거나 약화될 수 있다. 우리가 이미 논의해 왔던 것처럼 일은 사람의 삶 속에 중요한 역할을 수행하기 때문에, 직무에서 자기존중감을 강화하는 것은 일반적 자기존중감의 전체적인 향상에 기여할 수 있다(Pierce, Gardner, Cummings, & Dunham, 1989). 역으로, 직무에서 자기존중감에 상처를 입으면 포괄적인 개인적 가치감에 대한 연쇄적인 파급 효과가 발생한다. 이런 일이 발생하면, 이는 정말 감정을 상하게 한다.

주요 정의

다음 부분에서 제시된 논의는 이 시점에서 일부 개념과 용어들이 명료하지 않으면 이해하기 어려울 수도 있다. **존중감욕구**는 3장에서 정의되었으며 다음에 이어지는 부분에서 중심 개념이다. Maslow(1954, p. 45)는 다음과 같이 주장하였다.

> 사회의 [모든] 사람들은 안정적이고 확실한 근거를 가진 높은 수준의 자기평가 욕구 또는 열망, 즉 자기존경 또는 자기존중감욕구 및 타인에 대한 존중욕구를 가진다. 첫째, 이것들은 세상에 직면해서 힘, 성취, 적절성, 숙달과 역량, 확신에 대한 열망이고 독립과 자유에 대한 열망이다. 둘째, 우리는 평판과 명성(다른 사람들로부터 존경이나 존중 받는 것), 지위, 명망, 영광, 지배, 인정, 관심, 중요성, 위엄, 감탄에 대한 열망을 가지고 있다. […]
>
> 자기존중감욕구의 충족은 자기확신, 가치, 힘, 역량, 적절성의 느낌과 세상에서 유용하고 필요한 존재라는 느낌을 갖게 한다. 그러나 이런 욕구들의 좌절은 열등

감, 나약함 및 무기력감을 초래한다.

Locke, McClear와 Knight(1996, p. 1)는 최근의 논문에서 자기존중감이 욕구 중 하나라는 주장을 하였다.

> 자기존중감은 심오한 심리적 욕구다. 미치거나 자살하지 않고서야 인간이 근본적으로 선하지 않다는 것, 즉 인간은 악하고, 쓸모없고, 무가치하다는 확신을 완전히 의식적으로 수용하는 것은 인간에게 불가능하다. 낮은 자기존중감을 지닌 사람은 자기의심, 불안, 자기경멸 및 궁극적으로는 우울감을 경험한다… 자기존중감이 높은 사람은 자신이 근본적으로 '좋으며' 자신을 시험에 들지 않게 한다는 확신에서 나오는 평정심을 경험한다. 자기존중감은 효능감과 가치(worth)라는 두 가지 밀접히 관련된 차원을 가지고 있다. 우리가 여기서 의미하는 효능감은 일반적 효능감으로서 원칙적으로 삶과 세상을 효율적으로 다루는 능력이다. 여기서 우리가 의도하는 가치는 도덕적으로 선하다는 확신이다.

우리는 개인의 **존중감욕구**에 대해 이야기하고 정의할 수 있기는 하지만, 한편 그 사람의 **자기존중감** 수준을 그 사람의 자기가치에 대한 지각이라고 간주할 수도 있다(Battle, 1990, p. 22). 자기존중감은 개인이 나이가 듦에 따라 진화하기 때문에 점진적으로 성장하고 변하며 세상에 대한 경험으로 이루어지는 **다면적 신념 집합**이다. Maslow(1954)는 자기존중감을 제한된 행동을 일으키는 상호 관련된 신념과 태도의 집합인 증후군으로 보았다. 어떤 사람이 더 많은 힘을 요구하는 특정한 방법으로 행동을 하도록 영향을 받을 때, 자신의 가치에 관한 그 사람의 전체 신념 구조는 그에 따라서 개선될 수 있다(Maslow, 1954).

'높은' 및 '낮은' 자기존중감

전통적으로 자기존중감은 이분법적 용어 속에서 '높은' 쪽이든 '낮은' 쪽이든 한 쪽에서 고려되어 왔다(Kernis, 2003). 게다가 일반적으로 자기존중감이 낮은 사람보다 높은 사람을 선호하는 것이 당연한 것으로 생각한다. 대체로 자기존중감이 높은 사람들이 자기존중감이 낮은 사람들에 비해 보다 건강하다. 이들은 우울증을 적게 보이고 걱정을 덜 한다. 높은 자기존중감은 전반적으로 높은 수준의 삶의 행복과 연결되어 있다. 자기존중감이 높은 이들은 자해행동을 덜 하고, 자신들의 기회에 대해 훨씬 더 낙관적인 경향이 있다.

높은 자기존중감은 하나의 획일적인 구성개념이 아니다. 다양한 형태의 자기존중감이 존재한다. 이 개념은 대개 개인의 자기에 관한 포괄적인 견해를 의미할 뿐만 아니라 보다 구체적으로 초점이 잡힌 형태로 고려될 수 있다(Pierce et al., 1989를 참고하라). 게다가 이런 특정한 형태들을 단순히 종합한다고 해서 전반적 자기평가와 같아지는 것은 아니다(Kernis, 2003). 전반적 자기존중감은 좀 더 인지적인 특성을 가진 것으로 보이는 특정적 자기존중감보다 정서적 반응과 더 밀접하게 연결되어 있는 것처럼 보인다.

복합적 은총인 높은 자기존중감

모든 사람들은 스스로에 대해 괜찮다고 느끼고 다른 사람들이 자신들을 존중하면서 괜찮다고 느끼게 하고 싶은 욕구가 있지만, 일부 사람들에게는 높은 자기존중감을 가진다는 것이 이전에 추정했던 것만큼 명백하게 유익한 효과는 없었다(Baumeister, Campbell, Krueger, & Vohs, 2003; Kernis, 2003; Schutz, 2001). 예를 들어, 최근 이론과 연구에 따르면, 자기존중감이 높은 사람들은 상대적으로 자기존중감이 낮은 사람들보다 사회적으로 눈에 띄게 다른 방식으로 스스로를 표현한다. 자기존중감이 높은 집단의 구성원들은 그들이 존경받고, 자신이 유능하다는 인상을 전달하고, 자기를 고양하는 방식으로 자주 행동한다. 반대로, 자기존중감이 낮은 집단의 사람들은 스스로 '좋은' 사람으로 평가되거나 인정을 받기 위해 보다 방어적인 행동을 나타낸다. 또 높은 자기존중감은 사람들이 다른 개인들을 평가하는 방식에 시사점을 준다. 즉, 보통 자기존중감이 높은 사람들이 타인에 비해 자신이 우월하다는 신념에 사로잡혀 있는 것을 생각하면, 자기 자신을 높게 평가하는 것은 상대적으로 다른 사람을 낮게 평가하는 것과 마찬가지일 수 있다. 이는 어떤 사람이 지니는 자신의 사회적 매력에 대한 지각과 그에 대한 타인의 평가 사이의 차이를 만들어 낼 수 있다. 어떤 경우 이것은 자기존중감이 높은 사람들로 하여금 대인 갈등에서 생기는 비판을 인정하지 않도록 만들 수 있다. 그래서 높은 수준의 자기존중감은 일반적으로 더 높은 수준의 정신건강과 행복과 연관되어 있다는 것이 맞을 수 있지만, 일부 긍정적인 자기존중은 환상적이거나 실제적 근거가 없는 것일 수 있으며, 특히 다른 사람들과의 사회적 관계에서 가끔은 역기능적일 수 있다(Baumeister et al., 2003; Schutz, 2001).

높은 자기존중감으로 인해 이런저런 불행한 결과들을 가져오는 사람들은 '연약한' 자기존중감을 지닌 사람으로 표현되어 왔다. 반면에, 높은 자기존중감을 지닌 사람들 중 일부는 어떤 활동 영역에서의 실패를 받아들일 수 있고 그로 인해 그들의 전반적 반응을 움츠러들게 하는 것을 용납하지 않을 수 있다. 좀 더 '안정적인' 사람들은 연약한 집단이 가지는 오만한 태도와 처신을 보이지 않으며 자기기만을 덜 한다(Kernis, 2003). 문헌에 대한 철저한 검토에 기초하여, Baumeister 등(2003)은 다음과 같이 결론 내렸다.

1. 높은 자기존중감이 학업 수행에서 어떠한 믿을 만한 향상을 초래하지는 않는다.
2. 자기존중감이 높은 사람들은 다른 이들에 비해 특정한 일과 과업은 더 잘하지만, 대부분의 실험실 연구들과 많은 현장 연구들에서는 차이가 없었다. 높은 자기존중감이 직업적 성공을 가져오는 것이 아니라 그 반대였다.
3. 자기존중감이 높은 사람들은 다른 사람들보다 스스로를 인기가 있고 호감이 있다고 생각한다. 그러나 이런 이점들 대부분은 주로 그들 자신의 마음속에 존재한다. 자아가 위협받은 이후에서처럼 어떤 경우에 자기존중감이 높은 이들은 다른 사람들보다 비호감의 대상이 되었다.
4. 높은 자기존중감을 지닌 사람들은 집단 내에서 자기존중감이 낮은 이들보다 성과가 더 좋다. 이들은 거침없이 말하며, 더 많은 부분에 기여함으로써 동료들에게 인정받는다.

또한 Baumeister와 그의 동료들(2003)은 높은 자기존중감을 지닌 것과 반사회적 행동, 태만, 친밀한 관계를 형성하고 유지하려는 능력 간에 어떤 관련성도 발견하지 못했다. 높은 자기존중감과 관련되어 가장 변함없는 긍정적 결과는, 비록 인과관계가 강하게 형성되지는 않았지만, 개인적인 행복이다. 그들이 내린 결론에 의하면, 높은 자기존중감은 "자신의 강점과 가치를 정확히 평가함으로써 자기를 받아들이는 것과는 상반되는 것인"(p. 37) 자만심, 자아도취, 방어적 태도와 구별하기가 가끔은 어렵다는 것이었다.

자기존중감의 원천

최근의 연구는 사람들의 자기존중감 수준에 커다란 유전적 영향이 있다는 것을 보이고 있다(개관을 위해 Neiss, Sedikides, & Stevenson, 2002를 보라). 출생 후의 자기존중감 원천(아동기 초기 경험의 효과와 독립적이지 않다)에 포함되는 것은 수행에 대한 자기지각, 사회적 피드백, 그리고 사회적 비교다(개관을 위해 Schutz, 2001을 보라). 따라서 아동기 초기가 한 사람의 자기존중감 형성에 심대한 영향을 미칠 수 있다는 것을 흔히 보게 된다. 왜냐하면 아이들은 항상 새로운 활동과 도전을 시도하며 부모, 또래, 선생님, 다른 중요한 사람들로부터 피드백을 받으면서 어른으로 발달하기 때문이다. 게다가 아이들은 항상 자신과 다른 사람(또래, 형제자매 등)의 의견, 믿음, 능력을 비교한다.

때때로 긍정적 자기존중감은 자녀 양육의 질과 관계없이 발달할 수도 있다. 예를 들어, 1996년 2월, CBC 라디오는 Karen이란 여성과 면접을 하였다. 어린 시절, 그녀는 일련의 비참한 환경 속에서 키워졌고, 때때로 잔혹하게 양육되었다. 결국 그녀는 다른 가족에게 입양되었고, 새엄마는 그녀의 실제 이름이 아닌 Suzie란 이름을 쓰도록 하였다. 어린 Karen은 이를 거절하였으며 자신의 이름은 Suzie가 아니라 Karen이라고 분명히 말하였다. 몇 년 후, 그녀는 이런 위험 상황에서 스스로 강하게 자기주장을 제기했다는 것을 알게 되었다. 성인이 된 Karen은 자신이 어린 시절에 얼마나 당당했는지를 생각하면서 크게 기뻐하였다. 그녀는 자신이 어린아이로서 그런 자기통제와 용기를 지녔던 것을 스스로 칭찬할 수 있다면, 성인으로서 자신도 자랑스럽게 될 수 있다고 생각하였다. 결국 그녀는 계속 교육을 받고 성공적인 영문학 교수가 되었다.

'낮은' 자기존중감은 무엇인가

최근 낮은 자기존중감에 대한 전통적인 이해에 이의가 제기되었다. 예전에는 낮은 자기존중감은 일반적인 불행과 자기와 자신의 가치에 대한 낮은 만족으로 구성되어 있다고 가정하였다. 새로운 관점은 이런 사람들이 단지 그들 자신에 대해 불확실하고 분명치 않는 관점을 가지고 있다고 본다. 낮은 존중감을 가진 이들은 보통 변덕스럽게 행동하고 불안정하게 자기를 평가하기 때문에 때로는 자신 있게 행동하고 다른 때에는 결코 그렇게 행동하지 않는다(Baumeister, Tice, & Hutton, 1989). 낮은 자기존중감의 의미에 대한 생각은 이 가설이 어떤 사람을 근거로 하는가 하는 문제만큼 혼란스러워 보인다. 자기존중감이 매우 낮은 사람들은 정신장애를 가지기 쉬우며, 심지어 자살에 이른다. 상대적으로 낮은 자기존중감 점수를 보인 대부분의 사람들은 '높은' 자기평정을 하는 사람들과 비교하여 '낮기' 때문에, 이는 절대적이 아닌 상대적인 문제인 것 같다. 지금 이 글을 쓰는 순간에도, 일반인들과 전문가들이 이전에 생각해 왔던 것보다 자기존중감에 대해 더 많은 것이 존재하는 것이 분명하다. 이 책의 목적을 위한 주요 문제는 자기존중감의 정확한 특성(신념이나 감정적 반응이든, 연약하든 안정적이든 등)이 무엇이든 자기존중감이 개인의 동기 및 정서 구조에서 결정적인 요인이며, 직무동기를 어떻게 분석하든 고려해야 한다는 것이다. 조직과 같은 대의명분에 몰입하고자 하는 개인이나 과업에 지속적으로 에너지를 집중하고자 하는 개인의 욕망을 꺾는 가장 쉬운 방법 중 하나는 그들의 자기존중감을 비판하는 것이다. 긍정적인 경우를 보면, 자기존중감 향상을 수반하는 사건들은 많은 사람들의 직무만족과 밀접하게 관련되어 있다(Sheldon, Elliott, Kim, & Kasser, 2001).

많은 경우 자기존중감은 우리가 내재적 동기라고 부를 수 있는 수많은 것들을 강조하는 자기결정의 개념과 관련이 있다(3장을 보라). 자기존중감은 자기확신에 자기존경(self-respect)이 더해진 것이다(Branden, 1969). Branden에게 있어서 자기존중감은 한 개인이 만든 가장 중요한 가치 판단이다. 그것은 세상에 대한 그들의 가치에 관한 것이다(p. 103). Maslow(1954)는 존중감욕구에 대한 만족이 우리 사회 내 사람들의 사회적 및 정신적 적응에서 얼마나 중심이 되는지를 설명하였다. 그러나 대부분의 건강한 자기존중감은 잘못된 외부 명성이나 부적절한 유명세에서 기인한 것이 아니라 다른 사람들로부터 마땅히 받아야 할 존중에 근거하고 있다. Branden(1969)은 자기존중감욕구가 너무 강력하기 때문에 현실적으로 그것을 만족시킬 수 없는 사람들은 속임 행동을 한다고 주장하였다. 이들은 스스로 좋아하는 척하고, 실제보다 자신을 자랑스러워한다. 이런 거짓 자기존중감은 비논리적인 가식이며, 방어기제(자신의 실패를 합리화하거나 변명하며 실패를 외부 요인으로 돌리는 것과 같은)를 사용함으로써 유지된다. Branden(1969, p. 103)은 다음과 같이 언급하였다.

> 사람은 긴급한 의무로서, 기본적인 욕구로서 자기존중감 열망을 경험한다. 그 사람이 문제를 명확히 파악하든 아니든, 자신에 대한 평가가 생사의 문제만큼 중요하다는 느낌을 벗어날 수 없다.

욕구로서 자기존중감: 목표로서 지위

이런 점에서, 우리는 자기존중감을 어떤 사람이 자기에 관해 지닌 신념, 태도, 감정적 반응의 집합으로 생각하고 있다. 그러나 자기존중감이라는 용어는 또한 욕구로도 언급이 되며, 자기존중감욕구는 개인의 욕구 구조에 내재되어 있다. 어떤 사람들은 다른 이들보다 존중감욕구가 더 강하다. 자기존중감의 개념은 인지적 구성개념, 즉 자기 자신의 가치와 관련된 신념 그리고 다른 이들이 그 사람을 칭찬하는 방식이다.

이제 지위의 개념을 살펴보자. 지위는 욕구가 아니며, 목표다(3장을 기억하라). 욕구라는 용어는 한 사람의 내적인 힘을 말한다. 지위는 다른 사람들이 한 사람에 부여하는 명칭이다. 한 사람이 지위를 누리든 아니든 높은 자기존중감을 가질 수는 있다. 그 사람이 있는 사회적 장면이 지위의 원천이다. 지위는 사회적으로 구성된 개념이고, 다른 사람들이 준 보상이다. 존중감이 강력하고 보편적인 욕구인 반면에 지위는 다른 사람으로부터 받은 사회적인 지명(designation)이다. 우리는 이 장에서 어떻게 조직이 사람의 자기존중감을 충족시키거나 좌절시키는지 그 방법을 다룬다. 독자는 직무동기의 요인을 이해하는 데 유용한, 위에 제시된 구분들을 명심해야 한다.

자기존중감의 측면

많은 학자들은 전반적 관점의 자기존중감과 구체적인 과업 및 행동과 좀 더 직접적으로 관련된 자기존중감을 구별하는 것이 중요하다고 보았다(Baumeister et al., 2003). 전자는 한 사람에 대한 전체적인 관점과 관련 있다. 그러나 어떤 태도에 대한 사례에서 전반적으로 긍정적 태도(예를 들어, "나는 내가 살고 있는 도시를 좋아한다.")를 가지는 것이 가능하지만, 대상의 측면에 따라 보다 부조화된 태도(예를 들어, "나는 너무 많은 비가 내리지 않기를 바란다.")를 가질 수도 있다. Rosenberg, Schoenbach, Schooler와 Rosenberg(1995)는 자기의 특정한 측면에 대해 구체적인 태도를 가질 수 있다는 것을 증명하였다. 1,800명 이상의 남자 아이를 대상으로 실시한 대규모 연구에서 그들은 전반적인 자기평가가 '학업적 자기존중감'과 관계는 있지만, 개념적으로 그리고 경험적으로 구분된다는 것을 보여 주었다. 더욱이 이들은 전반적 자기존중감은 심리적 안녕감에 관한 다양한 측정치들과 정적으로 관련되어 있지만 그 남자 아이들의 실제 학업성취와는 그렇지 않다는 것을 발견하였다. 반면, 학교에서 학업성취 자기존중감은 남자 아이들의 실제 수행과 강하게 연관이 있다는 것을 밝혔다.

직장에서 자기존중감의 측면

마찬가지로, Pierce 등(1989)은 자기존중감이 세 가지 수준으로 구성되어 있다고 제안하였다. 첫째, Rosenberg 등(1995)의 개념과 유사한 전반적인 개념이다. 그들은 또한 조직에 근거한 개념을 제시하였는데, "조직 구성원들이 조직 맥락에서 역할을 수행함으로써 자신의 욕구를 만족시킬 수 있다고 믿는 정도"(Pierce et al., 1989, p. 625)로 정의하였다. Pierce 등(1989)은 특정 과업을 수행하는 자신의 능력에 대한 관점과 관련된 과업 기반 자기존중감과 직무 기반 자기존중감의 개념에 대해 기술하였다.

우리의 목적상 특히 관심 있는 것은 그들의 두 번째 구성개념인 **조직 기반 자기존중감**(organization-based self-esteem: OBSE)이다.

> OBSE를 가진 직원들은 조직 내에서 스스로를 중요하고 의미 있으며, 효과적이고 가치 있는 사람이라고 지각한다… OBSE를 결정하는 요인은 관리자의 존중, 조직 구조, 직무 복잡성을 포함한다. 조직 기반 자기존중감은 전반적 자기존중감뿐만 아니라 직무수행, 내재적 동기, 전반적 만족, 시민 행동, 조직몰입과 같은 요인들에 영향을 미친다.
>
> (Pierce et al., 1989, p. 643-644)

직장 내 자기존중감을 주제로 한 오랜 기간의 연구에 기초하여 Brockner(1988a, p. xi)는 자기존중감이 두 가지 방식으로 직원의 행동과 태도에 영향을 미친다는 것을 관찰하였다. 첫째, 직원들은 다양한 수준의 자기존중감을 가지고 일하며, 결국 이런 자기존중감은 그들이 직무 중에 어떻게 느끼고 행동하는지에 영향을 끼친다. 둘째, 이런 강력한 존중감욕구 때문에 사람들이 직무 중에 행동하고 느끼는 것의 상당 부분은 적어도 부분적으로는 과제 탐색과 숙달, 승진과 진급, 직무역량 개발을 통해 존중감욕구를 충족시키려고 하는 욕망과 관련되어 있다. 이 두 가지 역동성은 어떤 의미에서 순환적이고 서로를 강화하며, 상당 부분의 조직행동의 이면에 숨겨져 있다.

Korman(1970, 1976)은 개인의 자기존중감 수준은 심지어 개인이 추구하는 경력과 직무의 본질에도 상당한 영향을 미친다고 주장했다. Korman의 이론은 사람들이 일관되게 행동하도록 동기화된다는 것을 담고 있다. 즉, 사람들은 자신의 신념, 태도 및 특히 자기개념과 일관되게 행동하는 것을 선호하는 경향이 있다. 그러므로 특정 가치와 신념을 의식적으로 채택하는 사람들은 자신들이 공부할 분야와 추구할 경력을 찾을 때 자신의 가치와 신념의 영향을 강하게 받을 것이다. 한 사람의 자기존중감(9장에서 제시된 신념의 한 형태)은 중요한 역할을 맡게 된다. 자기존중감이 높은 사람들은 진로와 직업을 추구하는 과정에서 높은 목표를 세운다. 자기존중감이 낮은 이들은 일과 관련된 생활 및 일 외적인 삶에 대해 포부 수준이 상당히 낮은 경향이 있다. 영화 〈술고래(Barfly)〉에서 두 명의 빈털터리인 Mickey Rourke와 Faye Dunaway가 보여 준 낮은 자기존중감과 진로포부를 상기해 보라.

Brockner(1988a)는 Korman 이론의 주요 원칙을 지지하는 일관된 결과를 제시하였는데, 자기존중감이 높은 사람들은 그들의 삶의 목표가 자신의 직업경력에서 성공적으로 달성될 것이고, 선택한 경력에서 적합한 기술과 능력을 성공적으로 보유할 것이라고 믿는 경향이 있다는 것을 발견하였다(p. 17). 11,000명 이상의 미국 고등학교 졸업생을 대상으로 실시한 한 종단연구는 사람들의 자기존중감이 고용에서 중요하다는 것을 명확하게 증명하였다. 연구자들은 실업 기간과 직무불만족이 사람들의 자기존중감에 악영향을 준다는 것을 발견하였다. 연구자들은 1980년에서 1987년 사이에 7년 넘게 고용된 졸업생들을 비교했을 때, 만족스럽지 않은 직업에 종사하는 이들과 오랜 기간 실업 상태에 있었던 이들은 만족하는 직업을 가진 졸업생들보다 이 기간 동안 자기존중감이 덜 형성되었다는 것을 보여 주었다. 더욱이 실업 기간이 길수록 학생들의 자기존중감은 더욱 암울해졌다(Dooley & Prause, 1995).

자기존중감과 조직 문화: '조직 존경'

2장에서 우리는 개인과 조직의 성과를 결정하는 데 조직 풍토와 조직 문화가 중요한 역할을 한다는 것을 살펴보았다. 조직행동을 결정하는 이들 두 가지 맥락 차원은 직무만족, 직무동기, 소진(burnout)과 같이 직원들에게 나타나는 현상에 강력한 시사점을 가지고 있다. 예를 들어, Ramarajan, Barsade와 Burack(2006)은 최근에 수행한 종단연구를 통해 뉴욕시 지역 내 간호조무사 패널 표본에서, 심지어 직무 요구(job demand)와 사람들의 긍정적 정서성의 통상적 효과를 통제한 후에도, 조직 존경(organizational respect)이 소진율을 예측한다는 것을 밝혔다. 조직 존경의 개념은 다섯 가지 자기보고식 질문으로 조작되었으며, 질문의 예는 "직원들은 서로 존중한다." "직원들은 품위 있게 대우받는다." "직원들의 문화적 다양성은 소중히 여겨진다." "상사들은 직원들의 생각에 관심을 갖는다." "문제해결에서 직원들은 창의적이도록 격려받는다." 였다.

자기존중감과 자기효능감

지난 30년 동안 심리학에서 자기존중감과 약간 다르지만 유사한 개념들이 연구되어 왔다. 새로운 개념인 **자기효능감**(self-efficacy)은 이 책(특히 9장, 12장, 13장, 14장을 보라)에서 논의되는 많은 공식적인 직무동기 이론에서 중요한 역할을 한다. 특히, 직무동기와 수행의 맥락에서, 자기존중감과 비슷하기도 하지만 그것과 혼란을 유발하기도 해서 이 시점에서 소개할 필요가 있다.

자기효능감은 **사회인지 이론**(social cognitive theory, 14장에서 자세히 살펴봄)에서 나온 개념이며, 이 이론은 인간의 행동과 인지 및 환경은 서로를 결정짓는 상호 인과적인 방식으로 상호작용한다는 이론이다(Bandura, 1977, 1986, 1997). 자기효능감은 어떤 사람이 특정한 직무에서 성공하기 위한 자신의 역량에 대한 신념, 즉 "선천적이지 않은 과업역량에 대한 판단"(Gist & Mitchell, 1992, p. 185)이다. 그러므로 어떤 사람이 그림 그리기 같은 특정 과업이나 직업에서 유능하지 않다고 믿을 수 있지만, 포괄적인 면에서 보면 그림 그리기는 그녀의 자기평가에 별로 중요한 영향을 미치지 않을 수 있다. 즉, 그녀의 그림 그리기에 대한 낮은 자기효능감이 그녀의 전반적인 자기존중감을 약화시키지는 않을 것이다. 다시 말해, 자기존중감은 폭넓은 상황에 걸쳐 사람이 자신의 가치에 대해 갖는 기본적인 신념이다(Brockner, 1988a). 그러므로 어떤 사람이 생각할 수 있는 거의 모든 과업에서 기술과 능력이 부족하지만 않다면 자기존중감은 그 사람의 자기효능감에 대한 느낌과 지각에 영향을 미치지 않을 것이다.

창의적 자기효능감

자기효능감에 대한 신념은 다면적이다. 그것은 "활동 영역별로, 어떤 특정 활동 영역의 경우에는 과업 요구 수준별로, 상황별로 다를 수 있는 특화된 역량 판단의 관점에서 측정되어야 한다."(Bandura, 1997, p. 42) 예를 들면, Tierney와 Farmer(2002)는 자기효능감 지각이 직원 창의성에 영향을 미칠 수 있다는 Ford(1996)의 명제를 검증하였다. 그들은 Gist와 Mitchell(1992)의 자기효능감 발달 모형을 채택하여 새로운 구성개념인 **창의적 자기효능감**을 소개하면서, 이것을 "자신이 창의적 성과를 생성하기 위한 능력을 지니고 있다는 신념"(Tierney & Farmer, 2002, p. 1138)으로 간단하게 정의하였다. 2개의 미국 근로자 표본을 포함한 한 연구에서, Tierney와 Farmer(2002)는 재직기간, 직무상 자기효능감, 관리자 행동(모델링과 설득 행동의 형태)과 직무 복잡성 모두 창의적 효능감 신념을 설명한다는 것을 밝혔다. 또한 이들은 창의적 직무행동에 대한 상사의 평정에서 새로운 구성개념에 대한 점수들이 단순히 직무 효능감만으로 설명하는 것보다 추가적으로 더 많은 변량을 설명하고 있다는 것을 발견하였다.

자기효능감이 과업 성공을 예측한다는 것은 반복적으로 증명되었다(Bandura, 1986; Stajkovic & Luthans, 1998). 더구나, 자기효능감은 사회적 촉진 및 사회적 태만과 흥미로운 관계를 가진다. 예를 들어, Sanna(1992)는 실험 연구에서 개인 목표 때문은 아니지만 함께 일하는 자기효능감 신념이 높은 사람들은 효능감은 높지만 혼자 일하는 사람보다 더 효과적으로 일할 것임을 제시하였다. Sanna(1992)가 발견한 것은 사회적 촉진 가설을 지지하는 것이었다. 게다가 자기효능감 신념이 낮은 사람들의 경우, 개인 목표를 위해 일할 때보다 집단 목표를 위해 일할 때 더 잘 수행하였다. Sanna(1992)는 사회적 태만 가설을 지지하기 위해 이것을 인용하였다.

요약하면, 자기효능감은 사회적 촉진과 사회적 태만을 통해 또 다른 어떤 사람의 직무동기에 영향을 주는 타인의 효과를 설명하는 데 도움이 된다. 이 가능성에 대해서는 더 많은 연구가 요구된다. 그러나 직무수행에 대한 자기효능감의 명확한 효과의 결여는 차치하더라도, 높은 자기존중감은 '친사회적(prosocial)' 직무행동[좋은 시민적 행동, 본분 외의 직무수행하기(Brockner, 1988a; 10장을 보라)][6]과 같은 다른 측면의 직무수행과 정적으로 관련 있어 보인다.

자기효능감의 범위에 대한 논쟁

Bandura(1997)가 자기효능감을 과업 및 맥락에 특수한 신념이라 생각하였지만, 다른 학자들은 이런 시도의 성공 정도는 다르지만, 유사한 다른 구성개념을 개발하고 개선하고자 노력하였다. 예를 들어, 자기존중감과 자기효능감 신념(자기에 대한 신념과 관련된 구성개념들) 간의 일부 혼동은 **과업 관련 자기존중감**이란 개념을 개발하는 과정에서 나왔다. Brockner(1988a)는 과업 특정적 자기존중감의 개념은 자기효능감 개념과 동일하다고 주장하였다. 그러나 자기효능감의 등장과 수용 이후로 과업 관련 자기존중감에 대한 생각은 Pierce 등(1989)의 연구에 반영된 것을 제외하면 별로 주목을 받지 못했다. 어느 정도 이후에 Parker(1998)가 **역할 범위**(role breadth) **자기효능감**이란 개념을 소개하였으며, 이것은 "규정된 기술적 요구 이상으로 확장된 좀 더 포괄적이고 좀 더 적극적인 직무를 수행하는 직원들의 역량을 말한다." (p. 835)[7]

일반화된(generalized) **자기효능감** 개념의 소개는 또 다른 혼란을 가져왔는데, 이것은 **모든 과업과 장면에 걸친** 개인의 역량에 대한 포괄적 견해로 보인다. 이 구성개념은 어느 정도 성공적이라는 평가를 받았다(Chen, Gully, & Eden, 2001; Locke, McClear, & Knight, 1996을 참고하라). 한 실증연구는 일반적 자기효능감(general self-efficacy: GSE)은 자기존중감에 비해 동기적 변인들과 관련성이 높지만, 자기존중감은 GSE보다 정서적 변인들과 관련성이 높다는 결론을 지으면서 GSE와 자기존중감을 구별하였다(Chen, Gully, & Eden, 2004).

6) 12장에서 우리는 자기효능감이 직무동기에 관한 기대-유인가 모형(expectancy-valence model)에 있는 또 다른 구성개념과 유사하다는 점을 살펴볼 것이다. 거기에서 명백히 중복되는 것을 다룰 것이다.

7) 우리는 7장에서 이 구성개념을 다시 살펴볼 것이다.

역량 신념과 관련된 상위 구성개념

이 책의 이전 판에서 저자(Pinder, 1998)는 서로 상관이 높은 구성개념들을 구분하는 데 많은 노력이 필요하다고 주장하면서, 이러한 관심은 응용적 관심을 가진 사람들보다 계량심리학자들에게 더 흥미롭고 가치 있을 것이라고 주장하였다. 다시 말하자면, 실용적이거나 심지어 이론적으로 필요한 것보다 개념들 간에 더 많은 차이가 있을 것이다. Occam의 면도날(2장을 기억하라)은 이론 형성과 발전에서 단순성과 간명성을 주장하였다. 그런데 인간 행동 이해에 가치를 둔 측정과 과학에서는 왜 우리가 다른 것과 구별할 수 있는 것보다 더 많은 구성개념을 확산하려는 걸까?

이러한 논리를 지지하여, 앞에서 언급된 많은 하위 수준의 좀 더 구체적인 구성개념들을 통합하는 상위 수준의 개념을 제안하기 위한 노력들이 제시되었다. 이런 많은 상위 수준의 구성개념들은 다른 성격 및 정서 상태와 함께 자기효능감을 포함한다.

핵심 자기평가

Judge, Locke와 Durham(1997)은 이러한 많은 개념들 중에 첫 번째로 **핵심 자기평가**(core self-evaluation)를 소개하였다. 이 개념은 상위 수준의 포괄적인 잠재적 특질이며, 4개의 요소—**자기존중감**(이 장에서 논의됨), **일반화된 자기효능감**(Locke et al., 1996을 참고하라), **신경증**(neuroticism, 사람들로 하여금 일반적으로 부정적인 인지적 및 설명적 양식을 가지도록 하고 자기의 가장 부정적인 측면에 초점을 두도록 하는 성격 양식), **통제 소재**(locus of control, 자신의 삶에서 일어나는 사건의 원인에 대한 신념, 즉 개인이 일반적으로 자신에게 나타난 그러한 결과를 초래하는지, 외적 힘이 자신의 성과를 결정하는지)(Judge, Erez, Bono, & Thoresen, 2003을 보라)—로 구성된다.

약 15,000명의 사람으로 구성된 12개의 상이한 표본에 기초한 연구는 이 4개의 특질들이 상위 구성개념으로 고려되기에 충분한 상호 관련성을 가지고 있다는 결론에 도달하였다(Judge, Erez, & Bono, 1998). (이 말은 네 가지 특질 차원들 중에서 하나에서 높은 점수를 보인 사람은 다른 세 가지 차원의 대부분이나 모든 부분에서 높은 점수를 받을 것이라는 것을 의미한다.) 그다음에 연구자들은 이런 특질의 수준이 높은 수준의 직무 동기와 수행과 어떻게, 왜 연관될 것인지를 설명하기 위해 이 책에서 제시된 다양한 동기이론을 이용하여 설득력 있는 개념적 주장을 개진하였다. 그들의 전반적인 결론은 긍정적인 것은 직무, 일하는 것, 그리고 직무동기의 관점에서 볼 때 좋은 것이라는 것이다.

Erez와 Judge(2001)가 발표한 연구들은 이와 같은 새로운 구성개념에 대한 사람들의 점수가 많은 동기와 수행 지표와 정적으로 관련되어 있다는 것을 밝혔다. 또 다른 연구는 미국과 이스라엘에서 얻은 세 가지 표본을 통해 핵심 자기평가 점수가 삶의 만족과 직무만족과 정적으로 관련이 있다는 것을 밝혔다(Judge, Locke, Durham, & Kluger, 1998). 최근에는 실업자에 대한 종단연구에 의해 핵심 자기평가는 직업탐색의 강도와 관련되어 있다는 것을 알아냈다. 즉, 실업 상태인 사람들 중에서 핵심 자기평가 점수가 높은 이들은 낮은 사람들에 비해 새로운 일자리를 찾기 위해 더욱 빈번하게 노력한다(Wanberg, Glomb, Song, & Sorenson, 2005).

핵심 자신감

최근에 Stajkovic(2006)은 희망, 자기효능감, 낙관주의, 회복력을 결합하여 유사한 상위 구성개념을 제안하였으며, 그 새로운 구성개념을 **핵심 자신감**(core confidence)이라 칭하였다. 그는 이 구성개념이 핵심 평가와 다소 상이하다고 주장하였다. 그의 주장에 따르면(2006, p. 1216), 이 구성개념의 주된 요소는 자신감인 반면, 핵심 자기평가의 본질은 신경증이다(Judge, Erez, Bono, & Thoresen, 2003). Stajkovic(2006)은 그의 구성개념이 직무수행, 직무만족, 행복, 안녕 및 교육/경력 성공과 관련될 것임을 예측하는 개념적 주장을 하였다.

너무 많은 구성개념?

핵심 평가와 핵심 자신감과 같은 상위 구성개념을 모두 또는 하나라도 도입하는 것이 직무동기의 역동성에 대한 이해를 증진시키는 데 도움이 될 것인지는 아직 두고 봐야 한다. 본 저자는 상위 구성개념들이 새로운 실마리를 제공할 수 있다고 믿지만, 이 개념들의 확산은 응용하는 사람보다 계량심리학자들과 이론가들에게 보다 많은 흥미를 주는 구성개념 연결망(무엇이 보편적인가 하는) 분쟁을 야기할 수 있다. 아마도 시간이 지나봐야 알 수 있을 것이다.

이 장의 나머지 부분에서 우리는 개별 근로자와 이들의 존중 동기로부터 관심을 바꿔서 존중감 지향적인 사람들이 생활하고 일하는 맥락을 검토하고자 한다. 그래서 우리는 지위체계, 특히 조직 내 지위체계를 검토한다.

사회적 및 지위 체계

존경받는 영국의 동물학자 Desmond Morris(1969, p. 21)는 다음과 같은 관찰을 하였다.

> 어떠한 조직화된 포유류의 집단에서도, 얼마나 협동적인지에 상관없이 사회적 지배를 위한 투쟁이 항상 존재한다. 포유류가 이런 투쟁을 지속시킴에 따라 각각의 개별 성체는 집단 위계에서 자신의 위치, 즉 지위를 부여받음으로써 특정한 사회적 서열을 획득한다. 이 상황은 결코 오랜 기간 동안 안정적인 것은 아닌데, 대체로 모든 지위 투쟁자들이 점점 나이가 들기 때문이다. 우두머리, 즉 '승자'가 노쇠할 때, 그 지배권은 도전받고 그는 바로 밑의 서열에 의해 타도된다. 모든 이들이 사회적 사다리에서 조금씩 상승하면서 새로운 지배 다툼이 존재한다. 사다리의 다른 끝에서 집단의 어린 구성원들은 아래로부터 압박을 받으면서 빠르게 성숙하고 있다… 일반적인 결과는 지위 긴장 상태의 상시화다. 자연 조건하에서 이런 긴장은 사회적 집단의 크기가 제한적이기 때문에 참을 수 있다. 하지만… 만약 집단 크기가 너무 커진다면… '극심한 생존경쟁(rat race)'은 곧 감당할 수 없게 되고, 세력 다툼은 통제 불능하게 맹렬해지고, 우두머리들은… 심각한 압박을 받게 된다. 이 같은 일이 발생하면, 지위를 드러내거나 부정하는 것에 한정된 일련의 행동들이 피비린내 나는 폭력을 불러일으키기 때문에, 집단에서 가장 약한 무리들은 흔히 죽음에 내몰리게 된다.

Morris(1969)는 포유류 왕국에서 지위, 지배 및 세력을 둘러싼 이와 같이 극적이고 매우 심각한 의례는 보편적이라고 하였다. 이것들은 일의 세계에서 일반적이며, 직무동기와 조직행동에 대한 우리의 이해를 위해 심오한 의미를 지닌다.

사회적 지위의 본질

사회적 지위란 무엇인가? 사회학자들은 다양한 정의들을 제시하고 있지만, 이 정의들은 수렴되는 경향이 있다. Faunce(1982)는 사회적 지위란 가치 있게 여겨지는 어떤 것 그리고 복종, 수용, 폄하(derogation)의 관계를 생성시키는 어떤 것의 불공평한 분배로 인한 위계상의 위치라고 언급하였다(p. 172). 이런 이유로 지위는 명성, 존중, 존경, 명예 측면에서 사람들이나 사회적 단위들 사이의 차이를 시사한다(Zeldich, 1968). Troyer(2003, p. 149)는 "사회 체계에서 행위자의 지각된 가치"를 지위라고 정의하였다. Locke(2003)는 사람들이 개인들 간의 관계를 생각할 때, 두 가지 일반적인 차원이 그들의 생각을 특징짓는다고 주장하였다. 이들 중 첫 번째는 상대적인 지위, 권력과 주체와 관련되어 있다. (두 번째 차원은 유대, 친밀감, 친근감 또는 결속감과 관계가 있다.)

여러 부류의 일하는 사람들 사이에 존재하는 차이들은 직장에서든 직장 이외의 맥락에서든 상대적인 지위에 대한 강력한 지표들이다. 따라서 서구문화에서는 처음 본 사람에게 직업을 물어보는 것은 공통적인 관행이다. 이 질문에 대한 답변에 포함된 명칭과 범주는 상징적이고, 의미를 가지고 있으며, 가치 판단적이다. 우리는 육체 업무의 직원과 비육체적 업무의 직원, 감독관과 피감독인, '생산적' 노동과 '비생산적' 노동, 전문직과 비전문직, 관리자와 일상 업무수행 노동자(routine worker), 정규직 노동자와 비정규직 노동자처럼 일과 관련해서 구분하고 있다(Burris, 1990). 요즘은 어떤 사람을 '노동자(worker)'로 언급하는 것은 예의 바르지 않거나 정치적으로 바람직하지 않다. 아마 '근로자(employee)'[8]라는 용어가 선호될 것이다.

유전학, 직업적 성취 및 사회적 지위

만약 서구 사회에서 사람들의 직업적 성취가 그들의 지위에 대한 주요 결정 요인이라면 무엇이 한 사람의 직업적 성취를 결정할까? 이에 대한 완벽한 답변은 이 책의 목적과 범위를 벗어나지만, 쉽게 머릿속에 떠오르는 한 가지 요인은 없기 때문에 유전학을 언급하는 것이 의미가 있을 것이다.

8) 이 책에서 employee는 근로자 또는 직원으로 번역하였다–역주.

일부 학자들은 생물학이 인간의 직무 동기와 행동에서 분명한 측면의 역할을 한다고 제안하였다(예를 들어, Arvey & Bouchard, 1994). 흥미롭게도 남성 호르몬인 테스토스테론의 작용은 뚜렷하게 북아메리카 남성의 상대적인 직업적 성취(따라서 사회적 지위)에 영향을 미친다고 제안한 초기 증거가 있다. 질병관리센터에서 실시한 베트남 전쟁 참전용사에 대한 대규모 연구에서 Dabbs(1992)는 테스토스테론이 높으면 직업적 성취가 낮은 것과 관련이 있다는 것을 알아냈다. 연구된 표본은 미국 전체 인구 구성을 대표하였다. 나이가 어린 남성들 중에서는 테스토스테론 수준이 높은 이들은 반사회적 행동 수준이 높고, 지능 수준이 낮으며, 교육 수준이 낮아 결과적으로 인적자원 시장에서 요구하는 직업적 기술이 낮거나 부족한 것으로 나타났다. 테스토스테론 수준은 유전적이고 사실상 출생 시기에 고정되는 것이기 때문에 Dabbs(1992)는 통계적인 측면에서 볼 때 그 효과는 작지만 이를 심각하게 여길 만큼 중요하다고 말하였다. 여기서 요점은 직업적 지위가 다양한 요인에 의해 결정되며, 이 요인 중에서 적어도 하나(유전 요인)는 개인의 통제 밖에 있다는 것이다.

사회적 지위가 사람들에게 많은 심리적 영향을 주며, 삶에서 '앞으로 나아가고자 하는' 사람들에게 인센티브로 작용한다는 생각이 있기 때문에, 직업의 상대적 지위에 관해 한 사회의 사람들 사이에 어느 정도 합의가 있다고 기대하는 것은 합리적인 것 같다. 그러나 항상 그렇지는 않다(예를 들어, Powell & Jacobs, 1983). 사실, Guppy와 Goyder(1984)의 연구는 사회경제적 지위(socioeconomic status: SES)가 높은 사람들 사이에는 그들의 직업적 명성에 대해서 상당한 일치가 있지만, SES가 혼재되어 있거나 낮은 사람들 사이에서는 그것에 대한 합의가 약하다는 것을 발견하였다. 연구의 흑인 참가자들 사이에 직업적 지위에 대한 일치 수준은 상대적으로 낮았다.

측정의 문제에도 불구하고, 일, 일하기, 사람들의 지위 사이에 강력한 연관이 있다는 것은 오래되었다. 일터는 존중감욕구가 만족되거나 좌절되는 잠재적 장소다. 한 사람이 속한 직업 범주를 폄하하는 것은 보통 모욕으로 간주되며, 많은 사람들은 더 명성 있는 지위의 집단들(전문가, 경영진, 기업가 등)에 소속되는 것이 중요해졌다. 이 사안에 대해 더 많은 부분을 짧게 언급할 것이다. 다음 절에서 우리는 존중감욕구의 충족과 관련된 지식, 그리고 일과 조직이 존중감욕구의 충족과 좌절에 미칠 수 있는 강력한 역할에 관해 간단히 살펴볼 것이다. 타인으로부터 긍정적 존중을 받고자 하는 욕구와 자신의 가치에 대해 긍정적인 견해를 갖고자 하는 욕구는 인간의 많은 행동을 동기화시킨다. 이는 확실히 직무동기의 강력한 원천이다. 개괄적인 언어로 지위 체계가 무엇이고, 왜 존재하며, 어떻게 작용하는지를 알아보기 전에 일반적 측면에서 지위체계의 본질에 대해 간단히 살펴보겠다.

조직 지위체계의 본질과 기능

초기의 조직학자는 직장 내 지위를 "권리, 특권, 면책권, 도덕적 의무, 법적인 의무뿐만 아니라 행동의 제약, 한계 및 금지에 대한 표현으로 정의되는 개인의 조건"(Barnard, 1946)으로 정의하였다. 왜 지위체계가 존재하는 것일까? 첫 번째 단순한 해답은 지금 이 절에 서술된다. 지위체계는 (존중감욕구처럼) 인간의 욕구를 만족시킨다. 그러나 지위체계는 다른 무엇을 하는 것일까? 지위체계는 어떤 다른 기능을 제공하는 것일까?

보상으로서의 지위

지위는 인센티브로 작용하며 지위를 가진 사람에게 지위는 만족이라는 보상을 가져온다(Zeldich, 1968). 그렇기 때문에 지위 상실은 박탈이다. Zeldich(1968, p. 253)에 따르면 다음과 같다.

> 지위 상승의 기회는 모든 사람들을 사로잡으며, 성취 지향적이지 않은 사회에서도 그렇다… 지위가 위협받을 때, 그것의 상실은 저항받는다.

높은 지위의 자리는 그 자체로 보상일 수 있으며, 또한 다른 보상과 혜택을 얻기 위한 도구의 역할을 할 수 있다(Barnard, 1946).

지위와 통제

지위체계는 사람들 사이에 책임과 예의에 관한 의식을 형성하고 유지하게 할 수 있다. 자신의 지위 상실에 대한 위협은 직무 장면에서 장애물로 여겨질 수 있으며, 따라서 사람들로 하여금 회사의 행동 규정뿐 아니라 사회의 풍습을 고수하도록 한다. 본 저자가 알고 있는 어떤 전문 회계회사는 근무 시간 이후 직장 밖에서 직원들의 행동에 대해 강력한 비공식적 규칙을 가지고 있다. 위반자들은 규칙 위반에 따라 지위, 차후 처우와 경력 발달 가능성에서 상응하는 대가를 지불할 수 있다. 사람들의 지위가 공식적으로 강등되는 것은 조직 생활에서 가장 극적이고 충격적인 사건 중의 하나일 것이다. 직원을 문책하는 것은 대부분의 관리자들이 가장 두려워하는 일이며, 조직의 문책을 받는 것은 해당 직원에게 트라우마일 수도 있다(11장과 14장을 보라). 경제적 이유로 인한 권고사직이나 다른 이유로 직원을 해고하는 것은 대부분의 상사와 경영진에게 악몽과도 같다. 넓게는 인생에서, 좁게는 직무 맥락에서, 지위는 소중히 여겨지는 필수품으로 생각될 수 있다. 따라서 지위을 잃는 것은 대부분의 사람들이 두려워하는 조직행동의 결과다. 이런 이유로 강한 지위체계의 유지는 통제, 보상 및 처벌을 위한 강력한 관리 도구가 된다.

지위와 의사소통

지위와 대인적 의사소통 사이에는 혼란스럽고 복잡한 관계가 있다. 반면, 지위체계는 의사소통을 촉진할 수 있다(Barnard, 1946). 지휘관으로부터 명령을 받는 하급 장교는 '이유와 원인'에 대해 물어볼 합당한 이유가 없다. 그저 명령은 명령일 뿐이다. 지휘관이 입은 제복은 하급 장교로 하여금 지휘자가 말한 것이 심각하게 받아들여져야 하고, 조치가 취해져야 한다는 것을 즉각적으로 알려 준다. 그렇기 때문에 의사소통은 신속해진다. 더 나아가 두 당사자의 서열 인식은 적절한 예의와 사용하는 언어의 종류를 결정한다. 사람들은 메시지를 받는 사람과 보내는 사람 모두의 지위에 적절한 말로 다른 사람에게 글을 쓰고, 말하는 경향이 있다. 다시 말해서, 지위는 의사소통을 촉진한다. 반면, 지위가 낮은 사람이 솔직하고, 개방적이며, 정직하며, 완벽하게 대화하는 것을 두려워하거나, 하급자가 '상사'에게 한마디 했다고 상사가 분개한다면 사람들 간의 지위 차이는 생각의 자유로운 소통을 방해할 수 있다.[9] 마찬가지로, 높은 지위에 있는 사람들은 민감하거나, 기밀로 분류되거나, '알 필요' 이상의 정보를 알려 주지 않는다.

9) Porter(1962)는 많은 레스토랑에서 보이는 회전봉(spindle)의 발명에 관해 이야기하였다. Porter에 따르면, 많은 레스토랑에서 매우 숙련된 요리사와 덜 숙련된 고객 응대 종업원 사이에는 큰 차이가 있었다. 낮은 지위의 사람들은 지위가 높은 사람들로부터 주문을 받아서는 안 되었다. 고객의 주문이 적혀지고 요리사가 볼 수 있도록 그것을 돌려놓는 회전봉의 도입은 지위 간 커뮤니케이션의 필요성을 없앴다.

지위 특성과 기대에 대한 이론은 집단 구성원들이 지위에 따라 서열이 확실히 정해질 때 그들이 다른 구성원들과 가지는 상호작용의 상대적 크기도 집단 구성원들 간의 서열과 동일한 경향이 있다는 것을 말하고 있다(Berger, Cohen, & Zeldich, 1972; Berger, Rosenholtz, & Zeldich, 1980). 이 이론에서 나온 세 가지 주요 가설은 대규모의 현장 검증을 통해 지지되었다(Cohen & Zhou, 1991). 그 연구자들은 29개 대기업의 224개 연구개발팀을 대표하는 2,077명의 응답자를 조사하였다. 이들은 모든 팀원들을 다양한 '외적' 지위 지표(교육, 성별, 회사 전체에서의 지위, 그리고 그 사람이 공식적으로 지명된 리더인지 아닌지)와 두 개의 '내적' 지표(전문가 지위와 팀 지위)로 평가하였다. 결과가 보여 주는 것은 모든 외적 지표는 그 과학자들이 속한 개별 팀에서의 그들의 지위에 상당한 영향을 미쳤고, 이러한 팀 지위는 그 사람에 관한 공식적 상호작용의 양을 유의하게 예측하였다는 것이다. 이 연구는 사회 수준 및 조직 수준의 지위체계의 보편성과 중요성을 제시하면서 그것들이 공식적인 직무 집단 속에 있는 사람들의 상호작용에 어떻게 영향을 미칠 수 있는지를 보여 주었다.

지위와 감정적 표현: 악순환일까?

사람들의 공식적인 사회적 지위는 그들이 느끼고 표현하는 감정의 범위에 영향을 미칠 수 있으며, 이런 감정 표현을 다른 사람들이 목격하게 되면 그러한 표현은 감정을 드러낸 사람의 지위를 강화할 수 있다는 증거가 있다(Tiedens, 2000). 그래서 4장에서 언급한 것처럼, 감정과 사회적 지위를 연결하는 악순환, 즉 자기충족적 예언(self-fulfilling prophesy)은 업무 조직과 같은 공식적 사회체계에서 사람들의 현 상태를 강화시키는 순환으로 작용할 수 있다.

예를 들어, 지위가 다른 사람들이 섞여 있는 집단에서 긍정적이든 부정적이든 작업 결과의 원인이 다소 불확실할 때, 세 가지 유형의 인과 귀인[또는 작인 평가(agency evaluation)]이 가능하며, 그때 사람들이 느끼는 감정은 그들이 지각하는 사회적 지위에 따라 달라진다. 이 세 가지 인과적 설명은 ① "내 책임이다.", ② "다른 누군가의 책임이다.", ③ "어느 누구의 책임도 아니다."(Ellsworth & Smith, 1988)다. 업무 성과가 부정적일 때, 지위가 높든 낮든 사람들은 실패를 집단 내에서 지위가 낮은 사람들 탓이라고 생각하는 경향이 있다. 지위가 낮은 집단이 실패에 대해 죄의식을 나타내는 반면, 지위가 높은 집단은 분노를 표현한다. 한편, 성과가 좋을 때, 낮은 지위의 사람들은 감사를 나타내는 반면, 높은 지위의 행위자들은 자부심을 느낀다(이 연구를 더 완벽하게 다룬 Tiedens, 2000을 보라).

지위와 위신에서 직업 간 차이

사회학자들은 오랜 기간 동안 하나의 경제체제 내에서 다양한 직업의 상대적 지위에 관심을 보여 왔다. 역사학자들과 정치학자들은 '시대'의 흐름, 다양한 현재 사건들의 중요성과 문화의 일반적인 가치를 추적하는 방법으로서 상대적 지위 차이의 변천을 활용하였다. 예를 들어, 본 저자는 워터게이트 청문회가 1970년대 후반기와 1980년대 초에 미국 내 변호사들의 사회적 지위에 미친 엄청난 부정적인 영향을 생생하게 기억한다. 이런 전문가 집단인 변호사들에 대한 부정적 고정관념은 적어도 새 천년이 도래했어도 워터게이트가 발생한 과거의 해당 연도만큼 강하였다. 그럼에도 불구하고, 사회는 전형적으로 사람들이 가진 직업에 근거하여 직장 구성원들을 계층화한다. 모든 직업들이 동등한 위신을 지닌 것으로 보이는 경우란 거의 없다.

직업 간 지위 차이를 결정하기 위한 전통적인 근거는 그 직업의 권력, 수입, 필요한 교육 수준이다(Abbott, 1981). 따라서 전문가들은 보통 사회적 지위 위계에서 높은 자리를 차지하는 것으로 평가되며, 이 경우의 쟁점은 어떤 직업은 전문적이며 어떤 직업은 아닌지를 결정하고 합의하는 것이 된다. 또 다른 쟁점은 전문직들의 상대적 지위와 관련이 있는데, 간호사들이 학교 교사들보다 집단으로서 더욱 위신이 있는 것인가? 의사가 회계사보다 지위가 더 높은 것인가? 그러나 이것은 끝이 아니다. 우리는 하나의 직업 속에서도 우리 스스로를 구분하려는 강한 경향성을 갖고 있다.

직업 내 계층화

인간의 계층화 열망은 특정한 직업 안에서도 계층화 의식을 초래한다. 이를테면 어떤 전문직 구성원들 사이에서든 계층화가 발생한다. 의사로 인정받은 모든 의사들이 동등하게 보이는 것은 아니다. 영국의 경우 일반의(general practitioner)는 오래도록 지위가 가장 낮은 의사들로 여겨졌으며, 이로 인해 정부와 개인 병원들은 일반의를 모집하고 유지하는 데 어려움을 겪었다. 원인이 무엇일까? 일반의들은 개인 환자들에게 의료서비스를 제공하는 것으로는 병원 소속 의사들만큼 그들의 수입을 보충할 수 없었다. 최근 영국 정부는 2년 내에 가정의(family doctor)의 연봉을 거의 50% 인상하고자 하였다(*The Economist*, 2005년 5월 14일, p. 61). 이런 급작스러운 임금 인상이 의료계에서 가정의들의 사회적 지위를 더 높이는 결과를 가져올 것이라 말하는 것은 시기상조다.

캐나다에서 동종요법의사(homeopath)는 '의료기관'에 종사하는 다른 사람들로부터 존중받지 못하고 불신을 사고 있다. 마찬가지로, 모든 변호사들이 같은 전문직의 구성원 간에 동등한 명성을 갖고 있다고 생각하지 않는다. 흥미롭게도 공동체 외부에서 가장 명성 있는 변호사(또는 의사)들은 변호사(또는 의사) 집단 내부의 구성원들에 의해 상당히 낮은 평가를 받는 것 같다. 즉, 자신의 업적을 대중화하고, 텔레비전이나 라디오를 통해 자신의 분야의 현재 지식을 보급한 저명한 과학자는 대중에게 공개되는 것을 좋아하지 않는 동종 학문 분야의 구성원들에 의해 상대적으로 낮은 평가를 받는다. 북아메리카 대학교의 교실에서 인기 있는 교수들이라 해도 상위권 학술지에 첨단 연구를 발표한 실적이 없이는 대학에서 학문적 서열이 올라가지는 않는다. 종종 일반 대중의 접근이 어려울수록 더 높은 지위를 누린다.

Abbott(1981)는 전문가들은 비전문가적 쟁점이나 업계에서 발생하는 엉뚱한 전문적 쟁점에 물들지 않고 스스로의 '순수성'을 지키는 것을 선호한다고 주장함으로써 이러한 역설을 설명하고자 했다. 인간의 복잡성, 문제점 또는 현실성을 수반하는 것은 무엇이든 순수한 상태를 훼손하고, 그러한 활동에 참여하는 전문가의 지위를 훼손한다. 예를 들어, 판사는 법정의 규칙을 다루면서 전문가로서의 순수성(professional purity)을 유지할 수 있기 때문에 지방검사보다 우월한 지위를 유지한다. 대학연구소에서 일하는 이론 지향적 엔지니어는 댐이나 다리와 같은 대규모 공공 프로젝트 건설로 공개적으로 알려진 유명한 엔지니어보다 일반인의 시선에서 지위가 낮을 수 있다.

그러나 Abbott(1981)는 이와 같은 엔지니어 두 명의 상대적 지위는 해당 전문직 내에서 꽤 상반된다고 예측하였다. 생물심리학자들은 사회심리학자들보다도 직업에서 보다 높은 지위를 누리지만, 사회심리학자들은 (형편없는 조직 장면에서 대부분 실제 사람들의 문제들과 관련된 일을 하는) 산업심리학자를 얕본다. 사람과 더불어 그 사람이 지닌 질병, 법, 범죄뿐 아니라 어떤 종류의 골칫거리든 실제 문제를 다루는 것은 전문가들이 자신의 순수성뿐 아니라 자신의 동료 집단 내에서 누리는 지위를 상실할 가능성을 야기하는 것 같다.

지위 부여 체계

그러나 어떤 집단에서 지위 차이의 발생을 결정하는 것은 무엇인가? 지위 차이가 나타나고 강화되는 기제는 '지위 조직화 과정' 또는 '지위 부여 체계'로 언급되었다. Webster(2003)는 사회과학에서 지위 부여 체계와 연관된 서구 사상을 포괄적으로 요약하였으며, 이에 관심 있는 독자는 Webster의 책을 참고하면 된다. Webster는 자신이 논의했던 흥미로운 개념들 중에서 기대 상태(expectation state)에 대해 다음과 같이 기술하였다.

> 다른 사람과 비교하여 한 개인과 연관된 상대적인 기대 상태가 높을수록, 그 사람은 집단의 문제를 해결하기 위한 시도를 더욱 많이 할 것이며, 이런 문제해결 시도로 긍정적인 평가와 동의를 더 많이 받을 것이며, 의견이 충돌하는 경우에도 이에 따른 영향을 덜 받을 것이며, 타인이 지각하는 능력과 리더십의 잠재성과 같은 모든 주관적 평가를 더 누리게 될 것이다. 기대 상태는 주로 차별적 참여율과 평가 과정과 같은 상호작용을 통해 발생한다. 긍정적 평가를 낳는 것은 무엇이든 그 사람에게 높은 기대가 관련될 가능성을 증가시킨다. 반면, 부정적 평가를 낳는 것은 무엇이든 그 사람에 대한 기대를 낮추게 기회를 증가시킨다. 기대가 반드시 의식되는 것은 아니지만, 그러한 기대는 질문과 면접을 통해 만들어질 수 있다.
>
> (Webster, 2003, p. 177)

간단히 말하면, 집단의 가장 시급한 문제들(또는 목전의 과업)을 처리할 수 있을 것이라 여겨지는 집단 구성원들은 최소한의 시도를 통해 애초부터 높은 기대 수준을 형성할 것이다. 만약 성공한다면, 그것은 개인에게 명성과 권력의 증가를 가져오는 순환이 시작된다(5장의 권력과 의존성의 관계에 대한 논의를 기억하라).

지위 특성

기대 상태는 한 사람이 무엇인가를 하거나 할 수 있는 것 자체에 기원을 두는 것에 비해, 지위 특성(status characteristics)은 그 사람 자체의 특징에 더 근거를 두고 있다(Troyer, 2003). 따라서 어떤 특성(예를 들어, 지능, 외향적 성격)이 사회에서 사회적 장점을 가진다면, 이 장점은 구성원들을 구별하기 위한 중요한 근거로서 한 집단에 도입될 수 있다. Judge와 Cable(2004)이 어떻게 신장이 서구 사회에서 가치를 인정받고 사람들의 생계에 큰 혜택을 줄 수 있는 특성이 되었는지를 보고했던 2장의 내용을 상기해 보자.

지위 특성에는 특정성(specific)과 분산성(diffuse)이라는 두 가지 일반적 범주가 있다. 특정한 지위 특성은 특별한 능력이나 특질(예를 들어, 신장, 대인관계 기술)과 관련이 있다. 그래서 만약 사회 집단의 구성원들이 큰 키를 가치 있다고 생각하면, 키가 큰 구성원들은 작은 사람들보다 더 높은 지위를 부여받을 것이다. 반대로 분산된 지위 특성은 특정한 특질이나 능력과 덜 관련되어 있다. 논란이 되는 한 사례로 성별이 있다. 전체적으로 성별에 따른 임금 차이로 판단할 때, 일부 경제학자들은 북아메리카 사회의 기업 문화는 여성보다 남성에게 더 높은 가치를 두고 있다고 주장한다. 최근에 2,000명의 직원을 대상으로 독일에서 이루어진 연구에서 성격 특성인 정서적 안정성이 남성과 여성 모두에서 높은 임금과 정적으로 관련이 있다는 것을 밝혔다. 반면, 다른 특질인 원만성(agreeableness)은 여성들 사이의 급여와 부적 상관을 보였다(Nyhus, & Pons, 2005). 특정한 조직 안에서, 소중히 여겨지는 특성은 조직 문화의 근거를 형성하며, 2장에서 살펴본 것처럼 이러한 문화들은 직무동기, 보상 및 처벌을 위한 강력한 맥락으로 작용한다.

두 가지 이상의 지위 특성을 결합하면 흥미로운 모형이 될 것이다(Webster, 2003). 앞에서 제시했던 가설적 예들을 확장한다면, 키가 큰 여성의 지위와 키가 작은 남성의 지위를 비교할 수 있을까?

지위 부여 체계

지위 부여 체계의 개념은 직업 간 및 직업 내 지위 비교를 이해하는 데 도움을 준다(Faunce, 1982, 1989). Faunce(1989, p. 384)에 따르면, 지위 부여 체계의 기본적인 요인들은 다음과 같다.

평가받는 사람이나 지위, 평가자, 가치, 그리고 그 결과 나타나는 사람이나 지위의 위계. 어떠한 사회적 접촉도 복종, 평등 또는 폄하 관계를 포함하며, 명시적이든 암묵적이든 지위 부여 체계와 관련된다.

게다가 이 지위 부여 체계는 여기에 포함되는 사람들의 규모와 참여 정도에 따라 달라진다. 그래서 우리가 이미 살펴본 것처럼, 직업적 지위 부여 체계는 어떤 공동체나 사회 속의 업무 집단, 사무실, 회사, 직업, 기관의 경계 범위에 제한된다(Faunce, 1989, p. 385). "가족의 지위 위계에서 매우 부유한 남자 동서는 고학력의 남자 동서와 별도의 위치를 차지한다." (Faunce, 1982, p. 168) 물론 같은 동서들이 모두 고학력이고 부자라면 이 문제는 고려할 가치가 없다.

한 연구는 동일한 직업을 가진 구성원들이 직업의 성별 구성의 우세성에 따라서 직업 내 지위가 다를 것이라는 것을 알아냈다(Powell & Jacobs, 1984). 예를 들어, 여성이 우세한 직업(예를 들어, 간호사)에서 여성은 남성 간호사들보다 위신이 높은 것으로 평가된다. 마찬가지로, 여성 트럭 운전사들은 남성 트럭 운전사들보다 위신이 낮은 것으로 평가된다. 또한 어떤 직업에서든 남성과 여성 간에 위신의 차이는 전체 인구 구성과 비교할 때 그 사람이 '제대로 배치되지 않은 정도'와 관련이 있다.

관련된 연구에서, 같은 연구자들은 직업에 따라 본래 성별과 관련된 지위가 존재하는지, 그리고 다양한 직업들에서 전형적인 참여자의 성별이 중요한 역할을 하는지를 알아내고자 하였다(Jacobs & Powell, 1985). 이들이 알아낸 것은 직업의 일반적인 지위가 보통 성-전형적(gender-typical) 직업을 가진 사람들(남성 우세적 직업의 남성, 여성 우세적 직업의 여성)에게 귀속되는 위신을 반영한 것처럼 보인다는 것이다. 이 연구자들은 "직업적 위신이 외관상 성별과 무관하다는 생각은 성별과 직업적 위신이 강하게 연관된 가정을 내포하고 있다고 결론 내렸다. …남성 우세적 직업의 남성 및 여성 우세적 직업의 여성에서처럼 직업에 일치되는 위신은 성 전형적인 재직자를 반영한다." (pp. 1069-1070) 분명히 성별, 성역할 고정관념, 그리고 직업에 두루 나타나는 여성과 남성의 실제 분포 간의 관계는 복잡하고 전체 노동 인력의 본질이 변함에 따라 바뀌게 된다. 이런 관계가 얼마나 복잡하고 다루기 힘든지는 차치하더라도 그런 관계는 직장인에게 문제를 안겨 준다.

여기서 요점은 간단하다. 사람들은 본질적으로 계층을 지으려 한다는 것이다. 이렇게 하기를 바라는 많은 욕망은 존중에 대한 보편적인 욕구에 의해 유발된다. 사람들이 수행하는 일의 본질은 사람들 사이에 수평적 관계를 형성함에 있어서 이미 준비된, 손쉬운 및 공통된 근거를 제공한다. 그러나 이미 살펴본 것처럼, 어떤 사람들이 다른 사람들보다 지위와 위신이 낮지만 또 다른 누군가보다 우월하다는 것을 확인하게 해 주는 등급을 세분화하는 것은 끝도 없이 이어진다.

직장에서의 지위 상징

모든 지위체계에서 빠뜨릴 수 없는 점은 지위를 반영하는 많은 유형적 및 무형적 상징인데, 그러한 상징은 그것을 활용하거나 지니고 있는 사람들의 지위를 반영한다. 사무실 크기와 실내장식은 이런 것에 대한 예가 된다. 한 연구는 지위가 높은 사람들이 사용하는 사무실에 임시로 배치된 직원들의 직무수행이 향상된다는 것을 밝혔다. 반대로, 같은 연구에서 과거에 사용했던 것보다 지위 가치가 낮은 사무실에 임시로 배치된 직원들의 직무수행은 하락하였다(Greenberg, 1988a). 많은 조직들은 어떤 사람이 차지한 사무 공간의 질과 지위 수준 사이에 밀접한 관계가 있다는 것을 확증하기 위해 상당한 노력, 시간, 비용을 투자한다. 예를 들어, 사람들은 보통 더 넓고 창문이 더 많기 때문에 모퉁이 공간을 탐낸다. 모퉁이 사무실을 차지한 이들은 여분의 공간이 높은 접근 가능성, 더 많은 것의 보관 및 대규모 미팅을 가능하게 하기 때문에 그러한 공간이 좋다고 주장한다. 그러나 모퉁이 공간이 실제로 가지는 가치는 보통 그러한 사무실의 수는 제한되어 있고, 조직에서 지위가 높은 구성원이 이런 공간을 차지하고 있다는 사실에 있다. 사람들은 종종 지위 상징들("여분의 공간이 기능적" 이라는 것은 실제 "나를 봐, 나는 성공했어!"를 의미한다)에 대한 사회학적인 사실들을 부인하는 데 상당히 애를 쓴다. 모퉁이 사무실들은 회사의 도서관, 회담실, 회의실 및 다른 목적으로 활용되곤 한다. 기업이 지위 차이를 부인하려고 해도, 지위의 다른 근거들이 발생하는 데 이것들은 보통 직원 자신들의 전문성에 근거한다.

지위 상징으로 보이는 것은 문화마다, 집단마다, 또한 시간의 흐름에 따라 달라진다. 지위 상징은 보통 희소하고 가치 있게 여겨지는 것들인데, 어느 정도는 그렇게 여겨지는 문화적 신념 때문이다. 가격표시기계(price marker)를 지니고 있는 것은 저자가 한때 일했던 식료품점 문화에서는 사람들의 질투를 낳으며 보호된 지위의 상징이었다. 이런 기계를 지니고 있는 것은 그 사람의 지위가 높다는 것을 의미했다. 이 기계를 걸어 두는 허리띠를 차고 있는 것은 특히 '끝내주는' 일이었다.

지위 상징이 유형의 대상일 필요는 없다. 예를 들어, 마음대로 오가거나 자신의 직무 일정을 바꾸는 특권은 사람들이 소중히 여기고, 보호하고, 유지하고, 갈망하는 지위에 대한 무형의 지표들이다.

직 책

많은 사람들이 그들의 직책(job title)을 두고 소란을 떠는 것은 대단히 흥미로운 사례다. 현재 인기 있는 NBC 텔레비전 프로그램 〈사무실(The Office)〉의 등장인물인 Dwight Schrute는 가능하면 모든 경우에 자기를 부지점장(assistant manager)이라고 말하지만, 실제 직책은 지점장 Michael Scott의 조수(assistant)다. 여기에 엄청난 차이가 있다. Michael과 Dwight의 동료들은 이 애처로운 Dwight가 사무실의 위계에서 그의 진짜 지위를 잘못 표현한다고 매번 지적한다. 이것은 텔레비전에서 아주 재미있는 광경이지만, 위계적 조직 구조에서 일하는 사람들에게 이것은 어디서나 발견되며 아주 현실적이며 영향력 있는 것이다.

장비: 선택이냐 필수냐

15년 전 많은 조직에서 근무 중 휴대전화나 무선호출기를 지녔던 사람들에게 부여된 지위를 생각해 보자. 적어도 초기에는 이런 장비 중 하나를 지닌다는 것은 이것을 갖고 다니며 사용한 사람들의 지위가 높다는 것을 암시했다. 수년이 지나지 않았지만, 많은 조직 문화에서 이런 전자 올가미들은 영광을 잃은 것 같다. 대학 총장이나 경비나 모두 무선호출기나 휴대전화를 지니고 있다. 그래서 일부 문화에서 직무 중 그런 자잘한 장비를 들고 다니는 것이 필수인 것은 자율성 부족이나 낮은 지위를 나타내는 전자 족쇄를 들고 다니는 것으로 보일 수 있다. 요컨대 '시대'는 지위 상징의 가치를 변화시킬 수 있다.

군대에서의 지위

군대와 예비군 조직은 지위 상징을 매우 중요하게 여긴다. 각급 장교와 부대는 엄격한 통제와 부대 편성에 따라 별, 줄무늬, 갈매기형 수장,[10] 핀, 배지 및 기타 휘장을 신중히 배정받는다. 군대가 계급의 상징을 대단하게 여기는 것에 관하여 두 가지 흥미로운 사례가 있다.

첫 번째는 1996년 봄에 결혼할 당시 미국 해군참모총장인 Mike Boorda 제독에 대한 사례다. 40년간 복무한 베테랑인 Boorda의 제복을 장식하는 여러 가지 것들 중에서 두 개의 작은 청동 V형 핀을 착용한 것이 적절한가에 대한 의혹이 제기됨으로 인해 그는 상당한 곤경에 처했다. 이 표식은 착용자가 V로 표현되는 교전지대에서 전투를 했다는 것을 나타낸다. Boorda가 베트남 전쟁 당시 교전 지대에서 근무했고 그곳에서의 임무 때문에 두 번의 훈장을 받았지만, 그는 실제 적군의 직접적인 강력한 행동으로 인해 개인 위험에 처해 있었다는 것을 의미하는 V형 핀을 받지 못했었다. Boorda는 자신의 실수를 깨닫고 그 핀을 달지 않았다. 그러나 지금까지 그가 그 핀을 착용했던 것을 궁금해하던 사람들과 기자들이 있었다. 그는 자신의 실수로 그 메달의 상징적 가치와 의미를 훼손시켰다는 것을 인정하기보다는 궁금해하는 기자들과 만나기 전에 스스로 목숨을 끊었다. Boorda와 미군 문화의 다른 구성원들에게 이는 명예의 문제였다(Zoglin & Thompson, 1996).

두 번째 사례로, 네덜란드의 Otto('Dutch') Bischoff는 97세에 1918년 초 아르곤(Argonne) 숲 전투에서 대단한 냉정함과 용기로 독일군에 저항한 공으로 미국의 은성무공훈장을 받았다. 관료적인 이유가 무엇이든 육군은 적절한 시기에 훈장을 주지 않았다. 이 사례를 검토하고 실수를 바로잡기 위해 군인공제조합(Fraternal Order of Trench Soldiers)이 참여하였고, Bischoff는 78년 후인 1996년 1월에 이 훈장을 받았다. 그 많은 세월이 흐른 후에도 은성무공훈장은 여전히 수여될 가치가 충분하다고 여겨졌고, 군대도 이 훈장을 수여하는 상징적인 중요성을 믿었다(*Vancouver Province*, 1996년 6월 27일, p. A26).

지위 상징, 그것의 중요성과 기능에 관한 예는 무수히 많다. 직업을 갖기에 충분한 나이이거나, 일에 관한 영화를 보거나 책을 읽는 사람은 누구든 이 점을 인정할 것이다. 지위체계는 지위 상징이 필요하고 이 지위 상징에 의해 정의된다. 이런 상징을 소유하는 것은 높은 지위를 의미하고, 이를 소유하지 못한 것은 낮은 지위를 의미한다. 그리고 보통 이것들을 박탈하는 것은 관련된 사람에게 엄청난 당황과 굴욕의 근원이 된다.

10) 미군의 제복에 다는 V자형 계급장을 말한다–역주.

이론적 경고

업무 장면에서 발견되는 지위 상징을 설명하기 위해 제시했던 대부분의 사례들은 대부분의 독자들에게 친숙한 것들이다. Faunce(1982)는 그러나 지위, 지위 상징 및 이것들이 사람들의 자기존중감욕구에 소구하는 잠재성에 대한 이론 개발과 개념의 정교화에 관심 있는 사람들에게 경고를 한다.

지위와 자기존중감에 대한 구체적 사례를 사용하여, Faunce는 이론에 대한 주의 깊은 연관성도 없이 (사회적 지위와 같은) 복잡한 개념을 조작화하고 해석하는 현대 사회학의 성급한 방식을 비판하였다. 예를 들어, 그가 지적한 것은 우리가 직업에서 나타나는 지위 차이를 사람들이 받는 임금 수준, 요구되는 교육 수준, 관련된 직무가 단순직인지 사무직인지 등과 동일시할 우려가 있다는 것이다. 관행상 이런 다양한 지위 '지표들'은 서로 관련되어 있을 수 있다(예를 들어, 고임금의 직업을 가진 사람들은 더 많은 훈련과 교육을 요구받는 경향이 있고, 사무직에서 육체가 아닌 정신을 활용하며 일하는 경향이 있다). 그러나 이들 간의 관계는 완벽하지 않고, 항상 예측할 수 있는 것도 아니며, 이 지표들 중에서 어떤 것을 선택하든 정교하게 다듬어진 사회적 지위의 개념화에서 이론적인 정당성을 찾을 수 있는 것도 아니다. Faunce(1982, p. 160)는 다음과 같이 서술하였다.

> 직업적 지위 차이 때문에 추정되는 많은 결과들은 사람들이 이런 차이에 관심을 둔다는 가정에 기초한다. 직업적 지위와 자기존중감의 관계에 대한 작동기제에 대해 충분한 설명 없이 직업적 지위가 자기존중감에 영향을 준다고 가정하는 것은 엉터리 사회학의 사례다. 지위-존중감 관계를 설명하는 이론은 다양한 형태의 직업적 지위 위계를 확인해야 하고, 이런 위계가 어느 정도는 사회적 경험과 관련이 있을 수 있는 조건을 구체적으로 명시해야 하며, 지위 차이의 경험과 관련된 사회적 평가가 자기존중감에 영향을 미치는 방법들을 열거해야 한다.

여러모로, Faunce의 관찰과 개탄은 우리가 **구성타당도**(construct validity)라는 일반적인 제목하에서 심리학과 미시조직행동에서 본 것과 관련되어 있다(Schwab, 1980; 이 책의 2장을 보라). 요점은 사회과학적 개념을 실제적인(또는 경영상의) 목적으로 사용하려고 하는 우리들의 바람은 학교나 기업 운영, 가족 부양, 도움이 필요한 이들에 대한 지원과 같은 실제적인 문제에 접근하기 위해 (과학적으로 타당한 것이 아닌) 손에 쉽게 잡히고, 두드러지거나, 명백한 지표들을 사용하도록 만든다는 것이다. Faunce(1982)에 따르면, 실무자가 하는 성급하고 정밀하지 않은 개념 해석 때문에 개념의 본질적인 의미가 불명확해질 수 있고, 사회학 같은 이론 분야의 발전을 방해하는 문제가 발생한다. 개념의 의미뿐만 아니라 다양한 개념들이 어떻게, 왜 연결되었는지 이해하는 데도 어려움이 있다.

본 저자는 30년 전에 직무동기 이론의 '성급한 적용'에 관하여 비슷한 개탄을 했다(Pinder, 1977). 응용 의도를 가진 독자는 아마도 이 절의 앞부분에서 제시된 지위 상징과 자기존중감의 관계에 대한 지식에서 얻을 점이 있을 것이다. 그러나 Faunce(1982)는 지위의 '명시적' 지표와 지위 차이 사이의 관계와 이러한 관계가 표상하고자 하는 개념(이 경우, 사회적 지위)의 진짜 의미는 부분적이며 불완전하고 개념적으로 포괄성을 가진 것이 많지 않다는 것을 지적했다. 지위와 자기존중감의 관계에 관한 구체적인 사례를 또다시 이용함으로써 사회과학에서 개념들 사이의 관계가 어떻게 이론에 근거해서 만들어질 수 있는지에 관해 Faunce(1982, 1989)가 제시한 건설적 사례를 살펴보기는 하겠지만, 요점은 이미 제시되었다.

지위 부여와 좌천

지위는 노력, 장점 및 업적에 기인하여 성취될 수 있다. 한 사람이 높은 수준의 지위에 따른 권리를 얻게 되면, 어떤 형태로든 그런 사건을 나타내는 예식이 있게 마련이다(Trice, Belasco, & Alutto, 1969를 보라). 지위의 이동이 클수록, 예식은 더 크고 화려한 경향이 있다(Ritti, 1994). 조직은 지위에 대해 잘 관리할 필요가 있는 상황에서는 이러한 예식 절차들을 자주 이용한다. 승진은 홍보되고, 강등은 쉬쉬하고 넘어가며, 정년퇴임은 자주 호화로운 선물들과 기념물들로 환영된다.

흥미롭게도 수평적 경력 이동은 지위에 어떤 암시를 준다(Pinder, 1989). 두 직무가 내용, 근무지나 임무 측면에서 서로 크게 다르지 않다면 대부분의 조직 지위체계에서 그 두 직무는 동등한 지위를 가지고 있지 않다. 한 기업 내에서 지역적 이동도 마찬가지다. 한 회사 내에서 토론토에서 시카고로 이동하는 것은 승진으로 해석된다("그녀는 정말 고속승진을 하는구나."). 반면에 다른 요인들이 같다는 가정하에 또 다른 회사에서 마찬가지의 이동은 "그 사람은 좌천된 것이다"처럼 강등된 것으로 여겨질 수 있다(Pinder, 1983을 보라).

대부분 기업들의 공식적인 구조가 피라미드 형태이고, 인력 구조의 인구통계적 특성이 균등하지 않다는 사실은 요즘 많은 기업들에게 공통된 우려를 유발하고 있다. 이는 많은 사람들(특히, 베이비붐 세대와 X세대에서—3장을 보라)이 조직에서 상향 이동을 위한 기회가 제한적이라는 것을 의미한다. 이들의 상사들은 아직 은퇴하지 않았다. 이를 해결하기 위해 제안되었던 한 가지 방법은 일에 대한 흥미와 동기를 유지하고 회사에 몰입을 유지하기 위해 사람들을 하향 이동하는 것이다(Hall & Isabella, 1985를 보라). 당연히 이 해결책은 제한된 범위에서만 성공적이었는데, 조직에서 경력 발달, 지위 향상 및 위계에서의 상향 이동 사이의 전통적인 관계에 대한 인식 때문이다. 지위와 지위에 대한 관심은 직무 장면에서 어디에나 존재한다.

자기존중감에서 직업적 지위의 역할

지금까지 우리는 자기존중감욕구와, 이 같은 욕구들을 만족시키거나 거부하는 직무와 조직의 잠재성에 대해서 논의하였다. 그래서 우리는 "지위가 높은 역할을 맡아서 일한다면 존중감욕구가 채워질까?"라는 질문을 직접적으로 할 수 있다. 그러나 Faunce(1982, 1989)는 이 질문에 대한 대답은 그렇지 않으며, 이 관계(지위-존중감욕구 충족)가 그렇게 단순하지 않다고 주장하였다. Faunce(1989)에 따르면, 직업적 성취와 자기존중감 사이의 관계에 관한 경험적 연구의 결과들은 혼란스럽고 불분명하다. Faunce는 "자기존중감에 대한 지위의 효과는 어떤 사람이 지위 위계에서 자신이 어디에 있는지에 대해서 알고 있다고 해서 나타나는 것이 아니고, 더 중요한 것은 그 사람이 그 위치에 있다는 것을 마음에 떠올리는 횟수의 결과로 나타난다."라고 주장하였다. 다시 말해, Faunce는 지위 계층에서 단지 상위 직책을 차지한다고 그 사람이 높은 자기존중감을 경험할 것이라고 장담할 수 없고, 오히려 체계는 다양한 수단을 통해 반드시 그 사람의 서열(지위)을 알게 해 주어야 한다고 제안하였다.

예를 들어, 지위가 낮거나 높은 사람들과의 빈번한 만남, 지위에 따른 특권의 빈번한 이용이나 지위에 대한 다른 사람들의 빈번한 인정은 자신의 지위를 자기정의에서 중요하거나 중심적인 것으로 만들 수 있는 지위체계의 특징이다. Faunce(1989)는 이 개념을 **자기투자**(self-investment)라고 하였다. 즉, 이것은 어떤 사람의 삶에서 나타나는 다양한 활동이나 특성들이 가진 중요성 수준에 따라 그 사람은 삶에서 자신의 가치나 성공을 정의하는 방식이 달라진다는 것이다. "자기투자는 자기존중감에 적절한 활동이나 속성인가를 바탕으로 그 활동이나 속성을 성취하기 위해 몰입하는 것으로 정의된다. 예를 들어, 직무에서 높은 자기투자는 직업적 성취가 자기존중감 유지에 필수적임을 의미한다. 자기투자가 낮은 사람들은 무난한 일 처리에 어려움을 겪을 수 있다."(pp. 381-382) 더욱이 어떤 사람이 어떤 행동이나 속성을 기준으로 타인의 평가를 받는 빈도가 높을수록, (자신의 직무와 같은) 그러한 활동이나 속성의 중요성은 높아질 것이다(Dubin, 1956). 또는 Faunce의 용어로 말하자면, 한 사람이 직무에서 자기투자를 열심히 하지 않는다면, 어떤 수준에서든 그 사람이 도달한 지위는 그 사람의 자기존중감에 좋은 또는 나쁜 영향을 주거나 아무 영향이 없을 수 있다.

우리 모두에게 해당하지는 않지만, 일은 우리들의 지위의 주요 결정 요인이다(Faunce, 1989). 그러나 일이 삶의 중심인 사람들에게는 모든 수준에서 직무와 관련하여 발견되는 지위체계는 자기존중감의 핵심적인 결정 요인이다. 우리에게 일이 중요하지만 충분한 지위 달성에 실패한다면, 우리는 자기존중감이 악화되고 좌절될 것이라 예측한다. 같은 이유로 직무 성취는 자기가치를 느끼는 데 크게 기여할 것이다. 그러나 직무에서 어떤 사람의 자기투자 정도가 많지 않다면, 일과 관련된 추구에서 성공과 실패는 자기존중감에 별다른 영향을 미치지 못한다. (가족, 종교, 취미에서의 성취와 같은) 삶의 다른 영역이 자기존중감에 대한 결정 요인으로 훨씬 중요할 수도 있다.

요약과 미리 보기

이 장에서 우리는 계속해서 사회적 상호작용에 대한 인간의 욕구, 이러한 욕구의 동기적 결과, 그리고 조직행동에 관한 이들의 상호작용을 검토하였다. 5장에서 우리는 업무 장면에서 나타나는 성(性)과 사랑에 대한 인간의 욕망 및 권력동기를 보았다. 반면, 이 장에서 우리는 자기 자신과 다른 사람에 대한 존경 및 친애에 대한 인간의 욕망을 탐색하였다. 또한 친애욕구와 자긍심이 어떻게 일어나고, 직무 장면과 직무 경험에 의해 어떻게 만족되고 좌절되는지에 대해 살펴보았다.

다음 장은 조직의 직무설계에 초점을 둘 것이다. 특히, 직무설계가 이 책의 2부(3~6장)에서 다루어 왔던 많은 인간의 욕구를 생성하거나 좌절시키는 데 주요 맥락 요인(2장을 기억하라)으로 표상될 수 있는지에 관심을 둘 것이다. 3장에서 논의되었던 내용을 충분히 이해하면 7장에 제시된 내용을 이해할 수 있을 것이다.

7장
직무설계: 직무동기의 맥락적 원천

문이 얼마나 좁은지
아무리 많은 형벌이 날 기다릴지라도 중요하지 않다.
나는 내 운명의 주인
나는 내 영혼의 선장
_ W. E. Henley

3장에서 우리는 내재적 동기가 숙달과 자기결정의 느낌을 얻기 위해 개인의 각성, 도전 및 불일치 수준을 증가 또는 감소시키기 위해 사용되는 에너지로 구성된다는 것을 보았다. 사람들은 개인적 선호 정도에 비해 너무 낮지도 너무 높지도 않은 생리적 및 심리적 각성을 제공하는 환경 자극을 추구하는 것으로 보인다. 6장에서 우리는 인간의 자기존중감욕구와 직무와 관련된 많은 사회적 관습을 검토함으로써 인간 기능(human functioning)의 사회성 및 군집성 측면의 주요 요소들을 살펴보았다. 이 장에서 우리는 3장과 6장, 특히 3장에서 제시된 이론들을 바탕으로 인간의 직무동기 관점에서 직무설계를 검토할 것이다. 사람과 그들이 직접 수행하는 직무의 직접적인 연결은 직무동기의 수행을 결정하는 가장 강력한 맥락 요인 중 하나를 구성한다는 것을 알게 될 것이다. 직무는 많은 경우에 사람들이 공식적으로 직장에 있지 않더라도 바로 주변에 존재하는 것이다.

개 요

직무설계의 이해를 돕기 위해 이 장은 먼저 인간 기능의 생리학적 모형부터 시작한다. 생리학적 접근은 과학적인 면에서 바람직하다. 왜냐하면 그것은 직원들의 주관적인 자기보고식 설명에 의존할 필요 없이 사람들에 대한 직무의 영향력에 관하여 객관적이고 양적인 통찰을 가능하게 하기 때문이다. 반면, 엄격한 생리학적 접근에는 다양한 어려움, 즉 경영적 실행에 대한 접근을 어렵게 한다는 점도 있다. 따라서 다음으로, 우리는 많은 인지적 접근뿐 아니라 자기결정, 자기존중감 및 사회적 상호작용 욕구들에 소구하는 접근들을 모두 살펴볼 것이다. 우리는 직무설계에 대한 새로운 이론적 구조에 관한 연구들을 간략히 요약하면서 이 장을 마무리할 것이다. 그러한 이론적 구조는 미래의 직장을 좀 더 포괄적이며 체계적으로 이해하게 해 줄 것으로 가정된다. 따라서 Scott(1966)에 의해 조직학 문헌에 원래 소개되고 나중에 Gardner와 Cummings(1988)가 확장시킨 활성화 각성 이론(activation arousal theory)부터 시작하기로 한다.

활성화 각성 이론

직무설계에 대한 활성화 이론의 주요 취지는 직무 그 자체가 일을 수행하는 사람들에게 활성화의 근원이라는 것이다. **활성화**(activation)는 "뇌간의 망상체에서 일어나는 흥분 상태"(Scott, 1966, p. 11)로 개념화된다. (직무와 같이) 어떤 자극 대상이나 장면이 가진 특정한 성질은 더 높은 수준의 활성화와 각성을 불러일으킨다. 어떤 사물이나 상황의 강도, 다양성, 복잡성, 불확실성, 신기성(novelty) 그리고 의미는 특히 중요하다. 따라서 다양성이 없고, 세부 요소가 없어 단순하고, 신기성이 떨어지고, 불확실성이 없거나 예측 가능성이 낮은 직무는 이와 상반되는 특성을 가진 직무에 비해 사람들을 활성화시키지 못한다. 다시 말해, 다른 것이 같다면 신기성과 변화가 많고, 예측 불가능한 요소가 있으며, 다양성과 같은 특성들을 가진 직무가 상대적으로 각성을 불러일으킨다.

그러나 이 이론이 더 강한 활성화가 더 좋다는 것을 제안하는 것은 아니다. 대신에, 이 이론이 제안하는 것은 직무의 이러한 특성들은 직원들이 경험하는 각성의 전체적인 수준을 결정한다는 것이다. 그러나 어떤 특정한 직원들에게 가장 편안한 각성 수준은 중요한 문제다. 즉, 너무 많은 자극은 불만족스럽고 또한 너무 적은 자극도 만족스럽지 않다. 자극 수준이 자신이 선호하는 수준보다 조금 높거나 조금 낮은 직무 환경에 접하면, 그 직원은 그러한 환경을 즐길 것이다. 예를 들어, 사무실에서 갑작스럽게 전화를 주고받은 후 미리 계획함이 없이 모여서 노는 것은 즐겁고 신나는 일이 된다. 같은 방식으로 개인의 최적의 각성 수준으로부터 너무 많이 벗어나는 것은 혐오스럽기 때문에 자극을 늘리거나 줄임으로써 평상 상태로 회복하려는 노력을 하게 한다. 백일몽을 꾸거나, 익살을 떨거나, 근무 중에 이리저리 참견하는 것 등은 전자에 해당하며, 게으름을 펴거나 꾀병을 부리는 것 같은 도피 행위는 후자에 해당한다(Noon & Blyton, 2007을 참고하라). 직원들은 직무 그 자체의 내용이나 흐름을 수정함으로써 직무의 자극 수준을 높이거나 낮추려는 노력을 한다.

예를 들어, 자극을 증가시키는 방법은 다른 직원들과 비공식적으로 업무를 바꾼다든가, 어떤 업무의 순서를 바꾸어서 해 본다든가, 업무수행의 새로운 기법을 고안한다든가 하는 것을 포함한다. 대신, 복잡한 직무를 세부 요소로 분할하거나, 어떤 부분의 업무를 단순히 뒤로 미루거나 생략하거나 하는 방식은 직무와 관련된 자극을 줄이는 방법이다. 요점은 직원들이 흔히 어떤 직무가 제공하는 활성화 수준에 적응하거나 각성 수준을 증가 또는 감소시키는 방법을 강구한다는 것이다. 어떤 사람이 '보통' 수준의 자극에 적응하기 위해 애를 쓰다 보면, 다른 어떤 과업을 하든 그 사람의 수행은 대개 어려움을 겪는다. 그래서 균형을 맞추기 위해, 활성화 수준과 업무수행 사이의 관계는 역 U자형의 관계를 그리는데, 즉 직무가 너무 지루하거나 너무 빡빡할 때 직무수행은 타협점을 찾아간다(Yerkes & Dodson, 1908).

각성 수준 선호도에서 개인차

사람들이 선호하는 각성 수준은 세 가지 방식으로 분류할 수 있다(Korman, 1974). 첫째로, 하루 중 어느 시점에서 어떤 사람들은 다른 사람들보다 더 강한 자극과 그에 따라 더 강한 활성화를 원한다. '야행성 인간'이나 '아침형 인간' 같이 다양한 친구들과 집을 공유하여 살아 본 학생들은 사람들마다 언제 자극을 추구하고 즐기는지에 대해서 매우 다르다는 것을 잘 알고 있다.

둘째로, 같은 사람이라도 때에 따라 선호하는 자극의 수준이 다르다. 아침에 충분한 양의 카페인이 몸에 들어가서 각성되기 전에는 상대적으로 낮은 소음 수준을 선호하는 것이 일반적이다. 하루 중 늦은 시간에는 선호하는 흥분 수준이 높지만 잠자리에 들기 전에는 낮은 수준의 흥분이 선호된다. 그러나 이러한 패턴도 늘 보편적인 것은 아니다.

셋째로, 개인차는 사람들이 하루 중 특정 시간에 일정한 범위 내에서 점진적으로 더 높아지거나 더 낮아지는 자극 수준에 알맞게 적응하는 경향성이 있다는 것이다. 예를 들어, 갓 입사한 말단 직원은 그의 수준에 맞는 상대적으로 낮은 수준의 자극을 받지만, 그 직원이 높은 위치로 승진함에 따라 점차 더 높아지는 자극 수준을 원하고 추구한다.

요약하자면, 사람들이 선호하는 자극 수준에서 개인 간 및 개인 내 차이가 있다. 이러한 개인차는 어떻게 각성 이론을 직무설계에 적용할 것인가를 이해하는 데 아주 중요하다.

최적 각성 접근의 가치

개인의 중추신경계에서 일어나는 현상을 모두 측정해야 할 필요가 있고, 모든 개인 내 및 개인 간 차이를 설명할 수 있어야 하기 때문에, 활성화 각성 이론[1]을 경험적으로 타당화하는 것은 사실상 불가능한 것 같지만, 적어도 이 이론은 직무설계를 위해 몇 가지 아주 간단한 제안을 한다. 특히, 이 접근은 직무가 너무 복잡하지도 너무 단순하지도 않을 때 직무 관련 동기가 극대화될 수 있다는 점을 제안한다. 따라서 직무는 이러한 복잡성, 신기성, 자극 등이 균형을 이루는 최적 지점에서 설계되어야 한다. 그러나 이러한 조언을 실무에 적용하는 것은 몇 가지 이유로 간단하지는 않다.

우선, 직무설계 전문가(일선 관리자는 제외하고)라도 어떤 직무가 유발하는 자극 수

1) 이 이론은 자극과 각성변인 그리고 성과나 만족과 같은 결과변인들 사이의 관계에 대한 초기의 모형들로부터 나온 연구 증거들을 통합함으로써 연역적으로 개발되었다.

준이나 특정한 객관적 자극 수준(이것을 알 수 있다 해도)이 특정 직원에게 가지는 효과를 정확하게 측정하는 것은 불가능하다. 더구나, 어느 정도의 각성 수준을 선호하는지에 대해 개인 내 그리고 개인 간 차이 정도도 문제가 된다. 관리자는 그들의 부하 직원들이 하루 중 특정 시점에서 선호하는 각성 수준에서의 차이를 어떻게 평가할 것인가? 더구나, 개인이 선호하는 각성 수준보다 조금 더 약하거나 강한 수준으로 각성을 유도하도록 직무를 설계할 수 있겠는가? 마지막으로, 특정 직원은 직무 할당의 순서를 변화시키고 그런 순서에 적응하기 때문에 관리자는 그 직원이 선호하는 각성 수준의 변화를 어떻게 정확히 측정할 수 있는가? 요약하면, 직무설계를 위해 이러한 생리적 접근법을 정밀하게 도입하는 것은 현실에서는 불가능하다. 그러나 몇 가지 이유로 인해 이러한 접근을 완전히 포기하는 것은 잘못이다.

첫 번째 이유는 최적 각성 접근(optimum arousal approach)은 직무설계의 다른 접근 방식이 어떻게, 왜 기능하는지 이해하기 위한 상대적으로 건전한 생리학적 기초를 제공해 준다. 뒤에 나오겠지만 직무설계에 대한 많은 전략들이 직원들을 내재적으로 동기화시키는 데 필요한 구체적인 사항들을 제시하지만, 왜 그러한 처방들이 직원들을 동기부여하는지에 대한 설명을 하지 못한다. 비록 최적 각성 접근은 다른 접근과 완전히 일치하지는 않지만 어떻게 직무의 속성을 설계하는 것이 사람들에게 영향을 주는가에 대한 생물학적 이해를 할 수 있도록 해 준다.

최적 각성 접근법의 두 번째 가치는 관리자들이 일상의 비공식적 근거를 바탕으로 직무에 사람들을 할당하기 위한 지침으로써 그리고 효과적인 또는 비효과적인 직무 행동과 태도를 이해하기 위한 근거로써 이 접근을 이용하기 때문에 그것의 원리들을 명심할 수 있다는 것이다. 다시 말하면, 비록 관리자들이 자극과 각성 수준을 정확하게 계산하는 것이 가능하지는 않지만 직원들이 직무에서 바라는 도전, 흥분 및 활동 수준에 대해 관리자들이 비공식적으로라도 관심을 기울이게 할 수 있다. 더구나, 직원들에게 새롭게 할당된 직무가 있다면, 관리자들은 도전, 흥분 및 활동의 유형과 수준 측면에서 관리자들의 통제 범위 내에 있는 직무 간 차이를 완전히 이해하는 것이 바람직하다.

세 번째 가치는 이 접근 방식의 개념들이 인사 문제에 대한 설명과 문제 예방에 유용할 수 있다는 것이다. 예를 들어, 피터 원칙(Peter Principle)(Peter & Hull, 1969)에 따르면, 조직의 승진 체계는 직원들을 위계 구조에서 그들이 결코 능력을 발휘할 수 없는 직무에 이를 때까지는 직원들을 승진시키는 경향이 있다. 이에 대한 과학적 증거는 부족하지만 이 원칙은 주변에서 많이 볼 수 있다. 피터 원칙은 다음과 같다.

> 많은 조직에서 승진과 이동은 성과에 의해 결정된다. 즉, 직원들은 자신들이 선호하는 생리적 및 심리적 수준에 비해 큰 활성화 수준을 각성시키는 직무로 이동한다. 그런데 이렇게 되면 직원들은 직무에서 생기는 총 자극을 피하거나 줄이는 것을 통해 활성화를 떨어뜨리려는 동기를 갖게 되어 결국 효과적인 직무수행이 제한된다.

관련된 예를 보자면, 지리적으로 흩어져 있는 조직은 높은 직급으로 승진시키기 위해 직원을 훈련시키는 방법으로 전근(다른 지역에서 근무)을 사용한다. 그런데 전근에 따른 자극과 트라우마(Brett, 1981을 보라)는 지리적으로 이동하지 않은 채 새로운 직무에 배치될 때(예를 들어, 승진) 정상적으로 수반되는 자극 증가에 비교하면 자극에 의한 각성을 더욱더 많이 증가시키며, 역기능적인 활성화를 경험적으로 학습하게 한다(Pinder & Schroeder, 1987; Pinder & Walter, 1984).

요약하자면, 앞의 두 예는 직무설계에 Scott(1966)의 활성화 이론을 적용함으로써 얻게 되는 이득을 위해 관리자가 반드시 생리심리학자가 될 필요는 없다는 것을 말해 준다. 다음 절에서 보겠지만, 직무설계에 관한 더 주관적이고 공식적인 다른 이론들의 명시적 지침을 따르려는 관리자는 활성화 이론이 제시하는 많은 조언을 무심코 지킬 것이나.

두뇌 활동을 검토하지 않고 이론을 구성하고자 하는 연구원이나 계몽적인(교육적인) 방식으로 사람과 직무를 적절하게 연결해 주려 하는 관리자에게는 직무설계에 관한 주관적 이론들이 좀 더 쉽게 이해될 것이다. 따라서 다음 절에서는 잘 알려진 세 가지 주관적 접근을 제시할 것이다. Herzberg의 2요인 이론(two-factor theory), Hackman과 Oldham의 직무특성 모형(job characteristics model: JCM), 그리고 Staw의 기대이론(expectancy theory)이 그것이다.

2요인 이론과 직무특성 모형

동기-위생 이론(또는 2요인 이론)은 2장에서 자세히 논의되었다. 직무만족과 직무 불만족의 원인 사이에 비대칭이 존재할 수 있다는 이 이론의 주장은 상당한 논쟁을 불러일으켰다. 그러나 이 이론의 영향을 받는 직무동기 이론들을 항상 한꺼번에 받아들이거나 거부할 필요는 없으며, 때로 어떤 부분은 받아들이고 어떤 부분은 받아들이지 않는 것이 지혜로운 방식이다. Herzberg의 2요인 이론도 그러한 경우에 해당한다. 직무설계를 위해 이 이론이 제시하는 조언을 수용하기 위해 긍정적 및 부정적 직무태도의 독립성과 비대칭성에 대한 Herzberg의 개념을 반드시 받아들일 필요가 있는 것은 아니다.

Herzberg(1966)는 인간의 성장욕구를 분명하게 서술한 최초의 산업심리학자 중 하나다(3장을 기억하라). 비록 그의 이론이 Maslow(1943; 3장을 기억하라)의 것을 다소 빌려 오기는 했지만 Maslow의 이론과 동일한 것은 아니며, 중요한 점에서 많은 추가를 했다. (예를 들어, Herzberg는 인간 욕구의 우선성에서 Maslow의 위계 차이 개념을 거부했다.) 중요한 점은 Herzberg의 이론이 사람들의 성장욕구를 각성시키고 만족시키는 일련의 특성이 직무에 반드시 있어야 한다는 점을 주장했다는 것이다. 2장에 나오는 논의를 되풀이하자면, 직무는 성취와 인정을 가져와야 하며, 수행에 흥미를 느끼도록 해야 하며, 진보를 통한 성장감을 경험해야 하며, 직무를 수행하는 직원들이 책임감을 가질 수 있도록 해야 한다는 것이다.

요약하자면, 직무는 Herzberg가 **동기요인**이라고 부르는 요소를 가지고 있어야 한다. 이러한 직무특성이 없거나 제거된다면 직무태도가 낮아지는 결과가 온다. 그러나 이러한 요인들의 수준이 높아지도록 직무가 바뀔 때, 직원과 조직 모두에 긍정적인 결과가 누적될 것이라는 증거가 있다(Ford, 1973; Paul, Robertson, & Herzberg, 1969). Herzberg를 비판하는 사람들도 이것은 부인하지 않는다.

직무특성 모형

직무설계에 관련하여 현재 가장 인기 있는 관점은 Hackman과 Oldham이 개발한 것이다. 이들의 이론은 직무가 직원들을 만족시키고 동기화하기 위한 특성을 가지고 있어야 한다는 점에서는 Herzberg와 유사하다. 그러나 두 이론은 바람직한 직무특성이 무엇인가 대해서는 약간 다르다. 관심 있는 독자는 Turner와 Lawrence(1965), Hackman과 Lawler(1971), 특히 Hakman과 Oldham(1980)의 3장을 참고하면 된다. 이 이론은 일반적으로 **직무특성 모형**으로 알려져 있다.

이론의 구성 요인

Hackman과 Oldham(1980)에 따르면, 직무가 다음에서 설명하는 세 가지 결정적인 심리적 상태를 유발한다면 직원들은 **내적 동기**(3장에서 논의된 내재적 동기와 같은 의미다)를 경험할 것이다. 첫째, 직원들은 직무 성과(질과 양 모두)에 대해 개인적 **책임감**을 느껴야 한다. 둘째, 직무는 **의미** 있는 것으로 경험되어야 한다. 즉, 직원들의 노력은 누군가에게 어떤 형태로든 '계산'되어야 한다. 셋째, 개인의 직무 노력의 실제 결과에 대한 인식이다. 다시 말해서, 직원들은 자신의 노력을 얼마나 효과적으로 성과로 전환시키는지에 대해 알고 있어야 한다(12장의 VIE 이론에 대한 논의를 보라). 즉, 그 직원은 노력의 결과에 대한 인식인 **피드백**을 받아야 한다. 요약하자면, 직무는 직원들이 의미, 책임감, 그리고 노력의 결과에 대한 지식을 경험하도록 설계가 되어야 한다.

Herzberg의 직무설계 모형은 Hackman과 Oldham이 주장하는 책임감을 위한 조건과 완전히 일치한다. 또한 자신의 성공에 대한 지식이 성취감에 필요하며, 더구나 발전이 긍정적 결과의 공식적 인정으로 작용한다는 점에 있어서 Herzberg의 성취와 성취 요인에 따른 발전은 결과 지식에 관한 Hackman과 Oldham의 제안과 일관된다. 따라서 일에 동기를 부여하기 위해 직무를 설계하는 데 책임감의 역할과 더불어 결과에 대한 지식이라는 요건에 관련하여 두 접근은 상당한 일치를 보인다. 질문은 아직 남아 있다. 실제로 직원들이 이러한 세 가지 결정적인 심리적 상태를 경험할 수 있도록 어떻게 직무가 설계될 것인가?

의미성을 경험하게 하기

Hackman과 Oldham에게 있어서 직무를 의미 있게 느끼도록 하기 위해서는 세 개의 특별한 핵심 요인이 있다. 첫 번째 요인은 **기술 다양성**(skill variety)이다. 이것은 "직무가 업무수행에서 개인으로 하여금 다양한 기술과 재능을 이용하게 하여 다양한 활동을 하게 만드는 정도"(Hackman & Oldham, 1980, p. 78)로 정의된다. 역량욕구(need for competence)(White, 1959)는 환경을 탐색하고 조사하는 행위를 통해 어느 정도 표현된다. 이러한 탐색과 조사 행위의 특징 중 하나는 개인이 가진 다양한 기술과 능력을 사용하고 개발하도록 만든다는 것이다. Hackman과 Oldham에 따르면, 단지 한두 종류의 기술을 요구하는 직무보다 다양한 재능을 사용하도록 하는 직무들은 더 의미 있는 것으로 느껴지고, 따라서 더 내재적인 동기를 자극한다. 또한 다양한 기술을 사용해 보는 것은 직원의 감각을 더 많이 자극하고, 그 결과 더 높은 수준의 활성화와 각성을 유발한다[직무설계에서 다중감각 양식(multiple sensory modality)의 자극 제시에 관한 논의에 대해서는 Schwab & Cummings, 1976을 보라].

따라서 과업 다양성을 직무설계의 요소로 포함하는 것은 성장욕구의 만족과 활성화 이론에서 제기된 좀 더 많은 생리적 접근과 일관된다. 그러나 (직무확충과 상반되는 것으로서) 수평적 직무 추가(job loading)나 직무확장처럼 단순한 직무를 추가하는 것을 의미하는 Herzberg의 접근과는 일치하지 않는다. 다음 장에서 분명히 밝힐 것이지만, 하나의 직무에 여러 과업을 추가하는 것은 두 이론이 규정하는 또 다른 몇 가지 주요 특징들을 만들어 내는 실용적 수단 중 하나일 것이므로, Hackman-Oldham의 방식과 Herzberg의 방식의 차이는 중요하다

의미성 경험에 기여하는 두 번째 직무특성은 **과업 정체성**(tak identity)이다. 과업 정체성은 "처음부터 끝까지 가시적인 성과를 내면서 직무를 수행함으로써… 특정 직무가 과업 '전체적으로'뿐 아니라 확인 가능한 부분도 완성될 것을 요구하는 정도"(Hackman & Oldham, 1980, p. 78)를 의미한다. 오랫동안 언론은 근로자의 소외 문제에 대해서 관심을 가져 왔다. 소외는 근로자가 하는 일이 '큰 그림'과 어떻게 관련되는지에 대해 최소한의 이해만 하는 상태에서 근로자들이 매일 수백 수천 번 똑같이 간단한 공정을 반복적으로 수행한 결과다. 예를 들어, 자동차 조립공장의 근로자는 수백 개의 부속으로 이루어진 자동차를 조립하는데, 이들 부속이 최종적으로 완성된

자동차가 기능하는 데 어떤 역할을 하는지 알지 못하면서 볼과 서너 개의 부속을 반복하여 설치하는 것과 같은 일을 하는 데서 소외를 느낀다. 근로자들이 자신들의 직무가 다른 근로자들의 일과 어떻게 조화가 되는지, 그리고 완성된 자동차의 효과적인 기능을 위해 자신들의 일이 어떤 기능을 하는지 알게 되면 직무는 의미가 있는 것으로 지각된다. 예를 들어, 스칸디나비아 자동차 조립공장의 곡선형 조립라인은 북아메리카의 전통적인 직선형 조립라인보다 직원들이 단순한 부품보다 더 상위 영역에서 자동차 완성에 참여하도록 설계되어 있다(Gyllenhammar, 1977).

어떻게 과업 정체성의 개념이 여기에 제시된 다른 관점들과 일치하는가? 표면적으로 보면, 단순히 과업 정체성을 제공한다고 해서 여기서 검토된 주요 성장욕구의 만족과 특별히 관련되는 것 같지는 않다. 같은 이유로, 어떤 대상이나 사건이 자극 복잡성과 의미성을 가짐으로써 자극을 주는 힘을 갖는 한(Fiske & Maddi, 1961; Scott, 1966), 활성화 이론의 관점에서 본다면 과업 정체성을 가진 직무는 더 자극적이어야 한다. 결국 Herzberg의 접근은 과업 정체성이 흥미로운 직무로 언급되는 동기요인에 기여한다는 것을 인정한다.

직무를 의미 있게 하는 세 번째 요인은 과업 중요성(task significance)이다. 과업 중요성은 "사람들이 특정 조직의 구성원이든 더 넓은 세상의 구성원이든, 어떤 직무가 그 사람들의 삶에 실질적인 영향을 줄 수 있는 정도"(Hackman & Oldham, 1980, p. 79)로 정의된다. 예를 들어, 제2차 세계대전 중에 군수 공장의 직원들은 열악한 생산 환경에서 힘들게 일하면서도 높은 수준의 동기와 사기를 보였는데, 왜냐하면 그들은 전쟁 활동에 기여하고 있다는 것을 알고 있었기 때문이다(Turner, & Miclette, 1962). 중요한 것으로 지각되는 과업수행이 존중감욕구(타인에게 존중받고자 하는 욕구와 긍정적 자기관심의 욕구)의 만족에 기여한다는 점을 제외하면, Hackman과 Oldham이 말한 의미성 경험 개념에서 과업 중요성 요인은 기술 다양성과 과업 정체성 요인보다 다른 직무설계 접근에 연결하기가 어렵다. Grant(2007)는 직무가 사람들의 삶의 질에 유익한 효과를 주는 정도를 향상시킬 수 있는 다양한 직무설계 방법을 제안했다.

요약하면, Hackman과 Oldham(1980)의 이론은 의미성 경험이 어떤 직무가 내재적 동기를 각성시키는 데 중요하며, 그 결과 직무가 (단순한 것이 아닌) 다중적 기술과 능력을 사용하도록 통합되어야 한다고 주장한다.

책임감을 경험하게 하기

세 가지 핵심 직무 요인들이 의미성을 느끼게 하는 데 기여하지만, 자율성 요인만은 직원들이 심리적으로 책임감을 느끼게 하는 데 필요하다. **자율성**(autonomy)은 "직원들이 일의 일정을 정하고 그 일을 수행하기 위한 절차를 결정할 때 직무가 실질적인 자유, 독립성 및 재량권을 제공하는 정도"(Hackman & Oldham, 1980, p. 79)로 정의된다. 자율성과 책임감은 오랫동안 직원의 동기와 만족의 중요한 측면으로 인식되어 왔다. 그것들은 Herzberg의 2요인 이론(2장을 보라)과 McClelland의 성취동기이론(1961), 그리고 de Charms(1968)의 하인(pawn)과 주인(origin)[2]에 대한 논의에서 분명하게 인식된다. 더구나, Porter(1962, 1963)는 초창기에 Maslow의 욕구 위계를 적용하여 관리자의 직무태도를 연구할 때 자율성을 별도의 상위 욕구로 다루었다. 활성화 이론의 관점에서 보면, 자신의 직무 성과에 책임을 지는 사람들은 직무에서의 성공이나 실패에 대한 책임을 다른 사람들과 나누려는 사람들에 비해 더 많이 활성화된다고 가정할 수 있다. 자율성과 그것이 육성하는 책임감이 동기를 부여한다는 Hackman과 Oldham의 제안은 지금까지 논의한 다른 관점이나 접근 방식과 상당히 일치한다.

결과에 대한 지식을 경험하게 하기

Hackman과 Oldham의 모형에서 세 번째 결정적인 심리 요인은 **결과에 대한 지식**이다. 그들은 어떤 직원이 자신이 직무를 얼마나 잘 수행하는가를 이해하는 정도의 핵심 결정 요인으로 두 가지 유형의 기본적인 피드백을 제시한다. 첫 번째 피드백은 직무 그 자체에서 비롯된다. 이러한 경우는 예를 들어, 한 근로자가 자명종 시계를 조립한 후 제대로 조립했는지 확인하기 위해 그것을 검사해 볼 때다. 두 번째 피드백은 상사가 직원이 얼마나 일을 잘 수행하고 있는지 알려 주는 경우처럼 다른 사람들로부터 비롯된다. Hackman과 Oldham은 두 가지 형태의 피드백이 모두 결과에 대한 지식을 제공한다는 점을 인정하지만, 직무 그 자체로부터 규칙적으로 피드백을 받을

2) 사람들을 삶의 통제자와 수용자로 구분하는 것이며, 하인은 수용자, 주인은 통제자로 기능한다-역주.

수 있도록 직무를 설계하는 것을 강조한다.

직무 그 자체로부터 피드백을 받는 것이 다른 사람, 예를 들어 상사로부터 피드백을 받는 것보다 왜 동기를 더 불러일으키는 것일까? 한 가지 이유는 자신이 얼마나 잘하고 있는지 스스로 관찰하는 데서 오는 피드백은 그 직원이 그 일을 끝낸 직후에 즉각적으로 오기 때문이라는 것이다. 두 번째로, 이러한 형태의 피드백은 메시지 원천의 지각된 공신력이나 메시지 전달자의 상대적 권력에 관한 것들처럼 다양한 사회심리적 과정으로부터 오는 간섭에 민감하지 않기 때문이다. 요약하면, 과업 자체에서 보는 피드백은 단순하고, 직접적이고, 사람과 무관하며(누가 말하는지와 상관없다는 뜻), 다른 어떤 외부 원천으로부터 받는 피드백보다 동기에 관한 정보를 제공하는 더 강력한 수단인 것 같다(Ilgen, Fisher, & Taylor, 1979; Ivancevich & McMahon, 1982).

내재적 동기를 위한 피드백의 중요성은 Deci의 인지평가 이론(3장)에서 분명이 인식되고 있는데, 이 이론에서 피드백은 개인의 유능감과 그 이후의 내재적 동기 수준

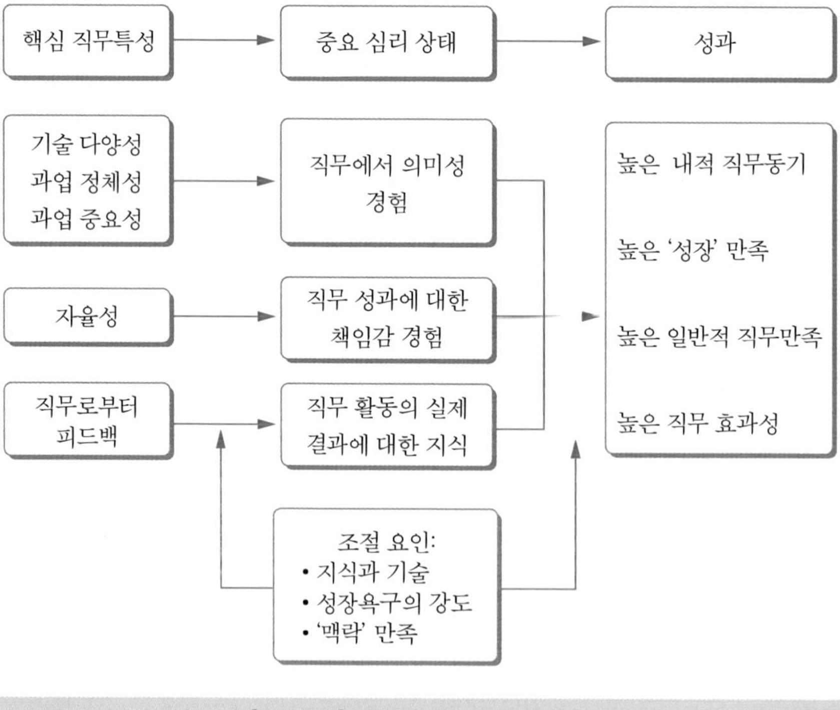

[그림 7-1] 과업설계의 직무특성 모형

출처: Hackman, J. R., & Oldham, G. R. (1980). *Work redesign*([그림 4-6], p. 90). Pearson Education Inc., Upper Saddle River, New Jersey의 허락하에 게재됨.

을 향상 또는 저하시키거나, 다른 한편으로는 개인의 인과 통제성과 그 이후의 내재적 동기에 영향을 주는 데 결정적으로 작용하는 것 같다. 마찬가지로, 과업 관련 피드백에 대한 강한 열망은 성취동기가 강한 남성들에게서 나타나는 가장 중요한 특질 중 하나다(McClelland, 1961). 피드백이 좋은지 나쁜지에 따라 그것은 개인의 자기존중감 수준에도 영향을 미칠 수 있다. 개인의 목표 달성(또는 실패)에 대한 피드백은 11장에서 논의되는 목표설정 이론(goal-setting theory)과 통제이론에서도 핵심적인 특징이다. 결국 활성화 이론의 관점에서도 과업으로부터 오는 피드백은 과업의 복잡성과 신기성에 기여할 수 있다. 피드백이 가져오는 중요 심리 상태와 주요 핵심 요인은 [그림 7-1]에 나타나 있다.

직무특성 모형의 차원에 대한 측정

Hackman과 Oldham은 직무진단조사(job diagnosis survey: JDS)라고 부르는 도구를 개발하였다. 이 도구는 특정한 직무에 대한 전반적인 잠재적 동기부여 정도를 측정하도록 고안된 것이다. 직무에 대한 현직자의 기술 다양성, 과업 정체성, 과업 중요성, 자율성 그리고 피드백 차원의 지각을 이용하여 점수가 계산된다. 이러한 차원들에 대한 점수들이 조합됨으로써 직무분석가는 그 점수들을 이용하여 어떤 직무가 특정 개인에게 내재적 동기를 불러일으킬 수 있는지에 대한 정도를 알 수 있게 해 준다. 이 이론과 도구에 대한 더 자세한 설명은 Hackman과 Oldham(1975, 1976, 1980), Hackman, Oldham, Janson과 Purdy(1975)의 연구에 나와 있으며, Aldag, Barr와 Brief(1981)는 JDS 자체에 대한 긍정적 평가를 소개하였다.

직무특성 모형에 관한 연구 증거

Parker, Wall과 Cordery(2001, p. 415)는 Hackman-Oldham 모형의 과학적 타당성에 대해 두 가지 결론을 내렸다.

1. 핵심 특성이 정서 반응(만족과 동기)에 미치는 집합적인 노력은 상당히 지지되었지만, 어떤 행동(예를 들어, 직무 성과, 이직, 무단결근)에 관한 영향은 일관되게 나

오지 않는다(Parker & Wall, 1998).

2. 이 모형에 더 많은 특징이 있는지는 아직 완전히 알려져 있지 않다. 예를 들어, 직무특성과 중요 심리 상태의 특정한 관계는 아직 확정되지 않았다(Johns, Xie, & Fang, 1992). 그리고 여러 직무특성이 항상 구분되는 것은 아니다(Cordery & Sevastos, 1993).

기대이론과 직무특성 접근법

30년도 더 이전에 Staw(1976)는 House(1971)와 House와 Mitchell(1974)에 의해 제안되었던 VIE 이론의 공식을 적용할 수 있는 직무(재)설계 모형을 제안하였다. 근본적으로 이 모형은 전반적인 직무동기가 내재적 및 외재적 요인 모두에 의해 결정된다는 점을 인정한다. 더 중요한 점은 이 모형은 내재적 동기의 두 가지 개별적인 효과, 즉 ① 단순히 직무를 수행하는 것과 관련된 내재적 동기와 ② 직무의 효과적인 성취와 관련된 내재적 동기를 서술하고 있다는 점이다. 특히 House 등(1974)이 제안한 기대 모형은 다음과 같이 표현된다.

$$M = IV_a + (P_1)(IV_b) + \Sigma(P_{2i})(EV_i)$$

M = 전체 과업동기

IV_a = 과업 행동과 관련된 내재적 유인가

IV_b = 과업 달성과 관련된 내재적 유인가

EV_i = 과업 달성의 성과와 관련된 외재적 유인가

P_1 = 자신의 행동이 과업의 달성을 이룰 것이라는 지각된 확률

P_2 = 자신의 과업 달성이 외재적인 유인가를 가져올 지각된 확률

이 모형의 몇 가지 특징들에 주목할 필요가 있다. 첫째, 유인가와 중요성을 구분해야 한다. 유인가는 개인이 과업에 개입하도록 유도하는 성과에 연합된 만족의 기대다. 둘째, 유인가의 강도(IV_a)는 주로 개인의 역량욕구의 강도에 달려 있다. 이것은 과

업 성공의 기대와 상관없이 사람들이 단지 과업을 하는 것만으로도 얻을 것이라 기대하는 즐거움으로 구성된다. 만족은 욕구와 관련한 긴장을 줄이는 과정에서 생기는 기쁨과, 그 욕구가 만족될 때 사람들이 갖게 되는 기쁨으로 이루어져 있다는 Murray (1938)의 신념(3장을 보라)을 염두에 필요가 있다. 따라서 House 등의 모형의 첫 번째 요소는 만족 요인이다.

또한 과업 달성과 관련된 내재적 유인가의 강도(IV_b)는 주로 개인의 성취욕구의 정도에 의해 결정된다. 따라서 모형에서 성취 요소에 귀인되는 순수한 강도는 이 장의 앞에서 설명된 기제로 결정되는 것으로 보인다. 즉, 전반적 성취 지향 동기는 주로 개인의 과업 성공의 확률에 대한 지각에 의해 결정된다. 너무 쉽거나 너무 어려울 것으로 예측되는 과업은 성취동기를 거의 일으키지 않는다. 왜냐하면 쉬운 목표를 달성하는 것에 내재된 쾌감은 작고, 어려운 목표는 달성이 어려울 것으로 판단되어 사람들이 시도하려 하지 않기 때문이다. 간단히 말해, Staw-House 등의 모형에서 성취와 관련된 요소는 기대되는 성공 확률과 성공에서 기대되는 쾌감 둘 다를 고려할 것을 요구한다. 더구나 지각된 과업 성공의 확률과 이것의 유인가는 역의 관계를 가지기 때문에, 성취로 인한 성과와 관련된 순수한 동기의 강도는 그 사람이 성공의 확률을 적절한 것으로 지각할 때 최대화될 것이다.

방정식의 마지막 요소는 이용 가능한 다양한 외재적 성과가 갖는 기대가치(expected value)로 구성된다. 이것은 수행이 급여, 인정, 승진 기회, 동료의 불신 등과 같은 성과를 가져올 것이라는 신념의 강도(또는 지각된 확률, P)에 의해 결정된다. 유인가는 각각의 외재적 성과와 관련된 만족과 불만족의 수준이다. 앞의 공식에 나타난 바와 같이, 성공에 대한 기대 확률은 개인의 마음속에서 만족/불만족의 기대 수준과 곱해지게 되며, 이렇게 곱셈으로 계산된 결과는 개인이 고려하고 있는 다양한 성과들에 걸쳐 합해져서 나타난다. 12장에서는 이러한 동기 모형이 갖는 좀 더 복잡한 상황에 대하여 소개할 것이다.

내재적 요소들의 독립성

앞의 모형은 두 가지 내재적 동기가 서로 독립적임을 암시한다. 예를 들어, 어떤 사람은 비록 일관되게 실패한다고 하더라도 과업에 몰두함으로써 즐거움을 얻을 수 있다는 기대를 계속할 수 있다. 경력 성공 경험에 대한 Hall의 이론(Hall, 1976)과 그러한 경험이 역량과 자기존중감 경험에 미칠 수 있는 영향은 그렇지 않을 수도 있다는 것을 제시한다(Bandura, 1982도 보라). 대신에, Hall은 어떤 과업에서 반복된 성공 경험은 과업에 대한 매력을 증가시키지만, 계속된 실패는 과업에 대한 관심을 감소시킬 것이라고 보았다. 그럼에도 불구하고, House 등(1974)의 기대이론을 직무설계에 적용한 Staw(1974)의 모형은 직무설계를 어떻게 하는가에 대한 처방을 내리는 데 이론적인 근거를 제시한다.

직무설계에 대한 기대이론의 시사점

앞에서 소개한 공식은 만약 어떤 직무가 그것을 수행하는 것의 내재적 유인가, 직무 성공에 연합된 내재적 유인가, 그리고 개인의 성공 기회 지각의 영향을 받는 것으로 설계된다면 전반적 직무동기 또한 영향을 받을 수 있다는 것을 제안한다. 특히, 이 공식은, 다른 사정이 같다면, 다양한 과업으로 이루어진 직무, 지나치게 틀에 얽매이지 않은 직무, 다른 사람들과 많은 상호작용을 요구하는 직무는 직원들에게 유능감을 느끼게 할 것임을 주장한다. 즉, 그러한 직무는 과업을 수행하는 데 상대적으로 높은 수준의 내재적 유인가를 느낄 수 있도록 만들 것이다. 다른 말로 한다면, 이러한 과업들은 상대적으로 즐거울 것이며, 일을 하는 자체와 역량욕구와 연관된 긴장을 줄이는 것으로부터 만족이 나올 것이다.

또한 이 모형이 제안하는 것은 어떤 사람이 Hackman과 Oldham(1980)이 설명한 과업 정체성과 과업 중요성을 높게 지각할 때, 그리고 그 사람이 직무 성패에 상당한 책임감을 가질 것이라 기대할 때 직무 성공과 관련된 유인가는 상대적으로 높게 나타날 것이라는 것이다. 다시 말하면, (운이나 타인의 노력에 상반되는 것으로서) 자신의 노력이 성공이나 실패를 결정짓는다고 믿을 때, 그리고 자신의 성취가 (조직이) 의도하는 큰 구상과 잘 맞거나 조직이나 조직과 관련된 누군가에게 가치 있을 때 그 사람은 직무 목표 달성에서 더 큰 쾌감을 맛볼 것이라 기대할 것이다. 그러나 또한 순수한 성취 지향 동기는 자신이 과업을 수행할 수 있을 것인가 없을 것인가에 대한 개인적 판단에도 달려 있다. 공식에 따르면, 직무 자체 또는 직무 맥락에 있는 많은 요인들은 직원들이 자신의 수행력을 바라보는 관점에 영향을 주는 것으로 작용할 수 있다. 개인의 전반적 성취 지향 동기를 결정할 때, 성취와 관련한 유인가(IV_b)와 지각된 성취 확률(P_I)의 상호작용적 본질이 모형의 나머지를 설명하는 요인들이다.

개인차와 직무확충

우리는 성장욕구(내재적 동기로 지칭되는 것을 설명하는 학습된 욕구)의 강도에서 상당한 개인차가 있다는 것을 알고 있다. 더구나, 우리는 직무를 포함하여 환경으로부터 원하는 자극 수준의 관점에서 볼 때, 사람들 간에도 존재하며 한 개인 안에서도 존재하는 성장욕구의 개인차가 가지는 복잡성에 대해서도 논의하였다. 그러므로 직무확충의 결과로 인해 사람들이 가질 수 있는 욕구와 선호도의 강도에서 개인차가 존재하는 정도에 따라, 어떤 사람들에게 확충된 직무는 그렇지 않은 직무보다 더 매력적이고 더 동기를 부여할 것이다. 다시 말해서, 확충된 직무에 대한 태도와 반응에서 사람들 사이에 상당한 개인차가 존재한다는 것을 논리적으로 기대할 수 있다. 사실, 직무설계의 여러 이론들은 많은 사람들이 자신의 직무를 욕구 만족의 이차적인 원천으로 간주하며 단순히 도전 수준이 높고 책임감을 많이 요구하는 직무에서 일하고 싶어 하지 않는다는 점을 인정하고 있다. 지금까지 논의된 이론들에서 개인차로 간주할 수 있는 역할에 대해서 검토해 보자.

Herzberg는 자신의 후기 이론에서 어떤 사람들은 여러 가지 이유로 위생욕구를 만족하고자 하는 데 비정상적으로 사로잡혀 있다고 주장했지만, 그는 사람들이 보여주는 동기 유형에서 개인차의 역할을 무시했다는 비판을 받았다(Herzberg, 1976; 2장을 보라). 마찬가지로, 직무의 동기적 특성에 관한 Turner와 Lawrence(1965)의 초기 연구는 시골 출신 직원들은 도시 출신 직원들보다 직무확충에 더 긍정적으로 반응했다고 하였다. Turner와 Lawerence의 연구를 바로 잇는 Hackman과 Lawler(1991)는 (비록 이들은 개인의 성장욕구의 강도를 측정하려고 시도했지만) 사람들의 일반적인 사회적-지역적 배경보다는 개별 욕구 상태를 고려함으로써 직무확충의 효과를 정확하게 예측하는 것이 가능하다고 하였다. 이들의 논거는 이전에 나타난 경험적 결과가 옳다는 점을 논리적으로 지지한다. 성장욕구가 낮은 직원들에게서보다 높은 성장욕구를 가진 직원들에게서 확충된 직무특성과 내재적 동기, 직무만족, 출근율과 같은 성과 사이에 높은 상관관계가 발견되었다. Wanous(1974), Brief와 Aldag(1975), 그리고 Giles(1977) 등의 후속 연구들도 Hackman과 Lawler의 결론을 지지했으며, 따라서 Hackman과 Oldham(1980)이 제안한 모형은 직무에 변화를 주기 전에 직원들의 성장욕구를 측정해야 한다는 주장을 포함한다(Hackman & Oldham, 1980, p. 118).

그렇다고 해서 문제가 간단한 것은 아니다. White(1978a)가 조사한 증거들에 따르면, 대다수의 연구들에서 직원들이 직무설계에 대해 보이는 반응은 주로 직원들의 기질에 의존하고 있다는 결론을 내린다. 즉, 어떤 경우에는 직원들의 성장욕구와 같은 특정 변수가 직무 성과에 대한 직무특성의 효과를 결정짓지만, 다른 경우에는 동일한 변인들이 아무런 차이를 나타내지 않았다. White(1978a)는 직원들이 직무특성에 반응하는 데 영향을 주는 개인차 요인들은 상황 특수적이라고 결론지었다. 다시 말하면, 어떤 변인은 어떤 경우에는 중요하지만 다른 상황에서는 다른 변인이 중요하게 나타난다. Pierce와 Dunham(1976)이 분석한 증거들도 같은 결론에 도달했다. White도 자신이 검토한 73개의 개인차 변인 중 어떤 것도 직무특성이 직원의 반응에 가지는 영향을 일정하게 보여 주는 경우는 없었다는 방대한 연구(White, 1978b)를 보여 줌으로써 자신의 주장에 힘을 더했다.

Dunham(1977)과 Sims와 Szilagyi(1976)를 포함하여 다른 연구자들도 직무확충이 직원들에게 긍정적 결과를 가져오는지 여부를 개인 요인에 비해 조직 요인이 결정할 수 있는가를 확인하려 하였다. 그러나 여전히 결과는 일관되지 않고 결론짓기 어렵게 나타났다. 아마도 직무확충이 특정한 사람에게 긍정적인 영향을 줄 것인가를 예측하는 가장 정확하고 실용적인 방법은 바로 그 사람에게 직접 물어보는 것인 것 같다. 예를 들어, 직무가치나 욕구 상태와 같은 직접적이지 않은 요인에 의존하지 말고, Cherrington과 England(1980)가 시도했듯이 사람들에게 "확충된 직무를 얼마나 원하는가?"라고 묻는 것이다. 모든 사람들이 확충된 특성을 가진 직무를 원하지는 않는다는 많은 증거가 있다. 그러나 어떤 범주의 사람들이 직무확충으로부터 혜택을 볼 것인지를 예언하는 것은 아직 어렵다. 개인의 욕구와 성격 기질을 철저히 측정하는 도구를 사용하는 것이 신뢰할 수 있는 예언 방식은 아니지만, 단순히 사람들에게 확충된 직무를 원하느냐고 묻는 방식은 유용할 수 있다.

직무확충을 위한 설계에서 실제 문제

지금까지 직무설계에 대한 여러 가지 이론적 접근을 논의했지만 어떻게 직무확충이 실제에서 적용될 수 있는지를 이해하는 것뿐 아니라, 직무확충이 현장에서 드러낼 수 있는 몇 가지 성공과 실패를 설명하는 데 아주 중요하고 다양한 실제적 문제가 있다.

어디에서 확충이 시도될 수 있는가?

노조계약서, 인사매뉴얼, 조직구조도, 비공식적 조직 문화와 같은 문건에서 얻어지는 다수의 실마리는 때때로 직무확충이 가치가 있을 만한 조직 상황인지를 분간하는 데 도움이 된다(Drake, 1974).

기능의 반복

어떤 시점에서 조직의 작업 흐름 운영이 이후에 다른 사람에 의해 같은 흐름으로 반복된다면, 관련된 그 두 직무가 분리될 필요가 있다고 정당화되기에는 그렇게 다른 것이 아닐 수 있다. 아마도 그 직무들은 더 많은 자극, 다양성, 의미성 그리고 피드백을 가진 하나의 직무로 합쳐질 수 있을 것이다.

비일상적인 보고 관계

한 사람 이상의 상사에게 보고를 해야 하는 직무를 수행하는 사람들은 역할갈등을 경험할 것이며, 그렇지 않으면 가졌을지도 모를 자율성을 충분히 누릴 수 없을 것이다. 같은 방식으로, 일대일 보고 빈도가 높은 관계일수록 많은 직원들은 머슴 노릇이나 하고, 동기부여가 되지 않는 일을 수행한다고 여길 것이다.

계층화

어떤 조직은 수행되는 과업이 동일한 직무인데도 복합적 수준의 지휘체계를 가진다. 예를 들어, 말단 직원들에게 어떤 수준까지만 고객에게 환불을 할 수 있게 하고,

많은 액수의 환불은 윗선에 넘기도록 하면 직원들이 책임감, 자율성을 최소한도로만 느낀다. 예를 들어, 부관리자, 중간관리자, 관리자, 책임관리자와 같이 비슷하게 발음되는 직함체제를 운영하는 것도 계층 기능을 재정비하여 직무확충을 위해 사용될 수 있다.

초전문가와 문제해결자

많은 직무 상황이 자연스럽게 기능하는 것은 소수의 전문가의 존재에 달려 있다. 이들은 사실상 회사, 고객, 공급자, 그리고 회사 운영의 모든 것을 알고 있는 사람들이다. 물론 그들은 매우 중요하며 이들의 지혜가 가지는 결과는 매우 강력하다. 더구나, 이들은 흔히 자신들의 역할에 집착하며, 자신들의 지식을 나누어 주려 하지 않는다. 그러나 이들의 독점은 흔히 다른 직원들의 책임성, 의미성, 자율성을 빼앗을 수 있으며, 그 결과 그들을 조직으로부터 떠나게 하는 요인이 된다.

특별 점검 혹은 사찰 업무

그동안의 연구는 특별 사찰이 불필요하다는 것을 보여 준다. 직원들이 자기 직무의 질을 점검하도록 하는 것은 그들의 직무에 과업 의미성, 자율성 및 결과에 대한 지식을 부여한다.

너무 많은 직책

Drake(1974)에 따르면, 어떤 작업 장면에서 사람과 직책의 비율이 5:1을 넘으면 아마도 직무가 너무 분할되어 있고, 직무확충이 필요하다는 것을 의미한다.

가용 인력

Drake(1974)에 따르면, 유사한 직무(예를 들어, 타이핑, 키펀칭,[3] 워드프로세싱)를 수행할 수 있는 가용 인력 집합(pool)이 존재하면 어떤 사람들은 자신들의 지루하거나 단순한 업무를 다른 사람들에게 떠넘기게 된다. 역으로, 그러한 가용 인력 집합을 운영하는 관리자는 한 사람이나 소수의 직원만 관리하는 사람들보다 더 많은 다양성

3) 키펀칭은 이제 없어졌지만, Drake(1974)의 사례 이면에 있는 일반적 원칙은 숙고할 가치가 있다.

및 과업 정체성을 가질 수 있다.

중재인

높은 수준으로 분화된 조직은 하나 이상의 집단 활동을 조정하고 통합하는 특별한 사람들을 필요로 한다(Lawrence & Lorsch, 1969). 그런 기능을 일부 사람들에게 부여하는 것은 통합을 촉진할 수 있는 반면에, 통합되는 직무들의 과업 중요성, 과업 정체성, 그리고 기술 다양성을 박탈하기 때문에 중재인(liaison personnel)의 존재는 통합되는 직무들의 동기적 잠재성을 약하게 할 수 있다.

동일한 기자재를 필요로 하는 다양한 직무의 존재

기자재 사용의 중복은 그 직무가 지나치게 세분화되어 있다는 것을 의미한다. 기존에 많은 다른 직무에 할당되었던 과업을 통합하여 높은 수준의 기술 다양성과 과업 정체성을 제공할 수 있도록 하나의 직무를 창조하는 것이 가능한가?

직무의 확충과 재구조화를 통해 이점을 얻을 수 있는 다양한 조직 구조의 특성이 존재한다. 관심 있는 관리자는 그러한 실마리를 알아차리고 직무재설계의 잠재성과 실행 가능성을 철저히 조사해야 할 것이다. 이와 같은 실행 가능성 평가가 다음 절의 주제다.

직무확충의 실행

직무확충의 이론과 실천을 지지하고 개발하는 대표적인 두 학자(Hackman & Oldham, 1980)는 직무확충 이론을 도입하고 효과적으로 수행하는 것이 실제 조직 상황에서 흔히 부딪히는 장벽들 때문에 아주 어렵다는 것을 인정해 왔다. 조직의 다른 부분 및 조직의 다양한 프로그램과 절차에 변화를 주지 않고 직무설계만의 변화를 도입할 수는 없다. 사실, 초기의 많은 직무재설계 프로그램들이 실패한 것은 이러한 조직의 다른 요인에 대해 제대로 인식하지 못하는 실패에 따른 것이다.

실행의 장애물

직무확충을 성공적으로 실행하기 위해서 직무와 사람에 대한 진단 외에 무엇에 관심을 두어야 하는가? Oldham과 Hackman(1980)은 그런 프로그램의 효과적인 실천을 위해 몇 가지 제약 조건을 확인하였다.

1. 기술적 체계(예를 들어, 생산이나 직무 과정의 기본적 본질)가 현실적인 직무확충을 방해할 수 있다. 조립라인은 그러한 테크놀로지의 고전적 사례다. 특정한 기계를 중점적으로 사용하는 작업 과정은 전형적으로 수정하기에 비용이 많이 소요된다(Anderson, 1970a를 보라).
2. 노무관리규정에서 중요하게 여겨지는 직무분석이나 다소 엄격한 직무기술서의 개발과 같은 인사체계는 직무확충의 실행 가능성을 제한할 수 있다. 직무를 확충한다는 것은 직무를 변화시키는 것을 의미하는데, 그것은 한 번에 단지 한두 가지만으로 되는 것이 아니다. 전통, 관료화, 그리고 공식적 규정 같은 것은 직무확충을 위한 변화를 어렵게 만들 수 있다.
3. 통제체계(예산, 예산 및 회계 체계나 생산 및 품질관리 보고체계 같은)는 직무재설계를 방해할 수 있다. 왜냐하면 본질적으로 이것들은 개인의 재량, 자율성, 융통성을 제한하도록 고안되어 있기 때문이다. 전통적으로 이러한 통제 기능을 책임지고 있는 집단은 그것들을 쉽게 포기하지 않는다. 확충된 직무가 유용한 수행을 가져오도록 어떤 수준의 노력이 도입될지를 결정하기 위해서는 훈련 프로그램이 존재해야 한다. 그렇지 않으면 직무에 수반되는 동기화된 노력은 좌절되고 직원들의 좌절을 가져올 것이다(8장을 보라).
4. 경력개발 업무는 반드시 적절해야 한다. 예를 들어, 직무확충이 모든 직원들에게 적절할 수는 없다는 점을 앞에서 밝혔다. 어떤 사람들은 직무확충이 수반하는 도전감이나 책임감을 감당하기 싫어하거나 그럴 만한 능력이 없다. 직무확충에 적합하지 않은 직원들을 효과적으로 다루기 위한 경력개발 전략(전근이나 업무 재배정 같은)이 없다면, 좌절, 직무불만족, 그리고 적개심이 생길 수 있고, 직무확충 프로그램으로부터의 이점이 제한될 것이다.
5. 급여의 수준이나 방법 또한 중요하다. 형평이론(11장을 보라)에 따르면, 직무확

충으로부터 생기는 책임감의 증가로 인해 직무에 대해 추가적인 노력이 필요해질 것이라는 것을 예상하는 직원들은 급여 수준도 올라갈 것을 기대한다. 그러나 직무확충이 더 큰 만족(또는 더 나은 성과)이라는 결과를 가져오는 것으로 지각하는 직원은 그러한 급여 인상 요구를 하지 않을 것이다. 직무확충에 많은 경험을 가진 한 실무자에 따르면, 만약 직무재설계가 적절히 이루어지면 직원들이 늘어나는 책임에 따른 더 많은 급여를 반드시 요구하지는 않는다고 했다. 사실상, 이런 문제가 생긴다고 하더라도 대부분의 직무평가 프로그램은 책임감과 기술 수준의 증가 발생 문제를 효과적으로 다룰 수 있도록 설계되어 있다(Caulkins, 1974). 급여 지급의 방식이 중요하다는 점을 지적한 이론적 근거가 있음에도 불구하고, 직무확충이 급여 수준에 미치는 시사점에 대해서는 거의 연구된 것이 없다. (성과급 체계처럼) 조건적으로 지급된 돈이 어떤 상황에서는 내재적 동기를 약화시킨다는 Deci(1975)의 인지평가 이론을 되새겨 보자. 결국 급여가 개인, 집단, 조직 전반 중 어느 것에 따라 지급되어야 할 것인가의 문제는 과업이 달성되는 방식(다시 말해, 개인, 집단, 또는 전반적 조직 수행)에 따라야 한다.

마찬가지로, Sirota와 Wolfson(1972)은 직무확충의 확립과 성공에 관한 다른 장애물에 대해 밝혔다. Oldham과 Hackman이 지적한 요인들과 비교하면 조금 미묘한 요인들이지만 이 요인들도 여전히 중요한 것들이다. 예를 들어, 이전의 전통적 원칙에 따른 직무설계의 가치에 집착하는 관리자들이 갖는 오랜 편견과 신념을 극복하는 것은 매우 어렵다(Massie, 1965를 보라). 그러나 전통적인 신념에 대한 문제 제기가 성공적일 때조차, (직무확충이 설득력이 있더라도) 관리자들에게 직무확충의 이론과 기법을 교육시켜 직무확충의 성공에 필요한 지원을 이끌어 내는 것은 여전히 필요하다.

직무확충을 고려하는 많은 관리자들은 비현실적으로 짧은 기간 안에 재무적 투자에 대한 실질적인 이익이 돌아오는 것을 기대하는 경향이 있었다. 투자수익의 증거를 요구하는 것은 좋지만, 직무확충을 통해 가능한 결과는 대부분 즉각적이지는 않다. 더구나 조직의 과감한 직무확충이 단기적으로든 장기적으로든 의미 있는 결과를 보장하지는 않는다. 많은 직무확충 시도들이 실패로 끝난 것을 목격했기 때문에 그런 보장이 잘 발견되지도 않는다. 그래서 비용과 이익을 생각하는 많은 관리자들이 직무확충이라는 변화를 조직에 가져오는 것에 대해 비관적이라는 사실은 놀랍지 않다. 설상가상으로, 최고 경영진이 어느 정도 열정적이지 않다면 어떠한 새로운 직무확충의 시도는 실패하기 마련이다. 이것은 일종의 재난(실패)에 대한 자기충족적 예언과 같다. 이러한 경우는 목표관리(MBO) 프로그램을 도입하는 데 있었던 경험들이기도 한다(13장에서 다시 논의함).

직무확충의 효과적인 실행에 대한 또 다른 장애물은 직무확충에 크게 영향을 받는 사람들, 특히 중간 관리자들 사이에 있는 미지의 것에 대한 일반화된 공포일 수 있으며, 그런 사람들은 종종 그런 프로그램들이 자신들의 권한을 약화시키거나 자신들을 불필요하게 만들 것이라 여긴다. ('만약 내가 권한을 하급자에게 줘 버린다면 내가 이 조직에서 왜 필요하겠는가?') 또한 많은 관리자들은 직무확충의 개념을 추상적으로는 받아들이지만 그것들이 실행 가능하다는 것, 심지어 필요하다는 것을 거부하는 경향을 가지고 있다. Sirota와 Wolfson(1972)은 또한 많은 직무확충 전문가들이 확충 전략을 진단하거나 도입하는 데 교조적인 경향이 있다는 점을 지적했다. 조직이 직면하고 있는 특별한 문제들은 조직관리에 관여하는 사람들이 절충적인 방식으로 여러 기법을 통합해야 하는 경우들이 많이 있기는 하지만(Sandler, 1974), 한 방식의 성공적인 도입은 그 방법만을 지속적으로 유지하는 것을 촉진시킨다.

노조와 직무확충

직무재설계를 도입하는 데 영향을 주는 또 다른 한 가지 요인은 노조 및 단체교섭이다. 비록 대부분의 공식적 직무확충 프로그램이 무노조 상황 또는 노조가 있더라도 비노조원 직원들을 대상으로 수행되었지만(Schlesinger & Walton, 1976), 노조가 있는 상황에서 공식적인 확충 프로그램이 시도된 경우도 있다. 노동조합이 직무확충 프로그램에 대해서 단일한 태도나 전형적인 태도를 갖는다고 말하는 것은 지나치게 단순한 표현이지만(Donahue, 1982), 그러나 노조가 개입되어 있는 경우에 보통 다루어야 하는 문제들이 있다.

첫 번째, 노조 지도자들은 흔히 직무확충(또는 작업 활동의 질을 향상시키려는 다른 프로그램)에 대해서 경계심을 가지고 있다. 이 경계심은 자신들의 존재가 무시될 것이라는 염려에서 나온다. 즉, 직무확충 설계가 직무와 관련된 문제를 다루는 책임성과 자율성을 가져오는 정도만큼, 자신들의 전통적인 역할이 약화될 것을 두려워하는 것이다. 두 번째로 흔하게 나타나는 염려는 직무확충의 계획과 실행에 대한 노조와 경영진의 공조를 마치 노조가 경영진과 '야합하는' 것으로 보는 노조원들의 의심의 눈초리다.

노조는 직무확충과 같은 프로그램이 기본적으로 노동시간당 생산성 수준을 높이도록 고안된 최첨단 '능률 촉진' 방법으로 흔히 의심한다. 이러한 의심은 어느 정도 근거가 있다. 노조는 관리자들이 자본설비 및 기타 자원을 더 효과적으로 사용하기 위해 직무를 재설계하는 것은 받아들일 수 있지만, 직원들을 착취함으로써 생산성을 향상시키려 설계된 것으로 지각되는 프로그램에는 결코 찬성하지 않는다(Schlesinger & Walton, 1976). 그러나 아마도 노조가 있는 장면에서 직무확충 같은 프로그램을 성공적으로 실행하는 데 가장 큰 어려움은 노사 관계가 본질적으로 (특히 북아메리카의 경우) 협동과 공동 의사결정을 촉진하는 협조적 관계라기보다는 적대적 관계라는 데 있다(Ephlin, 1973).

조직은 체계이고, 그런 체계 중 어떤 부분의 변화가 필연적으로 다른 부분의 변화를 일으킨다는 것은 상투적일 정도로 당연한 사실이다(예를 들어, Katz & Kahn, 1978). Oldham과 Hackman(1980) 그리고 Sirota와 Wolfson(1972)은 이러한 개념의 의미에 대한 상세한 설명을 제공하였다. 직무확충은 조직 구조, 정책, 관행에 대한 다양한 하위 체계에 대한 고려 없이 효과적으로 실행될 수 없다. (직무확충 같은) 새로운 관리기법과 조직의 다른 요소들 사이에서 존재하는 상호의존성의 본질은 불행히도 수많은 비용이 들어가고 실망스러운 실패를 경험하지 않고는 높이 평가되지 않는다. 이 점들이 직무확충 이론의 타당성과 그것이 적용되는 조직 상황에서 이론이 보여 주는 실제 결과에 대해 문제를 제기하는 이유다.

직무확충의 타당성과 가치

2장에서 행동과학 이론과 기법과 관련되는 것으로서 타당성과 응용효용성이라는 두 가지 쟁점을 소개했다. 지배적인 직무확충 접근법들의 과학적 타당성과 응용효용성에 대해서 알아볼 순서다. 직무확충이 얼마나 유용한가? 유감스럽게도 여러 가지 접근법마다 다양한 해답이 있지만, 이 문제에 대한 간단한 해답은 없다. 첫째로, 저자가 아는 한 Staw의 모형에 대한 정밀한 검증은 없고 다양한 기대이론에 대한 검증은 있었지만, 앞에서 제시되었던 Staw-House 등의 모형의 적용에 관해 어떤 경험적 검증도 없었다. 기대(또는 VIE)이론에 대한 증거의 요약은 12장을 참조하면 된다.

마찬가지로, 인지적 복잡성(이것은 선호되는 활성화 수준의 대리측정치일 수 있다)에서 높거나 낮은 점수를 보이는 제강 공장의 검사원들은 인지적 복잡성이 보통인 직원들에 비해서 직무의 여러 측면에서 더 만족한다는 것을 발견한 Standing(1973)의 연구를 제외하면, 직무설계 자체에 대해 활성화/각성 이론 접근을 구체적으로 검증한 경험적 연구는 없다. 조작적으로 정의하는 것에서 나타나는 어려움 때문에 Scott의 활성화 이론을 더 직접적으로 검증한 연구는 수행되지 않았다.

상당수의 연구와 응용적 증거는 오래된 것들이고, 또한 이들 증거는 대개 Herzberg의 접근법과 Hackman, Oldham 및 동료들의 직무특성 모형에 관련된 것들이다. 이들 증거에 대한 완전한 검토는 이 장의 범주를 벗어나는 것이지만 간단한 요약은 적절할 것이다. 관심 있는 독자는 Cummings, Molloy와 Glen(1977), Davis와 Taylor(1979), Fein(1974), Gyllenhammar(1977), Hackman(1977), Hackman과 Oldham(1980), Luthans와 Reif(1974), 그리고 Yorks(1979)의 연구를 참조하는 것이 좋다.[4)]

1970년대 중반까지 북아메리카에서 시도된 대부분의 직무확충 프로그램은 Herzberg의 동기-위생 이론에 근거를 두었거나 Davis와 동료들(Davis & Taylor, 1979; Kelly, 1978을 보라)의 사회-기술적(socio-technical) 접근에서 조금 변형된 이론에 바탕을 두었다. 비록 대부분의 실패 사례는 보고되지 않았을 가능성이 높지만, 초기의 문헌들은 이러한 직무확충 프로그램의 결과를 일반적으로 긍정적이며 고무적인 것으로 보고하였다(예를 들어, Ford, 1973; Paul, Robertson, & Herzberg, 1969). Herzberg에게 영감을 받은 직무확충 프로그램은 이론의 이면에 있는 제한된 타당성에도 불구하고 상당한 성공 기록을 보여 준다(2장을 기억하라). 앞에서 강조했듯이, 동기 요인의 특징을 가진 직무가 그렇지 않은 직무보다 더 좋은 결과를 가져왔다는 점에 비해 볼 때, Herzberg가 동기 요인과 위생 요인이라고 불렀던 요인들이 같은 것이 아니라고 보는 개념은 직무재설계의 실제적 목적을 위해서는 아주 중요한 것은 아니다. 1970년대 중반부터

4) 독자들은 직무확충의 이러한 경험적 측정은 진부하며, 많은 연구들이 대략 30년 전에 출판되었다는 것을 유념하여야 한다. 이것은 직무확충에 대한 과학적 관심이 Hackman과 Oldham(1980)의 주요 연구의 출판 이후에 쇠퇴되었다는 것을 보여 준다.

직무특성 모형과 같은 새로운 이론들이 직무확충을 통한 조직개발에 영향을 주었다.

직무특성 모형은 어느 정도 타당한가? 이 책에서 여러 번 나온 경우와 같이 이 문제에 대한 최고의 해답은 이 모형에 관해 수행된 많은 연구에도 불구하고 이 이론적 모형의 과학적 타당성은 아직 알려져 있지 않다는 것이다. 왜 그러한가? 이 이론의 타당성을 연구한 많은 연구들은 설계나 연구수행 과정에 문제가 있었다(Arnold & House, 1980; Roberts & Glick, 1981). 예를 들어, 높은 수준의 핵심 요인(과업 정체성, 기술 다양성 등)을 만들기 위해 직무를 변화시키는 것은 내재적 동기와 직무만족을 증가시키고, 무단결근과 같은 철회행동(withdrawal behavior)을 감소시킬 것이다. 그러나 이 이론에 관한 대부분의 연구들은 어떤 시점에서 직무설계의 변화가 기대되는 변화를 가져온다는 것을 보여 주지 못했다. 대신, 대부분의 연구들은 동시적 또는 횡단적으로 설계되었는데, 이것은 직무특성의 측정치들이 합해져서 동시에 측정된 직원의 반응측정치들과 상관분석이 이루어졌다는 것을 의미한다. 그러므로 이런 방식의 자료에 근거한 증거들은 핵심 요인들과 직원의 긍정적인 반응 사이에 연관 관계가 있음을 보여 주지만, 이 이론이 제시한 인과관계를 지지할 수는 없다.

또한 이 연구들에서 발견한 사항은 결론을 맺기에는 다수의 결점을 가지고 있어서 직무특성 이론의 타당성에 대해서 불확실하게 한다. 그러한 연구 결과들의 약점에도 불구하고(Bourgeois & Pinder, 1984), 이 이론들은 심지어 헤게모니를 가질 정도로 인기가 있으며, 이론을 지지하는 데 실패가 있더라도 반드시 이 이론이 틀렸다는 것을 의미하지는 않는다. Hackman, Oldham과 동료들은 분명한 기여를 했으며, 시간이 흐르고 나면 그리고 추후의 연구들은 이 이론의 기여점이 얼마나 가치 있는지를 밝혀 줄 것이다.

직무확충의 잠정적 이점

직무확충의 가장 중요한 목표는 직원들의 내재적 동기를 향상시키고 유지시키는 것이다. 짐작건대, 높은 내재적 동기는 수행과 직무만족 수준을 높이고, 이직과 무단결근 같은 철회행동을 낮출 것이다. 이에 관해 어떤 증거가 있을까? 직무확충이 기대된 이득을 가져올 것인가?

일부 예외를 제외하고 기존의 연구는 우리가 기대하는 것만큼 이 질문에 대한 대답을 해 주지 못했다. 연구자가 어떤 실험을 할 때 직원 행동에서 발견되는 변화를 설명하기 위해 가능한 모든 통제를 하기는 매우 어렵다. 더구나, 실패한 직무확충의 경우보다 성공한 경우에 대해서 보거나 들을 기회가 더 많이 있다. 이러한 점을 제외하고도, 나와 있는 증거들은 주로 직무확충이 수행 수준보다는 직원들의 태도에 영향을 주는 데 더 유용하다는 것이다(예를 들어, Orpen, 1979). 그러므로 직무확충은 직원들의 생산성 자체를 직접 향상시키기보다는 건강한 직무태도에 영향을 줌으로써 간접적으로 조직의 효과성에 기여할 수 있다(Dowling, 1973).

비록 연구의 질을 문제 삼을 수 있지만(Griffin, Welsh, & Moorehead, 1981), 직무태도에서 긍정적 변화가 직무확충의 결과로서 생산성의 증가를 가져오지는 않는 것 같다. 여기에는 몇 가지 이유가 있다. 첫 번째로, 신념, 태도, 의도, 행동 사이에 존재하는 빈약한 관계성에 대해서 생각해 보아야 한다(9장을 보라). 과업 특성에 대한 직원들의 지각을 변화시키기 위해 직무를 변화시키는 것(이것은 Herzberg, Staw, Hackman과 Oldham이 제안한 것이다)은 직원들의 노력 수준에 아주 간접적인 영향을 미칠 뿐이라고 기대된다. 왜냐하면 신념은 긍정적으로 평가되어야 하고, 그러고 나서 구체적인 행동의도로 변화되어야 하기 때문이다. 9장에서 보겠지만, 같은 사람이라도 특정한 자극에 대해서 어떤 신념은 긍정적일 수도 있지만 어떤 신념은 부정적일 수 있다. 직무재설계를 하려는 경우, 이것이 의미하는 바는 직원들이 확충된 직무에 대해 어떤 것은 바람직하게, 어떤 것은 불리한 것으로 지각할 수 있다. 아마도 성장욕구 강도의 개인차가 중요할 것이라 기대되었다. 이 욕구가 높은 사람들은 확충된 직무에 대한 자신들의 신념을 우호적으로 평가할 것이라 가정되었다. 그러나 Hackman과 Oldham(1980)의 모형은 직원들이 자신들의 성장욕구를 만족시킬 수 있는 직무확충 이외의 다른 직무확충에 대한 신념을 가지고 있을 가능성을 설명하지 못했다. 결과적으로, 직무확충으로 형성되는 모든 신념이 긍정적으로 평가되는 것은 아니라고 할 수 있다. 따라서 확충된 직무에 대한 지각이 높은 수준의 수행에 요구되는 행동들을 작동시키는 데 필수적인 행동의도를 유도할 가능성을 줄일 수 있다. 요약하면, 직원들의 신념과 행동을 관련시키려 하는 어떤 이론적 모형도 태도와 의도의 중요한 매개적 역할을 간과하고 있어(Fishbein & Ajzen, 1975) 효과성을 제한적으로만 예측한다.

확충된 직무가 직무수행을 쉽게 증가시키지 않는 두 번째 이유는 직원 노력이 수행으로 변화되도록 작동하는 것을 저해할 수 있는 요인들이 많이 있다는 것과 관련된다. 직무확충 프로그램을 방해하는 많은 장애물은 이미 밝혀져 있다. 결론적으로, 향상된 직무만족 그리고 줄어든 철회행동은 직무확충 노력으로부터 얻어질 수 있는 주요한 잠재적 이득이라고 할 수 있다. 그리고 이러한 긍정적 이득은 관리에 대한 생산성 비용을 가져오지 않으면서도 얻을 수 있는 것들이다(예를 들어, Dowling, 1973). 따라서 직무확충은 관리에서 도입해야 할 바람직한 전략이라고 주장할 수 있다. 그러나 직무확충이 높은 수준의 직무수행 노력을 가져온다고 주장하기에는 탄탄한 증거가 많이 부족하다.

직무확충에 대한 비판

직원의 태도와 행동에서 관찰된 변화가 직무확충의 시도에 기인한 것임을 보여 주는 데 필요한 엄격한 실험통제를 할 때 연구자와 관리자들이 접하는 어려움 때문에, 우리는 지금까지 직무확충의 성공을 평가하는 데 건전한 회의주의가 동반되어야 한다고 주장했다. 그러나 이러한 비판에 추가해서, 다양한 비과학적 속성을 고려해야 한다는 점을 근거로 많은 다른 문제점들이 직무확충을 겨냥하여 비판되었다. 이들 중 하나는 개인차의 문제와 관련이 있다. 간단히 말하여 직무확충은 모든 사람들을 위한 것은 아니라는 주장이다. 어떤 직원들은 직무확충보다 급여나 직업 안정성, 근무 환경을 더 중요시하고(Fein, 1974), 어떤 직원들은 다른 사람들과 더 많은 사회적 상호작용을 갖기를 선호한다(Reif & Luthans, 1972).

나아가 Katz(1977, 1978, 1980)는 어떤 사람들은 자신들의 경력 중 어떤 단계에서는 직무확충으로부터 다른 사람들보다 더 많은 이점을 가진다고 주장했다. 예를 들어, 새로 들어온 직원들은 새로운 환경에 적응하는 데 도움을 줄 수 있는 사회적 관계나 결속력을 다지는 데 주로 관심이 있으며, 오랜 기간 동안 일을 한 경력자는 Herzberg가 위생 욕구라고 불렀던 급여, 안정성과 같은 요인들에 더 관심이 있다. Katz는 어느 정도 기간 이상을 일함으로써 자기 직무에서 자리를 잡은 사람들이 직무확충에서 생기는 잠재적 성과로부터 이점을 누릴 것이라고 생각했다.

또 다른 비판은 직무확충의 기법이 마치 만병통치약처럼 관리에 적용하기 위해 행동과학에서 발굴해 내는 여러 프로그램 중 하나로서 다루어진다는 것이다(Hackman,

1975; Pinder, 1977, 1978, 1982, 1984). 관리자 집단은 직무확충 기법이 적절한지에 대해 먼저 문제를 파악하지도 않고 이 기법을 도입하고자 하는 경향을 가질 수 있다는 것이다.

마지막 비판은 다른 경영기법들과 마찬가지로, 직무확충이 직장생활의 질을 정말로 향상시키는 수단으로는 실패할 운명이라는 것이다. 이 급진적 비판(Jenkins, 1975; Nord, 1977; Nord & Durand, 1978)은 어떠한 관리기법도 고전적 관리와 과학적 관리의 원리에 따라 설계된 직무 때문에 생기는 질병을 치유하지 못한다고 주장한다. 왜냐하면 그러한 원리는 이런 질병의 가장 기본적인 원인인 자본주의 체제 자체에 의해서 생긴 기본 가정을 말하지 않기 때문이다.

직무확충에 대한 결론

직무확충은 행동과학에 바탕을 둔 동기부여 기법 중 가장 많이 저술되고 가장 인기 있는 것 중의 하나다. 그러나 직무확충에 대한 많은 과학적 및 관리적 경험은 그 지지자들이 예측하는 것만큼 인상적이거나 고무적이지는 않다. 직무확충이 직무를 좀 더 인간적으로 만들고, 직장을 더욱 생산적으로 만들 것이라는 희망이 아직 충분히 실현되지 않은 것은 분명하다. 그러나 직무재설계에 대한 새로운 접근을 개발하고 시험해 보려 한 많은 연구들은 과학적 이론이 가지고 있는 타당성이나 그러한 이론에서 파생되는 기법의 응용효용성을 정확히 추정해 낼 만큼 우수하지 않았다는 것 또한 분명하다.

독자들은 직무확충 이론이나 그것을 개발하려고 시도했던 과학자들에 대해 지나치게 비판적이어서는 안 된다. 2장에서 보았듯이, 행동과학의 타당성과 효용성을 지지하기 위해 누구나 동의하는 증거를 발견할 수 있도록 실제 조직 상황에서 연구를 수행하는 것은 매우 어렵다. 이 책의 다른 부분에서도 제안되었듯이 직무확충 이론은 사실 우리가 보여 줄 수 있는 것보다 더 타당성이 높고 잠재성이 큰 응용효용성을 가지고 있을 수 있다.

직원 임파워먼트

직무를 효과적으로 수행하기 위해 사람들이 가지고 있는 권력의 정도는 직무만족을 결정하는 중요한 요인이다. Kanter(1977, 1979)는 이러한 관찰을 한 첫 번째 사람들 중 하나다. 그녀는 공식적 직무특성과 사람들이 직무 상황에서 유지하고 있는 비공식적 관계들이 직원 '임파워먼트(empowerment)'에 기여한다고 하였다(Laschinger, Finegan, Shamian, & Wilk, 2004를 참고하라). Kanter(1977)에 따르면, 사람들은 정보, 지원, 자원(이것들과 관련된 의사결정 과정에 접근하는 것을 포함하여)에 접근할 수 있을 때 임파워먼트되었다고 느낀다. 직무동기에서 통제와 자기결정의 중요성에 대해 2장뿐 아니라 3장(자기결정 이론을 기억하라)에서 논의하였다. 또한 이 장의 이전 부분에서도 동기-위생 모형과 관련하여 논의하였다.

Kanter(1977)를 이어, Laschinger, Finegan, Shamian과 Wilk(2000)는 간호사들을 대상으로 한 연구에서 직장의 구조적 특성뿐 아니라 간호사들이 자신의 임파워먼트 수준에 대해서 가지는 심리적 경험이 이들의 직무만족의 변량을 설명한다고 예측하였다. 사실, 이들의 연구 자료에 따르면, 심리적 임파워먼트는 직무의 구조적 특성과 간호사들의 직무태도 사이의 관계를 매개하였다. 그러나 이들은 횡단적 연구 설계를 사용하였기 때문에 원인과 결과에 대한 결론은 끌어낼 수 없었다. 종단설계로 수행된 두 번째 연구에서는 직무의 구조적 특성(성공 기회, 정보 접근, 공식적 권력, 핵심 자원에 대한 접근 등)에 대해 간호사들이 가지는 지각은 심리적 임파워먼트와 직무만족 모두에 직접적 영향을 미쳤음을 발견했다. (이번에는 이전 연구에서 나타난 매개 효과는 나타나지 않았다.)

다음 절에서 직원들의 동기, 몰입, 생산성 그리고 질을 향상시키기 위해 (흔히 작업 집단이나 팀의 맥락에서) 의사결정 역량과 직원들의 잠재력을 극대화하려는 목표를 공통적으로 가지는 다양한 형태의 작업 조직의 실행을 검토하여 직원 임파워먼트의 개념을 검토해 볼 것이다. 린 생산방식(lean production system)이나 고관여 작업 관행(high involvement work practices)에 대한 연구들은 직원 임파워먼트의 개념을 반드시 채용하지는 않지만 직무확충 기법에서 포함되는 목표 중 많은 것을 공유한다. 우리는 구성개념으로서의 임파워먼트의 개념을 먼저 검토하고 나서 다양하고 구체적인 직무설계 모형을 검토할 것이다. 이 장이 끝나기 전에 우리는 **임파워먼트 축소**(disempowerment)의 개념도 간략히 검토할 것이다.

직원 임파워먼트 체계와 방법

지난 수십 년간 **임파워먼트**라고 하는 개념이 광범위한 분야에서 두드러지게 등장했다(예를 들어, Weil & Kruzich, 1990). 종교에 기원을 둔 개념으로서, 처음에 이 개념은 사람들이 실제 권력을 공유하는 것을 의미했으며, 이 개념은 (사회복지, 사회학, 심리학과 같은) 여러 분야에서 사람들을 개발하고 유지하는 데 필요한 지식과 다양한 자원을 사람들에게 제공함으로써 인간의 복지를 향상시키는 행위를 시사하는 데 사용되면서 진화했다. 아주 최근에 이 용어는 경영학 문헌에 도입되었고 의미는 상당히 바뀌었다. 대부분의 경영학 용어에서는 누군가에게 '임파워먼트한다'는 것은 그 사람들이 조직의 최상의 이익을 위하여 더 생산적으로 될 수 있도록 만든다는 것을 의미한다(Bartunek & Spreitzer, 2006).

Kanter(1977)에 의해 촉발된 전통에 따르면, 직원들은 자신의 일과 직무에 더 많은 책임을 가지게 되면 '임파워먼트된' 것으로 여긴다. 제안제도, 품질관리조(quality circle) 및 작업팀을 통해 의사결정에 더 많은 개입을 하게 되면 특히 임파워먼트를 느낀다. "경영학 논문은… 조직이 임파워먼트를 통해 얻을 수 있는 이점(더 효율적인 근로자, 높은 생산성, 밀착된 관리감독 필요성 감소)을 강조한다." (Bartunek & Spreitzer, 2006, p. 268) Conger와 Kanungo(1988)는 임파워먼트가 직원들의 자기효능감을 향상시키는 기능을 한다고 하였다(Schwartzer, 1992; 이 책의 6장, 12장, 13장을 보라).

이어서 Thomas와 Velthouse(1990)는 임파워먼트가 내재적 동기의 개념에 달려 있다는 모형을 제안하였다. 이들은 만약 어떤 사람이 '임파워먼트되면', 그 사람은 **영향력**, **역량**, **의미성** 및 **선택**에 대한 느낌의 증가를 나타내는, 소위 그들이 **과업평가**(task assessment)라 언급한 것의 변화를 경험할 수 있다고 주장했다. 직무설계에 대한 Hackman과 Oldham(1980)의 이론에서 직무설계와 직원 성과의 관계를 매개하는 것으로 여겨지는 이들 네 가지 요인과 심리적 기제 사이에 중첩이 있는 것처럼, 이러한 네 가지 인지적 요소와 내재적 동기의 핵심 사이의 중첩과 유사성은 명백하다. 누군가에게 임파워먼트한다는 것은 그들에게 권한을 주는 것을 의미하며, 권한은 적어도 두 가지 종류가 있다. 첫째는 합법적 권위이며, 둘째는 활력(energy)이다. Thomas와 Velthouse의 임파워먼트 개념의 핵심에 있는 것은 과업평가를 통한 활력 제공(energization)의 의미다. 사람이 처한 상황(직무나 다른 상황)에 대한 지각적 해석을 통해서 이러한 내적 인지 상태가 드러난다는 점은 기억해야 할 중요한 점이다.

객관적 직무 맥락 요인과 상황 요인(신뢰, 정보 및 실제 가용한 자원의 수준)은 영향을 주는 요인들이지만, 한 사람이 자신에게 주어진 상황을 영향력과 역량감 등을 제공하는 상황이라고 평가할지를 결정하는 것은 이러한 자원들에 대한 그 사람의 지각이다. Parker 등(2001, pp. 416-417)은 이렇게 표현했다.

> 심리적 임파워먼트 상태는 의미, 영향력, 역량, 그리고 선택(또는 자기결정)에 대한 평가를 수반하는 동기 상태로 정의된다. 이러한 인지-동기적 평가는 직무특성 모형[5)]에서 다루는 중요한 심리 상태와 중복된다. 따라서 의미(meaning)는 의미성(meaningfulness)과 유사하며, 영향력(impact)은 결과에 대한 지식(knowledge of results)과 유사하고, 자기결정성은 책임감 경험과 유사하다. 사실, 직무특성이 심리적 임파워먼트를 가져오며, 임파워먼트는 직무만족과 같은 정서적 결과를 가져온다는 증거들이 있다(Liden, Wayne, & Sparrowe, 2000). **그러나 심리적 임파워먼트 접근이 직무특성 이론과 구별되는 점은 임파워먼트의 심리적 상태는 동료를 돕는 것이나 지지적인 고객 관계처럼 직무특성에 대한 영향력을 넘어서는 것이다(Corsun & Enz, 1999). 이러한 점에서 임파워먼트는 초기의 사회정보처리 관점과 유사한 것이다**[강조 추가].

마지막으로, Corsun과 Enz(1999, p. 206)가 우리에게 되새겨 주는 것처럼, 상사는 부하직원에게 권한을 위임할 때 엄청난 역할을 할 수 있다. "경영진, 고객, 그리고 직워 사이에 정직함, 신뢰, 지원, 위엄, 그리고 상호 존중에 바탕을 둔 새로운 파트너십은 직원들이 임파워먼트를 경험하는 핵심이다."

5) 우리는 이것에 관해 이 장의 전반부에서 자세히 검토하였다.

서비스 관리에서 임파워먼트

직원 임파워먼트는 최근 서비스 관리의 맥락에서 상당한 관심의 초점이 되었다. 두 권위자는 임파워먼트를 "직원의 책임성과 자율성을 증가시키며 조직에서 의사결정을 하는 위치를 낮은 단계까지 확대하는 것"(Schneider & Bowen, 1995, p. 140)이라고 정의하였다. 더 구체적으로 하면, 임파워먼트는 보통 고위관리자들 손에 있는 조직의 네 가지 필수 사항을 아래로 보내 주는 것을 의미한다.

1. 품질관리조, 제안제도, 그리고 자율관리 작업팀을 통해 조직의 방향성과 수행에 영향을 주는 의사결정을 하는 권한
2. 조직의 수행, 작업 집단, 그리고 조직이 지향하는 방향성에 대한 정보
3. 조직수행을 근거로 이윤 분배(profit sharing), 수익 분배(gain sharing), 또는 우리사주 제도와 같은 것을 통해 나누어 주는 보상
4. 직원들이 조직의 수행을 이해하고 이것에 기여할 수 있도록 도와주는 지식. 이것은 경제학과 회계학, 집단 리더십 기술과 자료 분석과 같이 넓은 분야에서 훈련을 제공하는 것을 의미한다(Schneider & Bowen, 1995, p. 250).

직무, 조직 구조, 정책, 규정, 절차들을 설계하는 것이 핵심이다. 이것들은 집합적으로 임파워먼트 기회 또는 이에 대한 제약을 제공한다(Spreitzer, 1996). 그러므로 넓은 범위의 통세를 가진 조직 구조에서 높은 수준의 임파워먼트는 직원들이 더 주도적이며 관리자로부터 지도를 덜 받는 것을 요구한다(Spreitzer, 1996). 마찬가지로, 자신들에게 무엇이 기대되는지 분명하게 알지 못하는 직무에서 일하는 사람들은 임파워먼트를 덜 느낀다. 그런 사람들은 자신의 전문성 수준에 대해 확신이 없으며 행동하기를 주저한다.

Fortune 500대 기업 경영진을 표본으로 한 횡단연구에서 Spreitzer(1996)는 분명한 목표, 넓은 범위의 통제, 동료로부터 받는 사회정치적 지원, 정보에 대한 접근, 그리고 긍정적인 직무 분위기를 경험하는 관리자들은 높은 수준의 임파워먼트를 보고한다는 것을 발견하였다.

직원 임파워먼트 축소

Spreitzer(1995a, 1995b, 1996) 및 Kane과 Montgomery(1998)는 직원 임파워먼트와 임파워먼트 축소의 선행변인과 결과변인에 대한 모형을 개발했다([그림 7-2]와 [그림 7-3]을 보라). 독자들은 이 모형과 직무설계에 관한 직무특성 모형 사이에 상당한 유사성을 발견할 수 있다(Hackman & Oldham, 1980을 참고하라). 보는 바와 같이, Spreitzer(1996)의 '조직적 선행변인'은 임파워먼트와 임파워먼트 축소의 심리적 상태를 가져오는 원인이 되는 것 같다. 이러한 핵심 심리적 차원(의미성, 역량, 자기결정, 그리고 영향력)은 이 장의 초반부에서 내재적 동기이론을 살펴볼 때 읽었기 때문에 우리들에게 낯설지 않다. 이러한 심리적 상태를 가져오는 조직의 선행변인들은 낮은 역할 모호성, 낮은 통제관리, 사회정치적 지원, 정보에 대한 접근성(Eylon, 1994를 보라), 그리고 참여적 풍토(Spreitzer, 1996)다.

임파워먼트 축소는 "조직의 다른 구성원으로부터 어떤 유형의 부정적 메시지를 받을 때 어떤 한 개인의 여러 가지 정서 반응으로 나타나는, 개인의 작업 역할수행 동기에 대한 중단" (Kane & Montgomery, 1998)으로 정의된다. 그러므로 다른 직원, 작업 집단, 또는 조직 그 자체로부터 오는 부정적 정보가 임파워먼트 축소의 근원이다. 이 현상의 핵심은 그런 부정적 메시지에 대한 정보 수신자의 정서적 반응이다. 그런 메시지의 매체는 언어적 또는 비언어적일 수 있다. 임파워먼트 축소 정보는 고의 또는 부주의에 의해서 전달될 수 있다(Kane & Montgomery, 1998). 그러한 메시지는 직무동기에 해를 끼친다. 왜냐하면 그런 메시지는 개인적으로든 직업적으로든 그 사람의 존엄성과 안녕감을 염두에 두지 않는다는 것을 의미하기 때문이다. 그런 메시지는 불신, 위선, 무례함, 무관심, 눈치 없이 말하는 것 등의 형태로 나타날 수 있다. 그 결과는 부분적으로 공정성, 정의 및 신뢰에 대한 지각에 미치는 효과를 통해 피해자의 작업 관련 활력을 빼앗는 것이다(Kane & Montgomery, 1998).[6]

6) 부모가 자식에게 하는 경멸과 격노의 어조는 임파워먼트 축소(disempowering)다. 이것들은 기본적으로 존중, 인내와 신뢰의 부족을 의미한다.

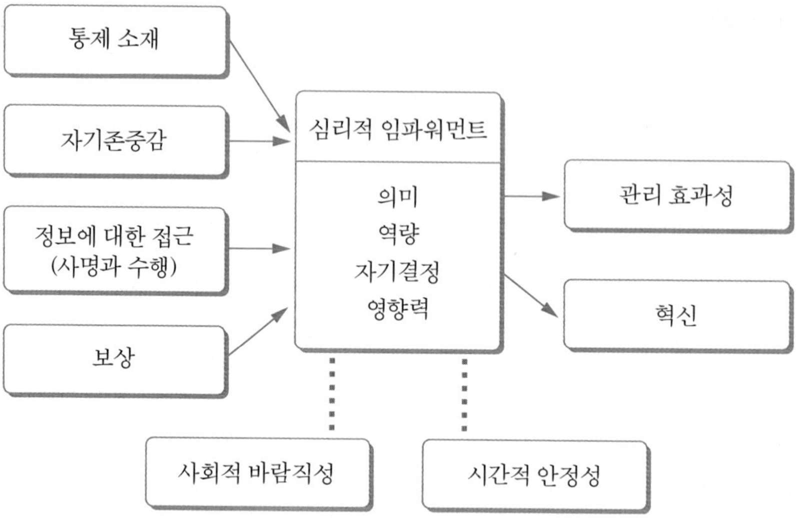

[그림 7-2] 직장에서 심리적 임파워먼트 모형의 일부

출처: Spreitzer, G. M. (1995a). Psychological empowerment in the workplace: Dimensions, measurement, and validation. *Academy of Management Journal, 38*, 1442-1465의 허락하에 게재함.

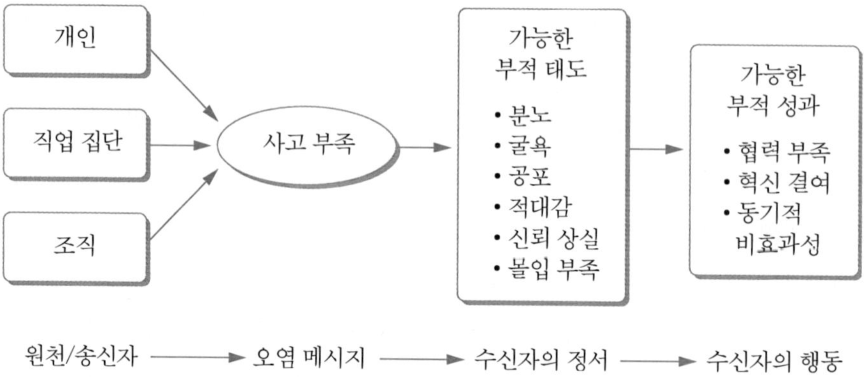

[그림 7-3] 임파워먼트 축소 모형

출처: Kane, K., & Montgomery, K. (1998). A framework for understanding disempowerment in organization. *Human Resource Management, 37*(3-4), 263-275. John Wiley & Sons, Inc.의 허락하에 게재함.

임파워먼트와 관련 개념

직원 임파워먼트 개념의 기본 가정은 사람들은 자신에게 영향을 주는 결정에 대해 통제력을 가지려 하며, 통제력이 일어날 수 있도록 하려는 욕구와 열망을 가진다는 것이다. 이론적으로, 그것은 우리가 앞에서 이미 논의한 많은 것에 뿌리를 두고 있다. 통제와 자기결정의 느낌을 가지려는 욕구, 수단이기보다는 원인이 되고 싶어 하는 욕구 등이다(Burger, 1992; de Charms, 1968; Deci, 1975; Deci & Ryan, 1985; Skinner, 1995). 앞에서 밝혔듯이 직무동기 상황에서 임파워먼트 과정(직무동기 장면에서 Bartunek & Spreitzer, 2006을 참고하라)이 가지는 의미는 1960년대 말, 1970년대, 1980년대의 직무확충 운동에서 발견되는 것과 유사하다(Hackman & Oldham, 1980을 참고하라). 사실, 직원참여 프로그램의 뿌리는 직무와 동기에 대한 초기 과학적 연구로 거슬러 올라간다(Coch & French, 1948; Vroom & Yetton, 1973을 보라; Strauss, 1982의 개관). 그래도 직원 임파워먼트가 새 부대에 담은 오래된 술인지, 혹은 조직행동을 이해하고 관리하기 위한 새로운 도구인지 모르지만, 최근에 활발하게 적용되었고 당분간 지속될 것 같다.[7] 그러므로 Hanson, Porterfield와 Ames(1995)의 보고에 따르면, Fortune 500대 기업들의 60~80%가 이 임파워먼트 프로그램을 도입했거나 실험적으로 사용해 본 것으로 나타났다. 좀 더 최근에 Cox, Zagelmeyer와 Marchington(2006)은 직원 관여(involvement)와 참여의 배태성(embeddedness)이 절대적으로 중요하다고 주장하였다. 즉, 관여가 많고 깊을수록 직원과 조직을 위해서 좋다고 주장하였다.[8] Granovetter(1985)는 직원 관여와 참여의 도입을 개인이 사회경제적 체계 안에서 가지는 배태성의 양과 강도라고 하였다. 유대는 직무, 가족의 연계, 어떤 장소의 역사, 미래를 위한 몰입을 포함하며, 이것은 어떤 사람이 자신이 속한 사회적 및 경제적 환경이나 맥락에서 가질 수 있는 모든 사회적 또는 경제적 연결을 말한다. Cox 등(2006)은 직원 관여와 참여에 관한 기

7) 직원 임파워먼트의 개념은, 비록 다른 많은 용어로 언급되기는 하지만, 경영학 독자들을 지향하는 베스트셀러 서적들에서 나타나는 표준적인 처방전이다(예를 들어, Kouzes & Posner, 1995는 관리자들은 다른 사람들이 효과적으로 수행할 수 있도록 한다고 한다. 그리고 Covey, 1989는 성공적인 사람들은 시너지를 만든다고 제안한다).

8) 우리는 10장에서 직무불만족, 특히 이직에 대해 직원들의 반응을 검토할 때 배태성의 개념을 다시 다룰 것이다.

존의 문헌을 검토한 결과, 대부분의 연구들은 어떤 시점에서 단지 한두 종류의 직원 관여의 통합적 효과만을 검증하였다는 것을 발견하였다. Cox와 동료들(p. 253)은 다양한 직원 관여와 참여적 관행이 직원들이 조직에 배태되도록 돕는 작동 기제에 대해 다음과 같이 언급한다.

> 예를 들어, 하향적 커뮤니케이션은 직원들에게 조직의 가치를 촉진하거나 주입시키는 데 사용될 수 있다. 직원 관여와 참여(employee involvement and participation: EIP)를 통해 상품이나 서비스의 질을 향상시키는 것은 직원들이 자신의 직무에 대해 가지는 자부심을 증진시키며, 그 결과 회사에 대한 자부심도 증진시킨다. 결국 증진된 자율성, 경영 계획에 대한 이해의 확대, 그리고 조직에 대해 의견을 표시할 수 있는 기회를 통해 생기는 직원 관여와 참여 관행의 누적된 이점은 직원들의 충성도를 향상시킨다. 이러한 주장은 연구 증거들에 의해 지지된다.

Cox와 동료들은 영국의 대규모 데이터베이스의 자료를 통해 한 번에 하나씩 적용되는 단일한 (직원) 관여 관행이 직원 몰입과 만족에 아주 작은 영향을 주지만 여러 관행이 서로 결합되면 주목할 만한 영향을 갖는다는 것을 보여 주었다(비록 절대적인 수치에서 효과가 아주 크지는 않지만). 또 다른 영국의 연구(Axtell & Parker, 2003)는 "적절한 훈련, 직장 내 충분한 커뮤니케이션뿐 아니라 및 직무확장, 그리고 과업 통제가 결합된 집단에서 직원들의 관여는 직원들의 '역할 범위 자기효능감'[9](전통적 경계를 넘어서는 주도적, 대인적 과업을 수행할 때 직원들이 느끼는 자기확신감)을 향상시킨다." (p. 113)는 것을 발견하였다. 마지막으로, 호주의 데이터베이스로부터 나온 결과는 "양질의 직무"—직무가 잘 훈련된 사람들을 필요로 하며, 다양성과 자율성을 부여받는 경우를 의미—가 산업재해율을 낮춘다는 것을 발견하였다. 산업재해에 대한 양질의 직무 효과는 직접적인 효과와 직무만족을 통한 간접적 효과를 모두 보여 주었다(Barling, Kelloway, & Iverson, 2003).

고관여 작업장(high involvement workplace)에 대해서는 10장에서 직원 몰입, 만족, 철회행동과 관련해서 더 논의할 것이다.

9) 6장의 자기효능감에 대한 광범위한 논의를 상기하라.

직무특성 모형을 넘어서

이제 임파워먼트의 개념을 학습했으므로, 정도에 따라 다양한 설계 전략을 사용해서 직원들을 위한 직무의 임파워먼트를 위해 시도할 수 있는 여러 가지 생산 과정에 대해 논의할 것이다. 이런 생산 과정에는 린 생산방식, 고관여 작업관리, 학제간 접근이 있다.

린 생산방식: 대량생산 체계의 후속

Womack, Jones와 Roos(1990)는 북아메리카의 생산 과정의 역사를 소규모 수공 방식에서부터 대량생산 기술의 홍망 시기를 거쳐 제2차 세계대전 이후, 비용을 절약하고, 낭비를 줄이며, 품질을 향상시키고, 직원을 개발하여 회사에서 평생고용을 보장함으로써 미국식 대량생산 모형을 수정한 일본식 방식(에이지 도요다가 시작함)이 시작되던 시기까지 추적하였다. 테크놀로지의 상세한 부분까지 논하는 것은 이 책의 범위를 벗어나지만, 독자들은 Womack과 동료들이 전하는 린 생산방식에 대한 서술적이고 규범적인 이야기를 참조하기 바란다. 린 생산방식은 북아메리카에서 테일러식(Tayloresque) 조립라인의 결과로 나타난 지루함, 소외의 불만으로부터 발생한 최초의 '직무설계' 모형 중 하나다.

린 생산방식의 핵심 요소는 생산 과업과 비생산 과업(물질적 생산이 아닌 관념과 같은 비물질적 생산)을 모두 수행하는 준자율적(semi-autonomous) 작업 집단이다(Applebaum & Batt, 1994, Parker, 2003에서 재인용; Womack et al., 1990). 이것은 많은 상황에서 작업 집단이 계획, 품질관리, 문제해결에 책임을 진다는 것을 의미한다. 즉, 그것은 "생산물에 가치를 부가하는 직원들에게 최대한 많은 과업과 책임을 넘겨준다."(Womack et al., p. 99)는 것이다. 린 생산방식은 다음의 다른 특징을 포함한다.

1. 소량 생산 운영의 최종 확인에 대해서는 필요한 만큼 변동 사항을 전문가가 아니라 조립라인의 직원이 담당
2. 직원 평생고용

3. 문제해결과 품질 통제에 대한 작업팀의 책임
4. '품질관리조'의 개발과 사용
5. 회사 내 재고 통제와 관리의 비용을 줄이는 동시에 기자재 배달의 안정성을 향상시키기 위해 기자재/원료 공급자와 관계를 발전시키는 것
6. 직무순환
7. 과학적 관리법의 전통에 따라 구체적 과업에 대해 고도로 특화된 절차
8. 기능을 분리하는 것이 아니라 개별 직원이 설계와 생산 과정의 여러 단계에 걸쳐 능통할 수 있도록 만드는 경력경로의 창출
9. 전통적 대량생산 체계에서 가능했던 것보다 더 빨리 회사가 변화하는 고객의 요구에 반응할 수 있도록 전술한 특성들을 적용하는 것

다시 말하는데, 린 생산방식의 상세한 점은 이 책의 범위를 벗어난다. 실제로, 모든 생산자가 이러한 이상적인 유형을 가지고 있는 것은 아니다(Kochan, Lansbury, & MacDuffie, 1997; Liker & Morgan, 2006). 그러나 1973년에 *Organizational Dynamics*라는 학술지에 출판된 논문에서 상술되었듯이 이 시스템의 근본적 아이디어는 북아메리카와 여러 곳에 퍼져 있다. Adler와 Cole(1993)이 쓴 다른 고전적 논문은 캘리포니아 주의 프리몬트(Fremont)에 있는 토요타 공장에서 사용하는 일본식 린 생산방식과 1980년대에 볼보(Volvo)를 생산한 스웨덴의 공장을 비교하였다. 여기서 그들은 두 가지 방식이 지속적으로 향상을 자극하고 직원들의 사기를 유지하는 상대적 역량에 특히 초점을 두면서 그것들을 '인간 중심적' 모형으로 언급하였다. 이들의 결론은 일본식 방식을 채용한 New United Motor Manufacturing Company, Inc(NUMMI)가 두 가지 면에서 모두 나았다는 것이었다. NUMMI 공장이 더 작은 작업 집단과 훨씬 더 잘 규정된 조립 절차를 활용했다는 점을 염두에 둘 때, 직원들의 사기 측면에서도 우수했다고 하는 것은 흥미롭다.

린 생산방식에 대한 비판

린 생산방식에 대해서는 많은 논쟁이 있으며, 일부 비판자들은 이 이론이 단지 신테일러주의의 착취적 생산 형태로 직원 만족, 건강 그리고 조직몰입에 치명적인 것이라고 비판하였다. 린 생산방식이 도입되는 작업 관행의 표준화가 부족하기 때문에

과학적으로 평가하기는 어렵다. 그러나 최근에 호주에서 수행된 유사 실험은 직무 자율성, 기술 이용, 의사결정 참여, 역할 과부하와 같은 직무특성을 매개변인으로 사용하여 린 생산방식이 직원 성과에 미치는 영향을 종단적 모형으로 검증했다. 모형에 포함된 직원 성과는 조직몰입, 직무 불안, 직무 우울, 사전 동기부여, 역할 자기효능감이었다. 린 생산방식의 조작된 세 가지 특성은 린 방식의 팀, 조립라인, 작업 흐름의 공식화였다. 모든 린 생산방식 집단의 근로자들, 특히 조립라인에 있는 사람들은 부적인 영향을 받았는데, 몰입과 역할 범위 자기효능감은 저하되었고 직무 관련 우울증은 증가하였다(Parker, 2003).

린 생산방식의 전체 구성 중 각 요소는 오늘날 생산과 서비스 부문 모두에서 공통적이다. Liker와 Morgan(2006)은 '토요타 생산방식'이 비록 (제한적인 창조성과 혁신, 협소한 전문기술, 근로자의 소외와 희롱, 위험한 직무 환경, 지나친 잔업처럼) 직원 복지에 부정적인 영향을 미친다고 계속해서 보고되고 있기는 하지만 토요타 생산 체계는 북아메리카와 다른 지역에서 효율적인 것으로 드러난 린 생산방식의 모형에 기초한 체계라고 설명하였다[10](Mehri, 2006을 참고하라).

고관여 작업관리

Lawler와 Mohrman(1991, p. 27)은 고관여 관리에 대해 "직원 몰입을 촉진시켜 조직의 성공을 이끄는 관리적 접근. 모든 수준의 직원들은… 정보, 지식, 권한, 보상을 적절히 부여받아 조직수행에 영향을 주거나 조직수행으로부터 보상을 받을 수 있다."라고 정의하였다. 최근에는 Benson, Young과 Lawler(2006)가 "직원 의사결정력, 정보에 대한 접근, 훈련, 그리고 인센티브에 초점을 맞춘 인적자원 관리"로 정의하였다. 이 인적자원 관리는 직원동기, 효율성, 직무의 질에 기여한다고 간주되기 때문에 수년간 다양한 조합과 양식으로 실행되고 지지되었다(Lawler, 1992를 참고하라).

이러한 관리기법이 조합을 이루어 사용되면, 많은 현장연구와 사례연구는 이러한 관리가 개인과 조직의 긍정적 성과에 기여한다는 증거를 제시하고 있다(개관을 위해

10) Friel(2005)은 어떤 문화 장면에서는 성공적인 린 생산방식이 다른 문화나 규제적 환경에서는 성공적이지 못할 수 있다는 것을 보여 주는 사례를 제시하였다.

Benson et al., 2006을 보라). 또한 항상 그런 것은 아니지만, 많은 조직에서 이러한 관리가 재무수행과 정적인 관련이 있다는 증거도 있다(Benson et al., p. 522). Combs, Yongmei Liu, Hall과 Ketchen(2006)은 고수행 작업관리와 재무수행 사이에 항상 같은 결과가 나타나지 않는 것은 초기의 여러 연구들이 여러 가지 '관리'와 성과 측정치의 지표로 여러 가지 다른 측정도구를 사용했기 때문이라고 하였다. 따라서 이들은 92개의 연구를 메타분석한 결과, 전체적으로 추정된 상관관계는 0.20이라는 것을 발견하였다. 고관여 작업관리가 한 번에 하나씩 사용되기보다는 복합적으로 사용되었을 때 이 결과는 더 강하게 나타났으며, 또한 이 결과는 다른 수행 측정치에 대해서도 비교적 일관되게 나타났다. 요약하자면, 의사결정, 팀워크, 인센티브, 훈련에서 권력 공유를 장려하는 인적자원 관리 방법들이 통합적인 방식으로 활용된다면, 그러한 통합된 방식은 직무동기에 미치는 효과를 매개로 가설적으로 추정되는 이점을 줄 것이다.

'직무의 신세계'를 위한 광의의 학제간 접근

직무의 세계가 변화하고 있다는 공통된 인식에 의해 1990년대 중반부터 많은 이론가들은 이러한 변화를 수용하고 예측할 수 있는 모형들을 제안해 왔다. 예를 들어, Noon과 Blyton(2007)은 변화하는 직무 환경을 특징짓는 여러 요소들의 변화를 확인했다. 이들은 다음과 같다.

- 정치적 맥락
- 탈규제
- 사유화
- 경제적 맥락
- 글로벌화
- 경쟁 전략
- 산업구조
- 노동시장의 구성
- 시간제 고용
- 자기고용

- 근무지
- 직업 불안정성
- 인력 과잉에 따른 정리해고
- 실업

이민과 국경 간 인적자원 이동, 특히 계절적 직업에서의 노동력 부족, 지속되는 노예노동(과거 어떠한 시점보다도 수치가 더 높아졌다), 산업국유화 등 다른 요인들도 이러한 요인들에 추가될 수 있을 것이다. 이러한 변화에 대해 이론, 연구, 현장의 실행 방식들이 반응하기 시작했다. 그러나 더 많은 것이 이루어져야 하는 것 같다.[11] 그래서 Parker 등(2001)은 (뒤로 물러나야 많은 것을 볼 수 있을 텐데) 최근 직무설계에 대한 현재의 접근 방식이 직무 내용과 선행요인들의 인과적 순서를 알아볼 만큼 충분히 뒤로 물러나지 않았음을 관찰했다. 이들은 심리적 임파워먼트를 촉진하는 직무특성 변인(Corsun & Enz, 1999에서 나타난 관리자 지원 같은) 이외의 다른 요인뿐 아니라 '직무특성 → 성과 관계'를 조절하는 변인들을 확인할 필요가 있다고 주장하였다.

직무설계에 대한 학제간 접근

1993년에 Campion은 조직행동 연구와 다른 분야의 관련 문헌에서 다루어졌던 어떤 연구보다 범위가 넓고, 다학문적인 접근 방법을 제안하는 박사논문을 출판했다. 특히 그는 그때까지 출판된 문헌들 중 직무동기, 산업공학, 생체역학, 그리고 지각/운동 기술을 다루는 문헌을 조사하였다. 그는 직무의 네 가지 영역에서 거의 700개의 '직무설계 규칙'을 확인하고, 이러한 규칙을 네 가지로 분류하였다. 그리고 같은 문헌을 참조하여 직무 성과를 네 개의 범주로 분류하였다(Campion & Thayer, 1985).

1. 만족[정서적, 동기적, 그리고 태도적 성과(직무만족, 직무관여, 내재적 동기 같은 것)]

11) 예를 들어, Hall 등(1996; Hall & Chandler, 2005) 그리고 Arthur와 Rousseau(1996)는 경력의 본질과 사람들이 조직에 대해 가지는 관계성에 대해 근본적으로 새로운 통찰을 제공했다.

2. 효율성(직무를 수행하는 사람들의 비율, 직무를 수행하도록 직원을 훈련하는 데 걸리는 시간 같은 것)
3. 편안함(직무와 관련된 피로도, 근육 경직과 청각 상실과 같은 위험 요인 등)
4. 신뢰성(안전, 사고율, 사고를 일으킬 만한 상황, 실수 비율, 기자재와 관련된 태도)

한 회사의 5개 목재 생산공장에서 시급으로 일하는 미국인들을 표본으로 하여, 그 연구자들은 네 범주로 이루어진 다중방법 직무설계 질문지(Multimethod Job Design Questionniare: MJDQ)를 만들었다. 그리고 네 가지 종속변인 각각의 변량은 직무설계 항목에 의해서 가장 잘 설명될 것이라는 예비 가설을 검증하였다. 저자들은 다음과 같이 결론지었다.

> 이 연구는 직무설계에 대한 다른 접근 방식들이 현장 상황에서 신뢰할 수 있게 측정될 수 있으며, 그러한 접근 방식들은 개인과 조직에 대한 중요한 성과들과 관련이 있음을 보여 주었다. 한 연구가 모든 성과변인을 충분히 설명할 수 없기 때문에, 다학문적인 접근법이 제안된다. …비록 직무설계 접근 방식들 사이에는 어느 정도 공통(중복)되는 것이 있지만, 어느 정도 근본적인 충돌도 존재한다. 대체로 이러한 차이는 동기적 접근 방식과 지각/운동 및 기계적 접근 방식 사이에 존재하는 차이들이다. …분명히 각 접근 방식은 다른 지향점을 가지고 있다. 지각적 운동 접근 방식은 간단하고, 안전하고, 신뢰할 수 있으며, 정신적 요구가 적은 기자재와 직무를 개발하려는 방식이다. 반대로, 동기적 접근 방식은 직무가 더 복잡하고 도전적일수록, 직무가 보상을 더 가져온다고 강조한다.
>
> (Campion & Thayer, 1985, p. 39)

〈표 7-1〉은 4개의 주요 직무설계 접근과 관련된 성과를 요약하고 있다.

Campion과 Thayer(1985)의 연구를 반복-확장한 연구가 Campion(1988)에 의해 보고되었다. 이 연구는 여러 종류의 직무에 대해 모형의 적용 가능성을 검증하였는데, MJDQ를 자기보고가 가능하도록 수정해서(원래의 도구는 다른 사람, 예를 들어 관리자의 관찰을 통해 시행하는 설문지이지만) 수행되었다. 그 결과, 그는 이 모형이 개인차와 상관없이 개별 근로자 수준에서 검증되고 지지될 수 있다는 것을 발견하였다. 이것

〈표 7-1〉 직무설계에 대한 네 가지 접근 방식으로부터 나온 가설적 성과

직무설계 방식	긍정적 성과	부정적 성과
기계적	• 훈련 기간 감소 • 높은 활용 수준 • 낮은 오류 가능성 • 낮은 확률의 정신적 과부하와 스트레스	• 낮은 직무만족 • 낮은 동기 수준 • 높은 무단결근율
동기적	• 높은 직무만족 • 높은 동기 수준 • 높은 직무관여 • 높은 직무수행 • 낮은 무단결근율	• 훈련 기간 증가 • 낮은 활용 수준 • 높은 오류 가능성 • 높은 확률의 정신적 과부하와 스트레스
생물학적	• 적은 신체적 노력 • 적은 신체적 피로감 • 적은 건강 관련 불평 • 적은 의료 사고 • 낮은 무단결근율 • 높은 직무만족	• 기자재나 직무 환경의 변화로 인한 재무비용 증가
지각/운동	• 낮은 오류 • 낮은 사고 가능성 • 낮은 정신적 과부하와 스트레스 • 적은 훈련 시간 • 높은 활용 수준	• 낮은 직무만족 • 낮은 동기 수준

출처: Campion, M. A. (1988). Interdisciplinary approaches to job design: A constructive replication with extension. *Journal of Applied Psychology, 73*, 467-481에서 채택함.

은 애초의 연구에서 이루어진 집합적 직무 수준에서 검증된 것과 상반되는 것으로서 개인차와 관계없이 모형의 강력함을 보여 주는 것이었다. Campion(1988)의 결과는 인상적이었다. 그 결과는 모형에 추가적인 타당성을 제공했을 뿐 아니라, 그는 모형이 조절변인의 효과에 민감하지 않다는 것, 자기보고식 도구로 검증될 수 있으며, 모형의 타당도는 초기에 이용된 제한된 육체노동 직공 이상으로 확대된다는 것, 직무 수준과 개별 근로자 수준에 관계없이 결과가 일관된다는 것을 발견했다.

나중에 Campion의 모형에 대한 몇 가지 방법론적 및 개념적인 우려 때문에, Edwards, Scully와 Brtek(1999, 2000)은 Campion의 4요인 구조에 도전하여 10요인 모형을 제안하였다. 10요인 모형은 Campion의 연구의 특징인 간결한 직무설계 원칙

과 작업 성과를 재현한 것은 아니었다. 그럼에도 불구하고, Edwards 등(1999)은 그들의 10요인 해법이 Campion의 연구를 촉발시켰던 4개의 사전 범주와 개념적으로 조화가 가능하다고 제안했다. Edwards 등(1999)의 연구에서 MJDQ를 분석하여 나온 10요인은 다음과 같다.

1. 피드백
2. 기술
3. 보상
4. 전문화
5. 과업 단순성
6. 신체적 용이성
7. 작업 조건
8. 작업 일정
9. 인체공학
10. 인지적 단순성

Edwards, Scully와 Brtek(2000)의 이후의 연구는 10요인 모형을 추가적으로 지지하였고, 다학문적 관점에서 볼 때 MJDQ가 4개의 전통적 접근(동기적/심리적, 산업공학, 인간 요인[human factors], 그리고 사회기술적)보다 훨씬 더 포괄적인 직무평가 도구로서 가치가 있다는 것을 재차 확인하였다. 중요한 점은 Edwards 등의 연구가 Campion과 Thayer의 원래의 통찰에 대한 가치를 감소시키지 않았다는 것이다. 단지 이들의 연구는 과학적이고 응용적인 장면에서 사용하기 위해 도구를 수치화하는 방법을 재구조화한 것이다. Campion과 Thayer의 연구, 그리고 Edwards의 연구는 총괄적으로 우리가 당면하고 있는 '직무의 새로운 신세계'에 적합한 직무의 개념화 그리고 측정을 위해 가치 있는 진보를 가져온 것이다(Noon & Blyton, 2007을 참고하라).

더 광의의 '정교화' 모형

Parker 등(2001)은 환경의 불확실성, 정치/노동제도, 노동시장, 경영방식과 같은 거시 수준의 선행변인을 포함하는, 포괄적인 '정교화' 모형을 제시하였다([그림 7-4] 참조). 이러한 거시 요인들은 직무특성 모형에서 발견되는 요인 및 과거에 수행된 대부분의 연구에서 다루어졌던 개인 및 조직 수준의 성과에 영향을 미친다고 여겼던 집단 수준 및 상호작용 변인을 포함하는 '확장된' 직무특성들의 요인이라고 간주된다. [그림 7-4]에서 보는 바와 같이 이 '정교화' 모형은 개인, 집단, 조직 수준의 조절변인의 잠재적 영향력을 인정한다. 마지막으로, 이 책의 중심 초점인 직원 동기는 이 정교화 모형에서 매개변인으로 취급된다.

요약하면, Parker와 동료들이 야심차게 제안한 정교화 모형은 미시 및 거시 수준의 접근을 통해 이전에 얻었던 지식을 반영하고 있으며, 넓은 범위에 걸친 환경적 선행변인 및 잘 선택한 개연성 있는 매개변인과 조절변인, 그리고 다양한 성과변인을 확장 포함하였다.

저자들의 결론은 다음과 같다.

> 콜센터, 하이테크 공장, 미용사, 재택근무자, 지식노동자, 가상 팀(virtual teams), 또는 다른 어떤 맥락에서 직무설계를 고민하는 누구든, 그리고 단지 기존의 직무설계 이론만 갖추고서 직무설계를 숙고하는 사람들은 준비가 부족하다고 느낄 수 있다. 이러한 이론들은 들여다볼 만한 창문은 제공하지만, 현실에 대해서는 제대로 얘기해 주지 않고 환경의 복잡성에 대해서도 얘기해 주지 않는다. 직무설계 이론을 직무특성과 성과에 관한 보편적 처방으로 환원하는 것은 편리할 수 있지만 현실적이지 않다.
>
> (Parker et al., 2001, p. 433)

정교화 모형은 현실적으로 한꺼번에 검증될 수 없으며 이것이 저자들의 의도도 아니다. 그러나 이 모형은 (이 책에서 대부분 논의된) 다양한 기존 이론들 및 직무설계의 가깝고 먼 원인들, 그것들의 결과, 경계 조건, 매개 기제에 대해서 훨씬 더 체계적으로 이해할 수 있도록 해 주는(2장을 보라) 중간 수준 이론(Pinder & Moore, 1980)의 구성을 위한 중간 단계를 제공한다. 정교화 모형은 엄청난 연구 주제를 설정한 것이다.

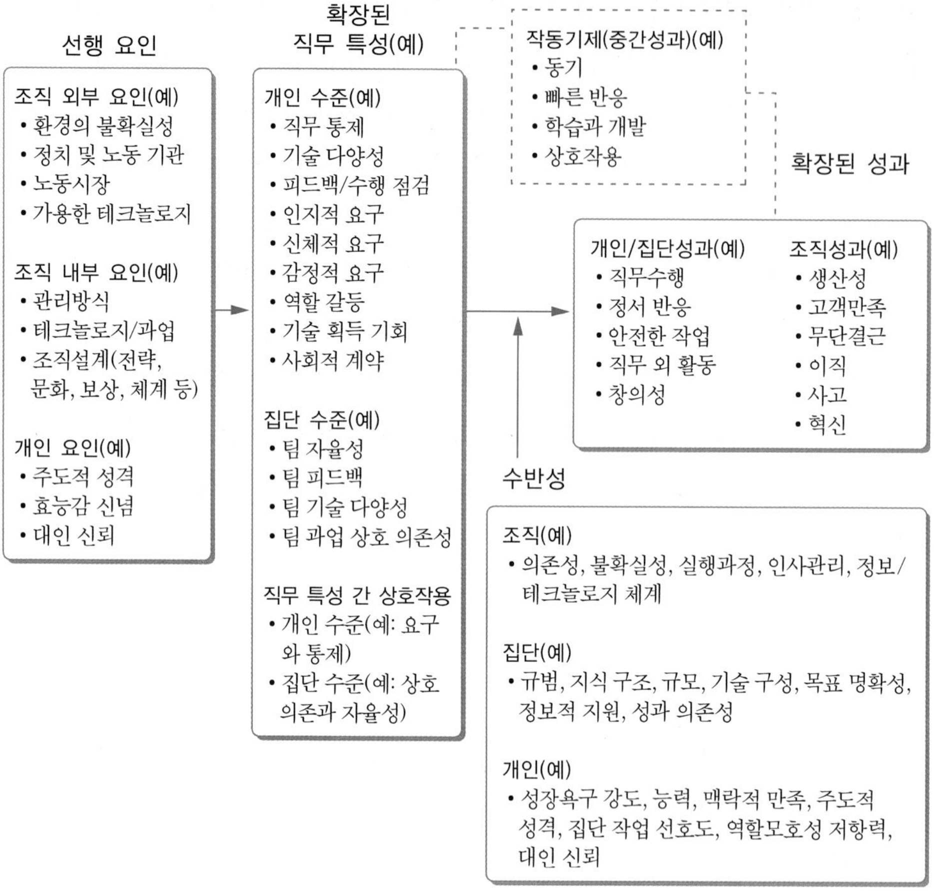

[그림 7-4] 직무설계의 정교화 모형

출처: Parker, S. K., Wall, T. D., & Cordery, J. L. (2001). Future work design research and practice: Towards an elaborated model of work design. *Journal of Occupational and Organizational psychology*, 74, 413-440의 허락하에 게재함.

요약과 미리 보기

우리는 이 장에서 내재적 동기이론(3장을 기억하라)에 철학적 및 개념적 뿌리를 둔 최근 개념인 직무확충과 직원 임파워먼트에 초점을 두었다. 모든 관리 프로그램이 공통적으로 가진 기본 목표는 직무를 더 흥미 있게 만들고, 직무를 수행하는 사람들에게 일이 존엄성과 자기결정의 원천이 되도록 만드는 것이다.

직무설계와 직무동기 모형에서 자기결정의 보편성

다양한 이론들을 동시에 비교할 때 아마도 가장 반복되는 주제는 **통제**, 특히 자기결정이다. 이 개념은 욕구 위계 이론(3장), 자기결정 이론, 활성화 이론, Staw(1976)의 기대이론, 그리고 금방 논의한 세 가지 새로운 직무설계 이론들[린 생산방식, 고관여 작업관리(Benson et al., 2006), Parker 등(2001)이 제안한 '정교화 모형']의 요인으로서 다른 모습의 형태로 나타난다. 사실, 자기결정성을 가지며 자신의 일에 대해 어느 정도 '말할 수 있는 무엇이 있다'는 것은 직무동기와 직무설계의 공식적 이론에서만 존재하는 것이 아니며, 자율성은 북아메리카, 유럽, 그리고 다른 부유한 국가들과 같이 높은 교육을 가지고 직장 이동 능력이 높은 노동력이 존재하는 상황에서 결정적인 쟁점으로 지속될 것이다(3장을 기억하라). Bandura(1997, 2001)의 **개인적 작인**(personal agency)의 개념은 자기결정의 개념과 비슷하며, 11장에서 논의될 것이다.

아직도 가야 할 길

모든 이론과 증거들은 북아메리카의 업무 현장에서는 직원의 자기결정 관점을 지지하지만, 직원들을 자신의 직장에 매어 있도록 하는 높은 통제 수준과 억압적 직무환경이 수없이 많이 존재한다. 예를 들어, 빅토리아 주의 *Times Colonist*의 2005년 10월 31일 기사는 앨버타 고기 포장 공장은 일하는 근로자들이 바지에 싸는 한이 있어도 화장실을 가기 위해 생산라인을 떠나는 것을 허락하지 않는다는 혐의를 받고 있다고 보도하였다. 비록 문명화된 세계에 살고 있지만 아직도 갈 길이 먼 것 같다.[12)]

무엇이 이 좋은 것들이 생기는 것을 막고 있는가

우리는 다음 장에서 욕구좌절(사람들이 자신의 욕구를 만족시키기 위해 추구하는 목표를 달성하는 데 방해받는 상황)의 문제로 넘어갈 것이다.

12) 15장에서 우리는 21세기에도 지속적으로 증가하고 있는 노예제에 대해서 논의할 것이다.

8장

직장에서 좌절의 원인과 결과

인내는 폭력보다 더 효과적이다.
극복할 수 없는 것들도
하나씩 하나씩 인내를 가지고 함께해 나가면
결국은 스스로 극복되기 마련이다.
_ Plutarch

캐나다 법무부 통계국은 "2004년도에 신체적 폭력과 성폭력 및 강도를 포함한 폭력 피해의 약 5분의 1이 피해자들의 직장에서 발생했다."(캐나다 통계청, *The Daily*, 2007년 2월 16일)고 발표하였다. 그해 캐나다 전체에 걸쳐 356,000건 이상의 사건이 보고되었으며, 그중 신체적 폭력으로 분류된 것이 71%였다. 남녀 모두 직장 폭력을 경험할 수 있지만, 남자가 더 많이 폭력의 피해를 입는 것 같다. 그러한 폭력 빈도의 불균형적 성비는 병원, 진료소, 요양원과 같은 사회지원시설이나 헬스케어시설에서 발생하였다.

캐나다의 직장 폭력은 새로운 현상이 아니다(또한 캐나다만의 문제도 아니다). 캐나다에서 가장 많은 사람들의 주목을 받았던 직장 폭력 사례의 하나는 1992년 8월 24일 오후에 발생하였다. 몬트리올에 있는 콘코디아(Concordia) 대학교의 Valery Fabrikant 교수는 자신이 근무했던 공대 건물 9층에 권총 세 자루와 다량의 탄환이 담긴 서류가방을 소지하고 들어갔다. 그는 콘코디아 교수협의회 회장에게 세 차례 권총을 쏘아 숨지게 하였다. 그리고 그는 현장에 있던 두 명의 동료 교수들에게도 권총을 발사하여 한 명에게는 다리에 총상을 입혔으며, 다른 한 명에게는 치명상을 입혔다. 그리고 나서 복잡한 복도와 통로를 지나서 전기컴퓨터공학과 학과장에게 치명적인 총상을 입혔으며, 그때 학과장실을 방문했던 다른 동료 교수와 난투극을 벌였다. 첫 번째 권총을 잃어버린 후 Fabrikant 교수는 이전의 두 피해자들이 서로의 상처를 돌봐 주는 동안 다른 동료 교수를 쏘아 숨지게 하였다. Fabrikant는 결국 다른 교수와 경비원을 붙잡아 사무실에 가두어 놓고 911에 연락하는 한편, 방송국 기자에게 접근을 요청했다. 갇혔던 교수와 경비원이 결국 그를 제압하면서 이 비극은 종료되었다(Wolfe, 1994). 이 사건으로 네 명이 사망하였다.

콘코디아 대학교 대학살은 몬트리올 사회와 캐나다 대학 사회 전체에 큰 충격을 주었다. 특히, 안전하고 무해하다고 여겨지는 대학 환경에서 어떻게 이런 끔찍하고 예상할 수 없는 참상이 일어날 수 있었을까? 시간이 지난 뒤, 국제적인 명성을 얻고 있었던 기계공학자인 Fabrikant 교수는 대학 당국과 동료 교수 및 상사들로 인해 반복적으로 좌절당했으며, 결국 스스로의 수단을 통해 자신의 경력을 통제하기 위한 지점에 봉착하게 되었음이 조사를 통해 밝혀졌다. 그가 사용한 수단은 폭력이었다. 이 사건은 캐나다 및 다른 지역의 대학 교수들과 관리자들에게 아직도 생생한 사건이었다.

문명화되고 높은 수준의 교육을 받은 사람들이 일상에서, 특히 직장에서 느끼는 지속적인 좌절에 대응하기 위해 폭력을 사용하는 경우가 의외로 많다. Fabrikant는 외톨이일 뿐 아니라 다수의 논문을 발표한 학자로도 알려져 있다(Wolfe, 1994). 그는 연구 지원을 받기 위해 학과장과 다른 상사들에게 심한 요구를 했지만, 그들에게 요구한 결과로 받은 것에 대하여 절대 만족하지 못했던 것 같았다. 일례를 보면, 1991년 봄에 그는 학과에서 최고 수준의 임금 인상을 받았다. 그러나 그는 여전히 높은 요구를 하고 있었으며, 그가 속한 집단의 최고 핵심 인물들로부터 지속적으로 '나쁜 평가'를 받고 있었다. 결국 대학의 한 관리자가 그의 인사기록을 조사하여, 그의 이력서에서 "사소하게 일치하지 않는 점"(Wolfe, 1994, p. 18)을 발견하였으며, Fabrikant에게 그의 학위를 증명하도록 요구했다. 이로 인해 Fabrikant와 그에 대한 징계 처분을 논의했던 다른 동료들 간의 갈등은 악화되었다. 그에게 적용된 제재 중 하나는 Fabrikant가 자신의 전공 영역을 벗어난다고 이의를 제기했던 과목을 포함한 강의 부담의 증가였다. 이 사건은 대학교 외부 언론에 보도되기 시작했으며 갈등은 다시 악화되었다. 이미 졸업한 어떤 학생은 Fabrikant에게 성폭행을 당했다고 주장했다. 그러던 중 Fabrikant는 최소한 두 명의 동료 교수에게 그들이 연구 평점을 받기에는 자신이 쓴 논문들에 충분히 기여하지 않았다는 것을 인정할 것을 요구하는 편지를 썼으며, 소송으로 그들을 위협하였다. 법정 싸움에서 Fabrikant는 좌절을 겪었으며 모욕죄로 기소되었다. 결국 그는 네 명의 동료들을 살해함으로써 자신의 스트레스와 좌절을 해소하려는 목적으로 세 자루의 권총을 구하게 된다.

상세히 기록하기는 어렵지만, 저자가 가지고 있는 인상은 최소한 콘코디아 대학교 사건 이후 직장 폭력의 사례가 언론 보도를 통해 점점 더 대중들에게 알려지고 있다는 것이다. 예를 들어, 2002년에 브리티시컬럼비아 주 캠루프스(Kamloops)의 한 공무원이 좋지 않은 인사평가를 받은 후 세 명의 동료들을 살해하고 스스로 목숨을 끊었다(Douglas, 2002). 2005년에는 미시건 주에 위치한 로뮬루스(Romulus)의 제지공장에서 해임된 직원이 자신의 해임에 관여한 관리자와, 자신과 상사 간의 분쟁을 중재하려던 통역사에게 총을 쏘았으며, 통역사는 사망하였다(*Milwaukee Journal Sentinel*, Associated Press, 2005년 2월 20일). 미국 노동통계국은 1996년에 1,062건의 직장 내 살인이 있었으며, 그해 직장 내 사망의 두 번째 원인이 살인이었음을 발표하였다(Toscano & Windau, 1998, Glomb, Steel, & Arvey, 2002 재인용; Capozzi & McVey, 1996을 보라).

이전 장에서 우리는 일을 통해 충족될 수 있는 수많은 인간의 욕구에 대하여 논의하였다. 이 장은 좌절에 대한 것이다. 즉, 원하는 목표 달성에 실패한 사람들의 행동에 대한 상황을 다룬다. 이 장은 다음과 같이 구성된다. 우리는 업무 환경 내에서 욕구좌절의 일반적인 원인과 여러 예측 가능한 결과에 대하여 살펴본다. 처음에는 폭력, 특히 살인에 대하여 명확히 하는 것이 필요하다. 직장에서 폭력은 좌절의 유일한 결과가 아니며, 좌절 이외에 폭력적 행동을 초래할 수 있는 요인에 대하여 살펴본다. 그럼에도 불구하고 좌절은 다양한 형태의 공격으로 나타나며, 직원들의 좌절은 현대의 업무 환경과 종종 관련이 된다.

다시 한 번: 욕구와 목표

이 장을 시작하기에 앞서 **욕구**와 **목표**라는 두 가지 핵심 용어의 의미를 교재에서 상기해 보는 것이 필수적이다. 우리의 생각에 좌절에 대한 지식을 성공적으로 이해하고 적용하는 것은 이 두 가지 개념 간 차이를 구별하는 것에 달려 있다. 이전 장들에서 상세히 논의했듯이, **욕구**는 동기화된 행동을 설명하기 위한 기본적인 내면의 힘을 나타내는 가상적인 개념이다(제3장을 기억하라). 욕구는 적어도 단기간 동안은 고정되어 있는 개인의 특성이다. 반면, **목표**는 개인이 욕구 충족을 달성하기 위한 탐색과 시도다. 음식과 수면 같은 목표는 배고픔과 피로라는 인간의 생리적 욕구를 충족시키는 데 각각 필수적이다. 업무 환경에서 임금, 승진, 상사의 칭찬, 능력 발휘의 기회는 개인들이 그들의 직무와 직장을 통해 존재, 관계, 성장 욕구를 충족시키고자 하는 목표의 사례다. 욕구와 목표의 차이를 구분할 수 있을 때 좌절 모형은 가치 있다. 욕구는 개인에게 내적인 것이고 성격의 일부이며, 목표는 외적 추동이나 상태다.

제3장에서 언급된 바와 같이, 동일한 욕구를 충족시키기 위해 사람들은 종종 다른 목표를 추구한다. 예를 들어, 사교적인 직원은 근무 시간 동안 끊임없는 잡담을 통해 관계욕구를 표현할 것인 반면, 다른 직원은 동일한 욕구를 충족시키기 위해 조직 내 사교 모임의 선거에 입후보할 수 있다. 더 나아가 주어진 목표가 달성되면 몇 가지 욕구도 동시에 충족될 것이다. 예를 들어, 승진은 개인의 존재, 관계 및 성장 욕구의 충족을 위한 수단이 될 수 있다. 즉, 욕구와 목표 간의 일대일 대응은 존재하지 않으며, 좌절의 원인과 결과를 고려할 때 그 두 개념을 분리하는 것이 필수적이다. 욕구와 목표 간의 복잡한 이론적 관계는 [그림 8-1]과 같다.

동기부여, 좌절, 행동

직장 내 좌절의 본질과 결과에 대한 탐색에 앞서, 이 주제에 관해 여전히 중요한 초기 연구를 제공했던 미국 심리학자 Maier(1946, 1961)가 제시한 좌절에 대한 그 이전의 이론을 간략히 검토한다. 여러분은 Maier가 제공한 동기부여 및 동기화된 행동의 정의와 초기 교재에서 제공되었던 정의들 간의 근본적인 유사점을 보게 될 것이다. 중요한 것은 동기화된 행동이 본능적 행동 및 좌절과 어떻게 다른지를 이해하는 것이다.

Maier(1946)에 의하면, 동기화된 행동은 내적 및 외적 조건에 의해 통제된다. 내적 조건에는 욕구, 갈망 또는 감정이 있다. 외적 조건은 목표다. “이 둘 중의 어느 조건이든 다른 조건이 없더라도 나타날 수 있으며 자극-반응 행동을 만들어 낸다. 그러나

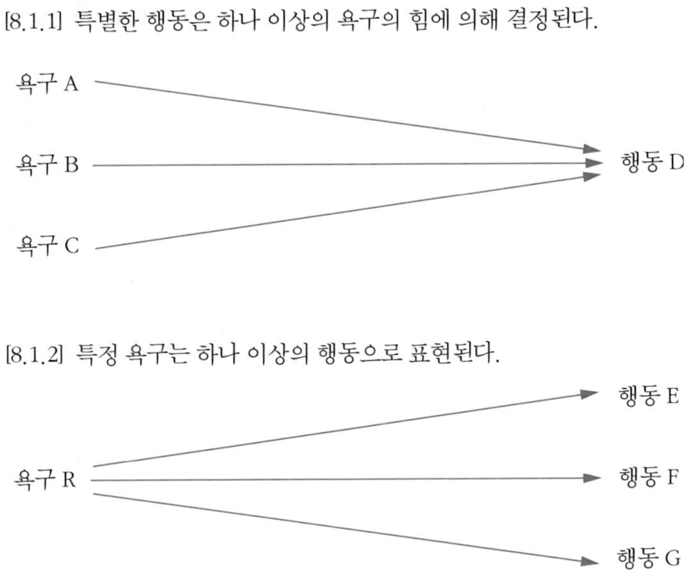

[그림 8-1] 욕구와 목표의 관계

선별적으로 행동을 자극하는 동기화된 상태를 만들기 위해서는 목표지향도 필수적이다. 동기화된 상태에 따른 행동은 내적 조건을 해소하여 결국 만족을 유도하는 경향이 있다. 소위 '적응적 행동'은 욕구의 감소를 유도한다는 특징을 가지고 있다." (Maier, 1961, p. 96)

물론 적응적이기 위해서 행동은 반드시 욕구의 본질에 맞게 적절하게 배치되어야 하며 (욕구의 본질과 맞지 않는 행동은 적응적이지 않다는 뜻), 시간이 흐르면서 특정한 욕구 상태의 목표 달성과 관련된 학습이 이루어진다. Maier는 본능적 또는 선천적 행동을 욕구 상태와 목표 둘 다 있을 때 발생하지만, 욕구 상태와 목표 달성 간의 관련성에 대한 학습이 없는 행동으로서 정의했다. 갑작스러운 큰 소음이 있을 때 뒷걸음질치는 것이 그 예다. 동기화된 행동은 가능한 대안적 목표들 중의 선택을 나타내지만, 좌절 행동에서는 목표지향이 존재하지 않는다.

좌절을 경험할 때, 행동은 좌절에 대한 최후의 반응이지 목적을 달성하기 위한 수단이 아니다. 목표가 관련되지 않았기 때문에 욕구 충족도 없다. 발생하는 충족도 완화의 형태이지 완료 형태가 아니다. 따라서 우리는 좌절의 완화와 목표 달성을 통한 욕구의 제거라는 충족의 두 가지 가능한 형태를 반드시 구분해야 한다.

> 좌절은 욕구 박탈을 통해 발생할 수 있지만, 좌절을 초래하는 조건과 관련이 없는 행동도 유발한다. …목표는 더 이상 지침으로 작용하지 않으며, 따라서 좌절이 촉발시킨 행동은 생물체의 조건에 의해 영향을 받는 행동이다. 이런 의미에서 모든 좌절 행동은 충동을 특징으로 한다.
>
> (Maier, 1961, p. 99)

좌절의 정의

Leonard Berkowitz(1989)는 좌절 및 그 결과, 특히 공격을 연구하는 데 오랜 시간을 보냈다. 좌절에 대한 많은 정의들을 조사한 후, 그는 좌절이란 용어가 일상 언어 속에 빈번히 사용되고 있다고 언급했다. 사람들은 항상 이런저런 이유 때문에 '좌절한다'고 주장한다. 그러나 Berkowitz(1989)는 자신의 연구를 통해 좌절에 대한 정교하고 과학적인 정의를 채택했다. 이것은 1939년 예일 대학교 심리학자들이 처음 개진한 정의였다. 그들에게 **좌절**이란 "행동적 순서의 적절한 시점에서 촉발된 목표 반응의 발생에 대한 간섭" (Dollard, Doob, Miller, Mowrer, & Sears, 1939, p. 7)이다.

Berkowitz(1989, pp. 60-61)는 이들의 정의가 다음과 같은 여러 가지 의미를 갖는다고 지적했다. 만약 ① 개인이 암묵적 또는 명시적으로 목표에 도달하기 위해 노력하고 있지 않거나, ② 개인이 문제가 되는 목표의 달성을 통해 욕구 충족을 기대하지 않는다면, 목표의 장애물은 좌절이 아니다. 따라서 Berkowitz는 삶에서 좋은 일이 없어 불쌍한 사람들이 실제로 목표 달성에 가로막혀 있지도 않으면서 목표를 추구하지 않는다면 그들이 좌절되었다고 정의될 필요는 없다고 하였다. Berkowitz(그의 초기 연구를 재확인하고 발전시킨)를 반영하여, 우리는 그가 확인했던 의미에 따라 그의 연구(Dollard et al., 1939를 보라)에서 채택했던 예일 대학교의 정의를 채택한다.[1]

1) 사람들은 흔히 자신들이 좌절되었다고 주장한다. 그러나 이런 종류의 언급은 기술적인 관점에서는 보통 부정확한 표현이다. 비록 그러한 표현을 사용하는 사람들이 사실 좌절되었다고 하더라도, 그들이 의미하는 것은 목표를 달성하지 못해서 그들이 화가 났거나 우울하게 되었다는 것이다. 좌절은 공식적으로는 정서적 반응이 아니고 상황이다. 직장 내 정서에 충분한 논의는 4장을 보라.

좌절의 원인

사람들은 특정 목표와 특정 욕구의 충족을 연합시키는 경향이 있다(물론 항상 일대일 대응은 아님). 우리들은 어떤 것들은 충족시키고 다른 것들은 아닌지 알아내곤 한다. 이에 대한 간단한 예는 갈증(욕구) 해소를 위해 차가운 음료(목표)를 마시러 냉장고로 가는 행동이다. 특정한 목표 대상이 욕구를 성공적으로 충족시킬수록, 개인은 미래에도 동일한 욕구가 발생하면 동일한 목표를 추구하게 된다. 우리는 어느 정도 습관을 형성한다[Maier는 습관과 집착 행동(좌절에 대한 일반적 반응의 한 가지)을 신중히 구별하였다].

이전에 성공적이던 행동이 현재 추구하는 목표 달성에 실패하게 될 때 무슨 일이 벌어질까? 이유가 무엇이든 간에, 행동 자체가 불가능하다면 무슨 일이 벌어질까? 즉, 목표를 달성하기 위한 개인의 행동이 쉬워지기보다는 더 어려워질 때 무슨 일이 벌어질까? 이러한 유형의 상황은 모든 직무 장면에서 일반적이다. 확인하기 어렵고 개선하기 어려운 것들이 종종 있다. 그럼에도 불구하고, 좌절에 대응하여 발생하는 행동은 조직 환경에서 일반적이며 (물론 반드시 항상은 아니지만) 역기능적이다. 좌절된 행동을 관리하는 것은 관리자들에게 중요한 과제이지만, 항상 효과적으로 관리되는 것은 아니다([그림 8-2] 참조).

작업 목표에 도달하지 못하도록 개인의 학습된 행동을 방해하는 것은 무엇일까? 다시 말해서, 직무 장면에서 무엇이 좌절을 야기할까? 우리는 논의를 위해 좌절의 원인을 두 가지 범주로 분류한다. 첫 번째 범주는 개인이 스스로 통제할 수 없거나, 또는 통제할 수 있지만 대개는 개인 외부에 있는 요인을 포함한다. 조직 내 사례는 풍부하다. 조직구조는 피라미드 형태를 갖는 경향이 있으며, 대부분의 사람들을 정상에 오르지 못하게 하는 위계이기 때문에 욕구좌절의 일반적인 원인이다. 다른 예는 휴식 때만 가능하도록 규정되어 있어서 근무 중에는 사람들이 서로 교류하지 못하도록 하는 정책, 또는 사람들이 원할 때 휴가를 가지 못하게 하는 정책이다. 많은 사람들이 직면하고 있는 지루하고 반복적인 업무도 또 다른 예다. 직원들에게 비협조적이며 도움을 주지 않으려는 관리자도 직원들을 좌절시킬 수 있다. 마찬가지로, 성과가 낮은 직원들은 관리자들의 업무 목표를 달성하지 못하도록 방해한다. 신참자를 배제하고, 친해지고자 하는 신참자들의 노력을 무시하는 동료들, 그리고 동료들 간의 지속

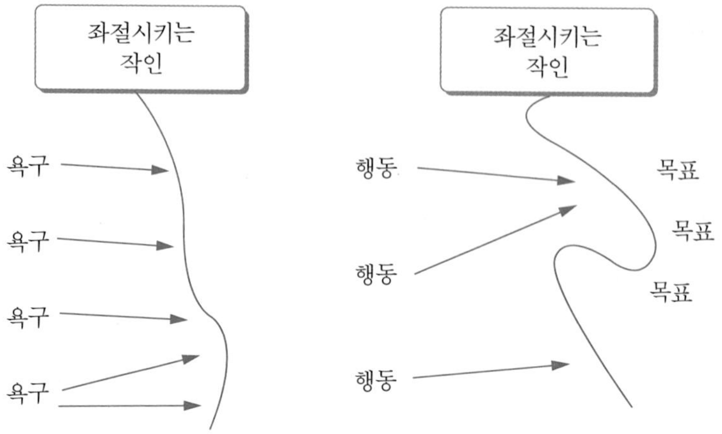

[그림 8-2] 욕구, 목표 및 행동의 좌절

적인 갈등 상황들도 또 다른 예다. 사람들은 욕구 충족을 위해 무수한 행동을 시도하며, 이러한 개인들의 행동을 간섭하여 개인의 욕구 충족을 방해하는 수많은 잠재적인 장벽들이 직장 내에 존재한다(Peters & O'Connor, 1980; Peter, O'Connor, & Eulberg, 1985를 보라).

Neuman과 Baron(1997)은 미국 직장(세계화의 결과, 조직 풍토는 더욱 메마르고 인색해졌다)과 국가 간 경쟁의 본질은 외부 요인의 하나일 수 있다고 제안했다. 감량경영, 높은 생산성 요구 및 고용 관계 본질의 극적인 변화는 모두 예전에 비해 좌절과 공격이 더욱 발생하기 쉬운 상황적 원인이 될 것이다. 우리는 그들의 모형 및 이와 유사한 다른 모형으로 되돌아가 본다.

잠재적 좌절 유발 요인의 두 번째 일반적인 범주는 개인의 특성들로 구성된다. (작업 완성이 목표일 때) 부족한 업무 능력은 개인의 노력을 방해할 수 있어 그의 욕구는 충족되지 못한 채로 남아 있게 한다. 이와 유사하게, 성별(Bartol, 1978; Larwood & Wood, 1977), 연령(Rosen & Jerdee, 1976), 또는 소속 부서(Dalton, 1959) 같은 특성들도 장벽을 설치하여 사람들로 하여금 직업을 구하고, 승진하고, 심지어 자신들의 업무에서 효과적인 정보에 접근하는 것을 차단하게 하는 또 다른 요인들이다. 장애가 있는 직원들의 경우, 어떻게 개인적 특성 또는 개인적 특성의 집합이 그들로 하여금 업무 관련 목표를 달성하지 못하게 할 수 있는지에 대한 강력한 사례를 제공한다.

좌절의 원인을 내적인 것에서 찾는 것보다 좌절하는 개인의 외부에서 확인하는 것이 더 쉬운 경향이 있으며, 사람들은 직장에서 좌절되는 것에 대해 자신들보다는 종종 외적 요인들을 탓한다(Harvey & Albertson, 1971; Mitchell, Green, & Wood, 1981; Vroom, 1964). 직원들이 좌절하는 근본적인 원인을 진단하는 것은 여러 가지 이유에서 어렵다. 첫째, 좌절의 장벽이 그들 자신의 내부에 있을 때, 또는 그들이 자신들의 인지를 넘어선 조직적 요인에 뿌리를 두고 있을 때, 좌절된 사람들이 목표 달성에 대한 장벽을 항상 의식하는 것은 아니다. 이상한 종교적 신념을 가진 직원은 전자의 한 예가 되며, 자신이 판매하는 제품의 불리한 이미지를 담고 있는 한 기업의 광고 캠페인은 후자를 보여 주고 있다.

둘째, 욕구좌절의 결과로 나타나는 행동은 개인마다 다르다. 특정 욕구의 영향력과 그 결과로 인해 나타나는 행동 간에는 보편적인 일대일 대응이 존재하지 않는다([그림 8-1]). 또한 적절하게 맞지 않을 때도, 사람들은 자신들의 욕구 행동을 다른 것(예를 들어, 욕구좌절)에 투사하는 경향이 있다는 것을 기억해 보라. 부하직원의 좌절 행동을 목격한 관리자는 충족시키려는 욕구를 진단하는 것과 복잡한 욕구 문제를 겨냥한 행동의 좌절을 설명할 수 있는 장벽의 본질을 탐지하는 데 모두 어려움을 겪을 수 있다.

성장욕구의 좌절을 이해하고 확인하는 것보다 존재욕구 및 관계욕구의 좌절에 대해 논의하고 이해하는 것이 일반적으로 용이하다. 존재 및 관계 욕구의 충족을 위한 전형적인 목표들은 대부분 상대적으로 구체적이며 실재적이다. 그러나 제3장 및 제7장에서 언급되었던 바와 같이, 성장욕구는 직장에서 관찰되는 행동의 상당 부분의 원인이 되며, 미래에는 더욱 중요해질 수 있다. 사람들이 자신의 성장욕구를 충족시키기 위해 추구하는 목표들은 종종 무정형적이고 특이해서, 때로는 목표 달성을 어렵게 만든다. 사실, 우리가 수행하는 대부분의 업무들은 인간의 성장욕구를 쉽게 충족시키지 못한다. 그 결과, 성장욕구의 좌절은 조직에서 중요한 문제점의 하나이며, 업무와 관련하여 지루함과 불만으로 나타난다(제10장에서 알아볼 것이다). 제7장에서 언급되었던 바와 같이, 상황을 용이하게 하고 사람들이 업무를 통해 성장욕구를 충족시키는 것을 더욱 가능하게 만들기 위한 몇 가지 공식적인 관리 프로그램이 발전하기는 했지만, 업무들이 역량, 자기존중, 자기실현을 위한 인간 욕구의 지속적인 충족을 가능하도록 구조화되는 데에는 다소 한계가 있다.

좌절의 결과

이미 언급한 바와 같이, 욕구좌절은 몇 가지 전형적인 유형의 행동을 초래하기는 하지만, 사람들은 그런 유형의 행동을 여러 가지 방식으로 드러낸다. 사실, Maier(1961, p. 100)는 동기화된 행동 과정과 좌절된 행동 과정은 똑같은 강도로 동시에 나타난다고 언급한 바 있다. 이러한 경우에, 개인의 행동 중 일부는 목표지향적이며, 또 다른 일부는 특정한 목표 없이 내적 상태에 의해 주도될 것이다. 때로는 좌절이 완화될 것이며 이때 그 사람의 행동은 거의(또는 완전히) 목표지향적이 된다(감정 발산을 위한 절규 또는 별명 부르기는 이렇게 되기 위한 일반적인 수단이다). 아니면, 목표지향적 행동은 가능하지 않으며 그 사람을 움직이는 대부분의 힘은 좌절이다. 마음속에 아무 목표도 없기 때문이다.

좌절에 대한 가장 건설적인 반응은 개인이 (다른 사람들의 도움이 있든 없든) 그 원인이나 장벽을 진단하여 그것을 제거하기 위한 탐색과 문제해결이다(Wong, 1979). 이러한 행동 유형은 일상에서 매우 자주 발생하므로 우리는 이것을 항상 당연한 것으로 여긴다. 좌절에 대응하는 문제해결은 인간의 대부분의 욕구 충족에 기여할 수 있다. 좌절에 대한 두 번째 건설적 대처는 대안적 목표의 채택과 추구다. 아이가 있는 독신의 직장여성은 승진이나 임금 인상을 통해 소득을 증가시키기보다 파트타임 직무를 통해 그럴 수 있다. 마찬가지로, 동료들로부터 고립되어 일하는 직원은 그의 사회적 욕구를 직장 밖의 친구 관계를 통해 충족시킬 수 있다. 욕구는 그대로지만 목표는 바뀐다.

그러나 사보타주, 절도, 의도적인 결과 유보, 공격 및 폭력을 포함하여 좌절에 대한 주목할 만한 반응의 역기능적 유형도 많이 존재한다. Spector(1997)는 업무에서의 좌절을 좌절된 직원으로부터 기대되는 행동적 반응과 연결시킨 초기 모형(Spector, 1978)을 수정했다. 다른 정의들에 맞추어, 그는 좌절 유발 요인을 "개인이 직장에서 목표를 달성하거나 유지하는 것을 간섭하거나 가로막는 환경적 사건 또는 상황"(Spector, 1997, p. 3)으로 보았다. [그림 8-3]과 같이 그의 모형은 좌절-반응의 전체 순환이 Dollard 등(1939)과 같은 초기 이론에 반영된 것보다 다소 복잡하다.

[그림 8-3]에서 보는 바와 같이, 개인이 실제로 좌절을 경험하기 위해서는 반드시 당면한 환경 조건에 대한 인지적 평가를 해야 한다. Peters와 O'Connor(1980)에 이어, Spector(1997)는 일반적인 좌절 유발 요인의 여덟 가지 범주를 직무 관련 정보, 도구와

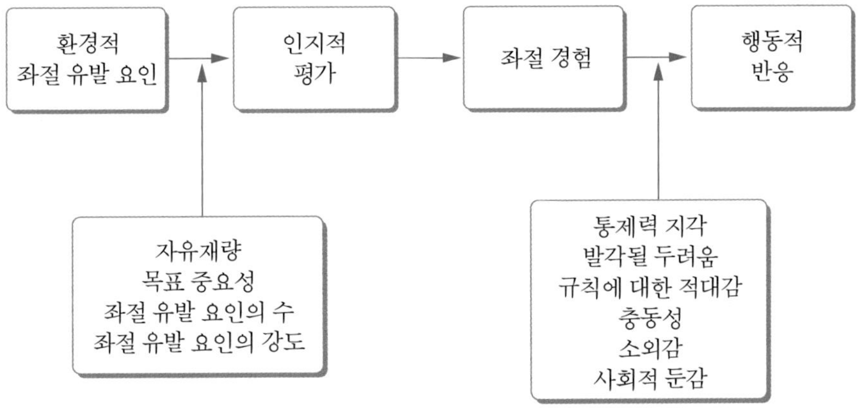

[그림 8-3] 좌절 상태에 대한 개인적 반응의 결정 요인

출처: Spector, P. E. (1997). The role of frustration in antisocial behavior at work. In R. A. Giacalone & J. Greenberg (Eds.), *Antisocial behavior in organizations*. Thousand Oaks, CA: Sage의 허락하에 게재함.

장비, 재료와 물자, 예산 지원, 필요한 서비스와 타인의 도움, 과제 준비, 시간 제약, 긍정적 자기상으로 제시하였다. 그러나 개인이 좌절로 경험할 때만 환경적 상황은 좌절 유발 요인이 될 수 있다(어떻게 인지평가 과정이 감정과 정서의 인지평가 모형에서 사건의 해석에 개입하는지 상기해 보라. 4장에서 논의됨). 어떤 잠재적 좌절 유발 요인이 실제로 좌절 유발 요인으로 평가되는지에 영향을 미치는 많은 특징들—① 충족되지 못하고 있는 욕구의 수와 상대적 중요성, ② 박탈 정도와 지속되는 기간, ③ 방해의 규모와 (영구적이든 간헐적이든) 그 결과로 나타난 좌절의 완전성, ④ 좌절의 원천에 대하여 지각된 동기, ⑤ 좌절에 대한 다양한 반응에서 성공과 실패에 대한 개인의 이전 경험, ⑥ 다양한 대안적 반응과 관련된 것으로 지각되는 예상 위협이나 비용—이 있다.

예를 들어, 어떤 직원이 상사의 아침 시간에 꽉 찬 회의들이 늦게까지 이어지는 바람에 상사와 미리 예정된 회의를 하지 못한다면, 그 부하직원은 약간 실망할 수도 있지만 상사를 위협하거나 상사와 공유하고자 했던 아이디어를 보류하기보다는 다른 가능한 시간에 회의를 하는 것이 더 나을 것이다. 이 경우에는 회의에 대한 긴급성은 없다. 성패가 달려 있는 목표는 거의 없고, 그러한 목표라도 긴급하지 않다면, 그 직원이 다른 기회에 상사를 볼 수 있을 때까지 단지 시간의 문제일 뿐이다. 따라서 좌절은 거의 발생하지 않는다. 마찬가지로, (집착이나 체념과 같은) 수동적 반응은, 이유가 무엇이든 간에, 공격이 불가능하거나 너무 위험해 보일 수 있다.

요약하면, 우리는 무엇이 좌절 상황을 기피하게 하고 공격적인 반응을 하게 만드는지에 대한 의문을 제기한 Berkowitz(1989, p. 68)로 되돌아갈 수 있다. 그는 다음과 같이 기록했다. "좌절은 이것의 영향을 받을 사람들에게 불쾌함과 혐오감을 주기 때문에 좌절은 공격적인 성향을 유발할 수 있다." (p. 68)[2] 장애가 혐오적이면 공격이 발생할 것이다. 장애가 혐오적으로 경험되지 않으면, 좌절-공격 간의 연결은 약화된다. 무엇이 좌절을 혐오적이게 하는가? 앞서 언급한 바와 같이, 한 가지 핵심 요인은 장애를 야기한 당사자들의 추정된 의도다. 만약 우리를 좌절시키는 타인의 행동에 변덕스럽고 부당하며 악의적인 의도가 있다고 믿는다면, 이런 경험은 혐오적이며 공격적 충동이 발생할 가능성이 높다. 마찬가지로, 만약 장애가 우리가 몹시 원했던 것을 획득하지 못한 실패를 나타낸다면, 이러한 경험은 그렇지 않았던 경험보다 더욱 혐오적이게 되며, 따라서 더욱 공격적인 욕구를 만들어 내기 쉽다. 그러나 다시 반복하면, 경험된 혐오적 좌절과 어떤 행동적 반응 사이에는 단순한 직접적 연결이 존재하지 않는다. 어떤 성과에 전혀 또는 거의 통제력을 갖지 않는다고 믿는 사람들(소위 통제 소재 이론의 용어로 '외적 통제 소재자'), 스스로의 행동을 통제하고 조정하는 데 약한 충동적인 사람(12장을 보라), 사회적 민감성이 결여되어 있으며 주위로부터 소외되어 있다고 느끼는 사람들은 더욱 공격성에 의지하기 쉬우며, 좌절에 대해 사회적으로 허용되지 않는 반응을 할 가능성이 있다. 또한 [그림 8-3]은 반사회적 행위에 빠질 기회에 대한 사람들의 신념은 느껴진 좌절에 따른 폭력적 반응의 선택을 억제하거나 촉진시킬 수도 있다는 것을 보인다.

좌절과 이에 따른 공격

앞서 언급하였듯이, 공격은 욕구좌절에 대하여 일반적이며 예측 가능성이 높은 반응이다. 70년 전 예일 대학교 심리학자들이 "공격은 항상 좌절의 결과다." "공격적 행동의 발생은 항상 좌절을 전제로 한다." (Dollard et al., 1939, p. 1, Berkowiz, 1993, p. 59에서 재인용)라고 언급했듯이, 좌절과 공격 간의 관련성은 매우 강하다. 그 이후 우리는

2) 어떤 이론가는 좌절에 대한 반응 선택과 좌절 그 자체의 강도 사이의 관계가 단순하다는 것을 거부한다 (Gloria, 1984를 보라).

단순히 좌절 외에도 공격에 다양한 원인들이 존재하며, 좌절은 공격 외의 다른 결과를 초래할 수 있다는 것을 알게 되었다. 그럼에도 불구하고, 이 두 가지 개념 간의 관련성은 여전히 영향력 있는 것으로 평가된다.

보통 분노를 수반하는 일종의 폭행으로 정의되는(Maier, 1973, p. 73) 공격은 개방적이고 명확하기도 하고 또는 보다 은밀하며 덜 명확할 수 있다. Berkowiz(1989)는 공격에 적대적 및 수단적이라는 두 가지 형태가 존재한다는 관점을 채택했다. 적대적 공격은 의도적으로 다치게 하거나 손상을 입히기 위한 것이다. 수단적 공격은 의도적으로 금전, 토지, 친구의 애정, 다른 물품 등과 같은 목표를 획득하기 위한 것이다(p. 62). 적대적 공격의 예는 부하직원을 야단치는 것 또는 동료를 때리는 것일 수 있다. 덜 명확한 사례는 뒤에서 누군가를 험담하는 것 또는 집행위원회에서 동료들의 프로젝트 제안에 반대 투표를 하는 것이다. 명시적이든 은밀하든, 적대적 공격은 어떻게든 손상을 입히고, 다치게 하거나, 목표를 좌절시키기 위한 것이다.

여기서 우리의 주요 초점은 직무동기와 직장 내에서의 적대적 공격과 그 원인 및 결과다.[3] 좀 더 최근의 정의들은 초기의 Berkowiz의 정의와 일치한다. 예를 들면, Neuman과 Baron(1997)은 직장 내 공격이라는 용어를 이용하며 "그들이 함께 일하는, 또는 일했던 타인에게, 또는 그들이 현재 있거나, 또는 과거에 고용되었던 조직에 피해를 주기 위한 개인들의 노력"(p. 38)이라고 언급한다. Buss(1961)에 따르면, 직장 내 공격은 좌절의 원천을 목표로 하여 신체적 또는 언어적일 수 있고, 적극적 또는 소극적일 수 있으며, 그리고 직접적 또는 간접적일 수 있다. 핵심은 직장 내 공격은 직장 내 경험과 관련된 누군가 또는 무엇인가에 의도적으로 피해를 주기 위한 것이다.

개인차와 직장에서의 공격 성향

언제 그리고 어떤 환경에서 좌절이 공격을 유도하는가? 우리가 살펴본 Spector(1997)의 모형은 다양한 단서를 제공한다([그림 8-3]을 보라). 현재의 견해는 Dollard 등(1939)

3) 적대적 공격은 우리가 이 책에서 논의하는 많은 반사회적 그리고 흔히 역기능적 형태의 행동 중 하나다. 핵심은 적대적 공격은 의도적이고 계획적으로 타인이나 조직을 해치고자 하는 것이라는 점이다. 이것이 적대적 공격과 무례한 행동, 절차적 그리고 상호작용적 불공정성과 구분되는 점이다.

에 의해 진전된 원래의 좌절-공격 공식을 철저히 고수하면서, Berkowitz(1989)와 그 밖의 학자들(예를 들면, Neuman & Baron, 1997)의 견해를 따르고 있지만, 현재의 견해는 다양한 인지적 · 성격적 · 감정적 요인을 포함하는 것으로 수정되었다.

예를 들어, Fox와 Spector(1999)는 개인의 성향(자신의 일에 대한 통제 소재 신념, 부정적 정서성, 특질적 분노)과 핵심적인 상황 변인(공격 표현에 빠질 가능성 지각)이 상호작용하여 조직 내 좌절에 대한 공격적 반응의 빈도를 결정한다는 모형을 개발하여 성공적으로 검증하였다. Bushman과 Wells(1998)는 특질적 공격을 발견했는데, 이것은 (경기 지연과 같은) 좀 더 수동적인 위반에 대한 벌칙 시간보다 (싸움과 같은) 공격적인 벌칙 때문에 하키 선수들에게 부과되는 벌칙 시간을 더 잘 예측하였다. 이와 유사하게, Douglas와 Martinko(2001)는 특질적 분노, 부정적 정서성, 자기통제, 보복에 대한 태도가 운송 회사 직원들과 공립학교 직원들의 사례에서 직장 내 공격에 대한 자기보고와 관련되었음을 발견하였다.

마지막으로, Greenberg와 Barling(1999)의 연구는 개인차와 상황 요인은 직장에서 공격에 따른 희생자들마다 다르게 관련되어 있음을 발견하였다. 특히, 캐나다 대학교의 교육 종사자 이외의 직원들을 대상으로 이 연구자들은 개인의 폭력 경험과 음주량이 동료들에 대한 공격을 예측하는 반면, 지각된 절차 불공정성과 직장 내 감시 장치를 사용하는 것은 상사에 대한 공격을 예측할 수 있게 한다는 것을 발견하였다. 그러나 이러한 개인 또는 직장 요인 중 어느 것도 부하직원에 대한 공격적 행동을 예측하지는 못하였다.

요약하면, '인간×맥락 패러다임'(2장을 기억하라)의 최근 연구는 과거의 좌절-공격 현상이 단순 주효과는 아님을 보여 주고 있다. 즉, 인간과 조직의 많은 요소들이 상호작용하여 직무 장면에서 공격의 발생을 결정한다.

대체된 공격과 희생양 만들기

종종 공격 행동의 목표가 좌절의 실제 원천이 아니기도 하다. 이러한 현상은 **대체된 공격** 또는 **희생양 만들기**(scapegoating)로 언급된다. 조직 장면에서 상사로부터 꾸지람을 듣거나 좌절된 중간 관리자는 그의 좌절을 부하직원에게 터뜨릴 수 있다. 마찬가지로, 교육 수준 때문에 미래의 승진이 막힌 직원들은 그들의 공격을 좌절에 책임이 없는 상사나 동료에게 돌릴 수 있다. 마지막으로, 자신들이 만든 제품을 의도적으로 파괴하는 조립라인의 직원들은(예를 들어, Dubois, 1979; Jermier, 1988) 단조로운 직무로 인한 공격성을 가까이에 있는 손쉽고 편리한 희생양에게 드러내는 것으로 보일 수 있다.

Maier(1961)에게 분명한 것은 이러한 유형의 행동은 목표지향적이지 않으며, 문제를 해결하거나 장벽을 제거하거나 일을 바로잡기 위한 분명한 시도가 아니기 때문에 동기적이지 않다는 것이다. 이러한 유형의 공격은 스스로의 산물이며, 다른 목표에 대한 수단도 아니다. 단지 행동하다 보면 공격성이 완화된다(또는 될 수 있다). 정의에 따르면, 이것은 좌절에 의해 부추겨진 행동이다. 가용성의 원리는 개인이 공격하고 싶은 대상을 고를 때 강력한 예측 요인이다. 가까운 사람 또는 대상과 보복할 수 없는 대상은 흔히 좌절된 사람들이 공격하는 대상이다. 만성적인 실업자에 의한 아내 구타와 아동 학대는 이에 대한 예다.

공격이 일반적으로 좌절의 결과라는 것의 이유 중 하나는 그것이 종종 좌절을 유발하는 장애 요인을 제거한다는 데 있다. 다른 사람들을 위협하여 항상 이기는 악당은 곧 위협과 폭력이 자신의 목표를 달성하는 데 상당히 효과적임을 학습한다. 사람들은 보상(14장을 보라)을 받기 위해 이러한 행동을 한다. 더욱이 사람들은 나이가 듦에 따라 공격 방식도 달라지는데 야만적 폭력에서 신체를 덜 사용하는 쪽으로 바뀐다. 그러나 빈정대는 언어 공격과 같은 폭력적 전술은 나이와 상관없다. 절도와 좀도둑질에서 노조의 형성까지 직원들의 다양한 행동(Stagner, 1956을 참고하라)은 끊임없이 인간의 욕구를 좌절시키는 조직의 현실에 대한 공격 반응으로 비쳐질 수 있다. 자신의 직무에 갇혔다고 느끼는 직원들은 그들의 좌절을 다루기 위한 건설적인 수단에 제약을 두며, 결과적으로 그들의 직무에서 공격 또는 대체된 공격에 의존하기 쉽다.

직장 내 모든 무차별적 폭력의 이유

많은 요인들이 직장 내 폭력 발생에 기여한다(Capozzi & McVey, 1996; Elliott & Jarrett, 1994; Glomb et al., 2002; Johnson & Indvik, 1994). 사람들의 직무특성은 조직 내 폭력의 발생 정도와 관련이 있는 것으로 보인다.

직무설계와 개인의 환경

예를 들어, LeBlanc과 Kelloway(2002)는 많은 직장 폭력과 관련되는 22가지 직무특성(예를 들어, 무기 사용에 대한 자격 요건, 타인의 물리적 또는 정서적 치료의 제공, 야간에 혼자 일하기, 고객 가정방문)을 확인하였다. (그들은 이들 22가지 요인에 기초하여 폭력에 대한 직무의 잠재성을 평가하기 위한 척도를 개발하고 타당화하였다.) 어떤 직장 폭력은 가족이나 가정처럼 일 이외의 것에 원인이 있는 좌절에서 연유된다. 직장이 위치한 지역의 범죄율은 직장 내에서 발생하는 폭력에 영향을 미칠 수 있다(Dietz, Robinson, Folger, Baron, & Schulz, 2003). 일부는 직장에서의 사건이 감춰진 폭력을 들춰낼 때 촉발된다. 직원들의 처우에서 불공평과 불공정에 대한 지각은 직장 환경에서 폭력으로 바뀐다(Leck, 2005).

실제로, 직장은 여러 사람들에게 위계질서, 좌절, 그리고 실제로든 상상이든 위협의 장소다. 합병, 인수, 직무재설계, 새로운 테크놀로지 도입과 같은 조직의 변화에 근거한 직무 불안정은 공격이 표출될 수 있는 위협과 기회를 제기할 수 있다. 사실, 우리가 겪고 있는 힘든 경제적 시기, 좋은 직업에 대한 경쟁의 증가와 함께, 이민, 이민에 의해 초래된 다문화주의와 다양성을 포함한 다양한 경제적 요인들의 복합은 사람들이 동료 또는 상사와 싸우려는 많은 미국인들의 마음에 실제적으로든 상상으로든 경력 진보를 위한 장벽을 만들어 낼 수 있다(Elliott & Jarrett, 1994; Leck, 2005; Neuman & Baron, 1997). 해고, 특히 직원들의 부당성 지각과 관련한 역동성은 제11장에서 다루어진다. 그러므로 여기서의 논의는 그때를 위해 중요하다.

심리적 계약의 노리쇠

위협과 좌절에 대한 다양한 원천의 기저를 이루는 것으로 보이는 한 가지 요인은 직원과 고용주 간 심리적 계약의 위반이다(Robinson & Rousseau, 1994; Rousseau, 1989; Rousseau & Parks, 1993). 합의와 약속이 깨진 것으로 나타날 때 경력 기대는 무너진다. 이러한 경우의 원인으로 여겨지는 사람은 쉽게 (이전에 서술했던) 공격의 대상이 된다. 폭력과 공격에 관련된 것으로 보이는 또 다른 요인은 상호작용 공정성이다. 즉, 사람들은 자신들이 좋지 않은 처우를 받고 있다고 믿을 때 더 공격적이기 쉽다(Folger

& Skarlicki, 1998; 13장을 보라).

사보타주

직장에서 덜 극적인 공격의 형태는 사보타주이며, 순전히 자본가의 목표를 훼손하고자 하는 효과를 거두고자 조직의 자산, 산물, 과정 또는 평판을 포함하여 직장 환경의 어떤 것들에 해를 끼치거나 파괴하거나 혼란스럽게 하기 위해 의도적으로 어떤 행동을 하거나 아무 행동도 하지 않는 것을 말한다(Giacalone, Riordan, & Rosenfeld, 1997; Taylor & Watson, 1971을 이어서 LaNuez & Jermier, 1994, p. 221). 우리는 보통 사보타주를 미숙련된 또는 반숙련된 직원들이 저지르는 것으로 생각한다. 사실, 사보타주는 관리자, 전문가, '기술관료'들의 빈번한 전술적 선택이다(Jermier, 1988; LaNuez & Jermier, 1994). 생산라인의 폐쇄, 장비와 물자에 대한 손상, 또는 일반적으로 '작업 망치기'와 같은 명백한 파괴 행동 외에도, 관리자와 전문가들은 회사 비밀의 누설, 위조된 소문의 유포, 회사 컴퓨터 파일 삭제, 문제가 될 만한 제도에 대한 내부 고발(whistle blowing), 의심되는 부정행위 때문에 회사를 상대로 소송하기와 같은 행동을 통해 사보타주를 유도할 수 있다(Giacalone & Greenberg, 1997을 보라). 회사의 이익에 최고의 상처를 낼 수 있는 것은 사보타주이며, 누구나 참여할 수 있다.[4]

좌절에 대한 다양한 비공격적 반응

Alderfer의 ERG 이론에 대한 논의에서 좌절-퇴행의 개념이 소개된 바 있다. 퇴행은 특정한 사람이 그에게 적절하지 않은 덜 세련되며 덜 성숙한 행동을 한다는 특징을 가지고 있다(Maier, 1961, p. 107). 좌절된 성인이 어렸을 때 배우지 않았더라도, 그러한 행동은 발달 단계의 초기에 학습된 행동을 특징으로 하는, 다시 말해 단순히 덜 성숙된 행동이며 유치한 행동이다(Maier, 1961). 퇴행에 대한 일반적인 표현은 거친

4) Jermier(1988)가 사보타주를 보는 관점은 사보타주가 직장 내의 본질적인 세력 간 갈등에 기초하고 있다는 것, 즉 소유자, 경영진, 관리자, 전문가, 생산직 직원 등의 여러 이해 당사자들이 단지 공통의 '조직'에 관계하고 있다는 이유로 조화를 이룰 수는 없다는 것을 가정한다.

장난, 욕설, 유머(Duncan, Smeltzer, & Leap, 1990), 대단히 경박한 농담(특히 남성주도적 직장에서; Collinson, 1992; Kahn, 1989를 보라), 여성들의 경우, 울음과 같은 행동을 포함한다. 여성도 대부분의 퇴행 형태에서 남성만큼 퇴행을 보여 준다(Collinson, 1992를 보라). 예를 들어, 일리노이 주 멀린(Moline)의 Deere and Co.의 한 여직원은 몇 년 전 회사 복사기에서 그녀의 벌거벗은 엉덩이를 복사하다가 적발되었으며, 그 결과 해고되었다. 가용성의 개념은 여기에서도 적용된다. 사람들은 달성하기 수월하거나 손쉽게 좌절 해소를 초래하는 퇴행적 행동을 하는 경향이 있다. 다시 말하면, 이것은 행동 그 자체를 드러내는 것 이외에는 목표가 없는 행동이다. 그것은 긴장을 감소시켜 줄 수는 있으나, 외적 목표의 달성에 의해 동기화되지는 않는다.

울음은 상스러운 말이나 신체적 폭력을 사용하는 것만큼이나 특별히 복잡한 사례다. 한편으로, 이러한 행동 방식은 청년이나 청소년이 좌절에 반응하는 적응적 반응을 나타낸다. 이것은 아마도 어린 시절의 좌절 장벽을 제거하는 데 유용했을 것이다. 다른 한편으로는 성인이 좌절에 반응하기 위해 사용할 때 퇴행적 행동은 종종 좌절의 강도를 증가시키는 역할을 한다. 예를 들면, 이 사회에서 좌절이나 공격에 대한 반응으로 성격적으로 우는 여성은 의도하지 않게 그녀의 남성 동료들이 그녀의 '침착함'과 능력을 무시하도록 하는 경향을 증가시킬 수 있다. 마찬가지로, 입버릇이 상스러운 남성은 관리자들의 핵심 집단으로부터 더러운 입을 가진 미숙한 망나니임을 재확인하게 되어 스스로 배제를 초래할 수 있으며, 배제될 수 있다. 퇴행은 때로는 직원의 욕구좌절을 야기하는 장벽을 제거하는 데 도움이 될 수 있지만, 오히려 자신에게 해로운 결과를 초래할 수 있으며 좌절을 더 악화시킬 수 있다.

고착(fixation)은 욕구좌절에 대한 또 다른 일반적인 행동 반응이다. 이것은 그 자체로는 아무 효과가 없음에도 불구하고, 똑같은 목표 추구 행동을 반복적으로 사용하는 것이다. 예를 들면, 수학 문제 풀이에 이용된 한두 개의 전략이 적절하지 않다는 증거에도 불구하고, 그러한 전략을 지속적으로 이용하는 학생은 고착된 행동에 사로잡혀 있는 것이다. 반복되는 실패는 심지어 더 큰 허무감을 초래하며 더 적응적인 행동을 사용하기 어렵게 만든다. 업무 장면에서, 때때로 목표를 달성하게 하는 공격이나 퇴행과 다르게, 고착은 성공을 유도할 수 없기 때문에, 고착 행동은 연민의 정을 자아낼 수 있다. 고착 행동은 무기력의 이미지를 수반하기 때문에 그러한 행동에 의존하는 것은 자기존중감을 손상시킬 수 있다(Korman, 1970, 1976; Hall, 1976을 보라; 이 논문들은 개인의 자기존중감에서 성공 경험의 중요성에 대하여 논의하고 있다).

종종 언급되는 조직의 변화에 저항하는 한 가지 이유는 직원들이 이미 학습했거나 그들에게 익숙한 행동을 진부하게 만들고 그들을 좌절시킬 수 있기 때문이다(Zaltman & Duncan, 1977). 즉, (재설계된 조직 구조 또는 새로운 업무 과정과 같은) 변화는 직원들이 과거에 사용해 왔던 행동, 즉 목표 달성과 욕구 충족과 관련된 행동에 대한 매우 현실적인 장벽을 만들 수 있다. 새로운 컴퓨터 테크놀로지의 도입이 직원들에게 얼마나 위협이 되고 좌절의 원천이 되었는지, 즉 새로운 테크놀로지의 효과성을 감소시킬 뿐 아니라 상당한 불행을 가져왔는지에 대해서는 많은 예들이 있다(예를 들어, Mann & Williams, 1972).

직무행동과 특히 관련된 좌절에 대한 또 다른 반응은 체념(resignation)이다. 간단히 말해, 이것은 '포기하는 것', 즉 유순해지고, 활기 없고, 무덤덤한 것을 의미한다. 이것은 여러 면에서 무반응적인데, 좌절된 사람이 단지 일을 계속해서 하지만 규칙을 준수하면서 최소한의 기대 수준만큼만 수행하면서 그럭저럭 일을 해 나가는 것이다. 이러한 적응 방식은 본질적으로 McGregor(1960)의 X이론에 대한 신념을 강화시키는 방식이다. Argyris(1957)는 이런 반응이 직원의 성장욕구가 효율성과 통제를 달성하기 위해 설계된 조직 구조와 절차에 상충될 때 기대되는 자연스러운 반응이라고 주장했다. 이것은 서비스 산업 종사자들의 많은 무성의한 서비스와 여러 산업 종사자들의 명백한 총명함과 창의성 부족을 설명한다. 사람들은 마음은 집에 남겨 두고 단지 몸만 직장에 가지고 옴으로써 직무 경험에서 야기되는 좌절에 적응한다. 우리는 직무 관련 신념과 태도를 자세히 다루는 10장에서 체념과 기타 철회행동을 다시 살펴볼 것이다.

요 약

좌절에 반응하는 방식은 다양하며, 주어진 환경에서 선택된 반응 방식은 좌절을 느끼는 사람이 그 좌절 상황을 해석하는 방식에 의해 영향을 받는다. 앞서 다룬 예들은 침착한 문제해결이 언제나 좌절 상황에서 선택할 수 있는 반응은 아님을 보여 주고 있다. 좌절에 반응하는 데는 건설적이지 않은 여러 방식이 있는데, 콘코디아 대학교 Fabrikant 교수의 예에서처럼 조직 환경에서 종종 발견되는 행동 양식이 그런 것이다.

지각과 무단결근에서부터 질과 수준이 낮은 업무 노력에 이르기까지 직원들이 보이는 역기능적 행동을 바라보고, 이해하고, 다루기 위해 좌절 관점을 이용할 것을 독자들에게 권고한다. 현재로서는 이 모형이 제시할 수 있는 직원들의 태도, 감정, 행동, 업무수행에 대한 통찰은 욕구에 근거한 모형의 관점에서 직무동기를 이해하는 데 가장 유용한 것들이다. 좌절 모형은 직원들의 절도, 거짓말, 지각, 파괴, 내부 고발, 고용주에 대한 소송과 같은 비정상적이고 일탈적이며 반사회적인 행동을 이해하는 데 특히 유용하다(Giacalone & Greenberg, 1997). 생각해 보면, 대부분의 인간 행위는 상대적 박탈감 상태에서 일어난다. 따라서 다양한 정도의 좌절은 거의 항상 대부분의 사람에게 지극히 정상적인 조건이다.

욕구 기반 이론의 개요와 미리 보기

이로써 욕구에 기반한 직무동기 접근을 다루는 2부의 결론을 지으려 한다. 이 시점에서 욕구에 기반한 직무동기 이론들은 조직과학의 역사에서 가장 많이 활용된 접근법 중의 하나이지만, 이 책에서 논의된 여러 사안들에 대한 일반적인 접근법 중의 하나로 다루어졌음을 인식하는 것이 중요하다. 직무동기에 관한 이러한 이론에 대한 활발한 연구 활동은 1970년대 중반 이후 급속도로 감소하였다. 욕구에 기반한 직무만족(그리고 직무동기 및 이와 관련된 개념들) 이론에 대한 Salancik과 Pfeffer(1977)의 비판은 이 분야에서의 강조점을 욕구에서 벗어나 인간 본성과 관련 있는 여러 근본적 가정에 입각한 모형으로의 전환을 촉발시킨 것으로 보인다.

본 저자는 욕구에 기반한 모형을 완전히 포기하는 것은 적절치 않다고 믿는다. 물론 욕구 기반 모형에 한계점과 모호성이 있는 것은 사실이다. 많은 모형들(예를 들어, Maslow의 이론)이 과학적 검증을 위한 조작화가 어렵지만, 과거보다 더 적절한 방법론을 사용하는 것은 과학적 검증의 가능성을 밝게 하고 있다(예를 들어, Ronen, 1994). Herzberg의 동기-위생 요인 이론(2장, 7장)과 같은 모형은 적어도 어느 정도 오류가 있거나(최소한 자구에 얽매여 있으며, 지나치게 단순화되었으며, 상업화된 판에서는 그렇

다) 타당성에 심각한 문제가 있다. 반면, 개별적으로 고려된 동기-위생 이론의 여러 요소들은 직무설계와 진보된 인적자원 관리에 매우 유용한 것으로 증명되었다(예를 들어, Pefeffer, 1994; 7장을 보라)([그림 8-1]에 묘사된 것처럼). 욕구와 행동 간의 복잡한 관련성은 한 개인의 지배적인 욕구 상태에 대한 지식을 기반으로 정확한 행동을 예측하는 것을 어렵게 만든다.

우리가 3부에서 살펴보는 인지이론은 주관성에서 동일한 어려움을 갖고 있다. 우리는 다음과 같은 질문에 처하게 된다. "인간은 욕구 주도의, 목표지향적인 존재인가?" 현재 욕구 기반 모형의 많은 어려움에도 불구하고, 본 저자의 답은 "그렇다" 다. 최소한 부분적으로라도 우리는 그런 존재다. 욕구이론의 타당성을 검증하는 데 있어 과학자들이 겪는 어려움은 과학적 검증에서 보통 발생하는 실망스러운 결과만큼이나 중요하다. 한편, 권력, 사랑, 성, 성취감, 자기존중과 같은 인간의 욕구는 인간의 행동, 특히 직장에서의 행동에서 지속적으로 드러난다(5장과 6장을 보라).

3부에서 우리는 인간은 정보처리자이며, 인간의 직무동기와 행동은 그들의 신념, 태도, 의도 및 목표를 참고했을 때 가장 잘 이해될 수 있다는 근본적인 가정에 입각한다는 직무동기 이론에 주의를 돌린다. 이러한 이론들은 조직학자들 사이에서 30년간 지배적이었다. 이 이론들의 지배력은 전적으로는 아닐지라도 부분적으로는 욕구 기반 모형에 내재하는 문제들로 설명될 수 있다. 3부에서 논의될 여러 인지이론의 초기 형태는 욕구 기반 이론들이 그 분야 및 현장의 관리자 사이에서 우세했던 1950대와 1960년대에 개발되었다.[5]

5) 여기서 다룬 좌절의 원리는 직장 내 공정성, 형평성 그리고 공평성을 다룰 때 특히 중요하다.

3부

조 | 직 | 의 | 직 | 무 | 동 | 기

직무동기의 개념과 행동의 최종 결정 요인

9장

신념, 태도 및 의도

자신의 의지에 반대하는 사람은

그럼에도 불구하고 자신의 입장을 가진 것이다.

_Samuel Butler

이 장의 목적은 신념과 태도의 의미와 중요성 및 이 두 가지 개념이 어떻게 인간 행동과 관련되는지 개괄하는 것이다. 또한 이 장은 이후의 장에서 소개되는 직무만족, 조직몰입, 직무관여, 대인관계에서의 공평성 및 공정성과 같은, 직무와 직무동기 맥락에서 특히 흥미로운 특정한 신념과 태도를 논의하기 위한 단계로 볼 수 있다. 인간 행동에 대한 연구와 이론의 토대가 그 자체로 매우 방대하다는 것을 고려하면 (Pratkanis & Greenwald, 1989를 보자), 우리는 초점을 조정할 필요가 있다. 우리는 태도의 심리를 종합적으로 다루고자 하는 독자들에게 Eagly와 Chaiken(1993), Olson과 Zanna(1993)와 같은 학자들의 연구를 참고할 것을 권한다. 이 장에서 우리는 Ajzen (1991), Ajzen과 Fishbein(1977), 그리고 Fishbein과 Ajzen(1975)의 연구에 초점을 두며, 필요할 경우 다른 연구자나 다른 자료의 도움을 받고자 한다.

또한 이 장은 이 책의 전환점이 될 수 있다. 즉, 우리의 관심을 주로 욕구를 바탕으로 하는 인간 기능 모형(models of human functioning)으로부터 인간을 정보처리자로 가정하는 이론들로 돌릴 것이다. 행동의 욕구 기반 모형의 경우에서 그랬던 것처럼,

태도와 신념 등과 같은 가설적 구성개념에 의존하는 것의 적절성과 유용성에 대해 상당한 논쟁이 있다(2장을 기억하라). 조직과학에서보다 이 문제가 더 논쟁이 되고 있는 곳은 없으며, 수년간 진행 중인 논쟁거리다(예를 들어, Karmel, 1980을 보라). 심리학의 행동주의 학파(14장을 보라)를 계승해서, 일부 학파는 사람들이 대상이나 현상에 대한 태도를 가지고 있음을 부정하지 않지만, 작업 행동을 설명하고 예측하기 위해 태도와 같은 개념을 불러들이는 것을 불필요한 것으로 무시한다. 자, 그럼 시작해 보자. 태도란 무엇인가?

인간 태도의 본질

사람은 태도를 가진다. 사람은 자신의 생활공간에서 다른 사람들에 대해 태도를 가진다. 사람들은 자신들에게 친숙한 유/무형의 대상, 원인, 개념, 행위, 그리고 현상에 대해 어떤 태도를 형성한다. 태도를 갖는 것은 분명히 인간의 특성 중 하나다. 한 개인의 정체성은 그가 지닌 태도, 그 태도는 얼마나 확고한가, 그리고 그 태도는 얼마나 쉽게 변화되는가와 같은 것을 통해 확인되고 이해될 수 있다.

하지만 이 책은 직무동기와 행동에 관한 책이다. 따라서 이 책은 직무, 경력, 직업, 그리고 일하는 회사나 고용주에 대한 태도를 다룬다. 다시 말해, 사람들이 왜, 어떻게 일하는가에 관련된 특정한 관점의 사고에서 태도는 중심 역할을 하기 때문에 직무동기와 행동의 종합적인 논의는 일반적 의미의 인간 태도에 대한 철저한 이해가 요구된다.

태도의 일반적 본질

논의를 시작하기 위해, 우리는 태도에 대한 Eagly와 Chaiken(1993)의 간단한 정의를 빌려 온다.

> 태도는 특정한 대상을 평가함으로써 얻게 되는 호감 또는 비호감의 정도를 나타내는 심리적 경향성이다. …심리적 경향성은 개인의 내적 상태를 의미하고, 평가는

외현적이거나 내현적인, 또는 인지적, 감정적, 행동적인 모든 평가적 반응을 의미한다.

(Eagly & Chaiken, 1993, p. 1)

Olson과 Zanna(1993)는 태도에 대한 다양한 정의가 존재하며, 단 하나의 정의만 수용될 수는 없다고 주장했다. (넓게는 사회과학자들과 좁게는 동기이론가들이 공통 용어에 대한 정의에 동의하지 않는다는 것은 이 책 전반에서 익숙한 주제다.) 그럼에도 불구하고 Olson과 Zanna(1993)에 따르면, 가장 일반적인 정의를 통해서 3개의 공통적인 주제 또는 요소를 발견할 수 있다.[1)]

첫 번째 요소는 태도가 일반적으로 **평가** 요소를 포함한다는 것이다. 보통 태도는 개인이 특정한 대상(그 사람의 자동차, 상사 또는 직무 등)에 대해 평가를 하기 전까지는 형성되지 않는다. 태도의 정의에 대한 두 번째 공통된 요소는 **신념구조와 지식구조 사이의 연결**로 이해되는 것인데, 특정한 태도의 발동은 다른 정신적인 사건을 촉발한다는 것이다. 어떤 주제가 개인과 어떻게든 관련되어 있을 때(예를 들어, 오랜 작업 시간과 상사의 병가휴가 허락 의지 등), 이러한 문제들 중 한 가지에 대한 생각은 다른 생각을 빠르게 유도한다.

태도의 정의와 개념화에 대한 세 번째 요소는 태도는 **인지적 · 정서적 · 행동적 요소 그리고 이와 관련된 것**을 수반한다는 것이다. 나중에 좀 더 자세히 알게 되겠지만, 인지적 요소는 단편적인 정보로, 특정 주제에 관한 간단한 사실을 말한다("저 집은 파란색으로 칠해져 있다."). 인지는 태도의 한 유형이 될 수 있을 뿐만 아니라 태도를 촉발할 수도 있다(Olson & Zanna, 1993, p. 120). 따라서 새로 칠한 바로 그 집의 파란색은 아마도 그것을 본 사람에게 처음으로 파란색 집에 대한 태도를 형성시킬 것이다("나는 지금까지 한 번도 파란색 집에 대해서 고려해 본 적이 없지만, 나름 괜찮은 것 같군!").

이와 유사하게 모든 태도는 사람의 가치에 바탕을 둔 감정적 반응의 정도로 볼 수 있는 **정서요소**를 가지고 있다("나는 파란색을 싫어해."). 이러한 정서적 반응은 파란색

1) 세 요소로 이루어진 태도의 정의는 지난 세기 동안 태도에 관한 문헌에서 (학자들의) 사고를 지배했다. 그러나 이것이 유일한 관점은 아니다. 이 세 요소적 관점에 대한 급진적인 비판은 Tesser와 Shaffer(1990)에 의해서 제시된다.

집에 대한 인지적 사실이 새로운 태도를 형성했던 것과 마찬가지로 태도를 유발한다. 마지막으로, 태도는 일반적으로 **행동의도**를 포함하는 것으로 간주된다("나는 내년 여름에 집을 파란색으로 칠할 계획이다."). 다시 말하면, 그러한 행동의도에 노출되는 것은 이전에는 형성되지 않았던 태도를 유발하는 것이다("만약 McPhillips가 그의 집을 파란색으로 칠한다면, 그 집에 딱 어울리는 색일 것이다. 사실, 나는 정말로 파란색 집을 좋아해.").

요약하면, 태도에 대한 사회심리학자들의 현재의 생각은 전통적인 태도의 구성 요소(인지, 정서 및 의도)가 태도에 대한 3개의 핵심 구성 요소를 이룰 뿐만 아니라 태도의 선행변인일 수도 있지만, "이러한 요소들 모두가 반드시 주어진 태도에 적용되는 것은 아닐 것" (Olson & Zanna, 1993)이라는 것이다.

태도의 기능

태도는 인간에게 많은 기능을 한다. 이 중 일부는 긍정적인 것으로 판단되나, 다른 것들은 긍정적이지 않을 수도 있다. Pratkanis와 Greenwald(1989)는 개념 처리 과정에서 휴리스틱(heuristic)으로서 작용하는 태도의 용도에 대해 다음과 같은 목록을 제시하였다.

1. 태도는 사회적 사건을 해석하고 설명하는 데 도움을 준다.
2. 태도는 **후광효과**를 형성함으로써 우리가 다른 사람들이 특정 집단이나 범주에 속한다는 지식을 가지고 있을 때 그 사람들에 대한 기대와 추론을 편향시킬 수 있다.
3. 삼단논법식의 그럴듯한 논법의 결론에 대한 태도는 우리가 그 결론을 타당한 또는 타당하지 않은 것으로 받아들일 것인가에 영향을 미칠 수 있다.
4. 우리가 어떤 사람이나 대상에 대해 긍정적이거나 부정적인 태도를 가지면, 이 태도는 다른 사람들이 화제에 있는 어떤 대상에 대한 것을 믿도록 우리를 설득하려는 시도에 대해 반론을 제기할 수 있을지 없을지에 영향을 미칠 수 있다.
5. 자신과 유사한 태도를 가진 사람들과 마주쳤을 때, 그들 사이의 대인적인 매력에 긍정적인 영향을 미친다.
6. 사람들이 다른 사람에 대해 특정 태도를 가지고 있을 때, 그들은 그 사람이 자신

들과 유사한 태도를 가지고 있다고 믿는 경향이 있다.

7. 사람들은 때때로 자신의 태도는 실제보다 대중적이고 널리 퍼져 있다고 믿는다.
8. 태도를 갖는 것은 과거 사건에 대한 선택적 재구성과 기억을 유도할 수 있다.
9. 과거의 태도와 행동에 대한 기억은 같은 태도 대상에 대한 현재의 태도와 일치하도록 수정될 수 있다.
10. 정보오류 기법(information error technique)이라고 불리는 기제를 통해서 사람들은 자신의 현재 태도와 가장 일치하는 정보를 선택하는 편견을 갖는다.
11. 태도를 갖는 것은 미래의 사건에 대한 예측에 영향을 미친다. 우리가 무엇인가에 긍정적인 태도를 가지고 있기 때문에 어떠한 것이 발생하기를 원한다면 우리는 그것이 발생하기를 과도하게 기대할 것이다.

기능적 관점

우리가 태도에 대해서 생각할 수 있는 한 가지 방식은 기능주의적 관점에서 태도를 검토하는 것이다. 즉, 태도는 우리에게 어떤 이득을 주는가(또는 어떤 해를 입히는가)? 태도의 기능은 무엇인가? Pratkanis와 Greenwald(1989)가 수집한 과학적 증거들은 이러한 질문들에 대해 다양한 대답이 존재함을 시사한다. 사람들이 사회적 세계에 대해 지각하고 행동하는 방식에 따라 태도는 다양한 기능을 제공한다. 흥미롭게도 이러한 기능들 중 많은 것은 사람들의 일관성 성향에 의해 유도된다. 즉, 정도는 다르지만 사람들은 그들의 태도, 신념 그리고 행동을 일치시키는 것을 선호한다(Cialdini, 1993). 이러한 태도의 기능 목록과 태도 일관성의 원리를 유념하는 것은 다음 장에서 고용주, 동료 그리고 회사에서 받게 되는 대우에 대한 사람들의 신념과 태도를 검토할 때 중요하다.

합리적 행위 이론

이 책의 목적은 직원의 태도와 직무동기에 초점을 두기 때문에, 우리는 태도와 행동 사이의 연관성이 발표되면서부터 지금까지 주로 사용되고 있는 태도이론인, **합리적 행위 이론**(theory of reasoned action: TRA)(Fishbein & Ajzen, 1975)에 의지한다(Olson &

Zanna, 1993). 이 책이 오직 사회심리학에 집중한다면, 다양한 공식이 제시되어야 할 것이다. 우리는 주로 직원의 태도와 이러한 태도와 행동(예를 들어, 성과, 무단결근, 친사회적 행동) 사이의 관계에 관심이 있기 때문에, 비록 TRA가 30년도 더 지난 내용이지만 TRA는 우리의 목적에 가장 유용한 도구라고 볼 수 있다(Olson & Zanna, 1993; Tesser & Shaffer, 1990).

> [TRA]는 인간은 일반적으로 매우 합리적이고 이용 가능한 정보를 체계적으로 사용한다는 가정에 근거한다. 우리는 인간의 사회적 행동이 무의식적 동기나 아주 강한 욕구에 의해 통제된다고 보지도 않거니와 변덕스럽고 무심하다고 믿지도 않는다. 다만, 우리는 인간이 특정한 행동을 하거나 하지 않겠다는 결정을 하기 전에 그들의 행동으로 인해 나타나게 되는 영향을 고려한다고 주장한다.
>
> (Ajzen & Fishbein, 1980, p. 5)

[그림 9-1]은 합리적 행위 이론을 도식으로 나타내고 있다. 신념과 태도가 어떻게 직원의 행동을 유도하는지에 대한 우리의 설명을 시각적으로 제시한다.

독자는 이것이 우리가 2부(3장부터 8장까지)에서 설명했던 인간 행동의 기원에 대한 관점과 완전히 다르다는 것을 알아두어야 한다. 이 이론은 신념, 가치, 기대와 같이 그 자체가 가진 가설 구성 요소를 사용하지만, 욕구나 환경적 압력과 같은 영향을 참조하지는 않는다. 여기서 우리는 Fishbein과 Ajzen이 1975년에 제시한 태도의 정의를 채택한다.

TRA의 정의

Fishbein과 Ajzen(1975)은 한 사람이 장소, 물건 또는 다른 사람과 같은 특정한 대상에 대해 가진 긍정적이거나 부정적인 느낌(또는 정서)의 정도를 태도라고 정의하였다[이것은 앞서 차용한 Eagly와 Chaiken(1993)의 정의와 조화를 이룬다]. 따라서 우리가 긍정적인 직무태도라는 말을 할 때, 우리가 의미하는 것은 직무의 다양한 측면마다 다양한 느낌을 가져오기는 하겠지만 관련 당사자가 자신의 직무에 대해 생각할 때 유쾌한 내적 느낌을 가지는 경향이 있다는 것이다. 어떤 면에서는 태도의 이러한 개념

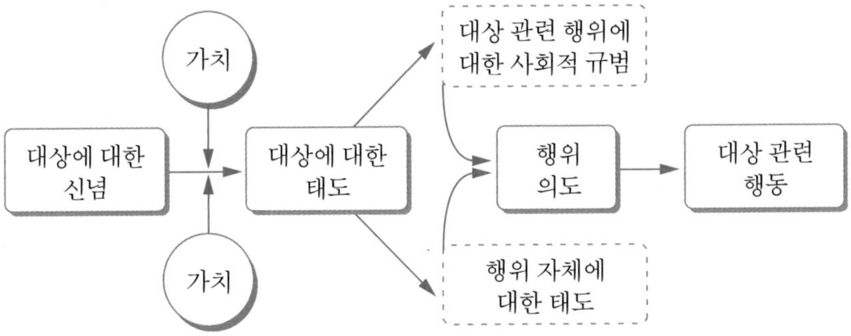

[그림 9-1] 합리적 행위 이론의 표현

출처: Ajzen, I., & Fishbein, M. (1980). *Understanding attitudes and predicting social behavior*. Upper Saddle River, NJ: Prentice-Hall에서 채택함.

이 직관적인 감각과 맞고, 개념의 의미에 대한 일상적 이해와 들어맞는다. 하지만 다른 측면에서 우리는 여전히 이러한 정서적 반응의 기원과 원인에 대한 질문을 다루어야만 한다. 다시 말해, 무엇이 우리로 하여금 특정한 물건이나 사람에 대해 좋거나 나쁜 느낌을 갖도록 만드는가?

신념의 본질

정서적 반응의 기원에 관한 물음에 대한 대답은 우리가 대상, 사람 또는 물건에 대해 가지고 있는 신념 속에 있다. 신념은 한 사람이 가지는 "신념의 대상과 다른 대상, 가치, 개념 또는 속성 사이의 관계에 대한 주관적인 확률 판단"(Fishbein & Ajzen, 1975, p. 131)이다. 이것은 개연적인 방법으로 하나의 대상을 사물의 속성과 연결시키는 정신적 관련이다. 예를 들어, 우리가 특정한 직업이 도전적이라는 신념을 가지고 있다고 가정하자. 이때 태도 대상은 직업이고, 속성은 도전적이라는 성질이다. 태도 대상에 대한 개인의 신념 강도는 그 사람의 마음속에서 그 대상이 속성과 연합되는 확률의 크기로 구성된다(Fishbein & Ajzen, 1975, p. 134).

신념은 어떻게 형성될까? Fishbein과 Ajzen(1975)에 따르면, 우리는 각기 다른 방법으로 형성되는 세 가지 유형의 신념에 대해 생각해 볼 수 있다. 우리는 이것들을 서술적 신념, 추론적 신념, 그리고 외부 정보에 근거하여 형성된 신념으로 부른다. 세 가지 유형의 신념들에 대해 간단히 살펴보자. 서술적 신념은 관찰에 근거하여 형성된다.

예를 들어, 어떤 직원이 그의 상사가 사무실을 말끔히 유지한다는 사실을 알아차리고 상사에 대해 일반적으로 깔끔한 사람이라는 신념을 형성하는 것이다. 추론적 신념은 마음속에서 특정 생각들 사이에 논리적인 연결을 만들면서 생성된다. 예를 들어, 반노조적 태도를 가지고 있으며 승진은 연공서열보다 실적에 근거해야 한다고 믿는 사람을 생각해 보자. 더구나 이 사람은 이 두 개념(노동조합과 다양한 승진의 토대)이 절대 연결되지 않는 것으로 생각한다고 가정하자. 노조가 보통 승진 근거로서 연공서열과 실적 중 어떤 것을 선호한다고 믿는지를 그에게 물어보았을 때, 그 사람은 아마도 노조가 연공서열을 선호한다고 응답할 수 있다. 이 사람이 이렇게 응답한 데는 두 가지 이유가 있을 것이다. 첫 번째, 대상과 쟁점에 대해 서로 충돌되거나 균형 잡히지 않은 지각 및 신념을 갖는 것은 비일관적이기 때문에(Heider, 1958), 그는 긍정적으로 평가하는 것(실적에 따른 승진)과 부정적으로 평가하는 다른 것(노조)을 연합시키지 않을 것이다. 따라서 그는 내적인 일관성의 욕구에서 벗어나서 아마 노조는 실적보다는 연공서열에 근거한 승진을 선호한다고 결론 내릴 것이다. 이 같은 결론을 내린 두 번째 이유는 다음과 같은 확률적 추론에 의한다. ① 경영진을 반대하는 집단은 당연히 실적에 근거한 승진을 선호하지 않는다. ② 노조는 일반적으로 반경영진 집단이다. 그러므로 ③ 노조는 아마도 실적보다는 연공서열에 의한 승진을 선호할 것이다. 요약하면, 추론적 신념은 내적인 일관성이나 다양한 논리적 과정에 대한 바람의 결과로서 생성된다.

신념의 세 번째 정보원은 신문과 같은 외부 정보원이나 다른 사람에 의해 구성된다. 일단 수용되기만 하면, 외부 정보원으로부터 발생한 신념은 개인의 관찰을 통해 형성된 신념과 유사하다(Fishbein & Ajzen, 1975).

Fishbein과 Ajzen의 신념에 대한 개념으로부터 몇 가지 중요한 점을 발견할 수 있다. 첫 번째로, 신념은 정보의 정확성에 달려 있으며 타당하거나 타당하지 않을 수 있다는 점이다. 서술적 신념은 추론적 신념보다 기존 신념과 태도의 영향을 덜 받는다(Fishbein & Ajzen, 1975). 다시 말해, 한 사건에 대한 자신의 관찰에 근거하여 틀린 신념을 형성할 가능성은 추론 과정에 근거한 신념보다 작다.

두 번째로, 추론적 신념을 형성할 때 개인적 편향의 역할 때문에 어떤 두 사람이 경험을 공유한다 해도 동일한 태도 대상에 대해 차별적 신념을 가질 가능성이 있다는 점을 주목할 필요가 있다. 예를 들어, 두 학생이 같은 회계사무소에서 인턴으로 여름

방학을 보냈다고 가정하자. 한 학생은 회계사는 지루한 직업이라고 결론을 내리는 반면, 다른 학생은 반대의 신념을 가질 수도 있다. 태도 대상에 대한 경험이 그 대상의 다른 측면에 근거한 것이라면 서술적 신념이라도 사람들마다 다를 수 있다.

세 번째 중요한 점은 외부의 정보원이 신념을 구조화하는 데 중요한 영향을 미칠 수 있다는 것이다(Salancik & Pfeffer, 1978을 보라). 이 현상은 특히 새로운 직무를 배워야 하고, 새로운 동료들과 친해져야 하며, 업무 환경의 여러 측면에 있는 많은 세부사항에 적응해야 하는 신입사원에게 강력하게 나타난다(Graen, 1976; Van Maanen, 1977; Wanous, 1980을 보라).

네 번째 중요한 점은 태도 대상에 대해 사람들이 가지는 신념의 수와 관련된다는 것이다. 인간의 인지 능력은 자연히 한계를 갖기 때문에, 대부분의 태도는 대상에 관한 5~9개의 신념을 근거로 형성된다. 물론 많은 사람들은 다른 사람이나 대상에 대한 정보를 5개 이하로 갖기 원한다. 사람들은 태도 대상에 대해 중요하게 보는 특징이 다르기 때문에 그들의 개인적인 태도를 형성할 때 신념은 특징이나 중요성이 다를 수 있다. 예를 들어, 자신의 낮은 급여를 매우 불쾌하게 여기는 사람은 자신의 직업에 대해 이야기할 때 이 점을 대화 초반에 언급할 것이다.

신념에 대해 마지막으로 중요한 점은 신념이 내적으로 일관성을 유지한다는 것이다. 예를 들어, 어떤 사람이 침착하다는 신념은 그 사람이 냉정하고, 차분하며, 침울하지 않다는 가정을 하게 만드는 것처럼, 사람들은 타인의 개인적 속성을 예측 가능한 범주와 연결시키는 경향이 있다는 증거가 있다(Fishbein & Ajzen, 1975). 인간은 신념, 행동, 태도 사이에 일관성을 유지하고자 하기 때문에 사람들 외에 태도 대상에 대한 군집은 서로 관련되는 경향이 있다(Festinger, 1957; Heider, 1958).

신념과 태도의 결합

초반에 언급했던 것처럼, "태도는 자극 대상에 대한 개인의 일반적인 호감 또는 비호감의 느낌을 나타낸다. …어떤 사람이 어떤 대상에 대한 신념을 형성할 때, 그 사람은 동시에 자동적으로 대상에 대한 태도를 획득한다. 각 신념은 대상을 각 속성과 관련시킨다. 대상에 대한 그 사람의 태도는 이러한 속성에 대한 그 사람의 평가에 따라 달라진다." (Fishbein & Ajzen, 1975, p. 216)

앞의 예로 돌아가면, 여름방학 때 한 명의 인턴은 회계 업무가 흥미로우며 그 사람은 흥미롭다는 특성을 긍정적으로 평가했기 때문에 그 업무에 긍정적인 태도를 가질 수 있다. 마찬가지로, 어떤 직원은 업무수행에 비해 급여가 적다고 믿고, 적은 급여 조건을 부정적으로 평가하기 때문에 해당 직무를 좋아하지 않을 수 있다. 이러한 관점에서, 태도는 태도 대상과 관련된 속성들을 평가하는 방식을 근거로 사람들이 그 대상에 대해 가지는 정서적인(감정적인) 반응이다.[2)]

어떤 대상에 대한 개인의 일반적인 태도는 그 사람이 대상에 대해 가지고 있는, 긍정적 혹은 부정적 평가에 의해 가중치가 고려된 모든 신념들의 총합으로 볼 수 있다. 그러므로 두 명의 직원이 하나의 직무에 대해 같은 신념('그것은 반복적이다.')을 가지고 있더라도 한 사람은 규칙적인 업무를 선호하는 반면, 다른 사람은 보다 불확실성을 포함하는 업무를 선호할 수 있기 때문에 그 직무에 대해 다른 태도를 가질 수 있다. 반대로, 이 두 직원은 대상이나 (보통 그들의 공통된 상사와 같은) 사람에 대해 다른 신념을 갖지만 같은 태도를 가질 수도 있다. 예를 들어, 한 직원은 업무 시간 이후에 술자리에서 상사의 역량을 알아차리고 그를 존경하는 반면, 다른 직원은 상사의 공정성을 긍정적으로 평가할 수 있다.

요약하면, 우리는 신념과 태도 사이의 관계가 다음과 같다고 말할 수 있다. 즉, 만약 어떤 사람이 대상에 대한 신념구조 속에서 연결시키는 속성을 긍정적으로 평가한다면, 그는 대상에 대해 일반적으로 긍정적인 태도를 가질 것이다. 반대로, 대상에 대한 신념과 연합된 속성이 부정적으로 평가된다면, 그 사람은 그 대상에 대해 전반적으로 부정적인 태도를 가질 것이다. 대상(예를 들어, 직무)에 대한 한 사람의 태도에 영향을 미치기 위해서, 우리는 직무에 대한 새로운 정보를 도입하여 그 직원이 긍정적으로 평가하는 속성(다양성이나 지위와 같이)과 그 직무를 연결시킬 수 있다. 그렇지 않으면, 그 직원이 어떤 직무에 연합시키는 속성들의 바람직성 여부에 대한 그 직원의 평가를 변화시키고자 할 것이다.[3)]

2) 그러나 독자들은 사람들마다 마음에서 모순과 불일치를 견딜 수 있는 정도가 서로 다르다는 것을 염두에 두어야 한다(내재적 동기에 대해서 논의한 3장과 7장을 기억하라).

3) 태도의 형성에 대해 정확하지 않은 신념의 잠재적인 역할을 다시 한 번 주목하라. 적에 대한 사람들의 태도를 변화시키려 고안된 선전 프로그램은 대중으로 하여금 그들이 가지고 있는 정보를 다르게 평가하도록 만들기보다는 대중들에게 적에 대한 신념구조를 구성하는 정보를 소개하는 데 주로 초점을 둔다.

신념과 태도의 안정성과 변화

태도 대상에 대한 인간의 신념은 얼마나 안정적인가 또는 변화에 민감한가? 이 문제에 대한 전통적인 생각은, 태도는 대상(다른 사람, 직무, 조직, 또는 다른 무언가)에 대해 사람이 가지고 있는 상대적으로 영구적인 성향이라고 보는 것이었다. 하지만 보다 최근의 생각(예를 들어, Fiske, 1993; Fiske & Taylor, 1991; Levine, Resnick, & Higgins, 1993)은 태도, 특히 사람들이 타인에 대해 형성하고 유지하는 태도는 그 사람이 존재하는 사회적 맥락의 영향을 받는다고 본다. 즉, 사람들이 태도 대상을 어떻게 느끼는가는 그들이 타인과의 사회적 상호작용을 통해 얻은 서술적 및 평가적 정보에 상당한 영향을 받는다. 그러나 이와 같은 대안적 견해는 시간이 흘러도 태도가 일관성과 안정성을 가지고 있다는 것, 즉 태도는 사회적 장면마다 크게 변하지 않는다는 것을 인식하지 못한다. 그러므로 세 번째 관점은 '고정된 성향으로서의 태도'와 '사회적으로 구성된 신념으로서의 태도' 사이에서 균형을 맞추는 쪽으로 진화되었다. 논의를 위하여, 우리는 이러한 세 번째 입장을 정보처리 접근으로서 생각한다(Calder & Schurr, 1981).

Calder와 Schurr(1981)에 따르면, 태도는 한 사람이 기억하고 있는 일련의 생각에 대한 평가적 의미를 통합한 것이다(p. 287; 또 Olson & Zanna, 1993를 보라). 앞서 논의했던 것처럼, 생각은 신념과 유사하다. 따라서 태도는 "나는 회사의 전근 정책이 매우 진보적이라고 생각해." 또는 "난 나와 함께 일하는 사람들이 매우 지루하고 재미없다고 생각해."와 같은 진술문 속에 나타날 것이다. 이러한 생각은 어떤 식으로든 굳이 겉으로 드러낼 필요 없이, 그저 혼자만의 생각에 머무를 수 있다. (이러한 태도의 개념에서 평가의 역할을 주목하라. 이전에 제시한 Fishbein과 Ajzen 모형에서 태도의 평가적 속성과 일치한다.)

기억에서 저장의 개념은 중요하다(Olson & Zanna, 1993). Olson과 Zanna(1993)는 장기 및 단기 기억 둘 다를 고려한다. 전자는 두 가지의 기능을 수행하는데, 태도 대상에 관한 정보의 지속적 저장과 특정한 환경에서 단기 기억에 저리된 새로운 정보의 해석이다. 개인과 환경의 상호작용에 따라 태도 대상에 관한 정보가 수집된다. 이러한 정보는 개인의 장기기억에 저장된 정보들의 도움으로 처리되고, 그 내용은 새로운 정보를 이해하는 데 도움을 준다. 예를 들어, 만약 한 직원이 부하직원이 긴 휴가를 일찍 떠날 수 있도록 업무 분담을 다시 하겠다는 관리자의 약속을 듣는다면, 그 직원은 과거에 그 상사가 했던 다른 약속을 떠올리면서 이 약속을 처리할 것이다. 새로운 정보가 기억이 제공하는 지각적 장치를 통해 해석됨에 따라 그것은 다시 장기기억 속에 들어가서 기억 은행의 내용을 수정하거나 최신의 것으로 갱신한다. 따라서 태도는 태도 대상이 고려되는 장면의 특성이나 미묘한 의미에 영향을 받기도 하지만, 과거의 경험이 제공하는 해석적 도움에도 상당히 영향을 받으며, 따라서 시간이 흘러도 어느 정도 안정적이라는 특징을 갖게 된다. 정보처리 접근은 태도를 역동적 평형 과정에 따라서 구조화되고 발전하는 것으로 본다고 할 수 있다.

Griffin(1982)의 연구는 특히 이 책과 관련하여 흥미로운 한 가지 신념, 즉 내재적 동기와 만족을 유발하는 직무에 대해 사람들이 가지고 있는 지각의 본질에 관한 신념은 사실 상대적으로 느리게 변화한다는 것을 설명했다. 7장에서 우리는 직무 설계와 재설계 모형들을 검토하였는데, 이것들 중 가장 인기 있는 모형인 직무특성 모형은 직무가 동기부여적 성질을 가지 있다는 직원들의 신념에 상당히 의존한다. Griffin의 연구는 이러한 신념들은 시간이 흘러도 상대적으로 안정적이지만, 이러한 신념(그들의 태도)에 대한 사람들의 정서 반응은 안정성이 약하다는 것을 제안했다.

태도, 의도 그리고 행동

태도와 행동의 관계의 본질에 관해 수년간 상당한 논쟁이 있었다. 앞서 언급했던 것처럼, 많은 사람들은 직관적으로 태도가 대상에 대한 느낌을 유발하는 주요 원인이라고 생각한다. 다른 관점은 이것을 거꾸로 보는 것이다. 즉, 대상과 타인에 대한 사람들의 행동은 아마 그것들에 대한 태도를 형성하게 할 수 있을 것이다(Bem, 1967, 1972). 이 관계에 대해서는 몇 가지 설명을 이용할 수 있다(Olson & Zanna, 1993; Tesser & Shaffer, 1990). 첫 번째 설명은 감정과 태도와 같은 개인의 내적 상태는 때로 약하고 애매모호하여 사람들은 행동을 발생시키는 상황과 외현적 행동에 대한 지식을 바탕으로 그러한 내적 상태를 추론해야 한다는 것이다. Cialdini(1993; 특히 3장)는 심지어 아주 작은 행위도 이미 가진 태도에 어떻게 상당한 변화를 가져올 수 있는가에 대해 몇 가지 강력한 사례를 제공한다.

두 번째 설명은 부조화 이론(Festinger, 1957)에 근거하는데, 이 이론이 주장하는 것은 사람들이 논리적으로 서로 비일관적인 것을 말하거나 행할 때, 또는 그들의 다양한 신념, 태도 및 가치가 논리적으로 조화를 이루지 않는다는 것을 알게 될 때 그들은 혐오적인 심리적 힘을 경험한다는 것이다. 인지부조화의 관리는 일관성을 향한 태도 변화의 설명으로서 다소 과소평가되었다(Tesser & Shaffer, 1990).

따라서 세 번째 설명이 가능하다. 즉, 사람들은 다른 사람들에게 비치는 인상에 대해 (특히 그들의 의견에 대한 책임이 있을 때) 염려한다. 한 사람이 다른 사람들이 아닌 오직 자신에 대해서만 책임이 있다고 예상한다면, 그는 쉽게 자신의 행동과 일관된 태도로 변화시킬 것이다. 하지만 그가 다른 사람들도 책임이 있음을 알게 된다면, 그는 자신의 태도를 그렇게 빨리 바꾸지 않을 것이다. 다만, 그는 화제가 되는 문제를 주의 깊게 고려한 후에 '공적으로 방어할 수 있는' 의견을 만들어 낼 것이다(Tesser & Shaffer, 1990).

모든 것을 감안한다면, 그리고 이론상의 설명 외에 두 가지의 인과적 주장이 모두 타당하다. 즉, 태도는 행동의 선행변인이자 결과일 수 있다. 합리적 행위 이론에 따르면(Ajzen & Fishbein, 1980), 태도는 어떻게 행동에 영향을 미치는가? **태도는 개인의 행동 의도에 영향을 미칠 수 있는 한에서만 행동에 영향을 미친다.** (이전의 예시를 기억하라. "나는 내년 여름 우리 집을 파란색으로 칠할 계획이다.") 다시 말해서, 태도는 관심 대상을 향해 특정한 방식으로 행동할 일련의 가능한 의도를 만들 수 있지만, 특정 태도는 보통 일대일 방식으로 어떤 의도와 관련되지는 않는다. 예를 들어, 새로운 곳으로 전근한 직원은 일반적으로 새로운 상사에 대해 긍정적인 태도를 가질 것이다. 이 일반적인 긍정적 태도가 특정 행동에 대한 유용한 예측치가 될 수는 없지만(예를 들어, 급여가 없어도 업무 외 시간에 특별한 프로젝트를 하는 상사를 자발적으로 돕는 것), 그로 하여금 상사에 대한 다양한 긍정적인 행동을 하도록 할 것이다. 그럼에도 불구하고, 일반적인 호의적 태도는 그런 상황이 발생한다면 자유롭게 시간 외 업무를 할 의도를 유도할 것이다. 여기서 요점은 태도는 태도 그 자체의 분위기와 일관성을 유지할 뿐만 아니라 다른 것과도 일관성을 유지하는 일련의 의도를 조장한다는 것이다. 하지만 단순한 태도-의도 연결 관계는 솜처럼 예측될 수 없다.

이와 반대로 모든 의도는 일단 형성되기만 하면 특정한 행동과 관련된다. 행동이 의지에 의해 생기는 한(환경에 의해 강제된 것의 반대의 의미), 사람들은 하고자 의도한 것들을 시도할 것이다(Ryan, 1970). 그러므로 (그가 상사에 대한 신념을 긍정적으로 평가하기 때문에) 비록 전근한 직원이 새로운 상사를 좋아하더라도, 그의 일반적인 태도는 몇 가지 긍정적 의도를 조장할 수 있다. 구체적인 행동 기회가 주어졌을 때, 긍정적인 태도는 상사를 돕거나 긍정적으로 행동하고자 하는 의도로 옮겨질 수도, 아닐 수도 있을 것이다. 여기서 핵심은 그 사람이 초점이 되는 행동에 대해 긍정적 또는 부정적 태도를 발전시키는가다. 그럼에도 불구하고, 일단 긍정적인 태도와 조화되는 방식에서 행동하고자 하는 의도가 형성되면, 그 직원은 의도한 방식으로 행동하고자 노력할 것이다.

요약하면 다음과 같다. "태도는 구체적인 행동을 하도록 하는 것이 아니라 일반적인 성향으로 볼 수 있다. 다만, 이것은 대상에 대한 정서의 강도를 나타내는 일련의 의도를 유발한다. 이러한 의도들 각각은 구체적인 행동과 관련되고, 대상에 대한 개인의 행동 패턴에 의해 나타나는 전반적인 정서는 대상에 대한 태도와 대응한다." (Fishbein & ahzebm 1975, p. 15)

의도의 구체성

태도와 의도 사이의 연관성을 완전히 이해하기 위해서 의도 자체, 특히 관련된 의도의 구체성의 중요성에 대해 이해할 필요가 있다. Fishbein과 Ajzen(1975)에 따르면, 의도는 네 가지 요소, 즉 고려되는 특정한 행동, 행동이 지향하는 목표 대상, 행동이 수행될 수 있는 상황적 맥락, 마지막으로 행동이 발생하는 시간으로 구성된다. 이러한 요소들 각각은 얼마나 구체적으로 고려되는지에 따라 그 정도가 다를 수 있다. 상황이 구체적일수록 상당히 구체화된 장소와 시간에서 특정 대상에 대한 매우 분명한 행위를 수행하는 의도와 관련된다(예를 들어, "나는 나와 동참하도록 동료들을 납득시키자마자 내일 아침 9시 이후에 작업을 중단할 생각이야!").

의도는 구체적일 때 행동과 더 밀접하게 관련된다(Ajzen & Fishbein, 1977; Jaccard, King, & Pomazal, 1977). 다시 말해, 의도의 네 가지 요소 중 어느 하나가 일반적일수록, 뒤따르는 행동과의 연관성은 약해진다(Ajzen & Fishbein, 1977). 예를 들어, 어떤 직원이 시간을 엄수해서 업무를 보고하고자 한다는 의도를 드러냈다고 가정하자. 구체성이 낮은 이런 수준에서는 "나는 올해는 결코 9시보다 늦게 출근하지 않을 것이다."와 같은 형식으로 드러낸 의도만큼 실제로 시간을 엄수하는 결과를 가져올 것으로 기대되지 않는다. 두 번째 경우가 첫 번째 경우보다 특정한 행동이 보다 구체적으로 표현되었다고 볼 수 있다(시간이 관련되었기 때문에). 마찬가지로, 만약 의도의 목표 대상이 구체적이기보다는 일반적일 경우, 행동 발생 확률은 떨어진다. "나는 노조에 절대 찬성하지 않을 것이다."와 같은 진술문은 "나는 절대로 Sheepherder 노조의 123지부에 찬성하지 않을 것이다."와 같은 진술문보다 실제 행동을 예측하는 정도가 낮다. 의도의 대상이 구체적일수록 의도는 일관성을 가진 행동과 관련될 가능성이 높다.

시간 요소의 구체성은 어떤가? Ajzen과 Fishbein(1977)은 "나는 다이어트를 할 예정이다."와 같은 진술문은 "나는 새해에 다이어트를 시작할 예정이다."와 같은 진술보다 체중을 줄이는 결과를 덜 가져올 것이라고 주장한다(그러나 우리는 대부분의 새해 다짐의 운명이 어떻게 될지 잘 알고 있다). 마지막으로, 우리는 상황의 구체성을 고려할 수 있다. 만약 어떤 직원이 근무 중 금연 의도를 말한다면, 우리는 단지 "나는 금연할 것이다."라고 말하는 경우보다 그의 흡연이 줄어들 것임을 기대할 수 있다. 요점은 행동, 목표, 시간 또는 상황에 대한 구체성이 증가하면 의도가 일관성을 가진 실제 행동을 유도할 가능성이 높아진다는 것이다(Ajzen & Fishbein, 1977).

의도와 행동

태도가 행동을 왜 그리고 어떻게 야기하는지를 이해하는 마지막 단계는 (구체성 수준이 어떻든 간에) 일단 형성된 의도가 어떻게 행동을 유도하는지를 검토하는 것이다. Fishbein(1967)에 따르면, 대상에 대해 태도가 형성된 경우 의도를 결정하는 두 가지 중요한 요인이 있다. 첫 번째는 **태도 요인** 그 자체이고, 두 번째는 **규범 요인**이다. 태도 요인은 고려되는 행동에 대한 느낌과 관련이 있다. 다시 말해, 그것은 특정한 상황에서 초점 행동의 수행에 대한 태도를 구성한다. 게다가 이와 같은 행동에 대한 태도는 행동의 지각된 결과와 그 결과의 평가에 의해 결정된다.

주의하라! (자신의 회사와 같은) 대상에 대한 태도와 (경쟁사에게 회사의 거래 비밀을 누설하는 것과 같은) 대상에 대해 특정한 방식으로 행동하는 것에 대한 태도를 혼동하지 말아야 한다. 이들 중 첫 번째 태도는 대상 그 자체에 대해 가지고 있는 신념이 개인적인 평가로 구성된다. 그 사람이 그러한 태도와 일관되는 행동의도를 발전시킬 것인지 여부는 그 의도가 암시하는 행위에 대한 태도에 달려 있다. 두 번째 태도는 자신의 행위로 인해 가능한 결과에 대한 신념과 그러한 결과에 대한 평가에 의해 결정된다.

이전의 예로 돌아가자. 상사에 대해 일반적인 긍정적 태도를 가지고 있는 직원은 상사에 대해 일반적으로 긍정적인 행동을 할 것이다. 이때 그 직원이 그 상사가 업무 시간이 끝난 뒤 누군가의 도움을 필요로 하고 있다는 사실을 알게 되었지만, 이 업무는 수당이 제공되지 않기 때문에 그가 상사를 돕는다면 노조의 계약 내용을 위반하게 되는 것이라고 가정해 보자. 과연 그 직원의 긍정적인 태도는 도움을 제공하는 구체적인 행동으로 나타날까? Fishbein(1967)에 따르면, 이 직원은 아마 자발적으로 돕고자 하는 행동에 대한 태도를 형성할 것이다. 이 태도는 행동 결과에 대한 평가에 의해 결정될 것이다. 모든 것을 감안할 때, 우리의 친구가 자발적으로 상사의 업무를 도울지 말지의 결정은 도움으로써 나타나는 결과들을 얼마나 호의적 또는 비호의적으로 평가하는지에 의해 결정될 것이다. 다시 말해서, 우리는 신념에 대한 평가를 가지고 있지만, 이러한 신념은 행동의 결과와 관련되는 것이지 상사 자체와 관련되는 것이 아니다. 이 이론은 그 직원이 긍정적으로 평가한 결과가 부정적으로 평가한 결과보다 더 클 경우에 자발적으로 상사를 도울 것이라고 예측한다. 만약 그 직원이 자발적 도움의 결과를 대부분 부정적인 것으로 믿는다면, 그는 자발적으로 도울 의도를 갖지 않을 것이며 결과적으로 그런 행동을 하지 않을 것이다.

태도가 의도로 나타날지를 결정하는 두 번째 요인, 즉 규범 요인은 사회적 환경의 영향과 관련된다. 즉, 이것은 그 주변의 중요한 타인이 그가 무엇을 하기를 기대하는가에 대한 그의 신념과 관련된다. 사람들은 배우자, 동료 등 다양한 사람들이 그들에게 부과하는 기대에 민감한 정도가 다르다. 특정한 행동이 고려되는 특정 상황에서 어떤 사람은 다양한 준거 집단의 기대를 고려할 것이나. 그래서 수당 없이 상사를 돕는 것은, 그 사람이 누구든 그리고 그런 일이 노조의 규약을 침해하든 말든 상관없이, 작업 집단 구성원들이 그 신규 구성원에게 기대하는 것일 수 있다. 같은 이유에서 그 직원의 새로운 배우자는 그 상황에서 다른 관점을 가질 수 있기 때문에, 약간의 망설임과 함께 그 직원을 떠나면서 야간 근무를 초래하지 않는 상사에게 일반적인 긍정적 태도를 가질 수 있다.

자기예언 효과

Sherman(1980), Sprott, Spangenberg와 Fisher(2003)의 초기 연구를 통해 어떤 행동

이 사회적으로 바람직하거나 적절할 경우에 그 행동을 할 것인지 말 것인지에 대해 묻는 것은 실제로 그 행동을 할 가능성을 높인다는 것을 알 수 있다. 다시 말해, 만약 그 사람이 목표 행동이 사회적으로 바람직하거나 '해야 할 올바른 일'이라고 믿을 경우, 사전에 그에게 실제로 그 행동을 할 것인지를 물어보는 것은 그렇게 할 상황이 생길 때 그가 그 행동을 시도할 가능성을 높인다. 우리는 이것을 자기예언 효과(self-prophecy effect)라고 부른다.

요약하면, 대상에 대한 태도가 그 대상에 대해 특정한 방식으로 행동할 의도를 가져오는가의 여부는 행동 자체에 대한 태도와 그 행동에 대한 관련자들의 기대에 대한 신념에 달려 있다([그림 9-1]을 보라). 이 이론에 대해 몇 가지 사항을 알아둘 필요가 있다. 우선, 태도 대상에 대한 신념과 그 대상에 관한 구체적인 행동의 가능한 결과에 대한 신념의 역할이 가진 중요성을 알 필요가 있다. 분명히, 신념은 항상 정확하거나 타당하지 않으며 변하기 쉽다. 더구나, 태도 대상에 대한 신념이든 그 대상에 대한 특정한 행동의 결과에 대한 신념이든 타인뿐 아니라 자신의 경험에 상당한 영향을 받을 수 있다. 또한 대상에 대한 일반적인 긍정적(또는 부정적) 태도는 그 대상에 관한 특정한 행동들을 야기하는 것이 아니라(예를 들어, 업무 시간에 상사의 특별한 프로젝트를 자발적으로 돕는 것과 같이) 외부자에게는 상당히 비슷해 보이는 다른 행동들을 야기한다.

합리적 행위 이론을 사용할 때 기억해야 할 가장 중요한 것은 태도 대상에 대한 태도만 아는 것으로는 누군가의 행동을 예측할 가능성이 매우 낮다는 것이다(Ajzen & Fishbein, 1980). 그러므로 만약 작은 점포의 주인이 일반적으로 특정 민족을 좋아하지 않는다는 사실을 안다고 해서, 그 주인이 그 집단의 구성원을 고용하거나 고용하지 않을 것이라고 예측하는 것은 매우 위험하다. 고용주가 그런 사람을 고용하는 데는 여러 이유가 있을 수 있다. 이를테면 그 사람을 고용하는 것에 대한 주관적인 사회적 규범 지각의 영향력과 함께 그 집단 구성원의 고용에 대한 태도가 고용주의 의도를 결정한다. 이미 말했듯이 마음속에 구체적인 의도를 가지고 있을수록 특정 민족 집단의 구성원을 고용할(또는 고용하지 않을) 가능성은 커진다.

이론에 대한 비판

합리적 행위 이론의 주요 제한점 중 하나는 이 이론이 의지에 의한 행동이나 자발적 행동, 즉 사람들이 하기로 결정하였기 때문에 수행하는 행동에 제한된다는 것이다(Eagly & Chaiken, 1993). 그러므로 이 이론은 사람들이 이용할 수 없는 기술, 자원, 또는 기회와 조건을 요구하는 행동을 예측하는 능력에 한정되어 있다. 게다가 솔직히 말해서 태도와 행동 사이의 관계에 대한 모형에 의도를 추가하는 것은 사고를 거의 또는 전혀 요구하지 않는 행동의 이해 가능성을 없앤다. Eagly와 Chaiken(1993)은 싫어하는 소수 집단에 대한 폭력을 야기하는 자연스러운 충동, 약물을 강하게 갈망하는 것으로부터 발생하는 행동, 그리고 브랜드 충성과 습관의 영향으로 발생하는 충동구매와 같은 예를 인용하였다. 마찬가지로, 흡연 또는 자동차의 안전띠 채우기와 같은 일부 습관적 행동은 자주 의식적 사고를 요구하지 않는다. 그저 깊이 몸에 밴 태도만으로도 충분히 행동 예측의 토대를 제공한다(Eagly & Chaiken, 1993).

Bagozzi와 Yi(1989)의 연구는, 의도는 때때로 태도와 행동을 연결하는 데 어떠한 역할도 하지 않는다는 것을 보여 주었다. 그들은 마케팅 과목 수강생을 대상으로 실험을 진행하였다. 그들이 이용한 과제는 그 학생들의 자발성을 유도하는 것이었는데, 마케팅 사례를 검토하고 보고하는 것이었다. 학생들 중 반은 사례분석과 매우 유사한 연습문제를 해결하도록 요구받았고, 나머지 반은 마케팅 사례와 관련이 없는 가짜 문제를 해결하도록 요구받았다. 연구자들은 자발적인 사례분석을 수행하는 것에 대한 학생들의 의도의 강도를 조작하기 위해서 이와 같은 초기의 문제를 사용하였다. 연구자들이 기대했던 것처럼, '관련된' 연습문제는 가짜 연습문제보다 학생들에게 더 강한 의도를 유발시켰다. 그리고 연구자들은 이 두 집단에서 사례에 대한 태도와 실제 행동 사이의 강도의 관련성을 관찰하였다. 결과는 흥미로웠다. 두 집단 중에 의도가 더 강하게 나타나도록 조작된 학생들의 자료를 보면 이들의 의도는 실제 행동을 설명하는 역할을 하였다. 하지만 의도가 약하게 조작된 학생들 사이에서 태도와 행동의 관련성은 의도에 의한 영향을 앞의 집단만큼 받지는 않았다. 간단히 말해, 연구자들은, 의도가 약하고 수행할 과업이 많은 사고를 요구하지 않는 경우에는, 태도와 행동은 매우 밀접하게 관련되어 있으며, 의도는 별 역할을 하지 않는다는 결론을 내렸다. 만약 같은 연구 결과가 유사한 연구에서 또 나타난다면 우리는 합리적 행위 이론이 수정되는 것을 볼 수 있을 것이다.

공식 이론은 의도적으로 이 이론을 합리적 행위에만 제한하였다. 이 제한은 많은 행동을 예측하는 데 이론의 성공을 위한 토대일 뿐만 아니라 그것의 주된 결점인 것처럼 보인다. 이것은 인간의 모든 행동을 예측하기 위한 일반적인 태도이론으로 사용될 수 없다(Eagly & Chaiken, 1993). 이 이론의 또 다른 비판은 행동에 대한 태도와 주관적 규범보다 더 많은 의도 결정 요인이 있다는 신념에 근거한다. 예를 들어, Schwartz와 Tessler(1972)는 도덕적 책무로 볼 수 있는 옳고 그름에 대한 개인적인 신념 역시 특정한 방식으로 행동할 의도에 영향을 미친다고 주장하였다. 이러한 요인들은 Ajzen과 Fishbein(1980)이 논의한 주관적인 규범 요인과는 최소한 개념적으로 독립된 가치체계에 내재화되어 있다. 이와 유사하게, 어떤 사람들은 그들의 자기 정체성과 일관되는 방식으로 행동할 것이다. 예를 들어, 만약 어떤 사람이 스스로를 선천적으로 다른 사람을 잘 돕는 사람이라고 본다면, 그 사람은 자기 자신을 그렇게 보지 않는 경우보다 직장에서 친사회적인 도움 방식으로 행동하고자 하는 의도를 형성할 가능성이 높다.

이러한 비판의 최종적인 결론은 비판자들이 행동 유도와 방향 제시에서 의도가 지닌 핵심적인, 그리고 최종적인 역할을 부정하지는 않는다는 것이다. 다만, 이러한 비판들의 공통점은 합리적 행위 이론이 의도가 어떻게 형성되는지에 대한 문제를 지나치게 단순화했다는 점이다. 이것들은 합리적 행위 이론이 사회적 규범의 지각과 행동에 대한 태도에 초점을 제한함으로써 많은 다른 요인의 영향력을 간과하고 있다고 주장한다. Eagly와 Chaiken(1993, 4장)은 문헌에서 이 이론에 대한 다른 비판들을 검토하였다.

마지막으로 인간 행동과 직무행동을 이해하고자 하는 학자들과 관리자들은 신념으로부터 행동에 대한 태도(그리고 사회적 규범)를 거쳐 의도로 향하는 멀고 거친 길을 처음부터 이해하기는 어려우며 반식관석이라고 여긴다. 그럼에도 불구하고, 우리가 뒤로 물러나 사람들이 다른 사람이나 대상에 대해 가진 태도에 반하는 행동을 하는 일상적인 경험을 곰곰이 생각해 보면, 합리적 행위 이론은 더 많은 연구가 필요하다. 이것은 우리를 이론의 예측 타당도에 대한 의문으로 이끈다.

합리적 행위 이론의 타당성

비판과 결점에도 불구하고, 이 이론은 얼마나 타당할까? 이 이론의 과학적 검증에 대한 2개의 다른 개관 모두 이 이론이 사람들의 행동과 행동의 결과를 예측하는 데 매우 타당하다고 한다(Eagly & Chaiken, 1993; Sheppard, Hartwick, & Warshaw, 1988). Sheppard 등(1988)은 합리적 행위 이론이 우리에게 무엇을 의미하는지 상기시키는 다음과 같은 말을 통해 이 이론의 타당성에 관한 증거들을 방대하게 요약하였다. "만약 의도가 수행 이전에 변하지 않거나, 의도 측정치가 행위, 대상, 맥락, 시간 프레임, 그리고(또는) 구체성 측면에서 행동 준거와 상응한다면, 행동의도 측정치는 어떠한 의지적 행위라도 예측할 것이다." (p. 325) 그리고 그들은 이 이론의 가정을 침해하는 세 조건 중 최소한 하나라도 존재하는 상황에서도 이 이론이 빈번히 적용된다는 것을 관찰하였다. 하나는 초점 행동은 완전히 개인의 통제하에 있지 않다는 것이다[나중에 논의될 계획된 행위 이론(theory of planned action)을 보라].

이 이론의 공식적인 가정에 대한 부적절한 두 번째 조건은 '이론 그 자체에 의해 명백하게 다루어지지 않는 선택 문제를 포함하는 상황'이다. 마지막으로, 완전히 확실한 의도를 구성하기에 충분한 정보를 갖지 못하거나 가질 수 없는 상황에서도 이 이론이 사람들의 행동을 예측하는 데 이용되는 경우다. 요약하면, '부당하게'4) 이론을 검증하고자 시도한 많은 연구들이 있다는 것이다.

메타분석 기법(이 책에서 언급된 많은 다른 연구들이 사용하였다; Hunter, Schmidt, & Jackson, 1982를 보라)을 사용함으로써, Sheppard 등(1988)은 87개의 실증적 연구를 조사하여 의도와 행동 사이의 평균 상관이 0.53임을 제시하였다. 의도에 대한 태도와 주관적인 규범의 상관은 0.66이었다. 이 결과들 각각은 다양한 업무 환경과 다양한 의도와 행동 사이의 관련성 장면에 있던 수천 명을 포함하는 연구를 바탕으로 하였다. 어떤 기준에서 보더라도, 이 결과들은 극적이다. 더 놀라운 것은 Sheppard 등(1988)이 그 이론에서 규정한 용어나 조건들에 따르면, 다소 부적절하게 수행된 연구들을 분석에 포함하였을 때도 이 결과가 여전히 강하게 나타났다는 것이다. 이와 같

4) 3장에서 Maslow의 욕구이론이 어떻게 부당하게 다루어졌는지에 대한 논의를 상기하라. 우리는 이러한 문제를 반복하여 만날 것이다.

은 내용에 관심이 있는 독자는 Sheppard 등의 연구(1988)를 참고하면 된다. 핵심은 TRA는 사회과학에서 인간 행동을 예측하는 데 이용할 수 있는 최고의 예측 수단 중 하나라는 것이다. 이것은 많은 행동 및 상황에 적용할 수 있으며, 이론 자체에 의해 구체화된 주요 주의점들이 위반되더라도 적용 가능한 매우 견고한 이론이다.

요 약

잠깐 멈추고 지금까지의 내용을 검토해 보자. 지금까지 우리는 신념이 태도의 핵심임을 보았다. 신념은 태도 대상과 속성 사이의 지각된 관련성으로 구성된다. 강한 신념은 특정 대상이 주관적으로 높은 확률로 특정 속성과 연관되는 것으로 구성된다. 태도를 형성할 때 사람들은 대상에 대해 가지고 있는 가장 현저하고 가장 중요한 신념을 강조하는 경향이 있다. 태도는 사람들이 대상에 대해 가지고 있는 신념에 대한 평가 반응이다. 하지만 태도와 행동의 관련성은 여러 이유로 예측하기 어렵다. 태도와 일관되는 행동을 유발하기 위해, 태도는 행동의도를 유도해야 한다. 의도를 발달시키기 위해, 그 사람은 행위 자체에 대해 긍정적인 태도를 가져야 하고, 중요한 타인이 그 행위를 적절한 것으로 볼 것이라 믿어야 한다. 그럴 때조차 특정 의도를 갖는 것은 특정 행동을 유도할 것이다. 그렇다고 하더라도 특정한 의도를 가지고 있다는 것은 오직 의도가 행동 그 자체에 대한 본질, 행동과 관련되는 정확한 목표 대상, 행위가 고려되는 상황, 그리고 행위가 발생하는 시간을 포함한 다양한 요인들이 다소 구체적인 경우에만 구체적인 행동을 발생시킬 것이다.

사람, 직무 또는 대상에 대해 특정한 태도를 소지하는 것과 그러한 사람, 직무 또는 대상에 대한 구체적인 행동 사이의 관계는 사실상 결코 단순하지 않다. 구체적인 행동을 예측하기 위해 태도를 사용하는 것은 위험한 일이다. 예를 들어, 직원은 직무에 대해 그가 믿는 것들을 긍정적으로 평가하기 때문에(비교 대상이 되는 직무들에 비해 연봉이 높거나, 동료를 신뢰할 수 있거나, 또는 장기적 고용이 보장됨) 자신의 직무를 좋아할 수 있다. 이러한 태도만을 근거로 하면, 우리는 그가 열심히 일할 것인지, 승진을 추구할 것인지, 훈련 코스를 밟을 것인지, 또는 노조 구성을 도울 것인지를 예측할 수 없다. 그런 행동을 예측하기 위해 우리는 이런 특정 행위의 결과에 대한 그 직원의 신념에 대한 정보뿐 아니라, 이러한 신념에 대한 그의 평가적 태도 정보와 중요한 타인이 그에게 기대하는 것에 대한 그의 이해에 관한 정보를 필요로 한다. 결과적으로, 우리는 구체적인 행동을 예측할 수는 없을지라도 직원이 일반적으로 자신의 직무에 대해 긍정적인 태도를 가지고 있기 때문에 부정적인 행동보다는 긍정적인 직무행동을 유발할 것으로 예측할 수 있다.

계획된 행위 이론

합리적 행위 이론에 대한 논의를 마치기 전에, 우리는 비록 어떤 사람이 ① 행위 의도를 가질 수 있고, ② 그 행위의 수행이 사회적으로 바람직하며 또한 기대될지라도, 그 사람은 문제가 되는 그 행위의 수행 적절성에 대해 의심을 품을 수 있다는 가능성을 설명하기 위한 Ajzen(1991; Ajzen & Madden, 1986)의 수정 이론을 간단히 살펴볼 것이다(우리는 앞에서 이 가능성을 언급했다). 예를 들어, 한 사람이 자동차를 이용해서 식료품점에 가고 싶어 하지만 자신의 자동차가 망가지거나 도착했을 시간에 식료품점이 영업을 하고 있을지에 대해 불확실성을 가지고 있다고 가정하자. 이 문제는 그가 행동할 가능성을 제한하는, 그의 통제력을 넘어서는 힘이 존재한다. 때때로 계획된 행위 이론에 따르면, 어떤 사람은 행동 통제력이 부족할 수 있다. Ajzen은 그러한 추가 구성 요소를 '**지각된 행동 통제**(perceived behavioral control)'라고 언급했다. 행동 통제의 지각을 낮추는 요인은 낮은 자기효능감 지각과 같이 개인에게 내적인 것일 수 있거나 (과제 수행에 필요한 자료 부족처럼) 상황이 달라진다면 행동이 일어날 수 있는 맥락적인 것일 수 있다.

Ajzen과 Fishbein(1980)은 의도를 결정하는 두 가지 핵심 요인(행위에 대한 태도와 행위에 대한 사회적 규범)에 더해 행동 통제의 지각을 추가하는 것이 사람들의 행위 의도 강도의 차이를 얼마나 더 설명하는지를 보여 주었다. 다시 말해, TRA는 의도를 결정하는 2개 요인을 주장하는 반면, **계획된 행위 이론**은 의도를 결정하는 3개의 변수를 주장하는데, 그것은 행동을 가능하게 하는 상황에 대한 통제 지각을 추가했다.

계획된 행위 이론의 예측 타당도에 대한 연구들은 Ajzen(1991)과 Olson과 Zanna (1993)에 의해 정리되었다. 두 이론의 비교 검증에 대한 그들의 요약에 따르면, 많은 증거들이 혼합되어 있기는 하지만, 계획된 행위 이론은 합리적 행위 이론보다 경험적으로 더 지지된다.

X이론과 Y이론에 대한 재논의

신념, 태도 그리고 행동 사이의 관계에 대한 논의를 마치기 전에, 3장에서 다룬 인간의 본질에 관해 많은 관리자들이 가진 주된 2개의 신념을 상기할 필요가 있다. X이론과 Y이론으로 불리는 이러한 신념은 사람들은 일을 하기 좋아하고, 책임감이 있다고 보는 Y이론과, 게으르고 일하기를 싫어하며 책임감이 없다고 보는 X이론과 일치하는 관점을 가진 경영관리적 행동을 유도했다. McGregor(1960)에 따르면, X이론적 신념은 냉담한 행동과 철회행동, 즉 자기충족적 예언의 원인이자 결과다. X이론적 신념이든 Y이론적 신념이든 구체적인 관리 행동과 일대일로 연결된다는 주장은 없으나, McGregor는 이러한 기본적인 신념이 자기강화적 경향을 보이는 관리 행동 및 정책과 관련된다고 믿었다. 일련의 신념과 일련의 행동들 사이의 이러한 관계는 앞서 제시된 신념, 태도 그리고 행동의 모형과 전적으로 일치한다(Ajzen & Fishbein, 1980; Fishbein & Ajzen, 1975).

우리는 인간 태도의 일반적인 본질에 대해 검토해 왔기 때문에, 이제부터는 일, 직무, 그리고 조직에 관한 인간의 신념, 태도, 그리고 정서 반응에 대한 보다 구체적인 문제에 초점을 맞추고자 한다.

10장 일, 직무 및 조직에 대한 인간의 반응

일이 정말 좋았다면, 부자들은
일을 계속할 방법을 찾았을 것이다.
_ 아이티 속담

다음은 Harlos와 Pinder(2000, p. 255)의 연구에서 발췌된 것으로, Brenda라는 사무직 여성이 말한 내용이다.

> 주로 상사가 회사에 없을 때가 좋은 날이다. …잘못되어 가던 일들이 제자리를 잡아 가고 이전에 생각했던 나쁜 일들도 좋아져서 새로운 일자리를 찾아야 할 필요도 없어지는 것 같다. …하지만 상사가 돌아온 다음 날은 매우 불쾌하고 집에 오는 길에 차 안에서 비명을 지르게 된다.

직장생활을 해 본 사람들은 이 장에서 다루는 일에 대한 신념, 태도 및 감정을 경험해 본 적이 있을 것이다. 삶에 대해 긍정적인 태도는 보통 우리가 삶에 대해 느끼는 방식에 엄청난 차이를 만든다. 앞에 제시된 Brenda의 말처럼, 분노, 좌절 또는 규칙적인 공포와 갈등을 유발하는 직무를 가지고 있다는 것은 끔찍한 경험일 수 있다.

이 장에서는 직무와 관련된 태도와 감정을 다루고자 한다. 비록 논의가 때로 학술적이고 소수만 이해하는 것일지라도, 독자들은 '좋은 직무' 또는 '좋은 경력'이 주는 즐거움과 불만족, 지루하고 좌절스러운 직무를 수행해서 발생하는 고통과 개인적인 괴로움에 대한 인간의 경험들을 알아야 할 필요가 있다. 이 장은 직무동기에 대한 감정적인 부분을 설명하는 데 초점을 맞출 것이다. 사람들이 자신의 일에 대해 가지는 직무만족, 조직몰입, 동일시는 직무동기의 가장 핵심적인 주제다. 이 장에서는 다른 어떤 장보다 감정에 대한 주제를 집중적으로 다루게 될 것이다. 일은 우리에게 기쁨과 불행을 경험하게 하는 중요한 원인이 될 수 있다.

왜 직무태도에 관심을 가져야 하는가

조직에 대한 연구가 시작된 이래로 많은 연구자들이 다양한 직무 관련 태도의 본질, 선행변인 및 관련 변인에 대해 이해하는 데 많은 노력을 기울여 왔다. 그 이유는 무엇인가?

Smith, Kendall과 Hulin(1969)은 이 문제에 대해 일반적으로 받아들여질 수 있는 해답을 제시했다. 첫째, 많은 사람들(관리자, 부모, 교사 등)은 태도가 행동에 영향을 미친다고 믿고 있다. 그리고 직무태도는 어떤 방식으로든 일터에서의 행동과 관련이 있다는 가정을 하고 있다(Brayfield & Crockett, 1955; Fisher, 1980을 보라). 이러한 가정의 초기 형태는 높은 수준의 직무만족이 높은 수준의 직무수행과 관련이 있다는 것이다. 즉, "직장에서 만족도가 높을수록 높은 생산성을 보인다."는 것이다. 비록 이러한 가정에 대해 논란의 여지는 있지만(Judge, Thoresen, Bono, & Patton, 2001), 여전히 태도와 행동의 관련성에 대한 가정은 당연한 것으로 받아들여지고 있다(Ajzen & Fishbein, 1977; Cialdini, Petty, & Cacioppo, 1981). 따라서 태도에 대한 정확한 이해, 태도에 영향을 주는 요인, 행동과 연관성을 연구하는 것은 여전히 중요한 문제다.

둘째, Smith 등(1969)은 관리자들이 선발, 배치, 훈련, 경력 상담 등과 관련하여 일상적으로 수행하는 일들이 직원들의 태도 및 행동과 관련되는 활동이라는 것을 지적하고 있다. 셋째, Smith와 동료들은 직원의 직무만족 수준을 향상시켜 주는 것이 인본주의적인 관점에서 볼 때 그 자체로 바람직한 목표라고 했다. 마지막으로, 직무태도의 본질을 이해하는 것은 과학적인 측면에서 일반적인 태도를 이해하는 데 도움을 줄 수 있다는 것이다. 사회과학자들은 다양한 분야에서 그 분야의 특성에 맞게 태도의 본질 및 태도 변화에 관심을 가지고 있다. 따라서 직무태도를 다루는 것은 인간의 태도에 대한 지식 축적에 기여하게 된다.

Smith와 동료들의 주장은 최근에 새롭게 조명되고 있는데, Harrison, Newman과 Roth(2006)의 연구는 직무태도를 대표하는 고차적인 구성개념들이 개인과 조직에 중요한 영향을 미친다고 제시하였고, Dormann과 Zapf(2001)는 직무만족이 조직심리학 분야에서 중심적인 개념이며, 작업 환경이 조직과 개인에 대한 영향을 설명하는 데 있어서 유용하다고 제시하였다. 따라서 직무태도는 직장에서의 행동과 관련이 있고, 많은 관리 행동들이 직무태도에 긍정적인 영향을 주기 때문에, 인도주의적인 이유로 직무태도에 관심을 가지고 있는 것이다.

직무태도에 대한 흥미

의심할 여지없이, 다양한 직무 관련 태도에 관한 가장 일반적인 연구는 한 개인이 수행하는 직무가 자신의 욕구를 만족시키는 데 유용한 정도를 의미하는 **직무만족**이다. 직무만족은 개인이 직무의 어떤 측면에 대해서는 만족하면서("나는 내 상사가 마음에 들어.") 동시에 다른 측면에 대해서는 부정적인 측면("봉급과 작업 환경은 최악이야!")을 포함하는 다차원적인 개념으로 이해할 수 있다.

직무만족 다음으로 관심을 받고 있는 개념은 **몰입**(commitment, 최근에는 '애착'이라고도 함)이다. 이 개념 역시 직무만족과 마찬가지로 다차원적이며, 한 개인이 직업윤리, 직업, 직무 및 고용주와 같은 다양한 대상들에 대한 애착과 관련이 된다(Morrow, 1993). Morrow(1993)가 제시한 바와 같이 몰입을 다룰 때 이러한 네 가지 대상들에 대한 몰입을 개념화하는 데 있어서도 다소의 차이점이 있으며, 따라서 이들을 측정하는 도구에 있어서도 다소의 차이가 있다. 이 장에서는 다양한 몰입들 중 조직몰입과 직무관여에 대해서만 다루고자 한다.

이 장에서 다루는 세 번째 개념은 **직무관여**(job involvement)다. 이는 직무 그 자체에 대한 개인의 헌신을 나타내는 것이지, 그 사람이 하고 있는 특정 직무나 그 사람이 일하는 특정 조직과는 독립적이다. 직무관여는 삶에 있어서 일의 중요성에 대한 개인의 인식과 관련되어 있다. 예를 들어, 한 사람이 기계공이라는 직업 또는 직무에 대해서는 만족할 수 있을지라도, 현재 소속된 조직에서 기계공이라는 직무에 대한 만족과 조직에 대한 몰입은 별개의 것으로 인식하고 있을 수 있다.

요약하면, 이 장의 목적은 포괄적으로 직무동기를 구성하는 것으로 여겨지는 직무만족, 조직몰입 및 직무관여와 관련된 이론과 연구 결과들을 살펴보는 것이다.

직무만족

캐나다의 전국적 주간지인 *Maclean's*의 기사(2005년 9월 19일, p. 38)에서는 북아메리카의 노동운동에 문제가 있음을 지적하였다. 즉, 노동조합의 회원 수가 민간 및 공공 부문 모두에서 캐나다와 미국에서 감소하고 있다는 것이다. 경제부 기자 Steve Maich에 따르면, 이러한 현상은 직원들이 봉급 인상, 직무 안정성, 안전 및 쾌적한 근무 환경과 같은 것들이 노동조합의 덕분으로 생각하지 않는 탓이라고 추정하고 있다. 2005년 미국의 American Enterprise Institute에서 수행한 연구와 캐나다의 Environics가 발표한 여론조사를 인용한 Maich에 따르면, 다수의 미국 근로자들의 직무만족도가 매우 높게 나타났으며, 이러한 이유로 노동 조합원이 감소하였다는 것이다. 미국 연구에서, 대략 4년 전과 같은 비율로 응답자의 91%는 자신의 직무를 좋아하거나 사랑한다고 응답하였다. 대략 5명 중 4명이 자신의 급여에 대해서 만족한다고 하였으며, 실직에 대한 걱정이 없다고 응답하였다. Maich(2005, p. 38)는 다음과 같이 썼다.

> 수십 년 전, 직업을 잃는 것에 대한 공포와 사회적 불평등에 대한 분노와 같은 요인들은 초과근무, 최저임금, 임의 해고로부터의 보호와 같은 것들이 나타나게 만들었다. 하지만 지금은 북아메리카의 근로자들이 과거 노동조합의 노력에 대해서 감사할지라도, 현재는 더 이상 자신들이 탄압받는다고 여기지 않는다.

브리티시컬럼비아 주 빅토리아 지역에서 발간된 신문인 *Times Colonist*, 2005년 9월 3일자(p. 83) 기사에서 *Maclean's*지에 게재된 Maich의 주장인 "유리컵은 5분의 4가 찼다"라는 기사에 대한 반박으로 "유리컵은 아직 5분의 1이 비어 있다"는 기사를 게재했다(이 은유는 본 저자가 쓴 것이지, 기사 원문에 있는 것이 아니다).

> 캐나다인의 거의 5분의 1은 매일 출근하는 것을 두려워하고, 3분의 1은 그들의 직업을 단지 일로만 느낀다. …그리고 10,000명의 응답자 중 3분의 1은 작년에 거짓으로 병가를 냈다고 응답했고… 응답자들의 다수는 현재 직업이 기술 개발이나 새로운 경험을 하도록 하는 자기 계발 기회를 충분히 제공하지 않는다고 생각한다.

마지막으로, *Times Colonist*(2005년 9월 3일, p. B3)의 같은 면에 실린 다른 보고서는 캐나다 노동위원회(Labour Congress)의 조사를 인용하면서, "강한 직무성장과 낮은 실업이 근로자들로 하여금 자신의 직무에서 더 안전감을 느끼게 만드는 것도 아니고, 의미 있는 소득 증가로 이어지는 것도 아니다."라고 쓰고 있다.

사실상, 북아메리카 근로자들의 직무만족 수준은 최근 수년간 큰 변화가 없었다. 10여 년 전에, Firebaugh와 Harley(1995)는 미국 근로자의 85% 정도가 직무에 만족하고 있으며, 성별에 따른 차이는 나타나지 않는다고 제시하였다. 어느 정도는 고령의 근로자들이 더 나은 직업을 가지고 있기 때문에, 상대적으로 젊은 근로자들에 의해 보고된 것보다 더 높은 수준의 만족을 보고하는 경향이 나타났다. 또한 다수의 나이 든 근로자들은 최근만큼 풍요로운 경제적 환경에서 양육된 것이 아니기 때문에, 젊은 근로자들의 기대만큼 높지 않을 수 있다(Firebaugh & Harley, 1995). 이러한 수치는 30년 전에 보고된 자료와 매우 유사하다.

요약하면, 두 세대 이상 북아메리카 근로자들의 직무태도 수준은 크게 변하지 않았지만, 상당한 언론의 집중 보도와 경영층의 관심은 여전히 계속되고 있다. *Maclean's* 지의 2006년 6월 19일자 기사는 '일과 삶'의 균형이라고 언급된 주제에 초점을 맞췄다. 직원이 직무 소진을 경험하지 않고, 오랜 기간 동안 좀 더 생산성 있고 작업에 만족을 느낄 수 있도록 하기 위해, 직무에서 잠시 떨어져 있도록 하는 방법과 시간을 제공하라는 것이 주요 메시지였다. 캐나다에 본사를 둔, 세계에서 가장 큰 알루미늄 생산업체 중 하나인 Alcan은 조직 진단 설문을 통해 '직원들이 극심한 초과근무 때문에 특히 재정부서와 같은 곳에서는 이직률이 급격히 증가함을 발견하였고' 이에 대한 대책으로 '일과 삶에 대한 효과성 전략'을 실시하였다. 이 전략의 내용은 "고위 경영자에 대한 코칭, 의무적인 휴식시간 및 직장 내의 마사지 시설을 제공하는 것"(p. 35)이었다. 결국에 고용주들은 일과 삶의 균형에 대한 허울 좋은 구호성 해결 방식에서 벗어나 실질적으로 직원들에게 도움이 되는 현실적인 방식을 사용하게 되었다. 예를 들어, Greenhaus와 Powell(2003)의 연구는 자기존중감과 같은 성격 차이, 그리고 일과 가족에 대한 개인의 동일시의 상대적 강도가 삶에 있어서 균형을 유지하는 것과 관련된 딜레마를 이해하는 데 핵심적인 역할을 할 수 있다는 가능성을 제시하고 있다.[1] 대부분의 대도시와 공항의 서점들은 개인이 자신의 일을 통해 삶으로부터 멀어지는 것, 직무우울(job blues) 등을 다룬 책들로 가득 차 있다.

핵심은 직무만족(특히 직무불만족)이 일을 하는 누구에게나 또는 일을 하는 사람과 상호작용해야 하는 누구에게나 끝없는 관심사라는 것이다. 사실, 대부분의 사람들이 스스로를 이 주제에 관해 전문가라고 믿는 것은 당연한 것이다. 다음은 조직과학에서 직무만족이 어떻게 다뤄지고 있는지 살펴보기로 하자.

직무만족의 본질

지금까지 직무만족에 대해 많은 정의들이 제시되어 왔다. 이들 중 가장 널리 받아들여지고 있는 개념은 Locke(1969, 1976)에 의한 것이다. Locke는 **직무만족**을 "개인이 중요하다고 여기는 직무상의 가치를 자신의 직무가 충족시켜서 자신의 욕구와 직무상의 가치가 일치됨을 경험함으로써 나타나는 **감정적인 반응**"(Locke, 1976, p. 1307)이라고 정의하고 있다. 저자도 직무만족에 대해서 Locke의 정의를 사용할 것이며, **직무불만족**은 이와 반대되는 개념으로 사용할 것이다. 비록 직무만족이 넓은 의미의 태도로 보이지만 Locke의 정의가 **감정적** 반응에 초점을 맞추고 있다는 것은 흥미로운 점이다. 4장에서 Weiss와 Cropanzano(1996)가 소개한 정서 사건 이론은 Locke(1976, p. 2)보다도 더 정서적인 측면에 초점을 두고 있다. 이들은 직무만족을 다음과 같이 정의하고 있다.

> 직무만족은 전적으로는 아니라도 부분적이나마 감정 경험으로부터 비롯되는 직무에 대한 평가적 판단이다. 그것은 또한 개인이 직무에 대해 좀 더 추상적인 신념으로부터 유발된다. 동시에, 정서적인 경험과 신념 구조들은 우리가 직무만족이라고 부르는 평가를 가져온다.

1) 일과 삶의 균형에 관한 다양한 주제를 다룬 Blyton, Blunsdon, Reed와 Dastmalchian(2006)의 책을 보라.

Locke(1976)는 물론 Weiss와 Cropanzano(1996)도 관련된 특정 감정을 제시하지는 않았지만, 직무만족에서부터 불만족까지의 범주에 관련된 감정의 본질을 파악하는 데 있어 상당한 과학적 발전이 이어져 왔다(4장을 기억하라).

그렇다면 직무불만족을 동반하는 감정은 무엇인가? 4장에서 제시한 감정들 중 가장 먼저 떠오르는 것이 분노, 공포, 질투, 부러움일 것이다(Lazarus & Lazarus, 1994도 보라). 이 분야의 일반적인 전통을 유지하면서, 감정은 사람들이 직무에서 접하는 경험과 상당히 관련되는 것이 분명하지만, 여기서 직무만족과 직무불만족은 주로 태도로서 논의된다.

Locke는 직무만족이 사기(morale)와 같은 것은 아니라고 주장한다. 만족이 개인이 자신의 직무에 대해 회상하여 평가하는 것과 관련되는 반면, 사기는 자신의 직무에서 일을 계속 하고 싶어 하는 것과 관련된 것처럼 보인다. 또한 사기라는 단어는 종종 개인보다 전반적인 작업 집단의 태도를 설명하는 데 사용된다. 직무만족에 대한 Locke의 정의와 Weiss와 Cropanzano의 정의는 개념적인 수준의 것이다. 실무에서 연구자와 관리자는 직무만족을 직무나 작업 장면에서의 욕구 충족이라고 조작적인 수준에서 정의한다(그러한 맥락 안에서 고려될 수도 있는 다양한 욕구에 대해 3~6장의 논의를 기억하라. 그리고 그 예는 Fields, 2002를 보라). 게다가 직무의 다양한 구체적인 측면과 그것을 둘러싸고 있는 환경에 대한 만족에 관심이 주어졌다. 예를 들어, 직무적응 이론(theory of work adjustment; Bretz & Judge, 1994; *Journal of Vocational Behavior*, 1993; Lofquist & Dawis, 1969)은 창의성과 인정에서부터 사회적 지위와 작업 조건에 이르는 직무와 조직의 21가지 측면에 대해 직원의 직무 만족과 불만족을 다루고 있다. 그러므로 Locke(1976)에 의해 언급된 것과 Ben-Porat(1981)에 의해 확인된 것처럼, 직무 만족과 불만족의 잠재적인 원인들로 연구된 것들에는 사건의 동인(상사의 급여 수준과 같은)과 사건(직무에서 가정되는 보통의 책임감 수준과 같은)이 모두 포함되어 있다.

게다가 비록 개선되고는 있지만 연구자들이 직무만족을 측정할 때 서로 다른 도구들을 사용함으로써 연구 결과들 간의 비교를 어렵게 만들었다(Cranny, Smith, & Stone, 1992; Fields, 2002). 비록 정서 사건 이론(Weiss & Cropanzano, 1996; 그리고 AET에 대한 4장의 논의를 보라)이 문헌에 소개되었던 최소 십 수 년 전까지는 직무만족에 대해 욕구 기반 접근법이 학자들과 실무자들 둘 다의 연구와 생각을 지배했지만(Stone, 1992

를 보라), 결과적으로 그 구성개념의 본질에 관해 실무 현장에서 전반적인 합의는 여전히 이루어지지 않고 있다.

전통적으로, 직무만족에서 관심을 두고 측정하는 것은 개인의 직무에 대한 전반적인 평가("당신의 직무에 대해 얼마나 만족하십니까?") 또는 그 대신에, 급여, 직무 도전, 또는 관리와 같은 직무의 특정적인 면에 대한 평가로 생각할 수 있다. 좀 더 새로운 접근법은 직무를 구성하는 다양한 과업과 관련된 만족의 수준에 대한 평가를 제안한다. Taber와 Alliger(1995)는 573명의 연구 참가자들(다양한 직업으로 구성된)로 하여금 스스로 '과업'을 정의하도록 한 뒤, 만족에 대한 전반적 측정치와 특정 측면의 측정치가 직무의 하위 요소인 과업의 고유한 성질과 '일치하지만, 부분적으로만 예측되는 것'으로 결론지었다. 이런 새로운 접근법이 제안된 이래로 전통적인 접근법을 넘어서는 기여를 하는 것 같지는 않다.

직무만족의 원인/선행변인

직무만족과 관련하여 알려진 것과 합의된 것들은 어떤 것이 있을까? 첫째, 앞에서 살펴본 바와 같이, 대부분의 연구자들은 직무만족을 직무수행을 통한 욕구 충족과 직무가 수행된 맥락으로부터 나온 결과로 바라보았다. 다시 말해서, 이러한 접근법에서 직무만족은 개인의 욕구와 작업 장면의 욕구 충족 능력 사이의 상응, 일치 또는 보완 정도, 즉 욕구 만족의 함수다. 이러한 연구의 특성은 Betz(1969), Fredericksen, Jensen, Beaton과 Bloxom(1972), Lofquist와 Dawis(1969), Mathieu, Hofmann과 Farr(1993), Ostroff(1993), Pervin(1986), Porter(1962, 1963), Seybolt(1976), Tuckman (1986)의 연구들에서 제시된 내용들이다

Ilgen(1971)과 McFarlin과 Rice(1992)를 포함한 다른 연구자들은 직무만족을 개인이 자신의 일로부터 받을 것이라고 기대하는 것과 자신이 받고 있다고 지각하는 것 사이의 지각된 불일치 정도로 인한 결과라고 생각했다. 따라서 자신이 받고 있다고 지각하는 급여와 받을 것이라고 기대하는 급여 간의 차이가 큰 경우 급여에 대해 불만족이 발생한다. 이런 관점에서 제기되는 문제는 사람들이 작업장의 다양한 세부 측면에 관심을 두는가 아니면 전반적 만족이 더 중요한가다. 예를 들어, 한 쌍의 연구는 다양한 측면들의 상대적인 중요성이 거론될 경우에는 직원들이 자신의 직무에서 받고 있

다고 지각하는 것과 직무로부터 받고 싶다고 생각하는 것 사이의 차이가 중요하게 작용했다. 특정한 측면에 높은 가치를 매긴 직원들은 같은 측면에 낮은 중요도를 둔 사람에 비해 작은 차이에도 더 크게 만족하고, 큰 차이에도 더 불만족했다(McFarlin & Rice, 1992; Rice, Gentile, & McFarlin, 1991도 보라).

우리가 3장에서 본 것처럼 만족은 적어도 세 가지 일반적인 유형의 지각에서 기인한다. 첫째, 사람들은 자신이 받는 바람직한 성과의 수준에서 정적인 증가가 있다는 것을 알아야만 한다. 둘째, 그런 증가가 발생하는 기간이 더 짧으면 만족이 더 커진다(속도의 개념으로 불린다). 셋째, 정적인 변화의 속도에서 다시 정적인 증가가 발생하면 만족의 느낌이 더 강해진다. 즉, 사람들은 기본적으로 시간이 지남에 따라 점점 더 자신에게 유리해지기를 바란다(Salovey, Hsee, & Mayer, 1993). 본 저자가 아는 한, 감정역동 이론을 직무 만족과 불만족에 적용시킨 경험적 연구는 없다.

둘째, Cranny 등(1992)은 전반적 직무만족을 반영하는 전반적 측정치의 중요성에 대해 논의했는데, 그는 전반적 만족이 하위 차원의 만족의 원인 및 일부 결과에 모두 영향을 미치고 직원들로 하여금 작업장에서 관리자가 주도하는 변화에 더 수용적이고 협력적이 되도록 할 것이라고 생각하였다. 다시 말해, 이 연구자들은 사람들이 자신의 직무에서 하나 이상의 측면들에 만족할수록 긍정적인 전반적 태도를 형성한다고 생각한 것이다. 반대로, 개인이 어떤 이유에서건 자신의 직무에 대해 전반적인 긍정적 관점을 갖는다면, 마치 후광효과와 같이 세부 측면들(예를 들어, 승진 기회와 같은)에 대해서도 만족을 보고하는 경향이 생길 것이다.

세 번째 접근은 사람들이 자신의 안위에 긍정적으로 작용할 것이라고 생각하는 것들로 정의되는 가치를 고려한다. 3장에서 욕구와 가치를 구분하는 것이 얼마나 중요했는지를 떠올려 보라. 욕구는 개인의 안전과 건강을 위해 행동을 유발하고 이끄는 기본적인 힘을 말한다. 사람들은 다양한 욕구들이 작용하는 것을 지각하고 있지는 않나. 그런 욕구들은 대부분 무의식의 수준에서 작용한다. 반면, 가치는 자신에게 무엇이 좋고 나쁜지에 대한 의식적인 신념이다. 따라서 저자가 비록 새로운 스포츠카에 높은 가치를 둘지라도, 정말로 필요한지에 대해 아내를 확신시키는 데는 어려움이 있을 수 있다. Locke(1976)는 가치가 적어도 개인의 욕구와 부합되는 한 직무만족의 핵심 결정 요소로서 그 역할의 중요함을 강조했다.

여전히 다른 접근법들은 개인의 기대들이 충족되는지 방해받는지에 관한 문제에 중심을 두고 있다. 다시 말해, 여기에서 관심사는 심리적 계약, 약속 그리고 기대들이 작업장에서 존중받는지 아닌지에 관한 개인의 신념이다(Rousseau, 1995를 보라).

또 다른 관점은 만족이나 불만족이 자신과 주위 사람들 간의 비교로부터 야기된다고 여긴다. 이 관점에서는(11장을 보라) 자신이 조직에 한 공헌과 그로부터 받은 보상 간의 관계가 다른 이가 투입한 것과 그 성과 사이의 관계에 비해 덜 만족스러울 때 사람들은 불만을 가질 확률이 높다. 불공정한 대우를 받았다는 지각은 조직을 떠나고 싶은 마음을 이끌어 낸다.

마지막으로, 직무 만족과 불만족에 대해 가장 최근의 영향력 있는 관점은(특히 불만족에 대해) 공정성 이론에 관한 연구들에서 볼 수 있다. 다음 장에서 살펴볼 것이지만, 자신이 불공정한 대우의 희생자라고 생각하는 사람들의 인식이 그들로 하여금 그 불공정성의 가까운 전달자로 보이는 사람을 비롯해 자신의 직무와 자신을 고용한 조직에 대해 많은 부정적 반응을 하도록 만든다. 불공정하게 대우받는 것은 상처를 준다. 형평이론과 공정성 및 불공성에 관련된 문제에 대해서는 11장에서 더 자세히 다루었다.

상황, 성향 및 직무만족

수년간 직무만족의 원천과 그 특성에 대한 많은 연구들은 그것이 상황(예를 들어, 조직 풍토와 문화, 보상체계, 리더십 유형과 같은 작업장의 맥락적 요인들)에 의해 결정되는 것인지, 또는 개인의 안정적인 특성과 기질에 의한 것인지를 주로 다루었다. 이에 관해 이 책의 전반부에서 간략히 다루었고(2장을 보라), 그에 대한 충분한 논의는 이 장의 범위를 넘어서는 것이다(George, 1991, 1992; Gerhart, 2005를 참고하라). 비록 성향적 관점이(직무설계와 조직구조 같은) 맥락의 잠재적인 영향력을 배제하지는 않지만, 이 관점은 사람들이 긍정적이거나 부정적인 정서 상태에 대해, 그리고 직무 상황에서 개입의 영향력을 제한할 수 있는 특정한 직무들에 대해 특별히 선호를 갖고 있다고 설명한다.[2] Gerhart(2005)는 이러한 가능성을 제기하고, 성향적인 측면에서의 가정이 전반적으로 긍정적인 성격을 가진 사람을 고용하는 것이 현명한 선택일 수 있음을

2) 극단적으로는 성향적 접근법이 직무설계, 조직의 정책, 풍토와 문화 그리고 리더십 유형과 같은 맥락적 요인의 중요성을 유의하게 감소시킬 수 있다(Dormann & Zapf, 2001).

의미한다고 결론지었다. 다시 말해, 이론적으로 세상에 대해 전반적으로 부정적인 관점을 가진 사람들을 위해서는 작업 환경을 개선함으로써 얻을 수 있는 긍정적인 영향력의 정도가 제한적일 수 있다는 것이다. 이 문제에 대해 Gerhart는 다음과 같이 결론지었다. "태도와 행동에서 개인 내 일관성은 작업장에서 상황 변화에 의해 유발되는 평균 수준의 태도와 행동의 변화와 공존할 수 있다." (p. 79)

1980년대 후반과 1990년대 초반의 연구자들은 형평성에 관한 두 흐름을 연구했다. 한 가지 흐름은 일란성 쌍둥이와 관련된 연구에 기반하여 사람들의 유전적인 구조와 그들의 직무에 대한 반응 간에 통계적인 관계를 성공적으로 찾아냈다(예를 들어, Arvey & Bouchard, 1994; Arvey, Bouchard, Segal, & Abraham, 1989; Arvey, McCall, Bouchard, Taubman, & Cavanaugh, 1994).

두 번째 흐름은 개인의 성격 특질과 직무행동의 관계를 다루었다. 예를 들어, 일군의 연구자들은 인간은 행복에 대한 일반적인 특질(긍정적 정서성)이나 불행에 대한 일반적 특질(부정적 정서성)에서 차이가 있다는 전제로부터 연구를 시작했다. 이러한 특질은 긍정적이거나 부정적인 감정 반응, 심지어 중립적인 자극에 대해서도 미리 경도된 반응을 하게 하면서 삶의 여러 측면에서 영향을 미치는 성향이다(Watson, Clark, & Tellegen, 1988; Watson, Wiese, Vaidya, & Tellegen, 1999). 곧이어 이런 특질과 직무에 대한 개인의 반응 간의 연결점이 경험적인 연구를 통해 밝혀졌다. 즉, Connolly와 Viswesvaran(2000)은 메타분석을 통해 정적 정서성과 직무만족 간에 .40, 부적 정서성과 직무불만족 간에 −.33의 수정된 전체 상관 값을 보고하였다.

하지만 최근까지 유전자 구성과 직무태도 간의 양방향 관계에 대한 이유는 고민거리였다(예를 들어, Judge & Larsen, 2001). 그리고 Timothy Judge와 동료들에 의한 두 연구(Judge, Heller, & Mount, 2002의 메타연구; Ilies & Judge, 2003의 독창적 연구)는 유전자와 직무 만족/불만족 간의 잃어버린 고리가 성격인데, 즉 유전자는 개인의 성격구조에 큰 영향을 미친다는 가설과, 그로 인해 직무 만족이나 불만족에 대한 개인의 기질에 영향을 미친다는 가설을 지지했다. 비록 Judge 등(2002)의 메타연구가 성격의 5요인(Barrick & Mount, 1991)과 직무만족의 관계가 그리 크지 않거나 혼재된 상관을 보인다는 것을 발견했지만, 앞서 언급한 두 가지 성격 차원들(정적 정서성과 부적 정서성)이 성격 5요인보다 유전자와 직무에 대한 반응 간의 관계를 더 잘 매개하는 것으로 나타났다.[3)]

마지막으로, Dormann과 Zapf(2001)는 직무만족의 안정성에 관한 검사−재검사 추정치를 다룬 이전 연구들에 대해 메타연구를 실시했다. 이 연구의 목적은 조직의 맥락적 요인들에 반대되는 안정적인 성격 특질이 직무만족을 설명해 내는 정도를 추정하는 것이었다. 정교한 연구 설계를 통해 연구자들은 직원 표본을 '직무유지 집단(stayers)'(직무만족 측정이 이루어지는 시점 사이에 직무가 바뀌지 않은 사람)과 '직무변화 집단(changers)'(직무를 바꾼 사람)으로 구분하였다. 연구자들은 직무유지 집단과 직무변화 집단이 직무태도의 검사-재검사 안정성에 있어 유의한 차이를 보이지 않는다는 것을 발견했다. 이는 적어도 부분적으로는 직무를 바꾸는 사람들이 자신의 이전 직무와 상당 부분 유사한 새로운 직무를 찾기 때문이었다. 왜 그런 걸까? 그들의 안정적인 성격 특질들이 그들의 직무 선호에 영향을 미쳤기 때문이다. 다시 말해, 일반적으로 사람들은 직무를 바꿀 때 완전히 다른 직무 환경으로 옮겨가지는 않는다. 그보다는 그들의 (안정적인) 선호가 자신으로 하여금 이전 직무와 핵심적인 속성을 상당 부분 공유한 새로운 직무로 옮겨가도록 만들 것이다. 따라서 이는 비록 성향이 직무태도의 원인에 상당 부분 기여하겠지만 맥락적 요인들 또한 핵심적인 역할을 한다는 주장에 대한 지지도 제시되었다. 다시 말해, 우리가 2장에서 살펴본 바와 같이 그리고 이 책 곳곳에서 나타내는 바와 같이, 개인적 요인과 맥락적 요인들은 직무동기와 직무행동, 그리고 그것들에 관련된 다른 현상들을 설명할 때 관련이 있다.

직무불만족의 본질과 원인

이 주제에 관한 전통적인 관점은 만약 직원이 직무에 좀 더 만족한다면, 그것은 필연적으로 덜 불만족하게 되는 것이고, 반대 역시 같은 것처럼 항상 직무불만족이 간단하게 직무만족의 반대라고 생각해 왔다. 2장과 7장에서, 이러한 가정에 대한 Herzberg의 도전이 상세히 제시되고 논의된 바 있다. 간단하게 검토하자면, Herzberg, Mausner와 Snyderman(1959)은 직무 만족과 불만족의 개념이 반대되는 개념이 아니라고 주장하였다. 오히려 그들은 그것들이 서로 독립적이라 주장하였다.

3) 본 저자에게는 직무에 관한 이 두 흐름—유전학 연구를 조직행동 분야에 도입한 것과 매개 관계를 검증하기 위해 구성타당도를 확보한 성격 측정도구들을 도입한 것—이 개별적으로, 그리고 통합적으로 십 수년 이상 전반적인 직무동기 영역에서 발생한 가장 흥미롭고 의미 있는 발전 중 일부를 포함하고 있다.

독자들은 동기-위생 이론의 비대칭적인 측면이 이른바 Herzberg 논쟁이라고 부르는 것의 한 가지 원인이라는 논의를 상기할 것이다.[4] 미심쩍은 연구를 근거로 하지 않을 경우, 2요인 접근법에 대해 명확하고 일관된 지지 결과들이 부족하기 때문에, 여기서는 전통적인 관점을 채택하였다. 즉, 만족과 불만족이 같은 연속선상의 반대편 끝을 의미한다. 그럼에도 불구하고, 직무는 다양한 측면을 가지고 있기 때문에, 사람들은 동시에 직무의 다른 측면에 대해 만족할 수도 있고/또는 불만족할 수도 있음을 인정한다(Rice, Gentile, & McFarlin, 1991). (상대적으로 전통적인 2요인 접근법과 어울리는 Mahoney, 1979의 접근법을 보라.)

욕구좌절로서의 직무불만족

욕구좌절로 8장에서 제시한 것과 일반적으로 직무불만족으로 보이는 것 사이의 관계에 주의할 필요가 있다. 불만족을 직무에서 욕구 충족 시도를 방해하는 것에 대한 감정적 반응으로 생각한다면, 직무불만족은 8장에서 논의된 좌절 상태로 설명되며, 우리는 좌절에 대한 인간의 보편적인 반응을 기대할 수 있다(Spector, 1978을 보라).

그러한 장애의 원인은 무엇인가? 최선의 노력에도 불구하고, 사람들이 효과적이지 못하도록 방해하는 조직 수준의 정책들, 비협조적인 동료 직원들, 효과적으로 수행할 수 없을 만큼 제한된 시간 내에 너무 많은 일을 하는 것, 조잡한 장비나 지원, 무엇이 필요한지 잘 듣지 않거나 지원이 필요할 때 이를 제공하지 못하는 상급자, 빠른 발전이나 승진을 가로막는 조직구조, 자신의 능력 부족, 상사 혹은 다른 구성원들의 비일관적인 기대, 야간근무와 같은 바람직하지 않은 작업 과정을 설계하는 것 등이 직무불만족을 불러온다. 간단하게 말하면, 좌절은 개인의 목표 추구 노력에 대한 장애로부터 생기며, 그러한 장애는 조직의 많은 근원에서 나온다. 직무에서 좌절에 대한 감정 반응이 직무불만족이지만, 직무불만족을 경험하는 동안 느껴진 구체적인 감정은 경험적으로 거의 주목받지 못한데다, 사실 개인차가 크다. 이 문제에 대한 연구가 요구된다.

4) Herzberg에 대해 공평히 말하자면, 2장에서도 언급한 바와 같이 동기-위생 이론이 거짓이라 주장하는 연구들 중 상당수 또한 결함이 있다(Grigaliunas & Weiner, 1974).

좌절의 구체적인 형태인 직무불만족을 이해하기 위해 우리는 직무에서 차단될 수 있는 욕구의 본질을 이해해야 한다. 3장에서 언급한 바처럼, 인간의 욕구는 매우 다양하다. 서구 사회에서 지난 세대에 비해 상대적으로 교육의 수준이 높아지고 경제가 풍부해졌기 때문에, 다양한 형태의 성장욕구가 현대의 산업 인력 구성원에게 더 중요하게 되었다. 요점은 현대의 산업 인력은 좀 더 큰 도전과 자극, 직무를 통한 자기실현의 기회, 역량과 효능감을 느낄 수 있는 기회, 그리고 이전 세대보다 성취와 개발을 더 할 수 있는 기회를 더 많이 요구한다(Universum Communications, 2006). 하지만 전반적인 욕구 충족을 가져오는 충분한 도전과 자극을 제공하는 직무가 충분하지는 않다. 사람들은 필요한 도전과 자극을 충족시키기 위해 대안적인 활동들을 찾는다.

일찍이 우리는 자신의 일에 대한 감정적 반응으로 직무만족을 본 Locke(1968)의 개념에 초점을 맞추었다. 직무불만족 또한 감정적 반응이지만, 그 개념에 포함된 감정의 혼합과 강도에 대해 체계적으로 연구되지는 않았다. 그럼에도 불구하고, **감정역동적 만족**(및 불만족)의 개념은 여기서 다시 한 번 언급되어야 한다. 이러한 관점에서는 개인이 바람직한 성과를 얻지 못할 때, 손실이 점진적이기보다는 급작스러울 때, 그리고 손실의 증가 비율이 시간에 따라 커질 때 직무불만족이라는 감정적 경험은 커질 것이다(Salovey et al., 1993을 보라). 직무불만족에 대해 이러한 역동적인, 시간관을 가진 경험연구가 수행되기는 하였지만, 4장에서 소개된 정서 사건 이론(Weiss & Cropanzano, 1996)은 상대적으로 그런 연구에서 유용한 틀을 제시한다.

사회정보처리와 직무 만족/불만족

이 책을 통해서, 우리는 조직적 사건에 대한 사람들의 반응과 해석이 사건이 발생하는 사회적 맥락에 의해 강하게 영향을 받는다는 가설을 주기적으로 만나게 될 것이다. 즉, 사람들은 자신을 둘러싼 사건의 의미와 중요성에 대한 신념을 형성할 때(동료, 상사, 심지어 사랑하는 사람과 같은) 타인으로부터 받는 단서에 크게 영향을 받을 수 있다. 예를 들어, 다음 장에서 종종 우리는 사람들이 그들의 직무에서 공평하고 정당하게 대우받는지에 대한 해석에서 사회적 단서가 큰 역할을 하는 것을 보게 될 것이다. 흥미롭게도, 이러한 **사회정보처리 접근**은 직무태도 영역의 조직행동 이론과 연구들에서 처음 주목받았다(Pfeffer, 1981b; Salancik & Pfeffer, 1977, 1978). 사실, 이러한 관점의 지지자들은 직무태도에 대한 욕구 기반 모형의 가장 강력한 비평가들이었다(Salancik & Pfeffer, 1977; 그리고 Alderfer, 1977에 의한 회답을 보라).

다시 말해, 이 학설의 기본적인 주장은 자신의 직무에 대한 반응은 타인 및 다른 원인에 의해 제공되는 단서에 관한 해석에 강력하게 영향을 받는다는 것이다. 직원들은 언어뿐 아니라 직무에 대해 설명하고 생각하는 업무 환경의 사회적 맥락에 의해 제공되는 비언어적인 단서 역시 사용한다. 직원들은 동료와 다른 사람들을 관찰하고 대화함으로써 직무의 상대적인 바람직성에 대해 학습한다. 사회정보처리 접근의 두 지지자들은 다음과 같이 설명한다.

> 사회적 정보는 해당 직무에 대해 자신의 견해가 적절하다고 생각하는 사람들이 제시하는 의견, 관찰, 그리고 유사한 단서를 의미한다. 그것은 동료, 상사, 고객과 같이 직무와 직접적으로 관련이 있는 사람들에 의해 제공되거나, 또는 가족 구성원과 친구처럼 회사에 소속되어 있지 않은 사람들에 의해서도 제공된다.
>
> (Thomas & Griffin, 1989, p. 65)

이러한 출처로부터 주어지는 사회적 정보는 직원들이 업무 환경에서 중요하게 생각하는 것에 대한 생각뿐만 아니라 이것들의 상대적인 중요성 역시 제공한다(Pfeffer, 1981b). 게다가 그러한 정보들은 이러한 특징에 대한 직원의 평가 형성에 대해 통찰을 제공할 수 있다. 그것들이 호의적인가 또는 혐오스러운가? 사회정보처리 관점에 대해 비평가인 Hulin(1990, pp. 455-456)은 다음과 같이 썼다.

> 이 접근법의 극단적인 형태는 개인이 자신의 직무만족에 관해 질문을 받을 때까지 그러한 정서를 거의 느끼지 못한다고 말한다. 이러한 관점은 사회적 태도와 정서가 잠재적이고 사건이 평가를 촉발시킬 때까지 이식하지 못한다고 주장한다. 촉발시키는 사건(예를 들어, 태도 조사)의 본질은 그런 사건들이 잠재적 태도를 형성시키는 만큼 태도의 표현과 경험에 영향을 미칠 것이다. 질문을 받는다면, 응답자들에게는 응답이 기대되기 때문에 그들은 답을 할 것이다. 이후에 그들은 응답한 것을 정당화하기 위한 정보를 찾기 위해 자신의 환경을 검색할 것이다. 그들은 응답에 대해 정당한 이유를 제공하는 주관적인 환경을 만들어 낸다.

사회과학 분야에서 일반적으로 전통적인 이론에 대해 새로운 접근법들을 도입하는 경우, 새로운 접근법에 반하는 오래된 이론에 흠집을 내려는 많은 연구들이 촉발되었다. 이런 경우 다음 중 어떤 것이 옳은가 하는 질문이 제기된다. 작업 환경의 객관적인 특징들이 사람들의 태도에 원인이 되는가, 아니면 직무태도는 단지 사회적으로 구성된 현실의 결과인가? 이에 관한 연구들의 요약은 Griffin(1987), Griffin, Bateman, Wayne과 Head(1987), Thomas와 Griffin(1989)에서 볼 수 있다. 이처럼 하나의 문제에 대해 서로 상반되는 견해들 사이의 논쟁이 있는 상황에서 종종 발생하는 것이기는 하지만, 여러 연구들로부터 나온 상충되는 자료는 사람들로 하여금 양쪽 입장 모두에 사실인 요소들이 있다고 주장하게 만든다. 이런 이유로 Griffin 등(1987)은 다음과 같이 결론을 내렸다. "사회정보처리 모형이 연구자들이 찾는 결론을 입증하였음에도 불구하고, 실제로 과업에 대한 지각은 부분적으로는 객관적 특성에 의해, 그리고 부분적으로 업무 환경의 사회적 단서에 의해 결정되는 것으로 보인다."(p. 505) 저자는 아직까지 이러한 결론에 동의한다(예를 들어, Pinder, 1998).

요약하면, 직무만족의 본질과 경험에 관해 다양한 이론적인 관점이 있다. 독자는 여기서 우리가 논의한 모든 모형이 어떤 부분에서는 진실이라는 것을 염두에 둘 필요가 있다. 다른 것에 비해 더 '옳은' 혹은 더 '틀린' 것은 없고, 그래서 아마도 우리가 기억해야 할 가장 중요한 내용은 직장에는 불만족이 존재하며 사람들이 그것을 없애려고 시도할 때 사람들의 정신과 건강을 끔찍하게 소진시킬 수 있다는 것이다. 이제 개인이 자신의 직무를 싫어해서 생기는 결과를 살펴보도록 하자.

직무불만족의 결과들

직무불만족을 경험하는 사람들이 그것을 어떻게 느끼는지 살펴보는 것은 유익하다. 직무불만족은 종종 우울과 절망, 때때로 분노와 억울함, 때때로 무가치함의 느낌을 수반한다. 예를 들어, 정서 사건 이론(Weiss & Cropanzano, 1996을 참고하라)을 채택한 한 연구는 직무에서의 부정적 경험은 직원들로 하여금 '복합 감정'을 발달시키고 세 가지 구체적인 감정(실망, 불행, 우울)이 직원들의 이직 의도에 가장 유의하게 관련된다는 것을 발견하였다(Grandey, Tam, & Brauburger, 2002). 좌절을 유발하는 직무는 그렇지 않은 직무보다 사람들을 더 지치고 좀 더 정신적으로 피곤하게 만드는 경향이 있다. 불만족시키는 직무는 사람들이 일을 할 때만큼이나 일을 떠나서도 우울하게 만들어서, 여가 활동을 더 심각하게 찾게 만들지만 동시에 보상은 그리 크지 않게 한다(4장을 기억하라). 게다가 직무불만족은 형편없는 정신 건강과 신체 건강의 주요 원인 제공자가 될 수 있다(Herzberg, 1976; Jamal & Mitchell, 1980; Kavanagh, Hurst, & Rose, 1981).

요약하자면, 직무불만족은 사람에게 상처를 준다. 흑백논리로 말하는 것은 감정이 사람들에게 얼마나 강력한 영향력을 미치는지 묘사하는 수단을 제약하고, 그 결과가 동료와 사랑하는 사람들을 얼마나 강력하게 고통스럽게 만드는지를 표현하기 어렵게 만든다. 8장에서 보고된 것과 같은 극단적인 경우에 때로 직무만족은 삶과 죽음의 문제가 될 수도 있다.

직무와 삶에서 만족과 불만족

직무만족(불만족)과 삶의 행복(불행)의 관계는 수십 년간 사회과학에서 많은 연구의 주제였지만, 그 두 개념의 인과관계가 존재한다 해도(예를 들어, Heller, Judge, & Watson, 2002), 그러한 관계의 본질이 도전받은 것처럼, 관계의 강도도 이따금 문제시되었다(Tait, Padgett, & Baldwin, 1989)는 것은 놀랍지 않다. 이에 관한 주요 암묵적 가설은 전통적으로 '이월효과(spillover effect)'라는 개념으로 제시되어 왔다. 즉, 일은 삶에서 중요한 역할을 하기 때문에, 직무에서 하는 경험들은 긍정적이거나 혹은 부정적인 태도와 감정을 만들어 내고, 이러한 태도와 감정은 개인에 의해 가정환경으로 이월된다. Tait와 동료들(Tait et al., 1989)은 이 문제에 관해 1980년대 중반에 보고된 연구를 메타분석하여 삶과 직무만족 사이의 상관관계가 0보다 유의하게 크고, 흥미롭게도 1974년 이전의 연구들에서 남성 표본의 상관관계(상관계수 $r = .40$)는 같은 기간의 여성 표본의 상관관계(상관계수 $r = .20$)보다 의미 있게 높다는 것을 보여 주었다. 하지만 1974년 이후에 실시된 개별 연구들에서, 두 가지 형태의 만족 사이에서 0보다 의미 있게 큰 전반적인 상관이 여전히 남아 있지만, 두 가지 성별 집단에서 발견되는 상관관계의 차이는 유의하지 않은 수준까지 감소하였다.

직무만족(원인으로 추정되는)에서 삶의 만족(결과로 추정되는)으로 이어지는 연결 관계를 가정하는 비교적 간단한 일방향 인과관계 모형과는 대조적으로, 대안적인 모형이 연구되어 왔다. 예를 들어, Judge와 Watanabe(1993)는 상호 인과성 모형을 검증해 지지하였고, 더 최근에 Heller 등(2002)은 삶과 직무만족 사이에 오랫동안 관찰되어 온 상관관계가 비논리적일 수 있다는 주장을 지지하는 결과를 보여 주었다. 즉, 사람들의 행복/불행 성향(초기에 우리가 논의한 것처럼)이 두 영역에서 관찰되는 행복의 공분산을 상당히 설명해 줄지 모른다는 것이다.

관리자들이 가진 다양한 직무만족(그리고 불만족)의 개념적 및 조작적 정의(Fields, 2002; Wanous & Lawler, 1972를 참고하라)는 호의적이거나 비호의적인 직무태도를 지니는 것이 조직 차원에서 어떤 결과를 가져올지 연구 결과를 일반화하기 어렵게 만든다. 직무태도는 직원들의 수행 수준을 결정짓기보다는 조직에 참여하는 것과 좀 더 밀접한 관련이 있다고 오랫동안 가정되어 왔다(March & Simon, 1958을 보라). 다시 말해서, 직무 만족과 불만족은 수행 수준보다 출근율(또는 무단결근), 지각(시간 엄수와 반대되는)과 이직율의 예측변인으로 더 많이 가정되어 왔다. 다음으로 우리는 이러한 결론 뒤에 숨겨진 증거에 초점을 맞추고 비호의적인 직무태도와 관련된 결과들의 비용과 이득에 대해 논의한다.

직무불만족과 철회행동

직무불만족에 대한 반응으로 철회행동은 때로는 동시에, 때로는 순차적으로, 다양한 특징적 형태를 가진다. 지각, 무단결근, 이직은 철회의 가장 일반적인 형태지만, 심리적인 철회는 수동적인 동조와 일반적으로 뛰어나고 창의적이며 '의무 이상의 것'을 해내려는 스스로의 욕구가 부족한 상태를 의미하는 최소한의 노력으로 구성된다(George, 1991; Organ, 1990을 보라). 그것은 때때로 나태함과 어리석음으로 나타난다. Hanisch와 Hulin(1990)은 작업장에서 일찍 떠나는 것, 자신의 일을 다른 사람에게 넘기는 것, 직무를 회피하여 다른 곳으로 가고 변명을 하는 것, 그리고 실제 아프지 않을 때 무단결근하는 것과 같은 자기보고식 항목을 포함하는 철회행동들의 척도를 개발하였다. 지각, 무단결근, 이직, 심리적인 철회는 분리된 현상이지만, 서로 밀접하게 연관되거나 또는 연속적인 것으로 보이는 경향이 있다(Beehr & Gupta, 1978; Boswell & Olson-Buchanan, 2004; Edwards, 1979; Hanish & Hulin, 1990; Stumpf & Dawley, 1981). 무단결근, 지각, 이직이 자발적인지 비자발적인지 구별하는 것이 중요하고, 또한 직무태도가 본질적으로 자발적인 철회행동의 유일한 예측변인이 될 수 있다는 것을 깨닫는 것도 중요하다(Steers & Rhodes, 1978). 많은 경우, 어느 정도 혹은 전적으로 그들의 통제를 벗어나게 되는 이유가 있어서 직원들은 작업에 늦거나, 무단결근하거나, 또는 일을 그만두게 된다. 예를 들어, 많은 직원들은 배우자가 다른 지역에 새로운 일을 얻게 되어 함께 이동해야 하기 때문에 일을 그만둬야 할 수도 있다. 즉, 직무태도와 이직 사이의 관계에 대한 분석에서는 이런 종류의 이직을 포함하는 것이 불합리할 수 있다는 것이다.

연구 결과에 따르면, 직무만족은 낮은 수준의 무단결근(Breaugh, 1981; Dittrich & Carrell, 1979; Ilgen & Hollenbeck, 1977; Mirvis & Lawler, 1977; Nicholson, Wall, & Lischeron, 1977), 주어진 날에 직무에 참여하려는 높은 수준의 동기(Smith, 1977; Steers & Rhodes, 1978), 낮은 수준의 지각(Adler & Golan, 1981), 그리고 낮은 수준의 자발적 이직(Arnold & Feldman, 1982; Dunnette, Arvey, & Banas, 1973; Karp & Nickson, 1973; Nicholson et al., 1977), 조기 퇴직(Schmitt & McCune, 1981)을 막는 긍정적인 역할을 한다.

많은 다른 연구들은 조직을 떠나려는 직원들의 표현된 의도가 직무불만족의 다른 지표들보다 실제 이직과 좀 더 밀접한 상관관계를 가진다는 것을 보여 준다(Hom & Griffeth, 1995; Kraut, 1975; Mitchel, 1981). 이러한 발견들은 전적으로 9장에서 제시된 합리적 행위 이론과 일관된다는 것을 명심하라. 의도는 일단 형성되면 태도보다 행동과 더 밀접하게 연관된다(Ajzen & Fishbein, 1980; Fishbein & Ajzen, 1975; 그리고 9장을 기억하라).

무단결근: 대가가 큰 문제

무단결근은 고용주에게 심각하게 큰 비용이 드는 일이다. 예를 들어, 직원 보상과 혜택에 관한 문제를 전문적으로 다루는 큰 경영 컨설팅 기업인 William M. Mercer Ltd.가 2000년에 실시한 연구는 공공과 개인 부문 모두에서 캐나다의 조직들이 직장에 출근하지 않는 직원들에 대해 급여 지불 총액의 약 2~8%를 낭비한다는 것을 발견하였다.[5] 이 비율은 대체 작업자들에게 지급되는 월급, 급여, 수당(생산성 감소와 같은 덜 보이는 비용들을 제외하고)의 비용을 포함하지 않은 것이다. Mercer의 연구는 직

5) *The Globe and Mail*, 2000년 2월 3일자에서 Elizabeth Church가 보고함.

원 무단결근의 '대부분'이 직무(부상 혹은 직무 관련 질병의 결과와 같이)와 관련되지 않는다고 보고하였다. 캐나다에서 시행된 유사한 연구와 또 다른 거대한 경영 컨설팅 회사인 Watson Wyatt에 의해 보고된 연구는 다음과 같은 유사한 결과를 얻었다. 장애와 무단결근 관리에 드는 직접적인 비용은 조직의 급여 지불 총액의 7.1%가량으로 평가되었다. 캐나다에서 Watson Wyatt에 의한 좀 더 최근의 연구에서는[6] 정신 건강에 대한 이의 제기가 증가세를 보이고 있으며, 무단결근의 증가 원인인 것으로 나타났다. 그리고 조사에 참여한 조직의 56%가량에서 스트레스, 우울, 불안장애로 인한 비용이 발생한다고 보고되었다.

인적자원과 고용법 관련 정보를 폭넓게 제공하는 CCH Incorporated를 위해 2002년에 Harris International이 시행한 또 다른 연구는 다양한 규모의 미국 회사에서 근무하는 333명의 인적자원 임원의 표본 연구에서 눈에 띄게 유사한 결과를 발견하였다.[7] 미국 연구의 결론들 중에는 무단결근으로 인한 직원당 평균 비용 발생이 2001년에 연간 755달러에서 2002년에 789달러로 상승하였다고 평가하였다. 작은 회사들의 비용 총액은 매년 6만 달러로 추산되며, 큰 규모의 회사들에서는 비용 총액이 360만 달러가량으로 평가되었다. 가장 최근의 무단결근에서 직무 스트레스가 사례의 12%의 원인으로 지목된 반면에, 가족 문제와 같은 개인적인 이유들은 24%로 나타났다. '권리의식(entitlement mentality)'은 무단결근의 원인으로 10%가량 보고된다.

유럽에서 스웨덴 전국사회보험이사회(National Social Insurance Board)[8]에 의해 2004년에 보고된 조사는, 인구의 40%가 피곤이나 동료와의 관계에서 어려움 때문에 어떤 날에건 직장에 출근하지 않을 수 있다고 생각하는 것을 발견하였다. 보고에 따르면, 질병으로 인해 회사를 그만둬서 발생하는 비용이 1997년에 150억 크로나(26억 캐나다달러)에서 2002년에 450억 크로나(78억 캐나다달러)로 3배 이상 증가하였다. 여기서 요점은 무단결근이 세계적으로 고용주에게 비싼 비용을 지불하게 만드는 항목이라는 것이다.

마지막으로, 무단결근율에 관한 성치를 다룬 조사 결과가 캐나다에서 최근에 발표

6) *Times Colonist*, 2005년 9월 30일자 D2에서 CanWest News Service의 Eric Beauchesne가 보고함.
7) 무단결근은 회사들이 전보다 더 비용을 지불한다. Howard Kettner's Benefits World.com. 2002년 10월 16일.
8) *Times Colonist*, 2004년 9월 18일자 p. A12.

되었다. 캐나나 통계청(*The Daily*, 2007년 2월 23일)은 1998~2003년까지 5년 동안 남성과 여성의 무단결근율과 퇴직률을 다룬 결과를 보고하였다. 그 연구 결과의 일부에서, 매년 여성은 연간 평균 4일의 유급 병가를 낸 반면, 남성은 연간 평균 2일의 유급 병가를 냈다. 반면, 아이가 있는 여성을 제외하고는 다른 형태의 유급과 무급 결근에서 성차가 없는 것으로 나타났다. 아이가 없는 여성들보다, 아이가 있는 여성들이 평균 2일이 더 많았다.

무단결근과 직무태도

연구자들과 관리자들의 오래된 믿음 중 하나는 무단결근 행동의 주요한 원인이 낮은 직무만족, 낮은 조직몰입, 또는 개인의 직무와 업무 환경에 대한 여러 가지 불만족이라는 것이었다. 비록 그것이 사실일지는 몰라도, 불만족한 직원들은 만족한 직원들보다 업무 보고를 덜 하고, 직무태도 이상으로 더 많이 무단결근하는 경향이 있다. 그리고 연구 결과는 무단결근과 직무 만족/불만족 사이의 관련성이 그리 강하지 않다는 것을 보여 준다.

예를 들어, Johns와 Nicholson(1982)은 사람들이 결근하는 데는 여러 가지 이유가 존재하고, 결근행동과 관련된 심리적 요인들이 개별적으로 다뤄져야 한다고 주장하였다. 실제로, 이 주제에 대한 두 가지 메타연구들은 결근행동의 5% 미만이 직무만족에 의해 설명된다는 것을 보여 주었다. 비슷한 시기에 실시된 31개의 연구에 대한 메타분석 결과(Hackett & Guion, 1985)는 자신의 직무를 싫어하는 사람들이 직무를 더 피하려고 하는 명백한 의사를 표현함에도 불구하고, 두 가지 개념 사이의 상관관계는 매우 약하다고 결론을 내렸다. 10년 후에, Martocchio와 Judge(1994)는 큰 규모의 대학에서 일하는 직원들의 군집을 통해 무단결근 행동의 일반적인 원인을 찾아냈다. 개인적 질병, 가족 구성원의 질병, 공동체 활동과 취미 혹은 여가활동들, 그리고 아이를 갖는 것과 같은 요인들이 거론되었다. Johns와 Nicholson(1982)의 연구 결과에 의하면 사람들이 결근을 하는 데는 많은 이유들이 있고, 또한 그 이유들의 조합이 존재한다. 여기서 우리의 목적에서 흥미로운 것은 직무불만족이 통계적으로 중요한 요인이지만, 특히 개인적인 질병과 같은 다른 요인들을 포함하는 몇몇과 비교하여 효과가 크지는 않다는 것이다.

직원 이직과 직무태도

직원 이직의 선행요인과 결과들에 대한 경험적 연구를 대상으로 한 두 개의 철저한 메타연구들은 일관되기는 하지만 직무 만족/불만족과 직원 이직률 사이의 관계가 단지 중간 수준 정도의 선형 관계인 것을 발견하였다(Griffeth, Hom, & Gaertner, 2000; Hom & Griffeth, 1995). 무단결근은 다른 결점을 보완할 만한 장점을 가지고 있지는 않지만, 많은 이론과 연구는 직원의 이직이 개인과 조직 모두에 비용과 이득을 동반한다는 것을 제안하였다(Mitchell, Holtom, & Lee, 2001). 무단결근과 여러 철회행동의 경우에서처럼, 자발적이고 비자발적인 퇴직 행동을 구별하는 것이 중요하다.

첫째, 조직의 입장에서 직원의 이직으로 인해 발생하는 비용을 고려해 보자. 먼저, 이직하는 직원들은 종종 그들이 떠나는 조직에서 획득한 가치 있는 전문성과 지식을 가져간다. 이것이 특히 문제가 되는 경우는 그들이 조직의 고객과 함께 수익성이 있고 긍정적인 관계를 형성한 경우다. 신입사원 채용, 배치 및 훈련과 연관된 비용뿐 아니라 그러한 비용이 신입사원이 기여하는 가치에 의해 상쇄될 때까지 기다리는 것과 관련된 비용도 있다. 어떤 직원을 대체하는 것에 대한 총비용 평가는 (요구되는 기술 수준, 시장에서 노동력에 대한 공급과 수요, 그리고 기타 요인들에 따라) 각기 다르다. 뉴욕에 기반을 둔 William Mercer Inc.에 의한 조사는 조사된 기업의 45%는 직원당 만 달러 이상의 비용이 이직과 관련됨을 발견하였고, 20%는 3만 달러 혹은 그보다 높은 비용으로 평가되었다.[9] 관광산업(이직률이 대략 30%!)에 관한 연구는 직원을 대체하는 비용이 1,500달러와 4,500달러 사이라고 평가한다(*Personnel Today*, 2007년 1월 2일, p. 19). 조직의 상위 직급에 있는 최고 수행자들 중에서 이직이 발생할 때는 조직에서 드는 비용이 특히 심각할 수 있다. 고액 연봉을 받는 개인이 조직에 기여하는 가치는 낮은 위치에 있는 직원들의 기여보다 더 크고, 배치와 채용에서 적절한 대체가 더 어려울 수 있다. 마지막으로, 특히 고수행자인 상급자의 손실은 전반적으로 조직을 위한 미래의 리더십 손실을 의미할 수 있다(Trevor, Gerhart, & Boudreau, 1997).

조직에서 직원 이직으로 인해 발생하는 이득은 어떤 것이 있을까? 일부 경우에서, 조직은 특히 급여에 비해 기여가 낮은 직원이 신입사원에 의해 쉽게 대체될 수 있는

9) 이 정보는 Entrepreneurial Edge, Edward Lowe Foundation에 의한 c20011948, 'What are the costs of employee turnover?'에서 취한 것이다. http://www.celee.edu/publications/edinfo/ED01-07.html

경우에, 이직을 통해 실제로 비용을 절약할 수 있다(Dalton, 1981; Dalton & Todor, 1982a). 더욱이 이직은 조직이 환경 속에서 다소간의 변화라도 맞닥뜨리는 데 필요한 새로운 아이디어, 새로운 '피', 관련된 조직의 변화와 적응을 도울 수 있다(Aldrich, 1980; Gross, 1965). 떠나려는 사람들은 다른 방법으로 철회하는 사람이 되는 경향이 있고, 그래서 이직은 무단결근, 지각, 심리적 철회, 그리고 그것들과 관련된 비용을 줄이는 데 도움이 될 수 있다(Mobley, 1982).

이직은 또한 합병이나 다른 형태의 재조직화의 경우에서처럼, 조직과 구성원 사이에서 심각한 갈등이 있을 때 이에 대한 유일한 해결책이 될 수 있을지도 모른다(Mobley, 1982). 개인에게 있어서, 새로운 조직으로 이동하는 것은 부부간 불화, 술과 마약의 남용, 혹은 일반적인 삶의 부적응을 가져올 수 있는 직무로부터 적응적 탈출로 작용할 수도 있다(Hulin은 1990년에 직무불만족과 좌절에 대한 적응적인 반응으로 기능할 수 있는 모든 종류의 철회행동에 대한 논의를 하였다). 사회적인 관점에서, 일부 조직에서 개발한 아이디어와 기술들이 다른 조직으로 옮겨가고, 한 개별 조직에서의 손실이 전체 산업 영역이나 조직 간 네트워크 수준에서는 이득으로 작용할 수 있기 때문에 이직은 조직 간의 교류를 돕는 역할을 하게 된다. (조직 중에서 '유전자'의 매개에 대한 논의를 위해 McKelvey, 1982를 보라.)

둘째, 비록 직무불만족이 다른 조직으로부터의 고용 제의에 동의해 조직을 떠나려고 하는 욕구를 만들어 낼지 모르지만, 우리는 낮은 이직률이 일반적으로 업무 환경에 대한 긍정적인 직무태도를 의미한다고 가정할 수만은 없다. 많은 요인들이 불만족스러운 직무 환경을 떠나는 것을 막고, 직원들을 불만스러운 채로 머무르게 할 수 있다(Flowers & Hughes, 1973; Hershey, 1973). 예를 들어, 직원이 직무의 몇몇 측면(일 그 자체의 본질과 같은)에 대해 매우 불만족하고 있는 반면에, 직장을 떠나는 것을 매우 내켜 하지 않고 만약 이직하면 높은 수준의 급여를 희생하게 될지도 모른다. 대안이 될 새로운 직장에서의 고용이 가용한 정도(혹은 가용하지 않은 정도)는 불만족한 직원이 실제 자발적으로 직무를 떠날 것인지에 대한 주요 결정 요인이 될 수 있음이 인정되어 왔다(March & Simon, 1958; Mitchell & Lee, 2001을 참고하라). 실제적인 것이든 상상에 의한 것이든, 노후에 대한 막연한 일반적인 두려움은 불만족한 직원들이 퇴직하는 것을 막는다. 즉, Maertz와 Campion(2004)은 대안이 있으면서 조직을 떠난 사람들보다 대안 없이 떠난 사람들이 훨씬 더 불만족하는 경향이 있다는 것을 발견했다. 또 다른 연구는 혹사당해 왔다고 느낀 사람들이 다른 사람들보다 좀 더 퇴직을 많이 한다는 것을 발견하였다(Boswell & Olson-Buchanan, 2004). 마지막으로, Côté와 Morgan(2002)은 불쾌한 정서를 억누르도록 요구받는 직무에 있는 직원들이 직무만족 감소로 인해 어려움을 겪고, 이로 인해 이직 의도가 증가한다는 결과를 발견하였다(4장에서 감정노동에 관한 논의를 기억하라).

많은 조직들이 때로는 의도치 않게 수년간이나 연금 계획, 건강보험, 그리고 다른 혜택들을 통해 이른바 '황금수갑'의 형태로 직원이 조직으로부터 떠나는 것을 막는 경우도 있다. 여기서 중요한 점은 비록 직무태도와 개개인의 직무수행에서 필수적인 연결고리가 없다고 하더라도, 불평불만을 품은 직원들은 종종 그들의 직무에서 요구하는 최소 수준으로만 수행을 하거나, 창의성을 보이려 하지 않거나, 직무 범위를 넘어서는 탁월함을 보이고자 하는 열망을 거의 보이지 않는다는 것이다. 게다가 앞서 이야기한 것처럼, 불만족한 개인이 그들의 고용주, 고객, 동료들을 위한 일반적인 사건들의 연쇄를 붕괴시키는 결근과 지각을 좀 더 많이 한다는 증거가 있다(Wright & Bonett, 1993). 어쨌건, 조직의 입장에서는 불만족한 직원들을 내보냄으로써 이득이 된다.

여기서 문제가 발생한다. 자발적인 이직이 조직의 형편없는 수행자 또는 고수행자 중에서 누가 더 높을 것인가? 언뜻 보아서, 하나는 자발적으로 떠나는 직원들이 종종 가장 유능하고 (그러므로) 가장 시장성이 높다는 가설을 세울 수 있을지 모른다. 하지만 Steers와 Mowday(1981)는 낮은 수행자들이 직무의 고유한 요소들에 대한 낮은 만족감 때문에 좀 더 만족감을 주는 새로운 곳으로 떠나려고 동기화되는 것이므로 더 많이 이직할 것이라고 제안하였다. 연구 결과는 어떻겠는가? 여러 결과가 혼재한다.

세 개의 메타연구 결과, 비수정 선형 상관계수가 −.16에서 −.24로 나타났다(MacEvoy & Cascio, 1987; Bycio, Hackett, & Alvares, 1990; Williams & Livingstone, 1994). 이직율과 수행은 약한 부적 선형 관계를 가지는 경향이 있다. 미국의 큰 보험회사에서 직원의 인사 기록을 다룬 연구는 일반적인 최소제곱법을 이용한 회귀분석 대신 로지스틱 회귀분석을 사용하여 같은 결과를 얻었다(Morrow, McElroy, Laczniak, & Fenton, 1999). 이와는 대조적으로, Jackofsky(1984; Jackofsky, Ferris, & Breckenridge, 1986도 보라)는 단순한 (역의) 선형 관계보다는 좀 더 복잡한 관계가 있을지도 모른다고 제안하였다. 초기에 제시된 개념적인 몇몇 주장에 의거하여, 고수행자와 저수행자 모두 '평균 수행자'들보다 좀 더 자발적으로 일을 그만두게 될지 모른다는 것과 같은 곡선적 관계가 존재할지 모른다고 제안하였다. 그뿐 아니라, Trevor 등(1997)에 의한 대규모 연구는 Williams와 Livingstone(1994)에 의한 메타분석과 같은 곡선 관계[10)]를 지지하는 결과를 얻었다.

조직의 고수행자와 저수행자들 모두에서 이직이 얼마나 발생하는지에 관해서는 조직의 보상체계가 영향을 미칠 수 있다. Trevor 등(1997)은 그들의 발견을 다음과 같이 요약하였다.

> 아마도 이러한 연구에서 가장 중요한 결과는 급여 증가의 조절효과와 관계가 있을 것이다. 우리는 급여 증가가 높은 조건에 비해 급여 증가가 낮은 경우에 더욱 명백한 곡선 관계가 나타난다는 것을 발견했다. 왜냐하면 최고 수행자의 이직 가능성은 수행 수준이 낮은 사람의 높은 이직 가능성에 근접하기 때문이다. 반대로, 수행이 증가하는 만큼 이직 가능성 증가에 대한 급여 증가의 부적인 영향력도 증가하기 때문에 높은 수행에 대해 보상을 주는 것은 이런 경향성을 완화시켰다. 왜냐하면 높은 수행자의 이직 가능성이 평범한 수행자들의 상대적으로 낮은 이직 가능성과 닮았기 때문이다.

다시 말해서, 고수행자와 저수행자들 모두 급여 및 여러 종류의 보상들이 수행 수준을 기반으로 지급되는 경우에는 자발적 퇴직 가능성이 높은 반면, 보상이 수행 수준에 부합하여 분배되지 않을 때는 업무를 그만두는 가능성이 더 높다(Dreher, 1982를 보라). 관계가 선형적인지 비선형적인지 등의 여부는 발견되는 조절변인에 달려 있는 것으로 보인다. 여기서 요점은, 최고 수행자를 보유하기 위한 핵심 고려 사항은 이 책 다른 곳에서 제시된 대부분의 이론들에 의해 규정된 것처럼 훌륭한 정적 보상이라는 것이다(특히 12장을 보라).

수행과 이직 사이의 관계와 관련해서 여기서 검증된 모든 연구의 초점은 개개인에게 맞추어져 있었다. 작업 집단 수준 혹은 공식적인 조직 단위에서 이루어진 연구는

10) 이러한 프로젝트는 좋은 이론, 상식, 그리고 정밀한 경험적 연구 조합의 훌륭한 예이며, 이론적인 면과 응용적인 면에 흥미로운 시사점을 제시한다.

더 적었다. 예외로는 McElroy, Morrow와 Rude(2001)가 보고한 연구가 있으며, 미국 보험회사의 31개 지점에서 모은 표본들로부터 해당 단위 수준에서 세 종류의 이직이 수익성 감소와 모두 관련이 있다는 것을 발견했다. 그 세 가지 형태는 비자발적 이직(해고), 자발적 이직, 그리고 인력 감축(정리해고)이다. 비록 정리해고에 따른 효과가 가장 강력하지만, 이직의 세 가지 형태 모두는 조직수행에 부정적인 영향력을 발휘한다.

마지막으로, 직무불만족이 자발적인 이직에는 기여하는 요인인 반면, 대부분의 비자발적인 퇴직의 경우에는 원인으로 작용하지 않는다. 그러므로 이직은 떠나는 직원과 그 직원이 떠난 조직에 모두 이익을 가져올 수도 있다. 그리고 이직이 발생한 조직에는 앞서 논의한 경제적 · 비경제적 고려 사항들에 관련된 비용에 따라 이득이 되거나 손해가 될 수도 있다. 이직의 원인, 비용, 이득의 철저한 분석은 이 장의 범위를 넘어선다. 이 주제에 흥미를 가진 독자는 Griffeth, Hom과 Gaertner(2000)와 Mitchell과 Lee(2001)의 논평을 참조하기 바란다.

자발적인 이직의 전개 모형

직원 이직은 과거 50년 이상 많은 경험적 연구의 주제로 다루어졌다(Mitchell & Lee, 2001). 앞서 말한 논의에서 제안한 것으로 대부분의 연구와 이론들은 태도적인 요인에 초점을 두어 왔다(9장에서 논의한 바대로). 불만족한 경험이 부정적인 직무태도 결과를 가져올 것이고, 결국 일을 그만두려는 의도를 발생시킬 것이며, 의도에 이어서 가능한 대안이 인식될 때, 실제 일을 그만두는 행동을 할 것이다.

Mitchell과 Lee(2001)는 자발적인 이직에 관해 완전히 새로운 모형을 소개하였다. 그 모형에서는 **조직애착**(organizational attachment)과 **직무착근도**(job embeddedness)라고 부르는 새로운 구성개념을 소개하였다. (착근도는 다른 사람, 팀 및 집단에 대한 개인의 연결을 포함하는 구성개념을 표현하기 위해 새롭게 만든 용어이며, 직무, 조직, 공동체에 대한 개인의 부합도 지각을 의미하고, 그들이 자신의 직무를 떠난다면 희생이 있을 것이라고 말하는 것을 포함한다.)

이 새로운 모형이 전통적인 불만족–탐색–퇴사(dissatisfaction-search-quit) 패러다임을 대체하는 것은 아니지만, 사람들마다 직무를 그만두는 행동을 설명하기 위한 여러 가지 일련의 순서가 있다고 주장한다. 구체적으로는, 직무와 관련되든 아니든 개인의 삶 속에서 특정한 사건은 개인으로 하여금 자신의 직무태도를 점검하도록 하고, 어떤 경우 그러한 사건('충격'으로 일컬어지는 것)은 대안 탐색 결정에 의미를 지니는가 여부를 고려하게 한다. 예를 들어, 사랑하는 사람의 죽음은 직무를 떠나 자신의 아이들에게 더 가까워지기 위해 이사를 해야만 하는지를 고려하는 개인적인 원인이 될 수도 있다. 다른 조직이 자신이 속한 조직을 인수합병하는 것은 또 다른 예가 될 수 있다. 그런 사건들은 사람들이 하던 일을 멈추고 회사에 머무르거나 떠나는 결정에 대해 심사숙고하게 하는 원인이 될 것이다. Mitchell과 Lee(2001)는 충격의 여파에서 직무를 그만두는(또는 머무르는) 경향을 보이는 네 가지 발생 '경로'를 제안하였다. 사람들이 퇴직하거나 남아 있기 위해 따르는 경로는 대안적인 직무의 가능성, 그들이 남거나 떠난 것에서 예상되는 상황과 자신 사이의 부합도 지각, 현재 직무에 대한 그들의 착근도, 삶의 전반적인 상황을 포함하는 다양한 요인을 고려함으로써 '전개된다(unfold).'

Mitchell과 Lee(2001)는 전개 모형의 개발에 도움을 준 동료와 함께 한두 편의 초기 연구를 서술하였고, 많은 연구들이 이 모형이 발전하도록 했으며(예를 들어, Holtom, Mitchell, Lee, & Inderrieden, 2005) 직무착근도는 퇴직 행동뿐 아니라 퇴직 의도의 변량을 설명한다는 것을 발견하였다(Lee, Mitchell, Sablynski, Burton, & Holtom, 2004; Mitchell, Holtom, Lee, Sablynski, & Erez, 2001).

전개 모형의 세부 사항은 우리의 현재 연구 범위를 벗어난다. 요점은 직무불만족이 다양한 철회행동의 원인일 뿐 아니라 많은 사람들의 이직을 결정하는 데도 영향을 미친다는 것이다.

초기의 모형보다 새로운 모형은 자발적인 이직에서 그 과정의 현실적인 내용을 더 많이 제공한다. 앞으로의 추가적인 연구가 자발적인 이직을 예측하고 통제할 수 있는 우리의 능력을 신장시켜 줄 것이다(Mitchell, Holtom, & Lee, 2001을 참고하라).

캐나다에서의 이직과 성별

이 장의 초반부에 언급했던 연구에서 캐나다 통계청(2007)은 최근 남성과 여성의 이직 비율에서의 차이는 지난 20년간 거의 없어졌다고 보고하였다. 1984년, 1994년, 2002년 캐나다에서 직업을 자발적으로 그만둔 남자 근로자는 연간 5.5%, 5.5%, 7.6%였다. 그리고 캐나다 여성 근로자는 7.0%, 5.6%, 7.5%였다. 즉, 거의 차이가 없다.

철회행동을 야기하는 강제력의 강도에 관한 마지막 메모: 군대 사례

직장에 자발적으로 결근하게 하거나 그만두게 하는 힘들에 대한 강력하고 신랄한 묘사는 Dobie(2005)가 미군에서 무단이탈(absent without leave: AWOL)과 탈영에 관한 문제를 논의한 데서 찾아볼 수 있다. Dobie의 분석에 따르면, 미군 탈영병의 수는 1995년 1,509건에서 2001년 4,739건까지 증가하였다. 본 저자는 전통적인 '불만족 → 철회 모형'뿐 아니라 '충격'을 특징으로 하는 전개 모형이 군생활에서 이탈의 위험을 선택하는 병사들의 경험을 설명했는지 의아해진다.

직무만족과 개인 생산성

1940년대 인간관계 운동의 시작 이후, 흔히 자신의 일에 더 만족하는 직원들이 만족하지 못하는 직원들보다 더 생산성이 높은 경향을 보인다고 추정되었다. 많은 관리자, 정치인, 사회비평가들 사이에서 '더 만족하는 직원들은 생산성이 높은 직원'이라는 가정은 직관적인 의미를 가진다. Fisher(2003)는 그러한 신념의 강도와 보편성에 관한 증거뿐 아니라 광범위한 확산에 대해 많은 설명을 제공하였으며([그림 10-1]을 보라), Judge 등(2001)은 만족-수행 관계를 서술하기 위해 사람들이 지닌 일곱 가지 신념 구조를 확인했다.

이 아이디어가 직관적으로 매력적임에도 불구하고, 두 변인들 사이의 관계에 대한 무수한 연구들 이후, '수행'을 단기적인 생산성과 과업성취로 정의한 연구들에서, 직무태도와 개인의 수행 간의 관계에서 작은 통계적인 이변량(bivariate) 관계가 있을 뿐이라는 결론이 얻어졌다(개관을 위해 Fisher, 2003을 보라).

9장의 논의에서 상기할 것은 태도가 예측할 수 있는 방식으로 구체적인 행동을 야기하는 경우가 드물다는 것이다. 어떤 경우에는 높은 만족 수준은 높은 생산성과 관련된다. 그러나 그 반대의 경우도 있다. 예를 들어, 불만족하는 직원이라도 높은 수행 수준이 승진을 돕거나 급여를 올려 주거나 다른 곳에서 일할 기회를 얻을 수 있다고 생각한다면 꽤 생산적으로 변할 것이다. 또는 만족도가 높은 직원들은 그들의 명성에 안주하고, 과거에 했던 기여가 그들로 하여금 은퇴나 정리해고 시점까지 직무에서 설렁설렁 일할 수 있는 권리를 가져다준다고 생각해 안일해질 수 있다.

왜 자신의 직무에 대한 일반적인 태도가 직무수행을 예측하지 않는가? Fisher(1980)

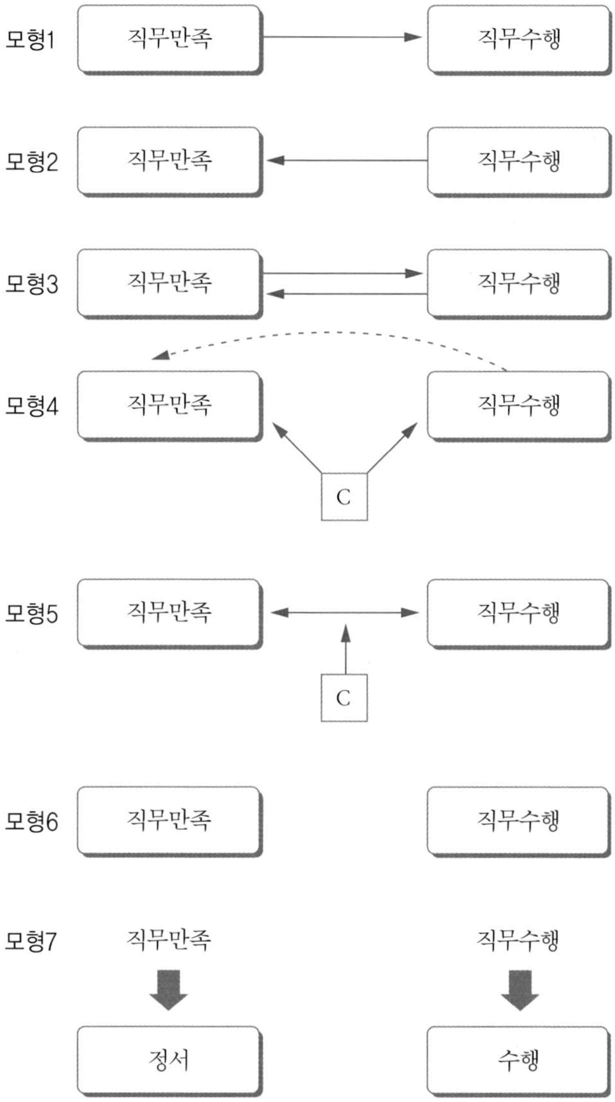

[그림 10-1] 직무만족과 직무수행 관계의 모형

출처: Judge, T. A., Thoresen, C. J., Bono, J. E., & Patton, G. K. (2001). The job satisfaction-job performance relationship: A qualitative and quantitative review. *Psychological Bulletin, 127*(3), 376-407. (모형 4와 5에서, C는 제3변인을 의미한다.)

는 구체적인 행동(생산성이 높은 수준의 수행과 같은)을 예측하기 위한 일반적인 태도(자신의 직무에 대해 일반적으로 긍정적인 태도 같은)를 기대하는 것은 논리적이지 못하다는 것을 이미 오래전에 관찰하였다. Fisher는 오로지 우리가 구체적인 행동을 예측하기 위해 구체적인 태도를 예상하는 것만이 합리적이라고 지적하였다. 더 중요한 것은 합리적 행위 이론의 개념을 사용하면(9장을 기억하라) 전반적인 태도가 구체적인 행동(직무에 높은 노력을 쏟는 것과 같은)을 예측하기를 기대하기보다는 그 행동을 예측하기 위해 문제가 되는 그 행동에 대한 사람들의 태도를 사용하려 시도해야 한다. Fisher(1980)는 동일한 구체성 수준에서 태도와 행동을 개념화하고 측정하였다. Fisher의 관점은 몇 년 후 다시 부활해 조직행동 연구자들이 만족-수행 가정의 병 속에서 지니를 꺼내는 것을 도왔다. 우리는 짧게 Fisher의 관점을 다시 보겠다.

아주 흥미로운 이론적 접근법 중 하나는 사람들이 생산성이 '모호함(equivocality)'을 제거하는 훌륭한 수단이라고 믿을 때만, 만족은 높은 수준의 개인 생산성의 원인이 될 것이라고 제안한다(Weick, 1969, p. 99). 모호함은 무질서, 애매함, 의미의 복합성 및 혼돈감이다. 우리는 7장에서 사람들이 자신의 삶의 불확실성을 증가시키거나 감소시키도록 동기화된다고 언급하였다. 이런 순환을 만드는 데 쓰이는 에너지가 내재적 동기다. 불확실성을 증가시키거나 제거하는 것과 관련된 실제 행동은 내재적으로 동기화된 행동이다. Weick(1969)에 따르면, 자신의 환경의 모호함을 제거함으로써 기쁨을 느끼고, 만약 직원이 높은 수준의 에너지 사용을 통해 모호성을 파악할 수 있고, 그것을 제거하는 과정에서 기쁨을 얻을 수 있다고 믿는다면 수행과 만족은 공변할 것이다. 즉, 한쪽이 상승하면 다른 쪽도 상승한다. 역사적으로, Deci와 동료들에게 영감을 준 지적 근원은, 최소한 부분적으로나마 Weick의 가설 생성에 영향을 주었다는 것은 분명하지만, 그 둘은 서로를 인정하지 않았다. White(1959)의 **효능동기**(effectance motivation)는 그 둘의 동일한 근거다(7장을 보라). Weick과 Deci(1975; Deci & Ryan, 1985)의 생각을 직접적으로 비교하기 위해서는 불확실성(Deci의 개념)과 함께 모호성(Weick) 개념을 동일하게 생각할 필요가 있다.

Katzell, Thompson과 Giuzzo(1992)는 직무만족과 직무수행 사이의 복잡한 관계에서 당시 발견된 결과들을 요약한 복잡한 이론적 모형을 제시하였다. 후속 연구에서, 그들 이전의 다른 연구자들이 그랬던 것처럼, 그들이 발견한 것은 직원이나 그들의 상사가 수행 자료를 제공하는지 여부에 따라 긍정적 직무 태도와 높은 수준의 수행 사이의 단순한 이변량 상관은 낮은 수준이거나 존재하지 않는다는 것을 발견하였다. 그들은 또한 수행과 만족 둘 다 많은 다른 조직적 및 태도적 요인의 결과로서 생각하는 것이 가장 나을 수 있으며, 수행과 만족이 상관이 있다면 다른 변인의 영향을 통해 보통 간접적으로 관계를 맺을 것이라는 결론을 내렸다. 예를 들어, 직무는 내재적 보상을 산출해야만 한다. 매우 가치 있는 외재적 보상은 수행과 연관되어야 하고 공정하게 부여되어야 한다. 직무관여는 높아야 하고, 명확하고, 도전적이고 수용적인 목표가 설정되어야 한다(Katzell et al., 1992). 그들의 결론은 Porter와 Lawler(1968), Locke와 Latham(1990b)의 많은 초기 의견을 연상시킨다.

개인 간-개인 내 문제(반복)

본 저자가 이 책을 마지막으로 검토한 이래로(Pinder, 1998), 의미 있는 혁신은 개념적 명확성과 직무-수행 관계에 직접 초점을 둔 연구 방법론에서 발생했다. 다시 한 번 우리가 발견한 것은, 연구 증거들이란 빈번히 변인들 사이의 실제적인 관계와 그러한 관계를 발견하기 위해 사용되는 방법론의 본질의 공동 산물이라는 것이다. 현 시점에서 독자는 연구 방법론에서 '개인 간-개인 내(between-within)' 설계의 딜레마가 떠오를 것이다.

문제의 핵심은 다음과 같다. 우리는 다음의 것들을 믿는다.

(a) 다른 사람들보다 자신의 직무에서 더 행복한 사람들은 다른 사람들보다 자신의 직무에서도 더 생산적일 것이다?

(b) 특정 개인이 자신의 직무에서 더 행복해진다면, 그 사람은 자신의 직무에서 더 생산적이 될 것이다?

(c) 한 사람이 자신의 직무에서 더 생산성이 좋아진다면(그리고 이러한 향상의 대가로 내재적 및 외재적 보상을 받는다면) 그 사람은 자신의 직무에 더 만족하게 될 것이다?

진술문 (a)는 이 기나긴 논쟁에 걸쳐 가장 전통적인 관점이지만, 그것을 지지하는 증거는 매우 약하다. 이 문제에 대해서는 Fisher(2003)의 요약을 보면 알 수 있다. 왜 누군가는 John이 Mary보다 자신의 직무에 더 만족하기(어떤 다수의 이유로) 때문에 John이 Marry보다 더 생산적일 것이라 가정하는 것일까? 사람의 태도와 동기 또는 행동 사이의 상관과 가능한 인과관계는 사회적인 것이 아니라 개인적인 것이다. 바로 그 안에 그 Fisher의 통찰[11]의 타당성이 있다.

경험표집 절차

(b)와 (c)의 진술문은 개인 간 비교 접근법 대신 더 적절한 개인 내 비교 접근법을 채택하였고, 개인 간 접근법에 의해 확인된 것보다 두 변인 간 관계가 더 강하다는 것을 발견하였다. 만족-수행 가설의 개인 내 개념화를 위한 연구를 진행하기 위해 선택한 기법은 **경험표집방법론**(experience sampling methodology: ESM)이다. Ilies와 Judge(2002, p. 1120)는 다음과 같이 설명하였다.

> ESM 설계는 참가자들에게 순간적인 경험이나 주관적인 느낌을 보고하거나 순간적인 생리적 변인들(예를 들어, 심박수, 체온)의 측정치를 기록하도록 한다. ESM의 측정은 선택적 기억 과정 때문에 문제가 생길 수도 있는 회상이나 요약 과정을 포함하지 않는다. …측정은 자연스러운 환경에서 일어나고, 자료 수집 과정은 전형적으로 한 개인의 여러 관측치를 측정하는 방식으로 집중적으로 이루어진다.

요약하면, 이 방법은 연구자들이 2개 (또는 그 이상의) 변인 사이의 공변을 연구하도록 함으로써, 시간의 흐름에 따라 한 개인 내에서 그러한 변인들 간의 역동적 관계를 연구하도록 한다. 현재 목적에서 가장 흥미 있는 것은 이 방법이 시점 1에서 긍정적 기분 경험의 향상이 시점 2에서의 수행 증가와 관련되는지에 관한 연구를 가능하게 한다는 것이다. 이 방법을 통해 수집한 자료는 개인 간 공변 연구도 가능하게 한다. 흥미 있는 독자는 Hormuth(1986)가 쓴 글을 읽어 보기를 권한다. 자료 수집 방법에 관해 굉장히 자세히 기술되어 있다.

이 기법을 적용해서 Ilies와 Judge(2002)가 개인의 성격(신경증, 외향성, 긍정적 정서성, 부정적 정서성)이 그 사람의 평균적인 기분을 예측할 것이며, 그러한 기분이 개인 내와 개인 간에서 직무만족을 예측할 것이라는 모형을 검증하였다. 그들은 비서직부터 전문직까지 다양하게 총 27명의 미국인들에게 모형을 적용하였다. 그 사람들은 각각 일을 하는 19일 동안 하루에 4회씩 순간순간의 기분과 직무만족을 기록하였다. 이

11) 흥미 있는 독자들은 Wright와 Staw(1999)가 촉발한 논쟁을 즐길 것이다. Wright와 Staw(1999)는 사람들의 기분 상태와 특질 성향 사이의 관계를 조사하는 연구를 더 하기 위해 직원의 행복-생산성 가설을 다시 내세웠고, 관리자 평가와의 관계를 성공적으로 찾았다. 이후 Ledford(1999)와 Wright와 Staw(1999)는 그 가설의 재설정을 진전시키는 논문을 교환하였다.

것은 사람마다 최대 관찰 수는 76회이고, 개인 간 및 시점 간 최대 관찰 수는 2,052회임을 의미했다(사실, 그들은 기분과 직무만족에 대한 ESM 평정을 총 1,907회 기록하였다). 그들의 발견들 중 "평균적인 개인의 시점 간 직무만족 평정의 변화는 거의 개인 간 직무만족 평정의 평균 수준 변화만큼이나 변화했다. 더 정확히, 직무만족 평정 차이의 36%는 개인 내 차이 때문이었다." (p. 1132) Ilies와 Judge의 연구는 만족-수행 관계에 관심을 두지 않았지만, ESM 기법을 채택하여 성격, 기분 및 만족 사이의 관계를 연구했다는 점에 주목할 필요가 있다.

우리의 현재 목적과 더 밀접하게 관련이 있는 연구는 Fisher과 Noble(2004)의 연구다. 그들은 ESM 방법을 사용해 과업 기술, 과업 흥미, 노력, 수행, 긍정적 및 부정적 감정을 포함한 다수의 변인 사이의 개인 내 상관이 유의미한 것을 발견하였다. 총 4,507개 응답이 1,221명의 표본으로부터 수집되었다. 모형에 대한 더 자세한 이야기는 여기서 하지 않겠다. 흥미 있는 독자들에게는 원래의 연구 보고를 권한다. 그럼에도 불구하고, 변인들 사이의 인과관계는 횡단적 자료 수집과 분석으로는 명확히 밝혀지지 않는다. 연구자들은 과업수행과 긍정적 감정 사이의 강한 개인 내 상관(r=.47)과 과업수행과 부정적 감정 사이의 강한 역상관(r=−.43)[12]을 추정하였다.

직무만족과 개인의 직무수행에 대한 결론

Judge 등(2001)은 이 주제를 다룬 연구들을 학문적으로 철저히 검토하였다. 다수의 초기 메타연구뿐만 아니라 많은 이전 연구들에서 만족할 만한 결론을 얻는 데 실패하였다. 그들은 312개 표본이 포함되고 54,417명의 연구 참가자들을 통합하여 새로운 메타분석을 실시하였다. 앞서 언급했듯이, 그들은 이전 연구들이 명시적으로든 암묵적으로든 채택한 일곱 가지 다른 개념 모형에 대한 생각을 조직화하였다. (Judge와 그의 동료들은 연구에서 전반적으로 명료성이 부족하다고 생각했다.) 메타분석에서 채

12) 4장에서 언급했듯이, 이 연구자들의 또 다른 ESM 연구는 일에 대한 흥미, 직무에서 지각된 기술, 직무에 투입되는 노력은 긍정적인 감정의 정적인 예측 효과와 부정적인 감정의 부적인 예측 효과가 있다는 것을 발견하였다(Fisher & Noble, 2004). 또한 결과는 사람들의 직무수행 수준이 그러한 것처럼 그들이 직업에 대해 갖고 있는 감정도 시간에 따라 상당히 달라진다는 것을 보여 주었다. 그러나 결과는 이전의 긍정적인 감정이 현재 수행 수준을 예측한다는 가설이나 이전의 부정적인 감정이 현재 수행 수준을 예측한다는 가설(Fisher & Noble, 2004)을 지지하지는 않았다.

택된 변인 추정치를 조정하기 위해 다양한 절차를 사용하였고, 전반적인 직무만족과 직무수행 사이의 '평균 진상관(mean true correlation)'을 .30으로 추정하였다. 문헌 검토 결과를 근거로, 그들은 연구 초반부에서 확인한 5개의 모형을 결합하여 향후 연구를 유도하기 위한 혼합모형(hybrid model)을 제안하였다. Judge 등(2001)이 제안한 혼합모형은 Porter와 Lawler(1968)의 초기 이론적 모형과 많은 면에서 유사하며, 다음과 같은 특징을 가지고 있다.

1. 개인의 만족과 직무수행은 순환 관계다. 즉, 각각은 서로에게 원인이 되어 영향을 미친다.
2. 만족-원인-수행 관계의 경우, 개인의 행동 의도와 긍정적 기분 상태를 포함한 몇 가지 매개변인이 제안되었다. 이 모형은 또한 자료 합산 방법과 분석 수준과 같은 방법론적인 요인뿐만 아니라 사람들의 자기개념, 직무의 자율성, 직장에서의 규범과 같은 다수의 조절변인의 효과에도 민감한 것으로 보인다.
3. 수행-원인-만족 관계의 경우, 그 관계를 설명하기 위해 사람들의 자기효능감과 긍정적 기분과 같은 매개변인이 도입되었다. 게다가 주요 상관은 사람들의 직무특성, 보상과 수행 사이의 관계의 강도, 성취욕구와 같은 성격 요인에 의해 조절될 수 있다.

마지막으로 Judge 등(2001)은 '직원의 수행과 만족 사이의 관계는 무엇인가?'에 대한 답을 찾고자 하는 많은 다른 연구자들을 고무시키고 안내하기 위해 그들의 분석으로부터 거의 20개의 연구 질문들을 제시하였다.

직무만족과 여러 형태의 수행

긍정적인 직무태도가 수행의 최종 지표와 보통 정도의 상관만을 나타낸다면, 왜 긍정적 직무태도가 중요한가? Farrell(1983), Fisher와 Locke(1992), Smith(1992), 그리고 다른 연구자들은 이에 대해 몇 가지 답을 주었다. 긍정적인 직무태도가 직원 개인의 수행 수준을 확실하게 예측하지 못하는 것은 사실이지만, 직무만족은 최근까지 무시되어 왔던 다른 성과변인과 다양하게 관련되어 있다. 이 경우 대안적인 방법은 현재 사고에서 과거에 조직과학에서 사용한 전통적인 것보다 수행의 폭넓은 정의가 필요하다는 것이다. 과거의 정의는 '개인 생산성'과 '수행'을 동일하게 보는 것이다.

팀 단위 분석

1990년대 동안 Gallup은 일련의 직무태도 연구를 시행하고 보고하였고, 일에 대한 열정뿐만 아니라 관여와 만족을 의미하는 직무만족과 직원의 열의를 평가하는 13문항 척도의 저작권을 획득했다. 문항은 집단면접과 여러 가지 전통적인 방법들을 통해 얻어진 것들이었다. 이 문항들에서 특별히 흥미 있는 부분은 직무에서 기대되는 것에 대해 사람들이 얼마나 명확하게 인식하는지와 조직의 비전에 자부심을 느끼는 정도와 같이 경영자와 관리자가 영향을 미칠 수 있는 문제에 초점을 둔 것이다. Gallup의 측정도구로 수집된 결과가 직무 단위 수준으로 결합될 때, 그 결과들은 이윤을 포함하여 단위 수준의 긍정적인 종속변인과 긍정적인 상관을 보였다. Harter, Schmidt와 Hayes(2002)가 보고한 메타분석은 부서 단위에서 만족-수행 관계를 지지하고, 만족/열의에서 수행으로 가는 방향으로 인과적인 영향을 미치는 것으로 나타났다. 거의 300개 공립학교와 13,000명 이상의 교사가 포함된 Ostroff(1992)의 초기 연구에서 교사들 사이의 긍정적 직무태도(태도적 몰입을 포함해서)는 학교 수준의 수행 측정치와 유의미하게 상관이 있다는 것을 보여 주었다.

예를 들어, Farrell(1983)의 연구에 기반하여, Fisher와 Locke(1992)는 부정적인 직무태도로부터 발생할 수 있는 성과의 유형을 제시하였다. 이 범주들은 자신의 직무를 완전히 그만두는 것과 같은 회피 행동, 노력을 최소화하거나 어려운 과제를 피하는 것과 같은 회피, 심리적 적응(예를 들어, 마약 또는 다른 약물), 건설적인 문제해결 또는 노조 결성, 권위에 대한 저항과 경영 방침에 대한 반항, 사보타주와 루머 퍼뜨리기 등과 같은 노골적인 공격성을 포함한다. Fisher와 Locke의 범주는 많은 다른 구체적인 예들을 포함하고 있다. 그들의 요점은 '수행'이 과거에 일반적으로 해석되어 왔던 단순한 효율성과 개인 생산성 측정치보다 더 많은 것으로 구성되어 있다(Staw, 1984를 보라)는 것이다.

긍정적인 측면에서, 친사회적 행동(또는 Fisher & Locke, 1992가 '도움 행동'이라 한 것)의 전체적인 상태는 종종 직원의 긍정적인 태도로 인해 나타난다. 원래는 공식적인 직무기술서의 범주를 벗어나는 활동으로 여겨지던 것들로(Katz, 1964), 부여받은 임무 이상의 역할을 하는 4개의 구체적인 형태가 긍정적인 직무태도와 관련된 것으로 연구되었다. 긍정적인 행동은 역할 외(extra-role), 친사회적, 이타적인, 시민(citizenship) 행동을 의미한다(Organ, 1990을 보라).

확실히, 대부분 조직은 직원들이 그런 행동을 하지 않는 것보다 하기를 바란다. 우리는 최소한의 서비스 이상을 베풀기를 좋아하지 않는 관료주의적인 직원의 냉랭함을 경험해 왔다. 그리고 우리 중 일부는 직원이 일상적인 기대를 넘어서서 자신을 확장시킬 때 발생할 수 있는 안도감과 만족을 느껴 보았다. 고객의 문제에 대해 공손하고 공감하고 열정적인 창의성과 긍정적인 태도가 이익과 손실 사이에 차이를 만드는 서비스 산업에서 직원이 보이는 시민의 행동은 특히 중요해지고 있다(George, 1991).

직무만족과 삶의 만족

긍정적인 직무태도를 발생시키고 조성하는 것에 영향을 미치는 다른 이유가 있을 것이다. 이것은 기업의 이익과 개인의 직무수행을 위해 하는 것보다 신체적이고 심리적인 건강과 개인의 안녕과 더 관련되어 있을 수 있다. 앞서 제시한 것처럼, 개인의 삶의 한 측면에 대한 긍정적인 태도가 다른 영역에서의 긍정적인 정신건강과 행복으로 '이월된다'는 신념이 있다. 이 생각은 수십 년 전에 처음 제안되었지만 사람들이 일을 통해 생성하고 누릴 수 있는 일반적인 행복감과 신뢰감에 대해 서술한 Smith(1992)와 같은 직무만족 이론가들로부터 계속 주목받았다. 그들이 느끼는 행복과 기쁨은 그들의 가족생활, 레크리에이션 활동 등과 같이 일 이외의 영역에서 유사한 감정을 경험하도록 할 수 있다(Schmitt & Bedeian, 1982; Schmitt & Pulakos, 1985를 보라). 일반적인 기쁨과 행복해지기를 원하는 것은 긍정적인 직무태도를 강화시켜서 일반적인 행복과 구체적인 맥락에서의 행복 간의 인과관계를 형성한다. Smith(1992)에 따르면, 행복과 신뢰의 정서를 느끼는 사람들이 자신들의 삶의 변화, 특히 자신들의 직무 상황에서의 변화에 더욱 개방적이다. 그들의 일반적인 긍정적 성향은 시간과 상황을 초월하는 경향이 있고, 우리가 일찍이 언급했듯이 부정적인 정서 역시 그러하다. 이는 그러한 성향을 지니고 있지 않은 동료들 사이의 상대적인 정도의 문제다. 직무에서, 그들은 관리자가 주도하는 활동에 덜 저항적이고 새로운 직무 절차에 더 건설적으로 반응할 것이며 덜 감독을 받을 것이다.

1980년대 중반에 이루어진 종단연구에 미국 사립대학의 정규직 직원들이 참여하였다. 이 연구는 이월효과의 개념과 Cranny 등(1992)의 전반적인 긍정적 삶의 만족의 혜택에 대한 진술을 포함하고 있다. 그 연구는 부정적인 정서성과 긍정적인 정서성이라는 두 가지 정서성 차원(Levin & Stokes, 1989; Watson & Slack, 1993)의 효과를 설명하기 위해 이전의 연구를 확장했다. 이러한 기분들 각각은 일시적인 상태 또는 안정적인 특질로서 경험될 수 있지만, 이 프로젝트의 초점은 특질 형태의 정서성에 있었다. 강한 부정적 정서성을 지닌 사람들은 부정적이거나 비관적인 관점으로 세상을 바라보는 경향이 있다. 그들은 자신이 속한 대부분의 상황에서 높은 수준의 정신적 고통과 불만족을 보인다. 반면, 긍정적인 정서성이 높은 사람은 삶을 재미있고, 긍정적이고, 낙관적으로 바라본다. 그들은 긍정적인 자극의 즐거움을 고조시키는 능력을 가지고 있을 것이다.

Watson과 Slack(1993)은 2년 동안 두 시점에서 긍정적 및 부정적 정서성을 모두 측정했다. 그들은 2년 동안 참여자의 직무와 관련된 다수의 다른 변인들을 통제하였고, 2년의 연구 기간 끝 무렵에 직무만족을 평가하였다. 원래 151명의 직원들을 평가하였지만 완벽한 자료를 제공한 직원은 총 82명이다. 그 결과는 긍정적 및 부정적 감정성 특질 측정치가 적어도 직무만족의 몇 개 하위 차원과 관련되어 있다는 것을 보여주었다. 따라서 부정적인 특질적 정서는 자신의 직무와 자신의 동료에 대한 낮은 만족과 연관되어 있었다. 반면, 긍정적인 특질적 정서는 자신의 직무, 승진, 전반적인 직무만족에 긍정적인 예측력을 보였다. 그들은 또한 이 특질(성향)이 프로젝트를 수행한 2년 동안 안정적이었음을 발견하였다. 그 연구자들은 직무만족이 '직원의 포괄적 감정생활의 맥락에서' 합리적으로 이해될 수 있다고 결론지었다. 이 결과는 단지 조직의 정책, 절차, 직무설계의 결과가 아니다. 오히려 이 결과는 개인의 일반적인 행복 또는 불행 수준이 반영된 것이다. 이것이 사실이라면, 생산성, 수행, 그리고 조직 효과성의 다른 측면들 사이의 무한한 연결을 찾으려는 요청은 차치하더라도, 직무만족을 연구할 충분한 이유가 된다.

또 다른 연구는, 직무와 삶의 만족은 1970년대 초기의 대규모 조사 자료를 바탕으로 서로 관련되어 있다는 주장을 검토하였다(Judge & Watanabe, 1993). 이 연구자들은 두 변인 사이에 강한 횡단적 연결을 발견하였지만, 직무만족이 측정된 지 5년 후에 삶의 만족이 측정되었을 때 두 개념 사이에는 상당히 약한 상관이 있었음을 발견하였다.

직무만족과 삶의 만족이 서로 관련되어 있다는 주장(Cranny et al., 1992)과는 달리, 하나가 다른 하나의 원인일 수 있다는 의미에서(다시 말해, 직무만족은 어느 정도 삶의 만족의 원인이 된다) 다른 가능성도 있다. 목적에 적합한 자료 분석 기법을 이용하여 631명의 표본을 다룬 연구는 직무만족과 삶의 만족 사이에 존재하는 관계가 하나 또는 그 이상의 다른 변인의 효과에 기인한다는 것을 제안하였다(Frone, Russell, & Cooper, 1994). 다시 말해서, 직무만족과 전반적인 삶의 만족 사이에서 빈번히 나타나는 이변량 상관값은 허구일 수 있다. 이것은 직무만족과 삶의 만족이 실제로는 인과적 관련성이 없지만, 어떤 다른 변인들로 인해 그 둘 사이의 상관이 존재할 수 있다는 것을 의미한다. Hart(1999)의 연구는 직무만족과 직무 이외의 영역에서의 만족이 서로 직접 관련되어 있기는 하지만 경찰관 표본을 통해 그 두 가지 모두 삶의 만족의 변량에 기여함을 발견하였고, 개인 내 설계를 한 Heller, Watson과 Ilies(2006)의 연구는 65세 이하의 기혼 미국인 표본에서 결혼만족과 직무만족이 삶의 만족과 정적 상관을 가짐을 발견하였다.

직무만족 측정

아마도 사회과학 분야가 직무, 직원, 그리고 관련된 문제들에 관심을 가진 지난 70년간 가장 관심을 끌어 모은 구성개념인 직무만족은 많은 관리자, 컨설턴트, 그리고 연구자들에 의해 셀 수 없이 많이 측정되어 왔다. 늘 있어 왔듯이 서투른 측정도구와 단일 측정 문항들은 종종 빠르지만 깔끔하지 못한 분석 결과를 산출해 왔다. 하지만 아마도 조직과학 분야에서 다른 어떤 구성개념보다도 관심을 받아 온 직무만족은 우리가 사용할 수 있는 '최상'(2장을 기억하라)의 측정도구를 가졌다. Fields(2002)가 작성한 조직 측정도구에 관한 개요는 타당도가 검증된 많은 척도들을 포함하고 있다. 사실, 일찍이 최고의 심리측정적 속성을 자랑한 척도들조차도 지속적인 검증을 받을 필요가 있다(예를 들어, Kinicki, McKee-Ryan, Schriesheim, & Carson, 2002). 연구자들이 직무만족을 측정하는 도구를 대충 만들어서 쓰는 데는 어떠한 변명도 통용될 수 없다.

직무만족에 관한 결론과 미리 보기

이 장의 앞부분에서(4장뿐만 아니라) 우리는 직무만족(불만족)이 동기와 관련된 복잡한 현상이라는 것을 살펴보았고, 태도와 정서적인 요소 모두를 포함한다는 것을 알게 되었다. 우리는 그 두 개념이 다양한 개인 변인과 조직 변인의 영향을 받으며, 그 변인들은 다시 다양한 다른 개인 변인과 조직 변인에 영향을 미칠 수 있다는 것을 보았다. 직무태도 연구의 역사는 조직과학의 역사만큼 오래되었다. 실무자들이 '만족도가 높은 직원이 생산적인 직원'이라고 믿기는 하지만, 직무태도와 개인의 수행 사이에 광범위하게 존재할 것이라 예상했던 인과관계를 찾고자 했던 1980년대의 시도가 좌절된 후 이 분야의 과학적 흥미는 시들해졌다. 직무태도와 철회행동과 같이 수행과 직접적으로 관련되지 않은 변인 사이의 관계는 연구자나 실무자의 눈에 여전히 가치를 지니고 있다. 1990년대에 이르러 직무태도를 개인 내 현상으로 개념화하면서 직무태도와 이것의 선행변인과 결과변인에 대한 연구는 부흥기를 맞았고, 그 주제는 다시금 학문 영역에서 '인기'를 얻었다.

이 현상의 역사적인 의미는 차치하더라도, 본 저자가 보기에 더 중요한 문제는 일하는 사람들에 의해 경험되는 것으로서 그것들이 가진 엄청난 중요성이다. 직무에 대한 좌절과 경력 불만족에 시달리는 사람이 그러한 것처럼, 일의 즐거움을 경험한 사람은 이것이 무엇을 의미하는지 안다. (불)만족은 정말 악영향을 미치고, 우리가 직장에 있을 때나 직장을 벗어난 순간에도 우리의 매일매일 삶에서 유의미한 큰 영향을 미치고 있다.

미리 보기

이 책의 2부는 욕구라는 관점에서 참여동기와 수행동기를 다룬 반면에, 3부는 인간의 태도와 신념이라는 관점에서 직무 동기에 해당하는 그 두 요소를 살펴본다. 요약하면, 여기에서 목적은 어떻게 직무와 관련된 태도가 조직에 참여하고, 조직에서 우수한 수행을 하기 위한 사람들의 욕망과 관련이 있는지를 확실하게 이해하는 것이다. 우리는 자세하게 직무만족을 살펴봤다. 우리는 직무몰입, 즉 사람들이 그들의 직무 그 자체와는 달리 고용주가 관련된 상태에서 사람들이 형성하는 태도, 신념 및 의도에 주의를 돌릴 것이다.

직무몰입

직무만족이 일반적으로 자신의 욕구 또는 가치가 자신의 직무에 의해 만족되는 정도를 나타낸다면, **직무몰입**(work commitment)은 좀 더 광범위한 다차원적인 개념이다. 즉, **직무몰입**은 직무윤리 준수, 경력이나 전문성에 대한 몰입, 직무관여(일상적인 직무 경험에서 몰두 정도), 그리고 조직몰입(고용주에 대해서 충성심을 보이는 정도)을 포함하는 개념이다(Blau & Paul, 1993; Morrow, 1993을 보라). 여기서는 공간의 제약으로 인해 Morrow(1993)가 확인한 직무몰입 중 직무관여와 조직몰입에 집중할 것이다.

조직몰입의 다양성: 무엇을 말하는가

조직몰입(organizational commitment)은 다른 어떤 유형의 직무몰입보다 조직연구자들에 의해 많은 연구가 이루어졌으며, 다양한 방식으로 개념화되어 왔다(Morrow, 1993). 예를 들어, Porter, Steers, Mowday와 Boulian(1974)은 조직몰입을 세 가지 서로 관련되는 태도와 의도로 구성된다고 보았다. 즉, ① 조직의 목표와 가치에 대한 강한 신념 및 수용, ② 조직을 위해 기꺼이 많은 노력을 하려는 의지, ③ 조직을 떠나지 않고 소속감을 유지하려는 욕구로 정의하였다(Porter et al., 1974). 30년 동안 지배적이었던 Porter의 첫 번째 접근법은 조직몰입에 대한 **정서적** 관점으로 알려져 있다(예를 들어, Meyer & Allen, 1997; Meyer, Paunonen, Gellatly, Goffin, & Jackson, 1989). "강한 정서적 몰입을 가진 직원들은 자신들이 **원하기** 때문에 조직에 대한 소속감을 유지하는 것이다." (Meyer & Allen, 1991, p. 67)

조직몰입의 두 번째 구성 요소는 **규범적**(normative) **몰입**이다(Meyer & Allen, 1991). "조직의 목표와 관심을 충족시키는 방법에서 행동을 하려는 내면화된 규범적 압력의 총합"으로 구성된다(Weiner, 1982). 이러한 관점에서, 몰입은 개인으로 하여금 자신의 목적을 위한 수단으로서 행동하기보다는 그들이 도딕적으로 옳다고 믿는 방식으로 행동하게 만든다. 여기에는 개인은 **당연히** 충성심을 가져야 한다는 신념도 포함되는데, 이것은 내재적인 책임의 문제다. 이 유형의 신념과 가치는 자신의 가족과 문화, 그리고 조직사회화를 통해 비롯된 신념이다(Meyer & Allen, 1991). 규범적으로 그들의 조직에 몰입한 사람들은 규범적인 것들을 제공하기 위한 그들의 시도가 계속되면서 더 자신을 희생시키고 그 신념에 사로잡히게 된다. 그리고 조직의 목표 추구를 위해 자신의 시간과 에너지의 상당 부분을 희생할 것이다. 그렇게 하는 것이 해야 할 올바른 것으로 보인다.

조직몰입의 세 번째 접근법은 **계산적**(calculative)(Morrow, 1993) 또는 **지속적**(continuance) 몰입(Meyer & Allen, 1997; Meyer et al., 1989)이다. Becker(1960)에게서 기원한 이러한 형태의 조직몰입은 직원과 조직 사이에 발생하는 거래와 시간의 흐름에 따라 이로 인해 발생하는 부수적인 이득과 투자 때문에 고용주에게 보이는 개인의 애착과 관련된다(예를 들어, 상급자로서의 권리, 다른 동료들에 대한 개인적 애착, 연금 계획, 회사에 한정된 직업 기술들). 이런 관점에서는 직원이 조직에 몰입하는 이유가 떠나는 비용이 너무 커서다. 개인의 애착은 회사에 대한 감정이나 또는 좋은 느낌(정서적인 관점으로서) 또는 충성하는 것에 고유한 선(goodness)과 가치에 대한 규범적 신념 때문이 아니다. 대신, 몰입에 대한 이 세 번째 이해는 순전히 경제적인 면과 실용적인 접근을 기초로 한다. 간단히 말해, 사람들이 그 회사 또는 다른 상사와 같이하지 않으면 너무 많은 비용을 잃게 된다.

요약하자면, 우리는 자신의 조직에 대한 엄청난 충성심 때문에 조직에 몰입한다고 생각할 수 있다. 우리에게 중요한 점은 태도 대상이 조직 자체이지, 개인의 특정 직무, 부서, 작업 집단, 직업, 직종, 경력이 아니라는 것이다. 이 개념에 대한 선도적인 연구자들인 Meyer와 Allen(1997)은 방금 논의한 몰입의 세 차원을 몰입의 유형(이것은 구성개념의 기본적인 통일체가 아님을 의미한다)이 아닌 (기본 구성개념의) 요소로서 생각할 것을 제안한다.

몰입의 차별적 형태?

몰입의 세 가지 형태 사이의 경험적인 구분을 위한 연구에서 그 형태들을 명확히 구분하는 것이 항상 성공적이지는 않았다. 지속적인 몰입을 정서적 및 규범적 몰입으로부터 떼어 놓은 데는 문제가 없다. 후자의 두 가지는 경험적 연구에서 자주 매우 높은 상관이 발견된다(Meyer, Stanley, Herscovitch, & Topolnytsky, 2002를 참고하라). Bergman(2006)의 개념적 연구는 세 형태의 본질을 개념적으로 검토했고, 각 형태에 관련되는 선행요인과 결과변인의 차이뿐 아니라 세 형태 각각의 조작과 관련되어 연구될 수 있는 여러 가지 조절변인들에 관한 문제를 제기하였다. 또한 과거에 나타난 구조에 관해 더 우수한 측정 방법을 제공하였고 향후 연구 방향을 제언하였다.

조직몰입은 특질인가, 가치인가, 아니면 성향인가

이 장의 앞에서 직무만족과 직무불만족이 개인적 성향을 표상할 수 있다는 생각을 간단히 언급했다. 즉, 사람들은 직무 평가 방식에 영향을 미치는 긍정적 또는 부정적 정서 상태에 대한 성향을 가진다. 마찬가지로, 몇몇의 연구자들은 조직몰입을 개인의 성격이나 가치체계로 고려한다(예를 들어, Angle & Lawson, 1993). 한 연구는 고용주가 1,000마일 이상 회사를 이전해서 조직이 이동된 직원 400명의 표본에 이전 직후와 2년 후, 두 번에 걸쳐 조직몰입을 측정하였다(Angle & Lawson, 1993). 연구자들은 정서적 몰입과 지속적 몰입 사이에서는 단지 서로 약간의 상관만을 발견했지만, 더 중요한 것은 사람들이 높은 정서적 그리고 지속적 몰입을 갖도록 하는 개인적인 가치체계로 규범적 몰입을 다루는 모형을 검증해 지지하는 결과를 얻었다는 것이다(Angle & Lawson, 1993). 이 관점에 따르면, 규범적 몰입은 모든 직장의 직원들이 갖고 있는 안정적인 특질—즉, 가치—이다. 비록 사람들의 가치가 시간의 흐름에 따라 변한다고는 하지만(3장을 보라), 규범적 몰입은 거의 변하지 않는 것처럼 보인다. 즉, 사람들은 상황과 상관없이 몰입에 가치를 두기도 하지만 그렇지 않기도 한다.

미국 공군사관학교 표본을 사용한 또 다른 연구는 Mowday, Porter와 Steers(1982)의 **몰입기질**(commitment propensity) 개념을 조사하였다(Lee, Ashford, Walsh, & Mowday, 1992). 이 개념은 사람들이 고용주를 위해 일하는 것을 고려할 때 지니고 있는 모든 성격 요인, 경험, 기대 그리고 가치를 표상하는 것처럼 보인다(Mowday et al., 1982). 몰입기질은 조직에 고용되기에 앞서, 사람들이 고용된 후에 조직에 몰입할 것인가에 대한 가능성을 반영하는 요약적 개념이다. 이것은 또한 사람들이 특정 조직에서 근무하는 것을 선택할 때 그들이 가지고 있는 의지력의 정도를 설명한다. 공군 연구는 다양한 경험들(상황적 요소)과 사관생도들의 다양한 몰입기질 모두가 공군에서 그들의 생존에 미치는 영향력을 보여 주었다. 특히, 사전 몰입기질은 초기의 몰입과 관련되어 있고, 그것은 다시 자발적인 사관학교 자퇴 수준을 낮추는 장기적 조직몰입과 관련되었다.

Lee 등(1992)의 연구는 몇 가지 이유로 중요하다. 첫째, 이것은 상황변인으로부터 개인 변인의 다양한 효과를 구분하기 위해 시도한 새로운 연구들의 초기 예시를 제공했다(1장의 논의를 기억하라; 그리고 Judge, 1992; Organ, 1990; Schneider, 1983을 보라). 둘째, 그것은 조직 또는 새로운 직무 상황에 처음으로 들어간 사람들에게 초기 경험이 매우 중요하다는 추가적인 설명을 제공한다. 이 장의 전반부에서 예로 든 것처럼, 우리는 신입 구성원이 첫 번째 임무를 수행하고, 그들의 직무에 대한 결정에 참여하고, 일에 대해서 '듣는' 기회가 조직에 만족하고 몰입하는 데 얼마나 중요한지 보았다. 이와 같은 효과가 공학자들을 대상으로 실시된 연구에서도 잘 드러난 바 있다(Badawy, 1982).

조직몰입의 심리적 기반

O'Reilly와 Chatman(1986)은 Kelman(1958)이 제안한 태도 변화 유형을 근거로 조직몰입의 기반이 될 수 있는 세 가지 심리적 기반을 서술하였다. 문제는 무엇이 개인의 조직몰입에 대한 심리적 기반을 이루는가다. 그 세 가지 기반은 응종(compliance), 동일시(identification), 내면화(internalization)다. 응종은 개인이 보상이나 승진 등에 관련될 때 발생한다. 그것은 몰입의 도구적인 형태로서 조직의 목표나 주요 구성원의 가치를 따르는 것과는 별로 관계가 없다. 동일시는 개인이 만족스러운 관계를 형성하거나 유지하기 위해 영향력을 수용할 때 발생한다(Pratt, 1998을 보라). 이것은 집단 소속에 대한 자부심을 동반하며, "그 집단의 가치와 성취가 자신의 것이 아님에도 불구하고 그것들을 존중하는 것"(O'Reilly & Chatman, 1986, p. 493)을 말한다. 친애를 위해서는 다른 사람이나 집단과의 친애가 핵심이다.

O'Reilly와 Chatman이 Kelman(1958)으로부터 인용한 몰입의 세 번째 기반은 내면화다. 이 경우, 사람들은 집단의 태도와 행동을 자신의 것처럼 수용한다. 그것은 단순한 동일시를 넘어서는 몰입이다. 내면화는 개인이 가진 동기와 어떤 집단이나 조직의 동기 사이의 연합이 가장 가까운 형태를 말한다. 다른 두 연구에서, O'Reilly와 Chatman(1986)은 몰입의 동일시와 내면화 형태들은 친사회적 행동과 긍정적으로 연관되고, 이직 의도나 실제 이직 행동 둘 다에 부정적으로 관련되어 있었음을 발견하였다. 응종에 기반한 몰입은 친사회적 행동 또는 실제 이직 행동과 관련이 없었지만, 이것은 사람들의 이직 의도와 관련이 있었다. 몰입에 대한 이 세 가지 '기반' 사이의

차이는 오래전부터 조직과학 분야에서 연구되어 왔다. 우리는 조직몰입의 일반적인 개념을 더욱 정교화할 수 있도록 조직몰입을 위한 심리적 기반을 하나씩 따로 떼어 놓고 짧게 살펴볼 것이다(Becker, 1992를 참고하라).

왜 몰입은 중요하게 생각될까?

왜 학자들과 관리자들에게 조직몰입이 그만큼 흥미가 있을까? 거기에는 일부 타당한 과학적 기반을 가지고 있는 이유도 있고, 현실적인 근거가 거의 없게 보였던 이유들도 다수 존재한다. 이해하기 쉬운 수준에서, 높은 몰입은 고용주와 직원 둘 다에게 이득이 된다고 여겨진다. 개인의 관점에서, 높은 몰입은 정체감 그리고 심지어 지위 및 명망도 제공한다(Romzek, 1989). 높은 몰입은 사람들이 고용주, 다른 직원 및 산업과의 관련성을 통해 내재적 및 외재적 만족을 얻을 기회를 제공한다. 고용주에게 몰입된 직원은 그의 직장을 잃을 가망에 대한 불안에 덜 시달리고 결과적으로 더 안전하고 만족을 느낀다. 몰입은 애정 어린 돌봄과 상호 간 신뢰의 감정을 동반하며, 일반적으로 삶에 긍정적인 전망을 조성한다. 몰입한 사람들에게, 이것은 편안함, 정체성 그리고 안전의 근원이 될 수 있다(Mowday et al., 1982).

몰입과 동일시

Ashforth와 Mael(1989)은 사람들이 조직에 **동일시하는** 것의 가치를 기술했다. 종종 조직몰입은 동일시하는 것과 관련되지만 그 개념은 다소 차이가 있다.

> 사회정체성 이론(social identity theory: SIT)에 따르면, 사람들은 자신과 타인을 조직에의 소속, 종교적 소속, 성, 그리고 또래 집단과 같이 다양한 사회적 범주로 분류하는 경향이 있다. …사회적 분류는 두 가지 기능을 제공한다. 첫째, 이것은 인지적으로 사회적 환경을 세분하고 질서를 부여함으로써 개인으로 하여금 다른 이들을 정의하는 체계적인 방법을 제공한다. …둘째, 사회적 분류는 사회적 환경에서 개인 스스로에 대한 개별적 정의를 가능하게 한다.
>
> (Ashforth & Mael, 1989, pp. 20-21)

개인의 사회적 정체성은 작업 집단, 부서 또는 조직에 연합될 수 있지만(Ashforth & Mael, 1989), 여기서 우리의 초점은 높은 조직몰입과 함께 나타나는 동일시다. 우선 동일시에 대한 초점이 선정되면("나는 네브래스카(Nebraska) 대학교 동창회 직원이다."), 그 사람은 조직을 통하여 부분적으로 정의된 자부심과 자기개념을 얻을 수 있다. 요약하자면, 몰입을 동반한 동일시는 사람들에게 이득이 될 수 있다(Pratt, 1998; Whetten & Godfrey, 1998을 참고하라).

Ashforth와 Mael(1989)이 조직동일시 기질과 그것이 조직몰입과 얼마나 유사한지 또는 다른지를 관찰한 이래로, 몰입이라는 이름의 전통하에서 연구를 계속해 온 조직연구자들은 동일시 문제에 주의를 기울이면서 조직몰입에 대한 그것의 개념적 및 경험적 관계를 밝히는 데 헌신했다. 2개의 다른 구성개념인 애착과 착근도[13] 또한 등장해 몇몇 회의론자들로 하여금 좋은 의미에서 이러한 많은 개념들 간의 구분이 실무자보다 이론가에게 더 이로운 것은 아닌지, 그리고 이 개념들 간의 구분이 가능하기는 한 건지에 대해 궁금해하도록 만들었다.

정기간행물인 *Journal of Organizational Behavior*의 특별판(Van Kick, Becker, & Meyer, 2006을 참고하라)은 2006년 말에 이 문제를 집중 조명했다. 그 특별판에서 Herrbach(2006)는 동일시와 정서적 몰입 둘 다 작업 집단이나 조직에 대한 개인의 애착과 관련되기 때문에 그것들을 구분하기 위한 증거를 얻고자 엔지니어들을 대상으로 자료를 수집하였다.[14] *Journal of Organizational Behavior*의 같은 호에서, Van Knippenberg와 Sleebos(2006)는 동일시는 개인과 조직 사이에 일체감을 표상하지만 몰입은 2개의 구별되는 독립체(사람과 조직) 사이의 관계를 나타낸다는 결론을 도출했다. 반면, Meyer, Becker와 Van Dick(2006)은 몰입 연구와 정체감 연구가 서로에게 정보를 주기 때문에 유용할 수 있다고 제안하였다.

Brooks와 Wallace(2006)의 '철학적 에세이(discursive essay)'는 조직몰입에 대한 이론과 연구에 존재하는 다양한 측면들, 요소들 그리고 그것들 간의 관계성에 관해 읽어 볼 만한 요약을 제공한다. 그들의 글을 보면 적어도 구성개념 자체의 특성에 대해서는 개념적으로 상당히 수렴하고, 조직 구성원들은 조직과 그 구성 요소들(동료, 상

13) 앞서 자발적으로 이직하는 직원에 관한 이야기를 다루면서 이 개념을 살펴보았다.
14) 우리는 몰입에 대한 다양한 초점의 주제로 잠깐 돌아간다.

사, 과업, 조합 등과 같은)의 많은 다른 국면들에 몰입될 것이라는 점이 명백히 드러난다. 하지만 그들의 요약을 기반으로 하여, Brooks와 Wallace(2006)는 다음과 같이 결론 내렸다. "개념적 전개에 관한 구체적인 선행요인과 결과(그리고 이것들 사이의 직접적인 관계)에 대해 완전히 이해하기 전에 더 많은 연구가 이루어질 필요가 있다." (p. 236) 본 저자는 그들의 결론에 동의하고, 사람과 조직의 관계를 다루는 구성개념들이 넘쳐나는 것에 대해 주의할 필요가 있다고 생각한다.

몰입에 대한 경영층의 이해관계

고용주의 관점에서 몰입과 관련하여 중요한 것은 무엇일까? 조직은 수많은 이유로 직원들의 높은 수준의 몰입을 중요하게 생각한다(Randall, 1987). 매우 몰입된 직원은 직무수행은 더 좋고 무단결근과 지각 또는 퇴직은 매우 적을 것이라고 널리 믿어진다. 그런 직원은 좋은 시민 행동뿐 아니라 의무 이상으로 일할 가능성이 더 크다고 가정된다(Katz & Kahn, 1978; Mowday et al., 1982; Organ, 1990; Organ & Konovsky, 1989). 사회 수준에서, 높은 몰입은 더 낮은 비율의 이동성(mobility), 더 높은 수준의 안정성, 보다 큰 국가적 생산성 그리고 종합적으로 더 높은 삶의 질과 관련된다(Mathieu & Zajac, 1990). 표면상의 직관적 추론은 높은 수준의 조직몰입이 개인과 고용주 모두에게 이득이 될 것임을 제안한다.

이후의 부분에서, 우리는 예상되는 긍정적 결과물을 얻으려고 몰입을 형성하는 조직의 시도들을 평가한다. 우리는 그 문제에 대한 증거들을 자세히 살펴볼 것이다. 무엇이 높은 몰입의 실제 비용과 이점인가?

조직사회화와 몰입

조직 구성원으로 들어간 시점부터, 대부분의 사람들은 그들의 조직이 그들을 헌신적이고 몰입하도록 만들려고 시도하는 것을 목격한다. 다시 말해, 이 시도의 목적은 매우 몰입된 사람들이 더 효과적일 것이라는 기대와 신념에 기반을 둔다. 따라서 조직의 규칙은 구성원들이 조직의 규범과 기대에 따르도록 설계된다. 종종 이 시도는 신입사원에게 조직의 역사와 전통 의식을 제공하기 위한 것뿐 아니라 조직의 임무와 주된 목적의 가치를 이해시키기 위해 만들어진다(Pondy, Frost, Morgan & Dandridge, 1983).

예를 들어, 신입사원에게 조직을 소개해 주는 프로그램과 여러 가지 사회화 의례는 '우리가 일하는 방법'에 관한 이해와 느낌을 직원들에게 심어 주고자 한다(Feldman, 1977, 1981). 연금과 여러 복리후생은 때때로 직원들이 떠나기를 고려하기 어렵게 만드는 소위 '황금 수갑'이라고 여겨진다(Angle & Perry, 1981, 1983을 보라). 조직의 상징들과 휘장과 일 이외의 사회적 기능 그리고 직원들의 배우자를 위한 프로그램들은 모두 어느 정도 충성심을 형성하도록 설계된다(몰입 구축을 위한 사회적 관여의 법칙에 관해서는 Becker, 1960을 보라). 큰 회사에서 일반적인 사보는 개인에게 실제 대화를 통해 새로운 소식을 듣는 것보다 더 많은 충성심과 몰입을 만든다.

심지어 어떤 공식적 인사이동도 일단 한 번 실시되고 나면 몰입을 촉진시키는 기본적인 장치가 돼서 직원들을 조직에 묶는 정서적이고 사회적인 지원의 일차적 원천으로 작용한다. 예를 들어, Edstrom과 Galbraith(1977)는 지리적으로 산재된 조직이 다양한 운영 현장으로 직원들을 인사이동시키는 것은 그들의 마음을 어지럽힐 수 있거나 그들의 완전한 헌신을 위협할 수 있는 조직 외부와의 연계성을 부분적으로나마 줄이는 기능을 한다. 마지막으로, 수행이 보상으로 이어지도록 하는 보상체계(승진과 실적급여를 포함하는)가 직원들로 하여금 몰입하도록 한다는 연구 결과가 있다(Dreher, 1982). 많은 몰입 구축 요인은 다른 것들보다 더 의도적이고 그중에 몇몇은 매우 미묘할 수 있다. 요점은, 조직화된 행동은 조직 구성원들의 몰입을 요구하며(Katz, 1964), 그래서 조직의 절차는 충성심 같은 것을 발생시키고 유지시키기 위해서 필요하다는 것이다.

몇몇의 연구자들은 몰입을 만들기 위한 적극적이고 의도적인 조직적 절차와 더불어 이것에 기여할 수 있는 다른 요소도 보여 주었다. 그 요소들은 직무 환경의 다른 요소들뿐만 아니라 직원들 스스로와 그들의 직무와 관련이 있다(예를 들어, Angle & Perry, 1981; Morris & Sherman, 1981; Steers, 1977).

예를 들어, 과학자, 엔지니어, 그리고 병원 직원들을 대상으로 한 연구에서, Steers (1977)는 개인적인 성취욕구, 교육 그리고 나이가 조직에 대한 몰입과 관련된다는 것을 발견하였다. (교육은 부적 상관을 보였으며, 높은 수준의 교육은 낮은 수준의 몰입과 연관되었다. 이것은 전문직 직원들에게 공통된 현상이며, 그들은 전문직에 우선 헌신하고 고용주에 대한 헌신은 그다음이다.) 작업 집단에 대한 개인의 친조직적 태도는 보다 큰 몰입과 관련된다. 직원에게 동료와의 더 큰 자발적인 상호작용을 하게 만드는 직무들, 그리고 조직에서 다른 이들에 의해 수행되는 직무와 그들의 직무가 어떻게 관련되는지를 직원이 이해할 수 있도록 하는 직무들 또한 몰입을 더 잘 일으키는 것으로 보인다(아마 만족을 통해서 이 직무특성이 조성될 것이다). 그러나 Steers(1977)의 결과는 특정 직무와 관련된 경험이 개인 특성, 직무나 다른 관련된 조직 요소들보다 몰입의 예측변인으로서 더 강력하다는 것을 보여 주었다. 특히, Steers는 동료들 사이의 긍정적 집단 태도와 조직이 개인의 사전 기대를 충족시켜 준다는 느낌, 조직에 의지할 수 있다는 직원들의 느낌, 그리고 조직에서 개인이 중요하게 여겨진다는 느낌들이 종합적으로 몰입의 수준에 가장 중요하게 영향력을 미치는 결과를 얻었다. 유사한 결과는 Angle과 Perry(1981), Buchanan(1974), 그리고 Morris와 Sherman(1981)에 의한 독립적인 연구에서도 나타났다.

채용 전 기대 확인(Arnold & Feldman, 1982), 직무만족(O'Reilly & Caldwell, 1981), 의사결정 참여(Rhodes & Steers, 1981), 역할 명료성과 갈등으로부터의 자유(Jamal, 1984), 그리고 조직 의존 또는 직원에 대한 관심(Steers, 1977)과 같은 많은 직무 관련 기대들이 조직몰입을 높이는 것으로 나타났다. 그러나 Meyer와 Allen(1988)의 지적처럼, 초기 연구의 대부분은 횡단적이어서 인과관계를 발견하기는 어렵다. 다시 말해서, 앞서 말한 연구 설계들은 직무만족이 조직몰입의 원인인지 또는 그 반대인지에 대해 파악하는 것을 허용하지 않는다. (다른 가능성은 두 변인 모두 조직정책, 리더십 유형, 또는 무엇이건 하나 이상의 다른 체계적 변인의 결과일 수 있다는 것이다.)

개인의 경력 초기에서 조직몰입에 확실히 긍정적인 영향을 미치는 것처럼 보이는 하나의 직무 관련 경험은 그들이 고용되었을 초기에 할당받는 업무의 본질이다. 예를 들어, Meyer와 Allen(1987, 1988)이 캐나다 대학 졸업생들을 대상으로 실시한 두 연구에서 자기표현의 측정, 의사결정 참여, 그리고 고용된 이후 첫 한 달 동안에 확증된 사전 기대가 나중의(6개월에서 11개월 후) 조직몰입에 긍정적으로 관련된다는 것을 발견했다. 직원들에게 종단연구 설계를 적용한 이 두 연구는 횡단연구보다 인과관계적인 결론을 내리는 데 있어 보다 적합하다. 초기 경험과 재직 기간 후반부의 몰입과 연결시키고자 했던 이전 연구들은 그런 효과를 발견하지 못했고, 따라서 그런 영향은 직무상 1년 후에는 사라진 듯하다(Meyer & Allen, 1987, 1988). 그렇다면 여기서 핵심은 직원들이 고용되기 이전에 직무상에서 요구할 수 있는 것들과 고용된 이후에 특히 처음 한 달 내지 두 달의 결정적 시기 동안에 그런 기대를 충족시키고 직무에서의 계획과 실행에 직원의 의견을 피력할 수 있도록 허용하는 직무를 배분하는 것이 얼마나 중요한지에 대해 관리자들이 잘 알고 있어야 한다는 것이다(Meyer & Allen, 1987, 1988; Wanous, 1980).

조직몰입에 관한 경험적 연구 결과들

앞서 우리는 많은 고용주들이 높은 몰입이 높은 경영적 이익을 야기한다는 믿음 때문에 높은 몰입을 발생시키고 유지하려고 시도한다는 것에 주목했다. 이것이 사실일까? 문제에 대한 초기 검토 이래로(Pinder, 1984), 높은 몰입이 가져오는 이익에 대한 사람들의 신념이 타당한지 확인하기 위해 상당한 노력이 투입되었다. 그로부터 얻어진 결과들은 대중의 신념과 기대를 지지하지는 않았다(Mathieu & Zajac, 1990).

몰입과 수행

첫째, 조직몰입과 다양한 조직수행 사이의 긍정적 관계에 대해 혼재된 결과들이 존재하기 때문에, 조직몰입과 개인의 생산성 사이의 관계가 안정적이라 말하기는 힘들다(최근 개관을 위해 Brooks & Wallace, 2006을 보라). 몰입에 대한 전반적인 개념을 분할해서 살펴보면, 분할된 특정 유형의 몰입이 여러 형태의 직원들의 수행마다 각기 다른 관계를 갖는다는 생각들을 지지하는 연구 결과들이 있다(몰입의 다양성에 관한 앞선 논의를 살펴보라). 이런 이유로, Meyer 등(1989)은 그들이 가설을 세웠던 것처럼 정서적 몰입(조직에 대해 긍정적인 신념과 태도에 의해 개념화된)은 수행과 긍정적으로 관련된 반면, 지속적 몰입(경제적인 이득과 부수적인 이익에 기반한)은 수행과 부정적으로 관련되어 있다. 정서적 몰입은 또한 조직 시민 행동과도 긍정적으로 관련되어 있다(Organ, 1990을 보라). 더욱이 서비스 산업이 성장해서 다양한 경제 분야에서 더욱 중요한 요소가 되어 감에 따라, 긍정적 조직 문화는 직원만족, 조직몰입, 고객에게 더 나은 서비스 전달에 긍정적인 영향을 줄 수 있다(Mowday, 1988; Paulin, Ferguson, & Bergeron, 2006을 참고하라).

몰입과 철회

1990년대 동안 여러 형태의 철회행동이 다른 유형의 조직몰입이나 요소와 맺는 관련성을 알아내려는 노력이 있었다. 한 예로, Somers(1995)는 연구를 통해 정서적 몰입이 철회행동과 관련된 다양한 변인 중 최고의 예측변인이라는 것을 발견했다(철회 의도, 이직 그리고 무단결근 등을 포함해서). 이와 대조적으로, 규범적 몰입은 철회 의도와만 관련되고, 지속적 몰입은 어떤 철회 관련 변인에도 직접적인 관련성을 나타내지 않았다. (앞서 다루었던 조직몰입의 세 유형에 대한 논의를 참고하라.) 그러나 몰입과 이직행동 사이에서 나타난 대부분의 상관값은 그 크기와 강도가 연구마다 다양하고 부분적으로는 조직몰입을 어떻게 정의하는가에 따라서도 그 정도가 다르게 나타났고, 이는 메타분석을 이용하는 더 정밀한 검증 연구를 최소한 2개 이끌어 냈다(Cohen, 1993; Mathieu & Zajac, 1990).

예상대로 메타연구 중 하나에서 Cohen(1993)은 몰입과 이직 사이의 관계가 두 변인이 비교적 가까운 시간에 측정될 때 더 강해진다는 것을 발견하였는데, 즉 몰입의 측정과 이직의 관찰 사이에 시간 간격이 길수록 관계는 더 약해졌다. 독자는 우리가 이 문제를 9장에서 합리적 행위 이론과 관련하여 논의한 것을 떠올릴 수 있을 것이다. 요약하자면, 조직몰입의 다양한 유형 중 일부는 직원이 자신의 조직에 머무르거나 떠나는 것을 예측하는 것이 명백해 보인다. 그러나 몰입의 효과는 간접적인 것으로 보인다(Jaros et al., 1993). 즉, 이직 행동에 대한 높거나 낮은 몰입의 영향력은 사람들의 철회 의도를 거쳐 작용하는 것으로 보인다(Jaros et al., 1993을 보라; 그리고 9장의 합리적 행위 이론을 기억하라). 만약 떠나려는 의도가 생겨나지 않는다면, 실제로 떠날 가능성은 낮다.

Mathieu와 Zajac(1990)은 메타연구를 통해 조직몰입과 개인적 직무수행 사이에 관련성이 매우 작다는 Mowday 등(1982)이 10년 전에 도달하였던 결론을 재확인하였다(Mathieu & Zajac, 1990, p. 184를 보라). Cohen(1993)의 메타연구에서는 조직몰입이 지각, 이직, 이직 의도와 매우 낮은 상관을 나타냈다. 높은 몰입은 또한 참여와 관련되어 있다. 비록 통계적으로는 유의미했지만, Cohen의 연구에서 몰입과 철회, 참여행동 간의 관계 중 어떤 것도 크기가 그리 크지 않았다.

몰입과 철회행동들 사이의 관계에 관해 요약하면서, Meyer와 Allen(1997, p. 26)은 다음과 같이 결론지었다.

> 이러한 결과들을 바탕으로 할 때, 만약 조직의 목적이 지속적인 소속감을 유지하는 것으로 설명되는 안정적인 작업 집단을 형성하는 것이라면, 어떤 형태의 몰입이든 상관없다고 결론 내릴 법하다. …그러나 조직의 유일한 목적이 직원들을 유지하는 것이 아니라면 우리는 이 결론에 강력히 반대한다. 성과를 배제한 채 직원 유지만을 강조하는 것은 많은 조직의 특성에 어울리지 않는다. 사실, 수행이 저조하거나 지장을 주는 직원들의 사직을 포함한 자발적 이직이 조직에 해가 되기보다는 도움이 된다는 관점은 널리 인정되고 있다. …대부분의 조직—그리고 대부분의 관리자—은 몰입한 직원들에게 단순히 조직에 계속적인 소속을 유지하기보다는 그 이상을 원한다.

가장 일반적인 미분화된 수준에서 구성개념들을 고려한 연구들의 일반적인 발견(예를 들어, Mathieu & Zajac, 1990)과 하위 구성개념을 더욱 정확하게 다룬 Meyer 등(1989)이 수행한 더욱 잘 정제된 연구 간의 비교는 몰입과 수행 간의 관계와 같은 변인들 간의 관계(Schwab, 1980)를 발견하기를 기대하기 이전에 구성개념을 주의 깊게 그리고 정확하게 정의하는 것이 얼마나 중요한지를 강조해 준다. 우리는 이 장의 전반부에서 오랫동안 인기 있었던 직무만족과 직무수행 사이의 관계에 대해 같은 문제가 발생했던 것을 보았다(Fisher, 1980을 보라). Morrow(1983)는 몰입의 다차원성을 첫 번째로 지적한 바 있다. 그녀의 관찰과 논의를 통해 드러난 지혜는 Meyer 등(1989)의 연구에 의한 전반적 구성개념의 요소들과 수행의 관련성에 대한 정교한 검증을 위한 단계를 마련하였다. 여기에는 배워야 할 교훈이 있다.

몰입 수준이 높은 직원들의 대가

앞서 우리는 조직의 관점에서 직원의 높은 몰입이 갖는 가치를 검토한 바 있다. 개인의 관점에서는 어떨까? 매우 몰입한 사람들은 종종 그들의 조직을 의인화하거나 구체화하는 경향이 있다. 우리는 이 책 앞부분에서 조직이 인간으로 구성되지만, 조직이 인간 그 자체는 아니라는 것을 언급했었다. 조직은 살아남기 위해서 행동하고, 그들 스스로를 구성하는 복잡한 사회적 체계다. 그들은 기억도 없고, 마음도 없다. 고위 경영진과 이사들은 과거에 일을 잘해서 지지와 충성적인 대우를 받을 만한 사람으로 기억될 수 있겠지만, 그들은 오고, 그리고 다시 사라진다. 한 시대 동안에 얻어진 충성심은 새로운 경영권이 발족하였을 때 모든 가치를 잃을 수 있다. 조직의 생존 역시 마찬가지다. 만약 과거의 충실했던 직원을 지지하는 것이 조직을 영속시키기 위한 방책이라면 그들은 지지받을 것이다. 그러나 경제 또는 다른 긴급 상황의 발생이 조직의 생존 또는 효율성을 협박할 때, 매우 몰입한 개인의 충성심은 종종 필요 없어지기도 하고, 개인은 조직의 특별한 조치에 의해 새로운 직장을 찾는 이직 가능성이 제한되면서 버려질 것이다(Randall, 1987).

본 저자는 성인 시절의 대부분을 회사의 수익과 유효성에 헌신한 외국의 큰 항공사의 고위 간부를 개인적으로 알고 있다. 그 경영자는 힘든 일 때문에 46세에 뇌졸중을 경험했음에도 불구하고, 대부분의 신체 능력과 모든 정신 능력을 극적으로 회복했다. 그 회사는 그를 계속 고용했지만, 결국 12년 후 그로 하여금 협력 관계에 있던 의사(지역 내 의사 대신)에게 검진을 받도록 요구한 회사는 두 번째 뇌졸중을 야기했다. 자신에게 최고 이익 추구를 위해서가 아니라 회사의 주문에 복종하여 당시 건강이 좋지 않으며 여행이 힘들수록 더 부담이 크다는 그의 호소에도 불구하고, 그 이사는 건강검진 동안에 거의 전 세계를 여행해야 했다. 그의 지역 내 의사들이 필요한 조치를 취할 수 있었다면, 그의 죽음을 막을 수 있었다. 여행은 그 간부를 죽였고 그의 부인은 작은 보상을 받았다. 그 항공사에 대한 그 간부의 높은 몰입과 그에 따른 복종은 그로 하여금 그의 건강에 관심을 보이지 않은 기업의 요청에 따르도록 만들었다.

조직이 개인을 힘든 상황에 처하도록 내던져 버리는 것과 같이 몰입한 개인이 자신의 조직에 의해 충분한 대가를 돌려받지 못할 가능성 외에도, 개인이 자신에게 적용하는 조직 목적의 본질에 관한 문제도 있다. 명백하게도 개인이 조직의 목표에 사로잡히게 되면, 목표의 합법성과 도덕성은 몰입한 직원에게 중요한 영향력을 갖는다(Weiner, 1982). 회사의 많은 부정과 범죄는 매우 몰입한 직원들에 의해 저질러지는데, 이는 고용주의 목표에 대한 열정적 추구가 불법적이고 비도덕적인 행동에 몰입하도록 만들기 때문이다.

20년 전, Schaef와 Fassel(1988)은 조직이 중독성 약물과 같은 역할을 할 수 있다고 가정하고, 이런 조직의 목표들과 직무 기대에 헌신하는 것이 직원들의 중독 과정을 야기할 수 있다는 것을 보여 주었다(Schaef & Fassel, 1988, p. 119). 이 연구자들에 따르면 다음과 같다.

그 자체가 중독적인 것은 없다. 사람들이 특정한 물질이나 과정 없이 삶을 영위하는 것이 불가능하다고 느끼는 것처럼 삶에서 중요한 위치를 차지하게 되면 무엇이건 중독을 불러올 수 있다. 조직은 많은 사람들의 삶 속에서 중독적인 물질처럼 기능한다. 우리는 [우리의 일에서] 많은 사람들, 직장, 직무 그리고 조직이 그들의 삶에서 가장 중요한 중심점이라는 것을 확인했었다. 조직은 사람들의 삶에서 중요하기 때문에, 사람들이 전적으로 그것에 사로잡히기 때문에, 자신의 삶의 다른 측면들과 연계가 끊어지기 시작하고, 알았고, 느꼈고, 믿었던 것들을 점진적으로 포기하게 된다.

핵심은 바로 이것이다. 조직은 살아남기 위하여 조직 구성원들에게 몰입을 요구하고, 그것은 자신에 대한 몰입을 개발하고 촉진하기 위해 할 수 있는 것들을 한다. 그러나 보다 효율적인 운영을 위한 경제적인 필요에 의해 가장 자애로운 고용주들조차도 조직을 도왔던 직원들을 해고하거나 다른 형태로 퇴출하도록 강요받는다. 자신의 조직에 대한 충성이 문화의 본연적인 속성인 일본에서조차도 이전에 향유했던 경제적 이점들이 시간이 흐르면서 감퇴함에 따라 모든 수준의 직원들이 북아메리카 방식으로 정리해고되어 왔다(예를 들어, Rifkin, 1995, p. 105; Watanabe, 1996). 요약하자면, 몰입이 조직의 생존에 필수적일지라도 한 개인의 장기적 이익에 최선일 수도 있고 아닐 수도 있다.

Romzek(1989)은 개인이 일에서 겪은 긍정적인 경험은 '이월'될 수 있고, 개인의 직무 외적인 삶에도 긍정적인 영향을 줄 수 있다는 오래된 가설을 검증했다(우리가 이 장의 앞에서 논의한 직무만족과 삶의 만족 사이의 관련성처럼). 그녀는 1982년과 1984년에 두 번의 자료 수집 과정을 통해 485명의 직원들을 지켜본 연구 결과를 보고했다. 이 종단연구에서 Romzek의 관심은 업무 외 만족과 경력만족에 직원의 몰입이 미치는 효과가 긍정적인가 부정적인가에 관한 것이었다. 비록 효과가 강하지는 않았지만, 그녀는 조직몰입이 그들의 가족, 그들이 살고 있는 도시, 그들의 친구와 취미, 기타 등등에 대한 만족처럼, 직장 외 삶의 영역에 대한 만족에 긍정적인 혜택을 준다는 주장을 일관되게 지지하는 결과를 얻었다. 또한 그녀는 1982년에 측정된 높은 수준의 조직몰입이 2년 뒤의 높은 수준의 직무만족과 경력만족을 예측하는 것을 발견하였다. 그녀의 결과에서 Romzek이 제안한 해석들 중 하나는 사람들이 일반적으로 삶의 태도에 대해 긍정적이거나 부정적인 성향을 갖고, 업무와 비업무 영역에서의 활동을 포함한 그들의 삶 대부분에 이러한 선천적 기질이 영향력을 미친다는 것이다. 이 기질적 가설은 이 장 앞에서 논의되었으므로 여기서 다시 볼 필요가 없을 것이다(George, 1992; Judge, 1992를 보라).

다중적 · 상충적 몰입

극단적인 수준의 조직몰입의 한 가지 흥미로운 결과는 다른 지지 원천에 대한 몰입 수준이 감소될 수 있다는 것이다. 때때로 이것은 조직에 역기능적일 수 있다. 예를 들어, Rotondi(1975)는 자신의 조직에 매우 몰입한 연구 및 개발 기술자들이 덜 창조적이고 덜 혁신적인 경향이 있다는 것을 발견했다. 이는 아마도 그들의 과학자적 규율에 대한 헌신과 그들의 고용주에 대한 헌신이 종종 충돌할 수 있기 때문일 것이다(Shepard, 1956도 보라).

한편으로, 누군가에게는 조직이 직원과 관련된 다양한 형태의 몰입을 보여 주는 무대와 같이 느껴지기도 한다. 즉, Reichers(1985)에 따르면, 많은 직원들이 목표, 제품과 서비스, 가치뿐 아니라 노조, 공급자, 고객, 경영자, 전문직 협회, 기타 등등 같이 그들의 직장에 관련된 다수의 사람들에 대한 충성을 경험한다. 따라서 몰입의 초점이 사람마다 완전히 다르기 때문에, 어떤 한 사람에 의해 경험된 '몰입'의 본질은 다른 사람이 경험한 몰입과는 완전히 다르다고 볼 수 있다. "그렇기 때문에 어떤 사람의 '조직몰입'은 조직이 적절한 가격에 높은 품질의 제품을 얻으려 한다는 지각의 영향으로 인한 것일 수 있고, 또 다른 사람의 몰입은 조직이 [그것의] 직원을 위해 인간적인 가치를 지지해 주려 한다는 개인적인 신념에 크게 의존할 수 있다." (Reichers, 1985, p. 473)

한발 더 나아가 다중 지지층(multiple constituency) 개념을 취한 Becker(1992)는 우리가 다양한 개인들과 그 개인들이 속해 있는 집단들을 의미하는 몰입의 '초점 대상(focus)'과 애착을 설명하는 동기를 뜻하는 몰입의 기반(base)을 구분해야 한다고 주장하였다(앞서 언급한 세 가지 기반—응종, 동일시, 내면화—를 기억하라). 이러한 주장의 이유는 다른 심리적 기반에 따른 애착의 예측력보다 몰입 대상에 대한 애착은 조직의 다른 성과들을 더 잘 예측할 수 있다는 것이다.

실제로 Becker는 이를 논리적으로 설명할 수 있었다. 그는 사람들이 그들의 조직과 작업 집단 및 상사에 대한 몰입과 그들의 이직 의도 사이에서 부적 상관을 발견했다. 다시 말해서, 다양한 집단에 대한 애착은 사람들이 조직을 떠나려는 의지를 줄이는 경향이 있다. 동시에 그는 사람들 간의 유대와 직무만족이 우리가 이 장의 앞에서 논의한 종류의 친사회적 행동의 발현과 정적인 상관을 갖는다는 것을 발견하였다.

조직몰입에 대한 심리적 기반으로 초점을 돌려보면 다른 결과를 얻을 수 있다. Becker는 직원들의 응종, 동일시, 내면화 수준을 평가했다(O'Reilly & Chatman, 1986). 예상했던 것처럼, 몰입의 근거가 동일시나 내면화일 때, 직무만족과 친사회적 행동의 수준이 높게 나타났지만, 응종에 근거한 몰입은 조직을 떠나려는 높은 수준의 의도와 관련되어 있었다. 요약하자면, 조직몰입의 전반적인 개념은 사실 한편으로는 다양한 집단과 개인에 대한 애착의 혼합이고, 다른 한편으로는 사과와 오렌지가 한데 뒤섞여 있는 것처럼 심리적 역동의 배열이다. Reichers(1985)와 특히 Becker(1992)의 연구는 몰입의 기반(애착에 관한 심리적 동기)으로부터 몰입의 대상(우리가 몰입한 그 사람)을 분리하는 현명한 방법을 보여 주었다. O'Reilly와 Chatman(1986)이 논의했던 것처럼, 조직에 대한 개인의 애착에 있어 다른 심리적 기반들은 사람들에게 전적으로 다른 결과적 역동을 낳는다.

조직몰입의 과거, 현재 그리고 미래

자신의 고용주에게 몰입하는 것은 현명하고 적절한 행동이라는 것이 이전 세대의 많은 사람들 사이의 신념이다(Randall, 1987). 도구적인 이점이 발생하는 것이 아니라면 조직몰입은 그 자체로 어떻게든 도덕적이기 때문에, 조직몰입이 도덕적이라는 것은 자명한 것 같다. 이런 감성은 『조직 인간(The organization man)』(Whyte, 1956)이라는 1950년대 중반의 중요한 책에 잘 요약되어 있다.

북아메리카에서 간헐적인 경제 불황과 그에 따른 정리해고, 삭감, 감량경영 그리고 경제 불황에 수반하는 '규모의 적절화(right-sizing)'를 경험한 일부 세대들은 그들이 조직몰입에 대해 가졌던 일반적 가치에서 변화를 가져왔다. 예를 들어, 25년 전 직무 동기와 몰입의 영역에서 영향력 있는 세 명의 미국 학자는 북아메리카의 직원들에게서 회사에 대한 몰입의 뚜렷한 감소가 있을 것이라고 예측했다. 그들이 언급한 이유

중에는 그들은 더 많은 사람들이 직업을 원하고, 그보다 더 많은 사람들이 좋은 직장을 원하고, 개인의 성장과 자유에 대한 욕구의 증대, 즉각적인 욕구 충족에 대한 더 큰 기대, 삶에서 일 이상의 요구, 과거보다 대안적인 직무들에 대한 개선된 인식, 그리고 흥미롭게도 낮은 몰입이 적합하다는 사회적 수준의 승인이 있었다. 만약 높은 조직몰입을 거부하는 사회적 규준이 형성되었다면, 더 많은 사람들이 그렇게 하는 것에서 자유로움을 느낄 것이다(Mowday, Porter, & Steers, 1982).

몇 년 후, Baruch(1998, p. 136)는 일하는 사람들의 종합적인 기대가 전통적 가치에 부합하는 조직몰입을 부쉈다는 것을 주장하는 글을 썼다. "최근 기업이 직원을 대하는 방법에서 보여 주는 절차와 개선 사항들은 전통적인 조직몰입의 개념이 새로운 시대의 경영 및 산업과 관련된 체계에 적합한지에 대한 의심을 증가시켰다." 첫째, 그는 (조직으로부터) 직원들에 대한 조직의 몰입이 조직이 직원들로부터 답례로서 기대할 수 있는 몰입에 대한 주요한 인과적 요소라는 것을 강조했다. 더욱이 전자(직원에 대한 조직의 몰입)가 감소할수록—Baruch가 글을 쓰기 몇 년 전부터 이런 감소가 발생했다—후자(조직에 대한 직원의 몰입) 역시 감소할 것이고, Baruch는 둘 모두가 이후 수년간 지속적으로 감소할 것이라고 예측했다. 이 논의를 기반으로, Baruch(1998)는 조직몰입은 개인 그리고 조직의 긍정적인 결과의 결정 요인으로서 중요성이 줄어들 것이라고 주장했다. 그는 조직몰입이 조직의 성과에 미치는 확실한 영향력이 1970년대 초반이나 1980년대 초반에 실시된 것보다 1980년대 후반에 실시된 연구들에서 더 낮았다는 것을 보여 주기 위하여 다른 연구자에 의해 진행된 3개의 메타분석 결과를 인용하였다. Baruch(1998)에 따르면, "요즘 이루어지고 있는 조직몰입 개선을 위한 실무는 막바지에 다다랐다." 조직몰입이 본질적으로 중요하지 않다는 것은 아니지만, 그것은 10년 전에 그랬던 것보다 조직의 성과를 설명하는 데 훨씬 덜 유용해졌다. 생존을 위한 욕구는 충성심이라는 부드러운 가치를 넘어섰다.

Baruch(1998)에 대한 반응에서, 몰입에 대한 초기 연구에서 주요 연구자 중 하나인 Mowday(1998)는 부분적으로 직원에 의한 조직몰입이 조직 성공의 요소로 중요하게 기여하고 있고, 많은 조직이 나쁠 때뿐만 아니라 좋은 때도 사람을 해고하는 것을 계속한다는 사실에도 불구하고 몰입 요소의 근본적인 중요성은 약해지지 않을 것이라는 글을 썼다. 그는 직원의 조직몰입과 직무열의를 개발하려는 목적을 가진 '높은 수행 관리 체계'(7장을 보라)의 발전이 조직 수준의 수행에 효과적임을 증명했다(Benson,

Young, & Lawler, 2006; Combs, Yongmei Liu, Hall, & Ketchen, 2006; Pfeffer, 1998을 참고하라).

과거 20년에 걸쳐 몰입의 개념을 옹호했던 두 학자 Meyer와 Allen(1997)은 대부분의 작은 조직들이 그들의 생존과 성공을 위해 필요한 힘과 시민 행동을 보여 줄 헌신적인 구성원들로 이루어진 핵심 집단에 특히 의존한다는 것을 강조했다. 둘째, 비록 많은 조직이 업무의 상당량을 다른 조직에 외주를 준다고 할지라도, 역시 이 외주 조직에 소속된 직원들의 몰입에 대해서도 고려해야만 한다. "인정하건대, 더 짧은 기간 동안 조직 자체보다는 프로젝트 계약에 초점을 두는 몰입은 다를 수 있다."(Meyer & Allen, 1997, p. 5) 마지막으로, Meyer와 Allen(1997)은 사람에게서 몰입은 자연스럽게 발달한다고 주장했다. 어떤 것에 몰입하지 않는다는 것은 소외되는 것이다. 따라서 고용주에게 몰입하지 않는 직원들은 취미, 교회, 친구, 직무, 직업과 같이 몰입할 다른 만족의 근원을 자연스럽게 찾을 것이다. 그리하여 조직몰입 자체는 쇠퇴할지라도, 다양한 형태의 몰입을 이해하고자 추구하는 것은 사회과학자에게 여전히 중요한 문제로 남아 있을 것이다.

결론: 조직몰입의 밀물과 썰물

본 저자는 삶의 중요한 주제에 대한 학생들의 태도 변화를 관찰하며 35년 넘게 북아메리카 경영학과에서 학생들을 가르치고 있다. 대부분의 주제 영역에서 가치는 진자 운동처럼 움직이고 몰입의 주제도 예외 없이 그러하다. 30년 전, 고용주에게 몰입하는 것이 어리석다고 말하는 것은 경영학과 학생들에게 이상한 문제처럼 여겨졌다. 하지만 최근에는 대학을 떠나 처음 직장에 들어간 젊은 사람들이 충성과 몰입의 주제를 충분히 알게 된 것처럼 보인다. 이 학생들 중 대부분은 조직의 가혹하거나 성의 없는 대우의 희생자가 누구인지 알게 되었다. 대부분 인원 감축, 합병 그리고 또 다른 생존을 위한 기업의 필요성 때문에 사람들이 해고된다는 것을 알게 되었다. 고용주로부터 몰입을 기대하는 것이 현명하거나 숭고한지에 관계없이, 그리고 고용주가 직원들로부터 충성심을 기대하는 것이 공정한지 아닌지에 상관없이, 이것들은 모두 우리가 가지고 있는 가치에 근거한 의견 차이일 뿐이다.

북아메리카 고용주들은 그들의 지역에서 옛날에 자신이 가졌던 것처럼 직원들의 몰입을 상기해 내기 위해 노력하는 것처럼 보인다. 경영 문헌과 기사들은 요즘에 몰입이라는 단어를 거의 사용하지 않지만—요즘에는 직원 애착, 열의 그리고 내면화 같은 용어로 사용된다—이런 개념들은 상당 부분 오래된 와인을 새 병에 담은 것이다(오랫동안 있어 온 개념을 새 이름으로 표현한 것일 뿐이다). 그것들의 현재 목적은 (좋은) 직원들을 직무에 행복해하고 창조적인 태도를 유지하도록 하며, 결근이나 지각, 또는 이직 의도를 낮게 유지하는 것이다. (이런 새로운 구성개념들의 일부를 요약한 Mitchell et al., 2001의 학술 논문을 보라.) 저자는 단지 독자들이 몰입과 그로 인한 비용 및 혜택에 관한 문제에 지속적으로 관심을 가져 주기를 희망할 따름이다.

우리는 이제 직무관여라는 유사한 직무 관련 태도에 대한 연구로 넘어간다.

직무관여

직무행동과 관련해 상당한 관심을 받는 세 번째 심리적 구성개념은 **직무관여**(job involvement)로 불린다. 이 개념을 정의하고, 직무만족과 내재적 동기와 같은 관련된 구성개념들로부터 구별하려는 많은 시도가 있었다(Lawler & Hall, 1970; Lodahl & Kejner, 1965; Saleh & Hosek, 1976). **직무관여**(간단히 정의하자면)는 개인의 일과 자기개념 간의 관계 강도와 관련되어 있다.

직무관여의 정의

특히, 다음과 같을 때 그 사람이 자신의 직무에 관여되었다고 말한다.

- 그 사람이 직무가 동기를 유발하고 도전적임을 알게 되었을 때
- 그 사람이 자신의 일에 전반적으로, 특정 직무에, 그리고 조직에 몰입해서 자신의 위치를 떠나는 것을 덜 고려하게 될 때
- 그 사람이 자신의 직무와 수행에 대해 피드백을 얻는 등의 방식으로 동료와 가깝게 관련되어 있을 때(Brown, 1996)

최근 스웨덴에서 있었던 연구(Hallberg & Schaufeli, 2006)는 직무열의(work engagement, 직무를 즐기고 에너지를 느끼는 긍정적인 감정으로 정의된)와 앞서 논의한 조직몰입으로부터 구별하여, 직무관여의 고유성을 확인했다.

직무관여가 높은 사람은 자신의 일에 집착적일 수 있다. 그들은 수행을 잘못했을 때 기분이 언짢음을 느낀다. 그들은 업무와 관련해 자신을 알아주는 타인을 좋아하고, 자신이 업무를 잘 해낸다고 생각하는 타인을 좋아한다. 높게 직무관여된 사람에게는 일이 인생에서 가장 중요한 것은 아니더라도 적어도 가장 중요한 측면들 중 하나다. 직무관여된 사람은 자신의 일에 더 만족하고(Gorn & Kanungo, 1980), 더 내재적으로 동기화(Lawler & Hall, 1970)되는 경향이 있다는 몇 가지 증거가 있다. 그러나 관여, 만족, 내재적 동기는 구별되는 구성개념(Lawler & Hall, 1970)이라는 점을 반복할 필요가 있다. 게다가 이 구성개념은 그 자체로 그의 고용주가 아니라 그의 직무에 몰입하는 것을 말한다. 그리고 이러한 몰입의 두 가지 형태는 단지 서로 조금만 관련되어 있다(Stevens, Beyer, & Trice, 1978; Weiner & Vardi, 1980).

직무관여의 원인/선행요인

직무에 대한 개인의 관여 수준을 결정하는 것은 무엇인가? 몰입의 결정 요인들이 그러한 것처럼, 많은 연구들은 개인과 조직 모두의 특성이 고려되어야만 한다고 제안하였다. 예를 들면, Rabinowitz와 Hall(1977)은 직무관여가 개인의 성장욕구의 강도(7장을 보라)와 '프로테스탄트 직무윤리'에 대해 가진 신념의 강도와 상관이 있다는 것을 발견하였다. 그리고 사람들이 업무를 지속하는 시간 역시 직무관여와 긍정적으로 관련되어 있다. 다른 연구에서는 자신의 직무가 가장 현저한 욕구(내재적이든 외재적이든 상관없이)를 만족시킨다고 생각하는 직원은 그때 당시 수행하고 있는 직무뿐만 아니라 일 자체에 전반적으로 더 높게 관여되어 있었다(Gorn & Kanungo, 1980). 세 번째 연구에서 직무와 관련된 의사결정에 더 많이 참여하는 직원이 그 직무에 더 많이 관여된다는 것을 발견했다(Siegel & Ruh, 1973).

요약하자면, 자신의 직무에 대해 느끼는 몰입의 수준은 사람들이 가진 욕구와 직무 및 직무 장면의 다양한 특징이 가지는 가치의 상호작용에 의해 결정된다. 결과적으로, 우리는 적절한 조직 정책과 절차의 제정을 통해 직무관여를 어느 정도 조작할 수 있다고 가정할 수 있다.

적절한 직무관여의 결과변인

몰입에 대해 논의했듯이, 우리는 직무관여가 과연 좋은 것인지 궁금해할 수 있다. 그리고 앞서와 같이, 우리는 그 질문에 대한 대답이 누구에 대한 것인지에 따라 달라질 것이라 결론 내려야만 한다. 직무관여된 직원은 덜 직무관여된 직원보다 그들의 직무에 더 만족하는 경향이 있다(Cheloha & Farr, 1980; Gannon & Hendrickson, 1973; Gorn & Kanungo, 1980; Lawler & Hall, 1970). 마찬가지로, 직무관여된 직원은 조직에 대해 조금 더 만족하고(Schwyhart & Smith, 1972), 조직에 더 몰입하며 결근을 적게 하는(Cheloha & Farr, 1980) 경향이 있다는 지지적인 증거가 있지만, 초기에 언급했듯이 그 변인들 사이의 영향력 관계는 혼재되어 있고, 오직 중간 수준의 강도를 띤다(Gorn & Kanungo, 1980). 이것은 직원들이 직무를 즐기기는 하지만 완전히 관련되어 있지는 않다는 것을 의미한다. 또는 사람들은 자신들의 직무에 매력을 느끼고 그것을 즐기지만, 그들이 일하는 조직에 아주 몰입하지는 않는다고 할 수도 있다. 이것은 종종 관리직, 전문직, 기술직, 그리고 다른 매우 숙련된 직원의 경우에 해당한다. 장비와 물자가 부족하고 예산이 매우 제약된 상태에서 일하는 의사들은 자신들의 직무에 매우 불만족하고, 그들이 일하는 병원에 완전히 몰입하지 못했지만, 단지 자신이 선택한 의학 전문가라는 직무에 지칠 줄 모르고 몰입해 있는 것이다.

직원의 노력과 수행에 대해 직무관여는 어떤 관계를 갖는가? 이 주제를 다룬 연구는 극히 적기 때문에 이에 대한 언급은 많은 주의를 요한다. 한 연구는 수수료를 받고 일하는 보험설계사 집단에서 직무관여와 자기보고 방식으로 측정한 노력 및 수행 수준(급여의 형태로 측정한) 측정치를 통해 중간 정도의 상관이 있음을 발견했다(Gorn & Kanungo, 1980). 사실상, 초기에 보고된 모든 연구들이 변인들의 원인과 결과를 동시에 측정해 인과적인 추론을 불가능하게 하는 횡단적 방식으로 이루어졌음을 강조할 필요가 있다.

예를 들면, 직무가 그들에게 제공하는 충족감 때문에 자신의 직무에 높게 관여된 직원이 그들의 직무에 더 많은 노력을 들이는 경향이 있는 것일까? 또는 반대의 경우는 어떠한가? 즉, 직무에 대한 헌신이 숙달과 역량감 및 성취감을 가져오기 때문에 더 높게 관여된 직원이 그들의 직무에 더 만족하게 되는 것인가? 가장 그럴듯하다고 할 수 있는 것은 직원, 직무 및 조직의 어떤 특징이 몰입, 만족 및 관여의 수준을 결정하는 원인일 수 있다는 것이다. 즉, 그런 특징들은 사람들의 수행 수준에 영향을 주기도 하고 받기도 한다. 그러므로 관리자는 개선된 정책 및 실무의 주의 깊은 적용을 통해 일련의 사건들과 연관성에 영향을 미칠 수 있다. 하지만 그것들이 이런 다양한 결과 변인들에 미치는 영향을 직원들의 특성들이 제약(또는 강화)할 수도 있다.

쉽게 말해, 직무관여라는 구성개념은 사람들이 자신의 직무를 얼마나 심각하게 고려하는가를 말한다. 그러므로 낮게 직무관여된 사람보다 높게 직무관여된 사람은 자신의 직무에서 맞닥뜨리는 스트레스 유발 요인들이 '자신을 괴롭히도록' 허용하여, 안녕을 더 해치게 하는 경향이 있다. 사실, Frone, Russell과 Cooper(1994)는 이것이 가능할 것이라고 제안했다. 일반적으로 건강을 해치는 것과 관련된 일군의 사회학적 변인들을 통제한 후에 그 연구자들은 직무관여가 직무 스트레스 유발 요인과 직원의 건강 간 관계를 악화시키는 것을 발견했다. 비록 연구된 다양한 종속변인들(우울, 음주, 신체적 증상과 같은)마다 혼재된 결과를 보여 주었지만, 그 결과들은 직무관여 구성개념에 대한 우리의 이해뿐만 아니라 상식과도 일치한다. 특히, 만약 사람들이 직무를 수행함으로써 생겨나는 긴장을 줄이고 스트레스를 완화시키도록 설계된 프로그램에 몰입하지 않는다면, '자신의 일과 함께 먹고, 숨쉬고, 자는' 사람들은 건강상의 문제에 더 취약해 보일 것이다. 특히, 자신의 일에 극단적으로 몰입한 사람들은 어떤가? 흔히 **일중독자**(workaholic)로 불리는, 자신의 일에 중독된 사람의 예를 살펴보자.

일중독: 극도의 직무관여와 몰입

직무관여가 주는 이점에 관한 논의를 마치기 전에, 우리는 몰입의 극단적인 수준처럼 직무관여의 극단적인 수준이 직원에게 불행한 결과를 가져올 것인지 알아볼 필요가 있다. 일반인들은 조직과학자들에 의해 직무관여라 이름 붙여진 구성개념을 **일중독성**(workaholism)이라고 부르곤 한다. 일중독성이란 무엇인가?

Aziz와 Zickar(2006)는 일중독성이 적어도 세 가지 요소를 포함하는 **증후군**으로 여겨질 수 있다고 하였다.

- 일에 대한 과도한 관여
- 일에 대한 강한 열망(내재적 동기)
- 일의 즐거움 결여

일중독자로 분류된 사람들은 지인들이 그들을 일중독자라 여길 수 있듯이 자기 자신도 그렇게 생각할 가능성이 있으며, 상대적으로 삶의 만족과 일-생활 균형 수준도 낮을 수 있다.

이 주제에 관한 초기 연구에서, Killinger(1991)는 열심히 일하는 모든 사람이 일중독자는 아니라고 지적했다. 그녀는 "일은 우리의 안녕에 필수적이다. 우리는 일을 통해 스스로를 정의하고, 강점을 개발하며, 사회적인 위치를 갖는다. 일은 우리에게 만족과 성취감, 문제를 극복하는 전문성을 준다. 또한 일은 우리에게 방향감각을 주고, 도달할 목표와 극복할 장애물을 준다." (p. 5)라고 강조했다. 여기에 추가로 Friedman과 Lobel(2003)은 '행복한 일중독자'는 자신의 일을 정말로 많이 사랑해서 일에 많은 시간을 할애할 때 자신의 진짜 가치를 느끼는 사람들이라고 했다. 일과 일 이외의 것 사이의 '균형'의 개념은 그러한 진정성이 기준이 되어야 한다. 이를 통해 사람들은 자신의 가치와 조화를 이루는 방식으로 일과 일 이외 영역에 자신의 시간을 적정하게 분배하도록 고무되어야 한다.

Killinger(1991)에게 **일중독**(work addiction)은 다른 문제다. 그것은 보통 중산층의 경제적 필요성에 쫓기는 사람에게서 일어난다. 일중독자는 "감정적으로 점차 제 기능을 못하게 되며, 통제감과 성공을 획득하려는 강박적 추동으로 인해 통제력과 권력에 중독된 사람" (p. 6)이다. 그런 사람들은 경쟁적이고 열심히 오래 일하는 것에서 '확실한' 명성, 인식, 성공을 얻기를 원한다. 이런 확실성이 없다면, 일중독자는 분노, 상처, 죄책감, 두려움의 형태로 고통을 느끼게 된다. 일하는 것은 단지 직무를 대하는 것 이상의 마음 상태가 된다. 그 사람들에게 일한다는 것은 책임감을 과도하게 부풀리고 타인과의 친밀감에서 멀어지게 만든다(Killinger, 1991).

일중독자는 일하기 위해 사는 사람이다. 그들은 휴일과 휴가 기간에 놀듯이 그들의 일을 계획한다(Killinger, 1991). Machlowitz(1980)는 성인 인구의 약 5%가 일중독자라고 추정했지만, 일중독자에 대한 대부분의 정의에 따르면 이런 사람들은 실직하지 않는 편이기 때문에 산업 인력 중 일중독자의 비율은 아마 더 높을 것이다. 비록 열심히 일하는 모두가 일중독자라고 할 수는 없지만, 일중독자는 열심히 일하는 사람이다. 그들은 자신의 삶을 직무를 중심으로 계획하고 또한 그렇게 하는 것을 좋아한다. 남녀 모두 일중독자가 될 수 있지만 여성 근로자가 직면한 어려움은 남성 일중독자가 직면하는 것과는 사뭇 다르다(그리고 때때로 더 안 좋다). 많은 일중독자들은 자신의 건강에 해로운 수준으로까지 조직의 효율성에 기여하지만(Caplan & Jones, 1975) 그렇게 하는 것에 신경 쓰지 않고 종종 자각하지도 못한다(Killinger, 1991).

저자는 일중독자에 대해 여기에서 정의한 것을 가지고 사람들의 조직몰입과 직무관여에서 일중독 경향성의 비율을 알아본 어떠한 연구도 찾을 수 없었다. 일중독자에 대한 연구는 자신이 좋아하는 것을 위해 열심히 일하는 사람들은 자신의 조직이나 직업 또는 그 둘 다에 대한 높은 몰입에 따라 일한다는 것을 보여 준다. 사실, 이 현상의 정확한 기원을 아는 것은 일중독성으로 인해 괴로운 사람과 그들이 사랑하거나 함께 일하는 사람들에게 미치는 부정적인 결과들보다 중요한 것은 아니다.

일중독의 유형

Fassel(1992)에 따르면, 일중독자에는 적어도 네 가지 범주가 있다. 독자는 범주의 이름, 범주에 속하는 사람들의 특징, 중독을 표현할 때 흔히 사용되는 명사와 동사, 중독과 관련된 다른 본질과 과정들 사이의 유사성에 주목할 것이다. 단순히 모든 시간을 일하는 데만 집중하는 **강박적인 작업자**(compulsive worker)가 있다. 이 범주는 우리가 생각하는 대부분의 일중독성에 해당하는 영역이다. 이 범주에 속하는 일중독자는 항상 일을 하는 것에 대해 관심을 가지기 때문에 길고 어색한 시간을 유지하고, 휴가 계획을 세우지 못하고, 일을 벗어난 삶의 계획을 세우는 경우가 거의 없다. 그러나 Fassel(1992)에 따르면, 이 사람들만이 일중독자의 유일한 범주는 아니다.

일을 할 때, 심지어 아주 짧은 시간에도 과도하게 일하는 사람인 **폭주적 작업자**(binge worker)가 있다. 일이 마무리되어야 할 때는 온통 일에 사로잡혀 있고, 그 일을 끝마치기 위해 강박적으로 열중한다. Fassel은 이런 패턴을 폭음하는 사람들에 비유했는데, '축적했다가' 삶에 다른 것은 없는 것인 양 뿜어내듯 일하기 위해 직장으로 간다.

세 번째 범주는 Fassel(1992)이 **밀실 작업자**(closet workers)라고 말한 일중독자다. 이 범주에 있는 사람들은 자신의 작업 양식에 관해 뭔가가 잘못되고 있다는 식의 "사소한 것에 대한 반복적 걱정" (p. 20)을 하고 있다. 그들은 스스로를 바꾸겠다는 약속을 하는 경향이 있지만, 약속을 거의 유지하지 못한다. 그들은 알코올중독자가 옷장, 지하, 구석 등 잘 안 보이는 곳에 술병을 감추는 방식과 비슷하게 일과 관련한 서류들과 문제를 숨겨 둔다. 그들은 '휴가' 중에 있을 때처럼, 종종 일하지 않는 척하지만, 일에 대해 생각하고 꿈꾸고 계획을 세운다. 그들은 휴식을 취하거나 일을 하지 않는 것으로 여겨질 수 있는 장소나 활동을 하는 것과 관련되는 박물관, 도서관 및 체육관에 휴대전화를 들고 가는 유형의 사람들이다. 그들은 기본적으로 자신의 우선순위에 대해 정직하지 못하고, 그런 우선순위 사항에 다른 것들을 관련짓는 속임수를 쓴다.

Fassel(1992)에 의해 확인된 일중독자의 네 번째 범주는 **일 거식증**(work anorexics)으로 명명되는 사람들이다. 그들은 마치 (과식자들과 비슷하게) 문제를 피하는 방법이 무엇이든 하는 것이 아니라는 것처럼 행동하는 사람이다. Fassel(1992, p. 23)에 따르면, 그들의 명목은 "나는 내가 하는 일에 있어 정말 뛰어나지만, 그렇게 하지는 않는다." 이다. 그들은 중독을 피하기 위해, 그것은 자신들에게 문제가 아닌 척하기 위해 그들이 할 수 있는 모든 것을 하다 보니, 일은 이들에게 중독이 된다. 그들은 꾸물거리고, 그 꾸물거림에 대해 죄책감을 느낀다. 그래서 그들은 지각선, 마감 기한, 그리고 체면을 살리고 살아남기 위해 결과물을 내놓아야만 하는 압박하에 스스로를 데려다 놓는다. 일정하게 진행하는 것과 할당하는 것은 한번에 해결해야만 하는 비상사태의 스릴을 제공하지 못하기 때문이다. Fassel(1992, p. 24)에 따르면, 그들은 "지금 닫히고 있는 문 아래로 미끄러지는 것"을 좋아한다.

여기에 어떤 문제가 있을까? 국가 경제가 스스로를 지탱하고 경쟁력을 갖추기 위해 작업 집단을 동기화하는 것에 매우 신경 쓰고 있는 상황에서, 우리는 다음과 같이 물을 수 있다. 일중독성은 과연 좋은 것인가? 이 주제에 관한 사반세기 동안의 연구와 글들은 상반되는 결과들을 혼재하여 제시하였다(Fassel, 1992; Killinger, 1991; Machlowitz, 1980; Oates, 1971을 보라). 일중독자가 없으면, 많은 조직은 그들이 하는 일이 효율적으로 기능하지 못했을 것이다(Oates, 1971). 일중독자들은 다른 사람들의 실수를 보완하기 위해 항상 그곳에 있다. (물론 그것은 또한 종종 많은 문제의 원인이기도 하다.) 그들은 흔히 타인의 낮은 몰입을 보완한다. 그들은 다른 사람들이 피하는 직무를 열정을 갖고 공격적으로 수행하는 사람들이라 여겨질 수도 있다. 그들은 경영진이 '본전을 뽑을 수 있을 만한 가치'가 있다고 느낄 만큼 열심히 일한다. 이 책을 읽고 있는 모든 사람들은 적어도 한 명의 일중독자에 관해서뿐만 아니라, 어떻게 직무 장면에서 그 일중독자 주변의 사람들이 그 사람에게 점점 더 의존하게 되는지를 알고 있을 것임에 틀림없다.

일중독자에 대한 연구자들 사이에는 그들이 건강하거나 정상적인지에 대해 오랫동안 이견이 있어 왔다. 예를 들면, 초기 권위자는 일중독자가 일반적으로 건강하고 행복한 사람이라고 주장했다(Machlowitz, 1980). 같은 이유로, 만약 그들이 어떤 사회적 또는 직업적 질병 때문에 괴로움을 겪는다면, 일중독자는 흔히 동정을 받거나 또는 심지어 경멸의 대상이 된다. 예를 들면, Schwartz(1982)는 직무관여를 신경적 강박/충동의 발현으로 정의한 반면, Schaef와 Fassel(1988)과 Fassel(1992)은 일에 극도로 관여되는 것은 "다른 중독의 모든 공통적인 특성들을 포함하는 중독 과정"이라고 표현하였다. Schaef와 Fassel(1988)과 Fassel(1992)에 따르면, 이런 증상은 혼란, 자기중심성, 비정직성, 완벽주의, 통제에 대한 몰두, 냉담함, 윤리적 타락, 스트레스, 낮은 자기존중감, 이완하지 못함, 우울, 부정론 등 다양한 형태의 부적응을 포함한다. 일중독성은 결혼생활을 망치는 주된 원인이기도 하다. 그것으로 인해 고통받는 많은 사람들에게는 평범한 종교 경험이 대안이 된다(Killinger, 1991).

흔히 대부분 모든 유형의 중독은 부인(denial)을 많이 사용한다. 그들은 자신이 틀리지 않았고 문제가 없다고 주장한다(Fassel, 1992; Killinger, 1991). 일중독에 대해 저자의 친구가 내놓은 흥미로운 의견은 "나보다 일을 더 열심히 하는 사람은 일중독자다."라는 것이다. 다른 말로 하면, 열심히 일하는 사람들에게 그들이 설정하는 속도와 성취하려는 목표는 그들에게 어떻게든 '정상'으로 정의된다. 이런 기준을 현저하게 넘어서는 사람은 누구건 전형적으로 비정상인 일중독자로 정의된다.

일중독자는 전형적으로 행동과 상호 관계가 정상적인 경우로부터 벗어난 문제 있는 가족으로부터 기인한다. 흔히 이런 가족은 알코올 또는 약물과 같은 것을 남용하거나 성, 완벽주의 또는 질서 정연함과 같은 것들에 중독되는 특징이 있다(Killinger, 1991). 사실, 일중독성은 흔히 미성숙한 성인의 알코올중독과 같은 '선택의 중독'이다(Schaef & Fassel, 1988). 전형적으로 이런 사람들은 인간관계보다 일에서 더 능숙하다. 그래서 Fassel(1992)과 Schaef와 Fassel(1988)에 따르면, 그들은 일을 그들의 삶으로 느낀다—너무 많이. 그러므로 극도로 일에 중독된 직원은 결코 건강하지 않다.

Machlowitz(1980)는 일중독자들이 자신의 직무에 오랜 시간 동안 노력을 집중시키기는 하지만 다양한 이유로 종종 매우 저조한 수행자인 경우가 많다고 주장한다. 한 가지 이유는 그들이 다른 사람에게 책임을 넘기는 것에 태생적으로 거부감이 있다는 것이다. 그들은 통제를 유지하기 위해 고집을 부리고 일반적으로 모든 일을 스스로 한다. 결과적으로, 그들은 흔히 스스로를 너무 폭넓지만 얕게 펼쳐 두고 너무 많은 시간을 일하느라 보내는데도 불구하고, 모든 것에 효율적으로 집중할 수 없을 만큼 너무 많은 과업을 한다. 일중독자는 종종 그들이 반드시 필요하다는 인상을 만들고 발전시키려고 시도한다(책임을 위임하는 것에 대한 거부감 때문에, 종종 이런 경우가 생긴다). 그러나 그들은 실제로 해낼 수 있는 것보다 더 부산스러운 행동을 한다. 게다가 일중독자는 자신들 주변의 일에 완전히 몰두하지 않은 사람들에게 위협을 가하거나 화를 내는 경향이 있다. 일에 중독된 관리자는 부하직원들을 처벌 없이 압박하고, 종종 스트레스는 높게, 직무만족은 낮게 만드는 원인이 되어 때때로 능력 있는 직원들을 쫓아내 버린다. '정상'적인 속도로 일할 때보다 높은 수준의 에너지를 소비할 때 높은 수준의 효율적인 수행을 가져온다고 믿을 만한 근거는 없다. 일중독자는 종종 일의 우선순위에 대한 시각을 잃곤 한다. 그들은 모든 것을 하려고 시도하지만, 그들이 실제로 성취하는 것은 거의 없다. 시간과 일정에 대한 그들의 강박은 흔히 시간의 주인이 되는 데 실패하게 만든다. 그들은 회의에 자주 늦고, 흔히 회의 중간에 떠난다는 특징이 있다. 8장에서 논의했던 개념들을 다시 제시하자면, 일중독자는 직무 또는 그 이외의 그들의 주변 사람 모두를 좌절하게 만드는 주요 원천이다.

Fassel의 연구는 일중독이 생리학적(또는 '물질') 수준 그리고 과정 또는 활동 수준 모두와 관련되기 때문에 특히 해로운 형태의 중독을 유발할 수 있음을 보여 주었다. 그 물질은 아드레날린으로 사람이 압박하에 있을 때 급격하게 증가한다. 그 과정은 노력하고 시간을 들여서 제시간에 끝마쳤을 때 얻는 성취의 전율을 느끼는 행동으로부터 온다. 이 주제를 다룬 다른 연구자들처럼, Fassel(1992)은 그 상태를 다른 중독들에서 보이는 특징과 문제들을 상당 부분 공유하는 중독의 다른 형태로 범주화했기 때문에 **일중독성**과 **일중독**이라는 용어를 상호 교환적으로 사용했다. 그렇다면 다른 물질과 과정에 대한 중독과 유사한 일중독의 증상들로는 무엇이 있을까?

Fassel은 일중독성이 사람을 파괴할 수 있다는 점에서 다른 중독과 같다고 주장했다. 앞서 언급한 증상들의 결합은 궁극적으로 입원, 신체 질병, 죽음을 가져올 수 있다. 일중독자는 위장병, 알코올중독, 신체적 피로, 과도한 흡연과 섭식, 불면증, 심지어 자살을 부르는 사건 등을 통해 죽음에 이를 수도 있다. Fassel(1992)은 우리 사회에서 그 증후군이 특히 여성, 그중 가정 밖에서 직업을 유지하고 성취하는 여성에게 특히 위험할 수 있다고 주장했다. "여성의 일은 결코 끝나지 않는다." (p. 53) 하지만 그녀가 인정한 것은 많은 남성도 일중독자가 된다는 점에서 일중독은 성 중립적이지만, 그들에게 부과된(또는 그들이 스스로에게 부과하는) 특정 과업과 역할 기대는 유형면에서 다름에도 불구하고 일중독의 궁극적 효과는 다르지 않을 것이라는 점이다. Fassel(1992)에 따르면, 우리 문화권에서 많은 남성들은 태생적으로 우월하다는 자기 개념을 유지하고 충족해야만 한다. 그래서 뭔가를 제공하고 생산하는 추동은 일관적이고 흔들리지 않아야 한다. 지면의 제약 때문에 여기서는 이론과 연구 증거에 대해 완전히 다룰 수 없다. 이에 대해 흥미를 가진 독자는 Fassel(1992), Schaef와 Fassel (1988), Schor(1991)를 참고하면 된다.

그래서 결국 '일중독성이 좋은 것인가?' 라는 물음에 대한 현재의 보편적인 대답은 '아니다' 인 것 같다. 아마 더 적절한 입장은 Friedman과 Lobel이 제시한 주장일 것이다. 사람들은 그들 스스로와 다른 사람에게 '자신과 타인의 관점을 인정하는' 관점을 적용해 자신의 가치에 진정으로 진술해야만 한다.

요 약

직원의 직무태도(그리고 일에 대한 감정적 반응)는 그것을 가진 사람과 그들이 종사하는 조직 모두에게 중요하다. 비록 그 관계성은 다소 예측할 수 없을지라도, 태도는 직원과 조직 모두에게 긍정적이거나 부정적인 결과를 가질 수 있는 행동들을 유발한다(9장을 기억하라). 관리자는 때때로 그들이 보는 긍정적이고 부정적인 태도에 대해 극적으로 반응하기 때문에 종종 직원의 태도와 행동 간 연결이 실제 관계보다 강할 것이라고 생각한다. 어느 정도까지는 조직몰입과 직무관여가 필요하고 잠재적으로 직원과 고용주 모두에게 이익이 된다. 그러나 극도로 높은 조직몰입은 직원을 감정적으로도 직업적으로도 취약하게 만들고, 너무 높은 직무관여는 일중독성과 관련된 부정적인 결과를 가져올 수 있다. 지금껏 너무 높은 직무만족이 어떤 해로운 영향을 나타낸다고 밝혀진 적은 없지만, 그런 것이 성립하는 단계까지 도달하기에는 너무 오랜 시간이 걸릴 것으로 보인다.

이 장에서 논의한 다양한 직무 관련 태도가 오직 조직과학에 의해서만 연구되어 온 주제는 아니다. 직무만족, 조직몰입, 그리고 직무관여는 오랫동안 상당한 연구들의 주제였고 또한 중요하기 때문에 여기에서 논의하였다. 다시 말해, 이 세 가지 구성개념은 직원이 취할 수 있는 모든 태도를 포괄하지는 않는다. 여기에 제시된 방법으로 확인되고 서술된 이 구성개념들은 일에 대해 사람들이 가지는 무한히 많은 정신적이고 원초적인 반응 중 단지 세 가지일 뿐이다. 많은 면에서 이 개념들은 임의적이다. 그것들이 일하는 사람들의 마음속에서 발견 가능한 가장 흔한 또는 심지어 가장 중요한 태도를 표상한다고 말하는 사람은 누구인가? 요약하자면, 주의 깊은 독자는 이 세 가지 구성개념을 중요하게 여기겠지만 여러 면에서 그것들을 확인하고 논의한 연구자들과 학자들이 그러한 정신적 사건들을 표현하는 방식이 다양하다는 것을 알아차리게 될 것이다(Schwab, 1980)

개념들 간의 관계

비록 일과 관련된 다양한 형태의 태도는 서로 개념적으로는 구분된다고 여겨지지만, 실증적으로 그것들은 서로 상관이 있는 경향이 있다. 즉, 이 차원들 중 하나라도 높은 경향이 있는 사람은 상대적으로 다른 것도 높은 경향이 있을 것이다(Blau & Paul, 1993; Morrow, 1983, 1993). 700명 이상의 미국 남녀를 대상으로 한 연구는 직무만족이 직무관여에 유의미한 영향을 미친다는 것을 발견했지만, 그 반대 방향은 아니었다(Mortimer & Lorence, 1989). 비록 연구자들은 한때의 만족이 4년 후의 직무관여 수준을 예측하는 것을 보여 주지 못했지만, 그들의 횡단적 분석은 만족-관여의 인과관계가 비록 약해도 유의미한 것을 보여 주었다. 이런 문제들을 다룬 전형적인 많은 연구들이 있기 때문에 보고된 결과를 대표하여 이 연구를 언급했다.

사실, 실증적으로 관찰된 직무만족, 조직몰입, 동기 간 관계는 세 변인이 "직업 환경에 대한 일반적인 정서적 반응의 다소 구체적인 측면으로 여겨질 수 있다." (Mathieu & Zajac, 19990)라고 제안한 두 연구자들과 매우 일관적이다(비록 압도적으로 높지는 않지만). 반면에 앞서 언급된 더 최근에 스웨덴에서 수행된 연구(Hallberg & Schaufeli, 2006)는 사실 직무관여가 조직몰입 및 직무열의와 구분된다고 결론지었다.

몇몇의 직원은 고용주와 관련된 그들의 신념 및 태도와 직무에 대한 느낌을 구분할 수 없거나 구분하려 하지 않을지도 모른다. 이런 설명은 많은 장점을 가지고 있다. 조직연구자들이 연구 대상자에게 바라는 것처럼 우리가 연구하는 사람들이 모두 직무 관련 문제들에 대해 이지적이고 사려 깊은 것은 아니다.[15] 또 다른 설명으로는 조직연구자들이 이런 변인들 사이에 실제로 존재하는 어떤 관계를 찾기 위해 관련된 현상에 적절한 종단연구 설계에서 특정 시간 배열을 사용해 충분히 타당성과 정확성을 확보한 채 이 다양한 영역들을 측정할 수 없었기 때문일 수 있다는 것이다.[16]

저자는 이러한 두 설명에 포함된 진실을 의심한다. 자신의 직무에 만족하는 사람들이 감사의 마음이나 다른 특별한 이유 없이도 그들의 고용주에게 몰입할 것이라 여길 만한 수많은 직관적인 근거가 있을 수 있다. 인과관계가 다른 방식으로 작용할 수 있는 것이다. 어떤 이유든지 고용주에게 몰입한 직원은 자신의 일을 만족스럽게 보는 경향이 있을 수 있다(Mathieu & Zajac, 1990). 이 책을 통해 여러 번 지적했듯이 저자는 직무동기와 관련된 문제의 본질에 대한 직관적 진실은 행동연구자들의 정교하지 못한 도구로 인해 완전히 구분되지 못할 수도 있다. 따라서 이런 경우에는 비록 관계가 복잡하고 순환적일지라도 동기, 몰입, 그리고 다른 직무태도 변인들 간 인과관계를 기대할 만한 이유가 있다.

직무만족, 조직몰입, 직무관여에 대한 논의를 마치기 전에 간단하게 어떻게 이런 개념들이 현실에서 상호작용하는지 고려하는 것은 가치가 있다. 높은 직무관여(일을 위해 사는 사람을 의미)를 가지지만 예외적으로 현재 직무 상태 또는 회사에 불만족하는 직원이 되는 것을 생각해 보라. 높은 직무관여를 가지지만 직무가 없거나 오직 시간제 근무만이 가능한 사람의 경우를 생각해 보라. 이런 범주의 사람들은 아주 흔한데, 이후 몇 해 동안은 그들이 규준이 될 것이다. 그러면 사람들은 경력의 개념을 재정의할 것이고, 많은 사람들에게 단지 생존욕구에 대한 중요성이 증대되는, 즉 '할

15) 그럼에도 불구하고, 다른 범주의 작업자를 포함하는 최소 2개의 연구는 직무관여, 조직몰입, 직무만족이 서로 구분된다는 것을 발견했다. 즉, 연구에 포함된 사람들이 세 유형의 직무 관련 태도들을 구분한다는 연구를 수행한 것이다(Brooke, Russell, & Price, 1988; Mathieu & Farr, 1991).

16) 하지만 다소간 진전은 있었다. 한 연구는 몰입과 만족을 연결하는 4개의 적용 가능한 인과 모형을 검증했다(만족이 몰입을 일으키는 모형, 몰입이 만족을 일으키는 모형, 둘이 서로 관련된 모형, 두 개념 사이에 어떤 단순한 이변량 관계가 존재하지 않는 모형). 그 증거는 '몰입이 만족을 일으키는 모형'을 지지했다(Vandenberg & Lance, 1992).

필요가 있다면 어떤 일이건' 하는 쪽으로 회귀될 것이다(Bridges, 1994).

미리 보기

9장, 10장에서 우리는 직무동기와 행동을 이해하기 위한 인지적 접근을 소개했다. 9장에서 우리는 일반적 본질과 사람의 신념과 태도의 기능 및 행동에 대한 관계를 연구했다. 이 장에서 우리는 직무 관련 태도의 세 가지 중요한 유형인 만족, 몰입 그리고 관여를 다루는 과학적 연구를 조사했다. 직무태도는 조직에 합류, 이직, 잔류, 노동조합의 형성, 열심히 일하는 행동, 조직의 물건을 훔치는 행동, 기타 등등과 같은 직무 관련 행동을 촉발한다. 태도는 파악하기 힘들고 알아차리거나 직접적으로 관찰하기 힘들다. 그러나 직무태도는 직원의 작업행동에 흔히 강력한 선행요인이다. 직무태도는 3장에서 8장까지에서 다룬 욕구 기반 이론을 보완하는 직무동기와 행동을 이해하는 데 있어 중요한 개념적 기반이다.

다음의 3개 장에서, 우리는 9장에서 소개한 바 있는 인간 기능의 인지적 모형에 기반을 두는 세 가지 공식적인 직무동기 이론을 다룰 것이다.

11장 직무동기로서 형평성, 공평성 그리고 공정성

Thurow의 대답을 기억하라…
당신은 결코 회사로부터 공정성을 기대하지 않았습니다. 그렇지요?
그들은 잃어버릴 영혼도, 차 버릴 육신도 없습니다.
_ Reverend Sydney Smith

심판받지 않으려거든, 남을 심판하지 마라.
남을 판단하는 대로 너희도 판단을 받을 것이며,
남을 저울질한 만큼 너희도 저울질당할 것이다.
_ 마태오 복음서 7: 1-2

불공정만큼 잘 지각되는 것도, 잘 느껴지는 것도 없다.
_ Charles Dickens

다음의 상황(어떤 면에서는 가상적이지만, 다른 면에서는 매우 현실적인)을 상상해 보라. 당신은 작은 아이가 되어 높은 의자나 부엌의 식탁에 앉아 있고, 여동생이 건너편에 앉아 있다. 당신은 어머니가 오렌지 주스를 가지고 오는 것을 기다리고 있다. 다음으로 주스를 받아들고는 20초 이내에 당신의 동생도 주스를 받아든다. 여기서 잠깐. 동생이 주스를 받아들었을 때, 당신이 제일 먼저 한 행동은 무엇일까?[1)]

호혜성(reciprocity) 규범을 따르는 사람들 사이의, 그리고 사회조직 사이의 체계적인 상호의존은 사회를 유지하는 데 중요한 요소다. 사회적 상호작용의 본질은 교환이다. 빠르건 늦건, 어떤 수준에서, 사람들은 자신이 기여하고 제공한 가치에 상응하는 다른 재화와 서비스, 사회적 혜택을 받을 것이라고 기대한다(Gouldner, 1960;

1) 많은 아이들이 자신의 형제자매가 자신보다 많이 받았는지 적게 받았는지 확인한다. 어린아이들의 공정성 규범의 초기 발달에 관한 논의는 Damon(1977)의 3장, McGillicuddy-DeLisi, Watkins와 Vinchur(1994), 그리고 Thorkildsen과 White-McNulty(2002)를 보라.

Parsons & Shils, 1951). 사람들은 다른 이와 교류할 때 공정하게 대우받는 것을 좋아하고, 무엇이 공평하고 무엇이 불공평한 대우인지에 대한 규범을 발달시킨다.

직장은 사람들이 경제적 및 비경제적 이득을 얻기 위해 자신의 재능과 노력, 아이디어를 그 대가로 지불하고, 동시에 공평함과 불공평함에 관한 기쁨과 고통을 체험하는 곳이다. 보다 큰 사회적 규모에서 작동하는 호혜성 및 공평성 규범은 기업체, 관공서 그리고 다른 직장 상황 같은 경제 조직들의 기능에 있어 대단히 중요한 역할을 한다. 이 분야의 저명한 이론가인 Greenberg(1990)는 사람들이 스스로와 타인에게 공평하게 보이려는 강한 욕구를 갖고 있다고 하였다. 그리고 사람들은 이러한 인식을 형성하고 유지하기 위해 자기상(self-image) 관리에 긴 기간을 할애한다. 즉, Greenberg(1988b)는 관리자가 자신이 실제로 얼마나 공평한가보다 동료들에게 얼마나 공평해 보이는가를 더 중요하게 여긴다는 사실을 발견했다.

공평성 충동의 논리

왜 인간에게 공평성이 중요한 것일까? Cropanzano, Rupp, Mohler와 Schminke(2001)는 사회교환에서 형평성과 공평성의 규범에 대한 사람들의 관심에는 적어도 세 가지 구분된, 하지만 서로 연관된 이유가 있다고 제안하였다. 첫 번째 이유는 도구적인 개인적 이익의 규범과 관련된 것이다. 사람들은 장기적으로 자신의 경제적이고 사회적인 최고 이익을 달성할 수 있기 때문에 그 규범들을 따르려는 경향이 있다. 사람들은 지속적인 교환 관계의 결과로 재화와 서비스를 기대한다. 두 번째 이유는 첫 번째 이유와 조금 유사하지만, 인간의 사회적인 속성과 더 관련되어 있다. 이것은 우리가 서로의 생존과 번영을 돕기 위해 대인 간 신뢰에 기반을 두고 상호작용하려는 우리의 천성을 말한다. 이러한 관점에 따르면, 인간의 속성은 단순히 교환의 결과뿐만 아니라 교환 과정 그 자체에도 작용한다(Organ, 1990을 보라).

세 번째 이유는 Cropanzano 등(2001)에 따르면, '공정성에 이르는 길'이라고도 불리는데, 인간의 다른 근본적 특성(공평성, 존엄성, 정중함, 품위를 유지하려는 특성적 요구)에 기반을 두고 있다. 이 세 번째 이유는 도구적 가치와 이기적 동기를 넘어서는 추상적인 도덕 원칙과 가치에 기초하고 있다. 이는 Kant와 같은 예전 철학자들이 도덕성의 의무론적 관점으로 이름 지은, "옳은 것 그 자체를 위해 옳은 것을 행하라."는 인간의 경향성에 기반하고 있다. Cropanzano, Goldman과 Folger(2003, p. 1019)는 이러한 견해를 다음과 같이 요약했다.

> 공정성은 옳고 그름의 기준에 따라 대우해야 하거나 대우받을 만하게 타인을 대우하는 과정을 포함하고 있다. 다시 말해, 공정성은 부분적으로 결과, 과정, 그리고 대인 간 상호작용의 도덕성에 대한 판단이다. 이는 단지 경제적인 개인적 이득이나 집단에 기반한 정체성을 위해 작동하는 것이 아니라 사람들이 무엇을 윤리적으로 적절하다고 여기는가에 관한 것이다.

따라서 예를 들어, Turillo, Folger, Lavelle, Umphress와 Gee(2002)는 자신들의 연구에서 선행이 보상을 준다는 신념을 지지하지 않는 타인을 대할 때조차도 사람들은 어떻게 옳은 행동이라는 명목으로 자기희생을 할 수 있는지를 보여 주었다. Cropanzano 등(2001)은 형평성(equity), 공평성(fairness), 공정성(justice)의 규범에 관한 세 가지 본질적인 기반들에 대해 총체적으로 살펴보았고, Bies와 Moag(1986) 그리고 Cropanzano 등(2003)은 공평성과 공정성의 이러한 논리에 대해 다루었다.

Lind와 Van den Bos(2002)는 사람들이 삶에서 직면하는 불확실한 상황들을 관리하는 데 공평성이 기능할 수 있다는 것을 제안하면서 공평성의 중요성을 설명하는 또 다른 원리를 제시했다.

> 공평한 대우는 사람들이 불확실성을 다루는 데 도움이 된다. 그것은 그들이 궁극적으로 좋은 결과물을 받을 수 있다는 확신을 주기 때문이며, 또한 불안 요소를 줄여 주거나 공정한 도박 같은 즐거움의 가능성을 만들어 주기 때문이다. 반대로, 불확실성 속에서의 불공정한 대우는 특히 불길한 양상을 야기하고, 따라서 사람들을 더 어렵게 만든다.
>
> (Lind & Van den Bos, 2002, pp. 195-196)

Lind와 Van den Bos(2002)는 우리의 제시 범위를 뛰어넘는 포괄적인 논의를 제시했다. 그들의 논의는 징계, 정리해고(layoff), 해고(firing), 그리고 조직의 새로운 직무로의 발령과 같은 상황을 맞이했을 때 겪는 높은 수준의 불확실성에 직면한 사람들에게서 특히 공정한 대우가 어떻게 확연한 이점을 갖는지 이해하는 데 도움을 준다.

부당하고 불공평한 대우의 몇 가지 일반적인 결과

문헌은 사람들을 불공평하게 대우하거나 또는 불공평하거나 부당한 방식으로 대우받는다는 지각은 피해자, 지각된 그 불공평의 가해자, 그리고 불공평이 발생했다고 여겨지는 조직에 광범위한 역기능적 결과를 야기할 수 있음을 보여 준다.

예를 들어, 직장 폭력의 가해자는 흔히 그들이 불공평의 피해자라고 믿는다(Folger & Skarlicki, 1998; Leck, 2005). 오랜 기간 지속된 불공평이 우리의 건강에 악영향을 미친다는 경험적 증거를 보면, 소진을 야기하고(van Dierendonck, Schaufeli, & Buunk, 1998), 마음의 병을 일으키며(Tepper, 2001), 심장질환(Kivimäki et al., 2005)도 유발한다. 고용주가 불공평하고 형평에 어긋나는 대우를 한다는 느낌은 절도(예를 들어, Greenberg, 1993a, 2002), 사보타주(Ambrose, Seabright, & Schminke, 2002), 그리고 매년 미국의 경영과 산업에 몇 십억 달러의 비용을 초래하는 많은 다른 고의적인 일탈 행동들[2](Aquino, Lewis, & Bradfield, 1999)의 주요한 원인으로 작용한다. 침묵(Pinder & Harlos, 2001), 무단결근과 지각에서부터 이직까지의 범위를 아우르는 철회행동들은 직원이 직장에서 부당하고 불공평한 대우를 느껴서 발생할 수도 있다(Boswell & Olson-Buchanan, 2004; de Boer, Bakker, Syroit, & Schaufeli, 2002). 몇몇 이론가들과 연구자들은 분배 공정성(사람들 사이에 처벌과 보상의 분배)에 대한 문제들은 개인적 결과(예를 들어, 개인적 직무만족)와 밀접하게 관련되는 반면, 조직의 규칙과 절차에 대해 지각된 문제들(절차적 불공정성)은 직원들이 자신이 일하는 조직의 상층부와 조직 자체를 어떻게 평가하는지와 관련되어 있다(Colquitt et al., 2001; McFarlin & Sweeney, 1992를 보라).[3] 이 구성개념들 사이에서 더 미세한 차이를 살펴볼 것이다. 저자가 (불)공정성에 관해 다소 막연한 용어를 사용하는 목적은 독자들로 하여금 공정성과 관련한 현상들

2) Robinson과 Bennett(1995, p. 556)은 직원의 일탈을 "조직의 중요한 규범을 위반하고… 조직과 그 구성원의 안녕을 위협하는 의도적인 행동"이라고 정의하였다.

3) Colquitt 등(2001)은 조직에서의 공정성 이론의 발전에 관한 역사를 상세히 개관하였는데, 여기에 개인적인 차원과 조직적인 차원 모두에서 공정성과 불공정성의 결과에 관한 메타분석을 포함하였다.

이 직무동기 이론과 연구에 관한 분야에서 가장 만연해 있고 중요하다는 사실에 주목하게 하기 위해서다.

불공평한 대우로 인한 상처들

조직으로부터 불공정하게 좌천, 타부서로의 발령, 해고, '감량경영', 또는 초라한 (그들이 보기에) 대접을 받은 사람들은 조직이 한 그 결정이 비록 과학적으로는 근거가 있을지라도 많은 부분을 놓쳤다고 여길 것이다. 이것은 실제 직장에서 불공평하게 대우받았을 때의 문제다.

> 난 정말 피곤하고 매우 답답하고 화가 났다. 난 무슨 일이 일어나는지도 모른 채 혼란스럽고, 자꾸 머리가 아프고 속이 답답했다. …잠을 제대로 자지 못했고 일하러 가고 싶지도 않았다.
>
> (Harlos & Pinder, 2000, p. 267)

그리고 그것은 직무수행에도 영향을 미쳤다.

> 아내는 집에서 내가 항상 우울한 것을 볼 수 있었다. 나는 MBA 과정 중이었고, 학점은 계속해서 떨어지고 있었다. 나는 과제물을 제시간에 제출하지 못했고 3주나 늦어졌다.
>
> (Harlos & Pinder, 2000, p. 266)

우리가 이 장에서 살펴볼 것처럼, 어떤 사람이 일하는 중요한 체계에 의한 불공정한 대우는 사람들의 감정과 육체에 상처를 주고, 그들이 일하는 업무에 바쳐야 할 헌신을 빛춘다.

공정한 대우는 문명의 존속을 위해 중요하고, 더 미시 수준에서는 고용주와 직원의 상호 이익을 향해 나아가려는 조직의 움직임에도 반드시 필요하다. 공정성에 대한 요구와 기대는 이 책이 다루는 영역을 넘어 국제적인 법과 규범의 영역에서 작용한다. 그럼에도 불구하고, 여기서는 공정성에 대한 우리의 개념이 서구의 조직행동 이해와 무관하다고 믿는 사람들뿐 아니라 그러한 관련성이 다른 국가와 문화의 사람들의 직무동기의 이해에도 적용 가능하다고 믿는 이를 위해 국제적 무대에서 공정성이 갖는 중요성에 대해 빠르게 살펴보도록 하겠다(Erez & Earley, 1993; Erez et al., 2001을 보라).

국가 간 차이와 조절된 관계

이 장의 도입부에서 '황금률'을 인용하였다. 남에게 당신이 대접받기 원하는 대로 대접하라. 이 규율의 본질은 성서, 경전, 그리고 다양한 종교와 교리를 담은 많은 문서에서 발견된다.[4] Lam, Schaubroeck과 Aryee(2002)에 의해 보고된 연구는, 비록 앞서 말한 것과 같이, 분배 공정성은 절차 공정성보다 개인적 성과와 더 밀접하게 관련되는 경향이 있고, 절차 공정성은 "조직과 직원의 기여에 관한 평가"(p. 2)와 더 밀접하게 관련되는 경향이 있지만, "절차와 분배 공정성의 효과에 관한 연구들은 여러 문화에 일반화시킬 수 있는지에 관해 일관되게 지지되지 않는다."(p. 2)라고 결론지었다. 홍콩에서 이루어진 Fields, Pang과 Chiu(2000)의 연구는 그 사례를 보여 주었다. 그들은 집단주의/개인주의의 가치와 권력거리(3장을 기억하라)가 불공정의 인식과 철회행동 사이의 관계에 대한 국가 간 차이의 원인이 될 것이라는 가설을 설정했다. 이 분야의 대부분의 연구들에서처럼, 집단주의/개인주의 가치는 같은 국가 집단에 속하는 모든 연구 참여자들에게서 동일한 수준으로 존재할 것이라 가정되었다.

Lam 등(2002)은 홍콩과 미국의 은행 창구 직원을 대상으로 이런 논리를 확장시켰다. 그들은 보다 거리가 먼 문화적 영향력 측정치(일대일로 측정할 때 사람들 간에 나타나는 차이를 일부 설명하는)에 의존하기보다는 직접적으로 참가자의 성격을 측정했다. 즉, 그들은 참여자들을 포괄적인 국가 집단으로 단순하게 범주화하여 개인주의–집단주의와 권력거리라는 두 가지 주요 가치에 따라 두 집단 각각에 속하는 직원들이 동질적인 입장을 가지는 것으로 가정하지 않고, 두 국가의 직원의 두 가지 가치를 직접 측정하였다.

결과는 복합적이었지만 흥미로웠다. 특히, Lam 등(2002)이 발견한 것은 공정성 지각이 두 문화에서 직무만족, 수행, 그리고 무단결근과 관련되지만, 기대된 상호작용(조절된) 효과는 부분적으로만 지지되었다는 것이다. (집단 수준에서 측정되든 개인 수준에서 측정되든 간에) 개인주의에서의 개인차는 직무성과에 영향을 미치지 않는 것으

4) http://www.teachingvalues.com/goldenrule.html(2006년 7월 27일)

로 나타났지만, 권력거리는 차이를 야기했다. 이 경우, 권력거리에서 점수가 낮은 사람들(예를 들어, 사람들 사이의 권력과 지위가 더 평등하게 분배되는 것에 가치를 두는 사람들)에게서 분배 공정성 지각과 직무성과 사이의 관계는 더 정적으로 나타났다. 그리고 절차 공정성과 직무성과의 연결 강도에 대한 권력거리의 조절효과 역시 유사하게 나타났다. 연구자들은 이런 효과를 기대 충족의 측면에서 설명했다. 즉, "작은 권력거리를 선호하는 직원들에게는 더 공정한 작업장이 자기결정성이 발현되도록 해 줄 수 있다. 비록 큰 권력거리를 선호하는 직원들이 상사를 향해 더 충성하고 상사로부터의 자의적인 대우에 더 수용적이지만, 그런 직원들 역시 공정한 대우를 받을 때 직무성과가 더 우수했다."(p. 15) 흥미롭지 않은가? 예상대로, 미국과 홍콩 참가자들의 권력거리 점수는 상당히 유사했다.

Konovsky(2000)는 공정성 효과의 문화 간 유사성과 차이점에 대해 다른 연구들을 짧게 요약·제시하고, 추가적인 연구가 필요하다고 결론 내렸다.

이 장에 대한 소개

이 장은 직장에서의 공평성, 형평성, 공정성과 관련된 다양한 주제들을 다루며, 이 주제들은 다섯 가지 주요 영역으로 구성되어 있다. 우리는 **형평성**과 **분배 공정성**에 관한 전통적 이론과 연구로부터 시작할 것이다. 이 개념들은 사람들 사이에서 이루어지는 이익과 처벌의 분배에 관련되어 있고, 또한 누가 얼마나 많이 받아야 하며, 이렇게 분배된 성과가 얼마나 공평한가와 같은 질문을 다룬다.

두 번째 절에서, 사람들이 상호작용하도록 하는 정책과 절차의 공정성에 관련된 **절차 공정성**을 검토해 볼 것이다. 우리는 조직에서 이루어지는 처벌과 보상의 분배에 관한 공식적인 과정의 중요성뿐만 아니라 공정성의 실행에서 대인관계의 본질이 갖는 중요성까지 살펴볼 것이다. 이것은 **상호작용 공정성**에 대한 영역으로, 이 장의 세 번째 부분의 주제다. 이 장의 네 번째 부분에서는 공평성과 형평성에 관한 문제들에 대해 다양한 통찰을 주는 새로운 관점인 공평성 이론을 간단히 다룰 것이다.

이 장의 마지막 절은 '공정성 이론'이라고 종합하여 부르는 직무 전체에 대한 평가를 제시할 것이며, 직무동기에 관한 기대이론을 검토하는 12장을 위한 무대를 제공할 것이다. 이 동기이론은 1장에서 소개된 인간 기능의 인지적 정보처리 모형을 다룬 2부의 여러 장들과 핵심 가정을 공유한다.

11장에서 우리는 남녀평등 임금원칙(comparable worth), 고용 형평성과 차별철폐 조처(affirmative action), 조직의 감량경영, 해고, 직원 징계와 같은 주제들을 포함하여 공정성과 공평성이 다양하게 관련된 많은 중요한 사회적 및 조직적 주제들을 소개하고 논의할 것이다. 이 장의 전체 주제는 공평성에 대한 사람들의 지각과 신념은 이것들이 형성되는 사회적 맥락의 영향을 크게 받는다는 것이다. 우선, 공평성, 공정성, 형평성이라는 용어들이 무엇을 뜻하는지부터 시작해 보자.

형평성, 공평성 그리고 분배 공정성

Cohen(1991)에 따르면, 공정성은 사람들(그리고 그들 주변의 타인들)이 자신이 마땅히 받을 만하거나 그럴 자격이 있는 것들을 받을 때 존재하는 것으로 여겨진다. 이렇게 받는 것들은 이득(임금 상승 같은)이거나, 또는 부담(원치 않는 지역으로의 전근과 같은)일 수 있다. 불공정은 재화, 서비스, 기회 또는 대우에 대한 도덕적 계약의 위반과 관련되어 있다. 새롭고 도전적인 직무들로 조속히 옮겨질 것이라는 분명한 기대를 가지고 큰 은행에 고용된 직원은 곧 재배치가 이루어지지 않으면 불공정을 느낄 것이다(그런 계약 위반의 경험적 사례를 보려면 Robinson & Rousseau, 1994를 보라). 일반적으로, Sheppard, Lewicki와 Minton(1992) 및 다른 다수의 연구자들이 그런 것처럼 우리도 공정성과 공평성이라는 용어를 상호 교환적으로 사용한다.[5] 형평성의 개념은 조직과학에서 초기의 연구들에서부터 공정성과 관련한 주제로 가장 많이 연구되어 왔다. 따라서 여기서도 그에 관한 논의로부터 출발할 것이다.

형평이론: 분배 공정성 개념의 역사적 기원

종종 계약이 만기되기 전, 부당하게 계약을 해지해 뉴스거리를 만드는 프로 운동

5) 그러나 이 책에서는 '다소' 기계적으로, fairness를 공평성으로, justice를 공정성으로 번역하였다-역주.

선수들이 있다. 계약 규칙을 이처럼 명백하게 존중하지 않는 이유는 보통 운동선수들이 이전에 동의한 급여 수준이 몇 가지 기준에 따라 더 이상 '공평'하지 않다고 느끼기 때문이다. 그러나 이 문제는 프로 운동선수에게만 한정되는 것이 아니다. 최근 *The Economist*(2005년 6월 18일, p. 31)는 미국의 판사들이 그들의 업무에 대한 보상이 형평성이 없다고 느낀다는 기사를 실었다. 이 기사에 따르면, 많은 초년 변호사들이 판사가 되어 법정에 서는 것에 비해 더 많은 돈을 받는다.

사람들은 일에서 자신이 기여한 바의 가치와 그 기여가 얼마나 인정받고 보상받을지에 대해 신념을 갖고 있다. 이 신념은 자신에 대한 대우와 타인에 대한 대우를 비교하는 사회적 맥락 속에서 형성된다. 사람들은 다른 이들과 비교해서 자신이 적게 보상받거나 낮게 인정받는다고 믿을 때 불행해지기 시작하고, 그에 대해 무언가를 하도록 동기화된다. Smith(1991)는 때때로 이런 경우에 부러움이나 질투와 같은 감정을 일차적으로 경험한다고 주장했다(4장을 보라). 이런 종류의 계약과 관련한 논쟁들로 인해 프로 운동선수들이 시즌 내내 경기장 밖에 앉게 된다는 것이 알려져 왔고, 많은 비스포츠 영역의 산업 분야에서 매년 노동조합이 유사한 이유로 파업에 돌입한다. 이 절에서, 우리는 관련된 이론들을 일반적으로 기술하고, 이 이론들을 묶어서 형평이론(equity theory)으로 다룰 것이다. 이러한 일반적인 제목에 들어맞는 다양한 이론들이 있고, 다만 여기서는 지면의 제한 때문에, 그 이론들 사이의 미묘한 차이에 대한 분석보다는 일반적이고 전체와 관련된 사항들에 대해서만 논의하도록 하겠다.[6)]

형평이론의 주요 요소

형평이론은 세 가지 주요 가정에 기초를 둔다(Carrell & Dittrich, 1978). 첫째로, 형평이론은 사람들은 직장에서 자신의 기여에 대한 보상으로 무엇이 공평하고 정당한가에 대한 신념을 발전시킨다고 가정한다. 둘째로, 사람들은 고용주와 교환한 것이라 지각하는 것과 다른 사람이 다른 고용주와 교환한 것이라 지각되는 것을 비교하는 경

6) 이 주제에 관심 있는 독자에게는 초기 형평이론의 다양한 구체적인 형태들을 다루고 있는 Adams(1963, 1965), Homans(1961), Jacques(1961), 그리고 Patchen(1961)을 볼 것을 권한다. 이후의 논의들은 Adams(1963, 1965)의 연구에 매우 크게 영향을 받았는데, 이것은 그가 제시한 형태가 직무동기와 행동에 흥미를 갖는 조직 연구자들 사이에서 이론적인 논의와 실증적인 연구에 가장 영향력 있는 것으로 여겨지기 때문이다.

향이 있다(여기서 고용주가 같을 필요는 없다). 마지막으로, 형평이론은 교환을 통해 자신이 받은 대우가 다른 이들의 교환과 불균형을 이룬다고 생각할 때, 앞서 언급된 백만장자 운동선수들의 예시처럼, 그에 대해 무언가를 하도록 동기화된다고 생각한다.

형평이론은 사람들이 흔히 투입(inputs)이라고 일컬어지는 자신의 일에 대한 기여의 양과 가치에 대한 지각을 가지고 있다고 말한다. 예를 들어, 사람들은 직장에서 받는 교육과 훈련, 업무 시간, 그리고 성과를 위해 얼마나 노력했는지를 고려한다. 다른 이들은 차별적인 투입의 유형에 주의를 기울이는 경향이 있고, 자신이 들여야 할 투입의 양을 더 크게 강조하는 이들도 있다(예를 들어, Cummings, 1980). 예를 들어, 고등교육을 받은 사람들은 대학에서 배운 것이 자신이 하는 업무의 특성과 관계가 없는 맥락에서도 학교 교육이 중요하다고 믿는 경향이 있다. 예를 들어, 독일 문학을 전공한 대학 졸업생은 자신이 학부에서 배운 것들을 컴퓨터 기술자를 고용하려는 장래 고용주가 무시할 때 좌절감을 느낄 것이다. 형평이론은 사람들이 자신의 업무에 기여한다고 믿는 순가치를 표상하는 심리적 합계에 그들의 지각된 투입을 합산한다고 가정한다.

사람들은 또한 자신이 하는 일의 결과로 받게 될 성과 또는 보상의 종류와 양에 대한 믿음을 가지고 있다. 회사가 지급하는 차와 같은 물질적인 보상뿐만 아니라, 급료, 부가 급부, 직무만족, 지위, 배움에 대한 기회들은 사람들이 고려하는 보상의 대표적인 예시가 된다. 사람들마다 자신의 직무가 무엇을 제공하느냐에 따라 성과가 다르다는 것을 인식하는 경향이 있다. 125년 동안, 캐나다의 명망 있는 캐나다 기마경찰대원들은 그들이 느끼기에 상대적으로 낮은 수준의 임금을 시민들로부터 받는 존경과 지위로 상쇄시켰다. 마찬가지로, 명망 있는 대학의 조교수는 종종 다른 곳에서 받는 것보다 초봉이 낮을 것으로 예상된다. 이는 부분적으로 명망 있는 기관에 소속됨으로써 얻을 수 있는 것으로 기대되는 지위가 보상으로 작용하기 때문으로 볼 수 있다.

형평성 비율

형평이론에 따르면, 사람들은 자신이 받은 성과와 투입을 비교해 자신이 얼마나 잘 대우받는지에 대한 입장을 형성한다. 형평이론에 포함될 수 있는 대부분의(그러나 전부는 아닌) 이론들은 상대적이고 사회적인 맥락에서 이런 평가가 일어난다는 점을 강조한다. 즉, 사람들은 타인이 투입하고 일에서 가져간 것에 대한 인식과 비교해 자신의 투입과 성과의 수준을 고려한다는 것이다. 사회 비교 과정의 핵심적인 속성은 투입과 성과가 절대적인 양보다는 비율에 의해 일어난다는 것이다.

예를 들어, 누군가는 Karen이 자신에 비해 두 배나 많은 돈을 번다고 생각할 수 있다. 그런 믿음이 짜증을 유발할 것인가 여부는 자신이 직무에 기여한 바에 비해 Karen의 기여가 얼마나 가치 있다고 생각하는지에 따라 달라진다. 사람들은 자신이 들인 투입에 비해 타인이 더 기여했다고 믿는다면 그들이 더 많은 돈과 혜택을 가져가도 용인할 수 있다. 다른 사람이 우리보다 더 많은 돈을 벌지만 동일하게 더 많은 노력을 들이지 않는다는 것을 볼 때, 형평이론이 말하는 긴장으로 인해 투입과 보상의 비율을 균등하게 하려는 행동이 유발될 것이다. 타인이 받는 성과는 내 것에 비해 크면서, 동시에 타인의 투입은 더 낮다고 지각될 때 그러한 긴장은 특히 강하게 나타난다(Adams, 1963).

우리는 Richard라고 부르는 가상의 인물을 이용해 상징적으로 두 비율을 다음과 같이 표현할 수 있다.

$$\frac{\text{자신이 받은 성과에 대한 Richard의 신념}}{\text{자신의 투입에 대한 Richard의 신념}} \stackrel{?}{=} \frac{\text{타인이 받은 성과에 대한 Richard의 신념}}{\text{타인의 투입에 대한 Richard의 신념}}$$

만약 Richard가 심리적으로 자신의 투입 대비 성과의 비율을 비교하고자 하는 타인의 것에 비해 유리하게 지각한다면, 형평이론은 그가 만족할 것이라고 주장한다. 반대로, Richard가 타인의 투입 대비 성과의 비율을 자신의 상황에 귀인하는 비율보다 더 유리하다고 지각하면 긴장이 유발될 것이다. 하지만 인간의 삶이란, 앞으로 짧게 살펴보겠지만 그리 단순하지 않다. 그전에 먼저 전통적인 형평이론에 관한 논의에서 살짝 벗어나 공평성에 관해 특히 통찰력 있는 개념화 과정을 소개하도록 하겠다.

공평성

Leventhal(1976)과 동료들의 성과로부터 대략 14년 이후에, Sashkin과 Williams

(1990)는 **공평성**의 아홉 가지 측면[7]을 밝혔다. 그리고 이 아홉 가지 측면에 대한 직원들의 인식 차이가 미국 내 두 지역의 10개 백화점에 있는 20개의 점포에서 직원들의 질병율과 사고 보상 비용의 차이와 어떻게 관련되는지 보여 주었다. 공평성의 아홉 가지 차원은 다음과 같다.

1. **신뢰**: 경영진에 대한 직원들의 확신과 경영진이 그들에게 말하는 것을 믿는 정도
2. **일관성**: 경영진의 행동에 직원들이 놀라지 않는 것과 같은 경영 행위의 규칙성, 꾸준한 연속성 또는 예측 가능성
3. **진실성**: 경영진의 행동에서 나타나는 충실성과 성실성
4. **강직함**: 경영진이 가치와 윤리 또는 도덕에 일관되게 행동하는 것
5. **기대**: 직원들에게 요구되는 과업 활동과 나타날 결과에 대해 경영진에 의한 명백한 진술 제공
6. **형평성**: 모든 직원이 유사한 행동과 결과물을 나타냈을 때 보상과 처벌의 측면에서 비슷하게 대우받는 과정을 통해 입증되는 것
7. **영향력**: 직원들이 자신의 행동과 성취에 주인의식을 갖도록 그들의 책임과 동등한 권한을 제공하는 것
8. **공정성**: 적절하게 생각되고 편견 없이 처리하도록 하는 규준들을 고수하는 것
9. **존중**: 직원에 대한 경영진의 염려와 배려, 그리고 관심의 표현

Sashkin과 Williams(1990)는 (전반적 공평성을 측정하기 위한 최종 척도뿐만 아니라) 아홉 가지 차원에서 공평성 지각을 측정하는 척도를 개발했다. 먼저, 소매점의 지점 책임관리자에게 이 척도를 이용해 자신의 공평성을 평가하도록 했다. 그리고 동일하게 매장 관리자들에게 열 가지 공평성 차원에서 스스로를 평가하게 하였다. 마지막으로, 평직원들에게 그들의 상사를 공평성 차원에서 평가하도록 하였다. 이 조사의 결과는 이미 예상하고 있을 것이다. 질병과 사고 비용이 둘 다 높은 점포와 둘 다 낮은

7) 독자는 이런 공정성의 몇몇 영역들이 절차적 과정을 반영하는 만큼 고용 절차로 인해 지각된 결과로 분류될 수 있음을 명심하라. 그럼에도 불구하고, Sashkin과 Williams(1990)의 연구와의 관련성 때문에 글의 응집성을 높이기 위해 전체 목록을 여기 제시했다.

점포 모두에서 책임관리자들은 자신의 행동이 공정하다고 평가하였다. 그들 자신의 평가에 의해서는 모두가 동일하게 공평한 것으로 나타났다. 마찬가지로, 사고와 질병 수준이 높은 점포의 매장이든 낮은 점포의 매장이든 매장 관리자 자신의 행동에 대한 공평성 평가를 비교하였을 때 아무런 체계적인 차이가 없었다. 마지막으로, 매장 관리자가 지점의 책임관리자를 평가한 것을 비교했을 때는 다른 그림이 나타났다. 기대와 영향력의 두 차원에서 이루어진 공평성 평가는 직원 건강에 관한 통계 자료와 관련이 있는 것으로 나타났다. 또한 (그들의 상사를 평가한) 평직원이 한 공평성 평가를 비교하였을 때, 건강 관련 통계 자료들에서 수준 차이를 보인 점포들 간의 차이는 더욱 흥미로웠다. 그들은 공평성의 열 가지 차원 모두에 걸쳐 차이를 보였고, 그 중 다섯 가지 차원이 통계적으로 유의한 차이를 나타냈다. 간단히 말해, 그 결과는 사고율과 건강 비용이 가장 낮은 점포에서 일하는 평직원들은 체계적이고 일관되게 자신의 상사들의 공평성을 더 높게 평가하는 것을 보이고 있다.

두 집단의 점포들 사이에서 특히 결정적으로 차별적인 요인들은 연구자들이 '따뜻하고 포근한' 요인으로 언급한 신뢰, 진실성, 강직함 및 공정성 요인이었다. 이 결과들에 근거하여, Sashkin과 Williams는 공평성이 직원들의 질병(그리고 그로 인한 무단결근)과 사고 보상 비용 같은 최종 성과변인들에서 차이를 가져온다고 결론지었다. 간단히 말해, 이 연구의 논점은 직원들을 공평하게 대우하는 것이 매우 중요하다는 것이다. 이는 태도와 같은 연성 요인의 평가치뿐 아니라 관리자가 흔히 가장 신경 쓰는 것, 즉 돈의 측면에서도 차이를 만들어 낼 수 있다.

공식적 형평이론 재검토: 제 눈의 안경

Richard의 상황으로 돌아가 그가 지각한 투입 대비 성과의 비율을 생각해 보자. 이 비율은 Richard의 관점을 나타내지만 Richard의 상사나 Richard가 자신과 비교한 사람들('준거인물')과 같은 타인들이 이에 동의하는 것은 아니다. 따라서 어떠한 두 사람도 서로를 비교할 수 있고, 이를 통해 각자 상대가 더 나은 거래를 했다고 결론 내릴 수도 있다. 이것은 전적으로 각자의 (그리고 자신의) 투입과 성과가 얼마나 빈섬하게 비교되는가에 대한 지각 정도에 달려 있다. 종종 관리자는 직원들에게 보상과 처벌을 분배할 때 그들이 동등하게 지각하도록 하는 데 상당히 어려움을 겪는다. 만약 보상의 수혜자가 자신의 노력과 보상 수준이 동등하지 않다고 지각한다면 형평성 규범이 즉각적으로 위협을 받는다. 또는 형평성 규범을 인식하려 노력하는 관리자가 다양한 부서의 구성원들이 자신들이 제공한 노력, 성과, 서열 등에 걸맞지 않다고 느끼는 방식으로 보상(혹은 처벌)을 분배하는 실수를 범할 수도 있다. 즉, 다양한 상황에서 아랫사람들에게 보상과 처벌을 분배하는 것은 부모, 교사, 그리고 관리자들에게 괴로운 과제임에 틀림없다. 때론 이것이 '해도 불만, 하지 않아도 불만'의 문제가 될 수 있다. 공정성과 공평성은 앞서 언급된 짧은 연구에서처럼 '제 눈의 안경'인 문제일 수도 있다. 한 기업의 직원들에게 조직이 구성원에게 거액의 돈을 어떻게 분배해야 하는가를 물어보았다. 조직 내 최고위 임원들은 조직 전체의 형평성이 고려되어야 한다고 생각하였고, 부서장들은 부서 내에서의 형평성을 제안했으며, 말단 직원들은 그 돈을 분배하는 것에 대한 형평성과 평등성(equality)을 구분하지 않았다 (Lansberg, 1984).

Bazerman(1993)은 사람들이 공평성의 판단에서 비논리적으로 보이는 세 가지 기제 또는 기준을 제시했다. 첫 번째는 일반적인 경제적 기준들에서 보통 합리적으로 고려되는 것으로부터 벗어났을 때다. 두 번째 기준은 파레토 비효율(Pareto inefficient)이라고 판단될 수 있는 성과나 환경을 바탕으로 하는 것이다. "파레토 효율은 두 당사자 사이에 어느 한쪽의 성과를 줄이지 않고는 다른 한쪽의 이익을 증가시킬 수 있는 방법이 없을 때로 정의된다."[8](Bazerman, 1993, p. 190) 이것이 의미하는 바는 자원이나 성과를 동등하게 분배하든 아니든 사회 전반에서 볼 때 최선일 수 있지만, 어떤 것이든 이전 상황에 달려 있다는 것이다. 이 기준에 의하면 그런 의사결정으로부터 벗어나는 것은 비합리적이다. 사람들의 공평성 판단이 비논리적으로 보이는 세 번째 근거는 일관성이 결여될 때다. 판단의 비일관성은 극도의 세심함의 결과이거나 무관한 것들에 관한 걱정 때문에 발생한다. 즉, 사람들이 관련 없는 자료들을 바탕으로 자신의 결정을 바꾸려 할 때도 비논리적으로 보일 수 있다.

8) 다시 말해서, 파레토 효율은 자원이나 성과의 효율적 배분이 끝난 상태로서, 한쪽 당사자가 이전보다 못한 상태에 빠지지 않는다면 아무도 이전보다 더 나은 상태에 이를 수 없는 상태를 말한다. 즉, 어떤 구성원의 손해가 있어야만 다른 구성원이 이전보다 이익을 볼 수 있는 상황을 말한다. 반면, 파레토 비효율은 파레토 효율이 달성되지 못한 상태로서, 어떤 구성원의 효용 감소 또는 손해 없이 모든 구성원의 효용이 증진될 수 있는 상황을 의미한다. 파레토 비효율은 자원 배분이 아직 완성되지 않은 상태라 할 수 있다–역주.

현재의 관점: 사회적 힘이 관찰자의 시각에 미치는 영향

수년 전, Deutsch(1983)는 그 당시까지 형평이론에서 공평성을 평가하는 접근법과 연구들이 지나치게 심리학적이어서 사회심리학적 본질과는 거리가 멀었다고 비판했다. 다시 말해서, 어떤 초점 인물이 자신의 형평성 신념을 형성하는 데 이용하는 준거인물의 선택에 너무 많은 주의를 기울였고, 이러한 형평성 지각과 신념이 개인이 놓인 사회적 맥락의 영향을 크게 받는 사회적 구성체라는 가능성에는 거의 주의를 기울이지 않았다는 것이다. 간단히 말해, 사람들은 자신의 경험뿐 아니라 주변 인물의 경험을 바탕으로 자신의 삶과 직업의 사회적 체계에 의해 자신이 받는 대우의 공정성을 판단한다. 이에 대해 Lamertz(2002)는 다음과 같이 말했다.

> 공평성 지각은 사회 비교와 현실의 대인관계를 통해 사회적 영향력을 검증하는 것에 관한 주제다. …조직과의 관계에서 불확실성을 경험할 때 직원들은 조직이 구성원들을 대하는 관계의 질을 대략적으로 평가하는 데 공정성 평가를 활용한다. …직원은 이러한 불확실성 지각에 대한 반응으로 조직 내 의사결정자의 진실성과 중립성을 확인하고, 자신을 가치 있는 존재로 다루는 절차에 관해 정보를 찾는다. …그러나 조직의 공식적인 절차에서… 특히 새로운 구성원에게는… 여전히 명확하지 못한 점이 있다. …왜냐하면 규칙의 공식화와 집행은 조직 내 위계의 여러 층에 의해 직원들의 일상 경험으로부터 제거되기 때문이다. …직원이 조직과의 관계에서 불확실성을 줄이고자 할 때, 조직 내 규칙의 모호성과 공정성의 규범적 특성은 사회적인 영향력 행사 과정을 통해 조직의 공평성에 대한 지각을 형성한다. …사회적 관계를 갖는 동료와 관리자로부터 오는 사회적 단서와 그들에 대한 사회적 비교도 직원의 공정성 지각에 영향을 미칠 것이다.
>
> (Lamertz, 2002, pp. 20-21)

반면, 타인이 말하는 불공정한 경험에 대한 사람들의 반응은 복잡해질 수 있다. 예를 들어, 학교 상황에서 종신재직 결정에 관한 연구는 절차 공정성과 분배 공정성이 학교에 대한 교수의 태도를 설명하고, 시간의 흐름이 그 관계에서 주요 영향변인인 것으로 나타났다(Ambrose & Cropanzano, 2003). 특히 절차 공정성 지각은 종신재직의 결정 전과 그 직후에 교수들의 태도에 가장 큰 영향력을 미쳤고, 분배 공정성 지각은

1년 후에 가장 영향력 있게 나타났다.

Degoey(2000)는 직원들 사이에서 공정성 지각의 형성이 얼마나 활발하고 사회적인지 묘사하기 위해 질병의 확산을 표상하는 전염병학에 기반을 둔 은유인 '전염 모형'의 채택을 제안했다. 마찬가지로, Lind, Kray와 Thompson(1998)은 공정성에 대한 개인적인 신념은 권위자와의 직접적인 접촉과 대리적인 경험 모두에 의해 형성된다는 것을 발견했다. 그러나 사람들은 타인이 보고한 불공정한 대우의 경험보다 개인의 직접적인 경험을 훨씬 더 중요하게 여기는 경향을 보였다.

Kray와 Lind(2002)는 많은 상황적/맥락적 변인들이 희생자로 알려진 사람들의 불공정한 경험이 주변에 미치는 영향력을 조절할 수 있다는 것을 발견하였다. 여기서 정말 중요한 것은 동료 관찰자(불공정한 대우의 피해자가 아니라)가 유사한 개인적 경험이 있는가다. 다시 말해서, 특히 관찰자가 (특정한 상사 같은) 불공정한 대우의 가해자로 추정되는 사람과 부정적인 개인적 경험이 있을 때, 불공정한 대우의 개인적인 경험들은 다른 사람들의 불공정성 보고를 더 신뢰하도록 만든다. 이런 상황에서, 관찰자는 피해자와 좀 더 공감하여 반응한다. 그러나 제3의 관찰자가 피해자를 평가하는 데 사용된 평가기준이 불공정하다고 지각되지 못한다면, 불공정성 주장은 피해자와의 공감보다는 희생자를 폄하하도록 하는 역효과를 가져온다(Skarlicki, Ellard, & Kelln, 1998을 참고하라). 불공정성 주장으로 인해 공감하기보다는 폄하하는 이런 특이한 작용은 그러한 주장이 약할 때보다 강할 때 더 강하게 나타난다. 마지막으로, Korsgaard, Roberson과 Rymph(1998)는 어떻게 직원과 상사 사이의 순환적인 관계가 사회적 정보처리의 양자 관계 형태로 기능할 수 있는지 보여 주었다. 두 연구에서, 그들은 부하직원의 의사소통 방식이 의사결정 중에 있는 상사의 공정성 행동에 영향을 미칠 수 있고, 다시 결정, 관리자, 그리고 조직에 관한 그 부하직원의 태도에 영향을 줄 수 있다는 것을 보여 주었다.

집단에서의 공평성과 공정성에 대한 사회적 정보처리 과정

최근 몇 년간의 일련의 연구들은 집단이 구성원들의 공정성/불공정성의 지각에 어떻게 영향을 줄 수 있는지 보여 주었다. 집단으로 구성된 학생 표본을 사용한 한 쌍의 연구에서, Colquitt(2004)은 절차 공정성이 개인의 역할수행과 갈등 지각에 어떻게 유익한 영향을 줄 수 있는지를 보여 주었다. 그리고 가설로 제시한 바대로, 팀의 다른 구성원들이 높은 수준의 절차 공정성을 적용받았다고 지각했을 때, 자신이 공정성 지각을 통해 받는 유익한 영향력이 더 커지는 것으로 나타났다. 다시 말해, 상사가 모든 팀 구성원을 일관되게 대할 때 구성원 개인이 경험하는 절차 공정성의 긍정적 효과들이 증폭되는 것이다. 구성원들은 조직 내에서 대우의 공정성에 대한 직접적 · 간접적(팀 구성원의 경험을 통한) 방식 모두를 통해 학습하는 것으로 보인다. 따라서 공평성과 공정성의 일관성은 전반적으로 높은 수준의 공정성을 유지하는 것만큼이나 중요하다.

네덜란드에서 진행된 연구는 절차 공정성이 집단 유효성에서 유익한 영향을 갖는 이유를 밝혔다. Tyler와 Blader(2002)는 사람들이 집단의 내부 절차가 공정하다고 느끼는 집단에게 그렇지 않은 집단보다 얼마나 높은 지위를 부여하는지를 설명하는 모형을 개발하고 검증하였다. 이에 따르면, "공평한 절차들은 관계성에 있어서 다음과 같은 중요한 메시지를 전달하는데, 집단 구성원으로 하여금 ① 자신의 집단이 높은 지위를 갖고, ② 그들이 집단 내에서도 높은 지위를 갖는다고 생각하도록 만든다. 이런 평가들은 그 자체로도 중요한 심리학적 목적인 긍정적 사회 정체성을 형성하고 유지하는 역할을 담당하는 것으로 여겨진다." (Tyler & Blader, 2002, p. 814)

이후 De Cremer, Tyler와 den Ouden(2005)은 구성원들이 팀으로부터 공정하게 대우받았다고 느낄 때, 팀으로서의 정체성이 더 강하게 발전되고(또는 팀에 스스로 합류한다), 그 결과로 그 팀이 성공적으로 목표를 성취하는 데 있어 더 협조적으로 행동한다는 가설을 주장하고 이를 지지하는 결과를 얻었다.

간단히 말해, 사람들이 사회적 요소가 결여된 상황에서는 공정성과 불공정성에 관한 판단을 보류한다는 많은 증거가 있다. 반대로, 공정성을 경험한 경우라면(이 장의 앞에서 다루었다시피), 타인이 지각한(또는 지각했다고 보고한) 대우의 공정성 경험을 통한 상당량의 간접학습이 개인의 직접적인 공정성 경험에 관한 평가를 더욱 강화시킨다. 12장에서는 사회적 정보처리 과정이 어떻게 직무만족과 직무불만족의 개인적 평가에서 큰 역할을 할 수 있는지를 살펴볼 것이다.

신념, 태도, 불형평성 그리고 행동

형평이론에서 또 다른 주요 사항은 이 이론이 사람들의 신념과 태도를 다룬다는 것이다. 그러한 신념은 "Richard가 사장실의 화장실 열쇠[9]를 가지고 있고, 난 없어."

같은 생각으로 구성된다. 태도는 이 신념에 관한 평가들로 구성된다("대체 누가 사장실의 화장실 열쇠를 가진 것에 관심을 가지겠어?"). 형평성에 대한 신념과 태도 역시 다른 신념 및 태도와 같은 방식으로 형성되고 동기화된다(9장을 보라). 게다가 형평이론에서의 신념과 태도들 또한 다른 모든 신념 및 태도들처럼 직원들의 행동에 대한 예측력이 떨어진다. 관련된 행동들을 유발하려면, 신념과 태도들은 반드시 구체적인 의도로 전환되어야만 한다.

불형평성 지각의 결과

그럼에도 불구하고, 형평이론은 사람들이 불편하거나 또는 부조화로 지각되는 불형평 상태를 발견하고(Festinger, 1957), 그로 인해 긴장이 충분히 커졌을 때, 사람들은 그러한 불형평성을 바로잡기 위해 무엇인가를 할 것[10]이라고 주장한다. 불형평성을 지각한 상태는 3장(욕구의 모든 특성들을 다루었던)에서 논의한 욕구들 중 하나를 유발하는 듯하다. 비교 대상과 견주어 조직으로부터 좋은 대우를 받았다고 인식했던 Richard와 같은 경우도 있을 수 있다. 형평이론은 이런 형태의 불형평한 상황에서는 자신이 형편없이 대우받았다고 믿는 경우보다 훨씬 큰 인내심을 갖는다고 설명한다(연구 결과 역시 이를 지지한다). 그러나 형평이론은 결국 사람들이 지각한 투입 대비 성과의 비율을 동등하게 맞추도록 동기화될 것이라고 예측했다(Adams, 1963; Andrews, 1967; Weick & Nesset, 1968).

이론적으로 형평성은 어떻게 회복될까? 우선, 형평성은 제 눈의 안경이라고 했던 것을 떠올려 보라. 이 이론은 지각된 투입 대비 성과의 비율들 중 하나(혹은 둘 다)의 요소를 바꾸기 위해 사람들이 동기화될 것이라고 주장한다. 예를 들어, Richard가 비교 대상이 된 동료보다 부족하게 대우를 받았다고 느낀다면, 상사에게 임금 인상을 요구할 것이다. 또는 공정하다고 느낄 수 있도록 자신이 가치 있게 여기는 다른 형태의 보상을 요구할 수도 있다. 또는 이와 달리 자신의 업무의 난이도나 업무량 자체를 줄임으로써 자신의 형평성 비율에서 분모(노력의 정도)에 변화를 주려 할 수도 있다

9) 조직 내 은밀한 정보와 같은 개념을 말한다-역주.

10) Greenberg(1984)는 경험적 및 이론적 배경을 근거로 '불형평성의 고통'은 '출처가 불분명하며' 또한 그것이 존재하는 경우라도, 형평이론이 제시하는 반응 양식들을 동기화할 만큼 충분히 강하지 않다고 주장했다.

("좋습니다. 이게 저에게 지불하려는 것의 전부라면, 당신은 더 이상 일요일에 이곳에서 저를 볼 수 없을 겁니다.").

형평성 회복을 위한 노력의 조정

(자신이 불공정하게 대우받고 있다고 믿는) 직원이 직장 내 급여 체계의 특성에 따라 앞으로 노력을 늘리거나 줄이는 것에 대해 형평이론은 차별적인 예측을 한다는 점이 중요하다. 예를 들어, 만약 직원이 성과급제에 따라 행동한다면 형평이론은 낮은 보상으로 인해 불형평성 지각(단위성과당 얻는 이득이 너무 낮을 것이라는 신념 때문에)이 발생할 때, 생산성 수준을 높여 전반적인 순이익 수준을 최대화하려는 노력을 할 것이라고 예측한다. 같은 이유로, 형평성에 맞지 않는 저임금 지급은 시간급의 상황(단위 시간당 지급액이 고정되어 있는 경우)에서는 수행 수준을 낮추는 결과를 야기할 것이라 예상된다. 마찬가지로, 형평이론은 성과급제의 상황에서 과지급의 지각이 결과물의 양은 줄이면서 품질은 높이는 결과를 가져올 것이라 예측한다. 그로 인해 더 큰 보상을 위해 더 많은 노력을 투입하는 반면, 사람들이 버는 과지급의 순수 총이익은 제한된다. 마지막으로, 시간급 상황에서 초과 지급은 생산성의 수준을 증가시킬 것이라 예상할 수 있다. 왜냐하면 생산성을 높이는 것이 개인의 투입을 증가시키면서 (동시에 자신이 지각하는 노력의 투입 대비 성과 수준 지각의) 균형을 맞추는 수단이 될 수 있기 때문이다. 앞서 제시되었던 형평성 비율에 대한 설명들은 이런 다양한 저임금 지급과 초과 지급 상황들에서 예상되는 사람들의 행동 반응들 간에 차이가 발생하는 이유를 이해하는 과정에서 도움이 된다.

여기서 우리는 Richard가 비교 대상과의 비교에 사용했던 투입 대비 성과의 비율에서 분자나 분모(혹은 둘 다)에 변화를 줌으로써 형평성을 회복시킬 수 있음을 주목할 필요가 있다. 예를 들어, 만약 Richard가 충분히 공격적이라면, 동료의 과도한 급여 수준에 대하여 직접 물어볼 수도 있다. 더 그럴듯하게는, Richard가 동료의 투입 대비 성과의 비율에서 분자를 공격할 것이나. 즉, 그는 비교 대상이 실제로 얻은 매력적인 급여와 사장실의 화장실 열쇠를 확인하는 방법을 사용할 것이다.

여기서 논점은 불공정한 대우의 지각이 긴장을 줄이기 위한 행동을 촉발하는 동기적인 힘(9장에서 다룬 용어를 사용한 것으로, 그것들을 의도가 될 수 있는 가능성을 가진 신념과 태도라고 언급한 바 있다)을 발생시키고, 흔히 다양한 행동들이 지각된 불형평 상황을 개선하는 것이 가능하다는 것이다. 그러나 우리는 8장에서 모든 목표지향적인 행동이 성공적이지는 않다는 것을 보았다—사람들이 자신이 하려 했던 일에서 항상 성공하는 것은 아니다. 더욱이 어떤 행동들이 항상 실현 가능한 것도 아니다. 예를 들어, Richard가 그의 동료의 급여를 줄이려 시도하거나 다른 사람으로 하여금 조직에 더 기여하도록 하는 대부분의 시도는 꽤나 위험하다. 결과적으로, Richard와 같은 상황에 처한 사람들은 종종 지각된 비율의 요소들 전반에 대해, 특히 자신이 제공하는 투입의 양과 질에서 더 큰 통제력이 있음을 발견한다. 다시 말해, 형평이론은 Richard와 같은 사람들이 자신의 직무에 투입하는 노력의 수준을 의도적으로 감소시킬 것이라고 예상한다. 그러나 때로는 이런 방식조차 어렵거나 위험할 수 있다. 만약 Richard의 직무가 기계와 보조를 맞추는 것이라면, 그때 작업량을 줄이는 것은 불가능하지 않겠는가? Richard가 그의 업무의 질을 떨어뜨리면 어떻게 되는가? 만약 그런 행동을 하다가 상사의 눈에 띄기라도 한다면, 그때는 Richard의 불만이 더 커지는 결과를 낳을 것이다.

이에 관련해서 Greenberg와 Ornstein(1983)의 흥미로운 연구가 있다. 이들은 대학생들을 모집해 원고 교정 작업을 시켰다. 두 집단 모두 '우수 수행상'을 받았지만, 학생들 생각에 한 집단은 자신의 직무에서 우수한 성과를 보였기 때문이지만, 다른 집단은 뚜렷한 이유가 없었다. 그리고 두 집단 모두에게 추가급여 없이 원고 교정 과제를 더 수행하도록 요구하였다. 실제 자신의 수행에 기반해 우수상을 받았다고 믿는 집단은 추가적인 보상 없이도 수행 수준을 유지했다. 하지만 특정한 이유 없이 우수상을 받은 집단에서는, 짧은 기간 수행 수준이 증가했지만, 이후 극적으로 하락했다. (타당한 명분 없이 책무가 추가된 직원들은 시간이 흐르면서 수행을 감소시켰다.)

보상의 인지적 재평가

만약 Richard의 마음속에서 비교되는 두 형평성 비율의 네 가지 요소 중 어떤 것에도 영향을 주는 조치가 불가능하다면, 불형평성을 줄이려는 동기적인 힘을 약화시키기 위해 Richard가 할 수 있는 것은 무엇일까? 우선, 두 비율의 네 가지 요소들이 단지 Richard와 동료의 투입과 성과의 질과 양에 관한 지각이라는 것을 기억할 필요가 있다. 형평이론은 현실이 바뀔 수 없을 때, 동기적인 힘을 유발하는 지각이 변할 것임을 말하고 있다. 즉, Richard는 그가 마음속에 가지고 있던 분자나 분모에 대한 신념의 일부(혹은 전부)를 재평가할 것이다. 예를 들어, Richard가 알아보고 나니 분명히 초과 지급받은 자신의 동료가 처음에 생각한 것보다 더 많은 자격을 가지고 있다는 것을 알게 될 수도 있다. Richard는 실제로 그 사람이 자신이 예전에 생각했던 것보다 더 열심히 일한다는 것을 알아차릴 수도 있다. 또는 Richard는 그가 가지고 있는 인류학 박사 학위가 마치 접시닦이 기계마냥 실제로 직무에 중요한 투입변인이 아니라고 판단할 수도 있다. 결국 Richard는 함께 일하는 사람들과 마음이 잘 맞고, 적어도 자신의 직무에서는 낮은 급여 수준이 정당하다고 판단함으로써 자신이 받은 보상에 대해 인지적 재평가를 할 수도 있다.

Greenberg와 Ornstein(1983)은 사람들은 교환비율 속에 포함되어 있는 자신이 받은 성과의 가치에 대한 신념을 바꿀 수 있음을 증명하였다. 실제로 급여가 삭감된 사무직 직원들 114명에 관한 연구에서, Greenberg는 불공정한 대우를 받았다는 생각을 줄이기 위한 수단으로 비금전적인 보상의 중요성 지각을 증가시킴으로써 형평이론이 지지되는 결과를 보여 주었다. 연구자들은 먼저 직원들로 하여금 급여가 보통 수준보다 낮을 때와 급여가 다시 평균 수준으로 회복된 시점 모두에서 사무실 면적, 책상 면적, 사생활, 사무실을 같이 쓰는 직원의 수, 사무실의 창문 수 등과 같은 근무 환경의 여러 물리적인 세부 사항들의 가치를 평가하도록 하였다. 형평이론의 가정에 따라, 사무직 직원들은 몇 달이 지나 그들의 정규 급여가 평균 수준으로 회복된 후보다 삭감되었던 기간에 물리적 생활 편의 시설의 가치를 더 높게 평가하였다. 요약하자면, 행동을 통한 형평성 지각의 회복이 불가능할 때 형평이론은 사람들이 형평성 지각의 비율과 그러한 신념들에 대한 평가 반응을 변화시키려 할 것이라고 예상한다.

형평성 문제에 대한 개인의 신념을 간단히 변화시키는 것이 충분하지 못하면 어떻게 될까? 형평이론은 행동을 통한 변화와 형평성 지각을 충분히 회복시키기 위해 인식을 변화시키는 것이 불가능할 때, 사람들은 마치 다른 부정적인 상황에 직면했을 때처럼 부인, 억압 또는 철회와 같은 반응을 보일 수도 있다(8장을 기억하라). 이런 이유로, 불형평한 대우의 지각은 직무불만족을 야기하고(Pritchard, 1969), 이로 인해 무단결근과 이직의 비율이 높아지며(Carrell & Dittrich, 1978; Telly, French, & Scott, 1971), 침묵(Cohen, 1990; Pinder & Harlos, 2001)과 같은 철회 반응이 유발된다.

분배 공정성과 절차 공정성이 모두 직원의 직무태도에 영향을 미치지만, 각각 다른 직무태도를 예측한다는 연구 결과들이 있다. 예를 들어, 188명의 공기업 엔지니어들을 대상으로 한 연구에서 분배 공정성은 임금만족과 같이 저자가 개인 수준의 보상이라고 부르는 것과 더 명백히 관련되는 것으로 나타난 반면, 절차 공정성은 조직몰입 같이 조직 수준의 결과와 더 명백하게 관련이 있는 것으로 나타났다(Sweeney & McFarlin, 1993; McFarlin & Sweeney, 1992를 보라). 이러한 결과는 그들이 연구한 4개의 이론적 접근법들 중 가장 효과적이었다. 우리는 이 장의 후반부에서 절차 공정성과 상호작용 공정성의 문제들을 살펴볼 것이다.

지각된 불형평성에 대한 잘못된 반응들

Greenberg는 실험실(1993a)과 실무 현장(1990b, 2002) 모두에서 사람들이 불공정한 대우를 받았을 때 나타내는 반응 중 한 가지는 절도라는 것을 보여 주었다. 앞서 언급한 형평성 비율의 관점에서, 고용주로부터 재산, 돈, 아이디어 혹은 정보를 훔치는 것은 고용 교환에서 한 개인이 취하는 보상의 증가를 가져온다(Greenberg & Scott, 1996). 직원의 절도 문제에 관한 전문가인 David Hannah 박사에 의하면(Hannah, 2006을 참고하라), 비록 직원에 의한 재산의 절도가 국가적으로(그리고 세계적으로) 명백히 심각한 문제이지만, 직원 절도로 인한 총 손실비용의 추정액은 그다지 신뢰할 수 없다(Hannah, 2006, 저자와의 사담에서). 전국소매업체보안조사(National Retail Security Survey)의 2000년 보고서는 미국 소매업체상들의 연간 총매출의 1.75%가 '사라진다'고 주장했다. 연구에서, 소매점의 보안 담당자들은 총 손실의 46%가 불만 있는 직원들의 절도로 인해 발생한다고 판단했다. 이런 유형의 절도로 인해 발생하는 총 손실비용은 149억 달러로, 고객의 절도로 인해 발생하는 연간 손실비용의 50%를 넘는다고 추정했다.[11] 비율에 근거해서 보면 캐나다도 이와 유사하다. 캐나다 소매업협의회(Retail Council)가 수행한 조사는 내부 절도가 48%로 가장 많았고, 다음으로 외부 절도가 31%, 관리상의 오류가 19%로 나타났다(*Star-Phoenix*-Saskatoon, 2005).[12]

초기 연구에서, Greenberg(1990b)는 미국 중서부 회사의 3개의 다른 생산 공장에서 일하는 직원들 사이에서 절도 비율을 관찰했다. 회사가 2개의 큰 계약을 잃었기

11) http://retailindustry.about.com/od/statistics_loss_prevention/1/aa011124a.htm (2006년 7월 30일)
12) Jim Jamieson(2005년 10월 11일)을 보라. 직원의 절도가 중소기업을 힘들게 한다. Can West News Service.

때문에, 3개 중 2개의 공장에서 직원들의 임금을 15% 삭감했다. 그 2개의 공장 중 한 곳에서 경영진은 즉시 직원들에게 그들의 임금이 일시적인 기간 동안 삭감될 것이라는 사실과 삭감의 이유를 설명하였고, 그 결정에 대해 유감을 표시했다. 경영진은 임금 삭감이 불가피하고 그것에 대해 경영진이 매우 유감스러워하는 것을 직원들이 믿도록 매우 신경 썼다. 두 번째 공장에서는 짧은 회의를 가졌고, 삭감에 대해 최소한의 정보를 제공했다. 경영진은 슬픔이나 유감을 거의 또는 전혀 표현하지 않았다. 세 번째 공장에서는 임금 삭감이 없었다. 통제 조건(임금이 줄지 않은)의 직원들은 실험 중 유의한 변화가 없었다. 하지만 삭감 기간 동안에는 임금이 삭감된 두 공장 모두에서 절도 비율이 증가했다. 절도율의 증가는 임금 삭감의 필요성에 대해 간략한 설명만을 받은 직원들에서 더 극적으로 나타났다. 이 연구의 결과는 직원들이 고용주와의 교환관계에서 형평성을 회복하기 위해 어떻게 동기부여 될 수 있는지를 보여 주는 소수의 현장 장면 중 하나다. 또한 이 장의 후반부에서 다룰 개념인 상호작용 공정성의 중요성을 보여 준다.

침 묵

Hirschman(1970)은 자신의 대표 저서에서 고용주로부터 비호의적인 대우를 받은 직원들의 반응을 이해하는 데 도움이 되는 유용한 모형들 중 하나를 제시했다. 그는 직원의 반응을 이탈(exit), 발언(voice), 충성(loyalty)이라는 세 가지로 분류했다. 이탈은 회사로부터의 철회를 의미하고, 발언은 불평하기, 항의하기, 또는 바로잡기 위한 행동하기와 같이 표현하는 것을 의미한다. 충성은 불형평성을 수용하고 그런 상황에도 불구하고 회사에 몰입하는 것을 의미한다. 최근에 주목 받은 지각된 불공정성의 결과 중 하나는 발언 기제의 다른 측면으로 볼 수 있는 직원의 침묵이다. 즉, 사람들이 불공정한 대우를 받은 것에 대한 반응의 하나인 항의를 하는 것도, 자신의 입장을 수용하도록 시도하는 것도 아닌 침묵을 유지하는 것이다. 그들은 물러서지만 여전히 남아 있다. 이런 종류의 침묵은 경영진에게 '어쨌든, 아무도 불평하지 않으니까 괜찮을 거야.'라고 만족의 표시로 해석된다. 얄궂게도, 많은 경우 공식적인 행동 절차를 거칠 수 있음에도 불구하고 불공정에 대한 반응으로 침묵을 선택한 집단은 가장 불리한 입장에 처하게 된다(Pinder & Harlos, 2001).

침묵은 그 특성상 공정한 맥락에서든 불공정한 맥락에서든 의미를 알아차리고 이해하기 힘들다. 예를 들어, Cohen(1990)은 침묵이 현재의 상황을 지지하거나 지원하는 것처럼 보이거나, 또는 반대를 반영하는 것이라고 주장했다. 또한 침묵은 정보나 표현수단의 부족을 의미하기도 한다. 직원의 침묵은 발언 기제가 거짓되거나 비효율적임을 의미할 수도 있다. 결론적으로, 침묵은 의사 표현에 대한 두려움을 반영한다. 그 때문에 발언과 침묵은 모두 공정성 또는 불공정성의 표현일 수 있다(Cohen, 1990; Pinder & Harlos, 2001).

Pinder와 Harlos(2001)는 직원의 침묵을 "변화 또는 시정에 영향을 미칠 수 있다고 여겨지는 사람에게 어떠한 형태로든 조직 환경에 대한 개인의 행동적, 인지적, 정서적 평가의 진실된 표현을 보류하는 것"(p. 344)이라고 정의했다. 그들은 침묵의 다양한 원인과 결과들을 제시하고, **조용히 있기**(quiescence)와 **묵인**(acquiescence)이라는 두 종류의 직원 침묵을 제시하였으며, 변화에 대한 직원의 표현 가능성은 전자보다 후자가 더 크다. Harlos(1998)의 초기 연구에 영감을 받아 캐나다와 미국의 군대는 군인들의 학대에 대한 관찰에 이 모형을 적용하였다. 군대나 준군사 조직에서 계급, 예의, 그리고 궁극적으로 공포는 다른 이의 학대뿐만 아니라 자신의 부정행위에 대한 표현 역시 억제시킨다. 사람들이 조직의 정책이나 관습에 대해 불만을 제기하거나 수정을 요청하는 공개적인 표현을 두려워할 때, 정책과 관습의 변화 가능성은 감소된다(Morrison & Milliken, 2000). Morrison과 Milliken(2000)의 초기 연구 이래로, 최근 몇 년간 침묵의 역동에 관한 흥미가 현저히 증가했다. 흥미 있는 독자는 *Journal of Management Studies*의 2003년 9월호 전체를 참고하면 된다.

개인차와 불형평성에 대한 반응

오래전 Tornow(1971)는 형평이론에서 도출된 예측을 실험을 통해 검증할 때 연구자들은 개인차를 고려해야 한다는 것을 제안했다. 그는 어떤 사람들은 직무 경험의 어떤 요소들을 투입 요인으로 분류하는 반면, 다른 사람들은 동일한 요소를 성과로 분류하는 경향이 있음을 발견하고 이를 바탕으로 개인차를 고려할 필요가 있음을 제안한 것이다(직무에서 책임감이 그 한 예가 될 수 있다). 그리고 이후의 연구는 사람들이 그 유형에 따라 지각된 불형평성의 조건에 대해 특성적으로 다른 인지적 및 정서적 반응을 보일 수 있으며, 그렇다면 형평성 연구에서 예측을 할 때 이러한 성격 특성에 따른 반응 차이를 설명할 수 있는 가능성을 고려함으로써 예측 정확도를 개선하고자 하였다.

따라서 Huseman, Hatfield와 Miles(1985, 1987)와 Miles, Hatfield와 Huseman(1994)은 **형평성 민감성**(equity sensitivity)이라는 개인 특성을 고려해 사람들을 세 범주로 분류할 것을 제안했다. **자비집단**(benevolents)이라 불리는 첫 번째 집단은 타인에 비해 상대적으로 불리한 위치에 해당하는 형평성 비율을 지각해도 관용을 보일 수 있는 사람들을 의미한다. 두 번째 집단인 **형평성 민감자**(equity sensitive)는 형평이론의 전통적인 예측들에 부합하는 사람들로 과도하게 보상받았다고 느끼거나 상대적 박탈감을 느끼는 상황에 대해 불편하다고 대답하는 사람들이다. 세 번째 범주는 자신의 욕심에 따라 불균형적으로 많은 것들을 갖고자 하는 사람들로 **특권자들**(entitleds)로 구성된다.

한 연구는 세 집단의 구성원들이 공정하거나 불공정한 상황에서 더 강조하거나 중요하게 여기는 직무 관련 성과의 유형이 다르다는 점을 입증하였다(Miles et al., 1994). 20개의 구체적인 성과의 중요성을 평정한 결과 네 가지 요인(또는 성과의 유형)이 도출되었다. '성취감' '능력 활용' '급여' '타인의 평가' '고용보장' 등이 구체적인 성과의 예가 된다. 요인분석을 통해 성과는 네 가지 군집으로 구분되었다. 특권자들은 다른 두 집단의 직원들에 비해, 특히 유형의 외재적 성과인 급여, 추가 혜택, 그리고 직무 안정성의 중요도를 특히 높게 평가했다. 무형의 외재적 성과인 뛰어난 업무에 대한 인정과 직무에서의 친밀한 관계에 대한 중요도 평가에서는 세 집단 간에 유의한 차이를 보이지 않았다. 결론적으로, 세 유형의 집단 중 자비집단은 엄격하게 내재적인 보상으로 볼 수 있는 '성취감' '도전적 직무수행' '성취감' 등에 가장 크게 중점을 두었다.

수년간 형평이론에 대한 중요 비판 중 하나는 예측 타당도에 관한 것이었다. 여기서 예측 타당도는 개인의 행동과 태도 변화에 관해 우연 이상의 정확한 예측을 하는 데 있어서 일반적인 약점을 의미한다(Mowday, 1991). 우리가 이 장의 뒤에서 볼 것처럼, 이러한 실패에는 많은 이유가 있다. 형평이론에 관한 연구에 개인차 변인의 영향력을 포함시키려 한 Huseman, Miles와 Hatfield의 노력은 연구 모형을 개선하는 데 유용했다. 더욱이 이런 시도는 나이나 인종 같은 일반적인 인구통계 변인을 이용하여 사람들을 하위 집단화함으로써 타당도를 높이려는 것보다 이론 자체에 새로운 조절변인이 포함되도록 개선하는 측면이 있다.[13] 반면에, 어떤 것이든 이론의 예측 타당도를 개선하기 위해 독특한 구성개념, 즉 다른 과학적 구성개념에서 거의 또는 전혀 쓰이지 않거나 관련되지 않는 구성개념을 이용하는 것은 많은 비용이 들어가는 제안이다. 심하게는, 이런 접근법이 일회성 변인, 단일 맥락에 한정된 변인 및 한 연구에 이것저것 집어넣기를 확산시키고 유용한 중간 범위 이론의 개발을 약화시키는 결과를 초래할 수 있다. 결국 이런 접근법들은 동어 반복에 가까울 수도 있다. 그럼에도 불구하고, 형평성 민감성 개념에 대한 적어도 하나의 독립적인 검사와 적용은 유용하다고 판명되었고(King, Miles, & Day, 1993), 따라서 이런 아이디어를 비판하는 것은 너무 이른 듯하다.

불형평성과 개인의 반응: 연구 결과

이 책에 제시된 직무동기에 관한 다른 모든 주요 이론처럼, 형평이론 역시 연구자들과 이론가들로부터 많은 검토와 비판을 받아 왔다. 사실, 이 이론은 이 책에 등장하는 대부분의 이론들 중에서도 가장 방대하고 꼼꼼한 검토를 받았었다. 아마도 이러한 이유 중 하나는 형평이론이 동기와 직무태도에 관심 있는 조직심리학자들뿐만 아니라 직장 이외의 다른 맥락에서 사회 교환의 역동에 관심을 갖는 사회심리학자들에게도 흥미로웠다는 것이다(예를 들어, Walster, Berscheid, & Walster, 1976).

여러 해에 걸쳐 직무 현장에서 형평이론의 타당도를 명백히 밝히고 결과들을 요약한 문헌들이 많이 있었다(예를 들어, Campbell & Pritchard, 1976; Carrell & Dittrich, 1978; Goodman & Friedman, 1971; Pritchard, 1969 등). 가장 포괄적인 문헌검토 연구 중 하나는 Mowday(1991)에 의한 것으로, 그는 형평이론에 의한 대부분의 예측들은 일반적으로 긍정적 지지를 받았지만, 이 이론을 지지하는 가장 중요한 연구들 중 많은 수의 연구들이 연구설계 문제를 가지고 있어서 이 책의 2장에서 논의된 다양한 형태의 타당도에 대한 의문이 제기되었다고 결론지었다. 이에 대해 관심이 있다면, 형평이론을 괴롭히는 과학적 문제들에 대해 세심하게 다루는 Mowday(1991)의 연구를 보기를 권한다. 이런 문제점들은 외견상 높은 타당도를 보이지만, 독자로 하여금 직무동기와 직원의 직무태도에 적용되는 형평이론의 최종적인 타당도에 관해 의구심을 갖도

13) 이것은 큰 규모의 사회학적인 변인들을 사용하는 이전 시도들이 상대적으로 효과가 없는 것으로 밝혀진(예를 들어, Hulin & Blood, 1968) 이후에 Cherrington과 England(1980)가 직무재설계에 대한 사람들의 반응을 더 잘 예측하기 위해 대략 30년 전에 사용한 전략과 유사하다.

록 한다.[14)]

형평이론의 증거들이 비판적으로 평가되던 시절, 사회심리학과 다른 분야의 학파들은 형평이론의 주된 원칙과 가정들을 많이 요구하지 않는 공평성과 공정성의 개념을 진일보시키고 있었다(Greenberg, 1897에 인용된 Reis, 1986을 보라). 곧 형평이론에 관한 새로운 연구는 급속히 감소되었고, 이론이 다루는 기본적이고 실질적인 관심과 주제들은 공정성 모형에 포함되었다(Colquitt et al., 2001; Greenberg, 1987을 보라). 그에 맞춰, 이후로 이 장에서는 형평성 자체보다는 **분배 공정성**의 개념을 더 많이 사용할 것이다.

지각된 불형평성을 야기하는 조직 수준의 이유(분배 불공정)

무엇이 직원들 사이에서 불형평성의 느낌을 만들까? 이 질문에 대한 대부분의 대답들은 조직 보상체계의 민감성과 반응성을 포함한다. 불형평한 대우를 받는다는 느낌은 자신의 노력 및 다른 기여에 대해 공정한 보답을 받지 못했다고 믿을 때 일어나는 경향이 있다. 이런 종류의 지각이 발달하는 것을 막기 위해, 조직은 보상체계를 갖추고, 직원들이 회사에 대해 가지는 신념과 일치하도록 보상을 지급해야 한다. 이는 실제로 매우 어려운 일이다. 그 한 가지 이유는 무엇이 가치 있는 것인지에 대해 사람들 사이에서 합의된 의견을 얻기가 어렵다는 것이다("당신의 MBA 학위가 여기서 당신의 일과 관련 있습니까? 난 그렇게 생각 안 합니다…" 또는 "당신이 여기 오기 전에 몇 개의 다른 농장에서 일했다 한들 무슨 상관입니까? 나는 당신이 스트로베리를 따는 만큼, 아니 그 이상 할 수 있도록 젊은이들을 가르칠 수 있습니다.").

측정 문제

또 다른 문제는 뛰어난 수행을 했을 때 그것을 알아보기 어렵다는 것이다. 수행평가는 실제로든 가상적으로든 흔히 오류를 일으키고 불형평성을 야기하는 매우 복잡한 과정이다. 노조는 종종 연공서열로 보상받기를 원한다. 상위에 있는 사람들에게

14) 본 저자는 15년 전에 형평이론의 문제점과 가능성에 관한 문제가 제기되었을 때 이 책의 이전 판에서 그에 대해 심도 있게 논의하였다(Pinder, 1998).

는 그런 형태의 보상 지급이 매우 공정한 것으로 보인다. 왜냐하면 그들은 자신의 연공서열을 보상받을 만한 귀중한 경험(일종의 투입)으로 보는 경향이 있기 때문이다. 대조적으로, 특히 하위 직원들이 나이 든 다른 동료들에 비해 더 많은 혹은 더 좋은 직무수행을 통해 조직에 기여했다고 믿을 때, 하위 직원들은 이러한 연공서열에 따른 보상에 동의하지 않는 경향이 있다. 실제든 가상이든 모든 형태의 편애(favoritism)는 불공정한 대우를 받았다는 느낌을 일으키는 경향이 있다. 혈연주의는 편애의 특별히 흥미로운 예시가 된다. 동료가 받는 대우가 마치 학대받는 것과 같다고 느낄 정도로 사장의 가족 구성원들이 받는 일부 혹은 모든 혜택들이 동료가 보기에 그럴 만한 자격이 있는지 분명하지 않을 수 있다. 결국(비록 앞서 제시한 것들이 포괄적이라기보다는 예시를 제공하려는 의도였지만), 직원의 특정 생활환경이나 특이한 기술에 대해 담고 있는 고용주와 직원 사이의 고유한 고용계약은 작업 집단 내에서 공평성과 형평성에 대한 관심을 증가시킬 수 있다(Greenberg, Roberge, Ho, & Rousseau, 2004).

대안적인 분배 규칙

사람들은 자신의 상사가 형평성의 규범에 따라 보상과 처벌 체계를 시행하려 하지 않아서 불형평성을 지각하기도 한다. 형평성은 조직에서 보상과 처벌을 할당할 수 있도록 하는 많은 '분배 규칙' 중 단지 하나에 지나지 않는다(Leventhal, 1976; Sheppard et al., 1992). 다른 목적과 우선 사항에 따라, 보상체계가 형평성보다는 평등 규범에 근거할 수 있다. 평등 규범은 형평성 규범에 의한 관리로 인해 발생할 수 있는 대부분의 심리적 미묘함과 어려움을 신중하게 비껴 나간다(Leventhal, 1976을 보라). 직원들 사이에 조화를 극대화하면서 갈등은 최소화하기 위해 평등의 원리가 선택될 수도 있다. 동일한 대우는 공평한 대우보다 관리가 더 쉬울 수 있는데, 이는 부분적으로 동일한 대우를 통해서는 누구도 타인에 의해 이루어진 상대적인 투입과 성과에 대해 상상해 볼 필요가 없기 때문이다. 게다가 평등 규범은 작업 집단의 구성원들 간에 독립성과 협력이 상당히 많을 때 훨씬 더 정당화될 수 있다. 의도적이든 용기 부족 때문이든, 암묵적인 평등의 규범들은 조직 내 관리자와 관련 책임자가 하는 많은 의사결정에 영향을 미친다. 어떤 식으로든 일부에게는 이러한 평등의 규범에 따라 사람들을 대우하는 것이 형평성 규범에 따르는 것보다 훨씬 더 쉽고 정서적인 부담이 적은 것처럼 보인다.

사회적 책임

때로는 사회적 책임의 규범이 경영진의 지침이 된다. 이런 상황에서는 사람들에 대한 대우가 무엇이 공정한가보다 무엇이 필요한가에 따라 이루어진다. 이 보상 분배의 원칙은 관리자가 책임을 느끼는 친구나 중요한 사람을 대할 때 가장 적합하다. 이런 유형의 기준은 형평성이나 평등의 규범보다는 더 온정주의적으로 여겨진다. 이것은 분명히 사실이든 주장되었든 편애에 관한 문제를 야기할 수 있다. 그럼에도 불구하고, 사회적 책임의 규범은 직무와 관련된 긍정적이고 부정적인 보상들 모두에 대한 대안적인 분배 근거가 될 수 있고, 동시에 직원들에게 불형평하거나 불공정한 대우의 느낌을 발생시킬 수도 있다(Leventhal, 1976; Sheppard et al., 1992를 보라). 여기서 중요한 점은 거의 대부분의 직무 현장에서 직원들 사이에 불형평성의 감정을 만드는 무수한 현실적인 요소들이 있다는 것이다. 이 요소들 중 상당수는 관리자가 통제하기 어렵다. 조직 내부의 형평성 규범과 조직 외부의 시장에서 통용되는 인력 비용 간의 충돌에 의해 발생하는 문제는 특히 해결이 어렵다.

공식적인 보상체계에서 내적 및 외적 형평성

대부분의 큰 조직(뿐만 아니라 대부분의 작은 기업들도)은 현직자가 수행하는 직무와 그 대가로 받는 급여 사이의 관계를 명확히 하기 위해 설계된 몇몇 형태의 직무 평가체계를 적용한다. 비록 이런 종류의 평가체계가 흔히 특정한 시점에 조직 내 급여의 형평성이 얼마나 합리적인지에 관한 정도를 나타내 줄 수는 있겠지만, 그 평가체계가 외부로부터 새로운 직원을 끌어오는 데 필요한 보상 수준에 크게 영향을 미칠 수 있는 급격히 출렁이는 노동시장의 상황을 설명해 주지는 못한다. 때로는 조직 내부와 외부의 두 형평성 사이에서 어느 한 쪽을 얻기 위해 다른 하나를 포기해야 하는 상황이 발생하기도 한다. 이런 관계성은 노동시장에서 새로운 직원을 효과적으로 고용할 수 있도록 해 주는 반면, 조직 내부의 형평성 지각을 유지하는 것이 매우 어렵도록 만들 수 있다.

내부 대 외부 형평성의 상충을 다루기 위해 부분적으로 채택 가능한 해결책 중 하나는 자신들이 얼마나 받는지 다른 사람에게 말할 수 없게끔 조직 전체적으로 급여 수준을 비밀로 하는 것이다(Miner, 1974). 급여를 비밀로 하는 정책은 다양한 흥미로운 특징을 갖고 있다. 우선, 사람들은 종종 자신이 받는, 또 때로는 다른 사람이 받는 급여와 수당에 대해 비공식적인 대화를 나눈다. 종종 돈에 관한 주제에서 '소문의 출처'는 불명확하고, 사람들은 자신이나 타인에 관해 의도적으로 혹은 무심코 수치를 왜곡한다. 그리고 관리자들은 자신의 상사가 받는 보상 수준을 과소평가하고, 동료나 부하직원들이 받는 보상 수준은 과대평가하는 경향이 있다는 연구 결과도 있다. 이런 추정 오류가 일어났을 때 사람들은 부하직원에 비해 과소 지급의 불형평성이 존재한다고 지각할 수 있다. 더욱이 조직의 상층부로 올라가도 더 많은 보상을 받지 못한다는 신념은 승진의 가치를 감소시킬 수도 있다(Lawler, 1965, 1967; Milkovich & Anderson, 1972). 결국 이런 연구 결과는 보상 수준이 비밀로 유지될 수 없다는 주장의 이론적 바탕이 되었다(Lawler, 1972). 비록 보상과 급여 체계에 대한 공개가 초기에는 많은 어려움을 낳겠지만, 관계자들의 관심으로 인해 결국 모두에게 알려질 것이다. 이는 상당히 곤란한 주제가 된다.

저자는 예전에 두 명으로 구성된 자문 팀의 일원이 되어 어떤 소규모 연방정부기관에서 문제가 된 인사경영에 관한 많은 문제들을 해결하는 데 투입된 적이 있다. 충분한 논리적 근거 없이 무조건 증가하는 급여 체계가 그 문제들의 원인이었다. 거기에는 성별과 그 외 다수의 변칙들에 기반해서 급여에서의 차별을 가져왔다는 증거가 있었다. 그런 변칙들은 시간의 흐름에 따라 사람들의 직무가 변하면서 그리고 기관의 전통과 관습이 최상의 보상 관리 원칙으로 자리매김함에 따라 서서히 생겨난 것이다. 저자와 한 명의 동료는 (다른 대안들 중에서) 개방된 새로운 급여 구조를 제안하고, 기관의 모든 직원들에게 급여에 관한 사항들을 공개할 것을 제안했다. 이사회의 구성원들은 이를 단호히 거절했다. 이는 은퇴한 인사 담당자의 주장이 크게 영향을 미쳤기 때문이었다. 그는 직원들이 새로운 급여의 재편성에 관해 알게 된 후 서로의 급여에 대해 알 수 없도록 하던 가림막이 즉각적으로 사라져 버릴 것을 두려워했다. 경영진은 변화가 일어나야 한다는 데는 동의했다. 그리고 이대로라면 '누가 현재 얼마나 받는다'에 대해 직원들 사이에서 소문과 오해가 빠르게 퍼져 나갈 것이라는 것도 깨달았다. 하지만 거짓 소문들이 생겨날 가능성과 위험에 대한 경고를 인식하고 있음에도 불구하고, 경영진들은 열린 급여 체계의 시행을 거절하였다. 게다가 그 경영진은 해당 기관의 다른 문제들과 관련된 본 저자의 변호사 동료가 제안한 것들을 빠르게 받아들이고 채택하였는데, 아마도 그 제안들의 대다수는 라틴어로 된 전문용어로 위장되어 있었기 때문일 것이다.

요약하자면, 외부 시장으로부터 노동 인력을 선발하고 유지해야만 하는 조직이 형평성 있는 내적 보상 계획을 지속시킬 수 있는가는 쉽게 풀 수 없는 복잡한 문제다. 더욱이 이런 종류의 계획은 오로지 급여의 형평성 있는 분배만을 다룰 수 있다. 이 계획들은 다른 형태의 보상(부수적 이익들 같은)이나 비물질적인 보상(인정, 칭찬 등)의 형평성 있는 분배와는 사실상 관련이 없다. 실제로, 모든 관련된 사람들에게 형평성 있게 여겨지는 방법으로 보상을 집행하는 것은 매우 어렵다.

남녀평등 임금원칙: 쟁점, 동향 그리고 정책

우리가 북아메리카에서 과거 40년 동안의 주요 사회적 · 경제적 동향들 중 하나를 고려했을 때 공평성, 형평성, 그리고 분배 공정성의 문제들은 중요한 의미를 갖는다(Kelly & Bayes, 1988; Killingsworth, 1990). 이런 흐름은 미국에서는 **남녀평등 임금원칙**(comparable worth)으로, 캐나다에서는 **임금 형평성**(pay equity)으로 불린다. 특히, 우리가 본 것처럼 근로자들의 성별이 섞여 있을 때, 다양한 유사성을 갖는 직무를 수행하는 사람들에게 고용주가 지불하는 임금이 그 흐름의 핵심이 된다.

남녀평등 임금원칙의 정의

그 흐름은 Mahoney(1987)가 설명한 "동등한 (동일한) 가치의 직무에는 동일한 임금"과 같은 핵심 의미를 가진 원칙, 즉 1957년 유럽공동체가 로마조약에서 채택한 '동일 노동에 동일 임금' 원칙 및 이후 동일 임금 명령(Equal Pay Directive)에서 채택한 '동등한 가치를 지닌 것으로 판단되는 직무'에 동일한 급여 지급을 명령한 원칙에 기반한 것이다(Baker & Fortin, 2004). 논쟁이 되는 직무들의 표면적 유사성은 그다지 중요한 문제가 아니다. 같은 조직에서 직무를 수행하는가도 역시 중요하지 않다. 따라서 남녀평등 임금원칙은 겉으로 유사하지 않은 직무 전체가 전통적으로 여성이 수행했다는 이유만으로 수요와 공급의 시장원리에 의해 평가절하되었음을 근거로 임금률에 대한 시장의 효과를 무시한다(심지어 거스른다). 예를 들어, 같은 지역사회에서 간호사가 제공하는 서비스가 나무를 다듬는 사람에 의해 제공된 가치와 동등하게 여겨진다면, 남녀평등 임금원칙에 의해 두 명의 근로자는 동일한 고용주에게 같은 수준의 보상을 받게 될 것이다. 실제로, 원론적으로는 상당히 단순하다. 직무들 사이에 보수의 비교 가능성을 다루는 다양한 범주의 정책과 관습이 있다. 그리고 그 범주들마다 가진 관행적이고 정책적인 시사점 역시 상당히 다르다. 이 문제들에 관한 우리의 논의를 가능한 명백하게 하기 위해 이 범주들의 일부를 살펴보도록 하자. 가장 적게 논의된 범주는 **동일 노동에 동일 임금**으로 언급된 것이다(Moore & Abraham, 1992, p. 456). 1963년에 제정된 동일임금법률(Equal Pay Act)은 기술, 노력, 책임감, 직무 환경 등 이렇게 네 가지 기초 요인들을 이용해 직무 활동에서의 평등과 불평등을 결정한다. 이 네 가지 준거(또는 '보상 요인')를 두 가지 이상의 직무에 적용해서 그 직무들이 이 준거들에 있어 크게 다르지 않다는 것을 확인하면, 그 직무들을 상당히 유사한 것으로 판단할 수 있다. 만약 두 직무가 네 가지 준거요인들에서 유사하지만 임금이 여전히 실질적으로 동일하지 않다면, **유사 노동에 동일 임금**과 관련해 문제가 있다고 판단할 수 있다(Moore & Abraham, 1992, p. 456). 남녀평등 임금원칙은 그런 경우에 급여 차이가 정당하지 못하다는 주장을 지지해 준다. 두 번째 범주는 임금 동등성(pay parity)으로 불리는데, "이것은 전국적으로 종합할 때 여성의 평균 임금이 남성의 평균 임금과 동등해야 한다. …이것은 가장 극단적인 관점이다." (Moore & Abraham, 1992, p. 456) 마지막으로, 남녀평등 임금원칙은 동일한 직무에 대해 동일한 임금을 지급하는 것과 관련한 범주로서 "이 원칙은 유사하지 않은 직무일지라도 고용주에게 동등한 가치를 갖는 것이라면, 동일한 급여를 지급해야 함을 의미한다." (Moore & Abraham, 1992, p. 456) 어떤 종류의 직무평가 도식이나 공식도 '가치(value 또는 worth)'를 결정하기 위해 사용될 수 있지만, 둘 이상의 직무들이 직무평가 도식과 공식에 따라 측정된 가치가 유사하다고 판단될 때, 그 직무들은 동일한 급여를 지급받아야 한다. 바로 앞에서 설명한 비교의 다양한 수준이나 기준들 중에서도 남녀평등 임금원칙은 가장 큰 논란거리다(p. 456).

앞서 강조한 것처럼, 평등과 형평성에 관한 단순한 개념들은 형태와 정도가 다른 네 가지 범주로 표상된다. 우리의 논의는 이 범주들 중 네 번째에 집중할 것인데, 그것은 관련 법률이 제정되도록 하고, 조직 내 실무에서 상당한 저항과 반대를 야기하기 때문이다. 먼저, 남녀평등 임금원칙의 문제상 수행되는 대부분의 직무들이 분배 공정성, 즉 사람들 간 및 성별 집단의 보수 분배에 대한 공정성 지각의 문제 또는 그로 인한 결여와 관련된다. 분배 공정성에는 남녀평등 임금원칙의 개념과도 관련해서 급여 분배가 어떻게 이루어져야 하는가에 관한 몇 가지 쟁점이 있다. 절차 공정성과 남녀평등 임금원칙의 관계에 대한 논의에 관심 있는 독자는 이를 자세히 다룬 Greenberg와 McCarty(1990)의 글을 참고하기 바란다. 여기서의 주된 방향은 분배 공정성의 문제인 남녀평등 임금원칙을 살펴보는 것이다.

원칙과 흐름의 기원

수많은 상호 관련된 원인들이 남녀평등 임금원칙과 관련한 운동의 추동력을 제공했다. 여성들의 직무 현장 진출, 여성해방운동 발흥, 남녀의 수입 격차 심화, 남성과 여성 각각에 특히 관련된 특정 직무 유형의 강력한 연합(Kovach & Millspaugh, 1990; Mahoney, 1987) 등이 이런 추동력에 해당한다. 정책을 법률화하고 관행화시키는 것은 상당한 정치적 투쟁이다. 대체로, 비록 원칙적으로는 남녀평등 임금원칙이 성별 중립적인 개념일지라도, 그런 투쟁은 여성들이 주로 종사하는 직업에서 급여와 수당을 결정하기 위해 특정 성별에 편향되지 않은 방법을 찾아내는 활동들로 구성되어 있다(Mahoney, 1987).

성별 임금 차이: 그것의 크기와 중요성의 역사

앞서 남성과 여성의 소득 간에 전통적으로 얼마나 차이가 있는지에 대해 언급했었다. 여기서 성별 임금 차이와 성별 소득 차이로 언급되는 이러한 차이는 흥미롭고 지속적인 사회적 현상이다. Marini(1989)는 이러한 차이의 크기가 어떻게 변화해 왔는지를 추적했고, 이것의 기원을 이해하는 데 상당히 큰 기여를 했다(Bayes, 1988; Mahoney, 1987; Moore & Abraham, 1992, 1994도 보라). 일반적으로 성별로 인한 차이는 남성의 평균 소득 대비 여성의 평균 소득 비율로 계산되는데, 1970년대까지는 60%를 맴돌다 1980년대에 증가하기 시작했다. 실제 지급된 임금 추정치의 정확성, 한 사람당 한 개 이상의 직무에서 나온 임금이 고려되었는지의 여부, 자영업자의 수익 포함 여부, 추정에 쓰인 사람들의 연령 범위, 그리고 추정치에 포함된 오류의 보고 정도와 같은 특정 요인들이 어떻게 고려되었는가에 따라 달라지기는 하지만(Marini, p. 344) 1995년경의 소득비율은 약 72% 수준에 머물렀다(*The Economist*, 1996년 6월 8일).

임금 차이에 대한 현재 자료

1920년과 1980년 사이에 미국에서는 성별에 따른 임금 차이가 거의 변하지 않았다. 때로는 조금 증가하고, 때로는 조금 감소해서 60% 주변에서 맴돌았다. 하지만 최근 자료를 살펴보면, 그 차이를 줄여 줄 것이라 여겨지는 많은 법률 및 노동경제 현상에도 불구하고(이전 단락에서 언급되었던 것과 같이) 그 차이가 지속되는 것으로 나타났다.

캐나다 통계청(2006)이 실시한 대규모 조사에 따르면, 2003년에 연간 전일제로 근무한 여성들이 동일하게 일하는 캐나다 남성 소득의 71%만을 벌어들인 것으로 나타났다. 이러한 소득비율이 지속되는 주된 이유는 여성이 소득이 적은 직업에 더 많이 분포해 있기 때문에 전체 인구에서 불균형적인 소득비율 분배가 만들어진다는 것이다. 영국의 여성과 직업 위원회(Women and Work Commission: WWC)가 유럽연합의 국가들을 대상으로 실시한 유사한 연구에서도 비슷한 결과가 나타났다. 영국에서 전일제로 근무하는 남성과 여성 노동자 사이의 임금 차이는 약 17%로 측정되었다(*The Economist*, 2006년 3월 4일, p. 51). WWC 연구에서 차이값은 유럽의 경우 15%, 미국의 경우 20%로 역시 비슷한 수치를 나타냈다. 즉, 소득 차이는 유지되고 있다.

성별 임금 차이의 이유

왜 이런 차이가 존재하는가에 대해 몇 가지 설명이 제기되었다. 초기 논쟁에서, McDonald(1977)는 임금 차이의 거의 절반은 여성이 남성보다 적게 임금을 받는 직무에 종사하는 경향이 원인이고, 나머지 절반은 간단히 여성들이 같은 직무를 했을 때 남성보다 적은 임금을 받는 차별이 원인이라고 주장했다(2006년 캐나다 통계청 보고서와 영국 WWC 보고서에서 보고되었고, 2006년 *The Economist*에 인용됨). 한편, England와 McLaughlin(1979)은 단순 차별 설명에 반대했다. 그들은 임금이 낮은 직업에 종사하는 것과 함께 대다수의 여성들이 최근에야 노동시장에 뛰어들었고, 따라서 그들의 직업이 더 낮은 임금 계층에 분포하는 경향이 있기 때문에 임금 격차가 존재한다고 주장하였다(또한 Farrell, 2005를 보라). 이제부터는 남성과 여성 사이의 소득 차이를 설명하는 두 이론을 살펴볼 것이다. 첫 번째 이론은 경제학과 사회학에서, 그리고 두 번째는 주로 심리학에서 발달한 것이다.

임금 차이에 대한 경제학적 관점

Marini(1989)는 두 집단 간 임금 격차의 원인을 공급 중심과 수요 중심으로 구분하였다. **공급자 중심의 설명**은 "개별 근로자의 성격 특성과 의사결정"(p. 348)에 초점을 두는데, 이는 남녀가 작업장에 가져오는 자질, 의도 및 태도와 같은 것으로 **인적 자본**이라는 이름으로 묶이는 요인들을 포함한다. "남성이 여성보다 더 많은 교육, 기술, 경험을 갖고 있기 때문에 여성보다 더 많이 번다고 예상될 수 있으며", 사실 북아메리카에서는 그런 결과를 보여 준다(Mahoney, 1987, p. 221). 예를 들어, 어떤 연구자들에 따르면, 남성에 비해 여성은 경력 단절이 더 자주 나타나고, 직장을 더 자주 그만두며, 생애 기간 중에 대가를 얻기 위해 투여하는 삶의 비율이 더 적다. 마찬가지로, 여성들은 남성보다 가정의 의무를 훨씬 더 크게 떠맡는 경향이 있다. 그리고 여성들은 더 많은 급여를 받을 수 있는 상위직으로 이동하기 위해 직무를 계속하려 할 때, 거기에 투자할 수 있는 시간과 노력의 정도가 제약되기 쉽다(Mahoney, 1987; Moore & Abraham, 1992를 보라).

수요자 중심의 설명은 가치의 차별화에 집중하고 있다. 가치의 차별화는 사회 구성원들이 차별의 효과를 지속시키는 재화와 서비스, 전통, 차별행위, 그리고 시장의 체계적 속성들에 두는 가치의 비중이 다른 것을 말한다. 차별의 효과는 편견, 차별적 수행 기대, 그리고 불공정한 평가 절차와 같은 요소(Marini, 1989를 보라)를 포함한다. 이 요소들은 심리학자와 조직행동 연구자들이 전형적으로 제시하는 영향 요인들이다. Mahoney(1987)는 모든 사회 현장에서 다양한 유형의 기술과 서비스에 대해 가치 부여의 정도가 다르다는 것을 관찰했다. 예를 들어, 미국 통계국(U.S. Census)이 의사는 간호조무사나 잡역부보다 6.5배나 임금을 더 받는다고 보고했다.

그 이유는 무엇이겠는가? 미국인들은 의사가 할 수 있는 일이 간호조무사나 잡역부가 할 수 있는 일보다 더 가치 있다고 판단한다. 남자들이 더 가치 있는 직업을 차지하는 경향으로 인해 더 많은 돈을 벌수 있다. 이것이 바로 앞에서 언급한 그런 경우다(Moore & Abraham, 1992를 보라). 여성운동 및 다른 사회적 세력 및 평등주의의 규범에도 불구하고, 남성과 여성은 다른 유형의 직무와 직업에 종사하는 경향이 있다. 북아메리카의 노동 인력은 실제로 거의 성별에 의해 분리되고, 마치 치명적인 자기충족적 예언이 만연한 것처럼 보인다. 그 이유 중 하나는 남성과 여성이 항상 특정 직업을 갖기 때문에 계속해서 그 유형의 직업들에 종사한다는 것이다(이후 내용과 Mahoney, 1987을 더 보라).

다양한 유형의 노동에 대한 요구(그리고 그 가치)에 영향을 미치는 산업 요소들이 있다. 간단히 말해서, 다음과 같다.

> 특정 산업들은 다른 산업들보다 더 지불 능력이 있고, 더 높은 임금을 지급하고 그 능력을 사용한다. 사실, 어떤 직업은 다른 산업보다 이 분야에서 더 큰 가치를 갖는다(Mahoney, 1987).

그리고 관찰된 소득 차이의 일부분을 설명할 수 있는 단체 관련 요인들도 있는데, 그중 하나가 노조다. 근로자들을 조직해서 경영진과 총체적인 합의점을 협상하는 노동조합을 갖춘 산업 분야에 여성들이 비율적으로 적게 분포한다. 다른 조건이 같다면 노동조합이 없는 경우보다 있는 조직의 직원들이 더 많은 급여를 받는 경향이 있다(Freeman & Medoff, 1984). 특정한 조직 수준의 요소들 역시 남녀 간 임금 차이에 기여할 수 있다. 아이러니하게도, 대부분의 조직에서 고위 여성 경영자와 간부가 적은 경우가 일반적이기 때문에, 낮은 직위의 여성들에게 역할모델과 멘토가 될 수 있는 여성 경영자의 수는 더 적을 수밖에 없다. 따라서 여성들은 남성보다 네트워크를 구축하거나 활용하기가 어렵고, 이러한 악순환이 계속된다(Moore & Abraham, 1992, p.457을 보라).

요약하면, 북아메리카에서 남녀 간 체계적인 소득 차이에 기여하는 것으로 볼 수 있는 많은 강력한 '큰 그림'에 해당하는 요소들이 있다. 이 강력한 힘들이 가진 다루기 힘든 특성들은 이러한 힘들이 왜 그리고 어떻게 성별 임금 차이를 계속해서 유지시키는지 설명하는 데 도움을 준다. 즉, 이 요소들은 쉽게 바뀌거나 없어지지 않는다. 비록 이 힘들이 원래부터 강하지 않을 수 있어도, 직장에서 불평등한 급여를 생각할 때 거기에는 변화시키기 힘든 더 미세한 특성을 가진 많은 다른 요소들이 있을 수도 있다. 이제부터는 이들 중 몇 가지를 살펴보도록 하겠다.

임금 차이에 대한 심리학적 관점

30여 년 전, 일찍이 Bartol(1978)은 대부분의 북아메리카 기업들 내부에서 남성들이 더 높은 지위, 더 높은 임금을 받는 직무를 차지하는 경향에 관한 '조직에서의 성 구조화' 현상에 대한 조사 결과를 보여 주었다. 비록 경제학과 사회과학에서 제기한 논의와 다소 유사하지만, Bartol의 논리는 주로 앞에서(9장에서 언급됨) 다루었던 신념과 태도를 설명하는 심리학에 기초한 새로운 관점을 더 포함하고 있다. 비록 Bartol의 분석 이후로 30년이나 흘렀지만 여전히 문제의 상당 부분을 설명해 주고 있다.

우선, 부분적으로 앞서 언급한 문화적 규범과 그것을 촉진하는 여성들의 사회화를 생각한다면, 많은 여성들이 단지 전통적으로 남성 지배적인 직업들을 찾아서 노동시장에 들어온 것은 아니다(Stein & Bailey, 1973). 게다가 여성은 남성 지배적인 직업 영역에 취업하는 것을 막는 기업들 때문에 낮은 수준의 급여에서부터 경력을 시작하게 된다(오늘날 대부분의 서구권에서 이런 관행은 일반적으로 불법이기 때문에 측정하기 어렵다). 기업에 입사 지원을 할 때 남성 우호적으로 편향되어 여성에게 불리한 선발 검사와 절차는 많은 직업에서 입사 지원하는 것부터 여성을 배제하도록 조장할 수 있다.

Bartol(1978)의 연구에서, 취업을 위해 경쟁할 때 여성들은 흔히 급여가 낮은 사무직종이나 성별 특정적 규범에 맞는 몇 가지 자리를 제안받는다(Cash, Gillen, & Burns, 1977; Cohen & Bunker, 1975; Rosen & Jerdee, 1974a, 1974b). 더욱이 관리직에 입사한 여성들은 도전적인 초기 과제를 통해 자신의 역량을 드러낼 기회를 같은 위치의 남성 상대만큼 빠르게 갖지 못한다. 일반적으로 '남성'과 관련된 성격 특성이 전통적으로 '여성적' 특성보다 관리직에 더 적합한 경향이 있어서(Schein, 1973, 1975; Rudman & Kilianski, 2000) 여성은 관리직 배치에서 배제되는 경향이 강하다. 기업의 계층적인 서열에서 높은 직위에 오르는 데 성공한 여성을 대상으로 진행되었던 연구들은 그러한 여성이 우리 문화에서 일반적으로 남성다운 특성으로 정의된 것들을 보여 줄 수 있어야 한다고 설명했다(Stein & Bailey, 1973; Van Der Merwe, 1978). 흔히 해당 직위에 충분한 자격이 없음에도 불구하고, 때로는 겉치레를 위해 중요한 자리에 '상징적인 증표'로서 여성들을 고용하기도 한다. 이런 실패들로 인해 남성형 직위(관리직으로 대변되는)를 수행하기 위한 여성의 역량에 대해 기존의 신념들이 강화되는 경향이 있다.

2006년 여름, 기업에서 여성의 지위를 다루는 세 가지 사건이 단 한 달만에 캐나다 매체를 통해 보도되었다. 첫째, 인도 태생의 여성 Indra Nooyi는 펩시 사의 CEO로 승진하여, 현재 미국의 가장 큰 자산 규모를 가진 500대 기업 중 하나를 경영하는 11번째 여성이 되었다(*The Economist*, 2006년 8월 19일, p. 51). 캐나다에서 같은 주에, REAL Women of Canada(보수적인 사회운동단체)의 사무총장이 전국적 매체에 캐나다 여성지위부(Status of Women Canada)라는 이름의 캐나다 정부의 부처를 폐지할 때라고 주장했다. 해당 부처는 여성의 권리 향상을 돕기 위해 거의 30년 동안 서비스를 제공해 온 조직으로, 교육부의 Gwendolyn Landolt는 이에 대해 다음과 같이 말했다.

> 해당 부처의 설치는 여성들이 이른바 가부장적 사회의 희생자여서 지원과 특별한 인정이 필요하다는 전제에 기초한 것이다. …우리의 관점은 대다수의 여성들이 희생자들이 아니며, 자신의 삶에서 충분히 자력으로 의사결정을 할 수 있다는 것이다.
>
> (*The Economist*, 2006년 8월 25일, p. A9)[15]

그리고 동시에 '직업을 가진 여성을 위한 폭넓은 환경 조성과 기회 확대'를 목표로 하는 비영리 연구 및 자문 단체인 Catalyst(2006)는 유리 천장[16]이 그리 많이 그리고 빠르게 없어지지 않고 있다고 보고했다. Fortune 500 여성 경영인의 경력 진행에 기초한 Catalyst의 연구에 따르면, 이전 3년 동안(2002~2005) 상위 관리직에서 여성이 차지하는 비율의 평균 성장률은 연간 0.23% 포인트까지 떨어졌으며, 이는 지난 10년간 가장 낮은 연간 성장률이었다. 그 3년의 기간 동안, 상위 관리직 여성의 총 수치는 단지 0.7% 포인트 증가해 16.4%가 되었다. 연구는 이런 성장률에서는 미국 내 기업의 상위 관리직에 여성이 남성과 동등한 수준으로 분포하려면 40년이 걸릴 것이라고 결론 내렸다(Tallarico & Gillis, 2007을 보라). Can West News Service는 최근 캐나다 기마경찰대(Royal Canadian Mounted Police: RCMP)가 진행한 내부조사에서 여성 경찰관들이 자신의 권리가 너무도 자주 침해되고, 남성 지배적인 문화 때문에 자신이 존중받지 못한다는 생각을 계속해서 하고 있다고 보고하였다(*Times Colonist*, 2007년 10월 29일, p. A1). RCMP에서 상위 직급에 여성이 적은 것이 그 한 예가 된다. 그리고 다른

15) 캐나다 정부는 이런 관점에 따라, 한 달 뒤 여성지위부의 예산을 삭감했다.
16) 은유적 표현인 유리 천장은 조직에서 여성의 승진을 체계적으로 방해하는 힘을 일컫는다.

하나는 그들이 자주 성희롱을 당한다는 것이다. 우리가 5장에서 본 것처럼, 불공정한 대우와 권리 침해는 특히 군대(그리고 준군사적인) 조직에서 자주 발생한다.

꽤 많은 여성들이 남성과 여성이 어떤 특정 유형의 직무에 적절한지에 대해서 종종 같은 성역할 관점을 갖고 있다. Rudman과 Kilianski(2000)는 계속되는 이 현상을 설명하기 위해 경쟁 중인(아직 수렴 중인) 세 가지 가설들을 검토했다. 그중 하나인 성역할 가설은 사람들이 남성의 역할은 직장, 여성의 역할은 가정과 결부 짓는 것을 말하며, 그로 인해 사람들은 직장에서 권위 있는 여성들에 대해 기본적인 역할 구분을 침해하는 것으로 여기는 경향성이 있다는 것이다. 두 번째는 성별 권위 가설(gender authority hypothesis)로, "직장 내 노동의 분배는 남자와 여자에 대해 다른 지위 기대를 나타낸다는 가정을 한다."(Rudman & Kilianski, p. 1316) 다시 말해, 남성들은 간단하게 남성다움의 미덕에 의해 훨씬 높은 지위를 부여받게 된다.

마지막으로, 성 고정관념 가설은 "남성과 여성의 특성에 대한 다른 기대는 여성의 권위에 대한 부정적인 태도를 기저에 깔고 있다고 가정한다."(p. 1316) Rudman과 Kilianski(2000)는 태도의 의식적 및 암묵적 측정치를 모두 사용한 연구를 실시하였다. 그 결과, 비록 여성들이 태도와 신념을 측정하는 연구에서 사용되는 반응 잠재성 기법보다 명시적 측정도구(자기보고 설문지의 형식)를 사용할 때 여성의 권위에 대해 더 평등적인 것으로 나타나지만, 남녀 대학생 모두 여성보다는 남성이 권위 있는 자리를 차지하는 것을 더 선호하였다. 그보다 앞선 연구에서, Rudman과 Glick(1999)은 이런 편견들로 인해 여성들이 주체적으로(문화적으로 남성적인 것) 행동할 때 사회적 기술(예를 들어, 다정함)이 부족하다고 평가된다는 것을 발견했다. 이것은 특히 문제의 직무가 '여성스러운', 즉 다정함이 요구되는 직무임에도 여성의 고용을 반대하는 차별을 야기할 수 있다.

Eagly와 Karau(2002)는 또한 우리 사회에 여전히 리더 역할을 하는 여성에 대해 상당한 편견이 있다는 것을 밝혀냈다. 즉, 여전히 리더로서의 여성은 남성에 비해 덜 호의적으로 느껴지고, 여성의 리더십 행동은 너무도 자주 남성이 리더십 행동보다 덜 호의적으로 평가되었다. 더욱이 여자가 한 일은 흔히 남자가 한 일보다 덜 긍정적으로 평가되며, 여성이 그 일들을 평가할 때도 역시 그러했다. 이런 편견을 설명하기 위해 역할 일치성 이론을 적용할 수 있다. Eagly와 Karau(2002)는 여전히 우리 문화에서 리더십과 여성스러움이라는 개념이 어울리지 않는다고 보고 있음을 확인하였다.

맥락의 역할(반복)

많은 사람들에게 여기서 묘사된 성차별적인 성향을 오로지 성격 특성 때문으로 결론짓는 것이 매력적으로 느껴지기도 한다. Glick과 Fiske(2007)는 이 책 전체(특히 2장을 보라)에서 맥락적 요소에 부여한 중요성에 걸맞게, "차별 행위는 단지 확실한 편견을 가진 사람들에 의해서만 이루어지는 것은 아니다. …차별은… 상황 의존적인 사회적 현상이다."(p. 4)라고 주장했다. 즉, 개인이 속한 직접적인 작업 집단의 규범들은 차별적 행위에 영향을 미칠 수 있는 가까운 맥락적 요소의 예가 된다. 반면, 성역할 고정관념과 같은 보다 거리가 먼 요소들 역시 강력한 영향력을 발휘할 수 있다. 이 논쟁에 관해 보다 진행된 내용에 관심이 있다면 Click과 Fiske(2007)의 연구를 권한다. 성격이나 특성, 그리고 근접한 또는 먼 맥락적 효과 등의 관련 요소들 간의 인과관계를 고려하지 않고도, 우리 문화에서 남성과 여성은 남성과 여성 자체, 그리고 각 성별이 더 잘 어울리는 직무 특성에 관해 특정 신념을 갖고 있다는 사실에는 변함이 없다. 앞의 두 단락에서 인용한 연구는 남성을 주체 및 권위라는 개념과 연합하고, 여자를 다정함 및 보살핌과 연합하는 경향성을 보여 준 Schein(1973, 1975)의 개척적인 연구 이래로 큰 변화가 없었다는 것을 보여 준다. 그리고 이러한 기대를 위반하는 것이 자연스럽게 여겨지지는 않는다. 더욱이 Bartol(1978)이 거의 30년 전에 발간된 이론, 연구 및 실무에 입각해서 조직의 성별 구조화 이론을 주장하기는 하였지만, 예를 들어 자녀 양육 관행 그리고 직무평가와 수행평가 기법의 어려움 같은 Bartol이 확인한 대다수의 요인들 역시 많이 바뀐 것은 아니다. 비록 Bartol(1978)의 시대 이래로 많은 발전이 있었지만, 미국에서 차별철폐 정책과 프로그램의 사회적 비용 및 혜택의 최근 평가(Crosby, Iyer, Clayon, & Downing, 2003)는 아직 더 개선되어야 할 부분이 많다는 것을 확인시켜 준다.

남녀평등 임금정책 원칙에 대한 비판

앞서 참조한 연구들 이후로 남녀평등 임금정책을 시행하고 관리해야 했던 사람들에 의한 저항이 있었다. Waluchow(1988)의 도움으로 이 저항의 출처들을 살펴보자(또한 Moore & Abraham, 1994를 보라). Waluchow가 주장하기를, 어떤 사람들이 취하는 입장에 따르면, 저항의 주요 원천 중 하나는 임금 차이의 원인이 차별 때문이라는 것은 명확하지 않으며, 오히려 그보다는 앞서 검토한 종류의 정당한 인적 자본 요소들(예를 들어, 여성은 남성보다 교육을 덜 받거나 많은 경우에 상위 직급에 적게 분포한다) 때문이다.

저항의 두 번째 원천은 만약 임금 차이를 없앤다면 기업과 정부가 감당해야 할 매우 큰 비용에 대한 두려움이다. 세 번째는 일부 비평가들이 제기한 우려로, 특히 임금 차이의 철폐가 여성 근로자가 지배적이던 경제 분야에서 여성 근로 인력에 대한 수요가 감소할 것이란 예상이다. 이 관점에 따르면, 사회의 형평성과 공평성을 가져오기 위해 설계된 선의의 정책들이 역효과를 가져와, 돕기 위해 설계된 정책이 오히려 사람들을 다치게 한다.

또한 동등한 가치의 일이 정말로 동등한 가치를 갖고 있는지 밝혀내기 위한 방법을 결정하는 것에 관한 문제가 있다. 다시 말해, 어떤 직무가 동등한 가치를 갖는지 어떻게 알 수 있는가? 누구의 준거를 적용할 것인가? 누가 결정할 것인가? 이 수수께끼는 수년에 걸쳐 많은 저자들에 의해 언급되었다. 그러나 '시장'이 상대적인 가치를 결정할 것이라는 것 외에 설명된 것은 거의 없었다. 그럼에도 불구하고, Waluchow (1988)는 '어떻게 어떤 사람이 한 일과 다른 사람이 한 일을 비교하여 가치를 결정할 수 있을까?'라는 질문에 대한 여덟 가지 가능한 대답을 열거하였다. 그는 다음의 항목들을 제시했다.

1. 기존 시장(즉, 고용주)이 그것을 위해 지불해야 하는 가치가 무엇인가에 의해
2. 공정한 시장이 그것을 위해 무엇을 지불할 것인가에 의해
3. 그것을 함으로써 마땅히 받아야 하는 것은 무엇인가에 의해
4. 그의 일이 회사의 성공에 얼마나 기여하였는지에 의해
5. 그의 일이 공동체에 얼마나 기여하였는지에 의해
6. '그 업종에서' 같은 업무를 수행하는 사람들이 현재 받는 임금에 의해
7. 고용주의 명시적인 임금정책은 그 업무에 얼마의 가치를 할당하는가에 의해
8. 고용주의 암묵적인 임금정책은 그 업무에 얼마의 가치를 할당하는가에 의해

Kelly와 Bayes(1988)는 여덟 가지 항목 외에도 의견 충돌의 근본적인 원천이 있음을 알아냈다. 이는 단순히 남녀평등 임금정책이 원칙적으로는 받아들여짐에도 불구

하고 누가 그 정책을 시행해야 하는가에 관해 관련 당사자들의 동의가 부족하다는 것이다. 입법부, 노조, 사법부 또는 경영진?

요약하자면, 비록 남녀평등 임금정책이 일견 수용할 만한 가치가 있어 보이지만, 남녀평등 임금정책에 대한 저항에는 많은 이념적이고 실무적인 원천이 있다. 그런 저항은 꽤나 열정적이고 심지어 호전적이기까지 하다. 예를 들어, Barbara Amiel(1985)은 세계적으로 많은 잡지에 보수적인 글을 쓰는 비평가로 유명하다. 그녀가 작성한 칼럼 중 캐나다의 *Maclean's*에 실린 내용을 살펴보자. 그녀의 칼럼의 제목은 '동등한 임금의 위험한 대가'다. 시장 가치 개념에 따라서(Mahoney, 1987에 인용된 Smith, 1937), Amiel(1985, p. 9)은 다음과 같이 기술하였다.

> 우리 시대의 전체주의 본능이 사회에 남겨 준 모든 개념—인종별 및 성별 직무 할당과 자유발언에 반대하는 법을 포함하여—중에서 겉보기에는 무해한 구호인 '동일 가치의 업무에 대한 동일 임금'은 자유 사회에 잠재적으로 가장 파괴적이다…
>
> 한 직무의 가치는 오로지 공급과 수요에 의해서만 결정된다. 가치는 얼마나 많은 사람들이 서비스를 요구하는지와 얼마나 많은 다른 사람들이 그것을 제공할 의도가 있는지에 달려 있다. 팝음악의 연주자가 교향악단의 악장보다 더 숙련된 음악가라고 판단하는 사람은 없지만, 다른 사람을 앞지르려는 욕구는 종종 비용을 지불하도록 만든다. 나는 고전적인 바이올린 연주자를 선호하지만, 이것은 소수의 관점이고, 대부분의 사람들은 마돈나를 원한다…
>
> 이 강압적인 정책을 멈추려면 비겁한 정치가뿐만 아니라 근시안적이고 편협한 남녀평등주의자들과도 싸워야 한다. 그러나 우리 사회에서 기회와 자유의 평등을 유지하기를 원한다면 그 싸움에서 반드시 이겨야 한다.

비록 20년 전에 쓰인 글이지만, 이후 많은 비평가들이 Amiel의 입장을 지속적으로 지지해 왔다. 본질적으로 다른 직무들을 동등화하는 전체 과정은 그들에게 민주주의, 자본주의 사회에서 수요와 공급의 자연스러운 힘들을 통제된 경제에서 볼 수 있는 인위적인 임의적 급여로 대체하는 것과 마찬가지다.

새 천년에서 남녀평등 임금정책과 임금 형평성

남녀평등 임금정책에 관해 언급한 최초의 문헌 중 하나는 구약성서다.[17)]

> 주님께서 모세에게 이르셨다. 너는 이스라엘 자손들에게 일러라. 그들에게 이렇게 말하여라. 누구든지 사람을 봉헌하겠다고 주님에게 서원하고, 그 사람에 해당하는 값에 따라 서원을 채우려 할 경우, 스무 살에서 예순 살에 이르는 남자의 값은 성소 세겔로 은 쉰 세겔이다. 여자이면 그 값이 서른 세겔이다.
>
> (레위기 27: 1-4)

우리가 임금 형평성과 그것의 확장인 고용 형평성의 현상학적 유의성에 대해 Mahoney(1987)가 주장한 것들을 고려할 때, 비록 본 저자가 성서학자, 유대인, 또는 심지어 구약성서 계명의 추종자가 아닐지라도 이 글귀가 남녀평등 임금정책의 중요성을 반영해 주고 있음을 알 수 있다. Mahoney는 다음과 같이 기술하였다.

> 다시 말해서, 사람들이 고용주로부터 받는 경제적 대우에서는 공평성보다 남녀평등 임금정책이 더 많이 적용된다. 직무 관계의 단순한 급여 측면에는 인간 존엄성과 자존감의 문제가 깊게 관련되어 있다.
>
> (Mahoney, 1987, p. xxi)

이 글의 정당성에 있어서 글이 쓰인 시대 또한 매우 중요하다. 즉, 사람들은 이 문제와 관련해 오랜 시간 고민해 왔음을 알 수 있다. 그럼에도 불구하고, 최근 수년간 캐나다의 경제잡지와 대중 매체의 피상적인 검토는 성별에 기반을 둔 고용 불형평성이 '뜨거운' 사회적 · 정치적 주제였던 15~20년 정도 이전보다 임금 형평성과 고용 형평성이 사회적 문제로서 덜 논의되는 듯한 인상을 준다. 즉, 고용평등, 차별철폐 및 소수자의 권리에 대해 주장하고 글을 쓰는 것에 있어 2000년대 초기에 비해 25년 전

17) 본 저자는 이 구절을 통해 자신의 관심을 묘사한 Michael Evan Gold(1983)의 학문을 인정한다.

(예를 들어, Pinder, 1984)이 훨씬 더 호의적이고 수용적이었던 것처럼 보인다. 그러나 앞의 글에서 제시된 사항들은 문제가 지속되고 있음을 나타낸다. 어떻게 우리는 이런 명백한 모순점(문제는 지속되지만, 관심은 감소하는)을 설명할 수 있을까?

브리티시컬럼비아 주의 유력한 노동 협상가인 David McPhillips와 브리티시컬럼비아(British Columbia) 대학교의 Sauder 경영대학원에 재직 중인 노무관리 학자이자 실무자인 Tom Knight는 캐나다 내에서 이 문제에 대한 대중의 관심이 감소한 것은 사실이고, 그런 경향에는 또한 수많은 이유가 있을 수 있다고 생각했다.

첫째, McPhillips는 고용 형평성이 캐나다 내 몇몇 지역과 산업 분야—연방정부와 Bell Canada 같이 주로 공공 분야와 정부단체—에서만 공식적인 정책으로 적용된 반면, 일찍 정책에 흥미를 표현하였던 다른 지역들[예를 들어, 온타리오(Ontario)와 마니토바(Manitoba)]은 비용 측면에 크게 비중을 두어서 정책 실행을 기피해 물러났다는 것에 주목했다. 그럼에도 불구하고, 정책에 대한 높은 관심과 적용은 최근 몇 년간 다양한 분야의 많은 실무자들의 의식에 큰 전이효과를 가져왔다.

둘째, 그는 고용주들이 성별에 기초해 차별 행위를 하기에는 뛰어난 재능을 가진 노동력에 대한 요구가 지나칠 만큼 최근의 노동시장이 너무 빡빡하다는 것을 관찰했다.

셋째, Knight와 McPhillips는 언론 매체와 보도, 정규 교육, 법정 소송, 이목을 끌기 위한 중재 청문회, 이민 정책, 그리고 경영 훈련과 개발이 인구통계적 특성에 기반한 불공정한 차별 관행이 사회적으로 용인되는 경우를 쉽게 감소시켜 주는 수단이 될 수 있다고 설명했다. Knight는 다음과 같이 말했다. "인권 소송 과정의 지속적인 개선은 고용평등의 경계를 넓히고 있다. …입사 지원 시 요구되는 사항들과 통과해야 하는 검사들에 대한 다양한 도전은 이전에 (그리고 미심쩍은) 진입이 제한되던 특정한 분야에 진출할 수 있는 기회를 효과적으로 늘려 주고 있다." (개인적 서신, 2006) 그는 브리티시컬럼비아 지역에서 여성들이 소방관과 같은 여성보다 남성에게 더 호의적인 전통적 직무에 도전함으로써 일어난 최근의 소송 사례를 인용하였다. "이 모든 것들은 '진정한 직업적 요구 사항', 즉 경영 현장에서 고용주가 자신들의 요구 사항을 정당화할 책임이 있는 그런 선발검사들에 포함되어 있다." 그리고 McPhillips는 공정성이 사회적으로 더욱 기대되거나 또는 본질적으로 올바른 행동으로 보일 수 있다고 제안했다(우리가 이 장 앞에서 논의하였던 원래 추구할 만한 가치가 있는 공정성에 관한 의

무론적 관점). 마지막으로, 그는 모든 공정성의 징후에서 세계화의 중대한 영향력을 언급했다. 만약 고용평등 정책이 도구성과 실용성을 갖추고 있다면, 사업가들은 차별 행위를 덜 하게 될 것이다(이 장의 앞에서 주장된 공정성 규범을 위한 철학적 기반에 관한 논의를 떠올려 보라).

McPhillips의 통찰력 있는 관측에도 불구하고, 온타리오(캐나다에서 가장 큰 주)에서 최근 남녀평등 임금정책 법률화의 효과에 대한 경제성 분석은 해당 관할 지역의 법이 실패한 것으로 판명되었다. 그로부터 두 가지 주요 결과를 알 수 있다. 첫째, 특히 (대부분의 고용이 이루어지는) 사기업 영역의 규모가 작은 조직에서 해당 법률의 적용에 폭넓은 실수가 있었다. 둘째, 그 법은 남성과 여성에게 지급되는 임금 총액의 차이 감소에 있어 눈에 띄는 효과가 없었다(Baker & Fortin, 2004).

오랫동안 이 문제를 연구해 온 미국의 선도적 학자인 Faye Crosby 박사의 언급에 따르면, 만약 최근 들어 미국 작업장에서 형평성과 공평성, 공정성의 문제에 주의를 기울이는 노력이 감소했다면, 그것은 Knight와 McPhillips가 지적한 법률, 소송, 교육 및 그 이외의 과정들을 통해 얻는 이득이 미미하기 때문이다.[18] 게다가 그녀의 관찰에 따르면, 언론은 새로운 것을 보도하기 좋아하는 경향이 있어서, 직장에서 발생하는 불공정성(어떤 형태가 되었든)은 현재의 다른 사회적 쟁점에 비해 '옛날 뉴스'일 뿐이다.

미국의 작가이자 비평가인 Warren Farrell(2005)은 최근에 『왜 남자는 더 받는가(*Why men earn more*)』라는 이름의 책을 통해 몇 가지 매력적인 견해를 피력했다. 비록 Farrell이 정부 관계자에 의해 언급된(그리고 여기서 보고된) 급여에서 성별 급여총액의 차이에 관해 언급하지는 않았지만, 많은 다른 업종에서는 실제로 여성들이 남성보다 평균적으로 상당히 많은 급여를 받기도 한다는 것을 보여 주었다(예를 들어, 판매 공학, 방사선요법, 농식품 과학, 계량기 검침원, 도서관 전문가, 장례 서비스 종사자). 그러나 전체 급여 차이를 설명하기 위한 그의 분석의 요점은 직무와 경력을 선택하는 데 있어서 스물다섯 가지 다양한 선택들 중 하나 이상을 고수할 때, 남자든 여자든 누구나 더 많은 급여를 받게 된다는 것이다. 다음은 Farrell의 책에 등장하는 예시들이다.

18) McChillips, Knight 박사와 Crosby 박사(Crosby, Iyer, Clayton, & Downing, 2003을 참고하라)의 의견은 2006년 여름 본 저자와 개인적 서신과 대화를 통해 수집되었다.

- 예술이나 과학보다는 테크놀로지나 자연과학 영역을 선택하라.
- 실제 위험 없이 위험수당을 얻을 수 있는 직무를 선택하라.
- 적은 급여의 직무들 중에서는, 사무실 상황인 실내보다는 야외와 좋지 않은 날씨에 노출되는 직무를 선택하라.
- 정서적 부담 수준이 더 높은 직무를 선택하라.
- 오랜 시간 일하고, 여행하고, 장거리 통근을 요구하는 직무를 선택하라.

Farrell에 따르면, 조직 내에서 가장 높은 급여 수준과 직위로 올라갈 수 있는 개인적인 기회에 있어 차이를 만들어 내는 요소는 경력이 끊어지지 않고 한 직무에 오래 머무를 수 있는 능력이다. *The Economist*에 실린 한 기사(2005년 7월 23일, p. 11)에서도 같은 결론을 내렸다. Farrell은 남성과 여성의 전형적인 직무수행(우리가 앞서 논의했던 직무 역할 고정관념)을 분석하였다. 그 결과, 직업과 다른 일(육아 같은) 사이의 교환 관계에서 남성과 여성의 선택으로 인해 급여총액에서 남성이 더 많이 받는 것이 자연스러움을 확인하였다. Farrell의 책(2005)은 수년간 정치적으로 문제가 되었던 입장을 활용하는 많은 증거들을 담은 매력적이고 철저한 검토를 거친 저서다.

결국 이 주제를 논의하기 위해 언급한 모든 경제학적, 역사적, 사회학적, 심리학적 요소들을 고려하였을 때, 본 저자는 최소 25년간 남녀 간 임금 격차가 지속될 것이라 예상한다. 여기서 여전히 의문인 것은 이 차이가 커지거나 고정되거나 혹은 그럭저럭 천천히 감소할 것인가다.

요약 및 미리 보기

이 장의 관점에서, 우리는 남녀평등 임금정책이 적용되는 사회문제에 특히 초점을 맞춰 형평이론과 분배 공정성의 핵심 원칙에 대해 확장된 관점을 취했다. 논의의 핵심은 사람들이 급여와 같이 값진 자원들이 분배되는 방식에 대해 지각, 신념, 태도, 그리고 감정적 반응 양식을 형성한다는 사실이다. 우리는 또한 역사적 흐름을 통해, 어떻게 전통적인 1960년대에 출발한 형평이론(예를 들어, Adams, 1963)이 공정성 이론이라는 더 큰 덩어리의 핵심 요소 중 하나로 합쳐지게 되었는지를 살펴보았다(Colquitt, Le Pine, & Noe, 2000; Greenberg, 1987을 참고하라).

그러나 두 이론의 결합이 단지 형평성이라는 개념을 무시하기 위한 근거가 되는 것은 아니다. 실제로, 형평성은 보상과 심리적 계약, 그리고 심지어 조직 내 교환에 관한 이론들에서 핵심 부분으로 남아 있다. 예를 들어, 핀란드에서 최근 감량경영을 다룬 연구는 과거 유사한 경험의 효과와 미래 감량경영에 대한 직원들의 기대가 직무태도와 해고에 대한 생각뿐만 아니라 건강에도 영향을 미친다는 것을 발견하였다. 종속변인에 대한 감량경영의 효과를 매개하는 주요 변인은 조직에서 직원들이 지각하는 교환 관계에서의 형평성이다(Kalimo, Taris, & Schaufeli, 2003). 한마디로, 형평성으로 부르든 분배 공정성으로 부르든, 공정성의 형태는 조직과 직원의 삶에 매우 중요하다.

이 장의 남은 두 부분에서는, 보상의 분배 공정성에 대한 관심으로부터 멀어져서 사회(또는 직장)에서 보상과 처벌이 분배되는 수단과 관련된 형평성과 공정성의 문제들로 방향을 전환할 것이다. 우리는 ① 조직이 공정성의 집행을 규정하는 공식적인 절차와 ② 보상과 제재를 가하는 것을 실제적인 특징으로 가지고 있는 비공식적인 대인간 역동 모두에 집중할 수 있도록 할 것이다. 이 주제의 시작은 **절차 공정성**에 관한 이야기다. 두 번째 주제는 **상호작용 공정성**에 관한 것이다. 이제부터 두 가지 현상을 다루는 이론과 연구에 대해 순서대로 살펴볼 것이다.

직장에서 절차 공정성

관리자가 직무 관련 성과를 분배하는 절차가 실질적 분배 결정 자체와는 다르다는 것은 공정성에 시사점을 제시한다. 즉, 1970년대 초기에 연구자들은 '보상의 분배가 항상 배분받는 과정만큼이나 중요한 것은 아니다.'(Cohen-Charash & Spector, 2001)라는 사실을 발견하였다. 그에 따라 지난 25년간 **절차 공정성**에 관련된 상당한 이론과 연구가 진행되었다. 이 새로운 이론은 분배와 형평성 문제에 관한 초기의 관점을 대체한 것이 아니라, 직장에서 공평성과 공정성에 관한 문제에 새로운 통찰을 제공해 주었다(Greenberg, 1987, 1990c).

절차 공정성의 정의

Folger와 Greenberg(1985)는 "절차 공정성을 의사결정에 적용된 절차의 지각된 공평성으로 생각했다." (p. 143) 그들은 "의사결정의 성과가 직원들에게 분배되는 임금 상승이든, 해결되는 노동분쟁이든, 기록되는 수행평가이든, 이 의사결정들의 핵심 결정 요소는 그것들이 어떻게 만들어지는지와 관련되어 있다." (p. 143)는 점을 강조했다.

인적자원 관리에서 오로지 공정성이 갖는 중요성만을 다루는 그들의 책에서, Folger과 Cropanzano(1998, p. 26)는 다음과 같이 기술하였다.

> '절차 공정성'은 성과를 결정하기 위해 사용하는 방법, 기제 및 과정에서 공평성 주제와 관련되어 있다. 예를 들어, 이 주제는 의사결정 과정, 분쟁 해결 과정, 또는 분배 과정을 실시하는 적당한 방법에 대한 고려를 다룬다.

절차적으로 정당한 집행과 관련된 두 가지 요소는 직원들이 의사결정에 참가하거나 '발언'을 하는 정도(Folger, 1977, 1987)와 그들이 절차 통제 요소를 갖고 있는 정도다(Thibault & Walker, 1975). 조직행동과 인적자원 관리에서 제일 먼저 절차 공정성에 초점을 맞춘 분야는 직장에서 분쟁 해결을 위해 사용한 절차다(Thibault & Walker, 1975, 1978; Colquitt et al., 2000을 보라). 그 이후 학자들은 그들의 주의를 인사 선발(Arvey, 1979; Singer, 1992), 보상 분배(Leventhal, 1976, 1980을 보라), 수행평가 절차(Folger, 1987), 조직 변화(Beer, Eisenstat, & Spector, 1990), 징계, 보상체계, 그리고 민주적인 의사결정 체계(두 개의 최근 비평들에 대해서는 Greenberg & Cropanzano, 2001; Konovsky, 2000을 보라)와 같은 다양한 직장에서의 문제와 관련된 절차 공정성 주제로 확장하였다.

절차 공정성의 선행요인

사회심리학에서 분배 공정성을 정의하기 위해 제일 먼저 한 시도 중 하나는 그 구성개념에서 여섯 가지 차원들을 확인하는 것이었다(Leventhal, 1980). 이 관점에 따르면, 이 여섯 가지 차원을 갖추면 절차가 공정해진다.

- 일관된 절차
- 이기심의 배제
- 정확한 정보에 근거
- 수정의 기회
- 관련된 모든 적법한 단체의 관심
- 도덕적이고 윤리적인 기준에 따른 감독

절차와 분배 공정성의 구별을 강조하기 위해서, 이 여섯 가지 변인(또는 차원) 중 어떤 것도 의사결정으로 인한 성과의 특성은 언급하지 않았다는 것에 주의해야 한다. 대신, 이 변인들은 형식적인 절차의 모든 속성을 다루고 있다. 이후에 살펴보겠지만, Leventhal이 이 여섯 가지 차원들—이후의 문헌에서 때때로 'Leventhal의 준거'로 언급된다—을 파악한 안목은 대단히 훌륭했다(Colquitt, Conlon, Wesson, Porter, & Ng, 2001).

결과: 절차 공정성의 중요성

절차 공정성의 원리를 고수하고, 절차 불공정성의 실수를 피하는 것은 직원과 회사를 위해 나쁜 것을 피하고 좋은 것들을 획득하는 데 있어 핵심 요소라는 것이 반복적으로 입증되어 왔다. 일부 연구자들은 직원들이 절차를 공정하고 형평성 있게 지각할 때 덜 긍정적인 성과를 받더라도 더 기꺼이 수용하는 것으로 나타났다(그렇지 않다면 불공정한 분배로 보일 것이다)(Brockner & Siegel, 1996; Colquitt et al., 2001). 다시 말해, 절차 공정성이 확보되면 분배와 관련된 몇 가지 보편적인 역기능을 보완하거나 상쇄 또는 완화할 수 있다.

절차 공정성이 유익한 효과를 가질 수 있는 중요한 이유 중 하나는 사람들이 타인의 미래 행동에 대해 신념을 형성할 때 신뢰를 낳기 때문이다. Brockner와 Siegel(1996, p. 401)은 이에 대해 다음과 같이 기술했다.

> 당사자의 진실성 여부를 판단할 때, 개인들은 그 당사자의 지각된 안정성에 관한 정보에 의존한다. 즉, 과거가 미래의 좋은 예측변인이 될 것이라는 믿음을 말한다.

…따라서 현재의 절차들이 (불)공정하다면, 미래의 절차 역시 (불)공정할 것이라 믿는 것이 합리적이다. 간단히 말해, 신뢰는 미래의 절차 공정성 수준에 대한 사람들의 추정치에 영향을 받는다.

절차 공정성과 직무수행

오랫동안 절차 공정성이 직원의 직무수행 측면에서 긍정적인 효과를 산출하는가에 관한 질문에 상충하는 결과들이 보고되어 왔다. 그러나 이 주제에 대한 Cohen-Charash와 Spector(2011)의 메타분석 결과는 사실상 절차 공정성이 직무수행과 정적인 상관을 가지는 반면, 분배 공정성과 상호작용 공정성은 그렇지 않는다는 것을 보이고 있다.

절차 공정성은 다양한 이유들로 사람들에게 중요하다. 앞서 언급한 바와 같이, 절차 공정성은 지속적인 사회 교환을 위한 기반을 제공해 주는 신뢰를 야기한다. 일부 사회과학자들(예를 들어, Blau, 1993)은 신뢰를 바탕으로 한 사회 교환이 사람들 사이의 상호작용의 가장 기본적인 토대가 된다고 믿는다(5장과 6장을 기억하라). 절차 공정성은 또한 당사자들 사이에 도구적이거나 경제적인 교환을 촉진할 수도 있다. 이는 앞서 말한 것처럼 절차 공정성으로 인한 신뢰를 통하여 생겨난다. 요약하자면, 장기간에 걸쳐 상호작용하는 사람들은 반드시 상대를 신뢰해야 하고, 그러한 신뢰로 인해 공평하고 공정한 절차가 교환 관계에서 핵심적인 기능을 하게 되는 것이다. 조직에서의 조화로운 관계도 이와 다르지 않다. 즉, 협력을 통해 성과를 얻기 위해서는, 특히 상사와 부하처럼 함께 일하는 동료 관계에서 적어도 최소한의 신뢰는 반드시 존재해야만 한다(Kramer & Tyler, 1996).

균형, 올바름, 그리고 제 눈의 안경(반복)

Sheppard 등(1992; 또한 Minton, Lewicki, & Sheppard, 1994도 보라)에 따르면, 성과가 균형적이고 올바르게 보이면 결정은 공정한 것처럼 느껴진다. 균형에 대한 그들의 개념은 우리가 앞에서 다루었던 분배 공정성의 중심을 이룬다. 그들에게 균형이란 (예를 들어) 관리자의 특정한 행동은 "유사한 상황에서 일어나는 유사한 행동들과 비교됨을 의미한다. 만약 그 행동이 이 상황에서의 행동들과 대략적으로 동등하게 보인다면, 그것은 공평하게 지각된다. 반면, 그 행동들이 동등하지 않게 보인다면 불공평한 것으로 평가된다. …같은 처벌은 같은 범죄를 행한 모든 사람들에게 적용되어야 한다." (Minton et al., 1994, p. 139)

그들의 올바름(correctness)의 개념은 절차 공정성의 문제와 맞닿아 있다. Minton과 동료들은 의사결정에 수반되는 절차의 올바름에 대한 지각이 그 의사결정으로 인해 발생하는 성과에 대한 지각만큼 중요하다고 주장한다. "우리에게 '올바름'이란 결정을 유도하는 자질이 제대로 된 것 같음을 의미한다—즉, 의사결정이 일관성, 정확성, 명쾌함, 절차적 엄격함, 시대의 도덕과 가치와의 양립 가능성 같은 자질들과 병존한다는 확인을 말하는 것이다." (Minton et al., 1994, p. 140) 예를 들어, 어떤 직원은 자신이 받은 급여 인상의 절대적인 양에 대해 불만족을 느낄 수 있다. 하지만 이때 그 직원에게 인상 정도를 결정하기 위해 사용된 절차가 설명되고 적절한 것처럼 느껴진다면, 결국 공정하게 대우받았다고 생각할 것이다. 다시 말해, "지각된 절차 공정성은 지각된 불공정한 보상의 효과를 진정시키는 데 도움이 된다(예를 들어, 적은 급여 인상, 승진 누락, 또는 적은 예산)." (Sheppard et al., 1992, p. 17)

공정성의 단계

균형과 올바름의 주제와 함께, 공평성 지각은 성과, 절차, 체계로 언급되는 적어도 세 가지 다른 단계에서 작동하는 것처럼 보인다. "성과의 단계에서는, 예를 들어 임금 인상이나 해고와 같은 중요한 결과의 균형과 올바름에 대한 판단이 나타난다. 절차 단계에서는, 어떻게 임금 인상이 결정되었는가 또는 어떻게 해고 결정이 이루어졌는가와 같이 의사결정이 일어나는 절차나 과정의 균형과 올바름에 대한 판단을 한다. 마지막으로, 체계의 단계에서, 절차가 생성되고 정착된 보다 넓은 조직 체계들에 대한 판단을 한다." (Minton et al., 1994, p.141)

이런 세 단계의 구분은 체계의 공평성에 관한 판단은 사람들이 타인에게 하는 많은 대우와 결정들에 관한 관찰에 기반해야 함을 의미한다. 예를 들어, 한 직원은 상사가 처음으로 지각한 동료에게 가혹하고 불공평하게 대우한다고 느낄 수도 있다. 관찰자는 결과의 균형과 올바름(구두 경고), 그리고 사용된 절차(상사가 시작 시간을 잘못 알았는데도 직원이 늦었다고 결정한 경우)에 대해 정서적 경험을 할 수 있다. 그러나 전체 체계의 공평성에 대한 결정은 여러 차례의 지각과 그에 대한 징계를 관찰하는 것뿐 아니라 다른 형태의 범죄와 처벌의 발생을 근거로 해야 한다.

요약하자면, 균형의 개념은 판단의 단계와 독립적으로 보인다(Folger & Greenberg, 1985). 개별 직원은 구체적인 성과("나는 급여가 오르지 않았어."), 절차("사장은 나의 임금 인상을 거절하기 전에 나에 대한 수행평가를 고려하지 않았어."), 또는 의사결정에 영향을 주는 더 넓은 체계("내 생각에 회사는 우리의 임금 인상을 결정하기 전에 우리의 공식적인 수행평가를 고려해야만 해.")에 대해 균형과 올바름 중 하나 혹은 둘 모두의 지각을 형성한다.

의사결정의 목표

Sheppard와 동료들(Minton et al., 1994; Sheppard et al., 1992)에 따르면, 균형과 올바름의 지각은 의사결정에서 개인 또는 조직의 **목표들**에 의해 영향 받는다. 첫 번째 목표는 **수행 효과성**이다. 두 번째 목표는 **공동체 의식**이다. 여기서 공평성 판단의 목표와 근거는 사람들을 뭉치게 하고, 집단을 형성하게 하며, 조화롭게 일하도록 하게 하는가다. 세 번째 목표는 **인간의 존엄과 고상함**에 대한 고려와 관련되어 있다. 만약 의사결정의 목적이 이런 긍정적 요소들에 영향력을 갖고자 하는 것이라면, 공평성의 평가(균형과 올바름을 거쳐)는 이제 또 다른 준거틀을 채용해야 한다.

Sheppard 등(1992)은 의사결정에 연관된 목표들이 종종 서로 충돌할 수 있다는 것을 지적했다. 예를 들어, 만약 보상과 처벌이 수행이라는 주요 목표에 따라 배분된다면, 개인적이거나 집단적인 성취는 보상을 받겠지만, 이때 수행이 뛰어나지 못한 사람의 단결심이 손상될 수 있다(그로 인해 공동체의 목표를 위태롭게 한다). 그러나 조화를 유지하기 위해 직원들 간에 **평등하게** 보상이 분배된다면, 보상이 갖는 인센티브적 가치는 감소하고, 수행 효과성 목표는 손상된다. 목표들 간의 이러한 충돌은 당사자들마다 서로 다른 목표를 추구하는 작업 상황에서 특히 일반적이며, 그렇기 때문에 보상 분배에 대한 어떤 의사결정도 몇몇 사람(이들의 목표는 보상받지 않은 사람들의 목표를 희생시키고 보상받는다)을 제외한 모두를 소외시킬 수 있다.

설상가상으로, 앞에서 언급된 것처럼, 주관적인 지각은 분배 공정성 평가에서 그러하듯 절차 공정성 결정에서 큰 역할을 한다. 예를 들어, 관리자는 공동체의 목표와 조화에 도움이 되기를 바라기 때문에 엄격한 평등성 규범에 따라 보상과 처벌을 줄 수 있다. 그 관리자의 부하직원 모두가 목표를 위한 그녀의 선택이 현명했다고 인정할지라도, 보상이 동등하게 분배된 것에 대해서는 이해를 할 수도 있고 그렇지 않을 수도 있는 것이다. 결국 많은 직원들은 툴툴대고, 관리자는 신뢰를 잃을 수 있다. 분배 공정성의 경우에서처럼, 의사결정이 이루어지는 절차를 고려할 때 공평성은 보는 사람에 따라 다르다.

절차 공정성과 감량경영

감량경영은 직위 또는 직무에 대한 계획적인 배제를 의미한다. 감량경영은 보통 경제적 긴급 사태나 조직재설계를 위해 필요한 집단이나 부서, 또는 조직 전체 수준에서의 제거를 수반할 수 있다. 사람들은 영구적으로 그리고 비자발적으로 정리해고된다(비록 어떤 경우에는 경제적 여건이 개선되면 다시 부르기도 하지만). 비록 절차 공정성의 원칙과 이에 대한 고려가 합당한 이유가 있는 해고와 분명히 관련되기는 하지만, 감량경영은 그러한 합당한 이유에 따른 해고와는 다르다. 이에 대해서는 앞으로 살펴보게 될 것이다. 이 책에 인용된 모든 저자들의 연구와 제안들은 북아메리카의 주요 기업들의 실제 감량경영 경험을 바탕으로 하고 있다. 시작하기에 앞서, 우리는 감량경영과 정리해고로 인해 영향을 받는 최소 두 집단, 즉 희생자와 생존자에 대해 알아야 한다. 여기서는 감량경영의 동기적 효과가 두 집단에 미치는 효과를 살펴볼 것이다. 희생자 집단부터 시작하자.

10년도 더 전에 회사의 정리해고로 인한 부정적·부수적 효과의 연구에서 성과와 절차 공평성의 상호작용 효과를 검증한 바 있다(Brockner et al., 1994). 그 연구에서 Brokner와 동료들은 Folger(1986)의 **준거인지이론**(referent cognitions theory)에 따라 다음과 같이 추론했다. "부정적인 결과와 낮은 절차 공정성이 함께 있는 경우 특히 부정적인 반응을 도출할 것이다. 이 상호작용에 관한 예측을 다르게 진술해 보면, 절차 공정성이 낮을 때 결과의 부정성이 개인의 반응에 부정적인 효과를 가져온다." (p. 398) 고용주의 정리해고로 인해 이런저런 영향을 받는 직원들을 세 집단으로 나눈 연구에서 Brokner 등의 가설이 지지되었다. 첫 번째 집단은 처음 실업수당을 신청한 218명의 정리해고자로 구성되었는데, 대부분은 서비스직 종사자였다. 두 번째 집단(150명)은 금융서비스 기업에서 연구를 시작하기 반년 전 감량경영으로부터 살아남은 사람들이었다. 세 번째 집단은 미국 남부의 대규모 노동조합이 형성되어 있는 생산 공장에서 정리해고 명단에 오른 147명의 직원들이다. 세 집단의 사람들이 각각 완전히 다른 환경에 처해 있었기 때문에, 연구자는 성과 부정성(outcome negativity)으로 언급되는 종속변인을 측정하기 위해 다른 측정도구들을 사용했다. 연구자들은 이미 정리해고된 사람들(집단 1)과 정리해고 명단에 오른 사람들(집단 3) 간의 사전공지의 역할에 특히 흥미를 가졌다.

각 집단에 다른 측정도구를 적용한 것과 관련한 미묘한 차이를 배제하고 예견했던 바대로 다음과 같이 결과를 요약할 수 있다. 직원들은 자신이 겪었던 다양한 정리해고 경험의 맥락에서 자신을 대우하는 단계가 공평하고 적절했다고 지각할 때, 더 낮은 수준의 성과 부정성(낮은 수준의 조직 신뢰와 몰입과 같은)을 나타냈다. 이런 결과는 과정에서의 지각된 공정성이 정리해고되거나, 살아남거나, 혹은 정리해고될 예정인지에 따라 직원들이 경험할 괴로움과 불만을 줄여 주는 데 도움이 되는 것처럼 보였다.

신뢰의 핵심적인 역할

Siegel, Brockner와 Tyler(1995)는 직원의 태도에 영향을 미치는 분배와 절차 공정성의 상호작용에 대해 한 가지 가능한 설명을 제시했다. 그들은 공정한 절차와 과정을 적용받은 경험을 가진 직원들은 그들의 고용주에 대해 더 신뢰하는 감정을 발전시킬 것이라고 주장했다. 이 긍정적인 감정은 불쾌하거나 바람직하지 못한 보상(예를 들어, 실망스러운 임금 인상)으로 인해 고용주를 향한 감정이 손상되는 효과를 줄여 주는 데 도움이 될 것이다.

다시 말해서, 절차 공정성은 신뢰를 형성하는 데 도움이 되며, 분배 결정으로 인한 부정적인 영향력을 완화시키고 차감하는 데 도움이 된다. 그리고 Siegel 등(1995)은 절차 공정성으로 인해 신뢰가 발달하는 이 연결고리가 자원이 부족한 경우에는 그다지 강하지 않을 것이라고 주장했다(Siegel et al., 1995). 그럼에도 불구하고, 이후에 제안된 개념 모형에서 경영진에 대한 직원의 신뢰가 핵심 요소라고 설명했다. 즉, "경영진을 신뢰할 때(왜냐하면 생존자는 경영진이 유능하고, 믿을 수 있고, 개방적이고, 모든 이해 당사자를 고려하고 있다고 믿기 때문이다) 공정하게 지각되는 감량경영을 실시하는 것은… 위협 평가를 감소시켜 줄 것이고 차례로 조직에 살아남은 사람들의 반응을

더 협동적으로 이끌 것이다."(Mishra & Spreitzer, 1998, p. 568)

그 점에 있어 Elangovan, Auer-Rizzi와 Szabo(2007)의 최근 논문은 독일과 오스트리아 표본에서 신뢰 대상자(trustee, 기대의 대상자)가 신뢰 위탁자(trustor, 기대의 주체)에 의해 형성된 신뢰를 반복적으로 저버릴 때, 그로 인해 신뢰가 감소할 수 있다는 것을 증명했다. 신뢰 위탁자가 기대 충족의 실패를 신뢰 대상자의 내적 원인 탓으로 귀인할 때 신뢰 상실 정도는 상당히 강하게 나타난다. ("이것은 그녀의 실수다. 그녀가 날 실망시킨 것에는 변명의 여지가 없다.") Elangovan 등(2007)은 또한 신뢰의 침식 정도가 신뢰의 저버림이 계속됨에 따라 함께 증가한다는 것을 발견했다. 즉, 사람들은 같은 대상이 두 번째로 신뢰를 위반했을 때보다 처음 위반했을 때 더 기꺼이 눈감아 주려고 한다. "한 번 속는 것은 너의 잘못이지만, 두 번 속는 것은 나의 잘못"(Elangovan et al., 2007)이라는 잠언은 여기에 적용된다

이 연구가 주는 시사점은 큰 변화를 시도하는 조직은 희생자와 생존자에게 이후의 계속되는 변화들과 심리적 계약 위반의 발생 여부에 대해 확신을 주는 것에 주의를 기울여야만 한다는 것이다. 가장 나쁜 상황은 계약을 파기하고 더 이상 분열이 일어나지 않을 것이라고 암시(또는 약속)하고는 이러한 것들이 반복되는 것이다. 예를 들어, 연이은 감량경영은 직원들의 불안, 분노, 그리고 배신감을 반드시 일으키게 되어 있다. 한 번 이것이 일어나면, 이후 경영진의 의사결정에서 협력을 가져올 만큼의 신뢰가 발생할 기회는 없다. 신뢰는 한번 잃으면, 다시 얻기 힘들다(Elangovan & Shapiro, 1998; Kramer & Tyler, 1996; Morrison & Robinson, 1997을 참고하라).

희생자에 대한 감량경영의 동기적 영향력

의도치 않은 실직은 개인의 삶에서 가장 스트레스를 주는 사건 중 하나일 것이다. 회사의 입장에서 보면 경제적인 필요 때문에 사람들이 직장에서 쫓겨나는 것이기는 하지만(이후에 논의되는 '합당한 이유'로 해고당하는 것과 상반되는 것이다), 개인의 자긍심에 충격을 주고, 자부심을 무너뜨릴 수 있다. 많은 사람들은 우울과 삶의 만족 감소, 사회적 고립 증가, 무력감을 겪게 된다. 또한 일부 사람들은 시간 감각의 손실과 냉담, 수동성, 체념의 정서가 증가하는 것을 경험한다. 많은 연구가 사람들이 그들의 건강과 행복의 악화를 경험한다고 보고했다. 자살은 그리 드문 현상이 아니다(Ahlberg,

1986을 보라). 비록 어떤 사람들은 자신의 삶에서 더 희망적으로 회복할 수 있는 안도나 희망과 같은 조금 더 긍정적인 반응들을 경험할 수 있지만(Leana & Feldman, 1994), 대부분의 사회과학 연구들은 사람들에게 미치는 부정적인 효과와 실직으로 인한 감정적, 신체적 충격에 대처하기 위해 사용하는 수단들을 주로 연구하고 있다.

실직에 대한 사람들의 첫 번째 반응은 일반적으로 실직이 개인의 삶과 환경에서 얼마나 심각한 영향을 미치는지 평가하는 것이다. 더 큰 손실을 경험할수록 사람들은 더 자신을 탓하고, 되돌리기 힘들게 느껴지는 손실은 단기간에 강한 스트레스를 경험하게 한다(Leana & Feldman, 1994). 장기적으로, 직업을 잃은 사람들은 경제적인 어려움에 시달리고, 부부와 가족 관계에서 긴장이 발생하며, 친구와 지인들로부터 고립이 심화되고, 출세 제일주의 태도를 새롭게 갖게 되거나 더 강화시킬 수도 있다(예를 들어, 고용주에 대한 몰입은 약해지면서 일에 따른 금전적인 이득만 추구하는 태도). 흔히 실직한 사람들이 새로운 직업을 찾으려 할 때, 자신이 실제로 잃은 것보다 더 낮은 수준의 사회적 위치와 개인적 가치를 받아들인다. 약화된 자신감과 자부심은 정리해고 당하기 이전으로 돌아가지 않는다. 단순히 새로운 직업을 찾는 행동이 실직의 감정적, 육체적 충격의 끝을 의미하는 것은 아니다. 이런 문제들은 만성적인 상태가 될 수도 있다(Leana & Feldman, 1994).

앞서 우리는 감량경영의 희생자가 된다는 것이 직장과 직무에 대한 태도에 해로운 영향을 미칠 수 있다고 이야기했다. 한 연구에 따르면, 이런 부정적인 영향은 시간이 지나면서 소멸하는 경향이 있으며, 사람들이 정리해고되었을 때 특히 경력 초반의 사람들이 더 상위의 경력 단계에 있는 직원보다 더 강한 부정적인 영향을 받는다고 주장했다(Allen, Freeman, Reizenstein, & Rentz, 1995). 정리해고된 기간 동안 회사가 지원하는 사회적 지지의 유형과 양이 정리해고 직후 초기에 받는 괴로움과 이후 장기적인 적응 및 재고용에서의 성공에도 핵심적인 역할을 한다. 따라서 정리해고로 인한 대부분의 부정적인 효과를 완화시키기 위해 사용했던 정책과 절차에 대해 우리가 배웠던 것들을 다시 살펴보자. 먼저, 성과, 절차 및 체계의 세 가지 차원을 머릿속에 떠올리고, 우리가 그것들을 바라볼 때 어떻게 그 차원들이 균형과 올바름의 요소 모두를 가질 수 있는지 생각해 보자(감량경영에 대한 경영진의 결정은 여러 가지 목표를 달성하지만 이 경우 기업의 지속적 생존이 보통 가장 중요하다는 것을 우리 모두는 염두에 둘 것이다).

정리해고에 대한 고용주의 정책과 집행: 희생자에 대한 영향

감량경영이 필요할 때 처음에 고려할 가장 중요한 경영전략은 정리해고에 대한 사전통보가 분명하다(Baker, 1988; Feldman & Leana, 1989; Settles, 1988을 보라). 모든 연구자와 전문가들도 실제로 이 정책에 대해 동의한다. 여기서는 이유 있는 해고가 아닌 조직이 재정적 긴급 상태에 직면해 발생하는 복합적이고 대규모로 이루어지는 정리해고에 대해 이야기한다는 것에 주의하라. 몇몇의 학자들은 충분한 퇴직금과 의료보험 연장이 중요하다고 강조했다(Feldman & Leana, 1989; Settles, 1988). 사무 공간, 밀착된 도움, 개인적인 상담, 그리고 구직 훈련의 형태로 이루어지는 재취업 지원은 직원을 해고하는 많은 조직에서 시행되고 있다(Feldman & Leana, 1989; Settles, 1988). 기업이 정리해고된 직원들이 겪는 부정적인 영향력을 완화시키기 위해 가장 흔히 사용하는 개입전략 중 하나가 퇴직금인데, 대처행동에서는 오히려 유해한 영향을 미칠 수도 있다(Leana, Feldman, & Tan, 1998).

정리해고된 이유를 사람들에게 명확히 전달하고 희생자와 생존자를 구분 짓는 데 사용한 준거를 명백하고 솔직하게 만드는 것은 중요하다(Feldman & Leana, 1989: Fisher, 1988). 이것은 상호작용 공정성의 문제다. 만약 나쁜 소식에 대해 타당한 이유가 제공된다면, 수신자가 그 소식을 더 받아들이기 쉬워진다(Greenspan, 2000). 만약 관리자가 감량경영의 준거로 성과를 사용하기를 원한다면, 성과의 평정 과정이 타당하고, 규칙적이며, 공평하게 지각되는 것이 특히 중요하다. 한 연구에서는 직원들 중에서 정리해고 대상자를 선정하는 데 있어 노조와 경영진이 선호하는 준거들을 다루었는데, 그 결과는 짐작건대 공정성에 관해 우리가 생각하는 일반적인 규준을 벗어날 것이다. 연구 결과, 경영진과 조합 모두가 직무성과가 아닌 근속년수를 우선적으로 고려하고 많은 시간을 직장에서 보낸 직원들을 존중한다는 것을 발견하였다(McCune, Beatty, & Montagno, 1988).

정리해고를 할 때와 그 이후의 모든 시점에서 해고당한 사람들을 존중하는 것이 중요하다(Brockner, 1988b; Feldman & Leana, 1989; Fisher, 1988; Greenspan, 2000). 이것은 그들이 떠난 후에 떠난 사람들을 비난하는 소문들을 반드시 막을 필요가 있다는 것을 의미한다(Bies & Moag, 1986을 보라). Settles(1988)는 떠나는 직원들에게 퇴사 면접과 다시 부를 경우를 대비해 직원 추적 시스템을 사용할 것을 제안했다. 이런 절차들은 보통 정리해고가 조금씩 여러 차례에 걸쳐 진행된 경우보다는 한번에 모든 해고가 일어난 경우에 권장된다(Feldman & Leana, 1989). Feldman과 Leana(1989)는 비록 자신들의 제안을 뒷받침하는 근거가 드물지만, 정리해고 시 적용할 절차를 결정할 때 직장 내 어떤 노동조합이라도 함께 논의하는 것이 중요하다고 강조했다(논의를 위한 몇 가지 주제들을 포함한 Baker, 1988을 보라). 직원들의 자존감을 지키면서 감량경영을 하기 위해서는 감량경영의 이유에 대한 직원들과의 개방적이고 진솔한 대화, 누구를 보내고 누구를 남길지 결정하기 위해 사용되는 준거, 그리고 조심스러운 집행이 필요하다(Greenspan, 2000).

몇몇 연구자들은 회사가 정리해고 시 사용한 불공정한 방법으로 인해 그 회사에 대한 부정적인 평판이 어떻게 생겨나는지(Feldman & Leana, 1989; Greco & Woodlock, 1989; Newman, 1988)와 평판이 언젠가 새로운 직원들을 매혹하기 위한 회사의 능력에 어떻게 영향을 미칠 수 있는지에 대해 다루었다. 짐작건대, 회사가 불공정하다는 평판은 해고 결정이 불균형적이고 올바르지 않다는 인식, 선입견을 가진 관리자들에 의해 일관되지 못한 의사결정을 한다는 인식, 그리고 해고 결정의 기준이 되는 정책이 없거나 잘못된 정책을 시행하고 있다는 인식을 야기할 수 있을 것이다(Minton et al., 1994; Sheppard et al., 1992). 그리고 절차 공정성 역시 지각과 관련된 문제인데, 대체로 규모가 큰 공공 조직들은 회사의 경계 안과 밖의 많은 관찰자로부터 철저한 검토를 받게 된다.

이 장 앞에서 우리가 참고한 Brockner 등(1994)의 연구는 세 개의 다른 표본에서 정리해고자 사이에 절차 공정성의 지각이 어떻게 실직 경험의 부정적인 효과를 상쇄하는 데 도움이 되는지 살펴보았다. 절차 공정성의 일반적 원칙을 활발한 조직정책으로 해석하는 것은 속임수다. 실직으로 인한 상처의 동기적인 결과와 다른 측면에서의 결과를 최소화하기 위해서는 앞에서 언급된 Sashkin과 Williams(1990)가 확인한 공평성의 원리가 활기를 띠도록 하고 실직자를 위하는 참된 의미를 가지도록 해야 한다.

생존자들에 대한 정리해고의 동기적 영향

다양한 이유로 인해, 감량경영은 종종 의도한 경제적 이익의 형태와 양을 산출하는 데 실패한다(Cascio, 1993). 감량경영은 잘리지 않은 '생존자' 직원들에게 극단적인 영향을 미칠 수 있다. 생존자들은 건강한 직무동기를 꽃피우는 데 최적의 환경이 아니라 새롭고 낯설며 부담감이 가중된 업무 환경 속에 놓이곤 한다(이것의 증거는 Cascio, 1993을 보라). 생존자는 흔히 미래의 승진과 경력 발전에 대해 갖고 있던 기대를 변경하고, 이전에 상급자에 대해 가지고 있던 신뢰를 상당 부분 혹은 전부 다 상실하게 될 것이다. 특히, 희생자를 통해 형성된 공평성 지각에 따라 남은 생존자들의 수행과 조직몰입은 감소할 수 있다(예를 들어, Brockner, Grover, Reed, De Witt, & O'Malley, 1987). 추락한 사기는 높은 품질의 서비스와 고객들의 시선에 긍정적인 인상을 유지하거나 증가시키려는 조직의 노력에 유해할 수 있다(직무만족이 낮을 때 발생하는 결과를 다루는 12장에서의 논의를 기억하라). 흔히 완수해야 할 업무량은 줄어들지 않아서, 남은 사람들의 어깨에 더 많은 업무가 지워진다.

Cascio(1993)는 생존자들에 대한 정리해고의 효과에 대해 다음과 같이 기술했다. "개인적 관점에서, 이 모든 것의 시사점은 다음과 같이 간결하게 요약될 수 있다. 조직생활, 경력 관리, 어려운 업무, 보상, 충성심에 관한 우리의 관점들은 절대 같은 것이 아니다. 불행하게도, 너무 많은 고위 관리자들이… 직원들을 개발해야 할 자산이라기보다는 비용을 줄이기 위한 '생산 도구'로 여기는 것처럼 보인다. 이것은 마치 직원을 기계처럼 생각해서 필요할 때 '전원을 공급'하고 더 이상 필요하지 않을 때 '코드를 뽑는' 것과 같은 사고방식이다. 그러나 기계와 달리, 직원들은 가치, 열망, 신념 그리고 기억을 갖고 있다." (p. 101) Cascio(1993)는 국내외 경쟁사들과 비교가 되지 않을 만큼의 높은 수준으로 비용을 유지하는 한, 북아메리카의 사업체에서 감량경영은 계속될 것이라고 예측했다. Brockner가 예언을 했었던 당시만큼 감량경영의 빈도와 비율이 높지는 않지만, 그것은 여전히 조직이 다른 기업에 비해 경쟁력을 유지하기 위해 이용되는 보편적인 경영 절차다.

그러나 모든 동기적 효과가 부정적일까? 감량경영의 효과에 대해 상당히 많은 연구를 한 Brockner(1988b)는 어떻게 감량경영이 때때로 직원들의 동기와 사기 그리고 생산성에 긍정적인 효과를 나타내는지 사례를 통해 설명했다. 예를 들어, 안도감(감원으로부터 살아남아 생기는)은 감량경영으로 인해 나타날 수 있는 많은 심리적 상태 중 하나다. 마찬가지로, 감량경영으로 인한 불안은 생존자들을 활동적이고 의욕적으로 고조시킬 것이고(Brockner, 1988b; Gardner & Cummings, 1988; Yerkes & Dodson, 1908을 보라), 이 장의 앞에서 설명했던 지각된 과다보상 불형평성의 기제를 통해 노력을 증가시킬 것이다(Adams, 1963을 보라).

요점은 정리해고는 생존자들 사이에 긍정적이거나 부정적인(혹은 둘 다) 심리적 상태를 발생시키는 잠재력을 갖는다는 것이다. 이에 따라, 특히 감량경영은 생존자들에게 영향을 미치기 때문에, Brockner는 감량경영에 관한 예측과 처방 둘 모두를 가능하게 하는 이론적 모형을 개발하고 검증했다. Brockner가 제안한 모형의 전체적인 범위는 이 장의 범위를 넘어선다. 당연히 개인의 자기존중감(5장을 보라)과, 정리해고된 사람과 남은 사람들 사이의 작업 흐름에서 상호의존 정도, 공식 조직(즉, 경영정책)과 비공식 조직(직원들 사이의 우정 관계) 둘 다에서 제공되는 사회적 지지의 유형과 양 같은 수많은 변인들이 관련되어 있다. 그들의 앞선 개념 모형(Mishra & Spreitzer, 1998)을 기반으로 하여, Spreitzer와 Mishra(2002)는 경영진의 진실성, 절차 공정성, 분배 공정성 및 임파워먼트에 대한 직원의 지각이 조직에 대한 생존자들의 정서적 몰입, 즉 조직 동일시 정도와 긍정적으로 관련되는지 검증하였다.

요약: 감량경영과 절차 공정성

요약하자면, 많은 연구자들이 회사에서 사람들을 정리해고하는 것에 대해 제공하는 조언들이 완벽하지는 않더라도 상당 부분 일치한다는 것을 알 수 있었다. 여기서 최대 관심사는 절차 공정성과 상호작용 공정성에 대한 모든 관련 당사자들의 지각에 미치는 이러한 절차들의 시사점이다(상호작용 공정성에 대해서는 다소 짧게 논의했다). 다시 말해, 관심을 갖는 이유는, 특히 사람들이 일반적인 정리해고나 정당한 해고(우리가 다음에 검토할 것이다)로 인해 경력이 단절되는 경험을 할 때 종종 있는 경우처럼 자기정체감이 크게 위협받을 때 자신이 공정하게 대우받고 존중받기를 원하기 때문이다.[19] 절차 공정성과 상호작용 공정성은 생존자들의 직무태도와 희생자의 자기개념 그리고 희생자의 직장생활을 지속하기 위한 동기와 목표에 중요하다.

절차 공정성, 징계 그리고 처벌

이 장에서 언급된 공정성의 개념과 강하게 연관된 경영과 직무동기의 영역 중 하

19) Gopinath와 Becker(2000)는 이 부분에서 논의된 절차 공정성의 원칙을 고수하는 것이 직원들에게 박탈, 신뢰 형성, 그리고 조직몰입의 측면에서 얼마나 유익한지를 보여 주었다.

나는 직원에 대한 징계와 처벌이다(14장을 보라). 여기서 우리의 목적은 지각된, 특히 처벌받는 사람의 동료처럼 제삼자의 눈에서 평가되는 공정성의 관점에서 징계와 처벌을 보는 것이다. 시작하기에 앞서, 용어를 정의해 보자. Arvey와 Jones(1985)가 결국에는 관련된 문제의 분석에서 처벌과 징계라는 단어를 교환적으로 쓰기로 했지만, 직장 상황에서 이 두 용어 사이에는 차이가 있음을 지적했다. Kazdin(1975, pp. 33-34)의 주장에 따라, 그들은 처벌을 "반응의 확률을 줄이는 혐오적인 사건 제시와 긍정적 사건의 제거로 인해 나타나는 반응"이라고 정의하였다. 이 정의는 조작적 조건형성에 기반을 두고 있다(14장에서 검토할 것이다).

비록 그들이 차용한 정의의 근거가 행동주의에 있다고 하더라도,[20] Arvey와 Jones는 처벌에는 사회적 단서들이 관련되어 있지만, 징계의 개념은 여러 면에서 처벌과 다름을 확인했다. 첫째, 처벌은 그 처벌의 사용자에게 부정적인 동기가 있음을 의미한다. 처벌은 응징이나 보복의 의미를 담고 있다. 이에 비해 징계는 더 미래지향적이다. 징계의 목표는 기대되는 행동과 관련된 새로운 방식을 알려 주는 것이다. 그리고 또한 행위의 공식성과 비공식성에 근거한 차이점도 있다. "일반적으로, 직원들은 조직이 가하는 공식적인 제재(예를 들어, 비행 기록, 공식적 경고 등)를 말할 때 징계라는 용어를 사용하지만, 처벌은 덜 공식적인 방식으로 혐오적인 자극이 제시되는 것을 말한다. 처벌이 반드시 조직의 실제적인 구조적 한계 내에서만 발생하는 것은 아니다. 처벌은 조직 구성원들을 포함하는 외부의 사회적 상황 속에서 일어날 수도 있다." (Arvey & Jones, 1985, p. 370)

기본적인 주제에서 벗어난 짧은 여담

자발적인 직무 상황을 가정했을 때, 형평성, 공평성 그리고 공정성에 관한 확장된 논의 맥락에서 누군가는 고용주가 직원을 '징계'하고 '처벌'할 권리에 대하여 많은 근본적인 질문을 할 수도 있다. 서구 자유주의 사회의 직장에서 징계 절차가 존재하

20) Trevino(1992, p. 649)가 비행동주의자의 정의를 제시했다. "처벌은 관리자가 자신의 감독하에 있는 대상에게 부정적인 결과를 제시하거나 긍정적인 결과를 철회하는 것으로 정의된다." 처벌받은 행동의 장래 발생 확률을 고려할 때 처벌의 효과가 어떠한지에 대해서는 언급이 없었다. 행동주의 모형의 정의에 따르면, 징계는 처벌일 수 있지만 향후 행동 발생 가능성을 바꿀 수 있을 때에 한한다.

는 것은 고용주가 직원에게, 그리고 한 집단이 다른 집단에게 징계를 하는 것이 암묵적으로 타당함을 의미한다.

인간의 자유와 존엄성은 어떤가? 사람들이 믿는 신들의 관점에서 혹은 그들이 살고 있는 나라의 사법권 내에서 사람들의 권리는 무엇인가? 사장이나 상사 또는 기업주가 그들에게 제재를 가할 권리에 직원들은 얼마나 자주 도전하는가? 확실히, 회사의 정책, 사회적 판단기준, 그리고 중재자의 의사결정이 직장 상황에서 용인되는 제재의 유형과 정도를 제한하게 된다. 그러나 서구 사회에서 처벌과 징계의 경영 관행은 기본적으로 암묵적으로 이루어지고 있다. 경영학자들은 업무 관계의 근본적인 속성에서 처벌과 징계에 대한 이러한 생각을 거의 하지 않는다. 아마도 조직의 몇몇 공식적 또는 비공식적 규칙들을 침해하는 것에 대한 응징을 직접 받아 보기 전까지는 그럴 것이다. 우리는 이것을 당연하게 여기는 것 같다.

직무에서 징계와 처벌의 사회적 효과

다시 기본으로 돌아가 보자. 앞의 단락을 보면서 불합리함을 느끼겠지만, 사람들은 업무 현장에서 징계와 처벌의 집행을 종종 목격한다. 직접적인 사회학습, 사회적 모델링, 간접 강화 그리고 간접 처벌을 통하여(14장을 보라), 제재를 받은 사람들은 물론 다른 직원들도 규칙과 그 규칙을 위반한 결과에 대해 배운다(Trevino, 1992를 보라). 예전에, 국가에 의한 또는 교회에 의한 처벌은 의도적으로 대중 모두가 볼 수 있도록 집행되었다. 이는 아마도 개인의 의지와 성향에 맡겨 두었을 때 범죄를 저지를지 모르는 누군가와 다른 모든 사람들에게 처벌을 집행할 필요를 줄이기 위해 강력한 사회적 학습 효과를 불러일으키려는 의도였을 것이다.

직장에서의 처벌에 대한 이전 연구들은 희생자의 태도와 행동에 대한 처벌의 효과에 초점을 맞추는 경향이 있다. 그 연구들의 결과는 상충하고 확정적이지 못했다(Arvey & Jones, 1985를 보라). 그럼에도 불구하고, 이 주제에 대한 흥미는 여전하고, 사실 계속해서 성장하고 있다. 이는 부분적으로 이 분야가 점점 행동주의에서 멀어져 Bandura(1986; 또한 Kreitner & Luthans, 1991; 그리고 14장을 보라)와 같은 학자들이 연구하는 사회인지이론 쪽으로 이동하고 있기 때문이다. 이런 흐름에 따라 오늘날에는 '조직의 징계와 처벌이 개개인에게 어떤 식으로 다르게 작용하는가?'와 같은 질문에 대한 대답을 찾고자 한다.

조직 내 처벌에 관해 행동주의 관점을 버리고 다른 설명을 시도하는 최근의 시각들(예를 들어, Ball, Trevino, & Sims, 1994)은 처벌이 가질 수 있는 많은 **긍정적** 결과들을 제안한다(Trevino, 1992). "예를 들어, 처벌은 조직 안에서 사회적 규범을 유지시켜 주고, 관찰자에게 어떤 행동이 적절하고 적절하지 않은지 알려 주며… 구성원들이 규범을 어기는 행동을 멈추게 하고… 상사와 조직으로 하여금 옳고 그름에 대한 지각을 형성하도록 해 준다."(Trevino, 1992 p. 674) 처벌이 집행되면 그것을 관찰하는 직원은 그 처벌의 공평성에 관해 판단을 하게 되는데, 이때 그 직원은 몇 가지 요소에 근거해 이러한 판단을 한다(Arvey & Jones, 1985). 이 요소들은 규율 위반 행위에 관한 지식, 위반 행위에 대한 처벌의 적합성 여부, 그리고 다른 사람들이 비슷한 위반 행위를 하고 처벌을 받았는가 여부와 같은 많은 고려 사항들을 포함하고 있다. 이 요소들은 앞에서 설명했던 Sheppard 등(1992)의 절차 공정성 이론에 포함된 많은 요소들과 상당히 유사해 보인다.

Trevino(1992)는 실제 위반 여부보다는 '위반'으로 보이는지의 여부가 관찰자의 반응을 결정하는 또 다른 주요 요소라고 지적했다. 비록 회사의 규칙을 위반하는 행동일지라도 관찰자인 직원에게 여전히 수용할 만한 행동으로 보일 수 있다. 징계의 공평성에 대한 개인의 평가에 포함되는 다른 주제들로는 직원의 특성(성별, 나이, 인종 같은), 규칙 위반이나 범죄의 결과, 개인의 징계 기록, 그리고 무엇보다도 직무를 적절히 수행하기 위한 개인의 기술과 능력이 있다(Arvey & Jones, 1985, p. 393에서 인용된 Mitchell, Green, & Wood, 1981; Shingledecker, 1983). 규율 위반 행위가 얼마나 심각한지를 나타내는 처벌의 강도에 대한 개인적인 평가 또한 중요한 연구 주제다(형평성의 관점에서).

동료를 징계하는 것에 대한 직원들의 반응이 항상 부정적으로 보이지 않도록, 서구 사회에는 규칙 위반이 이런저런 형태의 보복 공정성에 의해 다루어지는 규범이 있다는 것을 보아야 하며, 이것이 직장이라고 해서 예외가 되지는 않는다 규칙과 절차를 지키면서 살아가는 모든 직원들은 심각하게 규칙을 위반한 사람들에게 조직이 특정한 방식으로 처벌을 집행할 것이라고 기대한다(Trevino, 1992). 누군가 가장 강력하고 전반적으로 지지되는 규칙을 위반했을 때는 집단 구성원들로 하여금 가혹한 처벌을 요구하도록 강하게 동기화시키는 경향이 있다. 이런 규범에 따르면, 중요한 규칙이 위반되었으나 가해자가 처벌받지 않았을 때 집단의 다른 구성원들은 불공정함을 느낄 것이다. 이 상황에서 처벌이 가해지지 않으면, 규칙 위반의 효과를 겪은 사람들에게 "집단의 신념 체계, 규범 및 가치는 의문시되고, 그것들의 고귀함은 손상될 수 있다."(p. 654) Trevino의 초기 연구를 바탕으로 Butterfield, Trevino와 Ball(1996)이 77명의 미국 관리자를 면접한 후 설정한 모형은 관리자의 관점에서 관련 행위자에 대한 처벌의 효과에 대한 가설을 제공하였다.

다른 핵심 요인은 피고인이 실제로 해당 범죄에 대해 책임이 있는 정도, 즉 피의자의 통제를 넘어서는 외적 또는 정상 참작 요인이 있는지의 여부다. 마찬가지로, 관찰자가 보기에 위반 행동이 의도적으로 보이거나 그 행동의 결과가 심각하게 보인다면, 관찰자들 간에 처벌에 대한 욕구가 더 커지는 경향이 있다(Trevino, 1992). 목격된 처벌의 가혹함은 관찰자의 위법 행동에 영향을 미칠 가능성이 있다는 증거들도 있다. 결과가 가혹할수록, 관찰자는 처벌의 발생에 더 관심을 가지고 자신이 처벌받을 수 있는 행동은 단념하게 될 것이다. 그러나 이것은 오직 처벌에 대한 지각된 비용이 문제의 비행이 갖는 지각된 이익보다 더 클 때뿐인 것 같다(Trevino, 1992). 또한 직장에서 가장 영향력 있는 처벌 형태 중 하나는 동료의 제재와 불인정, 즉 동료의 거부인 것 같다.

요 약

징계와 처벌은 직접적으로 경험하기보다는 관찰자로서 목격하기 쉬운 사회적 사건이기 때문에 그런 문화에 대한 상당한 양의 학습을 발생시킨다. 즉, 사람들은 조직의 핵심 구성원에 의해 무엇이 가치 있고 신뢰할 수 있는 것으로 여겨지는지에 대해 직간접적으로 배우게 된다. 이러한 학습은 자신의 직무에서 특정한 형태의 행동을 하는 직원의 의도와 경향성(즉, 동기)에 상당한 영향을 미칠 것이다(다른 관점을 원한다면 Cropanzano, 1993을 보라).

해임: 조직 차원의 이유에 따른 해고[21)]

실직의 영향력에 대해 논의하기 전에, 경력상에서 일어날 수 있는 또 다른 충격적인 사건을 살펴보자. 이런 사건들 또한 절차 공정성에 대해 중요한 함의를 갖는다. 해고의 이유가 조직이 당면한 일반적인 경제적 환경이 아니라 개인의 특정한 행동 때문에 직무에서 면직되는 사람들에 대한 상황을 생각해 보자. 이는 조직에서 가능한 극단적인 징계 상황으로, 아마 균형과 올바름에 대한 예리한 인식이 특히 중요한 인적자원 관리의 한 분야가 될 것이다.

Morin과 Yorks(1992)에 따르면, 사람을 해고하는 이유는 종종 직원의 직위 수준에 따라 다양하다. 지위가 낮은 직원은 형편없는 직무수행, 회사의 규칙과 규제에 적응하지 못하는 것, 또는 반항 때문에 가장 흔히 '방출된다.' 상위 관리자와 임원은 성격 또는 조직의 목표와 그들 간의 적합도가 결여되었다는 이유로 해고되는 경향이 있다(p. 33). 사람을 해고하는 다른 이유에는 '승진 아니면 해고' 정책이 관련된다. 이 정책은 하위직에 고용된 다수의 사람들 모두가 승진할 수는 없다는 것을 의미한다. 전문 회계 및 법무 회사는 어려운 노동시장 상황에서 열정적인 젊은 인재들이 풍부하므로 수년 넘게 이러한 적자생존 형태를 많이 사용해 왔다. 또 다른 이유로, 규정된 직무상 책무로부터 현저히 벗어나는 행동들은 명백한 도덕적 위반의 경우에 해당하기 때문에 해당 직원에 대한 해고를 정당화시켜 준다(Morin & Yorks, 1992).

Morin과 Yorks(1990)는 실제로 조직 차원의 이유에 따른 해직은 많은 공통점을 가지는 경향이 있다고 보고했다. 예를 들면, 해고되는 사람은 다음 할 일에 대한 안내를 거의 또는 전혀 받지 못하고 흔히 금요일 정오에 해고된다. 많은 사람들은 매우 모호하고 "매우 완곡한 표현으로 그들이 그만두게 되는 것인지 모르게"(p. 7) 처리된다. 예를 들면, 어떤 사람들은 너무 열심히 일했으니 쉬라는 말을 듣는다. 다른 사람들은 "과도하게 잔인한"(p. 7) 대우를 받는데, 즉 상호작용 공정성의 모든 신념이 위배되어 사람들은 인격을 모독당하고, 호된 질책을 듣고, 거칠게 건물 밖으로 끌려 나간다. 때로는 전화 통화로 해고당한다(이메일과 팩스의 시대에 이런 가능성은 끝없다). 저자가 아는 한 임원은 플로리다에서 휴가를 즐기던 중 멀리 떨어진 미니애폴리스 소재의 회사로부터 해고당했다. 아마 최악의 경우는 언론이나 소문을 통하여 간접적으로 해고

21) 해고와 정리해고에 관한 논의는 의지에 따른 고용(employment at will)의 원칙과 흔히 반대가 될 수 있다. 이 원칙은 "고용주가 해명 없이 직원을 해고할 수 있는 권리와 직원이 자신의 선택에 따라 회사를 그만둘 수 있는 권리"(Fulmer & Casey, 1990, p. 102) 또는 "이유가 무엇이건 법적 책임 없이 직원을 해고할 수 있는 절대적인 권리"(Coulson, 1981, p. 111)로 정의된다. 지면의 제약으로 이 정책에 대한 상세한 논의는 힘들다. 관심이 있는 독자는 Coulson(1981), Fulmer와 Casey(1990), 그리고 Youngblood와 Bierman(1994)을 참고하라.

통지를 받은 경우일 것이다. 프로 운동선수들에게 종종 이런 일들이 일어난다.

특별한 조직 차원의 이유 없이 경제적인 이유로 해고되었을 때도 이와 유사한 심리적인 영향을 받을 것이다. 널리 쓰이는 Holmes와 Rahe(1967)의 척도에서, 해고당하는 사건은 척도에서 언급하는 전체 43개 사건들 중 여덟 번째에 해당한다. Grieff와 Munter(1980)(Morin & Yorksm, 1990에 의해 인용됨)는 다음과 같이 썼다.

> 해고, 잘리다, 던져지다, 내쫓기 위한 명목상의 승진(kicked upstairs), 권고사직. 어떤 이름으로 부르는가는 전혀 중요하지 않다. 그것들은 모두 같은 것들이다. 실직에서 유일하게 확실한 것은 상처를 받는다는 것이다. 가족, 동료, 심지어 해고를 실행하는 관리자마저 모두 위협을 받는다.
>
> (Grieff & Munter, 1980, p. 117)

고용주들은 여러 가지 이유로 해고를 할 때 더 많은 신경을 써야 한다. 첫째, 만약 희생자가 여성이거나 '보호해야' 할 소수집단이라면 차별에 대한 두려움이 있을 수 있다. 희생자가 소수집단이 아닐지라도 불공평한 해임은 큰 비용을 유발하는 소송이 될 수 있다. 이런 걱정 때문에, 다수의 고용주들은 소송을 피하기 위해 상당한 퇴직금을 지불한다. Morin과 Yorks(1990)는 일반적인 방법으로 중간 관리자 혹은 상위 관리자들에게 연봉만큼의 금액을 일시불로 지급한다고 보고했다.

조직이 해고 절차에 상당한 주의를 기울이는 데는 또 다른 이유가 있다(Morin & Yorks, 1990). 즉, 조직의 명성과 새로운 직원을 모집하는 데 영향을 줄 수 있기 때문이다. 문제는 면식이 있는 작은 단위의 사회에서 상위 관리자를 채용하는 과정에서 특히 민감해진다. 사람들은 의견을 교환하고, 기록을 비교하며, 경험을 공유한다. 실제로 대부분의 기업에서 상위 관리자 인구는 비교적 적은 규모이고, 그렇기 때문에 특정 기업이 관리자를 어떻게 대우하느냐에 관해 소문이 날 수 있다. 조직의 어느 수준에서, 만일 희생자의 동료들이 보기에 희생자를 불공정하게 대우한다고 생각한다면, 살아남은 사람들 사이에서는 사기가 저하되고, 그들 또한 변덕스럽게 대우받거나 해고될 수 있다는 인식이 생겨날 수 있다. 마지막으로, 해고된 사람들의 폭력으로 인한 복수 혹은 심지어 살인이 나타날 수도 있다(Allen & Lucero, 1996; 이 책의 8장을 보라).

공정성을 고려한 해고 절차

이러한 심리적, 경제적, 그리고 조직적 관심을 모두 고려하고서, 고용주들은 어떻게 직원 해고에 관한 문제를 타당하게 다룰 수 있을까? Morin과 Yorks(1990, p. 69)는 "해고를 다루는 데 있어 일관성을 유지하기 위해서는 명확한 정책이 필요하다. 즉, 처리의 일관성이 절차 공정성에서 형평성의 기준이 된다."(Sashkin & Willians, 1990을 보라)라고 말했다. Sheppard 등(1992)은 이 제안을 강하게 지지했다. 조직의 해고 정책이 명확해야 모호하거나 명백하지 않은 이유들에 의해 해고되는 일이 없을 것이다. 이것은 관리자들이 형편없는 수행과 불복종, 규칙 위반의 사례를 반드시 기록하고 문서화해야 한다는 것을 의미한다. 또한 타당한 수행평가 절차가 적재적소에 적용되어야 함을 의미한다. 저자의 경험과 셀 수 없이 많은 연구자들이 주장하는 바와 같이, 이것이 말로는 쉽지만 적용하는 것은 매우 어렵다. 수행평가는 시간이 소요되며, 관련된 모두에게 귀찮고 곤란한 상황을 야기할 수 있다. 따라서 실제로는 상사가 직원 관리에서 가장 잘하지 못하는 활동 중 하나일 것이다. 요점은 누군가를 해고해야 할 때가 되었을 때, 법과 인간의 품위 모두를 고려하면서 해고의 타당성을 입증할 필요가 있다는 것이다. (조직의 절차와 체계의 공정성에 대한 측정평가를 적용하는 것처럼, 여기에서 균형과 올바름의 원칙들이 어떻게 적용되는지 고려하라; 그리고 Sheppard et al., 1992를 보라.)

전문가들은 해고가 결정된 직후 해고의 실행 유형과 속도에 대해서 몇 가지 불일치하는 의견을 보여 준다. Coulson(1981)은 문제가 되는 직원을 해고하기 전에 업무상의 문제점에 관해 명백히 이야기를 나누어야 한다고 제안했다. 문제의 해결 방법을 찾기 위해서는 관리자나 다른 임원들과 상담이 필요하다. 만약 이런 상담과정이 효과를 발휘하지 못한다면, 필요할 경우 문서를 통해 '최후 경고'가 주어져야 한다. 최후 경고는 이전 경고의 복사본을 포함해 반드시 개선되어야 할 특별한 분야의 확인 사항, 개선 여부를 보여 주기 위해 기회를 가질 수 있는 기간, 표준 수행 수준으로 끌어올릴 마지막 기회에 관해 진술한 내용들을 포함해야만 한다. 그리고 이것이 마지막 경고라는 것을 분명하게 해야만 한다. 최후 경고 서류는 해당 직원 본인과 그 직원의 기록을 정리하는 곳에 함께 보관해야 한다. 만약 이 모든 절차가 실패하면, 직속상사는 그 직원을 해고해야 한다.

이상의 모든 절차는 Sheppard와 동료들(1992; Minton et al., 1994)의 조언과 일치하지만, Coulson(1981)과는 다른 점이 있다. Coulson은 메시지는 직접적이고, 충분하게 설명해야 하며, 분명하게 해야 할뿐더러 이 후에 다시 기회가 있다고 생각할 여지를 주어서는 안 된다고 주장했다. 되돌릴 수 있는 기회는 없다(Coulson, 1981). 반면, Minton 등(1994)은 직원들이 해명 준비에 적절한 시간을 포함해서 해명 권리가 있다고 주장했다. 또한 사람들은 그러한 해명에 대해 표현할 수 있는, 즉 궁극적으로 이의를 제기할 수 있는 권리를 가질 수 있다. 언뜻 보아서는 두 가지 방안 모두 동등하게 공평해 보인다. 하지만 다시 살펴보면 그 권리들은 양립할 수 없는 것처럼 보인다.

조직은 해고되는 직원들에게 제공될 지원 사항(만약 있다면)의 특성에 관한 해고 정책을 분명히 설명해야 한다. 예를 들어, 얼마나 많은 돈을 보상받을 수 있는지가 명백해야 하고, 그 액수에 대한 개념과 준거는 서면으로 명백히 설명되어야 하는데, 이는 사람들이 해고되었을 때 정확히 제공되어야 한다. 해고된 직원들이 미래 고용에 대한 보증을 위해 그 회사의 직원이었는지 여부에 관해 재직증명이나 추천서를 받을 수 있는지, 또한 그들이 원한다면, 사무실 사용, 공용 사무실, 비서 업무 지원, 전문 리크루터의 도움과 같은 재취업을 위한 지원과 상담 지원을 받을 수 있는지 역시 구체화되어야 한다(Morin & Yorks, 1991).

직원 해고에 대해 이러한 지침을 강조하는 이유는 법적 문제 또는 소송으로부터 조직을 보호하려는 목적 때문이다. 법적인 측면을 제외하더라도, 이러한 절차와 정책은 Lewicki과 동료들에 의해 상세하게 설명된 절차 공정성의 원칙을 기반으로 해야 한다(Sheppard et al., 1992). 삶은 해고된 후에도 계속되기 때문에,[22] 해고된 희생자와 조직의 다른 직원들 모두를 위해, 관련 당사자들 모두의 삶이 가능한 안락하고 유쾌해야 한다. 관련된 법적 문제뿐만 아니라 공정성의 기본 원칙에 기반한 시선을 유지하는 것이 가장 인간적이고 현명한 경영 방안으로 보인다.

마지막 사항: 직원을 해고해야 하는 사람들은 그것이 관리자로서 해야만 하는 가장 스트레스가 많은 일 중 하나라고 말한다. 정책이 아예 없거나 정책이 잘못 구성되

22) 실제로, 실직하거나 실직의 기간이 길어지는 것은 자연적인 신체적 영향에 의해 간접적으로 또는 자살을 통해 죽음을 야기할 수도 있다(Ahlberg, 1986을 보라).

고, 비일관적이고, 비인간적인 경우에 비해 정책이 절차 공정성의 원칙에 따라 구조화되어 있을 때, 그 메시지를 전달하는 데 있어 상대적으로 더 견딜 만하다. 모든 유형의 해고는 그 나름의 독특성과 의미를 지니고 있기 때문에 절차적 공평성과 상호작용 공정성의 원칙을 분명한 규율을 가진 정책으로 옮겨가는 것은 쉽지 않다. 게다가 신중하게 설계된 정책을 따르는 데 드는 시간은 다른 업무도 수행해야 하는 상급자와 관리자에게 부담이 될 수 있다. 그럼에도 불구하고, 관리자 급여 중 일부에는 다른 직원을 해고하는 것을 포함해서 징계 관련 정책을 집행하는 것이 포함되어 있다. 이 장을 시작하면서 언급했던 분배 공정성이라는 개념은 이러한 책임감들을 의미하기 때문에 더 많이 지급받는 사람들은 불편하더라도 기꺼이 수행해야만 하고, 또한 그렇게 할 수 있는 능력이 요구된다.

상호작용 공정성

1970년대 중반 이후, 조직에서의 공평성을 이론화하는 어마어마한 양의 연구들이 이 장의 앞에 묘사된 것처럼 분배와 절차 공정성에 집중했다. 그러나 지난 20년 이상, 조직이론가들은 절차 공정성(사람들에 대한 결정을 하는 관료주의적 체계를 말한다)과 다른 형태의 공정성, 즉 **상호작용 공정성**(대인 상호작용의 질과 내용에 관련된다) 간 차이점을 제시했다.

> 사람들 간의 의사소통 공평성에 대한 관심은 상호작용 공정성에 관한 주제들을 대표한다. 상호작용 공정성에 따르면, 사람들은 조직 절차에 대한 규칙 내에서 대인관계를 통해 받는 대우의 질에 민감하다.
>
> (Bies & Moag, 1986, p. 44)

이런 이유로 상호작용 공정성은 다소 공평한 공식적 규칙과 절차를 갖추게 된다. 이 절차들에 대한 해석과 규칙은 상호작용 공정성이 무엇인가에 관한 것이 된다. 상사가 새로운 조직정책에 기초해 안 좋은 소식을 전달하는 방법은 그 소식 자체의 본질과 규정된 정책의 지각된 형평성만큼 직원의 공정성 지각에 상당한 영향을 미칠

것이다.[23]

Bies와 Moag(1986, p. 46)는 절차 공정성과 상호작용 공정성이 다음과 같은 인과적이고 순차적인 방법으로 성과에 대한 형평성 지각과 관련되어 있다고 주장했다.

절차 → 상호작용 → 성과

그들은 다음과 같이 언급했다. "순서의 각 부분은 공평성 판단에 있어 민감하다. 따라서 조직 결정의 모든 측면(절차, 상호작용, 성과)은 잠재적으로 공정성과 관련된 일화적 사건을 만들어 내게 된다." (p. 46) 이것이 의미하는 바는 직원들은 해고, 감봉, 또는 공평한 징계를 가져오는 규칙과 절차들 각각이 공평하다고 믿을 수 있지만, 전체적인 경험은 다소 불공평한 것처럼 받아들일 수 있다는 것이다. 이것은 불공평한 결정이 아니다. 즉, 이것은 불공평한 성과가 아니다. 우리가 앞서 감량경영과 이유 있는 해고의 맥락에서 봤던 것처럼, 이것은 나쁜 소식이 전달되는 방법과 관련한 문제다. 그 내용은 솔직하고 진실해 보이는 방법으로 전달되어야만 한다. 메시지의 수용자에게 무례하고 잘난 체하기보다는 그들을 존중해야 한다. 또한 적절하고 공정하게 보여야 한다(Bies & Moag, 1986). 사실, 정당성 요인이 특히 중요하다. 이와 관련한 사항으로 잠깐 돌아가도록 하겠다. 먼저, 대인관계와 정보적 측면인 상호작용 공정성의 두 개 하부 항목의 출현을 살펴보도록 하자.

설명과 정당성의 역할

상호작용 공정성에 관해 살펴보면, 사람들이 관계가 공정한가를 판단할 때 영향을 미치는 핵심 요인 중 하나는 공정성 규범을 위반한 것에 관해 정당성(justification), 즉 인과적 설명이 제시되는가다. 만일 부당한 대우를 받은 경우에 상황에 관한 인과적 설명이 있다면, 불공평한 대우를 받았음에도 불구하고 기분이 덜 나쁠 것이다. 하지만 인과적 설명 자체만으로는 충분하지 않다. 정상 참작이 가능한 상황의 세부 사항

23) Donavan, Drasgow와 Munson(1998)은 직무 장면에서 ① 상사와 ② 동료로부터 나타나는 상호작용 공정성의 두 요소를 측정하기 위해 척도를 개발하고 타당화했다.

을 제시하는 적절한 설명이 있어야 한다. 단지 변명을 하는 것은 적절하거나 타당해 보이는 설명을 제시하는 것만큼 효과적이지 않다(Bies, 1987; Bies & Shapiro, 1987).

특별히 학생의 생활과 관련이 있는 예를 살펴보자. 교수는 자신의 집무시간에 늦거나 부재하였고, 많은 학생들이 학기 말 과제의 아이디어에 대해 도움을 받기 위해 교수가 도착하기를 기다리고 있다고 가정해 보자. 만일 교수가 나타나서 기다리고 있는 학생들에게 '지체되어' 늦었다고 말한다면, 딸이 아파서 의사에게 치료를 받았어야 했다는 사유를 솔직하게 설명한 것만큼 성난 학생들을 만족시키지 못할 것이다. 만약 설명을 하지 않는다면, 학생들은 상호작용 공정성을 낮게 지각할 것이다. 만일 학생들이 교수에게 '지체되었다'고 듣는다면, 상호작용 공정성을 덜 느끼게 될지 모른다. 만일 학생들이 지각에 대해 타당한 이유—교수의 딸의 병—를 들어서 알게 되었다면 좀 더 많은 상호작용 공정성을 지각하게 될 것이고 교수의 지각을 용서하게 될 것이다.

사람들은 조직으로부터 불공정하게 대우받았다고 느낄 때, 분노, 억울함, 그리고 도덕적 분노의 감정을 경험하게 되는 경향이 있다(Bies, 1987). 부당하게 대우받았다고 느끼는 사람들은 '설욕'하고자 하는 동기를 갖게 되어, 어떤 식으로든 복수할 방법을 찾는다. 또한 자기존중감이 감소하는 경험을 할 수도 있다(Koper, Van Knippenberg, Bouhuijs, Vermunt, & Wilke, 1993). 하지만 사회적 설명(social account)—변명, 설명 또는 이유—의 제시는 부당한 대우로 인한 분노의 감정을 완화시킨다. 구체적으로 말하면, 사회적 설명은 "어떤 행동에 대한 위해 행위자의 책임을 완화시키려는 이유를 포함한 설명, 또는 더 흔하게 알려진 바로는 변명"(Bies, 1987, p. 298에 인용된 Scott & Lyman, 1968)이다. 사회적 설명을 제시함으로써 나쁜 소식의 전달로 인한 긴장을 완화시킬 수 있으며, 그 나쁜 소식이 엄격한 절차적 기준에 의해 공평할 때조차 그렇다. 그러므로 직원 해고와 이윤 감소에 대해서 설명을 하는 상사는 어떠한 설명도 제공하지 않는 상사보다 악의와 도덕적 분노를 덜 발생시키게 될 것이다. 실제로, 나쁜 소식의 전달 혹은 결정에 대한 설명을 제공하지 않는 상사는 부하 직원에게 권위와 존경을 잃기 쉽다(Baron, 1993; Bies, 1987).

인력 감축의 시기에 사람들을 존중(상호작용 공정성의 두 가지 주요한 요소 중 하나)하며 대하는 것의 중요성은 군에서 제명될 위기에 있는 러시아 육군 장교들을 대상으로 한 거의 유일한 현장연구에서 실증되었다. Hamilton(2000)은 제명 대상에 있는 약

1,800명의 장교들을 면접하였다. 그는 존중과 정보 제공 모두를 통한 상호작용 공정성의 대우를 받았다고 보고한 사람들이 그렇지 않은 사람들보다 스트레스와 불안의 수준이 낮고 조직몰입의 수준이 높은 것을 발견하였다. 분배 공정성의 지각 또한 제명 대상에 있는 장교들 사이의 조직 공정성과 상관이 있었다.

Brennan과 Skarlicki(2004, p. 1321)에 의한 연구는 적개심 같은 성격변인은 감량경영 시기의 상호작용 공정성 지각과 생존자들의 조직몰입과 이직 의도 사이의 관계를 조절한다는 것을 보여 주었다.

> 구체적으로 말하면, [인력 감축 대상이 아닌 사람들의] 적개심 수준이 낮을 때에만, 상호작용 공정성은 조직몰입과 이직 의도에 대해 유의미한 관계를 가졌다. 그러나 적개심에서 낮은 점수를 받은 직원들의 상호작용 공정성 지각은 조직몰입 또는 퇴직 의도 둘 중 하나의 관계에서는 유의미한 결과가 나오지 않았다.

Brennan과 Skarlicki(2004)의 연구는 공정성 또는 불공정성으로 인하여 발생한 결과들에 대한 개인차—특히 성격—의 역할에 관한 수많은 경험적 연구 중 초기의 것이다.

최근, Greenberg(2006)는 사회적 지지를 제공하는 것에 관한 기술(2장을 보라)을 간호책임자에게 훈련시킨 것이 어떻게 보상 방식의 변화로 인해 낮은 급여를 받았다고 느끼는 부하직원의 스트레스를 완화시키고 불면증 문제를 개선했는지에 대한 현장연구를 보여 주었다. 이것은 작업 환경에서 발생하는 변화에 대한 세부 사항들과 논리에 대한 정보를 사람들에게 제시하는 것이 임의적으로 발생하는 것 이외의 일반적인 부정적 반응과 전적으로 권위에 의해 만들어지는 불공정한 결정을 상쇄시키는 데 도움을 줄 수 있다는 또 다른 예다.

신뢰(반복)

상호작용 공정성을 위반했다고 판단하는 핵심 요소는 신뢰를 위반했다고 지각하는 것이다. (신뢰는 분배 공정성에서도 효과를 설명하는 핵심 기제 중 하나였다는 것을 떠올려 보라.) 사람들은 다른 사람의 배신, 자신에 대한 타인의 규칙 변화, 약속의 파기, 계약 위반, 계속된 거짓말, 생각이나 작품 절도, 비밀 누설, 또는 중상모략 등을 느낄 때, 불공정의 느낌은 심각해진다. 대다수의 비행들은 성과보다 상호작용 또는 합법적인 절차의 실행을 포함한다는 것에 주목하라. 다시 말해서, 상호작용 공정성(또는 불공정성)은 대인관계에 관련된 신뢰의 위반과 신뢰 자체에 대한 위반이 핵심을 이룬다. 신뢰는 오랜 시간에 걸쳐 천천히 얻어지는 대인관계의 가치다. 그러나 신뢰는 단지 작은 위반과 범죄로 인하여 쉽게 깨질 수 있다(Kramer & Tyler, 1996을 보라). 신뢰를 배신당한 사람들은 전형적으로 많은 방법들 중 신뢰를 저버린 사람들로부터 멀어지거나, 문제를 부정하거나, 반격하거나, 복수의 기회를 찾는 등의 방법으로 반응한다(Allen & Lucero, 1996; Bies & Tripp, 1996을 보라).

이 매력적인 세 연구들은 협상 맥락에서 상호작용 공정성 풍토가 사람들로 하여금 자신들이 상당히 많은 자원을 가지는 것을 공평한 것으로 간주하는 자연스러운 경향성에 영향을 미칠 수 있음을 보이고 있다(Leung, Tong, & Ho, 2004). 이 연구들의 목적을 위해 상호작용 공정성의 두 요소를 결합함으로써, 그 연구자들은 교환 관계에서 이전에 공평한 것으로 여겨진 타인의 요구는 공평하지 않은 것으로 입증된 것들보다 더 신뢰받는다는 것을 제안하고 발견하였다. 요컨대, 모든 형태의 사회 교환은 지속적으로 발생하는 것이기 때문에, 사람들은 서로 존중해야 하고 상호작용 공정성의 규준을 따라야 하는 의무를 가진다. '남에게 한 대로 되받는 법'이라는 경구에서 진술하듯이, 기억, 신뢰, 진실성, 그리고 형평성의 역동은 교환 관계의 순환에 있어서 중요하다.

상호작용 공정성의 다른 근원

상호작용 (불)공정성뿐 아니라 절차 (불)공정성도 획득하기 위해 했던 노력에 관한 요약에서, Bies(2001)는 사람들을 침해하는 많은 불공정(또는 '불경스러움')의 다른 일반적 근원을 서술했다. 간단히, 근원에 관한 목록은 비판, 기만, 사생활 침해(비밀을 다른 사람에게 퍼트리는 것을 포함), 사려 깊지 못한 형태의 무례한 행동들, 모욕적인 말과 행동, 대중적인 굴욕, 강압 같은 행동들을 포함한다.[24] Bies(2001)에 따르면, 그 시점에서 공정성 이론은 통계적이고 과학적인 순수성만큼 도덕적인 문제에도 관심을 둘 필요가 있다는 새로운 문제에 직면하고 있었다.

공평성 이론

Folger와 동료들(Folger & Cropanzano, 2001을 참고하라)의 공정성 연구에 책임의 개념을 도입하였다. 이 이론은 세 가지 주요 요소를 갖는다. 첫 번째는 부정적인 사건 또는 상황은 직장 생활과 같은 사회적 장면에서 반드시 발생하거나 존재한다는 것이다. 두 번째, 그 사건은 책임이 요구되는 사람들의 의지에 따른 자유재량적 행동에서 연유한다는 것이다. 마지막으로, 그 행동은 윤리적 규범 또는 수행의 기준을 위반하는 것처럼 보여야 한다. 요약하면, 특별히 위험하지 않거나 행동규칙을 위반하지 않는 사건은 공평성 이론과 관련된 상황이 아니다. 그렇기 때문에 이론을 정립할 때 판단—(사건의) 지각과 (책임과 규범의 위반에 대한) 신념—이 큰 역할을 한다.

판단 과정은 세 가지 근본적인 질문들에 대한 답을 도출하는 것으로 구성된다. 첫 번째는 '지금과 같은 그런 상황이 발생하지 않았다면 다른 무엇이 일어났을까?' 다. 이런 이유로, 인력 감축 시기에 자신을 제외한 많은 동료들이 한꺼번에 해고될 때 강등되는 것은 해로워 보이지 않을 수 있다. 또한 해고된 동료들에게 일어난 것과 상관없이, 적어도 자신에게 어떤 피해가 발생하였는지에 대한 판단이 중요하다. 이러한 판단에서 곤란한 측면은 개인이 사용하는 판단기준이 각각 다르다는 것이다. 그래서 강등된 사람은 해고된 사람들과 비교할 때는 기분 나쁘게 느끼지 않을지 모르지만, 인력 감축이 있는 어려운 시기에 경력이 발전한 사람과 비교할 때는 기분이 나쁠 수 있다. 이런 판단은 성과, 즉 분배 공정성의 문제와 관련된다. 또한 공평성 이론의 주장에 따르면, 사람들은 자신이 처한 상황을 야기한 절차의 공평성에 관한 판단을 하며, 유사한 상황에서 타인에게 적용된 절차를 보면서도 이런 공평성 판단을 형성한다. 요약하면, 사람들은 해로움이 발생했는지 여부에 관한 신념을 형성할 것이다.

공평성 이론에 따르면, 두 번째 질문은 전반적인 공평성을 결정하는 것과 관련된

24) Harlos와 Pinder(2000; 그리고 이 책의 4장을 보라)의 연구는 수많은 '불경스러움'과 그들의 연구 참여자들이 대인 간 학대를 통해 경험했다고 보고한 형태의 불공정을 발견했다. 또한 직장에서의 모욕적인 관계와 무례함의 역기능에 대한 우리의 논의를 검토하기 위해 5장을 보라.

다. Folger와 Cropanzano(2001)는 이것을 '의도(could)'에 대한 질문으로 언급하였는데, 즉 '(나의 강등 상황처럼) 현 상태에 책임이 있는 것으로 보이는 그 사람이 다르게 행동할 수 있었는가?'다. 다시 말해서, 그 행위가 다르게 행동한 그 사람의 권한 내에서 의지적인 것인가, 아니면 제약 조건 또는 더 상위의 힘에 의해 좌우된 것인가? 이런 경우, 다음과 같은 질문이 제기된다. 내 상사는 내가 강등되는 것을 막을 수 있었나? 아니면 내 상사는 이용 가능한 또 다른 행동 선택지를 가지고 있었나? Folger와 Cropanzano가 말한 것처럼(2001, p. 13) "그들이 통제할 수 없었거나 합리적으로 예상을 기대할 수 없었던 사건들의 영향 때문에 도덕적 책임을 진 사람들을 붙잡는 것은 이치에 맞지 않는다." '의도'의 질문에 대한 판단에 관해서, 개입(commission)의 죄뿐만 아니라 불개입(omission)의 죄를 평가하는 것이 가능하다. 즉, 사람들은 이렇게 행동하는 것에 대해서든 저렇게 행동하다 실패한 것에 대해서든 책임을 질 것이다. Folger와 Cropanzano는 관련된 의사결정 과정의 안팎에 있는 세부 사항을 조사했다.

요약하면, '가능성(would)'에 대한 질문은 위험이 발생했는가 여부를 전달하고자 한다. '의도'에 대한 질문은 주요 행위자들이 현재의 사건과 상황을 야기할 때 어떠한 선택을 했는가의 여부를 평가하고자 한다. 지금까지의 다단계 사회적 평가 과정만으로는 불공정성이 발생했는지 여부를 확정하지 못했기 때문에, '당위(should)'에 관한 세 번째 질문이 이어진다. '사건은 그것이 발생했던 방식이 아니라 다른 방식에서 발생했어야 했나?' 다시 말해서, 표준과 규범이 관련되기는 하지만, 이 경우 이것들은 도덕적이고 윤리적이다. 다른 무엇인가가 발생했었어야 했는가 여부에 대한 판단은 이미 이루어진 결정의 도덕성에 대한 질문 또는 어떤 상황에서 해로움이 발생했는가, 그리고 관련된 행위자는 이용 가능한 다른 행동 선택지를 가지고 있었는가에 관한 질문을 내포한다. 누군가가 사건이 다르게 일어났었어야 한다고 믿는다면, 판단은 불공평성 쪽으로 흐른다.

또다시 결정적인 것으로, 사회적 맥락 단서가 (불)공평성 판단을 결정할 때 큰 역할을 할 수 있더라도 공평성(또는 (불)공정성)은 제 눈에 안경이다. 세 단계의 평가 과정 어디에서든, 본질적으로 동일한 사실을 가진 두 사람이라도 성과의 공평성에 대하여 궁극적으로 다른 결론에 도달할 수 있다. 그들은 어떤 해로움이 발생했는지 여부와 (대안을 고려할 때) 어떤 실질적 손실이 발생했는지 여부에 관하여 다를 수 있다. 비록 그들이 처음의 문제에서는 일치하더라도, 비교 표준의 차이로 인해 사건이 다른 것이었는지 여부, 즉 주요 행위자의 의지와 능력을 염두에 둘 때 대안적 결과가 일어날 수 있었는지 여부에서도 다를 수 있다. 다시 말해, 그 두 사람은 이용 가능한 선택, 주요 의사결정자의 힘과 능력 등등에 관한 주요 변인의 지각에서 차이가 날 수 있다. '무엇'과 '의도' 질문에서 유사한 결론에 도달한 후에도, 그들은 자신들이 접한 상황의 사건과 관련된 도덕성 문제에서 여전히 상당한 차이를 보일 수 있다. 여기서 진짜 정당한 이유 때문에, 사람들마다 세 번째 질문('당위' 질문)을 평가하기 위해 적용하는 도덕성 표준이나 윤리 규범이 다를 수 있으며, 따라서 그들이 공평하게 대우받았는지 여부에 관해 상당히 다른 견해를 가질 수 있다.

공평성 이론의 기본에 대한 그 이상의 세부 사항은 여기의 지면 공간상 제한된다. 아주 간결하게, 이 작업은 대략 20년 정도 전에 Greenberg와 동료들(Greenberg, 1990c를 보라)에 의해 시작되어 싹틔우고 크게 성공한 전통적인 공정성 연구의 자연스러운 확장이다. 실로, Folger과 Cropanzano(2001)는 몇 가지 세부 사항 사이의 관련성을 탐구했다. 그럼에도 불구하고, 하나는 여기서 강조될 만하다. 가능성, 의도 및 당위의 논리는 '전통적' 공정성 이론에서 공정성/불공정성의 세 가지 범주, 즉 분배, 절차 및 상호작용 문제에 적용된다.

조직 공정성 이론의 평가

조직 공정성에 관한 이론과 연구가 과거 30년 넘게 진행되면서 공정성의 다양한 형태 사이에 개념의 분화와 차별화가 점진적으로 진척되었다. 원래 우리가 주목한 것처럼, 비판가들은 형평성의 단순한 개념은 직장에서 공평성 주제의 모든 요소를 설명하는 데 불충분하다고 믿었다. 그때 우리가 이 장에서 보고했던 것처럼, 형평성은 분배 공정성처럼 여겨졌고 절차 문제 또한 중요했기 때문에, 절차 공정성이 실용적이고 유익한 연구 주제로 나타났다. 하나만 고려하는 것보다 두 개념(분배 공정성과 절차 공정성)을 동시에 고려함으로써 상당한 이득이 있다는 것을 보이기 위해서는 시간이 걸렸다.

유사한 방법으로, 머지않아 사람들은 상호작용 공정성의 개념(Bies & Moag, 1986)

을 고려하게 되었고, 이전에 그러했던 것처럼 이 세 번째 개념이 합리적으로 과학적이며 받아들일 만한 근거를 가지고 있는지에 대해 수년간 논쟁이 있었다. (몇몇의 비평가는 상호작용 공정성이 동등한 위치를 차지하는 구성개념으로서 특별한 주의를 받을 만큼 실질적으로 절차 공정성과 구별되지 않는다고 주장하였다. 오히려 그들은 상호작용 공정성은 절차 공정성의 한 부분으로 고려되는 것이 가장 합리적이라고 주장했다.) 이러한 순환 각각은 시간이 걸렸다.

대인 간 공정성과 정보 공정성

그 후에 Greenberg(1993b)는 또 다른 구분을 제시했는데, 상호작용 공정성을 두 가지 형태로 구분하였다. 첫 번째 형태인 **대인 간 공정성**(interpersonal justice)은 사람들이 타인으로부터 존엄, 존중 및 공손함으로 대우받는 정도를 반영한다. 두 번째 형태인 **정보 공정성**은 의사결정 과정에 어떤 절차를 적용한 이유에 대해서, 또는 특히 보상과 처벌 같은 결과물이 특정한 방법으로 분배되는 이유를 알려 주기 위한 설명들과 관련되어 있다. 이 마지막 구분은 왜 설명과 정당한 이유가 직장 상황에서 공정성의 풍조를 조장하는 데 중요할 수 있는지를 이해하기 위한 단계가 된다. 하나는 절차가 절차 공정성의 표준을 지키는 것이고, 다른 하나는 사람들은 이런 절차들에 대한 논리를 알아야 하고 왜 사건이 그러한 방식으로 발생하는가를 들어야 한다는 것이다.

본 저자는 학자들이 새로운 개념들의 등장과 인정을 고려할 때 상당히 신경 쓴다는 인상을 받았다. 현장에 잠정적으로 새로운 개념들을 멋지게 확산시키는 것은 수십 년간 문제가 되어 왔다. 대부분은 헌 병에 담은 '새 술'의 대용품이었다(2장을 보라). 실제로, 이론의 지지자 사이에 방법에 따른 몇 가지 차이가 있다(예를 들어, 분배 공정성과 절차 공정성은 보통 사람들의 마음속에서 이것들 사이의 차별을 정당화할 만큼 충분히 다른 것인가, 마찬가지로 상호작용 공정성은 절차 공정성의 한 부분이 최선인가의 문제에 관해). Colquitt(2001)의 인상적인 척도화와 구성타당도 연구와 Colquitt 등(2001)의 설득력 있는 메타분석뿐만 아니라 Harlos(1998; 또한 Harlos & Pinder, 2000을 보라)에 의한 질적 연구에 기초하여, 본 저자는 분배 공정성, 절차 공정성, 그리고 Greenberg(1993b)가 제시한 두 가지 상호작용 공정성(대인 간 그리고 정보)을 구분하기 위한 과학적 근거가 충분히 있다고 믿는다(이 장 앞에서 설명된 소위 'Leventhal의 준거' 6개에 의해 나타난 것처럼).

새로운 방향: 공정성의 더 높은 수준에 관한 분석

다른 학자들은 더 나아가 공정성 형태의 확장과 구별에 관한 문을 열었다. 예를 들어, Greenberg(1990c)와 일관되게 Mossholder, Bennett과 Martin(1998)은 절차 공정성에 대한 개인적인 지각과 신념 외에도 사람들이 움직이는 '절차 공정성 맥락'도 직원의 태도와 행동에 영향을 미칠 수 있다고 주장했다. 그들이 관찰한 것처럼 "조직은 다중적 내포 관계를 포함한다. …그래서 많은 조직 관련 개념들은 한 수준 이상에서 고려될 것이다." (p. 132)

이 가설을 검증하기 위해, Mossholder 등(1998)은 미국 재무서비스 조직에서 일하는 300명 이상의 직원으로부터 "조직의 인적자원 체계(수행평가, 임금 인상, 복리 후생, 직무 환경)에서 중요한 측면에 대한 전반적인 공평성" 에 대한 참가자의 지각뿐만 아니라 공정성 각각에 대한 지각을 측정하는 자료를 모았다." (p. 135) 그들은 이러한 절차 공정성 맥락 측정치가 개별 공정성에 대한 지각이 설명된 후에도 직원들의 직무 만족의 변량을 충분히 설명한다는 것을 발견하였다.

마찬가지로, Harlos와 Pinder(1999)는 조직에서 불공정한 대우를 받았다고 말하는 직원들을 통해 **체계적 (불)공정성**으로 명명한 범주를 확인하였다. 널리 알려진 분배, 절차 및 상호작용 공정성과 달리, Harlos와 Pinder(1999)는 체계적 불공정성을 "관계, 절차 및 분배 결정이, 예를 들어 조직 불일치… 무시… 차별 및 업무 과부하 등을 발생시키는 더 큰 조직 맥락에서의 불공평성 지각" (p. 106)으로 정의하였다. 조직 전체의 문화와 풍토가 공평성과 공정성(또는 불공평성과 불공정성) 규범이 발달하는 배경이 되고, 명확한 절차, 상사와 관리자의 리더십 유형, 대인관계에서 교양 있는 어조에 영향을 미칠 것이란 것은 당연하다. Frost(2003)의 독성 직무 환경(2장을 기억하라), Degoey(2000)의 **전염성 공정성**(contagious justice, 이 장의 앞에서 소개됨), 그리고 부패가 어떻게 조직의 제도화된 규범이 되는가에 관한 Ashforth와 Anand의 모형(2003)(5장을 보라)과 일관되게, Harlos와 Pinder(1999)가 발견하였듯이, 개별 행위자들의 일상적인 행위 위에서 이루어진 미시적인 절차, 대인 상호작용 및 분배 결정에 영향을 미치는 (그리고 영향을 받는) 조직 장면의 요소들이 있는 것 같다.[25] 집단과 조직 수준에서 조직 공정성 연구를 수행하는 연구자들은 신중해야만 한다(2장을 기억하라). 개인 수준의 구성개념을 더 높은 수준에 적용할 때는 더더욱 그렇다(예를 들어, Klein et al., 2001을 참고하라).

다른 연구(Latham & Pinder, 2005)에서 Latham과 함께 본 저자는 조직 공정성 이론이 과거 30년 동안 직무동기 연구와 이론 전체에 새롭게 기여한 것 중 가장 중요한 세 가지 중 하나인 것으로 결론지었다.

사실, 그 연구는 여러 면에서 인상적이다. 개념의 개발과 명확한 표현, 개념 측정을 위한 척도와 측정법의 개발, 이론의 주요 내용을 개발하고 검증하기 위한 실험적인 조사와 비실험적인 연구의 설계와 수행, 그리고 그것의 주요 결과의 응용적이고 사회적이고 관리적인 시사점의 명확한 표현에서 중요하다. 이것은 앞선 연구들을 응집성 있게 누적시킨 것이지만, 때로는 자기비판적이었다. 우리에게 특별히 흥미 있었던 것은 직무동기와 관리적 실무와 관련된 많은 다른 이론과 실무의 발달에 상당한 시사점을 제공했다는 점이며, 이것들은 이 책 전체에 걸쳐 강조되고 있다. 다른 이론, 연구 및 실무는 정서와 감정, 보상과 징계 체계의 설계와 운영, 권력과 관련된 행동, 조직 구조와 재설계, 직무설계와 재설계, 그리고 경력 관리 등을 포함한다(그러나 이것으로 제한되지는 않는다).

조직 공정성의 일곱 가지 규범

따라서 우리는 조직 공정성 개념의 초기 연구자 중 한 명이며, 가장 영향력 있는 Jerald Greenberg가 쓴 깊이 있는 논문을 요약하면서 조직 공정성 이론을 평가한 이 부분을 끝내고자 한다. Greenberg(2001)는 우리에게 '조직 공정성의 일곱 가지 느슨한 규범'에 대해 경고하였다. 규범(canon, "어떤 연구 분야에서 공리적이고 보편적으로 묶이는 것으로 수용되는 규칙, 원리, 또는 표준", *Random House Unabridged Dictionary*, 1993)과 통제 불능자(loose canon, "분별없는 행동으로 타인의 노력이나 복지를 위험에 빠뜨리는 사람", 같은 사전)의 차이를 인식한 후, Greenberg(2001)는 "조직 공정성에 대해

25) 5장에서, 우리는 개인의 권력 남용에 따른 역기능적 측면을 충분히 검토한 바 있다. 절차, 상호작용, 그리고 분배 불공정성의 개념들은 조직 내 독재자에 의한 권력 남용의 상당한 부분에서 핵심을 차지한다.

시기상조적인 잘못된 결론" 으로 사람들을 유도하지 않으면서 조직 공정성 영역이 지속적으로 성장하는 데 유용한 것으로 인식되고 다루어져야 할 일곱 가지 잠재적인 실수를 강조했다(p. 245). 경고에 대한 내용을 우리는 이 책 2장에 이야기하였고, 우리는 Greenberg의 일곱 가지 경고들에 대한 설명에 동의한다.

첫 번째, Greenberg의 지적에 따르면, 공정성 문제는 모든 조직 상황에서 가능하지만 그것은 사람들이 나쁘게 대우받는다고 느끼거나 중요한 변화가 진행되거나 자원이 부족하지 않는 한 표면으로 나타나지 않는다. 그는 또한 모든 조직에서 발견되는 권력 차이(power differential)가 공정성 우려에 대한 충분한 근거를 제시할 수 있음에 주목했다. 비록 그는 그 논점을 명확히 하지 않았지만, 앞의 세 가지 상황 중 몇 가지 혹은 전부가 만연할 때 이 권력 차이는 불공정성에 대한 우려를 일으킬 가능성이 크다. 우리의 관점에서 그의 논점은 잘 받아들여지지만, 권력 차이, 자원 결핍, 지속적인 변화 및 사회에서 사람들이 타인을 거칠게 대하는 것의 불가피성의 보편적 본질을 생각하면, 그의 우려는 너무 보수적인 면이 있다.

Greenberg의 두 번째 우려는 다른 사람들이 그와 동료들의 과학적 노력을 조직 공정성 옹호 캠페인쯤으로 간주하는 것이었다. 이 분야의 연구 대부분은 특별한 시각을 통해 서술적 이론을 구축하는 것과 관련되었다. 공정한 관행의 보급을 위한 규범적 처방을 의도하지는 않는다. 즉, 그는 이 연구가 조직과 조직 구성원의 발전에 채택되고 응용되었음을 인식한다.

세 번째, Greenberg(2001)는 호의적인 결과는 반드시 공정한 결과라는 신념을 없앴다. 우리가 이 책에서 여러 번 말했던 것처럼, 공정성 이론과 이전 이론에 기반하여 보면, 공평성은 보는 사람에 따라 다르다. 한 개인이 호의적인 것으로 여기는 좋은 것을 분배하는 것이 나머지 모두가 호의적으로 여기는 것은 대부분의 경우 하나의 우연일 뿐이다. 즉, 어떤 연구는 외골수적 사리 추구가 보편적이지 않다는 것을 보여 준다. 실제로, Meglino와 Korsgaard(2004)는 완전한 사리 추구는 문제를 복잡하게 만드는 인간 성향으로 보일 수 있다. 그리고 우리가 살펴보았던 것처럼, 고전적인 형평이론은 어떤 사람들이 지금까지 자신에게 이득이었던 상황으로부터 형평성을 회복시키기 위해 동기화되는 경향을 보여 주었다.

네 번째, Greenberg의 경고처럼 어떤 경우에 불공정에 대한 사람들의 반응은 예측 불가능하거나, 심지어 특이하기까지 하다. 조직 공정성에 대한 연구에서 이론적 결과들의 일관성은 자연 상황에서 불공정한 대우를 받는 사람들이 자연스럽게 이용하는 것만큼 연구 참여자들도 이용 가능한 제약과 기회에 의해 설명될 수 있다. 더욱이 자연스러운 환경에서도, 사람들은 종종 자신들을 억누르면서 반응들을 숨기거나 우리에게 주어진 이론과 연구 상황으로는 예측하기 너무 복잡하고 다양한 방법으로 표현한다. 요점은 Greenberg가 공정 또는 불공정한 상황들에서 개인적인 반응들을 예상할 때 우리가 할 수 있는 추정에 주의를 기울여야 한다고 주장했다는 것이다.

다섯 번째 요점은 우리의 관점에서는 더 미묘하고 보수적이다. Greenberg의 경고에 따르면, 분배와 절차 공정성 사이의 상호작용과 관련된 상당한 증거에도 불구하고(전자에서 비호의적인 반응과 달리 후자의 공평성 지각은 완화시킬 수 있다),[26] '공평한' 절차가 사람들로 하여금 조직의 성과를 수용할 가능성을 항상 높이지는 않는다. 한 예를 든다면, 성과 분배가 긍정적일 때보다 부정적으로 판단될 때 사람들에게 공평한 절차는 더 중요해진다. 더욱이 이 연구는 분배 공정성과 관련될 때 '더 많은 것이 항상 더 좋은 것은 아니다.'라는 것을 보여 주었다. 사람들에게 발언권을 주는 것은 그들의 보상에 대한 수용을 증가시킬 수 있지만(Pinder & Harlos, 2001을 참고하라), 그들에게 발언권을 더 주는 것이 더 긍정적인 효과를 가져오지는 않는다. 결국 발언권 문제로 돌아오는데, 의사결정에 참여하거나 심지어 보상체계 관리에 이용되는 절차를 알릴 기회는 진실한 것처럼 보여야 한다. 사실, 추구된 조언이 무시되면 역효과를 낳을 수 있다.

여섯 번째 요점은 내용이 공정성 연구 발전에 상당한 시사점을 주기는 하지만, 내용만큼 방법론적인 것도 중요하다는 것이다(2장을 기억하라). 단순히 말해서, 공정성 구성개념들의 조작과 타당한 측정을 발전시키는 데 주의를 기울여야 한다는 것이다. 그렇지 않으면, 사후의 일시적 접근은 내적 타당도를 약하게 할 것이고, 25년 전부터 시작한 조직 공정성 연구 성취가 지속적으로 축적한 연구 역량을 약화시킬 것이다(이 점에 관해 더 많은 것을 보기 위해 Greenberg, 1990을 보라).

Greenberg의 마지막 논점은 비교문화적 심리학과 비교문화적 관리가 중요해진 시점에서 특히 중요해졌다. 이것은 공정성 역동을 이해할 때 문화 차의 강력한 조절 역할에 대한 인식과 관련된다. 사회적 공정성에 대한 우려는 보편적인 인간의 특성이

26) 분배 공정성과 절차 공정성 간의 상호작용을 다룬 Folger(1987)와 Brockner와 Siegel(1996)을 보라.

란 것이 사실이기는 하지만, 문화와 국가의 경계는 공정성, 분배 공정성이 작동하는 방법에서 상당한 차이를 가져온다. 더구나, 절차 공정성의 구조적 결정 요인에 대해서는 상당히 보편적인 동의가 있겠지만, 그러한 절차가 적용되는 방식에는 국가 간 차이가 있다. 간단히 말해, 요점은 서구인들은 문화차를 무시하는 보편성을 확대시키는 것에 열중하기보다는 다른 문화권의 사람들이 절차의 운용과 규칙, 보상, 처벌의 대인 간 분배에서 다른 기준을 가지고 있다는 사실에 신경 써야 한다는 것이다. 이것은 서구의 자유와 민주주의 개념을 퍼트리기를 원하는 많은 사람들이 학습하지 않은 교훈이다.

공정성 이론의 영역에서 Occam의 역설 대 필수 다양성

불과 몇 년 전에, 상대적인 의미에서 '공정성 이론'은 직무동기를 이해하는 중요한 무대의 주연배우 같은 자리를 얻었다. 비록 우리는 직무동기(그리고 행동)의 수많은 다른 이론을 아직 보지 못했지만 우리는 여기서 가장 중요한 것들을 많이 고려하였다.

본 저자는 여기서 공정성 개념은 과거 20여 년에 걸친 직무동기 영역의 연구와 이론을 위한 가장 흥미 있고 풍부한 새로운 개념일 뿐만 아니라 직원들의 이익의 관점에서 보더라도 가장 중요하다는 것을 언급했다. 사실, 공정성 개념은 직원과 관리자 둘 다의 이익을 위한 많은 생각을 포함한다. 공정성 개념은 자유 평등주의적, 종교적, 그리고 도덕적 기반을 가장 균형 있게 아우르고 통합시켰다. 그들은 문명국의 법체계와 법학을 위한 토대를 제공하였다(Rawls, 1971을 참고하라). 여기서 가장 관련 있는 공정성 개념(우리가 이 장에서 묘사했던 모든 종류의)은 직무동기와 조직행동의 인과관계 모형에서 많은 역할을 한다. 즉, 그 개념들은 수백 개의 조직 현상 연구에 독립변인, 종속변인, 그리고 매개변인을 제공했다(Cohen-Charash & Spector, 2001; Colquitt et al., 2001을 참고하라). 공정성 연구는 잘 이루어졌고, 통찰을 제공했고, 유용했다. 때때로 그러한 통찰은 반직관적이었다. 때때로 그 통찰은 대부분의 국가와 문화 속에 있는 우리들 대부분이 아동기에 학습한 것의 진짜 가치를 확인해 주었다(이 장의 각주 1을 보라). 공정성 개념의 유래가 욕구이론 관점(3장을 보라), 정서(감정과 기분) 관점(4장), 좌절-공격성 관점(8장을 기억하라), 학습이론 관점(14장), 기대이론 관점(12장) 중 어떤 것이든, 우리가 인간의 행동과 직무동기를 이해하는 데 도움을 준다. 공정성은 보편적인 규범이다. 이것이 직무동기와 조직행동의 곳곳에서 큰 역할을 수행하는 것은 놀라운 것이 아니다.

Occam의 제안: 황금률

그럼에도 불구하고, 본 저자에게 있어서 이 장 전체를 통해 가끔 언급하였던 단순성이라는 황금률에 비해 계속 늘어나고 방대해지는 조직 공정성 개념에 대한 문헌들을 병렬적으로 두기만 하는 것은 역설이다.

여기서 질문이 있다. 우리 모두가 공정성의 신념과 가치를 내면화하고 업무 장면에서 이러한 가치와 일관되게 사람들을 다루도록 하기 위해 명확한 것(예를 들어, 사람은 다른 사람을 존중하고 인도적으로 대우해야 한다)을 발표하기를 원하는 사회과학자, 교수 및 그 이외의 사람들에게 역설에 대해 생각해 보는 것이 필요한 것인가? '직장에서 정신력(spirituality)'(예를 들어, Burkett, 1998)을 다루는 과거 20년에 걸친 관리지향적 서적의 확산과 더 최근에 발생한 '긍정 심리학'과 '긍정 조직 학풍'(Cameron et al., 2003을 참고하라)은 몇몇 사람들에게 상사가 인간의 얼굴을 가진 권력구조 속에서 아랫사람들을 다루는 것을 허용하기 위해서 사회과학적 기초 또는 잠재적 권위자의 목소리가 필요할 수 있음을 제안한다. 직원의 인간적 및 평등주의적 대우에 관한 소리는 수년간 있었다.

필수 다양성의 법칙은 복잡한 현상에는 그에 어울리는 해결책도 복잡함을 요구한다는 것이다(2장을 기억하라). 그러나 특히 형평성, 공평성, 공정성의 주제를 염두에 둘 때, 고려해야 할 대항적인 힘과 주장은 공평성의 규범에 따라 사람을 대우하고 조직을 운영하기 위해 고도의 사회과학적 정당함을 부여받을 필요가 있다는 것이다. 상당히 많은 긍정적 및 부정적 조직행동을 이해하는 데뿐만 아니라 많은 것을 이루고자 하는 사람들에게 규범적인 처방이 가능한 꽤 간단한 해결책이 있을 수 있다는 것이다. 황금률의 본질에 심오하고 보편적인 통찰이 있다. 즉, 남에게 당신이 대접받기 원하는 대로 대접하라. 제3세계의 기아 상태에 놓인 사람들, 그리고 오늘 밤 어디에서 자야 할지 모르거나 자라나는 아이들이 고등학교를 졸업해서 대학교에 갈 때까지 살 수 있을지도 모르는 수많은 '제1세계'의 사람들은 자기존중감과 자기효능감의 차이, 분배 및 절차 공정성의 차이, 수행 목표와 학습 목표의 차이, 도구성과 기대의 차이

(12장과 15장을 보라), 분노, 격노 및 불쾌함의 차이(4장을 기억하라)에 신경 쓸 이유가 없다. 단지 우아하고 보편적으로 알려진 단순한 경구에 대해 생각하라. 그 경구는 남에게 당신이 대접받기 원하는 대로 대접하라는 것이다.

이 통찰의 지혜를 알기 위해서 종교는 필요하지 않다. 아마 공평성, 형평성, 공정성 연구와 이론의 산에 오르는 것이 전부일 것이다.

검토: 우리의 분석 살펴보기

최근 영국 잡지 *The Economist*(2006년 6월 17~23일, pp. 28-32)는 다음과 같은 기사를 실었다.

> 미국은 선망의 대상이 아니다. 미국의 빈부 격차는 다른 어떤 선진국보다도 크다[브라질보다도 크다]. 그러나 대부분의 사람들은 여기에 개의치 않는다. 유럽인들은 경제적 파이를 나누는 방법에 대해 고민하는 반면, 미국인들은 부자가 되기를 원하지만 부를 얻지는 못한다. 하지만 미국인 10명 중 8명은 가난하게 출발하더라도 열심히 일하면 누구나 돈항아리를 가질 수 있다고 믿는다. 이것이 아메리칸 드림의 핵심이다.

앞서 말한 글은 이 장의 공평성, 형평성 및 공정성의 주요 개념(평등에 대한 암묵적 관심과 함께)과 12장의 주요 주제 사이에서 적절한 연결고리가 된다.[27] 우리는 '성공'하는 데 필요한 것에 대한 신념과 성공의 가치에 대한 신념에 상당히 의존하는 직무동기 이론을 탐색할 것이다(9장과 10장을 기억하라). 우리가 이 장에서 본 것처럼, 거시 수준에서든 미시 수준에서든 모든 보상체계는 사회의 가치 구조(공동체, 즉 논의되고 있는 조직)에 뿌리를 두고 있으며 사람들 사이의 근면한 노동, 상향 이동 및 불형평성을 높이거나 줄일 것이다. 따라서 문화의 미시적 및 거시적 보상체계가 우수함, 근면한 노동, 개인적 기술과 사회적 자본의 발달이 부의 획득에 도구적일 수 있다는 신념

27) 12장의 도입부에 두 번째 단락을 제시할 것이다.

을 타당하게 촉진하며, 더 열심히 일하는 사람을 선호한다면, 보상과 부의 불형평성을 지지하는 사회정신은 널리 퍼지고, 사람들은 규칙을 지키면서 '더 잘 수행하여' '부를 얻고자'(*The Economist*의 기사처럼) 하는 사람들을 부러워하거나 그들을 모방하고자 할 수 있다. 물론 전통적으로 미국의 사회정신은 기회의 평등성 가치, 즉 부, 권력, 및 영향력에서 불공평한 계층에 진입할 기회에 입각한다. 그러나 *The Economist*의 기사처럼, 불평등은 아메리칸 드림의 핵심인데, 적어도 그것은 경제적인 성공의 분배에 해당하기 때문이다. 다른 관점에서 보면, 이 문제는 문화적 차이뿐만 아니라 문화 내 개인 사이에서도 볼 수 있다. 그리고 시간의 흐름에 따라 개인의 상황이 나아지거나 후퇴하기 때문에 우리는 개인과 문화의 우세한 관점이 어떻게 변하는지를 볼 수 있다.

반면, 개인과 회사가 대우에 대한 형평성과 보상의 분배가 적절하다고 믿는다면, 어떤 행동 규범이 설정되며, 우수함, 근면한 노동, 출세 지향 및 자기 계발이 촉진되는 정도 위에서 행동에 대한 자연스러운 한계가 정해진다. 결과적으로, 부의 분배와 삶의 질은 스웨덴, 노르웨이, 덴마크 및 캐나다 같은 사회민주주의 국가들과 심지어 프랑스와 독일 수준에 근접할 것이다(3장에서 우리는 수행 지향성에서 문화차에 대한 문제를 논의했다).

사람들은 모든 형태의 공정성 규범을 바탕으로 대우받기를 요구한다. 우리의 목적상, 직원들에 대한 상사의 불공평한 대우는 직무 불만, 낮은 조직몰입, 조직에 대한 파업과 보복 충동의 가장 중요한 근원 중 하나다. 학문적으로, 직무만족과 그 외의 직무 관련 태도는 사회과학에서 가장 오래전부터 주의가 기울여 온 것 중 하나다. 실제로, 사람들에게 직무 불만은 상처를 입힌다.

다음 12장에서 우리는 ① 노력과 개인적 발달이 수행과 연결되는 정도, ② 수행이 성과와 연합되는 정도, ③ 성과가 욕구를 충족시키고 가치와 부합하거나 이것들을 좌절시키는 정도에 대한 사람들의 신념 구조를 연구한다. 과학적 증거들, 인지적 분석, 그리고 이 책에 검토된 다른 이론들에 따라서 직무만족이 인간의 삶에서 중요하다는 것을 이해하는 것은 중요하다.

12장
직무동기에 대한 기대-유인가 이론

보상이 없으면 일도 없으며,
일에 대한 노력이 없으면 보상도 절대 없다.
_ Livy(Titus Livius)

11장 후반부에, "미국은 선망의 대상이 아니다." (*The Economist*, 2006년 6월 17일, p. 28)는 문장으로 시작하는 *The Economist*의 한 구절을 인용하였다. 또한 그 잡지의 같은 호에서 다음과 같은 내용을 언급하고 있다.

> 다른 어떤 나라보다, 미국은 스스로를 경제적 기회와 신분 상승에 관해서는 모두의 꿈이라고 정의한다. 그것의 가장 큰 자랑은 열심히 일하고 규칙에 따르고자 하는 모두에게 좋은 삶을 누릴 기회를 제공한다는 것이다. 이러한 이상이 미국을 이빈자들을 끌어 모으는, 세계에서 가장 강력한 자석으로 만들었고, 불평등과 불안정에도 불구하고 역동적인 미국 경제의 거친 영역으로 보통의 미국인들을 불러들였다. 노동자가 자신도 보스가 될 수 있다고 생각한다면, 평균 노동자 임금보다 300배를 더 많이 버는 보스가 있다 한들 누가 뭐라고 할 것인가.
>
> (*The Economist*, 2006년 6월 17일, p. 13)

공교롭게도, *The Economist*의 해당 호가 발간된 것과 사실상 거의 같은 시점에서, 캐나다의 주요 전국 잡지인 *Maclean's*는 사회학자 Reginald Bibby가 캐나다인의(그리고 캐나다와 미국을 비교한) 신념과 가치에 대해 조사한 결과를 실었다(Bibby, 2006; George, 2006). 직무동기와 관련하여 흥미로운 결과 중 하나는 캐나다인의 50%가 최고가 되기 위해 반드시 열심히 일할 필요는 없다는 신념을 가지고 있다는 것이었다.

이 장에서, 우리는 직무동기에 대해 기대이론, 기대-유인가 이론 또는 유인가-도구성-기대(valence-instrumentality-expectancy: VIE) 이론이라고 불리는 몇 가지 이론을 소개하는 데 초점을 맞추고자 한다. 일반적인 인간 동기에 관한 심리학의 초기 이론이 조직학에 대한 Victor Vroom의 해석보다 확실히 앞서기는 하지만(예를 들어, Atkinson, 1958; Davidson, Suppes, & Siegel, 1957; Lewin, 1938; Peak, 1955; Rotter, 1955; Tolman, 1959), 이 이론들 각각은 직무동기에 관한 Vroom(1964)의 기념비적 저서에 현대적 뿌리를 두고 있으며, Georgopoulos, Mahoney와 Jones(1957)의 초기 연구는 직무행동에 그 이론의 적절성을 증명했다.[1] 앞으로 보겠지만, VIE 이론들의 핵심 요소는 사람들이 가진 기대이며, 그 기대는 사람들이 자신의 직무를 잘 수행할 수 있다는 것, 열심히 일하는 것이 그들을 직무에서 성공하게 할 것인가(일반적으로는 직무 관련 결정을 더 적절하게 할 것인가), 그리고 그들이 직무를 완수했을 때의 높은 수행으로 인한 성과가 일과 관련되든 아니든 효용을 줄 것인가에 관한 것이다.

미국인에 대한 *The Economist*와 캐나다인에 대한 *Maclean's*에서 발견되는 공통적인 사실은 국가 차원에서 미국인들은 캐나다인보다 열심히 일하는 것이 '정상에 오르는 것'을 포함하여 삶을 더 나은 방향으로 이끌 것이라고 더 강하게 믿는 경향이 있다는 것이다. VIE 이론은 이러한 가설을 해석할 수 있으며, 왜 미국의 삶의 수준이 캐나다의 그것보다 앞서는지, 그리고 그러한 차이는 앞으로 더 확대될 것인지를 설명하는 데 도움을 줄 것이다.

1) 한 가지 주목할 만한 기대-유인가 이론은 9장에서 다루었던 Fishbein과 Ajzen의 합리적 행위 이론이다(Ajzen & Fishbein, 1980; Fishbein, 1980; Fishbein & Ajzen 1975). 이 이론은 행동 수행에 대한 개인의 태도는 행동 수행의 성과에 대한 신념(b_j)과 그 성과에 대한 평가(e_j)를 합하여 측정(즉, $Aact=\Sigma_{ij}b_je_j$)될 수 있다. 이것이 VIE 이론과 유사하다는 점은 분명하지만, 이 합리적 행위 이론은 직무동기 이외의 영역에서 대부분의 연구가 이루어졌다(예를 들어, Ajzen & Madden, 1986; Bagozzi, 1986; Budd, 1986; Crawford & Boyer, 1985; Craychee, 1987; Critchlow, 1987; Fisher, 1984; Hewstone & Young, 1988; Hughey, Sundstrom, & Lounsbury, 1985; Miniard & Cohen, 1983; Oliver & Bearden, 1985; Shimp & Kavas, 1984; Toneatto & Binik, 1987).

이 장에서는 다음과 같은 내용들이 다루어질 것이다. 우선, 직무동기에 대한 VIE 이론의 가장 중요한 형태를 상세히 논의할 것이다. 이 책에서 직무동기에 대해 다룬 대부분의 다른 접근들처럼 우리는 이 이론의 취약점, 방법론적 및 과학적 한계뿐 아니라 그 이론의 순수한 형태도 제시할 것이다. 우리는 또한 실제 작업 현장에서 리더십에 대해 이 이론의 가장 중요한 시사점 몇 가지를 논의할 것이다.

VROOM의 초기 이론

Vroom의 이론은 "한 개인이 여러 행위 대안들 중에서 어떤 것을 선택하는 것은 그 행동에 따라 자연스럽게 발생하는 심리적 사건과 법칙적으로 관련되어 있다."(1964, pp. 14-15)고 가정한다. 다시 말해서, 사람들의 행동은 여러 대안들 중에서 의식적 선택의 결과이고, 이러한 선택(행동)은 심리적 과정, 특히 신념과 태도의 형성과 지각과 체계적으로 관련되어 있다. 일반적으로, 그 선택의 목적은 쾌락의 최대화와 고통의 최소화다. 또한 형평이론과 마찬가지로, VIE 이론은 사람들의 행동이 지각과 신념에 근거를 두고 있다고 가정하지만, 9장에서 살펴본 것처럼 특정 신념과 특정 행동 간의 단순한 일대일 관계를 기대하지는 않는다. 더 자세히 살펴보면, VIE 이론은 행동은 사람들이 다음과 같은 요인들을 얼마나 믿는가에 의해 발생하고 방향 지워진다고 주장하고 있다. ① 그 행동이 직무수행 같은 성과를 이끌어 낼 것인가, ② 그러한 성과가 보상적일 것인가, ③ 사람들이 그러한 보상에 가치를 부여하는가. 다음 절부터, 우리는 행동을 발생시키고 방향 지우는 이 세 가지 정신적 요소를 살펴볼 것이다. 이 요소들 각각은 기대, 도구성 및 유인가이며, 사실 모두가 신념이다.

유인가의 개념

VIE 이론은 사람들이 본질적으로 다양한 성과 또는 상태마다 선호를 가지고 있다는 것을 가정한다. 예를 들면, 여러분은 다른 조건이 동일하다면, 급여 수준이 높은 직무를 선호할 것이다. 여기서 급여 수준은 관심 대상이며, 높은 급여에 대한 선호는 여러분의 기본적인 욕구와 가치 구조의 강도를 반영한다. 이는 급여뿐 아니라, 다른 유형의 성과에 대한 선호에도 적용될 수 있다. 예를 들어, 많은 사람들은 직무 환경이 좀 불편하고 낮은 급여와 같은 부정적인 특성을 가지고 있다 해도, 그 직무가 높은 수준의 사회적 상호작용을 수반한다면, 그러한 직무를 선호하기도 한다. 요점은 사람들은 자신의 행위가 파생시키는 성과에 대해 다소 잘 정의된 선호를 가지고 있다는 것이다. (이러한 성과는 8장에서 직원들의 좌절을 논의할 때 목표로서 언급된 것과 대충 일치할 뿐 아니라 형평이론의 맥락에서 논의된 성과와도 상응한다.) 즉, 선호도라는 것은 성과에 대한 사람들의 상대적 열망 또는 매력과 관련된다. (관심 있는 독자는 직무 관련 성과에 대한 선호에서 세대차 문제를 논의한 3장을 참고하라. 또한 Randstad, 2004도 보라.)

Vroom은 사람들이 성과와 관련하여 가지고 있는 이러한 정서적인 지향성을 언급하기 위해 유인가(valence)라는 용어를 제안하였다. 만약 어떤 성과를 가지지 않은 것보다 가진 것을 선호한다면 그 성과는 그 사람에게 긍정적 유인가를 갖는 것이라고 할 수 있다. 예를 들어, 어떤 사람이 승진에 비중을 두고 있다면, 그 사람은 승진에 긍정적인 유인가를 가지고 있다고 할 수 있다. 마찬가지로, 어떤 성과를 갖지 않는 것을 선호한다면 그 성과는 개인에게 부정적 유인가를 갖는 것으로, 직장에서 받는 피로, 스트레스, 해고에 대한 위협을 예로 들 수 있다. 마지막으로, 경우에 따라 사람들은 성과에 대해 무관심한 경우가 있는데, 이 경우 그 사람에게 그 성과는 0의 유인가를 갖는 것이다.

유인가는 기대된 만족이지, 실제 가치가 아니다

작업 관련 성과에 관한 사람들의 유인가에 있는 가장 중요한 특징은 유인가는 개인이 성과로부터 받을 것으로 기대하는 만족 수준을 의미하는 것이지, 그 사람이 성과로부터 실제로 파생시키는 실제 가치가 아니라는 점이다. 그래서 예를 들면, 사람들은 경영관리 프로그램을 끝냈을 때 자신에게 가치 있을 성과(교육과 졸업장)가 뒤따라올 것이라는 기대 때문에 그 과정에 등록할 것이다. 그 과정의 학생들이 졸업할 때, 그들이 경영관리 영역에 제공할 수 있는 서비스에 대해 시장 수요가 전혀 또는 거의 없다면, 그 학위의 실제 가치는 매우 작을 것이다. 요점은 사람들은 성과로부터 받을 것이라 기대하는 만족 또는 불만족에 따라 긍정적 또는 부정적 선호를 성과에 귀인한다는 것이다. 그렇기 때문에 (졸업장과 같은) 어떤 성과의 실제 가치는 유인가(기대된 가치)보다 더 크기도 또는 작기도 하다. 마지막 예로서, 해고에 대한 두려움을 가지고 있지만 직무에서 실제로 해고된 후 이전 직장보다 새 직장에서 더 건강하고, 더 행복하고, 더 많은 급여를 받는다는 것을 알게 된 사람을 생각해 보자. 이 경우, 해고가 발생하기 전에 해고의 유인가는 부정적이지만, 해고된 후 해고는 사실상 긍정적 가치로 바뀌었다. 다시 말하자면, 유인가는 어떤 성과로부터 성취할 것이라 기대되는 가치이며, 행동을 결정하는 동기라고 할 수 있다. 반면, 성과의 실제 가치는 보통 그 실제 가치가 알려지기 전에는 알 수 없기 때문에 동기적인 힘이 거의 없는 것이다.

성과로서의 수행

VIE 이론에서 가장 중심적으로 흥미를 가지는 성과는 직무수행이다. 대부분의 조직 장면에서 그 자체로 성과가 되는 것을 제외하면, 수행은 급여, 승진, 만족, 직무 유지 또는 상실 등과 같은 부가적 성과를 가져올 수 있다. 수행은 **일차 수준 성과**(first-level outcome)인 반면, 수행으로부터 발생하는 성과는 **이차 수준 성과**(second-level outcome)라 할 수 있다. 이차 수준 성과는 유인가와 직접 연합되는 반면, 수행은 이차 수준 성과와 관련됨으로써 유인가를 가진다. 앞으로 살펴보겠지만, Vroom 이론의 핵심은 직원들의 마음속에 있는 노력과 수행 수준 사이의 연결 강도다. 수행은 노력의 가장 직접적인 성과이고 보통 VIE 이론에서 직무동기를 이해할 때 가장 중요하다.

도구성의 개념

도구성은 Vroom이 직무수행과 그에 따른 성과 사이의 연결, 즉 일차 수준 성과와 이차 수준 성과 사이의 연결을 서술하기 위해 사용한 용어다. 이러한 연결은 수행과 연합된 유인가를 결정하는 것이 무엇인가에 관한 것이다. 이를테면, 직원이 어떤 수행 수준에 대해 그것이 긍정적 유인가를 가진 이차 수준 성과를 가져올 것이라 믿는다면 그 수행 수준은 긍정적 유인가를 가진다. 다시 말해서, 만약 직원이 (9장에서 다룬 모든 신념 형성 과정을 통해) 높은 수준의 수행이 만족스러운 다른 성과(예를 들어, 승진과 같은)를 획득하는 데 도구적이라는 신념을 가지고 있다면, 그리고 높은 수준의 수행이 회피하고자 하는 다른 성과(해고와 같은)를 회피하는 데 도구적일 것이라는 신념을 가지고 있다면, 그 직원은 그 직무의 수행에 높은 유인가를 부여할 것이다.

도구적이라는 형용사의 의미를 살펴보자. 현재 본 저자의 워드 프로세서는 이 책을 준비하기 위한 도구이며, 이는 많은 도움이 된다. 이처럼 어떤 것이 다른 무언가를 이끈다고 믿어지고, 더불어 성취하거나 도달하는 것을 돕는다면, 그것은 '도구적'이라고 할 수 있다. 같은 맥락에서, 학생들은 흔히 공부하는 것을 시험을 통과하기 위한 도구로 생각한다. 다시 말해, 시험을 통과하는 것은 흔히 학위 취득을 위한 도구이며, 학위는 좁은 노동시장에서 직업을 얻기 위한 도구로 여겨진다는 것이다.

Vroom(1964)은 우리가 도구성을 한 가지 성과(수행 수준)와 다른 성과를 연결시키는 확률 신념으로 생각하며, −1.0에서 +1.0의 범위에 걸쳐 있다고 제안하였다. 즉, 1.0(일차 성과가 성취되면 이차 성과의 달성이 확실하다는 것을 의미한다)에서 0(일차 성과의 달성과 이차 성과의 달성 사이에 아무 관계가 없음을 의미한다)을 거쳐 −1.0(일차 성과가 없어도 이차 성과의 성취가 확실하며 일차 성과가 있다면 이차 성과의 성취는 불가능하다는 의미다)까지의 범위를 말한다.

예를 들어, 무선적으로 분배된 상여금은 직원으로 하여금 상여금과 수행 간의 도구성을 0('수행과 봉급은 여기에서 아무런 관계가 없다.')이라고 여기게 한다. 같은 맥락에서, 오직 수행과 직접적으로 관련된 성과급 제도는 직원으로 하여금 수행은 돈을 얻기 위한 긍정적인 도구라고 지각하게 만들 수 있다. (Sturman, 2006의 종단연구는 기본급에 추가되는 성과급을 통해서든, 상여금을 통해서든 급여와 수행이 직접 관련된다면, 수행 수준은 향상된다는 것을 확인하였다.)

마지막으로, 근무 중 음주는 지속적인 고용에 부정적 도구로 작용한다는, 즉 계속된 음주는 해고에 긍정적인 도구로 작용한다고 여기는 상사로부터 근무 중 음주는 해고를 불러올 수 있다는 말을 들음으로써 위협을 느끼는 부하직원의 경우를 생각할 수 있다. (부정적 도구성의 개념은 Vroom의 초기 VIE 이론의 공식을 다른 것보다 다소 더 어렵고 복잡한 것으로 만든다. 그래서 그 이후 이론의 형태는 오직 긍정적 도구성을 이야기하는 것에 초점을 두고, 부정적 도구성의 사용을 피했다.)

어떤 직원이 높은 수행이 자신이 바라는 것을 이끌어 내지는 않지만 그가 부적 유인가를 부여하는 성과의 달성에는 도구적일 수 있다고 지각하는 경우를 생각해 보자. 이 경우, 높은 수행은 그 사람에게 긍정적인 유인가가 아니기 때문에, 우리는 앞의 맥락에서 비추어 그가 수행에 노력을 기울일 것이라 기대하지 않을 것이다. 또 다른 예로서, 한 직원이 여행상품 판매사원으로서 직무를 수행하는 것은 많은 다른 성과를 달성하는 데 도구적일 것이며, 그러한 성과 중 일부는 긍정적일 것이며, 일부는 부정적일 것이라 지각할 수 있다. 새로운 사람을 만나고 시골을 여행하는 것은 그 사람에게 매력적일 수 있는데, 그 사람은 이러한 성과가 자신의 관계성과 성장욕구의 충족에 도구적일 수 있지만 그의 가정생활을 위협할 가능성은 그에게 혐오적이라고 생각할 수 있기 때문이다.

요약하면, VIE 이론에서 'I'인 도구성은 수행 및 다른 일차 수준 성과가 이차 수준의 직무 성과와 관련되는 방식에 대한 신념이라고 할 수 있으며, 이 신념은 수행과 유인가 사이를 연결해 주는 역할을 한다. 만약 그 사람이 일차 수준 성과가 긍정적인 유인가를 가진 결과의 획득과 부정적 유인가를 가진 성과의 회피에 높은 도구성을 가지고 있다고 믿는다면, 일차 수준 성과는 긍정적 유인가를 가진다. 다시 말해서, 일차 수준 성과가 긍정적인 유인가를 갖기 위해, 일차 수준 성과가 관련된다고 그 사람이 믿는 성과가 긍정적 유인가를 가져야 한다. 만약 어떤 직원이 높은 수준의 수행이 자신이 싫어하는 것을 주로 야기할 것이라 예상한다면, 높은 수행은 그에게 긍정적 유인가를 갖지 않을 것이다. 마찬가지로, 그 사람이 높은 수행이 그가 바라는 것을 보상으로 준다고 지각한다면, 그는 높은 수행에 유인가를 부여할 것이며, 다른 것이 동일하다면 그는 높은 수행을 추구할 것이다. 물론, 그런 이차 수준 성과의 유인가는 그 사람의 가장 현저한 욕구와 가치의 본질에 의해 결정된다.

이 시점에서, 독자는 조직에서의 보상 체계의 설계에 대한 함의를 볼 수 있을 것이다. 만약 경영진이 좋은 성과를 원한다면, 높은 수행은 긍정적인 유인가를 가지는 결과와 반드시 묶일 것이며, 직원들은 그 연결을 이해할 것이고, 동시에 낮은 수행은 0이나 부정적 유인가의 결과물들과 연결되어 있을 것이다.

기대와 관련된 개념

VIE 이론의 세 번째 주요 구성 요소는 기대다. 기대는 특정한 일차 수준 성과가 어느 정도나 자신의 행위의 결과인가에 대한 개인의 신념 강도다. 예를 들어, 본 저자는 우주비행사가 될 수 있다는 기대를 거의 하지 않는다. 물론 그 이유는 개인적이지만, 여기서 핵심은, 노력을 들이더라도 우주비행사가 될 수 있을 것이라고 믿지 않기 때문이다. 만약 어떤 사람이 어떤 성과를 달성할 수 있다고 믿는다면, 다른 조건이 동일하다고 가정할 때 결과를 위해 노력하는 행동들이 더 동기화될 것이다. (물론 다른 조건은 그 성과의 유인가에 대한 신념으로 구성되며, 그러한 신념은 그 사람이 획득 또는 회피하고자 하는 다른 것들을 획득 또는 회피하는 데 그 성과가 도구적일 확률에 대한 개인의 신념에 의해 결정된다.)

Vroom(1964)은 기대 신념을 개인의 마음속에 있는 행위-성과 연합(신념)이라고 말했고, 신념은 0(성과 달성에 대한 개인의 주관적 확률이 심리적으로 0인 경우-"나는 그것을 할 수 없어.")에서 1(그 사람이 성과 달성에 대한 자신의 역량에 대해 조금의 의심도 갖지 않는 경우)의 범위를 가지는 확률 개념으로 제안했다. 실제로 사람들의 추정치는 이 두 가지 양극단 사이에 위치하는 경향이 있다. (독자들은 3장을 떠올려 보라. 거기에서 성취 지향적인 사람들은 너무 어렵지도 너무 쉽지도 않은 과제를 선호하는 경향이 있다. 그러한 과제는, 예를 들어 지각된 기대가치가 거의 0.5, 즉 그 과제의 수행에서 지각된 성공 확률이 50/50임을 의미한다.)

다양한 요인들이 직무수행 수준에 대한 개인의 기대 신념에 기여한다. 예를 들어, 눈앞에 닥친 과제에 필요한 기술에 관한 자신감 수준, 상사와 부하로부터 도움을 받을 것이라고 기대하는 정도, 이용 가능한 자료와 장비의 품질, 그리고 충분한 예산을 바탕으로 한 관련 정보와 통제의 이용 가능성 등은 특정 수행 수준을 달성할 수 있다는 개인의 기대 신념에 영향을 줄 수 있는 요인들의 흔한 예들이다. 과제의 이전 성공 경험과 일반적으로 높은 수준의 자기존중감 역시 기대 신념을 강화시키는 요인으로 작용한다(Lawler, 1973; 또한 이 책의 6장을 보라). 여기서 이전의 성공은 '작동적 숙달(enactive mastery)'의 핵심이며, Bandura(1982)는 이러한 숙달을 **자기효능감**, 즉 "특정 과제 수행에 대한 자신의 역량에 대한 신념"(Gist, 1987, p. 472를 보라; 그리고 자기효능감에 대한 자세한 내용은 6장을 참고하라)의 주된 영향 요인이라 주장하였다.

기대 신념 대 자기효능감 신념

6장에서 자기존중감에 대한 논의를 하면서, **자기효능감** 개념을 접하였다. 두 개념은 관련이 없는 것은 아니지만, 부분적으로 혼동되기 쉽다. 또한 자기효능감과 기대(expectancy 또는 expectation)의 개념 역시 자주 혼동되기 때문에 명확하게 알아 두어야 할 필요가 있다. 이는 실제로 자기효능감 기대의 개념은 노력-수행 기대의 개념과 비슷하다.

그러나 자기효능감은 다소 넓은 구성개념이다. Daniels와 Mitchell(1995)에 따르면, 자기효능감은 사람들이 무엇을 할 수 있는가(can)에 대한 판단, 즉 과업과 관련된 능력에 대한 추정과 관련된다. 누군가가 당신에게 만약 네가 완벽한 마티니를 만들 수 있는지 물었을 때, 당신이 정직하고 자신 있게 "물론이지!" 이라고 대답한다면, 그것은 마티니 제작이라는 정교한 과업에 대한 높은 자기효능감을 반영하는 것이다. 자기효능감 신념이 어떤 특정 맥락에서 특정한 과업을 수행하는 자신의 역량에 대한 자신감과 관련되어 있다면, 특정 맥락에서 필요한 특정한 과업에 대한 의도된 훈련은 자기효능감 신념의 강도를 증가시켜야 할 것이다. 미 해군 신병훈련 사령부에서 실시한 한 연구는 이 점을 보이고 있다. 엄격한 사회화 훈련 전과 후에 1,000명 이상의 해군 신병들의 몰입, 자기효능감 및 동기 수준을 측정했다. 그 결과, 자기효능감에 대한 훈련 전후 자기평가 비교는 유의미한 증가를 보여 주었다(Tannenbaum, Mathieu, Salas, & Cannon-Bowers, 1991).

그러나 비단 훈련을 받는 것이 아니라도, 단순히 과업에 대한 높은 자기효능감을 가지는 것만으로도 일에 열의를 갖도록 고무할 수 있다. 이 때문에, 자기효능감은 유발적인(generative) 특성을 가지고 있으며, 따라서 초점이 되는 행동을 자극할 수 있다.[2] 그렇지만 과업과 관련된 높은 자기효능감을 가질 수는 있지만 그 과업을 수행하도록 동기화되는 것은 아니다. 그래서 높은 자기효능감은 과업 동기에 기여하는 주요소가 될 수는 있지만, 그것이 반드시 작업동기를 유발하거나 예측하는 것은 아니다. 자기효능감은 '내가 그것을 할 수 있을까?' 라는 질문을 고려하는 것이 핵심이다. 반면, 기대 지각은 자신이 어떤 과업을 실제로 할 것이라는 점을 얼마나 믿는가에 관한 문제와 관련된다(Daniels & Mitchell, 1995). Kanfer와 Ackerman(1989)은 이러한 판

2) 집단효능감(group efficacy)의 개념을 가정하고 정의하기 위한 많은 시도가 있었다. Lindsley, Brass와 Thomas(1995)는 집단효능감을 "집단(또는 조직)이 특정한 과업을 성공적으로 수행할 수 있다고 하는 집단이 가진 집합적 신념" 으로 정의하였다. 자기효능감 신념이 높은 수행의 선행적 원인일 뿐 아니라 그런 수행의 결과이기도 하면서, 반복적으로 자기효능감 신념이 나선상에서 높은 수행과 연결되는 것처럼, 집단효능감도 그런 나선을 생성시키고 누릴 수 있다는 것이다. 게다가 효능감과 수행의 나선적 연결은 하향으로 작동할 수도 있다. 어떤 것이 집단에 대해 나쁘게 작용하기 시작하면 자기효능감 신념은 감소하고 더 나쁜 수행이 될 것이다. 본 저자는 그 개념을 이해하고 인식하지만, 자기효능감 이외의 다른 개념도 그처럼 분석되어야 한다고 생각한다. 자기효능감은 개인 수준의 개념이기 때문에 그것을 집단 수준의 현상과 연결하는 것은 의인화를 의미한다(3장을 보라).

단을 '예측된 수행'이라고 한 반면, Henry(1994)는 **수행 예측**(performance prediction)이라고 불렀다. 그래서 "자기효능감이 '할 수 있다(can do)'의 개념으로 여겨질 수 있다면… 기대는 '할 것이다(will do)'의 개념으로 보일 수 있다."(Daniels & Mitchell, 1995) 자기효능감이 가지고 있는 것으로 여겨지는 것만큼 기대가 유발 능력을 가지고 있지는 않다.

Gist(1987)의 주장에 따르면, 자기효능감은 어떤 사람이 과업을 수행하거나 하지 않는 것을 예측할 수 있으며 이것은 그 사람의 자기효능감 신념이 동기화되지 않은 것이다. Gist와 Mitchell(1992, p. 185)은 다음과 같이 주장하였다.

> 자기효능감은 기대이론의 구성개념인 기대의 근저에 있는 논리의 포괄적 언명을 표상한다. 예를 들어, 기대에 대한 가장 흔한 개념화와 경험적 평가는 노력과 수행의 관계에 관한 것이다. …반면, Bandura는 자기효능감은 일반적으로(기분처럼) [기대]에 포함되지 않는 변인들을 내포할 뿐 아니라 "효능감에 대한 자기지각은 단순하게 미래 행동의 둔한 예측변인이 아님"(1984, p. 242)을 주장하였다. 두 가지 구성개념이 사전 고려를 포함하기는 하지만, 자기효능감은 유발적 역량을 가지고 있는 것으로 보인다. 그것은 하위 기술, 창의력, 슬기 등을 통해 사고방식, 감정 반응, 수행의 조정에 영향을 준다(Bandura, 1984, 1986).

이처럼 기대와 자기효능감의 구분에도 불구하고, Bandura가 제안한 자기효능감에 대한 다른 영향 요인들은 기대에도 적용된다. 기대는 대리 경험(관찰자와 유사하면서 선호되는 성공적인 모델의 관찰), 그의 역량을 확신시키는 데 초점을 둔 언어적 설득, (불안이 심신을 쇠약하게 하는 공포로 해석될 때처럼) 신체적 각성에 의해 영향을 받을 것이다(Gist, 1987). 핵심은 주어진 수준의 수행을 성취할 가능성에 대한 직원의 주관적인 판단은 그 사람의 통제권 내에 있기도 하고, 그 너머에 있기도 하는 다양한 요소들에 의해서도 결정된다는 것이다. Nebeker와 Pon(2004)의 연구는 두 구성개념 사이의 중첩은 유의미하며, 두 구성개념 모두 수행에 대한 타당한 예측변인이라는 이론적 및 경험적 증거를 보였다. 그들은 자기효능감과 기대는 '같은 구성개념을 측정할 가능성이 있으며' 그리고 공식적으로 두 개념을 통합하는 것은 (만약 그것들을 뒷받침하는 이론이 없다면) 합리적인 제안이라고 결론지었다. 본 저자는 Nebeker와 Pon(2004)

의 제안이 특히 응용 목적에 상당한 장점이 있다고 믿는다.

효능감 나선

일을 하는 사람뿐만 아니라 다른 사람의 일을 관찰하는 사람 모두에게 중요한 자기효능감 신념에 흥미로운 특징이 있다. 사람들이 종종 효능감 나선(efficacy spiral)에 들어갈 수 있다는 것이다. 효능감 나선이란 어떤 과업의 성공적 수행이 자기효능감 신념을 높이도록 연료를 주입하고, 그러한 자기효능감 신념이 개인의 자신감을 높이고 더 성공적인 수행을 촉진하는 기간이다. 직무를 더 잘할수록 자신감은 더 커지고, 그 일을 더 잘하게 된다. 인간적 및 테크놀로지의 한계 내에서 수행은 점점 더 좋아진다.

이러한 나선은 반대 방향으로도 작동할 수 있다. 어떤 사람이 직무에서 한두 번의 심각한 실수 혹은 실패를 경험하게 된다면, 자기의심, 수행불안, 낮아진 자기효능감 신념을 느끼게 될 것이다. 본 저자에게는 캐나다의 대규모 식품 소매회사의 인적자원 부서에서 일하는 젊은 친구(예전의 내 학생)가 있었다. 며칠 동안, 그녀는 상사에게 제출할 보고서를 완성하고 그것을 제출하는 과정에서 두세 번의 작은 실수를 했다. 그 상사는 오류를 발견하고 지적했다. 그녀는 이 일을 마음에 담아 두었고, 상사의 시선에 긴장하고 위축되기 시작했다. 그녀는 상사가 더 이상 자신을 신뢰하지 않고, 직무를 제대로 수행하고 있는지 의심하기 시작했다고 저자에게 말했다. 사실, 그녀는 그 사건 이후 기준 이하의 수행을 보이고 있다고 생각했으며, 따라서 자신의 무능함 때문에 곧 해고될 것이라고 확신하고 있었다. 이 경우 '나선형'은 반대 방향으로 작동했다(나쁘게 될수록 점점 더 나쁘게 된다). 이 일화는 대학에서 졸업반의 대표였고, 상위권 성적을 유지했으며, (직장이 없었던 시절) 전문직을 찾기 위해 노력하고, 졸업 이후 18개월 동안 요구하는 기준에 맞추기 위해 애썼던 여학생에 대한 실제 이야기다. 이 여성은 리더이고, '승리자'다. *The I hate my job handbook*(Tlen & Frankel, 1996)은 이런 다양한 이야기로 가득하다. '나쁜 수행 → 자기의심 → 더 나쁜 수행'의 나선에 빠지기 시작한 소수의 사람들이 이런 상황을 자기효능감의 문제를 포함하는 것으로 생각할 수 있지만, 조직행동 연구에 포함될 필요가 있는 것이다.

피그말리온과 갈라테이아 효과

그리스와 로마 신화의 팬인 독자는 그 고전에 나오는 두 명의 영웅 이름을 딴 기대와 자기효능감 개념과 관련된 심리학적 효과를 배우는 것이 즐거울 수도 있다. 이스라엘인인 Dov Eden 교수는 소위 **피그말리온**(Pygmalion) 그리고 **갈라테이아**(Galatea) 효과를 제안하면서 성격의 어떤 특성들을 서술하였다.

로마인들에게 피그말리온은 사이프러스의 조각가였다. 그는 여자를 싫어해 절대 결혼하지 않겠다고 결심했다. 그의 결심에도 불구하고, 아름다운 조각상을 작업하는 것은 그를 매혹시켰고, 결국 조각상과 사랑에 빠지게 되었다. 그는 자신이 사랑하는 대상이 돌로 된 인형이라는 것에 괴로웠고, 그래서 그 조각상에 생명을 불어넣어 줄 것을 비너스(사랑의 신)에게 기도했다. 그리하여 처녀가 된 조각상이 바로 갈라테이아다(Encarta, 1993a). 그리스 신화에서 갈라테이아는 이마 중앙에 하나의 눈이 달린 못생긴 소년인 키클롭스 폴리페무스에게 사랑을 받는 바다의 요정이다. 갈라테이아는 그의 호의를 거절하고 그를 조롱했으며, 그를 사랑할지도 모른다며 놀렸다. 그는 전혀 그녀의 애정을 얻지 못했다. 한편, 갈라테이아는 젊은 왕자 아키스와 사랑에 빠졌다. 불쌍한 폴리페무스는 결국 질투심에 아키스를 죽이게 된다(Encarta, 1993b).

현대 직무동기 이론에서, **피그말리온 효과**는 직원의 수행 수준이 관리자의 기대 증가에 따른 결과로 점차 증가한다는 것이다(Eden, 1984). 일하는 사람들이 높은 수행을 할 수 있다고 믿는 관리자들은 직원에게 자신감을 불어넣는 방식으로 행동하게 되고, 그 결과 높은 수행이 나타난다. 이런 종류의 효과는 학습 장면에서도 계속 증명되어 왔다. 사실, 학생들이 무선적으로 선택되고 할당되었음에도 통제된 실험에서 학생이 우수하다고 믿는 교사들은 우수하고 능력 있는 학생들을 만들었다. 이처럼 다른 사람이 우수해질 수 있다고 믿는 것은 우리로 하여금 그들이 그렇게 되도록 만드는 것 같으며, 심지어 우리가 그렇게 한다는 것을 인식하지 못하는 경우에도 그러는 것 같다. 이것이 피그말리온 효과다. 이 효과에 대한 초기 연구는 일반적으로 오직 남자 집단에서만 가설이 검증되었다. 그러나 Davidson과 Eden(2000)에 의해 보고된 2개의 실험은 여자 표본으로 그 결과를 확장하였다. Kierein과 Gold(2000)에 의해 보고된 메타분석은 13개의 다른 표본들에서 이 효과의 일관성과 강도를 확인하였다.

반면, **갈라테이아 효과**는 자신의 수행에 대한 직원 스스로의 기대로부터 나오는 수행 향상을 말한다(Eden, 1988; Eden & Kinnar, 1991). 한 가지 흥미로운 현장 실험은 이스라엘군의 신병을 대상으로 한 것이다. 이스라엘 군대에서는 일반적으로 사전에 특수부대에 맞는 적성 및 동기를 갖고 있다고 판단되는 사람을 선발하고, 그 사람들에게 특수부대에 대한 정보를 제공한 후 지원하도록 하였다. 이 실험의 목적은 많은 어린 군인들의 자기효능감 신념을 조정하여 특수부대에서 복무하도록 유도하는 것이었다.

이 실험에서 신병들은 두 집단으로 나뉘었다. 각 집단의 지원자들은 특수부대에서의 생활에 대하여 이야기를 해 줄 수 있는 특수부대의 베테랑 용사들을 만났다. '실험집단에서', 발표를 한 베테랑 용사들은 자신들도 한때는 미숙한 지원자였고, 자신들 역시 특수부대에서 성공할 수 있는 능력을 가지고 있는지 궁금해했음을 강조했다. 즉, 발표자는 그들이 엘리트 집단에서 잘 수행할 수 있다는 신념에 영향을 미쳐 실험집단 군인들의 자기효능감 신념을 조작하고자 시도한 것이다. '통제집단'의 군인들은 베테랑 용사들로부터 같은 이야기를 들었지만, 베테랑 용사들은 젊었을 때 모습이나, 지원자들과 유사점들에 대한 언급은 하지 않았다. 요약하자면, 실험 조작(새로운 지원자의 마음속에 그들 스스로와 성공적인 군인들 사이에 연합이 생기도록 하는)은 지원자의 절반에게는 자기효능감 신념을 심어 주고, 나머지는 통제한 것이다. 참전 용사에게 노출된 후, 모든 지원자들의 자기효능감을 측정하였다.

예상했던 대로, 실험집단 신병들의 자기보고식 자기효능감 점수는 통제집단 신병들보다 유의미하게 더 높았다. 더 중요한 것은, 실험 조건에 노출된 신병들의 84%는 특수부대 복무에 지원하였고, 통제 조건의 신병은 오직 16%만이 지원하였다. 그 비율은 약 5:1이었다. 그 이유는 실험 조건의 신병들이 특수부대에서 수행을 아주 잘할 수 있을 것이라고 믿었기 때문이다(그들은 그들이 본 성공적인 특수부대 군인들의 능력과 비슷하다고 믿었기 때문이다).

실험자들은 실험을 통해, 젊은 군인들에게 특수부대가 요구하는 역할을 할 수 있는 '필요한 자질'을 가졌다는 신념을 증가시키는 데 성공적이었기 때문에, 자발적으로 등록했다고 결론을 내렸다(Eden & Kinnar, 1991). 14장에서 우리는 자기효능감 신념의 발달에 대해 다시 볼 것이고, 다양한 일반적 접근이 가능함을 알 것이다. Eden과 Kinnar(1991)의 갈라테이아 효과에 대한 초기의 강력한 증명은 최근에 McNatt과 Judge(2004)에 의해 확장되고 강화되었다.

임파워먼트(반복)

7장에서 우리는 **임파워먼트**(오늘날까지 생존한 1980년대의 유행어)라는 개념을 검토하였다. 임파워먼트는 다양한 환경과 학문에서의 적용성과 타당성을 갖추었으며(Eylon, 1994; Spreitzer, 1995a, 1995b), 작업 현장에서 사람들을 관리하기 위한 타당성을 가졌다. Conger와 Kanungo(1988)는 조직연구에서 처음으로 임파워먼트를 정의했다. 하지만 그들에게 임파워먼트는 단지 **자기효능감의 동기적 개념**이었다. 이후의 연구에서 Thomas와 Velthouse(1990)는 임파워먼트를 자신의 일에 대한 개인적 신념과 관련된 네 가지 인지 요소를 가진 다차원 구성개념이라고 주장하였다. 일의 의미와 목적, 과업수행에 대한 개인의 역량, 과업에 접근하는 방법에서 자기결정의 정도, 그리고 영향(impact, 작업 현장에서 전략, 관리 또는 운영 성과에 영향을 미칠 수 있는 정도)이 이에 해당된다(Spreitzer, 1995a, 1995b).

> 동시에 이러한 네 가지 인지는 작업 역할과 맥락에 대한 능동적인(다소 수동적이기보다는) 지향성을 반영한다. 이들 네 가지 차원은 심리학적 임파워먼트의 전반적인 개념을 만드는 데 합산적으로 결합된다. …어떤 차원의 결여는 임파워먼트의 전체 체감 정도를 감소시킨다(그렇다고 완전히 제거되지는 않는다).
>
> (Spreitzer, 1995a, p. 1444)

이러한 관점에서, 임파워먼트는 장면을 초월하는 특질이라기보다, 다소 **특정한 작업 장면에서 개인이 지닌 신념의 집합이다**(Thomas & Velthouse, 1990; 이 책의 1장에 논의한 것을 기억하라). Spreitzer(1995b)는 임파워먼트의 개념을 평가하기 위해 척도를 발전시키고 타당화했다. 더불어 두 직원 표본에서 효과성과 혁신성이 임파워먼트와 연결된다는 몇 가지 고무적인 결과를 발견했다.

요 약

앞으로 살펴볼 부분의 목적은 Vroom(1964)의 초기 VIE 이론의 주요 구성 요소인 유인가, 도구성, 기대의 의미를 탐색하고 설명하는 것이다. 기대에 대한 우리의 논의가 자연스럽게 우리를 기대와 유사한 다른 개념(예를 들어, 자기효능감과 임파워먼트)에 대한 논의로 이끌었기 때문에, 방금 언급된 마지막 몇 문단은 약간 장외로 벗어난 것이었다. 우리는 이제 Vroom(1964)이 의미한 힘(force)을 검토함으로써 그의 주요 개념으로 돌아간다.

VIE 모형에서 힘의 개념

Vroom(1964)은 기대, 도구성 및 유인가는 심리적으로 상호작용하여, 고통을 회피하고 기쁨을 얻기 위한 방식에서 행동하도록 하는 동기적 힘을 만든다고 주장하였다. "한 개인의 행동은 각각 방향과 강도를 가지는 힘들의 결과인 것으로 가정된다." (p. 18) Vroom은 그가 주장한 힘의 개념을 수행 벡터와 행동 잠재력과 같은 것을 포함하는 다른 은유적인 개념과 다양하게 연결시켰다.

의도로서의 힘

9장에서 본 용어를 기억하면, 우리는 힘이라는 것을 특정한 방식으로 행동하고자 하는 개인의 의도 강도를 나타내는 것으로 생각할 수 있다. 예를 들어, 만약 사람들이 특정한 수준의 직무수행을 위해 노력하고자 한다면, 그 사람의 신념이 그 수준에 도달하도록 가장 큰 힘을 이끌어 낸다고, 즉 다른 수준보다 그 수준에 도달하고자 노력한다고 말할 수 있다.

상징적으로, Vroom(1964, p. 18)은 다음과 같이 자신의 이론을 요약했다.

$$F_i = f\left(\sum_{i=1}^{n} E_{ij}V_j\right) \text{ and } V_j = f\left(\sum_{j=1}^{n} I_{jk}V_k\right)$$

여기에서 각각은 다음과 같다.

F_i = 행위(i)를 수행하기 위한 심리학적 힘(특정 수준의 수행을 위해 노력하는 것 같은)

E_{ij} = 그 행위가 성과 j에 의해 나타날 것이라는 기대의 강도

V_j = 개별 성과 j에 대한 유인가

I_{jk} = 이차 수준 성과 k를 얻기 위한 성과 j의 도구성

V_k = 이차 수준 성과 k의 유인가

즉, 그의 말로는 다음과 같다.

> 행위를 수행하는 사람에게 힘은 모든 성과의 유인가와 그 행위에 이어 이러한 성과가 있을 것이라는 기대 강도의 곱의 대수적(algebraic) 합에 따라 단조적으로(monotonically) 증가한다.

그래서 사람들은 가장 강한 긍정적(또는 가장 약한 부정적) 힘에 상응하는 대안을 여러 대안 행위들 중에서 선택한다. 사람들은 자신들에게 가용한 정보와 이 정보에 대한 그들의 평가를 통해 이익을 극대화하고자 한다. 직무동기의 맥락에서, 이것이 의미하는 바는 자신의 전반적인 최상의 이익(또는 주관적 기대 효용)을 최대화시킬 것이라 믿는 수행 수준을 추구하고자 한다는 것이다. 공식에서 주목해야 할 것은 다음 세 가지 조건—① 그 사람이 그러한 방식으로 행위하는 것이 어떤 것이든 결과를 가져올 것이라 믿지 않는다면(즉, 그 사람의 기대가 사실상 0이라면), ② 그 사람이 자신의 행동의 결과와 이차 수준 성과 사이에 아무런 연합이 없다고 믿는다면(즉, 그 사람의 도구성이 사실상 0이라면), ③ 그 사람이 이차 수준 성과에 가치를 두지 않는다면(그 사람의 유인가가 0이라면)—중 어떤 하나라도 어떤 방식으로든 개인에게 작용한다면 개인의 동기적 힘은 거의 또는 전혀 없을 것이라는 점이다.

수행 수준의 선택

이익을 위해 노력하게 될 직원의 직무수행 수준을 고려했을 때, Vroom의 이론은 개인이 수행 전체 스펙트럼 수준과 연합된 유인가, 도구성, 기대를 고려할 것이며, 그에게 가장 긍정적인 힘(또는 가장 부정적인 힘)을 발생시키는 수준을 위해 노력할 것이라고 주장한다. 만약 그 사람이 높은 수준의 수행이 나쁜 성과보다 좋은 성과를 가져온다는 것을 알게 되면, 그 사람은 더 높은 수준의 수행을 위해 노력할 것이다. 반면, 낮은 수준의 수행이 가장 큰 심리적인 힘을 가져온다면, 우리는 그 사람이 그 수준에 만족할 것이라고 예상할 수 있다. 이것이 시사하는 바는 낮은 동기 수준은 그 직원이 낮은 수준에서 수행하는 것을 선택한 결과이며, 이러한 선택은 그 직원의 마음속에 있는 유인가, 도구성 및 기대에 관한 신념의 결과라는 것이다. 이런 신념은 8장에서 설명했던 방법으로 형성되고 수정되며, 따라서 직무동기의 관리에 많은 시사점을 제안한다.

VROOM 이후 VIE 이론의 개선

1964년 Vroom의 책이 출판된 이후, 직무동기에 대한 기대 유형의 이론들에 관해 이론적 및 경험적 관심이 증가하였다. 단순히 이론의 타당성을 검증하기 위한 시도 이외에도, 유인가, 도구성 및 기대 신념에 영향을 미치는 개인 및 조직의 특성에 대한 연구뿐 아니라 직무동기에 대한 VIE 이론들의 예측이 적용될 수 있는 조건들을 알아보고자 한 연구에 상당한 노력을 기울였다. (VIE 이론의 주요 이론적 발전에 관심이 있는 독자는 Campbell, Dunnetee, Lawler, & Weick, 1970; Dachler & Mobley, 1973; Feldman, Reitz, & Hiterman, 1976; Graen, 1969; House, Shapiro, & Wahba, 1974; Kanfer, 1990; Kopelman, 1977; Kopelman & Thompson, 1976; Lawler, 1971, 1973; Naylor, Pritchard, & Ilgen, 1980; Porter & Lawler, 1968; Reinharth & Wahba, 1976; Staw, 1977; Zedeck, 1977 등의 문헌을 보라. VIE 이론에 관한 연구 증거의 철저한 검토는 Campbell & Pritchard, 1976; Heneman & Schwab, 1972; Mitchell & Biglan, 1971을 보면 된다.)

현 논의의 목적을 위해, VIE 이론의 수많은 이론적 발전 중 한 가지만을 제시할 것이다. 이어서 이 이론의 타당도를 간단히 요약하고 그것의 타당도를 결정할 때 고려된 많은 어려움을 제시할 것이다. 마지막으로, 이 장은 관리자들을 위해 VIE 이론의 주요 시사점에 대한 논의를 하면서 결론지을 것이다. 그래서 우선, Vroom의 연구를 가장 잘 수정하고 확장한 것들 중 하나인 Porter와 Lawler(1968)의 모형을 살펴볼 것이다.

Porter-Lawler 모형

VIE에 대한 Vroom(1974)의 진술은 수많은 질문들에 대답하지 못했다. 아마 핵심적인 부분은 유인가, 도구성 그리고 기대 신념에 대한 기원과 더불어 직원들의 직무 태도와 직무수행 사이의 관계의 본질에 관련될 것이다. Porter와 Lawler(1968)는 이론적 모형을 개발한 후 관리자 표본을 사용하여 이론적 모형을 검증했고, 앞의 논점들을 탐색하여 수정했다. 모형의 수정된 진술은 [그림 12-1]에 도식적인 형태로 제공된다.

그들의 이론은 다음과 같다. 직원의 노력은 두 개의 핵심 요인, 즉 특정 성과에 개인이 부여한 가치와 자신의 노력이 이러한 보상을 얻도록 할 것이라고 그 사람이 믿는 정도에 의해 공동으로 결정된다. Vroom이 예측했던 것처럼, Porter와 Lawler는 이 두 요인이 상호작용하여 노력 수준을 결정한다는 것을 발견했다. 하지만 노력은 직무수행(Porter와 Lawler는 이것을 개인의 직무를 구성하는 과업의 완수로 정의했다)을 결과로 가져올 수도 있고 아닐 수도 있다. 왜 그럴까? 그 사람이 직무를 하기 위해 가지고

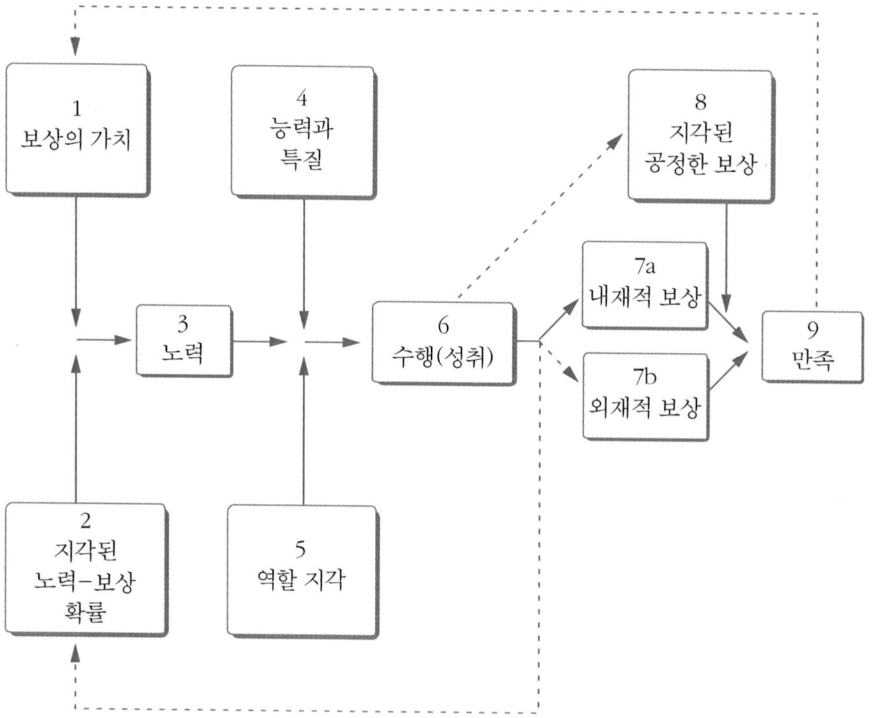

[그림 12-1] 수정된 Proter-Lawler 모형

출처: Porter, L. W., & Lawler, E. E. (1968). *Managerial attitudes and performance*. Homewood, IL: Dorsey Press, Division of Richard D. Irwin. 허락하에 게재함.

있는 능력 수준, 역할 명확성, 자신의 직무가 무엇으로 구성되어 있는지에 관해 그 사람이 가지고 있는 이해의 명확성 수준이 직무수행에 영향을 미친다. 따라서 어떤 사람이 직무를 수행할 능력뿐만 아니라 노력을 지향시킬 적절한 방법에 대한 명확한 이해를 가지고 있지 않다면, 그 사람은 동기 수준은 높을 수 있겠지만(많은 노력을 발휘하는), 그 노력이 반드시 수행이라 할 만한 것을 결과로 가져오지는 않을 것이다. 아마 학생인 독자들은 대학에서의 학습과 성공에 높은 동기를 가지고 있지만, 학업 영역에서 수행이라 고려될 수 있는 것, 즉 학습과 자기 계발에 에너지를 지향시키는 데 필요한 능력이나 요령이 부족한 친구를 적어도 한 명쯤은 알고 있을 것이다. 결국 세 가지 구성 요소 모두 어느 정도는 필요하며, 만약 그중 한 가지라도 부족하면 수행은 나타날 수 없다.

다음으로, 수행(어떤 수준이든지)과 직무만족의 관계는 무엇인가? [그림 12−1]에서 Porter와 Lawler는 수행과 만족은 무수한 요인들에 따라 서로 관련이 있을 수도 있고 없을 수도 있다고 제안했다. 첫째, 그들은 수행이 조직의 보상을 항상 가져오는 것은 아니라고 강조한다. 더욱이 수행으로부터 잠재적으로 받을 수 있는 보상의 종류는 적어도 두 가지, 즉 내재적인 것과 외재적인 것이 있음을 인식했다. (우리는 이 책에서 일찍이 내재적 성과와 외재적 성과 간의 구별을 다루었다. 3장을 참고하라) 또한 Porter와 Lawler는 내재적 보상은 외재적 보상보다 좋은 수행과 더욱 가깝게 연결될 수 있다는 것을 인식했다. 내재적 보상은 수행 그 자체로부터 오는(자동적으로) 성과인 반면, 외재적 보상은 외부 자원(목표에 도달되었다는 것을 인식하는 것과 그에 따라 관리자가 보상을 주는 것 모두)에 달려 있기 때문이다.

Porter와 Lawler는 개인이 도달할 수 있다고 믿는 수행의 수준은 보상의 수준이 공평할 것이라는 믿음에 영향을 미칠 것이라고 제안했다(11장에 있는 형평성의 내재화된 기준에 대한 논의를 보라). 그래서 직원이 과거에 자신의 노력이 높은 수준의 수행을 가져왔나고 믿는다면, 그 사람은 자신의 수행이 높지 않다고 생각할 때보다 더 많은 보상을 기대할 것이다. 결과적으로, 특정한 보상(어떤 것이든 준비되어 있나면)은 그것이 절대적인 수준보다는 직원이 생각한 형평성의 수준에서 평가될 것이다. 우리는 때때로 "이 회사를 위해 내가 노력한 모든 것을 고려한다면 그런 월급 인상은 모욕적이야."와 같은 말을 듣는다. 그것은 만족의 여부를 결정하는 수행은 보상의 절대적인 양에 뒤따르는 것이 아니라, 그 수준(많든 적든)이 만족되려면 직원이 형평성이 있다고 느껴야 한다는 Porter와 Lawler의 신념을 반영한다.

Porter와 Lawler의 연구에서 만족은 "실제로 받은 보상이 지각된 형평성 수준을 충족하거나 초과하는 정도"(p. 21)로 정의했다. 그리고 [그림 12-1]의 상단에 있는 피드백 회로로 제시된 것처럼, 조직으로부터 받은 대우의 결과만큼이나 그 개인이 경험한 만족이나 불만족 수준은 그 사람에게 가치 있는 보상에 부여하는 가치를 결정하는 데 작용한다(우리는 이것을 '유인가'라고 부른다). 더구나, 도식 하단의 피드백 회로를 주목하라. 그것은 노력이 보상을 가져올 것이라는 신념의 강도 또한 경험을 통해 결정됨을 제안한다.

Porter와 Lawler에 대한 논평과 비판

하지만 Porter와 Lawler의 모형은 많은 비난을 받아 왔다. 첫째, 모형 개발을 수반한 연구의 주 초점이 급여, 즉 직원들의 동기적 측면과 관련된 급여의 역할에 관한 것이었다. 그들은 급여의 성과를 고려하는 것에만 생각을 한정시켰음에도, 일반 모형이 급여 이외의 다른 결과들과도 관련되어야 함을 주장했다. 게다가 급여가 초점이기 때문에, 긍정적이거나 부정적인(피로, 갈등 또는 다양한 처벌 형태와 같은) 결과보다는 오직 긍정적인 결과만이 강조되어 있다. 둘째, Porter와 Lawler는 자신들의 모형에서 파생시킨 명제들을 횡단적으로(종단적이 아닌) 검증했는데, 이때 그 모형에서 중요한 변인들의 분포의 극단에 위치한 관리자들만 사용하였지 각 변인들의 중간값 근처의 응답자들을 제외하였다. 이것은 연구에서 흔한 상황이기는 하지만, 모형의 타당성을 과대 추정할 수 있는 원인을 제공한다(Tayor & Griess, 1976). 더구나, 그들은 흔히 사용되는 기법을 사용하여 직무만족을 측정하였지만, 이는 모형의 적절한 타당성을 감소시키기 때문에(Edwards, 1994; Johns, 1981) 부적절하게 보였다. 셋째, 비록 그들의 모형이 직무수행의 결정 요인으로서 동기와 상호작용하는 요인인 능력에 중요성을 두기는 하였지만, Porter와 Lawler 자신의 연구는 능력의 특정한 역할을 검토하는 데 많은 주의를 기울이지 않았다. 그러나 이 책의 1장에서 언급했듯이, 다른 연구자들이 이러한 이슈를 검토하였으며, 그 결과는 능력이 수행에 중요한 영향을 갖기는 하지만, Vroom(1964)과 Porter와 Lawler가 믿는 방식에서 동기와 상호작용하지 않을 수도 있다는 것을 보여 주었다(Terborg, 1977을 참고하라). 넷째, Porter와 Lawler는 유인가보다 가치라는 개념을 사용하였지만, 그것은 확실히 Vroom이 말한 것과 같은 개념처럼 보인다. VIE 이론의 관점에서 동기화를 생각할 때 유인가와 가치를 구별하는 것이 중요함을 상기할 필요가 있다. 노력을 결정할 때 결정적인 것은 어떤 성과의 기대되는 가치(유인가)이지 실제 가치 자체는 아니다.

또 다른 논점은 노력과 보상 사이의 관계가 개념화되고 측정되는 방식과 관련된다는 것이다. 현재 이론들은 노력과 보상 분배의 관련성 강도에 대한 직원의 신념을 두 가지 구성 요소로 구분할 수 있다고 제안한다. 그것들은 ① 개인의 노력이 직무수행이라는 결과를 가져올 것이라는 신념의 강도, ② 수행(만약 도달한다면)이 보상을 가져올 것이라는 그 사람의 신념의 강도다. Porter와 Lawler는 이런 전반적 인지가 몇 가지 구성 요소로 나눠질 것임을 인식했으며, 이후 Lawler(1973) 및 다른 사람들에 의한 연구도 이러한 특징을 유지했다.

수행과 만족(반복)

Porter-Lawler 모형의 중대한 기여는 수행과 만족의 관계에 시사점을 주고 있다는 것이다(10장을 기억하라). [그림 12-1]의 도식을 생각하라. 그 이론에 따르면, 수행과 만족은 서로 관련되는 것인가? 만약 그렇다면, 언제일까? 그 그림은 이러한 두 요인이 서로 관련될 수도 있고 아닐 수도 있지만, 관련이 있다면 인과성의 순서는 단순하지 않다는 것을 제안한다. 우선, 어떻게 만족이 수행 수준을 결정하는 데 기여할 수 있을까? 많은 조건이 충족되어야만 한다.

1. 만족은 그 사람이 오히려 동일한 성과를 원한다는 것을 의미한다. 3장을 떠올려 보면, 충족된 욕구는 행동을 동기화시키는 능력을 잃는 경향이 있지만, 성장욕구는 이런 욕구들의 강도를 증가시키는 것처럼 보인다.
2. 보상이 유인가를 유지할지라도, 노력이 보상 획득의 원인이라는 것을 그 사람이 믿는 경우에만 노력은 어떤 결과를 가져올 것이다(앞서 논의했듯 항상 그렇지는 않다).
3. 개인의 노력이 수행이라는 결과를 유발하기 위해, 그 사람은 수행 능력과 함께 수행 방법에 대한 명확한 생각(그 사람의 노력을 어느 쪽으로 방향 지울지)을 가지

고 있어야 한다.

4. 앞에 논의했던 이유 때문에 수행은 보상을 발생시켜야 하고, 이러한 보상은 형평성이 있다고 지각되어야 한다.

즉, 인간관계 운동 시절의 신념처럼(그리고 여전히 사람들과 관리자에게 일반적으로 믿어지는 것처럼), 만족이 수행의 원인이 되기 위해서는, 앞에서 언급한 개인과 조직 조건 모두가 적용되어야 한다. 그러나 이 과정은 상당히 복잡하다.

수행은 만족의 원인이 될 수 있을까? 모형에서는 될 수 있다고 암시한다. 첫째, 이미 강조했던 것처럼, 직무가 성장욕구에 호소하기에 충분한 도전을 제공한다고 가정할 경우 높은 수행은 내재적 만족의 직접적인 원인일 수 있다(7장을 기억하라). 둘째, 수행은 다음의 세 가지 조건—① 바람직한 보상이 그 수행과 직결되어야 한다(기회나 다른 요소에 의지해야 하는 것과는 반대로). ② 개인은 수행과 보상과의 연계성을 인식해야만 한다. ③ 그 사람은 수행으로 받은 보상이 형평성이 있다고 믿어야 한다—을 충족한다면 외재적 만족에 기여할 것이다. 다시 말하면, 아주 단순한 관계는 아니지만 Porter와 Lawler의 모형은 수행과 만족 사이의 관찰된 관계가 전통적으로 매우 낮게 보이는 이유에 대한 가정을 제시하고 있다. 그러나 그들의 연구에서 수행과 만족의 관련성은 보통의 경우보다 더 강하게 연결된 것이 발견되었다.

결론적으로, Porter와 Lawler는 이전에 Vroom이 제시한 VIE 이론의 근본적인 개념을 훌륭히 정교화했다. 그들 모형의 역동적 특성은(피드백 고리에 반영된 것처럼) 동기화 과정의 지속성을 나타내며, 왜 어떤 직원들은 다른 직원들보다 더 생산적인지, 왜 어떤 직원들은 다른 직원들보다 자신의 일에 더 만족하는지, 언제 우리는 직원의 태도와 수행 사이의 관련성을 예측할 수 있는지 설명한다. 독자들은 Porter와 Lawler가 Vroom 모형(1964)을 수정한 시기를 궁금해할 수 있다. 그들의 것은 약 40년 전에 출판되었다. 근래에 제안된 다른 모형들도 존재하지만, 그들은 Porter와 Lawler(1968)의 것에 몇 가지 추가 사항을 덧붙였을 뿐이다. 아이디어가 생긴 시대는 단순히 그것을 거부하는 데 충분한 근거가 되지 못한다.

VIE 이론의 타당도[3)]

VIE 이론에 대한 과학적 타당도를 검증한 연구들이 많기는 하지만, 그 이론 자체에 근거한 주장 및 연구 방법에 관한 문제를 생각해 보면 연구자들이 이론을 공정하게 검증했는지 불명확하다. 1976년의 개관에서, Cambell과 Pritchard는 그 당시 수행된 많은 연구들에서 12개의 공통적인 문제를 확인했다. 40년 이상의 기간 동안 몇몇 문제들은 해결되었지만, 아직 해결되지 않은 문제들도 존재한다.

개인 간 및 개인 내 쟁점

아마 이러한 문제들 중 가장 많이 언급되는 것은 '개인 간/내 쟁점(between/within issue)' 일 것이다. 그것은 VIE 이론이 개인 간이 아닌, 개인 내의 행동 및 태도 예측을 하는 데 초점을 둔다는 주장과 관련된다(Arnold, 1981; Klein, 1991a; Kopelman, 1977; Mitchell, 1974; Nickerson & McLelland, 1989; Wolf & Connolly, 1981). 다른 말로 하면, Vroom의 이론은 한 개인이 직면한 여러 행동 대안들 중 어떤 것을 선택할 것인가에 관한 예측을 하는 데 초점을 두는가, 아니면 여러 사람들이 직면한 대안들 중에서 그들이 어떤 것을 선택할 상대적 가능성에 관한 예측을 하는 데 초점을 두고 있는가?

Vroom은 개인이 전반적으로 기대하는 효용과 만족을 최대화하는 것으로 지각되는 대안이 선택될 것임을 언급하였다. 이것은 이 이론이 개인 내가 아닌 대안 간 선택과 관련됨을 의미한다. 반대로, VIE 이론을 '검증'한 많은 연구들은 VIE 요인들에 대한 많은 사람들의 점수를 이용하여 그 사람들에 해당하는 동기적 힘(또는 노력)의 기대 수준을 계산한 후, 개인 사이에 이렇게 예측된 점수가 실제 행동이나 태도를 나타내는 측정과 상관이 있는지를 보였다.

구체적인 예를 들면, 면접 또는 설문지를 통해 20명의 표본이 제공하는 정보를 사

3) 이 절의 내용 대부분은 기술적인(technical) 것이다. 그것은 VIE 이론의 측정과 연구 전략과 관련된 몇 가지 어려운 주제를 다룬다. 몇몇 독자는 리더십의 경로-목표 이론으로 바로 넘어가기를 원할 수도 있을 것이다. 경로-목표 이론은 VIE 이론의 기본 원리를 타당한 것으로 수용하며, VIE 모형을 적용함에 있어서 몇 가지 시사점을 제공한다.

용하여 기대된 노력 점수를 계산할 수 있다. 우리는 E(ΣVI) 공식을 사용하여 이 점수를 계산할 것이다. 이후 이렇게 예측된 전반적 노력 수준의 강도에 근거하여 사람들의 순위를 매긴다. 다음으로 우리는 같은 사람들의 실제 전형적인 노력 수준에 대한 상사의 평정을 수집하고 이 상사 평정에 근거하여 다시 순위를 매긴다. 마지막으로, 면접 및 설문지에서 높은 예측 점수를 받은 사람이 상사 평정에서도 높은 점수를 받는지, 그리고 반대로 가장 낮은 예측 점수를 받은 사람은 상사 평정에서도 낮은 점수를 받는지를 검증하고자, 평정된 노력 점수와 우리가 예측한 노력 점수의 상관관계를 분석한다.

개인 내 접근의 지지자는 두 가지 이유로 인해 개인 간 접근은 타당하지 않다고 주장한다. 첫째, 이론적 근거 위에서, 그들은 개인 간 접근이 VIE 이론 그 자체를 검증하지 않았다고 주장한다. 그리고 경험적 근거 위에서, 개인 간 연구의 점점 더 약해지는 발견 경향성은 개인 간 접근이 타당하지 않다는 것을 보여 준다는 것이다. 여기에서, 우리는 세 가지 관련된 쟁점의 관점에서 이러한 주장에 대해 논의할 것이다. 첫 번째는 통계적인 것인데, 그 이론에 대한 경험적 지지를 보여 줄 두 접근법의 상대적인 능력을 고려한다. 개인 내 설계에 비해 개인 간 연구 설계는 기존의 경험적 관계를 발견하는 것에 차별적인 검증력을 갖고 있다. 두 번째 쟁점은 방법론적인 것으로, 대안적인 설명에 대한 두 가지 접근의 약점을 고려하는 것이다(2장을 기억하라). 세 번째 쟁점은 이론적인 것으로, VIE 이론이 개인 간뿐만 아니라 개인 내 예측도 가능한지를 고려한다.

제안의 타당성을 정의하는 작업은 Cook과 Campbell(1979)에 의해 정의된 개념을 사용하며, 이 세 가지 쟁점은 **통계적 결론 타당도**, **내적 타당도**, **구성타당도**(이 개념은 이 책 2장에서 나온다)에 해당한다. 우리의 견해는 개인 간 접근과는 대조적으로 개인 내 접근의 타당성에 대한 결론은 경험적 결과를 바탕으로 할 수 있는 것이 아니며(Nickerson & McLelland, 1989), 오히려 이론적 기반 위에서 이루어져야 한다는 것이다. 더욱이 우리는 VIE 이론 개념에 대한 개념화와 조작화의 발달은 개인 간 연구들이 Vroom의 이론을 타당하게 확장시키도록 한다고 주장한다.

통계적 결론 타당도

개인 내 접근을 채택한 검증은 개인 간 접근을 채택한 검증에 비해 VIE 이론 예측을 더 지지하였다. 다시 말해, 개인 내 접근을 채택한 검증은 VIE 개념의 예측변인과 준거 사이에 통계적으로 유의미한 관계가 있다는 것을 더 많이 발견하였다. 예를 들어, Parker와 Dyer(1976)는 해군 장교들의 자발적 퇴직 결정에 관해 우연 수준 이상의 예측을 할 수 있었다. 마찬가지로, Arnold(1981), Fusilier, Ganster와 Middlemist(1984), 그리고 Baker, Ravichandran과 Randall(1989)은 학생들의 직무 선택에 관한 이론을 지지하는 예측을 하였다(직업선택에 대한 개인 내 연구들의 개관을 보려면 Wanous, Keon, & Latack, 1983을 보라). Butler와 Cantrell(1989)은 경영학과 교수진의 연구생산성을 예측했다. Matsui, Kagawa, Nagamatsu와 Ohtsuka(1977)는 6개의 보험대리점 중 어디가 판매를 선호하는지 예측했으며, Nebeker와 Mitchell(1974) 그리고 Matsui와 Ohtsuka (1978)는 환경과 문화마다 다른 관리자의 리더십 유형을 예측했다.

동시에 개인 간 연구 접근도 비교적 약한 관련성을 보이기는 하였지만, VIE 이론을 지지하였다(개인 간 연구의 초기 검토를 위해서 Schwab, Olian-Gottlieb, & Heneman, 1979를 보라). 개인 간과 개인 내 연구를 비교하는 연구 결과들은 혼합 양상을 보였다. 예를 들어, Snyder, Howard와 Hammer(1978)는 개인 간 접근이 직무선택 예측에서 개인 내 접근보다 우수하다는 것을 발견했다. 반대로, Muchinsky(1977) 그리고 Kennedy, Fossum과 White(1983)는 노력에 대한 개인 내 예측은 개인 간 예측보다 더 강하다는 것을 발견했다.[4]

2장에서 우리는 통계적 결론 타당도의 개념을 소개했다. 이 문제는 연구자가 연구에서 발견된 통계적 측정치와 통계적 관계를 근거로 자신이 관심을 두는 여러 구성개념들 사이의 진짜 관계(예를 들어, VIE 이론 연구에서 상사에 의해 제공되는 실제 노력 점수와 예측된 노력 점수의 관계와 같은 것)에 대한 정확한 추론을 하는가와 관련된다. Cook과 Campbell은 이런 종류의 타당도를 위협하는 몇 가지 요소들을 언급했는데, 그중 특히 세 가지는 ① 개인 내 설계에서의 더 큰 통계적 검증력, ② 낮은 측정 신뢰도, ③ 응답자들의 무선적인 이질성이다.

우선, 개인 간 설계보다 개인 내 접근을 사용한 VIE 연구들은 관계를 발견하는 데 일반적으로 유의하게 더 큰 검증력을 가지고 있다. 동일한 개인을 반복 측정하므로

4) 후에 우리는 그러한 비교가 의미 없다고 주장할 것이다.

동일한 수의 참가자를 더 많이 관찰할 수 있게 된다. 예를 들면, Baker, Ravichandran과 Randall(1989)은 101명의 참가자들을 25,800번 관찰해서 VIE 이론의 개인 내 연구를 실행하였다.

두 번째, VIE 측정의 낮은 신뢰도(de Leo & Pritchard, 1974)는 개인 내 및 개인 간 연구 모두에서 문제를 가진다. 그러나 개인 간 접근이 여기서 주어진 다른 원인들에 대한 효과를 발견하는 검증력이 낮다는 점뿐 아니라, 전체 변량에서 VIE 측정에 의해 설명되는 행동의 비율이 낮은 점을 고려한다면, 낮은 신뢰도의 효과는 개인 간 연구에서 발견되는 관계가 전통적인 유의성 준거 이하로 약화된 것일 수 있다.

세 번째는 가장 중요한 것으로, VIE 이론의 개인 내 검증이 개인 간 검증보다 뛰어난 이유 중 한 가지는 개인 내 검증의 무선적 이질성 때문에 개인차를 통제한다는 것이다. 개인 간 검증은 개인들의 비교 가능성에 대한 가정(종종 충족되지 않는 가정)을 필요로 한다(Dawes & Smith, 1985; Hammond, McLelland, & Mumpower, 1980; Jaccard, 1981; Nickerson & McLelland, 1989; Wolf & Connolly, 1981). 개인 내 연구 설계에서 각 개인은 자신의 통제하에 행동하기 때문에 능력, 경험, 성격, 보상에 따라 다른 선호, 도구적 반응 경향 및 기타에 대한 개인차는 각 개인에게 상수로 유지된다(Kennedy, Fossum, & White, 1983). VIE 이론에 관한 연구 사례들처럼, 그런 것들이 연구자가 예측하고자 하는 것과 관련되는 정도에 따라, 그것들이 상수로 유지되는 연구 설계는 변수로 유지되는 것보다 예측변인과 준거 측정치 사이에 더 강한 관계를 보이는 것 같다. 개인 간 설계에서 그런 개인차의 효과는 무선적으로 변하기 때문에 VIE 이론 구성개념에 의해 예측되는 준거 측정치의 변산의 비율을 줄어들게 한다.[5] Nickerson과 McLelland(1989)는 이렇게 주장했다. "개인 간 상관에서 있을 수 있는 왜곡은 개인 간 및 개인 내 예측 사이의 어떤 비교도 의미 없게 한다." (p. 266)

사실, VIE 이론은 직원 행동의 설명서로는 불완전했다. 예를 들어, 능력은 수행의 명백한 결정 요인이지만 VIE 이론에는 포함되지 않았다. 만약 수행이 이 이론을 검증하는 데 준거로 사용된다면 그것은 불완전하게 예측될 것이다. 마찬가지로, 우리

5) 사실, Nickerson과 McLelland(1989)는 반응 편향과 같은 요인은 개인 내 예측보다 개인차를 더 크게 만들 수 있지만, 이것은 어떻게 그런 편향이 측정되는가, 그리고 어떻게 개인차가 VIE 이론 측정과 상호작용하는가에 달려 있다.

는 일찍이 직원의 자기존중감은 기대 신념에 영향을 미칠 것임을 지적했다. 개인차를 이론 속에 포함시킨다면 VIE 이론의 예측은 향상된다(Miller & Grush, 1988). 이런저런 관련 변인들이 일정하게 유지되지 않는 한 노력에 대한 그러한 변인들의 효과는 오차 변량으로 간주될 것이며 그 이론의 명백한 타당도를 줄일 것이다. 이 사실의 효과는 VIE 이론에 대한 개인 간 및 개인 내 접근의 공정한 비교를 매우 어렵게 한다.

또한 모든 이론적 제안은 암묵적으로 다른 모든 조건이 동일하다면과 같은 식의 조항을 포함한다는 것이 문제점으로 제기될 수 있다. 예를 들어, Vroom은 다른 모든 것이 동일하다면, 개인은 자신의 전반적 이익을 극대화시킬 수 있는 성과를 선택할 것이라는 가설을 세웠다. 하지만 대부분의 연구 설계는 다른 모든 조건들이 동일하지 않다. 개인 내 설계는 각기 다른 상황에서 개인의 행동을 비교하는 것과 같다(두 번의 직무 선택을 하는 경우처럼). 따라서 개인차는 일관적이다. 반면, 개인 간 설계는 다양한 개인차가 존재하기 때문에, 의도적으로 분산을 무선적으로 만든다. 두 접근 모두에서, 타당도계수는 효과크기를 무선오차로 나누는 것이다. 그러나 개인 간 설계에서 이런 무선오차는 개인차의 효과를 포함하지만, 개인 내 설계는 포함하지 않는다. 그렇기 때문에 두 접근의 변별 타당도를 판단하기 위해 예측변인-준거 관계를 이용하는 것은 개인 내 연구를 지지하는 편향을 초래한다.

마지막으로, 사람들이 오해하지 않도록 인간 행동에 대한 모든 이론은 불완전하다는 것을 강조하는 것이 중요하다. 어느 누구도 모든 상황에서 모든 사람의 행동을 완벽하게 예측하지는 못한다. 이론가들은 가능한 적은 수의 개념을 사용하여 기술함으로써 이론을 정립하고자 한다. 하지만 어떤 이론이 간결하면서 동시에 일반적인 속성을 가질 수 없다는 것은 진리다. 우리가 언급하는 것은 연구 설계마다 각기 다른 방식으로 이러한 불완전성을 설명한다는 것이다. 각 방법은 차이를 감지하는 검증력, 대안 설명의 취약성, 사실성, 실용성, 기타 등등과 같은 장점과 단점을 가진다(Runkel & McGrath, 1972). 효율적인 방법을 선택한다는 것은 각 요소들 간 관계성에 접근하는 방식의 문제다. 그러므로 개인 내와 개인 간 설계의 타당성을 평가하는 것은 단순히 경험적 결과의 크기를 비교하는 것보다 필요한 것이다.

내적 타당도

예측변인과 준거변인 사이에 관계가 존재한다면, 내적 타당도는 준거변인에 대한 효과가 정확하게 예측변인에 귀인될 수 있는지에 관한 질문과 관련된다. 다시 말해, VIE 개념들의 반복 측정치가 여러 대안들 중 선택된 것의 반복 측정치와 통계적으로 유의하게 관련된다면, 우리는 후자가 전자의 결과라고 결론지을 수 있을까? 내적 타당도를 위협하는 것들에 대한 전반적 개관에 대해서는 Cook과 Campbell(1979), Runkel과 McGrath(1972), 그리고 이 책의 2장에서 언급했다. 여기에서 우리의 목적을 위해, 개인 간 대 개인 내 논쟁과 관련된 위협은 개인 내 연구에서 반복 측정의 효과 그리고 이 효과와 연구 참여자의 각성의 상호작용을 포함한다.

사람들은 반복적으로 비슷한 질문에 응답하도록 요청받을 때, 학습과 친숙성 같은 측정 효과에 취약해지게 된다. "문항과 오차 반응이 후기의 측정 시기에서 더 잘 회상될 수 있게 하므로" 친숙성은 "수행을 증가시킬 수 있다."(Cook & Campbell, 1979, p. 52) Keren과 Raaijmakers(1988)가 효용성 이론 연구에서 지적한 바에 따르면, "반복된 자극의… 효과는 피험자가 일관된 반응을 하도록 각성시킨다는 것이다(그러한 반응들이 진짜 선호를 반영하지 않는다 해도)."(p. 237)

더욱이 사람들이 스스로가 연구의 참여자라고 지각할 때, 그들은 실험 결과에 편향을 주는 방식으로 행동할지도 모른다. 그들의 반응은 편향되지 않은 동기를 반영하기보다 암묵적인 가설을 확인하려는 경향이 있다. 그들은 연구자들이 원하는 것과 일관되는 반응을 제공함으로써 '좋은' 참여자가 되고자 할 것이다. 이런 현상은 개인 간 및 개인 내 설계 모두에 해당한다. 그러나 특히 개인 내 연구에서, 참여자들은 그런 경향성을 더 크게 보일 가능성이 높다. 예를 들어, 개인 내 실험 설계에서, 피험자는 자신 앞에 놓인 여러 선택지에서 단서를 얻을 수 있다(Greenwald, 1976; Nickerson & McLelland, 1989). 개인 간 설계에서, 참여자는 보통 한 가지 조건에만 배정된다. 예를 들어, 참여자들은 기대, 도구성, 유인가, 선택을 측정하는 데 오직 한 가지만 보고하도록 요청받을 수 있다. 반면, 개인 내 설계에서 참여자들은 많은 선택지에 상응하는 여러 측정치들을 보고하도록 요청받을 수 있다. 이런 반복된 측정은 참여자들에게 실험 가설을 노출시키는 결과를 초래할 수 있다. 다시 말해, 참여자들이 실험자의 가설을 추측하고, 좋은 피험자가 되려는 욕구를 충족시키려 할 수 있다(Rosenthal, 1976).

이런 종류의 인위성(artifact)은 실험자로 하여금 개인 내 설계를 피하게 할 수 있다. 그러나 그러한 설계는 이론적 예측을 지지하는 능력을 가지고 있는 것 같다. 여기서 우리의 요점은 VIE 이론이 개인 내 예측을 하는가, 아니면 개인 간 예측을 하는가와 무관하게 개인 내 접근은 VIE 이론을 지지하는 능력에 영향을 주는 장점(그리고 단점)을 가지고 있다는 것이다.

구성타당도

구성타당도(construct validity)는 경험적 조작(operation)과 그것이 표현하려고 하는 이론적 구성개념들 간의 관련성을 다루고 있다(2장을 기억하라). 그것은 VIE 연구들에서 이루어진 비교가 VIE 이론의 이론적 명제를 적절하게 검증한 것인지에 관한 질문뿐 아니라 VIE 구성개념의 조작적 측정이 타당한지에 대한 질문과 관련된다. 다시 말해서, VIE 연구에서 진행된 통계적 비교는 VIE 이론의 명제로 구체화된 관계를 검증하는가? 그리고 채택된 측정도구는 VIE 구성개념을 타당하게 나타내는가? 우리가 앞으로 보게 될 내용에서, 이 두 가지 쟁점은 관련되어 있다.

VIE 이론 연구에 대한 개인 내 접근의 지지자 대부분은 이것이 Vroom(1964)이 의도했던 접근이고, 그러므로 개인 간 연구는 부적절하다고 주장한다. 그러나 Vroom이 VIE 이론 끝 부분(또는 첫 부분)에 그것에 대해 언급하지 않은 것은 분명하다.[6] 만약 우리가 동기이론의 발전이 지속적이고 진취적인 사업임을 믿고자 한다면 우리는 기대, 유인가, 행동 간 관계에 대해 이데올로기적으로 고정된 단일 개념에 집착해서는 안 된다는 것이다. VIE 이론의 과거 30년의 발전 역시 그것이었다. 확실히 Vroom은 직업이나 노력에 대한 선택에서 최선의 불변하는 한 가지 방식을 규정하기보다 직원들의 행동을 서술하고자 했다. 구성개념과 제안의 추가뿐 아니라 개선된 측정도구의 개발과 같은 이론적 진보 및 정교화는 직원들의 행동을 더 잘 서술하고 예측하는 이론의 구축과 검증을 위한 순환 과정의 일부다. 한 가지 개념에 집착하는 것은 이런 사업에 도움이 되지 않는다.

6) 흥미롭게도, 합리적 행위 이론에 대한 연구(9장을 보라)는, 몇몇 연구자들은 이 이론과 VIE 이론을 구분하지 않는데(예를 들어, Nickerson & McLelland, 1989), 개인 간 접근의 적절성에 대한 어떤 부수적인 논쟁 없이 그러한 접근을 채택하는 경향이 있다.

이런 문제를 떠나서, Vroom이 의도했던 것은 무엇인가? 그의 모형은 개인이 할 수 있는 대안들 사이에서 가장 유인가가 높은 것을 선택할 것이라고 주장한다. 이런 측면에서 보면, 그 이론은 개인 내 예측과 관련된다. 하지만 이런 경우도 있는데, 어떤 두 사람이 동일한 두 가지 대안에 직면해 있고, 우리는 첫 번째 사람에게는 두 번째보다 첫 번째 대안이 더 유인가가 높으며, 두 번째 사람은 반대 입장인 것을 알고 있다고 하자. 이 경우 VIE 이론에 의하면, 첫 번째 사람에게는 첫 번째 선택을, 두 번째 사람에게는 두 번째 선택을 향한 동기적 힘을 예측할 것이다. 이는 분명한 개인 간 예측이다. 이것은 Vroom이 직접 제시한 예다[여기서 '첫 번째'와 '두 번째' 사람은 각각 Vroom(1964)의 192쪽에 나와 있는 사람 1과 4에 해당한다]. 그는 또한 다음과 같은 세 사람의 예를 제시했다. 첫 번째 사람은 노력 수준이 높든 낮든 높은 수준의 이익 분배를 기대했고, 두 번째 사람은 높은 노력에 대해서는 높은 이익 분배를 기대했지만 낮은 노력에 대해서는 아니었으며, 세 번째 사람은 노력이 크든 작든 높은 수준의 이익 분배를 기대하지 않았다. 그는 오직 두 번째 사람만이 효율적으로 수행하기 위해 높게 동기화된다고 주장했고, 이러한 경우가 "모형으로부터 얻을 수 있는 예측의 종류를 설명한다."라고 말했다.

이러한 맥락에서 Vroom의 의도는 VIE 이론의 예측에 개인 간 관계도 포함시킬 수 있다는 것이다. Vroom의 예시는 대안 선택에서 개인 내의 상대적 선호도 정보를 알고 있다면 개인 간 예측도 가능함을 보인다. 다른 말로 하면, 만약 우리가 직원들이 노력을 덜 하기보다 더 하는 것을 상대적으로 선호한다는 것을 알고 있다면, (동기와 수행 간 관계에 영향을 미치는 다른 요소들을 염두에 두면서) 그러한 선호와 그들의 수행 사이에 상관이 있다는 말이 된다. 비평가들은 기대에 대한 Vroom의 정의는 오직 단일 수준의 노력 선호에 국한되어 있다고 주장하고자 한다. 그러나 모든 이론적 예측은 '다른 모든 것이 동일하다.'는 조항을 암묵적으로 내포한다는 것을 명심할 필요가 있다.

하지만 아이러니하게도, 한 가지 선택에 대한 개인의 동기적 힘은 다른 선택에 대한 그 사람의 점수와 비교될 때만 의미가 있다는 주장(Dachler & Mobley, 1973; Kennedy, Fossum, & White, 1983; Kopelman, 1977; Mobley & Meglino, 1977)은 개인 간 접근에 반대되는 경향이 된다. 그러나 이 조건이 기대 개념의 측정으로 구체화된다면, 그 주장은 무효가 되는 것이다.

이러한 양상은 우리로 하여금 구성타당도의 두 번째 요소, 즉 VIE 이론 개념의 측정에 대한 타당도에 주의를 기울이게 한다. 앞에서 언급했듯이, Vroom은 기대 신념이 특정한 일차 수준의 성과(예를 들어, 과업수행)가 그 사람의 행동(예를 들어, 노력)으로부터 나올 수 있는 주관적 확률의 측면에서 측정되어야 한다고 주장했다. 결과적으로, 기대가 가장 빈번히 조작된 방식은 어떤 수준의 노력을 할 때 얼마나 높은 수준의 수행에 도달할 수 있는지에 대한 가능성 평정을 사람들에게 물어보는 방식이었다. 하지만 기대의 측정과 관련하여 다양한 노력 수준을 결합시키려는 흐름이 꾸준히 있었다. Kopelman(1977)과 Staw(1976)는 기대 점수는 많은 노력을 들인 성과에 대한 가능성에서 적은 노력을 들인 같은 수준의 성과에 대한 가능성을 빼는 것으로 계산되어야 한다고 제안했다. 이로 인한 측정은 단순히 많은 노력의 가치뿐만 아니라 증가된 노력의 증분 가치를 반영할 것이다. 이 방법은 노력 수익률 방법(the return on effort method)이라고 명명되었고, 많은 후속 연구는 전통적인 방법보다 우수하다고 주장했다(Biberman, Baril, & Kopelman, 1986; Kennedy, Fossum, & White, 1983; Kopelman, 1977).

이러한 사고를 유지하면서, Hollenbeck(1979)은 응답자 각각의 노력 범위가 그에 상응하는 수행 수준의 범위를 산출할 가능성 평가를 토대로 기대 연구를 위해 '행렬 방법(matrix method)'을 제안했다. 도구성도 수행 수준과 다양한 성과의 조합으로 비슷하게 측정된다. 각 수준의 노력과 관련된 동기적 힘을 계산하기 위해 행렬 곱셈이 적용된다. 마지막으로, Hollenbeck(1979)은 노력과 다중 힘 점수(multiple force score)를 관련시키기 위해 확률론적 접근을 취해야 함을 제안했으며, 그러한 힘 점수에는 개인이 각 노력 수준의 상대적 매력성의 비율에 따라 노력을 행사하는 정도가 반영된다.

Hollenbeck의 연구에 근거하여, Sussman과 Vecchio(1985)는 노력과 성과 수준의 조합과 관련된 주관적 확률 측정을 포함하는 '네 분면(four-fold)' 모형을 제안했다. 그들은 자신들의 접근이 기존의 기대이론 연구들이 안고 있는 문제들을 해결하였다고 발표하였는데, 기존 연구들에서 간격 수준 척도(interval level scales)에서 측정되는 변인들은 곱셈과 같은 허용되지 않는 변형에 민감하였다(Schmidt, 1973).

Ilgen, Nebeker와 Pritchard(1981)는 VIE 이론의 주요 개념의 측정 타당도에 대해 초기에 기여한 학자들이다. 그들은 기대와 도구성에 대한 여러 수준의 노력, 수행 및 성과 측정도구들을 제안했고, 이것들을 전통적인 측정도구와 비교했다. 예를 들어, 그들은 기대에 대해 '기대가치 지표(expected value index)'와 '공변(covariation)' 측정도구를 고안해 냈으며, 후자는 Hollenbeck과 Sussman, 그리고 Vecchio가 옹호한 접근과 매우 밀접하게 상응하였다. 이후 그들은 '높은' 및 '낮은' 객관적 기대 조건에서 일을 끝낸 응답자들의 점수를 비교함으로써 이 측정도구들을 타당화하고자 했다. 기대가 노력과 수행 사이의 공변으로 가장 잘 개념화된다는 그들의 가설과 달리, 그들이 발견한 것은 이 측정도구가 "기대 조작의 민감성을 거의 보여 주지 못한다는 것이었다."(p. 215)

이에 대한 이유로 우리가 제안하는 것은 객관적인 기대의 조작은 사실 노력과 수행 사이의 공변을 조작하지 않았다는 것이다. 그 연구자들은 상대적으로 쉬운 과제를 사용하여 높은 기대 조건을, 상대적으로 어려운 과제를 사용하여 낮은 기대 조건을 만들려고 했다. 그러나 매우 다른 난이도를 가진 과제임에도 불구하고, 열심히 일하는 것과 성과를 달성하는 것 사이의 관계가 동일할 수 있다는 것이 가능하다. 즉, 어떤 사람이 10단위의 노력을 증가시킬 수 있고, 상대적으로 쉬운 과제와 상대적으로 어려운 과제 둘 모두의 수행을 10단위 증가시킬 수 있다. 마찬가지로, 과제는 노력과 수행 사이에 매우 다른 관계를 만들어 낼 수 있지만, 전반적으로 동일한 성공 확률을 갖지는 않을 수 있다(Eden, 1988). 요약하면, 과제 난이도와 기대가 반드시 역관계를 갖는 것은 아니다(Garland, 1984).

측정에서 이러한 발전의 중요성은 명백하게 노력과 수행에 대한 다양한 수준의 비교를 포함한다. 이러한 발전은 VIE 이론 개념의 조작을 통해 이론의 개인 내 본질을 명확하게 한다. 그렇게 함으로써, 그러한 발전은 개인 간 예측을 가능하게 한다. 이는 개인 내와 개인 간 접근 지지자 사이의 일부 논쟁을 해결해 줄 수 있다. 반면, 다양한 노력과 수행 수준의 측정치를 비교함으로써 특정한 선택에 대한 동기적 힘이 높은 사람들은 그러한 선택에 대한 동기 수준이 낮은 사람들보다 그러한 선택을 할 가능성이 더 클 것이라는 가설을 검증하는 것이 가능하다. 반면, 이것은 동기적 힘 점수가 Vroom이 말한 특정한 곱하기 함수에 의해 결정된다고 말하는 것과는 다르다. 다시 말해서, 개인 내 접근과 개인 간 접근은 VIE 이론의 각기 다른 가설을 검증한다.

Wolf와 Connolly(1981)는 개인 간 연구에 대한 그들의 비평에서 직설적으로 말했다. 그들은 개인 간 연구가 "의심할 여지없이, 사람들은 보통 그들의 업무 행동에 따른 성과 기대에 따라 업무 관련 행동을 한다는 것을 확증했다고 말한다. 놀랍지 않은 발견이다. 그들은 확실히 사람들의 업무 선택과 관련된 인지 과정을 설명하지 않았다." (p. 44)

VIE 이론을 검증하고자 한 연구들이 1980년대 이후 급격하게 줄어들기는 했지만 (Ambrose & Kulik, 1999), 몇몇 연구들이 이루어졌으며, Van Eerde와 Thierry(1996)는 1964년과 1990년 사이에 발표된 77개의 연구를 대상으로 한 메타분석을 수행하였다. 메타분석의 초점은 Vroom의 애초의 공식을 검증하는 것이었다. 그 결과는 다음과 같다. ① 곱셈 모형(multiplicative model)은 한 번에 하나씩 구체적 요소(유인가, 도구성, 기대)를 분석한 것보다 더 큰 효과의 크기를 보여 주지는 않았다. ② 준거변인으로 선택 선호 또는 노력을 사용한 피험자 내 모형은 피험자 간 설계보다 더 가치 있었다. ③ 의도와 선호 같은 태도 준거는 수행, 노력, 선택과 같은 행동 변인들보다 VIE 구성요소들과 더 유의미하게 관련되었다.

다른 초기 연구의 어려움

개인 간-내 그리고 방금 설명된 측정 문제 이외에, VIE 이론에 관심이 있는 연구자들이 직면하는 다양한 다른 문제들이 있다(Campbell & Pritchard, 1976). 이런 문제들의 대부분은 그 이론의 속성 구조를 그대로 반영하도록 측정과 연구 설계를 조작하는 것을 어렵게 하는 것, 즉 이론의 복잡한 본질과 관련된다. 예를 들어, VIE 이론의 연구들은 직원들의 힘에 대한 예측이 비교되면서 VIE 이론이 노력을 예측하는 데 이용되는 준거로서 상사의 수행 평정을 이용한다.[7] 노력은 수행에서 단지 한 가지 결정 요인이기 때문에 이런 연구들의 결과는 그 이론과 반대로 부정적으로 편향되었다.

또한 VIE 이론은 어떤 한 시점에서 V, I 및 E 지각의 변화가 시간의 흐름상 뒤에 이어지는 어떤 특정 시점에서 노력의 변화를 예측하는지에 대해 말한다. 하지만 횡단설계(개인 내 또는 개인 간에 상관없이)는 그런 변화를 평가하지 못한다(이 문제의 논의에 대해서는 Kuhl & Atkinson, 1984; 그리고 Mayes, 1978a를 보라; 그리고 이 문제를 해결하고자 한 시도를 보려면 Lawler & Suttle, 1973; 그리고 Kopelman, 1979를 참고하라). VIE 이

7) 직원의 노력(또는 동기적인 힘)과 직무수행은 같지 않음을 서술한 1장을 기억하라. 동기를 측정하기 위해 수행을 사용하는 것은 구성 타당도에 문제가 있다(2장을 기억하라).

론은 유인가, 기대, 도구성 신념이 곱셈으로 결합된다고 제안한다. 이것은 이런 신념들이 서로에 대해 독립적이며, 이 점수들은 대수적으로 곱해진다는 것을 가정한다. 사실, 이 세 가지 신념은 서로에 대해 독립적이지 않을 수 있다. 사람들은 도달하기 더 어렵다고 믿는 성과에 더 높은 유인가를 둔다. 실제로, 많은 연구자들은 곱셈 가설의 지지 가능성을 평가하기 위해 노력했다(예를 들어, Baker, Ravichandran, & Randall, 1989; Harrell, Caldwell, & Doty, 1985). 마지막으로, VIE 이론은 직원들의 합리성 수준이 높음을 가정한다. 그러나 우리는 사람들이 가진 인지 능력의 한계와, 행동에 잠재되어 있는 습관적이고 무의식적인 부분까지는 알지 못한다(Locke, 1975; Mayes, 1978b; Simon, 1957; Staw, 1977).

리더십의 경로-목표 이론

VIE 이론은 **경로-목표 이론**(path-goal theory)으로 불리는 리더십 이론에 영감을 주었다. 요약하면, 이 이론은 리더가 직원들이 갖고 있는 유인가, 도구성, 기대에 대한 신념에 영향을 줌으로써 작업 집단을 더 효율적으로 만들 수 있다고 제안한다. 더 구체적으로, 이 이론은 최소한 네 가지 유형의 리더십 행동 양식을 논의하고 있는데, 그 행동 양식들은 직원의 만족에 영향을 줄 수 있으며, 직원들의 리더 수용뿐 아니라 노력이 수행을 가져오고, 그 수행이 바람직한 보상을 유발할 수 있다는 직원들의 신념에 영향을 줄 수 있다는 것이다(House & Mitchell, 1974). 네 가지 리더십 양식은 다음과 같다.

1. **지시**(Directive)-리더는 작업을 구조화하고, 과업을 할당하고, 부하직원의 역할을 구체화시키고, 수행의 기준을 만들고 시행한다는 것을 의미한다.
2. **지지**(Supportive)-리더는 직원들의 욕구와 지위를 진짜로 존중함으로써 일을 좀 더 즐겁게 만들고자 한다. 그런 리더는 부하직원들을 동등하게 대하고 친절하고 가까이 하기 쉽다.
3. **참여**(Participative)-리더는 문제해결과 의사결정을 위해 부하직원들에게 자문을 해 주고, 가능하다면 부하직원들의 제안을 수용한다.

4. 성취 지향(achievement-oriented)-리더는 도전적인 목표를 설정하고, 부하직원에게 그러한 목표에 도달할 수 있다는 확신을 보이는 양식을 포함한다.

경로-목표 이론은 관리자가 상황에 따라 이 양식들 중 하나 이상을 드러낼 수 있다는 것을 가정한다. 다른 말로 하면, 특정 관리자가 단순히 참여적인 리더, 또는 지지적인 유형만을 갖고 있을 것이라는 가정은 틀린 것이다. 사실, 이 이론은 어떤 리더가 이런 다양한 행동 양식 각각을 채택하기에 적절한 조건의 유형을 구체적으로 제시한다. VIE 이론을 근거로 해서, 효과적인 리더는 자신이 처분권을 가진 성과의 유형에 따라 직원의 욕구를 인식하고 각성시키는 방식으로 행동할 것이며, 직원이 성공적인 수행을 보임에 따라 보상을 증가시키고자 하는 것으로 가정된다. 마지막으로, 효과적인 리더는 어려운 과업의 성취를 돕고, 모호하게 할당된 과업을 분명하게 함으로써 직원의 기대 신념에 영향을 주고자 할 것이며, 가능하다면 성공적인 작업과 일치하는 보상을 분배하도록 노력할 것이다.

> 요약하자면… 리더의 동기적 기능은 부하직원의 작업 목표성취에 대한 개인적 보상의 종류와 수를 증가시키는 것과 보상에 이르는 경로상에 있는 장애물과 덫을 제거하고, 개인적 만족의 기회를 증가시켜서 경로를 분명히 해 줌으로써 보상에 이르는 경로를 좀 더 쉽게 만들어 주는 것으로 구성된다(Downey, Hellriegel, & Slocum, 1977, p. 266에 인용된 House와 Mitchell, 1974).

공간의 제약으로 인해 여기서 경로-목표 이론을 더 정교하게 논하기는 어렵다. 이것에 관심 있는 독자는 Evans(2002)를 읽어 보면 이 이론의 발전을 추적할 수 있다. 그럼에도 불구하고, VIE 이론과 경로-목표 모형은 조직에서 보상을 받는 인물과 보상체계의 관리에 대해 흥미로운 시사점을 제공한다.

관리에 대한 VIE 이론과 경로-목표 모형의 시사점

우리는 9장에서 직업에 대한(또는 삶 전반에 대한) 신념들이 주변 환경에 대한 개인의 지각에 뿌리를 두며, 이러한 지각은 그 사람의 기억에 저장된 정보의 영향을 받는다는 것을 언급했다. 유인가, 도구성, 기대 신념들도 다른 신념들과 같은 방법으로 형성되고 영향을 받는다고 가정한다. 그러므로 신념은 타당하거나 정확하지 않을 수 있기 때문에, 그 사람의 행동이 관찰자에게 적절치 않게 보일 수 있다. 그리고 또한 이 세 가지 신념은 단지 신념(의도와 대비되는)이기 때문에, 그것들은 어떤 구체적인 예측 가능한 행동을 불러오지 않을 수 있다. 그러나 신념은 어떤 방식에서든 개인의 행동 의도에 영향을 줄 것이다. 따라서 직원을 동기화시키기 위해 노력하는 관리자는 VIE 이론에서 방법을 찾을 수 있다. 그 방법들 대부분은 경로-목표 이론에 대한 앞선 논의에 내포되었다. 게다가 독자는 이 장의 가장 앞에서 언급했던 미국인과 캐나다인의 차이, 즉 열심히 일하는 것이 승진이나 건강과 안녕의 향상과 같은 매우 바람직한 성과로 이어질 것인가에 관한 차이에 대한 보고를 염두에 둘 필요가 있다.

기대 관련 요인

우선, 긍정적인 기대를 유발하기 위해 관리자는 훈련 가능하고 수행 가능한 직무를 직원에게 할당해야만 한다. 이를 위해 관리자는 부하직원 각각의 기술, 강점, 약점뿐만 아니라 배정할 직무가 가진 기술적 요구의 본질을 이해해야만 한다. 만약 그들이 할 수 없는 직무에 할당될 경우, VIE 이론에 따르면 그들의 기대 지각은 낮아질 것이고, 그들이 수행하기 위해 노력하는 장면을 기대하지 못할 것이다.

실제에서 관리자가 직원이 수행해야 하는 직무에 대한 기술적 요구 사항을 완전히 파악하는 것과 직원이 보유한 실제 기술이 아니라 직무와 연관된 직원들의 기술 수준을 인식하는 문제는 대단히 어렵다. 직무는 시간에 따라 변하고, 현직자 또한 바뀌기 때문에 직무가 요구하는 것을 계속해서 파악하고 있는 것은 어렵다. 게다가 권한을 가지고 직무의 일부 또는 전체를 수행했던 관리자들에게는 그러한 직무가 신입 구성원에게 얼마나 어려운지 잊기 쉽다. 그렇기 때문에 관리자들은 직무의 난이도를 과소 또는 과대 평가할 수 있다. 추가적으로, 공식적인 훈련과 교육의 결과뿐만 아니라, 자연스러운 성숙과 업무 경험으로 인해 시간이 흐르면서 직원들의 기술과 능력은 변한다는 것을 인식하는 것 역시 중요하다. 그러나 긍정적인 기대를 얻기에는 보통 수준의 기술로는 충분치 않다. 게다가 직원들은 노력과 더불어 관련된 주위 환경이 성공에 긍정적으로 작용한다고 믿어야 한다. 예를 들어, 관리자는 기계와 장비가 잘 정비되어 있고, 자신의 부하직원이 잘 훈련되어 있으며 보조할 능력이 있다고 확신해야 한다. 마찬가지로, 성공적인 수행이 가능하도록 예산이 충분해야만 한다. 간단히 말해, 직원이 직무수행에 노력을 기울일 것이라 기대한다면, 그 직원은 해당 직무의 수행이 가능해야 하며, 더 중요한 것은 그 사람이 그것을 인식해야만 한다. 그러나 실제 현장에서는 셀 수 없이 많은 요인들이 관리자로 하여금 특정 직원이 특정 직무에 대해 가진 기대 신념을 정확하게 추정하는 것을 어렵게 한다. 따라서 그러한 요인들은 관리자들이 VIE 이론의 기대 구성개념으로부터 따라오는 제안을 충분히 실행하는 것을 어렵게 만든다.

이와 더불어 관리자에게 특별히 중요한 것은 작업 환경에 대한 신입 구성원의 기대 신념을 구축하는 것이다(Hall, 1976). 관리자들은 종종 '죽느냐 사느냐(sink or swim)' 식의 접근을 취함으로써 그들에게 너무 어려운 일을 맡기는 경우가 있는데, 이 경우 새로운 직원은 업무 노력을 성공적이게끔 하는 데 필수적인 규칙, 절차 및 많은 상황에 대한 친숙성이 결여된 상태다. 반면, 다른 접근은 신입 구성원에게 실제로 도전적인 업무를 주기 전에 일련의 지루한 직무를 수행하도록 함으로써 그들을 도전적이지 않은 상태에 놓는 것이다. 실제로, 최근 대학 졸업자들의 경우에도 졸업 후 첫 직무를 수행하는 과정에서 이런 대우에 불평을 하는 경우가 많으며, 결과적으로 최근 졸업자들 사이에 이직이 매우 많은 경우도 이와 같은 맥락에서 볼 수 있다(Mobley, 1982).

바람직한 것으로서 세 번째 접근은 입사 초기에, 성취 지향적, 지지적, 그리고 지시적 리더십 유형(앞 절에서 정의된)을 균형 있게 사용하여 도전적이고 성공적인 경험을 만들어 주는 것이다. 성공 경험은 강한 기대 신념을 발달시키고, 자신의 일, 역량감, 자기결정 및 높은 자기존중감을 유지하는 데 필수적이다(Bandura, 1982; Deci, 1975; Hall, 1976; Korman, 1970, 1976을 참고하라).

도구성 관련 요인

도구성과 유인가의 개념을 조작적으로 정의하기 위해, 관리자들은 긍정적인 유인가의 보상을 훌륭한 직무수행과 연결시키고, 직원은 이러한 연결을 지각하도록 해야 한다. 하지만 많은 이유들로 인해 이는 어려운 실정이다. 대부분의 관리자들은 부하

직원에게 분배 가능한 자원을 제한적으로 가지고 있으며, 통제와 형평성 유지라는 이유 때문에 보상과 이익과 관련된 회사정책 역시 제한적이다. 더구나, 노동조합 계약은 일반적으로 보상 분배 근거에 대해 꽤 명확하지만 성과보다 연공서열에 근거해서 보상을 줄 것을 요구하기 때문에, 개별 관리자의 역량으로 누가 보상을 받을 만한 직원인지를 아는 것을 어렵게 만든다. 이런 문제는 누군가 정확히 측정하고자 함에도 불구하고 좋은 직무수행을 측정하기 어려운 관리자, 전문가 및 기술자들에게 일반적이다. 이런저런 실제적 어려움의 결과로서 VIE의 도구성 함의를 수행하는 것은 어려운 실정이다.

유인가 관련 요인

언급된 유인가는 어디에서 실제와 맞아떨어지는가? VIE 이론은 좋은 수행 때문에 분배되는 보상은 직원이 원하는 유형이 되어야 한다고 규정한다. 하지만 우리가 일반적으로 알고 있는 것과 인간의 욕구에 관한 연구로부터 알게 된 것(3장에서 8장을 보라)에 따르면, 사람들은 저마다 시기별로 다른 욕구 프로파일을 가지고 있으며, 그렇기 때문에 각기 다른 시기에 사람마다 다른 성과를 보상으로 주어야 한다. 심지어 같은 성과라도(다른 도시로 직무 이동하는 것과 같은) 어떤 사람에게는 긍정적인 유인가가 될 수 있지만, 다른 사람들에게는 부정적인 유인가가 될 것이다. 그리고 충족된 욕구는 행동을 동기화시키는 능력을 잃는 경향이 있기 때문에(3, 4, 5, 6장에서 논의했던 욕구이론이 제안한 바에 따르면), 우리는 조직이 분배한 어떤 보상이 어떤 상황에서는 개인에게 만족을 제공하며 행동을 동기화시키지만, 다른 상황에서는 그렇지 않다고 예측할 수 있다. 그래서 오래된 직원들은 종종 새로운 직원들과 만나서 친해지려는 마음을 가지고 있지 않다. 그들의 관계욕구는 오래된 친구와 지인과의 상호작용에 의해 이미 충족되었기 때문이다. 간단히 말해, 일에 대한 성과로 가치 있는 성과를 제공하는 것과 관련하여, VIE 이론과 경로-목표 개념을 실행하는 것은 실제로 매우 어려울 수 있다.

개인화된 조직

몇 십 년 전, 한 권위자는 사람들이 각자의 욕구와 가장 부합하는 성과를 그들의 일을 통해 보상받아야 한다고 주장하였다(Lawler, 1973, 1976). 그의 제안은 조직 구성원과 직무에 대한 포괄적인 분석을 수반하였고, 이를 바탕으로 조직 구성원 자신이 바라는 성과를 발견할 수 있는 직무에 그들을 배치하였다.

다소 개별화된 편향을 근거로 보상을 구축하려는 시도는 카페테리아 식(cafeteria-style) 보상 계획이라는 개념에서 발견될 수 있는 것인데, 이것은 오래전에 제안되었지만(Lawler, 1966; Nealey, 1963; Schuster, 1969를 참고하라) 실무에서는 거의 언급되지 않았던 개념이다. 이 계획의 일반적인 설계는 개별 직원에게 보상으로 고정 금액을 총액으로 할당하지만, 그 직원이 자신의 선호에 따라 급여뿐 아니라 특별수당, 거치수입(deferred earning), 주식매수선택권 등을 포함하는 다양한 형태의 보상으로 배분할 수 있도록 하는 것이다.

관리자들은 VIE 이론과 일관되는 방식으로 직원들에게 주는 보상을 개별화하고자 하지만 이때 접하는 문제는 개별 직원들의 실제 욕구를 정확히 알아내는 것이 어렵다는 것이다. 다른 사람의 행동을 관찰하는 것에서 욕구 상태를 추론하는 것의 위험성이 검토되었던 3장을 상기하자. 관리자들은 단순히 직원의 욕구를 정확하게 알 수 없을 수도 있기 때문에 그들은 직원의 가치를 이해하기 위한 태도 조사와 일대일 면접 같은 기법에 의존해야만 한다.

욕구와 가치 간의 구분은 학구적인 것 같지만, 실제로 그 이상이다(2장뿐 아니라 특히 3장을 기억하라). 보상은 만족을 주겠지만, Locke(1976)에 따르면 보상이 직원들의 가치와 상응하고 그들의 욕구와 불일치하지 않는 한에서 그렇다. 그러나 직원들의 가치와 욕구가 일치하지 않을 때(사람들이 실제로 자신들의 최상의 이익으로 연결되지 않는 것을 바란다는 것을 의미한다), 직원들의 가치 충족에 초점을 둔 보상체계가 관련된 개인에게도 조직 전체적으로도 전혀 이익이 되지 않을 수 있다.

개별근무협약

Rousseau와 동료들(예를 들어, Greenberg, Roberge, Ho, & Rousseau, 2004; Rousseau, 2001)은 현대 작업 환경과 새로운 '끊임없는 경력(boundaryless career)'에 개인화의 변

형을 소개했다(Arthur & Rousseau, 1996을 참고하라). 개별근무협약(idiosyncratic deals)은 "어떤 작업자가 비슷한 역할을 하는 다른 작업자와는 다른 것을 받는 고용 형태를 말한다."(Rousseau, 2001, p. 261) 'i-deals'라고 불리는 이 개별적 방식은 직원과 고용주 간의 협상에 기인하고, 그 목적은 양 당사자 모두에게 적합한 작업 방식을 발견하는 것이다. 자연적으로, 그러한 협약은 다른 심리적 계약을 이끌고 지각된 불형평성 또는 분배 불공정의 원천이 될 수 있다(Greenberg et al., 2004; 그리고 11장을 보라). 그럼에도 불구하고, 협상의 결과인 i-deals는 직원 개개인의 특정한 욕구와 가치 및 삶의 조건에 부합할 뿐 아니라 조직에도 이로운 유연성을 제공한다. i-deals는 조직과 잠재 직원 사이에, 조직과 기존 직원(그러나 새로운 직무 관계를 원하는 직원) 사이에서 성사될 수 있다(Greenberg et al., 2004). i-deals는 '사람마다 좋아하는 것이 다르다.'는 오래된 속담의 현대적 조작화를 포함하고 VIE 이론과 경로-목표 이론의 응용 원리와 꽤 일치한다.

VIE 이론에 대한 평가

VIE 이론에 대한 Latham과 Pinder(2005)의 개관은 Ambrose와 Kulik(1999)의 초기 개관과 동일한 결론을 제시하고 있다. 다시 말해서, 몇 가지 예외가 있기는 하지만 VIE 이론에 대한 이론적인 발전이 미흡하게 나타났다는 것이다. 이론적인 연구에 초점을 두기보다는 VIE를 다룬 대부분의 연구들은 광범위한 조직 현상을 이해하고 서술하기 위한 일반적 틀로서 한정하여 활용했다. 사실, '기대이론'을 주제어로 검색을 하면 다양한 산업의 업무 현장에서 이루어진 많은 연구들을 확인할 수 있다. 이 연구들의 대부분은 이론 검증보다는 현상을 보여 주는 데 목적을 둔다. 또한 몇몇 연구들이 기대이론을 다른 이론들과 통합하고자 했는데, 그것들의 목적은 그런 통합을 통해 동기와 의사결정 과정에 관해 더 큰 통찰을 제공하는 것이었다(Ambrose & Kulik, 1999는 이 연구들을 요약했다).

VIE 이론과 관련하여 주목할 만한 사실들이 있는데 다음과 같다. 예를 들어, Erez와 Isen(2002)은 긍정적인 정서가 VIE 이론의 핵심 구성개념들에 영향을 주는 과업 특성과 어떻게 상호작용하는지를 연구하였다. 이 연구자들은 앞선 이론적 및 경험적 연구들을 조사하여 높은 긍정적 정서를 가진 사람들은 다음과 같을 것임을 제안하는 개념적 이유를 제시하였다. ① 그들은 긍정적 정서가 높지 않은 사람들보다 성과를 더 긍정적으로 평가한다. ② 긍정적 정서가 높은 사람들은 "수행이 보상과 연결될 수 있는 더 많고 다양한 방법을 알고 있다."(p. 1057) ③ 높은 긍정적 정서를 가지고 있는 사람들은 노력 수준과 과업수행 수준 사이의 관계가 더 공변한다. 그들의 두 가지 실험의 상세한 내용은 여기서의 범위를 넘어서지만, 그 두 연구의 요지는 긍정적 기분은 VIE 이론의 주요 구성 요소에 예상된 효과를 가지며, 동기와 수행 수준을 더 높게 할 것이라는 점이다.

또한 VIE 이론의 'NPI' 판(Naylor et al., 1980)을 근거로 하여 Robert Pritchard와 동료들(Pritchard et al., 2002)은 '생산성 측정 및 향상(productivity measurement and enhancement: ProMes)' 시스템을 정교화했는데, 이것은 조직의 목표를 확인하고, 그러한 목표가 달성되는 정도를 측정하고, 시스템 수행에 관한 피드백을 제시하는 것이다. 그 프로그램은 많은 다른 나라에서도 생산성 향상에 효과적인 수단임이 증명되었다.

요약과 미리 보기

VIE 이론이 조직행동 분야의 학문적 주류에서 다소 정체된 반면, 다양한 응용 장면에서는 잘 살아 있다. Ambrose와 Kulik(1999)은 VIE 이론을 '성숙한' 그리고 '표준적인' 동기이론이라고 언급하였다. 우리는 여러 형태의 VIE 이론이 직원의 직무동기와 수행에 대한 우리의 지식을 축적시키는 데 상당히 기여하였음을 인정한다. 다시 말해, VIE 이론의 검증과 발전에 목적을 둔 실증적 연구들이 많지 않다는 것이 그 이론이 가치 없다는 것을 의미하지는 않는다.

VIE 이론을 이해하고 있으며, 그리고 직무에 그 이론의 실제적 시사점을 적용할 수 있는 관리자와 상사들조차 작업 집단, 노조계약, 표준 관행과 정책, 역사, 선행사건의 수없이 많은 실제 특징 때문에 종종 심각한 어려움을 겪는다. 그러나 우리가 더 중요한 점으로 인식해야 할 점으로, 만약 관리자가 VIE 이론과 경로-목표 모형이 주는 시사점에 따라 작업 현장과 보상 분배 체계를 구축할 수 있다고 하더라도 관리자의 정책과 실무가 직원들이 지니고 있는 높은 수행 수준에 관한 신념 및 지각과 일치하는 결과를 가져오지 않는다면 그들의 정책은 성공적이지 않을 것이라는 점이다. 예를 들어, 조직에서 주어지는 보상이 실제로 자신의 실적에 근거하여 주어지지만, 직원들은 그것을 인식하지 못할 수 있다. 마찬가지로, 특정 직무를 수행함에 있어 도움을 받을 수 있는 사실에 대한 인식을 하지 못하여 직무에서 성공 기회를 낮게 평가할 수 있다. VIE 이론에 따르면, 궁극적으로 조직 구성원들의 행동을 결정하는 것은 그들의 신념이다. 따라서 관리자들이 그들의 신념을 높은 직무수행에 호의적인 신념으로 바꾸지 않는다면, 그들의 신념은 직원들의 높은 수행 의도로 나타나지 않을 것이다.

VIE와 목표설정

VIE 이론을 개념화하는 한 가지 방법은 인간의 행동 의도를 예측하도록 설계된 모형으로 생각하는 것이다. 한 사람의 기대, 유인가, 도구성을 측정하고 이것들을 이론에서 제시되는 방법으로 결합한 경우, 우리는 개인의 선택 또는 결정을 예측할 수 있다. 이러한 결정은 어떤 직무를 선택할 것인가, 은퇴할 것인가 말 것인가, 또는 열심히 일할 것인가 말 것인가 등이 될 것이다. 간단히 말해, VIE 이론은 개인의 의도와 목표 이면에 무엇이 있는가를 이해하는 데 도움을 준다. 14장은 목표설정 이론을 제시하는데, 그것은 VIE 이론의 적용이 중단되는 지점인 의도로부터 출발하는 연구들이다. 우리가 개인의 목표를 구체화하고 이해할 수 있을 때, 우리는 인간의 행동을 예측하는 데 한 걸음 더 나아갈 수 있다. 따라서 목표설정은 상당한 과학적 타당도를 가진 강력한 동기적 수단이자 이론이다.

13장 목표지향 이론

사람은 자신의 한계를 뛰어넘어야 한다.
그게 아니라면 천국이 왜 존재하겠는가?

_ Robert Browning

이 책은 Frank O'Dea의 이야기로 시작한다. 그의 세 단어로 이루어진 신조 '희망, 비전, 행동'은 그가 토론토 길거리의 빈민층에서 벗어나 캐나다의 산업과 사회 분야에서 명예와 영향력을 거머쥔 위치에 오르기까지의 단면을 요약해서 보여 주고 있다. 이 책에 제시된 개념을 이용한다면 희망은 O'Dea에게 힘을 불어넣었고, 비전은 그에게 목표와 방향을 제공하였으며, 행동은 그에게 무언가를 성취하게 해 주었다는 O'Dea만의 공식을 알 수 있을 것이다. 사실, 모든 생명체는 어떤 형태로든 목표와 목적을 지니고 있다(Miller, 1978에 인용된 Ashby, 1958). 또한 생존은 목표를 성취하기 위한 집중, 목적, 신중한 시도에 달려 있다(Miller, 1978). 우리가 10장에서 보았듯이 합리적 행위 이론에 따르면, 의도란 행동 직전의 선행요인이다. 그리고 의도가 목표 해결과 관련하여 구체적인 형태로 취해졌을 때, 인지에서 행동으로의 연결은 비교적 간단하고 직접적이라 할 수 있다. 따라서 목표설정 이론, 특히 과업-목표 이론이 현존하는 가장 강력하고 유용한 업무 행동 모형으로 남아 있다는 점은 놀라운 일이 아니다(Latham & Pinder, 2005를 참고하라). Klein, Wesson, Hollenbeck과 Alge(1999)가 지적했듯이, 목표를 중심 특성으로 다루고 있는 영향력 있는 동기이론은 최소 네 가지를 꼽을 수 있으며, 이는 과업-목표 이론(task-goal theory)(Locke & Latham, 1990a, 2002), 사회인지 이론(social-cognitive theory)(예를 들어, Bandura, 1986), 자원할당 이론(resource-allocation theory)(Kanfer & Ackerman, 1989), 통제이론(control theory)이다. 이 장에서 우리는 네 가지 모형 중 첫 번째와 세 번째 모형에 대해서 살펴볼 것이며, 사회인지 이론에 대한 논의는 14장에서 다루게 될 것이다.

이 장은 4개의 절로 이루어져 있다. 첫 번째 절에서 우리는 Ryan(1970)이 제안한 의도적 행동 이론에 대해 간략하게 살펴볼 것이다. 그리고 두 번째 절은 Locke와 Latham 그리고 그 동료들(Locke & Latham, 1990a, 2002를 참고하라)이 개발하고, Klein과 동료들의 연구에서 과업-목표 이론이라 불리는 목표설정과 관련한 연구들에 대해 살펴볼 것이다. 또한 목표설정의 범위와 예측력을 넓히기 위한 최근의 연구들도 함께 제시될 것이다. 목표설정 이론이 작은 일련의 기본 원리에서 더욱 넓고 정교한 연구들로 개발된 과정에 대해서는 역사적 접근법을 사용하여 기술할 것이다. 이러한 접근법을 사용하는 이유는 훌륭한 이론이 어떻게 발전하고, 비판받고, 수정과 첨부(혹은 제거)를 통해 이러한 비판에 대응하면서 더 발전하게 되는지 보여 주는 것이 목적이기 때문이다. 따라서 이 장의 기술 방식은 이전에 논의된 내재적 동기와 자기결정 이론으로의 변화(3장)에 대한 기술 방식, 그리고 최근의 공정성 이론이 어떻게 나타났고, 형평이론을 포괄하는지 여부(11장)에 대한 기술 방식과 유사하다.

인지이론을 바탕으로 한 또 다른 이론이자 20년 전 조직연구 장면으로 넘어온 인간 행동과 직무동기에 대한 목표지향 이론(Klein, 1989를 참고하라)이라 할 수 있는 통제이론은 세 번째 절에서 다루게 된다. 여기서 우리는 통제이론의 많은 요소가 목표설정 이론과 공통점을 지녔다는 점과 통제이론이 지닌 영향력에 대한 몇몇 논란에 대해 살펴볼 것이다.

마지막으로, 목표설정과 통제이론의 원리에 근거하여 경영과 수행관리 체계, 특히 전자에 해당하는 목표관리(management by objectives: MBO)에 대해 살펴볼 것이다.

그렇다면 의도란 무엇인가? 의도는 어떻게 형성되는가? 이런 질문에서부터 시작해 보자.

의도적 행동 이론

[그림 13-1](Ryan, 1970)에서 보여 준 바와 같이, 목표설정에 의한 업무에 내재된 동기의 핵심 이론은 사람의 의도가 행동을 설명하는 중요한 요인임을 가정하고 있다. 예를 들어, 이 이론에서 욕구가 개인의 의도에 대한 영향을 통해 행동을 유발한다고 가정하고 있으나 행동 개시에 대한 직접적인 영향력으로서의 욕구를 부정하지는 않는다.

이 이론에 따르면, 행동은 서로 연관되어 있는 네 가지 단계 혹은 수준으로 분리될 수 있으며(Ryan, 1970), 각 단계는 다음과 같이 설명된다. 언급한 바와 같이, 첫 번째 단계는 사람이 지닌 의도로 구성되어 있다. 개인은 어떤 목표를 추구하든 간에 의도적으로 행동하려고 노력하며, 상황이 허락될 때마다 이러한 의도로 구성된 행동을 취한다.

두 번째 단계는 세 가지 요인으로 구성되어 있으며, 이들 요인은 개인의 의도에 영향을 끼친다. 이 세 가지 요인이란, ① 수단-목표 연결고리(기대이론에서와 같이 특정 행동이 특정 결과를 가져올 것이라 믿는지에 대한 여부)와 관련된 개인의 지각이며, ② 염두에 두고 있는 행동에 대해 갖는 내적 관심이나 이끌림, 그리고 ③ 특정한 사회적·물리적 상황에서 행동의 적절성이다(Ryan, 1970, pp. 26-27). 이 세 가지 요인에 의한 개인의 지각은 개인이 행동을 취하려는 의도에서 가장 중요한 결정 요인이다.

여러분은 12장에서 다루었던 기대이론(VIE 이론)과 9장의 합리적 행위에 대한 Fishbein과 Ajzen의 이론에 포함된 요소가 앞의 세 가지 요인과 유사하다는 점에 주목할지도 모른다. 결론만 말하자면, Ryan의 이론에서 행동에 대한 인간 의도의 원천을 이해하기 위해 다른 인지적 동기이론을 적용하는 것도 가능하다.

행동의 세 번째 단계는 두 번째 단계에서 언급된 요인들에 영향을 끼치는 요인들로 구성되어 있다. 즉, 세 번째 단계의 요인들은 왜 사람들이 자신들만의 방식으로 사물을 지각하고, 내적으로 관심 있는 특정한 행동을 발견하게 되는지 등에 대한 설명을 포함한다. 이 이론은 사람들이 "세상에 대해 미리 준비한 여러 가지 지각, 예측, 상상 방식과 자신만의 행동 방식을 갖추게 된다."(Ryan, 1970, p. 28)라고 가정하고 있다. 즉, 사람들은 그들의 환경 속 자극에 대해 과거 역사와 학습으로부터 나온 미리 준비

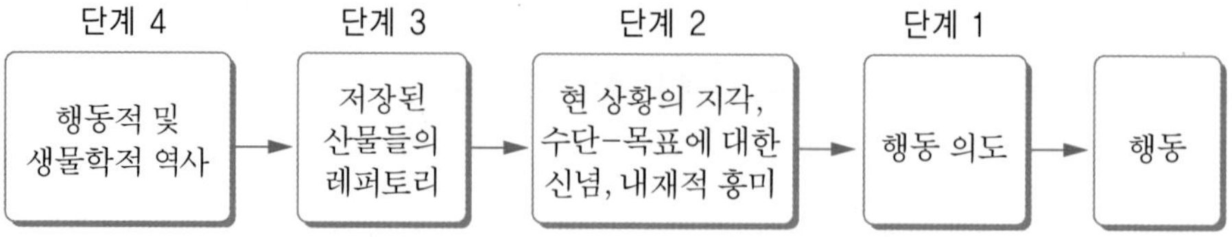

[그림 13-1] 행동의 원인을 네 단계로 간략화하여 나타낸 모형

된 반응을 지니고 있는 것이다. 이를 Ryan은 환경을 이해하기 위해 특정한 상황에 적용하는 저장된 산물과 같은 레퍼토리라고 간주하였다. 이러한 산물들은 욕구, 가치, 선호, 계획, 행동 규칙 등으로 구성되어 있다. 따라서 세 번째 단계에서 행동의 이해는 개인 레퍼토리의 내용물과 특정 상황에서 각 요소들이 어떻게 사용될 것인지에 대한 원리를 이해하는 것과 같다. 이는 상황에 대한 개인의 반응 패턴을 찾는 것과 같으며, 그 패턴들이란 개인의 수단-목표에 대한 연결고리의 지각 방식, 내적으로 흥미를 끄는 행동 유형, 그리고 그 행동이 현실적으로나 사회적으로나 적절한 것으로 간주하는지 여부에 대한 방식이다.

마지막으로, Ryan 이론의 네 번째 단계는 왜 개인의 레퍼토리가 현재의 형태로 형성되었는지에 대한 개인의 역사적 · 발달적 배경으로 이루어져 있다. Ryan(1970)에게 이 네 번째 단계는 실제 행동과 가장 멀리 떨어져 있기 때문에 그의 이론에서 가장 관심이 적은 부분이라고 할 수 있다. 요약하자면, Ryan(1970)에게 인간의 의도란 행동의 가장 즉각적인 결정 요인이다. 그의 이론에서 말하는 의도의 중요성을 바탕으로 인간 의도의 특성에 대해 더 자세히 살펴보자.

의도의 본질

Fishbein과 Ajzen(1975)은 의도를 특별한 형태의 신념이라고 정의하였다. 그들은 의도를 개인(신념의 주체)과 행동(신념에 기여하는 것)을 연결시키는 신념이라고 하였다. 9장에서 보았듯이, 신념은 다양한 강도를 지녔다. 따라서 우리는 의도의 강도를 개인이 특정한 방식으로 실제로 행하려는 신념의 강도라 할 수 있다(확률적 의미에서). 다른 말로 의도는 행동에의 확신, 특정 방식의 행동에 대한 선호라 할 수 있다. 이러한 의도에 대한 개념은 오랜 기간 동안 사회과학과 조직학 내에 지배적이었으며, 때로 **목표** 개념과 상호 교환적으로 사용되기도 하였다. 그러므로 의도와 목표는 보통 유사한 개념으로 간주된다. 이 두 개념의 관계에 대해서는 차후에 알아보도록 하겠다.

Ryan(1970)에 따르면, 의도는 서로 다른 차원으로 구분하는 것이 가능하다. 예를 들어, 우리는 의도에 포함된 선택의 자유 정도(개인의 통제를 벗어난 요인에 의한 행동을 강요받는 정도에서부터 언제 어디서든 자신이 원할 때 특정 방식으로 행동할 수 있다고 느끼는 정도까지)를 고려해 볼 수 있으며, 의도의 내용(혹은 방향)도 고려할 수 있다. 예를 들어, 의도는 운동(어디론가 갈 때)이나 무언가를 만드는 것(파이 굽기, 직원 해고, 노조 구성)과 연관될 수 있으며, 누군가와 의사소통하거나 기술을 익히고 새로운 지식을 배우는 것과도 연관될 수 있다. 요점은 사람들은 무수히 많은 목표를 향한 무수히 많은 방식의 행동에 대한 확신을 지닌 많은 형태의 의도를 가지고 있다는 것이다. 그러나 여러분은 여기서 특정 행동을 예측하기 위해서는 의도의 구체성을 살피는 것이 중요하다는 것을 떠올릴지도 모른다(9장을 기억하라; Ajzen & Fishbein, 1977을 보라).

요컨대, Ryan의 이론이 지닌 기본 개념은 의도가 행동에 대한 가장 즉각적이고 중요한 원인이라는 것이다. 사람의 의도에 대한 원천과 본질을 이해하기 위해 우리는 사람들이 세상을 바라보는 방식을 이해해야 한다. 결국 사람들이 사물을 지각하는 이유를 이해하기 위해 우리는 그들의 욕구나 가치, 규범 등의 저장된 산물을 이해해야만 하는 것이다. 또한 사람들이 이러한 특정 산물의 레퍼토리를 지닌 이유를 이해하기 위해서 그것들의 배경을 이해해야만 한다. 이는 앞에서 언급된 다양한 단계의 설명을 이해하는 데 있어 이 책에 언급된 여러 이론들이 도움이 된다는 것을 다시 한 번 강조하고 있으며, 또한 신념, 태도 및 행동 의도를 연결하는 모형(Fishbein & Ajzen, 1975)에서 볼 수 있듯이, 일단 의도가 형성되면 의도는 실제 행동의 가장 직접적인 원인이자 예측요인이 된다.

앞서 말한 의도의 기본 이론에 대한 내용은 지나치게 단순화된 신념에 관한 것이었다. 여러분이 더 자세한 내용을 알고 싶다면 Ryan(1970)의 책을 참조하기 바란다. 지금까지는 의도적 행동 이론의 요인들에 대해 소개했으니 이제는 목표설정 이론의 중심 내용에 대해 살펴보자.

목표설정의 개념, 이론, 그리고 연구

목표설정 이론의 핵심 원리는 목표와 의도가 인간 행동의 원인이라는 점이다. 이러한 점에 있어 목표란, 좌절이 언급되었던 8장에 나온 목표와 동일한 의미다. 즉, 목표란 개인이 획득하거나 성취하고자 하는 것이고 행동의 대상이나 목적을 말한다(Locke & Latham, 2002). 예를 들어, 업무 상황에서의 목표는 수행 수준, 할당량, 업무 규범, 마감일 혹은 예산 지출 제한선 등의 형태로 나타날 것이다(Locke, Shaw, Saari, & Latham, 1981). 조직에서의 목표는 시간 요소가 포함되어 있는 경우가 빈번하다.

우리는 앞서 목표와 의도의 용어 사용이 서로 대체될 수 있음을 보았다. 그러나 Locke와 Latham(1990a)은 이 두 개념이 유사어로 간주되어서는 안 된다고 주장한다. 그들의 주장에 따르면, 의도는 개인의 계획된 행위의 표상이며, 목표는 이러한 행위의 목적이나 대상이다(Locke & Latham, 2002). 반면, Tubbs와 Ekeberg(1991)는 의도를 목표보다 더 광범위한 개념으로 간주하여 의도가 계획된 행동과 행동의 대상을 포함한다는 점을 주장하였으며, 이러한 방식으로 개인이 사고하고 계획하는 것의 효과에 대해 정교한 논거를 제시하였다. 두 관점은 각각의 장점을 지니고 있으나 어느 관점이 더 유용한지에 대해서는 어떤 실증적 검사를 통해서라도 가늠하기는 어렵다. 그러나 목표설정 이론과 관련된 기존의 이론적 모형과 논의를 일치시키기 위해 우리는 Locke와 Latham(2002)의 관점을 채택하겠다. 목표는 개인의 의도적 행위의 대상이며, 의도는 목표성취를 위해 착수하는 행위에 대한 개인의 관계 및 그러한 행위를 나타내는 표상이다. 앞으로 우리는 이 장에서 목표의 범주와 형태를 구분하기 위한 많은 연구들을 살펴볼 것이다.

앞에서 언급된 내용에서 얻을 수 있는 두 번째 핵심 원리는 다음과 같다. 만약 목표가 개인의 노력 정도를 결정한다면, 쉬운 목표를 지녔을 때보다 더 어렵고 높은 목표를 지녔을 때 더 높은 수준의 수행[1]을 가져온다는 것이다. 이 장의 나중 부분에서 추

1) 우리는 이 책에서 계속 언급되는 직무 노력과 수행 사이의 중요한 차이에 대해 1장에서 알아보았다. 이 책의 주제는 직무동기이지만, 목표설정에 대한 대부분의 연구는 과업수행에 초점을 두고 있다. 즉, 과업 완수의 성공과 실패는 이 분야의 대다수 연구에서 종속변인이다. 이 이론은 동기와 수행 둘 다에 대해 다루고 있다(Locke

후에 이러한 기본 원리가 과업의 복잡성을 풀어 나가기 위해 어떻게 수정되어 왔는지에 대해 살펴볼 것이다. 자세히 설명하자면, 개인이 해당 과업에 대한 능력을 지니고 있을 때만 높은 수준의 수행 목표는 낮은 목표보다 더 효과적이다. 만약 과업이 복잡하거나 생소하다면 높은 수준의 수행 목표는 개인 스스로 설정한 목표 혹은 최선의 목표를 뛰어넘지 못하게 된다. 즉, 학습 목표가 더 우월하다고 할 수 있다(Locke & Latham, 2002).

이 이론의 세 번째 원리는 구체적인 목표(예를 들어, '6개월 이내에 직원의 이직률을 20% 감소시키는 것')가 불명확한 목표(예를 들어, '가능한 한 이직률을 감소시키는 것')보다 더 높은 수준의 노력을 가져오게 한다는 점이다. 네 번째 원리는 돈이나 피드백, 경쟁 등과 같은 인센티브는 당사자로 하여금 구체적이고 어려운 목표의 수용이나 설정을 유도하지 않는 한 행동에 아무런 효과도 없다는 것이다.

직무동기에 대한 이러한 접근법은 VIE 이론과 형평이론의 기반이 되는 인간 기능의 인지적/지각적 모형에 근거하고 있다는 점에 주목하자. 목표를 지니기 위해서 개인은 자신의 상황을 알아야 하고, 목표를 구성하는 것의 의미를 완벽히 파악하고 있어야 한다. 행동은 의도적인 것이다(Ryan, 1970). 이는 의식적인 행동 선택에 대한 신중한 수용으로부터 나온다. 사람들은 그들의 의도와 목표에 일치하는 행동을 하게 되는 것이다.

목표 난이도와 과업 난이도

언뜻 보면, 목표설정 이론의 이러한 기본적인 요소들은 사소하거나 자명한 것으로 보일 수도 있다. 사실, 그 요소들은 너무 단순해서 업무 현장에 적용했을 때 논리적으로 당연한 결과로 이어진다. 따라서 목표설정 이론의 원리가 주는 가장 중요한 시사점은 최대 수행을 위해 가장 적절한 수준의 목표 난이도를 결정하는 것이다.

그러나 이에 앞서 과업 난이도와 목표 난이도의 결정적 차이점을 정의해야만 한다. Locke 등(1981)에 따르면, "목표란 행위의 목적이나 대상이기 때문에 과업 완수를 목

& Latham, 1990a를 보라). 여러분은 계속 이 두 개념의 구분을 주의 깊게 살펴보기 바란다. 두 개념은 동등한 개념이 아니며 실생활에서 반드시 관련되어 있지도 않다.

표로 간주하는 것이 가능하다. 그러나… 목표라는 용어는 일반적으로 제한시간 내에 어떤 과업에 대한 특정한 숙달의 기준에 도달했음을 의미한다."(p. 126)라고 언급했다. 따라서 만약 두 사람에게 동일한 과업(예를 들어, 20명의 영업직 신입사원을 선발해야 하는 것)을 부여한다고 해도, 한 사람이 목표를 모두 달성하는 동안 한 사람에게는 반밖에 못 채우는 어려운 과업일 수도 있는 것이다. 즉, 동일한 과업이지만 각자에게는 다른 난이도라고 할 수 있다. 이 이론의 예측에 따르면, 개인이 과업에 몰입되어 있다면 더 어려운 목표를 가진 사람이 더 높은 수준의 수행을 할 것이다. 따라서 Latham과 Locke(1991)는 "과업 난이도를 파악했다고 해서 개인이 설정한 목표를 알 수는 없으며, 따라서 그가 과업을 얼마나 잘 수행할 것인지 예측하기도 어렵다."라고 언급했다.

과업이 매우 어려운 경우도 수행에 영향을 줄 수 있다. 예를 들어, 이론에 따르면, 대학생들이 참여한 체스 게임 실험에서 목표 난이도는 수행과 정적 관련성을 지녔지만 과업 자체의 어려움도 수행과 정적 관련성을 보였다. 이는 피험자들로 하여금 나중에 보상으로 돌아온 탐구와 학습을 부추겼기 때문이다(Campbell & Ilgen, 1976). 초기 연구들에서 목표 난이도 가설을 지지하는 실증적 연구 결과들은 매우 인상적이다. Locke와 Latham, 그리고 동료들은 실험실(Locke, Cartledge, & Knerr, 1970)과 현장(Latham & Yukl, 1975)에서 여러 연구들을 시행하였으며, 쉬운 목표보다 어려운 목표가 더 높은 수준의 수행을 가져올 수 있음을 보여 주었다(Locke et al., 1981; Locke & Latham, 1990a, 2002). 실험실 연구에서 사용된 과업으로는 체스 문제에서부터 산수 문제, 카드 분류, 브레인스토밍, 산문 익히기, 자료 입력 등으로 다양했다.

초기의 현장연구도 마찬가지로 다양하고 흥미롭다. 예를 들어, Latham과 Baldes(1975)의 연구는 삼림에서 트럭 운전사들에게 목재를 실어 나르는 목표를 설정하였는데, 설정된 목표는 트럭당 적재량 비율인 각 화물의 무게로 측정되었다. 결과적으로 회사에서는 25만 달러의 트럭 구입비용 없이 목표설정 프로그램으로 인해 9개월 동안 추가적인 목재 운반량을 달성하였다.

또 다른 실험연구의 사례는 다음과 같다. Latham과 Kinne(1974)은 12주가 넘는 기간 동안 벌목업자들을 대상으로 한 '1일 목표설정 훈련 프로그램'이 어떻게 높은 생산성과 낮은 무단결근율을 가져오는지 보여 주었다. 결과적으로, 쉬운 목표보다 어려운 목표가 더 높은 수행을 가져온다는 가설을 지지하는 많은 증거들이 발견되었다

(Tubbs, 1986을 참고하라). 과업 난이도와 과업수행을 연결하는 간단한 가설은 많은 연구와 사고에 의해 계속 수정되어 왔다. 목표 난이도의 최적 수준에 관한 처방은 VIE 이론의 처방(12장에서는 기대 신념이 최대가 되면 동기가 최대화된다는 것을 제안했다) 및 개인이 과업을 중간 난이도로 지각했을 때 성취동기가 최대화된다는 McClelland와 Atkinson의 견해(3장을 상기하라)와도 사뭇 다른 것 같다.

다시 한 번 강조하지만, **핵심은 바로 우리가 과업에 대해 고려하느냐 혹은 목표에 대해 고려하느냐다.** McClelland(1965)의 성취동기에 대한 연구에서 성취동기는 과업 난이도와 관련성이 있었던 반면, 목표설정에 대한 문헌에서는 목표 난이도를 다루고 있다. 앞서 언급했듯이, 이는 이론의 발전과 이해에 유용한 결정적 차이점이다. 그러나 실제로 이러한 차이점을 시행하거나 조작하기는 쉽지 않을 수 있다. 낮은 목표를 지닌 개인은 어려운 과업에 직면하게 되고, 높은 목표를 지닌 개인이 너무 쉬운 과업에 직면했을 때와 유사한 불만감을 지니게 될지도 모르기 때문이다.

목표 난이도에 대한 가설은 VIE 이론의 주요 원리(12장을 기억하라)와 상반되는 것처럼 보인다. VIE 이론은 기대(노력이 보상을 획득하기 위한 수행을 가져올 것이라는 신념)가 동기와 정적으로 상관이 있다고 가정하고 있는 반면, 목표설정 이론에서는 기대와 동기 사이에 역상관을 보이고 있다. 다음은 Locke와 Latham(2002)이 지적한 내용이다.

> 두 이론 간 명백한 모순은 목표 조건 내의 기대와 목표 조건들 사이의 기대를 구분함으로써 해결된다. Locke, Motowidlo와 Bobko(1986)는 [VIE 이론]에서 암묵적으로 가정되었던 것처럼 목표 수준이 일정하게 유지되면 높은 기대가 높은 수준의 수행을 가져온다는 것을 발견하였다. 또한 낮은 기대를 높은 목표와 연합시키면 이는 다시 높은 수준의 수행을 가져온다.
>
> (Locke & Latham, 2002, p. 706)

목표몰입

이론에서는 목표의 구체성과 난이도에 대해 흥미를 가진 사람이 목표에 몰입(commitment)하고, 그 사람은 과업과 관련된 적절한 능력과 자기효능감을 가지고 있으며,

피드백은 목표에 대한 진행에 따라 나타난다고 가정(처음에는 암묵적으로, 나중에는 명시적으로)하고 있다(Wood & Locke, 1990). 몰입이란 "개인이 목표를 중요하고 의미 있는 것으로 여기며 관여된 정도를 말하며, 어떤 방해물이 있더라도 이를 지속하며 완수하는 것을 말한다."(Latham & Locke, 1991, p. 217) Locke와 Latham의 책에서 그들은 몰입을 목표설정에 있어 필수 불가결하다고 주장하고 있다. 만약 몰입이 없다면 그 현상은 발생조차 하지 않는다(Locke & Latham, 2004). 사람들은 목표가 달성 가능하고 중요하다고 믿을 때 이를 선택하고 몰입한다(Klein, 1991a). 따라서 관리자들은 부하직원들이 목표에 몰입하게끔 그들의 설득력, 합법적 권력, 전문기술에 대한 지식 등을 이용해야 한다(Latham & Locke, 1991). 그러나 Klein 등(1999)이 지적한 것처럼, 1960년대 중반에 목표설정에 관한 전반적 이론이 처음 정립되고 약 25년간 타당화된 것에 비하면 목표몰입이 수행에 영향을 미치는 목표에 필요조건이라는 가설은 실증적 연구가 거의 없다고 할 수 있다. 이에 Hollenbeck과 Klein(1987)의 결론에 따르면, 목표설정 이론의 주요 가설들에 대한 많은 검증은 연구 설계의 일부로 들어간 몰입을 직접 측정하는 데 실패했으며, 따라서 목표몰입은 흔히 어렵고 구체적인 목표가 왜 높은 과업수행을 가져오는지에 대해 설명하기 위한 측정되지 않은 요인으로 추후에 제시되곤 하였다.

목표몰입은 수행에 직접효과뿐 아니라 간접효과도 있는 것으로 보인다. 즉, 개인의 목표 수준이 높을 때 낮은 목표보다는 높은 몰입이 높은 수준의 수행을 가져온다. 그러나 목표 수준이 낮을 때 '높은 몰입은 수행을 제한한다. 왜냐하면 몰입된 개인은 목표 수준을 높이기를 꺼리거나 반대로 몰입되지 않은 개인은 높은 수준의 목표를 설정(아마도 추가적 도전을 원하기 때문에)할 수 있기 때문이다.'(Latham & Locke, 1991, p. 217)

Klein 등(1999)도 이 문제를 다루었다.[2] 그들은 몰입과 목표 난이도에 충분한 변산이 없다면, 목표 난이도와 과업수행의 관계에서 몰입의 조절 효과는 증명되지 않을 수 있음을 지적하였다. 사실, 그들의 주장처럼 많은 고전적 목표설정 연구들은 이 두

2) 이 장의 뒤에서, 우리는 개인이나 집단, 조직이 지닐 수 있는 상위 수준의 목표로서 비전이라는 개념에 대해 간략히 논의할 것이다. 비전을 지지하는 것(예를 들어, Senge, 1990) 또한 성공을 위한 몰입의 중요성을 강조하고 있다.

변인 중 어느 하나 또는 둘 다의 변산을 제한시킨 면이 있다. 따라서 여태껏 수행을 결정하는 데 있어 몰입과 난이도의 상호작용은 드러나지 않았던 것이다. 이러한 추론을 검증하기 위해 Klein과 동료들(1999)은 목표 난이도, 목표몰입, 과업수행을 포함한 철저한 메타분석을 수행하였으며, 현재의 논의에서도 매우 중요한 두 가지를 발견하였다. 첫째, 수행에 대한 몰입의 전반적 조절 효과가 발견되었다. 즉, 목표 난이도와는 무관하게 높은 몰입은 높은 수행과 관련성을 보였다. 둘째, 목표 난이도와 수행 간 관계에서 몰입의 효과는 목표 난이도가 최대일 때 가장 높았고 반대로 최저일 때 가장 낮았다.

목표몰입을 증진시키는 두 가지 핵심 요소는 ① 목표 달성에 따른 성과의 중요성을 포함해서 목표 달성을 매력적이게끔 하는 요소, ② 목표 달성 가능성에 대한 개인의 신념, 즉 개인의 자기효능감(Locke & Latham, 2002)이다. 그러므로 개인의 직무 완수를 가능하게 하는 적절한 훈련이나 충분한 자원의 확보 등과 같이 개인의 자기효능감을 증진시키는 것은 모두 목표몰입에 기여한다.

목표 구체성

우리는 9장에서 의도의 구체성 정도가 높을수록 실제 행동의 예측 수준이 더 정확하게 나타난다는 것을 보았다(Ajzen & Fishbein, 1977). 이와 유사하게, 목표설정 이론에서도 목표가 구체적이어서 이러한 구체성으로 인해 '최선을 다하라'라는 목표에 비해 수행의 변산이 줄어든다면 더 높은 수준의 수행을 가져온다고 주장하고 있다. Ajzen과 Fishbein(1977)에 따르면, 의도는 관련되는 행위의 본질, 행위의 대상, 그리고 의도된 행동이 발생하는 시간과 상황에 따라 구체적인 정도가 다를 수 있다. 살펴보겠지만, 목표설정 문헌에 근거한 관리 기법은 실무자들에게 이들 네 차원 각각에 따라 가능한 한 구체적일 필요가 있음을 지시하고 있다. 요컨대, 목표는 어려우면서도 구체적이어야 한다는 것이다. 이에 대한 연구 증거는 다음과 같이 설득적이다. 한 연구에서 목표가 "시장점유율을 매년 8% 증가시켜라" "정오까지 30파운드의 복숭아 판매" "기말시험까지 한 과목 만점을 받아서 나의 평균 평점을 올린다" 등과 같이 상세히 기술될 때 직원들의 수행은 일관되게 높았다(Locke et al., 1981; Tubbs, 1986).

목표설정에서 인센티브의 역할

이론에 나와 있는 것처럼 목표나 의도가 행동을 결정한다면, 우리가 연구나 일상적 경험으로 인해 알고 있듯이 인센티브(혹은 위협)가 수행에 미치는 영향은 어떻게 작용하는 것일까? Locke(1968)에 따르면, 인센티브는 사람들이 성취하려고 애쓰는 목표에 영향력이 있을 때만 행동에도 효과가 있다. 즉, 인센티브는 개인의 목표나 의도를 변화시키거나 이에 대해 몰입을 구축하려고 할 때 효과가 있다. 관리자나 코치, 교사, 심지어 부모들이 사용하는 동기부여의 기제로서 경쟁의 효과를 예로 들어 보자. 왜 경쟁이 행동 변화나 수행 증진에 효과적일까?

이론에 따르면, 경쟁이 높은 수준의 수행을 가져오는 이유는 두 가지다. 첫째, 경쟁은 과업몰입과 과업 성공 목표를 설정하도록 한다. 개인은 목표를 달성하기 위해 몰입해야만 한다. 그러나 경쟁의 두 번째 측면, 즉 경쟁이 '극심할 경우'는 그렇지 않을 때보다 목표 달성(승리)을 더 어렵게 한다.

그렇다면 기한이나 마감일은 어떨까? 우리의 일상적 경험이나 연구에서 나온 증거 모두 사람들이 마감일을 앞두고 많은 일을 하게 만든다는 것을 알고 있을 것이다. 사실, 어떤 이들은 마감을 코앞에 두었다는 압박으로 인해 더 열심히 일한다! 왜 이런 일이 생길까? 목표설정 이론에 따르면, 해답은 비교적 간단하다. 마감일은 목표를 더 어렵게 만든다는 점에서 유사한 기능을 하며, 이론이 말하듯 어려운 목표는 높은 수준의 수행을 가져오기 때문이다. Latham과 Locke(1975)의 고전적 현장연구에서 목재 수확업자들의 수행 수준은 펄프와 제지공장에서 그들이 수확하는 목재를 구매하는 마감일이 정해졌을 때 극적으로 증가했다. 파킨슨 법칙(Parkinson, 1957)에서도 시간적 여유가 생기면 그만큼 일을 비효율적으로 천천히 처리한다고 말하고 있다. 목표설정 이론도 이에 근거하여 사람들의 업무 처리 속도는 그들이 업무를 달성하기 위해 기여해야만 하는 난이도의 수준에 따라 증가한다고 말하고 있는 것이다.

다른 인센티브의 종류도 동일한 방식으로 동기에 영향을 미친다. 돈은 가장 많이 쓰이는 인센티브다. 목표설정 이론은 개인이 과업에 높은 수준으로 몰입할 때만 높은 수준의 수행으로 동기화된다고 말하고 있다. 예를 들어, 우리는 12장에서 좋은 수행에 따른 성과급 혹은 직원들이 이익-보상의 연결성을 인식하는 것이 중요하다는 것을 확인하였다. 11장에서도 보상은 직원들의 긍정적 직무태도를 위해 공정하게 지급되어야 한다는 점이 제시되어 있다. 목표설정 이론의 관점에서 이러한 두 가지 원리와 인센티브 사용의 관련성은 명확해야만 한다. 만약 금전적 인센티브가 수행에 따른 것이 아니거나 공정하지 않을 때, 그것은 개인으로 하여금 높은 수행 목표에 몰입할 수 없게 만들 것이다. 요컨대, 형평이론과 VIE 이론의 원리에 의해 우리는 각종 인센티브의 역할을 이해할 수 있다.

인센티브와 목표에 연관된 한 가지 흥미로운 문제는 난이도 수준에서 차이 나는 목표들을 달성하는 것의 내재적 보상 가치와 관련된다. 이 문제에 관한 증거는 모두 제각각이지만, 이는 개인이 낮은 수준의 목표를 달성했다 하더라도 높은 수준의 목표를 달성한 사람만큼 행복하지 말라는 법은 없기 때문이다(Locke & Latham, 1990a, 1991). 그렇다면 낮은 수준의 목표를 설정한 개인이 애초에 계획한 것과는 달리 높은 수준의 수행을 달성했다면, 계획한 대로 높은 목표를 높은 수행으로 달성한 이들보다 더 자기만족이 강할 것이다! 정확한 결론을 내리기 위해서는 아직 많은 연구가 필요하다.

목표설정에서 참여의 역할

목표설정 과정에 직원들이 참여해야 좋을까? 직원들이 상사와 함께 업무 목표설정에 참여하면 더 높은 수준의 동기와 수행이 나타나는 원인은 많다(Mitchell, 1973). 전통적 추론은 다음과 같다. 직원들이 참여한 목표는 상사 한 명이 일방적으로 결정한 목표보다 더 힘든 목표가 될 수 있다. 더불어 목표설정 과정에 참여한 직원은 목표의 성공적 달성에 더 자아관여(ego-involvement)된다. 왜냐하면 그들이 설정하고 추구하는 목표의 형태나 수준에 책임감을 갖게 되며, 그 목표가 완수되기를 간절히 원하게 되기 때문이다. 따라서 직원들의 참여가 왜, 어떻게 이익을 가져다주는지에 대한 초기의 원인 대부분은 참여에 의한 직원들의 동기와 몰입의 효과였다(Latham, Winters, & Locke, 1994). 즉, 참여는 목표의 성공에 대한 동기와 몰입을 자극한다.

이러한 주장의 직관적 호소력에도 불구하고 연구 결과들은 제각각이다(Locke, Alavi, & Wagner, 1997; Locke & Latham, 1990a; Shetzer, 1993). 예를 들어, Latham, Mitchell과 Dossett(1978)은 참여를 통해 높은 수준의 목표를 설정한 연구원들과 기술자 집단 그리고 상사들이 목표를 설정한 비교집단이 실제 수행에 있어 유의미한 차이가 없음을 발견하였다. 게다가 또 다른 연구에서는 목표 난이도가 일정하게 유지된 집단의 수행은 목표설정에 참여한 집단과 동일한 수준의 수행을 하는 것으로 나타났다(Latham & Saari, 1979a; Latham & Steele, 1983; Latham, Steele, & Saari, 1982). 이는 비록 목표설정 과정에서 관리자의 지원이라는 역할의 정확한 본질이 다른 요인들만큼 잘 이해된 것은 아니지만(Locke et al., 1981), 아마도 목표설정의 참여보다는 관리자의 전반적 지원이 더 중요하기 때문일 수 있다(Latham & Saari, 1979b).

주로 Latham이 수행한 일련의 연구들(Locke & Latham, 1990a, pp. 154-166에서 요약됨)은 참여가 목표 관련 성과물에 큰 영향이 없을지 모른다는 증거를 보여 주고 있다. 반면, Erez와 동료들은 앞서 언급한 이론적 이유로 인해 참여가 유의미한 긍정적인 효과를 가져온다는 연구 결과들을 보고하였다(예를 들어, Erez & Arad, 1986). 조직연구에서 두 연구자들/이론가들이 서로 불일치하는 흔치 않은 상황에서 Latham과 Erez는 머리를 맞대고 자신들이 존중하는 제삼자인 Edwin Locke를 매개로 4개의 실험을 설계하였다(Latham, Erez, & Locke, 1988; Locke & Latham, 1990a, p. 163). 일련의 실험 후에 다다른 주된 결론은 다른 변인들(예를 들어, 목표 난이도나 자기효능감의 지각 정도)이 일정하게 고정된다면 할당된 목표도 참여로 설정된 목표만큼이나 동기부여에 효과가 있다는 것이다.

목표설정에서 참여의 성공적 효과에 대한 초기 가설들 중 하나는 직원들이 참여를 통해 과업 요구에 대해 더 나은 이해를 할 수 있기 때문에 높은 수준의 수행을 가져온다는 것이었다. 즉, 직원들이 목표를 달성하기 위해 해야 할 것뿐만 아니라 그 이유를 인정하기 때문이다(Latham & Saari, 1979b; Mitchell, 1973). 이러한 효과는 동기적 영향이라기보다는 인지적 영향으로 범주화되어야 한다. Latham 등(1994)의 실험연구에서 과업전략 구상에의 참여는 과업전략과 자기효능감에 대한 신념의 발달이라는 두 가지 인지적 기제를 통해 수행에 영향을 미친다고 제안하고 있다. 즉, 참여는 효과적 전략의 발달을 증진하고 이는 다시 개인의 자기효능감에 영향을 미치는 것이다.

요컨대, 참여는 과업수행에 약한 혹은 간접적 효과가 있는 것으로 보인다. 이러한 효과에 대한 동기적 및 인지적 설명과 매개변인들은 복잡한 방식으로 상호 관련이 있을 것이다. 이 분야에서의 연구는 학자들이 미묘한 매개 효과를 정확하게 측정하고 이들 사이의 인과관계를 정리하는 데 어려움을 겪기 때문에 돌아오는 실익이 줄어들지 모른다. 그러나 모든 연구에서 공통적으로 발견되는 한 가지 결과는 참여의 효과는 존재하지만 매우 강력하지는 않다는 것이다.

직원 참여의 다른 형태

우리는 직무수행과 직무태도에 대한 직원 참여의 효과들에 대해 살펴보았지만, 경영에서 직접적 목표설정에의 참여가 아닌 다른 형태의 참여가 가진 가치도 알아볼 필요가 있다. Cotton, Vollrath, Froggatt, Lengnick-Hall과 Jennings(1988)는 직원들의 소유권이나 의사결정에의 직접적 참여 혹은 기타 다양한 형태의 부분적 및 간접적 참여와 같은 기법을 포함해서 여러 형태의 '참여'를 서술함으로써 논쟁을 일으켰다.

자신들의 연구를 바탕으로 Cotton 등(1988)은 참여 형태가 달라지면 조직과 개인의 성과도 달라질 수 있다는 결론을 내렸다. 이 논쟁을 세세하게 언급하기 전에, Wagner(1994)는 메타연구를 실시하여 관련된 다른 학자들의 결과물들을 통합하였다. 그가 내린 전반적 결론은 다음과 같다. 참여적 관리의 실천은 성과변인에 작지만 통계적으로 유의미한 효과가 있었으나, 효과의 크기는 사실상 중요하지 않았다. Wagner는 참여에 대한 관심을 발전시킨 다른 그 어떤 연구자의 '진영'에도 소속되어 있지 않았기 때문에 그의 결론은 대체로 설득적이라고 할 수 있다. 그의 결론은 상당히 독립적이고 공정한 것으로 보이는데, 그에 따르면 참여를 정당화시키는 전통적이고 이론적인 논리에도 불구하고, 어떠한 형태로든 참여가 직무를 이루는 데 필요한 자원으로서의 일반적 가치를 지니고 있지는 않다. 이 장의 마지막에서는 지난 40년간 직원 참여의 공식 프로그램으로 가장 널리 쓰이고 있는 목표관리에 대해 알아볼 것이다.

목표설정에서 피드백의 역할

피드백은 정보다. 목표설정과 수행 결정 과정에서 피드백이 개인에게 제공될 때, 또는 개인이 자신만의 수단으로 피드백을 얻을 때 피드백은 목표와 상호작용하여 수행의 수준을 결정한다. 초기의 목표설정 연구에서 Locke와 동료들은 높은 수준의 수행을 유지하기 위해 목표뿐 아니라 목표에 대비된 수행에 관한 피드백이 필요하다고 결론지었다. 즉, 피드백 제공과 목표설정은 단독으로 사용되었을 때보다 함께 사용되었을 때 더 높은 수행을 동기화하는 데 효과적이다(Locke et al., 1981; 또한 Bandura

& Cervone, 1983; Latham & Locke, 1991도 보라). 그렇다면 그것들은 어떻게 함께 작용하는 것일까?

Latham과 Locke(1991)는 목표와 피드백의 통합 작용을 다음과 같이 기술하였다.

> 목표란 사람들이 초점을 두는 대상이나 성과일 뿐만 아니라 자신의 수행을 평가하기 위한 기준이다. 피드백은 개인에게 그러한 기준이 충족되는 정도에 관한 정보를 제공한다. 만약 수행이 충족되었거나 기준을 넘어섰다면 수행은 (결국에는 기준이 다시 높아지겠지만) 일반적으로 유지될 것이다. 그리고 만약 수행이 기준에 못 미친다면 다음과 같은 경우의 정도에 따라 차후 개선이 뒤따를 것이다. (a) 개인이 수행 수준에 만족을 못하거나 앞으로도 만족하지 않을 것이라 기대하는 정도. (b) 개인이 높은 수준의 자기효능감을 지니고 있는 정도. 즉, 자신의 능력을 증진시키는 데 대한 확신의 정도. (c) 개인이 과거의 수행을 증진시키기 위해 목표를 설정하는 정도.
>
> (Latham & Locke, 1991, p. 226)

긍정적 피드백이 개인의 동기에 상당한 영향을 미치기 때문에 개인은 성공을 가져오는 것은 자신의 능력과 노력임을 믿는 것이 중요하다(Thomas & Mathieu, 1994). 목표지향적 행동의 성과가 자신의 책임이라 믿을 때 만족은 더 커지며, 운이나 타인의 영향 같은 외부 요인이 성공에 관련되었다고 믿을 때보다 피드백이 자기효능감에 미치는 영향이 더 크다. 그러므로 개인이 받는 피드백에 포함된 미묘한 의미는 특히 중요하다(Thomas & Mathieu, 1994).

왜 목표설정이 효과가 있는가

목표설정은 왜 동기부여 전략으로서 효과적일까? 1장에서 언급된 동기는 행동의 각성, 방향, 진폭(즉, 노력 수준), 기간(즉, 지속성)을 설명하기 위해 사용되었다. 목표설정의 기본 원리와 동기의 이런 측면이 어떻게 관련되는지는 다음과 같다(Latham, 2003; Locke et al., 1981을 보라).

첫째, 목표들, 특히 상위 수준의 목표들은 각성과 에너지의 원천을 제공하면서 개인의 감정에 소구할 수 있다. 목표는 또한 주의와 행위에 방향을 제시한다. 목표는 의도적 행동의 대상을 알려 주고(Ajzen & Fishbein, 1977), 만약 목표가 상세히 언급된다면 개인의 노력의 초점은 뚜렷해진다. 어떤 목표에 도달할 때, 사람들은 도전감과 성취감을 느낄 수 있다. 목표의 성공은 성취감을 제공할 뿐 아니라 목표 달성은 바람직한 보상이나 성과와 연결된다. 마찬가지로, 목표를 어렵게 만드는 필요조건은 동기 개념의 노력 수준이나 지속성 측면과 직접 연관되어 있다. 만약 목표가 어렵다면 일반적으로 더 많은 노력과 더 긴 시간이 요구된다. 지속성에 속하는 하나의 요소는 방해물에도 불구하고 목표를 획득하기 위해 노력의 중단을 거부하고자 하는 끈기라 할 수 있다. Latham과 Locke(1991)는 목표 자체의 어려움과 마찬가지로 몰입이 끈기에 기여하는 하나의 요인이라고 믿었다.

마지막으로, Locke와 Latham(2004)은 네 번째 설명을 제공하였다. 그들은 목표설정이 일반적으로 과업 관련 전략의 개발을 필요로 한다는 것에 주목하였다. 즉, 사람들이 목표를 염두에 둘 때, 특히 목표가 어렵다면 그들은 이를 달성하기 위한 수단도 고려해야만 한다는 것이다. 예를 들어, 앞서 언급한 트럭 운전사들이 그들의 트럭에 적재할 수 있는 양보다 더 많은 목표를 설정한다는 연구(Latham & Blades, 1975)에서, 많은 트럭 운전사들은 더 많은 목재를 실어 나르기 위해 트럭 개조에 관한 제안에 몰두하였다. 어려운 과업이 쉬운 과업보다 더 많은 전략을 개발시킬 수 있다. 마찬가지로, 과업이 구체적일수록 사람들은 이를 성취하기 위해 세부적 기술을 고안하게 된다. 따라서 학습 목표의 성취는 향후 성공적인 목표 달성에 기여하는 자기효능감 지각에 기여한다.

목표설정과 합리적 행위 이론

9장에서 Fishbein과 Ajzen(1975)에 따르면, 지각은 신념에 영향을 끼치며, 이는 다시 평가적 태도를 가져온다. 그러나 여러 요인들에 작용하기 때문에 이러한 태도가 행동 의도를 낳을지는 불확실하다. 그럼에도 불구하고, 지각, 신념, 태도 및 행동 의도를 연결하는 인과적 고리에서, 일단 형성된 의도는 확실히 행동과 가장 밀접하게 연결된 인지적 요소다. 사실, 다른 요인들(지각, 신념 및 태도)이 의도 형성에 기여한다고 볼 수도 있으나, 불완전하다(Mento et al., 1980을 참고하라).

다시 말하면, 신념과 태도는 의도의 발달에 기여하지만, 이것들은 의도를 완전히

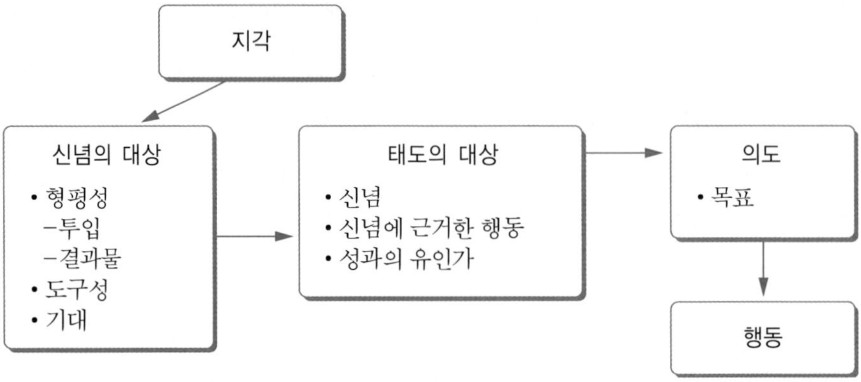

[그림 13-2] 세 가지 인지이론에 있는 신념, 태도 및 의도의 관계에 대한 요약

형성하거나 결정짓지 못한다는 것이다. 그러므로 신념과 태도가 오로지 부분적으로만 개인의 의도와 연관되어 있기 때문에(9장에서 이에 대한 이유가 언급되어 있다), 행동을 예측하는 데 의도만큼 효과적이지는 못할 것이다. 이 장의 앞쪽에서 지적한 요점을 다시 반복하자면, 형평이론이나 VIE 이론과 같이 신념과 태도(단순히 의도의 예측 변인)에 의존하는 이론들은 행동 예측의 출발점으로서 의도 자체를 다루는 목표설정 이론만큼 타당하지 못할 수 있다.

세 가지 인지이론(형평이론, VIE 이론, 목표설정 이론)에서 나온 지각, 신념, 태도, 의도 그리고 직무행동의 연결이 [그림 13-2]에 제시되어 있다(이 연결의 더 완벽한 논의를 위해 9장을 참고하라). 간단히 말해, [그림 13-2]에 제시된 관계를 검증하는 것은 마지막 2개의 장에 나와 있는 이론들의 제한된 잠재적 예측력과 탐색력을 설명하는 데 유용하며, 왜 목표설정 이론이 비교적 더 나은 이론인지를 설명해 준다.

목표설정 방법: SMART 목표의 특성

Latham(2003)은 무엇보다 목표는 구체적이고(specific), 측정 가능하고(measurable), 달성 가능하고(attainable), 적절하며(relevant), 기간(timeframe)이 주어져야 한다고 서술하였다. 즉, 목표는 'SMART' 해야 한다. 우리는 이미 과업 구체성과 관련된 이론과 증거에 대해 다루었으며, 따라서 이에 대한 면밀한 검토는 생략하겠다. 측정도 중요하다. 따라서 목표에 대해서 최소한 성공/실패라는 이분법적 확신이라도 있어야 한다. 목표설정에 따른 경영 원리는 채택된 목표가 타당한 방식으로 측정되며, 이러한 측정이 보상 분배의 주요 근거가 되어야 한다는 것을 확신시킨다(12장의 VIE 이론으로부터 나온 도구성으로 수렴됨을 유념하기 바란다).

목표는 달성 가능해야 한다. 만약 개인이 목표가 성취될 것이라는 신념이 적거나 아예 없다면 목표 추구에 대한 노력과 몰입은 없을 것이다. 여기서 자기효능감이 중요하다. 마찬가지로 목표도 적절하거나 적절해 보여야 한다. 만약 제시된 목표가 자꾸 바뀌거나 조직 내 다른 이들의 목표와 관련성이 없다면 몰입에 문제가 생길 것이다. 마지막으로 시간은 필수다. 시간 개념이 모호한 목표는 구체성이라는 핵심을 잃어버린 것과 같다. 9장에서 합리적 행위 이론에 의하면 구체성에서 특히 시간은 의도가 노력으로 이어질 가능성을 증가시켜 준다고 나와 있다.

목표설정 이론에 대한 초기의 비판과 이에 대한 개선

그럼에도 불구하고, 사회과학에서 널리 알려져 있고 탄탄한 이론들은 결점과 제한점을 찾으려는 비평가들과 학자들의 면밀한 검토와 빈번한 공격의 대상이 된다. 이는 이론을 더욱 진전시키는 하나의 방식이라고 할 수 있다(2장을 기억하라). 지난 20년간 가장 성공한 직무동기 이론들 중 하나인 목표설정 이론도 예외는 아니다.

이론의 범위와 철학적 토대

초기 목표설정 이론과 연구에 대한 가장 철저한 비판은 Austin과 Bobko(1985)로부터 나왔다. 무엇보다도 이들은 목표설정 연구가 논리실증주의에 의해서만 발전되어 왔고, 다른 여타 접근 방식의 지식 축적은 멀리했다고 지적했다. 그들은 목표설정이 "편협하고, 1차원적인" 세계관으로부터 나왔으며(p. 290) 다른 폭넓은 접근 방식, 특히 구성주의적(constructionist) 개념에 대한 이해를 기반으로 더 발전될 수 있다고 언급하였다.

특히, 그들은 다른 방식의 과학철학을 지지하는 Royce(1975)를 인용하면서, 간명한 이론은 인간 행동의 복잡성을 표현하기에 부적절하며, 좀 더 완전한 견해를 위해 복잡한 '다원주의'가 필요하며, 역설과 모순에 대해 관대해야 한다고 말하였다. Austin

과 Bobko는 다음과 같이 지적하였다.

> 목표설정에 대한 문헌들은 대부분 단기간의 실험실 실험을 통해 보고된 연구로 이루어져 있으며, 이는 가능한 종속 측정치의 범위를 제한한 것이다. 연구자들은 목표설정 이론의 변인들의 확장을 시도하기보다는 실제적 입증만을 중요시했다.
>
> (Austin & Bobko, 1985, p. 290)

그래서 Austin과 Bobko는 목표설정 이론의 연구자들이 이론의 제한점들에 대한 탐색에 실패했다고 결론지었다. 이는 하나의 현상을 다룰 때 비교적 높은 지위를 누리는 이론에 대한 비난치고는 상당히 신랄하다고 볼 수 있다.

구체적인 예를 들어 보면, Austin과 Bobko(1985)는 적어도 1980년대 초반까지 이론의 초점이 일차원적인 양적 (수행) 목표에 맞추어져 있었다고 지적했다. 또한 양적 목표와 질적 목표는 충돌을 일으킬 수 있다는 이유로 질적 목표 혹은 다차원적 목표는 무시되었다고 언급했다. (예를 들어, 어떤 사람이 거실에 페인트를 빨리 칠할수록, 우리가 기대할 수 있는 작업의 질은 나쁠 것이다.) 게다가 이론의 초점은 오랫동안 집단 수준의 목표보다는 개인 수준에만 맞추어져 왔다. 마지막으로, 그들은 목표설정 연구가 실제 상황의 조직 장면이 아닌 엄격히 통제된 실험실에서만 주로 시행되었다는 점에 대해서도 비판했다.

과업 복잡성과 새로움

다른 초기 연구자들과 비평가들은 개인이 업무를 복잡하거나 새롭다고(novelty) 지각한 상황에서는 본래의 간단한 목표설정 원리가 적용되지 않음을 발견하였다(예를 들어, Campbell, 1984, 1988; Campbell & Gingrich, 1986; Earley, Connelly, & Ekegren, 1989; Wood et al., 1987). 예를 들어, Earley 등(1989)의 실험연구에서는 어렵고 구체적인 목표를 할당받은 사람들이 일하기에 가장 나빴으며, 차라리 과업이 새로우면서 복잡하다면 단순히 '최선을 다하라'고 하는 것이 더 적절하다는 것이 밝혀졌다.

비판에 대한 응답

사실, 사회과학과 행동과학에서의 비판은 그다지 신랄하지 않았고, 1980년대 중반부터 나타난 연구와 개선의 증거들은 대부분의 비판들이 방법론적으로 엄격히 다루어졌음을 보여 주고 있다. 예를 들어, 개인의 복합적 목표 사이의 충돌에 대해 Locke, Smith, Erez, Chah와 Schaffer(1994)는 2개의 연구를 보고하였다. 하나는 대학생들을 대상으로 한 실험연구였으며, 다른 하나는 교수들의 연구 실적에 대한 현장연구였다. 이 두 연구를 바탕으로 Locke와 동료들(1994)은 상충되는 목표(예를 들어, 생산의 양과 질 사이의 딜레마, 연구에 대한 목표와 강의에 대한 목표 사이의 딜레마)는 사람에게 압박을 줄 수 있으며, 이는 염두에 둔 수행 목표 중 하나에 부정적인 효과를 줄 수 있다고 결론지었다.

마찬가지로, 과도한 실험실 실험 의존에 대한 반박으로 Locke와 Latham(1990a)은 실험연구와 현장연구의 비율을 산출하여 보고하였다. (사실, 그 당시 실험연구와 현장연구는 각각 239개와 156개였지만, 과업 다양성은 53 대 35로 실험연구에서보다 현장연구에서 더 컸다.)

과업 복잡성, 학습 그리고 수행 목표

복잡하고 익숙하지 않은 과업에 대한 목표설정의 적절성 문제에 대해 반응하여 Wood와 Locke(1990)는 과업 복잡성을 연구하였다. 그들의 제안에 따르면, 과업이 복잡해질수록 앞에서 언급한 단순한 초점화 기제(focusing mechanism)(즉, 주의의 초점, 구체적 에너지의 몰두, 지속성)는 목표 추구 행동을 설명하는 데 부적절해진다. 과업이 복잡하고 새로울수록 개인은 Wood와 Locke가 말한 소위 "기억에 저장된 보편적 계획"이나 "기억에 저장된 과업 특정적 계획"(과업이나 도전에 대해 과거에 학습한 전략들)에 더 이상 의지할 수가 없다는 것이다. 따라서 과업 복잡성은 개인으로 하여금 새로운 과업 특정적 계획(업무를 완수하기 위한 새로운 방식)의 개발을 필요로 한다. 기억에 저장된 보편적 계획은 심지어 아침에 직장으로 출근하기 위해 운전을 하는 것이나 이를 닦는 것과 같은 일상적 활동과 같다. 반면, 보편적 과업 특정적 계획은 특별한 소프트웨어 프로그램 조작과 같은 기술 개발을 수반한다. 요컨대, 과업 복잡성과 새로움은 이러한 일상적 형태를 띤 학습된 활동을 무의미하게 만들거나 심지어 역기능적으로 만든다. 따라서 개인은 Wood와 Locke(1990)가 말하는 새로운 과업 특정적 계획, 즉 새로운 행동 방식을 발견해야만 한다.

복잡한 과업에 대한 전략과 목표의 합동 효과는 다음과 같은 과정을 통해 검증되었다(Chesney & Locke, 1991). 대학생들을 대상으로 컴퓨터를 기반으로 한 비즈니스 게임을 이용하여 전략 개발과 목표 둘 다 게임 수행에 대해 긍정적 효과가 있는 것으로 나타났으며, 이 중에서 전략의 효과크기가 더 컸다. 더구나, 목표가 어려울수록 전략 사용을 더 증가시켰으며, 따라서 목표 난이도는 전략 과정을 통해 수행에 대한 직접효과와 간접효과 모두를 지니고 있다(Chesney & Locke, 1991).

전략의 개발이 요구될 때 학습이 뒤따른다. 또한 개인은 시행착오나 여타 여러 방법들을 통해 과업을 결정지으려고 한다. 학습에 대한 이야기를 하자면, 일단 우리는 학습이 일어난 후의 결과에 대해 고려해 볼 수 있다. 강의/학습 상황에서 한 가지 결정 변인은 연습이 집중적으로 한 번의 기간에 발생했는지 여부, 또는 많은 연습이 휴지기로 분할된 여러 번의 기간 동안 일어났는지 여부다(Dempster, 1988, 1989).

이 문제를 연구하기 위해 Kanfer, Ackerman, Murtha, Dugdale와 Nelson(1994)은 심리학과 학생들을 대상으로 비행조정 시뮬레이션 과업을 이용하여 '최선을 다하라'는 목표를 지닌 집단과 구체적이고 어려운 목표를 할당받은 집단을 비교하였다. 또한 그들에게 휴식을 간간히 취하게 하거나 단기간에 집중적으로 과업을 학습시키는 조작을 가하였다. 예상대로 학생들 중 구체적이고 어려운 과업을 지닌 집단은 학습과 수행 연습 동안 휴식을 제공받았을 때만 높은 수준의 수행을 보였으며, 휴식 없이 학습과 수행을 요구받은 이들은 훨씬 낮은 수행을 보였다.

목표의 유형

수행 목표

이는 개인이 성취하고자 하는 목표의 본질에 대한 의문을 제기했다. 성과 목표[3]는 "성취하고자 하는 어떤 것의 특정한 양이나 질에 대한 주의"(예를 들어, 시간당 세 그루 나무의 가지를 치자는 목표)(Winters & Latham, 1996)에 초점을 둔다. 이러한 종류의 목표

3) 성과 목표는 현재 일반적으로 과업수행 목표 또는 줄여서 수행 목표로 불린다.

는 대부분 초기의 목표설정 연구와 간단하고 일상적인 과업에서 사용되어 왔다.

학습 목표

그러나 새로운 과업 상황에서는 대안적 목표인 "개인이 자신의 역량을 증진시키기 위한, 즉 새로운 것을 이해하거나 숙달하기 위한" **학습 목표**의 중요성이 대두된다(Dwek, 1986, p. 1040). 학습 목표를 성취하기 위해 적어도 처음에는 "과업을 숙달하기 위한 필수 지식이 부족한 상황에서 수행을 증가시켜야만 한다. 그래야만 과업 성과의 획득이 아닌 전략 개발에 있어서의 과업 절차로 초점을 돌릴 수 있기 때문이다." (Winters & Latham, 1996) 개인이 과업에 익숙하지 않을 때 성과 목표에 대한 초점은 역기능적일 수 있다. 이러한 경우 학습 목표가 더 적절하며, 일단 학습 목표가 성취되면 다음 상황의 수행을 용이하게 만들 것이다. Latham, Seijts와 Crim(2006, p. 4)은 다음과 같이 말했다.

> 수행 목표와 학습 목표의 결정적 차이점은 지시의 구성이다. 상사는 수행 목표를 지니고 직원의 목표를 구성하기 때문에 직원은 수행 성과에 초점을 두게 된다(예를 들어, 10% 비용 삭감). 여기서 목표 획득을 위한 정보 탐색은 강조되지 않는다. 그 이유는 개인이 이미 지식, 기술 및 능력을 보유하고 있다고 간주되기 때문이다. … 수행 목표는 직원이 기존의 전략이나 기술에 의지하는 단서가 된다.

수행 목표와 대조적으로 학습 목표는 개인의 초점을 바꾸도록 만든다. 수행에 필요한 필수 전략이나 행동을 모르기 때문에 상사의 지시가 개인으로 하여금 지식이나 기술의 습득에 초점을 두도록 구성된다(예를 들어, 시장점유율을 증가시킬 다섯 가지 구체적 방안을 찾는 목표). 따라서 학습 목표는 명시적으로 개인의 수행을 증가시키기 위한 적절한 전략을 탐색하고 이행하도록 만든다. 요컨대, 수행 목표는 개인의 최종 결과에 초점을 맞추고 있으며, 학습 목표는 효과적인 과업수행 방법의 발견 또는 학습 과정에 초점이 맞추어져 있다.

학습 지향과 과업 지향

교육심리학 연구의 기반을 세우면서(Dwek, 1986), Seijts와 동료들(Seijts & Latham,

2005; Seijts, Latham, Tasa, & Latham, 2004), VandeWalle, Brown, Cron과 Slocum(1999)은 직무동기 분야에 **학습 지향**(반대 개념은 과업 지향)의 개념뿐 아니라, **학습 목표**와 **수행 목표**의 차이점을 도입하였다. 학습과 수행에 대한 지향성은 본질적으로 특질이나 개인의 성향과 같은 개인적 선호도처럼 보일 수도 있다. "목표지향성은 사람들이 어떤 과업을 선택하는지만 예측하고 설명하는 것이 아니라, 대단한 노력이나 끈기가 아니라 지식이나 능력의 획득이 복잡한 과업에서 뛰어난 수행을 위한 전제조건일 때 사람들이 어떻게 행동해야 하는가도 예측하고 설명한다." (Seijts et al., 2004)

목표지향성이 외향성, 정서적 안정성, 경험에 대한 개방성, 호감성, 성실성과 같은 다른 성격 특질[Barrick, Mount & Strauss, 1993가 제안한 소위 '5요인(Big 5)']과 연관되는 연구가 진행되는 동안, Zweig와 Webster(2004)의 연구는 목표지향성이 개념적으로나 경험적으로 이러한 변인들과는 구분된다는 가설에 더 무게를 실었다. 사실, 그들은 목표지향성이 성격과 수행 의도의 관계를 매개할 수 있다는 것을 발견하였다. 목표 난이도와 (과업) 목표 수행 사이의 관계에서 관찰할 수 있는 것처럼, Latham 등(2006)이 수행한 연구는 학습 목표의 난이도와 개인의 과업수행 사이에 정적 관계가 있음을 제시했다. 이유는 무엇일까? "개인이 목표 달성에 몰입되어 있다면, 목표설정 이론과 일관되게, 목표가 어려울수록 더 많은 노력과 적절한 전략의 탐색을 가져온다." (Latham et al., 2006, p. 7)

Van Yperen과 Janssen(2002)의 또 다른 연구는 직원의 목표지향성이 방정식에 도입되면 높은 직무요구와 직무만족 사이의 전통적 관계가 바뀐다는 것을 발견했다. 즉, 그들의 발견에 따르면, 개인의 수행 지향성이 강하고 상대적으로 숙달 지향성이 낮다면, 직무 요구의 지각은 직무만족을 감소시킨다. 북아메리카 산업체들로부터 나온 Latham(2003), Seijts와 Latham(2005), Noel과 Latham(2006)의 최근 보고서들은 학습 목표와 수행 목표의 적절한 사용 및 조합에 대한 많은 예시를 제공했다.

여기서의 요점은 직무동기에 전념한 조직과학의 역사 속에서 지난 35년간의 연구 프로그램들은 관점을 넓히고, 기법을 개선하고, 연구자들의 의견과 맞지 않은 비판에 응답하기 위해 지속되고 있으며, 이는 매우 인상적이라고 할 수 있다.

성격차와 목표설정 과정

앞에서 언급했듯이, Locke와 Latham이 목표설정 이론을 제안한 이후 오랫동안 모형 내 개인차 변인에 대해서는 거의 연구가 이루어지지 않았다(Austin & Bobko, 1985). 따라서 구체적이고 어려운 목표의 효과는 모든 성격 유형과 성향에 일반적으로 적용되는 것으로 가정되었다.

결국 시간이 지나 Barrick 등(1993)은 목표설정 연구에 널리 알려진 성격변인—성실성(conscientiousness)—을 도입했다. 그들은 성실성 수준이 높은 판매원들이 목표에 더 몰입하고 성취한다는 것을 제시하였다. 최근의 심리학 연구와 이론(Digman, 1990)에서 등장한 소위 '5요인'[4] 중 하나라고 알려진 성실성은 책임감이 강하고, 믿음직스러우며, 계획적이고, 조직적이고, 끈기 있으며, 성취 지향적임(7장의 성취 지향성에 대한 내용을 다시 확인해 보도록 하자)을 의미한다.

Barrick과 동료들(1993)은 Borman, White, Pulakos와 Oppler(1991)에 의해 제안된 '능력(can do)'과 '의욕(will do)' 모형을 기반으로 목표몰입의 기원을 설명하고자 하였다. 무엇보다도 목표설정 이론이 가정하는 초기의 공식을 다시 한 번 확인해 보면, 구체적이고 어려운 목표는 사람들이 이에 몰입했을 때만 효과를 지닌다. 어느 정도는 유전(Digman, 1990)에 의해 나타나는 인간의 성격에서 성실성 요인은 어떤 이들이 목표에 몰입할 준비가 더 되어 있는지에 대한 이유를 설명할 수 있을 것이다. 사실, 대학생들을 대상으로 한 Colquitt과 Simmering(1998)의 연구에서 6주간의 코스 초반뿐만 아니라 중간고사 이후에도 성실성과 학습 지향성 모두 학습동기와 정적 연관성이 있었다. 이에 비해 수행 지향성은 두 시점 모두 학습동기에 부적으로 연관되어 있었다.

여기서 주의할 점이 있다. 연구자와 이론가들이 방정식에 더 많은 변인을 추가함으로써 목표설정 이론과 같은 직무동기 이론을 오랫동안 추구하다 보면 일종의 동어반복이 발생할 수 있다는 것이다. 예를 들면, 우리는 다음과 같은 순환에 빠지지 않도록 주의해야만 한다. 성실한 사람들은 목표에 더 몰입한다. 성실성은 조직적이고, 믿

4) '5요인' 성격 요인은 외향성, 호감성, 정서적 안정성, 경험에 대한 개방성, 성실성으로 이루어져 있다(Digman, 1990). Mount와 Barrick(1995)의 연구에서는 인적자원 관리의 이론과 실제를 위해 성격변인 분류체계의 적절성이 요약되어 있다.

음직스러우며, 전략적이라는 특질을 수반한다. 여기서 의문점이 생긴다. 즉, 성실성은 목표에 대한 개인의 몰입 경향을 설명하는 독립적인 원인 요인인가, 아니면 목표몰입 경향은 성실성 자체를 규정하는 특징에 불과한가? 어떤 이들은 목표몰입 경향성을 성격 특질의 결과로 보기도 하는 반면, 다른 이들은 이를 개인의 성격변인 패턴의 한 부분으로 보기도 한다. 사실, 우리가 한 것의 전부가 목표몰입의 잠정적 원인 변인으로 그것을 정의할 때 우리가 주의를 기울이지 않는다면, 우리는 그 두 가지 가능성을 혼동하고 목표몰입 같은 현상을 설명했다는 잘못된 신념을 가질 것이다. 만약 성실성의 정의가 목표몰입 경향성과 유사하지 않았다면, 우리는 목표몰입의 원인에 대해 어떤 것을 알았다고 믿을 이유가 더 많을 것이다.[5]

이러한 논리적으로 가능한 문제점들을 제쳐 두고서라도, 성취욕구(3장을 보라)가 목표몰입을 더 가능하게 하는 경향성을 지녔다는 Barrick 등(1993)에 의해 제시된 다른 증거들도 있다. 대학생들을 대상으로 한 Hollenbeck, Williams와 Klein(1989)의 흥미로운 실험에서는 성취동기가 높은 사람들(또한 내적 통제 소재를 지닌 이들)이 목표에 더 몰입한다는 것을 발견하였다. 또한 Hollenbeck 등(1989)은 사람들이 목표를 여러 사람들에게 공개할 때 목표에 더 몰입할 것임을 발견하였다(Salancik, 1977을 참고하라).

자기효능감과의 관련성

자기효능감의 개념은 이 책에서 이미 많이 언급되었다(특히, 6장, 7장, 12장을 보라). 점증하는 목표설정 이론의 연구들과 자기효능감 연구는 불가분의 관계를 가지고 있다. Latham과 Locke(1991, pp. 220-221)에 따르면, 자기효능감은 어떤 과업에서 사람들이 높은 수행을 할 수 있도록 하는 모든 요인들을 포함한다는 면에서(예를 들어, 적응성, 창의성, 풍부한 지략, 복잡한 행동 순서를 조직할 수 있다는 지각된 능력) 자기효능감은 기대이론에서 "노력-수행 기대보다 의미상 더 넓다." (12장에서 다룬 노력과 수행에

5) 널리 알려진 직무설계의 직무특성 모형(Oldham & Hackman, 1980)을 비판한 Roberts와 Glick(1981)의 직무동기 연구에서도 유사한 문제점이 정리되어 있다. 이들은 이 모형의 '원인' 요소를 측정하는 도구 내 몇몇 문항이 모형에서 다른 변인을 측정하는 문항과 동일하다는 점을 지적하였다. 따라서 직무특성과 직무태도의 개념과 측정이 어느 정도까지는 동일하다는 점을 바탕으로 Roberts와 Glick은 '지각된 직무특성'이 직무태도와 상관을 갖는 것은 놀라운 일이 아니라는 점을 지적하였다.

대한 내용을 참조하기 바란다.) 자기효능감은 동기 수준을 높임으로써 수행에 직접적인 효과를 미칠 뿐 아니라, 사람들의 목표 선택과 목표에 대한 몰입에 영향을 미치는 간접적 효과도 가지는 것으로 여겨진다. 즉, 자기효능감이 높은 이들은 더 어려운 목표를 수용하고, 더 목표에 몰입하며, 목표를 성취하기 위해 더 강도 있게 일을 하기 때문에 높은 수준의 수행을 한다(Locke & Latham, 1990a, 2002를 보라).

목표설정 이론을 위한 새로운 방향

목표설정 이론은 40년의 역사를 지녔으며(Locke & Latham, 2002를 보라) 직무동기에 대한 가장 영향력 있고 가치 있는 유용한 현대 이론이다. 이론의 지지자들은 지속적으로 이론적 및 응용적 경계를 넓혀 나가고 있다. 그들의 노력은 어디까지 계속될 수 있을까?

한 가지 흥미로운 주제는 정서적 경험이 목표설정과 연관되어 있다는 것이다. 이 책의 4장 등에서 보았듯이, 정서와 정서성은 심리학과 조직행동에서 새롭게 관심을 받고 있는 영역이다. 몇 가지 가설이 존재하기는 하지만 아직까지는 정서가 목표설정과 연관된 여러 현상과 어떻게 관련되어 있는지는 알려진 바가 거의 없다. 예를 들어, Latham(2003)은 20세기의 널리 알려진 예를 통해 상위 수준의 목표(예를 들어, 제2차 세계대전 암흑기 동안 영국의 방어)가 일반적인 대규모 목표를 창출하고 고수하도록 사람들에게 필요한 에너지를 각성시킬 수 있는 감정적 요소를 가지고 있다는 것을 주장하고 있다.

그렇다면 목표설정 과정에 어떤 종류의 감정들이 연관되어 있을까? 공포, 불안, 즐거움? 어떤 종류의 정서 상태가 목표 난이도 선택이나 목표몰입 정도에 영향을 끼칠까? 목표설정에서 참여와 관련된 정서적 경험은 무엇일까? 목표설정의 권한을 개인에게 위임했을 때 혹은 그 개인의 권한을 제거했을 때 어떻게 느끼게 될까? 피드백(피드백 탐색, 긍정적 피드백 혹은 부정적 피드백의 수용)은 일반적으로 어떤 정서를 동반할까? 긍정적 감정 또는 **긍정적 정서성**(4장)이라는 특질은 목표결정, 참여, 피드백 추구, 피드백 수용, 몰입 역동성 및 목표 달성 경험 등을 포함하는 목표설정의 어떤 단계와 과정에 영향을 주는가? 기존의 통제이론(예를 들어, Carver & Scheier, 1990a, 1990b)과 다시 각광받고 있는 인간의 만족의 본질에 대한 연구(12장을 보라)의 이론가와 연구자들이 목표 관련 절차의 효과에 대한 몇몇 연구를 보고하였다. 그러나 목표설정 이론의 체계적 확장은 전반적 목표 경험의 여러 단계로 정서성을 통합하는 더 많은 연구를 필요로 한다.

목표설정 연구에 대한 두 번째 영역은 좌절을 다룬다. 목표성취에 실패하면 어떻게 느끼게 될까? Martin, Tesser와 McIntosh(1993)의 초기 연구는 ('수동적이고' '동기화된' 행동, 우울 및 반추와 같은) 몇 가지 단서를 제공하였다. 여기에서 다시 몇 가지 흥미로운 이론적 기초가 제시되었으며, 현재는 연구를 완성하고 확장하는 실증적 연구를 할 때다.

Locke와 Latham(2002)은 자신들의 연구를 요약하면서 향후 유용한 것으로 보이는 방향을 제시했다. 하나는 학습 목표와 수행 목표의 동시 사용이다. 이 단계의 연구는 개인이 각각을 어떻게 추구해야 할지에 대해서 강조하고 있으나, 사람들이 복잡한 과업을 추구함에 따라 그 두 가지 목표가 동시에 또는 연속적으로 이용될 수 있다고 가정하는 것이 합리적인 것 같다. 그들이 확인한 두 번째 영역은 위험과 위험전략이 목표 수행과 어떻게 상호작용하는가다. 성격이나 특질 개념의 역할에 대해 더 많은 연구가 요구되고 있다. 이는 (수행 목표이든 학습 목표이든) 목표가 너무나 강력해서 성격 차이의 효과를 가릴 수 있기 때문이다. 사실, 최근 연구에서 목표설정은 개인의 수행에 대해 속임수나 왜곡의 메커니즘을 통한 비윤리적 행동을 동기화시킬 수 있다는 것이 발견되었다(Schweitzer, Ordonez, & Douma, 2004). 마지막으로, Locke와 Latham(2002)은 인간 행동의 멀리 있는 근원인 잠재의식의 효과에 대한 연구도 이루어질 수 있음을 인식하였다.

요약, 결론 및 훑어보기

본 저자는 초기에 집필한 책(Pinder, 1984)과 이 책의 이전 판(Pinder, 1998)을 통해 "과업수행에 대한 목표설정의 효과는 심리학 연구에서 가장 굳건한 발견 중 하나다." (Locke et al., 1981, p. 145)라는 Locke와 동료들의 주장에 동의하였다. Locke와 동료들이 25년 전에 주장했을 때(또한 Latham & Pinder, 2005도 보라)와 마찬가지로, 새천년 초기인 오늘날에도 이러한 관점은 동일하다. VIE 이론과 같이 목표설정 이론은 확실히 '성숙된 이론'이며, 주요 가설들과 함께 연관된 주효과들은 확실히 자리매김하였다. 이러한 이론적 우아함은 흔치 않으며, 이론이 처음 등장한 1960년대보다 더 많아진 핵심 연구자들에 의해 그러한 우아함은 더 증가하고 있다. 또한 응용적 유용성도 명확하다.

목표설정에 대한 논의를 끝내기 전에, 다시 한 번 언급할 가치가 있는 것은 이 이론이 이 책을 통해 제시된 다른 여러 이론들(아직 제시되지 않은 접근법과 기술들도 포함하여)을 통합하는 데 필요한 잠재력을 가지고 있다는 것이다. Ryan(1970)의 이론은 자극 상황을 해석하기 위해 사람들이 발달시키는 레퍼토리를 결정할 때 욕구의 중요한 역할을 제안하였다. 마찬가지로, Ajzen과 Fishbein(1977) 그리고 Fishbein과 Ajzen(1975)의 연구에서는 신념과 태도에 의존하는 인지이론(예를 들어, 형평이론과 VIE 이론)이 행동을 어떻게 설명하는지에 대해 제시하였다. 이들 연구의 주요 기능은 행동의 직접적 예측이 아니라 의도를 예측하는 기반을 제공했다는 점이다.

직원들의 의도에 명확한 영향력을 끼치기 위한 관리 프로그램이 신념과 태도에 영향력을 끼치는 프로그램보다 행동에 효과가 더 커야 함은 마땅한 일이다. 이러한 점이 적용된 이론적 가치에 대한 증거는 계속 축적되고 있다. 예를 들어, 미국의 대기업을 대상으로 한 어떤 조사는 조직의 이익과 목표설정 이용 사이에 작지만 통계적으로 유의미한 상관을 발견하였다(Terpstra & Rozell, 1994). 연구자들은 *Dun's Business Rankings*에 나온 1,000곳의 기업에 설문을 보냈고, 그중 201곳으로부터 회신을 받았다. 그들은 'Locke의 목표설정 이론'의 사용 여부에 대한 경영진의 응답에 대해 기업의 이익과 연평균 이익 성장률을 비교하였다. 회신을 한 기업들 중 61%가 목표설정을 사용한다고 응답하였으며, 두 재무지표에 대한 목표설정의 상관은 산업마다 다르기는 하지만 .10에서 .54의 범위에 있었다. Pritchard와 Payne(2002)의 연구는 "목표관리를 포함해서 목적 확인이나 양적 목표의 공식적 설정처럼, 목표설정의 그 어떤 형태든 대부분의 기업에서 사용해 오고 있다."(p. 22)고 기술하였다. 우리는 조직 내 정식 목표설정 프로그램에 대해 간략히 알아볼 것이다. 그러나 그전에 **통제이론**이라 불리는 목표설정 이론의 라이벌에 대해 알아봐야 한다.

통제이론

통제이론은 50년 전에 처음 제안되었지만(Wiener, 1948), 조직연구에 처음 등장한 것은 1980년대다(예를 들어, Campion & Lord, 1982). 통제이론을 설명하기 위한 명사와 동사는 목표설정 이론과 다르지만, 얼핏 보면 두 이론은 유사해 보인다. 사실, 이 장을 보면서 알게 되겠지만 두 이론 간에 상당히 겹치는 부분이 있으며, 이들 유사성은 통합하려는 시도뿐 아니라 많은 논쟁과 비판을 낳았다. 통제이론의 기원은 Miller, Galanter와 Pribram(1960)의 소위 TOTE 모형[6)](Locke & Latham, 1990a, p. 19)에서 나왔으나, 동기, 자기관리, 일에 대한 정서적/행동적 반응, 스트레스, 목표설정과 목표 전환, 자기평가, 피드백 탐색 등과 같은 다양한 인간 맥락과 문제 영역들에 적용되면서 인간 행동의 모형으로서 제안되어 왔다(Carver, 1979; Carver & Scheier, 1982; Fellenz, 1996). 이 장에서 자기관리에 대해 다루고 나면 통제이론(그리고 목표설정 이론)의 타당성은 더욱 명확해질 것이다.

통제이론을 지지하는 주도적인 연구자들에 의하면 다음과 같다.

> 의도적 행동은 피드백 통제 과정을 반영한다. …사람들이 목표를 향해 (물리적으로, 심리적으로) 나아갈 때, 그들은 부적(불일치의 감소) 피드백 회로(feedback loop)의 기능을 보여 준다. …즉, 사람들은 자신의 행동으로 인해 나타나는 결과물의 질에 대해 정기적으로 주목한다(투입 기능). 행동을 안내하기 위해 잠정적으로 사용되고 있는 목표가 무엇이든지 간에, 사람들은 그러한 지각에 현저한 준거 가치(reference value)를 비교한다(비교 과정은 모든 피드백 체계에서 나타난다). 만약 비교로 인해 준거 가치와 현 상태의 불일치를 지각하면(즉, 행동에 대해 의도한 결과와 실제 결과), 사람들은 조정을 통해(산출 기능) 준거 가치에 더 가까워진다.
>
> (Carver & Scheier, 1990a, p. 19)

통제이론의 계보

통제이론은 통제와 의사소통에 대한 연구 분야인 인공두뇌공학(cybernetics)에 그 뿌리를 두고 있다(Fellenz, 1996). 기본적으로 통제이론은 개인이 소망하는 목표에 얼마나 이르렀는지에 대한 정보를 제공하는 부적 피드백 회로에 기반한 자기조절과 관

6) TOTE는 초기 인지심리학자들이 기술한, 어떻게 유기체(인간)가 환경 내에서 최종 상태를 목표로 행동하는지에 대한 단계인 'test-operate-test-exit'의 약자다. 이는 피드백이 사용되는 최종 상태, 피드백에 근거한 대안 행동, 단계의 궁극적 종결로 진행된다(Miller et al., 1960, 1장을 보라).

련되어 있다(Klein, 1989). 집안의 난방 상태를 조절하는 온도장치와 같이, 이 모형은 개인(혹은 다른 체계도 해당됨)이 일정한 피드백 탐색 상태에 있으며, 자신의 성취된 목표와 원하는 목표 사이의 불일치를 수용하기 위해 조정하고 이를 실행한다고 보고 있다. 행동의 종료 시점은 개인의 목표와 성취 사이에 불일치가 없는 안정된 상태다. 간략히 말하자면, "사람들이 자신이 하는 일에 주의를 기울일 때, 그들은 보통 자신이 의도했던 일을 비교적 정확하고 철저히 수행한다." (Carver & Scheier, 1990a, p. 19)

기본적 통제이론의 요소

Lord와 Hanges(1987)와 Klein(1989)은 직무동기에 시사점이 있는 통제이론에 대한 포괄적 이론들을 제시하였다. 이 중에서 우리는 Klein(1989)에 의해 제시된 모형을 알아볼 것이다. 왜냐하면, 이 모형이 더 최근 것이고 인공두뇌공학에서 발견되는 핵심 개념과 더불어 여러 다른 이론들의 중심 개념들을 포함하고 있기 때문이다.[7)]

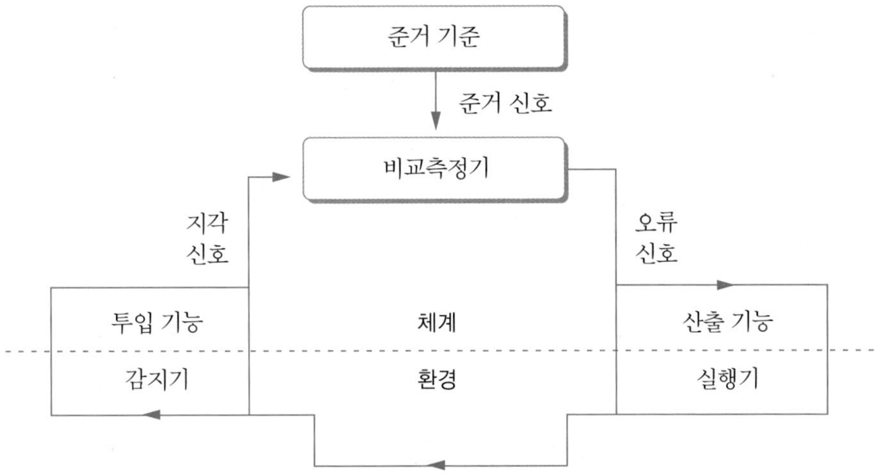

[그림 13-3] 통제이론 체계의 요소들

출처: Klein, H. J. (1989). An integrated control theory model of work motivation. *Academy of Management Review, 14,* 150-172. 허락하에 게재함.

7) Hyland(1988)도 직무동기의 여타 이론들을 통합한 통제이론 모형을 제안하였다. 사실, Hyland는 자신의 이론을 직무동기 이론으로서 발표한 것이 아니라 "서로 다른 동기 프로그램의 핵심 구성개념 사이의 관계를 검증하기 위한 메타이론적 체계" (p. 642)로서 발표한 것이다.

일반적 이론에 대한 Klein(1989)의 변형은 33개의 검증 가능한 명제를 제시했지만, 그 시점까지 많은 실증적 연구가 보고되지는 않았다. 통제이론의 일반적 모형이 [그림 13-3](Klein, 1989에서 채택됨)에 제시되어 있으며, 통제이론에서 사용되는 일반적 용어로 설명이 나와 있다.

이 이론의 요소는 다음과 같다. 가장 중요한 요소는 피드백 회로다. 이 장의 첫 부분에서 보았듯이, 피드백은 개인에게 제공되는 환경에 대한 단순한 정보이며, 피드백 회로는 4개의 부분으로 구성된다.

1. 준거 기준(referent standard)(또는 목표)
2. 감지기(sensor), 즉 투입 기능
3. 비교측정기(comparator)
4. 실행기(effector), 즉 산출 기능

이들 네 요소는 모두 [그림 13-2]에 나와 있다. 독자들에게는 **투입**, **산출**, **목표**, 및 **피드백**과 같은 용어가 더 친숙한 것들이다. Klein(1989)을 비롯한 다른 통제이론가들이 그랬던 것처럼, 우리도 방의 온도조절장치의 사례로 시작해 보겠다.

> 준거 기준은 온도조절장치에 설정된 온도이고, 감지기는 방 안의 현재 온도를 탐지하는 요소이며, 비교측정기는 현재의 온도와 설정된 온도를 비교하는 기제이고, 실행기는 보일러와 에어컨이다.
>
> (Klein, 1989, p. 151)

가장 단순한 체계는 다음과 같이 작동한다. 체계 내에서 특정 형태의 투입을 감지기가 감지하면, 감지기는 비교측정기로 어떤 신호를 전송한다. 비교측정기가 체계의 현재 기준 또는 목표에 비추어 그 신호를 검사한다. 만약 불일치가 나타나면 오류 신호가 발생하여 체계에서 불일치를 감소시키기 위해 실행기를 작동시킨다(Klein, 1989). 이것이 바로 통제이론이 기본적으로 어떻게 작동하는지에 대한 서술이다.

Klein과 다른 연구자들이 모든 체계에서 기본적인 요인과 과정은 유사하다고 주장했지만, 인간은 더더욱 복잡하다. 인간에게 목표는 유동적이며 복합적이다. 또한 인간에게는 지각된 불일치를 종결시키기 위해 선택할 수 있는 많은 행동 경로가 존재한다. 피드백에 포함된 정보는 의미나 모호함을 지니기 때문에 간단할 수도 있고 복잡할 수도 있다. 피드백은 해석을 하게 되면서 가치 있게 받아들여지기도 하고, 의심이나 오해로 인해 거부되기도 한다. 즉, 진짜 피드백으로 판단되기도 하고 잘못되어 거짓으로 판단되기도 한다. Klein은 계속해서 다음과 같이 말했다.

> 개인적 목표(기준)로 분기별 판매량을 할당받은 영업사원을 생각해 보자. 투입 기능은 그 영업사원이 자신의 현재 판매 수행에 대해 지각하는 정보일 것이다. 이 정보가 기준과 비교될 때, 그 영업사원은 자신의 할당량을 얼마나 채웠는지에 대해 지각하게 된다. 만약 이러한 비교가 불일치로 나타난다면, 영업사원은 새로운 고객과의 접촉 빈도를 높이는 등의 수정 행동을 취할 것이다.
>
> (Klein, 1989, p. 151)

통제이론은 인지적 요소뿐 아니라 정서적 요소도 포함한다. 인지적 특성은 정보의 전송과 해석에 달려 있다. 정서적 특성은 불일치 지각에 의해 나타나며, 적어도 부분적으로는 행위를 일으키거나 중지시키는 충동으로 구성되어 있다. 만약 그 영업사원이 그의 할당량을 넘겨서 만족했다면 즐거움 혹은 자부심이나 안도감을 느낄 것이다(이러한 감정에 대한 논의는 4장을 보라). 만약 그가 할당량을 채우는 데 실패했다고 지각한다면 그는 근심이나 불안, 분노, 당혹감, 수치심을 느낄 것이다. 따라서 만약 통제이론이 정서적 및 인지적 과정을 포함한다는 것을 무시한다면 이론을 단순화시키는 것은 매우 쉬울 것이다(Carver & Scheier, 1990a, 1990b를 보라).

대부분의 단순한 기계적 체계와 달리, 통제이론에서 묘사하는 인간이라는 체계는 위계적인 피드백 회로로 구성되어 있다.

> 이러한 위계적 체계에서, 상위 피드백 회로에서 불일치를 감소시키려는 수단은 하위 회로의 기준이 된다. …즉, 하나의 피드백 회로([그림 13-2]에서와 같이)에서의 산출 기능은 각각의 회로들을 포함한 또 다른 회로들과의 연결로 구성되어 있다.
>
> (Klein, 1989, p. 152)

영업사원의 이야기를 계속하자. 앞서 언급된 산출 기능은 새로운 고객 접촉의 증가라는 목표였다. 이 새로운 목표는 여러 가지 행위를 포함하고 있는데, 이는 경쟁사의 동정을 알아보기 위해 현재 고객에게 전화하기, 자사의 제품과 서비스를 요청할 수 있는 다른 회사를 찾기 위해 업종별 전화번호부를 확인해 보기, 이러한 탐색 전략을 통해 발견되는 모든 이에 대해 첫 접촉하기 등 여러 가지가 있다. 하나의 산출 기능은 발견과 접촉이라는 최소 두 가지 피드백 회로로 이루어져 있다. 각 피드백 회로는 앞서 언급한 기본적 요소들(투입 기능, 감지기, 비교측정기, 산출 기능)을 갖추고 있을 것이다. 이들 위계적 체계는 다음과 같은 가장 기본적인 회로가 나올 때까지 이어지는 바퀴 안의 바퀴와 같은 구조로 존재한다.

> 가장 기본적인 수준의 회로는 전화번호부의 페이지를 넘기는 것과 관련되는 근육 긴장의 신경 신호와 변화와 관련되는 과정이다. 그 결과는 새로운 접촉을 증가시킴으로써 판매 증가를 위한 위계적 계획이다. Powers(1973)는 인간의 신경체계는 이와 같은 피드백 회로의 상세한 위계적 체계가 구현된 것이라고 제시하였다.
>
> (Klein, 1989, p. 152)

직무동기에 관한 통제이론

지금까지 우리는 통제이론의 일반적인 모형에 대해 알아보았으며, 우리는 직무동기 연구에 적용하기 위해 모형의 기본적 요소들을 Klein이 어떻게 해석했는지 간략하게 살펴볼 수 있었다. Klein(1989)은 **목표**를 준거 기준으로, 개인의 행동을 실행기의 개념으로 대체하였으며, **피드백**은 감지기를 의미한다. 또한 그는 비교측정기의 개념도 강조하였다. Klein의 일반적 모형의 변형은 [그림 13-4]에 구현되어 있다.

[그림 13-4]에 있는 몇몇 상자들은 두 가지 표식을 포함한다. 각 경우에서 위쪽의 표식은 밑에 있는 일반적 용어와 동일한 Klein의 용어다. 예를 들어, 1번 상자에는 통제이론의 일반적 용어인 기준이 직무동기의 개념인 목표라는 용어로 번역되어 나타나 있다. Klein은 이 모형을 '직무동기에 대한 통합된 통제이론 모형'이라고 언급했는데, 이는 목표설정 이론(목표와 피드백 등), 각본이론(script theory, 나중에 간략하게 다룰 것이고, Lord & Kernan, 1987을 보라), 그리고 귀인이론(Kelley & Michela, 1980)의 개념

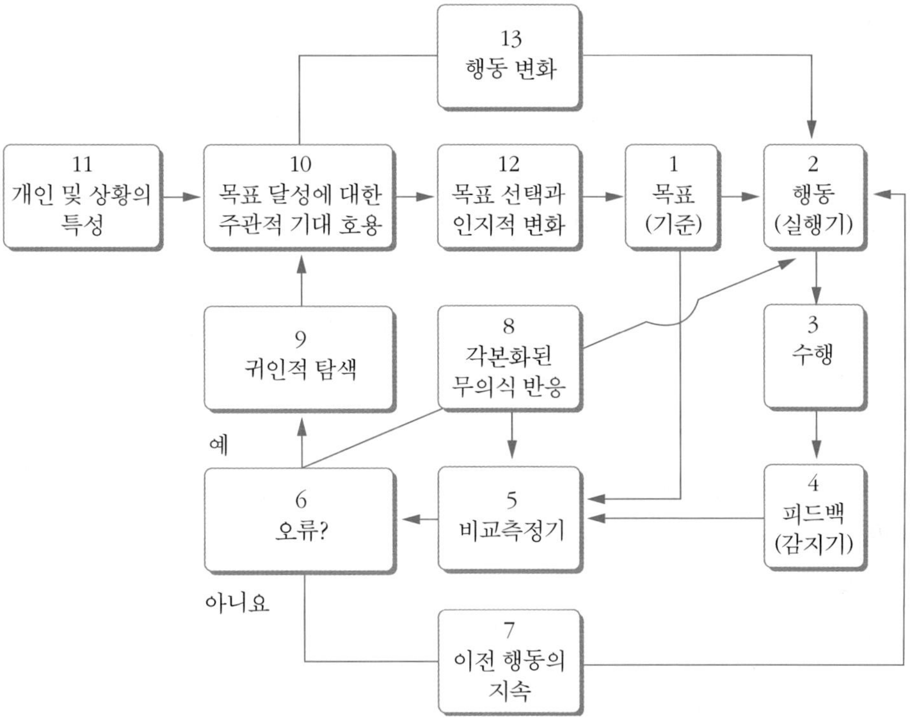

[그림 13-4] Klein의 직무동기에 대한 통합모형

출처: Klein, H. J. (1989). An integrated model of work motivation. *Academy of Management Review, 14,* 150-172.

을 포함하고 있기 때문이다. 여러분은 Klein의 통합모형이 잘 설명된 원문을 읽어 보기 바란다. 직무동기의 여러 일반적 이론들의 통합을 시도한 가장 창의적이고 건설적인 문헌들 중 하나다(모형의 일부에 대한 경험적 검증을 살펴보기 위해서는 Klein, 1991a도 보라).

목표설정 이론과 통제이론

우리는 2장에서 연구자들과 이론가들이 다른 진영의 이론과 연구 방법론을 공격하거나 비판하는 것이 어떻게 학문 발전의 일부인가를 살펴보았다. 또한 이 책을 통해 이러한 논쟁에 관한 많은 사례를 살펴보았다. 이 절에서는 통제이론에 대한 논쟁 중, 특히 Locke, Latham과 Bandura와 같은 목표설정 이론의 지지자들로부터 나온 논쟁에 대해 알아보도록 하겠다. 그들의 비판은 여러 영역에서 이루어졌고 많은 쟁점을 만들어 냈다. 모든 논쟁들에 대해 다루지는 않으니 여기에 관심 있는 독자들은 본래 문헌이나 Klein(1991b)의 답변, 또는 Vancouver, Thompson과 Williams(2001), 그리고 Bandura와 Locke(2003)에서 나온 논쟁 등을 참조하기 바란다.

통제이론은 지나치게 기계론적인가

Locke와 Latham(1990a)은 통제이론이 행동주의에서 나온 의붓자식과 같으며, 게다가 통제이론은 본질적으로 그리고 분명히 인간이라는 존재의 자연스러운 목표설정 과정을 완전히 무시하고, 피드백 탐색에 의한 **불일치 감소**(discrepancy reduction)만 다루고 있기 때문에 부족한 면이 있다고 주장하였다. 또한 Locke와 Latham은 통제이론의 관점에서 볼 때 인간 행동의 논리적 결론인 움직임이 없는 최종 상태에 반대하였다(Locke & Latham, 1990a, p. 19).

유기체의 자연스러운 상태 중 하나는 움직임이 없는 것일 수 있다. 이것은 기계의 경우에는 해당되지만, 자연스럽게 행동하는 살아 있는 유기체에는 해당되지 않는다. 이것은 실제로는 오래전 설득력을 잃은 추동감소 이론(drive-reduction theory)의 기계론적인 형태라고 할 수 있다(Cofer & Appley, 1964)(이 책의 1장을 보라).

Locke와 Latham은 다음과 같이 말했다.

> 기본적으로, 통제이론과 같은 불일치 감소에 대한 이론은 부적절하다. 그 이유는 만약 사람들이 지속적으로 모든 교란[불일치]을 제거하려고 행동한다면, 그들은 모두 자살하게 되기 때문이다. 자살만이 모든 긴장과 갈등을 제거할 수 있을 것이다. 만약 사람들이 어떠한 목표도 설정하지 않은 채로 단지 생명 유지만을 선택하더라도, 마찬가지로 결국 그들은 죽을 것이다. 왜냐하면 절박하고 끊임없는 배고픔으로 인해 행위를 강요받을 때는 살기 위해 필요한 식량을 생산하고 가공하기에 이미 늦을 것이기 때문이다.
>
> (Locke & Latham, 1990a, p. 20)

동일한 사안에 대해 다른 문헌에서 Locke(1991)는 이렇게 말했다. "불일치 감소는 목표지향적 행동의 결과이지 원인이 아니다." (p. 13)

> 만약 긴장 감소 또는 불일치 제거가 사람들의 주된 동기라면, (자살 외에) 그것을 위한 가장 간편한 행위는 목표나 기준을 이전 수행에 맞추는 것이 될 것이며, 따라서 불일치 감소를 위한 어떠한 행동도 필요 없게 한다. 더 좋은 방법이 있다. 그들이 만약 어떠한 기준도 선택하지 않는다면 그 어떤 결과물과 비교해도 마찬가지가 된다. 그러나 이러한 대안적 행동은 일반적인 인간들의 행동과는 전적으로 모순된다.
>
> (Locke, 1991, pp. 12-13)

이것은 분명히 통제이론의 원리와 차이가 나는 것이다.

Bandura(1989)도 이와 유사하게 **목표설정은 무엇보다도 불일치를 만들어 내는 과정**이라고 주장하였다(이 주장에 대해 내재적 동기이론 연구자인 Deci와 동료들은 확실히 동의할 것이다. 이 책의 7장과 Harackiewicz & Stone, 1991을 보라).

Bandura는 다음과 같이 기술하였다.

> [인간의 자기 동기부여]는 **피드백 통제뿐** 아니라 **피드포워드 통제**(feedforward control)도 필요로 한다. 사람들은 초반에 불균형 상태를 만들어 내는 가치 있는 수행 기준을 취하는 피드포워드 통제를 통해 자기 동기부여를 하고 이후에 이러한 예측된 추정치를 근거로 노력을 동원한다. 따라서 피드백 통제는 바람직한 결과를 성취하기 위한 후속 행동의 조정에서 어떤 역할을 한다. 사람들이 추구하던 기준을 달성하게 되면, 그들은 일반적으로 더 높은 기준을 설정하게 된다. 더 높은 도전의 선택은 새로운 동기적 불일치를 만들어 내는 것이다. …따라서 자기 동기부여는 균형적 불일치의 감소에 이어지는 불균형적 불일치의 창출이라는 이중 순환을 포함한다.
>
> (Bandura, 1989, p. 38)

통제이론의 옹호자들은 이 모형이 인간 과정(human process)을 나타내기에는 너무 기계론적이라는 주장에 다음과 같이 이의를 제기했다(예를 들어, Klein, 1989). "인간의 통제체계에서, 피드백은 환경을 기계적으로 인식하는 것 이상의 많은 것을 내포하고, 목표는 미리 결정된 경직성 기준이 아니며, 불일치 감소를 위해 몇 가지 다른 대안이 있다." (Klein, 1989, p. 151) Carver와 Scheier(1981)의 지적에 따르면, "하위체계의 행동에 대한 비교기준은 더 높은 분석 수준에 있는 과정의 결과에 의해 구체화되는 것"(p. 117)처럼, 통제이론은 목표를 위계 속에 존재하는 것으로 여긴다. 더욱이 인간은 대체로 복합적 목표위계체계를 지니고 있어서(Eckblad, 1981; Fellenz, 1996), 다양한 목표가 상호 강화적이거나, 모순되며, 혹은 단순히 양립되거나 독립적일 수 있다. 인간의 목표는 여러 측면에서 차이를 지닐 수 있는데, 이들 측면으로는 목표의 보편성, 시간틀(time frame), 목표가 행위/과정에 관련되는가 혹은 결과 상태에 관련되는가, 목표가 개인의 행동에 영향을 미치도록 의도된 정도, 심지어 개인이 목표를 의식하는 정도 등이 있다(Fellenz, 1996에 인용된 Winell, 1987). 그러나 고전적인 목표설정 이론은 인간의 목표가 구체성, 난이도, 목표몰입 수준의 측면에서 조작될 수 있음을 분명히 하고 있다(Locke & Latham, 1990a).

Locke와 Latham(1990a)의 비평과 유사한 때에 발간된 문헌에서 Carver와 Scheier(1990a)는 자신들이 "인간의 행위가 기본적으로 목표지향적"(p. 5)이라는 점을 지나치게 믿었다는 점을 밝혔다. 그들은 "인간의 행동—사실, 인간의 성격—은 사람들이 채택하는 목표의 측면에서 가장 잘 분석된다는 생각은 오랫동안 두드러진 것이었다. …요컨대, 인간의 행위는 개인의 목표에 의해 정의된다."(p. 6)고 인정했다. Carver와 Scheier(1990a)에게 목표의 원천은 기억이다. 이는 사람들이 직면한 현재와 유사한 과거 상황에 어떻게 행동하고 반응했는지에 대한 행동적 지식이다. 또한 사람들은 사회적 사건의 본질과 연쇄에 대해 도식(schema)[8]과 각본(script)[9]을 지니고 있는데, 이

8) 70년보다 더 이전에 Bartlett(1932)은 다음과 같이 인지적 도식의 개념을 제시하였다. "'도식'이란 과거의 반응이나 경험의 능동적 조직화를 말하며, 그러한 조직화는 잘 적응된 유기체의 반응에서 필연적으로 늘 작동할 것이다. 다시 말해, 어떤 식으로든 행동의 순서나 규칙성이 있을 때면 언제든, 어떤 특별한 반응이 가능한데, 이는 순차적으로 조직되었으나 실행될 때는 반응을 구성하는 행동이 하나씩 나오는 것이 아니라 한꺼번에 실행되는 다른 유사한 반응과 그 특별한 반응이 관련이 있기 때문이다. …상대적으로 낮은 수준에서는 시각, 청각, 다양한 유형의 피부 자극 등 특정한 종류 또는 양식의 모든 유입 자극이 활동적이고 조직화된 설정을 구축하기 위해 어우러진다. 반면, 스포츠, 문학, 역사, 예술, 과학, 철학 등 고차 수준에서는 공통된 흥미에 의해 모든 경험이 연결된다."(Miller et al., 1960, p. 7에 인용된 Barlett, 1932, p. 201) 예를 들어, Shetzer(1993)는 도식의 개념을 의사결정에서 직원 참여 과정에 적용시켰는데, 이는 참여 과정에서 어떤 것을 고려해야 하는가에 대한 유용한 렌즈뿐 아니라 사람들이 자신의 직무 환경을 이해하는 데 도식을 어떻게 형성하고 이용하는가에 관한 가치 있는 사례를 제공하였다.

9) 각본은 지적 도식의 한 형태이며, Lord와 Kernan(1987)은 다음과 같이 정의하였다. "각본은 기억에 저장된 인지적 지식구조로서 관습적이고 친숙한 상황에 있는 사건에 대한 적절한 순서를 묘사한다. …각본은 이중 목적에 따라 기능하기 때문에 독특한 형태의 지식구조다. 즉, 각본은 타인의 행동을 해석하는 데 도움을 줄 뿐 아니라 행동을 창출하는 데도 도움이 된다. …따라서 각본은 친숙하고 반복적 행동들에 대한 계획과 실행을

것들은 상황이 어떻게 작동하고 어떻게 펼쳐지는지에 대한 시나리오라고 할 수 있다. Carver와 Scheier(1990a)는 다음과 같이 주장하였다. "누군가 행동 목표를 정했다고 말하는 것은 그가 자신의 기억 속 지식구조에 표상된 특정한 성질을 자신의 행동으로 드러내기를 원하는 것과 같다. 따라서… 인간의 행동에 내재된 행동 목표는 행동 지식의 요소로서 기억 속에 구체화된다." (1990a, p. 5)

본 저자에게, 앞에서 언급한 바와 같은 목표의 기원과 특성은 이 장의 초반에 제시된 Ryan(1970)이 설명한 기원과 특성 못지않게 막연하며 과학적으로 도움이 되지도 않는다. 그러나 주된 차이를 들자면, Ryan(1970)의 사고는 인간의 욕구이론에 기반하고 있는 반면, Carver와 Scheier(1990a)는 인지적 근거 또는 기억에 기반하고 있다는 점이다. 인지적 기반을 지닌 Locke와 Latham(1990a)의 목표설정 이론을 고려해 볼 때, 그들이 그처럼 단호하게 통제이론에 반감을 보이는 것은 아이러니한 일이다.

이 문제에 대한 진실이야 무엇이든, 본 저자가 보기에 이 문제에 내재된 가치보다 현재의 논쟁은 더욱 극적이었다. 목표는 인간의 행동뿐 아니라 직장에서의 동기와 행동에서도 결정적이다. 이러한 목표의 기원은 욕구, 인지, 기억, 그리고 이 모든 것을 포함하는 다소 구체적인 의도로부터 발견되어야 한다. 각각의 원천에 의해 설명되는 변산을 구분하는 것은 시간과 노력을 들일 가치가 없어 보인다.

Vancouver 등(2001)은 자기효능감, 목표 및 수행이 어떤 경우에는 모두 정적인 상관을 이루고 있다는 기본적 목표설정 가설에 이의를 제기하는 두 개의 연구 결과를 보고하였다. 이에 Bandura와 Locke(2003)는 사람들에게는 오직 자기효능감만이 목표 달성에 긍정적 효과를 준다는 가설을 지지하는 문헌을 제시하면서 반박하였다.

안내한다." (p. 266) 사람들은 최소 몇 번 이상 접하게 되는 대부분의 행동 장면을 위해 각본을 개발하고 사용한다. 예를 들어, 한 학생이 대학 강의의 중간시험을 치르기 위해 각본을 개발했다면, 이는 과거에 시험을 쳤던 것과 연관된 일련의 정신적 이미지, 개념, 기대 및 사고로 구성된다. 각본은 어떤 형태의 행동이 적절할지, 그 학생은 시험을 보는 다른 학생의 행위로부터 무엇을 기대할 수 있을지 등의 지식과 사고를 포함한다. 또한 각본은 새로운 사건과 경험의 발생에 따른 변화에 민감하다. 따라서 시험 중간에 소방 대피 훈련이 실시되었다면, 이는 화재 경보가 다른 학생들과 감독관에게 혼란이나 불안해하는 행동을 유발할 가능성이 있다는 것을 그 학생에게 가르쳐 준다(그리고 이러한 상황은 시험에 대한 각본을 변화시킨다). 직장에서, 사람들은 동료들과의 회의, 상사와의 인사고과 면접, 크리스마스 파티, 또는 파업 등의 여러 상황에 대비한, 기대되고 적절한 행동 및 사건으로 구성된 각본을 형성한다. 각본은 우리의 사고, 기대, 신념 및 행동을 구성하도록 돕고 삶의 기능을 효율적이게끔 하기에 적절할 때 인출될 수 있다.

반대되는 두 입장의 미묘한 차이에 관심 있는 독자들은 본래의 연구문헌들을 주의 깊게 읽어 보는 것이 타당할 것이다.

요컨대, 통제이론은 기계적이라거나 인간 기능을 기계론적으로 묘사한다고 공격하는 것은 지나치게 단순한 면이 있다. 인간체계와 하위체계의 작동 방식 사이에 분명 유사한 점도 있으나(Boulding, 1968; Miller, 1978을 보라), 그러한 유사점을 근거로 통제이론을 통째로 단순히 거부하는 것은 합리적이지 못하다(이 문제에 대한 더 포괄적 이해를 위해 Fellenz, 1996을 보라). Kanfer와 Heggestad(1997; 3장을 보라)에 의해 제안된 성격 유형과 같은 조절변인들이 이러한 논의를 진전시킬 수 있을지도 모른다. 그렇다면 성취 지향성이 높은 이들은 불일치 강화자들인가(목표설정 이론에 해당), 반면 불안 성향이 높은 이들이 불일치 감소 가능성이 높은 사람들인가(통제이론에 해당)?

독창성 그리고 귀납법 대 연역법

Locke(1991) 또한 통제이론이 그 이론만의 독창적 핵심 내용이 없다고 주장하였다. 그는 중심 개념인 부적 피드백 회로는 인공두뇌공학에서 가져온 것이며, 그 외의 이론적 개념이라 할 수 있는 장식품들은 다른 동기이론에서 가져온 것이라고 지적하였다.

이에 비해 목표설정 이론은 몇몇 핵심적이며 독창적인 아이디어(예를 들어, 어렵고 구체적 목표의 설정에 관한 것들)로 구성되어 있다. 목표설정 이론은 오랫동안 변인이 추가되고 수정이 이루어지는 연구가 진행되면서 귀납적 방식에서 '바닥부터' 시작되고 발전하였다. Locke는 **근거이론**(grounded theory)의 장점을 격찬한 사회학자인 Glaser와 Strauss(1967)를 언급하면서 귀납적 접근법이 선호됨을 주장하였다. Locke(1991)는 통제이론의 고유 개념인 **목표위계**(goal hierarchy)도 비판하였다. 통제이론의 서술에 따르면, 불일치가 탐지될 때 기준으로 작용하는 개인의 목표는 더 높은 수준의 목표 또는 기준에 의해 결정되고, 그 목표 역시 다시 더 높은 수준의 목표에 의해 결정된다. Locke(1991, pp. 13-14)는 이렇게 주장하였다. "사람이 목표위계체계를 지닌 것은 사실이라 할지라도 이것은 오로지 긴장 감소 문제를 더욱 뒤로 제쳐 두게 만들 뿐이다. 만약 긴장 감소가 궁극적 이상이라면, 위계적 목표가 무슨 소용이 있는가?" 즉, 이들 목표의 궁극적 원천은 무엇인가? 다른 인지이론가들이 행동주의자들의 설명을 묵살하기 위해 사용한 것과 같은 근거를 이용하여(14장을 보라), Locke는 본능(오래되고 설득력을 잃은 이론)과 환경의 개념을 목표와 기준의 주요 원천으로 인정하지 않았다. 따라서 Locke, Latham과 Bandura는 인간 행동의 필수 특성에 대해 불완전하고 결핍되었다는 이유로 통제이론을 불신하였다.

귀납은 이론을 발전시키는 데 타당하고 적절한 방법임에 틀림없다. 본 저자는 조직과학이 지난 40여 년 동안 이러한 방법에 대한 확인과 인식을 충분히 하지 않았다고 보고 있다. 귀납법은 현장에 있는 사람들의 실제 행동의 관찰로부터 시작하여, 설명과 예측을 제공하고, 추가되는 경험에 비추어 이러한 예측을 검증하고, 예측되는 현상과 관찰되는 현상 사이에서 어떤 믿을 만한 차이를 설명하기 위해 부상하는 이론을 수정하면서 실제 행동을 이해하고자 한다. 따라서 Locke(1991)가 통제이론을 비판한 이유는 그것이 인공두뇌공학과 기계적 체계라는 이론적 개념에서 시작하여 '하향식 연구 활동(working downward)'—다른 이론적 아이디어의 예측과 이해에 있는 오류의 구멍을 메우고 이에 대한 설명을 발견하는 것—을 했기 때문이다.

Klein(1991b)은 자신의 접근법에 대해 새로운 이론을 개발할 때 귀납법이 연역법보다 본질적으로 우월한 것은 아니라는 식으로 방어하였다. 본 저자의 입장은 이론의 보급과 검증 후 수정, 강화나 중지 등을 위해 두 형태의 추론 방식이 모두 필요하다는 것이다. 목표설정에 관한 현재의 많은 원리들이 수십 년간 Mace(1935)와 다른 연구자들에 의해 진보되었다는 점을 고려하면 Locke의 이러한 공격은 매우 아이러니한 일이다. 사실, Locke와 Latham(1990a)은 Mace의 기여를 다음과 같이 언급하였다.

> 우리 연구에 또 다르게 학문적으로 영향을 준 것은 영국에서 이루어진 Mace(1935)의 일련의 실험들이었다. 무엇이 Mace에게 영향을 주어 이러한 연구를 수행하게 했는지는 모르지만 그의 연구는 목표설정을 독립변인으로서 포함시킨 최초의 실험 연구다. 그는 처음으로 구체적이고 도전적인 목표와 '최선을 다하라'라는 식의 목표 효과를 비교하였으며, 목표 난이도에 따른 효과도 비교하였다. 그의 성공적 실험 결과는 Ryan과 Smith(1954)의 산업심리학 교재에 나와 있으며, 본 저자[Locke]가 대학원 재학 시절 읽은 내용이다.
>
> (Locke & Latham, 1990a, p. 13)

논쟁에 대한 역사적 기록

'왜 목표설정이 효과적인가'를 설명하기 위한 수단으로서 통제이론이 목표설정의 초기 옹호자들에 의해 제시되었다는 점을 고려하면, 통제이론에 대한 목표설정 이론 옹호자의 비판은 다소 아이러니하다. 예를 들어, Campion과 Lord(1982)는 '왜 목표설정 이론인가'를 설명하기 위해 세 가지 제안을 하였으나, 당시에는 목표 과정이 왜 효과가 있고 목표 관련 연구가 왜 다른 직무동기 이론들과 통합되지 못하는가에 대해 그다지 통찰을 제공하지는 못했다. 이처럼 그들의 개념적 진전이 제한적인 것은 부분적으로는 목표설정 옹호자들이 피드백 과정에 부주의했던 반면, 피드백 연구자들은 목표설정에 아무런 주의를 기울이지 않았기 때문이다.

게다가 Campion과 Lord는 목표설정 연구의 전통에서 역동적인 과정보다는 안정된 과정에 지나치게 집중되었다고 제안하였다. 마지막으로, 그들은 연구된 목표의 본질이 제한적이고, 변화 없이 안정적이며, 고립적이었다고 주장했다. 그들이 지적한 바를 보면, 사실상 "목표는 아마도 복잡한 인지적 또는 동기적 체계에 내포되어 있으며, 자주 변화하고, 제대로 정의되지 않을 수 있다. 따라서 목표설정 과정에 대한 포괄적 모형은 여러 형태의 목표를 다루어야만 한다." (1982, p. 266) Vancouver와 Scherbaum (2002)의 최근 연구에서 왜 견고한 목표가 효과적으로 작동하는지를 설명하고자 함으로써, 즉 그러한 목표 이면에 있는 기제를 발견하고자 함으로써 양측의 조화를 시도하였다.

요컨대, 목표이론가들은 통제이론가들에 대해 높은 수준의 비판적 공격을 하였으나 몇몇 비판은 그렇지 못하다는 점이다. 더욱이 실무적으로는 두 이론가들 사이의 공통점이 차이보다 더 중요하다는 점이다. 두 이론 모두 환경과 의식에서 나온 목표와 피드백에 주의를 기울이는 인지적 인간을 가정하고 있으며, 또한 자기조절 과정에 큰 통찰을 제공하였다(Bandura, 1989). 사실, 두 이론 모두 각자가 시사하는 진정한 가치에 대해 말하고 있다.[10)]

이 장의 마지막에서, 널리 알려진 목표설정 원리를 포함하는 관리 기법인 목표관

10) Fellenz(1996)는 Locke와 Latham의 목표설정 학파들에 의해 제기된 통제이론에 대한 많은 비판들을 정리하고 이에 대해 합리적 반박을 제시하였다. 이에 관심 있는 독자들은 그의 문헌을 참조하고 세부 사항을 파악하기 바란다.

리에 대해 다루겠다. 14장에서는 직무동기에 막대한 시사점을 지닌 또 다른 응용 기법인 자기조절에 대해 살펴볼 것이다.

목표관리

목표설정이 인간 행동의 공식 이론으로서 발전하기도 전에 목표설정의 성공적 응용은 50년 동안 폭넓게 이용된 관리 기법의 탄생에 기여하였다. **목표관리**(management by objectives: MBO)는 1950년대 후반부터 서구 경제권의 직원들에게 동기부여와 보상을 주기 위한 관리 기법으로 가장 널리 사용된 것 중 하나다. 약 30년 전에, 초기의 선도적 옹호자 중 한 명은 MBO가 현대 산업과 정부 조직에서 가장 지배적인 형태이며, 이러한 경영방식에 대한 과학적 검증도 많이 이루어져 왔다고 주장하였다(Odiorne, 1979). MBO의 유행은 MBO 같은 형식의 프로그램을 채택한 조직의 수를 살펴보는 등 경영 연구를 대충 훑어보는 것만으로도 확인할 수 있다. 이 장의 초반에서 본 것과 마찬가지로, 목표설정에 대한 과학적 연구(MBO의 핵심 측면과 관련된 연구 및 이론)는 MBO의 많은 기본적 요소들에 대해 과학적 증거를 제시했음을 보여 준다. 다음 절에서 우리는 MBO에 대해 간략히 알아보고 관련 사안에 대해 논의할 것이다.

목표관리의 기원

고전 철학자들을 포함해서 많은 사상가들이 인간의 노력은 목표지향적(이어야만 한다)이라는 입장을 가지고 있기는 하지만(Odiorne, 1979), 현대 MBO의 기원은 General Motors와 General Electric 사를 대상으로 한 Peter Drucker의 연구에서 나왔다(Drucker, 1954; Greenwood, 1981). 초기의 경영학자들은 목표(objectives)가 경영의 중요한 부분이라고 가정했지만, 조직 장면에서 목표의 기원과 결과에 대해서는 거의 강조하지 않았다. Drucker(1954)는 이러한 목표의 문제적 특징들을 인식하고 이와 관련된 관리 방식을 구축하였다(Greenwood, 1981). 사실상, 오늘날 크든 작든 모든 조직들은 행동을 유도하기 위한 비전 선언(vision statement)이나 사명 선언(mission statement) 등의 형태와 같은 방식을 지니고 있다(Pearce & David, 1987; Senge, 1990을 참고하라). 사명 선언은 조직이 행하는 사업의 본질에 대한 공표와 같다(이로 인해 조직이 착수하고자 하는 목표와 운영에 대한 경계를 설정하고 공표하는 것이다). 반면, 비전 선언은 미래에 도달하기를 바라는 조직의 상태에 대한 공표를 말한다(Pearce & David, 1987). 이 두 가지를 함께 세심하게 준비하고 유지함으로써 조직은 정책 결정과 새로운 도전에 대한 창조, 수용, 거부를 위한 근거를 마련하여 한정된 기간 동안 집중력을 유지할 수 있다.

그러나 실제로 비전 선언과 사명 선언은 때때로 단순히 '옳은' 것 또는 유행 같은 것이기 때문에 조직이 행하는 일종의 당연한 필요 사항으로서의 요식행위인 경우가 있다. 그럼에도 불구하고, 우리는 1장의 도입부에서 보았듯이, 가난에서 성공으로 인생을 바꾼 캐나다 사업가 Frank O'Dea의 르네상스를 통해 개인적 비전의 중요성에 대해 알게 되었다. 조직의 비전은 조직이 가고자 하고 되고자 하는 것에 대한 가장 포괄적인 개념화다. 이윤의 대상, 조직의 책임 및 국가경제에 대한 기여를 다루는(최소한 규범적으로나마) 좀 더 구체적인 목표는 비전 선언을 더 구체화하는 과정에서 나오며, 이를 통해 개별 직원과 부서 단위에 적용된다. 여기에 MBO가 적합한 것이다.

MBO란 무엇인가

MBO에 관한 유일한, 통합된, 또는 지배적 이론은 없으며, 그 특성은 냉혹한 비판으로부터 나왔다(Halpern & Osofsky, 1990을 보라).[11] 실제적으로 보면, MBO를 채택했다고 주장하는 조직의 수만큼 다양한 MBO가 있다. 즉, MBO와 유사 MBO 프로그램의 구체적 요소는 조직마다 달라서 무엇이 MBO이고, 무엇이 아닌지에 대한 혼란을 야기한다. 그럼에도 불구하고, McConkie(1979)는 MBO를 다음과 같이 정의했다.

> 상사와 부하가 협력하여 상호 합의한 목표를 추구함으로써 조직의 목적이 진단되고 충족되는 과정이며, 그 목표는 구체적이고, 측정 가능하며, 시간제한적이며, 행위 계획이 설정된 것이다. 상호 협의하여 결정된 객관적인 수행 기준에 초점을 둔 평가 기간에 목표를 향한 진전 및 목표 달성이 측정되고 점검된다.
>
> (McConkie, 1979, p. 37)

11) 사실, MBO는 이론이라기보다는 일련의 관리 절차라 볼 수 있다. 목표설정 연구가 시작(1970년대 초)되기도 훨씬 전에 MBO의 실행이 권장되었지만(Drucker, 1954), 주된 이론적 토대는 목표설정에서 찾아볼 수 있다.

이와 같은 정의는 이 장이나 책 전체에 통용될 것이다.

MBO 프로그램의 구체적 특징

앞서 언급한 바와 같이, 오랫동안 MBO와 유사 MBO 프로그램의 구체적 특성은 실제 현장에서 다양한 특성을 지녀 왔다. 목표설정과 책임이 근본적 사고방식으로 존재하는 곳이라면 어디서나 목표설정 및 목표 관련 프로그램이 전략적 계획 모형과 각종 프로그램으로 구체화되었다(Crossman, Fry, & Killing, 2002를 참고하라). 그러나 이러한 프로그램의 가장 핵심 특성은 일반적으로 ① 업무 관련 목표 구축을 위한 체계와 ② 일정 기간 후 목표에 대한 몇 가지 개인 수행평가 절차다. 그러나 이 기본 특성을 제외하면 실제로 MBO에 포함된 특성들은 매우 다양하다.

그럼에도 불구하고, McConkie(1979)는 MBO의 목표설정 특성(여타 목표설정 프로그램에도 일반적으로 적용되는 원리)에 관한 일반적 진술에 대해 전문가들이 얼마나 일치하는지를 보고하였다.

1. 목표는 정기적으로 검토되어야 한다.
2. 목표성취 기한은 구체적이어야 한다.
3. 결과지표는 가능한 한 양적이어야 한다. 그렇지 않더라도, 최소한 검증 가능해야 한다.
4. 상황 변화에 따라 목표도 유동적으로 변해야 한다.
5. 목표에는 이를 어떻게 성취해야 할지에 대한 상세한 '실행 계획'이 포함되어야 한다.
6. 목표는 무엇이 더 중요한지에 대한 동의가 전제된 우선순위가 있어야 한다.

MBO는 일반적으로 포괄적인 조직 목표를 근거로 하는 개인 목표설정 과정과 이러한 개인 목표 달성 정도에 대한 개인의 수행평가의 조합으로 구성된다. 목표설정과 수행평가에 있어서 직원들의 참여에 관한 의미는 팀이나 부서, 조직에 따라 다르게 나타난다. MBO를 성공하게끔 만드는 가장 중요한 심리적 과정은 역시 이 장의 초반에 설명한 목표설정에 기반하고 있다.

MBO의 (잠재적) 기능

Odiorne(1979)는 MBO에서 기대되는 여러 가지 기능에 대해 다음과 같이 기술하였다.

1. 무의미한 활동 및 시간과 자원 낭비의 감소
2. 상사와 부하직원의 책무에 대한 명시로 직급 간 갈등의 감소
3. 개인 수행과 전반적인 조직 효과성의 증진
4. 직원들의 사기, 개발, 업무의 질, 의사결정 위임 정도의 증진
5. 조직의 변화와 적응 능력 증진

MBO의 옹호자들은 연봉 인상, 특정 개인 밑에 몇 명의 직원을 둘 것인지, 누가 관리자에게 직접 보고를 할 것인지, 직원들에게 허용 가능한 정보의 유형과 양, 또는 특정 상황에서의 권한의 위임과 분산 등과 같은 상사들이 직면한 여러 문제점들을 해결할 수 있다고 주장한다. 요컨대, 그들은 MBO가 단순히 일련의 기법이나 절차가 아닌 경영의 총체적 시스템이나 심지어 '경영에 대한 사고방식'으로 봐야 한다고 믿고 있다(Odiorne, 1979, p. 52).

MBO 절차의 단계

MBO의 사용과 관리는 4개의 기본 단계로 구분될 수 있다. 첫 번째, 조직의 각급 관리자들은 직원들과 앞으로 있을 기간(6개월 혹은 1년) 내 조직 및 개인의 목표에 대해 상의하고 협의한다. 사실, 이러한 목표설정 절차에 직원들이 실제로 참여하는 정도는 (앞서 언급한 것처럼) 상사와 부하직원들 각각의 스타일에 따라, 혹은 그들이 MBO의 원칙을 얼마나 엄격하게 고수하는지에 따라 다르게 나타난다. 두 번째, 직원들은 합의한 목표에 대해 어떻게 성취할 것인지에 대한 실행 계획을 준비한다. 실행 계획은 상사에 의해 검토될 수도 있고 그렇지 않을 수도 있다. 그러나 일단 합의가 이루어진 후에 목표와 실행 계획은 합의된 기간 동안 직원들의 직무행동의 지침이 된다.

세 번째 단계는 초반에 설정된 목표를 향한 부하직원의 진전 정도에 대한 상사와

부하직원들의 수행 검토로 구성된다. 이러한 수행 검토는 많은 조직에서 사용되는 전통적 수행평가 기법을 효과적으로 대신한다. 사실, MBO와 유사 MBO 프로그램의 급격한 대중화 덕에 이러한 전통적 수행평가 기법이 지닌 문제가 드러났다.

예를 들어, 어떤 고전적 연구는 전통적 수행평가 체계에서 상사들은 부하직원들에게 '신과 같은' 위치에 있음을 지적하고 있다. 언제나 상사들은 부하직원들 개인이 가진 가치(worth)에 근거하여 판단을 내린다(McGregor, 1957b). 이러한 절차로부터 자연스럽게 나온 결과인 불쾌함으로 인해 수행평가는 직원의 직무수행을 건설적으로 평가하려는 목적을 결코 성취할 수 없다. 대신에 이러한 절차는 직원들 입장에서는 방어적 반응을 불러오고 상사 입장에서는 회피 반응을 유발한다. 따라서 상사와 부하직원 모두가 그 직원이 설정한 목표에 대한 행동과 성취에 주의를 기울이기 위한 필요성 때문에 MBO가 제시되었다. McGregor(1957b)에 따르면, MBO의 결과는 사견이 개입되지 않고 객관적이기 때문에 매우 분석적 절차이며, 건설적 평가를 가능하게 한다고 한다. McGregor의 관찰은 반세기도 더 이전에 이루어진 것이다. MBO가 오늘날까지 타당한 절차로 남아 있다는 것이 신기할 따름이다.

마지막으로, MBO의 네 번째 단계는 상사와 부하직원에 의한 새로운 목표의 설정이다.

하향 연속성

MBO와 전략적 계획 프로그램의 지지자들에 의해 기술된 한 가지 일반적 특성은 각 위계적 조직 수준의 목표는 다른 수준에서 설정된 목표와 일관되어야만 한다는 것이다. 더 구체적으로 말하자면, 상위 수준에서 설정된 목표는 각 하위 수준에 구체적으로 옮겨질 수 있게 비교적 보편적으로 기술되어야 한다는 것이다. 위계적 구조에서 점차 구체적으로 정제되는 목표 절차를 '하향 연속성(cascading)'이라 부른다(Raia, 1974를 보라).

예를 들어, 2년 내에 10%의 이윤 증가를 목표로 가진 조직이 있다. 이러한 다소 일반적인 목표는 조직의 하위 수준의 관리자들에게 더욱 구체적으로 해석된다. 즉, 회사의 관리부서의 부사장은 사장으로부터 비용을 감축하라는 목표를 받을 수 있는 반면, 판매를 책임지는 부사장은 상위 수준의 이윤 목표를 판매 수준 및 시장점유율이라는 더 구체화된 목표로 전환할 것이다. 그리고 각 부서장들은 하위 관리직들과 함께 더욱더 구체적인 목표를 만들어 낼 것이다. 사례를 계속 들자면, 관리부서의 부사장은 채용관리자들과 협력하여 이직과 신입사원 선발에 따른 비용 절감이라는 목표를 설정할 수도 있다. 그리고 채용관리자들은 모집관들 및 면접관들과 함께 모집비용 및 이직의 감소를 위한 특정 기법의 목표를 만들어 낼 것이다. 각 조직 수준에서 파생되는 구체적 목표들은 업무 형태에 따라 부서마다 다를 것이다(예를 들어, 영업직, 판매직, 생산직 등).

MBO가 지닌 가정

MBO 프로그램은 여러 가정을 전제로 한다(Barton, 1981). 첫째, 조직은 하나 이상의 목표를 지닌다. 사실, 대부분의 조직은 복합적 목표를 지니고 있다(Gross, 1965). 앞에서 서술된 가상의 기업을 예로 들자면, 신상품 개발, 기업 이미지 개선, 사업 다각화 등의 목표를 지닐 수 있다. 이와 마찬가지로, 조직의 각급 직원들도 하나 이상의 목표를 지니며, 이러한 목표는 하위 수준에서 여러 하위 목표를 만들어 낸다.

둘째, 목표가 성취되면 각 수준의 여러 하위 목표들은 각각에 연속된 상위 수준의 목표 달성에 누적적으로 기여하면서 궁극적으로 가장 포괄적인 수준의 조직 목표(2년간 7%의 이윤 증가와 같은 목표)의 달성으로 이어진다.

셋째, MBO 프로그램의 사용은 조직의 전략과 전술이 목표 및 그러한 목표로부터 파생되는 실행 계획에서 발견된다는(그리고 구성된다는) 것을 시사한다. MBO에 의해 만들어진 수단–목적 연결고리는 조직의 전략을 구성하고 조직정책의 주요 근거가 된다. 이러한 의미에서 MBO는 단순한 목표설정과 수행평가 체계 이상의 잠재력을 가지고 있다.

마지막으로, 이상적으로는 MBO 프로그램에 의한 목표들은 상호 양립해야 하며 반생산적이며 상호 충돌적이어서는 안 된다. 물론, 실제로는 보통 그렇지 않다. 반대의 경우가 더 빈번해서, 조직 목표들은 흔히 양립 불가능하다(Daft, 1983). 예를 들어, 앞서 말한 가상의 기업에서 이윤의 증가와 시장의 확대라는 목표가 평판의 증진이라는 목표에 방해를 받을 수도 있다. 마찬가지로, 대학생들은 때때로 연구 및 저술 활동과 관련된 대학의 목표가 강의의 수준을 유지하라는 목표와 일치하지 않는다는 것을 알게 된다. 이는 가끔 어쩔 수 없이 발생하는 사례다. 이에 Barton(1981)은 MBO 상황에서 양립 불가능한 목표들에 대한 문제점을 논의하고 이를 해결하기 위한 방법을 제시하였다.

실제로 MBO는 얼마나 효과적인가

지금까지 우리는 MBO를 지지하는 주장과 주요 특성에 대해 살펴보았기 때문에 실제 가치와 효과성에 대한 세부적 증거도 검토해 보도록 하겠다. 즉, MBO는 얼마나 효과적인가?

이전에 총 185개에 해당되는 사례연구, 설문조사, 실험 및 준실험연구들을 검토한 한 연구의 결론은 다소 비관적이다. 간단히 요약하자면, 이 개관 연구는 MBO 평가 연구들에 사용된 과학적 엄격함의 수준과 연구된 프로그램에 대한 지지 정도 사이에 역관계가 있다는 것을 발견하였다(Kondrasuk, 1981). 연구자들이 자신들의 발견과는 다른 설명을 배제하기 위해 면밀히 구성된 실험 설계를 사용했을 때 그 결과는 MBO에 호의적이라고 할 수 없었다. 반면, 통제집단이 사용되지 않았고, 기본적 실험 설계가 연구자에 의해 오염된 단발성 사례연구들에서 MBO는 효과가 있는 것으로 나타났다. 다른 설문조사들에서는 MBO 프로그램의 방식이 제각각이고 앞서 기술한 기본 요소들의 수준과 조합이 다르게 사용된 것이 발견되었다(Carroll & Tosi, 1973). Kopelman(1986) 또한 Kondrasuk(1981)의 연구 결과와는 다른 엇갈리는 결과를 보고하였다.

다소 최근에[12] Rodgers와 Hunter(1991)에 의해 긍정적이고 희망적인 메타분석 결과가 보고되었다. 해당 연구에서 Rodgers와 Hunter(1991)는 MBO 프로그램의 효과성을 검토한 연구자들의 연구보고서들을 철저하게 찾았다(이전 메타연구에서 포함되지 않았던 연구들도 포함되었다). 그들은 직원들의 생산성에 초점을 두었는데, 구체적으로는 MBO 프로그램에 의해 증가한 생산성이었다. 그들은 70개 중 68개의 평가연구에서 생산성이 증가한 것을 발견하였으며, 생산성에 대한 (엄격한) 비율수준지표를 사

12) 비록 각기 다른 형태의 목표설정 프로그램들이 대부분의 조직에서 시행되었지만(Pritchard & Payne, 2002), 최근에 MBO의 형식을 띤 프로그램에 대한 효과성에 근거하여 조직행동이나 경영 문헌으로 보고된 실증적 연구는 매우 드물다.

용한 전체 연구들의 평균 생산성 증가는 45%였다. MBO의 효과평가의 근거로 경영평가를 했을 때, 평균 증가량은 1표준편차당 42%였다. 생산성에 대한 측정 방식과는 무관하게 MBO 프로그램의 긍정적 효과에 대한 굳건한 증거가 발견된 것이다(Rodgers & Hunter, 1991).

경영진의 몰입의 중요성

앞의 메타연구에서 특히 주목해야 할 부분은 MBO 프로그램이 설치된 조직 내 여러 고위 경영진들에 의한 MBO 지지의 중요성이다. 결과는 놀랍도록 명확했는데, MBO는 고위 경영진들의 긍정적 지지만이 아닌 그들이 직접 MBO를 실행해야 강력한 효과가 있다는 것이었다. 반면, 고위 경영진들에 의한 MBO에 대한 지지나 실행이 없는 조직은 생산성이 가장 낮으며, 언어적 지지는 있었으나 실제 실행이 없었던 중간 정도의 지지를 보인 조직에서는 생산성 개선 비율이 중간 정도 수준을 보였다. 고위 경영진들의 개입이 가장 높은 조직은 가장 낮은 조직보다 5배의 생산성 차이를 보였다(Rodgers & Hunter, 1991).

(생산성이 아닌) 18개의 직무만족 연구에 대한 메타연구에서도 유사한 결과가 나타났다. 고위 경영진들의 높은 개입이 있는 조직이 직무태도 수준의 증가가 가장 컸다. 앞서 언급한 메타연구와 마찬가지로 중간 정도의 개입에 대한 긍정적 증가도 있었으며, 낮은 개입에 대한 직무태도의 경미한 감소도 발견되었다(Rodgers, Hunter, & Rodgers, 1993). 이 직무만족의 효과에 대한 메타연구에는 18개의 조직만이 포함되었기 때문에 세 가지 몰입 수준 집단에는 많은 조직이 포함되어 있지 않다. 따라서 결과의 해석에 주의가 필요하다. 그럼에도 앞의 두 메타연구(Rodgers & Hunter, 1991; Rodgers, Hunter, & Rodgers, 1993)는 긍정적 결과를 가져올 수 있는 MBO와 같은 개입에 고위 경영진들의 지지가 필요하다는 진부한 처방이지만 인상적인 실증적 증거를 제공하고 있다.

MBO 프로그램과 목표설정의 관련성

이 장의 초반에 논의되었듯이, 목표설정은 다른 어떤 동기이론보다 타당성이 높으며, 목표설정 기법은 실제 MBO 프로그램의 두 가지 특성 중 하나를 구성한다. 목표설정 자체의 성공이라는 관점에서 보면, 공식적 MBO 프로그램의 약간 낮은 성공률은 역설적이거나 심지어 모순된 것일 수 있다. 다시 한 번 강조하지만, 목표설정은 사실상 모든 MBO 프로그램의 필수 요소이지만 MBO에는 단순한 목표설정 이상의 더 많은 것들이 있다. 앞서 언급한 대로, MBO에는 수행평가 과정도 중요한 요소이지만, 목표설정 과정에서 직원 참여, 하향 연속성 기법, 그리고 전략, 전술 및 정책의 공식화 등과 같은 것도 중요하다. 그러나 목표설정의 비교적 단순한 원리(예를 들어, Ryan, Locke와 Latham에 의해 개발된 기법)를 MBO 프로그램으로 변화시키는 것은 단순한 목표설정에서 가능한 긍정적 효과조차 약화시킬 수도 있다(Ford, 1979; Muczyk, 1978; Reddin, 1971을 참고하라).[13)]

요 약

목표설정의 기본적 원리가 조직에서 성공하려면, 조직의 여러 가지 조건, 준비 및 조정이 동반되어야 한다. 이러한 조직적 전제 조건을 무시한 상태에서 1960년대와 1970년대에 MBO를 시도한 많은 조직은 실패를 맛봤다(Reddin, 1971; Schuster & Kindall, 1974). 이에 따라 조직연구자들은 직무행동이 발생하는 조직의 중요한 특징에 대한 이해보다 개인차와 의도의 본질에 대해 더 나은 이해를 해야 한다는 점을 발견하였다. 그러므로 조직 변인들이 개인의 심리적 변인과 어떻게 상호작용하는지에 대해 더 많은 것을 알지 못한다면, 설령 (목표설정 이론처럼) 더 성공적인 직무동기 이론이라도 관리자들에게 줄 수 있는 과학적 타당성과 실제적 가치는 제한적일 것이다.

MBO에서 새로운 것은 무엇인가

그다지 중요하지는 않지만, 독자들 대부분은 이 절에서 1960년대 말과 1970년대에 나온 다량의 오래된 기록에 주목할 것이다. 그러나 이 이후에 MBO의 실행에 대한 개

13) 기본적 멘토링 관계를 공식적이고 조직적인 수준의 지원을 받는 멘토링 프로그램으로 변화시키는 것이 멘토-제자 관계의 가치에 부정적인 효과를 가져올 수 있다고 믿는 이유와 같다(Schroeder, 1988).

선은 많이 이루어지지 않았다. Kondrasuk(1981)의 요약 개관처럼, MBO 프로그램의 성공과 실패의 원인의 요약 개관이 간행된 시점까지 알 필요가 있는 것들의 대부분은 그 당시에 알았다. 최고경영자의 지지(어찌 됐든 대부분의 사람들이 직관적으로 알고 있다)의 중요성에 대한 사안들 외에도, 얼마 되지는 않지만 지난 30년 넘게 MBO의 등장의 중요성에 대한 교훈도 알아보았다.

미리 보기: 전망의 변화

우리는 이 책의 제3부의 결론 부분에 이르렀다. 이 부분의 이론들은 인간이 정보처리자이고 신념, 태도 및 의도가 직원들의 직무동기와 행동을 가장 잘 설명한다는 점을 가정하는 인간 기능 모형을 기반으로 하고 있다.

제4부에 포함되는 14장에서, 우리는 인지적 절차에 주로 의존하던 직무동기로부터 벗어나 다른 관점을 향해 나아갈 것이다. 한 가지를 들자면, 초기의 가장 순수한 형태에서 그것은 일반적인 행동과 구체적인 직무행동의 원인에서 정신적 요인의 역할을 무시하고 심지어 거부했다. 또한 우리는 이 관점이 1960년대 및 1970년대보다 성공적이지 못했던 지난 30년간에 대해 살펴볼 것이다. 비록 성공적이지 못했다 할지라도 이 관점은 행동적 문제점들에 상당한 응용적 가치를 제공한 인지적 모형, 특히 목표설정 및 목표설정의 개선된 형태에서 발견되는 몇몇 통찰을 통합하면서 발전되었다. 실제로 14장의 주요 초점인 현대의 사회인지 이론은 여전히 우리가 현재 이용할 수 있는 가장 타당하고 활력 넘치는 인간 행동 및 직무동기의 이론이다(Latham & Pinder, 2005).

4부

조 | 직 | 의 | 직 | 무 | 동 | 기

'직무동기'와 직무행동에 대한 견해

14장

학습, 행동 통제, 사회인지 이론, 그리고 자기관리

환경이 인간의 친구로 보일 때는
인간도 환경의 친구다.
_ Byron 경

나는 환경을 믿지 않는다.
세상에 태어난 인간은
두 발로 서서 자신이 원하는 세상을 찾아야 한다.
_ George Bernard Shaw

행동과학에서 인간의 기본 특성에 관한 관점은 종종 바뀌어 왔다. 예를 들어, 우리는 20세기 초 심리학자들에게 본능에 관한 아이디어들이 수용적이었고, 이후 1930년대에는 욕구의 개념이 본능을 대체했음을 알고 있다. 1940년대에 들어서는 많은 이름을 가지고 있지만, 가장 일반적으로는 '행동주의'라는 이름의 학파가 대세를 이루었다. 행동주의의 단순하고도 가장 기본적인 원리는 행동이 그것의 결과에 의해 평가된다는 것이다. 행동주의에서는 불가사의한, 그리고 본능, 욕구, 정서 및 사고와 같은 관찰 불가능한 내적 상태에 대한 언급을 필요로 하지 않는다. 이 학파의 초점은 동기보다 학습에 있다. 그렇다고 행동주의가 감정, 신념 또는 가치 등과 같은 내적 상태의 존재를 부정한 것은 아니다. 오히려 B. F. Sknner가 자신의 책 중 하나에서 언급했듯이, "그것들(내적인 힘들)은 기능적 분석과는 관련성이 없다. …우리가 체계의 내부에만 머물러 있다면 우리는 어떤 체계에 대해서도 그 행동을 설명할 수 없다. 결국 우리는 그럴 것이 아니라 유기체에 작용하는 힘에 관심을 돌려야 한다."(1953, p. 35)

하지만 앞으로 이야기가 진행되면서 살펴보겠지만, 많은 행동주의자들에게, *B=F(O, E)*라는 공식으로 요약되는 삼원 상호작용 모형이 인간과 환경 사이의 상호작용의 본질을 가장 잘 요약해 준다. 핵심 요소인 'O'(유기체 또는 인간)는 개인의 유전학적 구성과 그 사람의 이전 학습 경험을 의미한다. 따라서 어떤 수준에서, 행동주의는 맥락(행동주의자들이 보통 '환경'이라는 부르는 것, 2장을 보라)의 중요성을 반복적으로 강조하는 다른 이론이나 모형들과 조화를 이룰 수 있음을 알고 있다. 그러나 행동주의자들에게는 'E'(지금까지 우리 나름으로는 '맥락'이라 부른 것이다)가 다른 무엇보다도 가장 중요하다. "행동은 지각자가 아닌 환경에 의해 시작된다."(Skinner, 1974, p. 73) 그리고 "환경이란 언제나 신체 외부에 존재하는 것이다."(1974, p. 73)[1)]

1950년대에 행동주의의 인기가 높아져 심리학 내에서의 영향력도 커져 갔고, 1960년대쯤에는 현대 심리학의 다른 접근법들보다 강한 영향력을 미쳤다. 1970년대에는 행동주의가 임상심리학이나 조직 행동과 관리와 같은 많은 응용심리학 분야에서 헤게모니를 갖기에 이르렀다. 하지만 1980년대에 행동주의는 정점에 다다른 듯했고, 심리학 분야에서는 인지 이론과 모형의 영향력이 커져 갔다. 행동주의 진영, 인지주의 진영, 그리고 그 외의 관점들은 서구 과학에서 자신의 상대적 장점을 놓고 세력다툼을 진행했다. 당시에는 사실, 행동주의가 조직행동을 설명하는 데 많은 공헌을 했지만, 행동주의 사상의 가장 기본적인 측면인 비인지적 현상이 정점에 다다라, 조직행동 전반에 관해, 특히 직무동기에 관해서는 유행이 지나가고 있었다.

오늘날 행동주의의 영향력(적어도 직무동기 영역에서는)은 극적으로 약화되어 앞의 3개 장에서 논의된 인지심리학의 핵심 요소들 상당수를 선택적으로 포함시킨 변종이 남아 있을 뿐이다. 돌이켜 보면, 두 학파의 명백한 기본적 관점의 차이를 고려해서 20년 전에 사람들이 예견했던 것만큼 그 두 학파의 결합이 어렵지는 않았다(Karmel, 1980; Skinner, 1974를 참고하라).[2)]

1) 이 책의 1판에서도 그랬던 것처럼 이 장의 내용에 대해 도움의 말을 아끼지 않은 Instituto Tecnologico de Sonora의 Dale M. Brethower 교수에게 진심으로 감사의 뜻을 전한다(Pinder, 1998).

2) Locke(1979)와 같은 인지이론가는 필요성 때문에 조작적(operant) 접근이 인지이론에 길을 내주기는 했지만 그 두 이론적 관점이 섞이기는 힘들다고 주장했다. 행동주의 진영의 적어도 한 명은 다른 관점을 표명했다(Komaki, 1986). 그녀는 적어도 1980년대 중반까지는 그 분야의 나머지 부분과 자신의 접근법 간의 관계가 상호 호혜적이었다고 주장했다. 본 저자도 그 두 관점이 일부 혼합되어 있는 영역에서는 그녀의 주장에 동의한다.

인간의 학습에 초점을 두는 것은 동기에 초점을 두는 것과 같다는 사실을 기억할 필요가 있다. 이 장을 진행하면서 학습과 동기에 대한 초점의 비중을 달리할 것이다. 그리고 1950년대와 1960년대의 '급진적 행동주의'가 어떻게 사회학습 이론과 사회인지 이론에 관한 혼합 모형으로 꾸준히 바뀌어 갔는지에 대한 이야기를 다루도록 하겠다.

이 장의 개관

이 장의 첫 부분은 급진적 행동주의(혹은 조작적 심리학)의 기본 원리를 다룬다. 두 번째로 역사적 흐름을 살펴보고, 일반적 측면의 행동수정을 그리고 그다음에는 조직행동수정(또는 응용행동분석)을 다룰 것이며, 행동주의자 진영이 어떻게 인지심리학적 요소들을 서서히 받아들였는지에 대한 이야기를 진행할 것이다(Komaki, 1986; Kreitner & Luthans, 1984를 보라). 다음으로 이런 전통으로부터 출현하였으며, 목표설정 이론의 개념을 개방적으로 받아들인 학파인 사회인지 이론을 살펴볼 것이다. 이 장은 사람들이 자신의 행동을 촉진하거나 억제하는 데 적용하기 위해 학습할 수 있는 응용 방법인 자기조절(self-regulation)에 관한 논의로 마무리할 것이다.

행동주의를 다루는 목적

적어도 짧게나마 행동주의가 조직행동 연구에서 전성기를 누렸다는 것이 사실이라도, 대체 이 책에는 왜 포함된 것일까? 거기에는 많은 이유가 있다. 첫째, 비록 직무 관련 문제들에 관해 더 이상 지배적인 관점이 아닐지라도, 행동주의는 조직행동에 관한 현대의 많은 이론과 연구들에 그 흔적을 남겨 놓았다. 둘째, (첫 번째 이유와 관련하여) 실무 분야에는 여전히 행동주의에 의해 만들어진 기본 가정들을 선호하는 사람들이 많이 있다. 그들은 인간 행동의 선행요인과 결과들을 다루는 것이 욕구, 신념, 기대, 가치, 그리고 다른 가설적 구성개념들과 같은 블랙박스 개념들보다 지적으로 더 합리적이라고 여긴다. 마지막으로, 인간의 행동을 이해하고 관리하는 데 있어 가치 있는 행동주의 모형들이 여전히 많다. 비록 전체 이론이 그 절대적 위세를 잃었지만, 그렇다고 행동주의가 인간의 조건에 관해 다룬 것들이 모두 '잘못된' 것은 아니다. 사실, 기능적 분석(Komaki, 1986, 2003; Komaki, Coombs, Redding, & Schepman, 2000)은 조직의 특정 현상이 발생했을 때, 그 사건을 선행요인(antecendent), 발생한 행동(behavior) 및 그 행동의 결과(consequence)로 분해함으로써 우리로 하여금 많은 조직 현상을 이해하는 데 유용한 관점일 수 있다(즉, A-B-C 순서). 행동주의 진영이 지난 반세기 동안 우리에게 가르쳐 준 것을 요약하지 않고서는 직무동기에 관한 오늘날의 조사와 연구는 완성될 수 없을 것이다.

마지막으로, 인간 기능 모형에 관한 시계추가 행동주의 사상의 일부 혹은 전체에 새로운 생명을 불어넣을 방향으로 움직일지 누가 알겠는가? 앞으로 살펴보겠지만, 행동주의의 요소들은 이 장의 마지막에서 다루게 될 자기조절의 응용 방법에서뿐 아니라 사회인지 이론으로 불리는 연구들에서 발견된다. 이런 역사적 쟁점과 논리를 염두에 두고, 이제 직무에서의 인간 행동에 관한 연구 중 조작적 조건형성(operant conditioning)을 다룬 연구들을 살펴볼 것이다.

직무동기에 관한 우리의 생각에 여전히 행동주의가 미치는 급진적인 영향력을 이해하기 위해 수십 년 전의 급진적 행동주의를 살펴보면서 시작하도록 하겠다.

급진적 행동주의의 기본 원리

이 책의 나머지 부분에서 제시되는 직무동기 이론들의 근저에 있는 인간 기능에 관한 욕구 기반적 그리고 인지/지각적 모형들과는 상반되게, 행동주의, 행동적 학습이론 또는 조작적 조건형성 등 다양하게 언급되는 주요 학파는 인간의 행동을 이해하고 예측하는 데 있어 지각, 신념, 태도, 의도 그리고 동기와 같은 개념에 의존하지 않는다. 그것의 강조점은 인간의 학습이지 동기가 아니다. 급진적 행동주의라 불리는 접근법의 주요 원리는 인간의 행동이 유전적 형질과 환경적 조건의 통합함수라는 것이다. 행동주의의 지지자는 사람들이 욕구, 신념, 태도, 가치, 의도 그리고 선호를 지니고 있다는 것을 부정하지 않지만, 인간의 행동을 연구하거나 영향을 미치는 데 그것들을 끌어들이지는 않는다. 이 학파의 기반을 제공한 저명한 심리학자 Skinner[3)]의 말을 인용하자면 다음과 같다.

> 사람이 배가 고파서 밥을 먹는다거나, 습관 때문에 엄청나게 담배를 피운다거나… 또는 음악적 재능 덕에 피아노 연주를 잘한다고 말할 때는 우리가 행동의 이유를 언급하는 것처럼 보인다. 하지만 이런 문구를 분석해 보면 단지 과잉 서술임을 알 수 있다. 한 가지 사실이 "그 사람이 밥을 먹는다"와 "그 사람이 배가 고프다"라는 2개의 진술문으로 기술될 수 있다. 하나의 진술문에 대해 다른 진술문으로 설명하는 관행은 위험한데, 우리가 원인을 찾아냈고, 따라서 더 이상의 탐색이 필요하지 않다는 것을 의미하기 때문이다.
>
> (Skinner, 1953, p. 31)

그래서 어떤 직원이 자신의 회사에 대해 충성심을 갖고 있어서 열심히 일한다고 하는 진술은 실제로 그 어떤 것도 설명해 주지 않는다. 그런 말은 단지 같은 정보를 반복하고 있을 뿐이다. 여기서 중요한 것은 행동이어서, 그 직원은 열심히 일하거나 그렇지 않을 뿐이다. Skinner는 이에 대해 이렇게 기술했다.

> 우리는 아마도… 많은 젊은이들이 가능한 한 적게 일하려 한다거나, 근로자들이 그다지 생산적이지 않고 종종 무단결근한다거나, 또는 그들이 만든 제품의 품질이 좋지 않다는 사실에 혼란스러울 수 있다. 하지만 우리는 '장인정신이나 자신의 일에 대한 자부심' 또는 '노동의 존엄성'을 자극함으로써 발전시킬 수는 없을 것이다. …사람들로 하여금 부지런하게 그리고 주의 깊게 일하도록 하는 상황적 조건들에 문제가 있는 것이다.
>
> (Skinner, 1971, p. 157)

3) 통일된 단일 학파가 있다고 가정하는 경향에도 불구하고, 현대 행동주의에 하나의 통일된 학파는 없다는 것을 언급해야 한다(Mahoney, 1974, p. 9). 오히려 여러 측면에서 차이를 보이는 다양한 행동주의 학파가 존재하며, 가장 중요한 차이점은 인간의 학습과 행동에서 인지 과정에 부여하는 역할과 중요성과 관련된다(Kazdin, 1978; Mahoney, 1974). 따라서 비록 이 장에서 Skinner의 행동주의에 관한 주장에 큰 비중을 두고 있지만, 그가 시인한 것처럼 Skinner(1974)가 모든 행동주의자들의 관점을 대변하지는 않았음을 독자는 주의해야 한다. 우리가 그의 연구에 의존하는 이유는 세 가지인데, ① 적어도 다른 행동주의 학파만큼이나 잘 알려져 있다는 사실, ② 1960년대와 1970년대에 걸쳐 현대 심리학에서 명백히 중요하게 다뤄졌다는 점, ③ 특히 조직을 연구하는 학자들에 의해 다른 어떤 행동주의의 유형에 비해 가장 많이 인용된다는 사실 때문이다.

다시 말하지만, 이 학파의 지지자들이라고 해서 사람들이 정서를 경험한다거나, 환경으로부터 대상을 지각하고 신념을 형성하는 것 등을 부정하지는 않는다. 하지만 그들은 이런 가설적인 요소들이 행동을 동반할지라도 그것을 야기하지는 않는다고 여긴다. 즉, 어떤 직원이 일에서 자부심이라 부르는 것 또는 '고용주에 대한 만족'을 경험할 수 있지만, 이러한 느낌은 단순히 그 일에서 그 개인의 행동을 동반하는 것이다. 즉, 그런 느낌은 행동을 야기하거나 설명하지는 않는다.

동기라는 용어가 직접 관찰될 수 없는 내부 원인적 힘을 의미하였기 때문에 많은 행동주의자들은 동기의 개념에도 의문을 가졌다(Luthans & Ottemann, 1977). "Barry는 동기 수준이 매우 높기 때문에 열심히 일한다"는 말에서처럼 행동을 동기에 귀인하는 것은 Skinner가 말한 음식 먹기, 흡연, 피아노 연주의 예와 같이 동어 반복이 된다. 동기는 행동을 일으키지 않는다. 환경 조건이 그렇게 할 뿐이다.

마찬가지로, 행동주의자들은 종종 필요와 편의에 의해, 그리고 서술적 목적으로 정신적 용어를 사용한다(Skinner, 1974). 예를 들어, 어떤 행동주의자가 "Barry가 동기화되었다"라고 말한다고 해서 Barry의 내부에 그가 더 열심히 일하도록 하는 어떤 실질적 또는 물리적 실체가 있음을 의미하지는 않는다. 대신, 그 행동주의자는 Barry의 행동을 서술적으로 요약하기 위해 동기화라는 단어를 활용한 것이다. 이것은 행동주의자들이 거부하는 행동을 유도하는 추론된 실체의 존재를 의미하는 용어로 (동기와 같은) 서술적 용어를 구체화하는 과정이다(Craighead, Kazdin, & Mahoney, 1976).

조작행동

Skinner와 그의 전통을 따른 대부분의 학자들에 따르면, 행동을 두 가지 일반적인 유형으로 분류하는 것이 유용하다. 한 가지는 **반응행동**(respondent behavior)인데, 이것은 반사적인, 즉 학습되지 않은 행동을 말한다. 재채기를 한다거나 의사가 망치로 무릎을 두드렸을 때 움츠러드는 무릎반사 같은 것이 그 예에 해당한다. 반응행동은 환경에 있는 어떤 것에 대한 반응으로 발생한다.

행동의 두 번째 일반적인 유형은 인간이 보여 주는 대부분의 중요한 행위로 구성된다. 이것은 결과를 생성하기 위해 환경에 조작을 가하는 학습된 행동, 따라서 **조작행동**(operant behavior)으로 불린다. 반응행동이 선행 자극에 의해 유발되는 것에 비해,

조작행동은 결과를 생성하기 위해 방출된다. 환경이 개인에게 작용함으로써 반응행동이 유발되지만, 조작행동은 환경에 대한 개인의 행위로 구성된다.

예를 들어, 적대적인 상사와 일하는 직원은 심장 박동이 빨라지고, 손바닥이 땀으로 젖으며, 도피 반응을 경험할 수 있다. 이러한 행동을 유발하는 자극은 그 상사이고, 이러한 '신경성' 반응(reaction)은 반응행동이 된다. 반대로 그 직원은 평온한 마음으로 자신을 진정시키며 그의 상사에게 다가갈 수도 있다. 이런 행위는 조작행동으로 분류된다. 이 경우 그 행위는 그 사람이 환경의 한 부분에 조작을 가함으로써 시작된다.

조작적 조건형성이란

조작적 조건형성은 조작행동에 이어지는 결과로서 그 행동의 발생 빈도와 확률을 변화시키는 과정이다. 예를 들자면, 상사와의 관계에서 사교적인 능력을 성공적으로 적용한 그 직원은 미래의 유사한 상황에서 다시 이런 유형의 (조작적) 행동을 할 경향성이 높다. 반대로, 만약 그의 노력이 부정적인 결과를 가져온다면 이후 다시 그런 행동을 하려 하지 않을 것이다. 조작적 행동의 미래 발현 가능성에 영향을 주는 기제는 강화(reinforcement)와 처벌이다.

기능적 분석과 상황

우리가 조직에서 관찰하는 대부분의 중요한 행동들은 입사 전이나 후에 개인이 학습한 것이다. 이러한 학습은 조직의 구조, 작업 집단, 상사, 직무기술서, 전화 등과 같은 것으로 구성되는 자극이나 단서의 맥락 속에서 발생한다. 사람들이 이러한 단서에 대해 특정한 방식으로 행동하고, 결과가 그들의 행동에 의해 유발될 때 조작적 학습은 일어난다.

기능적 분석은 행동적 사건을 선행 요인, 행동 자체 및 결과로 분해하는 과정이다(Komaki et al., 1991을 보라). 이 세 요소 모두는 행동을 이해하기 위해 검증되어야 한다(Skinner, 1969). 조직의 중요한 결과들은 동료들의 인정 여부, 돈, 피로, 승진뿐 아니라 우리가 앞의 장들에서 성과로 언급한 많은 것들을 포함한다. 이와 같은 결과들이 어떤 행동과 직접 연결될 때, 그것들은 그 행동에 수반적(contingent)이라 언급된다. 예를 들어, 수수료는 판매 사원에 의해 팔려 나간 제품의 규모에 직접적으로 수반되는 급여 형태를 말한다. 마찬가지로, 피로는 흔히 높은 업무 강도에 수반된다. 마지막으로, 단순히 시간이 흐르면 받게 되는 월급과 같은 급여 체계의 경우처럼, 결과가 행동과 아무 관계가 없을 때 비수반적(non-contingent)이라고 말한다. 수반성의 개념과 행동의 결과에 관해 더 자세히 살펴본 뒤, 이 장의 후반부에서 기능적 분석을 다시 다루도록 하겠다.

행동의 결과

조작적 조건형성의 원리에 따르면, 특정 맥락에서 발생하는 행동들은 다음의 세 유형의 결과에 의해 나타날 수 있다. 이 결과들은 강화, 처벌, 그리고 중립 자극이다. 강화는 행위가 미래에 다시 발생할 가능성을 높여 주는 결과라고 정의된다. 처벌은 그 행위의 재발 가능성을 줄여 주는 결과로 정의한다. 마지막으로, 때로는 강화도 처벌도 행동에 수반되지 않는다. 다시 말해, 개인의 행동의 결과로 인해 자신의 환경에서 어떠한 변화도 발생하지 않을 수 있다. 이런 경우, 그 행위는 중지되는 경향이 있다. 예를 들어, 한 사람이 인형 뽑기 기계에 동전을 계속해서 투입하고 아무런 결과를 얻지 못한다면 그런 다루기 힘든 기계에 투자하는 것을 멈추기 쉽다. 또 다른 예를 들자면, 칭얼거리는 행동을 무시당한 아이는 칭얼거리는 것을 (결국) 멈추기 쉽다. 따라서 상사에게 재치 있게 대하는 부하직원이 (동료를 포함해) 누구에게도 강화를 받지 못한다면 그런 행동을 멈추게 될 것이다. 앞서 강화되었던 행동과 결과를 분리시키는 과정을 소거(extinction)라고 한다(Craighead et al., 1976).

효과의 법칙

수반되는 결과와 조작행동의 관계는 효과의 법칙(law of effect)으로 요약할 수 있다. 이 법칙의 전반적인 핵심은 한 세기도 더 전에 Herbert Spencer(1870)의 글에도 나타났지만, Thorndike(1911, p. 214)가 처음으로 공식화했다.

> 동일한 상황으로 인한 몇몇 반응 중에 동물에게 만족을 동반하거나 만족이 바로

> 뒤따르는 반응들은, 다른 요소들이 동일할 때, 그 상황에 더 확고히 연결되어 이후 다시 반복되기 쉽다. 반대로, 동물에게 불편함을 수반하거나 밀접하게 이어지는 반응들은, 역시 다른 요소들이 동일할 때, 상황과의 연결이 약해져 이후 반복되는 경향성이 줄어들 것이다. 만족이나 불만족이 더 클수록, 연결의 강도는 더 강하거나 약해진다.

Thorndike는 많은 비평들가들이 만족이나 불편함과 같은 주관적인 용어(그것들은 매우 인지적으로 들린다)의 사용을 거부하는 것을 알아채고 이후 다음과 같은 설명을 추가했다.

> 만족스러운 상태란 동물이 전혀 회피하려고 하지 않는 것을 말하고, 그런 행동들은 종종 획득되거나 유지된다. 불편하거나 귀찮은 상태는 동물이 그 행위를 일반적으로 회피하거나 그만두려 하는 것을 의미한다.
>
> (Thorndike, 1911, p. 245)

효과의 법칙은 오랜 기간 많은 논리적, 철학적 그리고 경험적 근거의 측면에서 공격을 받았다. 이에 대한 검토는 이 책의 목적을 넘어선다. 따라서 그것의 현대적 형태인 **경험적 효과의 법칙**(이것은 하나 이상의 버전이 있다)은 오늘날 행동주의의 가장 중요한 원리로 남아 있다고 말하는 것으로 충분하다. 표면적으로 경험적 효과의 법칙은 "반응의 결과는 그 반응이 학습될지에 관한 중요한 결정 요인" (Wilcoxon, 1969, p. 28)이라고 말한다. 다시 말해, 사람들은 긍정적이라 여겨지는 것들에 대해서는 무언가를 하지만 혐오적이라고 학습한 것들에 대해서는 행동을 하지 않으려는 경향이 있다. 즉, 높은 직무수행 수준에 대해 높은 비율의 급여를 연합한 직원이라면, 그녀는 높은 수행이 발생하도록 학습한 방식에 맞게 행동하게 될 것이다.

행동이 발생하고 매력적인 결과물이 뒤따를 때, 그 행동은 강화된다고 말할 수 있다. 그 사람은 유사한 미래 상황에서 유사한 방식으로 행동할 가능성이 증가할 것이다. 반면에, 만약 행동이 혐오적인 결과를 야기한다면, 그 행동은 미래의 유사한 환경에서 발생할 가능성이 줄어들 것이고, 이때는 처벌을 받았다고 말할 수 있다. 하지만 조직에서 호의적이거나 비호의적인 결과들은 직원의 행동이나 수행에 단지 부분적으로만 수반적이다. 따라서 우리는 행동과 그것의 결과 간에 존재할 수 있는 관계의 범위를 생각해 볼 수 있다. 이러한 행동-결과 관계를 강화 **계획**이라고 하고, 이러한 계획을 통제함으로써 기업조직과 교육기관, 상담 상황 등의 환경에서 조작적 조건형성을 활용할 수 있다.

강화 계획

강화의 가장 단순한 유형은 **연속적인**(continuous) 것이다. 특정 행동이 매번 강화를 받을 때, 그 강화 계획은 연속적이라 정의된다. 그러나 만약 강화가 특정 행위의 일부에 한해서 제공되면, 그 강화 계획은 간헐적(intermittent) 혹은 부분적이라고 할 수 있다(〈표 14-1〉을 보라).

연속적 및 간헐적 강화 계획 각각은 몇 가지 중요한 특성과 차이점을 갖고 있다. 새로운 학습은 행동이 연속적으로 강화를 받을 때 가장 빨리 일어난다. 예를 들어, 작업 선반 위에 어떤 장치를 고정시키는 방법을 학습하는 신입사원이 그 작업을 정확히 수행할 때마다 매번 강화를 받는다면, 학습은 더욱 빨리 진행될 것이다. 마찬가지로, 한동안 연속적 강화 계획에 의해 강화되고 있는 행동은 무슨 이유에서건, 그 행동의 특정 발생에 뒤따르는 강화가 중지되거나 실패하면 소거에 더욱 취약해진다. 게다가 한번 행동이 학습되면, 그것이 간헐적으로 강화될 때 더 높은 빈도(그리고 더 강하게)로 발생한다. 예를 들어, 연속적 강화를 사용해 고객에게 정중하게 서비스하도록 교육을 받은 직원은 만약 그 직원의 상사가 간헐적 강화 계획에 따라 강화의 빈도를 감소시켜도 계속해서 공손하게 행동할 것이다.

〈표 14-1〉 간헐적 강화 계획

계획의 항상성	강화 분배의 근거	
	행동의 발생	시간의 흐름
고정	1 고정비율	3 고정간격
변동	2 변동비율	4 변동간격

간헐적 강화 계획의 유형

다양한 방식으로 간헐적 강화를 실시할 수 있다. 때때로 강화는 특정한 횟수의 바람직한 행동이 방출된 뒤에만 나타날 수 있다. 다시 말해, 강화가 단지 행동에만 수반된다고 확언하는 것이다. 이런 강화 계획을 비율 계획(ratio schedule)이라고 하는데, 이는 강화물이 행동이 발생하는 경우의 일정 비율에 따라서 주어지기 때문이다(예를 들어 네 번마다). 반면, 특정 시간의 경과에 따라 강화를 제공할 수도 있는데, 예를 들어 미리 설정한 시간(1시간처럼)이 경과한 후 뒤따르는 첫 번째 바람직한 반응에 강화물을 제공할 수 있다. 이러한 종류의 강화 계획을 간격 계획(interval schedule)이라고 한다.

행동 발현의 특정 비율에 기반했는지, 혹은 일정 시간의 경과에 기반했는지 외에도, 우리는 비율이나 시간 간격을 고정했는지, 혹은 변화 가능하도록 설정했는지에 따라 간헐적 강화 계획을 달리 생각할 수 있다. 즉, 우리는 〈표 14-1〉에 제시되어 있듯이 네 가지 다른 유형의 강화 계획을 생각해 볼 수 있다.

이런 다양한 유형의 간헐적 강화를 생각해 보자. 고정비율(fixed ratio) 강화는 강화가 행위의 매 n번째 발생에 뒤따르는 것이다. 예를 들어, 매 네 번째로 창고에 물건을 배달할 때마다 보수를 받는 직원은 고정비율로 강화를 받은 경우다(1번 칸을 보라). 연속적 강화는 강화의 비율이 1:1이 되는 고정비율 강화 계획의 특별한 경우다. 그러나 만약 그 직원이 매 네 번마다 보상을 받는 것이 아니라 평균 네 번째 경우마다 보상을 받는다면, 그는 변동비율(variable ratio) 계획에 따라 보상을 받는 것이 된다(〈표 14-1〉의 2번 칸).

간격 계획이 어떻게 기능하는지에 대한 예시로서, 영업 관리자로부터 고객에게 추후 방문을 하도록 지시를 받는 영업 담당자를 생각해 보자. 예를 들어, 그 영업 담당자가 매달 초 고객을 방문하는 것만을 그 영업 관리자가 인정하고, 매월 중반의 방문을 무시한다면, 관리자는 고정간격(fixed interval)(1개월) 강화 계획(3번 칸)을 적용하고 있는 것이다. 하지만 만약 관리자가 영업 담당자가 고객을 방문한 지 일주일 후, 그다음에는 3일, 그다음에는 4주, 그다음에는 8일 등이 지난 후에 강화물을 주었다면, 이때는 변동간격(variable interval) 계획(4번 칸)을 적용하는 것이다. 즉, 간격 강화 계획에는 강화물이나 처벌을 주는 것에 일정 기간의 시간 간격이 필요한데, 그것만으로는 충분치 않다. 미리 계획된 기간이 경과하고 나면, 그 사람은 촉진되거나 억제되는 행동을 수행해야만 한다.

일단 어떤 행동이 학습되고 나면, 간헐적 강화 계획을 주의 깊게 사용함으로써 행동의 발생이 촉진될 수 있다. 이런 목적하에서는 비율 강화 계획이 간격 강화 계획에 비해 우수하고(일정 시간의 경과 없이 바람직한 행동의 발생 이후에 즉각적으로 강화가 수반되기 때문이다), 변동비율 강화 계획이 고정비율 강화 계획보다 더욱 효과적이다. (마치 슬롯머신을 하는 것처럼) 변동비율 강화 계획하에서는 사람들이 평균적으로 매 n 번째 보상을 받을 것이라고 생각한다. 하지만 그 사람은 정확히 자신의 몇 번째 행동에 보상을 받을 수 있는지는 결코 알 수 없다. 게다가 일단 바람직한 행동이 획득되고 발달하면, 행동 발생에 대한 강화의 비율은 감소될 수 있다. 예를 들어, 우리가 판매 담당자를 연속적(또는 거의 연속적인) 강화 계획을 사용해 고객에게 친절하게 응대하도록 훈련시킨 뒤, 평균적으로 매 대여섯 번의 빈도로 강화함으로써 친절한 행동의 빈도에 대한 강화의 비율을 감소시킬 수 있고, 종국에는 평균 강화의 빈도를 더 줄여서 점점 더 강화의 비율을 감소시킬 수 있다. 실제로 학습된 행동에 대해 강화는 점차 덜 필요하게 된다.

따라서 강화 계획은 다음과 같이 요약할 수 있다. ① 새로운 학습은 연속적 강화 계획에 의해 가장 빨리 학습된다. ② 하지만 한번 행동이 학습되고 나면, 간헐적 강화의 특정 형태로 강화의 빈도를 감소시키기 시작하는 것이 바람직하다. 이는 간헐적 강화 계획이 소거에 더욱 저항적이기 때문이다. ③ 비율 계획은 간격 계획보다 더 높은 수준의 수행을 야기한다. 전자는 전적으로 행동에 근거하지만, 후자는 시간과 행동 둘 모두에 근거하고 있기 때문이다. 그리고 ④ 가장 높은 비율의 행동은 변동비율(고정간격에 반대되는) 강화 계획하에서 일어난다.

지금까지 강화 계획에 초점을 맞춰 논의하였는데, 우리는 처벌 또한 연속적 혹은 간헐적 계획에 따라 이루어질 수 있음을 명심해야 한다. 처벌의 효과는 이처럼 다양한 계획하에서 강화와 다른 효과를 가지는데, 다음으로 처벌에 관해 짧게 다루어 보겠다.

부적 강화

조직학자와 관리자는 종종 행동수정(behavior modification)의 용어와 개념을 잘못 사용하곤 한다(Heiman, 1975; Mawhinney, 1975). 아마도 가장 좋은 예는 부적 강화의 개념에 대한 오용일 것이다.

부적 강화(negative reinforcement)는 처벌이 아니다. 정적 강화처럼, 부적 강화도 사람들이 행동을 수행할 가능성을 증가시킨다. 정의에 따르면, 처벌은 그러한 가능성을 감소시킨다. 즉, 처벌은 반응에 뒤따르는 혐오적인 작인(agent)이나 사건의 제시 또는 긍정적 작인이나 사건의 제거를 통해 미래의 유사한 상황에서 해당 반응의 발생비율을 감소시키는 것을 의미한다. 처벌을 다루려면 작인의 제시나 제거를 통해 행동의 발생 빈도에 있어서 감소를 야기해야만 한다.

어떤 사람들에게는 처벌이 다른 사람들에게는 강화 효과를 가져올 수도 있음을 주목해야 한다. 예를 들어, 어떤 사람들은 브로드웨이 뮤지컬을 보며 저녁시간을 즐기지만 다른 사람들은 그렇지 않을 수도 있다.

하지만 정적 강화는 특정 상황의 활용과 관련이 있고(등을 두드리는 것과 같은 격려나 금요일 오후 비번과 같은), 부적 강화는 이전에 환경적 맥락의 일부분이었던 특정 환경 요소의 제거를 수반한다. 예를 들어, 야간 근무에서의 높은 수행의 결과로 주간 근무로 교대해 주는 것은 야간 근무를 혐오적으로 여기는 직원들에게는 효율적인 직무 행동의 결과를 부적으로 강화하는 것이다. 우수한 근무의 결과로 오지 근무지로부터 전출시켜 주는 것은 부적 강화의 또 다른 예시가 될 것이다(대부분의 사람들에게는). 일부 사람들에게는 정적 강화가 다른 사람들의 행동 확률에 아무런 영향이 없을 수 있는 것처럼, 누군가에게는 부적 강화로 작용하는 요소들이 다른 사람들에게는 그렇지 않을 수도 있다. [예를 들어, 많은 사람들이 레지나(Regina, 캐나다 중부의 도시)나 오시코시(Oshkosh, 미국 위스콘신 주의 도시)의 겨울 날씨에 전혀 불편함을 느끼지 않는다!]

우리는 행위에 이어지는 결과가 그 행위의 빈도를 증가 또는 감소시키는지를 고려함으로써 꽤 단순하게 정적 강화, 부적 강화, 그리고 처벌의 개념을 분류할 수 있다. 〈표 14-2〉를 보라.

강화물: 강화의 작인과 사건

지금까지 강화와 처벌의 본질뿐 아니라 정적 강화와 부적 강화의 차이를 논의하였기 때문에, 사람들을 강화시키는 결과들, 즉 강화물에 대해 좀 더 자세히 살펴보겠다.

〈표 14-2〉 강화와 처벌에 관한 용어 정리

행동 빈도에 대한 효과	결과	
	적용	제거
증가	정적 강화	부적 강화
감소	적용에 의한 처벌	제거에 의한 처벌

강화시킬 수 있는 것은 다양하지만, 사람들마다 그들의 행동을 강화시킬 수 있는 정적 및 부적인 것의 유형은 다를 수 있다는 것을 다시 반복할 필요가 있다(Dickson, Saunders, & Stringer, 1993을 참고하라).

일차와 이차 강화물

강화물(reinforcer)은 행위의 발생 가능성을 높이는 작인이나 사건을 의미한다. 많은 강화물들(음식이나 물과 같은)은 그 스스로 강화물로 작용하기 때문에 **일차(primary) 강화물**이라고 한다. 사람들은 그것들의 강화적 가치를 배울 필요가 없다. 배고프고 목마른 사람들은 다른 강화물과의 연합 없이도 음식과 물로부터 강화를 끌어낸다. 반대로, 특정 강화 작인과 사건은 다른 (일차적) 강화물과 학습된 연합을 통해 특정 행동의 발생 가능성을 증가시키는 능력을 획득하게 된다. 이런 강화물을 **이차(secondary) 강화물**이라고 한다. 조직 장면에서 돈은 가장 중요한 예가 된다. 급여 그 자체로는 일차적 강화 효과가 없다. 하지만 사람들은 일차적인 강화 가치를 가진 것들(음식, 주거지, 지위 등)을 획득하기 위해 급여가 사용될 수 있기 때문에 이에 관해 빠르게 학습한다. 하지만 모든 일차 강화물이 항상 행동 강화의 효과를 갖는 것은 아님을 주지해야 한다. 예를 들어, 음식은 사람들이 더 이상 배가 고프지 않다면, 행동을 변화시키는 능력을 잃을 수 있다. 마찬가지로, 칭찬과 같은 잠재적 이차 강화물들은 어떤 사람에게는 강화 효과가 있겠지만, 다른 사람들에게는 그렇지 않을 수 있다.

일반화된 조건적 강화물

몇몇 강화물은 그 자체로 강화적이기 때문에 행동 발생 확률의 증가에서 특별한 힘을 갖는다. 돈은 또다시 좋은 예다. 돈은 학습을 통해 일차 또는 이차 강화 가치를 가진 다양한 다른 결과들과 연합되기 때문에, 그것은 특히 강화적이다. 타인의 주의와 인정은 그런 일반화된 강화물의 또 다른 예인데(Skinner, 1953), 그것들은 (신체적 따뜻함이나 음식과 같은) 일차 강화물을 제공할 가능성을 포함하는 신체적 접촉, 칭찬, 친근한 표현, 그리고 다양한 형태의 지지를 보통 수반하기 때문이다.

강화물로서의 행동: 프리맥 원리

지금까지 언급한 강화물은 모두 행동에 수반되어 제공되거나 제거되는 자극물과 같은 것들이었다. 하지만 반응행동은 그 자체로 강화 성질을 가질 수 있다. 즉, 덜 선호하는 과제를 끝마쳤을 때 선호하는 과제를 하도록 허락해 주면, 실제로 앞서의 과제에 몰입할 가능성을 증가시킬 수 있다. 이러한 현상을 **프리맥 원리**(Premack principle)라고 한다(Mawhinney, 1979; Premack, 1971).[4)]

예를 들어, 어떤 직원이 물품 목록 관리와 같은 서류 작업은 싫어하지만 소매점의 물품 진열을 위한 새로운 목록을 작성하는 것은 좋아할 때, 그에게 물품 목록 관리 작업을 마쳐야만 물품 진열을 위한 설계와 구성에 참여할 수 있도록 한다면, 그는 더 좋은 관리 목록을 유지하도록(또는 더 최신으로 유지하도록) 강화될 수 있다. 그리고 앞서 언급한 모든 다른 강화물처럼 이러한 활동 강화물은 연속적 강화 계획이나 간헐적 강화 계획 중 하나를 따라 실행될 수 있다.

다수의 강화물

사회적 상황에서는 사람들에게 다양한 출처로부터 강화와 처벌이 주어질 수 있음을 인식하는 것이 중요하다. 작업장도 예외는 아니다(Komaki et al., 1991). 사실, 직원의 행동을 이해하거나 이에 영향을 미치려는 행동수정 원칙의 적용에서 조직의 공식적인 보상체계(또는 조작적 조건형성의 용어로는 강화체계)는 개인에게 강화와 처벌을 제공할 수 있는 몇몇 체계 중 단지 하나에 지나지 않음을 인식해야만 한다. 예를 들어, 집단에서 일하는 직원은 동료가 강화물(사회적 수용과 사회적 지위의 형태로)과 처

4) 4장과 13장에서 자기조절에 관해 논의할 때 우리는 이 원리의 변형을 언급했었다. 비록 앞선 장에서 행동주의자의 관점을 옹호하지는 않았지만, 적용된 영향력은 여기서 언급하는 것과 동일하다. 사람들이 선호하는 경험이 스스로에게 보상(또는 행동주의자들은 강화물이라 부른다)으로 작용하는 것처럼, 사람들은 스스로에게 영향을 주는 사건의 연쇄를 통해 스스로에게 보상을 줄 수 있다.

벌(인정과 지위의 제거를 통해) 모두를 통제할 수 있음을 빠르게 학습한다. 여기서 중요한 점은 관리자는 부하직원에게 강화와 처벌을 제공하는 원천 중 하나일 뿐임을 기억해야 한다는 것이다. 공식적으로 승인된 보상과 처벌을 통해 부하직원의 행동을 조형하고, 이에 영향을 미치고자 하는 시도들은 그것들이 작업장의 다른 원천으로부터 받는 강화와 처벌의 수반성과 일관된 정도에 따라 달라질 것이다(Jablonsky & DeVries, 1972; Whyte, 1972).

행동조형

때때로 우리가 타인으로부터 이끌어 내고 싶은 행동은 너무 복잡해서 순수한 형태로 자발적으로 발생하지 않는다. 하지만 많은 요소들로 구성된 복잡한 행동들은 만약 그에 매우 가까운 성공적인 근사치들이 강화되기만 한다면 발달시킬 수 있다. 다시 말해, 우리는 궁극적으로 개발하고자 하는 행동에 매우 조금이라도 근사한 행동을 강화함으로써 시작할 수 있다. 초기에는 연속적 강화 계획과 변동비율 강화 계획이 사용된다. 하지만 행동조형의 대상이 되는 사람이 진전함에 따라 강화에 필요한 기준도 증가된다. 즉, 강화를 얻기 위해서는 최종 행동에 점차 가까워지는 행동이 요구된다는 것을 의미하며, 이것은 일종의 **연속적 근사법**(successive approximations approach)이다.

예를 들어, 고객과 상호작용하는 데 있어 어려움을 느끼는 직원은, 고객이 사무실에 들어왔을 때 그들에게 미소 짓기 또는 최소한 사무실에서 나가지 않기와 같이 조금이라도 친절하게 하고자 하는 시도를 했을 때 강화를 받을 것이다. 하지만 곧 정적 강화는 고객이 서비스를 원하는지 질문하는 것과 같은 더 친근한 행동에 대해서만 주어진다. 따라서 바람직한 행동은 강화되고, 관련되지 않거나 부적절한 행동은 사라지게 된다. 결국 그 직원은 변동비율 강화 계획에 의해 궁극적으로 바람직한 행동을 수행하도록 강화받게 되고, 그 비율은 점차적으로 줄어든다. 이러한 과정을 **행동조형**(behavior shaping)이라고 한다. 이런 행동들은 한번에 학습하기에는 너무 복잡하다.

기능적 분석 이상의 것

이 장의 전반부에서 기능적 분석이 행동에 선행하는 조건과 그에 뒤따르는 결과들을 살펴봄으로써 행동을 설명할 수 있다고 언급하였다. 따라서 우리는 행동의 결과에 크게 초점을 두어 왔다. 그렇다면 선행요인들은 무엇일까?

촉발 요인

강화는 이후의 행동 발생 확률을 증가시킬 뿐만 아니라 행동이 발생할 때 제시된 자극이 무엇이건 그 자극의 통제하에서 행동을 유발하도록 한다(Reynolds, 1975). 다시 말해, 특정 유형의 자극이 존재할 때 특정 행위가 발생하고, 그 행동이 강화되면 그 자극의 존재는 그 자체로 행동의 빈도를 증가(또는 **촉발**)시킬 수 있다.

예를 들어, 관리자의 지시 사항은 한 집단의 직원들을 움직이게 만들 수 있다. 부모의 동작은 종종 자녀의 행동을 통제할 수 있다(물론 항상 그런 것은 아니다). 특정한 촉발 요인(또는 단서)은 이후에 강화되는 행동을 시작하도록 만드는데, 이를 변별자극이라고 한다. **변별자극**(discriminative stimulus)은 행동이 시작하는 경우를 설정한다. 변별자극은 행동이 뒤따라 일어날 확률을 증가시킨다. 그리고 변별자극은 이후에 강화가 뒤따라 나올 것을 신호한다. 그러나 변별자극이 그 자체로 행동을 유발하지는 않는다. 그럼에도, 어떤 자극이 강화 경험과 충분히 연합되고 나면, 행동연쇄라 불리는 행동들의 정교한 순서를 학습하도록 하는 강화의 효과를 가질 수 있다.

행동연쇄

행동연쇄(chain)는 강화물과 변별자극으로서 모두 기능하는 자극에 의해 함께 연결된 일련의 행동을 말한다. 행동연쇄는 변별자극의 제시로 시작한다. 그 자극이 존재할 때 적절한 방식으로 반응하면 강화물이 뒤따른다. 이런 강화물은 종종 더욱 개연성 있는 적절한 반응을 만들어 내는 이차 변별자극으로 작용한다. 마찬가지로 만약 야기된 반응이 적절하다면, 다음으로 세 번째 행동을 촉발하는 강화물에 의해 다음 행동이 출현한다. 이러한 사건의 연속은 궁극적으로 일차 또는 이차 강화물이 사건의 연속을 끝내고 그 모든 것을 강화하는 데 충분한 것을 결과로 가져올 때까지 계속될 수 있다.

예를 들어, 공장에 필요한 새로운 원자재 주문을 위해 실무 서신을 작성하는 상황을 생각해 보자. 원래 변별자극은 단순히 연중 시기(주문이 통상적으로 이루어지는 9월 말처럼)일 수도 있고, 또는 현재의 자재 재고가 거의 소진된 것을 걱정하는 감독관으로부터 걸려 온 정신없는 전화일 수도 있다. 뒤따르는 연쇄는 다음의 수많은 반응들로 구성되어 있을 수도 있다. 컴퓨터를 켜고, 프린터를 작동시키고, 검색엔진을 선택한 후, 인터넷을 통해 검색해야 할 것을 지칭하는 단어를 입력하고, 키보드에서 '입력' 버튼을 누르고, 기도하듯 편히 앉아서 검색 결과로 나타나는 웹사이트의 목록을 탐색한다. 각 행동에 뒤따르는 자극(맨 위에 '구글'이라는 단어가 나타난 컴퓨터 화면, 검색 결과로 나타난 웹사이트 목록 등)은 행동연쇄의 다음 행동을 촉발하고, 다음으로 그것에 뒤따르는 자극에 의해 강화된다. 물론 최종적으로 전체 행동연쇄는 일주일 후 새로운 자재가 도착하거나 걱정에 가득 찬 감독자의 끊임없는 독촉이 끝날 때 강화될 것이다.

행동연쇄 각각의 행동은 그 자체로 더 작은 행동의 연쇄로 구성될 수 있다는 점에 주목할 필요가 있다. 예를 들어, 프린터에 종이가 물렸을 때 이를 해결하는 행동은 과거에 더 혹은 덜 성공적으로 밝혀진 함께 묶인 더 작은 미세 행동들의 연쇄로 구성되어 있다. 또한 이러한 연쇄들과 13장에서 다룬 통제이론의 피드백 과정 개념 간의 유사성에도 주목해야 한다.

변별학습

모든 변별자극이나 촉발 요인이 행동을 강화하지는 않는다. 일부 자극 맥락의 경우 특정 행동이 강화될 수 있는 반면, 다른 자극의 맥락에서는 동일한 행동이 강화를 야기하지 못할 수도 있다. 예를 들어, 욕설을 하는 행위는 동료의 웃음을 유발할 수 있지만, 동료의 배우자가 함께 있는 상황에서는 그 행동이 나타나지 않을 것이다. 사람들은 특정 행동이 강화를 받는 맥락과 처벌을 받는 맥락을 구분하는 법을 배운다. 따라서 연합된 선행 단서들을 적용하거나 제거함으로써 행동의 가능성을 증가시키거나 감소시키는 이런 종류의 학습을 이용할 수 있다.

예시를 한 번 살펴보자. 전화벨이 울리면(변별자극) 우리는 유사한 종류의 이전 경험들이 일반적으로 강화를 받았기 때문에 전화를 받게 된다. 전화를 받는 행동을 구성하는 행동연쇄 속의 각각의 하위 행위는 뒤따르는 행위를 위한 단계를 마련한다.

예를 들어, 수화기를 드는 것은 통화 내용을 듣는 것에 의해 강화를 받고, 다음으로 "여보세요"라는 행위를 촉발하고, 다시 다음으로 누가 전화했는지를 알게 됨으로써 강화를 받게 된다. 초기의 변별자극(전화벨 소리가 울리는)이 없었다면 동일한 행동(수화기를 들고 "여보세요"라고 말하는)이 일어나지 않았을 것이다.

요약하자면, 많은 행동들은 덜 복잡한 행동들의 연쇄로 구성되어 있다. 각 행동연쇄의 개별 요소들은 단계를 형성하고 동시에 그에 따르는 다른 행동을 강화한다. 기능적 분석은 개인의 행동 양식을 선행요인–행동–결과(A–B–C) 연쇄들의 연결로 분해하는 과정이다. 행동을 촉발하는 구체적인 단서뿐 아니라 그 행동에 뒤따르는 구체적인 강화물에 대한 연구를 통해서만, 우리는 행동에 영향을 미치는 것은 차치하더라도 행동을 이해할 수 있다.

자극일반화와 반응일반화

앞의 단원에서 보았듯이, 사람들은 특정 방식으로 행동하기 전에 제시된 자극의 조건을 구분해 낼 수 있다. 하지만 인간의 학습에서는 이와 반대되는 상황도 일어날 수 있다. 이것이 **자극일반화**(stimulus generalization)다.

대학생은 교수가 자신들에게 학습 내용을 전달할 때 사용하는 교수법들 간의 차이점에 대해 알아차릴 수 있다. 그중 예를 들어 설명하는 방식이 모호한 개념과 사상에 대해 강의하거나 토론하는 것에 비해 더 현실적이고 다루기 쉽기 때문에 흔히 더 유용한 교육(그리고 학습) 방법이라고들 한다. 하지만 현실에서든 교실 상황에서든, 한 경우에서의 최적의 대안이 다른 경우에서의 최적의 대안이 아닐 수 있다.

만약 변별 과정이 너무 지나치면, 학생들은 그들이 맞닥뜨리는 모든 다른 문제점에 대해 각기 독특한 방식으로 행동하게 될 것이다. 결국 많은 교수들은 학생들이 한 상황에서 배운 지식을 다른 상황으로 일반화시킬 수 있도록 노력해야 할 것이다. 따라서 학생들은 자극 상황 간의 유사점들을 알아차리기 위해 애쓸 것이고, 하나의 문제 맥락에서 습득한 행동적 대안을 다른 문제 상황에서도 실행할 수 있을 것이다(예를 들어, House, 1975). 스파게티를 먹는 방법은 링귀니(이탈리아 파스타의 일종으로 스파게티와 유사함)를 먹는 방법과 상당히 유사해서, 스파게티를 먹는 방법을 익힌 대식가는 자극일반화 과정을 통해 링귀니를 먹을 때도 매우 능숙할 것이다. 마찬가지로,

불만 조짐에 대해 노조 간부와 협상하는 데 필요한 행동은 자신의 상사와 급여 인상에 관해 협상하는 데 필요한 행동과 유사할 것이다(하지만 일치하지는 않을 것이다). 선행 맥락 간의 유사성은 정도의 차이는 있지만, 우리의 문화 속에서 효과적으로 기능하려면 우리가 선행요인-행동-결과의 연계성을 한 상황에서 중요한 측면이 충분히 유사한 다른 상황들로 일반화할 수 있어야 한다.

사람들은 자극에 대한 반응을 일반화하는 방법도 배워야 한다. 다시 말해, 자극일반화는 다양한 유사 선행 조건에 대한 반응으로 동일한 행동을 나타내는 법에 대한 학습을 수반한다. 하지만 반응일반화에는 주어진 상황에서 다른 선행 조건에 대해 유사한 행동을 채택하는 학습이 뒤따른다. 하나의 행동이 다른 행동과 유사하다면, 한 행동이 강화받을 때, 다른 행위도 역시 강화받을 것이다.

업무 장면의 예를 들어 보자. 어떤 상사가 부하직원들에게 위험한 장비를 다룰 때는 특히 조심할 것을 지시한다. 이때 '안전하게 행동'하는 것과 관련된 행동이 강화된다. 그러면 작업장 내에서 조용히 말하고, 작업장을 깨끗이 청소하거나 동료가 안전하게 행동하도록 돕는 등의 다른 행동들 역시 나타날 수 있다. 이 예에서 직원의 안전과 관련된 기술들이 몇몇 유사성에 기반해 다른 행동들로 일반화된 것이다. 행동수정에 관한 연구들은 행동일반화가 사람들에게서 정확히 동일한 방식으로 나타날 것이라 예측하는 것은 불가능함을 보여 주었다. 두 사람이 동일한 행동에 대해 강화를 받았을지라도, 완전히 다른 후속 행동들로 그 행동을 일반화시킬 수도 있다. 조작행동에 관한 분석은 학습이 단서 특정적, 행동 특정적 강화 방식으로 발생하지 않는다는 것을 보여 준다. 오히려 사람들은 여러 환경에서 학습된 행동들을 사용해 일반적으로 유사한 자극들에 반응한다. 마찬가지로, 여러 상황에서 특정 행동에 대한 강화는 동일한 맥락 속에서 다르지만 이전의 행동과 유사한 행동에 대한 강화를 야기한다.

이제까지 정적인 수단의 사용이 행동의 발생 가능성에 미치는 영향력을 살펴보았다. 하지만 우리는 처벌도 행동 발현을 변화시키는 데 쓰일 수 있음을 알고 있다. 이제부터는 작업장에서 전형적으로 나타나는 처벌의 유형과 공식적 징계 절차의 본질에 관해 살펴보도록 하자.

처 벌

행동으로 인해 나타날 수 있는 세 유형의 결과물 중 처벌만큼 어디서나 볼 수 있고 동시에 논란이 많은 결과가 없다. (강화와 소거가 나머지 두 결과다.) 우리는 처벌을 통해 많은 것들을 배운다. Skinner는 다음과 같이 말했다.

> 아이는 서투르게 달리고, 떨어지고, 다친다. 아이는 벌을 만지고 쏘인다. 아이는 개로부터 뼈다귀를 빼앗고는 물린다. 결국 그 아이는 다시는 이런 것을 해서는 안 된다는 것을 배운다.
>
> (Skinner, 1974, p. 60)

마찬가지로, 처벌은 그것을 사용하는 사람들에 대해 강화를 주기 때문에(Butterfield, Trevino, & Ball, 1996; George, 1995; Mayhew, 1979를 참고하라), 처벌과 그로 인한 두려움은 조직에서의 일상적 경험에서 아주 일반적이다(Arvey & Ivancevich, 1980). 사실, 통상적인 관리 실무에서 처벌에 높은 비중을 둔 탓에 경영관리와 관련한 문헌에는 조작적 조건형성 기법이(정적 강화에 대한 강조와 함께) 매우 빠르게 반영되었다(Aldis, 1961; Nord, 1969를 보라). 하지만 직무 상황에서 조작적 조건형성 기법의 보편성에도 불구하고, 직장에서 처벌의 본질과 그 결과에 대한 공식적인 연구는 매우 적었다(Arvey & Ivancevich, 1980).

처벌의 정의

처벌은 행동에 대한 영향력의 측면에서 정의된다는 점을 기억해야 한다. 구체적으로 살펴보면, 처벌은 "어떤 반응의 뒤에 이어짐으로써 그 반응 빈도를 감소시키는 혐오적 사건의 제시 또는 긍정적 사건의 제거" (Kazdin, 1975, pp. 33-34)를 말한다.

사람에 따라 사건의 강화 여부가 다를 수 있듯이, 처벌도 사람에 따라 동일한 사건이 처벌인지 아닌지가 달라질 수 있음에 유의해야 한다. '사람들마다 노 젓는 방법이 제각각'(사람들마다 취향이 제각각이라는 의미의 영어 속담-역주)인 법이다. 결과적으로 조직 상황에서 처벌의 주의 깊은 실행은 쉽지 않다. 예를 들어, 어떤 직원들은 야간 근무를 처벌로 여기는 반면, 다른 직원들은 야간 근무를 오히려 선호할 수도 있다. 이와 같은 정의에 따라서는 단순히 혐오적 자극을 집행한다고 해서 처벌이 되지 않는다는 것을 명심해야 한다. 작업장에서는 많은 부정적인 사건들이 발생할 수 있지만, 만약 행동과 관련하여 그 행동의 발생 빈도를 감소시키지 않는다면 그 사건들은 그 자체로는 처벌로 분류될 수 없다.

처벌의 효과

앞서 언급한 바와 같이 처벌의 사용은 논란이 되어 왔다. 이러한 논란의 대부분은 사람들에 대한 처벌의 실제적 및 예상 가능한 효과 때문이다. Skinner가 그의 초기 연구에서 처벌에 '나쁜 이름'을 부여했고, 많은 사람들이 수년간 의문을 제기하지 않고 받아들인 탓에 가능하다면 처벌 대신 정적 강화를 사용해야 하는 것으로 여겨져 왔다. 하지만 더 최근의 증거들은 비록 처벌이 행동에 대해 갖는 효과가 복잡할지라도, 효과적일 수 있음을 보여 준다. 사실, 처벌은 다양한 일탈 행위를 다루기 위한 치료기제로서 임상적 상황에서는 특히 유용하게 여겨진다(Kazdin, 1975).

초기의 문헌연구에서는 전통적으로 많은 혐오적 결과들이 처벌로 여겨졌지만 적어도 실제 직무조직을 대상으로 이루어진 연구에서는 그렇지 않았음을 지적하고, 경영관리 기법의 관점에서 처벌을 제외하기에는 시기상조임을 강조하였다(Arvey & Ivancevich, 1980). 예를 들어, 처벌은 그것을 실시한 사람에게 되돌아온다는 전통적인 지혜의 관점에서 적어도 처벌을 집행하는 행위를 피하고 싶어 하게 하는 속성을 갖고 있다. 이는 조직 상황에서 상사가 처벌을 집행하면 그 상사나 혹은 관련된 일(전이된 공격성)에 대해 육체적인 공격과 같은 형태로 의도적인 보복이 이루어질 수 있음을 의미한다. 한편, 사회적 통념에 의하면 처벌받은 직원이 직무 상황으로부터 육체적으로나 정신적으로 철회될 수 있다.

징계의 사회적 맥락과 결과

11장에서 우리는 공정성과 불공정성에 대한 지각 형성이 조직 내 참여자들의 행위가 발생하는 사회적 맥락에 의해 얼마나 크게 영향을 받는지 몇 차례 살펴보았다. 즉, 우리는 보상과 처벌을 매개하는 데 이용되는 절차에 대한 사람들의 판단은 그들 자신의 개인적 경험, 가치 및 지각뿐 아니라 대리 경험과 의미 부여, 그리고 동료와의 사회적 비교 과정을 통해서도 영향을 받는다는 것을 보았다.

Atwater, Waldman, Carey와 Cartier(2001)가 발견한 것은 징계 대상과 제3의 관찰자 모두 그 징계 절차를 통해 종종 긍정적인 점을 인식할 수 있지만, 특히 징계가 부당한 것으로 지각될 때, 징계 대상과 관찰자 모두 징계하는 사람을 존중하지 않게 되고 조직에 대한 부정적인 태도를 형성할 가능성이 항상 존재한다는 것이다. 또 다른 연구에서, 참여자들은 조직 상황에서의 범죄와 처벌에 관한 시나리오를 읽었다. 시나리오의 구체적인 사항은 상황마다 달랐다. 연구 결과, 제3의 관찰자는 앞서 저조한 수행을 보인 위반자에게 우수한 수행을 보인 위반자에 비해 더 큰 처벌을 내려야 한다고 판단했다. 그리고 그 관찰자는 앞서 우수하거나 저조한 수행을 보였던 위반자 모두에 대해 더 심한 처벌을 하는 것이 관대한 처벌을 하는 것보다 옳다고 판단하였다. 하지만 가장 정당한 처벌은 저조한 수행 기록을 보유한 위반자가 가장 심한 처벌을 받는 경우였다(Niehoff, Paul, & Bunch, 1998).

마지막으로, 우리가 6장에서 살펴본 바와 같이 George(1995)는 상사의 수행 수반적 보상 행동은 부하직원들의 사회적 태만(작업 집단 조건에서 '무임 승차자'가 되는 것)을 줄였지만, 개인에 대한 처벌은 거의 효과가 없었음을 발견하였다. 즉, 수행 비수반적(즉, 수행과 상관없는) 처벌이 시행될 때, 사회적 태만이 유의하게 증가하였다. 따라서 보상과 처벌의 효과는 비대칭적이고 우리가 찾은 사례처럼 사람들이 집단으로 일하는 사회적 상황에서는 예측이 특히 어려울 수 있다. 다시 말해, 조직 상황에서 상사가 징계와 처벌을 적용할 때, 특히 집단 역동이 일의 공식적 구조는 물론 심지어 직원들 사이의 비공식적 구조에까지 관련되어 있을 때는 상사가 감당해야 할 위험이 예측하기 어렵다는 것이다(Butterfield, Trevino, & Ball, 1996을 참고하라). 여기서 중요한 점은 처벌에 관해 전체적 관점(사람들이 조직 장면에서 직접적으로든 간접적으로든 처벌을 경험할 때 발생하는 사회적 정보처리 과정을 염두에 두는 것)을 채택하는 것은 Arvey와 Ivancevich(1980)의 연구처럼 조직 장면에서 처벌의 영향에 관한 초기 분석에서 채택된 것보다 미묘한 결과를 야기할 수 있다는 것이다.

처벌에 대한 다른 신념들로는 그것의 효과가 처벌받는 행동과 유사한 행동을 억제할 의도는 없었지만 그러한 행동도 억제되도록 일반화된다는 것이다. 예를 들어, 고객에게 공격적으로 질문하는 행동에 대해 처벌하는 것이 제품 공급자와 경쟁자에게 그렇게 행동하는 경향성도 감소시키는 방식으로 일반화되는 상황을 생각해 볼 수 있다. 세 번째 비판은 처벌이 어떤 행동을 완전히 제거하지는 않는다는 것이다. 오히려 처벌을 시행하는 사람이 존재할 때는 처벌받은 행동이 감소하는 경향을 보이다가 감시자가 사라지면 그 행동이 다시 발현되는 것을 볼 수 있다. 여기서의 시사점은 처벌에 기반한 관리체계는 근거리에서의 감시와 처벌에 관한 모든 비용적 측면을 고려해야 한다는 것이다. (예를 들어, 우리는 뉘우친 범죄자가 그들의 범죄 행위에 대해 여전히 미안해하고 있는가, 아니면 그들의 슬픔이 단지 그들이 붙잡혀서 처벌받았기 때문에 생겨난 것인가에 대해 궁금해할 수 있다.)

처벌의 도덕성

처벌의 사용에 대해 제기된 한 가지 흥미로운 비판은 그것의 도덕성과 관련이 있다. 과연 타인을 처벌하는 것이 도덕적인가? 처벌이 **징벌적**이어서 되돌아보게 하거나 **교정적**이어서 미래지향적인 두 가지 형태의 특성을 띨 수 있음에 주목할 필요가 있다. 보복을 목적으로 하는 처벌은 개인으로 하여금 미래에 바람직하지 않은 행동을 하지 않게 하려는 목적의 처벌에 비해 비윤리적이고 덜 문명화된 방식일 수 있다. 그것은 또한 처벌과 강압의 사용 간의 구분에 유용하다(Walter & Marks, 1981). 처벌이 혐오적 결과의 적용이나 행동에 대한 긍정적 결과의 제거와 관련된 반면, 강압은 그보다 더욱 심각한 형태와 관련된다. **강압**(coercion)은 위협, 공포, 두려움, 협박, 폭력, 그리고 종종 원초적인 폭력의 사용을 수반한다. 강압은 두 사람 간 혹은 권력을 가진 인물과 그의 추종자 간의 힘의 오용과 관련된다(Cook, 1972). 예를 들어, 학점의 대가로 성적 착취 행위를 하는 대학교수는 노조 활동에 참여하는 직원에게 불쾌한 업무를 체계적으로 강제 할당하는 상사가 그렇듯이 강압을 사용하는 것이다.

강압과 징벌적인 처벌은 공정하게 법적 권력의 테두리 내에서 역기능적이거나 유해한 행위의 추가적 발생을 방지하려는 견지에서 이루어지는 처벌에 비해 일반적으로 우리네 문화에서 비윤리적으로 비쳐진다.

효과적으로 처벌하기

McGregor(Sayles & Strauss, 1977에 인용됨)는 오래전 실무 현장에서 발생하는 처벌이 효과적으로 이루어지려면 자연적으로 발생하는 것과 가능한 한 유사하게 이루어져야 함을 강조했다. 사실, 그는 자신의 신념을 요약한 **뜨거운 난로 규칙**(hot stove rule)을 만들었다. 이 규칙에 따르면 가장 효과적인 처벌이란 직접적이고, 행동에 수반되며, 강렬하고(지나치게 심한 것은 아니지만 고통이 없는 것은 아님을 의미한다), 일관되며, 사적이지 않고, 정보 가치를 띠고 있어야 한다. 게다가 처벌되는 행위의 대안이 마련되어 있어야 한다. 즉, 뜨거운 난로를 만졌을 때 어떤 일이 생기는가? 그 뜨거움은 처벌이 되고 즉각적으로 발생한다. 그 사건은 당혹스러운 행동으로 인해 발생한다(시간의 흐름이나 우연한 사건이라기보다는). 만약 난로가 온통 뜨겁다면 통증은 강렬할 것이다. 게다가 뜨거운 난로는 선호하는 것이 아니다. 난로와 같은 존재는 사적이지 않고 일관되며, 만질 때마다 만지는 모든 대상을 처벌한다. 이런 경험은 정보 가치를 띠고 있어서, 사람들은 일반적으로 그들이 경험하는 고통의 원인을 빠르게 추론해 낸다. 결국 뜨거운 난로를 만지는 것 대신 일반적으로 피하거나 기피하는 것과 같은 대안적 행동을 하게 된다.

요약하자면 McGregor에 따르면, 조직에서의 처벌이 효과적이기 위해서는 이 모든 특성을 포함하고 있어야만 한다. 앞서 언급했던 연구(Arvey & Ivancevich, 1980)를 살펴보면, 처벌에 대한 McGregor의 지혜의 대부분이 재확인되었다. 그리고 처벌의 집행자(상사와 같은)가 처벌 대상과 상대적으로 가깝고 친근한 관계를 맺고 있고, 집행자가 처벌의 이유를 설명해 주며, 처벌 대상이 어떤 처벌이 어떻게 이루어질 것인지 이해한다면 가장 효과적인 처벌이 될 수 있다. 마지막으로, 처벌받은 행동에 대한 대안적 행동이 정적으로 강화될 때 처벌받은 행동이 미래에 다시 발생할 가능성이 줄어든다(Arvey & Ivancevich, 1980).

처벌의 대안

처벌이 조직에서 일상적으로 발생하고 일반적으로 생각하는 것에 비해 행동 제거에 훨씬 더 효율적일 수 있음에도, 많은 상사들은 반드시 필요한 경우가 아니면 처벌을 피하려고 한다. 어떤 환경에서는 다른 대안들이 효과적일 수 있다. 그중 하나가 바람직하지 않은 행동에 대해 무시하거나 그런 행동을 강화하는 주변의 환경적 측면을 제거해 행동의 소거를 불러오는 것이다. 다른 대안으로는 바람직하지 않은 행동과 양립할 수 없는 행동을 정적으로 강화시키는 것이 될 수 있다. 예를 들어, 많은 효과적인 교사들은 조용하고 건설적인 공부와 놀이 행동을 강화하는 것이 산만한 학생들에 의한 문제를 줄일 수 있다는 것을 알고 있다.

마지막으로, 종종 이런 전략들을 환경공학적 요소들과 병합하기도 한다. 예를 들어, 사무실 내 흡연을 원치 않는 많은 조직들은 특별히 마련된 흡연 공간을 제공하는 것이 조직에 이롭다는 것을 발견하였다. 그런 조직들은 제한구역에 '흡연 불가'라는 표식을 붙여 놓기보다는 적절한 공간에다 '흡연 가능'이라는 표식을 붙인다. 많은 레스토랑이 이런 적극적인 방식을 사용한다. 마찬가지로, 공공 화장실이나 작업장 벽에 그래피티(스프레이로 하는 낙서)를 줄이려면, 그런 장소에서 대안으로 종이나 연필을 제공할 수도 있다. 환경공학의 목적은 특별한 상황에서 발생할 수 있는 역기능적인 행동의 유형을 예측하고, 그것들이 불가능하거나 적어도 강화를 받지 않도록 하는 단계를 제공하는 것이다.

조직의 징계와 처벌

조직에서 공식적인 징계 정책과 실무는 뜨거운 난로 규칙과 얼마나 유사할까? 많은 경우 그다지 닮지 않았다. 예를 들어, 실무 상황에서는 즉각적인 처벌이 쉽지 않다. 이것은 정책이 요구하는 것이 고발이 이루어진 이후 일련의 이의 제기와 준사법적 조사일 경우 특히 그렇다. 예를 들어, 캐나다의 한 대학에서는 선임교수가 정부가 출자한 연구자금을 유용했다는 혐의를 처음 받은 시기로부터 직무정지 처벌이 발효된 시점까지 일 년 반 이상의 시간이 소요되었다.

물론 처벌을 얼마나 일관되고 형평에 맞고 공정하게 적용하느냐 역시 어려운 문제다(11장을 보라). 처벌의 일관성은 많은 이유들 때문에 어려워진다. 그중 하나는 종종 여러 명의 사람들이 처벌 권한을 가질 때다. 예를 들어, 한 명의 동일한 직원이 여러 명의 상사에게 보고하는 관계가 명령의 일원성을 침해하기는 하지만, 그 직원이 여러 명의 상사로부터 승인과 징계를 받을 수 있다. 때로는 한 직원이 자신의 직속 상사는 물론 그 상사의 상사로부터도 처벌을 받는 경우가 생길 수 있다.

상사의 기분(Goodstadt & Kipnis, 1970)이나 조직에 대한 직원의 가치(Rosen & Jerdee, 1974c)와 같은 다양한 많은 요인들이 동일 인물에 적용되는 처벌의 일관성에 영향을 미친다. 마찬가지로, 직무 맥락 속의 다양한 요인들은 실수나 사고가 얼마나 (직원의 통제 범위를 넘어서는 요인이 아니라) 개별 직원 탓으로 여겨지는지의 정도에 영향을 미칠 수 있다. 따라서 만약 상사들이 부하직원의 부적절한 행동으로 인한 결과에 대해 충분히 인식하고 있고, 그 행동이 다시 나타날 것이라고 생각된다면, 그 행동과 뒤따르는 결과에 대해 부하직원이 더 책임이 크다고 생각한다(Mitchell & Kalb, 1981). 그리고 해당 직무에 대한 경험이 있는 상사는 직원의 실수를 그 직원의 통제력[5]을 넘어서는 외적 요소에 귀인하는 경향이 있다. 이런저런 요인들의 결과로서, 그 상사는 부하직원의 책임에 대해 다른 해석을 할 수 있고, 따라서 동일한 잘못된 행위에 대해서 유형과 정도가 다른 처벌을 집행할 수 있다(Mitchell, Green, & Wood, 1981). 여기서 중요한 점은 뜨거운 난로가 비록 일관된 처벌을 한다고 할지라도, 복잡한 직무 맥락 속에서의 상사는 흔히 그렇지 않다는 것이다.

징계 절차는 또한 뜨거운 난로처럼 강렬한가? 일반적으로 공식적인 징계 정책은 즉각적이기보다는 점차적으로 강해진다. 이는 집합적 동의가 있어야만 상사들이 분배할 수 있는 처벌의 강도가 정해지는 노조가 있는 작업장의 경우에 그렇다. 사실, 이 주제에 관한 초기 연구자들 중 한 명은 전통적으로 처벌에 귀인된 많은 부정적인 부작용을 제거할 수 있는 **점진적(progressive) 징계** 방법을 제안했다(Huberman, 1964). 이 접근법은 특정 직원의 개별 위반 항목에 적용되는 일련의 징계 방안을 포함하고 있다. 예를 들어, 처음 규칙을 위반한 경우 조직의 규칙을 다시 한 번 상기시키기 위한 안내장과 경고장이 함께 발부된다. 두 번째로 규칙을 위반하면 상사의 사무실에서 개별적인 면담을 거치게 된다. 세 번째로 규칙을 위반하면 상사와 면담을 하고 다른 자리로 직무 재배치가 이루어지게 된다. 계속되는 위반은 처음에는 유급정직을, 다음에는 무급정직을 가져오고, 최종적으로 그 직원이 해고될 것이다.

기업에서는 이런 점진적 형태의 처벌 절차가 일반적이지만, 이는 사실 처벌 강도에 관한 심리적 처방을 어기는 것이다. 하지만 동시에 이런 프로그램은 일관성과 비개인성이라는 처벌의 집행과 관련한 목표를 추구하기 때문에 결과적으로 법적 방어가 더 쉬워진다. 결국 이런 처벌 프로그램은 그것들이 가진 명시적인 인간적 측면과 상식적 합리성 때문에 조직에는 더 쉽게 받아들여진다.

중재 결정에서 징계

노조가 있는 조직에서 징계 적용에 관한 문제는 노동법에 기인한 복잡한 문제들과

5) 물론, 행동주의자들은 상사의 기분이 징계의 원인이 아니라고 말한다. 그보다는 부하직원의 부정확한 행동이 징계를 사용하는 때를 변별해 주는 자극이 된다. 상사의 기분은 단지 동반되는(또는 부수적인) 정서적 반응일 뿐이다.

관련되어 있다. 더구나, 관련 원리와 그의 적용은 지역에 따라 달리 다루어질 수 있기 때문에 우리의 주제를 넘어서는 부분이다. 캐나다에서는 Brown과 Beatty(2006)에 의한 전통적인 주장이 선호되고, 미국에서는 Elkouri와 Aspa-Elkouri(1985)의 표준 절차가 중요하게 다루어진다.[6)]

처벌에 대한 요약

처벌은 조직에서 중요하게 사용하는 관리 방식의 하나다. 처벌은 바람직하지 않은 행동을 빠르게 제거하는 효과적인 수단이 될 수 있고, 따라서 관리자들에게 강화적이다. 의도되지 않은 많은 부작용들이 처벌 이용에 귀인되지만, 이러한 부작용이 성인 근로자들이 일하는 작업장에서 발생한다는 증거는 거의 없다. 실무에서, 징계 절차는 일상에서 본성에 따라 행해지는 가장 효과적인 처벌 형태와 단지 부분적으로만 유사한 특징을 가지고 있다. 중재자의 결정뿐 아니라 공식적인 조직 정책은 징계 절차에서의 다양성을 의미한다. 본성에 따라 인간을 처벌하는 방식은 문명화된 사람들에게 너무도 가혹하게 여겨지기 때문일 것이다. 여기서 반드시 기억해야 할 점은 실무에서 처벌과 징계의 사용은 어느 정도는 공정성 규범이 작동하며, 관련된 모든 사람들이 그러한 규범을 기대하는 사회적 맥락 속에서 일어나야 한다는 점이다. 우리가 11장에서 살펴보았듯이, 이는 조직의 징계가 공평하고 동시에 공평하게 보이는 방식으로 집행되어야만 함을 의미한다. 그리고 그것은 쉬운 문제가 아니다.

조작적 조건형성과 VIE 이론

이제 여기서는 조작적 조건형성을 VIE 이론[7)]과 비교 및 대조하면서 살펴보도록 하겠다. 첫째, 두 접근법이 인간의 본질과 행동의 원인에 대해 완전히 다른 기본 가정을 갖고 있음을 여러 차례 언급했었다. 행동수정이 행동의 선행 자극과 외적 결과를 위한 내적 구성개념을 거부하는 반면, VIE 이론은 행동을 내적 신념과 태도에서 기인한

6) 이 문제에 대한 조언을 아끼지 않은 밴쿠버의 고용법률 변호사이자 중재자인 David McPhillips에게 감사의 마음을 전한다.

7) 이 책의 12장을 보라.

것으로 여긴다(Komaki, 1986, p. 301을 보라).

둘째, 두 이론 모두 확률 개념을 포함하고 있지만 다른 방식으로 활용하고 있다(Petrock & Gamboa, 1976). VIE 이론은 사람들의 마음속에 있는 주관적 확률로 표현하면서 이를 기대와 도구성의 형태로 다룬다. 이와 달리 조작적 조건형성은 행동으로부터 나오는 강화와 처벌의 결과로서 발생하는 행동의 확률과 빈도에 대해 말한다.

두 이론 모두 보상(혹은 강화)이 행동에 수반되는 것으로, 바람직한 행동이 나타난 직후 최대한 빨리 보상이 이루어져야 한다고 주장한다. 하지만 VIE 이론의 경우 보상이 수행에 항상 동반되어야(연속적 강화 계획이 의미하는 바처럼) 도구성 신념이 강력해진다고 주장하는 반면, 조작적 조건형성에서는 한번 행동이 학습되면 변동비율 강화 계획이 장기적으로 동기부여에 가장 탁월하다고 주장한다. 근로자를 포함시킨 이 주제와 관련한 연구는 대체로 뒤섞인 결과를 보였고, 실제 직무 상황에서 강화/보상 계획을 세밀하게 통제하는 것조차도 어렵기 때문에 확정적일 수 없었다(Latham & Dossett, 1978; Saari & Latham, 1982; Yukl & Latham, 1975; Yukl, Latham, & Pursell, 1976; Yukl, Wexley, & Seymore, 1972를 참고하라).

지금까지는 보상과 강화라는 용어를 다소 교환적으로 사용했다. 하지만 사실, 이 두 개념을 구분하는 것이 중요하다. 보상은 내적으로 경험되는 일련의 주관적 반응을 말한다. 이것은 인간 기능에 관한 인지적이고 지각적인 모형에 기반하고 있다. 이와 달리, 강화는 행동이 그것의 결과로 인해 더 높은 확률로, 또는 더 높은 빈도로 발생함을 의미하며, 여기에 내적 상태나 지각에 대한 언급은 전혀 포함되지 않는다. 즉, 두 용어의 선택적 사용은 행동의 주요 원인을 다루는 데 있어 인간의 내적 혹은 외적 요소의 중요성을 암묵적으로 어떻게 가정하는지의 여부를 뜻하게 된다.

한편, 두 이론은 인간이 기본적으로 쾌락(또는 적어도 생존 가능성)을 최대화하고, 고통은 최소화하려는 쾌락주의자임을 가정하고 있다.

초기에, 외재적 성과는 객관적이고 측정 가능하며 욕구 개념을 다룰 필요가 없기 때문에, 조작적 조건형성은 내재적 성과보다 외재적 성과에 초점을 두는 경향이 있었다. 하지만 특히 Porter와 Lawler(1968)의 개정된 기대 모형(12장을 보라)이 공식적으로 내재적 및 외재적 보상을 인식한 이후, VIE 이론은 그 두 가지 보상의 역할에 상당한 주의를 기울였다. 그 이후, 일부 행동주의자들은 조작적 조건형성의 측면에서 내재적 동기에 대한 외재적 강화의 영향력에 관한 해석을 제공하려는 노력을 기울였다(예를 들어, Mawhinney, 1979).

따라서 이 두 접근법들 간의 차이점들은 실무적이기보다는 이론적인 측면에서 더 중요한 의미가 있음을 알 수 있다(Petrock & Gamboa, 1976). 두 이론 모두 보상(혹은 강화물)이 수행(또는 바람직한 행동)과 관련되어 있다고 제안한다. 두 학파 모두 보상/강화가 사람들이 바라는 혹은 가치를 두는 성과라고 주장한다. 또한 두 학파 모두 행동 맥락의 중요성을 인정한다. 행동주의자는 행동의 선행요인과 결과들이 그 행동을 유발하기 때문에, 그리고 VIE 이론가들(예를 들어, Lawler, 1973)은 직무 환경의 속성이 기대와 도구성 신념을 형성하는 데 있어서 중요하다고 믿기 때문에 결과적으로 그 행동을 하려는 의도를 만들어 낸다고 생각한다.

훑어보기

이 장에서 여기까지의 목적은 조작적 조건형성에 관한 가장 중요한 전통적 심리학 원리를 소개하고, 직무동기와 행동에 관한 주제에 이러한 원리를 적용하기 위한 이론적 기반을 살펴보는 것이었다. 이어지는 절들의 목적은, ① **행동수정**의 일반적 원리를 검토하는 것이고, ② 조직 동기와 행동에 그 원리를 특정한 방식으로 적용한 **조직행동수정** 또는 **응용행동분석**을 제시하고, ③ 이 책에서 다루는 가장 가치 있는 접근법 중 하나인 사회인지 이론을 검토하고, ④ 현재 조직행동 연구의 대중적 초점인 자기관리(또는 자기조절)의 원리와 실제에 관한 구체적인 사항을 탐색하는 것이다.

행동수정의 일반적 원리

앞의 단락들에서 다루었던 다양한 관점에 기반할 때, 모두가 동의하는 행동수정에 관한 보편적인 정의가 없다는 것은 놀랄 만한 일이 아닐 것이다. 그럼에도 불구하고, 앞으로의 논의를 위해 이 책에서는 Kazdin(1978, p. ix)의 정의를 차용하도록 하겠다.

> 실험심리학의 기초 연구와 이론을 활용하여 개인적이고 사회적인 문제를 해결하고, 인간 기능을 향상시키려는 목적으로 행동에 영향을 미치고자 하는 것이다.

이 정의는 특정한 학파에 대한 언급이 아니라 실험심리학의 모든 지류로부터 파생된 지식이 행동수정의 지식 기반을 구성한다는 것을 의미한다. 이러한 정의는 또한 행동수정이 확정되거나 완성된 기법이 아님을 의미한다. 그보다는 다양한 심리학 학파들에서 새로운 연구가 수행되고 이론이 개발되듯이, 행동수정에 관한 이론적 기반과 기법은 계속적으로 변화할 것이다(Craighead et al., 1976). 그리고 이 장의 앞부분에서 다루어졌던 조작적 조건형성의 원리는 행동수정의 가장 중요한 요소임을 명확히 해야 할 것이다.

조작적 원리에 인지 과정의 통합

현대의 행동수정 원리는 전통적인 조작적 원리뿐만 아니라 인지적 본질을 지닌 다양한 원리와 절차를 포괄하고 있다. 목표설정(13장에서 상세히 다루어짐)과 자기관리(이 장의 후반부에서 자세히 다룰 것임)는 제외하더라도, 주의, 매개, 예측, 문제해결, 귀인, 피드백, 그리고 모델링은 현대 행동주의자들이 차용한 주요 인지 과정이다. 이제부터 이런 과정 각각을 다루도록 하겠다.

주 의

우리가 비록 행동이 환경 속에서 그것의 선행변인과 결과를 갖는다는 가정을 받아들이더라도 사람들이 보통 환경 속에서 수많은 환경 사건과 조건을 접하지만 그것들 모두를 점검할 능력을 가지고 있지 않다는 것을 반드시 염두에 두어야 한다. 대신, 우리는 환경의 일부에 초점을 제한하는 경향이 있는데, 그 일부에는 행동의 선행요인과 결과로서 가능한 모든 요소들 중 일부만이 포함된다. 동일한 상황에 있는 두 사람이 환경의 다른 측면에 초점을 두고 그 결과로 다른 행동을 나타낼 수 있는 것이다. 그러므로 어떤 직원은 자신의 상사와 같은 기분을 가지는 반면, 다른 직원은 그 상사의 기분이 매일 달라지는 경향이 있다는 것을 전혀 알아차리지 못할 수도 있다. 마찬가지로, 어떤 직원들은 조직의 비공식적 체계를 통해 받는 강화와 처벌에 더 민감할 수 있는 반면, 다른 직원들은 관리자에 의해 공식적으로 이루어지는 보상과 처벌에 집중할 수 있다. 즉, 사람들이 주의를 기울이는 환경적 사건이 그들의 행동을 결정한다(Craighead et al., 1976, p. 135).

매 개

사람들이 행동을 촉발하는 단서와 그 행동에 수반되는 결과를 경험하면서 학습이 일어난다. 하지만 학습된 내용은 회상과 재인을 촉진하는 순차적인 방식에 따라 상징적 정신 구조 속으로 조직화될 수도 있지만, 그렇게 조직화되지 않을 수도 있다. 예를 들어, 사람에 따라 자신이 배운 것을 조직화하는 데 있어 연상기호를 이용한 문구나 다양한 연상체계를 이용하는 것과 같이 다른 정신적 처리 기법을 사용한다. ("내가 상사의 아내 이름을 기억하는 데 사용하는 방법은 우리 어머니의 이름과 같다는 거야!"). 현재의 행동수정은 인간의 행동에서 그런 정신적 과정의 역할을 인정하고 있다.

예 측

왜 어떤 사람들은 비도 오지 않는 아침에 출근하면서 우산을 챙겨 갈까? 왜 사람들은 가라앉고 있는 배를 포기할까? 그에 대한 답은 인간이라는 존재가 흔히 과거에 자신이 이미 경험했던 것(우산이 없으면 비를 맞음)을 포함해 이전에 경험해 보지 못한 사건들(배와 함께 가라앉음)에 대해서도 미리 예측하기 때문이다. 요점은 직접학습에 의해서든 대리학습에 의해서든 과거로부터의 학습은 사람들로 하여금 미래 행동에서 강화와 처벌을 예상하도록 한다는 것이다.

문제해결

개인이 어떤 도전이나 과제에 대한 반응에서 어떤 방식으로 행동할 때, 뒤따르는 강화나 처벌은 그 사람이 미래에 같은 상황에서 같은 방식으로 행동할 확률에 영향을 줄 것이다. 이때 우리는 행동이 학습되었다고 말한다. 반면, 우리는 사람들이 맞닥뜨릴 수 있는 모든 가능한 특정 상황에 대해 선행요인-행동-결과의 수반성을 경험할 필요가 없다는 것을 살펴보았다. 사람들은 한 상황에서 다른 상황으로 무엇인가를 일반화할 수 있는 역량을 개발시킨다. 다른 말로, 우리는 문제 상황을 다루는 데 있어 잠재적인 행동 유형을 고려하고 가장 효과적인 하나의 방법을 선택할 수 있도록 문제해결 기술을 개발하는 경향이 있다.

귀 인

사람들은 자신을 둘러싼 사건을 관찰하고 그 사건의 원인을 추론한다. 그 사건은 조작적 조건형성을 통해 학습하는 사람의 행동의 원인이 될 수도 있고, 혹은 특정 단서 뒤에 따르는 조작적 행동의 결과물이 될 수도 있다. 다시 말해, 그 사건은 그 사람이 갖고 있는 질문과 별로 관련성이 없을 수도 있다. 여기서 중요한 점은 사람들은 왜 자신이 그런 식으로 행동했는지를 알고 싶어 하는 어설픈 심리학자라는 것이다(3장을 기억하라; 그리고 Heider, 1958을 보라). 직무 상황에서 관리자들은 흔히 부하직원들의 업무 수준에 대한 이유를 추론하는데, 예를 들어 과로나 노력 수준(노력이나 그 부족과 같은)에 대해서, 혹은 직원들 개개인의 통제 수준을 넘어서는 요소 때문이라고 귀인할 수도 있다(귀인과 관련한 체계적인 이론을 보려면 Mitchell et al., 1981을 보라).

피드백

우리가 이미 잘 알고 있듯이, 피드백은 결과물의 체계에 대한 정보를 제공하는 것이다(특히, 13장을 기억하라). 피드백은 사람들의 행동의 양과 질에 대해 말하는 것으로 구성된다. 피드백 제공은 행동수정에 대해, 특히 직무 상황에 적용할 때는 가장 영향력 있는 공통적인 요소가 된다(Prue & Fairbank, 1980). 종종 피드백은 목표설정과 결합되며, 흔히 목표를 향한 직원의 진전 상태에 관한 정보로 구성된다(Ashford & Tsui, 1991; Tsui & Ashford, 1994를 보라).

피드백은 보통 가장 저렴하고 일반적으로 가장 쉬운 행동수정 방법이다. 대부분의 경우 직원들에게 그들이 얼마나 잘 수행하고 있는지 말해 주는 데는 거의 비용이 발생하지 않는다. 그리고 피드백은 흔히 처벌과 징계에 비해 행동통제를 위한 긍정적인 수단이며, 행동수정의 철학적 지향성과 긍정적인 방향에서 일치한다. 또한 보상과 처벌을 분배하는 것과 관련한 내재적인 제약이 있는 조직 상황에서는 흔히 다른 행동수정 훈련에 비해 피드백을 실행하기가 더 쉽다. 예를 들어, 노조는 돈을 강화물로 사용하는 것에 제약을 가할 수도 있지만, 일반 사원들이 자신의 직무에서 훌륭한 수행을 보였을 때 이에 관해 관리자들이 피드백을 제공하는 것에 반대하는 경우는 거의 없다. 즉, 피드백은 행동수정 프로그램에서 상당한 장점을 가지고 있으며, 이런 점이 그런 프로그램의 대중성을 설명해 준다(Prue & Fairbank, 1980). 여기서 피드백이 강화의 속성을 띨 수도 있지만(행동 빈도를 증가시키기 때문에), 개념적으로는 강화 자체와 구분된다는 것을 주지해야 한다. 물론, 그 이유는 어떤 상황에서 피드백은 처벌에 대한 공식적 정의를 나타내기도 해서 행동 빈도를 줄일 수도 있기 때문이다.

피드백의 차원

행동수정에 피드백을 적용하기 위해서는 피드백의 몇 가지 측면을 반드시 다룰 필요가 있다. 예를 들면, 특히 관심을 가질 것 중의 하나는 개인에게 피드백이 주어지는 자리가 공적이냐 아니면 사적이냐의 문제다. 이 문제에 관한 증거를 요약하면 다음과 같은 경우에서 사적 피드백이 바람직하다.

1. 피드백을 받는 사람의 수행이 낮을 때
2. 부하직원을 일대일로 다루는 데 필요한 대인관계 기술을 상사가 보유하고 있을 때
3. 개별적 피드백을 제공할 수 있는 충분한 자원이 있을 때(감독 시간과 같은)
4. 부하직원이 상사와 근거리에 있을 때
5. 피드백을 받는 직원이 자신의 기초 수행 수준이나 미리 설정된 기준과 비교될 때(Prue & Fairbank, 1980)

또 다른 고려 사항은 피드백을 주는 데 사용하는 전달 수단이다. 피드백은 구두로, 서면으로, 기계적으로나 전자적으로, 또는 자신의 행동과 성과를 스스로 기록해 놓은 자료를 바탕으로 자기 스스로에 의해서 제공될 수 있다. 이런 방식들은 각자 그에 해당하는 비용과 장점을 갖는다. 예를 들어, 자기 스스로에 의한 점검은 직원 개인에 대한 신뢰를 의미하며, 관련된 개입 프로그램에 해당 직원을 포함시킨다. 구두로 하는 피드백은 빠르게 전달되고 비용이 적게 발생한다. 서면을 통한 피드백은 수행 향상에 대한 지속적인 평가 기록을 유지하는 데 도움이 된다.

또한 피드백의 내용이나 메시지 속에 포함된 비교 기준도 고려 사항이다(이에 관해 13장의 통제이론과 목표설정 이론에 관한 논의를 보라). 예를 들어, 개인의 수행은 타인(그녀가 속한 작업 집단과 같은)의 수행과 비교되고 있는가, 자신의 예전 수행과 비교되고 있는가, 또는 어떤 외적 기준이나 목표와 비교되고 있는가 등이다. 독자들은 어렵고 구체적인 목표를 명시하는 것의 가치를 다시 상기해야 하는데, 이에 관해서는 13장에서 논의되었고, 그리고 직원들에게 제공되는 피드백의 내용에 관해 계획을 설정할 때 고려되어야 할 많은 주제들에 대해 검토한 Prue와 Fairbank(1980)와 Dickson 등(1993)도 언급한 바 있다.

피드백의 **시점**(timing)도 중요하다. 비록 사람들은 자신이 과업을 얼마나 잘 수행하고 있는지에 관해 알기 위해 효과적으로 기다리는 능력 면에서 각자 다르지만, 이상적으로는 행동이 이루어진 직후에 최대한 빨리 피드백을 주는 것이 좋다. 개인이 처음으로 배우는 과업에 관한 내용을 다루거나 복잡한 과업과 관련될 때, 즉각적인 피드백은 특히 가치가 있다. 피드백은 시간의 흐름에 따라서가 아니라 행동에 수반되어 이루어지는지가 더 중요하게 보일 수 있다. 하지만 현재까지 이에 관한 경험적 증거는 거의 없다.

누가 피드백을 주어야 할까? 비록 반드시 그렇지 않은 상황도 있지만, 대체로 더 높은 권위를 가진 사람이 피드백을 줄 때 그 피드백에 더 많은 주의를 기울인다. 예를 들어, 피드백을 주는 사람의 진실성, 강화물과 처벌을 줄 수 있는 능력, 전문성, 성실성, 그리고 메시지를 전달하는 사람과 받는 사람 사이의 관계적 특성 또한 고려되어야 한다.

수행에 대한 피드백의 강력한 잠재적 영향력이 오랫동안 인정되어 왔음에도 불구하고, 이러한 효과들은 최근에 와서야 관련 이론들에 포함되고 있다(Ilies & Judge, 2005; Kluger & DeNisi, 1996; Locke & Latham, 1990a를 참고하라). Ilgen 등(1979)이 제시한 모형은 가장 초기의 것들 중 하나로 이후의 관련 주제를 다루기 위해 수행된 많은 연구들의 이론적 기반이 되었다. 하지만 종합적으로는 그러한 연구들이 다음의 두 가지 이유 때문에 가치가 제한된다. 첫째, 그 연구들 중 대다수가 수행에 대한 피드백의 효과와 연관된 **과정**을 검증하지 않는 두 변량(bivariate) 간의 횡단적인 연구 설계를 사용했다(Kinicki, Prussia, Wu, & McKee-Ryan, 2004). 두 번째 결점은 (Ilgen et al., 1979의 매우 인지적 모형에 영향을 받은) 초기 연구들은 대체로 인지적인 특성을 강하게 띠고 있다는 점이다. 개인의 수행에 대한 피드백을 주고받는 것은 종종 정서 수준이 높은 경험임에도 불구하고 정서적 변인은 일반적으로 무시되었다. Kinicki 등(2004)은 수행에 대한 피드백의 매개 모형에 관하여 가장 엄격하고 정교한 인지적 모형을 제시하였다.

Ilies와 Judge(2005)는 정서 사건 이론(4장을 기억하라) 접근법을 채택함으로써 정서를 다루는 분야로 옮겨갔다. 세 가지 유형의 인지적 및 문제해결 과제, 각각 두 가지 유형의 목표(학습 및 수행)와 피드백[실제적(생생한) 및 허위의(조작된)]을 채택한 일련의 실험에서, 이 연구자들은 가설로 제시한 바대로, 피험자들이 부정적 피드백을 받을 경우에는 수행 목표를 하향 조정했지만 긍정적인 피드백을 받을 경우에는 과거의 수행에 비해 두 가지 목표 수준을 상향 조정했음을 발견했다(이러한 발견은 이 장의 후반부에서 다루게 될 목표설정 이론과 사회인지 이론과 일관된다). 또한 이 연구자들이 스스로 언급한 바와 같이 "이 연구의 가장 중요한 발견"(p. 463)은 다양한 형태의 피드백에 대한 정서적 반응이 피험자들의 목표설정 과정에 대한 피드백의 영향력을 매개했다는 것이다. '감정'은 긍정적 정서와 부정적 정서로 조작되었고, "긍정적 및 부정적 정서 스케줄"(Watson, Clarke, & Tellegen, 1988)로 측정되었다.

따라서 피드백 수용과 그 이후의 목표설정 및 직원 행동을 연결시키는 과정을 이해하기 위한 추후 연구는 인지적 및 정서적 모형의 통합 효과를 검토할 필요가 있다. 여기서 다루어진 두 연구(Ilies & Judge, 2005; Kinicki et al., 2004)는 그러한 추후 연구들을 위한 유익한 출발점이 될 것이다.

모델링

이 장의 초반부에서 단순한 행동으로부터 행동조형과 같은 과정을 통해 행동이 복잡한 형태로 발달하는 과정을 다루었다. 이는 인간 행동의 상당히 많은 부분이 행동조형에 의한 결과임을 보여 준다. 사실, 우리는 살아가면서 환경을 점점 더 세련되게 다루기 때문에 행동조형은 우리의 삶을 통해 계속된다.

반대로, Bandura(1969, 1977, 1986)와 다른 학자들은 많은 복잡한 행동들이 시간을 요구하지도 않고 계속적인 개인의 강화 및 처벌 경험이 행동조형 과정에서 반드시 수반될 필요도 없다고 하였다. 대신, 몇몇 복잡한 행동들은 단번에 나타날 수도 있음을 지적했다. Bandura는 이러한 현상이 나타나는 주요한 원인이 우리가 타인을 지켜보고, 그들로부터 배우는 것과 관련한 동일시 과정 때문이라고 주장했다.

예를 들어, 마트의 신입 직원은 숙련된 선배 옆에 서서 야채 손질 방법과 진열 과정을 관찰할 것이다. 상추의 끝 부분을 효율적으로 손질하고 포장하는 것과 관련한 몇 개의 세부적인 단계를 관찰한 이후에 선배는 신입에게 이렇게 말할 것이다. "자, 이제 해 봐." 물론, 그 신입 직원이 처음부터 베테랑처럼 능숙하지는 못할 것이다. 하지만 일반적으로 최소한의 행동조형(상추와 신입 직원의 행동에 관한)으로도 그 문제를 극복할 수 있고, 그리 오래지 않아 전체 행동 순서가 학습될 것이다.

주요 모델링 기제

모델링에는 세 가지 기본 방법이 있다. 첫 번째는 모방(imitation)인데, 앞 단락의 상추 다듬기가 그 예다. 학습이 발생하기 위해 행동의 모델이 되는 사람이 실제로 지금 바로 눈앞에 존재할 필요는 없다. 사실, 조직에서는 상당히 복잡한 행동들이 어떻게 수행되는지 설명하기 위해 훈련 영상을 일반적으로 사용한다.

모델링의 두 번째 형태는 자신의 행동 목록 속에 이미 존재하지만 주변 사람들의 행동에 의해 촉발되는 행동을 사용하는 것과 관련된다. 예를 들어, 보통 때에 비해 근무 상황에서 자신들의 비공식적인 상사가 익살 부리기와 같은 행동을 한다면 직원들도 그와 같은 행동을 할 가능성이 있다. 모델링의 이런 측면은 모방과 유사하지만, 둘 간의 차이점은 그 사람의 행동이 새로운 것인지(이 경우 모방이 된다), 아니면 이미 그 개인이 알고 있는 것인데 환경 속에서 타인의 행동에 의해 촉발된 것인지와 관련되어 있다.

세 번째 모델링 기제는 타인의 행동의 결과에 대한 대리적(vicarious) 동일시다. 과거의 공적 처벌은 이런 과정을 강조했다. 즉, 어떤 사람들은 규칙을 위반하는 행위를 직접 실행하거나 그에 따른 대가를 지불하지 않고도 그러한 행위의 결과를 '학습'할 수 있다. 따라서 타인이 특정한 방식으로 행동한 것 때문에 강화받는 것을 관찰한다면, 마치 우리가 직접적으로 강화를 경험한 것처럼 동일한 방식으로 행동하게 될 것이다. 즉, 행동을 실제로 실행할 필요 없이 모델링을 통한 학습이 가능하다는 점에 주목할 필요가 있다. 사람들이 자신이 관찰한 행동을 실제 활동으로 옮기는가의 여부는 모델링의 대상이 누구인지, 그리고 그 대상이 하는 행동으로 인해 나타난 결과가 무엇인지와 같은 많은 요소들에 따라 달라질 수 있다. 연구 결과는 사람들이 매력 있거나 전문성이 높은 대상의 행동을 더 잘 모방하는 것으로 나타났다(Craighead et al., 1976, p. 107).

목표설정과 자기관리

흔히 많은 행동수정 상황에 포함되는 최종적인 2개의 인지 과정은 목표설정과 자기관리 과정이다. 이 인지 과정들은 특정한 순간에 이용 가능한 반응 대안 중에서도 사람들에 의해 잘 선택되는 것들이다(Erez & Kanfer, 1983; Mills, 1983; Thoresen & Mahoney,

1974를 참고하라). 자기관리는 본질적으로 덜 선호되는 목표를 추구하기 위해 자신의 성향적 선호를 무시하는 행동으로 구성되어 있다.

자기관리에 대해서는 이 장의 후반부에서 다시 더 자세히 다룰 것이다. 다만, 여기서 필요한 논의를 위해 우선 자기관리를 순차적 단계로 기술해 보면 다음과 같다. 첫째, 개인이 자신의 행동을 점검하고, 둘째, 특정 목표나 기준에 비교하여 그 행동을 평가하며, 셋째, 그러한 평가에 따라 스스로에게 강화나 처벌을 집행하는 세 단계가 그것이다(Kanfer, 1980). 예를 들어, 어떤 직원이 상사로부터 공사 현장에서 쓰이는 자재의 사용량을 줄이라는 지시를 받았을 때, 자신이 사용하고 남은 자재의 양을 측정하는 방법이나 사람들에 의해 버려진 자재를 적극적으로 활용하는 방안을 배울 수도 있다. 물론, 그 직원이 자신의 수행 측정치가 스스로 또는 상사가 설정한 기준에 얼마나 잘 들어맞는지에 대해 즉각적으로 알아차릴 때, 평가 과정이 바로 뒤따를 것이다.

강화나 처벌을 실시하는 세 번째 자기관리 단계는 다소 복잡하다. 예를 들어, 그 사람이 자신의 수행이 목표에 근접하지 못했음을 알아차린다면, 자신에게 기쁨을 제공하는 행동(일상적으로 커피를 마시며 쉬는 것과 같은)을 자발적으로 거부할 수도 있다. 대신, 그 직원은 어느 날 아침에 버려진 상당량의 자재를 재활용하고 나서야 친구에게 전화로 수다를 떨거나, 장시간의 점심식사 시간을 갖거나, 또는 단지 자신에게 "훨씬 낫군!"이라고 말하는 것과 같은 자신에게 매력적인 활동을 시행할 것이다.

요약과 미리 보기

앞서의 논의는 행동수정 상황에서 심리학자들이 일반적으로 채택하는 많은 절차와 기법을 다루었다. 조작적 조건형성의 방법에 따른 심리학파의 기본적인 방법이 합쳐질 때, 이러한 기법은 교육, 임상 및 재활 상황의 다양한 인간 행동에 꽤 효과적인 영향을 미친다는 것이 증명되었다. 그리고 이런 기법들이 조직과 관리상의 문제에 적용된 것을 흔히 **조직행동수정**이라 한다. 이어지는 부분에서, 직무 동기와 행동에 대한 이 접근법의 핵심 요소를 살펴보고, 이 책에서 논의되는 직무동기를 설명하는 다른 이론들 중에서 오늘날 이렇게 다양하게 혼합된 형태의 학파가 현재 어떤 영향력을 갖고 있는지에 관해 다뤄 보겠다.

조직행동수정

Aldis(1961)와 Nord(1969)는 조직에 조작적 조건형성의 원리를 적용할 것을 제안한 초기 연구들이다. 앞서 언급한 바대로, 그러한 아이디어는 1970년대에 유행하기 시작해(Goodall, 1972) 1980년대까지 매우 인기가 있었다(Komaki et al., 1991; O'Hara, Johnson, & Beehr, 1985). 이러한 접근법을 **조직행동수정**이라 한다(때로는 OB mod, **조직행동관리** 또는 **응용행동분석**이라고도 불렀다). 두 개의 특정 저널—*Journal of Applied Behavior Analysis* 그리고 *Journal of Organizational Behavior Management*—이 관리상의 문제점에 이런 원리를 적용하는 것과 관련한 지식을 보급하고 조직행동수정 분석틀에 따라 수행된 연구를 보고하는 데 크게 기여하였다. 역사적 흐름을 고려하면, 조작적 조건형성의 심리학이 원래 조직행동수정에 내재된 가장 중요한 원리였지만, 실무자들이 활용한 실제적 기법들은 일반적으로 인지적 개념의 조합을 포함하고 있음을 다시 한 번 강조할 필요가 있다.

직무에서 행동 수반성 관리

조직행동수정을 활용하고자 하는 관리자는 부하직원이 하는 행동의 선행요인과 결과를 진단하고 그것들에 영향을 미치는 방법을 알아야 한다. Luthans와 Kreitner (1974, 1975)는 이를 달성하기 위해 **행동 수반성 관리**(behavioral contingency management)라는 일반적인 순서를 제안하였다. 행동 수반성 관리는 5개의 기본적인 단계로 이루어져 있다. 첫 번째, 관리자는 반드시 직무수행을 저하시키는 직원의 행동을 파악해야만 한다. 관리자는 어떤 행동이 바람직하지 못하고, 해결될 필요가 있으며, 또한 가능하다면 그 행동을 측정할 수 있는지 정확히 아는 것이 매우 중요하다.

두 번째 단계는 관리자의 추후 개입에 대한 효과성을 평가할 때 사용될 수 있는 기저 수준을 설정하기 위해 문제 행동의 빈도를 실제로 측정하는 것이다. 행동 빈도의 측정은 관리자나 직원 스스로에 의해 이루어질 수 있다(자기점검에 관한 앞부분의 논의를 떠올려 보라). 측정을 위해서는 종종 기록용지를 만들거나, 관리자가 단순히 개인의 행동을 표집해 임의로 설정한 기간 동안 직원들이 얼마나 자주 그 문제 행동을 하는지 표시한다(Whyte, 1972를 참고하라).

세 번째 단계는 문제 행동의 선행요인이 되는 조건들과 그 행동을 강화시켜 주는 결과들을 모두 확인하는 것이다. 예를 들어, 본 저자는 과거 금속 용기를 생산하는 공장에서 작업 집단이 하는 행동을 관찰한 경험이 있다. 각 집단의 작업반장들은 다른 집단의 구성원들이 자재의 일부를 훔쳐 자신들의 업무에 사용하는 것에 대해 종종 불만을 제기했다. (물론, 그들이 사용한 용어는 "빌렸다" 였다.) 조사에 따르면, 그런 빌리는 행위의 대부분은 매달 말에 일어나고 있었다. 그리고 작업반장들은 업무 기한은 지키면서도 예상되는 비용은 줄이도록 비공식적인 요구를 받고 있었다. (자재를 도난당한 집단의 작업반장이 받는 결과물은 물론 정확히 그 반대의 것이었다.) 여기서 역기능적 행동(빌리는 행위)의 선행요인은 그것이 발생하는 달의 시점이었다. 그리고 그 결과는? 공식적 보상체계가 그런 방식으로 일을 끝내는 작업반장들을 강화하고, 그 작업반장들은 작업반원들이 다른 집단의 자재를 빼돌리는 것을 강화시키고 있다는 것이다.

행동 수반성 관리의 네 번째 단계는 개입 전략의 선택이다(Luthans & Kreitner, 1975). 이 전략들에는 정적 강화, 부적 강화, 처벌 또는 소거 등이 있으며, 단독으로 또는 조합을 이루어 사용된다. 관리자는 강화하거나 제거하려는 행동에 수반되는 결과들을 목적에 맞게 선택하고자 한다. 정확한 전략 선택에 영향을 미칠 수 있는(그리고 그래야 하는) 요소에는 직무의 본질, 조직의 구조, 역사와 선례, 조합의 계약, 그리고 많은 비공식적인 합의와 같은 다양한 것들이 있다. 관리자나 직원들은 문제 행동의 발생 빈도를 계속적으로 기록하게 된다. 그리고 만약 개입 전략이 효과적이라면, 그 바람직하지 못한 행동의 빈도는 감소할 것이고(또는 완전히 중지될 것이고), 더 바람직한 행동이 그 자리를 대체할 것이다.

마지막 단계는 바람직하지 못한 행동 빈도는 감소한 반면, 바람직한 행동은 실제로 더 빈번해졌는지를 관찰함으로써 개입 전략을 평가하는 단계다. 평가가 없이는 관리자가 부하직원의 행동을 변화시키고자 한 자신의 노력이 성공적이었는지에 관해 말할 근거가 없다. 만약 그러한 노력이 성공적이지 못했다면, 추가적인 수정(선행요인의 재검토 또는 결과 또는 실시 계획의 변화와 같은 것들) 단계가 적용될 것이다.

행동 자체의 본질뿐 아니라 행동의 선행요인과 결과에 초점을 두고 있는 Luthans와 Kreitner(1974, 1975)의 5단계 접근법은 기능적 분석에 대한 조작적 조건형성 연구자들의 제안과 일치한다.

Komaki와 동료들(1991)은 타당한 결론을 도출하기에 충분히 잘 통제한 것으로 판단되는 50개 이상의 조직행동수정 기법을 검토했다. 그러한 검토를 기반으로 Komaki 등(1991)은 여러 연구자들과 실무자들이 적용한 네 단계 혹은 요소들을 추출했다. 그들이 제시한 목록은 Luthans와 Kreitner(1974, 1975)의 것과 유사했지만, 보다 긍정적인 측면을 포함하고 있다. 이러한 네 가지 요소는 다음과 같다.

1. 바람직한 행동을 구체화한다(바람직하지 않은 것으로 확인된 행동에 반대되는).
2. 바람직한 수행[또는 행동]의 빈도를 측정한다.
3. 결과의 빈도, 수반성 및 긍정성을 제시한다.
4. 최종 직무수행의 효과성을 평가한다(Komaki et al., 1991, p. 92).

30여 년 전 Luthans와 동료들(Luthans & Kreitner, 1975; Luthans & Ottemann, 1977)의 조언은 실제 적용되는 기법 및 그 이후 개입에 의해 달성된 결과와 비교해 볼 만한 가치가 있다(Komaki et al., 1991에 의해 요약된 바대로). 실제로 그것들은 꽤 유사하다.

결과의 다양성

Petrock(1978)은 수반성 관리를 위해 직원 행동의 결과를 분석하는 데 유용한 방법을 제안했다. 그는 대부분의 직무상의 행동을 직무 관련성 여부에 따라 두 가지 유형으로 구분했다. 그리고 각각의 행동 유형은 긍정적이거나 혐오적인 결과를 야기할 수 있다. 또한 직원의 행동 결과는 정적이거나 혐오적인 것에 상관없이, 다음의 세 가지 주요 영역으로 분류할 수 있다.

1. 직원이나 조직 중 어디에 영향을 미치는가(혹은 둘 모두에)?
2. 행동의 결과는 즉각적인가 지연되어 나타나는가?
3. 결과가 행동에 확정적으로 뒤따르는가, 또는 무선적이고 부분적으로 수반되는가?

따라서 직원 행동 관리는 상사가 바람직한 행동과 바람직하지 못한 행동(관리상의 관점에서 판단할 때) 모두에 대해 해당 직원에게 생기는 강화와 처벌 모두를 확인하는 과정이 필요하다. 확실히 직무상에서 바람직한 행동으로 인해 발생하는 강화 결과가 처벌 결과보다 커서 차감 이익이 발생할 때, 직원들은 바람직한 행동에 더 몰입할 것이다. 같은 이유로, 직원들이 직무 요구가 긍정적이기보다는 불쾌한 결과를 야기한다는 것을 알게 되면, 그에 관한 조직의 규칙이 무너지거나 무시되고 관리자의 바람에 따르기보다는 강화받기 쉬운 행동에 적극적으로 몰입할 것임을 쉽게 알 수 있다.

Komaki와 동료들(1991)은 1980년대 후반 검토한 연구들에서 관리자들이 사용하는 다섯 가지 유형의 결과를 보고하였다. 그 결과들은 ① 조직적이고(급여 인상과 특수한 교육 기회와 같은), ② 금전, 단골 고객 쿠폰, 그리고 상품권과 같은 일반적인 보상, ③ 업무 순서 재배열이나 프리맥 원리의 적용과 같은 활동, ④ 칭찬, 비판, 인정과 같은 사회적 보상, ⑤ 피드백이나 목표를 향한 진행 사항에 관한 공시 등과 같은 정보적 형태였다.

Petrock(1978)에 따르면, 바람직한 작업 활동에 대한 처벌은 때로 개인적이고(조직적이라기보다는), 즉각적이며, 관련 행동에 직접적으로 수반된다. 예를 들어, 안전장구를 착용하는 것은 불편하고, 공식적인 규칙에 따르는 것은 불편할 수 있으며, 규정에 의한 활동은 흔히 '번거로움'을 야기한다. 반대로, 바람직한 행동을 강화하는 결과는 흔히 개인적이고, 지연되며(즉각적이기보다는), 수반적이어서, 많은 경우에 바람직한 행동을 그렇지 않은 행동에 비해 덜 매력적이게끔 한다. Petrock은 부하직원의 행동에 영향력을 행사하려는 상사는 반드시 긍정적인 행동과 부정적인 행동에 대한 정적이고 혐오적인 결과를 확인하고 그것들의 균형을 맞추려고 노력해야 하고, 바람직하지 못한 행동을 할 때보다 바람직한 행동을 할 때 더 정적인 결과를 가져오면서 혐오적인 자극은 더 적어지도록 확실히 조치를 취해야 함을 강조했다.

많은 직무행동들이 비록 관리자에 의해 공식적으로는 방해받는다 해도, 비공식적인 형태로는 업무 현장의 사회적 체계에 의해 자주 강화받도록 하는 것이 매우 중요하다.

조직행동수정에서의 긍정적인 접근법

비록 조직행동수정이 처벌만큼이나 강화도 충분히 이용하지만, 가능한 한 어디서든 긍정적인 통제방법을 적용하는 것이 중요하다. Luthans와 Kreitner(1975, p. 84)가 정리한 이 원리는 다음과 같다.

> 강화는 조작적 조건형성 학습이론의 핵심 요소이자 행동수정의 가장 중요한 원리다. 단순한 사실은 행동 수반적으로 적용되는 긍정적 강화가 인간의 행동을 가장 효과적으로 통제할 수 있다는 것이다. …수반성 개념 자체는 제외하더라도 정적 강화에 관한 이해와 적절한 사용이 조직행동수정에서 성공을 위해 가장 중요하다.

물론, 사람들마다 강화를 일으키는 요소들이 다르기 때문에 사람들을 정적으로 강화시키는 요소를 찾는 것이 쉽지는 않다.

강화물 확인

특정 개인을 정적으로 강화하는 결과물을 어떻게 찾아낼 수 있을까? 조작적 조건형성의 측면에서 엄격히 말하자면, 유일한 방법은 인간의 행동에 관한 기능적 분석을 하는 것이다. 그것은 관심 행동의 빈도가 증가하거나 감소하는 현상을 알아챌 수 있는 특정한 관점을 가진 채, 행동이 발생하는 선행 조건, 구체적 행동 자체, 그리고 그 행동의 결과를 관찰하는 것이다.

예를 들어, 만약 관리자가 어떤 직원이 자신이 해야 할 업무는 내팽개쳐 둔 채 우스꽝스런 익살 부리기에 몰입한다는 것을 알아차렸다면(선행 조건), 그리고 동료의 주의와 지지를 얻어 그런 방식으로 행동하는 경향성이 증가한다면(강화 효과), 관리자는 그 사람의 행동이 동료와의 상호작용에 의해 조건적으로 강화(혹은 철회)받았을 것이라 추론할 것이다. 즉, 사회적 상호작용이 그 직원을 강화하는 것이라면, 상사는 해당 직원이 직무상의 과업을 수행하도록 촉진하기 위해 사회적 상호작용을 위한 기회를 수반되는 결과로 채택할 수 있다. 마치 술집에서 사람들이 어떤 브랜드의 맥주를 선호하는지 관찰할 수 있는 것처럼, 우리는 특정 개인의 행동에 대한 여러 다른 강화물들의 구체적인 특성에 관해서도 추론할 수 있다.

하지만 실무에서는 모든 직원들의 행동에 대한 모든 결과를 관찰하는 것도 불가능하고, 그런 결과들이 특정 행동의 발생을 증가 혹은 감소시키는 기능을 하는지를 관찰하는 것도 불가능하다. 따라서 무엇이 강화물로 기능하는지 알아보기 위해 좀 더 그럴듯한 다른 수단들이 이용된다. 그중 한 가지 방법은 단순히 사람들에게 자신의 직무로부터 무엇을 원하는지 질문하는 것이다(7장의 후반부에서 태도 조사에 관한 논의를 떠올려 보라).

사람들이 자신의 직무에서 무엇을 원하는지 알아보는 데 사용할 수 있는 여러 가지 표준화된 측정도구들이 있다. **미네소타 중요도 질문지**(Minnesota importance questionnaire)(Gay, Weiss, Hendel, Dawis, & Lofquist, 1971)와 **직무 지향성 문항집**(job orientation inventory)(Blood, 1973) 등이 그런 도구들이다. 하지만 일반적인 직무 상황에서, 직원 태도 조사는 관련 조직에 더 혹은 덜 특정적일 수 있는 잠재적 강화물이 무엇인지 확인할 수 있는 맞춤형 질문을 상당수 포함하고 있다.

강화물을 확인하는 세 번째 접근법은 시행착오를 거치는 방법이다. 관리자는 단순히 직원의 바람직한 행동 뒤에 다양한 결과들을 제시하고, 그 결과들이 실제로 관심 행동을 강화하는 기능을 하는지(더 빈번하게 만드는지) 살펴보는 것이다. 어떤 조직에는 폭넓은 종류의 강화물들이 있을 수 있는 반면, 다른 조직에서는 관리자들이 직원들의 행동에 대한 보상으로 제공할 수 있는 보상물의 유형에 있어서 조직의 정책, 관례 또는 (노조 계약과 같은) 공식적인 합의 등에 의해 제약을 받기도 한다. 그럼에도 불구하고, Luthans와 Kreitner(1975)는 실무에서 적용할 수 있는 몇 가지 가능성 있는 강화물의 유형을 제안했다. 그들이 제시한 범주와 그 예시는 다음과 같다.

1. **소비재:** 맥주 파티, 오븐 돼지고기 요리(Easter hams)
2. **조작 가능한 것:** 벽장식, 시계
3. **시청각적 요소:** 흘러나오는 음악, 작업 환경 재단장
4. **금전적 표식:** 돈, 주식, 짧은 휴가 여행
5. **사회적 요소:** 제안에 대한 부탁, 웃음
6. **활동에 기반한 요소:** 더 큰 책임의 직무, 개인적인 프로젝트에 대해 금전적 보상과 휴식(프리맥 원리를 떠올려 보라.)

여기서 말하고자 하는 핵심은 실제로 모든 조직들이 하나 이상의 요소들에 대해 제약이 있음에도 불구하고, 창의적인 상사들이 그들의 부하직원에게 적용할 수 있는 강화물로서 다양한 종류의 결과물들이 있다는 것이다. 결국 그러한 바람은 처벌이나 처벌의 위협과 같은 부정적 영향력에 의존하기보다는 긍정적인 것을 발견하는 것이다.

조직행동수정과 직무동기[8)]

조직행동수정의 주도적인 옹호자 중 한 연구자는 이미 20여 년 전 조직과학에 대한 조직행동수정의 효과는 "직무동기 영역에서 가장 명백하다." (Komaki, 1986, p. 299)고 진술한 바 있다. 그녀가 주장했던 바대로, 조직행동수정에 미친 가장 의미 있는 기여는 그녀의 학파가 직무수행의 선행요인과 결과를 강조하는 방식에 있다. 이 장의 앞부분에서 다루었듯이 다음과 같이 말했다.

> 선행요인들은 교육적이거나 촉발적인 단서의 역할을 한다. 예를 들어, 지시 사항, 규칙, 그리고 목표와 같은 것들은 수행에 대한 기대를 명확하게 하거나, 행동과 결과 간의 관계를 구체화시키거나, 또는 결과가 행동에 수반되어 제시되는 경우를 신호하는 것으로 보인다. 반대로, 결과는 행동이 다시 발생할 확률을 증가시키거나 감소시키는 잠재성을 가지는 것으로 여겨진다.
>
> (Komaki, 1986, p. 300)

사실, Komaki는 직무동기에 대한 조직행동수정 접근법의 독특한 특성이 개인의 '목표 행동' 이후 발생하는 사건에 대한 강조에 중점을 두는 것이라고 주장했다. (그에 반해, 욕구이론은 행동의 이전, 중간, 그리고 이후에 작용하는 내적 상태에 중점을 두었다. 기대-가치 모형은 행동 이후에 개인이 만족하려는 선행 기대와 관계가 있다. 그리고 목표설정 이론은 미래지향적인 의도에 전적으로 의존한다.) 앞에서 보았듯이, 가장 빈번히 이용되고 언급되는 '결과'는 인정, 피드백 및 인센티브이지만, 이 분야에서 가용하면서 유용한 결과는 다양하다.

앞서 우리는 선행요인의 개념과 그것이 행동을 촉발하는 역할에 대해 언급했었다. Komaki(1986)는 비록 선행요인이 사람들로 하여금 행동을 하도록 교육하고 촉발할지라도 조직행동수정의 지지자들은 "선행요인들이 그 행동이 다시 발생할 확률을 증가 또는 감소시키는 데 있어 가장 우선적인 책임이 있다고 생각하지 않는다." (1986,

8) 독자는 기능적 분석, 응용행동분석, 그리고 조직행동수정이 이 논의 전반에 걸쳐 상호 교환적으로 사용된다는 사실에 주의해야 한다.

p. 301)는 점을 조심스럽게 강조했다. 그녀는 자신의 주장을 뒷받침하기 위해 1970년대부터 행해졌던 많은 연구들을 인용했다. 그 연구들의 공통적인 줄기는 선행요인만으로는 직원의 바람직한 행동을 유발하거나 그 행동의 지속적인 개선을 가져오기에는 충분치 못하다는 것이다. 거의 모든 경우에 바람직한 결과가 홀로 또는 선행 조건과 함께 사용되었다.

많은 저자들이 직무수행 관리와 무단결근, 안전, 고객 서비스, 도난 감소, 그리고 원자재 절약과 같은 다양한 조직 수준에서의 성과를 이해하기 위해 조직행동수정의 추정된 가치를 전반적으로 검토했다(예를 들어, Andrasik, 1979; Hamner & Hamner, 1976; Komaki, 1986; O'Hara et al., 1985; Stajkovic & Luthans, 1997; Stajkovic & Luthans, 2003을 참고하라).

조직행동수정과 논란

이 책에서 논의했던 직무동기 이론 중 Herzberg의 2요인 모형은 의심할 여지없이 가장 큰 논란의 대상이 되었다(2장을 기억하라). 하지만 두 번째로 큰 논란을 가져온 것은 조직에 조작적 조건형성의 심리학을 적용하는 데서 발생한 관련 이론과 그 활용이었다. 조직을 이해하고 관리하는 데 조작적 조건형성의 잠재적인 관련성이 Aldis (1961), Luthans와 Kreitner(1975), Nord(1969), 그리고 그 외 연구자들에 의해 처음 언급된 직후, 이론적이고 철학적인 측면에서부터 조작적이고 윤리적인 측면에까지 걸쳐 순차적인 논란이 있었다. 이런 논란들과 관련한 전체적인 검토는 Pinder(1984, 1998)의 문헌에서 다루고 있으며, 여기서 우리는 그 논란과 관련한 사항을 간단히만 개관하도록 하겠다.

통제의 도덕성

조작적 조건형성과 행동수정에 대한 가장 공통적인 관심사 중 하나는 인간의 행동을 통제하는 것에 관한 윤리적 문제와 응용심리학의 도움으로 그렇게 하는 것이 인간을 모욕한다는 주장과 관련된다. 타인의 행동에 영향을 미치려는 명백한 목적을 위해 여러 기법들을 활용한다는 것이 과연 윤리적인가? 우리 모두가 쟁취하고 보호하려는 인간 본연의 존엄성과 자유에 대해서는 어떠한가? 대체 누가 타인의 행동을 통제하고, 그들이 할 수 있고 할 수 없는 것을 결정할 권리를 가질 수 있는 것인가?

이에 대한 행동주의 진영의 대답은 일반적으로 다음의 형태를 띤다. 인간의 행동은 본질적으로 강화, 처벌 또는 소거의 세 가지 가능한 결과들 중 한 가지 이상을 야기한다. Skinner는 "우리는 모두 통제하고, 동시에 모두 통제된다."(1953, p. 438)고 하였다. 우리는 태어나서 행동하기 시작한 순간부터 우리의 행동이 긍정적이거나 혐오적인 결과를 야기한다는 것을 알아차린다. 세상은 한 주체가 타인에게 공식/비공식적으로 보상과 처벌을 집행하는 거대한 Skinner 상자인 것이다. 통제는 자연스러운 것이어서 피할 수 없고, 항상 존재하며, 어디에나 존재한다. 통제가 본질적으로 어디에나 존재한다는 사실을 부정하는 것은 현실을 부정하는 것이고, 따라서 통제의 실행을 부정한다는 것은 타인에게 그 역할을 미루는 것이 된다. 그렇다면 일정 수준의 공식적인 통제 없이 어떻게 노동력이 조직될 수 있을까? 민주주의 사회에서 근로자들은 한 직무 상황에서 다른 직무 상황으로 자신에게 가장 편안한 관리적 통제 수준을 찾아 자유롭게 이동할 수 있다. 따라서 우리는 삶을 안전하고 가능한 한 편안한 수준으로 만들기 위해 행동의 법칙을 주의 깊게 배우고 활용함으로써 전체적으로 더 나은 삶을 살 수 있게 된다(이 주제에 관한 Rogers & Skinner, 1956의 고전적 논의를 보라).

관찰의 윤리

직무행동 관찰과 관련한 윤리적 의문이 있다(Luthans & Kreitner, 1975). (개입 전에 기저 수준을 확립하고자) 타인의 직무행동을 측정하기 위해, 또는 개입에 따른 직무행동의 변화 여부를 확인하기 위해, 때로는 은밀하게 타인의 직무행동을 감시하는 것이 윤리적이라고 할 수 있을까? 그리고 직원들이 자신이 관찰되고 있다는 것을 아는 상황에서도 그들의 직무행동을 신뢰할 수 있게 관찰할 수 있는가에 관한 문제도 있다(Whyte, 1972). 그럼 하나씩 다뤄 보도록 하자.

먼저, 실무에서 직원들이 자신이 관찰되고 있다는 것을 인식하는 상황에서 그들의 직무평가에 관한 현실적인 평정치를 얻는 것은 일반적으로 어렵다. 이것은 관찰의 목적이 수행의 기준과 작업량에 따른 급여 체계를 설정하기 위한 상황일 때 특히 그렇다. 따라서 직원의 행동과 수행에 관한 신뢰할 수 있는 정보를 얻고자 하는 관리자들은 어떤 상황에서는 스파이 같은 방법을 사용하여 성과를 얻을 수도 있다. 더구나, 조직행동수정의 변론자들은 만약 수행에 대한 기준 설정과 공정한 점검을 통해 얻어지는 이점이 직원들의 복지로 이어진다면, 그러한 관찰은 정당하다고 주장해 왔다. 다시 말해, 이러한 특정한 목적은 물론 그것이 합리적인 범위 내에서 수단을 정당화시킨다(Luthans & Kreitner, 1975, p. 185). 그리고 관리자들은 항상 자신의 부하직원의 수행을 관찰한다. 그렇기 때문에 조직행동수정은 단지 그 절차를 공식화시키는 것일 뿐이고, 직원들은 자신의 행동이 관리자의 관점에서 감독되고 있음을 완전히 인식해야 한다.

비인간화

조작적 조건형성과 반응행동에 관한 우리의 지식을 이끌어 낸 대다수의 연구가 동물들에게 실행되었던 것이라는 점에서 또 다른 논쟁거리가 발생했다. 비평가들은 동물에 근거한 지식을 인간 행동에 적용하는 것에 부정적으로 반응했다. 즉, 우리가 동물보다 나을 게 없다는 것인가? 동물들과 다른 점이 없다는 것인가? 조작적 조건형성 심리학의 변론자들은 인간의 행동이 동물의 그것에 비해 더 복잡하다는 것은 인정했지만, 결국 대다수의 인간의 행동도 유사한 원리에 기반해 결정된다고 주장했다. 동물들은 단지 인류의 존엄성, 비용, 그리고 편의 때문에 사용되었을 뿐이다.

비합리성

조작적 조건형성에 대한 네 번째 원론적 공격은 인간의 합리성에 관한 것이다. 인간의 행동이 단지 행동 결과에 따라 달라진다는 주장은 인간 특유의 이성적 측면을 무시한 것이고, 따라서 인간이 행사하는 자유의지를 배제한 것이다. 다시 말해, 비평가들은 인간이 의식을 갖고 생각하고 추론하고 대안들 중 일부를 선택할 수 있는 능력을 가지고 있음을 주장했다. 이 비평가들은 인간 행동의 결과물이 갖는 중요성은 부정하지 않지만, Skinner의 심리학이 인간의 인지가 갖는 역할을 부정했고, 따라서 인간을 단지 자유의지에 따라 행동하는 능력이 없는 로봇이나 마음이 없는 생명체로 여겼음을 지적했다. 일부 비평가들은 성공적인 행동수정이라는 것의 대부분은 목표설정 이론의 원리, 즉 인간 기능에 관한 엄격한 인지 모형에 의해 더 잘 설명될 수 있다고 주장했다(예를 들어, Locke, 1977, 1978, 1979). 사실, 행동수정에 관한 현대의 일부 추종자들은 합리적 과정의 중요성을 공개적으로 인정한다(예를 들어 Craighead et al., 1976; Mahoney, 1974). 반면, 다른 연구자들은 인지와 같은 내적 과정이 행동을 이해하는 데 아무런 쓸모가 없다는 기존의 입장을 고수하고 있다. 즉, 그들의 주장에 따르면, 내적 과정은 관찰되거나 측정될 수 없고, 따라서 그것들은 결단코 영향을 받을 수 없다(개관을 위해 Ford, 1992를 보라).

여기서 중요한 점은 급진적인 행동주의와 인지적/지각적 접근법들은 인간의 본질에 관한 기본 신념에 대해 섞일 수 없는 두 가지 입장을 형성하고 있다는 것이다. 같은 이유로, 이러한 관점들이 각각 인간의 본질에 관한 이해를 제공한다고 주장하는 균형 잡힌 접근법을 제안하는 중재자도 매우 적다. 둘 다 옳거나 둘 다 완전히 틀렸다고 주장하는 학자 역시 거의 없다(예를 들어, Fedor & Ferris, 1981; Kreitner & Luthans, 1984; Walter & Marks, 1981). 그리고 이러한 두 관점의 차이는 순수하게 이론적 모형을 적용하려는 의도를 가진 많은 사람들(부모, 교사, 상담자 또는 관리자와 같은)에게 약간의 차이를 만들어 낸다. 즉, 인지적 개념과 행동주의 모두를 활용하는 초기의 행동수정 기법의 성공은 그것이 문제해결을 위해 적용되는 것에 비해 철학, 종교, 그리고 술집에서 더 중요한 위치를 차지하는 두 관점 간의 차이를 묘사해 준다(Bandura, 1977을 참고하라).

조직행동수정에 관한 다른 실무적 비판

실제 직무 상황에 행동주의 원리를 적용하는 것과 관련한 실무적인 비판들이 있다. 앞서 논의한 신뢰할 수 있는 측정치를 얻는 것에 관한 문제가 이러한 비판들 중 하나다. 특정 직원에게 무엇이 강화이고 처벌인지를 판단함으로써 경제적으로 실현 가능하고 공정한 방식으로 이러한 강화물을 나눠 줄 수 있도록 하는 것에 관한 어려움도 이 중 하나다. 또 다른 비판은 어떤 유형이든 조직상의 행동을 동반하는 복잡한 행정적 절차와 요식행위들과도 관련되어 있다.

다음으로 관련되는 실무 개입자와 직원 둘 모두에 의해 사용되는 언어에 대한 비판도 있다. 다시 말해, 전문가들이 서로 효율적으로 의사 전달을 하기 위해서는 의사소통의 정확성이 요구된다. 이에 관해 한 연구자는 조작적 조건형성의 전문용어가 특히 오용되고 오역되고 있음을 지적했다(Mawhinney, 1975). 반면, 직원과 관리자의 협력이 프로그램의 성공을 위해 핵심이 되는 상황에서 엄청난 은어와 유행어의 사용은 그들을 소외시킬 수 있다(Murphy & Remnyi, 1979). 조직행동수정에는 많은 실무자들이 받아들이기 힘든 특수 용어들이 포함되어 있다.

변화가 발생해서 현실화되기 위해 경영진에게 허용된 시간은 또 다른 실무적 쟁점이다. 보상(특히 금전적 형태로)을 해 줄 때 경영진은 세련된 관리 기법을 활용할 것을 강화받는다. 그러나 조직에는 많은 복잡한 역동적 요소들이 있기 때문에, 긍정적 결과를 증명하기 위해서는 때로는 어느 정도의 시간이 소요된다. 이런 문제는 조직행동수정의 적용에만 국한되지는 않지만, 조직행동수정에 확실히 적용되는 문제다.

초기의 몇몇 비판가들이 흔히 예를 들듯이, 감옥이나 정신질환자 보호시설, 심지어 학교시설과 같은 곳에서 행동이 교정되어야 할 대상들에 대해 개입자들이 권위와 통제권을 가진 높은 지위에 있는 상황일 때 행동수정이 더욱 효과적으로 나타난다는 것이 입증되었다(Argyris, 1971). 이런 유형의 상황에서 행동에 대한 측정, 강화 및 처벌의 엄격한 적용을 방해하는 외부 영향력을 통제하는 것은 처음 조작적 조건형성의 원리가 개발되던 실험실 상황과 매우 유사하다. 하지만 전통, 관습, 노조, 예산, 참을성 없는 경영층과 같은 제약 요소들이 있는 조직의 실제 업무 상황에서는 이러한 기법들을 정착시키고 효과적으로 만드는 것이 결코 쉽지 않다(Murphy & Remnyi, 1979; O'Hara et al., 1985; Repucci & Saunders, 1974).

행동주의 진영의 쇠퇴

조직학 분야에서 행동주의의 쇠퇴를 기술한 저작물을 찾는 것은 그다지 어렵지 않지만, 다음의 진술이 1980년대 후반의 유행과 행동주의(혹은 강화이론)의 위치를 말해 준다. "외적 인센티브와 행동적 학습을 강조한 강화이론은 현저한 성과가 행동을 위한 정신적 표적으로 작용하는 목표설정 이론에 압도되었다." (Staw & Boettger, 1990, p. 534)

지금 글을 쓰고 있는 이 시기에 급진적 행동주의는 사실상 조직학 영역에서 사라졌다. 사실, 직무동기에 대한 최근 30년간의 연구와 이론에 대한 검토에서 본 저자와 Gary Latham 박사는 행동주의의 전통이 단지 지나간 것일 뿐이라고 언급했다(Latham & Pinder, 2005, p. 502). 행동주의에 대한 근원적인 거부는 인지심리학 진영에서 가장 영향력 있는 학자 중 한 명인 Albert Bandura가 말한 다음의 인용구에 드러나 있다.

> 만약 인간의 행동이 단지 외적인 성과에 의해 조절되었다면, 사람들은 자신에게

강한 영향을 미치는 어떤 일시적인 사회적 영향력이 무엇이든 그러한 영향력에 항상 순응하는 방향으로 움직이는, 마치 풍향계마냥 행동했을 것이다. 실제로 사람들은 스스로 자신의 생각, 느낌, 동기, 그리고 행동을 통제할 수 있는 자기반성적이고 자기반응적인 능력을 갖고 있다. 자기주도성을 행사함으로써, 사람들은 지침과 동기 유발 요인이 될 수 있는 특정한 행동 기준을 채택하고, 자기반응적 영향력을 통해 자신의 행동을 예측하여 조절한다. 따라서 인간의 기능은 자기생성적 영향력과 외부의 영향력이 상호작용하여 조절되는 것이다.

(Bandura, 1991, p. 249)

예를 들어, Kreitner와 Luthans(1984)와 같은 열렬한 조직행동수정 주창자조차도 이미 20년도 더 전에 학문의 '시계추'가 왔다 갔다 하면서, 욕구와 신념 같은 내적 힘에 강력한 주의가 주어지는 것을 시작으로, 그다음에는 행동의 결과에 초점을 두었다가, 그다음에는 사회인지 이론이라 언급되는 일종의 절충적인 지점에 안착했음을 인정했다.

조직행동수정이 소멸 직전인 상태라는 점에서 당연히 독자는 왜 저자가 그것을 본서에 포함했는지 의문을 가질 것이다. 그 답은 Kreitner와 Luthans(1984)의 시계추에 대한 은유에서 보았듯이, 그리고 이 책 전체에서 다룬 여러 이론들의 경우에서도 볼 수 있듯이, 이론은 변하고 진화한다(11장에서 형평이론이 어떻게 직무 공정성과 관련된 보다 포괄적인 이론에 포함되었는지를 떠올려 보라). 직무동기의 전반적인 모습을 명쾌하게 써 내려가기 위해 본 저자는 현재 인기를 구가하고 있는 많은 이론, 특히 이러한 이론적 모형들 속에서 학습이 하는 핵심적인 역할에 관한 역사적 뿌리를 알아볼 필요가 있다고 믿는다. 우리는 직접적이고 개인적인 학습과 대리학습 모두가 목표설정, VIE 이론의 역동성, 처벌과 공정성에 관한 것들과 같은 많은 조직 현상에서 핵심적인 역할을 한다고 생각한다. 그리고 조직행동수정 전통의 많은 응용적 시사점들은 학문 영역에 비해 관리 실무의 이론적 · 철학적 근거에 대해 신경 쓰지 않는 관리자와 행정 실무자에게 여전히 가치가 있을 수 있다. 예를 들어, Welsh, Luthans와 Sommer(1993)는 33명의 러시아 방직 근로자 표본의 직무수행을 개선하는 데 자신들의 접근법이 효과가 있음을 보여 주었다.

Stajkovic과 Luthans(1997, 2001, 2003)는 문헌의 개관에서 직원의 행동 형태, 강도, 방

향, 그리고 지속성에 관한 주요한 결정 요인으로 행동 결과를 고려하는 것의 가치를 일깨워 주었다. 모든 철학적이고 개념적인 차이와 이념적 논쟁은 차치하고, 관리 영역에서 조작적 조건형성 원리의 출현 이래로 그 분야는 인간의 행동과 조직에서의 행동에 관한 한 가지 자명한 사실을 목도하였다(Aldis, 1961을 참고하라). 결과가 중요하다.

사회인지 이론

사회인지 이론(social-cognitive theory: SCT)은 직무동기와 행동을 설명하는 가장 우세하고 성공적인 이론들 중 하나다(Latham & Pinder, 2005). 초기부터 현재까지 이 학파의 가장 영향력 있는 연구자는 스탠퍼드(Stanford) 대학교의 Albert Bandura다. SCT는 인간의 작인(作因, agency)에 관한 이론이다. 이에 대해 Bandura(2001, p. 2)는 다음과 같이 글을 썼다.

> 작인이라는 것은 의도적으로 자신의 행위에 의해 무엇인가 발생하게 만드는 것이다. 작인은 특정한 장소에 별개의 상태로 존재하는 것이 아니라 개인적 영향이 작용하는 자질, 신념체계, 자기조절 능력, 그리고 분산 구조와 기능을 나타낸다. 작인의 핵심적인 특징은 사람들로 하여금 변화의 순간에 자기계발, 적응, 자기갱신에서 일정한 역할을 할 수 있게 하는 것이다.

Bandura의 이론(1977, 2001을 참고하라)은 크게는 오랜 기간 심리학을 지배했던 행동주의 사고방식에 대한 거부 반응이다. Kreitner와 Luthans(1984, p. 54)는 "사회학습 이론"(지금은 사회인지 이론[9]이라 불리는)의 출현을 다음과 같이 기술했다.

> 스탠퍼드의 저명한 행동주의 심리학자인 Albert Bandura가 대리학습에 대한 혁

9) Bandura(1986, p. xii)는 자신의 초기 연구에서 사회학습 이론이라는 이름을 사용했지만, 다른 개념과의 미묘한 유사점과 차이점 때문에 사회인지 이론으로 다시 이름을 붙였다. "그 용어의 사회적 부분은 많은 인간의 사고와 행동의 사회적 기원을 인정하는 것이다. 그리고 인지적 부분은 인간의 동기, 정서, 그리고 행위에 대한 사고 과정의 인과적 기여의 영향력을 인정하는 것이다."

신적인 실험을 했을 때, 그는 복잡한 인간의 행동을 설명하는 데 있어 인지적 기능이 간과될 수 없음을 확신하게 되었다. 그는 시행착오를 통한 행동조형보다 정신적인 단서와 기억의 도움이 사람들로 하여금 행동을 더 효과적으로 배우고 유지하는 데 도움이 되는 것을 지켜보았다. 이는 곧 급진적인 행동주의와 조작적 조건형성에 대한 도전이었다. Bandura의 입장은 잠재 고객의 이름인 Applegate를 암기하기 위해 사과의 이미지를 이용하는 영업사원과 같은 실제적 예시를 통해 표현할 수 있다. Bandura의 관점에서는 이런 방식의 학습이 구조화된 훈련 과정에서 고객의 이름을 단순 암기하는 것에 비해 더 효율적이다. 하지만 **급진적인 인지이론가와 달리, Bandura는 실제 행동에 대한 환경 단서와 결과의 영향에 매우 큰 비중을 두었다**[강조 추가].

인과성의 흐름

인간 행동에 관한 대부분의 이전 이론들이 개인의 내적 상태(욕구, 가치, 신념 또는 지각과 같은 것)나 외적 환경 조건(선행요인과 결과 같은 것)을 최우선적으로 강조한 반면, SCT는 다음과 같다.

> SCT는 세 축의 상호 인과성에 관한 심리사회적 기능을 설명한다. …이러한 상호결정론적 모형에서, 행동, 인지 그리고 개인적 요소와 환경적 사건은 각각 양방향적으로 영향을 미치는 상호작용적 결정 요인으로 작용한다.
>
> (Wood & Bandura, 1989, p. 362)

[그림 14-1]에는 이러한 삼각관계가 제시되어 있다. 이러한 삼원 모형에서 결정적인 것은 사람들은 자신의 운명에 통제권을 가질 수 있지만, 동시에 환경이 그 가능성에 제약을 가한다는 것을 인식하는 것이다(Bandura, 1986, p. xi). 목표설정 이론이 그러하듯 이 모형은 인간의 사고 과정을 상당히 강조한다. 사실, 이런 특성은 행동주의 관점과는 현저하게 다르다. 하지만 SCT 역시 학습에 관한 이론이고, 환경적 요소의 역할에 강하게 영향 받는다는 것을 강조한 이론이다. 이것이 SCT를 이번 판차에서 여기에 제시한 두 가지 이유다.

Bandura(1986)는 사람, 행동 그리고 환경 모두가 연쇄적으로 양방향 상호작용을

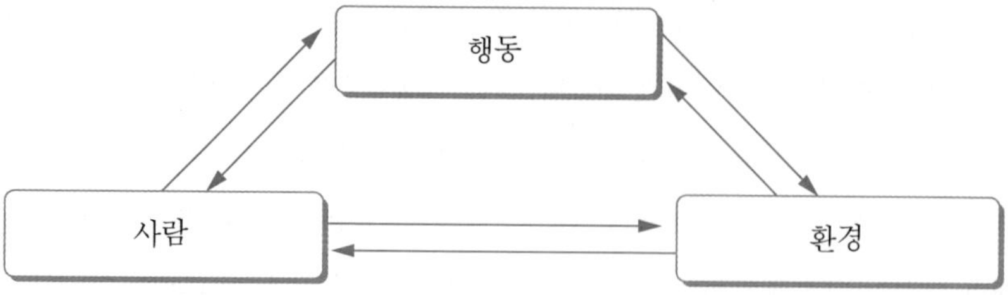

[그림 14-1] 사회인지 이론의 삼원 인과관계

출처: Bandura, A. (1986). *Social foundations of thought and action: A social cognitive theory*. Upper Saddle River, NJ: Prentice-Hall.

하기 때문에, 세 요소 모두가 동등하게 중요하다는 것을 인정하지 않는다.

> 상호성이 양방향적 영향의 관계에서 대칭성을 의미하는 것은 아니다. 상호적 인과관계에서 서로의 영향력의 패턴과 강도 역시 고정된 것이 아니다. 세 요소의 상호작용에 의해 발생하는 상대적 영향력은 행동, 사람 그리고 환경에 따라 달라진다. 환경적 조건이 행동에 강력한 제약을 가한다면, 그러한 환경적 조건들은 다른 무엇보다도 중요한 결정 요인이 될 것이다. …행동과 그 행동에 고유한 피드백이 상호작용 체계에서 핵심적인 요소가 되는 경우도 있다. 이런 경우는 자신의 즐거움을 위해 피아노를 연주하는 사람들을 예로 들 수 있다. …환경적 제약 조건이 약해지면, 개인적인 요소들이 조절체계 내에서 지배적인 영향력을 발휘한다. 엄청난 도서를 보유한 도서관에서 어떤 소설을 볼지 결정하는 것에는 개인의 취향이 지배적인 역할을 한다.
>
> (Bandura, 1986, p. 24)

단순한 또는 복잡한 해법들?

이러한 관점에서, 인간이 내적 원인에 지나치게 의존해 조직행동(또는 어떠한 맥락에서든 인간의 행동)에 대한 간단한 답안을 받아들이는 것은 지나치게 단순하다. 가능한 너무나도 단순한 질문과 대답을 살펴보자.

Q: Alice는 왜 해군에 입대했지?

A: 그녀는 세상을 보고 싶어 했어.

이 대답에 내재한 속성은 일련의 욕구와 가능한 기대뿐이다. 따라서 이 분석에서는 환경이 Alice의 결정에 어떻게 영향을 미쳤는지에 대한 언급이 빠져 있다.

예를 들어, 최근 해군이 새롭게 여성들에게 기회를 주는 정책을 채용했는가? 즉, Alice가(그리고 다른 여성이) 해군에 입대한 것의 효과는 무엇인가? 1991년의 Tailhook 스캔들[10)]은 여성과 남성이 해군에서 여전히 매우 다른 경험을 할 것이라 기대하고 있음을 우리에게 인식시켜 준다. 정말로 환경(해군에서 여성 선원을 대우하는 것에 관한 정책과 절차와 같은) 때문에 Alice가 해군에 입대하는지에 대한 우리의 의혹에 대한 답이 나오지 않게 할 수 있을까? 사회인지 이론에 따르면 그렇지 않다. 환경은 Alice의 행동을 유도하고, 그 행동은 다시 환경에 영향을 미칠 것이다(상상해 보면, Alice가 고위직 해군장교가 되어서 괴롭힘 행동에 대한 해군의 새로운 정책을 제정할 수도 있지 않을까?).

행동주의에 의해 제안된 일방향의 인과성은 이보다 훨씬 단순하다. 즉, 사람들은 환경적 단서에 반응하고 그러한 반응 때문에 강화되거나 처벌받거나, 또는 그들의 반응이 무시되기도 한다. 하지만 중요한 것은 환경이며, 개인은 부수적으로 관련되어 있다. 반면, 개인의 내적 요소들에 한정된 단순하고 단일 원인을 사용한 답은 어떠한가(예를 들어, 'Alice는 강한 효능감 욕구를 갖고 있고, 해군에 입대하는 것이 그러한 욕구를 만족시키는 데 도움이 된다고 지각했다')? 이런 방식은 세 요인들이 동시에 서로 양방향 상호작용을 하는 것에 비하면 훨씬 더 통제하기 쉽다. 하지만 단순한 일방향 인과모형이 현실적이라고 할 수 있을까?

Bandura(1986)는 사람, 그 사람의 행동, 그리고 환경 간의 삼원 관계에서 어떻게 이들 간의 상호작용이 일어나는지를 묘사한 다른 예제를 보여 주었다. TV를 보는 상황을 떠올려 보면 쉽게 이해가 갈 것이다.

개인의 취향은 많은 채널들 중에서 언제 그리고 어떤 프로그램을 볼지 선택하는

10) 1991년 미국 라스베이거스에서 개최된 35회 Tailhook 협회 연례 심포지엄에서 100여 명의 미국 해군과 해병대 항공 장교들이 최소 83명의 여성과 7명의 남성에게 성희롱과 성폭력을 한 것으로 추정되는 사건이다-역주.

> 데 영향을 미친다. …비록 잠재적인 TV 방송 환경이야 모든 시청자에게 동일하겠지만, 실제 TV 방송 환경은 개인이 어떤 것을 볼지 선택하는 결정에 따라 달라진다. TV 시청 행동을 통해 개인은 부분적으로 미래에 TV로 방송될 프로그램의 특성을 조성한다. 제작비와 상업적 요구 또한 시청자들이 볼 것을 결정하기 때문에… TV 방송 환경에서 제공되는 선택지는 일정 부분 시청자들의 선호를 형성한다. 여기서 시청자의 선호, 시청 행위, 그리고 TV 프로그램 세 요소 모두 서로에게 상호 영향을 미친다. 사람들이 시청하는 프로그램은 그들의 선호, 생각, 그리고 행동에 일정 부분 영향을 미친다.
>
> (Bandura, 1986, p. 24)

사회적 요인

SCT는 생각의 사회적 기원에도 큰 비중을 둔다. 사람들은 자신을 둘러싼 타인들의 생각, 신념, 가치 그리고 행동으로부터 큰 영향을 받는다. 또한 타인에게 영향을 미치는 사건을 관찰하고 삶 속에서 그 결과물을 확인함으로써 우리는 상당히 많은 것을 대리학습한다. 그리고 자기조절 역시 중요하다. 사람들은 목표를 설정하고, 목표의 달성 정도를 점검하며, 피드백을 바탕으로 행동을 적용하고 변화시키는 등 그 목표를 달성하기 위한 방식으로 행동한다. 독자는 여기서 13장에 제시되었던 목표설정 이론과 통제이론의 공통 요소를 알 수 있을 것이다.

사회인지 이론에서 환경

환경의 역할은 무엇일까? 행동주의가 환경의 수반성을 행동의 가장 중요한 원인으로 여긴 반면, Bandura 학파는 다음과 같이 완화된 표현을 썼다.

> 외적 사건은 어떤 행동의 발생을 이끌어 낼 수 있지만, 단순한 반사행동을 제외하고는 그러한 사건들이 정서와 행동의 시발점이 되지는 않는다. 외적 자극은 개인적 작인을 통해 일련의 행동을 유발한다.
>
> (Bandura, 1986, p. 12)

따라서 우연은 흥미로운 현상이다. 사람들의 행동과 그들의 운은 환경에 의해 기계적으로 결정된다는 결정론적 모형에 대한 맹종과 달리, 작인 모형은 세상이 영향력을 미치고 기회와 제약을 제공하지만, 동시에 환경에 의해 제공되는 상황 속에서 사람들이 만들고자 하는 것이 무엇이건 간에 그것을 생성하기 위해 자신의 판단, 목표, 창의성, 그리고 의도와 기술을 규칙적으로 행사한다는 것을 인정한다. "대부분의 우연의 영향력은 사건 자체의 속성에 있는 것이 아니라 그 속성들이 활성화시키는 상호 교환적인 영향력의 배열 안에 있다. …또한 사람들은 자신의 흥미를 키우고, 자신의 신념과 역량을 확고히 함으로써 스스로 그런 역할을 할 수 있도록 기회를 만들어 낸다." (Bandura, 2001, p. 12)

다시 말해, 사람들은 자신을 둘러싼 환경이 그들에게 자신의 기술과 능력을 활용할 수 있는 기회를 제공하면 그렇게 행동하도록 선택할 수 있다. 삼자 간 인과관계의 개념이 여기에 포함된다. 사람들을 자동적인 주체도 아니고 환경의 힘을 기계적으로 옮기는 존재로 가정하지도 않는다. "오히려 사람들은 개인적인 결정 요인, 행위, 그리고 환경적 요소들을 포함하는 상호 인과성 체계 내에서 자신의 동기와 행동에 상호적으로 영향력을 미치는 존재로 작용한다." (p. 12) 그리고 환경은 사람들의 행동에 직접적인 기계적 방식으로 영향을 미치지 않는다. 그보다는 개인의 지각과 사고 과정이 환경의 영향력을 매개한다. 즉, 사람은 자신의 환경으로부터 오는 정보를 알아차리지 못할 수도 있고, 설령 알아차린다 해도 그 사람이 그러한 정보를 바탕으로 행위를 선택할 수도 있고 아닐 수도 있다. "환경과 교류하는 동안 사람들은 단순히 반응을 방출하고 결과를 경험하는 것이 아니다. 그들은 주어진 상황에서 행위로부터 발생하는 결과와 관련될 성싶은 성과에 관한 규칙성을 관찰함으로써 신념을 형성하고 그에 따라 행동한다." (1986, p. 13) Bandura(1986, p. 15)는 이렇게 말하고 있다.

> 생각이 행동을 조절할 수 있음을 부정하는 이론을 복잡한 인간의 행동을 탐색하는 데 적용하기란 쉽지 않다. 비록 급진적 행동주의는 인지적 결정 요인을 거부했지만, 그 요인들의 모든 인과적 영향력이 그리 쉽게 무시될 수 있는 것은 아니다. 그래서 급진적 행동주의의 추종자들은 인지적 결정 요인을 자극의 작용으로 변환하고, 유기체의 외부로 그 영향력을 가지고 나온 다음, 인지적 결정 요인의 효과를 외적으로 재위치시킨 사건들의 직접적인 작용인 것처럼 설명했다. …사실, 상호 연

관된 경험들 때문에 바뀌는 것은 환경에 대한 사람들의 지식이지, 자극이 아니다. 예를 들어, 만약 주어진 단어가 육체적으로 고통스러운 자극을 예견해 준다면, 그 단어는 개인에게 유의한 예측력을 갖는 것이지, 물리적 자극이 고통에 관한 속성을 갖고 있음을 의미하는 것이 아니다.

이렇게나 명백한 사실을 주장하는 것은 상당히 어색해 보이지만, 여전히 직무동기 이론과 연구에 영향력을 미치고 있는 행동주의가 20년 전 현대 심리학에서 차지하고 있던 위치를 고려해 보면 당시에는 이러한 진술이 필요했었다.

인간의 차별적인 역량

Bandura가 제시한 이론에서 가장 포괄적인 진술 중 하나는 급진적 행동주의에 의해 무시되거나 거부되었던 인간성의 본질적 특성인 인간의 다양한 **역량**(capability)에 관한 논의에 드러나 있다. 이러한 역량들은 이미 밝혀진 바대로 자명한 사실이지만, 다시 한 번 강조하지만 환경적 결정론의 단순한 기계적 심리학에서 호모 사피엔스의 자발적인 지적 특성을 인정하는 심리학으로의 이동을 촉진하기 위해 누군가는 이러한 인간적 영역에 대해 명백하게 기술해 주어야 했던 것으로 보인다.

Bandura(1986)가 그의 이론적 모형을 진보시킬 수 있도록 해 준 인간이 가진 역량의 가장 중요한 측면은 다음과 같다. ① 기대를 형성하는 능력과 예상, ② 상징을 형성하고, 조작하고, 해석하고, 상징을 통해 의사소통하는 상징화 역량, ③ 개인적인 경험을 통한 학습만이 아니라 대리학습을 할 수 있는 역량, ④ 자기반성적 사고 역량이 그것이다. 지금부터 이러한 인간의 역량에 대해 차례대로 살펴보도록 하겠다.

예상과 사전 숙고 역량

사람들은 단순히 또는 주로 자신의 행동의 실제 결과에 의해서만 기대를 형성하는 것이 아니라 그러한 행위에 따라 있을 수 있는 결과에 대한 기대도 형성한다. “결과가 행동에 영향을 미친다는 개념은 실제 결과보다는 예상된 결과가 하는 역할에 대해 더 잘 설명해 준다.”(p. 13) 예상된 결과들이 VIE 이론의 인지적 기반으로서 핵심적인 역할을 한다는 생각은 이 책의 12장에서 다룬 바 있다. 따라서 성과가 개인의 행동에 영향을 미치는지 여부와 그 기제를 알기 위해서는 인간의 인지적 과정이 이러한 성과들을 어떻게 처리하는지 알아야만 한다. 즉, Bandura는 '강화물'을 개인의 행동에 대한 주요 결정 요인으로 보는 행동주의의 단순한 기계적 개념을 거부했다. 그는 사람들이 자신의 사고와 감정을 생성할 수 있는 것이지, 그들을 둘러싼 환경적 속성이 그렇게 하는 것은 아니라는 연구를 인용하면서 선행 자극의 필요성을 거부했다.

상징화 역량

비록 모든 행동이 이성적인 생각, 명확한 사고, 또는 객관적 논리성으로부터 유발되는 것을 의미하지는 않지만, 상징화 역량은 행동에 대해 사고하는 인간에 관한 이론이라는 것을 의미한다. 인간의 정신적 능력이 항상 잘 개발된 것은 아니고, 사람들로 하여금 실수하게 만드는 편향적인 요소들이 산재해 있다. 그럼에도 불구하고, 상징화 역량의 주요 시사점은 사람들이 일상에서 상징을 형성하고 사용하는 것을 볼 수 있고, 이러한 상징을 활용하는 행동과 그 상징들을 해석하는 것이 행동을 이해하는 데 핵심적이라는 것이다. "사고는 사람들이 일시적인 경험을 미래 행위를 위한 지침으로 작용하는 내적 모형으로 변환하고 처리하는 것을 상징한다. 사람들은 상징을 통해 살아가면서 겪는 경험에 유사한 의미와 형태, 지속성을 부여한다." (1986, p. 18) 사람들은 혁신적인 행동 방식을 고안하는 데 이러한 상징(예를 들어, 각본과 도식을 포함한)을 활용할 수 있다. 사람들은 다양한 유형의 행동에 따라 가능한 결과를 형상화함으로써 마음속에 있는 대본을 '연극'으로 표현할 수 있다. "상징이라는 매체를 통해 [사람들은] 시간과 공간을 넘어서 타인과 의사소통할 수 있다." (Bandura, 1986, pp. 18-19)

대리학습 역량

사람들은 타인의 경험을 통해 상당히 많은 것들을 학습할 수 있다. 즉, "직접 경험으로부터 얻어진 모든 학습 현상은 사실상 타인의 행동과 그 결과를 관찰함으로써 대리적으로 발생할 수 있다." (Bandura, 1986, p. 19) 인간의 이러한 역량은 인간의 학습에 관한 이론으로서 급진적 행동주의에 비해 훨씬 더 현실적인 이론 중 하나인 사회인지 이론에서 설명하는 가장 중요한 인간의 능력 중 하나다. 만약 우리 모두가 세상에서 살아남는 방법을 시행착오를 통해 배워야만 한다면, 인류뿐 아니라 모든 종은 사멸하고 말 것이다.

자기조절 역량

이 책에서 몇 번이고 우리는 자유의지, 자기결정성, 그리고 개인의 자유에 대한 인간의 욕망을 다루었다. 인간의 행동을 좌지우지하는 욕망은 차치하고, 인간의 역사는 인간이 좋은 것에 대해서든 나쁜 것에 대해서든 상당한 자기결정 능력을 갖고 있음을 보여 주었다. 그럼에도 불구하고, Bandura가 **자기조절**이라 이름 붙인 능력과 욕구는 인간의 핵심 능력 중 하나다. "사람들은 단지 타인의 선호에 맞추는 방식으로 행동하지 않는다. 인간의 많은 행동은 그 행동에 대한 내적 기준과 자기평가적 반응에 의해 동기화되고 조절된다."(1986, p. 20) 직무동기의 맥락에서, 특히 자기조절에 관해 곧 더 많은 것들을 다룰 것이다. 즉, 여기서는 그것에 관해 더 다루지 않겠다.

자기반성적 역량

Bandura(1986)는 다음과 같이 말했다. "만약 인간을 독특하게 만드는 특성이 있다면, 그것은 자의식을 반성하는 능력일 것이다. 이 능력은 사람들로 하여금 자신의 경험을 분석하게 해 주고 자신의 사고 과정에 대해 생각할 수 있도록 해 준다. 자신의 다양한 경험과 자신이 알고 있는 것에 대해 반성함으로써 사람들은 자신과 자신을 둘러싼 세상에 대해 일반적인 지식을 도출해 낼 수 있다."(p. 21)

Bandura가 언급한 자기반성의 유형들 중에서 가장 중요한 것은 사람들이 직무에 몰입하는 자신의 능력에 관해 갖고 있는 생각이다. 우리는 이 책의 몇 군데에서 자기효능감이라는 개념으로 이를 다룬 바 있다. 이 주제에 관해서는 6장, 7장, 12장, 13장, 그리고 이 장의 후반부를 살펴볼 것을 권한다. 여기서 우리의 목적은 다음으로 족하다. 만약 세상에 대한 자신의 능력을 긍정적으로 평가한다면, 사람들은 대부분 과제를 수행하고, 목표를 설정하며, 목표를 변경하고, 자신의 환경을 파악하려고 시도할 것이다. 사람들이 어떤 행동을 취하는 것에 대해 걱정할 경우 자기효능감 신념의 결여는 구제불능이 될 것이다. 사람들이 자신을 실패의 두려움이 있는 상황 속으로 몰아넣는 경우에 자신의 자기효능감 신념을 과대 추정하는 것 역시 문제가 될 수 있다. 자기반성적 신념은 정확하거나 혹은 부정확할 수 있기 때문에 우리 모두는 자기 자신, 자신의 생각, 정서, 경험, 그리고 욕망에 관해 생각하는 데 많은 시간을 할애한다. 이런 특성이 특히 우리를 인간답게 한다. 행동주의자가 우리가 생각할 수 있는 능력을 가졌고, 자기반성적이며, 감정을 드러내는 존재라는 사실을 부정한 것은 아니다.

다만, 그들은 단지 이러한 특성과 과정이 인간의 행동을 유발하는 데 있어 갖는 중요성을 부정했을 뿐이다.

의도성

우리는 인간 작인의 또 다른 인간 차원은 의도성 개념이라는 점을 거의 암묵적으로 고려했다. 의도성은 그 정의에 따르면 결정론적 사고방식과 반대되는 개념이다. 이 책의 여러 장(특히, 11장, 12장, 13장)에 걸쳐서 오랫동안 살펴본 바처럼 사람들은 분명 의도를 형성하고 그에 따라 행동한다. 그 점만은 확실하다.

요 약

Bandura(1986)에 따르면, 인간을 규정하는 특성은 거의 무제한적 가소성(plasticity), 즉 생물학적 한계 내에서 우리 자신을 변화시키고 변화할 수 있는 역량이다. 인간의 기능에 관한 Bandura의 모형에서 규칙성을 갖고 나타나는 인간의 특성 중 가장 중요한 요소는 우리가 생각하고, 계획하며, 상징을 만들고 사용하는, 그리고 대리적으로 학습할 수 있는 정신적 능력을 가졌다는 것이다. Bandura가 이런 정신적인 기술이 호모 사피엔스에게 세상에 대한 전적인 헤게모니를 주었다고 믿는 것은 아니다. 그는 단순히 현대 심리학에서 바로 앞서 영향력을 가졌던 행동주의자들이 한 것에 비해 우리 인간이 행동을 자발적으로 시작하고, 목표에 대한 계획을 세우며, 자신의 개방적인 선택과 결정에 관해 환경 속에 우리 자신의 위치를 결정할 수 있는 능력을 가졌다는 것에 더 큰 신뢰를 주었을 뿐이다.

사회인지 이론과 직무동기

Wood와 Bandura(1989)는 직무행동의 이해와 특히 관련된 SCT의 세 가지 측면에 대해 진술했다. 그 첫 번째는 직무에서 '숙련자 모델링'을 통한 인간의 인지적, 사회적, 그리고 행동적 효능감의 발달과 관련되어 있다. 이것은 사람들이 다른 사람이 하는 활동과 그 행동의 결과를 관찰함으로써 직무 상황에서 타인으로부터 배우는 방식과 관계가 있다. 예를 들어, 회사의 신입사원이 사장의 전용 주차 공간에 차를 세워서는 안 된다는 것을 실수 경험을 통해서 배워야만 하는 것은 아니다. 이런 교훈은 동료가 동일한 행동을 취했을 경우 그 결과를 목격함으로써 학습할 수 있다.

조직행동과 SCT의 두 번째 관련성은 "사람들이 가진 유능감에 대한 신념을 키워서 자신의 재능을 효과적으로 사용하는 것" (Wood & Bandura, 1989, p. 362)으로, 자기효능감의 발달과 관련되어 있다. 세 번째 관련 영역은 여기에서 직접적으로 관련되는 부분으로 개인의 목표 체계를 통해 사람들의 동기를 향상시키는 것이다(Wood & Bandura, 1989, p. 362). 지금부터는 직무동기에 관한 사회인지 이론의 특정 가치에서 두 번째와 세 번째 영역에 해당하는 자기효능감과 목표 체계를 집중적으로 살펴볼 것이다. 우리는 앞서 이 두 개념에 대해 언급한 바가 있기 때문에 짧게 다루도록 하겠다.

자기효능감 구축

이 개념에 대해서는 6장을 시작으로 이 책의 전반적인 영역에서 다루었다. 자기효능감에 대해서 다시 상기해 보면 다음과 같다.

> 자기효능감은 삶의 전반에 걸쳐 발생하는 사건들을 통제하기 위해 필요한 동기, 인지적 자원, 그리고 일련의 행동들을 동원할 수 있는 자신의 능력에 대한 신념과 관련되어 있다. 어려운 상황 속에서 자신이 가진 기술과 그것을 능숙하고 일관되게 사용할 수 있는 능력 간에는 차이가 있다. 성공적이기 위해서는 필요한 기술을 보유하고 있어야 할 뿐만 아니라, 바라는 목표를 달성하기 위해 통제력을 행사할 수 있는 개인의 능력에 대해 탄력 있는 자기신념을 갖고 있어야 한다. 따라서 같은 기술을 보유한 사람일지라도 개인의 효능감에 대한 자기신념이 동기와 문제해결을 위한 노력을 촉진하거나 또는 손상시킴으로써 통제력의 행사가 형편없게, 적절하게, 혹은 매우 우수하게 이루어질 수 있다.
>
> (Wood & Bandura, 1989, p. 364)

즉, 사람들의 자기효능감은 우리가 이 책 전체에서 정의했던 것처럼, 과제 수행에 수반되는 노력을 얼마나 많이 들일 것인가, 추구하는 목표가 얼마나 어려운가, 그리고 실패나 미완성에 직면했을 때 얼마나 오랫동안 버틸 것인가와 같은 물음과 관련된 동기 수준을 결정한다. 예를 들어, 최근에 밝혀진 연구 결과에 따르면 자기효능감이 직무탐색 노력, 직무탐색 행동, 그리고 직무탐색 결과에 대한 세 가지 성격변인(자기존중감, 주도적 성격, 그리고 성실성)의 효과를 매개하는 것으로 나타났다(Brown, Cober, Kane, Levy, & Shalhoop, 2006).

이제 다음과 같은 질문이 생긴다. 과제에 착수하려는 가능성을 결정하는 데 핵심적인 자기효능감의 강도를 결정하는 것은 무엇인가? 효능감을 육성할 수 있는 네 가지 기본 원리가 있다. 그 첫 번째가 '숙달 경험'으로, 즉 과제를 훌륭히 수행하는 것이 개인이 특정 과업을 다른 것만큼 잘할 수 있다는 신념을 강화시켜 준다. 자기효능감을 형성하는 두 번째 기제는 모델링이다. 사람들은 타인을 지켜보고 흉내 내며, 타인의 행동의 결과로 발생하는 대리적인 보상과 처벌을 통해 많은 것을 배운다.

세 번째는 사회적 설득을 통한 자기효능감의 형성이다. 사회적 설득은 사람들이 타인으로 하여금 우수한 수행을 보이도록 독려하고, 도전적이지만 해낼 수 있을 만한 수준의 과업을 할당하는 것을 의미한다. 사람들은 자기효능감에 상처를 줄 수 있는 실패 상황에 놓이는 것을 원치 않는다. 타인으로부터 받게 되는 독려는 현실적이어야 하고, 뒤따르는 성공은 다른 사람들로부터 얻어 낸 전리품이라기보다는 자신의 목표 수준에 비견한 것이어야 한다(Wood & Bandura, 1989). 또한 사람들은 자신의 육체적이고 정신적인 건강과 적합성에 주의해야 한다. "사람들은 자신의 정서적 각성과 긴장을 저조한 수행에 대한 취약성의 징후라고 생각한다. 힘과 지구력을 요구하는 활동에서, 사람들은 피로, 아픔, 그리고 통증을 육체적 불능의 신호로 여긴다." (p. 365) 따라서 사람들이 자기효능감을 형성하는 네 번째 방법은 자신의 육체적 건강 수준을 높이고, 스트레스를 줄이며, 자신의 한계에 대해 받는 모든 부정적 피드백을 최대한 활용하는 것이다.

수년에 걸쳐, 많은 학자들이 자기효능감과 (특질적 자기존중감이나 구체적인 과업과는 무관한 전반적인 특질인 일반적 자기효능감과 같은) 다른 인지적 구성개념 간의 명백한 유사점을 설명해 왔다(예를 들어, 일반적 자기효능감 척도를 개발한 Chen, Gully, & Eden, 2004). 이러한 다른 구성개념들은 SCT와는 다른 이론적 기반을 갖고 있다. 하지만 동시에 사람들이 과업이나 직무를 수행할 수 있는지, 혹은 목표에 도달할 수 있는지에 대한 사람들의 신념을 다루고 있다. 이 주제를 6장에서 이미 다루었으므로 여기서는 넘어가도록 하겠다. 하지만 간단히 회상해 보면, 자기존중감은 사람들이 폭넓게 갖고 있는 전형적인 자기평가 수준으로 자신에 대한 개인의 호감이나 비호감의 정도를 말하는 개념이다. 하지만 반대로 자기효능감은 개별적인 상황에서 성공하기 위해 필요한 행동을 실행할 수 있는지에 관한 개인적인 신념과 관련되어 있다(Bandura, 1977). 따라서 한 개인이 특정 과제와 관련해 높거나 낮은 자기효능감을 갖고 있으면서 동시에 높거나 낮은 특질적 자기존중감을 갖는 것이 가능하다. Chen 등(2004)의 수많은 학자들이 제안한 일반적인 자기효능감과 같은 개념과 관련해 Bandura는 다음과 같이 말했다.

> 만능의 특정한 자기효능감 척도는 없다. 이것은 용어상 모순이다. 개별적인 척도들은 특정한 기능 영역에 맞추어져 있다. 이미 개발된 개별 척도는 오로지 그 척도가 개발된 연구와 적용 영역이 동일한 경우에만 다른 연구에 쓰일 수 있다.
>
> (Latham & Pinder, 2005, p. 503에 인용된 Bandura와 Latham 간의 개인적 서신)

본 저자에게 구체성에 관한 요구는 과학적으로 가치 있고, 따라서 연구와 이론의 목적을 정당화시킨다. 사실, 이에 대한 상당수의 연구 결과가 있다(Stajkovic & Luthans, 1998의 메타연구를 보라). 그런 경우, 구체성은 구성개념을 제약하고 맥락에 초점을 맞춘 구성개념에 비해 유용성이 떨어질 것이다(Miner, 2003을 참고하라; 그리고 이 책의 2장을 보라). 아마도 자극일반화와 반응일반화와 관련된 요소들이 연관되어 있을 것이다. 다양한 형태의 인간 행동들 간의 유사성 차이가 매우 크거나 소소할 수 있기 때문에, 한 과업에서 습득한 기술이 빈번히 다른 과업에서의 성공적 수행으로 전이될 수 있고, 첫 번째 과업과 관련해 한 개인이 가진 자기효능감은 두 번째 과업에 관한 자기효능감과 상관이 있을 것이라 기대할 수 있다.

높은 자기효능감은 언제나 바람직할까? Whyte, Saks와 Hook(1997)은 일련의 행동을 하지 않고자 하는 사람에게는 높은 수준의 자기효능감이 역기능적일 수 있다고 주장했다. 이 연구자들은 대학원생 피험자를 대상으로 모의 비즈니스 의사결정 과제를 사용해 '의사결정자'가 실패하는 행위에 더 많은 자원을 투자하는 선택을 하거나(경영 상태를 호전시키기 위해), 추가적인 투자를 철회하는 선택을 했을 때(이미 많은 돈을 낭비한 것에다 돈을 더 쓰는 것을 멈추기 위해), 이를 공식적인 성공으로 조작했다. 그리고 네 가지 다른 방식으로 관련 과제에 대한 자기효능감을 조작했다. (그들은 높은, 낮은, 그리고 통제집단으로 3개의 자기효능감 집단을 만들었다.) 연구 결과는 높은 과제 자기효능감을 가진 학생들은 통제집단에 비해 더 많은 자원을 투자했고, 낮은 과제 자기효능감을 가진 학생들은 통제집단에 비해 더 적은 자원을 투자해 가설과 일치하는 것으로 나타났다. 자기존중감과 과제 특정적 자기효능감을 구분된 구성개념으로 보았던 Bandura(1977)의 믿음과 동일하게 자기존중감은 투자 행위의 증가/감소와는 상관이 없는 것으로 나타났다.

SCT의 집단 수준 활용

SCT는 인간의 작인이 적어도 세 가지 방식—① 개인의 목표, 신념, 가치의 통제하에, 관련된 사람이 직접적으로, ② (정부, 부모, 기관, 배우자, 그리고 변호사 등과 같은) 타인이 뭔가를 이루도록 그들에게 책임을 위임하는 대리 수단을 통해, 그리고 ③ 사람들이 작인을 행사하기 위해 의도적으로 제휴(팀, 작업 집단, 클럽 등)를 형성한 집단 조직화를 통해 집합적으로—으로 행사될 수 있다고 오랫동안 주장해 왔다. 우리는 이 세 가지 인간 작인에 대한 접근 중 첫 번째인 개인에 의한 행위에 주로 초점을 둔다.

최근 집단 수준의 수행에 변형된 사회인지 이론을 적용하려는 노력이 이루어지고 있다. Bandura(1997, p. 477)는 집단효능감을 "일정 수준의 결과물을 생산하는 데 필요한 일련의 행동을 조직하고 실행하는 집단의 결집 능력에 대한 집단의 공유된 신념"으로 정의했다.

예를 들어, Prussia와 Kinicki(1996)의 연구에서는 과업 수행에 세 가지 변인(집단의 수행 성취에 따른 집단의 정서 반응, 집단 수준의 목표, 집단 수준의 효능감)의 역할을 검증했다. 결과는 세 가지 요인 중 두 가지(집단 수준의 정서와 효능감)가 피드백과 효과적인 행동을 모델링할 수 있도록 한 영상을 보는 것 사이의 관계를 매개하는 것으로 나타났다. 그리고 개인적인 동기 역시 흥미로운 역할을 하는데, 집단 수준의 목표는 개인 수준의 목표설정 이론이 예측한 효과를 나타내지 않았다. 더 최근의 연구에서는 돈을 버는 과제에서 고등학생들을 3인 집단과 7인 집단에 배정하였다. 연구 결과, 돈을 버는 활동에 대한 집단효능감과 집단이 벌어들인 돈의 양이 정적 상관을 나타냈다. 그리고 집단효능감과 집단의 수행 간 관계는 개인(각 집단의 개별 구성원들)의 효능감의 총합과 집단의 수행 간의 관계보다 더 강한 상관을 보였다(Seijts, Latham, & Whyte, 2000).

이러한 이전 연구 결과들은 흥미롭기는 하지만, 연구자들이 개인 수준에서의 현상을 집단 수준의 개념으로 '전환'하는 데는 충분히 주의를 기울여야 한다. Bandura (2001, p. 14)는 다음과 같이 말했다.

> 사회적 체계를 구성하는 개인의 신념 및 행동과 무관하게 작용하는 갑작스러운 존재는 없다. 사람들은 분리된 집단으로서 각각 인지하고 열망하고 동기화 및 조절하는 개별적인 존재들이 아니라 공유된 신념을 바탕으로 협력하는 존재다.[11]

SCT 요약

앞서 우리는 사회인지 이론을 요약하면서, 사회인지 이론이 어떻게 해서 1950년대와 1960년대의 행동주의로부터 출현했고, 1970년대에 행동수정과 조직행동수정으로부터 진화했으며, 인지적 요소들이 수십 년이 흐르면서 획득되고 승인되었는지를 보여 주었다. 최근에는 SCT가 그보다 앞선 다른 접근법들이 제안한 대부분의 지혜와 성과물을 포섭하고, 인공두뇌공학과 목표설정 이론으로부터 도출된 유용한 개념들을 가져와서 인간의 행동에 관한 절충적 이론의 형태를 띠고 있다. 이 장에서는 SCT가 어떻게 다른 학파에 대한 설명에서 등장하는 많은 개념들을 포함하고 적용했는지 알 수 있는 SCT의 기원에 대해 살펴볼 수 있도록 역사적인 접근법을 적용했다. 여기서는 행동주의가 이런 혼합된 형태의 이론에 어떻게 공헌했는지를 아는 것이 가장 중요하다. 비록 오늘날 순수한 형태의 행동주의는 사멸했을지라도, 그 이론에 관한 비판으로부터 생성된 반발을 통해 SCT의 변형에 직접적이고 확실하게 이바지했다는 사실에는 의문의 여지가 없다.

요약하자면, Latham과 Pinder(2005)에 의해 강조된 바처럼, 우리는 SCT를 다음과 같이 결론 내릴 수 있다.

11) 비록 학자들(예를 들어, Katz & Kahn, 1966)이 여기서 제시하는 문제점을 수년간 중요하게 인식해 왔지만 조직과학과 사회과학에서는 무시되어 왔다. Klein 등(2001)의 논의를 보라.

SCT는 환경적 선행요인의 효과와 결과가 인지적 변인들에 의해 매개된다는 것을 경험적으로 보여 준다. SCT는 동기의 조절에서 이중 통제체계, 즉 반응적 차이 감소체계와 조화를 이루어 기능하는 능동적 차이 생성체계를 강조한다. …따라서 사람들은 단지 단점을 뒤늦게 깨달아서가 아니라 목표를 예상함으로써 동기화된다. …목표 달성에서 효능감은 앞으로 익히게 될 새로운 동기적 차이를 생성해 내기 때문에 자기효능감이 높은 사람들은 더 높은 수준의 목표를 설정한다. 만약 목표가 달성되지 않으면, 자기효능감과 목표몰입은 사람들이 자신의 노력을 배가시킬 것인지, 냉담하게 반응할 것인지, 또는 실의에 빠질 것인지를 예측해 준다.

(Latham & Pinder, 2005, p. 503)

즉, Bandura(2001)가 간명하게 요약한 것처럼, SCT와 인간 작인의 개념은 건강, 경력, 교육 수준, 그리고 조직행동, 직무동기, 직무수행과 같은 인간 사회의 다양한 장면에서 성공과 실패뿐 아니라 인간의 여러 행동을 이해하는 데 유용한 것으로 밝혀졌다.

우리는 SCT, 조직행동수정, 그리고 심지어 통제이론(13장을 기억하라)에도 기반한 응용 기법 일체를 다룬 자기조절에 관한 연구를 마지막으로 이 장을 마무리할 것이다.

자기조절

지난 사반세기 동안 심리학 분야 중 사람들의 일상에 가장 왕성하게 적용된 영역은 **자기조절**(self-regulation)로 알려져 있다. 쉽게 말해, 자기조절은 사람들이 자신의 행동을 점검하고 목표 추구를 위해 그 행동들을 의식적으로 조정하는 것에 관한 원리와 실천을 말한다.[12] 자기조절은 개인이 의식적으로 선택하지 않는 한 행동 가능성이 낮을 수 있는 행동을 의식적으로 선택하는 과정이다(Mills, 1983; Thoresen & Mahoney, 1974). 자기조절은 목표설정 이론, 사회인지 이론, 그리고 조직행동수정에 확고한 뿌

12) 의식(Bandura, 2001을 참고하라)은 자기조절을 정의하는 요소다. 따라서 인간의 의식을 거부하거나 이에 기반하지 않은 인간의 본질에 대한 모형이나 인식론은 이런 원리에 위배된다.

리를 가진 기법들이다. 간단히 말해, 사람은 자신의 습관이 최대로 이익이 되지 않을 수도 있는 상황을 인식하는 것, 그리고 장기적인 상황에서 더 나은 것을 얻기 위해 자신에게 훨씬 불쾌하거나 익숙하지 않을 수 있는 습관화되지 않은 선택지를 고르는 것을 배운다.

예를 들어, 일상에서 저자는 평일 밤 저녁식사 이후에 (여전히) 좋아하는 소파에 누워 TV 프로그램인 〈법과 질서(Law and Order)〉로 채널을 돌린다. 이 경우 자기관리는 그로 하여금 이런 편안한 습관이 신문을 읽거나 수영하러 가거나 또는 친구를 만나는 다른 행동 방식에 비해 덜 바람직하다는 사실을 지속적으로 깨닫게 해 준다. 대개 자기관리는 가장 확률이 높은 습관적 행동에 비해 대안 행동을 의식적으로 선택하고 성공적으로 수행한 이후에 약간의 개인적인 보상이나 처벌을 적용 혹은 제거하는 과정을 동반한다.

또한 자기관리는 더 어려운 습관적 선택지를 만들거나 없애는 많은 계획 활동을 수반할 수 있다. 앞의 예시에서는 찬 바람이 드는 지하실로 TV를 옮겨 버리는 행동이 될 것이다. 우리 중 대다수는 흡연자들이 금연을 시도하는 모습을 본 적이 있다. 그들은 담배 구매를 멈추고 다른 흡연자와의 접촉을 피한다(그들이 담배를 '빌리는' 경우를 제외하고는). 그들은 과거 흡연과 연관된 적이 있는 음료를 마시는 행동을 삼가는 등의 행동도 한다. 만약 그런 행동들이 성공적이어서 자기조절을 실천해 낸다면, 그들은 자신에게 (흡연보다 더) 특별한 무언가를 소비하거나 볼링을 치러 가는 등의 가장 좋아하는 활동을 함으로써 스스로에게 보상을 줄 것이다(이제는 대부분의 실내 공공장소에서는 흡연이 금지되었다!).

자기조절 개념의 근원과 출처

앞에서 등장한 예제로부터 추측해 보면, 자기조절은 역사적으로나 현재에서나 임상심리학에 상당한 빚을 지고 있다.[13] 사실, Latham과 Locke(1991)를 비롯해 Tsui와 Ashford(1994) 같은 다른 학자들도 임상심리학자인 Frederick Kanfer가 막대한 영향력을 미쳤음을 인정한다. 그러나 Kanfer(1970) 역시 4,000년 전 Homer의 발견을 언급

13) 충동과 중독에 관한 맥락에서 자기조절의 몇 가지 예들이 Pervin(1991)의 연구에 제시되어 있다.

하였다.

> Homer는 바다를 건너는 Odysseus에게 한 Circe의 경고를 통해 자기통제의 실행에 대해 몇 가지 좋은 충고를 했다. Siren의 넋을 빼는 노래에 노출되는 불행을 막기 위해 Odysseus는 밀랍으로 선원들의 귀를 막으라는 경고를 들었다. 그리고 스스로를 통제하기 위해 선원들에게 자신을 풀어 주지 말라고 말한 후 자신의 몸을 돛대에 묶었다. "만약 내가 풀어 달라고 소리쳐도, 절대 풀어 주지 말라고 간청한다."
>
> (Kanfer, 1970, pp. 412-413)

앞서 제시한 것처럼, 자기조절은 성격과 사회심리학, 이상심리학과 심리치료, 자기실행적 건강관리(예를 들어, Bachlin, 2000), 그리고 교육과 학습처럼 다양한 사회적 상황과 수많은 인간적 문제들에 적용되어 왔다(Karoly, 1993). 임상 분야의 문헌에서는 자기조절이 자기관리로 불려 온 반면, 조직학에서는 자기리더십(self-leadership), 자기영향력, 자기관리, 자기통제, 그리고 심지어 '리더십 대행(substitutes for leadership)' 등으로 이름을 붙였다(Mills, 1983).[14] 뭐라 불렀건 상관없이, 이러한 기법의 공통적 특성은 "동일한 사람이 객체이자 주체가 되고, 행위자이자 행동의 초점이 되는 것이다."(Kanfer, 1970, p. 412) 13장의 목표설정 이론과 통제이론, 그리고 이 장의 앞부분에서 등장한 사회인지 이론에 관한 우리의 논의는 독자들에게 다음의 자기조절에 관한 설명을 매우 친숙하고도 분명하게 만들어 줄 것이다. 자기조절의 핵심은 목표를 설정하고 계획하며, 그 목표를 달성하고자 애쓰며, 달성된 목표를 수정하며, 피드백에 주의를 기울이는 등의 활동 속에서 찾을 수 있다(Kanfer, 2005; Locke & Latham, 2004). 그리고 자기효능감이 그 전체 과정에서 핵심적인 역할을 한다.

자기조절의 공식적 정의

Karoly(1993, p. 25)는 자기조절을 다음과 같이 정의했다.

14) Manz(1986)는 조직에서의 행동을 이해하기 위해 자기조절에 관한 초기의 설명들 중 하나를 제공하였다.

> 자기조절은, 내적인 그리고(또는) 교환적인 과정으로, 시간의 흐름과 환경(맥락)의 변화 속에서 개인으로 하여금 자신의 목표지향적인 행동을 안내할 수 있도록 해준다. 조절은 구체적인 작용기제와 도움이 되는 상위(meta) 기술을 의도적으로나 자동적으로 사용해 생각, 정서, 행동 또는 주의를 조정하는 것을 의미한다. 일상화된 행동이 방해받거나 목표지향성이 현저해질 때(예를 들어, 습관적 행동 방식의 실패, 도전적 상황 등) 자기조절의 과정은 활성화된다. 자기조절은 ① 목표 선택, ② 목표 인지, ③ 지향성 유지, ④ 지향성 변화나 변경, ⑤ 목표 종결[15]의 상호 관련되고 반복적인 5단계를 포함한다.

자기조절 절차는 단순히 규칙을 따르고, 만족을 지연시키며, 습관화된, 그리고 많은 경우 자신에게 나쁜 방식으로 행동하려는 충동에 저항하는 과정을 통해서 개인의 장기적 이익을 최대화하도록 구성된다(Bachlin, 2000). 이 과정에서 정서적, 행동적, 그리고 인지적 측면이 의도적으로 진행되고, 에너지, 자발성, 그리고 목적을 필요로 한다. 사실, 개인차를 다루는 학파(Muraven & Baumeister, 2000을 참고하라)는 사람들이 한정된 용량의 **자기통제력**(self-control strength)을 갖고 있고, 근육과 같은 많은 것들이 피로해지면 다시 사용할 수 있도록 휴식을 취하기 전에는 제약을 받는 것처럼 이러한 전체 에너지를 사용하면 고갈될 수 있지만 다시 충전될 수도 있다고 믿는다. 간단히 말해, 이는 비록 그러한 한계가 시간의 흐름에 따라 증가될 수도 있지만, 적어도 일정한 한계 내에서만은 사람들이 타고난 본성과 학습된 충동을 통제할 것이라 기대할 수 있음을 의미한다.

15) 문헌 속에서 같은 개념이나 과정을 나타내기 위해 다른 용어를 사용하거나, 제시된 단일 용어가 2개 이상의 개념이나 기법을 의미하는 또 다른 예시가 있다. 이런 사항이 이 책 전체에서 몇 군데에 등장한다. 조직 행동과 관리 맥락에서 Waele, Morval과 Sheitoyan(1992)과 같은 저자들은 **자기관리**라는 용어를 외적 사건이 자신의 운명을 결정하도록 허용하기보다는 계속적인 노력과 적극적인 방식으로 자신의 경력을 진일보시키려는 기회를 노릴 때 사람들이 채택하는 넓은 전략과 전술의 의미로 쓰였다. 이것이 우리가 여기서 사용한 '자기관리'라는 문구의 다른 용례다.

자기조절, 내재적 동기, 그리고 자유의지

자기조절의 목표와 핵심은 자기결정의 개념과 유사하거나 심지어 동일할 수 있다. 그 핵심 아이디어는 사람들이 자신의 행동을 통제하고, 환경에 영향을 미치며, 환경 속에서 유능해지고자 하는 자기결정에 대한 선천적인 **욕구**를 갖고 있다는 것이다. 사람들은 자기 영혼의 주인으로서 자신이라는 배의 선장이 되고자 동기화된다. Binswanger (1991, p. 154)는 그것을 이렇게 말했다.

> 조절은 에너지 소모를 필요로 하기 때문에, 자기조절은 그 개체가 자기조절의 구조를 이루는 데 필요한 에너지 원천을 갖고 있음을 의미한다. 개체의 자기조절은 행동을 시작하고 조종하기 위해 에너지를 사용함으로써 발생한다. 외적 영향력에 의해 단순히 밀고 당겨지는 존재가 동작을 조절하는 것은 확실히 아니다. 행성이 궤도를 돌 때 그 움직임은 외적으로 작용하는 총체적인 힘들의 직접적인 결과이기 때문에 여기서 자기조절은 없다.

사실, 자기조절은 자신의 행동, 환경, 그리고 운명 전반에 헤게모니를 가질 수 있도록 하기 위해 과학적으로 타당화된 목표설정과 피드백의 개념에 근거한 기법들을 모아 놓은 것 정도에 해당한다. 그것은 Deci와 동료들(Deci, 1975; Deci & Ryan, 1985)이 언급한 **내재적 동기**를 활용할 수 있도록 고안된 기법이다(Hyland, 1988도 보라). 심지어 우리는 자기조절을 인간으로 하여금 오래된 가치인 **자유의지**(free will; Karoly, 1993)를 추구할 수 있도록 해 주는 현대 행동 테크놀로지로도 볼 수 있다. 그리고 자기조절은 SCT(Bandura, 2001)의 핵심에 있는 작인의 개념에 상당히 의존한다.

자기조절 과정의 요소

자기조절에서는 목표 선정 작업이 우선적으로 이루어진다. 사실, 자기조절의 분명한 특성은 개인이 자신의 목표를 설정한다는 것이다(사람들이 설정하려는 목표를 갖고 있다거나 타인과의 공동 목표를 결정한다는 전통적인 목표설정의 관점에서 이루어진 대부분의 연구와 달리). 따라서 개인은 자신이 일정한 기간 동안 성취할 특정 목표를 선택한다. 이런 목표들은 **수행 목표**(주어진 시간 동안 많은 것들을 달성하는 것과 같은)이거나 **학습 목표**와 **숙달 목표**(새로운 기술을 습득하는 것과 같은)일 수도 있다(13장을 기억하라).

예를 들어, 신입사원이 직무에서 처음 6주 내에 자신의 고용주의 주요 고객들과 친숙해지는 것과 같은 숙달 목표를 설정하고(숙달 목표), 향후 2년 동안 그 고객들에게 물건을 판매하려는 다른 구체적인 목표를 설정할 수 있다(수행 목표).[16]

Locke와 Latham(1990a)은 자기설정 목표들이 타인으로부터 주어지거나 참여를 통해 설정한 목표들만큼(그 이상은 아닌) 효과적이라고 보고했다. 목표들의 목적이 어떤 차이를 감소시키려 의도할 때 **근거리적**(proximal)이거나 **원거리적**(distal)일 수 있다(13장에서 서술한 바와 같이). 목표는 사람들이 달성하고자 하는 기준점과 마찬가지로 활동의 특성을 규정한다. 일단 목표가 설정되고 나면,[17] 그 목표는 인간의 동기 기저에 있는 노력, 지속성, 방향성이라는 세 가지 기제를 작동시킨다(1장을 기억하라). 즉, 한 사람이 한 경로나 다른 경로를 따르기 위해 의식적인 선택을 하고, 선택 이후에는 비록 달성하려는 것이 선호하는 대상이거나 가능한 대안들 중 가장 만족스러운 것이 아닐지라도, '최적의 상태'를 달성할 때까지 목표가 개인의 노력과 끈기를 지속시킨다. 우리가 13장에서 보았던 것처럼, 만약 행동이 목표에 도달하는 데 실패를 야기한다면, 부정적인 형태의 자기평가가 이루어지고 문제해결과 추후의 차이를 감소시키려는 행동이 유발된다. 만약 초기 행동이 성공적이라면, 개인은 더 높은, 혹은 다른 목표들을 설정할 것이다. 일반적으로 사람들은 목표 성취나 실패에 대해 마치 타인의 행동을 관리하듯이 자신에게도 작은 보상이나 처벌을 제공한다.

16) 연구자들 중 Harackiewicz와 Stone(1991)은 **표적 목표**(target goal)와 **의도 목표**(purpose goal) 간 차이를 제안하였다. 표적 목표는 특정한 활동을 수행할 때 세우는 구체적인 목표다(예를 들어, 1시간 내에 셰익스피어의 시를 기억하는 것과 같다). 그러나 의도 목표는 표적 목표에 의해 표상되는 장기 목표다. 의도 목표는 더 일반적이고, 더 크며, 의미가 더 오래 지속된다. 우리의 예시에서 의도 목표는 심상 기술이나 인지적 집중 기술의 개발이 될 수 있고, 혹은 음유시인이 하는 모든 일에 대한 정신적 능력의 습득이 될 수 있다. "표적 목표는 개인의 행동 지침이고, 의도 목표는 행동의 이유를 제공한다." (Harackiewicz & Stone, 1991, p. 21)

17) 일단 목표가 확인되면, 관련된 사람은 그 목표를 받아들여야 함을 상기할 필요가 있다. 목표를 달성하고자 하는 희망을 가지려면, 사람은 그 목표에 몰입해야만 한다(Erez & Kanfer, 1983).

조직행동에서의 자기조절

비록 자기조절이 금연, 체중 감량, 약물중독 극복과 같은 다양한 임상적/행동적 문제들을 다루는 데 있어 효과적인 결과를 나타내지만, 아직 조직화된 직무 상황에서 자기조절을 적용하고 효과를 입증한 문헌이 많지는 않고, 다만 이러한 연구들이 늘어 가는 추세다(Latham & Locke, 1991).

사회학습 이론(지금은 SCT라 불리는)을 적용해 직무행동을 다룬 가장 초기의 연구들 중 Frayne과 Latham(1987), 그리고 Latham과 Frayne(1989)의 연구는 통제된 실험을 사용했다. 이 과정에서 연구자들은 20명의 주정부 근로자에게 무단결근을 감소시키려는 목적으로 자기관리 기법에 따른 훈련 프로그램을 적용했다. 프로그램은 집단으로 주당 1시간 회기의 총 8주로 구성되었고, 이어지는 8주 동안 자기관리의 핵심을 교육하는 주당 30분의 8회기가 추가로 진행되었다. 또 다른 20명으로 구성된 통제집단은 아무런 훈련도 받지 않았다.

연구 결과는 인상적이었다. 직원들은 8주 후와 3개월 경과 시점 모두에서 긍정적인 반응을 보였다. 하지만 더 중요한 부분은 이 훈련에서 가장 관심을 가진 종속변인이었던 직원의 출근에서 뚜렷한 증가를 보인 것이다. 그리고 직원의 자기효능감에서도 증가를 보였다. 다시 말해, 훈련된 직원은 일로부터 그들을 멀어지게 하는 장애물을 극복할 수 있는 자기 능력에 대한 신념에서 향상을 경험하고, 그로 인해 출근 기록이 개선된 것이다.

하지만 가장 인상적인 부분은 자기관리 개입의 효과가 시간의 흐름에도 지속적으로 유지되었다는 사실이다. 구체적으로 Latham과 Frayne은 Frayne과 Latham이 연구했던 작업장으로 돌아와 동일한 40인(훈련집단과 통제집단 각각 20명)의 직원에게서 프로그램의 효과를 관찰했다. 그 결과, 처음의 개입 프로그램 이후 6개월과 9개월이 지난 시점에서도 여전히 프로그램의 효과가 남아 있었다. 그리고 처음 통제집단에 속했던 직원들도 같은 프로그램을 경험했을 때, 마찬가지로 출근 기록에서 유사한 정적 변화가 나타났다. 이런 종류의 종단연구들이 조직학 분야에서는 흔치 않다.

자기조절이 인간의 목표 달성에 다양한 방식으로 혜택을 준다는 것이 입증되어 왔지만(간단한 검토를 위해서는 Frayne & Geringer, 2000을 보라), 직무수행 수준에 대해서는 최근까지 단지 소수의 연구들만이 긍정적인 작용을 지지해 주었다. 적어도 2개의 판매 실적을 다룬 최근 연구들이 이런 단점을 보완해 주었다. 먼저, Frayne과 Geringer(2000)는 보험 영업사원들을 통제집단과 훈련집단으로 구분하고, 이전 Frayne과 Latham(1987)이 보고한 훈련 프로그램의 개정판을 이용해 4개의 다른 준거 영역에서 측정된 판매 실적을 향상시키는 효과가 있음을 보여 주었다. 그리고 그 결과, 가설과 일관되게 자기관리 훈련이 수행을 높이는 과정을 자기효능감이 매개하는 것으로 나타났다. 그리고 더 최근에는 Porath와 Bateman(2006)이 4개의 자기조절 전략(세 가지 유형의 목표지향성과 함께)이 컴퓨터 생산과 서비스를 제공하는 다국적 기업의 가상 사무실에서 일하는 영업사원들의 판매 실적을 향상시키는 결과를 보여 주었다.

Porath와 Bateman(2006, p. 185)은 다음과 같이 추정했다. "사람들의 자기조절 능력은 가장 핵심적인 자산일 것이다." 자기조절 습관을 개발하고 연습하도록 직원들을 독려하는 것은 조직 정책과 규칙을 강요하는 명령과 통제 절차보다 우월하다는 것을 발견한 연구들이 보여 주는 것처럼, 대규모로 직원들을 훈련시킬 때 자기조절은 조직관리에서 중요한 자산일 수 있다(Tyler & Blader, 2005).

이런 주장은 다음과 같은 질문을 제기한다. 자기관리 과정은 얼마나 자연스러운가? 비록 앞서 요약했었던 Frayne과 Latham(1987)이 보고한 과제가 문제 확인, 개인적 목표설정, 피드백의 점검, 그리고 선택에 기반한 약간의 보상과 처벌의 자기집행이 사람들에게 학습될 수 있다는 것(적어도 조금은)(예를 들어, Frayne & Latham, 1987; Latham & Frayne, 1989)을 명백히 보여 줄지라도, 대다수의 사람들이 즉흥적으로 이 모든 절차들에 몰입하지는 않는다는 증거들이 있다(Brief & Hollenbeck, 1985를 참고하라). 그리고 비록 사람들이 이런 기법들을 폭넓게 활용하지 않더라도 합작 벤처사업의 관리자에 관한 연구에서 나타난 것처럼(Frayne & Geringer, 1994) 일부 기법들은 활용이 된다. 이 연구자들은 자기관리 기법을 활용하는 경영진들이 자신들의 사업에서 더 성공적이라는 사실을 발견했다. 구체적으로 그 연구자들이 일련의 질적이고 금전적인 측정치를 사용해 합작 벤처사업의 성공을 측정했다. 그 결과, 자기관리 기법의 활용이 사업에 대한 만족도(모기업의 경영진이 생각하는)와 수익성 측정치에 정적으로 유의한 상관관계를 나타냈다. 한편, 동료로부터 외면당하고 거부당하거나 배제되었다고 느낀 사람들은 자기관리 활동을 덜 하는 경향이 있다는 몇몇 예비실험 결과도 있다(Baumeister, De Wall, Ciarocco, & Twenge, 2005). 우리의 분석 전반을 다시 한 번 되짚어 보면(특히, 5장, 6장, 11장), 사람들이 기능하는 사회적 맥락은 인간의 행동에 막대한 조절 효과를 미친다고 결론을 내릴 수 있다.

자기조절과 경력관리

자기조절에 관한 두 명의 지지자는 이 기법이 오늘날과 같은 조직의 감량경영, 인수합병, 그리고 다른 형태의 작업장에서의 불안정성 증가 시점에서 특히 중요할 수 있음을 주장했다. Tsui와 Ashford(1994, pp. 93-94)는 다음과 같이 주장했다.

> 그런 상황하에서는 조직이 직무기술서, 표준 작업 절차, 그리고 안정적인 수행 평가 체계와 같은 전통적인 통제 기제를 사용하는 관리자의 행동을 통제하기에는 불가능하거나 바람직하지 않을 수 있다. …대신, 방금 기술한 것과 같은 모호하고 복잡한 상황에서 가장 필요한 절차들은 관리자 스스로가 적용하는 자기조절과 자기통제의 기법들로 보인다. 자기조절에 숙련된 관리자들은 그들 중간 관리층 환경의 복잡성과 역동적 측면에 시기적절하게 반응할 수 있다. 이런 상황에서 관리자에 의한 자기조절은 조직을 위한 다른 노력들의 대체물일 뿐만 아니라… 조직이 생존하고 번영하기 위해 반드시 필요한 것이다.

Tsui와 Ashford(1994; 그리고 Ashford & Tsui, 1991도 보라)는 그런 환경에서 관리자가 주요 이해관계자들의 기대에 관한 정보를 활발히 추구하는 것이 매우 중요함을 강조했다(Ashford & Tsui, 1991). 이것은 까다로운 작업일 수 있다. 관리자들은 자신의 수행을 평가할 구체적인 기준을 설정해야만 하고, 피드백으로부터 가용한 많은 단서들을 어떻게 구분할지에 관해 배워야만 하며, 그런 단서들을 정확히 해석해야만 한다. 이 절차들은 사실 매우 미묘하다. 부가적으로, Tsui와 Ashford(1994)는 (일부 미리 결정되어 있던 프로그램이나 기존의 우선순위에 집착하기보다는) 관리자는 어떤 경우에서건 자신에게 주어진 다양한 역할과 기대들을 평가하기 위해 기술을 개발하는 것이 가장 중요하다고 주장했다. 그리고 낮은 자기효능감을 가진 관리자(6장을 보라)는 자신의 수행에 대해 부정적인 피드백을 피하고 긍정적인 피드백을 추구하는 반면, 강한 자기효능감을 가진 관리자들은 활발한 피드백 추구 행위(자신의 행동과 수행에 관련된)에 몰입한다고 주장했다.

Tsui와 Ashford(1994)가 제안한 모형은 많은 흥미로운 가설들을 양산했다. Northcraft와 Ashford(1990)는 실험을 통해 낮은 수행 기대나 낮은 자존감을 가진 사람들은 낮은 피드백 추구 행동을 한다는 것을 보여 주었다. "피드백이 부정적일 것이라고 믿는다면, 특히 그것을 타인이 들을 것이라고 생각한다면, 사람들은 질문을 포기한다." (p. 58)

자기관리의 3단계 과정

비록 일부 초기 이론가들(예를 들어, Kanfer, 1971)이 자기관리가 자신의 행동을 스스로 점검하고, 그 행동을 평가하며, 보상과 처벌을 스스로 집행하는 단순한 3단계 과정이라고 이야기했지만, Ashford, Tsui, Northcraf와 다른 연구자들은 이러한 다양한 단계들, 특히 피드백을 점검하고 평가하는 과정이 얼마나 미묘하고 어려울 수 있는지를 상세히 기술했다. 이러한 미묘함과 난해함은 이런 실행들이 세심한 노력 없이는 폭넓게 활용될 수 없다는 Brief와 Hollenbeck(1985)의 발견을 이해하는 데 도움을 준다.

감정의 자기조절

4장에서 우리는 사람들이 자신의 감정을 조절하거나 통제하는 능력에 대한 개념을 살펴보았다. 그리고 8장에서 우리는 분노와 같은 특정한 정서들 간의 관계에 대해 특히 주의를 기울이고, 좌절을 경험할 때 분노를 통제하는 것이 가능한지 또는 사람들의 안녕감에 긍정적인지에 대해 다루었다. 이런 논의로부터 우리는 감정지능이라는 개념을 만나게 되는데, 이를 통해 자신의 정서에 대한 통제력을 유지하고, 타인의 정서를 읽어 이에 적절히 반응하는 능력에 대해 사람들이 알고 있는 일반적인 가치를 생각해 볼 수 있다.

감정지능

4장에서 보았듯이, **감정지능** 개념은 Salovey와 Mayer(1990)에 의해 처음 등장했고, 몇 년 후 Goleman(1995)의 책에서 같은 이름으로 등장해 인기를 얻었다.

> 자신과 타인의 정서에 대한 정확한 평가와 표현에, 그리고 자신의 삶에서 동기화, 계획, 성취를 위한 정서의 사용에 작용할 것이라 기대되는 일련의 기술을 감정지능이라고 한다. 감정지능의 개념적 틀은 사람들의 감정적 삶 전반에 효과적인 통제력을 발휘할 수 있는 능력에 개인차가 존재할 것이라고 제안한다.
>
> (Salovey, Hsee, & Mayer, 1993, p. 258)

개인이 자신의 감정을 조절하는 능력은 자신과 타인의 감정 표현이 제공하는 정보를 해석하는 능력에 달려 있다. 이와 관련된 예제로 '표정'을 짓는 것이 인용된 적이 있다. 어떤 사람들은 얼굴 표정에 세밀하게 드러나는 무례하거나 도발적인 의미를 이해하는 능력이 타인에 비해 뛰어나다(Salovey et al., 1993, p. 260). 마찬가지로, 어떤 성인들은 자신의 느낌을 말로 표현하는 데도 한계가 있지만, 아이이면서도 사람들의 공통적인 감정을 나타내는 수백 개의 단어를 만들어 내고, 자신의 감정적 표현을 조절할 수 있는 방식에 관해 생각하는 데 유능한 모습을 보여 준다.[18] 그리고 사람들은 문제해결을 위해 자신의 감정을 활용하는 능력에 있어서도 다른 사람들과 차이를 보인다. 예를 들어, 기분에서의 변화는 문제에 대해 개방적인 사고를 하게 하거나 새로운 대안을 제시하도록 해 준다. 행복한 감정 상태는 창의적이고 귀납적인 추론 방식을 활성화시키고, 상황이 힘들어져도 오랫동안 견뎌 내도록 해 준다. 반대로, 슬픈 상태는 연역적인 추론 과제를 다룰 때 가장 효과적이다(Salovey et al., 1993을 보라). 그리고 자신의 감정 상태를 조절할 수 있는 능력을 가진 사람은 현대의 많은 업무들을 수행하는 데 있어 뛰어난 모습을 보인다. 그렇다면 이런 능력은 어떻게 획득할 수 있을까? 우리가 3장에서 살펴본 것처럼, 만족과 정서의 심리학으로부터의 단서를 얻을 수 있다(Salovey et al., 1993).

단순한 쾌락주의는 자신이 좋아하는 것들을 더 많이 가질수록 더 행복해진다고 말한다. 이런 단순한 가설은 바라는 결과물을 소유하는 것에 대해, 우리가 그런 결과물을 받는 속도와 우리의 기본적인 경험 수준에서 이 결과물들이 의미하는 변화 두 가

18) Salovey, Hsee와 Mayer(1993)는 감정지능이 다른 사람의 감정을 인지하거나 영향을 미치거나, 또는 조절하는 능력을 포함한다는 것을 상기시켜 주었다. 여기서는 우리의 초점을 자신의 감정을 이해하고 통제하는 데만 한정시킬 것이다.

지 모두가 우리의 만족과 즐거움을 결정하는 데 있어 매우 중요하다는 것을 보여 준 일련의 연구들을 통해 정교화되었다(Salovey et al., 1993). 다시 말해, 우리는 특정한 순간에 우리가 가진 결과물의 수준을 과거에 가졌던 수준과 비교한다. 좋은 것에 긍정적인 요소가 더해지면 기쁨을 느끼지만, 이로 인한 새로운 환경에의 적응은 이후 기쁨의 수준을 떨어뜨린다. 즉, 갑자기 급여가 10% 인상된 직원은 처음엔 황홀함을 느끼지만, 1개월이 경과하면 새로운 급여 수준에 적응해 버려서 기쁨의 수준이 하락한다(Layard, 2005를 참고하라).

속 도

마찬가지로, 급여 삭감과 같이 우리에게 가치 있는 대상을 잃으면, 처음 느끼는 분노가 시간이 지나면서 감소하게 된다. 거기까진 좋다. 사람들이 새로운 환경에 적응하는 데 걸리는 시간은 개인차가 있다. 그리고 상황이 더 빨리 개선될수록, 우리의 만족감은 커지고 기분은 더 행복해진다. 만약 급여가 빠르게 상승하면 느린 경우보다 더 큰 행복을 가져오게 된다. 자신이 소유한 부동산의 가격이 만 달러 상승하는 데 일 년이 걸린 사람은 2년이 걸린 사람보다 더 행복할 것이다(Salovey et al., 1993). 따라서 기저 수준 대비 긍정적인 변화가 가져오는 행복은 그 속도에도 영향을 받게 된다(Salovey et al., 1993). 연구자들은 이런 현상을 변화의 **속도(velocity)**라고 지칭한다.

또한 빠른 변화 속도에 더해, 사람들은 **속도가 부적인 방향에서 정적인 방향으로 변화할** 때 더 큰 만족을 느낀다. 즉, 원하는 가치가 처음에는 감소하다가 이후 증가하면 사람들이 대부분 행복해하고, 속도 변화가 정적이다가 부적으로 변하면, 즉 처음에는 증가하다가 나중에 감소하면 대부분 불행하다고 느낀다(Salovey et al., 1993). 우리는 가장 좋아하는 스포츠 팀이 경기 초반에 부진하다가 이후 열정적으로 동점을 획득하고, 경기 후반에는 승리의 골을 넣어 역전하는 모습을 지켜보면 큰 행복을 느끼게 된다. 반대로, 같은 팀이 경기 초반의 리드를 유지하지 못하고 이후 경기에서 패배하면 가장 안타깝게 느낀다. 본 저자와 같은 Minnesota Vikings와 Vancouver Canucks의 팬들은 우리가 무엇을 이야기하는지 알 것이다![19] Salovey와 동료는 다음과 같이 결론지었

19) 1차 도함수와 2차 도함수와 같이 수학적 측면에서 속도와 속도의 증가라는 개념을 생각하는 것은 매력적이다. 신쾌락주의의 가설에 따르면, 개인이 바라는 성과 획득 수준을 나타내는 만족도 곡선의 속도 및 속도 증

다. "이러한 감정역동적(emodynamic) 관점은 우리가 시간에 따라 성과가 누적되는 패턴, 즉 속도와 속도의 변화에 유난히 민감하다는 것을 의미한다." (1993, p. 269)

요약하자면, 만족은 개인적인 성과 수준으로부터뿐만 아니라, 수준의 긍정적 변화와 긍정적 변화 속도의 증가로부터도 발생한다. 감정의 자기관리에 대해 이런 원칙이 의미하는 바는 명확하다. 우리가 삶에서 만나는 사건들(그리고 이 책의 목적에 따라 우리의 직무 경험)의 순서를 배열하는 것이 중요하다는 것이다.

사건의 순서 배열

구체적으로 말해, 만약 개인이 사건과 활동을 순차적으로 배열할 수 있다면, 그래서 만족의 수준을 증가시키고 불행과 불만을 최소화하는 순서를 찾아낼 수 있다면, 개인이 어느 정도는 자신의 감정 상태를 조절할 수도 있을 것이다. 단순한 예제를 떠올려 보자. 당신은 가장 좋아하는 립아이 스테이크(rip eye steak)로 주의를 돌리기 전에 먼저 브루셀 스프라우트(양배추의 일종으로 아주 작다)를 먹고 있다. 그리고 그날 직장에서 했던 업무를 떠올려 본다. 먼저, 따분하고 불쾌했던 일들을 머릿속에 떠올려 보고 다음으로 즐거웠던 일들을 떠올리려 노력해 본다. 다음으로 생일날 받고 싶은 선물을 기대되는 순서대로 해서 마지막에 가장 원하는 선물을 떠올려 본다. 이 장의 전반부에서 프리맥 원리에 대해 논의했었다. 이는 사람들에게 지루하고 가장 덜 강화를 주는 과업을 먼저하고, 마지막에서야 가장 강화를 불러오는 과업을 하도록 해서 좋은 것을 마지막까지 아껴 두는 형태의 과업 진행 순서를 다루는 원리다. 마지막 조언은 가능한 한 타인과 협력하고 도우라는 것이다. 일반적으로 타인을 돕는 것이 즐거움의 원천이라는 증거가 있다(Salovey et al., 1993).[20] 요약하자면, 자신에게 노출되는 사건의 순서에 관해 생각함으로써 우리는 적어도 적정한 수준에서 자신의 정서와 정서의 표현을 관리할 수 있다.

가가 둘 다 긍정적일 때 만족이 가장 크며, 반대로 두 개념이 모두 부적일 때 만족도는 가장 낮다. 속도의 개념은 Hsee와 Abelson(1991)이 예일 대학교의 학부생들을 대상으로 한 실험에서 성공적으로 검증되었다.

20) 즉, 일련의 실험을 통해 사람들이 성급하게 즐거움을 최대한 빨리 느끼는 내림차순의 방식으로 행동하기보다는 기대되는 즐거움이 뒤로 갈수록 상승하는 오름차순의 형태로 선물을 개봉하는 것을 선호한다는 것을 발견했다(이 연구들의 요약이 있는 Salovey et al., 1993을 보라).

자기조절의 과학적 지위

여러 번 살펴본 것처럼, 자기조절의 표준 기법들은 꽤 잘 정립되어 있다. 자기조절은 자신의 생각, 정서, 그리고 행동을 세심하게 통제함으로써 삶을 개선하는 데 도움을 주는 행동적 기술이다. 우리가 2장에서 살펴본 것처럼, 자기조절은 준거 관련 타당도가 입증되었지만, 최근 왜 자기조절이 효과가 있는지에 관해 알려진 바가 별로 없다는 일부 우려가 표명된 바 있다. 즉, 이는 자기조절 개입의 구성타당도에 관해 잘 알려진 바가 없다는 의미로 볼 수 있다(R. Kanfer, 2005; Vancouver & Day, 2005를 참고하라). 직무동기 분야의 권위자인 Ruth Kanfer(2005)는 목표설정 진영과 통제이론 진영 간에 어떤 사람들이 인지부조화를 증가나 감소시키려 동기화되는지, 그리고 자기효능감이 이 과정에서 어떤 역할을 하는지에 관한 기제로 논란이 계속되는 것을 목격했다. 이 문제에 대한 해답은 통제이론의 유형만큼이나 다양하다(Vancouver & Day, 2005). 목표설정과 사회인지 모형들은 자기조절 과정의 다른 측면들을 이해하는 데 도움을 주고(Kanfer, 2005; Vancouver & Day, 2005), Kanfer(2005, p. 188)가 언급한 바처럼, 그 이론들은 "다른 점보다는 같은 점이 더 많다." 요약하자면, 자기조절 기제에 관해 설명하려는 모든 이론들은 그 기제가 다차원적이고 매우 복잡하기 때문에 과학적으로 한 이론에 근거해서 다른 이론에 적절히, 그리고 직접적으로 흠집을 내는 것은 불가능해 보인다. 다시 Kanfer(2005, p. 188)를 인용하면, "이런 측면에서는, 산업 및 조직심리학 분야의 이론 개발이 정체되어 있다."

4부의 전체 결론

이 장에서 등장한 직무동기에 관한 이론과 기법은 이 책의 전반부에 제시되었던 것들과는 다른 인간 기능에 관한 모형에서 기원했음을 알아보았다. 2부가 욕구 기반 모형을, 3부가 인지 모형을 살펴보았다면(13장을 통해), SCT와 자기관리의 일부 측면의 기원은 인간 기능의 학습 모형을 근거로 하고 있다. 이 장에서는 과학 분야에서 이론과 패러다임이 변화하는 양상을 기술하는 데 유익한 역사적 접근법을 사용했다(2장을 기억하라). 행동주의는 그리 멀지 않은 과거에 현대 심리학에서 우세한 학파였다

(Bandura, 2001을 참고하라). 비록 오늘날 행동주의의 대부분이 쇠퇴했지만, 완전히 사라지지는 않고 핵심 원리들은 특히 왜 특정 기법(예를 들어, 자기조절과 같은)이 효과가 있는지에 대해 큰 관심이 없는 실무자들을 위한 응용 장면에 여전히 유용하게 남아 있다.

예를 들어, 우리는 행동이 적어도 부분적으로는 그 행동의 결과에 의해 결정되고, 생물학적인 한계에 의해 제약된다는 사실을 인정한다. 행동의 선행요인들 역시 맥락이 지극히 중요하다는 사실을 인정하는 데 기여한다. 그리고 학습과 관련한 현상이 동기를 이해하는 데 크게 기여했다는 사실을 빼놓을 수 없다. 따라서 행동주의 관점이 사라져서 다행이라는 결론은 멍청한 생각일 것이다. 행동주의는 쇠퇴했을지 몰라도 사멸한 것은 아니다. 그럼에도 불구하고, 자기실현, 기대, 자기효능감, 그리고 경력에서의 자부심과 같은 수많은 블랙박스가 과학적으로 조작하거나 측정하기 어려울지라도, 인간의 동기, 특히 직무동기를 이해하는 데 있어 지극히 중요하다는 사실은 여전히 변함이 없다. 하지만 과학의 역사(Kuhn, 1970을 참고하라)는 우리에게 세상의 관점은 변하고 낡은 것들은 다시 돌아온다는 것을 듣고 싶도록 만든다. 마치 던컨의 유령처럼(셰익스피어의 『멕베스』에 등장하는 왕으로 멕베스에 의해 살해당한 후 유령으로 나타나 끊임없이 괴롭힌다–역주).

마지막 한마디: 상식에 근거해서

본 저자에게는 이 책에서 논의한 인간 행동에 관한 그 어떤 이론도 특히 *American Psychologist*에서 Bandura(2001)가 집필한 글에 드러난 SCT를 통한 설명보다 명확하지 않다. 인간이 자신의 행동을 결정하고 대부분의 환경 상황을 만들 때 SCT가 인간에게 귀속시키는 적극적 역할—작인—은 본 저자로 하여금 심리학과 다른 사회과학 분야들이 SCT에 의해 기술된 인간 기능에 관한 작인 모형을 받아들이는 데 그렇게 오래 걸렸다는 사실을 너무도 모순되게 느껴지도록 한다. 비록 SCT가 이 책에서 논의된 많은 다른 모형과 이론들에 일치하지 않는 점이 많지만, 자기결정성, 자기효능감, 사전 숙고, 의식, 그리고 자기인식에 특히 강조를 둔 점만으로도 다른 모형들보다 우월하다고 할 수 있다. 직무동기를 다룬 최근 30년간의 연구와 이론들에 관한 Latham과 Pinder(2005)의 검토와 일관되게, 본 저자는 SCT가 현재로서 가장 똑똑한 모형이라고 믿는다. SCT의 다양한 구성 요소들은 다른 접근법들과의 추가적인 조화와 SCT 스스로의 노력을 통해 빠르고 지속적으로 개선되어 나갈 것이다. 그러는 동안 SCT는 상식의 숨은 가치와 과학적이고 철학적인 법칙성[21]을 다루는 인간 행동에 관한 이론에 관심을 가진 근로자, 관리자, 교사, 행정가, 소설가, 그리고 대부분의 다른 직업에 종사하는 사람들로부터 세심한 주의와 막대한 존중을 받을 것이다.

21) 그럼에도 불구하고, Kanfer(2005), Vancouver와 Day(2005)는 우려를 표명했다(다양한 분야의 사람들 또한 관심을 가질 것이라고 생각한다).

5부

조 | 직 | 의 | 직 | 무 | 동 | 기

요약과 평가

15장

이윤, 노예, 그리고 미래의 스트로베리 농장을 위한 희망

체계 분석을 위한 공간적 및 시간적 경계는
상당히 상호의존적이다.
_ Daniel Katz & Robert Kahn

멍청이가 아닌 다음에야 모든 사람들은
하층민들이 가난에서 벗어날 수 없거나
결코 부지런해지지 않을 거라는 것을 안다.
_ Arthur Young

이 글을 썼던 시점에서, 세계적인 미디어에서 다음과 같은 이야기들을 다루었다고 *People's Daily Online*[1]이 인터넷에 게재하였다.

> 중국 공안은 광범위한 단속 과정에서 벽돌 공장에서 '노예'와 같은 노동을 강요받던 248명을 구출하였다.

> 하남성 중부의 공안은 29명의 아동을 포함하여 217명을 구출하였고, 35,000명 이상의 공안이 그 지역에 있는 7,000개의 공장을 점검하여 단속 4일 후 120명의 용의자들을 체포하였다.

> 신장 지역에서… 공안은 20개의 벽돌 공장을 덮쳐서… 16명의 아동을 포함한

1) 2007년 6월 15일; Eimer, 2007, Ying, 2007도 보라.

23명을 구출하였다.

노동자들은 인신매매자들의 꼬임에 빠지거나 유괴되어 벽돌 공장에 팔려 갔다. 도착 직후, 그들은 매 맞고, 굶주리고, 대가 없는 노동을 강요받았다.

보도에 따르면, 400명의 하남성 아버지들은 벽돌 공장에 팔려 갔다고 의심되는 잃어버린 아들들을 추적하여 산시성에 있는 먼 산까지 갔다.

하남성에서 수백 명의 아동이 유괴되어 산시성의 벽돌 공장에서 노동을 강요받고 있다는 뉴스 보도 이후 석탄 광산, 벽돌 공장, 민간 계약업자와 소규모 사업체가 단속되었다.

직무동기 이론과 연구의 초점

앞의 것들은 2007년 인간의 작업 조건의 일부다. 그것은 세계적 차원에서 고려되는 작업 조건과 상당히 관련되어 있다. 반면, 우리 서구인들은 상대적으로 편안해서 직무동기 이론가들의 대부분의 노력은 매개변인, 조절변인 및 경계 조건을 찾고 검증하는 데 초점을 두고 있다. 이런 활동의 대부분은 서구의 직업 세계에서 직무동기를 좀 더 정교하게 이해하는 데 초점을 두는 반면, 세계의 나머지 많은 사람들은 중국의 벽돌 공장의 경우처럼 끔찍한 환경에서 살면서 죽도록 일하고 있다.

오래전, 작고한 Peter Frost(1980)가 관찰한 것은 (일반적으로) 조직과학에 주의를 기울이고 있는 것의 상당 부분은 소규모 엘리트 (서구) 관리자와 전문가였다는 것이다. 본 저자의 생각으로는 Frost의 지적이 좁게는 직무동기에 관한 이론과 연구에도 해당한다. 풍요로운 사회의 하층 근로자들을 대상으로 더 많은 연구가 이루어지기는 했지만, Frost의 핵심적인 생각은 이전보다 더 중요해졌다. 이 책의 이전 판에서, 본 저자(Pinder, 1998)는 Frost(1980)의 지적을 다음과 같이 인용하였다.

(합법적이든 불법적이든) 이주노동자의 조직 내 현실을 생각해 보라. 그들은 오

> 래전부터 이루어진 직무동기 이론에서 사실상 전혀 주목받지 못했다. 마찬가지로, 우리들은 만성적인 실업자 또는 만성적으로 불완전 고용 상태에 있는 사람들의 직무동기에 대해서도 거의 아는 바가 없다. 계절적 근로자(예를 들어, 농부와 어부)의 일에 관한 동기와 태도에 대해 무엇을 배웠는가?
>
> (Pinder, 1998, p. 473)

스트로베리 농장에 필요한 근로자

본 저자는 그 지적이 지속적으로 현실에 나타나고 가치를 유지한다는 것을 2006년과 2007년 밴쿠버 섬(Vancouver Island: 브리티시컬럼비아 주의 주도인 빅토리아의 북쪽)에 있는 사니치 만(Saanich Peninsula)에서 경험하게 되었다. 스트로베리를 재배하는 농장의 소유주들은 판매해서 이윤을 남길 만한 시점에서 시장에 계절 과일을 가져갈 수 있도록 그것을 수확할 노동자들을 불러 모으는 데 어려운 시기를 겪고 있었다. 그 이전 달의 날씨는 특히 좋았고, 꿀벌은 자기 일을 놀랍도록 잘 해내고 있었고, 그래서 2006년과 2007년 6월의 농작물은 풍작이었고 스트로베리는 특히 소비자들에게 인기가 좋았다. 그 과일을 한정된 시기에 수확하고, 선적하고, 팔아야 했다. 그렇지 않으면, 제값을 받지 못했다. 스트로베리를 먹고 누렸을 만한 마케팅 지역 내의 사람들이 가질 식료품 값과 영양 손실은 둘째치더라도, 농작물의 풍년과 출하에 따라 이익이나 손실을 볼 농장주와 지역 상인의 현금 흐름이 위태로웠다. 농업은 지역 경제의 주요 요소이고, 그래서 해당 지역의 경제는 농업 지역의 이윤의 크기에 따라 이익 또는 손해를 본다. 2006년과 2007년의 여름에, 농업 공동체와 지역 경제의 큰 문제는 스트로베리 수확이었다. 간단히 말해, 스트로베리가 망가지기 전에 시장에 가져갈 시점에 스트로베리를 수확하기에는 지역 노동시장에 일손이 너무 적었다.

그 사이에, 캐나다 서부 지역 경제의 모든 또는 대부분의 영역에 영향을 주는 지속적인 노동력 부족 현상이 있었다. 패스트푸드 레스토랑, 커피숍 및 많은 다른 소규모 사업체는 최저임금 또는 거의 최저임금으로 일할 노동력(나이가 많든 적든) 부족을 호소하고 있었다. 사니치 만의 대부분의 소유주/농장주들은 농작물과 농장주들의 이익을 구해 줄 수 있도록 시간당 최저임금을 살짝 넘는 수준에서 스트로베리를 수확하는 일을 시키기 위해 빅토리아 핵심 지역에 있는 '노숙자'들을 모집하는 프로그램을 시작했다. 또 다른 모집 조건으로, 농장주들은 근로자들에게 오래된 이동식 주택과 트레일러의 형태로 주거를 제공하였다. 작업은 이루어져야 했고, 노동자들을 끌어와서 머물 수 있도록 하기는 해야 했고, 그래서 그러한 방법이 동원되었다.

동시에, 브리티시컬럼비아의 다른 지역에서, 남아시아 출신의 이주 농장노동자들의 고령화와 은퇴 속도는 (밴쿠버 외곽에 있는) 브리티시컬럼비아의 로어메인랜드(Lower Mainland) 지역의 농장주들을 걱정시킬 수준이었다. 이들 고강도의 저학력 노동자들의 자녀들은 그들의 부모보다 브리티시컬럼비아의 비 오고 진흙투성이의 농장에서 고되게 일하는 것을 원치 않았다. 그것은 직무동기에 관한 것이고, 브리티시컬럼비아의 저임금 노동자의 문제는 생존을 위해 저급한 일거리를 찾는 기아선상의 인간이 갖는 문제의 축소판일 뿐이었다. 부유한 서구 국가들에는 일거리를 찾는, 때로는 최저임금 선에서, 일거리를 찾고 보장받는 데 그들의 존엄성을 잃지 않고 생명을 걸 만큼 위험하지만 않다면, 때로는 그들의 몸이라도 파는 수백만의 불법 이민자들이 있다. 북아프리카 출신의 이민자들은 인간 밀수업자들의 이익을 위해 매우 위험한 이주 절차를 통해 스페인으로 흘러 들어가고 있으며, 그들은 더 높은 삶의 표준을 보장할 것이라는 헛된 희망을 갖고 유럽으로 가며, 스페인의 경우 사회적 안전과 유급 일자리가 있을 것이라 기대한다.

어려운 조건에서 고되고 더러운 노동

본 저자는 서부 캐나다인들의 식탁에 올라갈 채소를 심고, 키우고, 수확하는 허리 부러질 듯한 노동을 하는 이주노동자들이 있는 끝없이 펼쳐진 농장을 차를 몰고 지나갔었다. 지급되는 임금은 하찮았다. 작업 조건은 열악하였다. 태양과 비는 근로자들의 노력에 또 하나의 고통을 더하였다. 이 사람들은 많은 경우 가족들을 데려와서 자신들보다 더 나은 삶을 찾을 수 있을 것이라는 희망을 갖고 생존을 위해 일하고 있다.

노예 상태는 세계적으로 확산되고 있다

앞에서 우리는 중국의 노예 상태를 언급했다. 무서운 사실은 이 문제가 중국에 국한되어 있지 않다는 것이다. 그것은 세계적 두통거리다. 국제노동기구의 최근 보고(King, 2007에 인용됨)는 과거 어느 때보다 오늘날 노예 상태에서 살아가는 사람들이 더 많다고 주장한다—최저 1,230만 명. 현대에 노예들이 수행하는 일의 유형은 400년 전 재산으로 다루어졌던 때의 그것과 약간 다르지만, 요점은 그들의 궁극적인 조건은 같다는 것이다. "그들은 그들의 조건을 선택하지 않았고 그것으로부터 나갈 수도 없다." (King, 2007, p. 64) 인간 밀수 수송량은 조직화된 범죄에서 가장 빠르게 성장하는 영역 중 하나이며, 연간 수십억 달러의 가치를 갖고 있다. 과거에서처럼, 대부분의 사람들은 노예의 존재를 인식하지 못하거나 단지 눈감고 있다. 공급망의 하청업체, 의류 제조업체, 농업노동, 가사서비스, 낙타 기수, 광부뿐 아니라 점차 성매매에 이르기까지 사실상 모든 대륙의 수많은 산업에서 모든 연령대의 사람들이 매매되고 있다 (Joseph Rowntree Foundation, 2007). Kapstein(2006)은 하나의 제도로서 노예제에 따른 명백한 도덕적 문제는 차치하더라도 그것은 심각한 경제적 시사점을 가지고 있다고 지적하는데, "인신매매에 개입하는 사람들은 세계의 부패한 관리들과 밀접히 결탁함으로써 세계 경제 전반을 더욱 깊이 범죄화하하고 있다." (p. 104)는 것이다.

누구에게 이익인가

조직행동이라는 학문 영역이 시작된 이후 그 연구와 이론의 궁극적 목적은 기업의 이익이었다. 사회과학자들[2)]에 대한 초기 경고에서, Loren Baritz(1960)는 다음과 같이 사회학자인 Thorstein Veblen(1904)을 인용하였다.

> 그것은 기업 원리에 의해 무엇이 달성되어야 하는가에 대한 질문이 아니라, 진행되는 과정이 무엇인가에 대한 질문이다. 재량은 기업인에게 달려 있는 것이지 도덕주의자들에게 있는 것이 아니며, 기업인들의 재량은 기업의 긴급성에 달려 있다. 기업인들조차 인본주의적 동기에 반응해서 기업 원리를 아무렇게나 대할 수는 없다. 따라서 전반적으로 이윤 동기 위에서 문화적 성장을 위해 기업인에게 기대할 수 있는 것이 무엇인가에 관한 질문이 남게 된다.

Veblen(1904)의 통찰 이후 100년 이상이 지났다. 기업의 이익이 대부분의 조직행동

2) 지금은 조직행동 학자들에 해당한다.

과학자들의 노력에 자금을 대고 방향을 지시한다. 그 과정에서, 우리는 Baritz(1960)가 반세기 전 우리에게 확인시켜 준 '권력의 하인'이 되었고 여전히 그렇게 남아 있다. 이미 언급한 것처럼, 지난 60년 이상 서구에서 직무동기에 관한 과학적 흥미의 대부분은 특정 인종 중심이었고, 표집 절차에서 편향이 있었고, 범위의 제한이 있었으며, 따라서 외적 타당도에 제한이 있었다. 더구나 최근 사회과학자들의 많은 노력이 범위상 국제화되어 가고 있다고는 하지만 그것은 우리가 연구하고 이해하고자 하는 사람들의 복지에 대한 관심이라기보다는 도구적 동기 때문이었다. 세계적 차원에서 인간의 직무동기를 연구하는 것은 세 가지 목적, 즉 ① 그 자체를 위해, ② 인본주의적 목적을 위해, ③ 기업의 이윤을 위해서라고 할 만한 때가 되었다. 우리가 연구실로 세계적으로 다양한 인간의 삶의 경험을 가지고 올 때, 과학적 측면에서 우리는 흥미를 두는 주요 변인들의 다양성을 증가시킬 것이고, 단지 지역적으로 한정된 우리 자신의 부유한 경제체제에 대해서보다는 전반적으로 우리 종에 대해 좀 더 많은 것을 배울 것이다. 그 과정에서, 우리는 세계 평화와 경제적 안정이라는 인본주의적 목적을 동시에 생성하고 촉진할 기회를 만들 수 있을 것이다. 스칸디나비아 국가들은 생산성, 혁신 및 사회복지가 공존하여 번영할 수 있는 세계를 보여 주었다.

미국의 경우

미국의 작가인 Brink Lindsey(2007)는 베스트셀러인 *The age of abundance*에서 미합중국이 상대적인 '필요'와 '자유'의 기간을 통해 건국 이후 어떻게 진화했는지에 관한 이야기를 하고 있다. Lindsey(2007)에게, 필요의 시기는 사람들이 단지 생존을 위해 요구되는 어떠한 것이든 하는 시기였다. 많은 혼란과 역경을 통해 일단 만들어진 미국 사회는 최소한 대부분의 시민들을 위해 상대적인 자유의 시기로 나아갈 나름의 방법을 움켜쥐었고, 그 시점에서 생존은 대부분의 시민들에 의해 당연하게 여겨지게 되었다. 대부분의 백인들의 관심사는 높은 생활양식, 교육과 건강, '성장 경험' 달성, 위대한 아메리칸 드림과 함께 번창하기와 같은 고상한 목적으로 돌려졌다.

거시 수준에서 긴 역사적 안목을 채택한 Lindsey(2007)의 이야기와 사건은 Abraham Maslow(1943; 3장을 보라)가 제안한 욕구 위계의 개념에 대한 많은 타당성을 제시한다. Lindsey가 인정한 것처럼, Maslow의 이론은 일반적으로 모든 부족, 국가 및 인간의 경제적 및 사회적 발달에 대한 이론이라기보다는 개인에게 작용하는 동기적 힘의 서술에 초점을 두고 있다. 그럼에도 불구하고, 세계적 차원에서 인간의 동기에 대한 이해 그 자체를 위해, 다음 끼니로 무엇을 먹을지, 가지고 갈 물을 어디에서 찾을 수 있을지, 군벌의 약탈에서 자신의 아이들과 자신을 어떻게 보호할 수 있는지가 주요 관심사인 사람들을 도와주기 위해, 조직학자로서 우리들은 우리의 시간과 자원을 가치와 동기 구조에서 국가 간 차이를 밝히는 데 초점을 둘 때다.

진지하게 생각해 보면, 그런 접근—개인 수준보다 집합적 수준에서 고려되는 것—은 Maslow(1934)의 위계에 대한 타당화를 제시할 것이다. 우리 서구인들은 우리가 글로벌 공동체에 살고 있다는 립서비스를 제공하는 데에 빠르고, 사회과학자들은 비교문화적 문제를 연구하는 데도 빠르다. 그러나 그 목적은 무엇인가? 넓게 보면 조직행동, 좁게 보면 직무동기 이론에 대한 서구 사회과학의 목적은 무엇인가? 우리는 지식 그 자체를 위해 문화 간 차이를 연구하는가? 아니면 피라미드의 꼭대기(bottom of the pyramid: BOP)에 있는 사람들이 좀 더 성공적으로(여기서 '성공적'이라 함은 이윤이라는 서구인들의 관심을 뜻한다) 기업을 운영하기 위한 근거를 제공하기 위해 그런 연구를 하는가? 아니면 그들의 삶을 개선하기 위해 우리만큼 운이 좋은 것은 아닌 사람들을 도와주기 위해 문화 간 및 국가 간 차이를 연구하는가? 서구의 사회과학자와 동기이론가들, 특히 거의 반세기 전 Baritz(1960)가 권력의 하인의 후예라고 비난한 국제 비즈니스, 응용인류학 및 비교문화 심리학 연구자들은 어느 정도나 이 문제를 연구하는가?

Walter Nord 교수의 초기 논문들(1974, 1977)은 과학적 활동의 범위에서 세계화에 대해 진지한 조직행동 과학자들에게 흥미를 줄 것이다. 이 논문들에서 Nord 교수는 서구 사회와 경제체계의 기본 가정 중 몇 가지에 대해 이의를 제기했는데, 그것들은 근로자들의 복지, 직무만족의 본질, 그리고 자본주의 체계에서 사람들이 조직을 생산적이고 인본주의적으로 만들 수 있는 세상에 도달할 수 있는지 여부 등에 대한 것들이다(Meltzer & Nord, 1981을 참고하라). 그가 이러한 것들에 대해 썼을 때 그의 생각은 급진적이었고 오늘날에도 정치적으로 의혹을 살 수 있다.

시스템적 · 세계적 관점

반세기 전, Allport(1954, 1962)는 우리 인간이라는 종에 관하여 시스템 개념의 중요성은 모든 것에 해당하며, 삶의 시스템은 위계적으로 포개어지고 상호 관련된 인간 활동의 네트워크와 하위 네트워크의 우주로 구성되어 있다는 점을 지적하였다(Katz & Kahn, 1966; Miller, 1978을 보라). 시스템적 사고는 우리로 하여금 사고의 지평을 넓혀 주며, 우리가 신경 쓰는 문제와 사람들의 범위에 더 많은 것을 내포하게 해 준다(Miller, 1978). 직무동기의 맥락에서 통제이론(Klein, 1989; 13장을 보라)의 경우만큼 Bandura (1986)의 사회인지 이론(13장을 상기하라)에서 이러한 정신을 볼 수 있다. 또 다른 예는 직무설계에 대한 향후 연구를 안내하는 Parker와 동료들(Parker et al., 2001; 10장을 보라)의 대규모 총체적 모형에서 발견된다. 인간의 직무동기에 대한 전반적 관심은 국가 및 사회경제적 경계를 넘나드는 영향력을 갖는 여러 사건들의 상호 관련성을 포괄하는 좀 더 거시적 수준의 사고를 요구한다. 더구나, 우리가 알고 있는 것은 사회과학은 자본을 소유한 소수의 사람들을 위해서라기보다 모든 사람들을 위한 경제적 및 사회복지적 목적의 **동시적** 발전을 가져오는 데 더 많은 가치를 제공한다는 것이다.

요약하자면, 거의 40년 가까이 사회과학과 조직행동을 연구한 학자로서 본 저자는 두 가지 기본적인(그러나 상호 관련된) 방향에서 직무동기에 관한 연구와 이론의 재정립을 호소하고 있다. 첫째는 우리가 부유한 국가의 편의표본 속에 있는 상대적으로 불편함이 없는 근로자들에게 한정된 문제에만 배타적으로 관심을 둘 것이 아니라 전체적으로 인류의 직업 생활에 좀 더 많은 주의를 기울여야 할 것을 희망한다. 둘째는 과학적 활동의 이익은 불법적(그리고 합법적) 이주자 및 다양한 속박에 갇혀 일하는 사람들을 포함하여 가난한 사람들의 직업 생활에 이익을 주어야 한다는 바람이다.

그래서 사람들은 왜 일을 하는가

그래서 무엇이 인간의 직무행동을 동기화하는가? 이 책에서뿐 아니라 Latham(2007)이 제시한 바에 따르면, 그 답은 여러 가지 이유가 있다는 것이다. 사람들이 돈을 벌기 위해 일한다는 관점은 적어도 북아메리카 지역에서는 완전히 시대에 뒤떨어진 생각이다. 실제로 많은 사람들은 인생에서 일하는 것 말고도 다른 관심이나 도전을 접할 수 있다면, 회사에서 단지 돈을 벌기 위해 일하는 것을 선호하지는 않는다. 예를 들어, 캐나다의 2006년 통계자료에 따르면 앨버타(Alberta) 주와 브리티시컬럼비아 주의 여성들이 예전만큼 회사에 많이 다니지 않는다는 것이다. 그들의 다른 욕구, 제약 및 조건들이 그들로 하여금 가족을 양육하거나 욕구 충족을 위한 다른 활동을 하도록 만들고 있다. 이는 직무동기의 부족으로 해석하기보다는 캐나다의 여성들이 다른 목표를 추구하는 것이라고 해석된다.

일을 하는 이유의 유형

우리는 지금까지 연구와 이론 중심으로 인간의 동기와 직무동기를 설명하려는 시도를 해 왔는데, Noon과 Blyton(2007)은 왜 사람들이 계속해서 일하는가에 관한 문제를 다루었다. 그들은 그러한 이유를 다음과 같은 단순한 유형으로 제시했다.

1. 생존을 위해 일하기: 사람들은 단순히 생존을 위해 일을 해야만 한다.
2. 소비를 위해 일하기: 사람들은 인생을 보다 쉽게 살기 위해서 물질적 및 비물질적 자원을 획득하려고 한다. 자동차, 텔레비전 또는 카메라를 구매하고 휴가를 갖거나 학교에 등록하는 것 등이 그 예다.
3. 물질적인 것과 별개로 내재적 만족과 삶의 의미를 발견하기 위해서 일한다.
4. 생존이나 물질적인 것을 획득하는 것과 무관하게 일하는 것 자체를 즐기는 경우에도 일을 한다.
5. 일을 하는 것이 도덕적이다. 일을 하는 것은 그 자체로 선한 것이며, 어떤 종류의 일을 하건 게으른 것보다는 우월한 것이라는 도덕적 신념 때문이다.
6. 자신이 일을 하지 않으면 다른 사람에게 도움을 받아야 하기 때문에 공정한 사회적 계약을 공유한다는 입장에서 의무감으로 일을 한다.
7. 우리가 누구인지 무엇을 하는지와 같은 정체감을 분명하게 해 주기 때문에 일을 한다.
8. 일을 하는 것은 의식적인 노력이다. 여기서 핵심은 일을 열심히 하는 것이다. 자

신이 하는 일의 중요성에 관계없이 하고, 있는 일에 최선을 다하는 것이 중요한 것이다.

이러한 목록은 인상적이다. 그것은 새로운 유형의 직무동기를 의미하며, 심각하게 취급되어야 하는 Maslow(1954)와 Alerfer(1972; 이 책의 3장) 식의 일반적인 인간 동기와 상반된다.

30년간의 노력과 이에 대한 결과 보고

연구자들은 이 분야의 상태에 대한 평가와 향후 연구 방향을 포함하는 요약 결론을 제시하기 위해 이 책에서 제시된 연구들을 비판적으로 개관한 필요가 있다. 본 저자는 *Annual Review of Psychology*에 Gary Latham 교수[3)]와 함께 직무동기에 대한 이론과 연구를 평가한 글을 실었다. 그 개관은 직무동기 연구의 진척 상황에 대한 본 저자의 평가와 관련된 많은 요점을 포함하고 있다.

첫째, Latham과 Pinder(2005)는 행동주의가 현재 더 이상 유용한 이론은 아니며, 인지적인 구성개념을 고려하는 모형이 인간 행동을 설명하는 데 있어 훨씬 유용하다는 결론을 내렸다(14장을 보라).

둘째, 심리학과 조직학 분야에서 단기적 감정, 장기적 기분, 그리고 성향적 특질을 포함하여 정서의 중요성이 다시 대두되고 있다는 것이다. 인간이 감정적인 피조물이라는 것은 분명한 사실이고, 과거 20년 동안 조직행동 이론가들도 감정을 인식했을 뿐 아니라 개인의 행동, 조직행동 및 직무동기에서 정서의 역할을 검토하였다(4장을 보라). 정서에 대한 향후의 연구들은 영적 및 생물학적인 측면을 포함하여 다양한 요인들을 고려할 필요가 있다(10장에서 본 것처럼, 직무만족의 유전적 역할은 이미 여러 연구에서 언급되었다).

3) 본 저자의 관점에서, 캐나다 교수인 Gary Latham은 다른 어떤 학자들보다 직무동기라는 주제에 관한 이론, 연구, 실무뿐 아니라 이 분야를 선도한 점에서 상당한 기여를 하였다. 본 저자는 그의 책(Latham, 2007)을 추천하는데, 그 책은 이 주제에 관해 읽을 만한 역사적 개관을 제시하고 있다.

Latham과 Pinder(2005)의 세 번째 중요한 결론은 조직행동과 직무동기를 이해하는 데 있어서 맥락적 측면을 심각하게 고려해야 함을 지적하고 있지만, 그렇게 할 필요성은 지난 수십 년간 모호한 방식에서 인식되었다(Maier, 1946을 참고하라).

또한 Latham과 Pinder(2005)는 어떤 이론들이 오랜 시간에 걸쳐 새롭고 좀 더 타당하고 유용한 이론으로 변형되고 진화되었는가에 주목하였으며, 이것은 많은 요점을 제기한다.

첫째, 하나의 이론이 이미 사라진 이론들을 먹어 치우고 그 영역을 대체함에 따라 사회과학에서 진보를 향한 움직임과 관련된 위험은 항상 존재한다. 예를 들어, 문헌 속의 시대정신은 공정성 모형에 초점을 두고 있지만, 분배 공정성에 포함된 형평이론의 지혜에 대한 평가를 놓칠 위험이 있다(Greenberg, 1987). 마찬가지로, Herzberg 모형(2장을 보라)에 대한 강력한 비평에도 불구하고, 그 모형은 인기 있는 직무특성 모형(7장을 보라)의 기초를 제시했다. 또한 2요인 모형은 최근 Basch와 Fisher(2000)의 연구에서 개별 감정과 공정성 경험 사이의 인과적 관련성을 설명해 주는 기제로 활용된다고 보고되었다.

이것은 두 번째 요점을 제기한다. 이 책 전체에서 여러 번 언급된 것처럼, 때때로 좋은 생각은 사회과학자들이 그것을 검증하고 확인하기 위해 사용하는 거친 방법보다 더 우월할 수 있다는 것이다. Fisher와 Noble(2004), Ilies와 Judge(2002) 및 다른 학자들이 성공적으로 채택한 것처럼 개인 내 방법이나 경험표집설계(Hormuth, 1986을 참고하라)의 발전은 잘못 오해받거나 부적절한 방법으로 부정확하게 검증된 예전의 가설들에 새 생명을 불어넣고 있다.

직무동기 이론과 관련하여 또 다른 문제점은 이론에 대한 해석에서 오해가 있었다는 것이다. 직무동기에 대한 연구와 이론의 역사는 이론에 대하여 잘못되고 철저하지 못한 해석이 이루어졌음을 보여 준다. 조직행동 분야에서 이러한 잘못된 해석을 교정하려는 노력이 이루어지고 있다. 이를테면, King(1970)은 이에 관한 초기의 예를 제시하고 있는데, 그는 2요인(동기-위생) 모형에 대한 초기의 경험적 검증에서 그 모형의 여러 해석을 지적하였다. 마찬가지로, VIE 이론에 대한 해석에 있어서 과거의 많은 연구들이 개인 간 차원에서 검증을 하여 잘못된 결과를 나타낸 반면, 후속 노력으로 개인 내 차원의 의사결정 과정 모형으로 이를 검증하고 설명하는 것이 이론에 대한 해석을 올바른 방식으로 할 수 있음을 밝혔다(Snyder et al., 1978).

또한 Vroom(1964)이 VIE 이론을 제안한 지 거의 45년이 되어 가지만, VIE 이론(12장을 보라)의 타당성에 대한 새로운 연구들은 이루어지지 않았음에도 불구하고 연구자들과 현장 전문가들은 이 이론이 가치가 없다는 잘못된 결론을 내리고 있다는 것이다. 학자들의 학문적 경쟁은 이미 전성기를 누린 예전 모형들을 탄핵하거나 무시하는 결과를 가져오는데, 이는 부분적으로 그것들에 대한 추가적인 연구를 수행하는 것이 더 이상 충분한 보상을 주지 않기 때문이다. 현재 VIE 이론에 대한 논문들이 발간되지 않는다고 해서 이 이론이 타당하지 않거나 무용하다는 것을 말해 주는 것은 아니다. 이는 이 이론이 이미 잘 설정되어 있고 현장에서 다른 관점을 사용하고 있음을 의미하는 것이다.

여기서 Latham과 Pinder(2005)의 지적에 의해 관찰된 또 다른 요점은 연구와 이론 검증의 분위기가 이전보다 식었다는 것이다(Pinder, 1998을 참고하라). 여기까지는 좋다. 직무동기에 관한 사회과학 문헌에 정통한 실무자와 독자에게 그들이 무엇에 관해 혼란스러운지 해명되었다. 주 효과는 어디에 있지?

여전히 중요한 요점은 무엇이 진정으로 중요한가다. 즉, 학자들이 제기한 구성개념들 사이의 차이는 실제로 주의를 기울일 가치가 있는가다. 이것들은 좋은 질문이고 응용하고자 하는 사람들과 관리자들에게 질문을 제시하고자 함에 따라 질문의 의미가 드러난다. 그래서 구성개념 타당도, 특히 변별 타당도의 덮개로 감싸인 구성개념 정교화는 학자로서 우리가 봉사하는 사람들에게는 아무 가치가 없다(Astley, 1985).

마지막으로, Latham과 Pinder(2005)는 과거 30년 동안 직무동기의 선행변인과 결과변인에 대해 기본적으로 새로운 통찰이 거의 없었다는 우려를 표명하고 있다. 과거에 이루어진 기본적인 모형에 대한 연구들로는 Adams(1963), Bandura(1986, 2001), Herzberg 등(1959), Locke와 Latham(2002), Luthans와 Kreitner(1974), Maslow(1943) 및 Vroom(1964) 등이 대표적인 것이다.

연구와 이론을 위한 향후 방향성

본 저자가 앞에서 직무동기 연구에서 전반적 체계 관점(global systems mentality)에 상당한 호소를 한 것 이외에, Locke와 Latham(2004)은 직무동기에 관한 향후의 연구와 이론은 다음을 해야 함을 제안하였다. ① 메타이론을 구축하기 위해 기존 이론들을 통합하기, ② 직무동기에 대한 아이디어의 수집과 통합을 위해 사회과학 및 행동과학에서 직무동기에 대한 연구를 방해하는 장애물의 제거, ③ 성격과 같은 일반적인 특질 기반의 구성개념들이 조절변인이나 매개변인 같은 상황변인들과 단기적으로 어떻게 상호작용하는지에 대한 연구, ④ 의식적인 동기뿐 아니라 무의식적인 동기에 대한 연구와 두 가지 동기 간의 관련성에 대한 연구, ⑤ 연구와 통찰의 근거로서 내성법(introspection)의 사용, ⑥ 이론을 개발할 때 인간 행동에 대한 의지(volition)의 역할을 인식하기.

Steel과 König(2006)는 Locke와 Latham(2004)과 마찬가지로, 이론 통합에 대한 새로운 접근법을 제안하였다. Rousseau와 동료들(Rousseau, Ho, & Greenberg, 2006을 참고하라)에 의해 제안된 I-deals의 개념이 그러한 것처럼, 자기결정 이론(Gagné & Deci, 2005; Ryan & Deci, 2000; 3장을 기억하라)의 지속적 진보는 의지에 대한 지속적 강조를 위한 Locke와 Latham의 권고와 일관된다. 증거 기반 관리(evidence-based management)의 발전에 대한 Rousseau(2006a, 2006b)의 요청은 이전에 존재했던 것보다 실무자들이 좀 더 접근할 수 있는 이론을 만들기 위한 주요 시도일 것이다. 그런 움직임이 생성시킬 이론, 실무 및 연구 사이의 반복 고리는 사회과학뿐 아니라 미래의 조직을 인간적이고 생산적으로 관리하는 것에 이로움을 줄 수 있다.

인간의 본성에 대한 개인주의적 및 쾌락주의적 모형의 전통적이고 거의 보편적인(서구적인) 가정을 의심하는 연구는 흥미로운 새로운 통찰을 제공할 것이다(Shamir, 1991을 참고하라). 3장에서 제시된 바와 같이, Meglino와 Korsgaard(2004)는 이와 관련하여 흥미로운 제안을 하고 있다.

마찬가지로, 영적 측면에서 사람들을 생각하는 것은 추가적으로 연구되어야 할 부분이다. Hill과 Pargament(2003)는 건강 연구를 향상시키는 데 영적 접근의 잠재성을 개관했다. *Journal of Management Inquiry*의 2005년 9월호에 실린 몇 편의 논문들은 인간의 영적인 측면과 경영 실무의 관련성에 대해서 다루고 있으며, Dobrow(2004), Elangovan, Pinder와 McLean(2008), Hall과 Chandler(2005), Wrzesniewski와 동료들(예를 들어, Wrzesniewski, 2002; Wrzesniewski, McCauley, Rozin, & Schwartz, 1997)은 고대의 소명(calling) 개념을 부활시키면서 인간의 직무동기를 포함한 광범위한 조직행동 현상을 설명하는 데 있어 소명의 잠재성을 다루었다.[4] 마지막으로, Pava와 Primeaux

(2004)는 업무 현장에서 인간의 행동을 이해하기 위해 '영적 지능(spiritual intelligence)' 이라는 개념의 의미와 중요성을 탐색하는 책을 편집하였다.

직무동기에 대한 마지막 생각

이 책에서 제시하고 있는 모든 연구 및 이론들을 고려하면, 본 저자는 현재와 가까운 장래를 위해 두 가지 통찰이 가장 중요하다는 결론을 내릴 수 있다.

첫째는 사람은 서로를 만든다는 가정과 이 가정에서 비롯된 자기충족적 예언에 대한 Douglas McGregor(1957a, 1960)의 관찰의 지혜다. 전체적으로, McGregor의 통찰은 그가 이론을 제안했던 시점보다 더 많은 주목을 받을 필요가 있다. 우리가 3장에서 본 것처럼, McGregor는 X이론과 Y이론이라 불리는 두 가지 가정으로 구성된 서로 대비되는 이상적 유형을 제안했다. 일상적 용어로 볼 때, 남에게 잘못한 만큼 자신에게 돌아오는 법이다. 전반적으로, 그의 통찰은 적절한 주의를 갖고 확장될 필요가 있다.

둘째는 황금률의 지혜로서, '다른 사람들이 너에게 대해 주기를 바라는 방식으로 다른 사람들을 대하라'다. 어떤 검색엔진을 사용하더라도 이 금언은 보편적으로 인정되고, 제안되며, 공표된다.

4) Elangovan 등(2007)은 소명의 개념이 종교에 기원을 두고 있기는 하지만 그 개념은 오랫동안 세속적 의미와 해석을 통해 발전했다고 주장한다. 더구나, 그들은 소명은 개인의 직업과 반드시 관련되는 것도 아님을 주장한다.

참고문헌

A&W. (2007). *The A&W climate goal process,* from www.awincomefund.ca/aboutaw/climate.asp

Abbott, A. (1981). Status strain in the professions. *American Journal of Sociology, 46,* 819-835.

Adams, A. (1992). *Bullying at work.* London: Virago Press.

Adams, J. S. (1963). Toward an understanding on inequity. *Journal of Abnormal Psychology, 67,* 422-436.

Adams, J. S. (1965). Inequity in social exchange. In L. Berkowitz (Ed.), *Advances in experimental social psychology* (pp. 267-299). New York: Academic Press.

Adkins, C. L., Ravlin, E. C., & Meglino, B. M. (1992). *Value congruence between co-workers and its relationship to work-related outcomes.* Paper presented at the annual meeting of Academy of Management, Las Vegas.

Adler, P. S., & Cole, R. E. (1993). Designed for learning: A tale of two auto plants. *Sloan Management Review, 34*(3), 85-94.

Adler, S., & Golan, J. (1981). Lateness as a withdrawl behavior. *Journal of Applied Psychology, 66*(5), 544-554.

Aguiar, M., & Hurst, E. (2006). The land of leisure. *The Economist, 378*(8463).

Ahlberg, D. A. (1986). The social costs of unemployment. In R. Castle & D. E. Lewis (Eds.), *Work, leisure, and technology* (pp. 19-29). Melbourne, Victoria, Australia: Longman Cheshire.

Ahlberg, D. A., & Shapiro, M. O. (1983-1984). The social cost of economic decline: some earlier evidence. *Journal of Keynsian Economics, VI*(2), 303-304.

Ajila, C. O. (1997). Maslow's hierarchy of needs theory: Applicability to the Nigerian industrial setting. *IFE Psychology, 5,* 162-174.

Ajzen, I. (1991). The theory of planned behavior. *Organizational Behavior and Human Decision Processes, 50,* 1-33.

Ajzen, I., & Fishbein, M. (1977). Attitude-behavior relations: A theoretical analysis and review of empirical research. *Psychological Bulletin, 84,* 888-918.

Ajzen, I., & Fishbein, M. (1980). *Understanding attitudes and predicting social behavior.* Englewood Cliffs, NJ: Prentice-Hall.

Ajzen, I., & Madden, T. J. (1986). Prediction of goal-directed behavior: The role of intention, perceived control, and prior behavior. *Journal of Experimental Social Psychology, 22,* 453-474.

Aldag, R. J., Barr, S. H., & Brief, A. P. (1981). Measurement of perceived task characteristics. *Psychological*

Bulletin, 90, 415-431.

Alderfer, C. P. (1969). An empirical test of a new theory of human needs. *Organizational Behavior and Human Performance, 4,* 143-175.

Alderfer, C. P. (1972). *Existence, relatedness, and growth.* New York: Free Press.

Alderfer, C. P. (1977). A critique of Salancik and Pfeffer's examination of need-satisfaction theories. *Administrative Science Quarterly, 22,* 658-669.

Aldis, O. (1961). Of pigeons and men. *Harvard Business Review, 39*(4), 59-63.

Aldrich, H. E. (1980). *Organizations and environments.* Englewood Cliffs, NJ: Prentice-Hall.

Allen, D. G., Renn, R. W., & Griffeth, R. W. (2003). The impact of telecommuting design on social systems, self-regulation, and role boundaries. In J. J. Martocchio & G. R. Ferris (Eds.), *Research in personnel and human resources management* (Vol. 22, pp. 125-163). Amsterdam: Elsevier.

Allen, N. J., & Meyer, J. P. (1990). The measurement and antecedents of affective continuance and normative commitment to the organization. *Journal of Occupational Psychology, 63,* 1-18.

Allen, R. E., & Lucero, M. A. (1996). Beyond resentment: Exploring organizationally targeted insider murder. *Journal of Management Inquiry, 5,* 86-103.

Allen, T. D., Freeman, D. M., Reizenstein, R. C., & Rentz, J. O. (1995). Just another transition? Examining survivors' attitudes over time. In *Academy of Management Best Papers Proceedings,* 55th Annual General Meeting. Vancouver, British Columbia, Canada: Academy of Management.

Allport, F. H. (1954). The structuring of events: Outline of a general theory with applications to psychology. *Psychological Review, 61,* 281-303.

Allport, F. H. (1962). A structuronomic conception of behavior: Individual and collective. I. Structural theory and the master problem of social psychology. *Journal of Abnormal and Social Psychology, 64,* 3-30.

Amabile, T. M. (1988). A model of creativity and innovation in organizations. In B. M. Staw & L. L. Cummings (Eds.), *Research in organizational behavior* (Vol. 10, pp. 123-168). Greenwich, CT: JAI Press.

Amabile, T. M. (1998). How to kill creativity. *Harvard Business Review, 76*(5), 77-87.

Amabile, T. M., Hill, K. G., Hennessey, B. A., & Tighe, E. M. (1994). The work preference inventory: Assessing intrinsic and extrinsic motivational orientations. *Journal of Personality and Social Psychology, 66*(5), 950-967.

Ambrose, M. L., & Cropanzano, R. (2003). A longitudinal analysis of organizational fairness: An examination of reactions to tenure and promotion decisions. *Journal of Applied Psychology, 88*(2), 266-275.

Ambrose, M. L., & Kulik, C. T. (1999). Old friends, new faces: Motivation research in the 1990s. *Journal of Management, 25*(3), 231-292.

Ambrose, M. L., Seabright, M. A., & Schminke, M. (2002). Sabotage in the workplace: The role of organizational injustice. *Organizational Behavior & Human Decision Processes, 89,* 947-965.

Amiel, B. (1985, August 5). The dangerous cost of equal pay. *Maclean's 98*(31), 9.

Anastasi, A. (1986). Evolving concepts of test validation. *Annual Review of Psychology, 37,* 1-15.

Anderson, J. (1970a). Giving and receiving feedback. In G. W. Dalton, P. R. Lawrence, & L. E. Greiner (Eds.), *Organizational change and development.* Homewood, IL: Irwin.

Andersson, L. M., & Pearson, C. M. (1999). Tit for tat? The spiraling effect of incivility in the workplace. *Academy of Management Review, 24*(3), 452-471.

Andrasik, F. (1979). Organizational behavior modification in business settings: A methodological and content review. *Journal of Organizational Behavior Management, 2,* 85-102.

Andrews, I. R. (1967). Wage inequity and job performance. *Journal of Applied Psychology, 51,* 39-45.

Angle, H. L., & Lawson, M. B. (1993). Changes in affective and continuance commitment in times of relocation. *Journal of Business Research, 26*(1), 3-15.

Angle, H. L., & Perry, J. L. (1981). An empirical assessment of organizational commitment and organizational effectiveness. *Administrative Science Quarterly, 26,* 1-14.

Angle, H. L., & Perry, J. L. (1983). Individual and organizational influences on organizational commitment. *Work and Occupations: An International Sociological Journal, 10,* 123-146.

Appelbaum, E., & Batt, R. (1994). *The new American work place: Transforming work systems in the United States.* New York: ILR Press.

Aquino, K., Lewis, M. U., & Bradfield, M. (1999). Justice constructs, negative affectivity, and employee deviance: A proposed model and empirical test. *Journal of Organizational Behavior, 20,* 1073-1091.

Argyris, C. (1957). *Personality and organization.* New York: Harper.

Argyris, C. (1971). Beyond freedom and dignity by B. F. Skinner: A review essay. *Harvard Educational Review, 41,* 550-567.

Armon, C. (1993). Developmental conceptions of good work: A longitudinal study. In J. Demick & P. M. Miller (Eds.), *Development in the workplace* (pp. 21-37). Hillsdale, NJ: Lawrence Erlbaum Associates, Inc.

Armon-Jones, C. (1986). The thesis of constructionism. In R. Harré (Ed.), *The social construction of emotions* (pp. 32-56). New York: Blackwell.

Arnold, H. J. (1976). Effects of performance feedback and extrinsic reward upon high intrinsic motivation. *Organizational Behavior and Human Performance, 17,* 275-288.

Arnold, H. J. (1981). A test of the validity of the multiplicative hypothesis of expectancy-valence theories of work motivation. *Academy of Management Journal, 24*(1), 128-141.

Arnold, H. J., & Feldman, D. C. (1982). A multivariate analysis of the determinants of job turnover. *Journal of Applied Psychology, 67*(3), 350-360.

Arnold, H. J., & House, R. J. (1980). Methodological and substantive extensions to the job characteristics model of motivation. *Organizational Behavior and Human Performance, 25,* 161-183.

Arthur, M. B., & Rousseau, D. M. (Eds.). (1996). *The boundaryless career.* New York: Oxford University Press.

Arvey, R. D. (1979). *Fairness in selecting employees.* Reading, MA: Addison-Wesley.

Arvey, R. D., & Bouchard, T. J. (1994). Genetics, twins, and organizational behavior. In B. M. Staw & L. L. Cummings (Eds.), *Research in organizational behavior* (Vol. 16, pp. 47-82). Greenwich, CT: JAI Press.

Arvey, R. D., Bouchard, T. J., Segal, N. L., & Abraham, L. M. (1989). Job satisfaction: Environmental and genetic components. *Journal of Applied Psychology, 74,* 187-192.

Arvey, R. D., & Ivancevich, J. M. (1980). Punishment in organizations: A review, propositions and research suggestions. *Academy of Management Review, 5,* 123-132.

Arvey, R. D., & Jones, A. P. (1985). The use of discipline in organizational settings. In L. L. Cummings & B. M. Staw (Eds.), *Research in organizational behavior* (Vol. 7, pp. 367-408). Greenwich, CT: JAI Press.

Arvey, R. D., McCall, B. P., Bouchard, T. J., Taubman, P., & Cavanaugh, M. A. (1994). Genetic influences on job satisfaction and work values. *Personality and Individual Differences, 17,* 21-33.

Ashby, W. (1958). General systems theory as a new discipline. *General Systems Yearbook, 3,* 1-17.

Ashford, S. J. (1986). Feedback-seeking in individual adaptation: A resource perspective. *Academy of Management Journal, 29*(3), 465-487.

Ashford, S. J. (1989). Self-assessments in organizations: A literature review and integrative model. In L. L. Cummings & B. M. Staw (Eds.), *Research in organizational behavior* (Vol. 11, pp. 133-174). Greenwich, CT: JAI Press.

Ashford, S. J. (1993). The feedback environment. *Journal of Organizational Behavior, 14,* 201-224.

Ashford, S. J., & Cummings, L. L. (1983). Feedback as an individual resource: Personal strategies of creating information. *Organizational Behavior and Human Performance, 32,* 370-398.

Ashford, S. J., & Cummings, L. L. (1985). Proactive feedback seeking: The instrumental use of the information environment. *Journal of Occupational Psychology, 58,* 67-79.

Ashford, S. J., & Tsui, A. S. (1991). Self-regulation for managerial effectiveness: The role of active feedback seeking. *Academy of Management Journal, 34*(2), 251-280.

Ashforth, B. (1994). Petty tyranny in organizations. *Human Relations, 47*(7), 755-778.

Ashforth, B. E., & Anand, V. (2003). The normalization of corruption in organizations. In R. M. Kramer & B. M. Staw (Eds.), *Research in organizational behavior* (Vol. 25, pp. 1-52). Kidlington, Oxford: Elsevier.

Ashforth, B. E., & Humphrey, R. H. (1995). Emotion in the workplace: A reappraisal. *Human Relations, 48*(2), 97-125.

Ashforth, B. E., & Mael, F. (1989). Social identity theory and the organization. *Academy of Management Review, 14*(1), 20-39.

Ashforth, B. E., & Saks, A. M. (1994). *Socialization tactics: Dimensionality and longitudinal effects on newcomer adjustment.* Paper presented at the annual meeting of Academy of Management, Dallas, TX.

Ashkanasy, N. M. (2007). From the editor: Evidence-based inquiry, learning, and education: What are the pros and cons? *Academy of Management Learning & Education, 6*(1), 5-8.

Ashkanasy, N. M., Gupta, V., Mayfield, M. S., & Trevor-Roberts, E. (2004). Future orientation. In R. J. House, P. J. Hanges, M. Javidan, P. W. Dorfman, & V. Gupta (Eds.), *Culture, leadership, and organizations* (pp. 282-342). Thousand Oaks, CA: Sage.

Ashkanasy, N. M., Hartel, C. E. J., & Daus, C. S. (2002). Diversity and emotion: The new frontiers in organizational behavior research. *Journal of Management, 28*(3), 307-338.

Ashkanasy, N. M., Hartel, C. E. J., & Zerbe, W. J. (2000). *Emotions in the workplace: Research, theory, and practice.* Westport, CN: Quorum Books.

Ashkanasy, N. M., Wilderom, C. P. M., & Peterson, M. F. (Eds.). (2000). *Handbook of organizational culture & Climate.* Thousand Oaks, CA: Sage.

Associated Press. (2005, February 20). Suspect in Detroit shooting ordered held. *Milwaukee Journal Sentinel.*

Astley, W. G. (1985). Administrative science as socially constructive truth. *Administrative Science Quarterly, 30*(4), 497–513.

Atkinson, J. W. (1958). Towards experimental analysis of human motivation in terms of motives, expectancies, and incentives. In J. W. Atkinson (Ed), *Motives in fantasy, action, and society* (pp. 288–305). Princeton, NJ: Van Nostrand Reinhold.

Atkinson, J. W. (1964). *An introduction to motivation.* Princeton, NJ: Van Nostrand Reinhold.

Atwater, L. E., Waldman, D. A., Carey, J. A., & Cartier, P. (2001). Recipient and observer reactions to discipline: Are managers experiencing wishful thinking? *Journal of Organizational Behavior, 22,* 249–270.

Austin, J. T., & Bobko, P. (1985). Goal-setting theory: Unexplored areas and future research needs. *Journal of Occupational Psychology, 58*(4), 289–308.

Averill, J. (1982). *Anger and aggression: An essay on emotion.* New York: Springer-Verlag.

Axtell, C. M., & Parker, S. K. (2003). Promoting role breadth self-efficacy through involvement, work redesign and training. *Human Relations, 56*(1), 113–131.

Aziz, S., & Zickar, M. J. (2006). A cluster analysis investigation of workaholism as a syndrome. *Journal of Occupational Health Psychology, 11*(1), 52–62.

Azrin, N. H. (1977). A strategy for applied research: Learning based but outcome oriented. *American Psychologist, 32,* 140–149.

Babb, H. W., & Kopp, D. G. (1978). Applications of behavior modification in organizations: A review and critique. *Academy of Management Review, 3,* 281–292.

Bacharach, S. B. (1989). Organizational theories: Some criteria for evaluation. *Academy of Management Review, 14*(4), 496–515.

Bachlin, H. (2000). *The science of self-control.* Cambridge, MA: Harvard University Press.

Badawy, M. K. (1982). *Developing managerial skills in engineers and scientists.* New York: Van Nostrand Reinhold.

Bagozzi, R. P. (1986). Attitude formation under the theory of reasoned action and a purposeful behaviour reformulation. *British Journal of Social Psychology, 25,* 95–107.

Bagozzi, R. P., & Yi, Y. (1989). The degree of intention formation as a moderator of the attitude-behavior relationship. *Social Psychology Quarterly, 52,* 266–279.

Baker, A. M. (1988). Plant closings: Lessons from the Maine experience. *Human Resource Management, 27*(3), 315–328.

Baker, D. D., Ravichandran, R., & Randall, D. M. (1989). Exploring contrasting formulations of expectancy theory. *Decision Sciences, 20*(1), 1–13.

Baker, M., & Fortin, N. M. (2004). Comparable worth in a decentralized labour market: The case of Ontario. *Canadian Journal of Economics, 37*(4), 850–878.

Ball, G. A., Trevino, L. K., & Sims Jr., H. P. (1994). Just and unjust punishment: Influences on subordinate performance and citizenship. *Academy of Management Journal, 37*(2), 299-322.

Bandura, A. (1969). *Principles of behavior modificaiton.* New York: Holt, Rinehart, & Winston.

Bandura, A. (1977). *Social learning theory.* Englewood Cliffs, NJ: Prentice-Hall.

Bandura, A. (1982). Self-efficacy mechanism in human agency. *American Psychologist, 37,* 122-147.

Bandura, A. (1984). Recycling misconceptions of perceived self-efficacy. *Cognitive Therapy and Research, 8,* 213-229.

Bandura, A. (1986). *Social foundations of thought and action: A social cognitive theory.* Englewood Cliffs, NJ: Prentice-Hall.

Bandura, A. (1989). Self-regulation of motivation and action through internal standards and external goal systems. In L. A. Pervin (Ed.), *Goal concepts in personality and social psychology.* Hillsdale, NJ: Lawrence Erlbaum Associates, Inc.

Bandura, A. (1991). Social cognitive theory of self-regulation. *Organizational Behavior and Human Decision Processes, 50*(2), 248-287.

Bandura, A. (1997). *Self-efficacy: The exercise of control.* New York: W. H. Freeman.

Bandura, A. (2001). Social cognitive theory: An agentic perspective. *Annual Review of Psychology, 52,* 1-26.

Bandura, A., & Cervone, D. (1983). Self-evaluative and self-efficacy mechanisms governing the motivational effects of goal systems. *Journal of Personality and Social psychology, 45,* 1017-1028.

Bandura, A., & Locke, E. A. (2003). Negative self-efficacy and goal effects revisited. *Journal of Applied Psychology, 88*(1), 87-99.

Baritz, L. (1960). *The servants of power: A history of the use of social science in American industry.* Middletown, CT: Wesleyan University Press.

Barling, J., Kelloway, E. K., & Iverson, R. D. (2003). High-quality work, job satisfaction, and occupational injuries. *Journal of Applied Psychology, 88*(2), 276-283.

Barnard, C. (1938). *The functions of the executive.* Cambridge, MA: Harvard University Press.

Barnard, C. I. (1946). Functions and pathology of status systems in formal organizations. In W. F. Whyte (Ed.), *Industry and society* (pp. 207-243). New York: McGraw-Hill.

Baron, R. A. (1993). Criticism (informal negative feedback) as a source of perceived unfairness in organizations: Effects, mechanisms, and countermeasures. In R. Cropanzano (Ed.), *Justice in the workplace* (pp. 155-170). Hillsdale, NJ: Lawrence Erlbaum Associates, Inc.

Baron, R. A. (1994). The physical environment of work settings. In B. M. Staw & L. L. Cummings (Eds.), *Research in organizational behavior* (Vol. 16, pp. 1-46). Greenwich, CT: JAI Press.

Baron, R. M., & Kenny, D. A. (1986). The moderator-mediator variable distinction in social psychological research: Conceptual, strategic, and statistical considerations. *Journal of Personality and Social Psychology, 51*(6), 1173-1182.

Barrick, M. R., & Mount, M. K. (1991). The big five personality dimensions and job performance: A meta-analysis. *Personnel Psychology, 44*(1), 1173-1182.

Barrick, M. R., Mount, M. K., & Strauss, J. P. (1993). Conscientiousness and performance of sales representatives. *Journal of Applied Psychology, 78*(5), 715-722.

Barsade, S. G., & Gibson, D. E. (2007). Why does affect in organizations? *Academy of Management Perspectives, 21*(1), 36-59.

Bartlett, F. C. (1932). *Remembering: A study in experimental and social psychology.* Cambridge: Cambridge University Press.

Bartol, K. M. (1978). The sex structuring of organizations: A search for possible causes. *Academy of Management Review, 3,* 805-815.

Barton, R. F. (1981). An MCDM approach for resolving goal conflict in MBO. *Academy of Management Review, 6,* 231-242.

Bartunek, J. M., & Spreitzer, G. M. (2006). The interdisciplinary career of a popular construct used in management: Empowerment in the late 20th century. *Journal of Management Inquiry, 15*(3), 255-273.

Baruch, Y. (1998). The rise and fall of organizational commitment. *Human Systems Management, 17*(2), 135-144.

Basch, J., & Fisher, C. D. (2000). Affective events-emotions matrix: A classification of work events and associated emotions. In N. M. Ashkanasy, C. E. J. Hartel, & W. J. Zerbe (Eds.), *Emotions in the workplace: Research, theory, and practice* (pp. 36-48). Westport, CN: Quroum Books.

Bass, B. M. (1981). *Stogdil's handbook of leadership: A survey of theory and research.* New York: Free Press.

Battle, J. (1990). *Self-esteem: The new revolution.* Edmonton, Alberta, Canada: James Battles & Associates.

Baumeister, R. F., Campbell, J. D., Krueger, J. I., & Vohs, K. D. (2003). Does high self-esteem cause better performance, interpersonal success, happiness, or healthier lifestyles? *Psychological Science in the Public Interest, 4*(1), 1-44.

Baumeister, R. F., De Wall, C. N., Ciarocco, N. J., & Twenge, J. M. (2005). Social exclusion impairs self-regulation. *Journal of Personality and Social Psychology, 88*(4), 589-604.

Baumeister, R. F., & Leary, M. R. (1995). The need to belong: Desire for interpersonal attachments as a fundamental human motivation. *Psychological Bulletin, 117*(3), 497-529.

Baumeister, R. F., Tice, D. M., & Hutton, D. G. (1989). Self-presentational motivations and personality differences in self-esteem. *Journal of Personality, 57*(3), 547-579.

Bayes, J. (1988). Occupational sex segregation and comparable worth. In R. M. Kelly & J. Bayes (Eds.), *Comparable worth, pay equity, and public policy* (pp. 15-48). New York: Greenwood Press.

Bazerman, M. H. (1993). Fairness, social comparison, and irrationality. In J. K. Murnighan (Ed.), *Social psychology in organizations* (pp. 184-203). Englewood Cliffs, NJ: Prentice-Hall.

Becker, H. S. (1960). Notes on the concept of commitment. *American Journal of Sociology, 66,* 32-40.

Becker, T. E. (1992). Foci and bases of commitment: Are they distinctions worth making? *Academy of Management Journal, 35*(1), 232-244.

Beer, M., Eisenstat, R. A., & Spector, B. (1990). Why change programs don't produce change. *Harvard Business Review, November-December,* 158-166.

Beehr, T. A., & Gupta, N. A. (1978). Note on the structure of employee withdrawal. *Organizational Behavior and Human Performance, 21,* 73-79.

Behling, O., Labovitz, G., & Kosmo, R. (1968). The Herzberg controversy: A critical appraisal. *Academy of Management Journal, 11,* 99-108.

Bem, D. J. (1967). Self-perception: The dependent variable of human performance. *Organizational Behavior and Human Performance, 2,* 105-121.

Bem, D. J. (1972). Constructing cross-situational consistencies in behavior: Some thoughts on Alker's critique of Mischel. *Journal of Personality, 40,* 17-26.

Bem, D. J. (1974). On predicting some of the people some of the time. *Psychological Review, 81,* 506-520.

Ben-Porat, A. (1981). Event and agent: Toward a structural theory of job satisfaction. *Personnel Psychology, 34,* 523-534.

Benson, G. S., Young, S. M., & Lawler III, E. E. (2006). High-involvement work practices and analysts' forecasts of corporate earnings. *Human Resource Management, 45*(4), 519-537.

Berdahl, J. L. (2007). Harassment based on sex: Protecting social status in the context of gender hierarchy. *Academy of Management Review, 32*(2), 641-658.

Berger, C. J., & Cummings, L. L. (1979). Organizational structure, attitudes, and behaviors. In B. M. Staw (Ed.), *Research in organizational behavior* (pp. 169-208). Greenwich, CT: JAI Press.

Berger, J., Cohen, B. P., & Zeldich, M. (1972). Status characteristics and social interaction. *American Sociological Review, 37,* 241-255.

Berger, J., Rosenholtz, S. J., & Zeldich, M. (1980). Status organizing processes. *Annual Review of Sociology, 6,* 479-508.

Berger, P. L., & Luckman, T. (1966). *The social construction of reality: A treatise in the sociology of knowledge.* Garden City, NJ: Doubleday.

Bergman, M. E. (2006). The relationship between affective and normative commitment: Review and research agenda. *Journal of Organizational Behavior, 27,* 645-663.

Berkowitz, L. (1989). Frustration-aggression hypothesis: Examination and reformulation. *Psychological Bulletin, 106*(1), 59-73.

Berkowitz, L. (1993). Towards a general theory of anger and emotional aggression: Implications of the cognitive-neoassociationistic perspective for the analysis of anger and other emotions. In R. S. J. Wyer & T. K. Skrull (Eds.), *Perspectives on anger and emotion: Advances in social cognition* (Vol. VI, pp. 1-46). Hillsdale, NJ: Lawrence Erlbaum Associates, Inc.

Berkowitz, L. (1997). On the determinants and regulation of impulsive aggression. In S. Feshbach & J. Zagrodska (Eds.), *Aggression: Biological, developmental and social perspectives* (pp. 187-211). New York: Plenum Press.

Berlyne, D. E. (1973). The vicissitudes of aplopathematic and thelematoscopic pneumatology (or the hydrography of hedonism). In D. E. Berlyne & K. B. Madsen (Eds.), *Pleasure, reward, and preferences* (pp. 1-33). New York: Academic Press.

Betcherman, G., McMullen, K., Leckie, N., & Caron, C. (1994). *The Canadian workplace in transition.* Kingston, Ontario, Canada: Industrial Relations Centre, Queen's University.

Betz, E. L. (1969). Need-reinforcer correspondence as a predictor of job satisfaction. *Personnel and Guidance Journal, 47,* 878-883.

Bibby, R. (2006). *The Boomer factor: What Canada's most famous generation is leaving behind.* Toronto: Bastion

Books.

Biberman, G., Baril, G. L., & Kopelman, R. E. (1986). Comparison of return-on-effort and conventional expectancy theory predictions of work effort and job performance: Results from three field studies. *Journal of Psychology, 120,* 229-237.

Bies, R. B. (1987). The predicament of injustice. In L. L. Cummings & B. M. Staw (Eds.), *Research in organizational behavior* (Vol. 9, pp. 289-320). Greenwich, CT: JAI Press.

Bies, R. B., & Moag, J. S. (1986). Interactional justice: Communication criteria of fairness. In R. J. Lewicki, B. H. Sheppard, & M. H. Bazerman (Eds.), *Research on negotiation in organizations* (Vol. 1, pp. 43-55). Greenwich, CT: JAI Press.

Bies, R. B., & Shapiro, D. L. (1987). Interactional fairness judgements: The influence of social accounts. *Social Justice Research, 2,* 199-218.

Bies, R. B., & Tripp, T. M. (1996). Beyond trust: "Getting even" and the need for revenge. In R. M. Kramer & T. R. Tyler (Eds.), *Trust in organizations* (pp. 246-260). Thousand Oaks, CA: Sage.

Bies, R. J. (2001). Interactional (in)justice: The sacred and the profane. In J. Greenberg & R. Cropanzano (Eds.), *Advances in Organizational Justice* (pp. 89-118). Stanford, CA: Stanford University Press.

Billings, R. S., & Cornelius, E. T. (1980). Dimensions of work outcomes: A multidimensional scaling approach. *Personnel Psychology, 33,* 151-162.

Binswanger, H. (1991). Volition as cognitive self-regulation. *Organizational Behavior and Human Decision Processes, 50*(2), 154-178.

Bitner, M. J., Booms, B. H., & Tetreault, M. S. (1990). The service encounter: Diagnosing favorable and unfavorable incidents. *Journal of Marketing, 54,* 7-84.

Blair, J. M. (1975). Inflation in the United States. In G. C. Means et al. (Eds.), *The roots of inflation.* New York: Burt Franklin.

Blanchard, K., & Johnson, S. (1981). *The one-minute manager.* New York: Berkley Books.

Blankenstein, K. R., Flett, G. L., Koledin, S., & Bortolotto, R. (1989). Affect intensity and dimensions of affiliation motivation. *Personality and Individual Differences, 10*(11), 1201-1203.

Blau, G. (1993). Operationalizing direction and level of effort and testing their relationships to individual job performance. *Organizational Behavior and Human Performance, 55,* 152-170.

Blau, G., & Paul, A. (1993). On developing a general index of work commitment. *Journal of Vocational Behavior, 42,* 298-314.

Blood, M. R. (1969). Work values and job satisfaction. *Journal of Applied Psychology, 53,* 456-459.

Blood, M. R. (1973). Intergroup comparisons of intraperson differences: Rewards from the job. *Psychology, 26,* 1-9.

Blyton, P., Blunsdon, B., Reed, K., & Dastmalchian, A. (Eds.). (2006). *Work-life integration: International perspectives on the balancing of multiple roles.* Basingstoke: Palgrave Macmillan.

Blyton, P., Dastmalchian, A., & Adamson, R. (1987). Developing the concept of industrial relations climate. *Journal of Industrial Relations, 29,* 207-216.

Boal, K. G., & Cummings, L. L. (1981). Cognitive evaluation theory: An experimental test of precesses and outcomes. *Organizational Behavior and Human Performance, 28,* 289-310.

Bobko, P. (1978). Concerning the non-application of human motivation theories in organizational settings. *Academy of Management Review, 3*(4), 906-910.

Bobko, P. (1985). Removing assumptions of bipolarity: Towards variation and circularity. *Academy of Management Review, 10*(1), 99-108.

Bockman, V. M. (1971). The Herzberg controversy. *Personnel Psychology, 24,* 155-189.

Borman, W. C., Klimoski, R. J., & Ilgen, D. R. (2003). Stability and change in industrial in organizational psychology. In W. C. Borman, D. R. Ilgen, & R. J. Klimoski (Eds.), *Handbook of psychology* (Vol. 12, pp. 1-17). New York: John Wiley & Sons.

Borman, W. C., White, L. A., Pulakos, E. D., & Oppler, S. H. (1991). Models of supervisory job performance ratings. *Journal of Applied Psychology, 76*(6), 863-872.

Boswell, W. R., & Olson-Buchanan, J. B. (2004). Experiencing mistreatment at work: The role of grievance filing, nature of mistreatment, and employee withdrawal. *Academy of Management Journal, 47*(1), 129-139.

Boulding, K. (1968). General systems theory-The skeleton of science. In W. Buckley (Ed.), *Modern systems research for the behavioral science* (pp. 3-10). Chicago, IL: Aldine.

Bourgeois, V. W., & Pinder, C. C. (1984). *The nonlinearity of progress in organizational science.* Unpublished manuscript, Faculty of Commerce & Business Administration, University of British Columbia, Vancouver, British Columbia, Canada.

Bowen, W. (1979, December 3). Better prospects for our ailing productivity. *Fortune, 3,* 68-70, 74, 77, 80, 83, 86.

Branden, N. (1969). *The psychology of self-esteem.* Los Angeles: Nash.

Branswell, B. (1998). Pain and pride. *Maclean's, 111,* 21.

Brayfield, A. H., & Crockett, W. H. (1955). Employee attitudes and employee performance. *Psychological Bulletin, 52,* 415-422.

Breaugh, J. A. (1981). Predicting absenteeism from prior absenteeism and work attitudes. *Journal of Applied Psychology, 66*(5), 555-560.

Brehm, J. W., & Self, E. A. (1989). The intensity of motivation. *Annual Review of Psychology, 66,* 555-560.

Brennan, A., & Skarlicki, D. P. (2004). Personality and perceived justice as predictors of survivors' reactions following downsizing. *Journal of Applied Social Psychology, 34*(6), 1306-1328.

Brett, J. M. (1981). The effect of job transfer on employees and their families. In C. L. Cooper & R. Payne (Eds.), *Current concerns in occupational stress.* New York: John Wiley & Sons.

Bretz, R. D., & Judge, T. A. (1994). Person-environment fit and the theory of work adjustment: Implications for satisfaction, tenure, and career success. *Journal of Vocational Behavior, 44,* 32-54.

Bridges, W (1994) *Jobshift.* Reading, MA: Addison Wesley.

Brief, A. P. (2001). Organizational behavior and the study of affect: Keep your eyes on the organization. *Organizational Behavior and Human Decision Processes, 86*(1), 131-139.

Brief, A. P., & Aldag, R. J. (1975). Employee reactions to job characteristics: A constructive replication. *Journal of Applied Psychology, 60,* 182-186.

Brief, A. P., & Dukerich, J. M. (1991). Theory in organizational behavior: Can it be useful? In L. L. Cummings &

B. M. Staw (Eds.), *Research in organization behavior* (Vol. 13, pp. 327-352). Greenwich, CT: JAI Press.

Brief, A. P., & Hollenbeck, J. R. (1985). An exploratory study of self-regulating activities and their effects on job performance. *Journal of Occupational Behavior, 6*(3), 197-208.

Brief, A. P., & Motowidlo, S. J. (1986). Prosocial organizational behaviors. *Academy of Management Review, 11*(4), 710-725.

Brief, A. P., & Weiss, H. M. (2002). Organizational behavior: Affect in the workplace. *Annual Review of Psychology, 53,* 279.

Brockner, J. (1988a). *Self-esteem at work.* Lexington, MA: Lexington Books.

Brockner, J. (1988b). The effects of work layoffs on survivors: Research, theory and practice. In B. M. Staw & L. L. Cummings (Eds.), *Research in organizational behavior* (Vol. 10, pp. 213-255). Greenwich, CT: JAI Press.

Brockner, J., Grover, S., Reed, T., De Witt, R., & O'Malley, M. (1987). Survivors' reactions to layoffs: We get by with a little help from our friends. *Administrative Science Quarterly, 32*(4), 526-541.

Brockner, J., Konovsky, M., Cooper-Schneider, R., Folger, R., Martin, C., & Bies, R. B. (1994). Interactive effects of procedural justice and outcome negativity on victims and survivors of job loss. *Academy of Management Journal, 37*(2), 397-409.

Brockner, J., & Siegel, P. (1996). Understanding the interaction between procedural and distributive justice: The role of trust. In R. M. Kramer & T. R. Tyler (Eds.), *Trust in organizations* (pp. 390-413). New York: Sage.

Brody, N. (1980). Social motivation. *Annual Review of Psychology, 31,* 143-168.

Brooke, Jr., P. P., Russell, D. W., & Price, J. L. (1988). Discriminant validation of measures of job satisfaction, job involvement, and organizational commitment. *Journal of Applied Psychology, 73*(2), 139-145.

Brooks, G. R., & Wallace, J. P. (2006). A discursive examination of the nature, determinants and impact of organizational commitment. *Asia Pacific Journal of Human Resources, 44*(2), 222-239.

Brown, D., & Beatty, D. (2006). *Canadian labour arbitration* (4th ed). Aurora, ON: Canadian Law Publication.

Brown, D. J., Cober, R. T., Kane, K., Levy, P. E., & Shalhoop, J. (2006). Proactive personality and the successful job search: A field investigation with college graduates. *Journal of Applied Psychology, 91*(3), 717-726.

Brown, D., Lawrence, T. B., & Robinson, S. L. (2005). Territoriality in organizations. *Academy of Management Review, 30*(3), 577-594.

Brown, M. A. (1976). Values: A necessary but neglected ingredient of motivation on the job. *Academy of Management Review, 1,* 15-23.

Brown, S. P. (1996). A meta-analysis and review of organizational research on job involvement. *Psychological Bulletin, 120*(2), 235-255.

Brown, T. J., & Allgeier, E. R. (1996). The impact of participant characteristics, perceived motives, and job behaviors on co-workers' evaluations of workplace romances. *Journal of Applied Social Psychology, 26*(7), 577-595.

Buchanan, B. (1974). Building organizational commitment: The socialization of managers in work organizations. *Administrative Science Quarterly, 19,* 533-546.

Buck, R. (1985). Prime theory: An integrated view of motivation and emotion. *Psychological Review, 92,* 389-413.

Budd, R. J. (1986). Predicting cigarette use: The need to incorporate measures of salience in the theory of reasoned action. *Journal of Applied Social Psychology, 16,* 663-685.

Budner, S. (1962). Intolerance of ambiguity as a personality variable. *Journal of Personality, 30,* 29-59.

Burger, J. M. (1992). *Desire for control.* New York: Plenum Press.

Burkett, L. (1998). *Business by the book: The complete guide of biblical principles for the workplace.* Nashville, TN: Thomas Nelson Publishers.

Burris, V. (1990). Classes in contemporary capitalist society: Recent Marxist and Weberian perspectives. In S. Clegg (Ed.), *Organization theory and class analysis* (pp. 55-74). New York: Walter de Gruyter.

Bushman, B. J., & Wells, G. L. (1998). Trait aggressiveness and hockey penalties: Predicting hot tempers on the ice. *Journal of Applied Psychology, 83*(6), 969-974.

Business Week/online. (2005). *The real reasons you're working so hard . . . and what you can do about it,* October 3, from www.businessweek.com/print/magazine/content/05

Buss, A. H. (1961). *The psychology of aggression.* New York: John Wiley & Sons.

Buss, A. H. (1983). Social rewards and personality. *Journal of Personality and Social Psychology, 44,* 553-563.

Buss, A. H. (1986). *Social behavior and personality.* Hillsdale, NJ: Lawrence Erlbaum Associates, Inc.

Buss, D. M. (1999). *Evolutionary psychology.* Boston, MA: Allyn & Bacon.

Butler, J. K., & Cantrell, R. S. (1989). Extrinsic reward valences and productivity of business faculty: A within- and between-subjects decision modeling experiment. *Psychological Reports, 64,* 343-353.

Butterfield, K. D., Trevino, L. K., & Ball, G. A. (1996). Punishment from the manager's perspective: A grounded investigation and inductive model. *Academy of Management Journal, 39*(6), 1479-1512.

Bycio, P., Hackett, R. D., & Alvares, K. M. (1990). Job performance and turnover: A review and meta-analysis. *Applied Psychology: An International Review, 61,* 468-472.

Byrne, D. (1971). *The attraction paradigm.* New York: Academic Press.

Cable, J. P., & DeRue, D. S. (2002). The convergent and discriminant validity of subjective fit perceptions. *Journal of Applied Psychology, 87,* 875-884.

Calder, B. J., & Schurr, P. H. (1981). Attitudinal processes in organizations. In B. M. Staw & L. L. Cummings (Eds.), *Research in organizational behavior* (Vol. 3, pp. 283-302). Greenwich, CT: JAI Press.

Caldwell, D. S., & Ihrke, D. M. (1994). Differentiating between burnout and copout in organizations. *Public Personnel Management, 23*(1), 77-84.

Cameron, J., & Pierce, W. D. (1994). Reinforcement, reward, and intrinsic motivation: A meta-analysis. *Review of Educational Research, 64,* 363-423.

Cameron, K. S., Dutton, J. E., & Quinn, R. E. (Eds.). (2003). *Positive organizational scholarship: Foundations of a new discipline.* San Francisco: Berrett-Koehler.

Campbell, D. J. (1984). The effects of goal-contingent payment on the performance of a complex task *Personnel Psychology, 37*(1), 23-40.

Campbell, D. J. (1988). Task complexity: A review and analysis. *Academy of Management Review, 13*(1), 40-52.

Campbell, D. J., & Gingrich, K. F. (1986). The interactive effects of task complexity and participation on task performance: A field experiment. *Organizational Behavior and Human Decision Processes, 38*(2), 162-180.

Campbell, D. J., & Ilgen, D. R. (1976). Additive effects of task difficulty and goal setting on subsequent task performance. *Journal of Applied Psychology, 61*(3), 319-324.

Campbell, J. P., Campbell, R. J., & Associates. (1988). *Productivity in organizations: New perspectives from industrial and organizational psychology.* San Francisco: Jossey-Bass.

Campbell, J. P., Dunnette, M. D., Lawler III, E. E., & Weick, K. E. (1970). *Managerial behavior performance and effectiveness.* New York: McGraw-Hill.

Campbell, J. P., & Pritchard, R. D. (1976). Motivation theory in industrial and organizational psychology. In M. D. Dunnette (Ed.), *Handbook of industrial and organizational psychology* (pp. 63-130). Chicago, IL: Rand McNally.

Campion, M. A. (1988). Interdisciplinary approaches to job design: A constructive replication with extension. *Journal of Applied Psychology, 73*(3), 467-481.

Campion, M. A., & Lord, R. G. (1982). A control systems conceptualization of the goal setting and changing process. *Organizational Behavior and Human Performance, 30,* 265-287.

Campion, M. A., & Thayer, P. W. (1985). Development and field evaluation of an interdisciplinary measure of job design. *Journal of Applied Psychology, 70*(1), 29-43.

Campion, M. A., & Thayer, P. W. (1987). Job design: Approaches, outcomes, and trade-offs. *Organizational Dynamics, 15*(3), 66-79.

Capelli, P., & Sherer, P. D. (1991). The missing role of context in OB: The need for a meso-level approach. In B. M. Staw & L. L. Cummings (Eds.), *Research in organizational behavior* (Vol. 13, pp. 55-110). Greenwich, CT: JAI Press.

Caplan, R. D., & Jones, K. W. (1975). Effects of work load role ambiguity and Type A personality on anxiety, depression and heart rate. *Journal of Applied Psychology, 60,* 713-719.

Capozzi, T., & McVey, R. S. (1996). *Managing violence in the workplace.* Delray Beach, FL: St. Lucie Press.

Caproni, P., & Finley, J. (1997). When organizations do harm: Two cautionary tales. In P. Presad, & A. Mills (Eds.), *Managing the organizational melting pot* (pp. 255-284). Thousand Oaks, CA: Sage.

Carl, D., Gupta, V., & Javidan, M. (2004). Power distance. In R. J. Hose, P. J. Hanges, M. Javidan, P. W. Dorfman, & V. Gupta (Eds.), *Culture, leadership, and organizations: The GLOBE study of 62 societies* (pp. 513-559). Thousand Oaks, CA: Sage.

Carlson, M. (1995). The louts of discipline. *Time, 146*(9), 35.

Carr, J. Z., Schmidt, A. M., Ford, J. K., & DeShon, R. P. (2003). Climate perceptions matter: A meta-analytic path analysis relating molar climate, cognitive and affective states, and individual level work outcomes. *Journal of Applied Psychology, 88*(4), 605-619.

Carrell, M. R., & Dittrich, J. E. (1978). Equity theory: The recent literature, methodological considerations, and new directions. *Academy of Management Review, 3*(2), 202-210.

Carroll, S. J., & Tosi, H. (1973). *Management by objectives: Applications and research.* New York: Macmillan.

Carter, S. L. (1998). *Civility: Manners, morals, and the etiquette of democracy.* New York: Basic Books.

Carver, C. S. (1979). A cybernetic model of self-attention processes. *Journal of Personality and Social Psychology, 37,* 1251-1281.

Carver, C. S., & Scheier, M. F. (1981). *Attention and self-regulation: A control-theory approach to human be-*

havior. New York: Springer-Verlag.

Carver, C. S., & Scheier, M. F. (1982). Control theory: A useful conceptual framework for personality-Social, clinical, and health psychology. *Psychological Bulletin, 92,* 111-135.

Carver, C. S., & Scheier, M. F. (1990a). Origins and functions of positive and negative affect: A control-process view. *Psychological Reports, 97,* 19-35.

Carver, C. S., & Scheier, M. F. (1990b). Principles of self-regulation: Action and emotion. In E. T. Higgins & R. M. Sorrentino (Eds.), *Handbook of motivation and cognition* (pp. 3-52). New York: Guilford Press.

Cascio, W. F. (1993). Downsizing: What do we know? What have we learned? *Academy of Mathematical Executive, 7*(1), 95-104.

Cash, T. F., Gillen, B., & Burns, D. S. (1977). Sexism and "beautyism" in personnel consultant decision making. *Journal of Applied Psychology, 62*(3), 301-310.

Caulkins, D. (1974). Job redesign: Pay implications. *Personnel, 51*(3), 29-34.

Center for Entrepreneurial Leadership Clearinghouse on Enterpreneurship Education. (June 2001). *What are the costs of employee turnover?,* from www.celcee.edu: EDINFO Number 01-07.

Chatman, J. A. (1989). Improving interactional organizational research: A model of person-organization fit. *Academy of Management Review, 14*(3), 333-349.

Chatman, J. A. (1991). Matching people and organizations: Selection and socialization in public accounting firms. *Administrative Science Quarterly, 36,* 459-484.

Cheloha, R. S., & Farr, J. L. (1980). Absenteeism, job involvement, and job satisfaction in an organizational setting. *Journal of Applied Psychology, 65*(4), 467-473.

Chen, G., Gully, S. M., & Eden, D. (2001). Validation of a new general self-efficacy scale. *Organizational Research Methods, 4*(1), 62-83.

Chen, G., Gully, S. M., & Eden, D. (2004). General self-efficacy and self-esteem: Toward theoretical and empirical distinction between correlated self-evaluations. *Journal of Organizational Behavior, 25*(3), 375-395.

Chen, S., Lee-Chai, A. Y., & Bargh, J. A. (2001). Relationship orientation as a moderator of the effects of social power. *Journal of Personality and Social Psychology, 80*(2), 173-187.

Cherniss, C., Extein, M., Goleman, D., & Weissberg, R. P. (2006). Emotional intelligence: What does the research really indicate? *Educational Psychologist, 41*(4), 239-245.

Cherrington, D. J., & England, J. L. (1980). The desire for an enriched job as a moderator of the enrichment-satisfaction relationship. *Organizational Behavior and Human Performance, 25,* 139-159.

Chesney, A. A., & Locke, E. A. (1991). Relationships among goal difficulty, business strategies, and performance on a complex management simulation task, *Academy of Management Journal, 34*(2), 400-424.

Chisholm, J. S. (1995). Love's contingencies: The development socioecology of romantic passion. In W. Jankowiak (Ed.), *Romantic passion* (pp. 42-56). New York: Columbia University Press.

Chusmir, L. H. (1985). *Matching individuals to jobs: A motivational answer for personnel and counseling professionals.* New York: AMACOM.

Chusmir, L. H., & Azevedo, A. (1992). Motivation needs of sampled Fortune-500 CEOs: Relations to organizational outcomes. *Perceptual and Motor Skills, 75,* 595–612.

Chusmir, L. H., & Parker, B. (1984). Dimensions of need for power: Personalized vs. socialized power in female and male managers. *Sex Roles, 11*(9/10), 759–769.

Cialdini, R. B. (1993). *Influence: Science and practice* (3rd ed.). New York: HarperCollins.

Cialdini, R. B., Petty, R. E., & Cacioppo, J. T. (1981). Attitude and attitude change. *Annual Review of Psychology, 32,* 357–404.

Clegg, S. (1990). *Organization theory and class analysis.* New York: Walter de Gruyter.

Clore, G. L., & Ortony, A. (1991). What more is there to emotion concepts than prototypes? *Journal of Personality and Social Psychology, 60*(1), 48–50.

Coch, L., & French, J. R. P. (1948). Overcoming resistance to change. *Human Relations, 1,* 512–532.

Cofer, C. N., & Appley, M. H. (1964). *Motivation theory and research.* New York: John Wiley & Sons.

Cohen, A. (1993). Organizational commitment and turnover: A meta-analysis. *Academy of Management Journal, 36*(5), 1140–1157.

Cohen, B. P., & Zhou, X. (1991). Status processes in enduring work groups. *American Sociological Review, 56*(2), 179–188.

Cohen, R. L. (1990). *Justice, voice and silence.* Paper presented at the International Conference on Social Science and Social Dilemmas, Utrecht, The Netherlands.

Cohen, R. L. (1991). Justice and negotiation. In R. J. Lewiski, B. H. Sheppard, & M. H. Bagerman (Eds.), *Research on negotiation in organizations* (Vol. 3, pp. 259–282). Greenwich, CT: JAI Press.

Cohen, S., & Wills, T. A. (1985). Stress, social support, and the buffering hypothesis. *Psychological Bulletin, 98,* 310–357.

Cohen, S. L., & Bunker, K. A. (1975). Subtle effects of sex role stereotypes on recruiters' hiring decisions. *Journal of Applied Psychology, 60,* 566–572.

Cohen-Charash, Y., & Spector, P. E. (2001). The role of justice in organizations: A meta-analysis. *Organizational Behavior & Human Decision Processes, 86*(2), 278–321.

Collins, E. G. C. (1983). Managers and lovers. *Harvard Business Review, 61*(5), 142–153.

Collinson, D. L. (1992). *Managing the shopfloor: Subjectivity, masculinity and workplace culture.* Berlin: Walter de Gruyter.

Colquitt, J. A. (2001). On the dimensionality of organizational justice: A construct validation of a measure. *Journal of Applied Psychology, 86*(3), 386–400.

Colquitt, J. A. (2004). Does the justice of the one interact with the justic of the many? Reactions to procedural justice in teams. *Journal of Applied Psychology, 89*(4), 633–646.

Colquitt, J. A., Conlon, D. E., Wesson, M. J., Porter, C. O. L. H., & Ng, K. Y. (2001). Justice at the millennium: A meta-analytic review of 25 years of organizational justice research. *Journal of Applied Psychology, 86*(3), 425–445.

Colquitt, J. A., Le Pine, J. A., & Noe, R. A. (2000). Toward an integrative theory of training motivation: A meta-analytic path analysis of 20 years of research. *Journal of Applied Psychology, 85,* 678–707.

Colquitt, J. A., & Simmering, M. J. (1998). Conscientiousness, goal orientation, and motivation to learn during the learning process: A longitudinal study. *Journal of Applied Psychology, 83*(4), 654-665.

Colwill, N., & Lips, H. M. (1988). Issues in the workplace. In H. M. Lips (Ed.), *Sex and gender: An introduction* (pp. 292-315). Boston, MA: McGraw-Hill.

Combs, J., Liu, Y., Hall, A., & Ketchen, D. (2006). How much do high-performance work practices matter? A meta-analysis of their effects on organizational performance. *Personnel Psychology, 59*(3), 501-528.

Comer, D. R. (1995). A model of social loafing in real work groups. *Human Relations, 48*(6), 647-667.

Condry, J. (1975). *The role of initial interest and task performance in intrinsic motivation.* Paper presented at the American Psychological Association, Chicago.

Conger, J. A., & Kanungo, R. N. (1988). The empowerment process: Integrating theory and practice. *Acadmey of Management Review, 13*(3), 471-482.

Connolly, J. J., & Viswesvaran, C. (2000). The role of affectivity in job satisfaction: A meta-analysis. *Personality and Individual Differences, 29,* 265-281.

Connor, P. E., & Becker, B. W. (1994). Personal values and management: What do we know and why don't we know more? *Journal of Management Inquiry, 31*(1), 67-73.

Cook, S. D. (1972). Coercion and social change. In R. J. Pennock & J. R. Chapman (Eds.), *Coercion* (pp. 107-143). Chicago, IL: Aldine.

Cook, T. D., & Campbell, D. T. (1979). *Quasi-experimentation: Design and analysis issues for field settings.* Boston, MA: Houghton-Mifflin.

Cooper, D., & Emory, C. W. (1995). *Business research methods.* Burr Ridge, IL: Irwin.

Cooper, M. R., Morgan, B. S., Foley, P. M., & Kaplan, L. B. (1979). Changing employee values: Deepening discontent? *Harvard Business Review, 57*(1), 117-125.

Cordery, J. L., & Sevastos, P. P. (1993). Responses to the original and the revised Job Diagnostic Survey: Is education a factor in responses to negatively worded items? *Journal of Applied Psychology, 78,* 141-143.

Corsun, D. L., & Enz, C. A. (1999). Predicting psychological empowerment among service workers: The effect of support-based relationships. *Human Relations, 52*(2), 205-224.

Cortina, L. M., Magley, V. J., Williams, J. H., & Langhout, R. D. (2001). Incivility in the workplace: Incidence and impact. *Journal of Occupational Health Psychology, 6*(1), 64-80.

Côté, S. (2005). A social interaction model of the effects of emotion regulation on work strain. *Academy of Management Review, 30*(3), 509-530.

Côté, S., & Morgan, L. M. (2002). A longitudinal analysis of the association between emotion regulation, job satisfaction, and intentions to quit. *Journal of Organizational Behavior, 23,* 946-962.

Cotton, J. L., Vollrath, D. A., Froggatt, K. L., Lengnick-Hall, M. L., & Jennings, K. R. (1988). Employee participation: Diverse forms and different outcomes. *Academy of Management Review, 13*(1), 8-22

Coulson, R. (1981). *The termination handbook.* New York: Free Press.

Coulter, J. (1979). *The social construction of mind.* London: Macmillan.

Coupland, D. (1991). *Generation X.* New York: St. Martin's.

Covey, S. R. (1989). *The 7 habits of highly effective people.* New York: Simon & Schuster.

Cox, A., Zagelmeyer, S., & Marchington, M. (2006). Embedding employee involvement and participation at work. *Human Resource Management Journal, 16*(3), 250-267.

Craig, G., Gaus, A., Wilkinson, M., Skrivankova, K., & McQuade, A. (2006). *Contemporary slavery in the UK.* York: Joseph Rowntree Foundation.

Craighead, W. E., Kazdin, A. E., & Mahoney, M. J. (1976). *Behavior modification.* Boston, MA: Houghton-Mifflin.

Crane, D. P., & Jones, Jr., W. A. (1991). *The public manager.* Atlanta, GA: Georgia State University Press.

Cranny, C. J., Smith, P. C., & Stone, E. F. (Eds.). (1992). *Job satisfaction.* New York: Lexington Books.

Crawford, J., Kippax, S., Onyx, J., Gault, U., & Benton, P. (1992). *Emotion and gender: Constructing meaning from memory.* London: Sage.

Crawford, T. J., & Boyer, R. (1985). Salient consequences, cultural values, and childbearing intentions. *Journal of Applied Psychology, 16,* 16-30.

Craychee, G. A. (1987). The psychosocial dimension of professional continuing education: Behavior intentions. *Radiologic Technology, 58,* 529-535.

Critchlow, B. (1987). A utility analysis of drinking. *Addictive Behaviors, 12,* 269-273.

Cronbach, L. J. (1957). The two disciplines of scientific psychology. *American Psychologist, 12,* 671-684.

Cronbach, L. J. (1970). *Essentials of psychological testing.* New York: Harper & Row.

Cronbach, L. J. (1975). Beyond the two disciplines of scientific psychology. *American Psychologist, 30,* 116-127.

Cronbach, L. J., & Gleser, G. (1965). *Psychological tests and personnel decisions.* Urbana, IL: University of Illinois Press.

Cropanzano, R. (Ed.). (1993). *Justice in the workplace: Approaching fairness in human resource management.* Hillsdale, NJ: Lawrence Erlbaum Associates, Inc.

Cropanzano, R., Goldman, B., & Folger, R. (2003). Deontic justice: The role of moral principles in workplace fairness. *Journal of Organizational Behavior, 24*(8), 1019-1024.

Cropanzano, R., Rupp, D. E., Mohler, C. J., & Schminke, M. (2001). Three roads to organizational justice. In G. R. Ferris (Ed.), *Research in personnel and human resources management* (Vol. 20, pp. 1-113). Oxford: JAI Press.

Cropanzano, R., Weiss, H. M., Suckow, K. J., & Grandey, A. A. (2000). Doing justice to workplace emotion. In N. M. Ashkanasy, C. E. J. Hartel, & W. J. Zerbe (Eds.), *Emotions in the workplace: Research, theory, and practice* (pp. 49-62). Westport, CN: Quorum Books.

Crosby, F. J., Iyer, A., Clayton, S., & Downing, R. A. (2003). Affirmative action: Psychological data and the policy debates. *American Psychologist, 58*(2), 93-115.

Crossman, M., Fry, J., & Killing, J. P. (2002). *Strategic analysis and action* (5th ed.). Toronto: Prentice-Hall.

Cummings, L. L. (1980). The brother-in-law syndrome: Inequity in everyday life. In L. L. Cummings & R. B. Dunham (Eds.), *Introduction to organizational behavior* (pp. 142-144). Homewood, IL: Irwin.

Cummings, L. L., & Schwab, D. P. (1973). *Performance in organizations: Determinants and appraisal.* Glenview, IL: Scott, Foresman.

Cummings, T. G., Molly, E. S., & Glen, R. A. (1977). A methodological critique of fifty-eight selected work experiments. *Human Relations, 30*(8), 675-708.

Cyert, R. M., & March, J. G. (1963). *A behavioral theory of the firm.* Englewood Cliffs, NJ: Prentice-Hall.

Dabbs, J. M. (1992). Testosterone and occupational achievement. *Social Forces, 70,* 813-824.

Dachler, H. P., & Mobley, W. H. (1973). Construct validation of an instrumentality-expectancy-task-goal model of work motivation. *Journal of Applied Psychology, 58*(3), 397-418.

Dachler, H. P., & Wilpert, B. (1978). Conceptual dimensions and boundaries of participation in organizations: A critical evaluation. *Administrative Science Quarterly, 23,* 1-39.

Daft, R. L. (1983). *Organization theory and design.* St. Paul, MN: West.

Dahl, R. A. (1957). The concept of power. *Behavioral Science, 2*(3), 201-215.

Dahl, R. A. (1986). Power as the control of behavior. In S. Lukes (Ed.), *Power* (pp. 37-58). Worcester, England: Blackwell.

Dalal, R. (2005). A meta-analysis of the relationship between organizational citizenship behavior and counter-productive work behavior. *Journal of Applied Psychology, 90*(6), 1241-1255.

Dalton, D. R. (1981). Turnover and absenteeism: Measures of personal effectiveness. In R. S. Schuler, D. R. Dalton, & J. M. McFillen (Eds.), *Applied reading in personnel and human resource management.* St. Paul, MN: West.

Dalton, D. R., & Todor, W. D. (1973). Turnover turned over: An expanded and positive perspective. *Academy of Management Review, 4,* 225-235.

Dalton, D. R., & Todor, W. D. (1982a). Turnover: A lucrative hard dollar phenomenon. *Academy of Management Review, 7,* 212-218.

Dalton, D. R., & Todor, W. D. (1982b). Antecedents of grievance filling behavior: Attitude/behavioral consistency and the union steward. *Academy of Management Journal, 25*(1), 158-169.

Dalton, M. (1959). *Men who manage: Fusions of feeling and theory in administration.* New York: John Wiley & Sons.

Damasio, A. R. (1994). *Descartes' error.* New York: Putnam.

Damon, W. (1977). *The social world of the child.* San Francisco: Jossey-Bass.

D'Andrade, R. G. (1992). Schemas and motivation. In R. G. D'Andrade & C. Strauss (Eds.), *Human motives and cultural models* (pp. 23-44). Cambridge: Cambridge University Press.

Daniels, D., & Mitchell, T. R. (1995). *Differential effects of self-efficacy, goals, and expectations on task performance.* Unpublished manuscript, School of Business Administration, University of Washington at Seattle.

Dastmalchian, A. (2008). Industrial relations climate. In P. Blyton, N. Bacon, J. Fiorito, & E. Heery (Eds.), *Handbook of industrial relations.* London: Sage.

Davenport, T. H. (2006). *Thinking for a living: How to get better performance and results from knowledge workers.* Cambridge, MA: Harvard Business School Press.

Davidson, D., Suppes, P., & Siegel, S. (1957). *Decision making: An experimental approach.* Stanford, CA: Stanford University Press.

Davidson, O. B., & Eden, D. (2000). Remedial self-fulfilling prophecy: Two field experiments to prevent Golem effects among disadvantaged women. *Journal of Applied Psychology, 85*(3), 386-398.

Davis, L. E., & Taylor, J. C. (Eds.). (1979). *Design of jobs.* Santa Monica, CA: Goodyear.

Davis, T. R. V., & Luthans, F. (1980). A social learning approach to organizational behavior. *Academy of Management Review, 5*(2), 281-290.

Dawes, R. M., & Smith, T. L. (1985). Attitude and opinion measurement. In G. Lindzey & E. Aronson (Eds.), *Handbook of social psychology* (3rd ed., Vol. 1, pp. 509-566). New York: Random House.

Dawis, R., & Lofquist, L. H. (1984). *A psychological theory of work adjustment: An individual differences model and its applications.* Minneapolis, MN: University of Minnesota Press.

De Boer, E. M., Bakker, A. B., Syroit, J. E., & Schaufeli, W. B. (2002). Unfairness at work as a predictor of absenteeism. *Journal of Organizational Behavior, 23*(2), 181.

de Charms, R. (1968). *Personal causation.* New York: Academic Press.

de Cremer, D., Tyler, T. R., & den Ouden, N. (2005). Managing cooperation via procedural fairness: The mediating influence of self-other merging. *Journal of Economic Psychology, 26*(2005), 393-406.

de Leo, P. J., & Pritchard, R. D. (1974). An examination of some methodological problems in testing expectancy-valence models with survey techniques. *Organizational Behavior and Human Performance, 12,* 143-148.

de Luque, M. S., & Javidan, M. (2004). Uncertainty avoidance. In R. J. House, P. J. Hanges, M. Javidan, P. W. Dorfman, & V. Gupta (Eds.), *Culture, leadership, and organizations* (pp. 602-653). Thousand Oaks, CA: Sage.

de Waele, M., Morvel, J., & Sheitoyan, R. G. (1992). *Self-management in organizations.* Seattle, WA: Hogrefe & Huber.

Deans, R. C. (1973). Productivity and the new work ethic. In *Editorial Research Reports on the American Work Ethic* (pp. 1-20). Washington, DC: Congressional Quarterly, Inc.

Deci, E. L. (1971). Effects of externally mediated rewards on intrinsic motivation. *Journal of Personality and Social Psychology, 18,* 104-115.

Deci, E. L. (1972). Intrinsic motivation, extrinsic reinforcement and inequity. *Journal of Personality and Social Psychology, 22,* 113-120.

Deci, E. L. (1975). *Intrinsic motivation.* New York: Plenum Press.

Deci, E. L. (1976). Notes on the theory and meta-theory of intrinsic motivation. *Organizational Behavior and Human Performance, 15,* 130-145.

Deci, E. L. (1980). *The psychology of self-determination.* Lexington, MA: D.C. Heath.

Deci, E. L., Connell, J. P., & Ryan, R. M. (1989). Self-determination in a work organization. *Journal of Applied Psychology, 74*(4), 580-590.

Deci, E. L., Koestner, R., & Ryan, R. M. (1999). A meta-analytic review of experiments examining the effect of extrinsic rewards on intrinsic motivation. *Psychological Bulletin, 125*(6), 617-668.

Deci, E. L., & Porac, J. (1978). Cognitive evaluation theory and the study of human motivation. In M. R. Lepper & D. Greene (Eds.), *The hidden costs of reward* (pp. 149-176). Hillsdale, NJ: Lawrence Erlbaum Associates, Inc.

Deci, E. L., & Ryan, R. M. (1985). *Intrinsic motivation and self determination in human behavior.* New York: Plenum Press.

Deci, E. L., & Ryan, R. M. (1987). The support of autonomy and the control of behavior. *Journal of Personality and Social Psychology, 53,* 1024-1037.

Deci, E. L., & Ryan, R. M. (2000). The "what" and "why" of goal pursuits: Human needs and the self-determination of behavior. *Psychological Inquiry, 11*(4), 227-268.

Degoey, P. (2000). Contagious justice: Exploring the social construction of justice in organizations. In B. M. Staw & R. I. Sutton (Eds.), *Research in organizational behavior* (Vol. 22, pp. 51-102). New York: JAI Press.

Dempster, F. N. (1988). The spacing effect. *American Psychologist, 43,* 627-634.

Dempster, F. N. (1989). Spacing effects and their implications for theory and practice. *Educational Psychology Review, 1989,* 309-330.

Den Hartog, D. N. D. (2004). Assertiveness. In R. J. House, P. J. Hanges, M. Javidan, P. W. Dorfman, & V. Gupta (Eds.), *Culture, leadership, and organizations: The GLOBE study of 62 societies* (pp. 395-436). Thousand Oaks, CA: Sage.

Denison, D. R. (1996). What is the difference between organizational culture and organizational climate? A native's point of view on a decade of paradigm wars. *Academy of Management Review, 21,* 619-654.

Derryberry, D., & Tucker, D. M. (1994). Motivating the focus of attention. In P. M. Niedenthal & S. Kitayama (Eds.), *The heart's eye* (pp. 167-196). San Diego, CA: Academic Press.

Deutsch, M. (1983). Current social psychological perspectives on justice. *European Journal of Social Psychology, 13,* 305-319.

Dickson, D., Saunders, C., & Stringer, M. (1993). *Rewarding people: The skill of responding positively.* London: Routledge.

Diener, E., Larsen, R., Levine, S., & Emmons, R. A. (1985). Intensity and frequency: Dimensions underlying positive and negative affect. *Journal of Personality and Social Psychology, 48,* 1253-1265.

Dietz, J., Robinson, S. L., Folger, R., Baron, R. A., & Schulz, M. (2003). The impact of community violence and on organization's procedural justice climate workplace aggression. *Academy of Management Journal, 46*(3), 317-326.

Digman, J. M. (1990). Personality structure: Emergence of the five-factor model. *Annual Review of Psychology, 41*(1), 417-440.

d'Iribarne, P. (2002). Motivating workers in emerging countries: Universal tools and local adaptations. *Journal of Organizational Behavior, 23*(3), 243-256.

Dittrich, J. E., & Carrell, M. R. (1979). Organizational equity perceptions, employee job satisfaction, and departmental absence and turnover rates. *Organizational Behavior and Human Performance, 24,* 29-40.

Dobie, K. (2005). AWOL in America. *Harper's, 310*(1585), 33-44.

Dobrow, S. (2004). *Extreme subjective career success: A new integrated view of having a calling.* Paper presented at Academy of Management, New Orleans, LA.

Dollard, J., Doob, L. W., Miller, N. E., Mowrer, O. H., & Sears, R. R. (1939). *Frustration and aggression.* New Haven, CT: Yale University Press.

Donahue, T. R. (1982). *Labor looks at quality of work life programs.* Paper presented at the Conference on Labor Participation, Amherst, MA: Labor Relations and Research Centre, University of Massachusetts.

Donovan, M. A., Draswgow, F., & Munson, L. J. (1998). The perceptions of fair interpersonal treatment scale:

Development and validation of a measure of interpersonal treatment in the workplace. *Journal of Applied Psychology, 83*(5), 683-692.

Dooley, D., & Prause, J. (1995). Effect of unemployment on school leavers' self-esteem. *Journal of Occupational and Organizational Psychology, 68,* 177-192.

Dormann, C., & Zapf, D. (2001). Job satisfaction: A meta-analysis of stabilities. *Journal of Organizational Behavior, 22*(5), 483-504.

Douglas, M. (2002, October 17). Shooting took two minutes. *Kamloops Daily News,* 1.

Douglas, S. C., & Martinko, M. J. (2001). Exploring the role of individual differences in the prediction of workplace aggression. *Journal of Applied Psychology, 86*(4), 547-559.

Dowling, W. F. (1973). Job redesign on the assembly line: Farewell to blue-collar blues? *Organizational Dynamics, 2*(1), 51-67.

Downey, H. K., Hellriegel, D., & Slocum, J. W. (Eds.). (1977). *Organizational behavior: A reader.* St. Paul, MN: West.

Downey, H. K., Sheridan, J. E., & Slocum, J. W. (1976). The path-goal theory of leadership: A longitudinal analysis. *Organizational Behavior and Human Performance, 16,* 156-176.

Drake, J. A. (1974). Planner looks at job enrichment. *Planning Review, 2*(4), 30-31.

Dreher, G. F. (1982). The role of performance in the turnover process. *Academy of Management Journal, 25*(1), 137-147.

Dreher, G. F., & Ash, R. A. (1990). A comparative study of mentoring among men and women in managerial, professional, and technical positions. *Journal of Applied Psychology, 75*(5), 539-546.

Drever, J. (1952). *A dictionary of psychology.* Harmondsworth: Penguin Books.

Drory, A., & Romm, T. (1990). The definition of organizational politics: A review. *Human Relations, 43*(11), 1133.

Drucker, P. (1954). *The practice of management.* New York: Harper.

Dubin, R. (1956). Industrial workers' worlds: A study of the central life interests of industrial workers. *Social Problems, 3,* 131-142.

DuBois, P. (1979). *Sabotage in industry.* Harmondsworth: Penguin Books.

Dullard, J. P., & Miller, K. L. (1988). Intimate relationships in task environments. In S. W. Duck (Ed.), *Handbook of personal relationships* (pp. 449-466). New York: John Wiley & Sons.

Duncan, W. J., Smeltzer, L. R., & Leap, T. L. (1990). Humor and work: Applications of joking behavior to management. *Journal of Management, 16*(2), 255-278.

Dunham, R. B. (1977). Reactions to job characteristics: Moderating effects of the organization. *Academy of Management Journal, 20*(1), 42-65.

Dunnette, M. D. (1972). *Performance equals ability and what? (Tech. Rep. 4009: ONR Contract No. N00014-68-A-0141).* Minneapolis, MN: University of Minnesota, Center for the Study of Organizational Performance and Human Effectiveness.

Dunnette, M. D., Arvey, R. D., & Banas, P. A. (1973). Why do they leave? *Personnel, May-June,* 25-39.

Dunnette, M. D., & Kirchner, W. K. (1965). *Psychology applied to industry.* New York: Appleton-Century-Crofts.

Dwek, C. S. (1986). Motivational processes affecting learning. *American Psychologist, 41,* 1040-1048.

Dyer, L., & Parker, D. F. (1975). Classifying outcomes in work motivation research: An examination of the intrinsic-extrinsic dichotomy. *Journal of Applied Psychology, 60,* 455-458.

Eagly, A. H., & Chaiken, S. (1993). *The psychology of attitudes.* San Diego, CA: Harcourt Brace Jovanovich.

Eagly, A. H., & Johnson, B. T. (1990). Gender and leadership style: A meta-analysis. *Psychological Bulletin, 108,* 233-256.

Eagly, A. H., & Karau, S. J. (2002). Role congruity theory of prejudice toward female leaders. *Psychological Review, 109*(3), 573-598.

Earley, P. C. (2001). Understanding social motivation from an interpersonal perspective: Organizational face theory. In M. Erez, U. Kleinbeck, & H. Thierry (Eds.), *Work motivation in the context of a globalizing economy* (pp. 369-380). Mahwah, NJ: Lawrence Erlbaum Associates, Inc.

Earley, P. C. (2002). Redefining interactions across cultures and organizations: Moving forward with cultural intelligence. In B. M. Staw & R. M. Kramer (Eds.), *Research in organizational behavior* (Vol. 24, pp. 271-300). Oxford: JAI Press.

Earley, P. C., Connelly, T., & Ekegren, G. (1989). Goals, strategy development, and task performance: Some limits on the efficacy of goal setting. *Journal of Applied Psychology, 74,* 24-33.

Eckblad, G. (1981). *Scheme theory.* New York: Academic Press.

Economist. (1996, June 8). A wealth of working women. *The Economist,* 27-28.

Economist. (2005, May 14). Doctor's salaries: Practice makes perfect. *The Economist,* 61.

Economist. (2006, November 11). Single market blues. *The Economist,* 61.

Eden, D. (1984). Self-fulfilling prophesy as a management tool: Harnessing Pygmalion. *Academy of Management Review, 9,* 64-73.

Eden, D. (1988). Pygmalion, goal setting, and expectancy: Compatible ways to boost productivity. *Academy of Management Review, 13,* 639-652.

Eden, D., & Kinnar, J. (1991). Modeling Galatea: Boosting self-efficacy to increase volunteering. *Journal of Applied Psychology, 76,* 770-780.

Ediger, B. (1991). *Coping with fibromyalgia.* Toronto, Ontario, Canada: LRH.

Edstrom, A., & Galbraith, J. R. (1977). Transfer of managers as a coordination and control strategy in multinational organizations. *Administrative Science Quarterly, 22,* 248-263.

Edwards, J. R. (1994). The study of congruence in organizational behavior research: Critique and proposed alternative. *Organizational Behavior and Human Decision Processes, 58,* 51-100.

Edwards, J. R., Scully, J. A., & Brtek, M. D. (1999). The measurement of work: Hierarchical representation of the multimethod job design questionnaire. *Personnel Psychology, 1999*(52), 305-334.

Edwards, J. R., Scully, J. A., & Brtek, M. D. (2000). The nature and outcomes of work: A replication and extension of interdisciplinary work-design research. *Journal of Applied Psychology, 86*(6), 860-868.

Edwards, P. K. (1979). Attachment to work and absence. *Human Relations, 32,* 1065-1080.

Ehrenreich, B. (2007). Pathologies of hope. *Harper's Magazine, 314,* 9-11.

Eimer, D. (2007, June 17). Slavery scandal shocks China: Kidnapping of youngsters, appalling conditions shine spotlight on brutal side of country's economic boom. *Victoria Times-Colonist,* C10.

Eisenberger, R., & Cameron, J. (1996). Detrimental effects of reward. *American Psychologist, 51*(11), 1153-1166.

Eisenhardt, K. M. (1989). Building theories from case study research. *Academy of Management Review, 14,* 532-550.

Ekman, P., & Davidson, R. J. (Eds.). (1994). *The nature of emotion.* New York: Oxford University Press.

Ekman, P., & Friesen, W. V. (1975). *Unmasking the face.* Englewood Cliffs, NJ: Prentice-Hall.

Elangovan, A. R., Auer-Rizzi, W., & Szabo, E. (2007). Why don't I trust you now? An attributional approach to erosion of trust. *Journal of Managerial Psychology, 22*(1), 4-24.

Elangovan, A. R., Pinder, C. C., & McLean, M. (2008). *Resurrection of callings in organizational behavior: Interpretations and implications for inquiry and practice.* Unpublished manuscript, Victoria, BC.

Elangovan, A. R., & Shapiro, D. (1998). Betrayal of trust in organizations. *Academy of Management Review, 23*(3), 547-566.

Elfenbein, H. A., & Ambady, N. (2002). On the universality and cultural specificity of emotion recognition: A meta-analysis. *Psychological Bulletin, 128*(2), 203-235.

Elkouri, F., & Aspa-Elkouri, E. (1985). *How arbitration works* (4th ed.). Washington, DC: BNA.

Elliott, R. H., & Jarrett, D. T. (1994). Violence in the workplace: The role of human resource management. *Public Personnel Management, 23*(2), 287-299.

Ellsworth, P. C., & Smith, C. A. (1988). Shades of joy: Patterns of appraisal differentiating pleasant emotions. *Cognition and Emotion, 2,* 301-331.

Emerson, R. E. (1962). Power-dependence relations. *American Sociological Review, 27,* 31-41.

Emmons, R. A. (2003). Acts of gratitude in organizations. In K. S. Cameron, J. E. Dutton, & R. E. Quinn (Eds.), *Positive organizational scholarship: Foundations of a new discipline* (pp. 81-93). San Francisco: Berrett-Koehler.

Emrich, C. G., Denmark, F. L., & Den Hartog, D. N. (2004). Cross-cultural differences in gender egalitarianism. In R. J. House, P. J. Hanges, M. Javidan, P. W. Dorfman, & V. Gupta (Eds.), *Culture, leadership, and organizations* (pp. 282-342). Thousand Oaks, CA: Sage.

Encarta. (1993a). *Galatea.*

Encarta. (1993b). *Pygmalion.*

Endler, N. W. (1975). The case for person-situation interactions. *Canadian Psychological Review, 16,* 12-21.

England, G. W. (1991). The meaning of work in the U.S.A.: Recent changes. *European Work and Organizational Psychologist, 1*(2/3), 111-124.

England, P., & McLaughlin, S. D. (1979). Sex segregation of jobs and male-female income differentials. In R. Alvarez & K. G. Lutterman (Eds.), *Discrimination in organizations* (pp. 189-213). San Francisco: Jossey-Bass.

Ephlin, D. F. (1973). The union's role in job enrichment programs. In G. G. Somers (Ed.), *Proceedings of the 26th Annual Winter Meeting.* Madison, WI: Industrial Relations Research Association.

Erez, A., & Isen, A. M. (2002). The influence of positive affect on the components of expectancy motivation. *Journal of Applied Psychology, 87*(6), 1055-1067.

Erez, A., & Judge, T. A. (2001). Relationship of core self-evaluations to goal setting, motivation, and performance.

Journal of Applied Psychology, 86(6), 1270-1279.

Erez, M. (2000). Make management practice fit the national culture. In E. A. Locke (Ed.), *Handbook of principles of organizational behavior* (pp. 418-434). Oxford: Blackwell.

Erez, M., & Arad, R. (1986). Participative goal-setting: Social, motivational, and cognitive factors. *Journal of Applied Psychology, 71*(4), 591-597.

Erez, M., & Earley, P. C. (1993). *Culture, self-identity, and work.* New York: Oxford University Press.

Erez, M., & Kanfer, F. H. (1983). The role of goal acceptance in goal setting and task performance. *Academy of Management Review, 8*(3), 454-463.

Erez, M., Kleinbeck, U., & Thierry, H. (2001). *Work motivation in the context of a globalizing economy.* Mahwah, NJ: Lawrence Erlbaum Associates, Inc.

Erikson, K., & Vallas, S. P. (Eds.). (1990). *The nature of work.* New Haven, CT: Yale University Press.

Evans, M. G. (1970). The effects of supervisory behavior on the path-goal relationship. *Organizational Behavior & Human Performance, 5*(3), 277-298.

Evans, M. G. (1974). Extensions of a path-goal theory of motivation. *Journal of Applied Psychology, 59*(2), 172-178.

Evans, M. G. (2002). Path-goal theory of leadership. In L. L. Neider & C. Schriesheim (Eds.), *Leadership* (pp. 115-138). Greenwich, CT: Information Age Publishers.

Eylon, D. (1994). *Empowerment: A multi-level construct.* Unpublished doctoral dissertation, University of British Columbia, Vancouver, British Columbia, Canada.

Eylon, D., & Pinder, C. C. (1995). *Experimental test of a process model of employee empowerment.* Unpublished manuscript, Faculty of Commerce & Business Administration, University of British Columbia, Vancouver, BC, Canada.

Farrell, D. (1983). Exit, voice, loyalty, and neglect as responses to job dissatisfaction: A multidimensional scaling study. *Academy of Management Journal, 26*(4), 596-607.

Farrell, W. (2005). *Why men earn more.* New York: AMACOM.

Fassel, D. (1992). *Working ourselves to death.* New York: HarperCollins/Thorsons.

Faunce, W. A. (1982). The relation of status to self esteem: Chair saw sociology at the cutting edge. *Sociological Focus, 15*(3), 163-178.

Faunce, W. A. (1989). Occupational status-assignment systems: The effect of status on self-esteem. *American Journal of Sociology, 95,* 378-400.

Fedor, D. B., & Ferris, G. R. (1981). Integrating OB mod with cognitive approaches to motivation. *Academy of Management Review, 6*(1), 115-125.

Fehr, B., & Russell, J. A. (1991). The concept of love viewed from a prototype perspective. *Journal of Personality and Social Psychology, 60,* 425-438.

Fein, M. (1974). Job enrichment: A reevaluation. *Sloan Management Review, 15*(2), 69-88.

Feldman, D. C. (1977). The role of initiation activities in socialization. *Human Relations, 30*(11), 977-990.

Feldman, D. C. (1981). The multiple socialization of organization members. *Academy of Management Review, 6*(2), 309-318.

Feldman, D. C., & Brett, J. M. (1983). Coping with new jobs: A comparative study of new hires and job changers. *Academy of Management Journal, 26*(2), 258-272.

Feldman, D. C., & Leana, C. R. (1989). Managing layoffs: Experience at the *Challenger* disaster site and the Pittsburgh steel mills. *Organizational Dynamics, 18*(1), 52-64.

Feldman, J. M., Reitz, H. J., & Hiterman, R. J. (1976). Alternatives of optimization in expectancy theory. *Journal of Applied Psychology, 61*(6), 712-720.

Fellenz, M. R. (1996). *Control theory in organizational behavior: Review, critique, and prospects.* Unpublished manuscript, University of North Carolina at Chapel Hill.

Fennel, T. (1996). The high price of salary disclosure. *Maclean's, 109*(16), 50.

Feshbach, S., & Zagrodska, J. (Eds.). (1997). *Aggression: Biological, developmental and social perspectives.* New York: Plenum Press.

Festinger, L. A. (1954). A theory of social comparison processes. *Human Relations, 7,* 117-140.

Festinger, L. A. (1957). *A theory of cognitive dissonance.* Evanston, IL: Row, Peterson.

Fields, D. (2002). *Taking the measure of work: A guide to validated scales for organizational research and diagnosis.* Thousand Oaks, CA: Sage.

Fields, D., Pang, M., & Chiu, C. (2000). Distributive and procedural justice as predictors of employee outcomes in Hong Kong. *Journal of Organizational Behavior, 21*(5), 547-562.

Fineman, S. (Ed.). (1993). *Emotion in organizations.* London: Sage.

Fineman, S. (2000). Commodifying the emotionally intelligent. In S. Fineman (Ed.), *Emotion in organizations* (2nd ed., pp. 101-114). Thousand Oaks, CA: Sage.

Fineman, S. (2006). On being positive: Concerns and counterpoints. *Academy of Management Review, 31*(2), 270-291.

Fiol, C. M., & Lyles, M. A. (1985). Organizational learning. *Academy of Management Review, 10*(4), 803-813.

Firebaugh, G., & Harley, B. (1995). Trends in job satisfaction in the United States by race, gender, and type of occupation. In R. L. Simpson & I. H. Simpson (Eds.), *Researh in the sociology of work: The meanings of work* (pp. 87-104). Greenwich, CT: JAI Press.

Fischer, A. (1994). Emotion concepts as a function of gender. In J. A. Russell, J. M. Fernandez-Doles, A. S. R. Manstead, & J. C. Wellenkamp (Eds.), *Everyday conceptions of emotions* (pp. 457-474). Dordrecht, The Netherlands: Kluwer.

Fishbein, M. (1967). Attitude and the prediction of behavior. In M. Fishbein, *Readings in attitude theory and measurement,* 477-491.

Fishbein, M. (1980). A theory of reasoned action: Some applications and implications, In M. M. Page (Ed.), *Nebraska Symposium on Motivation, 1979 BF683, N4.* Lincoln, NE: University of Nebraska Press.

Fishbein, M., & Ajzen, I. (1975). *Belief, attitude, intention and behavior: An introduction to theory and research.* Reading, MA: Addison-Wesley.

Fisher, A. B. (1988). The downside of downsizing. *Fortune, 117*(11), 42-52.

Fisher, A. B., & Welsh, T. (1994). Getting comfortable with couples in the workplace. *Fortune, 130*(7), 138-144.

Fisher, C. D. (1980). On the dubious wisdom of expecting job satisfaction to correlate with performance.

Academy of Management Review, 5, 607-612.

Fisher, C. D. (2002). Antecedents and consequences of real-time affective reactions at work. *Motivation and Emotion, 26*(1), 3-30.

Fisher, C. D. (2003). Why do lay people believe that satisfaction and performance are correlated? Possible sources of a commonsense theory. *Journal of Organizational Behavior, 2003*(24), 753-777.

Fisher, C. D., & Locke, E. A. (1992). The new look in job satisfaction research and theory. In C. U. Cranny, P. C. Smith, & E. F. Stone (Eds.), *Job satisfaction* (pp. 165-194). New York: Lexington Books.

Fisher, C. D., & Noble, C. S. (2004). A within-person examination of correlates of performance and emotions while working. *Human Performance, 172*(2), 145-168.

Fisher, H. (2004). *Why we love: The nature and chemistry of romantic love.* New York: Henry Holt & Co.

Fisher, H. E. (1992). *The anatomy of love.* New York: Norton.

Fisher, W. A. (1984). Predicting contraceptive behavior among university men: The role of emotions and behavioral intentions. *Journal of Applied Psychology, 14,* 104-123.

Fiske, D. W., & Maddi, S. R. (1961). *The functions of a varied experience.* Homewood, IL: Dorsey.

Fiske, S. T. (1993). Social cognition and perception. *Annual Review of Psychology, 44,* 155-194.

Fiske, S. T., & Taylor, S. E. (1991). *Social cognition* (2nd ed.). New York: McGraw-Hill.

Fitness, J. (2000). Anger in the workplace: An emotion script approach to anger episodes between workers and their superiors, co-workers and subordinates. *Journal of Organizational Behavior, 21,* 147-162.

Fleishman, E. A. (1958). A relationship between incentive motivation and ability level in psychomotor performance. *Journal of Experimental Psychology, 56,* 78-81.

Flowers, V. S., & Hughes, C. L. (1973). Why employees stay. *Harvard Business Review, 51*(4), 40-60.

Foley, S., & Powell, G. N. (1999). Not all is fair in love and work: Coworkers' preferences for and responses to managerial interventions regarding workplace romances. *Journal of Organizational Behavior, 20*(7), 1043-1056.

Folger, R. (1977). Distributive and procedural justice: Combined impact of voice and improvement on experienced inequity. *Journal of Personality and Social Psychology, 35,* 108-119.

Folger, R. (1986). Rethinking equity theory: A referent cognitions model. In H. W. Bierhoff, R. L. Cohen, & J. Greenberg (Eds.), *Justice in social relations* (pp. 145-162). New York: Plenum Press.

Folger, R. (1987). Distributive and procedural justice in the workplace. *Social Justice Research, 1*(2), 143-159.

Folger, R. (1993). Reactions to mistreatment at work. In J. K. Murnighan (Ed.), *Social psychology in organizations.* Englewood Cliffs, NJ: Prentice-Hall.

Folger, R. (2001). Fairness as deonance. In S. W. Gilliland, D. D. Steiner, & D. P. Skarlicki (Eds.), *Research in social issues management* (Vol. 1, pp. 3-33). New York: Information Age Publishers.

Folger, R., & Cropanzano, R. (1998). *Organizational justice and human resource management.* Thousand Oaks, CA: Sage.

Folger, R., & Cropanzano, R. (2001). Fairness theory: Justice as accountability. In J. Greenberg & R. Cropanzano (Eds.), *Advances in organizational justice* (pp. 1-55). Stanford, CA: Stanford University Press.

Folger, R., & Greenberg, J. (1985). Procedural justice: An interpretative analysis of personnel systems. In K. M.

Rowland & G. R. Ferris (Eds.), *Research in personnel and human resources management* (Vol. 3, pp. 141–184). Greenwich, CT: JAI Press.

Folger, R., & Skarlicki, D. P. (1998). A popcorn metaphor for workplace violence. In R. W. Griffin, A. M. O'Leary-Kelly, & J. Collins (Eds.), *Dysfunctional behavior in organizations: Violent and deviant behavior* (pp. 43–81). Greenwich, CT: JAI Press.

Ford, C. (1996). A theory of individual creative action in multiple social domains. *Academy of Management Review, 21,* 1112–1142.

Ford, C. H. (1979). MBO: An idea whose time has gone? *Business Horizons, 22*(12), 48–55.

Ford, M. E. (1992). *Motivating humans.* Newbury Park, CA: Sage.

Ford, R., & McLaughlin, F. (1987). Should Cupid come to the workplace? *Personnel Administrator, 53*(1), 100–110.

Ford, R. N. (1973). Job enrichment lessons from AT&T. *Harvard Business Review, 51*(1), 96–106.

Forgas, J. P. (1995). Mood and judgement: The affect infusion model (AIM). *Psychological Bulletin, 117*(1), 39.

Forgas, J. P., & George, J. M. (2001). Affective influences on judgments and behavior in organizations: An information processing perspective. *Organizational Behavior and Human Decision Processes, 86*(1), 34.

Forgas, J. P., Williams, K. D., & Laham, S. M. (2005). Social motivation: Introduction and overview. In J. P. Forgas, K. D. Williams, & S. M. Laham (Eds.), *Social motivation: Conscious and unconscious processes* (pp. 1–17). Cambridge: Cambridge University Press.

Forgas, J. P., Williams, K. D., & Wheeler, L. (2001). The social mind: Introduction and overview. In J. P. Forgas, K. D. Williams, & L. Wheeler (Eds.), *The social mind: Cognitive and motivational aspects of interpersonal behavior* (pp. 1–24). Cambridge: Cambridge University Press.

Fox, S., & Spector, P. E. (1999). A model of work frustration–aggression. *Journal of Organizational Behavior, 20*(6), 915–931.

Frankl, V. (1946). *Man's search for meaning.* New York: Pocket Books.

Frayne, C. A., & Geringer, J. M. (1994). A social cognitive approach to examining joint venture general manager performance. *Group & Organization Management, 19*(2), 240–262.

Frayne, C. A., & Geringer, J. M. (1997). *Self-management training and sales performance: A field experiment.* Paper presented at the Western Academy of Management, Squaw Valley, CA.

Frayne, C. A., & Geringer, J. M. (2000). Self-management training for improving job performance: A field experiment involving salespeople. *Journal of Applied Psychology, 85*(3), 361–372.

Frayne, C. A., & Latham, G. P. (1987). Application of social learning theory to employee self-management of attendance. *Journal of Applied Psychology, 72*(3), 387–392.

Frederickson, L. W., & Lovett, S. B. (1980). Inside organizational behavior management. *Journal of Organizational Behavior Management, 2,* 193–203.

Fredericksen, N. (1972). Toward a taxonomy of situations. *American Psychologist, 27,* 114–123.

Fredericksen, N., Jenson, O., Beaton, A. E., & Bloxom, B. (1972). *Prediction of organizational behavior.* Elmsford, NY: Pergamon Press.

Frederickson, B. L. (1998). What good are positive emotions? *Review of General Psychology, 2*(3), 300–319.

Frederickson, B. L. (2001). The role of positive emotions in positive psychology. *American Psychologist, 56,* 218.

Frederickson, B. L. (2003). Positive emotions and upward spirals in organizations. In K. S. Cameron, J. E. Dutton, & R. E. Quinn (Eds.), *Positive organizational scholarship: Foundations of a new discipline* (pp. 163-175). San Francisco: Berrett-Koehler.

Freeman, R. B., & Medoff, J. L. (1984). *What do unions do?* New York: Basic Books.

Freeman, R. B., & Rogers, J. (1999). *What workers want.* Ithaca, NY: Cornell University Press and Russell Sage Foundation.

French, E. G. (1957). Effects of interaction of achievement, motivation, and intelligence on problem solving success. *American Psychologist, 12,* 399-400.

French, J. R. P., & Raven, R. (1959). The bases of social power. In D. Cartwright (Ed.), *Studies in social power* (pp. 150-167). Ann Arbor, MI: University of Michigan, Institute for Social Research.

Frese, M., Kring, W., Soose, A., & Zempel, J. (1996). Personal initiative at work: Differences between East and West Germany. *Academy of Management Journal, 39*(1), 37-63.

Freund, W. C. (1981). Productivity and inflation. *Financial Analysis Journal, 37*(4), 36-30.

Fried, Y., & Slowik, L. H. (2004). Enriching goal setting theory with time: An integrated approach. *Academy of Management Review, 29,* 404-422.

Friedman, S. D., & Lobel, S. A. (2003). The happy workaholic: A role model for employees. *Academy of Management Executive, 17*(3), 87-98.

Friel, D. (2005). Transferring a lean production concept from Germany to the United States: The impact of labor laws and training systems. *Academy of Management Executive, 19*(2), 50-58.

Frieze, I. H., & Boneva, B. S. (2001). Power motivation and motivation to help others. In A. Y. Lee-Chai & J. A. Bargh (Eds.), *The use and abuse of power: Multiple perspectives on the causes of corruption* (pp. 75-89). Philadelphia: Psychology Press.

Frijda, N. H. (1986). *The emotions.* Cambridge: Cambridge University Press.

Frijda, N. H., Mesquita, B., Sonnemans, J., & van Goozen, S. (1991). The duration of affective phenomena on emotions, sentiments and passions. In K. T. Strongman (Ed.), *International review of research on emotion* (Vol. 1, pp. 187-225). Chichester: John Wiley & Sons.

Fromm, E., & Xirau, R. (Eds.). (1968). *The nature of man.* New York: Macmillan.

Frone, M. R., Russell, M., & Cooper, M. L. (1994). Relationship between job and family satisfaction: Causal or noncausal covariation? *Journal of Management, 20*(3), 565-579.

Frost, P. J. (1980). Toward a radical framework for practicing organization science. *Academy of Management Review, 5*(4), 501-507.

Frost, P. J. (2003). *Toxic emotions at work: How compassionate managers handle pain and conflict.* Boston, MA: Harvard Business School Press.

Frost, P. J., & Hayes, D. C. (1979). An exploration in two cultures of a model of political behavior in organizations. In G. W. England & B. Wilbert (Eds.), *Organizational functioning in a cross-cultural perspective* (pp. 251-272). Kant, OH: Kent State University.

Frost, P. J., Moore, L. F., Louis, M. R., Lundberg, C. C., & Martin, J. (Eds.). (1985). *Organizational culture: The meaning of life in the workplace*. Beverly Hills: Sage.

Frost, P. J., Moore, L. F., Louis, M. R., Lundberg, C. C., & Martin, J. (1991). *Reframing organizational culture*. Newbury Park, CA: Sage.

Fry, L. W., & Smith, D. A. (1987). Congruence, contingency, and theory building. *Academy of Management Review, 12*(1), 117-132.

Fulmer, W. E., & Casey, M. A. W. (1990). Employment at will: Options for managers. *Academy of Management Executive, 4*(2), 102-107.

Fusilier, M. R., Ganster, D. C., & Middlemist, R. D. (1984). A within-person test of the form of the expectancy theory model in a choice context. *Organizational Behavior & Human Performance, 34*(3), 323-342.

Gagné, M., & Deci, E. L. (2005). Self-determination theory and work motivation. *Journal of Organizational Behavior, 26*(4), 331-362.

Galbraith, J. K. (1958). *The affluent society*. Toronto, Ontario: The New American Library of Canada Limited.

Galbraith, J. K., & Cummings, L. L. (1967). An empirical investigation of the motivational determinants of task performance: Interactive effects between instrumentally-valence and motivation-ability. *Organizational Behavior & Human Performance, 2*(3), 237-257.

Galsworthy, J. (1927). *The inn of tranquility*. London: Heinemann.

Galt, V. (2006, February 4). "Working retired?" in demand as work force ages. *The Globe and Mail*, B11.

Gannon, M. J., & Hendrickson, D. H. (1973). Career orientation and job satisfaction among working wives. *Journal of Applied Psychology, 57*, 339-340.

Gardner, D. G., & Cummings, L. L. (1988). Activation theory and job design: Review and conceptualization. In B. M. Staw & L. L. Cummings (Eds.), *Research in organizational behavior* (Vol. 10, pp. 81-122). Greenwich, CT: JAI Press.

Garland, H. (1984). Relation of effort-performance expectancy to performance in goal-setting experiments. *Journal of Applied Psychology, 69*(1), 79-84.

Garner, W. R. (1972). The acquisition and application of knowledge: A symbiotic relationship. *American Psychologist, 27*, 941-946.

Gay, E. R., Weiss, D. J., Hendel, D. H., Dawis, R. V., & Lofquist, L. H. (1971). *Manual for the Minnesota importance questionnaire* (Vol. XXVIII). Minneapolis, MN: The Minnesota Studies in Vocational Rehabilitation.

Geddes, J. (1998). A case of procedural confusion. *Maclean's, 111*, 20.

Geen, R. G. (1991). Social motivation. *Annual Review of Psychology, 42*(1), 377-399.

Gelfand, M., Nishii, L. H., & Raver, J. L. (2006). On the nature and importance of cultural tightness-looseness. *Journal of Applied Psychology, 91*(6), 1225-1244

Gelfand, M. J., Bhawuk, D. P. S., Nishii, L. H., & Bechtold, D. J. (2004). Individualism and collectivism. In R. J. House, P. J. Hanges, M. Javidan, P. W. Dorfman, & V. Gupta (Eds.), *Culture, leadership, and organizations: The GLOBE study of 62 societies* (pp. 437-502). Thousand Oaks, CA: Sage.

George, J. M. (1989). Mood and absence. *Journal of Applied Psychology, 74*(2), 317-324.

George, J. M. (1991). State or trait: Effects of positive mood on prosocial behaviors at work. *Journal of Applied Psychology, 76*(2), 299-307.

George, J. M. (1992). The role of personality in organizational life: Issues and evidence. *Journal of Management, 18*(2), 185-213.

George, J. M. (1995). Asymmetrical effects of rewards and punishments: The case of social loafing. *Journal of Occupational and Organizational Psychology, 68,* 327-338.

George, J. M., & Brief, A. P. (1996). Motivational agendas in the workplace: The effects of feelings on focus of attention and work motivation. In B. M. Staw & L. L. Cummings (Eds.), *Research in organizational behavior* (Vol. 18, pp. 75-109). Greenwich, CT: JAI Press.

George, J. M., & Jones, G. R. (1997). Experiencing work: Values, attitudes, and moods. *Human Relations, 50*(4), 363-392.

George, J. M., & Jones, G. R. (2000). The role of time in theory and theory building. *Journal of Management, 26*(4), 657-684.

George, L. (2006). What we believe. *Maclean's, 119*(27, 28), 34-45.

George, L., Demont, J., Geddes, J., Bryden, J., & Treble, P. (2005). Belinda and Peter: The whole story. *Maclean's, 118*(22), 22-27.

Georgopoulos, B. C., Mahoney, G. M., & Jones, N. W. (1957). A path-goal approach to productivity. *Journal of Applied Psychology, 41,* 345-353.

Gerhart, B. (2005). The (affective) dispositional approach to job satisfaction: Sorting out the policy implications. *Journal of Organizational Behavior, 26,* 79-97.

Ghoshal, S. (2005). Bad management theories are destroying good management practices. *Academy of Management Learning & Education, 4*(1), 75-91.

Giacalone, R. A., & Greenberg, J. (Eds.). (1997). *Antisocial behavior in organization.* Thousand Oaks, CA: Sage.

Giacalone, R. A., Riordan, C. A., & Rosenfeld, P. (1997). Employee sabotage: Toward a practitioner-scholar understanding. In R. A. Giacalone & J. Greenberg (Eds.), *Antisocial behavior in organizations* (pp. 109-129). Thousand Oaks, CA: Sage.

Giles, W. F. (1977). Volunteering for job enrichment: A test of expectancy theory predictions. *Personnel Psychology, 30*(3), 427-435.

Gioia, D. A., & Pitre, E. (1990). Multiparadigm perspectives on theory building. *Academy of Management Review, 15*(4), 584-602.

Gist, M. E. (1987). Self-efficacy: Implications for organizational behavior and human resource management. *Academy of Management Review, 12*(3), 472-485.

Gist, M. E., & Mitchell, T. R. (1992). Self-efficacy: A theoretical analysis of its determinants and malleability. *Academy of Management Review, 17,* 183-211.

Gladwell, M. (2000). *The tipping point: How little things can make a big difference.* Boston: Little, Brown, & Company.

Glaser, R. C., & Strauss, A. L. (1967). *The discovery of grounded theory.* Chicago, IL: Aldine.

Glick, P., & Fiske, S. T. (in press). Sex discrimination: The psychological approach. In F. L. Crosby, M. S. Stockdale, & S. A. Ropp (Eds.), *Sex discrimination in the workplace.* Malden, MA: Blackwell.

Glomb, T. M., Steel, P. D. G., & Arvey, R. D. (2002). Office sneers, snipes, and stab wounds. Antecedents, consequences, and implications of workplace violence and aggression. In R. Lord, R. Klimoski, & R. Kanfer (Eds.), *Frontiers of industrial and organizational psychology: Emotions at work* (pp. 227-259). San Francisco: Jossey-Bass.

Gloria, J. D. (1984). Frustration, aggression, and the sense of justice. In A. Mummendey (Ed.), *Social psychology of aggression* (pp. 127-141). Berlin: Springer-Verlag.

Goffman, E. (1972). *Strategic interaction.* New York: Ballantine Books.

Gold, M. E. (1983). *A dialogue on comparable worth.* Ithaca, NY: ILR Press.

Goleman, D. (1995). *Emotional intelligence.* New York: Bantam Books.

González-Romá, V., Peiró, J. M., & Tordera, N. (2002). An examination of the antecedents and moderator influences of climate strength. *Journal of Applied Psychology, 87*(3), 465-473.

Goodall, K. (1972, November). Shapers at work. *Psychology Today,* 53-132.

Goodman, P. (1974). An examination of the referents used in the evaluation of pay. *Organizational Behavior & Human Performance, 12,* 170-195.

Goodman, P. A., & Friedman, A. (1971). An examination of Adams' theory of inequity. *Administrative Science Quarterly, 16,* 271-288.

Goodstadt, B., & Kipnis, D. (1970). Situational influences on the use of power. *Journal of Applied Psychology, 54,* 201-207.

Gopinath, C., & Becker, T. E. (2000). Communication, procedural justice, and employee attitudes: Relationships under conditions of divestiture. *Journal of Management, 26*(1), 63-83.

Gorn, G. J., & Kanungo, R. N. (1980). Job involvement and motivation: Are intrinscially motivated managers more job involved? *Organizational Behavior & Human Performance, 26,* 265-277.

Gouldner, A. W. (1960). The norm of reciprocity: A preliminary statement. *American Sociological Review, 25,* 161-179.

Gowing, M. K. (2001). Measurement of emotional competence. In C. Cherniss & D. Goleman (Eds.), *The emotionally intelligence workplace* (pp. 83-131). San Francisco: Jossey-Bass.

Graen, G. (1969). Instrumentality theory of work motivation: Some experimental results and suggested modifications. *Journal of Applied Psychology Monograph, 53*(2, Pt. 2), 38-39.

Graen, G. (1976). Role making processes within complex organizations. In M. D. Dunnette (Ed.), *Handbook of industrial and organizational psychology* (pp. 1201-1246). Chicago, IL: Rand McNally.

Grandey, A. A., Tam, A. P., & Brauburger, A. L. (2002). Affective states and traits in the workplace: Diary and survey data from young workers. *Motivation and Emotion, 26*(1), 31-55.

Granovetter, M. (1985). Economic action and social structure: The problem of embeddedness. *American Journal of Sociology, 91*(3), 481-510.

Grant, A. M. (2007). Relational job design and the motivation to make a prosocial difference. *Academy of Management Review, 32*(2), 393-417.

Greco, P. A., & Woodlock, B. K. (1989). Downsizing the organization. *Personnel Administrator, 34*(5), 105-108.

Greenberg, J. (1984). On the apocryphal nature of inequity distress. In R. Folger (Ed.), *The sense of injustice: Social psychological perspectives* (pp. 167-183). New York: Plenum Press.

Greenberg, J. (1987). A taxonomy of organizational justice theories. *Academy of Management Review, 12,* 9-22.

Greenberg, J. (1988a). Equity and workplace status: A field experiment. *Journal of Applied Psychology, 73,* 600-613.

Greenberg, J. (1988b). Cultuvating an image of justice: Looking fair on the job. *Academy of Management Executive, 2,* 155-157.

Greenberg, J. (1990a). Looking fair vs. being fair: Managing impressions of organizational justice. In B. M. Staw & L. L. Cummings (Eds.), *Research in organizational behavior* (Vol. 12, pp. 111-158). Greenwich, CT: JAI Press.

Greenberg, J. (1990b). Employee theft as a reaction to underpayment inequity: The hidden cost of pay cuts. *Journal of Applied Psychology, 75,* 561-568.

Greenberg, J. (1990c). Organizational justice: Yesterday, today, and tomorrow. *Journal of Management, 16,* 399-432.

Greenberg, J. (1993a). Stealing in the name of justice: Informational and interpersonal moderators of theft reactions to underpayment inequity. *Organizational Behavior & Human Decision Processes, 54*(1), 81-103.

Greenberg, J. (1993b). The social side of fairness: Interpersonal and informational classes of organizational justice. In R. Cropanzano (Ed.), *Justice in the workplace: Approaching fairness in human resource management* (pp. 79-103). Hillsdale, NJ: Lawrence Erlbaum Associates, Inc.

Greenberg, J. (2001). The seven can(n)ones of organizational justice. In J. Greenberg & R. Cropanzano (Eds.), *Advances in organizational justice* (pp. 245-271). Stanford, CA: Stanford University Press.

Greenberg, J. (2002). Who stole the money, and when? Individual and situational determinants of employee theft. *Organizational Behavior & Human Decision Processes, 89,* 985-1003.

Greenberg, J. (2006). Losing sleep over organizational injustice: Attenuating insomniac reactions to underpayment inequity with supervisory training in interactional justice. *Journal of Applied Psychology, 91*(1), 58-69.

Greenberg, J., & Cropanzano, R. (2001). *Advances in organizational justice.* Stanford, CA: Stanford University Press.

Greenberg, J., & McCarthy, C. L. (1990). Comparable worth: A matter of justice. In G. R. Ferris & K. M. Rowland (Eds.), *Research in personnel and human resource management* (Vol. 8, pp. 265-301). Greenwich, CT: JAI Press.

Greenberg, J., & Ornstein, S. (1983). High status job title as compensation for underpayment: A test of equity theory. *Journal of Applied Psychology, 68,* 285-297.

Greenberg, J., Roberge, M.-E., Ho, V. T., & Rousseau, D. M. (2004). Fairness in idiosyncratic work arrangements: Justice as an I-deal. In J. J. Martocchio (Ed.), *Research in personnel and human resources management* (Vol. 23, pp. 1-34). Amsterdam: Elsevier.

Greenberg, J., & Scott, K. S. (1996). Why do workers bite the hand that feeds them? Employee theft as a social exchange process. In B. M. Staw & L. L. Cummings (Eds.), *Research in organizational behavior* (Vol. 18, pp. 111-156). Greenwich, CT: JAI Press.

Greenberg, L., & Barling, J. (1999). Predicting employee aggression against coworkers, subordinates and supervisors: The roles of person behaviors and perceived workplace factors. *Journal of Organizational Behavior, 20*(6), 897-913.

Greene, D., & Lepper, M. R. (1974). Effects of extrinsic rewards on children's subsequent intrinsic interest. *Child Development, 45,* 1141-1145.

Greene, R. (1998). *The 48 laws of power.* New York: Penguin Books.

Greenhaus, J. H., & Powell, G. N. (2003). When work and family collide: Deciding between competing role demands. *Organizational Behavior & Human Decision Processes, 90*(2003), 291-303.

Greenspan, D. S. (2000). Downsizing with dignity. *Employment Relations Today, 29*(3), 39-48.

Greenwald, A. G. (1976). Within-subjects designs: To use or not to use? *Psychological Bulletin, 83,* 314-320.

Greenwood, R. G. (1981). Management by objectives: As developed by Peter Drucker, assisted by Harold Smiddy. *Academy of Management Review, 6,* 225-230.

Grieff, B. S., & Munter, K. (1980). *Tradeoffs: Executive, family and organizational life.* New York: New American Library.

Griffeth, R. W., Hom, P. W., & Gaertner, S. (2000). A meta-analysis of antecedents and correlates of employee turnover: Update, moderator tests, and research implications for the next millennium. *Journal of Management, 26*(3), 463-488.

Griffin, R. W. (1982). A longitudinal investigation of task characteristics relationships. *Academy of Management Journal, 24,* 99-113.

Griffin, R. W. (1987). Toward an integrated theory of task design. In L. L. Cummings & B. M. Staw (Eds.), *Research in organizational behavior* (Vol. 9, pp. 79-120). Greenwich, CT: JAI Press.

Griffin, R. W., Bateman, T. S., Wayne, S. J., & Head, T. C. (1987). Objective and social factors as determinants of task perceptions and responses: An integrated perspective and empirical investigation. *Academy of Management Journal, 30,* 501-524.

Griffin, R. W., Welsh, A., & Moorehead, G. (1981). Perceived task characteristics and employee performance: A literature review. *Academy of Management Review, 6,* 655-664.

Grigaliunas, B., & Weiner, Y. (1974). Has the research challenge to motivation-hygiene theory been conclusive? An analysis of critical studies. *Human Relations, 27,* 839-871.

Gross, B. (1965). What are your organization's objectives? *Human Relations, 18,* 215.

Guilford, J. P. (1967). *The nature of human intelligence.* New York: McGraw-Hill.

Guion, R. M. (1965). *Personnel testing.* New York: McGraw-Hill.

Guppy, N., & Goyder, C. (1984). Consensus on occupational prestige: A reassessment of the evidence. *Social Forces, 62,* 709-725.

Gutek, B. A., Cohen, A. G., & Konrad, A. M. (1990). Predicting social-sexual behavior at work: A contact hypothesis. *Academy of Management Journal, 33,* 560-577.

Guzzo, R. A. (1979). Types of rewards, cognitions, and work motivation. *Academy of Management Review, 4,* 75-86.

Gyllenhammar, P. G. (1977). How Volvo adapts work to people. *Harvard Business Review, 55,* 102-113.

Hackett, R. D., & Guion, R. M. (1985). A re-evaluation of the absenteeism-job satisfaction relationship.

Organizational Behavior and Human Decision Processes, 35, 340-381.

Hackman, J. R. (1975). On the coming demise of job enrichment. In E. L. Cas & F. G. Zimmer (Eds.), *Man and work in society.* New York: Van Nostrand Reinhold.

Hackman, J. R. (1977). Work design. In J. R. Hackman & J. L. Suttle (Eds.), *Improving life at work* (pp. 96-159). Santa Monica, CA: Goodyear.

Hackman, J. R., & Lawler, E. E. (1971). Employee reactions to job characteristics. *Journal of Applied Psychology, 55,* 259-286.

Hackman, J. R., & Oldham, G. R. (1975). Development of the job diagnostic survey. *Journal of Applied Psychology, 60*(2), 159-170.

Hackman, J. R., & Oldham, G. R. (1976). Motivation through the design of work: Test of a theory. *Organizational Behavior and Human Performance, 16,* 250-279.

Hackman, J. R., & Oldham, G. R. (1980). *Work redesign.* Reading, MA: Addison-Wesley.

Hackman, J. R., Oldham, G. R., Janson, R., & Purdy, K. (1975). A new strategy for job enrichment. *California Management Review, 17*(4), 57-71.

Hall, C. S., & Lindzey, G. (1957). *Theories of personality.* New York: John Wiley & Sons.

Hall, C. S., & Lindzey, G. (1970). *Theories of personality* (2nd ed.). New York: John Wiley & Sons.

Hall, D. T. (1976). *Careers in organizations.* Pacific Palisades, CA: Goodyear.

Hall, D. T., & Associates. (1996). *The career is dead-long live the career: A relationship approach to careers.* San Francisco: Jossey-Bass.

Hall, D. T., & Associates. (1997). *Integrative life planning: Critical tasks for career development and changing life patterns.* San Francisco, CA: Jossey-Bass.

Hall, D. T., & Chandler, D. E. (2005). Psychological success: When the career is a calling. *Journal of Organizational Behavior, 26,* 155-176.

Hall, D. T., & Isabella, L. A. (1985). Downward movement and career development. *Organizational Dynamics* (Summer), 5-23.

Hall, J. (1994). Americans know how to be productive if managers will let them. *Organizational Dynamics, 22*(3), 33-46.

Hall, R. E., & Jones, C. I. (1999). Why do some countries produce so much more output per worker than others? *The Quarterly Journal of Economics, 114*(1), 83-116.

Hall, R. H. (1991). *Organizations: Structures, processes, and outcomes.* Englewood Cliffs, MJ: Prentice-Hall.

Hallberg, U. E., & Schaufeli, W. B. (2006). "Same" but different? Can work engagement be discriminated from job involvement and organizational commitment? *European Psychologist, 11*(2), 119-127.

Halpern, D., & Osofsky, S. (1990). A dissenting view of MBO. *Public Personnel Management, 19,* 321-330.

Hamilton, V. L. (2000). (In)Justice in waiting: Russian officers' organizational commitment and mental distress during downsizing. *Journal of Applied Social Psychology, 30*(10), 1995-2027.

Hammond, K. R., McLelland, G. H., & Mumpower, J. (1980). *Human judgment and decision processes: Theories, methods, and procedures.* New York: Praeger.

Hamner, W. C., & Hamner, E. P. (1976). Behavior modification on the bottom line. *Organizational Dynamics,*

4(4), 3-21.

Hanisch, K. A., & Hulin, C. L. (1990). Job attitudes and organizational withdrawal: An examination of retirement and other voluntary withdrawal behaviors. *Journal of Vocational Behavior, 37,* 60-78.

Hannah, D. R. (2006). Keeping trade secrets secret. *Sloan Management Review, 47*(3), 17-20.

Hanser, L. M., & Muchinsky, P. M. (1978). Work as an information environment. *Organizational Behavior and Human Performance, 13,* 244-256.

Hanson, R., Porterfield, R. I., & Ames, K. (1995). Employee empowerment at risk: Effects of recent NLRB rulings. *Academy of Management Executive, 9*(2), 45-54.

Harackiewicz, J. M., & Stone, C. (1991). Goals and intrinsic motivation: You can get there from here. In M. L. Maehr & P. R. Pintrich (Eds.), *Advances in motivation and achievement* (Vol. 7, pp. 21-49). Greenwich, CT: JAI Press.

Harlos, K. P. (1998). Organizational injustice and its resistance using voice and silence. *Dissertation Abstracts International-A, 59/05,* 1660.

Harlos, K. P., & Pinder, C. C. (1999). Patterns of organizational injustice: A taxonomy of what employees regard as unjust. In J. A. Wagner (Ed.), *Advances in qualitative organizational research* (Vol. 2, pp. 97-126). Stamford, CT: JAI Press.

Harlos, K. P., & Pinder, C. C. (2000). Emotion and injustice in the workplace. In S. Fineman (Ed.), *Emotions in organizations* (2nd ed., pp. 255-276). London: Sage.

Harlow, H. R., Harlow, M. K. & Meyer, D. R. (1950). Learning motivated by a manipulation drive. *Journal of Experimental Psychology, 40,* 228-234.

Harré, R. (1986). An outline of the social constructivist viewpoint. In R. Harré (Ed.), *The social construction of emotions* (pp. 2-14). New York: Basic Blackwell.

Harrell, A., Caldwell, C., & Doty, E. (1985). Within-person expectancy theory predictions of accounting students' motivation to achieve academic success. *The Accounting Review, 60,* 724-735.

Harris, H. (1995). Rethinking heterosexual relationships in Polynesia: A case study of Mangaia, Cook Island. In W. Jankowiak (Ed.), *Romantic passion* (pp. 95-127). New York: Columbia University Press.

Harris, R. (2002, December). With its strong heritage and high-quality food, A&W is the clear choice of the baby-boom generatio. *Food Service and Hospitality Magazine.*

Harrison, D. A., Newman, D. A., & Roth, P. L. (2006). How important are job attitudes? Metal-analytic comparisons of integrative behavioral outcomes and time sequences. *Academy of Management Journal, 49*(2), 305-326.

Hart, P. M. (1999). Predicting employee life satisfaction: A coherent model of personality, work and nonwork experiences, and domain satisfactions. *Journal of Applied Psychology, 84*(4), 564-584.

Harter, J. K., Schmidt, F. L., & Hayes, T. L. (2002). Business-unit-level relationship between employee satisfaction, employee engagement, and business outcomes: A meta-analysis. *Journal of Applied Psychology, 87*(2), 268-279.

Harvey, J. B., & Albertson, D. R. (1971). Neurotic organizations: Symptoms, causes, and treatment (Part 1). *Personnel Journal, 50,* 694-699.

Hawthorne, N. (1986). *The scarlet letter.* New York: Chelsea House Publishers.

Haynes, R. S., Pine, R. S., & Fitch, H. G. (1982). Reducing accident rates with organizational behavior modification. *Academy of Management Journal, 25,* 407-416.

Hebb, D. O. (1955). Drives and the C.N.S. (central nervous system). *Psychological Review, 62,* 243-254.

Heckscher, C. C. (1988). *The new unionism.* New York: Basic Books.

Heider, F. (1958). *The psychology of interpersonal relations.* New York: John Wiley & Sons.

Heiman, G. W. (1975). A note on operant conditioning principles extrapolated to the theory of management. *Organizational Behavior & Human Performance, 13,* 165-170.

Heller, D., Judge, T. A., & Watson, D. (2002). The confounding role of personality and trait affectivity in the relationship between job and life satisfaction. *Journal of Organizational Behavior, 23*(7), 815-835.

Heller, D., Watson, D., & Ilies, R. (2006). The dynamic process of life satisfaction. *Journal of Personality, 75*(5), 1421-1450.

Hendrix, W. H., & Stahl, M. J. (1986). Effects of need for power on job stress for managers and non-managers. *Journal of Social Behavior and Personality, 1*(14), 611-619.

Heneman III, H. G., & Schwab, D. P. (1972). Evaluation of research on expectancy theory predictions of employee performance. *Psychological Bulletin, 78,* 1-9.

Henri, R. (1923). *The art spirit.* Philadelphia, PA: Lippincott.

Henry, R. A. (1994). The effects of choice and incentives on the overestimation of future performance. *Organizational Behavior and Human Decision Processes, 57,* 210-225.

Herrbach, O. (2006). A matter of feeling? The affective tone of organization commitment and identification. *Journal of Organizational Behavior, 27,* 629-643.

Herrnstein, R. J., & Murray, C. (1994). *The bell curve.* New York: Free Press.

Hershey, R. (1973). Coming-A locked in generation of workers. *Personnel, 50*(6), 23-29.

Herzberg, F. (1966). *What and the nature of man.* Cleveland, OH: World Publishing.

Herzberg, F. (1968). One more time: How do you motivate employees? *Harvard Business Review, 46*(1), 53-62.

Herzberg, F. (1976). Motivational type: Individual differences in motivation. In F. Herzberg (Ed.), *The managerial choice* (pp. 1059-1076). Homewood, IL: Dow Jones-Irwin.

Herzberg, F. (1981). Motivating people. In P. Mali (Ed.), *Management handbook.* New York: John Wiley & Sons.

Herzberg, F., Mausner, B., Peterson, R. O., & Capwell, D. F. (1957). *Job attitudes: Review of research and opinion.* Pittsburgh, PA: Psychological Service of Pittsburgh.

Herzberg, F., Mausner, B., & Snyderman, B. B. (1959). *The motivation to work.* New York: John Wiley & Sons.

Hewstone, M. (1983). *Attribution theory: Social and functional extensions.* Oxford: Blackwell.

Hewstone, M., & Young, L. (1988). Expectancy-value models of attitude: Measurement and combination of evaluations and beliefs. *Journal of Applied Social Psychology, 18,* 958-971.

Hill, C. A. (1987a). Affiliation motivation: People who need people . . . but in different ways. *Journal of Personality and Social Psychology, 52,* 1008-1018.

Hill, C. A. (1987b). Social support and health: The role of affiliative need as a moderator. *Journal of Research in*

Personality, 21, 127-147.

Hill, C. A. (1991). Seeking emotional support: The influence of affiliative need and partner warmth. *Journal of Personality and Social Psychology, 60,* 112-131.

Hill, P. C., & Pargament, K. I. (2003). Advances in the conceptualization and measurement of religion and spirituality: Implications for physical and mental health research. *American Psychologist, 58*(1), 64-74.

Hill, R. B. (1999). *Historical context of the work ethic,* from www.coe.uga.edu/workethic/historypdf.pdf

Hirschman, A. O. (1970). *Exit, voice, and loyalty: Response to decline in firms, organizations, and states.* Cambridge, MA: Harvard University Press.

Hochschild, A. R. (1983). *The managed heart.* Berkeley, CA: University of California Press.

Hofstede, G. (1978). The poverty of management control philosophy. *Academy of Management Review, 3,* 450-461.

Hofstede, G. (1997). *Culture and organizations.* New York: McGraw-Hill.

Hollenbeck, J. R. (1979). A matrix method for expectancy research. *Academy of Management Review, 4,* 579-587.

Hollenbeck, J. R., & Klein, H. J. (1987). Goal commitment and the goal-setting process: Problems, prospects, and proposals for future research. *Journal of Applied Psychology, 72*(2), 212-220.

Hollenbeck, J. R., & Wagner III, J. A. (2002). *Organizational behavior: Securing competitive advantage* (4th ed.). Fort Worth, TX: Harcourt College Publishers.

Hollenbeck, J. R., Williams, C., & Klein, H. (1989). An empirical examination of the antecedents of commitment to difficult goals. *Journal of Applied Psychology, 74*(1), 18-23.

Holmes, T., & Rahe, R. H. (1967). The social readjustment rating scale. *Journal of Psychosomatic Research, 12,* 213-218.

Holtom, B. C., Lee, T. W., & Tidd, S. T. (2002). The relationship between work status congruence and work-related attitudes and behaviors. *Journal of Applied Psychology, 87*(5), 903-915.

Holtom, B. C., Mitchell, T. R., Lee, T. W., & Inderrieden, E. J. (2005). Shocks as causes of turnover: What they are and how organizations can manage them. *Human Resource Management, 44*(3), 337-352.

Hom, P. W., & Griffeth, R. W. (1995). *Employee turnover.* Cincinnati, OH: South-Western.

Homans, G. C. (1961). *Social behavior: Its elementary forms.* New York: Harcourt Brace and World.

Horibe, F. (1999). *Managing knowledge workers: New skills and attitudes to unlock the intellectual capital in your organization.* Toronto, ON: John Wiley & Sons.

Hormuth, S. E. (1986). The sampling of experiences *in situ. Journal of Personality, 54*(1), 262-293.

Hotelling, K. (1991). Sexual harassment: A problem shielded by silence. *Journal of Counseling and Development, 69*(6), 497-501.

House, R. J. (1971). A path-goal theory of leadership. *Administrative Science Quarterly, 16,* 321-338.

House, R. J. (1975). The quest for relevance in management education: Some second thoughts and undesired consequences. *Academy of Management Journal, 18,* 323-333.

House, R. J., Hanges, P. J., Javidan, M., Dorfman, P. W., & Gupta, V. (2004). *Culture, leadership, and organizations: The GLOBE study of 62 societies.* Thousand Oaks, CA: Sage.

House, R. J., & Mitchell, T. R. (1974). Path-goal theory of leadership. *Journal of Contemporary Business,*

3(Autumn), 81-98.

House, R. J., Shapiro, H. J., & Wahba, M. A. (1974). Expectancy theory as a predictor of work behavior and attitude: A reevaluation of empirical evidence. *Decision Sciences, 5,* 481-506.

House, R. J., Spangler, W. D., & Woyke, J. (1991). Personality and charisma in the US presidency: A psychological theory of leadership effectiveness. *Administrative Science Quarterly, 35,* 364-396.

House, R. J., & Wigdor, L. A. (1967). Herzberg's dual-factor theory of job satisfaction and motivation: A review of the evidence and a criticism. *Personnel Psychology, 20,* 369-389.

Hsee, C. K., & Abelson, R. P. (1991). Velocity relation: Satisfaction as a function of the first derivative of outcome over time. *Journal of Personality and Social Psychology, 60,* 341-347.

Huang, X., & Van De Vliert, E. (2003). Where intrinsic job satisfaction fails to work: National moderators of intrinsic motivation. *Journal of Organizational Behavior, 24*(2), 159-179.

Huberman, J. (1964). Discipline without punishment. *Harvard Business Review, 42*(4), 62-68.

Hughes, M. A., Price, R. L., & Marrs, D. W. (1986). Linking theory construction and theory testing: Models with multiple indicators of latent variables. *Academy of Management Review, 11*(1), 128-144.

Hughey, J. B., Sundstrom, E., & Lounsbury, J. W. (1985). Attitudes toward nuclear power: A longitudinal analysis of the expectancy-value models. *Basic and Applied Social Psychology, 6,* 75-91.

Huizinga, G. (1970). *Maslow's need hierarchy in the work situation.* Groningen, The Netherlands: Wolters-Noordhoff.

Hulin, C. L. (1990). Adaptation, persistence, and commitment. In M. D. Dunnette & L. M. Hough (Eds.), *Handbook of industrial and organizational psychology* (2nd ed., Vo. 2). Palo Alto, CA: Consulting Psychologists Press.

Hulin, C. L., & Blood, M. R. (1968). Job enlargement, individual responses, and worker responses. *Psychological Bulletin, 69,* 41-55.

Hulin, C. L., & Judge, T. A. (2003). Job attitudes. In W. C. Borman, D. R. Ilgen, & R. J. Klimoski (Eds.), *Handbook of psychology* (pp. 255-276). New York: John Wiley & Sons.

Hull, C. L. (1943). *Principles of behavior.* New York: Appleton-Century-Crofts.

Hunt, J. M. (1965). Intrinsic motivation and its role in psychological development. *Nebraska Symposium on Motivation, 13,* 189-282.

Hunter, J. E., Schmidt, F. L., & Jackson, G. B. (1982). *Meta-analysis: Cumulating research findings across studies.* Beverly Hills, CA: Sage.

Huseman, R. C., Hatfield, J. D., & Miles, E. W. (1985). Test for individual perceptions of job equity: Some preliminary findings. *Perceptual and Motor Skills, 61,* 1055-1064.

Huseman, R. C., Hatfield, J. D., & Miles, E. W. (1987). A new perspective on equity theory: The equity sensitivity construct. *Academy of Management Review, 12*(2), 222-234.

Hyland, M. E. (1988). Motivational control theory: An integrative framework. *Journal of Personality and Social Psychology, 55,* 642-651.

Ilgen, D. R. (1971). Satisfaction with performance as a function of the initial level of expected performance and the deviation from expectations. *Organizational Behavior & Human Performance, 6*(3), 345-361.

Ilgen, D. R., Fisher, C. D., & Taylor, M. S. (1979). Consequences of individual feedback on behavior in organizations. *Journal of Applied Psychology, 64*(4), 349-371.

Ilgen, D. R., & Hollenbeck, J. H. (1977). The role of job satisfaction in absence behavior. *Organizational Behavior & Human Performance, 19*(1), 148-161.

Ilgen, D. R., Nebeker, D. M., & Pritchard, R. D. (1981). Expectancy theory measures: An empirical comparison in an experimental simulation. *Organizational Behavior & Human Performance, 28*(2), 189-223.

Ilies, R., & Judge, T. A. (2002). Understanding the dynamic relationships among personality, mood, and job satisfaction: A field experience sampling study. *Organizational Behavior & Human Decision Processes, 89,* 1119-1139.

Ilies, R., & Judge, T. A. (2003). On the heritability of job satisfaction: The mediating role of personality. *Journal of Applied Psychology, 88*(4), 750-759.

Ilies, R., & Judge, T. A. (2005). Goal regulation across time: The effects of feedback and affect. *Journal of Applied Psychology, 90*(3), 453-467.

Inglehart, R. (1981). Aggregate stability and individual-level flux in mass belief systems: The level of analysis paradox. *American Political Science Review, 79,* 97-116.

Isen, A. M., & Baron, R. A. (1991). Positive affect as a factor in organizational behavior. In L. L. Cummings & B. M. Staw (Eds.), *Research in organizational behavior* (Vol. 13, pp. 1-54). Greenwich, CT: JAI Press.

Ivancevich, J. M., & McMahon, J. T. (1982). The effects of goal setting, external feedback, and self-generated feedback on outcome variables: A field experiment. *Academy of Management Journal, 25*(2), 359-372.

Jablonsky, S. F., & DeVries, D. L. (1972). Operant conditioning principles extrapolated to the theory of management. *Organizational Behavior & Human Performance, 7*(2), 340-358.

Jaccard, J. (1981). Attitudes and behavior: Implications of attitudes toward behavioral alternatives. *Journal of Experimental Social Psychology, 17,* 286-307.

Jaccard, J., King, G. W., & Pomazal, R. (1977). Attitudes and behavior: An analysis of specificity of attitudinal predictors. *Human Relations, 30*(9), 817-824.

Jackofsky, E. F. (1984). Turnover and job performance: An integrated process model. *Academy of Management Review, 9,* 74-83.

Jackofsky, E. F., Ferris, K. R., & Breckenridge, B. G. (1986). Evidence for a curvilinear relationship between job performance and turnover. *Journal of Management, 12,* 105-111.

Jackson, J. M., & Harkins, S. G. (1985). Equity in effort: An explanation of the social loafing effect. *Journal of Personality and Social Psychology, 49,* 1199-1206.

Jacobs, J. A., & Powell, B. (1985). Occupational prestige: A sex-neutral concept. *Sex Roles, 12*(9/10), 1061-1071.

Jacques, E. (1961). *Equitable payment.* New York: John Wiley & Sons.

Jacques, R. (1992). Critique and theory building: Producing knowledge "from the kitchen". *Academy of Management Review, 17*(3), 582-606.

Jamal, M. (1984). Job stress and job performance controversy: An empirical assessment. *Organizational Behavior & Human Performance, 33*(1), 1-21.

Jamal, M., & Mitchell, V. F. (1980). Work, nonwork, and mental health: A model and a test. *Industrial Relations,*

19(1), 88-93.

Jamieson, B. D. (1973). Behavioral problems with management by objectives. *Academy of Management Journal, 16*(3), 496-505.

Jamieson, J. (2005, October 11). Employee theft plagues small business. *Can West News Service.*

Jankowiak, W. (1995). *Romantic passion.* New York: Columbia University Press.

Jankowiak, W., & Fischer, E. (1992). A cross-cultural perspective on romantic love. *Ethnology, 31*(2), 149-155.

Jaros, S. J., Jermier, J. M., Koehler, J. W., & Sincich, T. (1993). Effects of continuance, affective, and moral commitment on the withdrawal process: An evaluation of eight structural equation models. *Academy of Management Journal, 36*(5), 951-995.

Javidan, M. (2004). Performance orientation. In R. J. House, P. J. Hanges, M. Javidan, P. W. Dorfman, & V. Gupta (Eds.), *Culture, leadership, and organizations* (pp. 239-281). Thousand Oaks, CA: Sage.

Jenkins, D. (1975). Beyond job enrichment. *Working Papers for a New Society, 2,* 51-57.

Jenkins, S. R. (1994). Need for power and women's careers over 14 years: Structural power, job satisfaction, and motive change. *Journal of Personality and Social Psychology, 66*(1), 155-165.

Jermier, J. M. (1988). Sabotage at work: The rational view. In N. Di Tomaso & S. B. Bacharach (Eds.), *Research in the sociology of organizations* (Vol. 6, pp. 101-134). Greenwich, CT: JAI Press.

Joad, C. E. M. (1957). *Guide to philosophy.* New York: Dover.

Johns, G. (1981). Difference score measure of organizational behavior variables: A critique. *Organizational Behavior & Human Performance, 27*(3), 443-463.

Johns, G. (2006). The essential impact of context on organizational behavior. *Academy of Management Review, 31*(2), 386-408.

Johns, G., & Nicholson, N. (1982). The meanings of absence: New theories for theory and research. In B. M. Staw & L. L. Cummings (Eds.), *Research in organizational behavior* (Vol. 4, pp. 127-172). Greenwich, CT: JAI Press.

Johns, G., Xie, J. L., & Fant, Y. Q. (1992). Moderating and mediating effects in job design. *Journal of Management, 18,* 657-676.

Johnson, P. R., & Indvik, J. (1994). Workplace violence: An issue of the nineties. *Public Personnel Management, 23*(4), 515-523.

Jones, E. E. (1964). *Ingratiation.* New York: Appleton-Century-Crofts.

Jones, M. R. (Ed.). (1955). *Nebraska Symposium on Motivation.* Lincoln, NE: University of Nebraska Press.

Journal of Vocational Behavior. (1993). Special issue on the theory of work adjustment. *Journal of Vocational Behavior, 43*(1).

Judge, T. A. (1992). The dispositional perspective in human resource management. In G. R. Ferris, & K. M. Rowland (Eds.), *Research in personnel and human resources management* (Vol. 10, pp. 187-232). Greenwich, CT: JAI Press.

Judge, T. A., & Bono, J. E. (2001). Relationship of core self-evaluation traits-self-esteem, generalized self-efficacy, locus of control, and emotional stability-with job satisfaction and job performance: A meta-analysis. *Journal of Applied Psychology, 86*(1), 80-93.

Judge, T. A., & Bretz, Jr., R. D. (1992). Effects of work values on job choice decisions. *Journal of Applied Psychology, 77*(3), 261-271.

Judge, T. A., & Cable, D. M. (2004). The effect of physical height on workplace success and income: Preliminary test of a theoretical model. *Journal of Applied Psychology, 89*(3), 428-441.

Judge, T. A., Erez, A., & Bono, J. E. (1998). The power of being positive: The relation between positive self-concept and job performance. *Human Personality, 11*(2/3), 167-187.

Judge, T. A., Erez, A., Bono, J. E., & Thoresen, C. J. (2003). The core self-evaluations scale: Development of a measure. *Personnel Psychology, 56*(2), 303-331.

Judge, T. A., Heller, D., & Mount, M. K. (2002). Five-factor model of personality and job satisfaction: A meta-analysis. *Journal of Applied Psychology, 87*(3), 530-541.

Judge, T. A., & Larsen, R. (2001). Dispositional affect and job satisfaction: A review and theoretical extension. *Organizational Behavior & Human Decision Processes, 86*(1), 67-98.

Judge, T. A., Locke, E. A., & Durham, C. C. (1997). The dispositional causes of job satisfaction: A core evaluations approach. In L. L. Cummings & B. M. Staw (Eds.), *Research in Organizational Behavior, 19,* 151-188.

Judge, T. A., Locke, E. A., Durham, C. C., & Kluger, A. N. (1998). Dispositional effects on job and life satisfaction: The role of core evaluations. *Journal of Applied Psychology, 83*(1), 17-34.

Judge, T. A., Thoresen, C. J., Bono, J. E., & Patton, G. K. (2001). The job satisfaction-job performance relationship: A qualitative and quantitative review. *Psycholgical Bulletin, 127*(3), 376-407.

Judge, T. A., & Watanabe, S. (1993). Another look at the job satisfaction-life satisfaction relationship. *Journal of Applied Psychology, 78*(6), 939-948.

Jussim, L. (1986). Self-fulfilling prophesies: A theoretical and integrative review. *Psychological Review, 93,* 429-445.

Kabasakal, H., & Bodur, M. (2004). Humane orientation in societies, organizations, and leader attributes. In R. J. House, P. J. Hanges, M. Javidan, P. W. Dorfman, & V. Gupta (Eds.), *Culture, leadership, and organizations* (pp. 564-601). Thousand Oaks, CA: Sage.

Kacmar, K. M., Bozeman, D. P., Carlson, D. S., & Anthony, W. P. (1999). An examination of the perceptions of organizational politics model: Replication and extension. *Human Relations, 52*(3), 383-416.

Kacmar, K. M., Carlson, D. S., & Bratton, V. K. (2004). Situational and dispositional facors as antecedents of ingratiatory behaviors in organizational settings. *Journal of Vocational Behavior, 65*(2), 309-331.

Kahn, W. A. (1989). Toward a sense of organizational humor: Implications for organizational diagnosis and change. *Journal of Applied Psychology, 25*(1), 45-63.

Kalimo, R., Taris, T. W., & Schaufeli, W. B. (2003). The effects of past and anticipated future downsizing on survivor well-being: An equity perspective. *Journal of Occupational & Organizational Psychology, 8*(2), 91-109.

Kane, K., & Montgomery, K. (1998). A framework for understanding disempowerment in organizations. *Human Resource Management, 37*(3-4), 263-275.

Kane, K., Montgomery, K., & Vance, C. (1996, April 1996). *A theoretical framework for understanding the empowering and disempowering nature of social exchanges in employee involvement efforts.* Paper presented at the Western Academy of Management, Banff, Alberta, Canada.

Kanfer, F. H. (1970). *Learning foundations of behavior therapy.* New York: John Wiley & Sons.

Kanfer, F. H. (1971). The maintenance of behavior by self-generated stimuli and reinforcement. In A. Jacobs & J. B. Sachs (Eds.), *The psychology of private events.* New York: Academic Press.

Kanfer, F. H. (1980). Self management methods. In F. H. Kanfer & A. P. Goldstein (Eds.), *Helping people change* (2nd ed., pp. 334-389). New York: Pergamon Press.

Kanfer, R. (1990). Motivation theory in industrial/organizational psychology. In M. D. Dunnette & L. M. Hough (Eds.), *Handbook of industrial and organizational psychology* (2nd ed., Vol. 1, pp. 75-170). Palo Alto, CA: Consulting Psychologists Press.

Kanfer, R. (2005). Self-regulation research in work and I/O psychology. *Applied Psychology: An International Review, 54*(2), 186-191.

Kanfer, R., & Ackerman, P. L. (1989). Motivation and cognitive abilities: An integrative/aptitude-treatment interaction approach to skill acquisition. *Journal of Applied Psychology, 74*(4), 657-690.

Kanfer, R., & Ackerman, P. L. (2000). Individual differences in work motivation: Further explorations of a trait framework. *Applied Psychology: An International Review, 49*(3), 470-482.

Kanfer, R., Ackerman, P. L., Murtha, T. C., Dugdale, B., & Nelson, L. (1994). Goal setting, conditions of practice, and task performance: A resource allocation perspective. *Journal of Applied Psychology, 79,* 826-835.

Kanfer, R., & Heggestad, E. D. (1997). Motivational traits and skills: A person-centered approach to work motivation. *Research in Organizational Behavior, 19,* 1-56.

Kanter, R. M. (1977). *Men and women of the corporatoin.* New York: Basic Books.

Kanter, R. M. (1979). Power failure in management circuits. *Harvard Business Review, 57*(4), 65-75.

Kanter, R. M. (2005). What theories do audiences want? Exploring the demand side. *Academy of Management Learning & Education, 4*(1), 93-95.

Kapstein, E. B. (2006). The new global slave trade. *Foreign Affairs, 85,* 103-115.

Karau, S. J., & Williams, K. D. (1993). Social loafing: A meta-analytic review and theoretical integrations. *Journal of Personality and Social Psychology, 65,* 681-706.

Karmel, B. (1980). *Point and counterpoint in organizational behavior.* Hillsdale, IL: Dryden Press.

Karoly, P. (1993). Mechanisms of self-regulation: A systems view. *Annual Review of psychology, 44*(1), 23-52.

Karp, H. B., & Nickson, J. W. (1973). Motivato-hygiene deprivation as a predictor of job turnover. *Personnel Psychology, 26,* 377-384.

Katerberg, R., & Blau, G. J. (1983). An examination of level and direction of effort and job performance. *Academy of Management Journal, 26*(2), 249-257.

Katz, D. (1964). The motivational basis of organizational behavior. *Behavioral Science, 9,* 131-146.

Katz, D., & Kahn, R. F. (1966). *The social psychology of organizations.* New York: John Wiley & Sons.

Katz, D., & Kahn, R. F. (1978). *The social psychology of organizations* (2nd ed.). New York: John Wiley & Sons.

Katz, R. (1977). Job enrichment: Some career considerations. In J. Van Maanen (Ed.), *Organizational careers* (pp. 133-148). Chichester: John Wiley & Sons.

Katz, R. (1978). Job longevity as situational factor in job satisfaction. *Administrative Science Quarterly, 28,* 204-

223.

Katz, R. (1980). Time and work: Toward an integrative perspective. In B. M. Staw & L. L. Cummings (Eds.), *Research in organizational behavior* (Vol. 2, pp. 81-128). Greenwich, CT: JAI Press.

Katzell, R. A., Thompson, D. E., & Guzzo, R. A. (1992). How job satisfaction and job performance are and are not linked. In C. J. Cranny, P. C. Smith, & E. F. Stone (Eds.), *Job satisfaction* (pp. 195-217). New York: Lexington Books.

Kavanagh, M. J., Hurst, M. W., & Rose, R. (1981). The relationship between job satisfaction and psychiatric health symptoms for air traffic controllers. *Personnel Psychology, 34*(4), 691-707.

Kazdin, A. E. (1975). *Behavior modification in applied settings.* Homewood, IL: Dorsey.

Kazdin, A. E. (1978). *History of behavior modification.* Baltimore, MD: University Park Press.

Keeley, M. (1983). Values in organizational theory and management education. *Academy of Management Review, 8*(3), 376-386.

Keeley, M., & Graham, J. W. (1992). Hirschman's loyalty construct. *Employee Responsibilities and Rights Journal, 5,* 191-200.

Kelley, H. H., & Michela, J. L. (1980). Attribution theory and research. *Annual Review of Psychology, 31,* 457-501.

Kelly, E. (2007, October 17). *Naval Academy unveils sexual harassment prevention program,* from www.hometownannapolis.com/cgi-bin/read/2007/10_26-37/NAV

Kelly, J. E. (1978). A reappraisal of sociotechnical systems theory. *Human Relations, 31*(12), 1069-1099.

Kelly, R. M., & Bayes, J. (1988). Comparable worth and pay equity: Issues and trends. In R. M. Kelly & J. Bayes (Eds.), *Comparable worth, pay equity, and public policy.* New York: Greenwood Press.

Kelman, H. C. (1958). Compliance, identification, and internalization: Three processes of attitude change. *Journal of Conflict Resolution, 2,* 51-60.

Kennedy, C. W., Fossum, J. A., & White, B. J. (1983). An empirical comparison of within-subjects and between-subjects expectancy theory models. *Organizational Behavior & Human Performance, 32*(1), 124-142.

Kennedy, M. M. (1992). Romance in the office. *Across the Board, 29*(3), 23-27.

Keren, G. B., & Raaijmakers, J. G. W. (1988). On between-subjects versus within-subjects comparisons in testing utility theory. *Organizational Behavior & Human Decision Processes, 41*(2), 233-247.

Kernis, M. H. (2003). Toward a conceptualization of optimal self-esteem. *Psychological Inquiry, 14*(1), 1-26.

Kerr, N. L. (1983). Motivation losses in small groups: A social dilemma analysis. *Journal of Personality and Social Psychology, 45,* 819-828.

Kerr, N. L., & Brunn, S. E. (1981). Ringelmann revisited: Alternative explanations for the social loafing effect. *Personality and Social Psychology Bulletin, 7,* 224-231.

Kerr, S. (1975). On the folly of rewarding A, while hoping for B. *Academy of Management Journal, 18*(4), 769-783.

Kidwell, R. E., & Bennett, N. (1993). Employee propensity to withhold effort: A conceptual model to intersect three avenues of research. *Academy of Management Review, 18*(3), 429-456.

Kierein, N. M., & Gold, M. A. (2000). Pygmalion in work organizations: A meta-analysis. *Journal of Organizational Behavior, 21*(8), 913-928.

Killinger, B. (1991). *Workaholics: The respectable addicts.* Toronto, Ontario, Canada: Key Porter Books.

Killingsworth, M. R. (1990). *The economics of comparable worth.* Kalamazoo, MI: W.E. Upjohn Institute for Employment Research.

Kilmann, R. H. (1981). Toward a unique/useful concept of values for interpersonal behaviour: A critical review of the literature on value. *Psychological Reports, 48,* 939-959.

King, N. (1970). Clarification and evaluation of the two-factor theory of job satisfaction. *Psychological Bulletin, 74,* 18-31.

King, S. (2007). Of inhuman bondage. *The Economist, 64 (The World in 2007).*

King, Jr., W. C., Miles, E. W., & Day, D. D. (1993). A test and refinement of the equity sensitivity construct. *Journal of Organizational Behavior, 14*(4), 301-317.

Kinicki, A. J., McKee-Ryan, F. M., Schriesheim, C., & Carson, K. P. (2000). Assessing the construct validity of the job descriptive index: A review and meta-analysis. *Journal of Applied Psychology, 84,* 14-32.

Kinicki, A. J., Prussia, G. E., Wu, B. J., & McKee-Ryan, F. M. (2004). A covariance structure analysis of employees' response to performance feedback. *Journal of Applied Psychology, 89*(6), 1057-1069.

Kipnis, D. (1972). Does power corrupt? *Journal of Personality and Social Psychology, 24,* 33-41.

Kipnis, D. (2001). Using power: Newton's second law. In A. Y. Lee-Chai & J. A. Bargh (Eds.), *The use and abuse of power* (pp. 3-18). Philadelphia, PA: Psychology Press.

Kipnis, D., Castell, P. J., Gergen, M., & Mauch, D. (1976). Metamorphic effects of power. *Journal of Applied Psychology, 61*(2), 127-135.

Kitayama, S., & Niedenthal, P. M. (1994). Introduction. In P. M. Niedenthal & S. Kitayama (Eds.), *The heart's eye* (pp. 1-14). San Diego, CA: Academic Press.

Kivimäki, M., Ferrie, J. E., Brunner, E., Head, J., Shipley, M. J., Vahtera, J., et al. (2005). Justice at work and reduced risk of coronary heart disease among employees: The Whitehall II Study. *Archives of Internal Medicine, 165*(19), 2245-2251.

Klein, H. J. (1989). An integrated control theory model of work motivation. *Academy of Management Review, 14*(2), 150-172.

Klein, H. J. (1991a). Further evidence on the relationship between goal setting and expectancy theories. *Organizational Behavior & Human Decision Processes, 49*(2), 230-257.

Klein, H. J. (1991b). Control theory and understanding motivated behavior: A different conclusion. *Motivation and Emotion, 15,* 29-44.

Klein, H. J., Wesson, M. J., Hollenbeck, J. R., & Alge, B. J. (1999). Goal commitment and the goal-setting process: Conceptual clarification and empirical synthesis. *Journal of Applied Psychology, 84*(6), 885-896.

Klein, K. J., Conn, A. B., Smith, D. B., & Sorra, J. S. (2001). Is everyone in agreement? An exploration of within-group agreement in employee perceptions of the work environment. *Journal of Applied Psychology, 86*(1), 3-16.

Kleinbeck, U., Quast, H. H., Thierry, H., & Hacker, H. (Eds.). (1990). *Work motivation.* Hillsdale, NJ: Lawrence Erlbaum Associates, Inc.

Kleinbeck, U., Wegge, J., & Schmidt, K.-H. (2001). Work motivation and performance in groups. In M. Erez, U.

Kleinbeck, & H. Thierry (Eds.), *Work motivation in the context of a globalizing economy* (pp. 181-196). Mahwah, NJ: Lawrence Erlbaum Associates, Inc.

Kleinginna, P. R., & Kleinginna, A. M. (1981). A categorized list of motivation definitions with a suggestion for a consensual definition. *Motivation and Emotion,* 263-292.

Klimoski, R. (2005). Introduction: There in nothing as dangerous as a bad theory. *Academy of Management Learning & Education, 4*(1), 74.

Klinger, M. R., & Greenwald, A. G. (1994). Preferences need no inferences? The cognitive basis of unconscious mere exposure effects. In P. M. Niedenthal & S. Kitayama (Eds.), *The heart's eye* (pp. 67-85). San Diego, CA: Academic Press.

Kluger, A. N., & DeNisi, A. S. (1996). The effects of feedback interventions on performance: A historical review, a meta-analysis, and a preliminary feedback intervention theory. *Psychological Bulletin, 119*(2), 254-284.

Kluger, A. N., & Tikochinsky, J. (2001). The error of accepting the "theoretical" null hypothesis: The rise, fall, and resurrection of commonsense hypotheses in psychology. *Psychological Bulletin, 127*(3), 408-423.

Knowles, H. P., & Saxberg, B. O. (1967). Human relations and the nature of man. *Harvard Business Review, 45,* 22-24, 28, 30, 32, 34, 36, 38, 40, 172, 176, 178.

Kochan, T., Lansbury, R., & MacDuffie, J. (1997). Conclusion: After lean production? In T. Kochan, R. Lansbury, & J. MacDuffie (Eds.), *After lean production: Evolving employment practices in the world auto industry* (pp. 303-324). Ithaca, NY: ILR Press.

Kohlberg, L. (1981). *The philosophy of moral development.* New York: Harper & Row.

Kohlberg, L. (1984). *The psychology of moral development.* New York: Harper & Row.

Kohn, A. (1993). Why incentive plans cannot work. *Harvard Business Review, 71*(5), 54-63.

Komaki, J. L. (1986). Applied behavior analysis and organizational behavior: Reciprocal influence of the two fields. In B. M. Staw & L. L. Cummings (Eds.), *Research in organizational behavior* (Vol. 8, pp. 297-334). Greenwich, CT: JAI Press.

Komaki, J. L. (2003). Reinforcement theory at work: Enhancing and explaining what employees do. In L. W. Porter, G. A. Bigley, & R. M. Steers (Eds.), *Motivation and work behavior* (7th ed.). New York: McGraw-Hill Irwin.

Komaki, J. L., Barwick, K. D., & Scott, L. R. (1978). A behavioral approach to occupational safety: Pinpointing and reinforcing safe performance in a food processing plant. *Journal of Applied Psychology, 63*(4), 434-445.

Komaki, J. L., Coombs, T., Redding, Jr., T. P., & Schepman, S. (2000). A rich and rigorous examination of applied behavior analysis research in the world of work. In C. L. Cooper & I. T. Robertson (Eds.), *International review of industrial and organizational psychology* (pp. 265-367). Chichester: John Wiley & Sons.

Komaki, J. L., Coombs, T., & Schepman, S. (1991). Motivational implications of reinforcement theory. In R. M. Steers & L. W. Porter (Eds.), *Motivation and work behavior* (5th ed., pp. 87-107). New York: McGraw-Hill.

Komaki, J. L., Heinzmann, A. T., & Lawson, L. (1980). Effect of training and feedback: Component analysis of a behavioral safety program. *Journal of Applied Psychology, 65*(3), 261-270.

Komaki, J. L., Waddell, W. M., & Pearce, M. G. (1977). The applied behavior analysis approach and individual employees: Improving performance in two small businesses. *Organizational Behavior & Human Per-*

formance, 19(2), 337-352.

Kondrasuk, J. N. (1981). Studies in MBO effectiveness. *Academy of Management Review, 6*(3), 419-430.

Konovsky, M. (2000). Understanding procedural justice and its impact on business organizations. *Journal of Management, 26*(3), 489-511.

Konrad, A. M., & Langton, M. (1991). Sex differences in job preferences, workplace segregation, and compensating earning differentials: The case of Stanford MBA's. *Academy of Management Proceedings*, 368-372.

Kopelman, R. E. (1977). Across individual, within-individual and return on effort versions of expectancy theory. *Decision Sciences, 8*(4), 651-662.

Kopelman, R. E. (1979). A causal-correlational test of the Porter and Lawler framework. *Human Relations, 32*(7), 545-556.

Kopelman, R. E. (1986). *Managing productivity in organizations.* New York: McGraw-Hill.

Kopelman, R. E., Brief, A. P., & Guzzo, R. A. (1990). The role of climate and culture in productivity. In B. Schneider (Ed.), *Organizational climate and culture* (pp. 282-318). San Francisco: Jossey-Bass.

Kopelman, R. E., & Thompson, P. H. (1976). Boundary conditions for expectancy theory predictions of work motivation and job performance. *Academy of Management Journal, 19,* 237-258.

Koper, G., Van Knippenberg, D., Bouhuijs, F., Vermunt, R., & Wilke, H. (1993). Procedural fairness and self-esteem. *European Journal of Social Psychology, 23,* 313-325.

Korman, A. K. (1970). Toward an hypothesis of work behavior. *Journal of Applied Psychology, 54*(1), 31-41.

Korman, A. K. (1971). *Industrial and organizational psychology.* Englewood Cliffs, NJ: Prentice-Hall.

Korman, A. K. (1974). *The psychology of motivation.* Englewood Cliffs, NJ: Prentice-Hall.

Korman, A. K. (1976). Hypothesis of work behavior revisited and an extension. *Academy of Management Review, 1*(1), 50-63.

Korman, A. K., Greenhaus, J. H., & Badin, I. J. (1977). Personnel attitudes and motivation. *Annual Review of Psychology, 28,* 175-196.

Korsgaard, M. A., Meglino, B. M., & Lester, S. W. (1997). Beyond helping: Do other-oriented values have broader implications in organizations? *Journal of Applied Psychology, 82*(1), 160-177.

Korsgaard, M. A., Meglino, B. M., & Lester, S. W. (2004). The effect of other orientation on self-supervisor rating agreement. *Journal of Organizational Behavior, 25*(7), 873-892.

Korsgaard, M. A., Roberson, L., & Rymph, R. D. (1998). What motivates fairness? The role of subordinate assertive behavior on manager's interactional fairness. *Journal of Applied Psychology, 83,* 731-744.

Kouzes, J. M., & Posner, B. A. (1995). *The leadership challenge.* San Francisco: Jossey-Bass.

Kovach, K. A. (1987). What motivates employees? Workers and supervisors give different answers. *Business Horizons, 30*(5), 58-64

Kovach, K. A., & Millspaugh, P. E. (1990). Comparable worth: Canada legislates pay equity. *Academy of Management Executive, 4*(2), 92-101.

Kram, K. E. (1985). *Mentoring at work: Developmental relationships in organizational life.* Glenview, IL: Scott, Foresman.

Kramer, R. M., & Tyler, T. R. (1996). *Trust in organizations.* New York: Sage.

Kraut, A. I. (1975). Predicting turnover of employees form measured job attitudes. *Organizational Behavior & Human Performance, 13*(2), 233-243.

Kravitz, D., & Martin, B. (1986). Ringelmann rediscovered: The original article. *Journal of Personality and Social Psychology, 50,* 936-941.

Kray, L. J., & Lind, E. A. (2002). The injustices of others: Social reports and the integration of others' experiences in organizational justice judgments. *Organizational Behavior & Human Decision Processes, 89,* 906-924.

Kreitner, R., & Luthans, F. (1984). A social learning approach to behavioral management: Radical behaviorists "mellowing out." *Organizational Dynamics, 13*(2), 47-65.

Kristof, A. L. (1996). Person-organizational fit: An integrative review of its conceptualizations, measurement, and implications. *Personnel Psychology, 49,* 1-49.

Kristof-Brown, A. L., Jansen, K. J., & Colbert, A. E. (2002). A policy-capturing study of simultaneous effects of fit with jobs, groups, and organizations. *Journal of Applied Psychology, 97,* 985-993.

Kruger, J., & Dunning, D. (1999). Unskilled and unaware of it: How difficulties in recognizing one's own incompetence lead to inflated self-assessments. *Journal of Personality and Social Psychology, 7*(6), 1121-1134.

Kruglanski, A. W., & Mayseless, O. (1990). Classic and current social comparison research: Expanding the perspective. *Psychological Bulletin, 108*(2), 195-208.

Kruml, S. M., & Geddes, D. (2000). Catching fire without burning out: Is there an ideal way to perform emotion labor? In N. M. Ashkanasy, C. E. Hartel, & W. J. Zerbe (Eds.), *Emotions in the workplace: Research, theory, and practice.* Westport, CT/London: Quorum Books.

Kuhl, J., & Atkinson, J. W. (1984). Perspectives in human motivational psychology: A new experimental paradigm. In V. Sarris & A. Parducci (Eds.), *Perspective in psychological experimentation: Towards the year 2000* (pp. 235-252). Hillsdale, NJ: Lawrence Erlbaum Associates, Inc.

Kuhn, T. (1970). *The structure of scientific revolutions.* Chicago, IL: University of Chicago Press.

Kulik, J. A., Mahler, H. I. M., & Moore, P. J. (2003). Social comparison affiliation under threat: Effects on recovery from major surgery. In P. Salovey & A. J. Rothman (Eds.), *Social psychology of health* (Vol. xii, pp. 199-226). New York: Psychology Press.

Kurman, J. (2001). Self-regulation strategies in achievement settings. *Journal of Cross-Cultural Psychology, 32*(4), 491-503.

Lakoff, G. (1987). *Women, fire, and dangerous things: What categories reveal about the mind.* Chicago, IL: University of Chicago Press.

Lam, S. S. K., Schaubroeck, J., & Aryee, S. (2002). Relationship between organizational justice and employee work outcomes: A cross-national study. *Journal of Organizational Behavior, 23*(1), 1-18.

Lamertz, K. (2002). The social construction of fairness: Social influence and sense making in organizations. *Journal of Organizational Behavior, 23,* 19-37.

Landy, F. J., & Becker, W. S. (1987). Motivation theory reconsidered. In L. L. Cummings & B. M. Staw (Eds.), *Research in organizational behavior* (Vol. 9, pp. 1-38). Greenwich, CT: JAI Press.

Lang, P. J. (1988). What are the data of emotion? In V. Hamilton, G. H. Bower, & N. H. Frijda (Eds.), *Cognitive perspectives on emotion and motivation* (pp. 173–191). Dordrecht, The Netherlands: Kluwer.

Lansberg, I. (1984). Hierarchy as a mediator of fairness: A contingency approach to distributive justice in organizations. *Journal of Applied Social Psychology, 14,* 124–135.

LaNuez, D., & Jermier, J. M. (1994). Sabotage by managers and technocrats. In J. M. Jermier, D. Knights, & W. R. Nord (Eds.), *Resistance and power in organizations.* New York: Routledge.

Larwood, L., & Wood, M. M. (1977). *Women in management.* Lexington, MA: Lexington Books.

Laschinger, H. K. S., Finegan, J. E., Shamian, J., & Wilk, P. (2001). Impact of structural and psychological empowerment on job strain in nursing work settings: Expanding Kanter's model. *Journal of Nursing Administration, 31,* 260–272.

Laschinger, H. K. S., Finegan, J. E., Shamian, J., & Wilk, P. (2004). A longitudinal analysis of the impact of workplace empowerment on work satisfaction. *Journal of Organizational Behavior, 25,* 527–545.

Latané, B., Williams, K. D., & Harkins, S. G. (1979). Many hands make light the work: The causes and consequences of social loafing. *Journal of Personality and Social Psychology, 37,* 822–832.

Latham, G. P. (2001a). The reciprocal effects of science on practice: Insights from the practice and science of goal setting. *Canadian Psychology, 42*(1), 1–11.

Latham, G. P. (2001b). The reciprocal transfer of learning from journals to practice. *Applied Psychology: An International Review, 50*(2), 201–251.

Latham, G. P. (2003). Goal setting: A five-step approach to behavior change. *Organizational Dynamics, 32*(3), 309–318.

Latham, G. P. (2004). The motivational benefits of goal-setting. *Academy of Management Executive, 18*(4), 126–129.

Latham, G. P. (2007). *Work motivation: History, theory, research, and practice.* Thousand Oaks, CA: Sage.

Latham, G. P., & Baldes, J. J. (1975). The "practical significance" of Locke's theory of goal setting. *Journal of Applied Psychology, 60*(1), 122–124.

Latham, G. P., & Dossett, D. L. (1978). Designing incentive plans for unionized employees: A comparison of continuous and variable ratio reinforcement schedules. *Personnel Psychology, 31*(1), 47–61.

Latham, G. P., Erez, M., & Locke, E. A. (1988). Resolving scientific disputes by the joint design of crucial experiments by the antagonists: Application to the Erez-Latham dispute regarding participation in goal setting. *Journal of Applied Psychology [monograph], 73*(4), 753–772.

Latham, G. P., & Frayne, C. A. (1989). Self-management training for increasing job attendance: A follow-up and a replication. *Journal of Applied Psychology, 74*(3), 411–416.

Latham, G. P., & Kinne, S. B. (1974). Improving job performance through training in goal settings. *Journal of Applied Psychology, 59*(2), 187–191.

Latham, G. P., & Latham, S. D. (2003). Facilitators and inhibitors of the transfer of knowledge between scientists and practitioners in human resource management: Leveraging cultural, individual, and institutional variables. *European Journal of Work and Organizational Psychology, 12*(3), 245–256.

Latham, G. P., & Locke, E. A. (1975). Increasing productivity with decreasing time limits: A field replication of Parkinson's law. *Journal of Applied Psychology, 60*(4), 524–526.

Latham, G. P., & Locke, E. A. (1991). Self-regulation through goal setting. *Organizational Behavior & Human Decision Processes, 50*(2), 212-247.

Latham, G. P., Mitchell, T. R., & Dossett, D. L. (1978). Importance of participative goal setting and anticipated rewards on goal difficulty and job performance. *Journal of Applied Psychology, 63,* 163-171.

Latham, G. P., & Pinder, C. C. (2005). Work motivation theory and research at the dawn of the twenty-first century. *Annual Review of Psychology, 56,* 485-516.

Latham, G. P., & Saari, L. M. (1979a). The effects of holding goal difficulty constant on assigned and participatively set goals. *Academy of Management Journal, 22*(1), 163-168.

Latham, G. P., & Saari, L. M. (1979b). Importance of supportive relationships in goal setting. *Journal of Applied Psychology, 64*(2), 151-156.

Latham, G. P., Seijts, G. H., & Crim, D. (2006). *The effects of learning goal difficulty level and cognitive ability on strategies and performance.* Paper presented at the annual meeting of Academy of Management, August 11-16, Atlanta, Georgia.

Latham, G. P., & Steele, T. P. (1983). The motivational effects of participation versus goal setting on performance. *Academy of Management Journal, 26*(3), 406-417.

Latham, G. P., Steele, T. P., & Saari, L. M. (1982). The effects of participating and goal difficulty on performance. *Personnel Psychology, 35*(3), 677-686.

Latham, G. P., & Wexley, K. N. (1981). *Increasing productivity through performance appraisal.* Reading, MA: Addison-Wesley.

Latham, G. P., Winters, D. C., & Locke, E. A. (1994). Cognitive and motivational effects of participation: A mediator study. *Journal of Organizational Behavior, 15*(1), 49-63.

Latham, G. P., & Yukl, G. A. (1975). A review of research on the application of goal setting in organizations. *Academy of Management Journal, 18*(4), 824-845.

Lawler, E. E. (1965). Managers' perception of their subordinates' pay and of their superiors' pay. *Personnel Psychology, 18*(4), 413-430.

Lawler, E. E. (1966). The mythology of management compensation. *California Management Review, 9*(1), 11-22.

Lawler, E. E. (1967). Secrecy about management compensation: Are there hidden costs? *Organizational Behavior & Human Performance, 2*(2), 182-189.

Lawler, E. E. (1971). *Pay and organizational effectiveness: A psychological view.* New York: McGraw-Hill.

Lawler, E. E. (1972). Secrecy and the need to know. In H. Tosi, R. J. House, & M. D. Dunnette (Eds.), *Managerial motivation and compensation* (pp. 455-476). East Lansing, MI: MSU Business Studies.

Lawler, E. E. (1973). *Motivation in work organizations.* Monterey, CA: Brooks/Cole.

Lawler, E. E. (1976). Individualizing organizations: A needed emphasis in organizational psychology. In H. Meltzer & F. R. Wickert (Eds.), *Humanizing organizational behavior.* Springfield, IL: Charles C. Thomas.

Lawler, E. E. (1992). *The ultimate advantage: Creating the high-involvement organization.* San Francisco: Jossey-Bass.

Lawler, E. E., & Hall, D. T. (1970). Relationship of job characteristics to job involvement, satisfaction, and intrinsic motivation. *Journal of Applied Psychology, 54*(4), 305-312.

Lawler, E. E., & Mohrman, S. A. (1991). High-involvement management. In R. M. Steers & L. W. Porter (Eds.), *Motivation and work behavior* (5th ed., pp. 468–477). New York: McGraw-Hill.

Lawler, E. E., & Suttle, J. L. (1972). A causal correlational test of the need hierarchy concept. *Organizational Behavior & Human Performance, 7*(2), 265–287.

Lawler, E. E., & Suttle, J. L. (1973). Expectancy theory and job behavior. *Organizational Behavior & Human Performance, 9*(3), 482–503.

Lawrence, P. R., & Lorsch, J. W. (1969). *Organizational and environment: Managing differentiation and integration.* Homewood, IL: Irwin.

Layard, R. (2005). *Happiness: Lessons from a new science.* London: Penguin Books.

Lazarus, R. S. (1966). *Psychological stress and the coping process.* New York: McGraw-Hill.

Lazarus, R. S. (1984). On the primacy of cognition. *American Psychologist, 39,* 124–129.

Lazarus, R. S. (1991). *Emotion and adaptation.* New York: Oxford University Press.

Lazarus, R. S. (1999). Hope: An emotion and a vital coping resource against despair. *Social Research, 66,* 665–669.

Lazarus, R. S., & Lazarus, B. N. (1994). *Passion and reason: Making sense of our emotions.* New York: Oxford University Press.

Leana, C. R., & Feldman, D. C. (1994). The psychology of job loss. In G. R. Ferris (Ed.), *Research in personnel and human resource management* (Vol. 12, pp. 271–302). Greenwich, CT: JAI Press.

Leana, C. R., Feldman, D. C., & Tan, G. Y. (1998). Predictors of coping behavior after a layoff. *Journal of Organizational Behavior, 19,* 85–97.

Leary, M. R., Kowalski, R. M., Smith, L., & Phillips, S. (2003). Teasing, rejection, and violence: Case studies of the school shootings. *Aggressive Behavior, 29,* 202–214.

LeBlanc, M. M., & Kelloway, E. K. (2002). Predictors and outcomes of workplace violence and aggression. *Journal of Applied Psychology, 87*(3), 444–453.

Leck, J. D. (2005). Violence in the Canadian workplace. *Journal of American Academy of Business, Cambridge, 7*(2), 308–315.

Ledford Jr., G. E. (1999). Comment: Happiness and productivity revisited. *Journal of Organizational Behavior, 20,* 25–30.

Lee, F., & Tiedens, L. Z. (2001). Is it lonely at the top? The independence and interdependence of power holders. In B. M. Staw & R. I. Sutton (Eds.), *Research in organizational behavior* (Vol. 23, pp. 43–91). Amsterdam: Elsevier.

Lee, T. W., Ashford, S. J., Walsh, J. P., & Mowday, R. T. (1992). Commitment propensity, organizational commitment, and voluntary turnover: A longitudinal study of organizational entry processes. *Journal of Management, 18*(1), 15–32.

Lee, T. W., & Mitchell, T. R. (1994). An alternative approach: The unfolding model of voluntary employee turnover. *Academy of Management Review, 19*(1), 51–89.

Lee, T. W., Mitchell, T. R., Sablynski, C. J., Burton, J. P., & Holtom, B. C. (2004). The effects of job embeddedness on organizational citizenship, job performance, volitional absences, and voluntary turnover. *Academy of Management Journal, 47,* 711–722.

Lee, T. W., Mitchell, T. R., Wise, L., & Fireman, S. (1996). An unfolding model of voluntary employee turnover. *Academy of Management Journal, 39*(1), 5-36.

Lee-Chai, A. Y., Chen, S., & Chartrand, T. L. (2001). From Moses to Marcos: Individual differences in the use and abuse of power. In A. Y. Lee-Chai & J. A. Bargh (Eds.), *The use and abuse of power* (pp. 57-74). Philadelphia, PA: Psychology Press.

LePine, J. A., Erez, A., & Johnson, D. E. (2002). The nature and dimensionality of organizational citizenship behavior: A critical review and meta-analysis. *Journal of Applied Psychology, 87*(1), 52-65.

Lepper, M. R., & Greene, D. (Eds.). (1978). *The hidden costs of reward.* Hillsdale, NJ: Lawrence Erlbaum Associates, Inc.

Lepper, M. R., Henderlong, J., & Gingras, I. (1999). Understanding the effects of extrinsic rewards on intrinsic motivation-Uses and abuse of meta-analysis: Comment on Deci, Koestner, and Ryan (1999). *Psychological Bulletin, 125*(6), 669-676.

Leung, K. (2001). Different carrots for different rabbits: Effects of individualism-collectivism and power distance on work motivation. In M. Erez, U. Kleinbeck, & H. Thierry (Eds.), *Work motivation in the context of a globalizing ecnomy* (pp. 329-340). Mahwah, NJ: Lawrence Erlbaum Associates, Inc.

Leung, K., Tong, K.-K., & Ho, S. S.-Y. (2004). Effects of international justice on egocentric bias in resource allocation decisions. *Journal of Applied Psychology, 89*(3), 405-415.

Leventhal, G. S. (1976). Fairness in social relationships. In J. W. Thibaut, J. T. Spence, & R. C. Carson (Eds.), *Contemporary topics in social psychology* (pp. 211-239). Morristown, NJ: General Learning Press.

Leventhal, G. S. (1980). What should be done with equity theory? In K. J. Gergen, M. S. Greenberg, & R. H. Willis (Eds.), *Social exchange: Advances in theory and research* (pp. 27-55). New York: Plenum Press.

Leventhal, G. S., & Scherer, K. (1987). The relationship of emotion to cognition: A functional approach to a semantic controversy. *Cognition and Emotion, 1*(1), 3-27.

Leventhal, H., & Tomarken, A. J. (1986). Emotion: Today's problems. *Annual Review of Psychology, 37*, 565-610.

Levin, I., & Stokes, J. P. (1989). Dispositional approach to job satisfaction: Role of negative affectivity. *Journal of Applied Psychology, 74*(5), 752-758.

Levine, F. M. (Ed.). (1975). *Theoretical readings in motivation.* Chicago, IL: Rand McNally.

Levine, J. M., Resnick, L. B., & Higgins, E. T. (1993). Social foundations of cognition. *Annual Review of Psychology, 44*(1), 585-612.

Levy, L. H. (1970). *Conceptions of personality.* New York: Random House.

Lewin, K. (1938). The conceptual representation and the measurement of psychological forces. *Contributions to psychological and Theory, 1*(4).

Lewin, K. (1945). The Research Center for Group Dynamics at Massachusetts Institute of Technology. *Sociometry, 8*, 126-135.

Lewis, C. S. (1960). *The four loves.* New York: Harcourt Brace Jovanovich.

Lewis, H. B. (1992). *Shame: The exposed self.* New York: Free Press.

Liden, R. C., Wayne, S. J., & Sparrowe, R. T. (2000). An examination of the mediating role of psychological empowerment on the relations between the job, interpersonal relationships, and work outcomes. *Journal of Applied Psychology, 85*(3), 407–416.

Lieberman, S. (1956). The effects of changes in roles on the attitudes of role occupants. *Human Relations, 9,* 385–402.

Liker, J. K., & Morgan, J. M. (2006). The Toyota way in services: The case of lean product development. *Academy of Management Perspective, 20*(2), 5–19.

Likert, R. (1961). *New patterns of management.* New York: McGraw-Hill.

Likert, R. (1967). *The human organization: Its management and value.* New York: McGraw-Hill.

Lind, E. A., Kray, L., & Thompson, L. (1998). The social construction of injustice: Fairness judgements in response to own and others' unfair treatment by authorities. *Organizational Behavior and Human Decision Processes, 75,* 1–22.

Lind, E. A., & Tyler, T. R. (1988). *The social psychological of procedural justice.* New York: Plenum Press.

Lind, E. A., & Van den Bos, K. (2002). When fairness works: Toward a general theory of uncertainty management. In B. M. Staw & R. M. Kramer (Eds.), *Research in organizational behavior* (Vol. 24, pp. 181–224). Oxford: JAI Press.

Lindell, M. K., & Brandt, C. J. (2000). Climate quality and climate consensus as mediators of the relationship between organizational antecedents and outcomes. *Journal of Applied Psychology, 85*(3), 331–348.

Lindsey, B. (2007). *The age of abundance: How prosperity transformed America's politics and culture.* New York: HarperCollins.

Lindsley, D. H., Brass, D. J., & Thomas, J. B. (1995). Efficacy-performing spirals: A multilevel perspective. *Academy of Management Review, 20*(3), 645–678.

Litwin, G. H., & Stringer, M. (1968). *Motivation and organizational climate.* Boston, MA: Harvard Business School Press.

Lobel, S. A., Quinn, R. E., St. Clair, L., & Warfield, A. (1994). Love without sex: The impact of psychological intimacy between men and women at work. *Organizational Dynamics, 23*(1), 4–16.

Locke, E. A. (1965). Interaction of ability and motivation in personality. *Perceptual and Motor Skills, 21,* 719–725.

Locke, E. A. (1968). Toward a theory of task motivation and incentives. *Organizational Behavior & Human Performance, 3*(2), 157–189.

Locke, E. A. (1969). What is job satisfaction? *Organizational Behavior & Human Performance, 4*(4), 309–336.

Locke, E. A. (1975). Personnel attitudes and motivation. *Annual Review of Psychology, 26,* 457–480.

Locke, E. A. (1976). The nature and causes of job satisfaction. In M. D. Dunnette (Ed.), *Handbook of industrial and organizational psychology* (pp. 1297–1350). Chicago, IL: Rand McNally.

Locke, E. A. (1977). The myths of behavior mod in organizations. *Academy of Management Review, 2*(4), 543–553.

Locke, E. A. (1978). The ubiquity of the technique of goal setting in theories of and approaches to employee motivation. *Academy of Management Review, 3*(3), 594–601.

Locke, E. A. (1979). Myths in "The myths of the myths about behavior mod in organizations". *Academy of Management Review, 4*(1), 131–136.

Locke, E. A. (1991). Goal theory vs. control theory: Contrasting approaches to understanding work motivation.

Motivation and Emotion, 15, 9-28.

Locke, E. A. (1997). The motivation to work: What we know. In M. L. Maehr & P. R. Pintrich (Eds.), *Advances in motivation and achievement* (Vol. 10, pp. 375-412). Greenwich, CT: JAI Press.

Locke, E. A., Alavi, M., & Wagner, J. (1997). Participation in decision-making: An information exchange perspective. In G. Ferris (Ed.), *Research in personnel and human resources management* (Vol. 15, pp. 293-331). Greenwich, CT: JAI Press.

Locke, E. A., Cartledge, N., & Knerr, C. S. (1970). Studies of the relationship between satisfaction, goal-setting, and performance. *Organizational Behavior & Human Performance, 5*(2), 135-158.

Locke, E. A., & Latham, G. P. (1990a). *A theory of goal setting and task performance.* Englewood Cliffs, NJ: Prentice-Hall.

Locke, E. A., & Latham, G. P. (1990b). Work motivation and satisfaction: Light at the end of the tunnel. *Psychological Science, 1*(4), 240-246.

Locke, E. A., & Latham, G. P. (2002). Building a practically useful theory of goal setting and task motivation. *American Psychologist, 57*(9), 705-717.

Locke, E. A., & Latham, G. P. (2004). What should we do about motivation theory? Six recommendations for the twenty-first century. *Academy of Management Review, 29*(3), 388-403.

Locke, E. A., McClear, K., & Knight, D. (1996). Self esteem and work. In C. L. Cooper & I. T. Robertson (Eds.), *International review of organizational psychology* (Vol. 11, pp. 1-32). New York: John Wiley & Sons.

Locke, E. A., Motowidlo, S. J., & Bobko, P. (1986). Using self-efficacy theory to resolve the conflict between goal setting theory and expectancy theory in organizational behavioral and industrial/organizational psychology. *Journal of Social and Clinical Psychology, 4,* 328-338.

Locke, E. A., Shaw, K. N., Saari, L. M., & Latham, G. P. (1981). Goal setting and task performance: 1969-1980. *Psychological Bulletin, 90,* 125-152.

Locke, E. A., Smith, K. G., Erez, M., Chah, D.-O., & Schaffer, A. (1994). The effects of intra-individual goal conflict on performance. *Journal of Management, 20*(1), 67-91.

Locke, K. D. (2003). Status and solidarity in social comparison: Agentic and communal values and vertical and horizontal directions. *Journal of Personality and Social Psychology, 84*(3), 619-631.

Lodahl, T. M., & Kejner, M. (1965). The definition and measurement of job involvement. *Journal of Applied Psychology, 49*(1), 24-33.

Lofquist, L. H., & Dawis, R. V. (1969). *Adjustment to work.* New York: Appleton-Century-Crofts.

Lord, R. G., & Hanges, P. J. (1987). A control system model of organizational motivation: Theoretical development and applied implications. *Behavioral Science, 32,* 161-178.

Lord, R. G., & Kernan, M. C. (1987). Scripts as determinants of purposeful behavior in organizations. *Academy of Management Review, 12*(2), 265-277.

Lord, R. G., Klimoski, R., & Kanfer, R. (Eds.). (2002). *Frontiers of industrial and organizational psychology: Emotions at work.* San Francisco: Jossey-Bass.

Loughlin, C., & Barling, J. (2001). Young workers' work values, attitudes, and behaviors. *Journal of Occupational and Organizational Psychology, 74,* 543-558.

Louis, M. R. (1980a). Surprise and sense making: What newcomers experience in entering unfamiliar organizational setting. *Administrative Science Quarterly, 25,* 226-251.

Louis, M. R. (1980b). Career transitions: Varieties and commonalities. *Academy of Management Review, 5*(3), 329-340.

Lounsbury, J. W., Gibson, L. W., & Hamrick, F. L. (2004). The development and validation of a personological measure of work drive. *Journal of Business and Psychology, 18*(4), 427.

Luthans, F. (2003). Positive organizational behavior(POB): Implications for leadership and HR development and motivation. In L. W. Porter, G. A. Bigley, & R. M. Steers (Eds.), *Motivation and work behavior* (7th ed., pp. 178-195). New York: McGraw-Hill Irwin.

Luthans, F., & Kreitner, R. (1974). The management of behavioral contingencies. *Personnel, 51,* 7-16.

Luthans, F., & Kreitner, R. (1975). *Organizational behavior modification.* Glenview, IL: Scott, Foresman.

Luthans, F., & Ottemann, R. (1977). Motivation vs. learning approaches to organizational behavior. In F. Luthans (Ed.), *Contemporary readings in organizational behavior* (2nd ed., pp. 206-274). New York: McGraw-Hill.

Luthans, F., & Reif, W. E. (1974). Job enrichment: Long on theory, short on practice. *Organizational Dynamics, 2*(3), 30-38.

Lyubomirsky, S. (2001). Why are some people happier than others? *American Psychologist, 56*(3), 239-249.

MacCorquodale, K., & Meehl, P. E. (1948). On a distinction between hypothetical constructs and intervening variables. *Psychological Review, 55,* 95-107.

Mace, C. A. (1935). *Incentives: Some experimental studies* (No. 72): Report 72. Industrial Health Research Board (Great Britain).

MacEvoy, G. M., & Cascio, W. F. (1987). Do good and poor performers leave? A meta-analysis of the relationship between performance and turnover. *Academy of Management Journal, 30,* 744-762.

Machlowitz, M. (1980). *Workaholics: Living with them, working with them.* Reading, MA: Addison-Wesley.

Maclean's. (2006, May 22). A smashing way to feel better. *Maclean's, 119,* 41.

Maddi, S. R. (1976). *Personality theories: A comparative analysis* (3rd ed.). Homewood, IL: Dorsey.

Maddi, S. R. (1980). *Personality theories: A comparative analysis* (4th ed.). Homewood, IL: Dorsey.

Maehr, M. L. (1987). Managing organizational culture to enhance motivation. In M. L. Maehr & D. A. Kleiber (Eds.), *Advances in motivation and achievement: Vol. 5, Enhancing motivation* (pp. 287-320). Greenwich, CT: JAI Press.

Maehr, M. L., & Braskamp, L. (1986). *The motivation factor: A theory of personal investment.* Lexington, MA: Lexington Books.

Maertz, C. P., & Campion, M. A. (2004). Profiles in quitting: Integrating process and content theories in turnover theory. *Academy of Management Journal, 47,* 566-582.

Mahoney, M. J. (1974). *Cognition and behavior modification.* Cambridge, MA: Ballinger.

Mahoney, T. A. (1979). Another look at job satisfaction and performance. In T. A. Mahoney (Ed.), *Compensation and reward perspectives* (pp. 1979). Homewood, IL: Irwin.

Mahoney, T. A. (1987). Understanding comparable worth: A societal and political perspective. In L. L. Cummings & B. M. Staw (Eds.), *Research in organizational behavior* (Vol. 9, pp. 209-246). Greenwich, CT:

JAI Press.

Mahoney, T. A. (1988). Productivity defined: The relativity of efficiency, effectiveness, and change. In J. P. Campbell, R. J. Campbell, & Associates (Eds.), *Productivity in organizations: New perspectives from industrial and organizational psychology* (pp. 13-39). San Francisco: Jossey-Bass.

Maich, S. (2005). The workers' paradise: Why is organized labour in so much trouble? Everybody's too happy. *Maclean's,* September *19,* 38.

Maier, N. R. F. (1946). *Psychology in industry: A psychological approach to industrial problems* (2nd ed.). Boston, MA: Houghton-Mifflin.

Maier, N. R. F. (1961). *Frustration: The study of behavior without a goal.* Ann Arbor, MI: University of Michigan Press.

Maier, N. R. F. (1973). *Psychological in industrial organizations* (4th ed.). Boston, MA: Houghton-Mifflin.

Mainiero, L. A. (1986). A review and analysis of power dynamics in organizational romances. *Academy of Management Review, 11*(4), 750-762.

Mainiero, L. A. (1989). *Office romance: Love, power and sex in the workplace.* New York: Rawson Associates.

Mainiero, L. A. (2003). *On the ethics of office romance: Developing a moral compass for the workplace.* Unpublished manuscript.

Malkiel, B. G. (1979). Productivity: The problem behind the headlines. *Harvard Business Review, 57*(3), 81-90.

Man, D. C., & Lam, S. S. K. (2003). The effects of job complexity and autonomy on cohesiveness in collectivistic and individualistic work groups: A cross-cultural analysis. *Journal of Organizational Behavior, 24*(8), 979-1001.

Mandel, M., Hamm, S., Matlack, C., Farrell, C., & Therese Palmer, A. (2005). The real reasons you're working so hard . . . and what you can do about it. *Business Week,* 3 October, Cover story.

Mann, F. C., & Williams, L. K. (1972). Organizational impact of white-collar automation. In L. E. Davis & J. C. Taylor (Eds.), *Design of jobs* (pp. 83-90). Harmondsworth: Penguin Books.

Manz, C. C. (1986). Self-leadership: Toward an expanded theory of self-influence processes in organizations. *Academy of Management Review, 11*(3), 585-600.

March, J. G., & Simon, H. A. (1958). *Organizations.* New York: John Wiley & Sons.

Marini, M. M. (1989). Sex differences in earnings in the United States. *Annual Review of Sociology, 15,* 343-380.

Markus, H., & Kitayama, M. K. (1991). Culture and the self: Implications for cognition, motivation and emotion. *Psychological Review, 98,* 224-253.

Maroda, K. J. (2004). A relational perspective on women and power. *Psychoanalytic Psychology, 21*(3), 428-435.

Martens, M. (1995). *Locating the measurement of emotion.* Unpublished manuscript, Faculty of Commerce and Business Administration, University of British Columbia, Vancouver, British Columbia, Canada.

Martin, L. L., Tesser, A., & McIntosh, J. (1993). Wanting but not having: The effects of unattained goals on thoughts and feelings. In D. M. Wegner & J. W. Pennebaker (Eds.), *Handbook of mental control* (pp. 552-572). Englewood Cliffs, NJ: Prentice-Hall.

Martocchio, J. J., & Judge, T. A. (1994). A policy-capturing approach to individuals' decisions to be absent. *Organizational Behavior & Human Decision Processes, 57*(3), 358-386.

Maslow, A. H. (1943). A theory of human motivation. *Psychological Review, 50,* 370-396.

Maslow, A. H. (1954). *Motivation and personality.* New York: Harper & Row.

Maslow, A. H. (1955). Deficiency motivation and growth motivation. In M. R. Jones (Ed.), *Nebraska Symposium on Motivation.* Lincoln, NE: University of Nebraska Press.

Maslow, A. H. (1962). *Toward a psychology of being.* New York: Van Nostrand Reinhold.

Maslow, A. H. (1968). *Toward a psychology of being* (2nd ed.). New York: Van Nostrand Reinhold.

Massie, J. L. (1965). Management theory. In J. G. March (Ed.), *Handbook of organizations* (pp. 387-422). Chicago, IL: Rand McNally.

Mathieu, J. E., & Farr, J. L. (1991). Further evidence for the discriminant validity of measures of organizational commitment, job involvement, and job satisfaction. *Journal of Applied Psychology, 76*(1), 127-133.

Mathieu, J. E., Hofmann, D. A., & Farr, J. L. (1993). Job perception-job satisfaction relations: An empirical comparison of three competing theories. *Organizational Behavior & Human Decision Processes, 56*(3), 370-387.

Mathieu, J. E., & Zajac, D. M. (1990). A review and meta-analysis of the antecedents, correlates, and consequences of organizational commitment. *Psychological Bulletin, 108*(2), 171-194.

Matsui, T., Kagawa, M., Nagamatsu, J., & Ohtsuka, Y. (1977). Validity of expectancy theory as a within-person behavioral choice model for sales activities. *Journal of Applied Psychology, 62*(6), 764-767.

Matsui, T., & Ohtsuka, Y. (1978). Within-person expectancy theory predictions of supervisory consideration and structure behavior. *Journal of Applied Psychology, 63*(1), 128-131.

Matthews, G., Zeidner, M., & Roberts, R. D. (2002). *Emotional intelligence: Science and myth.* Cambridge, MA: MIT Press.

Mawhinney, T. C. (1975). Operant terms and concepts in the description of individual work behavior: Some problems of interpretation, application, and evaluation. *Journal of Applied Psychology, 60*(6), 704-712.

Mawhinney, T. C. (1979). Intrinsic and extrinsic work motivation: Perspectives from behaviorism. *Organizational Behavior & Human Performance, 24*(3), 411-440.

Mayberry, P. (1985). *Congruencies among organizational components and their relationship to work attitudes.* Unpublished doctoral dissertation, University of Illinois, Urbana.

Mayer, J. D., & Salovey, P. (1997). What is emotional intelligence? In P. Salovey & D. Sluyter (Eds.), *Emotional development and emotional intelligence: Educational implications* (pp. 3-31). New York: Basic Books.

Mayer, J. D., Salovey, P., & Caruso, D. R. (2004). Emotional intelligence: Theory, findings, and implications. *Psychological Inquiry, 15*(3), 197-215.

Mayes, B. T. (1978a). Incorporating time-lag effects into the expectancy model of motivation: A reformulation of the model, *Academy of Management Review, 3*(2), 374-379.

Mayes, B. T. (1978b). Some boundary considerations in the application of motivation models. *Academy of Management Review, 3*(1), 51-58.

Mayhew, G. L. (1979). Approaches to employee management: Policies and preferences. *Journal of Organizational Behavior Management, 2,* 103-111.

Mayhew, L. (1971). *Society: Institutions and activity.* Glenview, IL: Scott, Foresman.

Mayo, E. (1933). *The human problems of an industrialized civilization.* New York: Macmillan.

McAdams, D. P. (1988). Personal needs and personal relationships. In S. Duck (Ed.), *Handbook of personal relationships* (pp. 7-22). Chichester: John Wiley & Sons.

McCall Jr., M. W., Lombardo, M. M., & Morrison, A. M. (1988). *The lessons of experience: How successful executives develop on the job.* Lexington, MA: Lexington Books.

McClelland, D. C. (1961). *The achieving society.* Princeton, NJ: Van Nostrand Reinhold.

McClelland, D. C. (1962). Business drive and national achievement. *Harvard Business Review, 40*(4), 99-112.

McClelland, D. C. (1965). Achievement motivation can be developed. *Harvard Business Review, 43*(6), 6-24, 178.

McClelland, D. C. (1970). The two faces of power. *Journal of International Affairs, 24,* 29-47.

McClelland, D. C. (1975). *Power: The inner experience.* New York: Irvington.

McClelland, D. C. (1985). How motives, skills, and values determine what people do. *American Psychologist, 40*(7), 812-825.

McClelland, D. C., & Boyatzis, R. E. (1982). Leadership motive pattern and long-term success in management. *Journal of Applied Psychology, 67*(6), 737-743.

McClelland, D. C., & Burnham, D. H. (1976). Power is the great motivator. *Harvard Business Review, 54*(2), 100-110.

McClelland, D. C., & Winter, D. G. (1969). *Motivating economic achievement.* New York: Free Press.

McConkie, M. L. (1979). A clarification of the goal setting and appraisal processes in MBO. *Academy of Management Review, 4*(1), 29-40.

McCune, J. T., Beatty, R. W., & Montagno, R. V. (1988). Downsizing: Practices in manufacturing firms. *Human Resource Management, 27*(2), 145-161.

McDonald, L. (1977). Wages of work. In M. Stephenson (Ed.), *Women in Canada* (rev. ed., pp. 181-191). Don Mills, Ontario, Canada: General Publishing.

McDonald, P., & Gandz, J. (1992). Getting value from shared values. *Organizational Dynamics, 20*(3), 64-77.

McDougall, W. (1923). *Outline of psychology.* New York: Scribner.

McElroy, J. C., Morrow, P. C., & Rude, S. N. (2001). Turnover and organizational performance: A comparative analysis of the effects of voluntary, involuntary, and reduction-in-force turnover. *Journal of Applied Psychology, 86*(6), 1294-1299.

McFarlin, D. B., & Rice, R. W. (1991). Determinants of satisfaction with specific job facets: A test of Locke' model. *Journal of Business and Psychology, 6*(1), 25-38.

McFarlin, D. B., & Rice, R. W. (1992). The role of facet importance as a moderator in job satisfaction processes. *Journal of Organizational Behavior, 13*(1), 41-54.

McFarlin, D. B., & Sweeney, P. D. (1992). Distributive and procedural justice as predictors of satisfaction with personal and organizational outcomes. *Academy of Management Journal, 35,* 626-637.

McGillicuddy-DeLisi, A. V., Watkins, C., & Vinchur, A. J. (1994). The effect of relationship on children's distributive justice reasoning. *Child Development, 63,* 1694-1700.

McGregor, D. M. (1957a). The human side of enterprise. *Management Review, 46*(11), 22-28, 88-92.

McGregor, D. M. (1957b). An uneasy look at performance appraisal. *Harvard Business Review, 35*(3), 89-94.

McGregor, D. M. (1960). *The human side of enterprise.* New York: McGraw-Hill.

McKelvey, W. W. (1982). *Organizational systematics.* Berkeley, CA: University of California Press.

McNatt, D. B., & Judge, T. A. (2004). Boundary conditions of the Galatea effect: A field experiment and constructive replication. *Academy of Management Journal, 47*(4), 550-565.

Mead, M. (1980). A proposal: We need taboos on sex at work. In D. A. Neugarten & J. M. Shaftitz (Eds.), *Sexuality in organizations: Romantic and coercive behaviors at work.* Oak Park, IL: Moore Publishing.

Meglino, B. M., & Korsgaard, M. A. (2004). Considering rational self-interest as a disposition: Organizational implications of other orientation. *Journal of Applied Psychology, 89*(6), 946-959.

Meglino, B. M., Ravlin, E. C., & Adkins, C. L. (1989). A work values approach to corporate culture: A field test of the value congruence process and its relationship to individual outcomes. *Journal of Applied Psychology, 74,* 424-432.

Meglino, B. M., Ravlin, E. C., & Adkins, C. L. (1991). Value congruence and satisfaction with a leader: An examination of the role of interaction. *Human Relations, 44,* 481-495.

Mehri, D. (2006). The darker side of lean: An insider's perspective on the realities of the Toyota production system. *Academy of Management Perspective, 20*(2), 21-42.

Meltzer, H., & Nord, W. R. (Eds.). (1981). *Making organizations humane and productive: A handbook for practitioners.* New York: John Wiley & Sons.

Mento, A. J., Cartledge, N. D., & Locke, E. A. (1980). Maryland vs. Michigan vs. Minnesota: Another look at the relationship of expectancy and goal difficulty to task performance. *Organizational Behavior & Human Performance, 25*(3), 419-440.

Merrens, M. H., & Garrett, J. B. (1975). The protestant ethic scale as a predictor of repetitive work performance. *Journal of Applied Psychology, 60*(1), 125-127.

Merton, R. K. (1968). *Social theory and social structure.* New York: Free Press.

Merton, R. K. (1973). *The sociology of science.* Chicago, IL: University of Chicago Press.

Meyer, D. K., & Turner, J. C. (2002). Discovering emotion in classroom motivation research. *Educational Psychologist, 37*(2), 107-114.

Meyer, J. P., & Allen, N. J. (1987). A longitudinal analysis of the early development and consequences of organizational commitment. *Canadian Journal of Behavioral Sciences, 19,* 199-215.

Meyer, J. P., & Allen, N. J. (1988). Links between work experiences and organizational commitment during the first year of employment: A longitudinal analysis. *Journal of Occupational Psychology, 61*(3), 195-209.

Meyer, J. P., & Allen, N. J. (1991). A three-component conceptualization of organizational commitment. *Human Resource Management Review, 1*(1), 61-89.

Meyer, J. P., & Allen, N. J. (1997). *Commitment in the workplace.* Thousand Oaks, CA: Sage.

Meyer, J. P., Becker, T. E., & Van Dick, R. (2006). Social identities and commitments at work: Toward an integrative model. *Journal of Organizational Behavior, 27,* 665-683.

Meyer, J. P., Paunonen, S. V., Gellatly, I. R., Goffin, R. D., & Jackson, D. N. (1989). Organizational commitment and job performance: It's the nature of the commitment that counts. *Journal of Applied Psychology, 74*(1), 152-162.

Meyer, J. P., Stanley, D. J., Herscovitch, L., & Topolnytsky, L. (2002). Affective, continuance, and normative commitment to the organization: A meta-analysis of antecedents, correlates, and consequences. *Journal of Vocational Behavior, 61*(1), 20-52.

Miles, E. W., Hatfield, J. B., & Huseman, R. C. (1994). Equity sensitivity and outcomes importance. *Journal of Organizational Behavior, 15*(7), 585-596.

Miles, J. A., & Greenberg, J. (1993). Using punishment threats to attenuate social loafing effects among swimmers. *Organizational Behavior & Human Decision Processes, 56*(2), 246-265.

Milkovich, G. T., & Anderson, P. H. (1972). Management compensation and secrecy policies. *Personnel Psychology, 25*(2), 293-302.

Miller, G. A., Galanter, E., & Pribram, K. H. (1960). *Plans and the structure of behavior.* New York: Henry Holt.

Miller, J. G. (1978). *Living systems.* New York: McGraw-Hill.

Miller, L. E., & Grush, J. E. (1988). Improving predictions in expectancy theory research: Effects of personality, expectancies, and norms. *Academy of Management Journal, 31*(1), 107-122.

Miller, V. D., & Jablin, F. M. (1991). Information seeking during organizational entry: Influences, tactics, and a model of the process. *Academy of Management Review, 16*(1), 92-120.

Mills, P. K. (1983). Self-management: Its control and relationship to other organizational properties. *Academy of Management Review, 8*(3), 445-453.

Miner, J. B. (1984). The validity and usefulness of theories in an emerging organizational science. *Academy Management Review, 9*(2), 296-306.

Miner, J. B. (2003). The rated importance, scientific validity, and practical usefulness of organizational behavior theories: A quantitative review. *Academy of Management Learning & Education, 2*(3), 250-268.

Miner, M. G. (1974). Pay policies: Secret or open? And why? *Personnel Journal, 53*(2), 110-115.

Miniard, P. W., & Cohen, J. B. (1983). Modeling personal and normative influences on behavior. *Journal of Consumer Research, 10*(2), 169-180.

Minton, J. W., Lewicki, R. J., & Sheppard, B. H. (1994, November). Unjust dismissal in the context of organizational justice. In S. Henry (Ed.), *The annals of the American Academy of Political and Social Science* (Vol. 536, pp. 135-148). Thousand Oaks, CA: Sage.

Mintzberg, H. (1973). *The nature of managerial work.* New York: Harper & Row.

Mirvis, P. H., & Lawler, E. E. (1977). Measuring the financial impact of employee attitudes. *Journal of Applied Psychology, 62*(1), 1-8.

Mischel, W. (1968). *Personality and assessment.* New York: John Wiley & Sons.

Mishra, A. K., & Spreitzer, G. M. (1998). Explaining how survivors respond to downsizing: The roles of trust, empowerment, justice and work redesign. *Academy of Management Review, 23*(3), 567-588.

Mitchel, J. O. (1981). The effect of intentions, tenure, personal, and organizational variables on managerial turnover. *Academy of Management Journal, 24*(4), 742-751.

Mitchell, J. J. (Ed.). (1972). *Human nature: Theories, conjectures, and descriptions.* Metuchen, NJ: Scarecrow Press.

Mitchell, T. R. (1973). Motivation and participation: An integration. *Academy of Management Journal, 16*(4),

670–679.

Mitchell, T. R. (1974). Expectancy models of satisfaction, occupational preference and effort: A theoretical, methodological and empirical appraisal. *Psychological Bulletin, 81,* 1053–1077.

Mitchell, T. R., & Biglan, A. (1971). Instrumentality theories: Current use in psychology. *Psychological Bulletin, 76,* 432–454.

Mitchell, T. R., Green, S. G., & Wood, R. E. (1981). An attributional model of leadership and the poor performing subordinate: Development and validation. In L. L. Cummings & B. M. Staw (Eds.), *Research in organizational behavior* (Vol. 3, pp. 197–234). Greenwich, CT: JAI Press.

Mitchell, T. R., Holtom, B. C., & Lee, T. W. (2001). How to keep your best employees: Developing an effective retention policy. *Academy of Management Executive, 15*(4), 96–108.

Mitchell, T. R., Holtom, B. C., Lee, T. W., Sablynski, C. J., & Erez, M. (2001). Why people stay: Using job embeddedness to predict voluntary turnover. *Academy of Management Journal, 44,* 1102–1121.

Mitchell, T. R., & James, L. H. (1989). Introduction and background. *Academy of Management Review, 14*(1), 331–332.

Mitchell, T. R., & James, L. R. (2001). Building a better theory: Time and the specification of when things happen. *Academy of Management Review, 26,* 530–547.

Mitchell, T. R., & Kalb, L. S. (1981). Effects of outcomes knowledge and outcomes valence on supervisors' evaluations. *Journal of Applied Psychology, 66*(5), 604–612.

Mitchell, T. R., & Lee, T. W. (2001). The unfolding model of voluntary turnover and job embeddedness: Foundations for a comprehensive theory of attachment. *Research in Organizational Behavior, 23,* 189–246.

Mitchell, T. R., & O'Reilly, C. A. (1983). Managing poor performance and productivity. In K. Rowland & G. R. Ferris (Eds.), *Research in personnel and human resource management* (Vol. 1, pp. 201–223). Greenwich, CT: JAI Press.

Mitchell, V. F., & Moudgill, P. (1976). Measurement of Maslow's need hierarchy. *Organizational Behavior & Human Performance, 16*(2), 334–349.

Mitroff, I. I. (1983). *Stakeholders of the organizational mind.* San Francisco: Jossey-Bass.

Mobley, W. H. (1982). *Employee turnover: Causes, consequences and control.* Reading, MA: Addison-Wesley.

Mobley, W. H., & Meglino, B. M. (1977). A behavioral choice model analysis of the budget allocation behavior of academic deans. *Academy of Management Journal, 20*(4), 564–572.

Moore, M. V., & Abraham, Y. T. (1992). Comparable worth: Is it a moot issue? *Public Personnel Management, 21*(4), 455–472.

Moore, M. V., & Abraham, Y. T. (1994). Comparable worth: Is it a moot issue? Part II: The legal and juridical posture. *Public Personnel Management, 23*(2), 263–286,

Morin, W. J., & Yorks, L. (1992). *Dismissal: There is no easy way, but there is a better way.* San Diego, CA: Harcourt Brace Jovanovich.

Morris, D. (1969). *The human zoo.* London: Vintage.

Morris, J. A., & Feldman, D. C. (1996). The dimensions, antecedents, and consequences of emotional labor. *Academy of Management Review, 21*(3), 986–1010.

Morris, J. H., & Sherman, J. D. (1981). Generalizability of an organizational commitment model. *Academy of Management Journal, 24*(3), 512-526.

Morrison, E. W. (1993). Newcomer information seeking: Exploring types, modes, sources, and outcomes. *Academy of Management Journal, 36*(3), 557-589.

Morrison, E. W., & Milliken, F. J. (2000). Organizational silence: A barrier to change and development in a pluralistic world. *Academy of Management Review, 25*(4), 706-725.

Morrison, E. W., & Robinson, s. (1997). When employees feel betrayed: A model of how psychological contract violation develops. *Academy of Management Review, 22*(1), 226-56.

Morrow, P. C. (1983). Concept redundancy in organizational research: The case of work commitment. *Academy of Management Review, 8*(3), 486-500.

Morrow, P. C. (1993). *The theory and measurement of work commitment.* Greenwich, CT: JAI Press.

Morrow, P. C., McElroy, J. C., Laczniak, K. S., & Fenton, J. B. (1999). Using absenteeism and performance to predict employee turnover: Early detection through company records. *Journal of Vocational Behavior, 55,* 358-374.

Mortimer, T. J., & Lorence, J. (1989). Satisfaction and involvement: Disentangling a deceptively simple relationship. *Social Psychology Quarterly, 52,* 249-266.

Mossholder, K. W., Bennett, N., & Martin, C. L. (1998). A multilevel analysis of procedural justice context. *Journal of Organization Behavior, 19,* 131-141.

Mount, M. K., & Barrick, M. R. (1995). The big five personality dimensions: Implications for research an practice in human resources management. In G. R. Ferris (Ed.), *Research in personnel and human resources management* (Vol. 13, pp. 153-200). Greenwich, CT: JAI Press.

Mowday, R. T. (1998). Reflections on the study and relevance of organizational commitment. *Human Resource Management Review, 8*(4), 387-401.

Mowday, R. T. (1991). Equity theory predictions of behavior in organizations. In R. M. Steers & L. W. Porter (Eds.), *Motivation and work behavior* (5th ed., pp. 111-130). New York: McGraw-Hill.

Mowday, R. T., Porter, L. W., & Steers, R. M. (1982). *Employee-organization linkages.* New York: Academic Press.

Mowday, R. T., & Sutton, R. I. (1993). Organizational behavior: Linking individuals and groups to organizational contexts. *Annual Review of Psychology, 44*(1), 195-229.

Muchinsky, P. M. (1977). A comparison of within-and across-subject analysis of the expectancy-valence model for predicting effort. *Academy of Management Journal, 20*(1), 154-158.

Muchinsky, P. M. (2000). Emotions in the workplace: The neglect of organizational behavior. *Journal of Organizational Behavior, 21*(7), 801-905.

Muchinsky, P. M., & Monahan, C. J. (1987). What is person-environment congruence? Supplementary versus complementary models of fit. *Journal of Vocational Behavior, 31,* 268-277.

Muczyk, J. P. (1978). A controlled field experiment measuring the impact of MBO on performance data. *Journal of Management Studies, 15*(3), 318-329.

Muraven, M., & Baumeister, R. F. (2000). Self-regulation and depletion of limited resources: Does self-control resemble a muscle? *Psychological Bulletin, 126*(2), 247-259.

Murphy, G. C., & Remnyi, A. G. (1979). Behavioral analysis and organizational reality: The need for a technology of program implementation. *Journal of Organizational Behavior Management, 2,* 121-131.

Murphy, S. A. (2004). *The sounds of silence: Toward a theory of organizational shunning.* Paper presented at the Administrative Sciences Association of Canada (ASAC), Quebec City.

Murray, H. (1938). *Explorations in personality.* New York: Oxford University Press.

Murray, H. A., & Kluckhohn, C. (1953). Outline of a conception of personality. In C. Kluckhohn, H. A. Murray, & D. Schneider (Eds.), *Personality and nature, society and culture* (2nd ed.). New York: Knopf.

Murstein, B. (1988). A taxonomy of love. In R. Sternberg & M. Barnes (Eds.), *The psychology of love* (pp. 13-37). New Haven, CT: Yale University Press.

Namie, G., & Namie, R. (2003). *The bully at work: What you can do to stop the hurt and reclaim your dignity on the job.* Naperville, IL: Sourcebooks, Inc.

Naylor, J. D., Pritchard, R. D., & Ilgen, D. R. (1980). *A theory of behavior in organizations.* New York: Academic Press.

Nealey, S. M. (1963). Pay and benefit preforence. *Industrial Relations, 3,* 17-28.

Nebeker, D. M., & Mitchell, T. R. (1974). Leader behavior: An expectancy theory approach. *Organizational Behavior & Hum an Performance, 11*(3), 355-367.

Nebeker, D. M., & Pon, G. G. (2004). *Self-efficacy and expectancy: Comparing measures and constructs.* Unpublished manuscript, National University, Sand Diego, California.

Nehbrass, R. G. (1979). Ideology and the decline of management theory. *Academy of Management Review, 4*(3), 427-431.

Niess, M. B., Sedikides, C., & Stevenson, J. (2002). Self-esteem: A behavioral genetic perspective. *European Journal of Personality, 16,* 351-367.

Neuman, J. H., & Baron, R. A. (1997). Aggression in the workplace. In R. A. Giacalone & J. Greenberg (Eds.), *Antisocial behavior in organizations* (pp. 37-67). Thousand Oaks, CA: Sage.

Newman, L. (1988, February). Good-bye is not enough. *Personnel Administrator, 33*(2), 84-86.

Nicholson, N., Wall, T., & Lischeron, J. (1977). The predictability of absence and propensity to leave from employees' job satisfaction and attitudes toward influence in decision-making. *Human Relations, 30*(6), 499-514.

Nickerson, C. A., & McLelland, G. H. (1989). Across-persons versus within-persons test of expectancy value models: A methodological note. *Journal of Behavioral Decision Making, 2,* 261-270.

Niedenthal, P. M., Setterlund, M. B., & Jones, D. E. (1994). Emotional organization of perceptual memory. In P. M. Niedenthal & S. Kitayama (Eds.), *The heart's eye* (pp. 87-143). San Diego, CA: Academic Press.

Niehoff, B. P., Paul, R. J., & Bunch, J. F. S. (1998). The social effects of punishment events: The influence of violator past performance record ad severity of the punishment on observers' justice perceptions and attitudes. *Journal of Organizational Behavior, 19,* 5889-5602.

Noel, T. W., & Latham, G. P. (2006). The importance of learning goals *versus* outcome goals for entrepreneurs. *Entrepreneurship and Innovation, 7*(4), 213-220.

Noon, M., & Blyton, P. (2007). *The realities of work.* Basingstoke: Macmillan Business.

Nord, W. R. (1969). Beyond the teaching machine: The neglected area of operant conditioning in the theory and practice of management. *Organizational Behavior & Human Performance, 4*(4), 375-401.

Nord, W. R. (1974). The failure of current applied behavioral science: A Marxian perspective. *Journal of Applied Psychology, 32*(12), 1026-1035.

Nord, W. R. (1977). Job satisfaction reconsidered. *American Psychologist, 32,* 1026-1035.

Nord, W. R., Brief, A. P. Atieh, J. M., & Doherty, E. M. (1988). Work values and the conduct of organizational behavior. In B. M. Staw & L. L. Cummings (Eds.), *Research in organizational behavior* (Vol. 10, pp. 1-42). Greenwich, CT: JAI Press.

Nord, W. R., & Durand, D. E. (1978). What's wrong with the human resources approach to management. *Organizational Dynamics, 6*(3), 13-25.

Northcraft, G. B., & Ashford, S. J. (1990). The preservation of self in everyday life: The effects of performance expectations and feedback inquiry. *Organizational Behavior & Human Decision Processes, 47*(1), 42-64.

Nunnally, J. C. (1967). *Psychometric theory.* New York: McGraw-Hill.

Nyhus, E. K., & Pons, E. (2005). The effects of personality on earnings. *Journal of Economic Psychology, 26*(3), 363-384.

Oates, W. (1971). *Confessions of a workaholic.* New York: World.

Oatley, K. (1992). *Best laid schemes: The psychology of emotions.* Cambridge: Cambridge University Press.

Oatley, K., & Duncan, E. (1992). Structured diaries for emotions in daily life. In K. T. Strongman (Ed.), *International review of studies on emotion* (Vol. 2). Chichester: John Wiley & Sons.

Oatley, K., & Jenkins, J. M. (1992). Human emotions: Function and dysfunction. *Annual Review of Psychology, 43*(1), 55-85.

Oatley, K., & Johnson-Laird, P. N. (1987). Towards a cognitive theory of emotion. *Cognition and Emotion, 1*(1), 39-50.

Odiorne, G. S. (1979). *MBO II.* Belmont, CA: Fearon-Pitman.

O'Donohue, W. T. (1997). *Sexual harassment: Theory, research, and treatment.* Boston, MA: Allyn & Bacon.

Office of the Inspector General. (1993). *The tailhook report.* New York: St. Martin's Press.

O'Hara, J. (1998a, May 25). Rape in the military. *Maclean's,* 15-21.

O'Hara, J. (1998b, May 25). Breaking ranks. *Maclean's,* 24.

O'Hara, K., Johnson, C. M., & Beehr, T. A. (1985). Organizational behavior management in the private sector: A review of empirical research and recommendations for further investigation. *Academy of Management Review, 10*(4), 848-864.

Oldham, G. R., & Hackman, J. R. (1980). Work design in the organizational context. In B. M. Staw & L. L. Cummings (Eds.), *Research in organizational behavior* (Vol. 2, pp. 247-278). Greenwich, CT: JAI Press.

Oliver, R. L., & Bearden, W. O. (1985). Crossover effects in the theory of reasoned action: A moderating influence attempt. *Journal of Consumer Research, 12*(3), 324-340.

Olson, J. M., & Zanna, M. P. (1993). Attitudes and attitude change. *Annual Review of Psychology, 44*(1), 117-154.

Ondrack, D. A. (1974). Defense mechanisms and the Herzberg theory: An alternate test. *Academy of Manage-*

ment Journal, 17(1), 79-89.*

O'Reilly, C. A. (1991). Organizational behavior: Where we've been, where we're going. *Annual Review of Psychology, 42*(1), 427-458.

O'Reilly, C. A., & Caldwell, D. F. (1981). The commitment and job tenure of new employees: Some evidence of postdecisional justification. *Administrative Science Quarterly, 26*(4), 597-616.

O'Reilly, C. A., Caldwell, D. F., & Mirable, R. (1992). A profile-comparison approach to person-job fit: More than a mirage. In J. L. Wall & L. R. Jauch (Eds.), *Academy of Management best paper proceedings* (pp. 237-241). Las Vegas, NV: Briarcliff Manor Academy of Management.

O'Reilly, C. A., & Chatman, J. (1986). Organizational commitment and psychological attachment: The effects of compliance, identification, and internalization on prosocial behavior. *Journal of Applied Psychology, 71*(3), 492-499.

O'Reilly, C. A., & Chatman, J. A. (1994). Working smarter and harder: A longitudinal study of managerial success. *Administrative Science Quarterly, 39*(4), 603-627.

O'Reilly, C. A., Chatman, J., & Caldwell, D. F. (1991). People and organizational culture: A profile comparison approach to assessing person-organization fit. *Academy of Management Journal, 34,* 489-516.

Organ, D. W. (1990). The motivational basis of organizational citizenship behavior. In B. M. Staw & L. L. Cummings (Eds.), *Research in organizational behavior* (Vol. 12, pp. 43-72). Greenwich, CT: JAI Press.

Organ, D. W., & Konovsky, M. (1989). Cognitive versus affective determinants of organizational citizenship behavior. *Journal of Applied Psychology, 74*(1), 157-164.

Orpen, C. (1979). The effects of job enrichment on employee satisfaction, motivation, involvement, and performance: A field experiment. *Human Relations, 32*(3), 189-117.

Ostroff, C. (1992). The relationship between satisfaction, attitudes, and performance: An organizational level analysis. *Journal of Applied Psychology, 77*(6), 963-974.

Ostroff, C. (1993). The effects of climate and personal influences on individual behavior and attitudes in organizations. *Organizational Behavior & Human Decision Processes, 56*(1), 56-90.

O'Toole, J. (1981). *Making America work.* New York: Continuum.

Oxford English Dictionary. (1961). Oxford: Clarendon Press.

Park, N., & Peterson, C. M. (2003). Virtues and organizations. In K. S. Cameron, J. E. Dutton, & R. E. Quinn (Eds.), *Positive organizational scholarship: Foundations of a new discipline* (pp. 33-47). San Francisco: Berrett-Koehler.

Parker, D. F., & Dyer, L. (1976). Expectancy theory as a within-person behavioral choice model: An empirical test of some conceptual and methodological refinements. *Organizational Behavior & Human Performance, 17*(1), 97-117.

Parker, S. K. (1998). Enhancing role breadth self-efficacy: The roles of job enrichment and other organizational interventions. *Journal of Applied Psychology, 83*(6), 835-852.

Parker, S. K. (2003). Longitudinal effects of lead production on employee outcomes and the mediating role of work characteristics. *Journal of Applied Psychology, 88*(4), 620-634.

Parker, S. K., & Wall, T. D. (1998). *Job and work design: Organizing work to promote well-being and effec-*

tiveness. Thousand Oaks, CA: Sage.

Parker, S. K., & Wall, T. D. (2001). Work design: Learning from the past and mapping a new terrain. In N. Anderson, O. S. Ones, H. K. Sinangil, & C. Viswesvaran (Eds.), *Handbook of industrial work and organizational psychology* (Vol. 1). London: Sage.

Parker, S. K., Wall, T. D., & Cordery, J. L. (2001). Future work design research and practice: Towards an elaborated model of work design. *Journal of Occupational and Organizational Psychology, 74,* 413-440.

Parker, S. R. (1981). Industry and social stratification. In S. R. Parker, R. K. Brown, J. Child, & M. A. Smith (Eds.), *The sociology of industry* (pp. 56-64). London: George Allen & Unwin.

Parkinson, C. N. (1957). *Parkinson's law and other studies in administration.* Boston, MA: Houghton-Mifflin.

Parrott, W. G. (1994). The head and the heart. In J. A. Russell, J. M. Fernandez-Doles, A. S. R. Manstead, & J. C. Wellenkamp (Eds.), *Everyday conceptions of emotions* (pp. 73-84). Dordrecht, The Netherlands: Kluwer.

Parsons, T., & Shils, E. A. (1951). *Toward a general theory of action.* Cambridge, MA: Harvard University Press.

Patchen, M. (1961). *The choice of wage comparisons.* Englewood Cliffs, NJ: Prentice-Hall.

Paterson, J. M., & Cary, J. (2002). Organizational justice, change anxiety, and acceptance of downsizing: Preliminary tests of an AET-based model. *Motivational and Emotion, 26*(1), 83-103.

Patterson, D. G., Darley, J. G., & Elliott, R. M. (1936). *Men, women, and jobs.* Minneapolis, MI: University of Minnesota Press.

Patrick, B. C., Skinner, E. A., & Connell, J. P. (1993). What motivates children's behavior and emotion? Joint effects of perceived control and autonomy in the academic domain. *Journal of Personality and Social Psychology, 65*(4), 781-791.

Paul, W. J. J., Robertson, K. B., & Herzberg, F. (1969). Job enrichment pays off. *Harvard Business Review, 47*(2), 61-78.

Paulin, M., Ferguson, R. J., & Bergeron, J. (2006). Service climate and organizational commitment: The importance of customer linkages. *Journal of Business Research, 69*(2006), 906-915.

Pava, M. L., & Primeaux, P. (Eds.). (2004). *Spiritual intelligence at work: Meaning, metaphor, and morals* (Vol. 5). Oxford: Elsevier.

Payne, R. L. (2000). Climate and culture: How close can they get? In N. M. Ashkanasy, C. P. M. Wilderon, & M. F. Peterson (Eds.). (2000). *Handbook of organizational culture & climate.* Thousand Oaks, CA: Sage.

Peak, H. (1955). Attitude and motivation. In M. R. Jones (Ed.), *Nebraska Symposium on Motivation.* Lincoln, NE: University of Nebraska Press.

Pearce, J. A., & David, F. (1987). Corporate mission statements: The bottom line. *Academy of Management Executive, 1*(2), 109-116.

Pearce, J. L. (2004). What do we know and how do we really know it? *Academy of Management Review, 29*(2), 175-179.

Pearson, C. M., & Porath, C. L. (2005). On the nature, consequences, and remedies of workplace incivility: No time for "nice"? Think again. *Academy of Management Executive, 19*(1), 7-18.

Pelled, L. H., & Xin, K. R. (1999). Down and out: An investigation of the relationship between mood and employee withdrawal behavior. *Journal of Management, 25*(6), 875-95.

Penner, L. A., Dovidio, J. E., Piliavin, J. A., & Schroeder, D. A. (2005). Prosocial behavior: Multilevel perspectives. *Annual Review of Psychology, 56,* 365-392.

Pennings, J. M., Barkema, H., & Douma, S. W. (1994). Organizational learning and diversification. *Academy of Management Journal, 37*(3), 608-640.

People 1st (Company). (2007). Catering for employee needs. *Personnel Today, 1/2/2007,* 19.

Peredo, A. M. (2004). Democracy, poverty and local responses. *Humanity and Society, 28*(3), 322-329.

Peredo, A. M., & Chrisman, J. J. (2006). Toward a theory of community-based enterprise. *Academy of Management Review, 31*(2), 309-328.

Pervin, L. A. (1968). Performance and satisfaction as a function of individual-environment fit. *Psychological Bulletin, 69,* 56-68.

Pervin, L. A. (1991). Self-regulation and the problem of volition. In M. L. Maehr & P. R. Pintrich (Eds.), *Advances in motivation and achievement* (Vol. 7, pp. 1-20). Greenwich, CT: JAI Press.

Peter, L. J., & Hull, R. (1969). *The Peter principle.* New York: Bantam.

Peters, L. H., & O'connor, E. J. (1980). Situational constraints and work outcomes: The influences of a frequently overlooked construct. *Academy of Management Review, 5*(3), 391-397.

Peters, L. H., O'connor, E. J., & Eulberg, J. R. (1985). Situational constraints: Sources, consequences, and future considerations. In K. R. Rowland & G. R. Ferris (Eds.), *Research in personnel and human resources management* (Vol. 3, pp. 79-114). Greenwich, CT: JAI Press.

Peters, T. J., & Waterman, R. (1982). *In search of excellence.* New York: Harper & Row.

Petrie, H. L. (1991). *Motivation: Theory, research, and applications.* Belmont, CA: Wadsworth.

Petrock, F. (1978). Analyzing the balance of consequences for performance improvement. *Journal of Organizational Behavior Management, 1,* 196-205.

Petrock, F., & Gamboa, V. (1976). Expectancy theory and operant conditioning: A conceptual comparison. In W. R. Nord (Ed.), *Concepts and controversies in organizational behavior* (2nd ed., pp. 175-187). Pacific Palisades, CA: Goodyear.

Pfautz, H. W. (1953). The current literature on social stratification: Critique and bibliography. *American Journal of Sociology, 58,* 391-418.

Pfeffer, J. (1981a). *Power in organizations.* Marshfield, MA: Pitman.

Pfeffer, J. (1981b). Management as symbolic action: The creation and maintenance of organizational paradigms. In L. L. Cummings & B. M. Staw (Eds.), *Research in organizational behavior* (Vol. 3, pp. 1-52). Greenwich, CT: JAI Press.

Pfeffer, J. (1994). *Competitive advantage through people: Unleashing the power of the work force.* Boston, MA: Harvard Business School Press.

Pfeffer, J. (1998). *The human equation: Building profits by putting people first.* Boston, MA: Harvard Business School Press.

Pfeffer, J., & Salancik, G. R. (1974). Organizational decision making as a political process: The case of a university budget. *Administrative Science Quarterly, 19*(2), 135-151.

Pierce, C. A., Byrne, D., & Aguinis, H. (1996). Attraction in organizations: A model of workplace romance.

Journal of Organizational Behavior, 17, 5-32.

Pierce, J. L., & Dunham, R. B. (1976). Task design: A literature review. *Academy of Management Review, 1*(4), 83-97.

Pierce, J. L., Gardner, D. G., Cummings, L. L., & Dunham, R. B. (1989). Organization-based self-esteem: Construct definition, measurement, and validation. *Academy of Management Journal, 32*(3), 622-648.

Pieters, R. G. M., & Van Raaij, W. F. (1988). Functions and management of affect: Applications to economic behavior. *Journal of Economic Psychology, 9*(2), 251-282.

Pinder, C. C. (1977). Concerning the application of human motivation theories in organizational settings. *Academy of Management Review, 2*(3), 384-397.

Pinder, C. C. (1978). The marginal utility of the marginal utility criterion: A reply to Bobko. *Academy of Management Review, 3*(4), 910-913.

Pinder, C. C. (1982). Mutualism between management and behavioral science: The case of motivation theory. In J. Kelly & V. V. Baba (Eds.), *The new management scene: Readings on how managers manage* (pp. 133-160). Englewood Cliffs, NJ: Prentice-Hall.

Pinder, C. C. (1983). The role of transfers and mobility experiences in employee motivation and control. In H. Meltzer & W. R. Nord (Eds.), *Making organizations humane and productive: A handbook for practitioners* (pp. 281-294). New York: Wiley Interscience.

Pinder, C. C. (1984). *Work motivation: Theory, issues, and applications.* Glenview, IL: Scott, Foresman.

Pinder, C. C. (1989). The dark side of executive relocation. *Organizational Dynamics, 17*(4), 48-58.

Pinder, C. C. (1998). *Work motivation in organizational behavior.* Upper Saddle River, NJ: Prentice-Hall.

Pinder, C. C., & Harlos, K. P. (2001). Employee silence: Quiescence and acquiescence as responses to perceived injustice. In G. R. Ferris (Ed.), *Research in personnel and human resources management* (Vol. 20, pp. 331-369). Kidlington: Elsevier.

Pinder, C. C., & Moore, L. F. (Eds.). (1980). *Middle range theory and the study of organizations.* Boston, MA: Martinus Nijhoff.

Pinder, C. C., Nord, W. R., & Ramirez, C. (1984). *An experimental test of Deci's cognitive evaluation theory.* Unpublished manuscript, University of British Columbia, Vancouver, British Columbia, Canada.

Pinder, C. C., & Schroeder, K. G. (1987). Time to proficiency following job transfers. *Academy of Management Journal, 30*(2), 336-353.

Pinder, C. C., & Walter, G. A. (1984). Personnel transfer and employee development. In K. M. Rowland & G. R. Ferris (Eds.), *Research in personnel and human resource management* (Vol. 2, pp. 187-218). Greenwich, CT: JAI Press.

Pine, G. J., & Innis, G. (1987). Cultural and individual work values. *Career Development Quarterly, 35,* 279-287.

Pirola-Merlo, A., Hartel, C. E., Mann, L., & Hirst, G. (2002). How leaders influence the impact of affective events on team climate and performance in R&D teams. *The Leadership Quarterly, 13,* 561-581.

Pittman, T. S., & Heller, J. F. (1987). Social motivation. *Annual Review of Psychology, 38,* 461-489.

Pondy, L. R., Frost, P. J., Morgan, G., & Dandridge, T. C. (Eds.). (1983). *Organizational symbolism.* Greenwich, CT: JAI Press.

Popper, K. R. (1968). *The logic of scientific discovery* (2nd ed.). New York: Harper Torchbooks.

Popper, K. R. (1976). *Unended quest.* London: Fontana.

Porath, C. L., & Bateman, T. S. (2006). Self-regulation: From goal orientation to job performance. *Journal of Applied Psychology, 91*(1), 185-192.

Porter, E. H. (1962). The parable of the spindle. *Harvard Business Review, 40*(3), 58-66.

Porter, L. W. (1962). Job attitudes in management: I. Perceived deficiencies in need fulfillment as a function of job level. *Journal of Applied Psychology, 46,* 375-384.

Porter, L. W. (1963). Job attitudes in management: II. Perceived importance of needs as a function of job level. *Journal of Applied Psychology, 47,* 144-148.

Porter, L. W., Bigley, G. A., & Steers, R. M. (2003). *Motivation and work behavior* (7th ed.). New York: McGraw-Hill Irwin.

Porter, L. W., & Lawler, E. E. (1968). *Managerial attitudes and performance.* Homewood, IL: Dorsey.

Porter, L. W., Steers, R. M., Mowday, R. T., & Boulian, P. V. (1974). Organizational commitment, job satisfaction, and turnover among psychiatric technicians. *Journal of Applied Psychology, 59*(5), 603-609.

Posner, B. Z., & Munson, J. M. (1979). The importance of values in understanding organizational behavior. *Human Resource Management, 18*(3), 9-14.

Powell, B., & Jacobs, J. A. (1983). Sex and consensus in occupational prestige ratings. *Sociology and Social Research, 67,* 392-404.

Powell, B., & Jacobs, J. A. (1984). Gender differences in the evaluation of prestige. *Sociological Quarterly, 25*(2), 173-190.

Powers, W. T. (1973). *Behavior: The control of perception.* Chicago, IL: Aldine.

Pratkanis, A. R., & Greenwald, A. G. (1989). A sociocognitive model of attitude structure and function. *Advances in Experimental Social Psychology, 22,* 245-285.

Pratt, M. G. (1998). To be or not to be? Central questions in organizational identification. In D. A. Whetten & P. C. Godfrey (Eds.), *Identity in organizations* (pp. 171-208). Thousand Oaks, CA: Sage.

Premack, D. (1971). Catching up with common sense or two sides of a generalization: Reinforcement and punishment. In R. C. Glaser (Ed.), *The nature of reinforcement* (pp. 121-150). New York: Academic Press.

Pringle, C. D., & Longenecker, J. C. (1982). The ethics of MBO. *Academy of Management Review, 7*(2), 305-312.

Pritchard, M. (1976). On taking emotions seriously. *Journal for the Theory of Social Behavior, 6*(2), 211-232.

Pritchard, R. D. (1969). Equity theory: A review and critique. *Organizational Behavior & Human Performance, 4*(2), 176-211.

Pritchard, R. D., Campbell, K. M., & Campbell, D. J. (1977). Effects of extrinsic financial rewards on intrinsic motivation. *Journal of Applied Psychology, 62*(1), 9-15.

Pritchard, R. D., Paquin, A. R., DeCuir, A. D., McCormick, M. J., & Bly, P. R. (2002). The measurement and improvement of organizational productivity: An overview of ProMes, the productivity measurement and enhancement system. In R. D. Pritchard, H. Holling, F. Lammers, & B. D. Clark (Eds.), *Improving organizational performance with the productivity measurement and enhancement system: An international collaboration* (pp. 3-50). Huntington, NY: Nova Science.

Pritchard, R. D., & Payne, S. C. (2002). Performance management practices and motivation. In D. Holman, T. D. Wall, C. W. Clegg, P. Sparrow, & A. Howard (Eds.), *The new workplace: A guide to the human impact of modern working practices* (pp. 219-244). New York: John Wiley & Sons.

Prue, D. M., & Fairbank, J. A. (1980). Performance feedback in organizational behavior management: A review. *Journal of Organizational Behavior Management, 3,* 1-16.

Prussia, G. E., & Kinicki, A. J. (1996). A motivation investigation of group effectiveness using social-cognitive theory. *Journal of Applied Psychology, 81*(2), 187-198.

Quinn, R. E. (1977). Coping with Cupid: The formation, impact, and management of romantic relationships in organizations. *Administrative Science Quarterly, 22*(1), 30-45.

Rabinowitz, S., & Hall, D. T. (1977). Organizational research on job involvement. *Psychological Bulletin, 22,* 30-45.

Rafaeli, A., & Sutton, R. I. (1987). Expression of emotion as part of the work role. *Academy of Management Review, 12*(1), 23-37.

Rafaeli, A., & Sutton, R. I. (1989). The expression of emotion in organizational life. In L. L. Cummings & B. M. Staw (Eds.), *Research in organizational behavior* (Vol. 11, pp. 1-42). Greenwich, CT: JAI Press.

Rafaeli, A., & Worline, M. (2001). Individual emotion in work organizations. *Social Science Information, 40*(1), 95-123.

Raghunathan, R., & Pham, M. T. (1999). All negative moods are not equal: Motivational influences of anxiety and sadness on decision making. *Organizational Behavior and Human Decision Processes, 79*(1), 56-77.

Ragins, B. R. (2004). Sexual orientation in the workplace: The unique work and career experiences of gay, lesbian and bisexual workers. In J. J. Martocchio (Ed.), *Research in personnel and human resources management* (Vol. 23, pp. 35-120). Amsterdam: Elsevier.

Raia, A. (1974). *Managing by objectives.* Glenview, IL: Scott, Foresman.

Ralston, D. A. (1985). Employee ingratiation: The role of management. *Academy of Management Review, 10*(3), 477-487.

Ramarajan, L., Barsade, S. G., & Burack, O. R. (2006). *What makes the job tough? The influence of organizational respect on burnout in the human services.* Unpublished manuscript.

Randall, D. M. (1987). Commitment and the organization: The organization man revisited. *Academy of Management Review, 12*(3), 460-471.

Randstad. (2004). *Randstad's 2004 employee review.* Atlanta, GA: Randstad.

Rauschenberger, J., Schmitt, N., & Hunter, J. E. (1980). A test of the need hierarchy concept by a Markov model of change in need strength. *Administrative Science Quarterly,* 654-670.

Rawls, J. (1971). *A theory of justice.* Cambridge, MA: Harvard University Press.

Rayner, C., Hoel, H., & Cooper, C. L. (2002). *Workplace bullying: What we know, who is to blame, and what can we do?* London and New York: Taylor & Francis.

Reddin, W. J. (1971). *Effective management by objectives.* New York: McGraw-Hill.

Ree, M. J., Earles, J. A., & Teachout, M. S. (1994). Predicting job performance: Not much more than g. *Journal of Applied Psychology, 79*(4), 518-524.

Rees, A. (1980). On interpreting productivity change. In S. Maital & N. M. Meltz (Eds.), *Lagging productivity growth* (pp. 1-6). Cambridge, MA: Ballinger.

Reichers, A. E. (1985). A review and reconceptualization of organizational commitment. *Academy of Management Review, 10*(3), 465-476.

Reichers, A. E., & Schneider, B. (1990). Climate and culture: An evolution of constructs. In B. Schneider (Ed.), *Organizational climate and culture* (pp. 5-39). San Francisco: Jossey-Bass.

Reif, W. E., & Luthans, F. (1972). Does job enrichment really pay off? *California Management Review, 15*(1), 30-37.

Reinharth, L., & Wahba, M. A. (1976). A test of alternative models of expectancy theory. *Human Relations, 29*(3), 257-272.

Reis, H. T. (1986). Levels of interest in the study of interpersonal justice. In H. W. Bierhoff, R. L. Cohen, & J. Greenberg (Eds.), *Justice in social relations* (pp. 187-209). New York: Plenum Press.

Reis, H. T., Sheldon, K. M., Gable, S. L., Roscoe, J., & Ryan, R. M. (2000). Daily well-being: The role of autonomy, competence, and relatedness. *Personality and Social Psychology Bulletin, 26*(4), 419-435.

Repucci, N. D., & Saunders, J. T. (1974). Social psychology of behavior modification: Problems of implementation in natural settings. *American Psychologist, 29,* 649-660.

Reykowski, J. (1982). Social motivation. *Annual Review of Psychology, 33,* 123-154.

Reynolds, G. S. (1975). *A primer of operant conditioning.* Glenview, IL: Scott, Foresman.

Rhoades, L., & Eisenberger, R. (2002). Perceived organizational support: A review of the literature. *Journal of Applied Psychology, 87*(4), 698-714.

Rhodes, S. R., & Steers, R. M. (1981). Conventional vs. worker-owned organizations. *Human Relations, 34*(12), 1013-1035.

Rice, R. W., Gentile, D. A., & McFarlin, D. R. (1991). Facet importance and job satisfaction. *Journal of Applied Psychology, 76*(1), 31-39.

Rifkin, J. (1995). *The end of work.* New York: Putnam.

Rigby, C. S., Deci, E. L., Patrick, B. C., & Ryan, R. M. (1992). Beyond the intrinsic-extrinsic dichotomy: Self-determination in motivation and learning. *Motivation and Emotion, 16,* 165-185.

Riketta, M., & Van Dick, R. (2005). Foci of attachment in organizations: A meta-analytic comparison of the strength and correlates of workgroup versus organizational identification and commitment. *Journal of Vocational Behavior, 67,* 490-510.

Ringelmann, M. (1913). Researches sur les moteurs animes: Travail de l'homme [Research on animate sources of power: The work of man]. *Annuals de l'Institut National Agronomique, XII,* 1-40.

Ritti, R. R. (1994). *The ropes to skip and the ropes to know* (4th ed.). New York: John Wiley & Sons.

Roberts, K. H., & Glick, W. (1981). The job characteristics approach to task design: A critical review. *Journal of Applied Psychology, 66*(2), 193-217.

Roberts, L. M. (2006). Shifting the lens on organizational life: The added value of positive scholarship. *Academy of Management Review, 31*(2), 292-305.

Robinson, S. L., & Bennett, R. J. (1995). A typology of deviant workplace behaviors: A multidimensional scaling study. *Academy of Management Journal, 38,* 555-572.

Robinson, S. L., & Rousseau, D. M. (1994). Violating the psychological contract: Not the exception but the norm. *Journal of Organizational Behavior, 15*(3), 245-259.

Rodgers, R., & Hunter, J. E. (1991). Impact of management by objectives on organizational productivity. *Journal of Applied Psychology, 76*(2), 322-336.

Rodgers, R., Hunter, J. E., & Rogers, D. L. (1993). Influence of top management commitment on management program success. *Journal of Applied Psychology, 78*(1), 151-155.

Roe, R. A., Zinovieva, I. L., Diebes, E., & Ten Horn, L. A. (2000). A comparison of work motivation in Bulgaria, Hungary, and the Netherlands: Test of a model. *Applied Psychology: An International Review, 49,* 658-687.

Roethlisberger, F. J., & Dickson, W. J. (1939). *Management and the worker.* Cambridge, MA: Harvard University Press.

Rofe, Y., & Lewin, I. (1988). Social comparison or utility: An experimental examination. *Social Behavior and Personality, 16*(1), 5-10.

Rogers, C. R. (1959). A theory of therapy, personality, and interpersonal relationships as developed in the client-centered framework. In S. Koch (Ed.), *Psychology: A study of a science* (Vol. 3, pp. 184-256). New York: McGraw-Hill.

Rogers, C. R., & Skinner, B. F. (1956). Some issues concerning the control of human behavior: A symposium. *Science, 124,* 1057-1066.

Rokeach, M. (1967). *Value survey.* Palo Alto, CA: Consulting Psychologists Press.

Rokeach, M. (1969). *Beliefs, attitudes and values.* San Francisco: Jossey-Bass.

Rokeach, M. (1973). *The nature of human values.* New York: Free Press.

Rokeach, M. (1979). From individual to institutional values: With special reference to the values of science. In M. Rokeach (Ed.), *Understanding human values.* New York: Free Press.

Rokeach, M., & Ball-Rokeach, S. J. (1989). Stability and change in American value priorities: 1968-1989. *American Psychologist, 44,* 775-785.

Romzek, B. S. (1989). Personal consequences of employee commitment. *Academy of Management Journal, 32*(3), 649-661.

Ronen, S. (1994). An underlying structure of motivational need taxonomies: A cross-cultural confirmation. In M. D. Dunnette & L. M. Hough (Eds.), *Handbook of industrial and organizational psychology* (Vol. 4, pp. 241-269). Palo Alto, CA: Consulting Psychologists Press.

Ronen, S. (2001). Self-actualization versus collectualization: Implications for motivation theories. In M. Erez, U. Kleinbeck, & H. Thierry (Eds.), *Work in the context of a globalizing Economy* (pp. 341-369). London: Lawrence Erlbaum Associates, Inc.

Rosen, B., & Jerdee, T. H. (1974a). Effects of applicant's sex and difficulty of job on evaluations of candidates for managerial positions. *Journal of Applied Psychology, 59*(4), 511-512.

Rosen, B., & Jerdee, T. H. (1974b). Influence of sex role stereotypes on personnel decisions. *Journal of Applied Psychology, 59*(1), 9-14.

Rosen, B., & Jerdee, T. H. (1974c). Factors influencing disciplinary judgements. *Journal of Applied Psychology, 59*(3), 327-331.

Rosen, B., & Jerdee, T. H. (1976). The influence of age stereotypes on managerial decisions. *Journal of Applied Psychology, 61*(4), 428-432.

Rosenberg, M., Schooler, C., Schoenbach, C., & Rosenberg, F. (1995). Global self-esteem and specific self-esteem: Different concepts different outcomes. *American Sociological Review, 60*, 141-156.

Rosener, J. B. (1990). Ways women lead. *Harvard Business Review, 68*(6), 119-125.

Rosenthal, R. (1976). *Experimenter effects in behavioral research* (2nd ed.). New York: John Wiley & Sons.

Ross, L., & Nisbett, R. E. (1991). *The person and the situation: Perspectives on social psychology.* New York: McGraw-Hill.

Ross, S. L. (1977). The intuitive psychologist and his shortcomings. In L. Berkowitz (Ed.), *Advances in experimental social psychology* (Vol. 10, pp. 174-220). Orlando, FL: Academic Press.

Rotondi, T., Jr. (1975). Organizational identification: Issues and implications. *Organizational Behavior & Human Performance, 13*(1), 95-109.

Rotter, J. B. (1955). The role of the psychological situation in determining the direction of human behavior. In M. R. Jones (Ed.), *Nebraska Symposium on Motivation.* Lincoln, NE: University of Nebraska Press.

Rousseau, D. M. (1989). Psychological and implied contracts in organizations. *Employee Responsibilities and Rights Journal, 2,* 121-139.3

Rousseau, D. M. (1995). *Psychological contracts in organizations: Understanding written and unwritten agreements.* Thousand Oaks, CA: Sage.

Rousseau, D. M. (2001). The idiosyncratic deal: Flexibility versus fairness? *Organizatioanl Dynamics, 29*(4), 260-271.

Rousseau, D. M. (2006a). Presidential address: Is there such a thing as "evidence-based management?" *Academy of Management Review, 31*(2), 256-269.

Rousseau, D. M. (2006b). Keeping an open mind about evidence-based management. *Academy of Management Review, 31,* 1089-1091.

Rousseau, D. M., & Fried, Y. (2001). Location, location, location: Contextualizing organizational research. *Journal of Organizational Behavior, 22,* 1-13.

Rousseau, D. M., Ho, V. T., & Greenberg, J. (2006). I-Deals: Idiosyncratic terms in employment relationships. *Academy of Management Review, 31*(4), 977-994.

Rousseau, D. M., & McCarthy, S. (2007). Educating managers from an evidence-based perspective. *Academy of Management Learning & Education, 6*(1), 84-101.

Rousseau, D. M., & Parks, J. M. (1993). The contracts of individuals and organizations. In L. L. Cummings & B. M. Staw (Eds.), *Research in organizational behavior* (Vol. 15, pp. 1-44). Greenwich, CT: JAI Press.

Roy, D. (1952). Quota restriction and gold bricking in a machine shop. *American Journal of Sociology, 57,* 427-442.

Royce, J. R. (1975). Psychology in multi: Methodological, variate, epistemic, work view, paradigmatic, systematic, theoretic, and disciplinary. In H. E. Howe (Ed.), *Nebraska Symposium on Motivation* (Vol. 23).

Lincoln, NE: University of Nebraska Press.

Rudman, L. A., Borgida, E., & Robertson, B. A. (1995). Suffering in silence: Procedural justice versus gender socialization issues in university sexual harassment grievance procedures. *Basic and Applied Social Psychology, 17*(4), 519-541.

Rudman, L. A., & Glick, P. (1999). Feminized management and backlash toward agentic women: The hidden costs to women of a kinder, gentler image of middle managers. *Journal of Personality and Social Psychology, 77*(5), 1004-1010.

Rudman, L. A., & Kilianski, S. E. (2000). Implicit and explicit attitudes toward female authority. *Personality and Social Psychology Bulletin, 26*(11), 1315-1328.

Runkel, P., & McGrath, J. (1972). *Research on human behavior: A systematic guide to method.* New York: Holt, Rinehart, & Winston.

Russell, J. A. (1991). In defense of a prototype approach to emotion concepts. *Journal of Personality and Social Psychology, 60,* 337-347.

Russell, J. A., Fernandez-Doles, J. M., Manstead, A. S. R., & Wellenkamp, J. C. (Eds.). (1994). *Everyday conceptions of emotions.* Dordrecht, The Netherlands: Kluwer.

Ryan, R. M., Connell, J. P., & Deci, E. L. (1985). A motivational analysis of self-determination and self-regulation in education. In C. Ames & R. E. Ames (Eds.), *Research on motivation in education: The classroom milieu* (pp. 13-51). New York: Academic Press.

Ryan, R. M., & Deci, E. L. (2000). Self-determination theory and the facilitation of intrinsic motivation, social development, and well-being. *American Psychologist, 55*(1), 68-78.

Ryan, T. A. (1970). *Intentional behavior.* New York: Ronald Press.

Ryan, T. A., & Smith, P. C. (1954). *Principles of industrial psychology.* New York: Ronald Press.

Saari, L. M., & Latham, G. P. (1982). Employee reactions to continuous and variable ratio reinforcement schedules involving a monetary incentive. *Journal of Applied Psychology, 67*(4), 506-508.

Sackman, S. A. (1992). Culture and subcultures: An analysis of organizational knowledge. *Administrative Science Quarterly, 37*(1), 140-161.

Salancik, G. R. (1977). Commitment and the control of organizational behavior and belief. In B. M. Staw & G. R. Salancik (Eds.), *New directions in organizational behavior* (pp. 1-54). Chicago, IL: St. Clair Press.

Salancik, G. R., & Pfeffer, J. (1974). The bases and use of power in organizational decision making: The case of a university. *Administrative Science Quarterly, 19*(4), 453-473.

Salancik, G. R., & Pfeffer, J. (1977). An examination of need-satisfaction models of job attitudes and task design. *Administrative Science Quarterly, 23*(2), 224-253.

Saleh, S. D., & Hosek, J. (1976). Job involvement: Concepts and measurements. *Academy of Management Journal, 19*(2), 213-224.

Salovey, P. (Ed.). (1991). *The psychology of jealousy and envy.* New York: Guilford Press.

Salovey, P., Brackett, M. A., & Mayer, J. D. (Eds.). (2004). *Emotional intelligence: Key readings on the Mayer and Salovey model.* Port Chester, NY: Dude Publishing.

Salovey, P., Hsee, C. K., & Mayer, J. D. (1993). Emotional intelligence and the self-regulation of affect. In D.

M. Wegner & J. W. Pennebaker (Eds.), *Handbook of mental control* (pp. 258-277). Englewood Cliffs, NJ: Prentice-Hall.

Salovey, P., & Mayer, J. D. (1990). Emotional intelligence. *Imagination, Cognition, and Personality, 9*(3), 185-211.

Sandelands, L. E., & Boudens, C. J. (2000). Feeling at work. In S. Fineman (Ed.), *Emotion in organizations* (2nd ed., pp. 46-63). London/Thousand Oaks, CA/New Delhi: Sage.

Sandelands, L. E., & Buckner, G. C. (1989). Of art and work: Aesthetic experience and the psychology of work feelings. In L. L. Cummings & B. M. Staw (Eds.), *Research in organizational behavior* (Vol. 11, pp. 105-132). Greenwich, CT: JAI Press.

Sandler, B. E. (1974). Eclecticism at work: Approaches to job design. *American Psychologist, 29*, 767-773.

Sanna, L. J. (1992). Self-efficacy theory: Implications for social facilitation and social loafing. *Journal of Personality and Social Psychology, 62*, 744-786.

Sarbin, T. R. (1986). Emotion and act: Roles and rhetoric. In R. Harré (Ed.), *The social construction of emotions* (pp. 83-97). New York: Blackwell.

Sashkin, M., & Williams, R. L. (1990). Does fairness make a difference? *Organizational Dynamics, 19*(2), 56-71.

Sayles, L., & Strauss, G. (1977). *Managing human resources.* Englewood Cliffs, NJ: Prentice-Hall.

Schacter, H., & Singer, J. (1962). Cognitive, social, and physiological determinants of emotional states. *Psychological Review, 69*, 397-399.

Schaef, A. W., & Fassel, D. (1988). *The addictive organization.* San Francisco: Harper & Row.

Schaffer, R. H. (1953). Job satisfaction as related to need satisfaction at work. *Psychological Monographs, 364.*

Schein, E. H. (1985). *Organizational culture and leadership.* San Francisco: Jossey-Bass Publishers.

Schein, V. E. (1973). The relationship between sex role stereotypes and requisite management characteristics. *Journal of Applied Psychology, 57*(2), 95-100.

Schein, V. E. (1975). Relationships between sex role stereotypes and requisite management characteristics among female managers. *Journal of Applied Psychology, 60*(3), 340-344.

Schlenker, B. R., & Leary, M. R. (1982). Social anxiety and self-presentations: A conceptualization and model. *Psychological Bulletin, 92*, 641-669.

Schlesinger, L. A., & Walton, R. E. (1976). Work restructuring in unionized organizations: Risks, opportunities, and impact on collective bargaining. In J. L. Stern & B. D. Dennis (Eds.), *Proceedings of the 29th annual winter meeting.* Madison, WI: Industrial Relations Research Association.

Schmidt, F. L. (1973). Implications of a measurement problem for expectancy theory research. *Organizational Behavior & Human Performance, 10*(2), 243-251.

Schmidt, F. L., & Hunter, J. E. (1977). Development of a general solution to the problemof validity generalization. *Journal of Applied Psychology, 62*(5), 529-540.

Schmidt, F. L., & Hunter, J. E. (1984). A within-setting empirical test of the situational specificity hypothesis in personnel selection. *Personnel Psychology, 37*(2), 317-326.

Schmidt, L. D., & Frieze, L. H. (1997). A mediational model of power, affiliation and achievement motives and product involvement. *Journal of Business and Psychology, 4*, 425-446.

Schmitt, N., & Bedeian, A. G. (1982). A comparison of LISREL and two-stage least squares analysis of a hypothesized life-job satisfaction reciprocal relationship. *Journal of Applied Psychology, 67*(6), 806-817.

Schmitt, N., & McCune, J. T. (1981). The relationship between job attitude and the decision to retire. *Academy of Management Journal, 24*(4), 795-802.

Schmitt, N., & Pulakos, E. D. (1985). Predicting job satisfaction from life satisfaction: Is there a general satisfaction factor? *International Journal of Psychology, 20*(2), 155-167.

Schneider, B. (1983). Interactional psychology and organizational behavior. In L. L. Cummings & B. M. Staw (Eds.), *Research in organizational behavior* (Vol. 5, pp. 1-32). Greenwich, CT: JAI Press.

Schneider, B. (Ed.). (1990). *Organizational climate and culture.* San Francisco: Jossey-Bass.

Schneider, B., & Bowen, D. E. (1995). *Winning the service game.* Boston, MA: Harvard Business School Press.

Schneider, B., Bowen, D., Ehrhart, M., & Holcombe, K. (2000). The climate for service. In N. Ashkanasy, C. Wilderom, & M. Peterson (Eds.), *Handbook of organizational culture and climate* (pp. 21-36). Thousand Oaks, CA: Sage.

Schneider, B., Ehrhart, M. G., Mayer, D. M., Saltz, J. L., & Niles-Jolly, K. (2005). Understanding organization-customer links in service settings. *Academy of management Journal, 48*(6), 1017-1032.

Schneider, B., Salvaggio, A. N., & Subirats, M. (2002). Climate strength: A new direction for climate research. *Journal of Applied Psychology, 87*(2), 220-229.

Schneider, B., Smith, D. B., & Paul, M. C. (2001). P-E fit and the attraction-selection-attrition model of organizational functioning: Introduction and overview. In M. Erez & U. Kleinbeck (Eds.), *Work motivation in the context of a globalizing economy* (pp. 231-246). Mahwah, NJ: Lawrence Erlbaum Associates, Inc.

Schneider, B., Smith, D. B., Taylor, S., & Fleenor, J. (1998). Personality and organization: A test of the homo geneity of personality hypothesis. *Journal of Applied Psychology, 83,* 462-470.

Schneider, B., White, S. S., & Paul, M. C. (1998). Linking service climate and customer perceptions of service quality: Test of a causal model. *Journal of Applied Psychology, 83*(2), 150-163.

Scholz, U., Dona, B., Sud, S., & Schwarzer, R. (2002). Is general self-efficacy a universal construct? Psychometric findings from 25 countries. *European Journal of Psychological Assessment, 18,* 242-251.

Schor, J. B. (1991). *The overworked American.* New York: Basic Books.

Schroeder, K. G. (1988). *Mentoring as work-related support: Relationship with employee outcomes.* Unpublished manuscript, Vancouver, British Columbia, Canada.

Schuster, F. E., & Kindall, A. F. (1974). Management by objectives: Where we stand-A survery of the Fortune 500. *Human Resource Management, 13*(1), 8-11.

Schuster, J. R. (1969). Another look at compensation preferences. *Industrial Management Review, 10*(3), 1-18.

Schutte, N. S., Malouff, J. M., Hall, L. E., Haggerty, D. J., Cooper, J. T., Golden, C. J., et al. (1998). Development and validation of a measure of emotional intelligence. *Personality and Individual Differences, 25,* 167-177.

Schutz, A. (2001). Self-esteem and interpersonal strategies. In J. P. Forgas, K. D. Williams, & L. Wheeler (Eds.), *The social mind: Cognitive and motivational aspects of interpersonal behavior* (pp. 157-176). Cambridge: Cambridge University Press.

Schwab, D. P. (1980). Construct validity in organizational behavior. In B. M. Staw & L. L. Cummings (Eds.), *Research in organizational behavior* (Vol. 2, pp. 3-44). Greenwich, CT: JAI Press.

Schwab, D. P., & Cummings, L. L. (1976). A theoretical analysis of the impact of task scope on employee performance. *Academy of Management Review, 1*(2), 23-35.

Schwab, D. P., Olian-Gottlieb, J. D., & Heneman, H. G. (1979). Between-subjects expectancy theory research: A statistical review of studies predicting effort and performance. *Psychological Bulletin, 86*(1), 139-147.

Schwartz, H. S. (1982). Job involvement as obsession-compulsion. *Academy of Management Review, 7*(3), 429-432.

Schwartz, S. H. (1992). Universals in the content and structure of values: Theoretical advances and empirical tests in 20 countries. In M. P. Zanna (Ed.), *Advances in experimental social psychology* (Vol. 25, pp. 1-65). New York: Academic Press.

Schwartz, S. H., & Bilsky, W. (1987). Toward a universal psychological structure of human values. *Journal of Personality and Social Psychology, 53,* 550-562.

Schwartz, S. H., & Tessler, R. C. (1972). A test of a model for reducing measured attitude-behavior discrepancies. *Journal of Personality and Social Psychology, 24,* 225-236.

Schwartzer, R. (Ed.). (1992). *Self-efficacy: Thought control of action.* Bristol, PA: Hemisphere.

Schweitzer, M. E., Ordonez, L., & Douma, B. (2004). Goal setting as a motivator of unethical behavior. *Academy of Management Journal, 47*(3), 422-432.

Schwyhart, W. R., & Smith, P. C. (1972). Factors in the job involvement of middle managers. *Journal of Applied Psychology, 56,* 227-233.

Scott, M. B., & Lyman, S. M. (1968). Accounts. *American Sociological Review, 33,* 46-62.

Scott, S. (2007, September 3). Bullying bosses beware: Threaten or even intimidate employees and your company could face $1-million payouts. *Maclean's,* 40-43.

Scott Jr., W. E. (1966). Activation theory and task design. *Organizational Behavior & Human Performance, 1*(1), 3-30.

Seijts, G. H., & Latham, G. P. (2005). Learning versus performance goals: When should each be used? *Academy of Management Executive, 19*(1), 124-131.

Seijts, G. H., Latham, G. P., Tasa, K., & Latham, B. W. (2004). Goal setting and goal orientation: An integration of two different yet related literatures. *Academy of Management Journal, 47*(2), 227-239.

Seijts, G. H., Latham, G. P., & Whyte, G. (2000). Effect of self-and group efficacy on group performance in a mixed-motive situation. *Human Performance, 13*(3), 279-298.

Seligman, M. E. P., & Csikszentmihalyi, M. (2000). Positive psychology. *American Psychologist, 55,* 5.

Senge, P. M. (1990). *The fifth discipline: The art and practice of the learning organization.* New York: Currency Doubleday.

Senger, J. (1971). Managers' perceptions of subordinates' competence as a function of personal value orientations. *Academy of Management Journal, 14*(4), 415-423.

Seo, M.-G., Barrett, L. F., & Bartunek, J. M. (2004). The role of affective experience in work motivation. *Academy of Management Journal, 29*(3), 423-439.

Settles, M. F. (1988). Humane downsizing: Can it be done? *Journal of Business Ethics, 7*(12), 961-963.

Seybolt, J. W. (1976). Work satisfaction as a function of the person-environment interaction. *Organizational*

Behavior & Human Performance, 17(1), 66-75.

Shaikh, T., & Kanekar, S. (1994). Attitudinal similarity and affiliation need as determinants of interpersonal attraction. *Journal of Social Psychology, 134*(2), 257-259.

Shalof, T. (2004). *A nurse's story: Life, death and in-between in an intensive care unit.* Toronto: McClelland & Stewart Ltd.

Shamir, B. (1991). Meaning, self and motivation in organizations. *Organization Studies, 12*(3), 405-424.

Sheldon, K. M., Elliott, A. J., Kim, Y., & Kasser, T. (2001). What is satisfying about satisfying events? Testing 10 candidate psychological needs. *Journal of Personality and Social Psychology, 80*(2), 325-339.

Sheldon, K. M., & King, L. (2001). Why positive psychology is necessary. *American Psychologist, 56*(3), 216-217.

Shepard, H. A. (1956). Nine dilemmas in industrial research. *Administrative Science Quarterly, 1*(3), 295-309.

Sheppard, B. H., Hartwick, J., & Warshaw, P. R. (1988). The theory of reasoned action: A meta-analysis of past research with recommendations for modifications and future research. *Journal of Consumer Research, 15*(3), 325-342.

Sheppard, B. H., Lewicki, R. J., & Minton, J. W. (1992). *Organizational justice: The search for fairness in the workplace.* New York: Lexington Books.

Sherman, S. J. (1980). On the self-erasing nature of errors of prediction. *Journal of Personality and Social Psychology, 39,* 211-221.

Shetzer, L. (1993). A social information processing model of employee participation. *Organization Science, 4*(2), 252-268.

Shimp, T. A., & Kavas, A. (1984). The theory of reasoned action applied to coupon usage. *Journal of Consumer Research, 11*(3), 795-809.

Shingledecker, P. (1983). *Disciplinary equity: Employee perceptions, evaluations, and reactions.* Unpublished manuscript.

Shumaker, S. A., & Brownell, A. (1984). Toward a theory of social support: Closing the conceptual gaps. *Journal of Social Issues, 40,* 11-36.

Siegel, A. L., & Ruh, R. A. (1973). Job involvement, participation in decision making, personal background and job behavior. *Organizational Behavior & Human Performance, 9*(2), 318-327.

Siegel, P. A., Brockner, J., & Tyler, T. R. (1995, August). *Revisiting the interactive relationship between procedural and distributive justice: The role of trust.* Paper presented at the 55th Annual Meeting of Academy of Management, Vancouver, British Columbia, Canada.

Sikula, A. F. (1971). *Conflict via values and value systems.* Champaign, IL: Stipes.

Simmel, G. (1950). The sociology of Georg Simmel (translated, edited, and with an introd. by Kurt H. Wolff). Glencoe, IL: Free Press.

Simon, H. A. (1957). *Administrative behavior* (2nd ed.). New York: Macmillan.

Simon, H. A. (1995). The information-processing theory of mind. *American Psychologist, 50*(7), 507-508.

Simons, T., & Roberson, Q. (2003). Why managers should care about fairness: The effects of aggregate justice perceptions on organizational outcomes. *Journal of Applied Psychology, 88*(3), 432-443.

Sims Jr., H. P., & Szilagyi, A. D. (1976). Job characteristic relationships: Individual and structural moderators.

Organizational Behavior & Human Performance, 17(2), 211-230.

Singer, M. A. (1992). Procedural justice in managerial selection: Identification of fairness determinants and associations of fairness perceptions. *Social Justice Research, 5*, 49-70.

Sirota, D., & Wolfson, A. (1972). Job enrichment: What are the obstacles? *Personnel, 49*(3), 8-17.

Skarlicki, D. P., Ellard, J. H., & Kelln, B. R. C. (1998). Third-party perceptions of a layoff: Procedural, derogation, and retributive aspects of justice. *Journal of Applied Psychology, 83*, 119-127.

Skinner, B. F. (1953). *Science and human behavior*. New York: Macmillan.

Skinner, B. F. (1969). *Contingencies of reinforcement: A theoretical analysis*. New York: Appleton-Century-Crofts.

Skinner, B. F. (1971). *Beyond freedom and dignity*. New York: Knopf.

Skinner, B. F. (1974). *About behaviorism*. New York: Knopf.

Skinner, B. F. (1995). *Perceived control, motivation, and coping*. Thousand Oaks, CA: Sage.

Smith, A. (1937). *The wealth of nations: Inquiry into the nature and causes of the wealth of nations* (Canadian ed.). New York: Random House.

Smith, F. J. (1977). Work attitudes as predictors of attendance on a specific day. *Journal of Applied Psychology, 62*(1), 16-19.

Smith, P. C. (1992). In pursuit of happiness: Why study general job satisfaction? In C. J. Cranny, P. C. Smith, & E. F. Stone (Eds.), *Job satisfaction* (pp. 5-19). New York: Lexington Books.

Smith, P. C., Kendall, L. M., & Hulin, C. L. (1969). *The measurement of satisfaction in work and retirement*. Chicago: Rand McNally.

Smith, R. H. (1991). Envy and the sense of injustice. In P. Salovey (Ed.), *The psychology of jealousy and envy*. New York: Guilford Press.

Snyder, C. R. (2002). Hope theory: Rainbows in the mind. *Psychological Inquiry, 13*(4), 249-275.

Snyder, R. A., Howard, A., & Hammer, T. H. (1978). The predictive power of within- versus across-subjects scores in expectancy research. *Journal of Psychology, 100*(2), 285-292.

Somers, M. J. (1995). Organizational commitment, turnover and absenteeism: An examination of direct and interaction effects. *Journal of Organizational Behavior, 16*(1), 49-58.

Spangler, W. D., & House, R. J. (1991). Presidential effectiveness and the leadership motive profile. *Journal of Personality & Social Psychology, 60*(3), 439-455.

Spector, P. E. (1978). Organizational frustration: A model and review of the literature. *Personnel Psychology, 31*(4), 815-829.

Spector, P. E. (1997). The role of frustration in antisocial behavior at work. In R. A. Giacalone & J. Greenberg (Eds.), *Antisocial behavior in organizations* (pp. 1-17). Thousand Oaks, CA: Sage.

Spencer, H. (1870). *The principles of psychology* (Vol. 1, 2nd ed.). New York: Appleton.

Spreitzer, G. M. (1995a). Psychological empowerment in the workplace: Dimensions, measurement and validation. *Academy of Management Journal, 38*(5), 1442-1465.

Spreitzer, G. M. (1995b). An empirical test of a comprehensive model of intrapersonal empowerment in the workplace. *American Journal of Community Psychology, 23*(5), 601-630.

Spreitzer, G. M. (1996). Social structural characteristics of psychological empowerment. *Academy of Management*

Journal, 39(2), 483-504.

Spreitzer, G. M., & Mishra, A. K. (2002). To stay or to go: Voluntary survivor turnover following an organizational downsizing. *Journal of Organizational Behavior, 23,* 707-729.

Sprott, D. E., Spangenberg, E. R., & Fisher, R. (2003). The importance of normative beliefs to the self-prophecy effect. *Journal of Applied Psychology, 88*(3), 423-431.

Stackman, R. W., Pinder, C. C., & Connor, P. E. (2000). Values lost: Redirecting research on values in the workplace. In N. M. Ashkanasy, C. P. M. Wilderom, & M. F. Peterson (Eds.), *Handbook of organizational culture & climate.* Thousand Oaks, CA: Sage.

Stagner, R. (1956). *Psychology of industrial conflict.* New York: John Wiley & Sons.

Stajkovic, A. D. (2006). Development of a core confidence-higher order construct. *Journal of Applied Psychology, 91*(6), 1208-1224.

Stajkovic, A. D., & Luthans, F. (1997). A meta-analysis of the effects of organizational behavior modification on task performance, 1975-95. *Academy of Management Journal, 40*(5), 1122-1149.

Stajkovic, A. D., & Luthans, F. (1998). Self-efficacy and work-related performance: A meta-analysis. *Psychological Bulletin, 124*(2), 240-261.

Stajkovic, A. D., & Luthans, F. (2001). Differential effects of incentive motivators on work performance. *Academy of Management Journal, 4*(3), 580-590.

Stajkovic, A. D., & Luthans, F. (2003). Behavioral management and task performance in organizations: Conceptual background, meta-analysis, and test of alternative models. *Personnel Psychology, 56*(1), 155-194.

Standing, T. E. (1973). *Satisfaction with the work itself as a function of cognitive complexity.* Proceedings, 81st Annual Convention, American Psychological Association (pp. 603-604).

Statistics Canada. (2004). *Study: Criminal victimization in the workplace* (No. 4504): Government of Canada.

Statistics Canada. (2006). *Women in Canada: A gender-based statistical report* (No. 89-503-X): Government of Canada.

Statistics Canada. (2007). *Study: Gender differences in quits and absenteeism 1983 to 2003* (No. 11-001-XIE): Government of Canada: The Daily.

Staw, B. M. (1976). *Intrinsic and extrinsic motivation.* Morristown, NJ: General Learning Pres.

Staw, B. M. (1977). Motivation in organizations: Toward synthesis and redirection. In B. M. Staw & G. A. Salancik (Eds.), *New directions in organizational behavior* (pp. 55-96). Chicago, IL: St. Clair Press.

Staw, B. M. (1984). Organizational behavior: A review and reformulation of the field's outcome variables. *Annual Review of Psychology, 35,* 627-666.

Staw, B. M., & Boettger, R. d. (1990). Task revision: A neglected form of work performance. *Academy of Management Journal, 33*(3), 534-559.

Staw, B. M., Sutton, R. I., & Pelled, L. H. (1994). Employee positive emotion and favorable outcomes at the workplace. *Organization Science, 5*(1), 51-71.

Steel, P., & König, C. J. (2006). Integrating theories of motivation. *Academy of Management Review, 31*(4), 889-913.

Steers, R. M. (1977). Antecedents and outcomes of organizational commitment. *Administrative Science Quarterly,*

22(1), 46-56.

Steers, R. M., & Mowday, R. T. (1981). Employee turnover and the post-decision accommodation process. In B. M. Staw & L. L. Cummings (Eds.), *Research in organizational behavior* (pp. 235-281). Greenwich, CT: JAI Press.

Steers, R. M., & Porter, L. W. (Eds.). (1979). *Motivation and work behavior* (2nd ed.). New York: McGraw-Hill.

Steers, R. M., & Porter, L. W. (Eds.). (1991). *Motivation and work behavior* (5th ed.). New York: McGraw-Hill.

Steers, R. M., & Rhodes, S. R. (1978). Major influences on employee attendance: A process model. *Journal of Applied Psychology, 63*(4), 391-407.

Steers, R. M., & Sanchez-Runde, C. J. (2002). Culture, motivation, and work behavior. In M. J. Gannon & K. L. Newman (Eds.), *The Blackwell handbook of cross-cultural management* (pp. 190-216). Oxford: Blackwell.

Stein, A. H., & Bailey, M. M. (1973). The socialization of achievement motivation in females. *Psychological Bulletin, 80,* 345-366.

Stevens, J. M., Beyer, J. M., & Trice, H. M. (1978). Assessing personal, role, and organizational predictors of managerial commitment. *Academy of Management Journal, 21*(3), 380-396.

Stewart, A. J. (Ed.). (1982). *Motivation and society.* San Francisco: Jossey-Bass.

Stewart, A. J., & Chester, N. L. (1982). Sex differences in human social motives: Achievement, affiliation, and power. In A. Stewart (Ed.), *Motivation and society* (pp. 172-220). San Francisco: Jossey-Bass.

Stone, E. F. (1992). A critical analysis of social information processing models of job perceptions and job attitudes. In C. J. Cranny, P. D. Smith, & E. F. Stone (Eds.), *Job satisfaction.* New York: Lexington Books.

Strauss, G. (1982). Workers participation in management: An international perspective. In B. M. Staw & L. L. Cummings (Eds.), *Research in organizational behavior* (Vol. 4, pp. 173-266). Greenwich, CT: JAI Press.

Striker, L. J. (1988). Measuring social status with occupational information: A simple method. *Journal of Applied Social Psychology, 18,* 423-437.

Stumpf, S. A., & Dawley, P. K. (1981). Predicting voluntary and involuntary turnover using absenteeism and performance indices. *Academy of Management Journal, 24*(1), 148-163.

Sturman, M. C. (2006). Using your pay system to improve employees' performance: How you pay makes a difference. *CHR Reports, 6*(13), 6-16.

Sullivan, J. J. (1986). Human nature, organizations and management theory. *Academy of Management Review, 11*(3), 534-549.

Sussman, M., & Vecchio, R. P. (1985). Conceptualizations of valence and instrumentality: A fourfold model. *Organizational Behavior & Human Decision Processes, 36*(1), 96-112.

Sutherland, J. W. (1975). *Systems: Analysis, administration, and architecture.* Princeton, NJ: Princeton University Press

Sweeney, P. D., & McFarlin, D. B. (1993). Workers' evaluations of the "ends" and the "means": An examination of four models of distributive and procedural justice. *Organizational Behavior & Human Decision Processes, 55*(1), 23-40.

Taber, T. D., & Alliger, G. M. (1995). A task-level assessment of job satisfaction. *Journal of Organizational Behavior, 16*(2), 101-121.

Tait, M., Padgett, M. Y., & Baldwin, T. T. (1989). Job and life satisfaction: A reevaluation of the strength of the relationship and gender effects as a function of the date of the study. *Journal of Applied Psychology, 74*(3), 502-507.

Tallarico, C. M., & Gillis, D. (2007, April 4). *Catalyst Canada: Latest count of women in Canada's largest businesses shows marginal progress,* from www.catalyst.org

Tannenbaum, S. I., Mathieu, J. E., Salas, E., & Cannon-Bowers, J. A. (1991). Meeting trainees' expectations: The influence of training fulfillment on the development of commitment, self-efficacy, and motivation. *Journal of Applied Psychology, 76*(6), 759-769.

Tausky, C. (1995). The meanings of work. In R. L. Simpson & I. H. Simpson (Eds.), *Research in the sociology of work: The meaning of work* (5th ed., pp. 15-27). Greenwich, CT: JAI Press.

Tavris, C. (1982). *Anger: The misunderstood emotion.* New York: Simon & Schuster.

Taylor, E. K., & Griess, T. (1976). The missing middle in validation research. *Personnel Psychology, 29*(1), 5-11.

Taylor, F. W. (1967). *The principles of scientific management.* New York: Norton (originally published 1911).

Taylor, L., & Watson, P. (1971). Industrial sabotage: Motives and meanings. In S. Cohen (Ed.), *Images of deviance* (pp. 219-245). Harmondsworth: Penguin Books.

Taylor, P. S. (2007, March 19). In pursuit of prosperity. *Maclean's,* 32-36.

Tead, O. (1918). *Instincts in industry.* New York: Arno and The New York Times.

Tead, O. (1929). *Human nature and management.* New York: McGraw-Hill.

Telly, C. S., French, W. L., & Scott, W. C. (1971). The relationship of inequity to turnover among hourly workers. *Administrative Science Quarterly, 16*(2), 164-171.

Tepper, B. J. (2000). Consequences of abusive supervision. *Academy of Management Journal, 43*(2), 176-190.

Tepper, B. J. (2001). Health consequences of organizational injustice: Tests of main and interactive effects. *Organizational Behavior & Human Decision Processes, 86*(2), 197-215.

ter Doest, L., Maes, S., Gebhardt, W., & Koelewijn, H. (2006). Personal goal facilitation through work: Implications for employee satisfaction and well-being. *Applied Psychology: An International Review, 55*(2), 192-219.

Terborg, J. R. (1977). Validation and extension of an individual differences model of work performance. *Organizational Behavior & Human Performance, 18*(1), 188-216.

Terpstra, D. E., & Rozell, E. J. (1994). The relationship of goal setting to organization profitability. *Group & Organization Management, 19*(3), 285-294.

Tesser, A., & Shaffer, D. R. (1990). Attitudes and attitude change. *Annual Review of Psychology, 41*(1), 479-523.

Thibault, J., & Walker, L. (1975). *Procedural justice: A psychological analysis.* Hillsdale, NJ: Lawrence Erlbaum Associates, Inc.

Thibault, J., & Walker, L. (1978). A theory of procedure. *California Law Review, 66,* 541-566.

Thierry, H. (1990). Intrinsic motivation reconsidered. In U. Kleinbeck, H. H. Quast, H. Thierry, & H. Hacker (Eds.), *Work motivation* (pp. 67-82). Hillsdale, NJ: Lawrence Erlbaum Associates, Inc.

Thomas, J. G., & Griffin, R. W. (1989). The power of social information in the workplace. *Organizational Dynamics, 18*(2), 63-75.

Thomas, K. M., & Mathieu, J. E. (1994). Role of causal attributions in dynamic self-regulation and goal processes. *Journal of Applied Psychology, 79*(6), 812-818.

Thomas, K. W., & Tymon, W. G., Jr. (1982). Necessary properties of relevant research: Lessons from recent criticisms of the organizational sciences. *Academy of Management Review, 7*(3), 345-352.

Thomas, K. W., & Velthouse, B. A. (1990). Cognitive elements of empowerment: An "interpretive" model of intrinsic task motivation. *Academy of Management Review, 15*(4), 666-681.

Thompson, J. D. (1967). *Organizational in action: Social science bases of administrative theory.* New York: McGraw-Hill.

Thoresen, E., & Mahoney, M. (1974). *Behavioral self control.* New York: Holt, Rinehart, & Winston.

Thorkildsen, T. A., & White-McNulty, L. (2002). Developing conceptions of fair contest procedures and the understanding of skill and luck. *Journal of Educational Psychology, 94*(2), 316-326.

Thorndike, E. L. (1911). *Animal intelligence.* New York: Macmillan.

Thurow, L. C. (1980). *The zero-sum society.* New York: Penguin Books.

Tice, D. M., & Baumeister, R. f. (1993). Controlling anger: Self-induced emotion change. In D. M. Wegner & J. W. Pennebaker (Eds.), *Handbook of mental control* (pp. 393-409). Englewood Cliffs, NJ: Prentice-Hall.

Tice, D. M., Bratslavsky, E., & Baumeister, R. F. (2001). Emotional distress regulation takes precedence over impulse control: If you feel bad, do it! *Journal of Personality and Social Psychology, 80*(1), 53-67.

Tiedens, L. Z. (2000). Powerful emotions: The vicious cycle of social status positions and emotions. In N. M. Ashkanasy, C. E. Hartel, & W. J. Zerbe (Eds.), *Emotions in the workplace: Research, theory and practice* (pp. 6-81). Westport, CT/London: Quorum Books.

Tien, E., & Frankel, V. (1996). *The I hate my job handbook.* New York: Fawcett Columbine.

Tierney, P., & Farmer, S. M. (2002). Creative self-efficacy: Potential antecedents and relationship to creative performance. *Academy of Management Journal, 45*(6), 1137-1148.

Tolman, E. C. (1959). Principles of purposive behavior. In S. Koch (Ed.), *Psychology: A study of a science* (Vol. 2). New York: McGraw-Hill.

Toneatto, T., & Binik, Y. (1987). The role of intentions, social norms, and attitudes in the performance of dental flossing: A test of the theory of reasoned action. *Journal of Applied Social Psychology, 17,* 593-603.

Torbert, W. R. (1994). The good life. *Journal of Management Inquiry, 3*(1), 58-66.

Tornow, W. W. (1971). The development and application of an input-outcomes moderator test on the perception and reduction of inequity. *Organizational Behavior & Human Performance, 6*(5), 614-638.

Toscano, G. A., & Windau, J. A. (1998). Profile of fatal work injuries in 1996. *Compensation and Working Conditions,* Spring, 37-45.

Trevino, L. K. (1992). The social effects of punishment in organizations: A justice perspective. *Academy of Management Review, 17*(4), 647-676.

Trevor, C. R., Gerhart, B., & Boudreau, J. W. (1997). Voluntary turnover and job performance: Curvilinearity and the moderating influences of salary growth and promotions. *Journal of Applied Psychology, 82,* 44-61.

Trice, H. M., Belasco, J., & Alutto, J. A. (1969). The role of ceremonials in organizational behavior. *Industrial and Labor Relations Review, 23*(1), 40-51.

Troyer, L. (2003). The role of social identity processes in status construction. In S. R. Thye & J. Skvoretz (Eds.), *Advances in group processes* (Vol. 20, pp. 149-172). Amsterdam: Elsevier.

Tsui, A. S., & Ashford, S. J. (1994). Adaptive self-regulation: A process view of managerial effectiveness. *Journal of Management, 20*(1), 93-121.

Tubbs, M. E. (1986). Goal setting: A meta-analytic examination of the empirical evidence. *Journal of Applied Psychology, 71*(3), 474-483.

Tubbs, M. E., & Ekeberg, S. E. (1991). The role of intentions in work motivation: Implications for goal-setting theory and research. *Academy of Management Review, 16*(1), 180-199.

Tuckman, B. W. (1968). Personality and satisfaction with occupational choice: Role of environment as a mediator. *Psychological Reports, 23,* 543-550.

Tulgan, B. (1995). *Managing generation X: How to bring out the best in young talent.* Santa Monica, CA: Merritt Publishing Co.

Turillo, C. J., Folger, R., Lavelle, J. J., Umphress, E. E., & Gee, J. O. (2002). Is virtue its own reward? Self-sacrificial decisions for the sake of fairness. *Organizational Behavior & Human Decision Processes, 89,* 839-865.

Turner, A. N., & Lawrence, P. R. (1965). *Industrial jobs and the worker.* Boston, MA: Harvard University, School of Business Administration.

Turner, A. N., & Miclette, A. L. (1962). Sources of satisfaction in repetitive work. *Occupational Psychology, 36,* 215-231.

Tyler, T. R., & Blader, S. L. (2002). Autonomous vs. comparative status: Must we be better than others to feel good about ourselves? *Organizational Behavior & Human Decision Processes, 89,* 813-838.

Tyler, T. R., & Blader, S. L. (2005). Can businesses effectively regulated employee conduct? The antecedents of rule following in work settings. *Academy of Management Journal, 48,* 1143-1156.

Universum Communications Inc. (2006). *The Universum Survey: Canadian undergraduate edition* (Trend Report). Philadelphia, PA: Universum Communications, Inc.

Unsworth, K. L., & Parker, S. K. (2003). Proactivity and innovation: Promoting a new workforce for the new workplace. In D. Holman, T. D. Wall, C. W. Clegg, P. Sparrow, & A. Howard (Eds.), *The new workplace: A guide to the human impact of modern working practices.* New York: John Wiley & Sons.

Urwick, L. F. (1967). Organization and theories about the nature of man. *Academy of Management Journal, 10*(1), 9-15.

Van Der Merwe, S. (1978). What personal attributes it takes to make it in management. *Business Quarterly, 43*(4), 28-35.

Van Dick, R., Becker, T. E., & Meyer, J. P. (2006). Commitment and identification: Forms, foci, and future. *Journal of Organizational Behavior, 27,* 545-548.

van Dierendonck, D., Schaufeli, W. B., & Buunk, B. P. (1998). The evaluation of an individual burnout intervention program: The role of inequity and social support. *Journal of Applied Psychology, 83*(3), 392-407.

Van Eerde, W., & Thierry, H. (1996). Vroom's expectancy models and work-related criteria: A meta-analysis. *Journal of Applied Psychology, 81,* 575-586.

Van Knippenberg, D., & Sleebos, E. (2006). Organizational identification versus organizational commitment: Self-definition, social exchange, and job attitudes. *Journal of Organizational Behavior, 27,* 571-584.

Van Maanen, J. (1977). Experiencing organization notes on the meaning of careers and socialization. In J. Van Maanen (Ed.), *Organizational careers: Some new perspectives* (pp. 15-45). New York: John Wiley & Sons.

Van Maanen, J., & Kunda, G. (1989). "Real feelings": Emotional expression and organizational culture. In L. L. Cummings & B. M. Staw (Eds.), *Research in organizational behavior* (Vol. 11, pp. 43-50). Greenwich, CT: JAI Press.

Van Maanen, J., & Schein, E. H. (1979). Toward a theory of organizational socialization. In B. M. Staw (Ed.), *Research in organizational behavior* (Vol. 1, pp. 209-264). Greenwich, CT: JAI Press.

Van Sommers, P. (1988). *Jealousy.* London: Penguin Books.

Van Yperen, N. W., & Janssen, O. (2002). Feeling fatigued and dissatisfied or fatigued but satisfied? Goal orientations and responses to high job demands. *Academy of Management Journal, 45*(6), 1161-1171.

Vancouver, J. B., & Day, D. V. (2005). Industrial and organizational research on self-regulation: From constructs to applications. *Applied Psychology: An International Review, 54*(2), 155-185.

Vancouver, J. B., & Scherbaum, K. L. (2002). *Self-efficacy and resource allocation planning: A discontinuous model.* Poster presented at the 17th annual conference of the Society for Industrial and Organizational Psychology, Toronto.

Vancouver, J. B., Thompson, C. M., & Williams, A. A. (2001). The chaning signs in the relationships among self-efficacy, personal goals, and performance. *Journal of Applied Psychology, 86*(4), 605-620.

Vancouver Province. (1996, June 27). Medal 78 years later. *Vancouver Province,* A26.

Vancouver Sun. (1994, September 19). Toilet toll angers workers as meat plant targets bathroom-break abusers. *Vancouver Sun.*

Vandenberg, R. J., & Lance, C. E. (1992). Examining the causal order of job satisfaction and organizational commitment. *Journal of Management, 18*(1), 153-167.

VandeWalle, D., Brown, S. P., Cron, W. L., & Slocum, J. W., Jr. (1999). The influence of goal orientation and self-regulation tactics on sales performance: A longitudinal field test. *Journal of Applied Psychology, 84*(2), 249-259.

Veblen, T. (1904). *The theory of business enterprise.* New York: Charles Scribners Sons.

Vecchio, R. P. (1995). It's not easy being green: Jealousy and envy in the workplace. In G. R. Ferris (Ed.), *Research in personnel and human resource management* (Vol. 13, pp. 201-244). Greenwich, CT: JAI Press.

Vroom, V. H. (1964). *Work and motivation.* New York: John Wiley & Sons.

Vroom, V. H., & Yetton, P. (1973). *Leadership and decision making.* Pittsburg, PA: University of Pittsburg Press.

Wagner, J. A. (1994). Participation's effects on performance and satisfaction: A reconsideration of research evidence. *Academy of Management Review, 19*(2), 312-330.

Wahba, M. A., & Bridwell, L. G. (1976). Maslow reconsidered: A review of research on the need hierarchy theory. *Organizational Behavior and Human Performance, 15*(2), 212-240.

Waldron, V. (2000). Relational experiences and emotion at work. In S. Fineman (Ed.), *Emotion in organizations* (2nd ed., pp. 64-82). London/Thousand Oaks, CA/new Delhi: Sage.

Walsh, J. P., & Ungson, G. R. (1991). Organizational memory. *Academy of Management Review, 16*(1), 57-91.

Walster, E., Berscheid, E., & Walster, G. W. (1976). New directions in equity research. In L. Berkowitz & E. Walster (Eds.), *Advances in experimental social psychology* (Vol. 9, pp. 1-38). New York: Academic Press.

Walter, G. A., & Marks, S. E. (1981). *Experimental learning and change.* New York: John Wiley & Sons.

Walter, G. A., & Pinder, C. C. (1980). Ethical ascendance or backsliding? *American Psychologist, 35,* 936-937.

Waluchow, W. (1988). Pay equity: Equal value to whom? *Journal of Business Ethics, 7*(3), 185-189.

Wanberg, C. R., Glomb, T. M., Song, Z., & Sorenson, S. (2005). Job-search persistence during unemployment: A 10-wave longitudinal study. *Journal of Applied Psychology, 90*(3), 411-430.

Wanberg, C. R., Welsh, E. T., & Hezlett, S. A. (2003). Mentoring research: A review and dynamic process model. In J. J. Martocchio & G. R. Ferris (Eds.), *Research in personnel and human resources management* (Vol. 22, pp. 90-124). Amsterdam: Elsevier.

Wanous, J. P. (1974). Individual differences and reactions to job characteristics. *Journal of Applied Psychology, 59*(5), 616-622.

Wanous, J. P. (1980). *Organizational entry: Recruitment, selection and socialization of newcomers.* Reading, MA: Addison-Wesley.

Wanous, J. P., Keon, T. L., & Latack, J. C. (1983). Expectancy theory and occupational/organizational choices: A review and test. *Organizational Behavior and Human Performance, 32,* 66-86.

Wanous, J. P., & Lawler III, E. E. (1972). Measurement and meaning of job satisfaction. *Journal of Applied Psychology, 56*(2), 95-105.

Warburton, W. A., & Williams, K. D. (2005). Ostracism: When competing motivations collide. In J. P. Forgas, K. D. Williams, & S. M. Laham (Eds.), *Social motivation* (pp. 294-313). Cambridge: Cambridge University Press.

Warr, P., Barter, J., & Brownbridge, G. (1983). On the independence of positive and negative affect. *Journal of Personality and Social Psychology, 44,* 644-651.

Warr, P., & Conner, M. (1992). Job competence and cognition. In B. M. Staw & L. L. Cummings (Eds.), *Research in organizational behavior* (Vol. 14, pp. 91-127). Greenwich, CT: JAI Press.

Warwick, J., & Nettlebeck, T. (2004). Emotional intelligence is . . .? *Personality and Individual Differences, 37,* 1091-1100.

Watanabe, T. (1996, July 17). Beneath orderly surface, Japanese life turns ugly. *Los Angeles Times,* reported in the *Vancouver Sun,* A10.

Watson, D., Clark, L. A., & Tellegen, A. (1988). Development and validation of brief measures of positive and negative affect: The PANAS scales. *Journal of Personality and Social Psychology, 54,* 1063-1070.

Watson, D., & Slack, A. K. (1993). General factors of affective temperament and their relation to job satisfaction over time. *Organizational Behavior & Human Decision Processes, 54*(2), 181-202.

Watson, D., Wiese, D., Vaidya, J., & Tellegen, A. (1999). The two general activation systems of affect: Structural findings, evolutionary considerations, and psychobiological evidence. *Journal of Personality and Social Psychology, 76,* 805-819.

Watson Wyatt Worldwide. (1995). *Measuring change in the attitudes of the Canadian workplace.* Toronto:

www.

Webb, E. J., Campbell, D. T., Schwartz, R. D., & Sechrest, L. (1966). *Unobtrusive measures: Nonreactive research in the social sciences.* Chicago, IL: Rand McNally.

Weber, M. (1904/1930). *The Protestant ethic and the spirit of capitalism* (T. Parsons, trans.). New York: Scribner.

Webster, M. J. (2003). Working on status puzzles. In S. R. Thye & J. Skvoretz (Eds.), *Advances in group processes* (Vol. 20, pp. 173–215). Amsterdam: Elsevier.

Weick, K. E. (1969). *The social psychology of organizing.* Reading, MA: Addison-Wesley.

Weick, K. E. (1989). Theory construction as disciplined imagination. *Academy of Management Review, 14*(4), 516–531.

Weick, K. E., & Nesset, B. (1968). Preferences among forms of equity. *Organizational Behavior & Human Performance, 3*(4), 400–416.

Weil, F. A. (1979, December 3). Management's drag on productivity. *Business Week, 2614,* 14.

Weil, M., & Kruzich, J. (1990). Empowerment issues in administrative and community practice. *Administration in Social Work, 14*(2), 1–12.

Weiner, Y. (1982). Commitment in organizations: A normative view. *Academy of Management Review, 7*(3), 418–428.

Weiner, Y., & Vardi, Y. (1980). Relationships between job, organization, and career commitments and work outcomes-an integrative approach. *Organizational Behavior & Human Performance, 26*(1), 81–96.

Weiss, H. M. (2001). Introductory comments. *Organizational Behavior and Human Decision Processes, 86*(1), 1–2.

Weiss, H. M., & Cropanzano, R. (1996). Affective events theory: a theoretical discussion of the structure, causes and consequences of affective experiences at work. In B. M. Staw & L. L. Cummings (Eds.), *Research in organizational behavior* (Vol. 18, pp. 1–74). Greenwich, CT: JAI Press.

Welsh, D. H. B., Luthans, F., & Sommer, S. M. (1993). Managing Russian factory workers: The impact of US based behavioral and participative techniques, *Academy of Management Journal, 36*(1), 58–79.

Whalen-Miller, S. (2006, August 7). Why wasn't I invited? Rejection, bullying. Why one school banned birthday invitations. *Maclean's,* 39.

Wharton, A. S. (1993). The affective consequences of service work. *Work & Occupations, 20*(2), 205–232.

Wharton, A. S., & Erickson, R. J. (1993). Managing emotions of the job and at home: Understanding the consequences of multiple emotional roles. *Academy of Management Review, 18*(3), 457–486.

Whetten, D. A., & Cameron, K. S. (2007). *Developing management skills* (7th ed.). Upper Saddle River, NJ: Prentice-Hall.

Whetten, D. A., & Godfrey, P. C. (Eds.) (1998). *Identity in organizations.* Thousand Oaks, CA: Sage.

Whtie, J. K. (1978a). Individual differences and the job quality-worker response relationship: Review, integration, and comments. *Academy of Management Review, 3*(2), 267–280.

Whtie, J. K. (1978b). Generalizability of individual difference moderators of the participation in decision making-employee response relationship. *Academy of Management Journal, 21*(1), 36–43.

White, R. (1959). Motivation reconsidered: The concept of competence. *Psychological Review, 66,* 297–333.

Whitsett, D. A., & Winslow, E. K. (1967). An analysis of studies critical of the motivator-hygiene theory. *Personnel Psychology, 20*(4), 391-415.

Whyte, G., Saks, A. M., & Hook, S. (1997). When success breeds failure: The role of self-efficacy in escalating commitment to a losing course of action. *Journal of Organizational Behavior, 18,* 415-432.

Whyte, W. F. (1948). *Human relations in the restaurant industry.* New York: McGraw-Hill.

Whyte, W. F. (1956). *The organization man.* Garden City, NY: Doubleday Anchor Books.

Whyte, W. F. (1972). Pigeons, persons and piece rates. *Psychology Today, 5*(11), 66-68, 96, 98, 100.

Wicker, F. W., Brown, G., Wiehe, J. A., Hagen, A. S., & Reed, J. L. (1993). On reconsidering Maslow: An examination of the deprivation/domination proposition. *Journal of Research in Personality, 27,* 118-133.

Wiener, N. (1948). *Cybernetics.* New York: John Wiley & Sons.

Wiersma, U. J. (1992). The effects of extrinsic rewards in intrinsic motivation: A meta-analysis. *Journal of Occupational and Organizational Psychology, 65,* 101-114.

Wiesenfeld, B., Raghuram, S., & Garud, R. (2001). Organizational identification among virtual workers: The role of need for affiliation and perceived work-based social support. *Journal of Management, 27*(2), 213-230.

Wilcoxon, H. C. (1969). Historical introduction to the problem of reinforcement. In J. T. Tapp (Ed.), *Reinforcement and behavior* (pp. 1-46). New York: Academic Press.

Wilderom, C. P. M., Glunk, U., & Maslowski, R. (2000). Organizational culture as a predictor of organizational performance. In N. M. Ashkanasy, C. P. M. Wilderom, & M. F. Peterson (Eds.), *Organizational culture and climate* (pp. 193-209). Thousand Oaks, CA: Sage.

Williams, C. R., & Livingstone, L. P. (1994). Another look at the relationship between performance and voluntary turnover. *Academy of Management Journal, 37,* 269-298.

Williams, D. E., & Page, M. M. (1989). A multi-dimensional measure of Maslow's hierarchy of needs. *Journal of Research in Personality, 23,* 192-213.

Williams, L. K., Whyte, W. F., & Green, C. S. (1966). Do cultural differences affect workers' attitudes? *Industrial Relations, 5*(3), 105-117.

Williams, M. A., & Mattingley, J. B. (2006). Do angry men get noticed? *Current Biology, 16*(11), 402-40.

Winell, M. (1987). Personal goals: The key to self-direction in adulthood. In M. E. Ford & D. H. Ford (Eds.), *Humans as self-constructing living systems: Putting the framework to work* (pp. 261-28). Hillsdale, NJ: Lawrence Erlbaum Associates, Inc.

Winter, D. G. (1973). *The power motive.* New York: Free Press.

Winter, D. G. (1988). The power motive in women-and men. *Journal of Personality and Social Psychology, 54,* 510-519.

Winter, D. G., & Stewart, A. J. (1978). Power-motivated actions in everyday life. In H. London & J. E. Exner (Eds.), *Dimensions of personality* (pp. 400-412). New York: John Wiley & Sons.

Winters, D., & Latham, G. P. (1996). The effect of learning versus outcome goals on a simple versus a complex task. *Group & Organization Management, 21*(2), 236-250.

Wolf, G., & Connolly, T. (1981). Between-subject designs in testing expectancy models: A methodological note. *Decision Sciences, 12*(1), 39-45.

Wolfe, M. (1994). Dr. Fabrikant's solution. *Saturday Night, 109*(6), 11-13, 16-18, 56-59.

Wollack, S., Goodale, J. G., Wijting, J. P., & Smith, P. C. (1971). Development of the survey of work values. *Journal of Applied Psychology, 55*(4), 331-338.

Womack, J. P., Jones, D., & Roos, D. (1990). *The machine that changed the world: Based on the Massachusetts Institute of Technology 5-million dollar 5-year study on the future of the automobile.* New York: Rawson Associates.

Wong, P. T. P. (1979). Frustration, exploration, and learning. *Canadian Psychological Review, 20,* 133-144.

Wood, R., & Bandura, A. (1989). Social cognitive theory of organizational management. *Academy of Management Review, 14*(1), 361-384.

Wood, R. E., & Locke, E. A. (1990). Goal setting and strategy effects on complex tasks. In B. M. Staw & L. L. Cummings (Eds.), *Research in organizational behavior* (Vol. 12, pp. 73-109). Greenwich, CT: JAI Press.

Wood, R. E., Mento, A. J., & Locke, E. A. (1987). Task complexity as a moderator of goal effects: A meta-analysis. *Journal of Applied Psychology, 72*(3), 416-425.

Woodcock, M., & Francis, D. (1989). *Clarifying organizational values.* Aldershot: Gower.

Woodworth, R. S. (1918). *Dynamic psychology.* New York: Columbia University Press.

Wortman, C. B., & Linsenmeier, J. A. W. (1977). Interpersonal attraction and techniques of ingratiation in organizational settings. In B. M. Staw & G. A. Salancik (Eds.), *New directions in organizational behavior* (pp. 133-178). Chicag, IL: St. Clair Press.

Wright, L., & Smye, M. (1996). *Corporate abuse.* Toronto, Ontario, Canada: Key Porter.

Wright, T. A., & Bonett, D. G. (1993). Role of employee coping and performance in voluntary employee withdrawal: A research refinement and elaaboration. *Journal of Management, 19*(1), 147-161.

Wright, T. A., & Doherty, E. M. (1998). The incubator: Organizational behavior "rediscovers" the role of emotional well-being. *Journal of Organizational Behavior, 19*(5), 481-485.

Wright, T. A., & Staw, B. M. (1999). Affect and favorable work outcomes: Two longitudinal tests of the happy-productive worker thesis. *Journal of Organizational Behavior, 20,* 1-23.

Wrzesniewski, A. (2002). "It's not just a job": Shifting meanings of work in the wake of 9/11. *Journal of Management Inquiry, 11*(3), 230-234.

Wrzesniewski, A., McCauley, C., Rozin, P., & Schwartz, B. (1997). Jobs, careers, and callings: People's relations to their wokrs. *Journal of Research in Personality, 31,* 21-33.

Yang, J., Mossholder, K. W., & Peng, T. K. (2007). Procedural justice climate and group power distance: An examination of cross-level interaction effects. *Journal of Applied Psychology, 92,* 681-692.

Yerkes, R. M., & Dodson, J. D. (1908). The relation of strength of stimulus to rapidity of habit formation. *Journal of Comparative and Neurological Psychology, 18,* 459-482,

Ying, X. (2007, June 21). How the reporter found the Shanxi brick kiln slaves: The reporter describes his experience in uncovering the illegal child laborers in Shanxi. *EastSouthWestNorth.*

Yorks, L. (1979). *Job enrichment revisited.* New York: AMACOM.

Youngblood, S. A., & Bierman, L. (1994). Employment-at-will: New developments and research implications. In G. R. Ferris (Ed.), *Research in personnel and human resources management* (Vol. 12, pp. 303-324).

Greenwich, CT: JAI Press.

Yukl, G., Wexley, K. N., & Seymore, J. D. (1972). Effectiveness of pay incentives under variable ratio and continuous reinforcement schedules. *Journal of Applied Psychology, 56*(1), 19-23.

Yukl, G. A., & Latham, G. P. (1975). Consequences of reinforcement schedules and incentive magnitudes for employee performance: Problems encountered in an industrial setting. *Journal of Applied Psychology, 60*(3), 294-298.

Yukl, G. A., Latham, G. P., & Pursell, E. D. (1976). The effectiveness of performance incentives under continuous and variable ratio schedules of reinforcement. *Personnel Psychology, 29*(2), 221-231.

Zajonc, R. B. (1960). The concepts of balance, congruity, and dissonance. *Public Opinion Quarterly, 24,* 280-296.

Zajonc, R. B. (1965). Social facilitation. *Science, 149,* 269-274.

Zajonc, R. B. (1980). Feeling and thinking: Preferences need no inferences. *American Psychologist, 35,* 151-175.

Zajonc, R. B. (1984). On the primacy of affect. *American Psychologist, 39,* 117-123.

Zajonc, R. B. (2000). Feeling and thinking: Closing the debate over the independence of affect. In J. P. Forgas (Ed.), *Feeling and thinking: The role of affect in social cognition* (pp. 31-58). Cambridge: Cambridge University Press.

Zalkind, S. S., & Costello, T. W. (1962). Perception: Some recent research and implications for administration. *Administrative Science Quarterly, 7*(2), 218-235.

Zaltman, G., & Duncan, R. (1977). *Strategies for planned change.* New York: John Wiley & Sons.

Zedeck, S. (1977). An information processing model and approach to the study of motivation. *Organizational Behavior & Human Performance, 18*(1), 47-77.

Zeithaml, V. A., Parasuraman, A., & Berry, L. L. (1990). *Delivering quality service: Balancing customer perceptions and expectations.* New York: Free Press.

Zeldich, M. (1968). Social status. In *International encyclopedia of the social sciences* (pp. 250-256). New York: Free Press.

Ziman, J. M. (1987). The problem of "problem choice". *Minerva, 25,* 92-106.

Zoglin, R., & Thompson, M. (1996). A question of honor. *Time, 147*(22), 30-32.

Zohar, D. (2002). The effects of leadership dimensions, safety climate, and assigned priorities on minor injuries in work groups. *Journal of Organizational Behavior, 23*(1), 75-92.

Zurbriggen, E. L., & Sturman, T. S. (2002). Linking motives and emotions: A test of McClelland's hypotheses. *Personality and Social Psychology Bulletin, 28*(4), 521-535.

Zweig, D., & Webster, J. (2004). What are we measuring? An examination of the relationships between the big-five personality traits, goal orientation, and performance intentions. *Personality and Individual Differences, 36,* 1693-1708.

찾아보기

저자 소개

■ **Craig C. Pinder**

British Columbia 대학교에서 학사(B.A.), Minnesota 대학교에서 석사(M.A.), Cornell 대학교에서 박사(Ph.D.) 학위를 받았다.

2005년 6월 Victoria 대학교에서 조직행동의 석좌교수(Distinguished Professor)로 지명되어 재직 중이다.

역자 소개

■ **이성수**(Lee Seongsoo)

선문대학교 상담 · 산업심리학과 교수

■ **김정식**(Kim Jungsik)

광운대학교 경영학과 교수

■ **신강현**(Shin Kanghyun)

아주대학교 심리학과 교수

조직의 직무동기

Work Motivation In Organizational Behavior (2nd ed.)

2014년 4월 23일 1판 1쇄 인쇄
2014년 4월 30일 1판 1쇄 발행

지은이 • Craig C. Pinder
옮긴이 • 이성수 · 김정식 · 신강현
펴낸이 • 김진환
펴낸곳 • (주) 학지사
121-838 서울특별시 마포구 양화로 15길 20 마인드월드빌딩
대표전화 • 02-330-5114 팩스 • 02-324-2345
등록번호 • 제313-2006-000265호

홈페이지 • http://www.hakjisa.co.kr
커뮤니티 • http://cafe.naver.com/hakjisa

ISBN 978-89-997-0355-3 93370

정가 27,000원

역자와의 협약으로 인지는 생략합니다.
파본은 구입처에서 교환해 드립니다.

이 도서의 국립중앙도서관 출판시도서목록(CIP)은 서지정보유통지원시스템 홈페이지(http://seoji.nl.go.kr)와 국가자료공동목록시스템(http://www.nl.go.kr/kolisnet)에서 이용하실 수 있습니다.
(CIP 제어번호: CIP2014012004)